Otto Zwierlein

Petrus in Rom: Die literarischen Zeugnisse

Untersuchungen zur antiken Literatur und Geschichte

Herausgegeben von
Heinz-Günther Nesselrath, Peter Scholz
und Otto Zwierlein

Band 96

De Gruyter

Petrus in Rom
Die literarischen Zeugnisse

Mit einer kritischen Edition
der Martyrien des Petrus und Paulus
auf neuer handschriftlicher Grundlage

von
Otto Zwierlein

2., durchgesehene und ergänzte Auflage

De Gruyter

ISBN 978-3-11-048849-4
e-ISBN 978-3-11-024059-7
ISSN 1862-1112

Bibliografische Information der Deutschen Nationalbibliothek

Die Deutsche Nationalbibliothek verzeichnet diese Publikation in der Deutschen
Nationalbibliografie; detaillierte bibliografische Daten sind im Internet
über http://dnb.d-nb.de abrufbar.

Druck: Hubert & Co. GmbH & Co. KG, Göttingen
∞ Gedruckt auf säurefreiem Papier

Printed in Germany

www.degruyter.com

Vorwort

Dieses Buch hat eine merkwürdige Entstehungsgeschichte: Es war überhaupt nicht geplant, hat sich von selbst aus einem Exkurs des Ps.Hegesipp über die neronische Christenverfolgung entwickelt, zwang den Verfasser immer tiefer in das Dickicht der apokryphen Apostelakten, dann auch in die heiklen Datierungsprobleme des sog. ersten Clemensbriefes, der vermeintlich „echten" Briefe des Ignatius von Antiochien und der Spätschriften des Neuen Testaments. Als das Manuskript schließlich bei den Herausgebern lag, geschah das durch den unermüdlichen Einsatz von R. Stichel bewirkte Wunder: Nach zweijährigen Bemühungen trafen (am 12.7.2008) die digitalisierten Reproduktionen einer seit 1962 bibliographisch erfaßten, aber bisher nicht ausgewerteten Handschrift der Martyrien des Petrus und Paulus aus Ohrid (Makedonien) ein. Sie entpuppten sich als eine kleine Sensation: Die in zierlicher Minuskel des 11. Jh.s geschriebenen Pergamentfolien bringen nicht nur eine bisher unbekannte Rede mit einem Selbstporträt des Apostels Paulus ans Tageslicht, sondern bescheren uns einen unabhängigen Textzeugen von hoher Qualität, der einen eigenen Überlieferungsstrang repräsentiert und selbst den um 300 geschriebenen Hamburger Papyrus in den Schatten stellt.

So forderte das Buch einen weiteren Tribut: eine kritische Edition dieser beiden Martyrien mit Übersetzung und eine Darstellung der griechisch-lateinischen, koptischen und slawischen Überlieferungsgeschichte. Der neue Text erzwang seinerseits Modifikationen im Kapitel B IV, u. a. auch in dem Abschnitt über die berühmte, oftmals verfilmte 'Quo vadis'-Szene[1]: Ich hatte seit langem die Vermutung, daß dort Petrus den Herrn, der ihm am Stadttor entgegenkommt, ursprünglich nicht *quo vadis?* fragte, sondern in der Version des Ambrosius: *Domine, quo venis?* Die Handschrift aus Ohrid bringt jetzt die Bestätigung: nicht ποῦ ὧδε (so P und A), sondern τί ὧδε, κύριε; (also nicht: „Wohin gehst Du, Herr?", sondern „Weshalb, Herr, kommst Du hierher?") lautete der ursprüngliche Text! Die Antwort (bei Ambrosius auf das Stichwort *ve-*

---

1 Siehe zuletzt Ruth Scodel – Anja Bettenworth, Whither Quo Vadis? Sienkiewicz's Novel in Film and Television, Malden and Oxford 2008.

nis zugeschnitten): „Ich komme, ein zweites Mal gekreuzigt zu werden" (*iterum v e n i o crucifigi*).

So gebührt denn mein erster Dank R. Stichel für die unerschütterli-
che Geduld, mit der er seine Kontakte nach Ohrid zum Erfolg führte,
und Frau Prof. Aksinija Dzurova, Direktorin des Ivan-Dujcev-Zentrums
für slawische und byzantinische Studien in Sofia, für die liebenswürdi-
ge Bereitschaft, die digitalisierten Fotos schließlich selbst herzustellen.
Herzlichen Dank sage ich ferner den beiden Mitherausgebern der „Untersuchungen zur antiken Literatur und Geschichte", ganz besonders
Herrn Nesselrath, der eine vorsichtige Anfrage, ob die Arbeit trotz der
speziellen Thematik in der Reihe der UaLG erscheinen könne, mit einer
spontanen Zustimmung beschied und dann das ganze Manuskript mit
der ihm eigenen Sorgfalt gelesen und viele wichtige Verbesserungen
beigesteuert hat. Gregory Hutchinson bin ich dankbar für eine überaus
gründliche Lektüre des langen Schlußteils mit Überlieferungsgeschichte und kritischer Edition der beiden Martyrien. Wieviel die Ausgabe
durch ihn gewonnen hat, kann der Leser aus den Einträgen im kritischen Apparat und aus den Anmerkungen leicht ermessen. Den Mit-
gliedern der Geisteswissenschaftlichen Klasse der Nordrhein-Westfäli-
schen Akademie der Wissenschaften danke ich für eine anregende, leb-
hafte Diskussion meiner Thesen im Anschluß an einen Vortrag in der
Sitzung vom 16. Juli 2008, Frau Vogt, Frau Hill und Herrn Schirmer
für die einfühlsame verlagstechnische Betreuung.

Ohne Thomas Riesenweber hätte diese Arbeit nicht erscheinen können: Ihm wird die gesamte, in mehreren Schüben erfolgte Herstellung
und Verbesserung der reproduktionsfertigen Druckvorlage (einschließlich der graphischen Umsetzung des Handschriftenstemmas) verdankt.
Seine große sprachliche Kompetenz und seine ebenso sichere Beherr-
schung textkritischer und überlieferungsgeschichtlicher Methodik sind
dem Buch auch in der Substanz zugute gekommen.

Bonn, im Januar 2009   Otto Zwierlein

Durch einen Asteriskus (*) am Seitenrand wird auf die jeweiligen Addenda zur
2. Auflage am Ende des Buches (S. 475–483) verwiesen.

Inhaltsverzeichnis

Einleitung

Der Exkurs über die neronische Christenverfolgung im 'Hegesippus' des Ambrosius, die Petruslegende und ihre Quellen

Diese Studie ist der Prodromos einer geplanten Abhandlung über den sog. 'Hegesippus', ein lateinisch abgefaßtes 'bellum Iudaicum', hinter dem sich eine freie, oft stark veränderte Übertragung des im Zeitraum 75–79 n. Chr. entstandenen, griechisch geschriebenen „Judenkriegs" des Flavius Iosephus verbirgt[1]. In der künftigen Arbeit wird der Versuch unternommen, die Identität des gleicherweise im jüdisch-christlichen Milieu wie im griechisch-lateinischen Bildungssystem beheimateten Autors zu klären und sein Werk als ein für die Spätantike charakteristisches Zeugnis der Verschmelzung verschiedener Kulturtraditionen zu verstehen. Es wird sich zeigen, daß die alte (heute nahezu einhellig abgelehnte) Zuschreibung des lateinischen 'bellum Iudaicum' an Ambrosius zu Recht besteht[2]. Der spätere Bischof von Mailand dürfte den 'Hegesippus'[3] etwa zwischen 370 und 372 verfaßt haben, als er *Advocatus* am Gerichtshof der illyrischen Prätorialpräfektur in Sirmium war, und zwar ab 368 als Berater des ebenfalls christlichen Präfekten Sextus Claudius Petronius P r o b u s. Im Vorgriff auf dieses Ergebnis werde ich im folgenden den Autor der freien Übertragung des Josephus zumeist mit dem Namen A m b r o s i u s belegen.

Auf die hier zu verhandelnde Thematik bin ich durch die Untersuchung eines Exkurses des 'Hegesippus' gestoßen worden, der dort kurz

---

1   Hegesippi qui dicitur Historiae libri V, ed. V. USSANI, I (Pars prior: Textum criticum continens) Wien–Leipzig 1932 (CSEL 66.1), II (Pars posterior: Praefationem Caroli MRAS et Indices V. USSANI continens) Wien 1960 (CSEL 66.2); Flavius Iosephus, De bello Iudaico libri VII, ed. B. NIESE, Berlin 1894 (Nachdr. 1955).

2   Die heute gültigen Positionen faßt zuletzt CHR. MARKSCHIES in dem maßgeblichen LACL-Artikel „Ambrosius von Mailand" (S. 22) wie folgt zusammen: „Die früher A(mbrosius) als Jugendwerk zugeschriebene lat. Bearbeitung von Flavius Josephus, *bell.* (CSEL 66) stammt nicht von ihm."

3   Dieser Kunstterminus wird wie folgt abgeleitet: *Josephus – Josēpus – Josipus – Jisippus*, „also ähnlich lautend wie *Hegesippus* in späterer Aussprache: *Ijisippus*" (K. MRAS, Die Hegesipp-Frage, AAWW 95, 1958, 143–153, dort 144 [in Anlehnung an B. NIE-SE]).

nach Beginn des 3. Buches eingeschoben ist. Es handelt sich um einen Abschnitt über die n e r o n i s c h e C h r i s t e n v e r f o l g u n g in R o m, der in dem 'bellum Iudaicum' des Flavius Iosephus keine Entsprechung hat. Ambrosius konzentriert seine Darlegungen auf den Wettstreit des Apostels Petrus mit dem Magier Simon, der sich zum Freund und Ratgeber Neros aufgeschwungen hat. Das Ende Simons bildet dann den Auftakt zur Verfolgung und zum Martyrium des Petrus, das er (so der Schlußsatz) zugleich mit Paulus erleidet.

Die Suche nach den Quellen dieser Episode führt zu den verschiedenen apokryphen Petrus- und Paulus-Akten, deren früheste in das Jahrzehnt 180–190 zu datieren ist. Es müssen aber auch die übrigen literarischen Zeugnisse für einen Romaufenthalt des Apostels Petrus – vom Neuen Testament bis zu den 'Hypomnemata' des Antihäretikers Hegesippus – überprüft und eine Antwort auf die Frage gefunden werden, ob sie die ihnen von den Interpreten zugesprochene Beweiskraft besitzen, wo die Historizität der Dokumente endet und die Legende beginnt.

Wie dünn das Band ist, das Petrus mit Rom verbindet, erkennt man aus dem Referat „Petrus in Rom", das K. ALAND im September 1956 auf der 23. Versammlung Deutscher Historiker in Ulm vorgetragen hat. Die kurz danach erschienene Druckfassung[4] wird in der späteren Forschung gerne als „abschließende" Stellungnahme zu dem viel verhandelten Thema bezeichnet, und auf ihrer Grundlage die alte Tradition vom Märtyrertod des Petrus in Rom als historisch verbürgt angesehen[5] – offenbar als so gut verbürgt, daß J. GNILKA in seinem vor kurzem erschienenen Petrusbuch feststellen konnte: „Der Petrusaufenthalt in Rom wird heute nicht mehr ernsthaft bestritten"[6].

Die Fakten, auf die ALAND baut, sind folgende: 1. Der archäologische Grabungsbefund „(vermag) nur eines ... mit S i c h e r h e i t – und darauf kommt es hier an – zu konstatieren, daß gegen Ausgang des 2. Jahrhunderts sich unter der Stelle, wo sich heute der Altar der Peters-

---

4   K. ALAND, Petrus in Rom, Hist. Zeitschr. 183, 1957, 497–516.

5   Eine „Geschichte der Frage nach dem Aufenthalt des Petrus in Rom" bietet O. CULL-MANN, Petrus, Zürich ²1960, 80–87; vgl. J. GNILKA, Petrus und Rom. Das Petrusbild in den ersten zwei Jahrhunderten, Freiburg 2002, 9–18.

6   GNILKA 122 Anm. 35. Vgl. auch den knappen Forschungsüberblick in O. B. KNOCH, Im Namen des Petrus und Paulus: Der Brief des Clemens Romanus und die Eigenart des römischen Christentums, in: ANRW II 27.1 (1993), 3–54, dort 39–41 mit dem Resümee (41): „Heute kann man von einem Konsens der Forschung darüber sprechen, daß Petrus und Paulus in Rom unter Nero starben." Siehe jetzt M. HENGEL, Der unterschätzte Petrus, Tübingen ²2007, 160: „... ihren (d. h. der beiden Apostel) Tod als Märtyrer in Rom während oder kurz nach der neronischen Verfolgung ... sollte man nicht mehr bezweifeln" (mit Anm. 332).

kirche erhebt, eine G e d ä c h t n i s s t ä t t e befand" (497), die Existenz eines Petrus g r a b e s aber könne nicht bewiesen werden (498). 2. Als Quellen „für die etwas genauere Beantwortung" der Frage, ob Petrus in Rom gestorben sei, stünden drei zur Verfügung: „der erste Klemensbrief, geschrieben etwa 96, die Briefe des Ignatius, geschrieben etwa 110, der sog. erste Petrusbrief, geschrieben nach 100 (?, oder früher?)" (508). ALAND sieht durch alle drei Quellen einen Aufenthalt des Petrus in Rom bezeugt – wenngleich er konzediert, daß dieses Material dürftig erscheinen mag und sein Zustand so sei, daß mit ihm nur ein Hypothesengebäude errichtet werden könne; aber dies sei für dieses Zeitalter der normale Zustand (515).

Wir werden gut daran tun, mit der Überprüfung der genannten Zeugnisse zu beginnen, bevor wir uns den verschiedenen Fassungen der späteren Petruslegende zuwenden. Die Leitlinien dieser Legende sollen uns die Spur finden helfen, die zu ihrem Ursprung führt und Aufschluß gibt über die Ziele, die mit ihrer Konzeption verfolgt wurden. Dabei stellen sich immer wieder auch drängende chronologische Fragen, die z. T. ausführliche philologische Untersuchungen erforderlich machen. Im Vordergrund steht dabei das Briefcorpus des 'Ignatius von Antiochien', ferner das zeitliche Verhältnis zwischen dem sog. ersten Clemensbrief und dem sog. ersten Petrusbrief und die chronologische Fixierung beider Briefe in Relation zu den Spätschriften des Neuen Testaments.

A. Die „Schlüsselbeweise" für einen Aufenthalt des Apostels Petrus in Rom

I. Der archäologische Befund: Das sog. Petrusgrab

Es besteht heute Einigkeit, daß ein Petrusgrab weder in der Nekropole unter St. Peter noch sonstwo in Rom nachweisbar ist[1]. Die wohl umfassendsten Untersuchungen werden T. KLAUSER, E. KIRSCHBAUM und E. DINKLER verdankt[2]. Auf diese Arbeiten kann hier verwiesen werden, wenngleich den dort vorgetragenen Einschätzungen der literarischen Zeugnisse im folgenden (implizit) leider oft zu widersprechen sein wird.

Literarisch greifbare Angaben über Mahnmale (τ ρ ό π α ι α) oder Erinnerungsstätten, die das Gedenken an die Apostel Petrus und Paulus in Rom wachhalten, besitzen wir frühestens aus der Zeit um 200, genauer für die Amtsperiode des Bischofs Zephyrinus (198–217). Unter seinem Episkopat lebte ein Kirchenmann namens Gaius, der einen durch Eusebius bezeugten schriftlichen Dialog mit Proclus, dem Haupt einer phrygischen Sekte, geführt hat. Darin sagt er über die Stätten, an denen die heiligen Leiber der Apostel Petrus und Paulus ruhen: „Ich bin imstande, die Denkmäler der Apostel zu zeigen. Denn wenn du zum Vatikan oder auf die Straße nach Ostia gehen willst, wirst du die Gedenkstätten derer finden, die diese Kirche gegründet haben".

---

1   Siehe H. BRANDENBURG in LThK 8, 1999, 149–153 mit einem Überblick über die neuere Literatur.

2   TH. KLAUSER, Die römische Petrustradition im Lichte der neueren Ausgrabungen unter der Peterskirche, Köln–Opladen 1956 (Arbeitsgemeinschaft für Forschung des Landes Nordrhein/Westfalen, Geisteswissenschaften, Heft 24); E. KIRSCHBAUM, Die Gräber der Apostelfürsten. Mit einem Nachtrag von E. DASSMANN, Frankfurt [3]1974; E. DINKLER, Die Petrus-Rom-Frage, Theol. Rundschau N. F. 25, 1959, 189–230; 289–335; 27, 1961, 33–64. Die Diskussion des archäologischen Befundes erfolgt bei DINKLER vor allem in Heft 25, 289–333 und 27, 39–64. Auf sie wird hier in erster Linie zurückgegriffen. Wichtig ist auch CULLMANN 148–177; dort 156 Anm. 2 ein kritischer Rückblick auf die früheren Interpretationen der archäologischen Zeugnisse. – Zur „heidnischen" Nekropole siehe H. V. HESBERG – H. MIELSCH, Die heidnische Nekropole unter St. Peter in Rom, Rom 1995 (Atti della Pontificia Accademia Romana di Archeologia, Ser. 03, Memorie 16).

Eus. h. e. 2,25,5–7 καὶ πιστοῦταί γε τὴν ἱστορίαν ἡ Πέτρου καὶ Παύλου εἰς δεῦρο κρατήσασα ἐπὶ τῶν αὐτόθι κοιμητηρίων πρόσρησις, οὐδὲν δὲ ἧττον καὶ ἐκκλησιαστικὸς ἀνήρ, Γάϊος ὄνομα, κατὰ Ζεφυρῖνον Ῥωμαίων γεγονὼς ἐπίσκοπον· ὃς δὴ Πρόκλῳ τῆς κατὰ Φρύγας προϊσταμένῳ γνώμης ἐγγράφως διαλεχθείς, αὐτὰ δὴ ταῦτα περὶ τῶν τόπων, ἔνθα τῶν εἰρημένων ἀποστόλων τὰ ἱερὰ σκηνώματα κατατέθειται, φησίν· «ἐγὼ δὲ **τὰ τρόπαια** τῶν ἀποστόλων ἔχω δεῖξαι. ἐὰν γὰρ θελήσῃς ἀπελθεῖν ἐπὶ τὸν Βασικανὸν ἢ ἐπὶ τὴν ὁδὸν τὴν Ὠστίαν, εὑρήσεις **τὰ τρόπαια** τῶν ταύτην ἱδρυσαμένων τὴν ἐκκλησίαν.»

Man glaubte, aus der getrennten Lage der beiden hier auf Petrus und Paulus bezogenen τρόπαια schließen zu dürfen, daß es sich um Gedächtnismale am Ort des jeweiligen Martyriums handelt – obwohl es für einen Märtyrerkult in Italien vor 250 keinerlei Zeugnisse gebe[3]. Doch ist dies keineswegs zwingend. Denn schon im Griechischen finden sich sichere Beispiele für die räumliche Trennung des Ortes der Gedenkstätte vom Ort des 'Sieges'[4]. Und im Jahre 258, für das uns der Beginn der liturgischen Verehrung der beiden Apostel jeweils am 29. Juni bezeugt ist, hatte man in Rom bereits d r e i verschiedene „Kultoder auch Grabstätten" der beiden Apostel: am Vatikan (für Petrus), an der Via Ostiense (für Paulus) und 'ad catacumbas' (für Petrus und Paulus)[5].

Die Grabungen unter der Peterskirche „haben kein 'Grab' erbracht, das ins 1. Jh. datiert werden kann oder später als Grab der Gebeine des Apostels benutzt wurde. Keinerlei Spuren reichen im Nekropolenbezirk ins 1. oder 2. Jh. zurück, die *eindeutig* auf Christen zurückgehen"[6]. Wohl aber wurde eine Säulenädicula aufgedeckt, die zwischen 160 und 180 zu datieren ist, und zumeist mit dem 'Tropaion' des Gaius identifiziert und deshalb gerne als Petrus-'Memoria', als ein Gedächtnismal, bezeichnet wird[7]. An sich weist nichts auf die spezielle Bestimmung

---

3   DINKLER 1959, 222; eine semantische Untersuchung des Begriffs unternehmen (ansatzweise) CULLMANN 132–137 und vor allem DINKLER 1959, 220–222 und 1961, 41–46.

4   Siehe R. STUPPERICH, Gnomon 79, 2007, 333 über das sog. 'Odeion des Perikles', das als 'Tropaion' ('Siegesmonument') bezeichnet wird: „beim Stichwort 'Tropaion' denkt man zuerst an ein Siegesdenkmal auf einem Schlachtfeld, eine 'triumphale' Markierung der Schlachtwende im Gelände. Tatsächlich geht es hier aber um einen Bau, der in der Stadt Athen zur Erinnerung an den Seesieg der Griechen, und insbesondere der Athener unter Themistokles, bei Salamis über die Perser 480 v. Chr. errichtet wurde."

5   DINKLER 1959, 223. 225. 227. 229; vgl. KLAUSER 17ff. und 69ff. (Gaius und das „Tropaion"; die Kultstätte an der Via Appia und der 29. Juni; die Kathedrafeier des Petrus am 22. Februar). Zu den drei verschiedenen Kultstätten ebd. 22 und 73; siehe ferner u. S. 174 Anm. 117.

6   DINKLER 1961, 39.

7   DINKLER 1959, 289ff., bes. 304f. 307f. (Datierung der Ädicula zwischen 165 und 180). 314–316; 1961, 39.

dieser Ädicula hin, und es läßt sich offenbar auch kein Beweis erbringen, daß sie durch Christen errichtet wurde[8]. Aber da der spätere konstantinische Bau nach dieser Säulen-Ädicula ausgerichtet wurde, ergibt sich der plausible Schluß[9], „daß man zu Konstantins Zeiten geglaubt hat, unter der Ädicula das Petrusgrab zu besitzen." Spuren einer kultischen Verehrung wurden nicht gefunden[10].

Für die 'Memoria Apostolorum' an der Via Appia[11] dagegen scheint der Nachweis erbracht[12], „daß man ab 260 … an die Anwesenheit der Gebeine der Apostel Petrus und Paulus glaubte und in diesem Glauben hier den Märtyrerkult pflegte. … Wenn man die Gleichsetzung der Säulen-Ädicula mit des Gaius τρόπαιον nicht als gesichert ansieht, so ist das Zeugnis der Apostelverehrung in catacumbas als das älteste und gesichertste zu erkennen"[13]. DINKLER bringt schließlich die Ergebnisse auf die knappe Formel (331f.): „Die archäologische Evidenz von St. Peter und der Memoria von S. Sebastiano darf dahingehend verglichen werden: Am Vatikan haben wir *möglicherweise* seit der Zeit 165–180 eine auf Petrus verweisende Ädicula, die als Tropaion bezeichnet wird und von Christen am Ende des 3. und Anfang des 4. Jht.s besucht wird, die jedoch keine auf Kult hinweisende Inschriften oder gar Akklamationen an Petrus zeigt. An der Via Appia haben wir keinen Ort, der als Apostelgrab sich anbietet oder mit einer Ädicula auf ein Grab hindeutet, wohl aber haben wir ab 260 die sog. Memoria anzunehmen, in der sich die für sich sprechenden Graffiti der Triclia befinden, die auf Petrus *und* Paulus und ihre am Ort ruhenden Gebeine Bezug nehmen."

---

8   DINKLER 1959, 315f.

* 9   So u. a. KLAUSER 48: „Bedenkt man, daß die Aedicula mit ihrer Nische den Kern der Palliennische bildete, um welchen die konstantinische Basilika ohne Rücksicht auf die Mausoleen angesehener Familien und auf die starke Neigung des Geländes, also unter erheblichen Schwierigkeiten, herumgebaut worden ist, so ergibt sich die zwingende Folgerung, daß Konstantin in dieser zweifellos sehr ärmlichen Aedicula ein Denkmal für Petrus gesehen hat, von dem die geplante Verherrlichung des Apostels auszugehen hatte. … So kommen wir notwendig zu der Schlußfolgerung, daß uns in der Aedicula das 'Tropaion' in der Gestalt, in der Gaius es kannte, noch vor Augen steht"; vgl. S. 69–72.

* 10   DINKLER 1959, 305. Doch heißt es dann 322: „Mit Konstantin setzt eine neue Epoche in der Petrusverehrung ein. Kein Zweifel besteht von jetzt ab daran, daß in der Säulen-Aedicula die Memoria Petri erkannt wurde"; vgl. 324 „Hätte nicht die Konstantinische Basilika sich in Planung und Ausführung an der Säulen-Aedicula des Grabplatzes P orientiert, so würde heute niemand dieses Monument mit dem Petrusgrab in Verbindung gebracht haben. … Die Hinweise auf Petrus setzen zwischen 250 und 300 ein", … wahrscheinlicher „kurz vor 300" (s. S. 325).

11   DINKLER 1959, 326ff.

12   Unter anderem durch Graffiti des 3. Jh.s mit dem Bittgebet: *Petre et Paule petite pro* […].

13   DINKLER 1959, 331.

Noch weiter zugespitzt 1961, 40: „Geht man nun aber vom Sicheren aus, so zeigt sich, daß die ältest erreichbare, sichere Aussage über einen Petruskult nicht am Vatikan, sondern an der Via Appia – zusammen mit einer Paulusverehrung – zu greifen ist und mit dem Datum 29. 6. 258 in Zusammenhang steht. Erst später, und zwar Ende des 3. Jhs. oder Anfang des 4. Jhs., ist am Vatikan das archäologische Zeugnis da, daß die Säulen-Ädicula (oder ihre Umgebung) mit Petrus in Verbindung gebracht und im 3. Jahrzehnt Richtpunkt der Konstantinischen Basilika   * wird."

II. Die literarischen Schlüsselstellen

1. 1Petr 5,13: Diaspora, Babylon und die παρεπίδημοι   * in Jak, 1Petr und 1Clem

ALAND beginnt seine Erörterung (509) „mit der zeitlich letzten Quelle" 1Petr 5,13[14], dem Schlußgruß des ersten Petrusbriefes, den er „nach 100 (? oder früher?)" datiert (508). Wir werden sehen, daß es sich dabei in Wirklichkeit um die zeitlich früheste Quelle handelt, obgleich sie wahrscheinlich erst in dem Zeitraum ca. 110–113 entstanden ist (s. S. 315). Diesen Schlußgruß 1Petr 5,13 (Ἀσπάζεται ὑμᾶς **ἡ ἐν Βαβυλῶνι συνεκλεκτὴ** καὶ Μᾶρκος ὁ υἱός μου) bezieht ALAND (509) nach herkömmlicher Auffassung auf Rom[15] unter ausdrücklichem Verweis auf die Verhältnisse in der Apokalypse, wo tatsächlich der Deckname Babylon für Rom verwendet wird. HEUSSI, gegen den sich ALAND in erster Linie wendet, hat jedoch überzeugend dargelegt[16], daß nirgends „als Ort der Abfassung eines Briefes ein apokalyptischer Deckname verwendet wird" und daß es im allgemeinen unüblich sei, in den Grüßen am Briefende anzugeben, aus welchem Ort der Verfasser schreibt. „Babylon" werde nur in Schriften der apokalyptischen Literaturgattung für Rom gesetzt, niemals in Briefen, und jedesmal in der Weise, daß dem Leser durch den Zusammenhang verständlich gemacht werde, daß an Rom gedacht werden müsse. Vor allem aber sei zu bedenken, daß die Bezeichnung „Babylon" für die Hauptstadt des Römerstaates etwas ungemein Gehässiges und Diffamierendes hätte und in merkwürdiger Spannung zu der loyalen Haltung gegenüber dem römischen Staatswesen stände, die aus 1Petr 2,13–17 spreche.

---

14 Es werden die Abkürzungen des WiBiLex verwendet.
15 So noch LONA 41 und 56f. und jetzt auch HENGEL (2007) 75. 167. 217.
16 K. HEUSSI, Die römische Petrustradition in kritischer Sicht, Tübingen 1955, 36–41.

Vor allem das letzte Argument ist m. E. zwingend, so daß es unverständlich erscheint, wie ALAND HEUSSIs Übersetzung des fraglichen Satzes („Es grüßt euch die mit euch miterwählte Gemeinde, die gleich euch in der Heimatlosigkeit lebt", 39) durch bloße Ironie zur Seite schiebt, obwohl HEUSSI seine Auffassung, „Babylon" sei ein „Wechselwort für Diaspora", Diaspora aber „ein bildlicher Ausdruck" für „diese irdische Welt, in der die Christen fern von ihrer eigentlichen Heimat leben müssen, als 'Beisassen' und 'Fremdlinge'", ausführlich begründet hat (38f.). Was ALAND dagegensetzt, bleibt äußerst vage: „Obwohl sich w a h r s c h e i n l i c h sehr viel mehr daraus schließen läßt, wollen wir I. Petr. 5,13 vorsichtshalber nur als Zeugnis für den letzten Zeitabschnitt nehmen, der hier zu behandeln ist, die Epoche unmittelbar vor dem mit Dionysius von Korinth, Irenäus und anderen einsetzenden festen Traditionsstrom, und als Indiz für die Überzeugung jener Zeit vom Aufenthalt des Petrus in Rom, d e n n kein Christ der ersten Hälfte des 2. Jahrhunderts d ü r f t e das ἐν Βαβυλῶνι anders als 'in Rom' v e r s t a n d e n h a b e n" (509, Sperrungen von mir)[17].

Es scheint deshalb geboten, den fraglichen Schlußgruß in einen etwas größeren Zusammenhang zu stellen und die Adressaten und Absender der miteinander verwandten Briefe Jak, 1Petr und 1Clem gemeinsam in den Blick zu nehmen[18]:

– Jak 1,1 Ἰάκωβος θεοῦ καὶ κυρίου Ἰησοῦ Χριστοῦ δοῦλος <u>ταῖς δώδεκα φυλαῖς ταῖς</u> ἐν **τῇ διασπορᾷ** χαίρειν.

– 1Petr 1,1 Πέτρος ἀπόστολος Ἰησοῦ Χριστοῦ <u>ἐκλεκτοῖς</u> **παρεπιδήμοις διασπορᾶς** Πόντου, Γαλατίας, Καππαδοκίας, Ἀσίας, καὶ Βιθυνίας, ...· *χάρις ὑμῖν καὶ εἰρήνη* π λ η θ υ ν θ ε ί η. *3 Εὐλογητὸς ὁ θεὸς καὶ πατὴρ τοῦ κυρίου ἡμῶν Ἰησοῦ Χριστοῦ, ὁ κατὰ τὸ πολὺ αὐτοῦ ἔλεος ἀναγεννήσας ἡμᾶς,* etc.

– 2Kor 1,1–3 Παῦλος ἀπόστολος Χριστοῦ Ἰησοῦ διὰ θελήματος θεοῦ, καὶ Τιμόθεος ὁ ἀδελφός, <u>τῇ ἐκκλησίᾳ</u> τοῦ θεοῦ **τῇ οὔσῃ ἐν Κορίνθῳ**, <u>σὺν τοῖς ἁγίοις πᾶσιν τοῖς οὖσιν</u> ἐν **ὅλῃ τῇ Ἀχαΐᾳ**· *2 χάρις ὑμῖν καὶ εἰρήνη* <u>ἀπὸ θεοῦ</u> *πατρὸς ἡμῶν καὶ κυρίου Ἰησοῦ Χριστοῦ. 3 Εὐλογητὸς ὁ θεὸς καὶ πατὴρ τοῦ κυρίου ἡμῶν Ἰησοῦ Χριστοῦ, ὁ πατὴρ τῶν οἰκτιρμῶν καὶ θεὸς πάσης παρακλήσεως;*

---

17 Größere Skepsis hält dagegen KLAUSER für angebracht; er verzichtet deshalb auf die Verwendung des Textes (11 Anm. 1).

18 Dabei ziehe ich einen Abschnitt nach vorne, der ursprünglich Bestandteil der Untersuchungen zur Datierung von 1Clem und der Spätschriften des NT war. Die dort erwiesene chronologische Abfolge Jak – 1Petr – 1Clem wird hier vorausgesetzt.

– Dan 4,1 Ναβουχοδονοσορ ὁ βασιλεὺς πᾶσι τοῖς[19] λαοῖς, φυλαῖς καὶ γλώσσαις τοῖς οἰκοῦσιν **ἐν πάσῃ τῇ γῇ**. *Εἰρήνη ὑμῖν* π λ η θ υ ν θ ε ί η[20].

– 1Clem inscr. Ἡ ἐκκλησία τοῦ θεοῦ **ἡ παροικοῦσα Ῥώμην** τῇ ἐκκλησίᾳ τοῦ θεοῦ **τῇ παροικούσῃ Κόρινθον**, κλητοῖς ἡγιασμένοις ἐν θελήματι θεοῦ διὰ τοῦ κυρίου ἡμῶν Ἰησοῦ Χριστοῦ. *χάρις ὑμῖν καὶ εἰρήνη* ἀπὸ παντοκράτορος θεοῦ διὰ Ἰησοῦ Χριστοῦ π λ η θ υ ν θ ε ί η.

Es ist deutlich, daß Anrede, Gruß und der mit einem Preis Gottes anhebende Auftakt im ersten Petrusbrief aus einer Kombination von 2Kor 1,1–3 und Dan 4,1 bestehen[21]. Ps.Clemens hat dann die Grußform der paulinischen Korintherbriefe mit 1Petr 1,2 kombiniert und das paulinische ἀπὸ θεοῦ durch π α ν τ ο κ ρ ά τ ο ρ ο ς erweitert.

Die Adressaten des Jakobusbriefes (ταῖς δώδεκα φυλαῖς ταῖς **ἐν τῇ διασπορᾷ**) sind die „zwölf Stämme in der Zerstreuung". Der Ausdruck „die zwölf Stämme" (gelegentlich sogar in das Abstraktum τὸ δωδεκάφυλον gegossen) war ursprünglich eine Chiffre für die Gesamtheit des Judenvolkes. Diese Chiffre wird jetzt auf das christliche „Volk Gottes" übertragen, das im „Ausland" lebt, und umschreibt dann die jeweiligen christlichen Minderheiten in der Fremde[22]. Ganz entsprechend wird der Begriff B a b y l o n umgedeutet: Ursprünglich ging er auf die babylonische Gefangenschaft der Juden, die dort im Exil lebten. Jetzt ist er Metapher für das Exil der Christen. In 1Petr 1,1 wird der allgemeine Begriff „Diaspora" durch ἐ κ λ ε κ τ ο ῖ ς **παρεπιδήμοις διασπορᾶς** Πόντου, Γαλατίας, Καππαδοκίας, Ἀσίας, **καὶ** Βιθυνίας geographisch spezifiziert[23] – etwa nach dem Muster von 2Kor 1,1, wo die Gemeinde von Korinth und alle Christen in ganz Achaia angesprochen waren[24], vor allem aber mit Blick auf Joh 7,35. Dort dürften wir den frühesten der drei Belege für διασπορά im NT greifen: wir sehen ihn durch einen beigefügten definitorischen Genitiv konkret umrissen, eingeschränkt auf die

---

19 Im weiteren lautet die griechische Fassung Dan 4,37c: ἔθνεσι καὶ πάσαις ταῖς χώραις καὶ πᾶσι τοῖς οἰκοῦσιν ἐν αὐταῖς· *εἰρήνη ὑμῖν* π λ η θ υ ν θ ε ί η ἐν παντὶ καιρῷ.

20 Vgl. 1Kor 1,1–3 und 2Petr 1,2 *χάρις ὑμῖν καὶ εἰρήνη* π λ η θ υ ν θ ε ί η ἐν ἐπιγνώσει τοῦ θεοῦ καὶ Ἰησοῦ τοῦ κυρίου ἡμῶν.

21 Zum ganzen Eingangsabschnitt von 1Petr s. u. S. 288.

22 Zur Begrifflichkeit siehe W. POPKES, Der Brief des Jakobus, Leipzig 2001, 61–64. 69; ferner F. W. BEARE, The First Epistle of Peter, [3]Oxford 1970, 74: „Whatever may be said of the Epistle of James, it is clear that First Peter is addressed to people who had been converted to Christianity from paganism (see 1:18, 2:10, 4:3 etc. [vgl. Apg 15,23!]); the Jewish Diaspora is here regarded as a symbol of the Christian Church."

23 Der Brief geht also an die auserwählten Fremdlinge der Zerstreuung in Pontus, Galatien, Kappadokien, [Klein-] Asien und Bithynien.

24 Vgl. Apg 15,23 (ein Brief der Urapostel an die Heidenchristen in Antiochien, Syrien, Kilikien): Οἱ ἀπόστολοι καὶ οἱ πρεσβύτεροι ἀδελφοὶ τ ο ῖ ς κ α τ ὰ τ ὴ ν Ἀ ν τ ι ό - χ ε ι α ν κ α ὶ Σ υ ρ ί α ν κ α ὶ Κ ι λ ι κ ί α ν ἀ δ ε λ φ ο ῖ ς τοῖς ἐξ ἐθνῶν χαίρειν.

Griechen, die in den verschiedensten fremdländischen Gebieten wohnen:

Joh 7,35 εἶπον οὖν οἱ Ἰουδαῖοι πρὸς ἑαυτούς, Ποῦ οὗτος μέλλει πορεύεσθαι ὅτι ἡμεῖς οὐχ εὑρήσομεν αὐτόν; μὴ **εἰς τὴν διασπορὰν** τ ῶ ν Ἑλλ ή ν ω ν μέλλει πορεύεσθαι καὶ διδάσκειν τοὺς Ἕλληνας; („Will er etwa in die 'Diaspora' der Hellenen gehen und die Hellenen lehren?").

An diese Stelle aus dem Johannes-Evangelium (und an Apg 15,23, s. S. 9 Anm. 24) knüpft der Verfasser von 1Petr 1,1 an und ersetzt den Genitiv τῶν Ἑλλήνων durch Πόντου, Γαλατίας, Καππαδοκίας, Ἀσίας, καὶ Βιθυνίας.

Zusätzlich orientiert er sich an Hebr 11,13 (ὁμολογήσαντες ὅτι ξ έ - ν ο ι καὶ **παρεπίδημοί** εἰσιν **ἐπὶ τῆς γῆς**), wo Abraham als Vorbild des Glaubens gerühmt wird, der sich in Gehorsam als Fremdling im Lande der Verheißung niederließ und zusammen mit Isaak und Jakob, den Miterben der gleichen Verheißung, in Zelten wohnte im Warten auf die festgegründete Stadt. Diese seien im Glauben gestorben, ohne die Verheißung erlangt zu haben. Nur von Ferne hätten sie diese gesehen und begrüßt – und (im Sinne des Psalmisten) bekannt, daß sie F r e m d - l i n g e u n d „B e i s a s s e n" auf Erden seien. Dies ist die Situation der Christen in aller Welt, so auch der Christen in der östlichen „Diaspora", an die der Verfasser von 1Petr seinen Brief richtet. Er hat das zugrundeliegende Zitat aus dem AT (Ps 38,13 ὅτι π ά ρ ο ι κ ο ς ἐγώ εἰμι παρὰ σοὶ | καὶ **παρεπίδημος** καθὼς πάντες οἱ πατέρες μου) erkannt[25] und dieses später auch ausdrücklich entschlüsselt, wenn er die Christen in der Fremde mahnt: Ἀγαπητοί, παρακαλῶ ὡς π α ρ ο ί κ ο υ ς καὶ **παρεπιδήμους** ἀπέχεσθαι τῶν σαρκικῶν ἐπιθυμιῶν, αἵτινες στρατεύονται κατὰ τῆς ψυχῆς (1Petr 2,11 „Geliebte, ich mahne euch als 'Beisassen und Fremdlinge': enthaltet euch der fleischlichen Begierden, die gegen die Seele streiten").

Man hat zu Recht auf die verwandte, breit ausgeführte Metaphorik im Diognetbrief (5) hingewiesen[26]. Dort wird die paradoxe Existenz der Christen in der Welt wie folgt beschrieben (5,5)[27]:

---

25 Vgl. ferner 1Chr 29,14f. (aus Davids Gebet an Gott, den παντοκράτωρ, anläßlich der Spenden für den Tempelbau) καὶ τίς εἰμι ἐγὼ καὶ τίς ὁ λαός μου, ὅτι ἰσχύσαμεν προθυμηθῆναί σοι κατὰ ταῦτα; ὅτι σὰ τὰ πάντα, καὶ ἐκ τῶν σῶν δεδώκαμέν σοι. ὅτι π ά ρ - ο ι κ ο ί ἐσμεν ἐναντίον σου καὶ π α ρ ο ι κ ο ῦ ν τ ε ς ὡς πάντες οἱ πατέρες ἡμῶν· ὡς σκιὰ αἱ ἡμέραι ἡμῶν ἐπὶ γῆς, καὶ οὐκ ἔστιν ὑπομονή; 2Chr 15,9 καὶ ἐ ξ ε κ κ λ η σ ί α - σ ε ν [sc. Asa] τὸν Ιουδαν καὶ Βενιαμιν καὶ τοὺς π ρ ο σ η λ ύ τ ο υ ς τοὺς π α ρ ο ι - κ ο ῦ ν τ α ς μετ᾽ αὐτοῦ ἀπὸ Εφραιμ καὶ ἀπὸ Μανασση καὶ ἀπὸ Συμεων.

26 BEARE 75, der auch 2Kor 4,18 und Hebr 11,13–16 zur Erläuterung heranzieht („it is in this sense that the writer imagines the Church as a new Diaspora").

„Sie bewohnen jeder sein Vaterland, aber wie Nichtbürger; sie haben an allem Anteil wie Bürger, und alles erdulden sie wie Fremde. Jede Fremde ist für sie Vaterland, und jedes Vaterland Fremde" (πατρίδας οἰκοῦσιν ἰδίας, ἀλλ᾽ ὡς πάροικοι· μετέχουσι πάντων ὡς πολῖται, καὶ πανθ᾽ ὑπομένουσιν ὡς ξένοι· πᾶσα ξένη πατρίς ἐστιν αὐτῶν, καὶ πᾶσα πατρὶς ξένη).

Vgl. ferner 5,9ff.: „Auf Erden weilen sie, aber im Himmel haben sie Bürgerrecht. Sie gehorchen den erlassenen Gesetzen, und mit der ihnen eigenen Lebensweise überbieten sie die Gesetze. Sie lieben alle, und von allen werden sie verfolgt. Man kennt sie nicht, und doch verurteilt man sie. Sie werden getötet, und sie werden lebendiggemacht. Arm sind sie, und sie machen viele reich. Sie haben an allem Mangel, und sie haben an allem Überfluß. Sie werden beschimpft, und in den Beschimpfungen werden sie gepriesen. Sie werden verunglimpft, und sie werden ins Recht gesetzt. Sie werden geschmäht, und sie segnen. Sie werden beleidigt, und sie erweisen (anderen) Ehre. Während sie Gutes tun, werden sie wie Übeltäter bestraft. Während sie bestraft werden, freuen sie sich, als würden sie lebendiggemacht. Von den Juden werden sie als Fremdstämmige bekämpft, und von den Griechen werden sie verfolgt. Und die Ursache ihrer Feindschaft vermögen die Hasser nicht zu nennen."

Ἐπὶ γῆς διατρίβουσιν, ἀλλ᾽ ἐν οὐρανῷ πολιτεύονται. Πείθονται τοῖς ὡρισμένοις νόμοις, καὶ τοῖς ἰδίοις βίοις νικῶσι τοὺς νόμους. Ἀγαπῶσι πάντας, καὶ ὑπὸ πάντων διώκονται. Ἀγνοοῦνται, καὶ κατακρίνονται· θανατοῦνται, καὶ ζωοποιοῦνται. Πτωχεύουσι, καὶ πλουτίζουσι πολλούς· πάντων ὑστεροῦνται, καὶ ἐν πᾶσι περισσεύουσιν. Ἀτιμοῦνται, καὶ ἐν ταῖς ἀτιμίαις δοξάζονται· βλασφημοῦνται, καὶ δικαιοῦνται. Λοιδοροῦνται καὶ εὐλογοῦσιν· ὑβρίζονται, καὶ τιμῶσιν. Ἀγαθοποιοῦντες ὡς κακοὶ κολάζονται· κολαζόμενοι χαίρουσιν ὡς ζωοποιούμενοι. Ὑπὸ Ἰουδαίων ὡς ἀλλόφυλοι πολεμοῦνται, καὶ ὑπὸ Ἑλλήνων διώκονται, καὶ τὴν αἰτίαν τῆς ἔχθρας εἰπεῖν οἱ μισοῦντες οὐκ ἔχουσιν.

Aus den hier hervorgehobenen intertextuellen Bezügen zwischen 1Petr und den zitierten Parallelstellen ergibt sich zwingend, daß die Schlußadresse von 1Petr 5,13 Ἀσπάζεται ὑμᾶς ἡ **ἐν Βαβυλῶνι** συνεκλεκτὴ καὶ Μᾶρκος ὁ υἱός μου metaphorisch zu verstehen ist. „Babylon" als apokalyptischer Deckname für Rom (die „Hure Babylon") wird ja – wie dargetan – durch den ganzen Briefduktus ausgeschlossen[28]. Man

---

27 Text und Übersetzung nach A. LINDEMANN – H. PAULSEN, Die Apostolischen Väter, Tübingen 1992.

28 Dieser Gesichtspunkt scheint bei CULLMANN 93–97 nicht berücksichtigt; S. 94 wird eine typologische Verwendung geographischer Namen durchaus in Rechnung gestellt, S. 96 eine bildliche Auffassung von 'Babylon' im Sinne von 'Diaspora', also 'Heimatlosigkeit', ohne Begründung abgelehnt; GNILKA scheint eine solche Deutung nicht einmal in Erwägung zu ziehen, sondern verweilt ausführlich bei der „jüdisch-christlich-apoka-

hat vielmehr „Babylon" am Briefende (5,13) als bildhafte Entsprechung
zu „Diaspora" am Briefbeginn (1,1) und zu π α ρ ο ί κ ο υ ς καὶ **παρεπι-**
* **δήμους** in 2,11 zu deuten[29]: den ἐ κ λ ε κ τ ο ῖ ς **παρεπιδήμοις διασπορᾶς** in 1,1 entbietet ἡ **ἐν Βαβυλῶνι** σ υ ν ε κ λ ε κ τ ή den Schlußgruß,
also „die mit euch miterwählte Gemeinde[30], die gleich euch in der Heimatlosigkeit lebt" [wie einst die Juden in der babylonischen Gefangen-
schaft][31] (5,13). Im Sinne von Hebr 11,13 (s. o.) und gemäß dem Diognetbrief (5f., s. o.) bedeutet dies: in dieser irdischen Welt, in der die
Christen sich fern von ihrer eigentlichen Heimat, als „Beisassen" und
„Fremdlinge" fühlen[32] (konkret könnte sich der Verfasser durchaus in
der Nachbarschaft der fünf angeschriebenen Regionen, also etwa in
Kleinasien, befinden [oder vorgeben, sich dort zu befinden]).

Diese zusätzliche Einführung der pretiösen Metapher „B a b y l o n"
sowie der in Hebr 11,13 und Ps 38,13 vorgegebenen Metaphorik bestätigt die aus anderen Indizien gewonnene Einschätzung (s. u. S.
283ff.), daß in 1Petr eine gegenüber Joh und Jak spätere Entwicklungs-
stufe vorliegt, also die chronologische Abfolge Joh → Jak → 1Petr anzusetzen ist. Der Verfasser des 2. Johannesbriefes hat das r a h m e n d e
Briefformular ähnlich zugeschnitten (vermutlich in Kenntnis des im
Briefrahmen von 1Petr angelegten Wortspiels ἐκλεκτοῖς – συνεκλεκτή):
er schreibt der ἐ κ λ ε κ τ ῇ **κυρίᾳ** καὶ τοῖς **τέκνοις** αὐτῆς (2Joh 1,1),
und es grüßen am Schluß τὰ **τέκνα** τῆς **ἀδελφῆς** σου τῆς ἐ κ λ ε κ τ ῆ ς.
Vielleicht sind die Wurzeln dieses Bildes in den beiden (abtrünnig gewordenen) Geschwisterstämmen Juda und Israel in der Jeremias-Klage
(3,18f.) zu finden:

Jer 3,18f. ἐν ταῖς ἡμέραις ἐκείναις συνελεύσονται **οἶκος Ιουδα** ἐπὶ τὸν
οἶκον τοῦ Ισραηλ, καὶ ἥξουσιν ἐπὶ τὸ αὐτὸ ἀπὸ γῆς βορρᾶ καὶ ἀπὸ πασῶν
τῶν χωρῶν ἐπὶ τὴν γῆν, ἣν κ α τ ε κ λ η ρ ο ν ό μ η σ α τοὺς πατέρας αὐτῶν. καὶ ἐγὼ εἶπα Γένοιτο, κύριε· ὅτι τάξω σε εἰς **τέκνα** καὶ δώσω σοι γῆν
ἐ κ λ ε κ τ ὴ ν κ λ η ρ ο ν ο μ ί α ν θεοῦ παντοκράτορος ἐθνῶν[33].

---

29 Siehe HEUSSI 38.
30 Der Terminus ist singulär in den biblischen Schriften (und in 1Clem).
31 Zu dieser Metaphorik s. o. S. 9 mit Anm. 22.
32 Vgl. N. BROX, Der erste Petrusbrief, EKK (Evangelisch-Katholischer Kommentar zum
    Neuen Testament) 21, 1979, 43, der aber trotz einer großen Sympathie für diese meta-
    phorische Auffassung dann doch den Namen Babylon als konkrete Ortsangabe, als ein
    Kryptogramm für Rom, deutet. Literatur zur Problematik (und zu „Babylon") bei BROX
    41–43; vgl. auch J.-H. ELLIOTT, The Rehabilitation of an exegetical Step-child: 1 Peter
    in recent research, Journ. of Bibl. Lit. 95, 1976, 243–254, dort 252f.
33 Die Inscriptio von 1Clem, in der die meisten der zuvor genannten Grußadressen konta-
    miniert sind, ist später als Joh, Jak und 1Petr. Die in 2Joh 7 ausgesprochene Warnung

lyptischen Tradition …, in der der Symbolname Babylon für Rom als dem (sic) Ort der
Gottlosigkeit und des Lasters ausgebildet wurde" (111–114, das Zitat 113; vgl. ferner
179–188).

2. 1Clem 5–6: Der sog. 1. Clemensbrief und die Apostelgeschichte

Seinen frühesten Text, das 5. Kapitel des sog. ersten Clemensbriefes, läßt ALAND (508/510ff.) gemäß der communis opinio „etwa 96" geschrieben sein[34]. Wir werden den Brief, der sich zweifelsfrei auf den ersten Petrusbrief zurückbezieht, in den Beginn der Ära Hadrians, nahe an das Jahr 125 zu rücken haben (s. S. 330). ALTANER/STUIBER (Patrologie 46) finden im „Clemensbrief", Kap. 5f. „das älteste Zeugnis für die Neronische Christenverfolgung und das Martyrium der Apostelfürsten Petrus und Paulus und vieler Christen in Rom" – ein Urteil, das bis heute die Mehrheit der Patristiker zu teilen scheint. Es hält einer kritischen Überprüfung nicht stand[35].

In dem durch einen unbekannten Autor verfaßten Schreiben der Römischen Christengemeinde an die Gemeinde zu Korinth[36] geht es da-

---

vor („gnostischen") Verführern, die Christi Leiblichkeit leugnen (οἱ μὴ ὁμολογοῦντες Ἰησοῦν Χριστὸν ἐρχόμενον ἐν σαρκί), legt eine deutliche Spätdatierung von 2Joh nahe.

34　Ebenso datiert HEUSSI 11 Anm. 2; ähnlich CULLMANN 101 („wohl aus dem Ende des ersten Jahrhunderts"), KLAUSER 11 und DINKLER 1959, 207 („man muß den Brief gegen 95 n. Chr. ansetzen"); Hengel (2007) Anm. 10 („nach 96 n. Chr."). Siehe unten S. 245 Anm. 3.

35　Auch hier bin ich unabhängig zu einem in den wesentlichen Punkten ganz ähnlichen Urteil gekommen wie HEUSSI in seinem Kapitel 2 („Kannte der römische Clemens die römische Petrustradition?", 11–30). Divergenzen zu HEUSSI ergeben sich mir u. a. in folgendem: Ich halte den „römischen Clemens" für eine Erfindung, die uns chronologisch nicht auf das Jahr 96 festlegt (s. S. 158ff.); ich beziehe das τέρμα τῆς δύσεως nicht auf den Romaufenthalt des Paulus, sondern auf die im Römerbrief angekündigte (wenn auch vermutlich nicht verwirklichte) Spanien-Expedition (s. u. S. 21 und 43. 45); demgemäß glaube ich nicht, daß „Clemens" der Auffassung war, Paulus, der Apostel Roms (Apg 28–31), habe „das Ende seines apostolischen Wirkens im Niedergang = in Rom gefunden", habe „in Rom vor den Machthabern Zeugnis abgelegt" und „den gewaltsamen Tod erlitten" (28f. 30). Wenig zu überzeugen vermag, was ALAND zugunsten seiner Annahme vorbringt, „daß I. Klem. 5 von Petrus und Paulus gesprochen wird, weil sie r ö m i s c h e M ä r t y r e r sind" (514; Sperrung von ALAND).

36　Der Eingangsgruß lautet (s. o. S. 9): Ἡ ἐκκλησία τοῦ θεοῦ ἡ π α ρ ο ι κ ο ῦ σ α Ῥώμην τῇ ἐκκλησίᾳ τοῦ θεοῦ τῇ π α ρ ο ι κ ο ύ σ ῃ Κόρινθον, κλητοῖς ἡγιασμένοις ἐν θελήματι θεοῦ διὰ τοῦ κυρίου ἡμῶν Ἰησοῦ Χριστοῦ. Χάρις ὑμῖν καὶ εἰρήνη ἀπὸ παντοκράτορος θεοῦ διὰ Ἰησοῦ Χριστοῦ πληθυνθείη. Er ist z. T. wörtlich kopiert in dem Polykarp-Martyrium, einem Schreiben der Gemeinde von Smyrna an die Gemeinde von Philomelion und die übrigen Gemeinden der katholischen Kirche (Ἡ ἐκκλησία τοῦ θεοῦ, ἡ π α ρ ο ι κ ο ῦ σ α Σμύρναν, τῇ ἐκκλησίᾳ τοῦ θεοῦ, τῇ π α ρ ο ι κ ο ύ σ ῃ ἐν Φιλομηλίῳ καὶ πάσαις ταῖς κατὰ πάντα τόπον τῆς ἁγίας καὶ καθολικῆς ἐκκλησίας παροικίαις. <ἔλεος καὶ εἰρήνη καὶ ἀγάπη> θεοῦ πατρὸς καὶ τοῦ κυρίου ἡμῶν Ἰησοῦ Χριστοῦ <πληθυνθείη.> G. SCHNEIDER, Clemens von Rom. Brief an die Korinther, Freiburg 1994 (Fontes Christiani. 15) 14 verweist ferner auf den Brief der Jerusalemer Gemeinde an die antiochenische (Apg 15,23–29) und auf das Schreiben der Gemeinden von Lyon und Vienne an Christen in Kleinasien, aus dem Eusebius zitiert, vgl. h. e. 5,1,3 «Οἱ ἐν Βιέννῃ καὶ Λουγδούνῳ τῆς Γαλλίας π α ρ ο ι κ ο ῦ ν τ ε ς δοῦλοι Χριστοῦ τοῖς κατὰ τὴν Ἀσίαν καὶ Φρυγίαν τὴν αὐτὴν τῆς ἀπολυτρώσεως ἡμῖν πίστιν καὶ ἐλπίδα rum, einen innerkirchlichen Zwist um das Presbyteramt beizulegen, den einige jüngere Mitglieder der korinthischen Kirchengemeinde entfacht haben (1,1). Im Verlauf der Auseinandersetzungen wurden einige angesehene Männer, die unter Zustimmung der gesamten Gemeinde als Presbyter eingesetzt worden waren, aus ihrem Dienst entfernt (44,3–6); dies führte zu einer fortdauernden Spaltung, so daß „wegen ein oder zwei Personen" die Einrichtung des Presbyteramtes überhaupt gefährdet schien (47,5f.). Die Rädelsführer werden aufgefordert, im Interesse der gemeinsamen Hoffnung (51,1) lieber auszuwandern, damit die Herde Christi mit ihren bestellten Presbytern in Frieden leben könne (54,1f.), oder sich den Presbytern unterzuordnen (57,1f.), damit in der Gemeinde von Korinth wieder Friede und Eintracht herrsche (63,2. 4)[37].

In diese konkrete Situation hinein ist der Brief der römischen Gemeinde geschrieben. Wenn also darin von Aufruhr und Spaltung, von Eifersucht, Neid und Mißgunst die Rede ist[38] und Exempla aus dem Alten und Neuen Testament angeführt werden, so geht es immer zunächst um Eifersucht, Neid, Mißgunst oder – allgemeiner – um Rivalitäten innerhalb der eigenen Sozietät, nur sekundär um Auseinandersetzungen zwischen Gläubigen und staatlicher Macht. Primär stehen Christen gegen Christen (so in Korinth), Glieder des gleichen jüdischen Volkes gegen jüdische Brüder oder auch Juden gegen die neue Sekte der jüdischen Christen, wie dies vor allem in der Apostelgeschichte deutlich wird.

Schon die erste Einführung dieses Leitmotivs in die Mahnschrift 1Clem macht diesen Zusammenhang offenbar, indem die frühere vorbildliche Haltung der C h r i s t e n g e m e i n d e   v o n   K o r i n t h (1,2–2,8) in der gleichen Weise mit ihrer jetzigen Entzweiung kontrastiert wird, wie dies in dem zugrundegelegten Schriftwort Dtm 32,15 in Bezug auf I s r a e l der Fall ist[39]:

ἔχουσιν ἀδελφοῖς· εἰρήνη καὶ χάρις καὶ δόξα ἀπὸ θεοῦ πατρὸς καὶ Χριστοῦ Ἰησοῦ τοῦ κυρίου ἡμῶν».

37 Vgl. 3,4; 20,11; 21,1; 30,3; 34,7; 49,5; 50,5; 60,4; 65,1.

38 Die Stellen sind bei E. H. LONA, Klemens 1, Göttingen 1998, 138 gesammelt: ζῆλος καὶ φθόνος (4,7. 13; 5,2); ζῆλος καὶ ἔρις (5,5; 6,4); ἔρις καὶ στάσις (14,2); στάσις καὶ διχοστασία (51,1); στάσις καὶ ἔρις καὶ σχίσματα (54,2); ἀλαζονεία καὶ ἀκαταστασία (14,1); ἔρεις καὶ θυμοὶ καὶ διχοστασίαι καὶ σχίσματα πόλεμός τε (46,5). Hinzuzufügen sind 3,2; 9,1. Zusätzlich wären die Belege für einfaches σχίσμα oder στάσις (z. B. 1,1; 2,6; 46,9; 49,5; 57,1; 63,1; s. LONA 140) und für ζῆλος (3,4; 4,8. 9. 10. 11. 12. 13; 5,4; 6,1. 2. 3; 9,1; 14,1; 39,7; 43,2; 45,4; 63,2) anzuführen.

39 Dtm 32,6–14 I s r a e l von Gott gesegnet – Dtm 32,15–18 I s r a e l s Verderbnis – 32,19–25 Ankündigung des göttlichen Strafgerichts über I s r a e l. Der Scharniervers 32,15: καὶ ἔφαγεν Ιακωβ καὶ ἐνεπλήσθη, καὶ ἀπελάκτισεν ὁ ἠγαπημένος, ἐλιπάνθη, ἐπαχύνθη, ἐπλατύνθη· καὶ ἐγκατέλιπεν θεὸν τὸν ποιήσαντα αὐτὸν καὶ ἀπέστη ἀπὸ θεοῦ σωτῆρος αὐτοῦ.

1Clem 3,1–3 „Alle Ehre und Fülle wurde euch geschenkt – und es erfüllte sich das Schriftwort (Dtm 32,15): 'Er aß und trank, wurde dick und fett, und er schlug aus, der Geliebte'. Daher rühren Eifersucht und Neid, Streit und Aufruhr, Verfolgung und Unordnung, Krieg und Gefangenschaft. So erhoben sich 'die Unbeachteten gegen die Geachteten', die Unangesehenen gegen die Angesehenen, die Unverständigen gegen die Verständigen, die Jungen gegen die Älteren"[40] (πᾶσα δόξα καὶ πλατυσμὸς ἐδόθη ὑμῖν, καὶ ἐπετελέσθη τὸ γεγραμμένον· «Ἔφαγεν καὶ ἔπιεν, καὶ ἐπλατύνθη καὶ ἐπαχύνθη, καὶ ἀπελάκτισεν ὁ ἠγαπημένος.» Ἐκ τούτου **ζῆλος καὶ φθόνος**, ἔρις καὶ στάσις, διωγμὸς καὶ ἀκαταστασία, πόλεμος καὶ αἰχμαλωσία. Οὕτως ἐπηγέρθησαν «οἱ ἄτιμοι ἐπὶ τοὺς ἐντίμους», οἱ ἄδοξοι ἐπὶ τοὺς ἐνδόξους, οἱ ἄφρονες ἐπὶ τοὺς φρονίμους, οἱ ν έ ο ι ἐπὶ τοὺς π ρ ε σ β υ τ έ-ρ ο υ ς).

Den Auftakt des ersten Katalogs von Exempla machen Kain und Abel (4,1–7); das Fazit – an die „B r ü d e r" in Korinth gerichtet – lautet: „Eifersucht und Neid bewirkten B r u d e r mord" (4,7 ζῆλος καὶ φθό-νος ἀ δ ε λ φ ο κ τ ο ν ί α ν κατειργάσατο). Das Stichwort ζῆλος wird im folgenden zu Beginn eines jeden der weiteren sechs alttestamentarischen Exempla wiederholt: Eifersucht herrschte zwischen Jakob und Esau, zwischen Joseph und seinen Brüdern, zwischen Moses und seinen Stammesgenossen in Ägypten (4,10 heißt es ausdrücklich ἀπὸ τοῦ ὁ μ ο φ ύ λ ο υ!), und so fort. Der Schlußsatz der Reihe schärft den Tenor des Abschnittes noch einmal ein: „Wegen Eifersucht mußte David nicht nur von den Fremden Neid ertragen, sondern wurde auch von Saul, dem König Israels, verfolgt" (1 Sam 18–29)

1Clem 4,13 διὰ **ζῆλος** Δαυὶδ φθόνον ἔσχεν οὐ μόνον ὑπὸ τῶν ἀλλοφύλων, ἀλλὰ καὶ ὑπὸ Σαοὺλ βασιλέως Ἰσραὴλ ἐδιώχθη[41].

Wenn also nun in 1Clem 5,1ff. den Beispielen des AT solche der jüngeren Zeit, nämlich der christlichen Epoche hinzugesellt werden[42]

---

40 Wieder werden auf die Gemeinde von Korinth die Verhältnisse des alttestamentarischen I s r a e l (hier durch „J u d a" verkörpert) übertragen, siehe Jes 3,5 καὶ συμπεσεῖται ὁ λαός, ἄνθρωπος πρὸς ἄνθρωπον καὶ ἄνθρωπος πρὸς τὸν πλησίον αὐτοῦ· προσκόψει τ ὸ π α ι δ ί ο ν πρὸς τ ὸ ν π ρ ε σ β ύ τ η ν, ὁ ἄτιμος πρὸς τὸν ἔντιμον. Diese Situation hat ja tatsächlich in der Christengemeinde von Korinth ihre unmittelbare Entsprechung, wo sich jüngere Gemeindemitglieder gegen verdiente πρεσβυτέρους gewandt haben.
41 Die Entsprechungen dieser Beispiele für die zerstörerische Kraft der Eifersucht mitten in der Familie und im Volksstamm zur Situation in der korinthischen Gemeinde sind von LONA im Kommentar S. 149–153 herausgearbeitet.
42 Hierzu HENGEL Anm. 436 lapidar: „,Die Kämpfer der jüngsten Zeit' ... bezieht sich natürlich auf römische Martyrien." Im Haupttext sieht er in dem Passus 5,4 (siehe anschließend) das Martyrium des Petrus durch Clemens Romanus bezeugt, so auch Anm. 164.

1Clem 5,1 Ἀλλ' ἵνα τῶν ἀρχαίων ὑποδειγμάτων παυσώμεθα, ἔλθωμεν ἐπὶ τοὺς ἔγγιστα γενομένους ἀθλητάς· λάβωμεν τ ῆ ς γ ε ν ε ᾶ ς ἡ μ ῶ ν τὰ γενναῖα ὑποδείγματα,

so ist die Richtung dessen, was sie in erster Linie erhellen sollen, vor-
gegeben: Es geht um die Drangsale und Leiden, die den Glaubens-
Kämpfern[43] der jüngeren Zeit vor allem durch ihre Stammesbrüder, Familien und Volksgruppen zugefügt wurden. Die herausragenden neutestamentlichen Beispiele sind die Apostelfürsten Petrus und Paulus, die
hier – wohl mit Blick auf Gal 2,9 – als die größten und gerechtesten
„Säulen" bezeichnet werden[44] (es ist aufschlußreich, daß nunmehr Paulus den Platz des Jesus-Bruders Jakobus und des Johannes einnimmt,
die in Gal 2,9 zusammen mit Kephas als die „Säulen" – στῦλοι – galten: der Verfasser des „Clemensbriefes" urteilt aus dem Horizont einer
späteren Epoche!). Diese „Säulen" Petrus und Paulus also seien wegen
Eifersucht und Neid verfolgt worden und hätten ihren Kampf für den
Glauben bis zu ihrem Tod geführt:

1Clem 5,2 Διὰ ζῆλον καὶ φθόνον οἱ μέγιστοι καὶ δικαιότατοι σ τ ῦ λ ο ι ἐδιώχθησαν καὶ ἕως θανάτου ἤθλησαν.

Dies wird nun m. E. in engem Anschluß an die k a n o n i s c h e A p o -
s t e l g e s c h i c h t e zuerst an Petrus, dann – im Sinne einer Steigerung
der Mühsale – an Paulus expliziert. Ganz so ist ja auch die Apostelgeschichte angelegt, deren erstes Drittel um Petrus, deren Rest – nach der
Stephanus-Episode – um Paulus kreist. Erkennt man, daß der Verfasser
von 1Clem dem Leitbild der Apostelgeschichte gefolgt ist, erledigt sich
auf ganz unspektakuläre Weise ein von ALAND (515) beinahe trium-
phierend wieder aufgegriffener Einwand LIETZMANNS: Die von „Clemens" vorgenommene Auswahl gerade des Petrus und Paulus (unter
Mißachtung der übrigen Apostel, obwohl Paulus doch gerade nicht zu
den Zwölf gehört habe) sei nur verständlich aus dem Wissen, daß beide
in Rom das Martyrium erlitten hätten. Nein: Ps.Clemens legt in seinem
Brief einfach die Verhältnisse zugrunde, die er in der Apostelgeschichte
vorfand[45].

---

43 Zur Wettkampf-Metaphorik s. SCHNEIDER 69 Anm. 13; 75 Anm. 29; LONA 131. 157.

44 Gal 2,9 καὶ γνόντες τὴν χάριν τὴν δοθεῖσάν μοι, Ἰ ά κ ω β ο ς καὶ Κ η φ ᾶ ς καὶ Ἰ ω -
    ά ν ν η ς, οἱ δοκοῦντες σ τ ῦ λ ο ι εἶναι, δεξιὰς ἔδωκαν ἐμοὶ καὶ Βαρναβᾷ κοινωνίας,
    ἵνα ἡμεῖς εἰς τὰ ἔθνη, αὐτοὶ δὲ εἰς τὴν περιτομήν.

45 Auf diese historisch wohl kaum angemessene Verengung der Sicht in der Apostelge-
    schichte macht in anderem Zusammenhang DINKLER aufmerksam: „Der Darstellung
    der Apostelgeschichte verdanken wir das wohl vereinfachende Bild, als wären Petrus
    und Paulus die einzigen großen Apostel der ersten Jahrzehnte der Kirche" (1959, 199).

In diesem „Clemensbrief" heißt es nun von P e t r u s, er habe wegen unberechtigter Eifersucht vielerlei Mühsale ertragen und sei, nachdem er so Zeugnis (für den Glauben) abgelegt hatte, an den gebührenden Ort der Herrlichkeit gelangt:

1Clem 5,4 (λάβωμεν πρὸ ὀφθαλμῶν ἡμῶν ... Πέτρον), ὃς διὰ ζῆλον ἄδικον οὐχ ἕνα οὐδὲ δύο, ἀλλὰ πλείονας ὑπήνεγκεν πόνους καὶ οὕτω μαρτυρήσας ἐπορεύθη εἰς τὸν ὀφειλόμενον τόπον τῆς δόξης.

Hier ist οὕτω μαρτυρήσας nicht im Sinne eines B l u t zeugnisses zu fassen: Der Terminus μαρτυρεῖν – samt Ableitungen – wird im ersten „Clemensbrief" 46mal verwendet – ausschließlich in der weiteren Bedeutung des „Bezeugens", nirgends als Ausdruck für ein 'Martyrium'[46].

Die „unberechtigte Eifersucht" aber, die hier als Ursache der Angriffe benannt wird, geht nicht von den Behörden in Rom aus (von Rom ist ja im ganzen Zusammenhang nirgends die Rede), sondern von den jüdischen Stammesbrüdern, die die neue Sekte der Christenjuden erbittert bekämpfen. Dafür liefert die Apostelgeschichte eine Fülle von Beispielen. Wenn man die dortigen Petrus-Abschnitte ins Auge faßt, läßt sich die etwas gespreizt wirkende, formelhafte Ausdrucksweise des „Clemensbriefes" οὐχ ἕνα οὐδὲ δύο, ἀλλὰ πλείονας ὑπήνεγκεν πόνους[47] mit den folgenden Begebenheiten in Verbindung bringen: Die erste Bedrängnis, in der dort der Apostel Petrus geschildert wird, manifestiert sich in der Episode 'Petrus und Johannes vor dem Hohen Rat' (Apg 4); diese erfährt in 5,17ff. eine Wiederholung. Im 12. Kapitel läßt dann König Herodes Jakobus, den Bruder des Johannes, mit dem Schwerte töten; als er sieht, daß dies den Juden gefällt, läßt er auch den Petrus ergreifen und ins Gefängnis werfen, aus dem dieser wunderbar errettet wird. Mit Kapitel 13 setzt dann bereits der Bericht über Paulus ein, dessen hartes Schicksal bis zu seiner Ankunft in Rom in Kap. 28 den Rest der Erzählung einnimmt.

Das Motiv des Hohenpriesters und seiner Anhänger aus der Partei der Sadduzäer wird in Apg 5,17 ausdrücklich als „Eifersucht" diagnostiziert:

---

46 Siehe etwa HEUSSI 15f. (mit weiterer Literatur), 18f., bes. 23–26 (über die Wortgeschichte von μαρτυρεῖν, μαρτυρία, μαρτύριον, μάρτυς); vgl. LAMPE, Patr. Greek Lex. (1961) 828: die frühesten Belege für den eingeengten, „technischen" Begriff 'be martyred', 'suffer martyrdom' im 'Martyrium Polycarpi'; ähnlich KITTEL, ThWNT IV 477–514, bes. 511–514 (wenngleich dort 1Clem 5,4 und 5,7 wenig scharf gefaßt sind; dies gilt auch für BAUERs Wörterbuch, Berlin 1958, 974); s. ferner LONA 160f. und G. W. BOWERSOCK, Martyrdom and Rome, Cambridge 1995, 14ff.
47 Für diese Formel hat H. KOCH (GGA 196, 1934, 458) sechs Parallelen aufgetan (Hinweis bei HEUSSI 15 Anm. 1).

ἐπλήσθησαν ζήλου καὶ ἐπέβαλον τὰς χεῖρας ἐπὶ τοὺς ἀποστόλους καὶ ἔθεντο αὐτοὺς ἐν τηρήσει δημοσίᾳ.

In 4,1 waren die Priester, der Hauptmann des Tempels und die Sadduzäer voll Unwillens, daß Petrus und Johannes das Volk lehrten und in Jesus die Auferstehung der Toten verkündeten. Also legten sie Hand an sie und setzten sie bis zum folgenden Tag ins Gefängnis. Am Ende des zweiten Verhörs vor dem Hohen Rat ergrimmten die Juden und waren entschlossen, sie zu töten (5,33); auf den Rat des Gamaliel aber ließen sie davon ab; sie riefen die Apostel in den Saal, ließen sie geißeln und geboten ihnen, nicht im Namen Jesu zu reden und entließen sie (5,40).

Auch S t e p h a n u s, dessen „Aristie" im Ablauf der Erzählung auf den Petrus-Abschnitt folgt, wird von Juden verschiedener Provenienz in Streit verwickelt und vor den Hohen Rat geführt, schließlich zur Stadt hinausgestoßen und gesteinigt (Apg 6,8–7,57). In seiner langen Verteidigungsrede gibt er eine Reihe von Beispielen aus dem AT, die teilweise im „Clemensbrief" eine Entsprechung haben, angefangen vom Stammvater Abraham über Isaak, Jakob, Joseph und seine Brüder in Ägypten, Moses und seine Stammesgenossen in Ägypten – bis zu David und Salomon. Bezeichnend ist wieder das Eifersuchtsmotiv in 7,9: „Die Stammväter waren eifersüchtig auf Joseph und verkauften ihn nach Ägypten"

καὶ οἱ πατριάρχαι ζηλώσαντες τὸν Ἰωσὴφ ἀπέδοντο εἰς Αἴγυπτον.

Sowohl diese als auch die Moses-Episode konnte der Verfasser des „Clemensbriefes" nach der Erzählung der Apostelgeschichte wiedergeben. Die Moses-Episode von 1Clem 4,10 ist m. E. sicher direkt aus Apg 7,26–29 gespeist, wie die wörtlichen Übereinstimmungen deutlich machen (nur wird in Apg 7,23 und 25 von „Brüdern, den Söhnen Israels"[48], statt von „Stammesgenossen" gesprochen):

1Clem 4,10 Ζ ῆ λ ο ς φ υ γ ε ῖ ν ἠ ν ά γ κ α σ ε ν Μ ω ϋ σ ῆ ν ἀπὸ προσώπου Φαραὼ βασιλέως Αἰγύπτου ἐ ν τ ῷ ἀ κ ο ῦ σ α ι αὐτὸν ἀπὸ τοῦ ὁμοφύλου· «Τίς σε κατέστησεν ἄρχοντα ἢ δικαστὴν ἐφ᾽ ἡμῶν; μὴ ἀνελεῖν με σὺ θέλεις ὃν τρόπον ἀνεῖλες ἐχθὲς τὸν Αἰγύπτιον;» (Ex 2,14);

Apg 7,26–29 τῇ τε ἐπιούσῃ ἡμέρᾳ ὤφθη αὐτοῖς μαχομένοις καὶ συνήλλασσεν αὐτοὺς εἰς εἰρήνην εἰπών, Ἄνδρες, ἀ δ ε λ φ ο ί ἐ σ τ ε· ἱνατί ἀδικεῖτε ἀλλήλους; ὁ δὲ ἀδικῶν τὸν πλησίον ἀπώσατο αὐτὸν εἰπών, «Τίς σε κατέστησεν ἄρχοντα καὶ δικαστὴν ἐφ᾽ ἡμῶν; μὴ ἀνελεῖν με σὺ θέλεις ὃν τρόπον ἀνεῖλες ἐχθὲς τὸν Αἰγύπτιον;» (Ex 2,14); ἔ φ υ γ ε ν δ ὲ Μ ω ϋσ ῆ ς ἐ ν τ ῷ λ ό γ ῳ τ ο ύ τ ῳ.

---

48   Apg 7,23 (vgl. 25) ἐπισκέψασθαι τοὺς ἀδελφοὺς αὐτοῦ τοὺς υἱοὺς Ἰσραήλ.

Insbesondere die hier durch gesperrten Fettdruck herausgehobenen Kola, die in Apg 7,29 auf das Septuaginta-Zitat folgen, während sie im „Clemensbrief" das Bibelzitat einleiten, beweisen direkte Abhängigkeit; denn der Verfasser des „Clemensbriefes" hat nicht nur umgestellt, sondern auch (wie es bei literarischen Imitationen zu geschehen pflegt) kunstvoll variiert, indem er aus dem S p r e c h e n des Verses (ἐν τῷ λόγῳ τούτῳ) ein H ö r e n macht (ἐν τῷ ἀκοῦσαι) und aus dem ἔφυγεν δὲ Μωϋσῆς einen Zwang zur Flucht herausliest (φυγεῖν ἠνάγκασεν Μωϋσῆν)[49].

Eifersucht der Juden steht auch hinter den Drangsalen des P a u l u s, so etwa in Apg 13,45 (die Szene spielt im pisidischen Antiochien): „Als aber die Juden [sc. nach der erfolgreichen Predigt des Paulus] die Volksmenge sahen, wurden sie mit Eifersucht erfüllt und widersprachen unter Lästerungen dem, was Paulus sagte"

ἰδόντες δὲ οἱ Ἰουδαῖοι τοὺς ὄχλους ἐ π λ ή σ θ η σ α ν ζ ή λ ο υ καὶ ἀντέλεγον τοῖς ὑπὸ Παύλου λαλουμένοις βλασφημοῦντες.

In 17,5 (Paulus befindet sich in Thessalonike) heißt es wiederum: „Da wurden die Juden eifersüchtig, holten sich einige üblen Leute vom Gassenvolk heran, rotteten sich zusammen und brachten die Stadt in Unruhe"

ζηλώσαντες δὲ οἱ Ἰουδαῖοι καὶ προσλαβόμενοι τῶν ἀγοραίων ἄνδρας τινὰς πονηροὺς καὶ ὀχλοποιήσαντες ἐθορύβουν τὴν πόλιν[50].

Solche Anfeindungen der Juden führen oft zu regelrechten Verfolgungen, so daß also auch der Hinweis des „Clemensbriefes" auf „Verfolgungen", die die Apostel-„Säulen" erleiden mußten

1Clem 5,2 οἱ μέγιστοι καὶ δικαιότατοι στῦλοι ἐ δ ι ώ χ θ η σ α ν καὶ ἕως θανάτου ἤθλησαν[51]

durch die Apostelgeschichte gedeckt ist. In Apg 8,1 hören wir von einem δ ι ω γ μ ὸ ς μέγας ἐπὶ τὴν ἐκκλησίαν τὴν ἐν Ἰεροσολύμοις, in dessen Verlauf sich alle Christen außer den Aposteln über Judäa und Samaria zerstreuten. Erinnert sei ferner an Apg 13,50, wo die Juden (im pisidischen Antiochien) die vornehmen und gottesfürchtigen Frauen und die Vorsteher der Stadt aufhetzen, eine Verfolgung gegen Paulus und Barnabas erregen und sie aus ihrem Gebiet vertreiben:

---

49 Siehe ferner S. 255ff.
50 Man wird also kaum LONA folgen können, für den das ζῆλος-Motiv in der Apg „keine bedeutsame Rolle" spielt (159, Anm. 2).
51 Siehe S. 20 Anm. 53.

Apg 13,50 καὶ ἐπήγειραν δ ι ω γ μ ὸ ν ἐπὶ τὸν Παῦλον καὶ Βαρναβᾶν, καὶ ἐξέβαλον αὐτοὺς ἀπὸ τῶν ὁρίων αὐτῶν.

Richtig stellt MITTELSTAEDT[52] fest: „Sämtliche in der Apg geschilderten Christenverfolgungen (8,1/12,1/17,5) gehen von Juden aus".

Ganz in diesem Sinne haben die Verfolgungen, denen P a u l u s gemäß 1Clem 5,6f. ausgesetzt war, Verfolgungen, die ihm – wiederum „wegen Eifersucht und Streitsucht" (διὰ ζῆλον καὶ ἔριν) – den Kampfpreis der Geduld abverlangen, nur einen mittelbaren Bezug zu Rom; primär beziehen sich auch diese auf die Auseinandersetzungen mit den Juden und sonstigen Gegnern auf seinen Missionsreisen[53], verweisen also wieder auf die Erzählungen der Apostelgeschichte und einiger Paulusbriefe:

> „Siebenmal in Ketten, vertrieben[54], gesteinigt[55], Herold im Osten wie im Westen, empfing er den echten Ruhm für seinen Glauben. Gerechtigkeit lehrte er die ganze Welt, ging bis an die Grenze des (westlichen) Abendlandes und legte Zeugnis ab vor den Machthabern. So schied er aus der Welt und gelangte an den heiligen Ort – das größte Vorbild für Ausdauer".

1Clem 5,6f. ἑπτάκις δεσμὰ φορέσας, φυγαδευθείς, λιθασθείς, κ ῆ ρ υ ξ γ ε ν ό μ ε ν ο ς ἔν τε τῇ ἀνατολῇ καὶ ἐν τῇ δύσει τὸ γενναῖον τῆς πίστεως αὐτοῦ κλέος ἔλαβεν· δικαιοσύνην διδάξας ὅλον τὸν κόσμον καὶ ἐπὶ τὸ τέρμα τῆς δύσεως ἐλθὼν καὶ μ α ρ τ υ ρ ή σ α ς ἐ π ὶ τ ῶ ν ἡ γ ο υ μ έ ν ω ν, οὕτως ἀπηλλάγη τοῦ κόσμου καὶ εἰς τὸν ἅγιον τόπον ἐπορεύθη, ὑπομονῆς γενόμενος μέγιστος ὑπογραμμός.

---

52 A. MITTELSTAEDT, Lukas als Historiker. Zur Datierung des lukanischen Doppelwerkes, Tübingen 2006 (Texte und Arbeiten zum neutestamentlichen Zeitalter [TANZ]. 43), 218.

53 Anfeindungen und Verfolgungen durch J u d e n: Apg 9,23–25; 20,3; 20,19 (ἐν ταῖς ἐπιβουλαῖς τῶν Ἰουδαίων); 21,27; 23,11; 25,3 (in 14,19 setzen Juden dem Paulus in andere Städte nach und überreden das dortige Volk, ihn zu steinigen), durch J u d e n u n d H e i d e n (und die Behörden der Stadt): 14,2. 5f., durch H e l l e n i s t e n: 9,29, durch J u d e n u n d R ö m i s c h e B e h ö r d e n in den Provinzen (Statthalter): 16,19 (Philippi in Makedonien); 18,12ff. (Korinth, Statthalter Gallio [den die Streitigkeiten der Juden nicht interessieren]); 22,22. 30 (Stadtoberst von Jerusalem, Hohepriester und Hoher Rat); 23,23ff. Überführung nach Cäsarea zum dortigen Statthalter Felix; 24,1ff. der Hohepriester Ananias kommt mit einigen Ältesten und dem Anwalt Tertullus von Jerusalem nach Cäsarea und erhebt vor dem Statthalter Felix Klage gegen Paulus; 25,10f. Paulus vor dem Statthalter Festus, er legt Berufung beim Kaiser ein; 25,13 Beratung des Statthalters mit König Agrippa; 25,23ff. Paulus vor Agrippa (25,24: die Juden hätten den Tod verlangt, Festus aber habe festgestellt, daß er nichts Todeswürdiges begangen habe; 26,31 König Agrippa, Berenike und der Statthalter Festus zueinander: „Dieser Mann tut nichts, was Tod oder Fesseln verdient!", vgl. 28,18); 28,19 Paulus: „Als aber die Juden Einspruch erhoben, war ich genötigt, den Kaiser anzurufen."

54 Flucht und Vertreibung: z. B. Apg 9,25. 30 (vgl. 2Kor 11,33); 13,50; 14,6.

55 Siehe Apg 14,5 (ὑβρίσαι καὶ λ ι θ ο β ο λ ῆ σ α ι αὐτούς); 14,19 καὶ λ ι θ ά σ α ν τ ε ς τ ὸ ν Π α ῦ λ ο ν ἔσυρον ἔξω τῆς πόλεως, νομίζοντες αὐτὸν τεθνηκέναι.

Die Siebenzahl im Zusammenhang der Fesseln und Einkerkerungen mag ähnlich rhetorisch bedingt sein wie bei den sieben Exempla aus dem AT (4,1–13)[56]; doch bietet die Apostelgeschichte tatsächlich eine dichte Folge von Gefangennahmen und Fesselungen[57] des Paulus, die sich leicht auf sieben und mehr addieren lassen: 16,23f. in Philippi (vgl. 16,37); in 20,22f. und 21,11–13 wird eine doppelte Ankündigung der Gefangennahme in Jerusalem gegeben; diese erfolgt in 21,31. 33 durch den römischen Oberst (Chiliarchen), der Paulus mit zwei Ketten fesseln läßt (ἐκέλευσεν δεθῆναι ἁλύσεσι δυσί); 23,35 (in Cäsarea: der Statthalter F e l i x befiehlt, daß Paulus im Prätorium des Herodes in Gewahrsam gehalten werde; vgl. 24,23 „in milder Haft"; 24,27 Felix läßt bei seiner Ablösung den Paulus als Gefangenen [δεδεμένον] zurück); 25,4 (der Nachfolger F e s t u s hält Paulus weiter in Cäsarea gefangen); 25,21; 26,29. 31 (Paulus gefesselt bei der Beratung des Festus mit Agrippa und Berenike [παρεκτὸς τῶν δεσμῶν τούτων]); 27,42 (im Schiffbruch vor Malta: τῶν δὲ στρατιωτῶν βουλὴ ἐγένετο ἵνα τοὺς δεσμώτας ἀποκτείνωσιν); 28,16. 17. 20 (Paulus gefesselt und bewacht in Rom)[58].

Auch Paulus, der Künder des Glaubens in Ost und West, der die ganze Welt die Rechtfertigung[59] lehrt, wird uns durch die Apostelgeschichte in einzigartiger Weise vor Augen gestellt[60]. Daß Paulus bis zum äußersten Westen (nämlich zu den Säulen des Herakles, also nach Südspanien)[61] gelangt sei, hat der Verfasser des „Clemensbriefes" aus Röm 15,24. 28 erschlossen und den dort von Paulus geäußerten P l a n als verwirklicht angesehen[62]. Das Zeugnis vor den Amtsträgern (καὶ

---

56 Man verweist auf 2Kor 11,24f. ὑπὸ Ἰουδαίων **πεντάκις** τεσσαράκοντα παρὰ μίαν ἔλαβον, **τρὶς** ἐραβδίσθην, **ἅπαξ** ἐλιθάσθην, **τρὶς** ἐναυάγησα, νυχθήμερον ἐν τῷ βυθῷ πεποίηκα; vgl. Hebr 11,36f. ἕτεροι δὲ ἐμπαιγμῶν καὶ μαστίγων πεῖραν ἔλαβον, ἔτι δὲ δεσμῶν καὶ φυλακῆς· ἐλιθάσθησαν, ἐπρίσθησαν, ἐν φόνῳ μαχαίρης ἀπέθανον, περιῆλθον ἐν μηλωταῖς, ἐν αἰγείοις δέρμασιν, ὑστερούμενοι, θλιβόμενοι, κακουχούμενοι, etc.; ferner LONA 163. Zur Vorliebe für die Siebenzahl im 1. „Clemensbrief" s. auch O. KNOCH, Eigenart und Bedeutung der Eschatologie im theologischen Aufriß des ersten Clemensbriefes, Bonn 1964, 70 (zu 1Clem 13,2); vgl. auch LONA 39.

57 Gelegentlich kommen Auspeitschen und Geißeln hinzu, vgl. Apg 16,22; 22,24.

58 Apg 28,16; 17f. Ἐγώ, ἄνδρες ἀδελφοί, οὐδὲν ἐναντίον ποιήσας τῷ λαῷ ἢ τοῖς ἔθεσι τοῖς πατρῴοις δέσμιος ἐξ Ἱεροσολύμων παρεδόθην εἰς τὰς χεῖρας τῶν Ῥωμαίων, οἵτινες ἀνακρίναντές με ἐβούλοντο ἀπολῦσαι διὰ τὸ μηδεμίαν αἰτίαν θανάτου ὑπάρχειν ἐν ἐμοί; 20 ἕνεκεν γὰρ τῆς ἐλπίδος τοῦ Ἰσραὴλ τὴν ἄλυσιν ταύτην περίκειμαι.

59 Vgl. Apg 13,38f.; Röm 4,25; 6,7; 10,4.

60 Vgl. Apg 20,25 (κηρύσσων τὴν βασιλείαν); ebenso 28,31; siehe ferner 10,42; 19,13.

61 Zur Diskussion dieser Formel s. LONA 165.

62 MITTELSTAEDT 192f. sieht in Clem. 5,7 zu Unrecht einen Beleg dafür, daß Paulus seinen Plan einer Spanienreise doch noch habe umsetzen können. Er nimmt den Bischof

μαρτυρήσας ἐπὶ τῶν ἡγουμένων) wird durch die Satzstruktur nicht auf Paulus' Ankunft im äußersten Westen eingeschränkt, sondern bezieht sich auf seine gesamte Lehrtätigkeit in der ganzen Welt von Ost bis West, die ihn – nach Auskunft der Apostelgeschichte (s. S. 20 Anm. 53) – immer wieder in die Lage brachte, vor den jüdischen Behörden, den jeweiligen Stadtoberen und den römischen Provinzstatthaltern Rechenschaft über seine Glaubensverkündigung zu geben[63]. In diesem Sinne hatte er sich Apg 20,22–24 von den Presbytern in Ephesus verabschiedet, um nach Jerusalem zu gehen: „Und nun seht, als ein Gefangener im Geiste gehe ich nach Jerusalem, ohne zu wissen, was mir dort begegnen wird. Nur das bezeugt mir der Heilige Geist von Stadt zu Stadt, daß Fesseln und Drangsale meiner warten. Aber ich halte in keiner Hinsicht mein Leben für wertvoll für mich, wenn ich nur meinen Lauf vollende und die Aufgabe erfülle, die ich empfangen habe vom Herrn Jesus, nämlich Z e u g n i s   z u   g e b e n für das Evangelium von der Gnade Gottes":

δ ι α μ α ρ τ ύ ρ α σ θ α ι τὸ εὐαγγέλιον τῆς χάριτος τοῦ θεοῦ[64].

Gemäß der Erzählung von Apg 23,11 trat in der Nacht, nachdem Paulus vor dem römischen Hauptmann in Jerusalem, dem Hohenpriester und dem Hohen Rat Zeugnis abgelegt hatte und er in die Kaserne zurückgebracht worden war, der Herr zu ihm und sprach: „Sei guten Mutes! Denn wie du in Jerusalem meine Sache bezeugt hast, so mußt du auch in Rom Zeugnis geben"

Apg 23,11 Θάρσει, ὡς γὰρ **δ ι ε μ α ρ τ ύ ρ ω** τὰ περὶ ἐμοῦ εἰς Ἰερουσαλὴμ οὕτω σε δεῖ καὶ εἰς Ῥώμην **μ α ρ τ υ ρ ῆ σ α ι.**

Ganz in diesem Sinne hat der Verfasser des „Clemensbriefes" sein **μαρτυρήσας** ἐπὶ τῶν ἡγουμένων verstanden wissen wollen. Von B l u t z e u g n i s ist hier nirgends die Rede; diese Bedeutung kommt dem Begriff erst später zu, frühestens um 170 im 'Martyrium' des Polykarp von Smyrna[65]. Demgemäß formuliert der „Clemensbrief" das weitere sehr neutral (5,7): „So (d. h. nachdem er all seine Aufgaben erfüllt

---

„Clemens" für eine historisch feste Größe und setzt voraus, daß dieser über das Schicksal des Paulus in Rom habe informiert gewesen sein müssen; doch siehe S. 158ff.

63 MITTELSTAEDT (191) verweist auf Apg 13,7–12 (vor dem Prokonsul Sergius Paullus); 23,1–10 (vor dem Hohen Rat in Jerusalem); 24,1–26 (vor dem Prokurator Felix); 25,6–26,32 (vor Festus und König Agrippa).

64 Vgl. Apg 10,42 καὶ παρήγγειλεν ἡμῖν **κ η ρ ύ ξ α ι** τῷ λαῷ καὶ **δ ι α μ α ρ τ ύ ρ α-σ θ α ι** ὅτι οὗτός ἐστιν ὁ ὡρισμένος ὑπὸ τοῦ θεοῦ κριτὴς ζώντων καὶ νεκρῶν.

65 Siehe S. 17 Anm. 46 und S. 134.

hatte)[66] schied er aus der Welt und gelangte an den heiligen Ort [sc. das himmlische Jerusalem] – (den Menschen) das größte Vorbild für Ausdauer und Geduld im Leid geworden."

Aufgrund der parallel ausgerichteten, leicht antithetischen Anlage der beiden Charakterporträts (des Petrus und Paulus) hält es HEUSSI (29) m. E. zu Recht für ausgeschlossen, „daß Clemens überhaupt von einem Wirken des Petrus im Abendland gewußt hat." Dem Sinne nach heiße es von Petrus: „Nachdem er durch Ertragen von Mühsalen Zeuge geworden war, wanderte er an den ihm zukommenden Ort der Herrlichkeit (§ 4)", und von Paulus an der parallelen Stelle: „Er wurde ein Verkünder i m   M o r g e n l a n d   u n d   i m A b e n d l a n d [Sperrungen hier und im folgenden von HEUSSI] und empfing den jenseitigen Lohn (§6)." Diese Formulierungen wären – so überzeugend HEUSSI – ganz unerträglich, „wenn Clemens auch von Petrus ein Wirken im Morgenlande u n d   i m   A b e n d l a n d e angenommen hätte. Gemeint sein kann vielmehr nur: Paulus wurde ein 'Verkünder' nicht bloß – wie Petrus – im Morgenlande, sondern auch im Abendlande. Clemens würde ja g e r a d e z u d e n   R u h m   d e s   P e t r u s   v e r k l e i n e r n, wenn er die abendländische Wirksamkeit des Paulus hervorheben, die des Petrus aber unerwähnt lassen würde. Clemens hat das gleiche Bild von der apostolischen Zeit vor Augen, wie der Verfasser der Apostelgeschichte: Petrus wirkte im Osten, Paulus im Osten und Westen."

An den soeben zitierten Satz 5,7 schließt sich nun glatt das folgende an: „Diesen Männern (sc. Petrus und Paulus), die in Ehrbarkeit ihr Leben führten, gesellte sich eine große Menge von Erwählten zu, die (ihrerseits) infolge von Eifersucht unter vielen Schmähungen und Martern standhaft aushielten und so zum schönsten Vorbild u n t e r   u n s (C h r i s t e n) geworden sind"

1Clem 6,1 τούτοις τοῖς ἀνδράσιν ὁσίως πολιτευσαμένοις συνηθροίσθη[67] πολὺ πλῆθος ἐκλεκτῶν, οἵτινες πολλαῖς αἰκίαις καὶ βασάνοις δ ι ὰ   ζ ῆ λ ο ς παθόντες ὑπόδειγμα[68] κάλλιστον ἐγένοντο ἐ ν   ἡ μ ῖ ν.

Es heißt hier ausdrücklich nicht: „diesen beiden M ä r t y r e r n wurde eine große Menge von Erwählten zugesellt (sc. die bei uns in Rom das Martyrium erlitten)", sondern: „diesen Männern, die i n   H e i l i g k e i t i h r   L e b e n   f ü h r t e n (ὁσίως πολιτευσαμένοις)[69], gesellten sich zu"; damit ist von vornherein ausgeschlossen, daß ein spezieller Ort (etwa Rom) ins Auge gefaßt wäre, vielmehr geht es um den gesamten Ablauf des ehrbaren Lebens der beiden Apostel mit all den verschiedenen Sta-

---

66 Die Beziehung von οὕτω in 5,4 und οὕτως in 5,7 ist von HEUSSI 15. 17f. 21–23 erörtert worden; siehe auch LONA 166.

67 Vgl. 15,1; 19,2; 30,3; 31,1; 46,1. 4.

68 Gemeint ist ὑπόδειγμα ὑπομονῆς, vgl. 5,5. 7.

69 Dazu kann man vergleichen: 3,4; 9,2; 21,1; 44,6; 51,2; 54,4.

tionen dieses Lebensweges. Und die große Menge der Erwählten, die sich ihrem heiligmäßigen Leben anschlossen, verteilt sich über die ganze Welt, setzt sich zusammen aus all denen, die entweder den beiden Aposteln persönlich begegnet sind[70] oder die von ihrem ehrbaren Wandel gehört haben und ihnen nachfolgen[71].

Auf den Spuren der Apostel werden sie nun ihrerseits herausragende Muster der Standhaftigkeit unter den (zeitgenössischen) Christen: ἐν ἡμῖν bedeutet hier nicht „unter uns Römern" – wie der Text häufig (falsch) verstanden wird[72] (Rom ist ja, wie gesagt, im Zusammenhang nirgends gesondert in den Blick genommen), sondern „unter uns Christen" oder „unter den Christen unserer Ära"[73], ganz in Fortsetzung des in 5,1 angeschlagenen Tenors λάβωμεν τῆς γενεᾶς ἡμῶν τὰ γενναῖα ὑποδείγματα.

---

70   Vgl. etwa Apg 17,34 τινὲς δὲ ἄνδρες κολληθέντες αὐτῷ ἐπίστευσαν, siehe ferner o. S. 23 Anm. 67.

71   Mit der *multitudo ingens*, die bei Tacitus (ann. 15,44,4) in der Neronischen Christenverfolgung überführt wird, hat dieses πολὺ πλῆθος ἐκλεκτῶν nicht das geringste zu tun, wenngleich diese Verbindung auch von HENGEL (2007) 8f. wieder vorgenommen wird. Solche Allerweltsfloskeln (die Junktur findet sich bei Tacitus 5mal, bei Livius 14mal) konnte nur in ein Abhängigkeitsverhältnis zwingen wollen, wer in einer petitio principii den „Clemensbrief" als „frühestes Zeugnis der Neronischen Christenverfolgung" erweisen wollte. Tacitus scheint übrigens die zahlenmäßig damals eher kleine Gruppe der Christen unter die größere Judengemeinde zu subsumieren – wenn nicht eine rhetorische Übertreibung vorliegt.
Letzteren Gedanken sehe ich nachträglich bei GNILKA 120 zum Ausdruck gebracht, der ansonsten beinahe in allem konträre Positionen zu der hier entwickelten Einschätzung des „Clemensbriefes" vertritt (s. GNILKA 114–122. 208–215). Dabei war zumindest eine Beobachtung geeignet, diese Positionen in Frage zu stellen; sie wird S. 212 mitgeteilt: „Die Berufung auf die Apostel Petrus und Paulus und die mit ihnen gesetzte apostolische Tradition spielt im Zusammenhang mit der von der römischen Gemeinde in Anspruch genommenen Autorität im Brief – man möchte sagen: erstaunlicherweise – keine Rolle. Sie wird explizit nicht in die Argumentation eingebracht."

72   So auch von CULLMANN (108. 110. 118. 122), der m. E. zu Unrecht die angeprangerte 'Eifersucht und Händelsucht' unter den Christen Roms festmachen will; besonders bedenklich erscheinen in diesem Zusammenhang die Ausführungen S. 115–123. Auch LONA bringt hier zu Unrecht die römische Gemeinde und die neronische Christenverfolgung ins Spiel (S. 168f.).

73   Das sieht auch MITTELSTAEDT (194); indes schließt er sich dann doch der „seit der Antike gängige(n) Interpretation" an, „daß hier auf die Opfer der neronischen Verfolgung in Rom hingewiesen wird". Zu Recht spricht er sich aber anschließend gegen den gängigen Automatismus aus, die bloße Aufeinanderfolge der Nachrichten über Petrus, Paulus und die (vermeintlich) römischen Opfer in einen lokalen Zusammenhang zu bringen, und faßt das Ergebnis dieser Überlegungen treffend in dem Satz zusammen: „Weder von Paulus noch von Petrus wird hier explizit ausgesagt, daß sie ihr Schicksal in Rom beschlossen" (195).

Zu vergleichen sind Stellen wie 19,1 τῶν τοσούτων οὖν καὶ τοιούτων οὕτως μεμαρτυρημένων τὸ ταπεινόφρον καὶ τὸ ὑποδεὲς διὰ τῆς ὑπακοῆς οὐ
μόνον ἡ μ ᾶ ς, ἀλλὰ καὶ τὰς πρὸ ἡ μ ῶ ν γενεὰς βελτίους ἐποίησεν:

„Die Demut und Bescheidenheit so vieler Männer besonderer Art, denen
auf solche Weise ein Ehrenzeugnis (durch die Schrift) ausgestellt wurde
[genannt waren sieben Figuren aus dem AT][74], haben nun durch Gehorsam
nicht nur u n s, sondern auch d i e G e n e r a t i o n e n v o r u n s besser
gemacht".

In 55,1ff. ist die Antithese von 5,1 (große Figuren des AT – „Athleten"
unserer christlichen Ära) ersetzt durch den Gegensatz 'Beispiele der
selbstlosen Opferbereitschaft unter den H e i d e n – selbstlose Nächs-
stenliebe unter u n s C h r i s t e n' (gefolgt von den Exempla der beiden
jüdischen Heldinnen Judith und Esther, die männliche Taten vollbrachten, ihr Leben aufs Spiel setzten, um das Vaterland zu retten):

ἵνα δὲ καὶ ὑποδείγματα ἐ θ ν ῶ ν ἐνέγκωμεν· πολλοὶ βασιλεῖς καὶ ἡγούμε-
νοι λοιμικοῦ τινος ἐνστάντος καιροῦ χρησμοδοτηθέντες παρέδωκαν ἑαυτοὺς εἰς θάνατον, ἵνα ῥύσωνται διὰ τοῦ ἑαυτῶν αἵματος τοὺς πολίτας· πολλοὶ ἐξεχώρησαν ἰδίων πόλεων, ἵνα μὴ στασιάζωσιν ἐπὶ πλεῖον. Ἐπιστάμε-
θα πολλοὺς ἐ ν ἡ μ ῖ ν παραδεδωκότας ἑαυτοὺς εἰς δεσμά, ὅπως ἑτέρους
λυτρώσονται· πολλοὶ ἑαυτοὺς παρέδωκαν εἰς δουλείαν καὶ λαβόντες τὰς
τιμὰς αὐτῶν ἑτέρους ἐψώμισαν. Πολλαὶ γυναῖκες ἐνδυναμωθεῖσαι διὰ τῆς
χάριτος τοῦ θεοῦ ἐπετελέσαντο πολλὰ ἀνδρεῖα (sc. Judith und Esther).

„Doch um sogar Beispiele v o n H e i d e n anzuführen: Viele Könige und
Fürsten haben sich in Pestzeiten auf den Spruch eines Orakels hin selbst
dem Tod übergeben, um durch ihr Blut die Bürger zu retten[75]. Viele sind
aus ihrer eigenen Stadt ausgewandert, um weiteren Aufruhr zu vermeiden[76]. – Wir wissen von vielen u n t e r u n s C h r i s t e n, die sich den
Ketten überliefert haben, um andere loszukaufen. Viele begaben sich in
Sklaverei, nahmen ihren Kaufpreis und speisten andere. Viele Frauen
vollbrachten, durch die Gnade Gottes gestärkt, viele mannhafte Taten" [es
folgen die Exempla der Judith und Esther].

In all diesen Fällen bedeutet ἡ μ ε ῖ ς niemals „wir in Rom", sondern
immer: „wir Christen" oder „die Christen unserer (neutestamentlichen)
Ära" oder „unsere christlichen Zeitgenossen". Weil dies in der Diskus-

---

74 Man beachte wieder die Zahl 7! Es handelt sich um die Propheten Elija, Elischa, Eze-
chiel, ferner um Abraham, Hiob, Moses und David.

75 Man verweist auf den Katalog der *clarae … mortes pro patria oppetitae* in Cic. Tusc.
1,116. Von Pestzeiten ist dort nicht die Rede; aber über Menoikeus, den König von
Theben, liest man bei Hygin (fab. 242,3): *M e n o e c e u s Iocastes pater se de muro
praecipitavit Thebis p r o p t e r p e s t i l e n t i a m.*

76 Lykurgos aus Sparta, Solon aus Athen, Scipio Africanus aus Rom (Sen. epist. 86,1f.).

sion über den „Clemensbrief" häufig verkannt wird[77], führe ich noch einige wenige, beliebig herausgegriffene Beispiele für prägnantes ἡμεῖς oder ἡμέτερος an, zunächst einen Beleg aus Irenäus von Lyon. Er gibt im 5. Buch seines Werkes 'Adversus haereses' (haer. 5,28,4 = frg. 22), also etwa in der Zeitspanne 185–190, ein wörtliches Zitat aus dem Römerbrief (Röm 4,1) des Ignatius von Antiochien (auf den wir gleich anschließend zurückkommen), nennt ihn aber nicht bei seinem Namen, sondern umschreibt ihn als „einer der Unseren", d. h. „einer von uns Christen". Der Bischof Irenäus bezieht sich also in L y - o n auf den im s y r i s c h e n A n t i o c h i e n lebenden Ignatius, indem er sagt (haer. 5,28,4): „So hat das einer der Unsrigen ausgedrückt, der wegen des Zeugnisses für Gott zum Tod durch die wilden Tiere verurteilt war" (ὡς εἶπέ τις τῶν ἡμετέρων – und dann folgt das Zitat Röm 4,1).

Ähnlich kann sich der Historiograph Eusebius in den ersten Jahrzehnten des 4. Jh.s auf die Christen zur Zeit Mark Aurels oder gar Trajans durch ein einfaches ἡμεῖς oder ἡμέτερος zurückbeziehen:

So heißt etwa der Titulus zu Eus. h. e. 5,5: „Wie Gott die Bitten d e r U n s e r e n erhörte und dem Kaiser Mark Aurel Regen vom Himmel sandte" (Ὡς Μάρκῳ Αὐρηλίῳ Καίσαρι ταῖς τῶν ἡμετέρων εὐχαῖς οὐρανόθεν ὁ θεὸς ἐπακούσας ὗσεν).

In 5,5,3 lesen wir dann: „Diese Geschichte (von dem durch das Gebet christlicher Soldaten bewirkten Regenwunder) wird sowohl von den u n s e - r e m (sc. christlichen) Bekenntnis fernstehenden Schriftstellern, welche über die oben genannten Kaiser geschrieben haben, berichtet, als auch v o n u n - s e r e n e i g e n e n Geschichtsschreibern mitgeteilt. Aber die heidnischen Schriftsteller, die nicht aus unseren Reihen kommen, also nicht mit dem Glauben vertraut sind, erwähnen zwar das Wunder (das widernatürliche Geschehen), geben indes nicht zu, daß es a u f B i t t e n d e r U n s e r e n h i n erfolgt ist. D i e U n s r i g e n jedoch überliefern als Freunde der Wahrheit einfach und ohne bösartige Entstellung, was sich wirklich zugetragen hat":

ἡ δ' ἱστορία φέρεται μὲν καὶ παρὰ τοῖς πόρρω τοῦ **καθ' ἡμᾶς** λόγου συγγραφεῦσιν οἷς μέλον γέγονεν τῆς κατὰ τοὺς δηλουμένους γραφῆς, δεδήλωται δὲ καὶ πρὸς τῶν **ἡμετέρων**. ἀλλὰ τοῖς μὲν ἔξωθεν ἱστορικοῖς, ἅτε τῆς πίστεως ἀνοικείοις, τέθειται μὲν τὸ παράδοξον, οὐ μὴν καὶ ταῖς **τῶν ἡμετέρων** εὐχαῖς τοῦθ' ὡμολογήθη γεγονέναι· τοῖς δέ γε **ἡμετέροις**, ἅτε ἀληθείας φίλοις, ἁπλῷ καὶ ἀκακοήθει τρόπῳ τὸ πραχθὲν παραδέδοται.

Eusebius kann also ohne weiteres „auf Bitten d e r U n s e r e n" (ταῖς τῶν ἡμετέρων εὐχαῖς) schreiben, wenn er meint: „auf Bitten c h r i s t l i -

---

77 Auch noch von LONA, der S. 563 räsoniert: „Es bleibt unklar, wie weit die drastischen Angaben von Selbstlosigkeit in der römischen Gemeinde rhetorisch übermalt sind oder ob sie wenigstens in ihrem Kern auf historische Gegebenheiten zurückgehen."

c h e r Soldaten der sog. melitenischen Legion, die im Heer des Marc Aurel dienten".

Ganz ähnlich sagt er 4,26,4: „In seiner Schrift an den Kaiser (Mark Aurel) berichtet Melito, daß derlei Angriffe unter seiner Regierung g e g e n u n s (sc. Christen) geschehen seien": ἐν δὲ τῷ πρὸς τὸν αὐτοκράτορα βιβλίῳ τοιαῦτά τινα κ α θ᾽ ἡ μ ῶ ν ἐπ᾽ αὐτοῦ γεγονέναι ἱστορεῖ; vgl. 3,33,1 τοσοῦτός γε μὴν ἐν πλείοσι τόποις ὁ κ α θ᾽ ἡ μ ῶ ν ἐπετάθη τότε διωγμός [zur Zeit Trajans, als Plinius seinen Brief X 96/97 an den Kaiser schrieb]; 3,33,2 οὐ χεῖρόν γε μὴν τοῖς κακουργεῖν π ε ρ ὶ ἡ μ ᾶ ς ἐθέλουσιν λείπεσθαι προφάσεις, ... τῶν κατὰ χώρας ἀρχόντων τὰς κ α θ᾽ ἡ μ ῶ ν συσκευαζομένων ἐπιβουλάς.

Dementsprechend bedeutet das ἐ ν ἡ μ ῖ ν des „Clemensbriefes" „unter uns C h r i s t e n" oder „unter den Christen unserer Ära", verweist also nicht auf Rom[78].

Die in 1Clem. 55,3–6 vorgeführten Beispiele vieler F r a u e n, konkretisiert in Judith und Esther, die – obwohl dem „schwachen" Geschlecht zugehörig – männliche Taten verrichteten[79], führen uns zurück zu der ganz entsprechenden Gedankenentwicklung in 6,2: Dort war bisher von M ä n n e r n die Rede, die infolge von E i f e r s u c h t u n d R i v a l i t ä t zu leiden hatten – zunächst von Männern des AT, dann von Petrus und Paulus als Repräsentanten der christlichen Ära, schließlich von vielen Erwählten, die sich deren heiligmäßiger Lebensführung anschlossen. An dieser Stelle nun richtet sich das Augenmerk auch auf die F r a u e n, die standhaft in den durch Eifersucht verursachten Schmähungen und Leiden „zum sicheren Ziel im Glaubenswettlauf gelangten und den edlen Siegerlohn (im Wettkampf) empfingen, sie, die doch körperlich schwach waren" (διὰ ζ ῆ λ ο ς διωχθεῖσαι γ υ ν α ῖ κ ε ς

---

78 KLAUSER sieht sich am Ende seiner Erörterung des „Clemensbriefes" veranlaßt, seine inneren Skrupel gerade auch über seine stillschweigende Vereinnahmung des Kolons ἐν ἡ μ ῖ ν zugunsten des Schauplatzes Rom doch noch zu bekennen (14 mit Anm. 8): „Es hat immer etwas Mißliches an sich, wenn man ein Zeugnis nur dadurch gewinnt, daß einem Text, sozusagen durch Anlegung von Daumenschrauben, eine präzise Aussage abgepreßt wird, die nicht unmittelbar intendiert war". In der Anmerkung konkretisiert er dann die neuralgischen Punkte: „Die Worte, die Klemens im wörtlichsten und engsten Sinn gebraucht haben müßte, wenn unsere Auslegung richtig sein soll, sind die folgenden: ἔγγιστα, γενεᾶς ἡμῶν, συνηθροίσθη und besonders ἐν ἡ μ ῖ ν (unter uns Römern)." Es ehrt den großen Gelehrten, daß er ihm verbliebenen Zweifel in den Schlußsatz kleidet: „So wird man also dem aus dem Klemensbrief gewonnenen Zeugnis für sich allein nicht die letzte Sicherheit zusprechen dürfen". Daß er die hier nicht gewonnene Sicherheit dann in dem Römerbrief des Ps.Ignatius (s. S. 31ff.) finden zu können glaubte (15f.), hat – wie wir sehen werden (S. 31 Anm. 85) – einen Hauch von Tragik. Ebenso dann auch das Fazit seiner Untersuchung der Textzeugen: „Der kritische Historiker wird demnach abschließend folgendes Urteil fällen müssen: Alles spricht dafür, daß Petrus, wie die römische Überlieferung will, gegen Ende seines Lebens in Rom tätig gewesen und dort unter Nero im Jahre 64 als Märtyrer gestorben ist, und zwar in den vatikanischen Gärten" (16).

79 1Clem. 55,3 πολλαὶ γ υ ν α ῖ κ ε ς ... ἐπετελέσαντο πολλὰ ἀ ν δ ρ ε ῖ α.

{Δαναίδες καὶ Δίρκαι} αἰκίσματα δεινὰ καὶ ἀνόσια παθοῦσαι ἐπὶ τὸν τῆς πίστεως βέβαιον δρόμον κατήντησαν καὶ ἔλαβον γέρας γενναῖον αἱ ἀσθενεῖς τῷ σώματι), ferner auf die E h e g a t t i n n e n (γαμετάς), die aus „Eifersucht" ihren Männern entfremdet werden. Der Katalog endet mit einer ins Allgemeine sich weitenden Schlußsentenz: „Eifersucht und Streit zerstörte große Städte und rottete große Völker aus" (6,4 ζ ῆ λ ο ς κ α ὶ ἔ ρ ι ς πόλεις μεγάλας κατέστρεψεν καὶ ἔθνη μεγάλα ἐξερίζωσεν).

Danaiden und Dirken fügen sich schwerlich in den Zusammenhang (trotz der bei G. SCHNEIDER 79 Anm. 42 und LONA 169–171 besprochenen Deutungsversuche)[80]; sie sind als mythologische Fremdkörper im „Clemensbrief" auch nicht mit dem Vogel Phönix vergleichbar, der ja eine naturwissenschaftliche (Plin. nat. 10,5) und „historische" Größe darstellt, wie aus den Geschichtsschreibern und den Kaisermünzen erhellt (s. S. 318ff.). WORDSWORTHs Verbesserungsversuch γυναῖκες ν ε α ν ί δ ε ς π α ι δ ί σ κ α ι ist nur auf den ersten Blick verlockend; denn man darf bezweifeln, daß ein Spiel des Zufalls drei m e c h a n i s c h e Buchstabenvertauschungen nebeneinander so lenkt, daß zwei korrekte Eigennamen entstehen. Im übrigen finde ich nirgends im „Clemensbrief" ein solches dreigliedriges Asyndeton. Auch in 1Kor. 9,5 (ἀδελφὴν γυναῖκα) scheint nicht ein zweigliedriges Asyndeton vorzuliegen, vielmehr dürfte lediglich der eine Begriff durch den anderen präzisiert werden („eine Frau, selbst wenn es sich nur um die eigene Schwester handelt"). Üblicherweise erfolgt denn auch eine solche Reihung mit Hilfe von Verbindungspartikeln, vgl. Lk 12,45 (τοὺς παῖδας καὶ τὰς παιδίσκας) und 1Clem. 60,2 (δούλων σου καὶ παιδισκῶν); ferner Hhld 6,8 Ἑξήκοντά εἰσιν β α σ ί λ ι σ σ α ι , κ α ὶ ὀγδοήκοντα π α λ λ α κ α ί , κ α ὶ ν ε α ν ί δ ε ς ὧν οὐκ ἔστιν ἀριθμός ... εἴδοσαν αὐτὴν θυγατέρες καὶ μακαριοῦσιν αὐτήν, β α σ ί λ ι σ σ α ι κ α ὶ π α λ λ α κ α ὶ καὶ αἰνέσουσιν αὐτήν. Euseb. ecl. proph. (Hhld 6,8) p. 106,13 GAISFORD (Oxford 1842) ἀπὸ πλειόνων ὑπάρχειν αὐτῷ τελείαν περιστερὰν παρὰ τὰς λεγομένας β α σ ι λ ί δ α ς κ α ὶ π α λ λ α κ ί δ α ς κ α ὶ ν ε α ν ί δ α ς .

Folglich wird man mit LUISE ABRAMOWSKI anzunehmen haben[81], „daß es sich bei den drei Wörtern 'Danaiden und Dirken' der Form nach um eine typische in den Text eingedrungene Glosse handelt." Die Glosse sei älter als alle uns bekannten griechischen Handschriften und Übersetzungen – dies ist gewiß richtig, aber unverständlich dann die anschließende Folgerung: „wegen ihres hohen Alters muß man sie auch im Text stehen lassen", ebenso unmethodisch die weiteren Ausführungen, bis wir im Schlußabschnitt glücklich wieder zum

---

80 HENGEL (2007) 206 sieht hier wieder eine Anspielung „auf Frauen als Märtyrerinnen in der neronischen Verfolgung", vgl. die Übersetzung Anm. 437: (Frauen, die) „als Danaiden und Dirken furchtbare und ruchlose Folterqualen erlitten", mit Verweis auf Tac. ann. 15,44.

81 Siehe LONA 170 Anm. 2, der auf das Postskriptum zu H. C. BRENNECKEs Aufsatz „Danaiden und Dirken. Zu 1 Cl 6,2", ZKG 88, 1977, 302–308 verweist (ABRAMOWSKIs *Postscriptum* dort S. 308).

Glossator geführt werden, der ein gebildeter Mann gewesen sei und mit seiner Glosse nur das eine bezweckt haben könne: die Todesart der Christinnen anzudeuten. Die aus dem Exemplum der Dirke zu erschließende sei „plausibel genug", „von den eventuellen Kontaktpunkten mit dem Mythos von den Danaiden" komme, so fährt sie fort, „nur der der Aufstellung an der Rennbahn in Frage" (dies bezieht sich auf eine Variante des Danaidenmythos, über die zuvor BRENNECKE gehandelt hat: im Anschluß an die Entsühnung vom Gattenmord habe Danaos vor Beginn des Wettkampfes, der ihm die erhofften Schwiegersöhne bringen soll, seine Töchter in der Arena aufgestellt). Dieser Anknüpfungspunkt bedeute hier anderes und Fürchterlicheres als im Mythos, wie man aus dem Bericht des Tacitus ersehen könne. Sie schließt mit der Vermutung, daß der Glossator die Schilderung, die Tacitus (ann. 15,44,4) von der grausamen Hinrichtung der Christen in Rom unter Nero gibt, gekannt habe („Berührungspunkte" [womit?] seien etwa Zerfleischtwerden und Aufstellung der Kreuze mit den angenagelten Christen, die abends als Fackeln abgebrannt werden), und glaubt so einen Terminus post quem für die Tätigkeit des Glossators gewonnen zu haben. – Hier wird alles vermengt, die Annahme, daß in 1Clem 5,1–6,2 von der neronischen Christenverfolgung gehandelt werde, als gegeben vorausgesetzt, und dann der entsprechende Tacitusbericht mit einer Variante des Danaidenmythos verknüpft, zu dem es keine Berührungspunkte gibt[82].

In dieser Situation ist es wahrhaft befreiend, daß THOMAS RIESENWEBER – ohne Kenntnis von ABRAMOWSKI – das anstößige Kolon getilgt und als Glosse zu ζῆλος ἀπηλλοτρίωσεν γαμετὰς ἀνδρῶν (6,3) bestimmt hat. In dieser Verbindung wird die Wahl des Exempels der Δαναΐδες unmittelbar verständlich: Die fünfzig Danaos-Töchter (mit Ausnahme der Hypermestra) ermorden auf Geheiß ihres Vaters in der Hochzeitsnacht die Söhne des Aigyptos, der sich mit seinem Bruder Danaos um die Herrschaft stritt. Sie sind somit ein vorzügliches Beispiel für die fatalen Auswirkungen von ζῆλος unter Brüdern, der zugleich Frauen und ihre Ehemänner entzweit! Die Dirke darf man vielleicht als

---

82 Verwiesen sei in diesem Zusammenhang auf KLAUSER 12–14 (mit bedenklichen Vorannahmen, z. B. S. 12: „Nun glauben wir zu wissen, wann und wo christliche Frauen das Schicksal der Dirke und der Danaiden sterbend darzustellen hatten. Das muß im Juli des Jahres 64 unter Nero geschehen sein."). Er bezieht sich im weiteren auf die Schilderung des Tacitus von der durch Nero angeordneten „Volksfesthinrichtung" der Christen „in seinen Gärten am vatikanischen Hügel und in dem dort gelegenen Zirkus". S. 13 Anm. 6 werden diese Kombinationen in gedämpfteren Tönen vorgetragen: „Wie wir uns die von Tacitus genannten Aufführungen des Jahres 64, bei denen Christinnen vor den Augen der Menge und zu deren Unterhaltung als 'Danaiden' und 'Dirken' den Tod erlitten, zu denken haben, läßt sich nur zum Teil vermuten" (er stellt sich „eine Mehrzahl christlicher Frauen im Kostüm der Dirke" vor). Zu den fünfzig in der Unterwelt unaufhörlich Wasser in ein durchlöchertes Faß schöpfenden Danaiden bemerkt er: „Wie aber die pantomimische Aufführung dieses mythischen Vorgangs mit dem Tod der darstellenden Christinnen geendet haben kann, bleibt für uns dunkel." – Zu vergleichen ist ferner KATHLEEN M. COLEMAN, Fatal Charades: Roman Executions Staged as Mythological Enactments, JRS 80, 1990, 44–73, dort bes. 65f. und 73 (S. 64 auch zu Tac. ann. 15,44,4).

ein Beispiel für γυναῖκες … αἰκίσματα δεινὰ καὶ ἀνόσια παθοῦσαι verstehen und somit annehmen, daß wir in Δαναΐδες καὶ Δίρκαι die Randerläuterung eines in der antiken Mythologie bewanderten Schreibers oder Lesers vor uns haben, der die Paragraphen 6,2–3 durch Exempla der heidnischen Mythologie auszudeuten suchte. Der merkwürdige Plural Δίρκαι ist vermutlich nicht mehr als eine Angleichung an γυναῖκες und Δαναΐδες. Man kann sich aber denken, daß der Schreiber, der diesen Randzusatz gemacht hat, Abscheulichkeiten der späteren Christenverfolgungen erlebt oder von ihnen gehört hat, wie sie in dem Bericht der Christengemeinden von Vienne und Lyon über ihre Märtyrer, besonders über den Tod der Märtyrin Blandina im Amphitheater zu Lyon geschildert werden (Eus. h.e. 5,1,56): „Nachdem sie gegeißelt, den wilden Tieren ausgesetzt und geröstet worden war, steckte man sie zuletzt in ein Netz und warf sie einem S t i e r e vor. Als sie von dem Tier wiederholt emporgeschleudert worden war, … wurde auch sie getötet" (καὶ μετὰ τὰς μάστιγας, μετὰ τὰ θηρία, μετὰ τὸ τήγανον, τοὔσχατον εἰς γυργαθὸν βληθεῖσα **ταύρῳ παρεβλή-θη,** καὶ ἱκανῶς ἀναβληθεῖσα πρὸς τοῦ ζῴου … ἐτύθη καὶ αὐτή). Vgl. ferner act. Paul. et Thecl. 35, wo Thekla mit den Füßen mitten zwischen (zwei?) wilde Stiere gebunden wurde, die – durch glühende Eisen angestachelt – sie zerreißen sollten. Aber die ringsum lodernde Flamme brannte die Stricke durch, so daß sie wie nicht gebunden war (καὶ ἔδησαν αὐτὴν ἐκ τῶν ποδῶν μέσον τῶν ταύρων, … καὶ ἦν ὡς οὐ δεδεμένη). Zu Dirke siehe Hygin. fab. 8,5 *D i r c e n ad taurum crinibus religatam necant.* Weitere Verbesserungsvorschläge bei LIGHTFOOT I 2,33f. – Die Konstitution des Textes an dieser Stelle des „Clemensbriefes" ist jedoch ohne Bedeutung für die Frage, ob die beiden in 1Clem. 5,2–6,1 behandelten Apostelfürsten den Märtyrertod erlitten und ob sich ihr Ende in Rom abgespielt hat oder nicht.

Das Fazit lautet demnach: Von einem Aufenthalt des Petrus in Rom, von einer Verfolgung des Petrus und des Paulus und von einem Martyrium der beiden Apostel in der Stadt unter Nero weiß der Verfasser des „Clemensbriefes" nichts. Er hat überhaupt keine Kenntnisse von den beiden Aposteln außer jenen, die er aus der kanonischen Apostelgeschichte und sonstigen Schriften des NT ziehen konnte[83].

---

83 Sehr plastisch – aber treffend – formuliert H. KRAFT bei R. WEGNER (Hrsg.), Die Datierung der Evangelien. Tonbandnachschrift zum Symposion des Institutes für wissenschaftstheoretische Grundlagenforschung, Paderborn 1982, 139: „Wir wissen von der römischen Gemeinde nach den neronischen Verfolgungen absolut nichts und konstatieren voll Überraschung, daß auch Clemens nicht mehr gewußt hat als wir. Im Clemensbrief steht kein Wort über das hinaus, was wir wissen: Die größten Säulen sind gefallen, und sie haben nicht einmal, nicht zweimal gelitten. Die Tradition ist hier also total abgerissen, und wäre der Apostel Paulus nicht als Märtyrer gefallen, sondern an einem kalten Tag im Januar 64 gestorben, dann sähe die Überlieferung immer noch so aus, wie sie aussieht. Hier ist ein absolutes Loch in unseren Kenntnissen." Ähnlich E. T. MERRILL, On „Clement of Rome", Amer. Journ. of Theol. 22, 1918, 426–442, dort 438: „it is almost inconceivable that if the death of the apostles were a living memory in the writer's mind he would have referred to them in such extremely vague and inconclusive

3. Ign. Röm 4,3: Petrus und Paulus im Römerbrief des „Ignatius" (mit einem Vorgriff auf die Erörterung der Chronologie)

Neben dem ersten „Clemensbrief" gilt ein Passus aus dem Brief des „Ignatius von Antiochien" an die Römer (4,3)[84] als ein frühes Zeugnis für Aufenthalt und Martyrium des Petrus in Rom. Doch ist die Datierung der Ignatianen seit dem 17. Jahrhundert umstritten (s. S. 183ff.). ALAND (508) übernimmt den traditionellen Zeitansatz „etwa 110", obwohl sich gegen diesen schon früh Widerspruch geregt und auch HEUSSI ihn mit gewichtigen Gründen verworfen hat (30–35)[85]. Zu Recht aber unterstützt ALAND (509) die Schlußfolgerung LIETZMANNs, daß „Ignatius" hier seine Überzeugung kundtue, Petrus und Paulus hätten in Rom gewirkt. Die einschlägigen Zeilen lauten[86]:

Ign. Röm 4,3 οὐχ ὡς **Πέτρος** καὶ **Παῦλος** διατάσσομαι ὑμῖν. ἐκεῖνοι ἀπόστολοι, ἐγὼ **κατάκριτος**· ἐκεῖνοι ἐλεύθεροι, ἐγὼ δὲ μέχρι νῦν δοῦλος. ἀλλ᾿ ἐὰν πάθω, **ἀπελεύθερος** γενήσομαι Ἰησοῦ Χριστοῦ καὶ ἀναστήσομαι ἐν αὐτῷ ἐλεύθερος. νῦν μανθάνω **δεδεμένος** μηδὲν ἐπιθυμεῖν:

„Nicht wie Petrus und Paulus befehle ich euch. Sie sind Apostel, ich ein Verurteilter; sie sind frei, ich aber bis jetzt ein Sklave[87]. Wenn ich aber gelitten habe, werde ich ein Freigelassener Jesu Christi sein und in ihm als Freier auferstehen. Jetzt lerne ich als Gefesselter nichts zu begehren."

---

language. It would be quite inconceivable that the legendary pope Clement, himself an immediate disciple and ordinate of Peter, and according to one story the first bishop of Rome, appointed by the apostle himself, should have so phrased the reference. The writer must have been as far removed from the event as the second century. Indeed I am far from convinced that he means to say that Peter and Paul suffered the death of martyrs (…)". Nach KLAUSER (28) war der Todestag des Petrus vergessen worden; es müsse eine Zeit gegeben haben, in der es keinen Totenkult für Petrus gab.

84 Ich setze „Ignatius" bewußt in Anführungszeichen, oder schreibe 'Ps.Ignatius'; die Begründung wird unten S. 183ff. gegeben.

85 CULLMANN setzt die Briefe „Ignatius von Antiochien" an den Anfang des zweiten Jahrhunderts; ähnlich KLAUSER: („um 110"), „spätestens im Jahr 117". Es wurde oben S. 27 Anm. 78 auf die beinahe tragisch anmutende Position KLAUSERs hingewiesen, der die aus dem Klemensbrief nicht gewonnene Sicherheit im Römerbrief dieses Ps.Ignatius finden zu können glaubte (15f.). Damit ist zugleich die Tragfähigkeit seines Schlußresümees (S. 16, siehe das Zitat oben Anm. 78) erschüttert.

86 Ich zitiere nach A. LINDEMANN – H. PAULSEN, Die Apostolischen Väter, Tübingen 1992, 176–241.

87 Vgl. Ign. Smyrn 3,1 οὐ διατάσσομαι ὑμῖν ὡς **ὤν** τις. Εἰ γὰρ καὶ **δέδεμαι** ἐν τῷ ὀνόματι, οὔπω ἀπήρτισμαι ἐν Ἰησοῦ Χριστῷ. Νῦν γὰρ ἀρχὴν ἔχω τοῦ μαθητεύεσθαι καὶ προσλαλῶ ὑμῖν ὡς συνδιδασκαλίταις μου. Ἐμὲ γὰρ ἔδει ὑφ᾿ ὑμῶν ὑπαλειφθῆναι πίστει.

Trotz aller Metaphorik wird in diesem Passus das Stichwort ἐλεύθερος auf seiten der Apostel nicht als ein „Freiwerden" durch das Martyrium verstanden[88]; dies zeigen die paulinischen Vorbildtexte, die an dieser Stelle variierend zitiert werden[89], dafür spricht auch die frühere Verwendung des Motivs im Epheserbrief[90]. Ein Romaufenthalt der beiden Apostel aber scheint an dieser Stelle vorausgesetzt. Zwar könnte man versuchen, diese Äußerung unspezifisch auf die beiden herausgehobenen Repräsentanten der Jüngerschar Jesu allgemein zu beziehen, die beiden E r z a p o s t e l Petrus und Paulus, die hier in der gleichen Reihenfolge stehen wie im „Clemensbrief"[91]. Aber LIETZMANN hat zu Recht den Vergleich zum Epheserbrief des „Ignatius" (12,2) gezogen: Dort werden die Epheser Π α ῦ λ ο υ συμμύσται („Miteingeweihte des Paulus") genannt – sehr passend, denn die Christengemeinde Ephesus ist von Paulus gegründet worden. Wenn demgegenüber „Ignatius" in seinem Brief an die Christen in Rom schreibt: οὐχ ὡς Π έ τ ρ ο ς κ α ὶ Π α ῦ λ ο ς διατάσσομαι ὑμῖν (Röm 4,3), ist die Annahme naheliegend, daß er beide Apostel besonders eng mit Rom verbunden sieht[92]; denn sonst hätte er die allgemeine Form des Topos, wie er ihn in Ps.Ign. Trall 3,3 geprägt hatte (οὐκ εἰς τοῦτο ᾠήθην, ἵνα ὢν κατάκριτος ὡς ἀ π ό σ τ ο λ ο ς ὑμῖν διατάσσωμαι) beibehalten[93]. Statt dessen setzt er sich im Gestus der Bescheidenheit von den beiden Apostelfürsten R o m s ab: Jene konnten der römischen Christengemeinde Vorschriften machen, er selbst ist dazu nicht befugt: er vermag sie nur zu bitten, sich nicht gegen seine Sehnsucht nach dem Martyrium zu stellen und sich nicht (in Rom) für seine Rettung einzusetzen.

Daß P e t r u s   u n d   P a u l u s gemeinsam i n   R o m waren, lesen wir sonst frühestens um **170** bei D i o n y s von Korinth; und es läßt sich zeigen, daß er diese Nachricht nicht aus uns unbekannten Quellen bezogen hat, sondern aus einer irrigen Interpretation des „Clemensbriefes" (s. S. 139f.). Damit können wir das Aufkommen dieser Anschau-

---

88   Anders zuletzt GNILKA 125 und HENGEL Anm. 164.
89   1Kor 9,1 οὐκ εἰμὶ ἐ λ ε ύ θ ε ρ ο ς; οὐκ εἰμὶ ἀ π ό σ τ ο λ ο ς; οὐχὶ Ἰησοῦν τὸν κύριον ἡμῶν ἑώρακα; 1Kor. 7,22 ὁ γὰρ ἐν κυρίῳ κληθεὶς δ ο ῦ λ ο ς ἀ π ε λ ε ύ θ ε ρ ο ς κυρ ί ο υ ἐστίν· ὁμοίως ὁ ἐ λ ε ύ θ ε ρ ο ς κληθεὶς δ ο ῦ λ ό ς ἐστιν Χ ρ ι σ τ ο ῦ; vgl. Röm 6,20 ὅτε γὰρ δ ο ῦ λ ο ι ἦτε τῆς ἁμαρτίας, ἐ λ ε ύ θ ε ρ ο ι ἦτε τῇ δικαιοσύνῃ.
90   Ps.Ign. Eph 12,1 οἶδα τίς εἰμι καὶ τίσιν γράφω. ἐγὼ κ α τ ά κ ρ ι τ ο ς, ὑμεῖς ἐλεημένοι· ἐγὼ ὑπὸ κίνδυνον, ὑμεῖς ἐστηριγμένοι.
91   Siehe S. 16f. und 139.
92   Dieser Schlußfolgerung LIETZMANNs folgt auch CULLMANN 125.
93   Er hebt ja gerne auf Vergleiche mit den Aposteln (allgemein, ohne Spezifizierung) ab – insbesondere in Zusammenhängen, in denen es um die Gemeindehierarchie geht; dort werden die Presbyter (oder das Presbyterium) geradezu topisch mit den Aposteln (oder der Apostelversammlung) verglichen; siehe insgesamt: Eph 11,2; Magn 6,1; 7,1; 13,1. 2; Trall 2,2; 3,1; 7,1; 12,2; Philad 5,1; 9,1; Smyrn 8,1.

ung sozusagen in statu nascendi mitverfolgen und dürfen mit großer Wahrscheinlichkeit annehmen, daß es die Konzeption eines gemeinsamen Aufenthaltes der Apostel Petrus und Paulus in Rom zuvor noch nicht gegeben hat.

CULLMANN (124) stellt zu Recht die Frage: „Wie konnte es damals [zur Zeit des Ignatius, den er an den Anfang des 2. Jh.s setzt] zu einer gleichzeitigen Nennung der beiden kommen, wo doch diese zwei Apostel, abgesehen von den Begegnungen in Jerusalem und dem Zusammenstoß in Antiochien, nirgends gemeinsam gewirkt haben, ja nach dem Jerusalemer Abkommen, Gal 2,9, zwei getrennten Missionsorganisationen vorstanden?" Die Antwort ist implizite oben (S. 16) gegeben: Am Beginn steht die Konzeption der Apostelgeschichte, die im wesentlichen um die Viten der beiden Apostel Petrus und Paulus kreist (Petrus ist der Ersterwählte, dem der „Vorrang" eingeräumt ist, Paulus der wirkungsmächtigste – jedenfalls in der Optik des zeitlich späten Verfassers der Apg). Dieses Grundmuster ist im ersten „Clemensbrief" übernommen und von Dionysius dann – unter ausdrücklicher Nennung und Ausdeutung dieses Briefes – irrig auf Korinth und Rom übertragen worden (s. S. 139f.)[94].

Auch bei Dionysius sind die beiden Apostel noch nicht Blutzeugen, ebensowenig bei Irenäus (s. u. S. 183), sondern Lehrer und Hüter des rechten Glaubens. Die Märtyrerrolle, und zwar das Martyrium in R o m, wird ihnen gemäß den uns verfügbaren Quellen frühestens in den 180–190 entstandenen, legendenhaft ausgestalteten Acta Petri zugeschrieben[95]. Es scheint sich somit der Zeithorizont ca. 170–190 für die Erwähnung der beiden Apostelfürsten im Römerbrief des Ps.Ignatius anzubieten – und nicht der von ALAND und anderen favorisierte frühe Termin „etwa 110". Um so dringlicher stellt sich die Frage nach einer gesicherten Datierung der Ignatianen. Sie wird u. S. 183ff. ausführlich beantwortet werden.

---

94 In weniger konkreter Form ist auch bei GNILKA (125) hervorgehoben, daß das (in einem Atemzug gesprochene) Nebeneinander beider Apostel eine spätere Entwicklung repräsentiert (wenngleich er 216 Anm. 21 einer radikalen Spätdatierung eher skeptisch gegenübersteht): „Daß diese Stelle im Vergleich mit den anderen behandelten Stellen und auch im besonderen mit dem ersten Clemensbrief jünger ist, erkennt man daran, daß die Parallelisierung von Petrus und Paulus gleichsam schon zur Routine geworden ist. Während die anderen Stellen nur von Petrus reden, während der erste Clemensbrief die Namen von Petrus und Paulus nebeneinander auflistet, sind die beiden Apostel bei Ignatius gewissermaßen schon verschmolzen. Das ist die Sicht, die die Auffassung begünstigte und vielleicht schon voraussetzt, daß Petrus *und* Paulus gleichzeitig in der neronischen Verfolgung getötet wurden."

95 Siehe Kap. B IV (S. 75ff.), bes. B IV 5 (S. 113ff.)

4. Ascensio Jesaiae 4,2–3

Bevor wir uns den Apostelakten zuwenden, sei im Vorübergehen ein Blick auf die 'Ascensio Jesaiae' geworfen, die sowohl von CULLMANN (126f.) als auch – beispielsweise – von H. BRANDENBURG[96] und J. GNILKA (122f.) als zusätzlicher Beleg für ein Martyrium Petri in Rom angeführt werden. ALAND war gut beraten, diese trübe Quelle besser aus dem Spiel zu lassen (509)[97]. Es handelt sich ja nachweislich um eine Mixtur aus einer älteren, jüdischen Grundschrift (das Martyrium des Propheten Jesaja) und christlichen Interpolationen, die nach der heute maßgeblichen dt. Ausgabe mit Kommentierung von C. DETLEF G. MÜLLER „frühestens in der zweiten Hälfte des 2. Jh." in das ursprüngliche Werk integriert wurden[98]; HARNACK wollte sogar bis ins 3. Jh. hinabgehen. Der uns interessierende Passus steht aber nun eindeutig in einer „späten" christlichen Apokalypse mit Hinweis auf den Heiland und seine Zwölf Apostel. In Kap. 4,2f. heißt es dann:

„Und nachdem es mit ihr (der Welt) zu Ende gekommen ist, wird Beliar, der große Fürst, der König dieser Welt, der sie beherrscht hat, seit sie besteht, herabkommen, und er wird aus seinem Firmament herabsteigen in der Gestalt eines Menschen, eines ungerechten Königs, eines Muttermörders, was eben dieser König ist; die Pflanzung, die die zwölf Apostel des Geliebten gepflanzt haben, wird er verfolgen, und von den Zwölfen wird einer in seine Hand gegeben werden."

Der Teufel körpert sich also ein in den Muttermörder Nero, der die von den Aposteln „gepflanzte" Kirche verfolgt; einer von den zwölf Aposteln fällt in seine Hand. Ob es sich um Petrus handelt oder um Johannes, der ins Exil gehen mußte, läßt sich nicht mit Gewißheit sagen, denn die Lokalität, an der sich dies abspielt, wird nicht genannt; doch schließt man wohl richtig wegen des „Muttermörders" auf Rom, und damit zugleich auf Petrus. Man wird aber annehmen dürfen, daß der christliche Autor, der dies geschrieben hat, die etwa in dem Jahrzehnt 180–190 entstandenen Petrusakten und die auf das Jahr 197 zu datierende Äußerung Tertullians über den Christenverfolger Nero (s. S. 119 Anm. 238) gekannt hat (s. u. S. 113ff.)[99]: Wir haben es mit einer späten,

---

96 H. BRANDENBURG, Petrusgrab, LThK 8, 1999, 150.
97 Gestreift wird dieses nicht verläßliche Zeugnis (neben anderen dubiosen) bei KLAUSER 17 Anm. 14.
98 C. DETLEF G. MÜLLER, Die Himmelfahrt des Jesaja, in: W. SCHNEEMELCHER, Neutestamentliche Apokryphen, Bd. II, Tübingen ⁵1989, 547–562 (bei GNILKA nicht berücksichtigt); das Zitat S. 548.
99 Der bildhaft auf die christlichen Kirchen gemünzte Ausdruck „Pflanzung" und „pflanzen" geht wohl auf 1Kor 6–8 zurück. Von dort hat ihn in der Zeit um 170–174 Bischof

sekundären Quelle zu tun, der die ausführlichen Petrusakten vorausliegen. Ihnen wollen wir uns nunmehr zuwenden und prüfen, ob sich aus ihnen Hinweise auf den Ursprung der Vorstellung von einem Aufenthalt des Petrus in Rom gewinnen lassen.   *

Dionys von Korinth für seinen an den römischen Bischof Soter gerichteten Brief entlehnt – mit Blick auf Petrus und Paulus (s. S. 134ff. 139).

B. Das Wirken Petri in Rom: Die apokryphen Apostelakten und der Exkurs über Petrus und Simon Magus im 'Hegesipp' des Ambrosius

I. Abriß der Quellen: Die Acta Petri et Pauli

Der Exkurs im Ps.Hegesipp scheint unabhängig von allen uns vorliegenden apokryphen Petrus- und Paulus-Akten[1]. Wir dürfen annehmen, daß Ambrosius bei seiner Umsetzung des griechischen Josephus-Textes auch eine g r i e c h i s c h e Version der 'A c t u s P e t r i a p o s t o l i' – in komprimierter Form – eingearbeitet hat[2], die frühestens bei Eusebius (h. e. 3,3,2) erwähnt sind[3], deren Ursprung man aber mit gutem Grund

---

1 Siehe R. A. LIPSIUS – M. BONNET, Acta Apostolorum apocrypha I, ed. LIPSIUS (Leipzig 1891); II 1+2 ed. BONNET (1898/1903); L. VOUAUX, Les Actes de Pierre, Paris 1922; Pseudo-Linus, Martyrium b. Petri Apostoli (a Lino episcopo conscriptum), ed. A. H. SALONIUS, Helsinki 1926; W. SCHNEEMELCHER, Neutestamentliche Apokryphen, Bd. II: Apostolisches, Apokalypsen und Verwandtes, Tübingen ⁵1989, 243–289 („Petrusakten"); J. FLAMION, Les Actes apocryphes de Pierre (III. Histoire littéraire des Actes de Pierre), RHE 11, 1910, 5–28; C. H. TURNER, The Latin Acts of Peter, JThS 32 (1931) 119–133; R. SÖDER, Die apokryphen Apostelgeschichten und die romanhafte Literatur der Antike, Stuttgart 1932; ferner die Handbücher: LACL (2003) 565–569 (G. RÖWE-KAMP s. v. „Petrus-Literatur"); HLL IV 391ff. (§ 470.8): K. ZELZER – P. L. SCHMIDT, *Acta Apostolorum apocrypha*, und zuletzt H.-J. KLAUCK, Apokryphe Apostelakten, Stuttgart 2005. Undifferenziert, auf ein breiteres Publikum zielend: BART D. EHRMAN, Peter, Paul, and Mary Magdalene. The Followers of Jesus in History and Legend, Oxford 2006, bes. 3–6. 61–65. 67–72. 82–86. 173f. [Zu der in Vorbereitung befindlichen siebenten Auflage der Sammlung „Neutestamentliche Apokryphen in deutscher Übersetzung" (künftig vielleicht „Antike christliche Apokryphen in deutscher Übersetzung") siehe CHR. MARKSCHIES in Apocrypha 9, 1998, 97–132].

2 Siehe VOUAUX 135. Über die ursprünglich griechische Konzeption der Kreuzigung mit dem Kopf nach unten s. FLAMION 6 mit Anm. 7: diese spezielle Todesart Petri wird nicht erwähnt von den Lateinern Tertullian, Laktanz (mort. persec. 2), Sulpicius Severus (chron. 2,29) und Orosius 7,6, wohl aber (nach dem Zeugnis des Eusebius h. e. 3,1,2) von dem Griechen Origenes im 3. Buch seines Genesis-Kommentars (also vor 231) – vermutlich in Kenntnis der Petrusakten (s. act. Petr. 37 = M. 8 [zur Zitierweise s. S. 38 Anm. 11]), vgl. SCHNEEMELCHER 245.

3 Vgl. die Testimonia bei LIPSIUS p. VIII–XI; ferner VOUAUX 110ff., vor allem SCHNEE-MELCHER 244ff.

in die Zeitspanne um 180–190 setzt[4] und mit Vorliebe im (klein-) asiatischen Raum lokalisiert[5].

Ein terminus ante quem ergibt sich aus der unpassenden Nutzung der 'Quo vadis'-Szene (act. Petr. 35 [M. 6])[6] und weiterer Motive der Petrusakte durch den Verfasser der Paulusakte[7]. Die Paulusakte aber dürften im Zeitraum 185–195 entstanden sein, denn sie sind in der wohl um 200 anzusetzenden Schrift 'De baptismo' des Tertullian zitiert[8]. Es gilt jedoch zu beachten, daß Teile der uns greifbaren Fassung der act. Petr. möglicherweise in der ersten Hälfte des 3. Jh.s überarbeitet wurden, s. G. POUPON, Les 'Actes de Pierre' et leur remaniement, ANRW II, 25.6 (1988), 4363–4383; SCHNEEMELCHER 253; ferner VOU-AUX' Räsonnement über die Datierung (in Auseinandersetzung mit HARNACK und ERBES) 204–207.

Ich gebe im folgenden eine tabellarische Übersicht über die wichtigsten Petrus- und Paulus-Akten in chronologischer Anordnung, soweit sie für unsere folgende Untersuchung von Interesse sind:

Acta Petri

1. **Actus Petri apostoli** (griech.), entstanden um 180–190 (s. o.), vielleicht in der ersten Hälfte des 3. Jh.s überarbeitet. Erhalten ist nur die zweite, in Rom spielende Hälfte der einst umfänglichen (zunächst um Jerusalem kreisenden) act. Petr.[9], und auch diese großenteils nur in einer lateinischen Übersetzung, den **Actus Vercellenses** aus dem 3./4. Jh., die ihren Namen nach dem cod. Vercellensis tragen, in dem diese lateinische Version überliefert ist. Von der g r i e c h i s c h e n F a s s u n g besitzen wir nur das Ende, die Vorlage zu den Kapiteln 30–41 der lateinischen Actus Vercellenses, also – grob gesprochen – das M a r t y r i u m, das mit cap. 33 einsetzt. Es hat sich früh verselbständigt. Drei Handschriften (P, A, O), in denen jeweils auf das griech. M a r t y r i u m P e t r i (d. h. den Schluß der ur-

---

4   Siehe HLL IV 393, Lit. 3; bes. SCHNEEMELCHER 255. Neuerdings legt KLAUCK „versuchsweise" eine chronologische Anordnung der „fünf alten Apostelakten" vor, in denen die Paulusakten („ca. 170–180 n. Chr.") wieder vor die Petrusakten („ca. 190–200 n. Chr.") gerückt sind (10), obwohl diese Abfolge seit der Entdeckung einer deutlich sekundären Replik der 'Quo vadis'-Szene in den durch den Hamburger Papyrus überlieferten Teilen der Paulusakten zu Recht aufgegeben worden war, siehe hier gleich anschließend und u. S. 341. Was KLAUCK zu diesem Thema schreibt (95f.), ist wenig überzeugend.   *

5   Siehe FLAMION 7f. und – ausführlich – VOUAUX 207–214.

6   Zur Zitierweise s. S. 38 Anm. 11.

7   Vgl. C. SCHMIDT – W. SCHUBART, ΠΡΑΞΕΙΣ ΠΑΥΛΟΥ. Acta Pauli, Glückstadt u. Hamburg 1936, 127–130, insbes. den Textausschnitt des Hamburger Papyrus (PH) p. 7f. [p. 52–54 SCHMIDT–SCHUBART, p. 236 SCHNEEMELCHER].

8   Mit hoher Wahrscheinlichkeit auch in dem Danielkommentar des Hippolyt (um 204), siehe SCHNEEMELCHER 195 und u. S. 84.

9   Siehe SCHNEEMELCHER mit der deutschen Fassung. Der Originaltext ist am leichtesten zugänglich bei LIPSIUS I 45–103 und VOUAUX 228ff. (mit franz. Übersetzung).

sprünglichen 'actus Petri') das griech. M a r t y r i u m P a u l i (d. h. der
Schluß der ursprünglichen 'acta Pauli') folgt, sind erhalten. Sie werden unten zu Beginn des Editionskapitels S. 338ff. vorgestellt. Hinzu kommen
zwei kleine Fragmente aus den Kapiteln 25 und 26 (nach Zählung der act.
Verc.) auf einem Oxyrhynchus-Papyrus des frühen vierten Jh.s (Bd. VI,
London 1908, p. 6–12)[10], die VOUAUX in seine Edition integriert hat. Daneben gibt es – insbesondere von den Kapiteln 33–41, also von dem 'Martyrium Petri' – viele orientalische Versionen: koptische, syrische, armenische, arabische und äthiopische Texte[11].
Neuerdings sucht M. C. BALDWIN (Whose *Acts of Peter*? Tübingen 2005)
das Rad der Forschung hinter die von SCHMIDT–SCHUBART (1936) und zuvor von SCHMIDT in ZNTW 29, 1930, 150–155 geklärte Datierung der Petrusakten (ca. 180–190) zurückzudrehen und setzt einerseits die lat. Übersetzung, die uns im cod. Verc. vorliegt, an das Ende des 4. Jh.s, stellt andererseits die Zugehörigkeit der act. Verc. zu einem Gesamtcorpus der actus Petri, wie es etwa bei SCHNEEMELCHER entfaltet ist, überhaupt in Frage. Man wird das durchaus imponierende Bestreben, alte Fragen neu auf-
zurollen und den Dingen auf den Grund zu gehen, anerkennen, aber doch
auch feststellen müssen, daß der nach langen Kontroversen um die Mitte
des 20. Jh.s schließlich erreichte wissenschaftliche Konsens über die
Grundsubstanz und die relative Chronologie der Petrus- und Paulusakten
nicht erschüttert werden konnte. Was uns als neue Konzeption für die act.
Verc. geboten wird („that our extant Latin text is in an important sense an
utterance in its own right, to be interpreted not in the hypothetical context
of its Greek predecessor, but in the historical context of its translating
scriptor", 62), läßt sich analog auch von den verschiedenen griechischen,
koptischen und slawischen Fassungen sagen, die hier im Rahmen einer
kritischen Edition des Teilstückes der Martyrien zusammengeführt werden. Sie alle sind gleichwohl Zeugen zweier ursprünglich großer Gesamt-
entwürfe, in denen das Leben der beiden Apostel zunächst je getrennt zu
umfangreichen 'Erbauungsromanen' ausgesponnen wurde, die es mit Hilfe
unserer verschiedenen Textzeugen zu rekonstruieren gilt. Da der cod.
Verc. mehrfach den Schlüssel zur Wiedergewinnung des Urtextes in den

---

10 Die Herausgeber GRENFELL–HUNT schließen das späte dritte Jahrhundert nicht aus,
    halten es aber für sicherer „to attribute the fragment to the period from Diocletian to
    Constantine" (7). Sie bieten plausible Argumente für die Auffassung, daß das Fragment
    eben die griechische Textform repräsentiert, von der die im cod. Verc. erhaltene lateini-
    sche Übersetzung genommen ist (8).
11 Den – von den Oxyrhynchus-Fragmenten in 25/26 abgesehen – nur im cod. Vercellensis
    erhaltenen lat. Text der Kapitel 1–29 zitiere ich mit dem Kürzel 'act. Verc.', ebenso den
    Text der Kapitel 30–41, sofern das Augenmerk allein auf der lateinischen Fassung liegt.
    Dagegen notiere ich die griechisch und lateinisch erhaltenen Kapitel 30–41 mit dem Ti-
    tel des Gesamtwerkes 'act. Petr.' und setze in Klammern die Ziffern 1–12 des 'Mart.
    Petr.' (M.) hinzu. Die Komplikation rührt daher, daß der griechische Codex A bereits
    mit cap. 30 (nach der Zählung der lateinischen act. Verc.) beginnt und nicht erst mit
    dem eigentlichen Martyrium (cap. 33).

beiden Martyrien liefert, wo wir ihn an drei griechischen, mehreren koptischen und einer slawischen Handschrift messen können, wird man seinen
hohen Wert auch in jenen Romepisoden anerkennen dürfen, die er uns allein bezeugt. Zu verweisen ist ferner auf H.-J. KLAUCK 93–116; auch hier
ist ein großes Maß an Skepsis, insbesondere an der S. 94f. begründeten
Datierung, angebracht.

2. **Constitutiones Apostolorum VI 9** (Petrus und Simon Magus in Rom; die
   Häresie der Simonianer); vermutlich dem Apologeten H e g e s i p p u s
   nacherzählt – oder den actus Petri apostoli selbst, mit nachträglichen redaktionellen Eingriffen. Den Büchern I–VI liegt die **Didascalia Apostolorum** aus der 1. Hälfte des 3. Jh.s zugrunde. Die Constitutiones sind um
   380 kompiliert worden, vermutlich im syrischen Antiochien; siehe M.
   METZGER, Les Constitutions Apostoliques, Band I, Paris 1985 (SC 320),
   dort S. 14–24 über die Didascalia, S. 24–28 über die apokryphen Apostelakten und u. a. Hegesippus. Den Text VI 9 findet man in Band II, Paris
   1986 (SC 329), p. 317–321; siehe dort S. 314f. die Anmerkung zu 8,1 über
   die Quelle 'Hegesippus', ferner S. 317 die Noten zu 9 und 9,1.

3. **Ambrosius, 'Hegesippus' III 2** (ca. 370–372), ein selbständiger Exkurs
   über die neronische Christenverfolgung mit den Hauptakteuren (Nero), Simon Magus und Petrus; siehe die Ausgabe von V. USSANI, Hegesippi qui
   dicitur Historiae libri V, Bd. 1, Wien–Leipzig 1932 (CSEL 66/1), p.
   183,20–187,4.

4. **Ambrosius, contra Auxentium 13** [= epist. 10,75a = Maur. 21a] (geschr.
   386); siehe die Ausgabe von M. ZELZER, Wien 1982 (CSEL 82.3) p. 89sq.,
   lin. 139–156).

5. **Ps.Linus, Martyrium beati Petri apostoli** (lat.), vermutlich Ende 4. Jh.
   (s. u. S. 339 und 389ff.), eine oft freie Bearbeitung einer eigenständigen
   griechischen Vorlage; verwertet ist auch der genannte Exkurs des Ambrosius (Heges. III 2).
   Die in HLL IV 393 d) unter Berufung auf DE SANTOS (NTApo 2,394) vermutete umgekehrte Abhängigkeit[12] ist schon deshalb wenig plausibel, weil
   Ps.Linus erst an dem Punkt des Geschehens einsetzt, an dem Ambrosius
   schon zwei Drittel seiner Erzählung absolviert hat, nämlich die an zwei
   Episoden exemplarisch durchgeführte Entlarvung des Magiers Simon (s. u.
   S. 43ff.). Der Detailvergleich (s. S. 75ff.) stellt die Priorität des Ambrosius
   außer Frage.

---

12 Sie wird auch von LIPSIUS (p. XVII) vertreten: „prolixioris textus verba iam tertio vel
    quarto saeculo latine reddita sunt: nam ut supra (p. XI) monuimus iam Ambrosius Me-
    diolanensis latina huius recensionis quam vocant versione utebatur."

Acta Pauli

6. **Acta Pauli** (griech., lat. Übersetzung; koptisch), entstanden im Zeitraum
    etwa 185–195 (s. o. S. 37); ursprünglich vielleicht die (fiktive) Erzählung
    e i n e r (?) großen (Missions-) Reise des Paulus mit den Stationen Damas-
    kus – Jerusalem – Antiochien – Ikonium – Antiochien – Myra – Sidon –
    Tyrus – [...] – Smyrna – Ephesus – Philippi – Korinth – Italien – Rom (je-
    weils nach dem Schema Reise – Predigt – Verfolgung – Wunder – Abrei-
    se), endend in dem M a r t y r i u m   P a u l i in Rom; nur fragmentarisch er-
    halten[13]. Herausgehoben seien:
    H = Der griechische Papyrus der Hamburger Staats- und Universitätsbibli-
    othek, 10 Blätter eines Papyrusbuches aus der Zeit um 300 (mit Teilen aus
    den Partien Ephesus, Korinth, Fahrt nach Korinth und Italien, Martyri-
    um)[14].
    Acta Pauli et Theclae (p. 235–272 LIPSIUS, griech.).
    Martyrium Pauli (p. 104–117 LIPSIUS, griech.; überliefert in den oben
    unter § 1 genannten Hss P, A, O, dort jeweils im Anschluß an das Martyri-
    um Petri), bei LIPSIUS verbunden mit dem **Passionis Pauli Fragmentum,**
    siehe das Editonskapitel u. S. 337ff.[15]
    Ps.Linus, Martyrium beati Pauli (p. 23–44 LIPSIUS, lat.), s. o. § 5.

Acta Petri et Pauli

7. **Ps.Marcellus** = Passio Petri et Pauli (longior) ist die lat. Fassung einer in
    den uns greifbaren Handschriften instabilen (gelegentlich „fließenden")
    griechischen Version. Der lat. Text lehnt sich bald enger an die Fassung
    des cod. Marc. Gr. VII, 37 (p. 118–177 LIPSIUS) an, bald an die bei LIPSI-
    US p. 178–222 abgedruckte griechische Version, wie u. S. 61ff., 104 und
    107ff. an einigen Proben gezeigt wird[16].

8. **Passio Petri et Pauli brevior** (p. 223–234 LIPSIUS) ist für unsere Untersu-
    chung nur insofern von Bedeutung, als dort in den Kapiteln 8–13 große
    Partien des ambrosianischen Exkurses (Heges. III 2) beinahe wörtlich aus-
    geschrieben sind.

---

13 Einzelheiten bei SCHNEEMELCHER 193–243; zum erhaltenen Bestand dort 197f., zur
    Rekonstruktion und Komposition 198–212. Vgl. ferner HLL 4 (1997), 394–396 =
    § 470.2; LACL ³2002, 554f. (RÖWEKAMP) und KLAUCK 61–92. Von den A u s g a -
    b e n nenne ich nur LIPSIUS I p. 23–44, 104–117, 235–272 und L. VOUAUX, Les Actes
    de Paul et ses Lettres Apocryphes, Paris 1913. Dt. Übersetzung bei SCHNEEMELCHER
    214–243.
14 Siehe SCHMIDT–SCHUBART.
15 Dort erhält das Fragmentum die Sigle M.
16 Insofern scheint es nicht ganz unverständlich, daß VOUAUX (160–178) das von LIPSIUS
    (vgl. S. LXVIIff.) gewählte Verfahren, zwei unterschiedliche griechische Rezensionen
    voneinander zu scheiden, kritisch beurteilt.

II. Die historischen Voraussetzungen für die Konzeption eines Romaufenthaltes der beiden Apostel

1. Romreise und Romaufenthalt des Paulus nach der Apostelgeschichte

Paulus hat nach Abschluß seiner dritten Missionsreise, im Frühjahr 58, von Korinth aus (wo er sich eineinhalb Jahre aufgehalten hatte) seinen bedeutsamen Brief an die Römer geschrieben und dabei seiner Hoffnung Ausdruck gegeben, daß er anläßlich einer geplanten Reise nach Spanien endlich auch die Christengemeinde in Rom werde besuchen können (Röm 15,24. 28)[17]. Der Verfasser der Apostelgeschichte, 'Lukas', läßt ihn diese Absicht in Apg 19,21 ein weiteres Mal bekräftigen. In 23,11 (nach Schilderung der turbulenten Auseinandersetzungen mit den Juden in Jerusalem) legt 'Lukas' dem Herrn in einer nächtlichen Vision des Paulus die Worte in den Mund: „Sei guten Mutes! Denn wie du in Jerusalem meine Sache bezeugtest, so mußt du sie auch in Rom bezeugen."[18]

Die Reise nach und der Aufenthalt in Rom werden dann in den beiden letzten Kapiteln der Apostelgeschichte geschildert (27f.). Anders als Paulus es sich vorgestellt hatte, fährt er nicht nach Rom, um sich von dort nach Spanien geleiten zu lassen; vielmehr sah er sich durch die Hartnäckigkeit der jüdischen Widersacher, die ihn auch nach seiner Überführung nach Cäsarea noch zunächst vor dem römischen Statthalter Felix, dann (nach Ablauf von zwei Jahren) vor dessen Nachfolger Festus anklagten, gezwungen, an den Kaiser zu appellieren (Apg 25,10f.). So wird er denn von Festus, der ihn – ebenso wie König Agrippa – für unschuldig befand (Apg 26,31f.), als römischer Bürger unter Bewachung nach Rom geschickt, um seine Sache vor dem Kaiser zu vertreten. Die vermutlich erst in den 90er Jahren, vielleicht erst um 100 geschriebene Apostelgeschichte endet mit dem Bild, daß Paulus bereits volle zwei Jahre zusammen mit dem Soldaten, der ihn bewacht, in seinem römischen Mietshaus lebt und dort allen, die zu ihm kommen, die Königsherrschaft Gottes verkündet und in Freimut die Sache des Herrn Jesus Christus lehrt (Apg 28,16. 30f.). Über sein weiteres Schicksal scheint dem Erzähler nichts bekannt gewesen zu sein.

---

17 Schon dieses historisch unverbrüchliche Faktum schließt die spätere Konzeption, Paulus habe zusammen mit Petrus die Kirche Roms gegründet, kategorisch aus.

18 Θάρσει, ὡς γὰρ δ ι ε μ α ρ τ ύ ρ ω τὰ περὶ ἐμοῦ εἰς Ἰερουσαλὴμ οὕτω σε δεῖ καὶ εἰς Ῥώμην μ α ρ τ υ ρ ῆ σ α ι. Es wird unten (S. 134) gezeigt, daß μαρτυρεῖν hier nicht auf ein blutiges Martyrium verweist, sondern bedeutet: „die Sache Christi durch Wort und Tat bezeugen".

„Die Kunde von seinem Tod durch Enthauptung in Rom während der neronischen Christenverfolgung begegnet frühestens im Martyriumsbericht der um 185–195 entstandenen apokryphen Paulusakten (MartPaul III, Aa S. 112). Daß hier eine verbürgte historische Tradition zugrundeliegt, kann allerdings angesichts des beträchtlichen zeitlichen Abstandes zu der neronischen Epoche, der sonstigen Wertlosigkeit der Act Paul (Taufe eines Löwen etc.) und der evidenten Möglichkeit, daß die ehrenvolle Hinrichtungsart einfach aus dem in Apg 16,37/22,25–29 bezeugten Bürgerrecht des Paulus gefolgert wurde, bezweifelt werden" (MITTELSTAEDT 196).

2. Erfüllt Petrus die Bedingungen für eine Mission im Westen?

Paulus, im kilikischen Tarsus als Sohn eines Pharisäers geboren (Apg 21,39; 22,3; 23,6), besaß von Geburt an das römische Bürgerrecht (Apg 22,25–29). Er war hochgebildet, sprach und schrieb sowohl aramäisch wie griechisch (vgl. Apg 21,37), konnte also in Rom nicht nur die Appellationsinstanz des Kaisers anrufen, sondern auch als Heiden-Apostel christliche Mission betreiben (obgleich auch er sich zunächst an die dortigen Juden gewandt zu haben scheint). Was demgegenüber der „selbständig arbeitende" Fischersmann Petrus[19] in Rom hätte ausrichten sollen, den wir sonst nur als judenchristlichen Missionar in Jerusalem und im syrischen Antiochien tätig sehen, muß ernsthaft gefragt werden. Auch wenn man unterstellt, daß er in seinem Geburtsort Bethsaida neben seiner Muttersprache ein rudimentäres Umgangsgriechisch lernen konnte[20], wird man nicht übersehen dürfen, daß er und sein Mitapostel Johannes selbst in Jerusalem als schriftunkundig und ungebildet galten (Apg 4,13 ἄνθρωποι ἀγράμματοί καὶ ἰδιῶται)[21]. Mag dieses Urteil lite-

---

19 Siehe GNILKA 23, der S. 24 ein plastisches Genrebild vom Fischereihandwerk zeichnet. J. RATZINGER (BENEDIKT XVI.) geht einen Schritt weiter: „Simon, den der Herr Kephas – Petrus – Fels nennen sollte, war offenbar Vorstand einer Fischerei-Kooperative (vgl. Lk 5,10), in der er mit seinem älteren Bruder Andreas und mit den Zebedaiden Johannes und Jakobus zusammenarbeitete": s. J. RATZINGER (BENEDIKT XVI.), Jesus von Nazareth, Freiburg–Basel–Wien 2007, 215. Hinter dem Lukastext κοινωνοὶ τῷ Σίμωνι muß jedoch nicht mehr stecken als ein schlichtes „Mitarbeiter", „Gefährten", „Gehilfen" (etwa beim gemeinsamen Fischfang, wo ja mehrere Hände – und zumindest zwei Boote – nötig waren, um ein größeres Netz einzusetzen); vgl. 2Kor 8,23 ὑπὲρ Τίτου, κ ο ι ν ω ν ὸ ς ἐμὸς καὶ εἰς ὑμᾶς σ υ ν ε ρ γ ό ς. Philemon ist gemäß Philem 1 „Freund und Mitarbeiter" des 'Paulus' (ἀγαπητὸς καὶ συνεργός); folglich kann dieser ihn in v. 17 bitten: Εἰ οὖν με ἔχεις κ ο ι ν ω ν ό ν, προσλαβοῦ αὐτὸν [sc. den Onesimus] ὡς ἐμέ.
20 GNILKA 23 sieht die Sache noch positiver: „Wer in Bethsaida groß geworden war, wird nicht nur Griechisch verstanden haben, sondern auch durch den Verkehr mit Fremden an griechische Kultur gewöhnt gewesen sein."
21 Siehe HENGEL (2007) 19–21 mit weiterführender Literatur in Anm. 35 und 37.

rarisch eingefärbt[22] oder rhetorisch zugespitzt sein: im Kern dürfte es zutreffen[23]. Dies waren nicht die Voraussetzungen, die Petrus zur Mission im griechisch-römischen Sprachraum prädestiniert hätten[24]. Um so mehr stellt sich die Frage, weshalb ihn die apokryphen Petrusakten mit Rom verbinden. Die Actus Petri apostoli lassen ihn, vordergründig gesehen, eine Lücke füllen, die dadurch entsteht, daß Paulus die Röm 15,24. 28 angekündigte S p a n i e n - R e i s e nun tatsächlich durchführt[25] (obwohl die spät geschriebene Apostelgeschichte davon nichts weiß). Doch damit sind wir dem Gang unserer Untersuchung vorausgeeilt.

III. Petrus im Wettstreit mit dem Zauberer Simon

1. Die Ausgangssituation im Exkurs des Ambrosius und in den Petrusakten

Der Einschub des Ambrosius beginnt mit einer knappen Skizze der Ausgangssituation: P e t r u s   u n d   P a u l u s wirken als Christenlehrer in Rom und vollbringen viele Wundertaten. Dies mißfällt N e r o , der ganz den Verführungskünsten des Magiers S i m o n erlegen ist und sich diesen zum besten Freund, zum Garanten seines Wohlergehens und zum Wächter über Leib und Leben erkoren hat. Doch P e t r u s deckt die Gaukeleien und Freveltaten des leeren Schwindlers auf und macht ihn zum Gespött.

> Heges. p. 183,20 *Erant tunc temporis R o m a e   P e t r u s   e t   P a u l u s doctores Christianorum, sublimes operibus, clari magisterio, qui virtute suorum operum N e r o n e m adversum fecerant, captum m a g i   S i m o -*

22　GNILKA 24.
23　In Joh 12,21ff. wenden sich die Hellenen, die zum Paschafest nach Jerusalem gekommen waren und Kontakt mit Jesus gewinnen wollten, nicht an Petrus, sondern an die beiden Apostel mit griechischem Namen, Philippus und Andreas (die wie Petrus aus Bethsaida stammten); s. RATZINGER (BENEDIKT XVI.) 215.
24　„Daß zur Zeit des paulinischen Römerbriefes [57/58] in der Gemeinde die Heidenchristen in der Mehrheit waren, ist durch solche Stellen wie Röm 1,5f. 13f.; 11,13f.; 15,15f. belegt": so LONA 63, der ferner zu Recht herausstellt, daß vor dem Apostelkonzil (48/49) eine erfolgreiche Missionierung bei den Heiden schwer denkbar sei. Zur Konzeption des Petrus als vermeintlichen Heidenmissionars in Rom s. u. S. 58 und S. 52 Anm. 50). HENGEL (2007) 154 behilft sich mit der Annahme, Petrus habe „gewiß auch über eine größere Zahl von überwiegend judenchristlichen Missionsgehilfen" verfügt, „die die griechische Sprache einwandfrei beherrschten."
25　Siehe anschließend S. 45 mit Anm. 30.

n i s delenimentis[26] *qui sibi animum eius conciliaverat. cui adiumentum victoriae, subiectiones gentium, vitae longaevitatem, salutis custodiam feralibus artibus pollicebatur, atque ille credebat qui vim rerum nesciret examinare; denique summum apud eum tenebat* **a m i c i t i a e** *locum, quandoquidem etiam* **praesulem suae salutis**[27] *vitaeque custodem arbitrabatur. sed ubi* P e t r u s *eius vanitates et flagitia detexit, et species illum rerum mentiri, non solidum aliquid aut verum efficere demonstravit, ludibrio habitus et digno est maerore consumtus*[28].

„Es waren zu jener Zeit Petrus und Paulus in Rom als Lehrer der Christen, erhaben durch ihre Werke, hochangesehen durch ihre Lehrverkündigung; sie hatten durch die Kraft ihrer Werke Nero gegen sich aufgebracht. Dieser war gefangen durch die Lockmittel des Magiers Simon, der sich seine Zuneigung erworben hatte. Ihm versprach er Unterstützung für den Sieg (im Krieg), Unterwerfung der Völker, lange Lebenszeit und Bewahrung der Gesundheit mit Hilfe von verderblich finsteren Künsten, und jener glaubte ihm, da er sich nicht darauf verstand, den wahren Kern der Dinge zu erproben. Schließlich nahm Simon bei ihm den höchsten Platz in seiner Freundesgunst ein, zumal Nero ihn sogar für den Garanten seines Heiles und den Schützer seines Lebens ansah. Doch als Petrus die Nichtigkeit seiner Gaukeleien und seine Freveltaten aufdeckte und offenbar machte, daß er nur leeres Blendwerk vortäusche und nichts Substantielles oder Wirkliches zustandebringe, wurde er zum Gespött gemacht und verzehrte sich in wohlverdientem Gram.“

In diesen wenigen Zeilen faßt Ambrosius zusammen, was wir in den ersten 22 Kapiteln der act. Verc. lesen: Paulus (der nach Apg 28,16. 30 zusammen mit dem Soldaten, der ihn bewachte, zwei volle Jahre in Rom in einer eigenen Mietswohnung lebte) predigt und lehrt, wirkt Wunder und stärkt viele im Glauben[29]. Ein ebenfalls (durch Vermittlung seiner Frau Candida) gläubig gewordener Soldat der Wachmannschaft namens Quartus (wir kennen den *Quartus frater* aus Röm 16,23) stellt es ihm frei, aus der Hauptstadt wegzugehen, wohin er wolle. In

---

26 So schreibe ich gegen die von USSANI bevorzugte Version *delinimentis*, die durch den Überlieferungsbefund (*deliramentis* CV, *deleramentis* A^(a.c.)) nicht wirklich gestützt wird. Vgl. dagegen die S. 76 Anm. 123 zitierten Ambrosiusbelege.

27 Vgl. Ps.Lin. 17 (p. 22,1) *querebatur enim se ipsius praestigiis desolatum Symone* **suae salutis praesule**, *et dolebat pro* **tanti** a m i c i *casu* (s. u.) *qui sibi et reipublicae, ut fatebatur, commoda praestabat innumera*; s. u. S. 76.

28 Vgl. act. Petr. 31 (M. 2), p. 80,29 Ταῦτα δὲ πάντα ὁ Π έ τ ρ ο ς ἀκολουθῶν δ ι ή-λ ε γ χ ε ν α ὐ τ ὸ ν πρὸς τοὺς ὁρῶντας. Καὶ δὴ ἀεὶ ἀσχημονοῦντος καὶ ἐγγελωμένου ὑπὸ τοῦ Ῥωμαίων ὄχλου καὶ ἀπιστουμένου ἐφ’ οἷς ὑπισχνεῖτο ποιεῖν μὴ ἐπιτυγχάνοντος (act. Verc. 31, p. 81,26 *nam* P e t r u s *sequendo Simonem magum dissolvebat eum, nam ab omnibus aporiabatur et nemo illi iam nihil credebat*) κτλ.

29 Act. Verc. 1 (p. 45,1) P a u l i *tempus demorantis* R o m a e *et multos confirmantis in fide* …; 48,14 *perstabiliti per fidem*; er lehrt und predigt (p. 45,15ff.; 46,31ff.; 48,24), betet (47,11ff.; 48,15), wirkt Wunder (46,13ff. [Rufina-Episode]; 48,25ff.).

einer Vision wird er vom Herrn aufgefordert, den Menschen in Spanien ein Arzt zu sein[30]. Paulus kündigt seinen Aufbruch zu der Röm 15,24. 28 geplanten S p a n i e n r e i s e an[31]. Die Christengemeinde, die (in Entsprechung zu Apg 20,25. 38) fürchtet, sie werde den Apostel nie wieder sehen, bedrängt ihn, nicht länger als e i n Jahr fortzubleiben. Eine Stimme vom Himmel verkündet, daß ihm bestimmt sei, in den Händen N e r o s , des gottlosen und schlechten Menschen, vor den Augen der Christen Roms vollendet zu werden[32].

Damit ist auf die 'Passio', die den Abschluß der Legende bildet (s. S. 75ff.), vorausverwiesen. Ähnlich bereitet die Schlußbitte der Brüder am Ende von Kap. 2, der Herr Jesus Christus möge Paulus unversehrt zurückführen, denn sie kennten ihre Schwachheit, die bis jetzt noch in ihnen sei[33], den in 4ff. geschilderten Abfall der Christengemeinde zu Simon Magus vor. Ein weiterer Vorverweis dürfte sich in Kap. 3 finden, wo geschildert wird, daß viele Frauen, zwei römische Ritter aus Asien (dies vermutlich eine Reminiszenz an den Entstehungsort der Legende), der Senator Demetrius und e i n e   R e i h e   v o n   P e r s o n e n d e s   k a i s e r l i c h e n   H o f e s (de domo Caesaris) Paulus zum Hafen geleiten. Wenngleich das hier genannte Personal (außer dem Presbyter Narcissus) in der weiteren Erzählung keine Rolle mehr spielt und Paulus im weiteren Verlauf durch den Apostel Petrus ersetzt wird, scheint es doch nicht zufällig, daß wir im letzten Kapitel (41) lesen, Nero habe dem Präfekten Agrippa erzürnt Vorhaltungen wegen seines eigenmächtigen Vorgehens gegen Petrus gemacht; denn er selbst hätte den Petrus grausamer behandeln wollen aus Rache dafür, daß er e i n i g e   s e i n e r D i e n e r im Glauben unterwiesen und ihm abspenstig gemacht habe[34].

---

30 Act. Verc. 1 (p. 45,10) *Paule surge et* [sc. *eis*] *qui i n   S p a n i a sunt corpori tuo* [= *-re tuo* = σαρκί = *corporaliter (non per litteras)*] *medicus esto*; vgl. 2 (47,26) *commendate me domino incipientem ad aliam gentem proficisci.*

31 Die Schilderung der Ausrüstung des Schiffes im Hafen und des Geleits durch zwei mitfahrende gläubige Jünglinge entspricht ganz der von Paulus in Röm 15,24 zum Ausdruck gebrachten Hoffnung.

32 Act. Verc. 1 (p. 46,8) *inter manus N e r o n i s hominis impii et i n i q u i sub oculis vestris c o n s u m m a b i t u r .* Vgl. Ps.Lin. 2 (p. 2,11) *Sed cum iam tempus appropinquaret quo fides beati apostoli* [P e t r i] *et labores remunerari deberent, praeveniens perditionis caput scilicet antichristus N e r o , c o n s u m m a t a   i n i q u i t a s , artari eum et in custodia squalidissima compedibus vinciri iussit* (s. S. 79).

33 Act. Verc. 2 (47,32) *Tu domine Iesu Christe, esto cum Paulo et in pleno nobis eum constitue. scimus enim nostram infirmitatem, quae est in nobis usque adhuc.*

34 Act. Petr. 41 (M. 12), s. u. S. 113; act. Verc. 41 (p. 101,9) *Imperator vero postquam scibit* [= *scivit*] *Petrum mortuum, arguit Agrippam praefectum quod sine consilio suo fecisset. volebat enim Petrum variis cruciatibus perdere. etenim Nero ad manum habebat qui crediderant in Christo, q u i   r e c e s s e r a n t   a   l a t e r e   N e r o n i s .* Ps.Lin. 17 (p. 21,13) hat den gleichen Grundtext, kontaminiert ihn aber mit Ambrosius' Hege-

Es ist gleichwohl nicht ausgeschlossen, daß dieses Schlußkapitel vom
Redaktor des frühen 3. Jh.s stammt.

2. Die Ankunft des Simon Magus in Rom

Wenige Tage nach Abfahrt des Paulus tritt S i m o n   M a g u s auf. Er
kommt – für einen Zauberer und Gaukler höchst angemessen – aus dem
nahe bei Rom gelegenen Aricia, wo sich ein Heiligtum der Zaubergöt-
tin Artemis-Hecate befand. Am Ende seines Rom-Abenteuers wird er –
kläglich gescheitert – auf einer Bahre nach Aricia zurückgebracht werden[35]. Zunächst aber verwirrt er – wie am Ende von Kap. 2 angedeutet
war – durch seine Lehren und Schaustücke die Christengemeinde, die
insbesondere deshalb angefochten wurde, weil „Paulus nicht in Rom
war und auch nicht Timotheus und Barnabas, da sie von Paulus nach
Makedonien geschickt worden waren" (wie es im Anschluß an Apg
19,22 und Phil 2,19ff. heißt). Es war also niemand vorhanden, der die
Brüder hätte stärken können. „So wurden von der großen Menge, die
im Glauben fest begründet war, alle abspenstig gemacht, außer dem
Presbyter Narcissus und zwei Frauen in der Herberge der Bithynier
(dies wohl wieder ein Hinweis auf den Entstehungsort der Legende)
und vier anderen, welche das Haus nicht mehr verlassen konnten."[36]
Diese widmeten sich, eingeschlossen, Tag und Nacht dem Gebet (vgl.
Apg 20,31) und baten den Herrn, daß Paulus so schnell wie möglich zurückgeführt würde, oder irgendein anderer käme, der seine Knechte be-
suche, da der Teufel sie durch seine Schlechtigkeit abtrünnig gemacht
hatte:

> act. Verc. 4 (p. 49,17) *et inclusi die et nocte orationibus vacantes et peten-
> tes a domino, ut P a u l u s   c e l e r i u s   r e v e r t e r e t u r ,   a u t   q u i -
> c u m q u e   a l i u s   q u i   v i s i t e t   s e r v o s   s u o s ,   quoniam dissolverat
> eos diabolus nequitia sua.*

---

sipp (s. S. 75), in dem Nero dem Petrus nach dem Leben trachtet, weil er für den Tod
des Simon Magus verantwortlich war, s. S. 75.

35 Act. Petr. 32 (M. 3), p. 85,4–6 (84,5–7).

36 Act. Verc. 4 (p. 49,7) *et non minime fratres scandalizabantur adinvicem, praeterea
quod non esset Romae Paulus, neque Timotheus neque Barnabas, quoniam in Macedo-
nia missi erant a Paulo, et non esse (esset* NESSELRATH), *qui nos confortaret. ... et tam
magnae multitudinis constabilitae in fide omnes dissoluti sunt, praeter Narcissum
praesbyterum et duabus mulieribus in hospitio Bytinorum et quattuor qui iam de domo
prodire non poterant.*

3. Petrus verfolgt den aus Judäa vertriebenen Zauberer nach Rom

An diesem Punkt nun setzt die eigentliche Petrus-Handlung ein: Nachdem die zwölf Jahre in Jerusalem, die der Herr dem Petrus vorgeschrieben hatte[37], vollendet waren, bereitet ihn Christus i n J e r u s a l e m durch eine Vision auf seine zukünftige Aufgabe vor: „Petrus! Er, den du als erwiesenen Zauberer aus Judäa vertrieben hast, Simon, ist euch wieder zuvorgekommen (und zwar) in Rom".

> act. Verc. 5 (p. 49,21ff.): *Petre, quem tu eiecisti d e I u d e a adprobatum* ***m a g u m S i m o n e m,*** *iterum praeoccupavit vos R o m a e.*

Alle Gläubigen habe Satan durch seine Hinterlist und Macht abtrünnig gemacht, dessen Kraft zu sein Simon damit erweise. Petrus solle also ein zweites Mal den Magier in Schranken weisen – wie zuvor in Judäa (gemäß Apg 8,18–24), so diesmal in R o m. Schon am kommenden Tag solle er sich nach Italien einschiffen (p. 49,28ff.):

> *crastina die proficiscere (<C a e s a r e a m>* L.)*, et ibi invenies n a v e m paratam, navigantem in Italiam*[38].

Petrus unterrichtet unverzüglich die Brüder, geht hinab nach Cäsarea und besteigt sofort das bereitstehende Schiff (p. 50,1):

> *et descendit C a e s a r e a m et confestim a s c e n d i t n a v e m.*

Man sieht, wie hier durchgehend die A p o s t e l g e s c h i c h t e ausgebeutet ist. Die Auseinandersetzung zwischen Petrus und Simon wiederholt sich – fabulös ausgesponnen – in Rom. Die Reiseroute von Cäsarea[39] über die Adria[40] nach Rom, das über den Hafen Puteoli erreicht wird[41], ist die gleiche, die von Paulus in der Apostelgeschichte erzählt wird. Reduziert auf die wichtigsten Stationen, wird sie hier zum Muster für die Ausgestaltung der Romreise des Petrus.

---

37 Vgl. Kerygma Petri, frg. 3 (SCHNEEMELCHER S. 40).
38 Wörtlich aus Apg 27,6 entlehnt, s. Anm. 39.
39 Vgl. Apg 23,23ff.; 27,1ff. *ut autem iudicatum est n a v i g a r e eum in I t a l i a m … a s c e n d e n t e s n a v e m Adrumetinam, incipientes navigare circa Asiae loca …; 6 et ibi i n v e n i e n s centurio n a v e m Alexandrinam n a v i g a n t e m in I t a - l i a m, transposuit nos in eam.*
40 Wo Sturm oder Windflaute herrschen, vgl. Apg 27,18 (*valida … nobis tempestate iactatis). 27 navigantibus nobis in A d r i a* – act. Verc. 5, p. 50,26 *in H a d r i a autem malacia habita in nave.*
41 Apg 28,13 *et post unum diem, f l a n t e a u s t r o, secunda die v e n i m u s P u t e - o l o s; 14 ubi inventis fratribus rogati sumus manere apud eos dies septem: et sic venimus Romam* – act. Verc. p. 51,11ff. *subito v e n t u s n o n v i o l e n t u s sed t e m - p e r a t u s ad proram navis non cessavit diebus sex totidemque noctes, usquedum P u t e o l i s p e r v e n i r e n t.*

In Puteoli angekommen, wird er bereits von einem Freund des Kapitäns, dem Christen Ariston erwartet, dem Paulus in einem Gesicht „offen gezeigt" hatte (Joh 20,19. 21. 26), daß „innerhalb der nächsten zwei Monate" das Erbarmen des Herrn seinen Diener der bedrohten Gemeinde Roms zuführen werde. Er fordert Petrus auf, ohne Verzug nach Rom hinaufzugehen, damit nicht die Lehre des verbrecherischen Menschen noch weiter um sich greife. Petrus antwortet (mit einer Anspielung an Apk 12,9): „Es ist uns zuvorgekommen der, welcher den Erdkreis durch seine Engel versucht. Aber auslöschen wird Gott seine Verführungen" (etc.)

> *praeoccupavit nos* qui temptat orbem terrarum per angelos suos; sed extinguet seductiones ipsius (etc.)[42]

– und läßt sich von Ariston nach Rom in die Wohnung des Presbyters Narcissus[43] bringen.

Damit beginnt nun (ab Kap. 7) die Tätigkeit des Petrus in Rom; er lehrt, predigt und wirkt vor allem durch seine Wundertaten (7, p. 54,24):

> non enim tantum propter hoc ut v e r b i s suaderem vobis hunc esse Christum quem ego praedico, sed etiam i n   f a c t i s   e t   i n   v i r t u t i b u s   m a g n i f i c i s hortor vos per fidem quae est in Christo Iesu, ut nemo vestrum alium expectet praeter hunc contemptum et contumeliatum a Iudaeis, h u n c   N a z a r e n u m   c r u c i f i x u m[44], mortuum et in tertio die resurgentem.

Die Brüder bitten ihn, sich mit Simon, der im Hause des Senators Marcellus wohnt, in einen Kampf einzulassen und ihn, der von sich behaupte, er sei die Kraft Gottes, zu überwinden (8, p. 54,31; 9, p. 56,20). Diese von vielen spektakulären Wundern begleiteten Auseinandersetzungen erstrecken sich über die Kapitel 8–32.

Ambrosius führt exemplarisch zwei Schaustücke vor, in denen Petrus den Simon besiegt. Er setzt ein mit dem Motto (184,7): „Und obwohl Simon in anderen Regionen der Welt die Macht des Petrus erfahren hatte, zog er – dem Apostel zuvorkommend – nach Rom und wagte es, sich damit zu brüsten, daß er Tote wieder zum Leben erwecken könne":

---

42 Act. Verc. 6 (p. 52,25f.).
43 Röm 16,11 läßt Paulus die Hausgenossen des Narcissus grüßen, die Anhänger des Herrn sind.
44 Vgl. 14 (61,29); 23 (71,24).

*et quamvis in aliis terrarum partibus Petri esset expertus p o t e n t i a m,
tamen **praeveniens** R o m a m ausus est iactare, q u o d   m o r t u o s   r e -
s u s c i t a r e t.*

Damit schlägt Ambrosius eine Thematik an, die sich als L e i t m o t i v
durch die ganzen Actus Petri zieht: Simon Magus, von Petrus aus Judäa
vertrieben, hat sich nach Rom begeben, um dort seine Irrlehren zu ver-
breiten. Also muß Petrus ihm nach Rom folgen, um den Gaukler auch
dort zu stellen.

Wir haben schon zwei der Belegstellen gehört: die von Christus
selbst in der Vision zu Jerusalem verfügte Sendung des Petrus nach
Rom – mit dem Auftakt (act. Verc. 5, p. 49,24f.):

*P e t r e, quem tu eiecisti d e   I u d e a adprobatum **m a g u m   S i m o -
n e m** iterum **praeoccupavit vos** R o m a e*

und die Bekräftigung des Entschlusses nach der Ankunft in Puteoli,
ohne Verzug nach Rom weiterzuziehen (6, p. 52,25f.):

***praeoccupavit nos** qui temptat orbem terrarum per angelos suos,* etc.

Kaum ist Petrus zur Wohnung des Presbyters Narcissus geführt worden, da verbreitet sich auch schon im Flug das Gerücht durch die Stadt
zu den zerstreuten Brüdern: Petrus sei auf Geheiß des Herrn gekommen
Simons wegen, um zu zeigen, daß dieser ein Verführer und Verfolger
des Guten sei (7, p. 53,14):

*Fama pervolavit in urbem ad dispersos fratres P e t r u m †dicentem do-
mi†[45] **venisse Simonis causa,** ut eum ostenderet seductorem et persecuto-
rem bonorum esse.*

Als dann Petrus zum Hause des Marcellus kommt, wo Simon wohnt,
läßt er dem Magier durch den Türhüter bestellen (9, p. 56,26): „Petrus,
dessentwegen du aus Judäa geflohen bist, erwartet dich an der Tür":

---

45 Die Handschrift bietet einen korrupten Text. TURNER hat *discentem domini* erwogen,
LIPSIUS (noch weniger plausibel) *dicentium Romae* vorgeschlagen. VOUAUX schreibt
dicentium domi und will dieses *domi* im Sinne von *domum* fassen („il est venu, non
chez lui, mais chez eux" [sc. aux frères]), m. E. kaum verständlich. SCHNEEMELCHERS
Übersetzungsvorschlag „auf Geheiß des Herrn" würde passend auf die „Sendung"
durch Christus in Kap. 5 zurückgreifen; aber ein *iubente* (oder *mittente*) *domi<no>*
wird schwerlich in *dicente(m) domi* verschrieben. Vielleicht sollte man d u c e n -
t e (m)   d o m i < n o >   v e n i s s e schreiben [in der Vulgärform kann der Akkusativ
-*tem* für -*te* stehen]; vgl. Cassiod. in psalm. 86, lin. 179 [CCSL 98, p. 793] *beatus nimis
qui illuc **domino ducente** p e r v e n e r i t, ubi cogitatio cuncta vincitur;* Beda Ven. de
tabern. 1, p. 10, lin. 195 [CCSL 119A] *ad intuenda sublimiter incerta et occulta sapien-
tiae divinae invitante ac **ducente domino** p e n e t r a n t.* Unter den nichtchristlichen
Autoren denkt man zuallererst an Vergil: Aen. 2,632 *descendo, ac **ducente deo** flam-
mam inter et hostis / e x p e d i o r.*

> *Petrus,* **propter quem fugisti de Iudaea,** *sustinet te ad ianuam.*

Als dieser sich verleugnen läßt, schickt Petrus einen großen Hund hinein, der Simon mit menschlicher Stimme auffordert (9, p. 57,5): „Komm hervor in die Öffentlichkeit; deinetwegen bin ich nach Rom gekommen, du Gottloser und Aufwiegler einfältiger Seelen!"

> *procede in publicum:* **tui enim causa Romae veni,** *inprobe et sollicitator animarum simplicum.*

In 17, p. 62,33 rekapituliert Petrus ausführlich die Umstände, die zur Vertreibung des Simon aus Judäa führten, wo der Gaukler im Hause der Eubola wohnte, einer geachteten und reichen Frau, die er durch Anwendung von Zauberei betrog:

> *credite autem mihi, o viri fratres, ego* **hunc Simonem a Iudea fugavi** *multa mala facientem magico carmine, morantem in Iudaea ad quandam mulierem Eubolam ...; p. 65,18 ... et f u g a m p e t i i t , e t n o n c o n p a r u i t i n I u d e a u s q u e i n h o c t e m p u s; ... haec ... facta sunt* **in Iudea,** *per que* **hinc exfugatus est angelus satanae** *qui dicitur.*

Danach lenkt Petrus auf die Situation in Rom zurück und fordert die Brüder auf, zum Herrn zu beten: „Der, welcher ihn von dort vertrieben hat, ist auch mächtig, ihn von hier auszutreiben. Und er möge uns die Kraft geben, ihm und seinen Zaubersprüchen zu widerstehen und ihn als den Engel des Satans zu entlarven":

> 18, p. 65,27 **qui eum inde exfugavit et hinc potens est eum extirpare.** *et det nobis virtutem contraresistere ei et carminibus magicis ipsius, et adprobare eum angelum satanae esse.*

Am folgenden Sabbat werde ihn der Herr auf das Forum Iulium führen, wo es zu einem Glaubenskampf (*agonem fidei:* p. 62,23) kommen werde.

Zu Beginn dieses Agons läßt Petrus das Leitmotiv ein weiteres Mal erklingen. Er wendet sich an die Römer, die er auffordert, wahre Schiedsrichter zu sein, und erläutert die anfängliche Verwirrung des Simon mit der Bemerkung: „Ihr seht nämlich, daß dieser fürchtet, nunmehr ertappt zu sein als ein Lügner[46], der verschweigt, daß ich ihn aus Judäa vertrieben habe wegen der Betrügereien, die er an Eubola, einer ehrenwerten und einfältigen Frau, durch seine Zauberkunst verübt hat. Von dort durch mich vertrieben, kam er hierher, in dem Glauben, er könne sich unter euch verbergen; und siehe, nun steht er persönlich da. Sage, Simon, bist du nicht in Jerusalem mir und dem Paulus zu Füßen

---

46 Zum zugrunde gelegten lat. Text siehe anschließend.

gefallen[47], als du die Heilungen, die durch unsere Hände geschahen, sahest und sagtest: 'Ich bitte euch, nehmt Bezahlung von mir, soviel ihr wollt, damit ich die Hand auflegen und solche Taten tun kann.' Als wir aber das von dir hörten, haben wir dich verflucht: 'Glaubst du, du könntest uns in Versuchung führen, nach Geld zu streben (Geld haben zu wollen)?' Und jetzt fürchtest du nichts? Mein Name ist Petrus, weil der Herr Christus mich gewürdigt hat, mich zu nennen 'bereit zu allen Dingen'. Denn ich glaube an den lebendigen Gott, durch den ich deine Zauberei zerstören werde."

> 23, p. 71,9 *videtis enim hunc †se repraehensum esse modi tacentem†* **me eum exfugasse a Iudaea** *propter inposturas quas fecit E u b u l a e, honestae feminae et simplicissimae, magica arte faciens*[48]. **unde effugatus a me huc venit,** *putans quoniam posset latere inter vos: et ecce stat in comminus. dic S i m o n, non tu Hierosolymis procidisti ad pedes mihi et Paulo, videns per manus nostras remedia quae facta sunt, dicens: 'Rogo vos, accipite a me mercedem quantum vultis, ut possim manum inponere et tales virtutes facere.' nos a te hoc audito maledeximus te: 'Putas temptare nos pecuniam velle possidere?'* **et nunc tu nihil times? Petrus mihi nomen est,** *quod dominus me Christus dignatus est vocare paratum esse*[49] *in omni re.* **deo enim vivo credo, per quem magias tuas deponam.**

Schließlich wird der am folgenden Tag inszenierte Flug des Magiers über die Tempel und Hügel Roms hinweg hinauf in den Himmel vom Erzähler mit einem Rückblick auf den früheren Flug eingeleitet, mit dem Simon in Rom eingezogen war: „Petrus aber, der ein Gesicht gesehen hatte, kam zu dem Ort, damit er ihn auch in diesem Tun widerlege. Denn als er in Rom einzog, verwirrte er das Volk durch seinen Flug. Aber (damals) war Petrus, der ihn überführte, noch nicht in Rom anwesend, wo er (Simon) (das Volk) irreführte und täuschte, so daß einige durch ihn um ihren Verstand gebracht wurden."

---

47 Petrus rekurriert auf Apg 8,18ff. Die Szene spielt in Wirklichkeit in Samaria, nicht in Jerusalem, und statt Paulus war Johannes zusammen mit Petrus von Jerusalem nach Samaria gezogen, um dort den Gläubigen den Heiligen Geist zu spenden.

48 Der korrupte erste Satz konnte bisher nicht geheilt werden: GUNDERMANN wollte *modo tacentem <et> me* lesen, USENER *sero praehensum esse odio, tacentem,* LIPSIUS *hunc [se] repr. esse Simonem tacentem me.* Simon ist über das Auftreten des Petrus verwirrt (*conturbatus:* 71,4) – wohl weil er fürchten muß, „daß er jetzt ertappt sei als jemand, der verschwiegen hat", daß Petrus ihn aus Judäa vertrieben habe. Also ist vielleicht etwas zu ergänzen in der Art wie *hunc <timentem> se deprehensum esse modo tacentem me eum exfugasse* (zu *timere* mit AcI und mit Inf. s. OLD s. v. 3c und 4a+b). Möglicherweise kann *reprehensum* gehalten werden: die griech. Vorlage dürfte so etwas wie τοῦτον ἐλεγχθέντα gehabt haben, vgl. act. Petr. 32 (M. 3), p. 82,6 (ὅπως **αὐτὸν** καὶ ἐν τούτῳ **ἐλέγξῃ**) und 82,8 (Πέτρος ὁ **ἐλέγχων αὐτὸν**).

49 NESSELRATH erwägt *esse* zu tilgen.

32 (M. 3), p. 82,5 Ὁ δὲ Πέτρος ὅραμα θεασάμενος ἧκεν ἐπὶ τὸν τόπον, ὅπως αὐτὸν καὶ ἐν τούτῳ ἐλέγξῃ· ὅτε γὰρ εἰσίει εἰς τὴν Ῥώμην, ἐξέστησεν τοὺς ὄχλους πετώμενος. **Ἀλλ' οὔπω Πέτρος ὁ ἐλέγχων αὐτὸν ἦν ἐνδημῶν τῇ Ῥώμῃ** ἥπερ οὕτως πλανῶν ἐφάντασεν, ὡς ἐκστῆναί τινας ἐπ' αὐτῷ.

Damit dürfte genügend klar sein: das Leitmotiv der ganzen Schrift – bis zum Tod des Magiers Simon – lautet: Petrus kam nach Rom, um – wie früher in Judäa – nun auch in der Kaiserstadt den Irrlehrer und Betrüger Simon in die Schranken zu weisen. Dieses Leitmotiv wird beständig neu angeschlagen. Es prägt die ganzen Petrusakten und könnte kaum deutlicher in den Vordergrund gerückt sein.

4. Die scheinbare und die wirkliche Totenerweckung: Simon als *magna virtus dei*

Das erste der beiden von Ambrosius exemplarisch herausgestellten Wunder ist die Wiedererweckung eines verstorbenen Jünglings, der mit dem Kaiser verwandt ist. Simons Täuschungsversuche und die Wirkungslosigkeit seiner Zaubersprüche werden durch Petrus aufgedeckt; der Apostel erweckt den Jüngling durch Anrufung des Herrn Jesus. Ich gebe im Haupttext die Version des Ambrosius mit Übersetzung, in den Anmerkungen die entsprechenden Partien der actus Vercellenses.

> Heges. p. 184,9 *defunctus erat id temporis Romae adulescens nobilis propinquus Caesaris cum universorum dolore. admonuere plerique experiendum utrum posset resuscitari. celeberrimus in his operibus Petrus habebatur, sed apud gentiles*[50] *nulla factis huiusmodi deferebatur fides. dolor exegit remedium, perrectum est ad* P e t r u m. *fuere qui etiam* S i m o n e m *arcessendum putarent. uterque adfuerunt. ait Petrus Simoni, qui* **de sua** *se iactaret* **potentia,** *priores se partes dare ut si posset* m o r t u u m   r e s u s - c i t a r e t. *si ille non resuscitasset, se non defuturum ut* C h r i s t u s o p e m   f e r r e t *defuncto, quo posset resurgere*[51]. *Simon, qui putaret apud urbem gentilium plurimum suas valituras artes, condicionem proposuit ut si ipse resuscitasset mortuum, Petrus occideretur, qui* **magnam potentiam,** *sic enim appellabatur, lacessendo iniurias inrogavisset, sin vero praevalu-*

---

50   Vgl. 184,20 *apud urbem* g e n t i l i u m; 28 *clamor ingens* g e n t i l i u m; 186,17 *ne se relinqueret et fluctuantem inter procellas* g e n t i l i u m *destitueret.*

51   Vgl. act. Verc. 28 (p. 75,19) *positum autem* c o r p u s   s u s c i t e t *hic* (sc. *Simo*) *et credite illi quasi* **angelo dei.** *si autem non potuerit,* e g o   d e u m   m e u m   i n v o c a - b o: *reddam vivum filium matri, et credite quia hic magus est et seductor qui hospitatur aput vos.*

isset Petrus, in Simonem pari genere vindicaretur[52]. *adquievit Petrus, adorsus est Simon.*

„Es war zu jener Zeit in Rom ein Jüngling aus adeligem Hause gestorben, ein Verwandter des Kaisers; alle waren darüber von Schmerz erfüllt. Es rieten sehr viele zu einem Versuch, ihn wiedererwecken zu lassen. Als größte Berühmtheit in solchen Werken galt Petrus; doch bei den Heiden wurde solcherlei Handlungen kein Vertrauen entgegengebracht. Der Schmerz rief nach einem Heilmittel; man wandte sich an Petrus. Es gab Stimmen, die dafür plädierten, auch Simon herbeizuholen. Beide fanden sich ein. Da sagte Petrus zu Simon, er überlasse ihm, der sich ob seiner Kraft brüste, den Vortritt beim Versuch, den Toten wieder zum Leben zu erwecken. Wenn es ihm nicht gelingen sollte, werde er es sich angelegen sein lassen, daß Christus dem Toten Hilfe leiste, damit er wieder zum Leben auferstehen könne. Simon, der glaubte, daß in der Stadt der Heiden seine Künste am wirksamsten seien, schlug folgende Bedingung vor: Wenn er selbst den Toten erweckt hätte, solle Petrus den Tod erleiden, da er durch die Herausforderung der „großen Kraft" (so nämlich ließ er sich nennen) dieser Unrecht zugefügt habe; wenn aber Petrus obsiegt haben würde, solle in gleicher Weise mit Simon verfahren werden. Petrus pflichtete dem bei – und Simon machte sich ans Werk."

184,26 **accessit ad** lectum **defuncti,** *incantare atque immurmurare dira carmina coepit. visus est* **agitare caput** *qui mortuus erat. clamor ingens gentilium quod iam viveret, quod loqueretur cum Simone. ira et indignatio in Petrum quod ausus esset conferre sese* **tantae potestati**[53]. *tunc sanctus*

---

52 Act. Verc. 28 (p. 75,28) ... *exclamavit Simon dicens: Viri Romani, si videritis mortuum surrexisse, eicitis ab urbe Petrum? et totus populus dixit: non eum tantum eicimus, sed ipsa hora flammis cremabimus* (die bei Ambrosius [184,20ff.] von Simon ausbedungenen Sanktionen sind inhaltlich variiert und z. T. anders angeordnet).

53 Vgl. act. Verc. 28 (p. 75,31) **accessit** *Simon ad* caput **mortui,** *et inclinans se, pariter torum erigens* [corr. ZWIERLEIN: *per ter erige se* cod.] *ostendit populo elevasse* **caput** *et* **agitare,** *et oculos aperiente(m)* [*et*] (del. ZWIERLEIN) *inclinante(m) se Simonem intueri* [corr. ZWIERLEIN: *molli* cod.]. *statim ligna et cremia occeperunt petere, ut P e t r u m flammis cremarent.* Die hier vorgeschlagene Verbesserung der ersten Korruptel (Simon beugte sich zum Haupt des Toten hinab und hob zugleich dessen Kopfpolster an) gründet sich auf die Forderung des Petrus, Simon solle sich vom Bett entfernen (p. 76,16 *recedat hic a lecto*) bzw. (so bei Ambrosius) vom Bett entfernt werden; dann werde sich zeigen, daß der Tote seinen Kopf nicht bewege. Also hat zuvor Simon diese scheinbare Bewegung selbst bewirkt, indem er das Polster der Bahre angehoben hat. In den act. Verc. (p. 76,18f.) erhebt sich der Präfekt Agrippa selbst und stößt Simon mit seinen Händen weg; und es zeigte sich, daß der Tote wie zuvor bewegungslos dalag (*Agrippa autem praefectus ... levavit se et manibus suis inpegit Simonem. et sic denuo mortuus iacebat sicut ante erat*). Das Kürzel für *par* und *per* ist bekanntlich leicht zu verwechseln; *toru(m)* ist in der Buchstabenfolge *pariter*[*toru*]*erigens* durch Haplographie ausgefallen (eine sachliche Alternative wäre *cervical*; dies scheint aber zu spezifisch und paläographisch weniger attraktiv). Für die Kombination von *lectu(lu)s* und *torus* sei verwiesen auf Heges. 1,7 (p. 87,7) *tertius t o r u m observare regium nec usquam discedere cum se Herodes l e c t u l o composuisset*; Ps.Quint. decl. 1,3 *ad l e c t u l u m acces-*

*apostolus poposcit silentium et ait: 'si vivit defunctus, loqua-
tur; si resuscitatus est, surgat, ambulet, fabuletur'. phantasma illud esse, non veritatem quod videatur caput movisse. denique 'separetur',
inquit, 'a lectulo Simon', et tunc ne id quidem ostentui futurum. abducitur
Simon a lectulo, manet sine specie motus alicuius qui mortuus erat*[54].

„Er trat an die Bahre des Verstorbenen heran und begann, greuliche Zau-
berformeln zu singen und zu murmeln. Da schien der Tote seinen Kopf zu
bewegen. Sofort erhob sich ein gewaltiges Rufen der Heiden, daß er schon
wieder lebe und mit Simon spräche. Zorn und Unwillen aber richtete sich
gegen Petrus, daß er es gewagt habe, sich mit einer so gewaltigen Kraft zu
vergleichen. Da gebot der heilige Apostel Schweigen und sagte: 'Wenn
der Tote lebt, so soll er sprechen; wenn er wiedererweckt ist, so soll er sich
erheben, umhergehen, erzählen.' Es sei ein bloßer Schein, nicht Wirklichkeit, daß es so aussehe, als habe er den Kopf bewegt. Schließlich fügte er
hinzu: 'Man lasse Simon von der Bahre zurücktreten', dann werde sich
auch diese Scheinbewegung nicht mehr zeigen. Simon wird von der Bahre
weggeführt: Sofort verbleibt der Tote ohne Anzeichen irgendeiner Bewegung."

185,6 *adstitit Petrus longius et intra se orationi paulisper intentus cum
magna voce ait: 'adulescens, surge: sanat te dominus Iesus'. et statim*

---

sisse leviter, non in torum incidisse. – Die zweite Korruptel habe ich in der Annahme korrigiert, daß *et* vor *inclinante(m) se* fälschlich aus dem voraufgehenden *et inclinans se* wiederholt und *intueri* (im Anschluß an *simonem* infolge Wegfalls von *in-
durch Haplographie) zu *molli* verschrieben wurde („und daß er die Augen öffne und den
sich zu ihm hinabbeugenden Simon anschaue"). Denn der Vorschlag von LIPSIUS (*et inclinante se Simone[m] moveri*) läßt das überschüssige *et* außer Betracht und verkennt,
daß das Stichwort *moveri* nach dem bereits eingeführten *elevasse caput et agitare* zu
spät kommt. Zudem besteht zwischen *oculos aperientem* und *inclinante se Simone moveri* kein sachlicher Bezug, während durch die Fassung (*ostendit) oculos aperientem inclinantem se Simonem intueri* der Vorgang des Augenöffnens organisch
zum Anschauen des sich über ihn Beugenden weiterentwickelt wird.

54 Vgl. act. Verc. 28 (p. 76,7) *usque qua sensus vester obscuratus est, non videtis malefi-
catos vos esse, tamquam putetis mortuum surrexisse qui non se levavit. ... 76,12 si ergo
hoc visum est vobis, loquatur mortuus, surgat, si vivit, solvat sibi mentum ligatum manibus suis, clamet matrem suam, et vobis clamantibus dicat: quid
clamatis? manu sua annuat vobis. vultis ergo videre, quoniam mortuus est, et vos obli-
gati estis, recedat hic a lecto, qui suasit vobis recedere a Christo, et talem illum videbi-
tis, qualem et adtultum vidistis. Agrippa autem praefectus iam non tolerans levavit se,
et manibus suis inpegit Simonem. et sic denuo mortuus iacebat sicut ante erat. populus
autem in furia conversus a magia Simonis, coepit adclamare: exaudi, Caesar, si iam
non surgit mortuus, ardeat Simon pro Petro, quoniam nos vero excaecavit. Petrus autem dixit extensa manu: o viri Romani, iam pacienciam praebete. <non> dico vobis, ut
puero suscitato ardeat Simon: si enim dixero, facietis. succlamavit populus: etsi tu no-
lueris, Petre, nos faciemus. quibus Petrus dixit: si perseveraveritis in hoc, puer se non
levabit. malum enim pro malo non novimus retribuere; sed didicimus inimicos nostros
diligere et pro persecutores nostros orare. si enim et hic potest paeniteri, melius. deus
enim non memorabitur mala. veniat ergo in lumine Christi,* etc.

*surrexit adulescens e t l o c u t u s e s t e t a m b u l a v i t et cibum sum-
sit et dedit eum Petrus matri suae. qui cum rogaretur, ut ab eo non disce-
deret, ait: 'non derelinquetur ab eo qui illum fecit resurgere, cuius nos
servi sumus. secura esto, mater, de filio, non verearis, habet custodem suum'. et cum populus in Simonem insurgeret ut lapidaretur, ait Petrus: 'satis est ad poenam eius quod cognoscit suas artes nihil valere. vivat et
Christi regnum crescere videat vel invitus'[55].*

„Da trat Petrus heran, hielt jedoch einigen Abstand von der Bahre, verharr-
te einige Zeit in einem konzentrierten inneren Gebet und rief dann laut:
'Jüngling, steh auf! Es heilt dich der Herr Jesus.' Und sogleich erhob sich
der Jüngling und redete und ging umher und aß etwas, und Petrus übergab
ihn seiner Mutter. Als man Petrus bat, er möge den Jüngling nicht verlassen, antwortete er: 'Er wird nicht von dem verlassen werden, der ihn wieder zum Leben erstehen ließ; wir sind lediglich seine Diener. Sei also un-
besorgt, Mutter, über deinen Sohn, sei ohne Furcht: er hat seinen Hüter zur
Seite.' Als nun aber das Volk sich gegen Simon erhob, um ihn zu steinigen, rief Petrus: 'Es ist ihm Strafe genug, daß er erkennen muß, daß seine
Künste nicht wirken. Er bleibe am Leben und werde auch gegen seinen
Willen Zeuge, wie das Reich Christi wächst.'"

Statt der drei Totenerweckungen der act. Verc., von denen die beiden
ersten (25–27: 'der Sklave des Präfekten Agrippa', 'der Sohn der Wit-
we') merkwürdig ineinandergeschachtelt sind[56], bietet Ambrosius nur
eine, die der Erweckung des jungen Senators Nicostratus in act. Verc.
28 entspricht, aber doch auch einen Zug, der aus der früheren Episode,
die um den Sklaven des Präfekten kreist (26), stammen könnte. Jedenfalls liest sich der Einleitungssatz des Ambrosius (*defunctus erat …
a d u l e s c e n s n o b i l i s* **propinquus Caesaris**) so, als sei er kontaminiert aus den griechischen Vorlagen von act. Verc. 28, p. 75,14 *l i b e -
r a l i s autem magis et* **carissimus** *erat i n s e n a t o Nicostratus qui
mortuus erat* und act. Verc. 26 (p. 73,21f.) [Es spricht der Präfekt zu
Petrus] *Quid dicis, Petre? Ecce p u e r mortuus iacet,* **quem et imperator libenter habet;** die griech. Vorlage im Oxy.-Fragment lautet (unter
ausdrücklicher Nennung des Präfekten Agrippa): Ἰδού, Πέτρε, ὁ π α ῖ ς
μ ο υ νεκρὸς κεῖται, **ὃν καὶ ὁ βασιλεὺς ἡδέως ἔχει.**

Insgesamt gewinnt man den Eindruck, daß beide Versionen der Petruslegende zwar in einem gemeinsamen Urgrund wurzeln, aber jeweils
eigenständige griechische Vorlagen hatten, die ähnliche Motive unter-

---

55 Act. Verc. 28 (p. 77,21) *et tangens P e t r u s pueri latus d i x i t:* **surge. et surgens puer** *sustulit vestimenta sua et sedit et solvit sibi mentum, petens alia vestimenta, descendit de lecto et dixit ad Petrum (…); 77,27 et dixit Petrus ad populum: viri Romani, sic
mortui resuscitantur, sic c o n f a b u l a n t u r, sic a m b u l a n t r e s u r g e n t e s, vi-
vunt ad tempus quem deus voluerit.*
56 Siehe SÖDER 198f.

schiedlich verwerten. Dabei bieten die Actus Vercellenses eine sehr
viel breitere, mit römischem Kolorit angereicherte Fassung. Ob dies als
spätere Erweiterung zu deuten ist, oder Ambrosius stark gekürzt hat,
läßt sich nicht leicht entscheiden.

Für unsere Zwecke wichtiger ist die Beobachtung, daß in diesem
Passus ein weiteres L e i t m o t i v in der Auseinandersetzung zwischen
Simon und Petrus angeschlagen wird: der Anspruch des Magiers, als
magna potentia Dei zu gelten, während Petrus sich nur als Werkzeug
der Kraft Jesu Christi sieht[57]. Hier die Belege:

> Heges. p. 184,14 *ait Petrus Simoni, qui **de sua** se iactaret **potentia** ...;*
> 184,22 ***magnam potentiam,** sic enim appellabatur, lacessendo;* 184,29f.
> *quod ausus esset* (sc. *Petrus*) *conferre sese **tantae potestati**;* 185,25 ***dei***
> *esse **potentiam,** non hominem.* Zugrunde liegt Apg 8,9ff. *vir autem qui-*
> *dam nomine S i m o n, qui ante fuerat in civitate m a g u s seducens gen-*
> *tem Samariae dicens esse se **aliquem magnum,** cui auscultabant omnes a*
> *minimo usque ad maximum dicentes: hic est **virtus Dei** quae vocatur **Mag-***
> ***na.** adtendebant autem eum propter quod multo tempore m a g i c i s s u -*
> *i s dementasset eos.*

Die act. Verc. haben an Stelle des mehrheitlich von Ambrosius gewählten Begriffs *potentia* jeweils die aus der Apostelgeschichte geläufige
virtus beibehalten, vgl. 4 (p. 48,22) *qui se diceret **magnam virtutem** es-*
*se **dei** et sine deo nihil facere;* 5 (p. 49,27f.) *satanas, cuius **virtute<m>***
se adprobat esse; 8 (p. 54,32) *expugnaret Simonem, qui se dicebat **dei***
***virtutem** esse;* 10 (p. 57,29f.) *quod **dei virtutem** se esse dicebat;* 31 (p.
81,31f.) *sed crastina die v o l a b o **ad dominum cuius** ego <me> **virtu-***
***tem** novi*[58].

Die griechische Version der Athos-Handschrift (A) ist im Zusammenhang des letztgenannten Zitats verständlicher und aufschlußreicher
als die act. Verc. (ich verweise auf die Erläuterungen bei VOUAUX
406f., dessen an zwei Stellen geänderte Textfassung ich hier wiedergebe):

> act. Petr. 31 (M. 2), p. 80,35 Αὔριον γὰρ ἐγὼ καταλιπὼν ὑμᾶς ἀθεοτάτους
> καὶ ἀσεβεστάτους, ἀ ν α π τ ή σ ο μ α ι **πρὸς τὸν θεὸν, οὗ ἡ δύναμις** ἐγώ
> εἰμι ἀσθενήσασα. Εἰ οὖν ὑμεῖς πεπτώκατε, ἰδὲ ἐγώ εἰμι ὁ Ἑστώς· [vgl. Ex

---

57 Act. Verc. 28, p. 75,1 *nolite ergo me intendere tamquam m e a e   v i r t u t i faciam*
    quod facio, sed d o m i n i   m e i   I e s u   C h r i s t i qui est iudex vivorum atque mortu-
    orum; vgl. 26 (p. 73,30) *et nunc in conspectu omnium, quem Simon tangens occidit, tu,*
    domine, per meam vocem t u a   v i r t u t e suscita eum; 25 (p. 73,9) *d e i   v i r t u t e*
    surrexit.
58 Siehe auch 28 (75,19f.) *positum autem corpus suscitet hic* (sc. *Simo*) *et credite illi quasi*
    angelo dei; ferner 32 (83,24; 85,1: jeweils *virtus dei* als Übersetzung des griechischen
    δύναμις τοῦ θεοῦ).

3,14] καὶ ἀνέρχομαι **πρὸς τὸν πατέρα** καὶ ἐρῶ αὐτῷ· Κἀμὲ **τὸν Ἑστῶτα υἱόν σου** κατακλῖναι ἠθέλησαν· ἀλλὰ μὴ συνθέμενος αὐτοῖς **εἰς ἐμαυτὸν** ἀνέδραμον.

„Morgen nämlich werde ich euch verlassen, das gottloseste Volk ohne jede Frömmigkeit, und werde hinauffliegen zu Gott, dessen Kraft ich bin,
wenngleich geschwächt. Wenn also ihr gefallen seid, wohlan: ich bin der
Stehende; und ich werde hinaufgehen zum Vater und werde ihm sagen:
'Auch mich, den Stehenden, deinen Sohn wollten sie hinabbeugen; aber
ich habe ihnen nicht beigestimmt und bin statt dessen zu mir selbst empor-
gestiegen.'"

Wir greifen hier die auch bei Irenäus (bes. haer. I 23) ausführlich darge-
stellte Konzeption von dem Gnostiker Simon Magus, der als Archeget
der ganzen Schule mit ihren vielfältigen Abzweigungen figuriert. Wohl
hat Simon als der Ἑστώς oder *Stans* bei Irenäus selbst keinen Platz[59],
aber seine Rückkehr zum Vater und somit „zu sich selbst", d. h. in den
Bereich seiner ursprünglichen Existenz, finden wir bei Irenäus (haer.
1,21,5)[60] als eine der verschiedenen Formeln für die gnostische Erlösung zum Ausdruck gebracht. Ich gebe einen knappen Auszug mit der
(teils revidierten) Übersetzung von BROX[61]:

«ἐγὼ υἱὸς **ἀπὸ Πατρός**, Πατρὸς προόντος, υἱὸς δὲ ἐν τῷ παρόντι· ἦλθον
<δὲ> πάντα ἰδεῖν τὰ ἴδια καὶ τὰ ἀλλότρια, καὶ οὐκ ἀλλότρια δὲ παντελῶς,
ἀλλὰ τῆς Ἀχαμώθ, ἥτις ἐστὶ θήλεια καὶ ταῦτα ἑαυτῇ ἐποίησεν. κατάγω δὲ
τὸ γένος ἐκ τοῦ προόντος καὶ πορεύομαι πάλιν **εἰς τὰ ἴδια**, ὅθεν ἐλή-
λυθα».

„Ich bin ein Sohn vom Vater, dem Vater, der zuvor schon war, Sohn aber
in dem gegenwärtigen. Ich bin gekommen, um alles zu sehen, was mein ist
und was fremd ist – allerdings nicht absolut fremd, sondern es gehört der
Achamoth (der unteren Sophia), die eine Frau ist und es für sich erschaf-
fen hat. Ich führe aber mein Geschlecht zurück auf den, der zuvor schon

---

59 VOUAUX (406 Anm. 4) belegt diese Vorstellung jedoch bei Hippolytus (Philos. 6,9,1f.
ἐπιχειρήσομεν μεταδιδάσκειν τοῦ Σίμωνος τοὺς ψιττακοὺς ὅτι Χριστὸς οὐκ ἦν
Σίμων ὁ ἑστὼς στὰς στησόμενος, ἀλλ' ἄνθρωπος ...; vgl. 6,17,1 ἔστιν
οὖν κατὰ τὸν Σίμωνα τὸ μακάριον καὶ ἄφθαρτον ἐκεῖνο ἐν παντὶ <ἀνθρώπῳ>
κεκρυμμένον δυνάμει, οὐκ ἐνεργείᾳ, ὅπερ ἐστὶν ὁ ἑστὼς στὰς στησόμενος)
und in den Pseudo-Clementinen.
60 Der griechische Urtext ist bei Epiphanius (haer. 36,2f.) erhalten.
61 N. BROX, Irenäus von Lyon, Epideixis. Adversus Haereses, 5 Bde., Freiburg 1993–
2001 (Fontes Christiani 8/1–5) hat den teilweise veränderten lateinischen Text zugrundegelegt: *Ego filius a Patre, Patris qui ante fuit, filius autem in eo qui ante fuit. Veni
autem videre omnia quae sunt mea et aliena – non autem aliena in totum, sed sunt
Achamoth, quae est Femina et haec sibi fecit, deducit autem genus ex eo qui ante fuit et
eo rursus in mea unde veni.*

war, und kehre in das zurück, was mein ist, von wo ich ausgegangen bin"[62].

Somit sehen wir hier Petrus nicht nur in Auseinandersetzung mit irgendeinem Irrlehrer, sondern ganz konkret mit S i m o n   M a g u s , d e m   U r v a t e r   d e r   G n o s i s[63]. Dies aber scheint von großer Wichtigkeit für die Beantwortung der Frage, wo denn diese Legende vom Romaufenthalt des Petrus ihren „Sitz im Leben" habe (s. S. 47ff.; 107 und 129ff.). Daß Petrus hier die „Heiden" Roms zu bekehren sucht, scheint besonders stark bei Ambrosius hervorgehoben (s. S. 52 Anm. 50 und S. 80 Anm. 134). Aber auch in den actus Petri fehlen entsprechende Hinweise nicht, und durchgehend sind der Präfekt Agrippa, die Senatoren, Albinus, ein Freund des Kaisers (cap. 33f.) und das römische Volk in den Blick genommen[64]. All dies stimmt nicht gut zu dem, was wir aus dem NT über den historischen Petrus wissen, der ausdrücklich zum Apostel der beschnittenen Juden bestimmt wird[65].

---

62   Der Sinn sei folgender, so BROX (Irenäus) ad loc. unter Verweis auf HAYD ('Gegen alle Häresien' 140 Anm. 1): Der Gestorbene soll den Mächten, die seine Rückkehr ins Pleroma verhindern wollen, seine höhere Herkunft väterlicherseits vorrücken und nur sagen, er sei da oben zu Hause, er habe sich bloß da unten in der Fremde, d. h. in der Welt, die ihm aber doch auch nicht ganz fremd sei, weil sie seiner Mutter gehöre, umsehen wollen und kehre jetzt wieder heim.

63   Über die Auseinandersetzung der frühen Christen mit der Gnosis s. CHR. MARKSCHIES, Die Gnosis, München 2001; M. FIEDROWICZ, Theologie der Kirchenväter, Freiburg 2007, 19ff., 48ff. Siehe ferner u. S. 183ff.; 226ff. und das Register s. v. 'Gnosis'. Zu Simon Magus sei ferner verwiesen auf K. BEYSCHLAG, Simon Magus und die christliche Gnosis, Tübingen 1974; G. LÜDEMANN, Untersuchungen zur simonianischen Gnosis, Göttingen 1975; A. H. B. LOGAN, Simon Magus, Theol. Realenz. 31, 1999, 272–276; G. THEISSEN, Simon Magus die Entwicklung seines Bildes vom Charismatiker zum gnostischen Erlöser. Ein Beitrag zur Frühgeschichte der Gnosis, in: A. VON DOBBELER, K. ERLEMANN, R. HEILIGENTHAL (Hrsgg.), Religionsgeschichte des Neuen Testaments. FS Klaus Berger, Tübingen u. a. 2000, S. 407–432; J. ZANGENBERG, Dynamis tou Theou. Das religionsgeschichtliche Profil des Simon Magus aus Sebaste, in: A. VON DOBBELER (s. o.) 519–541; S. HAAR, Simon Magus – The First Gnostic?, Berlin u. a. 2003 (Beih. ZNW 119); A. FERREIRO, Simon Magus in Patristic, Medieval and Early Modern Traditions, Leiden u. a. 2005.

64   Siehe act. Verc. 16 (p. 62,23) *habebis autem agonem fidei veniente sabbato et convertentur multo plures d e   g e n t i b u s   et de Iudaeis in nomine meo in me contumeliatum, derisum, consputum;* 23 (p. 71,1) *noli invidus esse Romanis: deorum amatores sunt. ... comprobate ergo nobis ambo, cui vere debeamus credere;* vgl. p. 71,24ff. *sensum habent Romani, non sunt fatui. ... 'Viri Romani, deus nascitur? crucifigitur? ...';* 24 (p. 72,13) *'o viri Romani, si essetis scientes profeticas scribturas',* etc.

65   Siehe auch o. S. 43 mit Anm. 24.

5. Das Mirakel des Himmelsfluges

a) Simons Flug in den actus Petri

Den wirksamsten Erweis seiner Göttlichkeit sucht Simon durch seinen Flug in den Himmel zu erbringen, hinauf zu Gott, dessen Kraft er selbst sei. Vor den Augen einer großen Menschenmenge, die sich versammelt hatte, erhebt er sich in die Höhe, fliegt über ganz Rom, seine Tempel und Hügel hinweg, bis Petrus einen Hilferuf an den Herrn richtet, er möge den Magier abstürzen lassen. Die Bitte wird unmittelbar erfüllt. Simon schlägt auf die Erde auf, wird mit dreifachem Schenkelbruch nach Aricia gebracht (von wo er ursprünglich nach Rom gekommen war) und findet bald darauf in Terracina unter dem Messer von Ärzten seinen Tod.

Diese Geschichte wird in der griechischen Fassung der 'actus Petri apostoli', wie sie uns allein im Athos-Kodex vorliegt[66], und in der lateinischen der act. Verc. (32) in enger Übereinstimmung erzählt[67]. Der Hauptunterschied besteht darin, daß in den griechischen act. Petr. ein Rückblick auf den früheren scheinbaren Flug Simons gegeben wird, mit dem er seinen Auftritt in Rom begonnen hatte (es erschien eine glänzende Staubwolke über dem Stadttor – und Simon hatte sich plötzlich unters römische Volk gemischt, das staunend das Schauspiel betrachtete). Ferner fehlt in den act. Verc. der Hinweis, daß sich Simon im Gebiet der V i a   s a c r a auf einen erhöhten Ort postierte, von wo er zu Petrus und der großen Schar der Schaulustigen sprach.

Hervorgehoben sei auch hier das Motiv der δύναμις τοῦ θεοῦ (*dei virtus*), die zu sein Simon für sich beansprucht. Nachdem er kläglich abgestürzt ist und mit gebrochenem Schenkel am Boden liegt, macht sich einer seiner Freunde mit Namen Gemellus folgendermaßen über ihn lustig (p. 84,1f.):

Σίμων, εἰ **ἡ δύναμις τοῦ θεοῦ** *κατάσσεται, μὴ καὶ αὐτὸς* **ὁ θεός, οὗ δύναμις εἶ,** *τυφλωθήσεται;*[68]

„Simon, wenn die 'Kraft Gottes' zerbrochen wird, wird dann nicht auch der Gott selbst, dessen Kraft du bist, sich als unwirksam erweisen?"[69]

---

66 Act. Petr. 32 (M. 3), p. 82,4–84,10.
67 Die nahe Verwandtschaft beider Fassungen kann man gleich an dem jeweiligen Auftaktsatz erkennen.
68 Τυφλόω scheint hier wie πηρόω in Mart. Petr. 8,3 verwendet. BALDWIN (268 Anm. 238) bleibt bei der Wiedergabe „will not also God himself, whose power you are, be blinded?" Aber welchen Sinn soll das haben?

b) Simons Flug im Exkurs des Ambrosius und im Ps.Marcellus

Während sich also in den act. Petr. Simon von der Via sacra aus zu sei-
nem Flug in die Höhe emporhebt, stürzt er sich bei Ambrosius vom
Felsen des Kapitols in die Flugbahn[70]; im Ps.Marcellus beginnt der
Flug von einem Holzturm aus, den sich Simon eigens von Nero auf
dem Marsfeld hatte bauen lassen, und er endet mit dem Sturz auf die
Via sacra[71]. Hier der Text des Ambrosius:

> Heges. p. 185,17 *torquebatur magus apostoli gloria. collegit sese atque
> omnem excitat* **carminum suorum potentiam,** *congregat populum, offen-
> sum se dicit* **a Galilaeis** *relicturum urbem quam tueri soleret. diem statuit,
> pollicetur volatum, quo supernis sedibus inveheretur, cui quando vellet
> caelum pateret. conscendit statuto die* **montem Capitolinum** *ac se de rupe
> deiciens* **volare coepit.** *mirari populus et venerari pleri-
> que dicentes* **dei esse potentiam,** *non hominem, qui cum corpore volitaret,
> nihil tale Christum fecisse. tunc Petrus in medio stans ait: 'Iesu domine,
> ostende ei vanas artes suas esse, ne hac specie populus iste qui crediturus
> est decipiatur.* **decidat,** *domine, sic tamen, ut nihil se potuisse vivens
> recognoscat'. et statim in voce Petri* **implicatis remigiis alarum quas
> sumserat** *corruit, nec exanimatus est, sed fracto debilitatoque crure*
> **Ariciam** *concessit atque ibi mortuus est.*

„Der Magier fühlte sich gepeinigt durch den vielgerühmten Erfolg des
Apostels. So nahm er sich denn zusammen, ruft alle Macht seiner Zauber-
gesänge auf, läßt das Volk zu einer Versammlung zusammenkommen, be-
klagt sich, daß er von den (beiden) Galiläern [Petrus und Paulus!] beleidigt
worden sei: er werde die Stadt verlassen, deren Schutz er stets gewährleistet habe. Er setzt einen bestimmten Tag fest, verspricht einen Flug, der
ihn in die himmlischen Wohnstätten hinaufführen werde, stehe ihm doch
jederzeit nach Wunsch der Himmel offen. Am festgesetzten Tag steigt er
auf den Kapitolinischen Hügel, wirft sich vom (Tarpeischen?) Felsen hinab – und begann zu fliegen. Das Volk geriet in Staunen und zollte ihm
Verehrung, indem viele ausriefen, er sei (tatsächlich) 'die Macht Gottes',
kein Mensch, da er imstande sei, mit seinem Körper zu fliegen; nichts der-
gleichen habe Christus zuwege gebracht. Da stellte sich Petrus in der Mitte

---

69 Act. Verc. 32 (83,22) *superveniens autem quidam de via amicus Simonis, nomine Ge-
    mellus a quo Simon multa acceperat, videns eum crure fracto,* subridens *dixit ei:* **Tu es
    dei virtus? quis tibi crus fregit? numquid ipse deus, cuius te virtutem esse dicis?**
70 Siehe dazu 60. 61. 73.
71 Auch dies läßt sich noch steigern: In der kontaminierten späten 'Passio Apostolorum
    Petri et Pauli' wird der auf dem Marsfeld errichtete Holzturm des Ps.Marcellus auf den
    von Ambrosius eingeführten Mons Capitolinus gesetzt, s. Pass. Petr. Paul. brev. (10, p.
    230,11ff.) *pollicetur ergo volatum, quo* (Zw., *quod* codd.) *in caelum portaretur et petiit
    imperatorem ut* **turris lignea** *fabricaretur ei et* **in monte Capitolino** *ei construeretur*
    (vgl. dann die Ausführung des Flugs in 11, p. 231,8f.).

auf und rief: 'Herr Jesus, zeige ihm, daß seine Künste nichtig sind, damit
nicht durch dieses Trugspiel dieses (römische) Volk, das dabei ist, den
Glauben anzunehmen, getäuscht wird. Er stürze herab, Herr, jedoch so,
daß er noch lebend erkennen muß, daß er nichts vermocht (keine 'Macht'
besessen) habe.' Und sofort – die Stimme des Petrus war noch nicht ver-
klungen – verheddere sich das Flügelwerk, das er sich angelegt hatte, und
er stürzte hinab; doch war er nicht tot, sondern hatte sich nur das Bein gebrochen, und auf diese Weise geschwächt ließ er sich nach Aricia bringen,
wo er gestorben ist."

Die knappe Darstellung des Ambrosius unterscheidet sich gleich zu Beginn durch zwei unerwartete Motive von den actus Petri in der griechischen wie in der lateinischen Version: er läßt Simon Z a u b e r g e -
s ä n g e ins Spiel bringen, von denen wir sonst im Zusammenhang des
Himmelsfluges nichts hören; ferner läßt er ihn von Beleidigung durch
„d i e G a l i l ä e r" (im Plural) sprechen, hat also eine Situation vor Augen, wie sie konkreter im Ps.Marcellus ausgestaltet ist, wo P e t r u s
u n d P a u l u s durchgehend im Kampf gegen den Magier vereint sind,
so auch beim Flugschauspiel des Simon (s. anschließend). Die Ersetzung der Via Sacra durch den *mons Capitolinus* dürfte ebenso wie die
neu hinzugekommene Flugapparatur literarisch bedingt sein (dazu u. S.
70ff.). Dagegen scheint im folgenden wieder eine (wenngleich entfern-
te) quellenmäßige Verwandtschaft durchzuschlagen:

Ps.Marc. 29 (p. 145,3) *Simon dixit: Ego nisi **me** aperte demonstravero **deum esse**, nemo mihi **v e n e r a t i o n e m** debitam exhibebit. Nero dixit: Et
quid modo moraris et non ostendis **te deum esse**, ut isti puniantur?*

p. 144,4 Σίμων εἶπεν· Ἐγὼ ἐὰν μὴ φανερῶς ὑποδείξω **ἐαυτὸν θεόν**[72], οὐ-
δείς μοι τὸ ὀφειλόμενον ἀπονέμει **σ έ β α ς**. Νέρων εἶπεν· Καὶ νῦν τί χρο-
νίζεις καὶ οὐκ ἀποδεικνύεις **ἐαυτὸν θεόν**, ὅπως ἂν οὗτοι τιμωρηθῶσιν;

Ambrosius und Ps.Marcellus stimmen in dem auffälligen Motiv überein, daß Simon sein g ö t t l i c h e s W e s e n zu beweisen versucht, um
sich die V e r e h r u n g des Volkes zu verschaffen oder zu erhalten (*ve-
nerari* / σέβας / *venerationem*); ferner wird bei beiden mit gleichem
Wortlaut der anfängliche Erfolg des Flugabenteuers festgestellt (*volare
coepit* – ἤρξατο πετᾶσθαι [p. 164,14]) – *coepit volare* [p. 164,12])[73].

---

72 p. 200,10 φανερώσω ἐμαυτὸν καὶ ὑποδείξω εἶναι θεόν.
73 Der Text des Ps.Marc. folgt gleich anschließend.

c) Engel/Dämonen als Flughelfer in const. Apost., Arnob. adv. nat.,
Sulp. Sev., Ps.Marc. – nicht in den actus Petri

Die von Simon angewandte Flugtechnik hat Ambrosius nach klassi-
schem Vorbild verändert, indem er dem Magier die Flügelapparatur des
Daedalus und des Ikarus leiht – worauf wir unten zurückkommen werden (s. 70ff.). Wir wissen also nicht, durch welche Kraft Simon in der
Vorlage des Ambrosius emporgehoben wurde; auch aus den act. Petr.
erfahren wir nicht, was konkret hinter ἀρθέντος αὐτοῦ εἰς τὸ ὕψος (p.
82,17: „er wurde in die Höhe emporgehoben") steckt. Wir wüßten es
auch im Ps.Marcellus nicht, wenn wir nur § 54 vor uns hätten, wo es
heißt: „Da stieg Simon vor aller Augen auf den Turm und mit ausgebreiteten Armen, den Kopf mit Lorbeer bekränzt, begann er zu fliegen":

> Ps.Marc. 54 (p. 165,11) *Tunc ascendit Simon* in turrim *coram omnibus, et*
> **extensis manibus** c o r o n a t u s   l a u r o   *c o e p i t   v o l a r e. Nero ut vi-*
> *dit Petro sic ait: Verax homo est iste Simon, tu autem et Paulus seductores*
> *estis. Cui Petrus ait: Sine mora scies nos veraces esse Christi discipulos,*
> *hunc autem non esse Christum, sed magum et maleficum. Nero dixit: Ad-*
> *huc perseveratis?* ecce videtis eum caelum penetrare.

> p. 164,13 Τότε Σίμων ἀνέβη εἰς[74] τὸν πύργον ἐνώπιον πάντων, καὶ **ἐκτεί-**
> **νας τὰς χεῖρας** ἐ σ τ ε φ α ν ω μ έ ν ο ς   τ ὴ ν   κ ε φ α λ ὴ ν   ἐ κ   δ ά φ ν η ς[75]
> **ἤ ρ ξ α τ ο   π ε τ ᾶ σ θ α ι.** Νέρων δὲ ὡς εἶδεν πετόμενον[76], ἔφη πρὸς τὸν
> Πέτρον· Ἀληθινὸς ὁ Σίμων οὗτος[77]· σὺ δὲ καὶ Παῦλος πλάνοι ἐστέ. πρὸς
> ὃν ὁ Πέτρος ἔφη· Παραχρῆμα γνώσει[78] ἡμᾶς ἀληθινοὺς τοῦ Χριστοῦ
> μαθητάς[79], τοῦτον δὲ μὴ εἶναι Χριστὸν ἀλλὰ μάγον καὶ κακοῦργον. Νέρων
> εἶπεν· Ἔτι ἐνίστασθε; ἰδοὺ θεωρεῖτε αὐτὸν ἀνελθόντα[80] εἰς τὸν οὐρανόν.

Dort aber ist der Leser von langer Hand vorbereitet: Simon hatte bereits
in § 30 angekündigt, er werde seine E n g e l rufen und ihnen befehlen,
ihn vor aller Augen in den Himmel zu seinem Vater zu tragen:

> Ps.Marc. 30 (p. 145,7) *Simon dixit: Iube mihi* turrim altam fabricare ex lig-
> nis, *ut ascendam super eam, et* **vocabo a n g e l o s   m e o s** *et praecipiam*
> *eis ut cunctis videntibus* in caelum perferant me ad patrem meum.

---

74 p. 210,3 ἐπί.
75 p. 210,4 ἐστεφανωμένος δάφναις.
76 p. 210,5 αὐτὸν πετόμενον.
77 p. 210,6 Ἀληθινὸς ἄνθρωπός ἐστιν ὁ Σίμων.
78 p. 210,7 γνώσῃ.
79 p. 210,8 εἶναι μαθητάς.
80 p. 210,10 ἀνερχόμενον.

p. 144,8 Σίμων εἶπεν· Κέλευσον πύργον μοι[81] οἰκοδομῆσαι ὑψηλὸν ἐκ[82] ξύλων, καὶ ἀνελθὼν ἐπ᾽ αὐτὸν[83] **καλέσω τοὺς ἀγγέλους μου** καὶ ἐπιτάξω[84] αὐτοῖς, ἵνα πάντων ὁρώντων ἀναφέρωσί[85] με πρὸς τὸν πατέρα μου εἰς τὸν οὐρανόν.

In § 50 präzisiert er: es solle ein hoher Turm aus Holz und großen Balken errichtet werden; er wolle dann auf ihn hinaufsteigen, und es würden dort zu ihm in der Luft seine E n g e l kommen; denn unten auf der Erde zwischen den Sündern könnten sie nicht zu ihm kommen[86].

Ps.Marc. 50 (p. 163,4) *Simon dixit: Iube* turrim excelsam fieri ex lignis et trabibus magnis[87], *ut ascendam in illam; et cum in illam ascendero, a n - g e l i m e i* ad me in aëra venient: *non enim in terra inter peccatores ad me venire possunt. Nero dixit: Volo videre, si imples quod dicis.*

p. 162,5 Σίμων εἶπεν· Κέλευσον γενέσθαι πύργον ὑψηλὸν ἐκ ξύλων καὶ δοκῶν μεγάλων, ἵνα ἐπ᾽ αὐτὸν ἀνέλθω καὶ ἐλθόντες **οἱ ἄγγελοί μου** εὕρωσί με ἐν τῷ ἀέρι· οὐδὲ γὰρ δύναται ἐπὶ τῆς γῆς μεταξὺ τῶν ἁμαρτωλῶν ἐλθεῖν πρός με[88]. Νέρων εἶπεν· Θέλω ἰδεῖν εἰ πληροῖς ὃ λέγεις.

In § 53 verspricht er gar dem Nero, er werde, sobald er in den Himmel aufgefahren sei, seine E n g e l zu ihm schicken und ihn zu sich in den Himmel bringen lassen:

Ps.Marc. 53 (p. 165,8) *Simon dixit: Ut scias, imperator, istos fallaces esse, mox ut in caelum ascendero mittam ad te* **angelos meos** *et faciam te ad me venire. Nero dixit: Fac ergo, quae dicis.*

p. 164,8 Σίμων εἶπεν· Γνῶθι, βασιλεῦ, ὅτι οὗτοι οἱ ἄνθρωποι πλάνοι εἰσίν· ἰδοὺ γὰρ παραυτίκα ἀνελθόντος μου[89] εἰς τὸν οὐρανόν, πέμψω **τοὺς ἀγγέλους μου** πρὸς σὲ καὶ ποιήσω σε ἐλθεῖν πρός με. Νέρων εἶπεν· Ποίησον λοιπὸν ἃ λέγεις[90].

---

81 p. 200,14 Κέλευσόν μοι πύργον.
82 p. 200,15 ἀπό.
83 p. 200,15 αὐτῷ.
84 p. 200,16 προστάξω.
85 p. 200,16 ἀναγάγωσί.
86 Hier hören wir wieder Simon, den Urvater der Gnosis!
87 Wenig später erfahren wir, daß der Holzturm auf dem Marsfeld errichtet wird: 51 (p. 163,9) *tunc Nero praecepit* **in campo Martio** turrim excelsam fieri *et praecepit ut omnes populi et omnes dignitates ad istud spectaculum convenirent* (162,10 Τότε ὁ Νέρων προσέταξεν **ἐν τῷ Κάμπῳ Μαρτίῳ** γενέσθαι [208,11 ὑψηλὸν γενέσθαι] πύργον καὶ πάντας τοὺς λαοὺς καὶ τὰ ἀξιώματα γενέσθαι ἐπὶ τῇ θεωρίᾳ).
88 Der folgende Satz fehlt in der p. 208 abgedruckten Alternativversion, deren sonstige geringfügige Abweichungen ich hier nicht wiedergebe.
89 p. 209,13 Γνῶθι – μου] Ἵνα γνῷς, βασιλεῦ, τούτους ἀπατεῶνας εἶναι, παραυτίκα οὖν ὡς ἀναβῶ.
90 p. 210,1 λοιπὸν ἃ λέγεις] ἐν τάχει· θέλω γὰρ ἰδεῖν εἰ πληροῖς ὃ λέγεις.

Nach all diesen Verweisen auf die E n g e l kann der Leser leicht supplieren, wie er die Schilderung καὶ ἐκτείνας τὰς χεῖρας ... ἤ ρ ξ α τ ο π ε τ ᾶ σ θ α ι zu verstehen hat.

Völlige Klarheit erhält er dann in § 56, wo Petrus zu Simon emporblickt und ruft: „Ich beschwöre euch, ihr E n g e l S a t a n s, die ihr ihn in die Lüfte emportragt, um die Herzen der ungläubigen Menschen zu betrügen: bei Gott beschwöre ich euch, dem Schöpfer aller Dinge, und bei Jesus Christus, den er am dritten Tag von den Toten erweckt hat, daß ihr diesen von dieser Stunde an nicht mehr tragt, sondern ihn loslaßt. Und auf der Stelle losgelassen, stürzte er auf den Platz, der Sacra Via hieß, und in vier Teile auseinandergebrochen, verband er vier Kieselsteine untereinander, die bis zum heutigen Tage den Sieg des Apostels bezeugen[91]."

Ps.Marc. 56 (p. 167,5) *Et aspiciens contra Simonem Petrus dixit: Adiuro vos,* **angeli Satanae,** *q u i e u m i n a ë r a f e r t i s ad decipiendum hominum infidelium corda, per deum creatorem omnium et per Iesum Christum quem tertia die a mortuis suscitavit,* u t e u m e x h a c h o r a i a m n o n f e r a t i s, **sed dimittatis illum. et continuo dimissus c e c i d i t** *in locum qui* **Sacra Via** *dicitur, et in quattuor partes fractus quattuor silices adunavit, qui sunt ad testimonium victoriae apostolicae usque in hodiernum diem.*

p. 166,6 Καὶ ἀτενίσας ὁ Πέτρος κατὰ τοῦ Σίμωνος εἶπεν· Ὁρκίζω ὑμάς, **οἱ ἄγγελοι τοῦ σατανᾶ** οἱ φ έ ρ ο ν τ ε ς α ὐ τ ὸ ν ε ἰ ς τ ὸ ν ἀ έ ρ α πρὸς τὸ ἀπατᾶν τὰς <τῶν> ἀπίστων[92] καρδίας, τὸν θεὸν τὸν κτίσαντα τὰ πάντα[93], καὶ Ἰησοῦν Χριστόν, ὃν τῇ τρίτῃ ἡμέρᾳ ἤγειρεν ἐκ τῶν νεκρῶν, ἀ π ὸ[94] τ α ύ τ η ς τ ῆ ς ὥ ρ α ς μ η κ έ τ ι α ὐ τ ὸ ν β α σ τ ά ζ η τ ε, ἀλλ' ἐξεάσατε **αὐτόν. καὶ παραχρῆμα ἀπολυθεὶς ἔ π ε σ ε ν** εἰς τόπον λεγόμενον **Σάκρα**

---

91 In Pass. Petr. Paul. brev. gibt die Ankündigung (10, p. 230,11f.) *pollicetur ... volatum, quo[d] i n c a e l u m p o r t a r e t u r* dem kundigen Leser einen Wink, den Flug nicht als aktive Leistung des Magiers zu verstehen, sondern als ein Geschehen, bei dem er in den Himmel emporgetragen wird. Von wem, bleibt jedoch offen. In § 11 (p. 231,8f.) lesen wir dann ähnlich wie in Ps.Marc. *Simon autem ascendens turrem e x t e n s i s m a n i b u s c o e p i t i n a l t u m v o l a r e.* Erst mit dem Eingreifen des Petrus erfolgt die Enträtselung (p. 232,1): *Petrus autem iterum faciem elevans in caelum extensis manibus ait: Increpo vos,* **daemonia** *q u i e u m f e r t i s, per deum patrem ... ut sine mora eum dimittatis.*

92 p. 211,5 τῶν ἀπίστων ἀνθρώπων.

93 p. 211,6 τὸν κτίστην τῶν ἀπάντων καὶ κύριον Ἰησοῦν τὸν Χριστόν.

94 p. 211,7 ἵνα ἀπό.

Βία, ἥτις λέγεται[95] ἱερὰ ὁδός, καὶ διεμερίσθη εἰς τέσσαρα μέρη, κακῷ μόρῳ διαφωνήσας[96].

Lesen wir hier eine Erfindung der griechischen Quelle des Ps.Marcellus? Schon Irenäus gibt dem Simon Magus Engel zur Seite[97]. Sollen wir annehmen, daß in den ursprünglichen 'actus Petri' Simon aus eigener Kraft zum Himmel emporstieg – wie einst Jesus bei seiner Himmelfahrt?[98] Dies würde vielleicht gnostischen Erlösungsvorstellungen, wie sie etwa Irenäus haer. 1,21 schildert, angemessener sein. Doch dort ist gnostische Erlösung (zumindest die eines bestimmten Zweiges der Gnosis) „pneumatisch" (haer. 1,21,4), betrifft den inneren Menschen, der über die unsichtbaren Sphären hinaus aufsteigt (haer. 1,21,5 *ut superascendat super invisibilia interior ipsorum homo*) – der aber den Leib in der kreatürlichen Welt zurückläßt, während die Seele dem Demiurgen ausgeliefert wird. Diese Bedingungen passen gerade nicht zum Himmelsflug des Magiers Simon, der sich ja in seiner menschlichen Gestalt allen leibhaftig sichtbar präsentiert und Wert darauf legt, daß sich sein Triumph vor aller Augen abspielt[99].

Es bleibt also die Frage, ob es schon in der ursprünglichen Fassung der actus Petri die Mitwirkung von Engeln gab. Steckt etwa in dem Zitat über die Engel Satans aus Apk 12,9, das Petrus bei seiner Ankunft im Hafen von Puteoli paraphrasiert („Es ist uns zuvorgekommen der, welcher den Erdkreis d u r c h s e i n e E n g e l versucht; aber auslöschen wird Gott seine [des Satans] Verführungen"), ein Hinweis, daß es im folgenden auch um einen Kampf gegen böse Engel gehen wird? Aber der Text scheint eher in dem Sinne zu verstehen, daß Simon selbst Engel des Satans ist – wie er ja später tatsächlich genannt wird.

Leider ist der Wortlaut an der entscheidenden Stelle nicht ganz sicher: SCHNEEMELCHER übersetzt den zweiten Satz der Beschwörungsformel des Petrus

act. Petr. 32 (M. 3), p. 82,23 τάχυνον κύριε τὴν χάριν σου, καὶ καταπεσόντος αὐτοῦ ἄνωθεν < ? > ἐκλ<υθ>εὶς συστῇ καὶ μὴ ἀποθάνῃ, ἀλλὰ <κε>νωθῇ καὶ τὸ σκέλος κατεάξῃ ἐκ τριῶν τόπων

---

95 p. 211,10 ἥτις λέγεται] ὅ ἐστιν.

96 p. 211,10sq. καὶ διεμερίσθη εἰς τέσσαρα μέρη, κακῷ μόρῳ διαφωνήσας] καὶ τέσσαρα μέρη γενόμενος τέσσαρας σίλικας συνήνωσεν, οἵ εἰσιν μαρτύριον τῆς τῶν ἀποστόλων νίκης ἕως τῆς σήμερον ἡμέρας.

97 Iren. haer. 2,9,2 *S i m o n e m a g o primo dicente semetipsum esse super omnia Deum et mundum ab angelis eius factum*; vgl. 1,23,5 *mundum autem factum ab angelis, quos et ipse* [sc. *Menander*] *similiter ut S i m o n ab Ennoia emissos dicit.*

98 Siehe unten S. 68 und S. 74 Anm. 121.

99 Siehe dagegen Iren. haer. 1,21,5 zu Beginn, wo die Sterbenden durch Olivenöl oder Salbe und durch Zaubersprüche für die Archonten ungreifbar und unsichtbar gemacht werden (*ut incomprehensibiles et i n v i s i b i l e s principibus et potestatibus fiant*).

wie folgt (s. o.): „Erzeige, Herr, schnell deine Gnade und (bewirke), daß er entkräftet von oben herabfällt, aber nicht sterbe, sondern unschädlich gemacht werde und den Schenkel an drei Stellen breche!" Dieses „entkräftet" erscheint im Zusammenhang problematisch. Wenn ἐκλ<υθ>είς und <κε>νωθῇ hier nahezu synonym verstanden werden sollen (das letzte Verb im Sinne von „seiner Lebenskräfte entleert" oder auch „zuschanden werden"), dann qualifiziert das Partizip ἐκλ<υθ>είς das Verb συστῇ in einem leicht antithetischen Wortspiel: Simon solle nach seinem Sturz aus den Himmelsregionen zwar „aufgelöst", d. h. „körperlich gebrochen" sein, im Ganzen seines Körperbaues gleichwohl festen Bestand haben – also nicht etwa wie bei Ps.Marcellus in vier Teile zerrissen werden (p. 166,12 διεμερίσθη εἰς τέσσαρα μέρη)[100], und nicht sofort sterben (καὶ μὴ ἀποθάνη). Da aber in der hellenistischen Gräzistik Gen. abs. und Verbum finitum dasselbe Subjekt haben dürfen (so auch in den Paulusakten)[101], scheint ein alternatives Verständnis der Satzstruktur nicht ausgeschlossen: Man könnte hinter κα- ταπεσόντος αὐτοῦ ἄνωθεν ἐκλ<υθ>είς eine Entsprechung zu dem Wortlaut bei Ps.Marcellus vermuten, wo wir lesen: ἀπολυθεὶς ἔπε- σεν (*dimissus c e c i d i t*) – also „von den Engeln (die ihn zuvor getragen haben) losgelassen, fiel er hinab". Ohne jegliche Vorbereitung, d. h. ohne jeden vorausgehenden Hinweis auf (unsichtbare) Hilfe durch Engel scheint dies hart; der von LIPSIUS vermutete Textausfall vor ἐκ- λ<υθ>είς (siehe den App.: „post ἄνωθεν supplenda videntur εὔχομαι ἵνα") bessert das hier verhandelte Problem nicht. So muß die Frage wohl offen bleiben[102].

Wenn auf die Kapitelüberschriften der 'Constitutiones Apostolorum' Verlaß wäre, würde in diesem Werk aus der zweiten Hälfte des 4. Jh.s, das im wesentlichen auf die in der 1. H. des 3. Jh.s entstandene 'Didascalia Apostolorum' zurückgeht, aber später mehrmals überarbeitet wurde, die Flugepisode des Magiers Simon nach dem Muster der dort in folgender Reihe genannten Vorgänger erzählt werden: Clemens (von Alexandrien), Hegesippus, Justinus und Irenäus[103]. Von keinem der vier Autoren besitzen wir einen entsprechenden Text

---

100 Vgl. Pass. Petr. Paul. brev. 11 (p. 232,5 *venit Simon ex alto in terram et c r e p u i t m e d i u s*).
101 Siehe SCHMIDT–SCHUBART 1936, 14.
102 In den act. Verc. ist der Text stark verkürzt, so daß in der Bitte des Petrus das Motiv des Sturzes überhaupt nicht angeschlagen, sondern gleich der Folgesatz gegeben wird (*sed non peto ut moriatur, sed aliquid in membris suis vexetur*), dessen Bezug somit dunkel bleibt.
103 Siehe M. METZGER, Les Constitutions Apostoliques, Band II, Paris 1986 (SC 329), p. 288 (die Kapitelüberschriften zu Buch VI) und p. 317–321 der Text des Kapitels 9. Zur Überlieferung der Titel siehe METZGERs Band I, Paris 1985 (SC 320), 89–92.

(s. u. S. 182); doch scheint nach Auffassung METZGERs, des maßgeblichen Editors der Constitutiones, jedenfalls der Kern der Simon Magus-Episode auf die actus Petri selbst oder auf den Apologeten Hegesippus zurückzugehen[104]. Daß diese Fassung auf eine frühe Quelle gründet, zeigt sich auch darin, daß in ihr – anders als in den Versionen des Ambrosius (dessen griechische Vorlage wir nicht kennen), Ps.Linus und des Ps.Marcellus – der Apostel Paulus (noch) keine Rolle spielt, sondern Petrus alleiniger Akteur ist:

In const. Apost. 6,9,2 hören wir, daß Simon nach seiner Ankunft in Rom viele gläubige Christen zu sich hinüberzog, aber auch die Heiden durch seine magischen Praktiken „und durch das Wirken der Dämonen" (καὶ δαιμόνων ἐνεργείᾳ) beeindruckte. Eines Tages sei er mittags ins Theater gegangen und habe vor dem versammelten Volk (und Petrus, den er hatte herbeirufen lassen) angekündigt, daß er einen Flug durch die Lüfte veranstalten wolle (ἐν τῷ θεάτρῳ ἐπηγγέλλετο πτῆναι δι᾽ ἀέρος). In 6,9,3 heißt es dann:

> „Und tatsächlich wurde er v o n D ä m o n e n in die Höhe emporgehoben und flog hoch oben durch die Lüfte und versprach, in den Himmel emporzusteigen und ihnen von dort gute Gaben zu besorgen. Das Volk aber jubelte ihm zu w i e e i n e m G o t t. Da erhob ich (Petrus) meine Hände zum Himmel und betete mit ganzer Inbrunst zu Gott, er möge durch den Herrn Jesus diesen Verführer zermalmen und die Macht der Dämonen brechen, die sich ihrer Kraft bedienten, um die Menschen zu betrügen und zu verderben; er möge aber den Magier im Augenblick der Vernichtung nicht töten, sondern (nur) zerbrechen."

> const. Apost. 6,9,3 καὶ δὴ μ ε τ ε ω ρ ι σ θ ε ὶ ς ὑπὸ δαιμόνων ἵ π τ α τ ο μετάρσιος εἰς ἀέρα, λέγων εἰς οὐρανοὺς ἀνιέναι κἀκεῖθεν αὐτοῖς τὰ ἀγαθὰ ἐπιχορηγήσειν· τῶν δὲ δήμων ἐ π ε υ φ η μ ο ύ ν τ ω ν αὐτὸν ὡ ς θ ε ό ν, ἐκτείνας ἐγὼ τὰς χεῖρας εἰς οὐρανὸν σὺν αὐτῇ τῇ διανοίᾳ ἱκέτευον τὸν Θεὸν διὰ Ἰησοῦ τοῦ Κυρίου ῥῆξαι τὸν λυμεῶνα καὶ τὴν ἰσχὺν τῶν δαιμόνων περικόψαι ἐπ᾽ ἀπάτῃ καὶ ἀπωλείᾳ ἀνθρώπων κεχρημένων αὐτῇ, ῥήξαντα δὲ μὴ θανατῶσαι, ἀλλὰ συντρῖψαι.

Darauf habe Petrus das Wort an Simon gerichtet und als Mann Gottes (1Tim 6,11) und wahrer Apostel Jesu Christi den bösen Mächten des vom Glauben Abgefallenen, durch die (dieser) Simon Magus in der Höhe gehalten dahinfuhr, befohlen, daß sie ihre Wirksamkeit verlören (oder: aufhörten, den Schwindler festzuhalten), damit er von der Höhe hinabstürze zum Spott derer, die von ihm betrogen worden seien. Und noch während er dies gesprochen habe, sei Simon von seinen dämonischen Mächten im Stich gelassen worden und mit gewaltigem Echo

---

104 Siehe oben S. 39 und unten S. 182.

hinabgestürzt und in heftigem Fall auf dem Boden aufgeprallt und habe
sich dabei die Hüfte und die Füße gebrochen.

> const. Apost. 6,9,4 Καὶ ὑπολαβών, ἀτενίσας εἶπον τῷ Σίμωνι· «Εἰ Θεοῦ
> ἄνθρωπος ἐγώ, ἀπόστολος δὲ Ἰησοῦ Χριστοῦ ἀληθὴς καὶ διδάσκαλος εὐ-
> σεβείας, ἀλλ᾽ οὐ πλάνης, οἷος σὺ Σίμων, προστάσσω **ταῖς πονηραῖς δυνά-**
> **μεσιν** τοῦ τῆς εὐσεβείας ἀποστάτου, ἐφ᾽ α ἷ ς ὀ χ ε ῖ τ α ι Σίμων ὁ μάγος,
> **ἀφεῖναι τῆς κρατήσεως,** ὅπως ἐξ ὕψους κατενεχθῇ εἰς γέλωτα τῶν
> ἀπατηθέντων ὑπ᾽ αὐτοῦ.» Καὶ εἰπόντος μου ταῦτα, **περικοπεὶς τῶν δυνά-**
> **μεων** ὁ Σίμων μετὰ μεγάλου ἤχου κατηνέχθη καὶ ῥαγεὶς πτῶμα ἐξαίσιον
> σ υ ν τ ρ ί β ε τ α ι τ ὸ ἰ σ χ ί ο ν κ α ὶ τ ῶ ν π ο δ ῶ ν τ ο ὺ ς τ α ρ σ ο ύ ς.

Der Schlußsatz der Episode lautet dann (6,9,6): „Und so setzte sich in
Rom die erste Häresie fest, die allergottloseste der Simonianer, und der
Teufel führte sein wirksames Handeln durch die übrigen falschen Propheten fort" (καὶ οὕτως π ρ ώ τ η ἐπάγη **ἡ τῶν Σιμωνιανῶν** ἀθεωτάτη
αἵρεσις ἐν Ῥ ώ μ η, καὶ διὰ τῶν λοιπῶν ψευδαποστόλων ἐνήργει ὁ δι-
άβολος).

Hier sind also die Dämonen, die bösen Mächte, bereits fester Bestandteil der Simon Magus-Geschichte, und nur mit ihrer Hilfe vermag
der Zauberer seinen Trug ins Werk zu setzen. P e t r u s aber handelt
noch a l l e i n – wie dies in der ursprünglichen Fassung der a c t u s
P e t r i vorauszusetzen ist und in der uns erhaltenen Version auch tatsächlich der Fall ist. Da dort aber der Magier Simon selbst mehrmals
als „Engel Satans" eingeführt wird, so etwa in act. Verc. 17 (p. 65,24
*per que [facta] hinc exfugatus est **angelus satanae** qui dicitur*), 18 (p.
65,30) und 32 (Mart. 3) τὸ πέρας τοῦ βίου **ὁ τοῦ διαβόλου ἄγγελος**
ἔδωκεν Σίμων, wird man aus dem uns erhaltenen Text den Schluß ziehen dürfen, daß in den actus Petri selbst hilfreiche Engel-Dämonen
noch keine Rolle spielten, vielmehr die „Himmelfahrt" des Magiers Simon tatsächlich der Himmelfahrt Christi nachgestaltet war, wie sie in
der kanonischen Apostelgeschichte erzählt wird[105]. Dafür spricht auch
der wörtliche Anklang, der bei der Wahl des Verbs gesucht wurde:

> act. Petr. 32 (M. 3), p. 82,16 καὶ ἰδοὺ **ἀρθέντος** α ὐ τ ο ῦ εἰς τὸ ὕψος κ α ὶ
> π ά ν τ ω ν ὁ ρ ώ ν τ ω ν α ὐ τ ὸ ν εἰς ὅλην τὴν Ῥώμην, καὶ ὑπὲρ τοὺς ναοὺς
> αὐτῆς καὶ τὰ ὄρη **ἠρμένον** ...;
>
> Apg 1,9 καὶ ταῦτα εἰπὼν β λ ε π ό ν τ ω ν α ὐ τ ῶ ν **ἐπήρθη;** Mk 16,19
> (vgl. Apg 1,11) **ἀνελήμφθη** εἰς τὸν οὐρανόν; anders ist der Wortlaut in Lk
> 24,50.

---

105 VOUAUX sieht in der Darstellung der apokryphen Apostelakten „une contrefaçon de
l'ascension du Christ, suggérée par les nombreux récits du temps sur les vols aériens"
(411 Anm. 2).

Wie hier das Vorbild Christi aus dem Neuen Testament wirksam geworden ist, so bei A r n o b i u s das Vorbild des Propheten Elias aus dem Alten Testament. Sein apologetisches Werk 'Adversus nationes' ist in den Jahren 303–305 entstanden. In ihm leiht er dem Simon ein feuriges Viergespann (nat. 2,12), das er der Erzählung vom Propheten Elias entnommen hat, der auf einem von feurigen Pferden gezogenen Wagen in den Himmel auffährt (2Kön 2,11f.; Sir 48,9):

> *Viderant enim* [sc. *homines Romae*] c u r r u m *S i m o n i s m a g i e t* q u a d r i g a s i g n e a s*[106] P e t r i ore difflatas et nominato Christo evanuisse: viderant, inquam, fidentem dis falsis et ab eisdem metuentibus proditum pondere praecipitatum suo cruribus iacuisse praefractis, post deinde perlatum Brundam cruciatibus et pudore defessum ex altissimi culminis se rursum praecipitasse fastigio.*

„Es hatten nämlich die Menschen in Rom gesehen, wie der Wagen des Magiers Simon und sein feuriges Viergespann durch das Wort Petri zerstoben und durch die Nennung des Namens Christi zuschanden wurden: Sie hatten, will ich sagen, gesehen, wie der Magier, der auf falsche Götter vertraute und von eben diesen, die sich (bei der Nennung des Namens Christi) schreckten, verraten wurde und so durch sein eigenes Gewicht hinabstürzte und mit gebrochenen Beinen hingestreckt lag, wie er dann nach Brunda gebracht wurde und vor Pein und Scham überwältigt sich ein weiteres Mal hinabstürzte, nämlich vom Gipfel eines schwindelnd hohen Bergfelsen (in den Tod)."

Auch bei ihm handelt P e t r u s a l l e i n, ist noch nicht in Begleitung des Paulus; doch die Dämonen, die Simon den Weg in den Himmel eröffnen, sind bereits am Werk. Sie werden von Petrus durch die Nennung des Namens Christi gebannt.

Ziemlich genau hundert Jahre später (403) hat S u l p i c i u s S e v e r u s die Flugepisode mit folgenden Worten in seine Chronik (2,28,5) aufgenommen:

> *etenim tum illustris illa adversus Simonem Petri ac Pauli congressio fuit. qui cum m a g i c i s a r t i b u s, ut se deum probaret, **duobus suffultus daemoniis evolasset**, orationibus Apostolorum **fugatis daemonibus**, d e l a p s u s i n t e r r a m populo inspectante d i s r u p t u s e s t.*

---

106 Vgl. Hier. in Is. 18,66,20 (lin. 30) *his* e q u i s, c u r r i b u s e t q u a d r i g i s *E l i a s raptus ad caelum est, et Eliseus circumdari se atque servari nescienti puero demonstravit*; Max. Taur. (um 423) serm. 84,1 (CCSL 23, p. 343,25) *H e l i a s magister Helisei nonne **a n g e l i s** d u c t a n t i b u s raptus ad caelum est, et* q u a d r i g a i g n e a i n p o s i t u s *quasi in quodam triumpho victor ascendit?* Quodvultdeus, serm. 1,2,8 (CCSL 60, p. 308, lin. 25) *habemus et nos spiritalem nostrum* a u r i g a m *sanctum prophetam H e l i a m, qui* q u a d r i g a e i g n e a e *superimpositus tantum cucurrit, ut metas prenderet caeli.*

Dies ist eine deutliche Vorstufe zum Ps.Marcellus (dessen lat. Fassung
jedenfalls zeitlich nach Sulpicius Severus liegt): P e t r u s u n d P a u -
l u s wirken zusammen im Kampf gegen Simon, und der Magier sucht
seine Göttlichkeit zu beweisen durch einen Flug, bei dem er sich von
zwei Engel-Dämonen tragen läßt.

6. Der Simon Magus des Ambrosius als ein zweiter Ikarus

Bei Ambrosius, dessen Version der Himmelsflug-Episode wir oben
vorgeführt haben, spielen Engel keine Rolle. Vielmehr hat er das
Schein-Wunder des gnostischen Magiers in die Sphäre des antiken
Mythos transponiert, indem er dem Leser n a c h t r ä g l i c h offenbart,
daß sich Simon in das Flügelwerk, das er sich angelegt hatte, verwickelt
habe. Doch bevor wir zur eigentlichen Flug-Episode kommen, muß ein
Blick auf das von Ambrosius eingeführte M o t i v d e r Z a u b e r -
s p r ü c h e geworfen werden:

> Heges. p. 185,17 *torquebatur magus apostoli gloria. collegit sese atque*
> *o m n e m e x c i t a t **c a r m i n u m** suorum **p o t e n t i a m,** congregat po-*
> *pulum, ... pollicetur volatum, quo supernis sedibus inveheretur.*

Von Zaubersprüchen des Simon ist zwar in den Actus Vercellenses öfter die Rede[107]; sie werden aber in dem stets erneuerten Wunder-Wett-
streit zwischen dem Magier Simon und Petrus nirgends in der Weise direkt eingesetzt wie hier in der Fassung des Ambrosius[108]. Später – als
Bischof – wird er noch einmal auf diese Flugepisode Simons zurückkommen und dabei wiederum die magischen Sprüche in den Vordergrund rücken:

> Ambr. hex. 4,8,33 *Habet* (sc. *ecclesia*) *i n c a n t a t o r e m suum dominum*
> *Iesum, per quem **magorum incantantium c a r m i n a** et serpentum vene-*
> *na vacuavit, et ipsa sicut serpens exaltatus devorat colubras, et Aegyptio-*

---

107 Siehe act. Verc. 6 (p. 51,28) *m a g i c o c a r m i n e adque sua nequitia hinc inde om-*
nem fraternitatem dissolvit; 8 (p. 54,33) *in domo Marcelli senatoris persuasi c a r m i -*
n i b u s eius (sc. *Simonis*); 16 (p. 62,28f.) *sed omnia eius adprobabuntur c a r m i n a*
et m a g i c a f i g m e n t a; 17 (p. 62,33f.) *ego hunc Simonem a Iudea fugavi multa*
mala facientem m a g i c o c a r m i n e; p. 64,16 *m a g i c o c a r m i n e facto*; 18 (p.
65,28f.) *et det nobis virtutem contraresistere ei et c a r m i n i b u s m a g i c i s ipsius.*
108 Ein einziges Mal, als der kaiserliche Präfekt anordnet, Simon solle einen seiner *alumni*
in den Tod schicken, Petrus aber ihn auferwecken, heißt es etwas unspezifisch (25 p.
72,26f.): *et continuo Simon a d a u r e m pueri l o c u t u s e s t et sine voce fecit ta-*
cere et mori.

rum ferale licet **c a r m e n**[109] *i n m u r m u r e t <u r>*[110]*, in Christi nomine hebetatur. Sic et Elymam magum* **P a u l u s** *non solum sagae artis infirmitate, sed etiam oculorum amissione caecavit*[111]. *Sic* **P e t r u s S i m o n e m** *alta caeli* **m a g i c o v o l a t u** *petentem dissoluta* **c a r m i n u m p o t e s t a t e d e i e c i t** *et stravit.*

„Es hat auch die Kirche ihren 'Zauberpriester', Jesus Christus, durch den sie die Zaubersprüche der zaubernden Magier und das Gift der Schlangen unwirksam machte und selbst wie die erhöhte Schlange die Nattern vertilgt; und mag auch der verderbliche Zauberspruch der Ägypter gemurmelt werden: in Christi Namen wird er unwirksam gemacht[112]. So hat auch Paulus den Zauberer Elymas nicht nur mit der Wirkungslosigkeit seiner Zauberkunst, sondern auch mit dem Verlust seines Augenlichtes bestraft[113]. So hat Petrus, als der (Zauberer) Simon in magischem Flug in die Höhen des Himmels emporstrebte, die Macht seiner Zaubersprüche zunichte gemacht, ihn zum Absturz gebracht und auf den Erdboden hingestreckt."

Der Bischof nimmt hier deutlich seine früheren Formulierungen *incantare* atque *i m m u r m u r a r e* dira **carmina** *coepit* (184,26f.) und *omnem excitat* **carminum** *suorum* **potentiam** (185,18), leicht variiert, wieder auf, so wie er auch die frühere Bitte „*d e c i d a t, domine*", die er dem P e t r u s in den Mund legt (185,28), hier in dem Schlußsatz *P e - t r u s Simonem alta caeli … petentem … d e i e c i t* anklingen läßt.

An beiden Stellen – und einigen weiteren, die vom Flug der menschlichen Seele in den Himmel handeln – verraten bewußte Anspielungen des Ambrosius an den Daedalus-Icarus-Mythos, wie er von Vergil, Ovid und Seneca geformt worden ist, den Zögling der römischen Grammatik- und Rhetorikschule, als den uns die Vita den späteren Bischof schildert. Vielleicht hat er zusätzlich den am Hofe Neros

---

109 Wohl ein Anklang an Verg. Aen. 4,462f. *solaque culminibus f e r a l i c a r m i n e bubo | saepe queri*, einen Vers, den Ambrosius durch Ael. Donat kommentiert hören oder lesen konnte, s. DServ. ad loc.

110 So muß m. E. geschrieben werden (vgl. etwa Aug. epist. 111,6 [CSEL 34,2 p. 653,1] *ne adversus deum in his temptationibus et tribulationibus m u r m u r e t u r*); die Alternative wäre, Ausfall des Satz-Subjektes nach *Aegyptiorum* anzunehmen (eines Synonyms [im Singular] zu *sapientes et malefici* [also etwa *magus*], s. Ex 7,11). Sachlich geht es um die *i n c a n t a t i o n e s A e g y p t i a c a e et arcana* eben dieser *malefici*.

111 Es dürfte hier ein Zeugma vorliegen: „blenden" ist im zweiten Satzglied im konkreten Sinne vom Verlust des Augenlichtes verstanden, im ersten dagegen in übertragener Bedeutung („fühllos", „wirkungslos" machen), s. o. S. 59 Anm. 68 und Mart. Petr. 8,3. Der Ambrosiustext ist bei Maximus I. von Turin und Beda Venerabilis zitiert, s. Maxim. Taur. serm. 31,3 (CCSL 23, p. 123, lin. 78) *sed tanta ab illo virtute convictus est, ut non solum artis infirmitate sed etiam oculorum eum amissione c a e c a r e t, et pariter illi auferret carmen et visum.*

112 Siehe Ex 7,11f.; Num 21,8; Joh 314.

113 Apg 13,6–11. Die dt. Übersetzung sucht das unnachahmliche Zeugma, in dem das Verb *caecavit* steht, sinngemäß wiederzugeben.

verunglückten Icarus vor Augen, über den Sueton (wohl im Anschluß an eine frühere Quelle) berichtet (Ner. 12,2): *I c a r u s primo statim conatu iuxta cubiculum eius d e c i d i t*[114] *ipsumque cruore respersit.*

In die Augen springt die Übernahme der Flügelarmatur des v e r g i l i s c h e n Daedalus, der gemäß Aen. 6,18f. in Cumae, der Endstation seines Flugabenteuers, sein *remigium alarum* (vgl. auch Aen. 1,301) dem Phoebus weihte. Denn p. 185,30 heißt es vom Magier Simon: *et statim in voce Petri implicatis **remigiis alarum** quas sumserat corruit.* Von solchem Flügelgerät lesen wir sonst in den Petrusakten nichts, allenfalls hören wir, daß Simon (bekränzt mit einem Lorbeerzweig)[115] mit ausgebreiteten Armen in die Höhe flog – wir haben die wichtigsten Stellen oben behandelt[116].

Das gleiche vergilische Flügelwerk nutzt Ambrosius später als Bischof noch elfmal (!), während die aus der Aeneis genommene Junktur – sieht man von dem Vergilkommentator Ael. Donat (DServ.) ab – sonst erst ab dem 5. Jh., und zunächst auch da nur spärlich (Paul. Nol. epist. 44,5), dann im 6./7. Jh. bei Ennodius, Caesarius von Arles und Isidor belegt scheint. Wir sind hier also auf ein deutliches Markenzeichen des Ambrosius gestoßen, das ich hier nur in drei metaphorischen Variationen belege, s. Abr. 2,8,56 *fides ... quae columbae more* in sublime *subrigitur, lustrans superna et s p i r i t a l i b u s **alarum remigiis** c a e l u m circum v o l a n s*; exc. Sat. 2,128 *quod illa anima, ... quam praepetes prius pennae usque* a d a l t a c a e l i *per sublime aëris **alarum remigiis** evehebant*[117]*, eadem postea v o l a t u s iam non suos requirat et se

---

114 Das Verb scheint gleichsam archetypisch von Ovid für die Icarus-Episode genutzt, vgl. ars 2,91f. *d e c i d i t atque cadens 'pater, o pater, auferor!' inquit:* | *clauserunt virides ora loquentis aquae*; belegt ist es in diesem Sinne seit Plautus, vgl. Pers. 258 (*occasio*) *quasi d e c i d i t de caelo*; Verg. Aen. 5,517; Ov. met. 1,308. In den act. Verc. 32 (p. 83,19) heißt es dagegen: *continuo c a e c i d i t ad terram*, in Ps.Marc. 56 (p. 167,9f.): *et continuo dimissus* (sc. *ab angelis Satanae, qui eum in aëra ferebant*) *c e c i d i t in locum qui Sacra Via dicitur*, in Pass. Petr. et Paul. brev. (LIPSIUS I p. 223–234), die in den Kapiteln 8–13 (p. 228–233) größere Passagen beinahe wörtlich aus dem Ambrosius-Exkurs ausgezogen hat, steht schlicht *v e n i t Simon ex a l t o in t e r r a m, et crepuit medius* (11, p. 232,5). Bei Sulpicius Severus schließlich heißt es – wir haben es gehört – *d e l a p s u s in t e r r a m populo inspectante disruptus est.* Allein der Athos-Kodex (A) bietet in act. Petr. 32 (M. 3), p. 82,26 eine ambrosianischen *decidat* entsprechende Version (καταπεσόντος αὐτοῦ ἄνωθεν), wenngleich der übrige Wortlaut ein direktes Abhängigkeitsverhältnis ausschließt. Im Hinblick auf seine sonstigen klassizistischen Reminiszenzen (siehe anschließend) darf man annehmen, daß Ambrosius durch die Wahl von *decidat* unmittelbar auf Ovids Icarus anspielen wollte.

115 Wohl Signum seiner Divinität?

116 Siehe S. 59ff. In den Actus Vercellenses ist bei einem früheren Flug (cap. 4, p. 49,3) nur von einer Art Phantasmagorie die Rede: *et ecce subito pulvis in caelum a longe visus est, tamquam fumus cum radiis eminus refulgens. et postquam adcessit ad portam, subito non paruit. et postea apparuit in medio populo stans*, etc.

117 Vgl. Sen. Med 1026f. p e r a l t a *vade spatia sublime aetheris,* | *testare nullos esse, qua v e h e r i s, deos.*

humani doleat corporis gravitate pigrescere; epist. 4,11,17 *boni ergo illius capacem se anima tua praebeat, ut supra nubes v o l e t, 'sicut aquila renovetur', sicut aquila pennas emittat, ut renovatis 'alarum remigiis' a l t a   p e t e r e non reformidet, hanc habitationem relinquat; terrenum enim habitaculum gravat animam.*

Wenn aber Ambrosius' Icarus in der Gestalt des Magiers Simon vom Himmel stürzt *implicatis remigiis alarum*, so dürfte hier der Icarus des T r a g i k e r s   S e n e c a Pate gestanden haben, von dem der Chor singt (Oed 893ff.):

> 893 a l t a[118] *dum demens* p e t i t
> *artibus fisus novis*
> *certat et veras aves*
> *vincere ac falsis nimis*
> 897 *imperat pinnis puer,* | ... |
> 906 *donec in ponto manus*
> *movit implicitas puer.*

Der Jüngling versucht seine Flugbewegungen, die ihn höher als wirkliche Vögel in die Lüfte emporgetragen hatten, schließlich in den Fluten des Meeres fortzusetzen, indem er nun im Meer die (vom Meerwasser) umspülten Hände bewegt. Dieser Schlußvers der Katastrophe wurde schon von den frühen Seneca-Kommentatoren mißverstanden im Sinne eines Sich-Verhedderns in den Flügeln (s. Zw., Krit. Komm. ad loc.). Es scheint, daß Ambrosius die Stelle ebenso aufgefaßt und sein vergilisch-ovidisches Gemälde dementsprechend senecanisch koloriert hat.

Denn daß auch O v i d s Darstellung dem Ambrosius vor Augen stand, ist schon oben S. 72 Anm. 114 vermutet worden[119]. Es läßt sich erhärten durch folgende Entsprechungen:

1. Der Magier Simon kündigt an, mittels eines Fluges in die überirdischen Regionen aufzufahren, denn ihm stehe der Himmel nach Belieben offen (p. 185,21f.): *pollicetur volatum, quo supernis sedibus inveheretur, cui quando vellet* c a e l u m p a t e r e t. Entsprechend zeigt sich Ovids Daedalus entschlossen, der Gefangenschaft durch die Luft zu entkommen; denn der König von Knossos könne zwar Land und Meer abriegeln, der Weg durch den Himmel aber stehe mit Gewißheit offen: met. 8,185 *'terras licet' inquit 'et undas* | *obstruat, at* c a e l u m *certe* p a t e t; *ibimus illac!*

2. Simon startet vom *m o n s Capitolinus* und stürzt sich – wie es scheint – vom Tarpeischen Felsen (p. 185,22f.): *conscendit statuto die m o n t e m C a p i t o l i n u m ac se de rupe deiciens volare coepit*[120]. Bei Ovid

---

118 So die *A*-Tradition; der Etruscus hat *astra*.
119 Siehe auch unten S. 74 Anm. 121.
120 Vgl. Manlius Torquatus bei Livius (7,10,3), der sich rühmt, ein Abkömmling jener *familia* zu sein, *quae Gallorum agmen e x r u p e T a r p e i a d e i e c i t*; Varro ling.

beginnen Daedalus und Icarus ihren Flug von einem Hügel, werfen ihre Körper in die Fluchtbahn: ars 2,71f. *m o n t e minor c o l l i s, campis erat altior
aequis;* | *h i n c d a t a s u n t miserae c o r p o r a bina fugae*[121].

3. Das Volk Roms sieht voll Verwunderung, daß Simon seinen Körper in
die Luft erhebt und erkennt ihm deshalb die Ehre zu, kein Mensch, sondern
Gottes Kraft zu sein: p. 185,24f. *m i r a r i p o p u l u s et v e n e r a r i plerique
dicentes **dei esse potentiam,** non hominem,* q u i *cum corpore* v o l i t a r e t.
Ganz entsprechend war die Reaktion derer, die in Ovids Mythos den Flug des
Daedalus und des Icarus voller Verwunderung verfolgten: met. 8,217 *hos ali-
quis* (sc. *piscator aut pastor ...*) *stivave innixus arator* | *v i d i t e t o b s t i-
p u i t,* q u i q u e a e t h e r a c a r p e r e p o s s e n t, | *c r e d i d i t **esse deos.***

Dieses Durchscheinen des antiken Bildungsgutes macht den besonderen Reiz der von Ambrosius redigierten Fassung der Actus Petri aus.
Etwas Vergleichbares findet sich in den sonstigen Versionen, die stärker den Charakter volkstümlicher Erbauungsliteratur erhalten haben,
nicht – es sei denn, sie übernehmen ihrerseits („taub" für die Reminiszenz) bestimmte Motive und Ausdrucksweisen aus Ambrosius. Für den
Bischof aus Mailand dagegen ist diese implizite Ausdeutung biblischer
Exempla nach dem Muster der paganen Mythologie durchaus üblich –
was andernorts verfolgt werden soll.

5,41 *hi*[n]*c **m o n s** ante T a r p e i u s dictus a virgine Vestale Tarpeia, quae ibi ab
Sabinis necata armis et sepulta: cuius nominis monimentum relictum, quod etiam nunc
eius r u p e s T a r p e i u m appellatur s a x u m*; ferner das Gebet, das Lucan seinen
Caesar vor dem Übergang über den Rubikon an die Göttin Roma richten läßt (1,195ff.):
o magnae qui moenia prospicis urbis / *T a r p e i a d e r u p e Tonans ...* | *... summi-
que o numinis instar* | *Roma, fave coeptis.*

121 Wir haben oben (S. 60) gesehen, daß sich Simon in den act. Petr. 32 (M. 3) und in den
übrigen Apostelakten von der Via sacra oder von einem Turm auf dem Marsfeld in die
Höhe erhebt. Christi Himmelfahrt, die auf die act. Petr. eingewirkt haben dürfte (s. S.
65 Anm. 98), scheint nicht notwendig einen Berg zur Voraussetzung zu haben. Ein solcher begegnet Mt 28,16 (*undecim autem discipuli abierunt in Galilaeam **in montem** ubi
constituerat illis Iesus*), ohne daß dort die Himmelfahrt berichtet würde; er fehlt gänzlich in Mk 16,19 (*et Dominus quidem Iesus postquam locutus est eis, a s s u m p t u s
e s t i n c a e l u m, et sedet a dextris Dei*) und bei Lucas (24,50ff. *Eduxit autem eos
foras in Bethaniam, et elevatis manibus suis benedixit eis. Et factum est, dum benedice-
ret illis, r e c e s s i t a b e i s, e t f e r e b a t u r i n c a e l u m*). In der Apostelgeschichte wird erst im Anschluß an den Bericht deutlich, daß dort Jesus vom Ölberg aus
in den Himmel entrückt worden ist, während er seine Jünger lehrte (s. Apg 1,9ff.): *tunc
reversi sunt Hierosolymam **a monte** qui vocatur O l i v e t i, qui est iuxta Hierusalem
sabbati habens iter.* Entsprechend dieser Situation in Jerusalem scheint in der Rom-Sze-
nerie des Ambrosius der **mons** C a p i t o l i n u s den **mons** O l i v e t i zu ersetzen.
Ambrosius konnte aber leicht die Himmelfahrt Christi nach der Apostelgeschichte mit
Ovids Daedalus-Icarus-Episode kontaminieren.

IV. Die Passio Petri (et Pauli) – in quellenkritischer Sicht

1. Der Auftakt zur Verfolgung des Petrus (und Paulus)

Während in den actus Petri die Predigt des Apostels über sexuelle Enthaltsamkeit den Anstoß zu seiner Verfolgung gibt, scheint Ambrosius bemüht, die Einheit der Handlung zu stärken, und führt deshalb konsequent die Simon Magus-Episode weiter: Der Sturz in den (nur leicht verzögerten) Tod, den dieser neue Ikarus erleidet, bringt Nero auf Rachegedanken: er veranlaßt schließlich die Festnahme der beiden Apostel und deren Tod durch Kreuzigung bzw. Enthauptung.

a) Neros Zorn über den Verlust des Freundes

Der Verlust des Freundes schmerzt Nero; ungehalten darüber, daß ein für ihn so nützlicher und für das Gemeinwesen unersetzlicher Mann hinweggenommen sei, sucht er nach Gründen, die es ihm erlauben, Petrus töten zu lassen.

> Heges. p. 186,2 *quo conperto deceptum se Nero et* d e s t i t u t u m *d o - l e n s   t a n t i   c a s u* **amici,** *sublatumque* **sibi** *virum* <u>utilem et necessarium</u> **reipublicae,** *indignatus quaerere coepit causas, quibus Petrum occideret.*

Ps.Linus hat Neros Zorn über die von Petrus verursachte Katastrophe seines Freundes Simon Magus notgedrungen aus dem ursprünglichen Handlungskontext herausgenommen und in einen neuen Zusammenhang gerückt: Die Simon Magus-Episode bleibt ja bei Ps.Linus (und der Quelle, der er folgt) außerhalb des Erzählhorizontes, er setzt erst mit dem Beginn der 'Passio' ein. Folglich hat er das Motiv für die Schlußphase seiner Martyriumsschilderung genutzt, in der er Agrippa durch Nero dafür bestrafen läßt, daß er ihn der Chance beraubt habe, Petrus für seine Schuld am Tod des Freundes härter zu martern:

> Ps.Lin. 17 (p. 22,1) *querebatur enim se ipsius praestigiis* d e s o l a t u m *Symone* **s u a e   s a l u t i s   p r a e s u l e,** *et* <u>dolebat pro tanti</u> **amici** <u>c a s u</u> *qui* **sibi** *et* **reipublicae,** *ut fatebatur,* <u>commoda praestabat</u> *innume-ra.*

Die Markierungen lassen unmittelbar die Abhängigkeit des Ps.Linus von Ambrosius erkennen – das umgekehrte Verwandtschaftsverhältnis ist ja ausgeschlossen; denn einerseits verrät die gezwungen wirkende, sachlich weit hergeholte Umstrukturierung des Gedankenkonnexes Ps.Linus als den Epigonen, andererseits verweist der *color Vergilianus* des Textstückes auf Ambrosius als Erfinder dieser Formulierung: Er kleidet Neros Schmerz über den Verlust eines so teuren Freundes in die erlesene Junktur *dolens tanti casu* **amici,** die man als Reminiszenz an den Schluß des 5. Aeneisbuches werten darf, wo Aeneas „im Herzen erschüttert viel weint und klagt über den verhängnisvollen Untergang des Freundes", seines treuen Steuermannes Palinurus, der vom Schlafgott in die Tiefen des Meeres gestürzt worden war:

Aen. 5,869 *multa gemens casuque animum concussus* **amici.**

Die Junktur (*desolatum*) *suae salutis praesule* aber dürfte Ps.Linus aus dem Einleitungspassus des ambrosianischen Exkurses geschöpft haben, wo Ambrosius (Heges. p. 183,22–184,7) den Nero charakterisiert[122] als

captum Magi Simonis delenimentis[123] *qui sibi animum eius concilia-verat. cui adiumentum victoriae, subiectiones gentium*[124]*, vitae longaevita-tem*[125]*, salutis custodiam*[126] *feralibus artibus pollicebatur, atque ille crede-bat qui vim rerum*[127] *nesciret examinare; denique summum apud eum tene-bat amicitiae locum, quandoquidem etiam* **praesulem suae salutis** *vitaeque custodem arbitrabatur. sed ubi Petrus eius vanitates et flagitia detexit*[128]*, et species illum rerum mentiri, non solidum aliquid aut verum efficere demonstravit, ludibrio habitus et digno est maerore con-sumtus.*

---

122 In den folgenden Anmerkungen hebe ich einige Beispiele ambrosianischer Diktion her-vor.
123 Vgl. Ambr. epist. 7,36,29 (von den Ärzten, die den Kranken) *lenioribus verbis aut qui-bus possunt palpant delenimentis; 9,62,30 at illa meretriciis dele-nimentis fessum amoris in soporem compulit.*
124 Vgl. apol. II 3,10 *noli tibi de populorum subiectione blandiri.*
125 Die Junktur ist vor dem 5. Jh. nur bei Ambrosius belegt, vgl. parad. 9,44 *ut is longaevi-tatem vitae bonis actibus consequatur*; Abr. 1,3,19 *non longaevitatem istius vitae ... quaerit*; in psalm. 43,8,2 *nisi longaevitatem illam vitae accipiamus aeternae*; in psalm. 118, serm. 3,31,1 *qui vitae huius longaevitate lassatur*; 13,14,3 *non vitae longaevitate praefertur*; 18,47,2 *non sibi longaevitatem vitae ... depoposcit*; 22,23,1 *alius longaevi-tate vitae istius delectatur*; in Luc. 10, 177 (Z. 1699) *bona senectus, non vitae longaevi-tate inbecilla ad usum*; epist. 7,51,2 *ne illi longaevitatem vitae huius deprecaremur, cui vitae aeternae iam praemia deferebantur.*
126 Vgl. Ambr. in psalm. 118, serm. 11,21,5 *hoc ad custodiam salutis tutum.*
127 Vgl. Ambr. Hel. 20,73 *maior enim vis rerum in talium expressione sermonum est*; epist. 10,73,2 *hoc unum petens ut non verborum elegantiam sed vim rerum expec-tandam putes.*
128 Vgl. act. Petr. 31 (M. 2), p. 80,29 Ταῦτα δὲ πάντα ὁ Πέτρος ἀκολουθῶν **διήλεγχεν αὐτὸν** πρὸς τοὺς ὁρῶντας. Καὶ δὴ ἀεὶ ἀσχημονοῦντος καὶ ἐγγελωμένου ὑπὸ τοῦ Ῥωμαί-ων ὄχλου καὶ ἀπιστουμένου ἐφ᾽ οἷς ὑπισχνεῖτο ποιεῖν μὴ ἐπιτυγχάνοντος κτλ.; act. Verc. 31, p. 81,26 *nam Petrus sequendo Simonem magum* **dissolvebat eum,** nam ab om-nibus aporiabatur et nemo illi iam nihil credebat.

Wir haben den Passus schon oben berührt (S. 44 Anm. 27). Es ist leicht erkennbar, daß Ps.Linus in dem einen oben ausgeschriebenen Satz zwei Formulierungen des Ambrosius über Simon Magus kontaminiert hat.

An diesem Punkt der Erzählung des Ambrosius nun (Heges. p. 186,6) tritt für einen Moment wieder das Apostel p a a r P e t r u s u n d P a u l u s in den Blick: es ergeht der Befehl, daß beide festgenommen werden. Doch das weitere bezieht sich wieder allein auf Petrus.

> Heges. p. 186,6 *et iam tempus aderat, quo s a n c t i vocarentur*[129] *a p o - s t o l i P e t r u s e t P a u l u s. denique dato ut conprehender e n t u r praecepto rogabatur P e t r u s ut sese alio conferret.*

Er ringt mit der Gemeinde, die ihn bittet, „sich anderswohin zu begeben" (bewußt wird der verfängliche Terminus „fliehen" vermieden) und sich den Christen für die stürmischen Auseinandersetzungen mit den Heiden zu erhalten. Unmöglich – so Petrus – könne er aus Furcht vor dem Tod weichen; es sei gut, für Christus zu leiden, der sich für alle dem Tod überantwortet habe. Dieses Sterben führe nicht in den Tod, sondern in die Unsterblichkeit. Wie unwürdig sei es, wenn er das Martyrium seines Leibes fliehen wollte, wo er doch viele durch seine Lehre dazu bewogen habe, sich als Opferlamm für Christus darzubieten. Er habe nach den Worten des Herrn die Verpflichtung, auch seinerseits durch sein Leiden für Christus Ruhm und Ehre zu gewinnen. Doch gibt er schließlich den Tränen des Volkes nach, nimmt in der darauffolgenden Nacht Abschied von den Brüdern und bricht auf, um Rom zu verlassen.

> Heges. p. 186,8 *resistebat ille dicens nequaquam se facturum, ut tamquam metu mortis territus cederet, bonum esse pro Christo pati, qui pro omnibus se morti obtulisset*[130], *non mortem illam sed inmortalitatem futuram. quam indignum ut ipse fugeret passionem sui corporis! qui multos doctrina sua conpulerit hostias se pro Christo offerre; deberi sibi secundum domini vocem, ut et ipse in passione sua Christo gloriam atque honorem daret. haec et alia Petrus obtexere, sed plebs lacrimis quaerere, ne se relinqueret et fluctuantem inter procellas gentilium destitueret. victus fletibus Petrus cessit, promisit se urbem egressurum.*

Bevor wir zu der anschließenden 'Quo vadis'-Szene übergehen, müssen wir einen Blick auf den Auftakt zur Verfolgung des Petrus in den eigentlichen actus Petri werfen. Dort ist nicht Nero, sondern der Präfekt Agrippa der Hauptakteur, der den Untergang des Apostels betreibt.

---

129 Hier im Sinne von „abberufen werden <in die Herrlichkeit Gottes>", s. u. S. 81.

130 Vgl. 1Petr. 2,21 *in hoc enim vocati estis: quia et Christus passus est pro nobis, vobis relinquens exemplum ut sequamini vestigia eius.*

b) Die Konkubinen des Präfekten Agrippa

Nach der Überwindung des Magiers Simon wird in den frühen Petrusakten eine deutliche Zäsur vernehmbar: Der eine Handlungsstrang ist
abgeschlossen, der neue beginnt, nämlich das 'Martyrium' des Apostels
Petrus. Dieses wurde später ganz aus dem Gesamtzusammenhang herausgelöst und verselbständigt. Deshalb setzen die Handschriften O und
P der griechischen actus Petri und eine ganze Reihe von Übersetzungen
und Bearbeitungen überhaupt erst mit Kap. 33, also dem eigentlichen
'Martyrium', ein. Das weitere wird unten in der Überlieferungsgeschichte des Editionsteils erläutert. Hier soll zunächst nur der Beginn
dieses Petrus-'Martyriums' in den Blick genommen werden:

> Mart. Petr. 4,1: „Petrus, der Apostel, war in Rom zusammen mit den Brü-
> dern voller Freude im Herrn und dankte Gott Tag und Nacht für die große
> Menge von Menschen, die täglich dem Namen des Herrn Jesus Christus
> zugeführt wurde durch die Gnade Gottes. So kamen denn auch die Frauen
> des Präfekten Agrippa zusammen zu Petrus, vier an der Zahl, Agrippina,
> Ikaria, Euphemia und Doris. Als diese die Predigt von der Keuschheit hör-
> ten und alle Worte des Herrn, ging ihnen ein Stich durchs Herz, und sie
> vereinbarten untereinander, keusch zu bleiben und sich vom Lager des
> Agrippa fernzuhalten, wurden aber von ihm bedrängt Tag für Tag."

Diese Predigt von der geschlechtlichen Enthaltsamkeit als einer Bedingung des Heils[131] ist es, die der unbekannte Verfasser der Petrusakten
zum Ausgangspunkt des Martyriums Petri macht: Die betroffenen heidnischen Männer, der Präfekt Agrippa und ein Freund des Kaisers, Albinus, verabreden sich, den Petrus zu fangen und als einen Zauberer zu
töten und sich so an ihm zu rächen, damit sie ihre Frauen wiederbekä-
men:

> Mart. Petr. 5,5 συσχῶμεν αὐτόν, καὶ ὡς περίεργον ἄνδρα ἀνέλωμεν, καὶ
> ἐκδικήσωμεν ἑαυτούς, ὅπως σχῶμεν ἡμῶν τὰς γυναῖκας κτλ.;

> act. Verc. p. 87,10–16, bes. 15 *occidamus ergo illum, ut possimus coniu-
> ges nostras possidere.*

---

131 Siehe SCHNEEMELCHER 255, der von einer gewissen 'enkratitischen' Tendenz der actus
    Petri spricht. Nach Irenäus gab es eine bestimmte gnostische Sekte, die nach der asketi-
    schen Lebensweise ihrer Mitglieder den Namen „Enkratiten" trug. Sie sind eine Ab-
    zweigung von Saturninus und Markion und propagierten vor allem die Ehelosigkeit und
    Enthaltsamkeit von allen Dingen, die sie für beseelt hielten; vgl. haer. 1,28,1 *a Saturni-
    no et Marcione qui vocantur* C o n t i n e n t e s **abstinentiam a nuptiis** adnuntiaverunt,
    etc. (= Eus. h. e. 4,29,2 ἀπὸ Σατορνίνου καὶ Μαρκίωνος οἱ καλούμενοι Ἐ γ κ ρ α τ ε ῖ ς
    ἀγαμίαν ἐκήρυξαν).

Das gleiche Handlungsmuster ist in die Paulusakten übernommen, wo es sich in den verschiedenen Episoden beinahe stereotyp wiederholt:

> „Die christliche Verkündigung ist für den Verf. der APl (= act. Paul.) Predigt von der Enthaltsamkeit und der Auferstehung (AThe 5). In beinahe allen Episoden spielt das Motiv der geschlechtlichen Enthaltsamkeit eine beherrschende Rolle. Die Aufforderung dazu und der Erfolg des Apostels mit dieser Predigt sind denn auch oft der Anlaß zur Verfolgung" (SCHNEEMELCHER 213).

Das Verhältnis der verschiedenen Quellen zueinander, die uns von Agrippas Aktivitäten berichten, insbesondere die z. T. ungesicherte Einordnung des Ps.Linus in das Geflecht der relativen Chronologie (s. o. S. 39) wird unten S. 389ff. geklärt. In einem Punkt jedoch läßt sich schon hier Klarheit gewinnen: Die Angabe über Zahl und Namen der Konkubinen fehlt in den act. Verc. (33, p. 85,12ff.), kann also nicht von dort in den Ps.Linus gelangt sein. Vielmehr gehen beide lateinischen Versionen unabhängig auf verschiedene (wenngleich verwandte) griechische Quellen zurück.

c) Nero oder Agrippa? Ambr. c. Aux. 13

Wie Ps.Linus den Zorn Neros über den Tod seines Freundes Simon innerhalb des Handlungsrahmens verschieben mußte, so hat er auch den Sitz der Konkubinen-Episode verändert, also wieder in die Handlungsstruktur eingegriffen: Ihm ist ja nur am Beginn seiner Martyriumserzählung, im Rahmen seines zusammenfassenden Rückblicks auf die frühere Tätigkeit des Petrus, die Möglichkeit gegeben, dieses Detail der voraufliegenden Handlung zu berühren. So berichtet auch er von „enkratitischen" Predigten, ruft dann aber den „Antichristus" Nero auf den Plan, der Petrus fesseln und ins Gefängnis werfen läßt. Erst hier nun spielt sich die Unterweisung der Konkubinen des Agrippa und die spätere Flucht ab. Wir haben also eine klar sekundäre Weiterdichtung im römischen Milieu vor uns (die Legende vom Mamertinischen Gefängnis ist geboren; es wird in Ps.Lin. 5, p. 6,27f. ausdrücklich genannt).

> Ps.Lin. 2, p. 2,11 *Sed cum iam tempus appropinquaret quo* fides *beati apostoli* et labores remunerari deberent, praeveniens perditionis caput scilicet antichristus N e r o, consummata iniquitas, artari eum et in custodia squalidissima compedibus vinciri *iussit. ubi coeperunt frequentare illum quatuor* c o n c u b i n a e *praefecti* A g r i p p a e, *etc.*

Auch im 'Hegesipp' des Ambrosius ist es – wie wir gesehen haben – Nero, der nach einem Anlaß sucht, Petrus umzubringen. Gleichwohl

wird dann die eigentliche 'Passio' (p. 186,6) in einem deutlichen Neueinsatz so eingeleitet, daß es letztlich im Dunkeln bleibt, wer den Befehl, Petrus (und Paulus) gefangenzunehmen, gegeben hat.

> Heges. p. 186,2 *quo conperto deceptum se* N e r o *et destitutum dolens
> tanti casu amici, sublatumque sibi virum utilem et necessarium reipubli-
> cae,* **indignatus quaerere coepit causas, quibus Petrum occideret.**

> Heges. p. 186,6 *e t i a m t e m p u s a d e r a t, q u o s a n c t i vocaren-
> tur a p o s t o l i* Petrus et Paulus. *denique* d a t o ut conprehenderentur
> p r a e c e p t o *rogabatur* Petrus *ut sese alio conferret.*

Ps.Linus überträgt die *indignatio* und die Suche nach einem passenden
Anlaß für die Hinrichtung des Petrus von Nero auf den Präfekten
Agrippa, obwohl er – wie später auch Ps.Marcellus[132] – die Gefangen-
nahme dann doch den Nero selbst veranlassen läßt:

> Ps.Lin. 2, p. 3,19 **indignabatur** *itaque* A g r i p p a *praefectus maxime in
> apostolum et fremebat super eum dentibus,* **quaerens occasionem ut eum**
> *quasi rationabiliter potuisset* **occidere**[133].

Im 'Hegesipp' des Ambrosius wird Petrus nach seiner Rückkehr von
der Begegnung mit Christus am Stadttor (s. u.) durch anonyme *persecutores* gefangengenommen und schließlich zum Kreuzestod bestimmt (s.
S. 97). Wer genau die Verantwortung trägt, wird nicht gesagt. Doch
deutet die Art und Weise, wie der spätere Bischof Ambrosius im Jahre
386 die Petrus-Geschichte in 'contra Auxentium' wiedererzählt, darauf
hin, daß auch in seiner Vorlage (entsprechend den uns erhaltenen griechischen actus Petri und den lateinischen act. Verc.) A g r i p p a der eigentliche Initiator von Gefangennahme und Hinrichtung war:

> Ambr. c. Aux. 13 *Idem* Petrus *postea* v i c t o S i m o n e, *cum praecepta
> Dei populo seminaret,* d o c e r e t c a s t i m o n i a m,* **excitavit animos
> gentilium**[134]; *quibus eum quaerentibus Christianae animae deprecatae
> sunt, ut pauliper cederet, et quamvis esset cupidus passionis tamen con-
> templatione populi precantis inflexus est; rogabatur enim ut ad instituen-
> dum et confirmandum populum se reservaret. ... statimque* correptus *per
> crucem suam honorificavit dominum Iesum* (der Rest wird unten behan-
> delt, s. S. 88).

---

132 Ps.Marc. 57 (p. 167,13) [nachdem Simon auf die Via sacra abgestürzt und in vier Teile
zerrissen war] *tunc* N e r o teneri f e c i t Petrum et Paulum in vinculis (σιδηρωθῆναι
Πέτρον καὶ Παῦλον [p. 211,14 ἐ π ο ί η σ ε ν ἐν δεσμοῖς γενέσθαι]).
133 Vgl. Ps.Lin. 3, p. 5,8 *tunc* A g r i p p a *gratulatus est, quia quod de Petro optavit sub*
o c c a s i o n e *senatus invenit.*
134 Auch im Hegesipp-Exkurs belegt Ambrosius die Römer gerne mit der Bezeichnung
gentiles; s. o. S. 58 und S. 52 Anm. 50.

„Eben dieser Petrus erregte später, nach seinem Sieg über (den Magier) Simon, als er die Weisungen Gottes unter dem Volk aussäte und E n t h a l t -
s a m k e i t   l e h r t e[135], den Unmut der Heiden. Als diese ihn suchten (um
ihn festzunehmen), drangen die christlichen Seelen in ihn, eine Zeitlang
(aus der Stadt) fortzugehen, und obwohl er nach dem Martyrium verlangte,
ließ er sich doch von dem Anblick des flehenden Volkes umstimmen. Man
bat ihn nämlich, sich zur Unterweisung und Bestärkung des Volkes (im
Glauben) zu erhalten. [...] und sofort wurde er gefangengenommen und
gab Gott durch seinen Tod am Kreuz die Ehre.“

Die *animi gentilium* scheinen zu unspezifisch, als daß sie den Kaiser
Nero selbst bezeichnen könnten; viel eher umschreiben sie die beiden
heidnischen Hauptakteure Agrippa und Albinus, die in den actus Petri
das Heft in die Hand genommen haben. Auch bei Ps.Linus spielt ja
Agrippa die Hauptrolle – Nero kommt nur als Blickfang am Anfang ins
Spiel, wo er die Verhaftung anordnen darf; alles weitere inszeniert
Agrippa. Offenbar ist er – nach der Erfindung des Erzählers – so eigen-
mächtig vorgegangen, daß er nach der Kreuzigung des Petrus von Nero
wegen seines eigenwilligen Handelns festgesetzt wird und nur durch Intervention von Freunden sein Leben retten kann. Er hatte sich Neros
Unmut zugezogen, weil er den Kaiser um die Möglichkeit gebracht hatte (so die – nerofeindliche – Begründung), Petrus auf grausamere Art
dafür zu bestrafen, daß ihm sein Freund und Heiland, Simon Magus,
genommen war.

d) Die 'vocatio'

Wir haben gesehen, daß der Neueinsatz, mit dem die Verfolgung des
Petrus (und Paulus) beginnt, im Hegesipp-Exkurs und bei Ps.Linus eng
verwandt ist:

Heges. p. 186,6 *e t   i a m   t e m p u s   a d e r a t ,   q u o   s a n c t i **vocarentur** a p o s t o l i   Petrus et Paulus.* (... *dato ... praecepto ...*)

Ps.Lin. 2, p. 2,11 *S e d   c u m   i a m   t e m p u s   a p p r o p i n q u a r e t
q u o   f i d e s   b e a t i   a p o s t o l i   et labores remunerari deberent,* (... *Nero
... iussit*).

Dies kann durchaus seinen zureichenden Grund in den verschwisterten
griechischen Vorlagen haben, denen beide lateinischen Autoren je unabhängig folgen. Mit besonderer Aufmerksamkeit aber liest man bei

---

135 Wir sehen also auch bei Ambrosius die „enkratitische“ Tendenz der actus Petri ge-
    wahrt!

Ambrosius das spezifische Verb *vocari* („abberufen werden" in die Herrlichkeit Gottes)[136], das bei Ps.Linus durch die etwas blasse Vorstellung des „Belohntwerdens" (*remunerari*) ersetzt ist. Der zeitlich spätere Ps.Marcellus, dessen griechische Vorlagen aber aus frühen Quellen zu schöpfen scheinen, könnte hier (wie auch an einigen anderen Stellen) zusammen mit Ambrosius einen originären Zug bewahrt haben, der sich weder in den act. Verc. noch im Ps.Linus findet: die Konzeption der *vocatio*, der ἀνάκλησις, vgl. Ps.Marc. 49 (p. 161,15) *Petrus et Paulus dixerunt: nos olim vocavit deus ad gloriam suam* [gr. ἡμᾶς ὁ θεὸς ἐκάλεσεν πρὸς τὴν ἰδίαν δόξαν]; *tu autem a diabolo vocatus* [κληθείς] *ad tormenta festinas*); 52 (p. 163,20) *a d p r o p i n q u a b i t enim et tua detectio et nostra vocatio* [ἡ ἡμετέρα ἀνάκλησις]. *video enim Christum meum vocantem me et Paulum* [καλοῦντα ἐμέ τε καὶ τὸν Παῦλον]; ferner p. 165,5f. *Christus, quem ego video nos vocantem* [προσκαλούμενον ἡμᾶς]; 165,7 *qui vocat nos* [τῷ καλοῦντι ἡμᾶς]); 167,1 (*iam enim nos vocat* [προσκαλεῖται ἡμᾶς] *dominus noster Iesus Christus*)[137].

2. Die 'Quo vadis'-Szene am Stadttor Roms

a) Der Dialog zwischen Petrus und Jesus in Mart. Petr. 6,4

Anlaß für den Fluchtversuch des Petrus war – wie wir teilweise schon gehört haben – die Meldung, daß seine Verhaftung durch die Schergen des Agrippa unmittelbar bevorstände. Obwohl er feige Flucht ablehnte[138], beugte er sich dem Drängen der Brüder, die ihn an seine Verpflichtung erinnerten, sich weiter für den Dienst des Herrn zu erhalten. Petrus läßt sich schließlich durch die Brüder überreden und macht sich, verkleidet und ohne Zeugen, auf, Rom zu verlassen. Es folgt die berühmte 'Quo vadis'-Szene[139], die eigentlich (im Wortlaut des Ambrosius) 'Quo venis'-Szene heißen müßte, wie der hier neu eingeführte Co-

---

136 Vgl. Ps.Aug. vit. christ. 5 (PL 40,1036) *vocantur enim ante tempus boni, ne diutius vexentur a noxiis: mali vero et impii t o l l u n t u r, ne bonos diutius persequantur.*

137 In der Passio Pauli des Ps.Linus (15, p. 39,19ff.) steht der entsprechende Satz *mox ut ego fuero decollatus et vos ac caeteri ministri interfectionis meae a loco in quo me dominus vocare dignabitur recesseritis, viri fideles rapient et sepelient corpus meum* in einem Zusammenhang, der in dem zeitlich früheren 'Martyrium' Pauli (p. 104ff.) keine Entsprechung hat.

138 Die anfängliche Ablehnung der Bitte formuliert Petrus in einer rhetorischen Frage: Δ ρ α π ε τ ε ύ ω μ ε ν, ἀδελφοί; Dieses Stichwort hat eine Entsprechung in Mart. Paul. 4,3 (p. 114,13 LIPS.): Οὔκ εἰμι δ ρ α π έ τ η ς ... ἀλλ' ἔννομος στρατιώτης εἰμὶ τοῦ Χριστοῦ.

139 Siehe zuletzt E. NORELLI, L'episodio del *Quo vadis?* tra discorso apocrifo e discorso agiografico, in: Sanctorum 4, 2007, 15–46 (frdl. Hinweis von R. STICHEL).

dex Ochridensis (s. u.) erstmals zweifelsfrei beweist (im cod. Verc. ist die Begegnungsszene am Stadttor in einer Lücke verlorengegangen). Hier der Wortlaut des Dialogs:

> 6,4 „Als er durch das Stadttor hinausgehen wollte, sah er den Herrn in die Stadt Rom hineinkommen. Und wie Petrus das sah, sprach er zu ihm: **'Was (weshalb) kommst du hierher, Herr?'** Und der Herr antwortete ihm: 'Ich gehe nach Rom hinein, **um gekreuzigt zu werden.'** Und Petrus sagte zu ihm: 'Mein Herr, ein weiteres Mal wirst du gekreuzigt?' Und es antwortete ihm der Herr: 'Ja, Petrus, ein weiteres Mal werde ich gekreuzigt.'"[140]

> 6,4 ὡς δὲ ἐξῄει τὴν πύλην, εἶδεν τὸν κύριον εἰσερχόμενον εἰς τὴν Ῥώμην. καὶ ὁ Πέτρος ἰδὼν εἶπεν αὐτῷ· **'τί ὧδε,** κύριε;' καὶ ὁ κύριος εἶπεν αὐτῷ· 'εἰσέρχομαι εἰς τὴν Ῥώμην **σταυρωθῆναι.'** καὶ ὁ Πέτρος εἶπεν αὐτῷ· 'κύ-ριέ μου, πάλιν σταυροῦσαι;' καὶ εἶπεν αὐτῷ ὁ Κύριος· 'ναὶ πάλιν σταυ-ροῦμαι, Πέτρε.'

Die Überlieferung des entscheidenden Wortwechsels lautet:

act. Petr.:   O   **τί** ὧ δ ε κύριε; – Εἰσέρχομαι εἰς τὴν Ῥώμην **σταυρωθῆ-ναι.**

C   Signore, **perchè** t u s e i q u a? e dove vai?

A   **ποῦ** ὧ δ ε κύριε; –

P   κύριε **ποῦ** ὁ δ ε; –

Ambr.:   *Domine, quo v e n i s? – Iterum v e n i o **crucifigi.***

Ps.Lin.:   *Domine, quo v a d i s? – Romam v e n i o iterum **crucifigi.***

Ps.Marc.:   Κύριε, **ποῦ** π ο ρ ε ύ ῃ; –

Petrus fragt also in der ursprünglichen Fassung nicht: „Herr, wohin gehst du?"[141], sondern „Was führt dich hierher, mein Herr?", „weshalb kommst du hierher?" Da wir zuvor gehört hatten, Petrus habe, als er durch das Stadttor hinausgehen wollte[142], Christus in die Stadt Rom hineinkommen gesehen (εἰσερχόμενον εἰς τὴν Ῥώμην), greift Jesus die-se Formulierung in seiner Antwort passend auf und sagt: εἰσέρχομαι εἰς

---

140 Zu dieser Formel siehe S. 409 Anm. 12.
141 So die Lesart der Hss PA, ferner jene des Ps.Linus und Ps.Marcellus. Vorausgesetzt ist hier jeweils das Ortsadverb ποῦ im Sinne von ποῖ, vgl. KÜHNER–GERTH I 545 Anm. 4 und z. B. Joh 7,35 **ποῦ** οὗτος μέλλει **πορεύεσθαι** ὅτι ἡμεῖς οὐχ εὑρήσομεν αὐτόν; Pallad. hist. Laus. 37,13 Λέγει αὐτῇ· **Ποῦ ὁδεύεις;** Λέγει αὐτῷ· Πρὸς τὸν θεόν. Die Ellipse des Verbs in (O)PA ist ursprünglich, hat kolloquialen Klang. Zur Kombination von ποῦ und ὧδε in PA und Ps.Marc. vgl. Jos 8,20 καὶ οὐκέτι εἶχον π ο ῦ φύγωσιν ὧ δ ε ἢ ὧ δ ε.
142 So Ps.Linus (*ut ... voluit egredi*), der die griech. Verbform wohl richtig als Impf. de co-natu deutet.

τὴν Ῥώμην σταυρωθῆναι („ich gehe in die Stadt Rom hinein, um gekreuzigt zu werden").

Hierzu stimmt gut der Text des Ambrosius (186,20): *ubi ventum ad portam, vidit sibi Christum occurrere* („als er das Stadttor erreicht hatte[143], sah er, wie Christus ihm entgegenkam") mit der daran anschließenden Frage des Petrus: *'Domine, quo venis?'*: „Herr, was führt Dich hierher?" („wozu [zu welchem Zweck] kommst Du?")[144], worauf Christus, das Stichwort *venire* aufgreifend, passend antwortet: *'Iterum venio crucifigi'*: „Ich komme, ein zweites Mal gekreuzigt zu werden."

Bei Ps.Linus ist daraus eine Mischformulierung geworden[145]: Er kombiniert die Frage: *Domine, quo vadis?* („wohin gehst du?") mit der Antwort: *Romam venio iterum crucifigi* („ich komme nach Rom, um ein zweites Mal gekreuzigt zu werden"). Seine griechische Vorlage hatte vermutlich – analog der griechischen Version des Ps.Marcellus) – die Frageform Κύριε, ποῦ πορεύῃ; und die Antwort εἰσέρχομαι εἰς τὴν Ῥώμην σταυρωθῆναι. Diese Grundform hat er in seiner Übertragung beibehalten, mit ihr aber die Antwort des Ambrosiustextes (*iterum venio crucifigi*) kontaminiert. Damit wird nun das Verb der Frage *quo vadis?* durch *venio* aufgegriffen: Die Harmonie der Stichworttechnik ist verlorengegangen.

Der auf diesen Wortwechsel folgende Satz der act. Petri (M. 6,4) wird in einigen Elementen durch die Imitation in den nur wenig jüngeren Paulusakten als originär bestätigt, vgl. den Hamburger Papyrus S. 7,30–33[146]:

[καὶ ὁ] κύριος εἶπεν· Πα[ῦλ]ε, **ἄνωθεν μέλλω σταυρ[οῦσθαι].** καὶ εἶπεν Παῦλος· μὴ γέ[νο]ιτο κύριε, ἵνα τοῦτο ἐγὼ ἴδω. ὁ δὲ κ[ύριος ε]ἶπ[ε Παύ]λῳ· Παῦλε ὕπαγε **εἴσελθε εἰς τὴν Ῥώμην** καὶ παρακά[λεσο]ν [τοὺς] ἀδελφούς, ἵνα ἐνμίνωσι[147] τῇ πρὸς τὸν πατέρα κλήσι.

„Und der Herr sprach: 'Paulus, ich muß ein zweites Mal gekreuzigt werden'; und Paulus antwortete: 'Herr, das sei fern, daß ich das sehen muß.' Der Herr aber sprach zu Paulus: 'Paulus, mach dich auf und gehe in die

---

143 Diese Version scheint auch hinter der Fassung der Athos-Hs zu stecken: ὡς δὲ ἐξῆλθεν ὁ Πέτρος εἰς τὴν πύλην, die man wohl mit „als aber Petrus hinausging an das (oder hin zu dem) Stadttor" zu übersetzen hat.

144 Vgl. Ambr. in Luc. 2,78 (lin. 1050) **quo** („wozu") *autem proficit ista cogitatio Iudaeorum nisi* **ut** ... *probetur.*

145 Ps.Linus 6 (p. 7,26) *ut autem portam civitatis voluit egredi, vidit sibi Christum occurrere. et adorans eum ait: Domine, quo vadis? respondit ei Christus: Romam venio iterum crucifigi* (siehe den ganzen Passus anschließend).

146 Siehe SCHMIDT–SCHUBART 52/54.

147 In typisch itazistischer Schreibweise für ἐνμείνωσι.

Stadt Rom hinein und ermahne die Brüder, daß sie in der Berufung zum Vater (~ zum Heil des Vaters) bleiben.'

Der Verfasser der Paulusakten hat πάλιν durch ἄνωθεν ersetzt. Diese Version bezeugt für die Paulusakten Origenes in seinem Johannes-Kommentar[148].

b) Die beiden Fassungen des Ambrosius (Heges. III 2; c. Aux. 13) im Vergleich zu Ps.Linus

Wir haben bei der quellenkritischen Prüfung des Kurzdialogs zwischen Petrus und Jesus am Stadttor gesehen, daß Ps.Linus seine Umsetzung der griechischen Vorlage mit Blick auf die lateinische Wiedergabe des Passus durch Ambrosius vornimmt. Dies gilt für den gesamten Abschnitt, wie hier kurz gezeigt werden soll[149].

Ambrosius hat den Beginn der Episode[150] um einen Satz erweitert, der einen förmlichen Abschied von den Brüdern in der darauffolgenden Nacht (*proxima nocte*) hinzufügt, dafür den Dialog zwischen Petrus und Jesus gekürzt, die wundersame Auffahrt Jesu in den Himmel weg-

---

148 Siehe Orig. in Ioh. 20,12,91f. (GCS 10, p. 342,5) εἴ τῳ δὲ φίλον παραδέξασθαι τὸ ἐν ταῖς Παύλου Πράξεσιν ἀναγεγραμμένον ὡς ὑπὸ τοῦ σωτῆρος εἰρημένον· «**ἄνωθεν μέλλω σταυροῦσθαι**», οὗτος, ὡς μετὰ τὴν ἐπιδημίαν παραδέχεται τὸ «**ἄνωθεν μέλλω σταυροῦσθαι**» γινόμενον, οὕτω καὶ πρὸ τῆς ἐπιδημίας, ὅταν τὰ αὐτὰ αἴτια γίνηται τὸ λέγεσθαι ἄν· «ἤδη μέλλω σταυροῦσθαι». διὰ τί γὰρ οὐχὶ ὡς «**ἄνωθεν**» μέλλει σταυροῦσθαι, καὶ πρότερον ἐσταύρωτο; ὅρα δὲ εἰ μὴ μόνων τῶν μετὰ τὴν παρουσίαν ἐστὶν ἁγίων φωνὴ τὸ «Χριστῷ συνεσταύρωμαι», ἀλλὰ καὶ τῶν προτέρων, ἵνα μὴ διαφέρειν λέγωμεν τοὺς μετὰ τὴν παρουσίαν ἁγίους Μωσέως καὶ τῶν πατριαρχῶν.
„Wenn es aber einem lieb ist, das in den A c t a P a u l i aufgeschriebene Wort für sich zu übernehmen, das dort dem Heiland in den Mund gelegt wird: 'ich muß ein zweites Mal gekreuzigt werden', so wird dieser – wie er nach der Rückkehr in die Heimat das 'ich muß ein zweites Mal gekreuzigt werden' als ein (gegenwärtiges) Geschehen auf sich nimmt, so auch vor seiner Rückkehr dies auf sich nehmen", etc. (der unmittelbar folgende Text bis zum Semikolon scheint verderbt).

149 Die in den folgenden beiden lateinischen Textabschnitten fett gedruckten Formulierungen hat Ps.Linus aus Ambrosius entlehnt. Gesperrter Fettdruck hebt die neuernden Zusätze des Ambrosius hervor, bloße Sperrung die Zusätze des Ambrosius zu der uns faßbaren griechischen Quelle der act. Petr. (bzw. des Mart. Petr.).

150 Er lautet in act. Petr. 35 (Mart. Petr. 6,3) πεισθεὶς δὲ τοῖς ἀδελφοῖς ὁ Πέτρος ἐξῆλθεν μόνος εἰπών· 'μηδεὶς ὑμῶν ἐρχέσθω σὺν ἐμοί, ἀλλ' ἐξέρχομαι μόνος, μεταμφιάσας τὸ σχῆμά μου.'
„Überredet durch die Brüder, machte sich Petrus alleine auf, Rom zu verlassen, und traf folgende Anordnung: 'Keiner von euch soll mit mir kommen, sondern ich gehe alleine fort, werde mich aber zuvor verkleiden und mein Aussehen verändern.'"

gelassen[151], andererseits den Akt der Erkenntnis, daß sich Jesu Worte
auf ihn, Petrus, selbst beziehen, durch einen allegorisch erläuternden
Satz verdeutlicht, die Rückkehr in die Stadt und das daran anschließende Geschehen wieder stark gerafft:

Heges. p. 186,18 *victus fletibus Petrus cessit, promisit se urbem egressu-
rum. proxima nocte salutatis fratribus et celebrata
oratione proficisci solus coepit*[152]. *ubi ventum ad portam,
vidit sibi Christum occurrere et adorans eum dixit: 'Domine, quo
venis?' dicit ei Christus: 'Iterum venio crucifigi.' intellexit Petrus
de sua dictum passione, quod in eo Christus passu-
rus videretur qui patitur in singulis, non utique
corporis dolore sed quadam misericordiae conpassione*[153] *aut gloriae celebritate. et conversus in urbem redit
captusque a persecutoribus,* etc.

„Überwältigt von dem klagenden Flehen gab Petrus nach und versprach,
die Stadt zu verlassen. In der folgenden Nacht verabschiedete er sich von
den Brüdern[154], sprach ein feierliches Gebet und machte sich dann allein
auf den Weg. Als er das Stadttor erreichte, sah er Christus auf sich zukom-
men und fragte, ihn kniefällig verehrend: „Herr, weshalb kommst du hierher?" Christus antwortet ihm: „Ich komme, ein zweites Mal gekreuzigt zu
werden". Da verstand Petrus, daß dieser Satz auf sein eigenes Martyrium
ziele; denn es bedeute dies (im Bild gesprochen), daß in ihm Christus leiden werde, der ja in jedem einzelnen (Märtyrer) leidet – nicht freilich im

---

151 Der Schluß der Episode hat in act. Petr. 35 (Mart. Petr. 6,5) folgende Form: καὶ ἐλθὼν
εἰς ἑαυτὸν ὁ Πέτρος καὶ ἰδὼν τὸν κύριον εἰς οὐρανὸν ἀνελθόντα, ὑπέστρεψεν εἰς τὴν
Ῥώμην ἀγαλλιῶν καὶ δοξάζων τὸν κύριον, ὅτι ἑαυτὸν εἶπεν πάλιν σταυροῦσθαι, ὃ εἰς
τὸν Πέτρον προέλεγεν γίνεσθαι.
   „Und Petrus ging in sich, und als er den Herrn zum Himmel hinaufschweben sah, kehrte
   er in die Stadt Rom zurück, frohlockend und den Herrn preisend, daß er gesagt habe, er
   selbst werde ein weiteres Mal gekreuzigt, wodurch er in Wirklichkeit ankündigte, was
   an Petrus geschehen sollte."
152 Hierzu siehe S. 88.
153 Vgl. Ambr. in Luc. 7,74 (Z. 761) *videns semivivum, quem nemo potuerat ante curare,
   sicut illa quae fluxu sanguinis profluens in medicis erogaverat omne patrimonium suum, venit secus eum, hoc est: factus* **conpassionis** *nostrae susceptione finitimus et* **misericordiae** *conlatione vicinus*; paenit. 1,15,81 *sive quod tota ecclesia suscipit onus pec-
   catoris, cui conpatiendum et fletu et oratione et dolore est, et quasi fermento eius
   se totam conspergat, ut per universos ea quae superflua sunt in aliquo paenitentiam
   agente, virilis* **misericordiae** *et* **conpassionis** *velut conlativa quadam admixtione pur-
   gentur.*
154 Der vielleicht in Erinnerung an das letzte Abendmahl hinzugesetzte Satz mit der von
   Ambrosius auch sonst gern verwendeten Junktur *proxima nocte* (s. Heges. 1,1 [p. 16,6];
   in Luc. 7, 221 [Z. 2431]; paenit. 2,11,99) fügt sich nicht gut zu dem aus der griechischen Vorlage übernommenen *vidit* (*sibi Christum occurrere*), εἶδεν (τὸν κύριον
   εἰσερχόμενον ... καὶ ἰδὼν αὐτὸν εἶπεν). Denn bei Nacht sieht man ja entgegenkom-
   mende Wanderer nicht eben leicht.

Sinne körperlichen Schmerzes, sondern in einer Art mitfühlender Barm-
herzigkeit oder auch ruhmvoller Verherrlichung[155]. Da wendet Petrus seine
Schritte und kehrt in die Stadt zurück und gefangengenommen von den
Verfolgern" (wird er dem Kreuz überantwortet, etc.).

Ps.Linus dagegen hat seine Übersetzung der griechischen Vorlage, die
eng mit der uns greifbaren Fassung der act. Petr. verwandt ist, durch die
Übernahme ganzer Sätze aus dem Ambrosius-Exkurs erweitert[156].

> Ps.Lin. 6 (p. 7,19) *tunc Petrus haec undique audiens, qui ultra humanum
> modum misericors, lacrimas afflictorum sine lacrimis umquam praeterire
> non poterat, de**victus** tantis **fletibus** ait: nemo vestrum veniat mecum: ego
> solus mutato scemate pergam. **proxima** namque **nocte celebrata
> oratione valedicens fratribus** et cum benedictione illos deo
> commendans **profectus est solus.** et dum pergeret, ceciderunt illi
> fasciamenta ex crure demolita a compede. ut autem portam civitatis voluit
> egredi, **vidit** sibi **Christum** occurrere. et **adorans** eum ait: Domi-
> ne, quo **vadis?** respondit ei Christus: Romam **venio** iterum crucifi-
> gi. et ait ad eum Petrus: Domine, iterum crucifigeris? Et dixit ad eum do-
> minus: Etiam, iterum crucifigar. Petrus autem dixit: Domine, revertar et
> **sequar** te. Et his dictis dominus ascendit in caelum. Petrus autem pro-
> secutus est eum multo intuitu atque dulcissimis lacrimis. et post haec redi-
> ens in se ipsum **intellexit de sua dictum passione, quod
> in eo dominus esset passurus, qui patitur in electis
> misericordiae compassione et glorificationis cele-
> britate.** conversusque in urbem rediit cum gaudio glorificans deum et
> narrans fratribus quod ei obvius fuisset dominus, et declarasset ei quod in
> ipso esset iterum crucifigendus. (...)

Die hier durch Sperrung und kursiven Fettdruck herausgehobenen eigentümlichen Ambrosiuszusätze machen auf einen Blick deutlich, daß
Ps.-Linus seine griechische Quelle freizügig nicht nur durch eigene Zusätze erweitert, sondern auch mit Sondergut des Ambrosius kontaminiert[157]. Dies hat zu einer Reihe von Ungereimtheiten geführt, von denen nur die folgende erläutert sei: Während sich bei Ambrosius ein
nahtloser Übergang ergibt vom Versprechen des Petrus, die Stadt zu

---

155 In diesem Motiv scheint eine Abwandlung des lange erbittert ausgetragenen Streites der
    Orthodoxie mit dem Doketismus und Gnostizismus vorzuliegen. Doketistische oder
    gnostische Züge in den Petrus- und Paulus-Evangelien und -Erzählungen bespricht
    EHRMAN 42–57. 80. 162. 169–171. 175.
156 Diese Entsprechungen sind durch Fettdruck hervorgehoben (vgl. S. 75. 79f.). Daß Am-
    brosius der Gebende und Ps.Linus der Nehmende sein müsse, wurde schon oben aus
    grundsätzlichen Erwägungen postuliert (S. 39). Hier wird diese These durch Detail-
    Vergleiche erwiesen. Durch gestrichelte Linie sind die wichtigsten Übereinstimmungen
    mit den griechischen actus Petri markiert.
157 Dazu gehört der besonders auffällige Adorationsgestus des Petrus beim Anblick des
    Herrn.

verlassen, zur Ausführung dieses Entschlusses („In der folgenden Nacht
nahm er Abschied von den Brüdern, sprach ein feierliches Gebet und
machte sich dann a l l e i n auf den Weg"), lesen wir bei Ps.Linus eine
lästige Doppelung: Petrus gibt dem tränenreichen Drängen der christlichen Gemeinde nach und erklärt – ganz entsprechend den act. Petr.:
„Keiner von euch komme mit mir; ich werde meine Kleider vertau-
schen und dann a l l e i n meinen Weg verfolgen." Doch geht es dann
weiter mit der (auch logisch fragwürdig verknüpften) Schilderung:
„Und so sprach er denn in der folgenden Nacht ein feierliches Gebet,
nahm Abschied von den Brüdern, segnete sie und empfahl sie der Hut
Gottes und machte sich dann a l l e i n auf den Weg". Und erst „während er seines Weges ging", sollen ihm die Ketten von den Füßen gefallen sein[158]. Schwerwiegender als diese Härte ist der Umstand, daß die
aufwendig eingeführte Prozedur des Sich-Verkleidens, die ja doch zum
Ziel hat, daß Petrus unerkannt aus der Stadt entweichen kann, durch
den nachfolgenden quasi-öffentlichen Abschied von der Brüdergemein-
de um ihren Sinn gebracht wird. In den griechischen act. Petr. ist eine
solche Entwertung der Verkleidungsaktion vermieden; sie kommt im
Ps.Linus zustande durch die unüberlegte Kontamination mit dem bei
Ambrosius vorgefundenen Einleitungssatz zur eigentlichen Schilderung
des Fortgangs aus der Stadt.

Im Jahr 386 erzählt Ambrosius, inzwischen Bischof von Mailand,
diese Begegnungsszene am Stadttor ein weiteres Mal in c. Aux. 13 (ich
gebe hier nur die uns interessierenden wenigen Zeilen 145–149)[159]:

> *nocte* m u r o s *egredi coepit et* videns sibi in porta Christum occurrere
> *urbemque ingredi ait:* 'Domine, quo v e n i s ?' *respondit* Christus: *'Ite-*
> *rum* v e n i o *crucifigi.' intellexit Petrus ad suam crucem divinum perti-*
> *nere responsum,* etc.

Dabei faßt er das frühere *promisit s e   u r b e m   e g r e s s u r u m* und
proficisci solus c o e p i t in m u r o s   e g r e d i   c o e p i t zusammen.
Dieser Zug, insbesondere das markante periphrastische *coepit*, findet
sich innerhalb der verschiedenen Fassungen der Legende nur in den
beiden Schriften des Ambrosius; dies gilt ebenso für die besondere
Form von Frage und Antwort mit dem Stichwort venire, die oben besprochen wurde.

Die frühere Situationsbeschreibung *videns sibi ... occurrere* wird
hier durch das Kolon *urbemque ingredi* ergänzt[160]. Gleichwohl vermei-

---

158 Das Motiv selbst ist aus Apg 12,7 entlehnt.
159 Der Einleitungspassus ist S. 80, der Schluß wird S. 101 behandelt. Durch Fettdruck
    werden hier die wörtlichen Wiederholungen aus dem ambrosianischen Hegesipp-
    Exkurs markiert.

det es Ambrosius, Christus in seiner Antwort die Zielangabe *Romam* in den Mund zu legen, sondern behält die frühere, ganz auf die Stichwort-technik (*venis – venio*) ausgerichtete Prägung von Frage und Antwort bei. Wir sehen also hier in gleicher Weise wie im Hegesipp-Exkurs die individuelle Färbung der Szene durch Ambrosius, der in besonderem Maße auf Stimmigkeit der rhetorisch wirksamen Stichworttechnik ach-tet. Ps.Linus hat – wie oben gezeigt – diese Harmonie zerstört.

c) Joh 13,36 in Ps.Linus und Ps.Marcellus

In der Frage *Domine, quo vadis?* steckt vermutlich eine Reminiszenz an Joh 13,36, wo Jesus sein Leiden vorhersagt und dem Petrus, der ihm folgen, ja sein Leben für ihn einsetzen möchte, bedeutet, daß er erst später ihm werde folgen können, jetzt sei er noch nicht gerüstet, ja, er werde ihn dreimal verleugnen. Dort fragt Petrus den Herrn: *Domine, quo v a d i s?* Jesus aber antwortet: *quo ego **vado** non potes **m e** modo s e q u i; s e q u ē r i s autem postea:*

Joh 13,36 Λέγει αὐτῷ Σίμων Πέτρος· Κύριε, ποῦ ὑ π ά γ ε ι ς; ἀπεκρίθη [αὐτῷ] Ἰησοῦς· Ὅ π ο υ ὑ π ά γ ω οὐ δύνασαί μοι νῦν ἀ κ ο λ ο υ θ ῆ σ α ι, ἀ κ ο λ ο υ θ ή σ ε ι ς δὲ ὕστερον.

An diese Szene scheint der Urheber der bei Ps.Linus vorliegenden (ur-sprünglich griechischen) Fassung gedacht zu haben, in der die Begeg-nung zwischen Petrus und Christus am Stadttor Roms in dem Sinne weiter ausgestaltet wurde, daß nicht nur das knappe ποῦ[161] ὧδε; ein ver-deutlichendes Verb (πορεύῃ) erhielt, sondern auch das zusätzliche Mo-tiv des *s e q u a r t e* eingeführt wurde. Die Entsprechung im Text des Ps.Marcellus wird auf der Grundlage der gleichen (oder eng verwand-ten) griechischen Vorlage entwickelt sein, die dem Ps.Linus zur Verfü-gung stand:

Ps.Marc. 61 (p. 171,13) *ante paucos dies r o g a t u s a f r a t r i b u s abs-cedebam, et **occurrit mihi dominus meus Iesus Christus, et adoravi eum et dixi:** Domine, quo **vadis**? et dixit mihi: s e q u e r e m e, quia **vado** R o m a m i t e r u m c r u c i f i g i. et dum s e q u e r e r e u m, redii Romam. et dixit mihi: noli timere, quia ego tecum sum, quousque introducam te in do-mum patris mei.*

---

160 Diese örtliche Zielangabe ist dafür im Zusammenhang der Rückkehr in die Stadt ausge-spart, wo sich Ambrosius in c. Aux. mit einem bloßen *remeavit* begnügt, während er im Hegesipp *et conversus i n u r b e m redit* geschrieben hatte.
161 Dieses Fragepronomen ist für die griech. Vorlage des Ps.Linus vorauszusetzen (τί O).

82 (p. 215,10) πρὸ ὀλίγων ἡμερῶν π α ρ α κ λ η θ ε ὶ ς ὑ π ὸ τ ῶ ν ἀ δ ε λ-
φ ῶ ν ἀνεχώρουν, καὶ ἐθεώρησα τὸν κύριόν μου Ἰησοῦν Χριστόν· καὶ
προσκυνήσας αὐτῷ εἶπον· Κύριε, ποῦ **π ο ρ ε ύ η**; καὶ εἶπέν μοι· **Ἀκολούθει μοι,** ὅτι ἐ ν   Ῥ ώ μ η   ἀ π έ ρ χ ο μ α ι   π ά λ ι ν   σ τ α υ ρ ω θ ῆ ν α ι. καὶ ἐν τῷ
ἀκολουθεῖν με αὐτῷ ὑπέστρεψα πάλιν εἰς Ῥώμην. καὶ εἶπέν μοι· Μὴ
φοβοῦ, ὅτι μετὰ σοῦ εἰμι, ἕως οὖ εἰσαγάγω σε εἰς τὸν οἶκον τοῦ πατρός
μου.

61 (p. 170,15) πρὸ ὀλίγων γὰρ τῶν ἡμερῶν τούτων ἐπαναστάσεως γεναμέ-
νης μοι ὑπὸ τοῦ Ἀγρίππα, π α ρ α κ λ η θ ε ὶ ς ὑ π ὸ τ ῶ ν ἀ δ ε λ φ ῶ ν ἐξῆλθον τῆς πόλεως **καὶ ὑπήντησέ μοι ὁ κύριός μου Ἰησοῦς Χριστός· καὶ
προσκυνήσας αὐτῷ εἶπον·** Κύριε, ποῦ **π ο ρ ε ύ η**; Καὶ ἀποκριθεὶς εἶπέν
μοι ὅτι Ἐ ν   Ῥ ώ μ η   ἀ π έ ρ χ ο μ α ι   σ τ α υ ρ ω θ ῆ ν α ι. Ἐγὼ δὲ εἶπον πρὸς αὐ-
τόν· Κύριε, οὐκ ἐσταυρώθης ἅπαξ; Καὶ ἀποκριθεὶς ὁ κύριος εἶπεν· Εἶδόν
σε φεύγοντα τὸν θάνατον, καὶ θέλω ὑπὲρ σοῦ σταυρωθῆναι. Καὶ εἶπον·
Κύριε, ἐγὼ πορεύομαι, τὸ πρόσταγμά σου πληρῶ. καὶ εἴρηκέ μοι· Μὴ φοβοῦ, ὅτι μετὰ σοῦ εἰμί.

Ps.Marcellus verrät sich gegenüber den zuvor genannten Quellen der
'Quo vadis'-Szene dadurch unmittelbar als ein Spätling, daß er diese
Begegnungsepisode am Stadttor durch Petrus selbst i m R ü c k b l i c k
schildern läßt, und zwar angesichts des Kreuzes, an dem er anschließend den Tod finden wird. Man sieht unmittelbar, daß es sich hier um
eine spätere, weiter ausgeklügelte Fassung des Petrus-Martyriums handelt. Doch findet sich der Adorationsgestus hier bereits in jener der beiden griechischen Fassungen, in denen das Ἀκολούθει μοι-Motiv fehlt.
Wir dürfen annehmen, daß Ambrosius eine ebensolche griechische Fassung vor Augen hatte.

d) Die Einsicht Petri in den theologischen Sinn der Worte Jesu bei Ambrosius und Ps.Linus

Das Signal, daß Petrus den Sinn der ganzen Szene verstanden hat und
in Christi Worten seine eigene bevorstehende Kreuzigung in Rom angedeutet sieht, wird in den act. Petr. durch **καὶ ἐλθὼν εἰς ἑαυτὸν ὁ Πέτρος** markiert, im Ps.Linus durch **rediens in se ipsum** (*Petrus*). Zugrunde liegt wohl Apg 12,11: Petrus wird vom Engel aus dem Gefängnis befreit; der Engel entschwindet in gleicher Weise wie Jesus in den act.
Petr. (und im Ps.Linus). Danach heißt es: „Und Petrus kam zu sich
selbst und sagte: 'Jetzt weiß ich wahrhaftig, daß der Herr seinen Engel
gesandt hat, …'":

καὶ ὁ Πέτρος ἐν ἑαυτῷ γενόμενος εἶπεν· ν υ ν ο ι δ α ἀληθῶς ... σ υ ν -
ι δ ώ ν τε ἦλθεν ἐπὶ τὴν οἰκίαν ...[162]

Dem scheint sehr gut die in Ps.Linus vorliegende Abfolge *et post haec
rediens in se ipsum intellexit* zu entsprechen. Doch geht es dort
weiter mit *de sua dictum passione*, etc. Diese Weiterführung des
Satzes aber erfordert zwingend den unmittelbaren Kontakt zu der entsprechenden Aussage Christi, er komme, um sich ein zweites Mal
k r e u z i g e n zu lassen (*iterum crucifigar*). Dieser unmittelbare
Kontakt ist im Hegesipp des Ambrosius gegeben, nicht aber im Ps.Li-
nus. Folglich muß die in gleicher Weise bei Ambrosius und im Ps.Linus
begegnende Mitteilung, es sei dem Petrus der Sinn der Christusworte
aufgegangen, ihren ursprünglichen Sitz im Zusammenhang des Ambrosiustextes haben; von dort wurde sie dann durch Ps.Linus übernommen[163].

Das gleiche Abhängigkeitsverhältnis manifestiert sich in der Veränderung des ambrosianischen Relativsatzes

*qui patitur i n s i n g u l i s, non utique corporis dolore sed quadam
misericordiae conpassione*[164] *aut gloriae celebritate*

durch Ps.Linus:

*qui patitur i n e l e c t i s misericordiae compassione et glorificationis
celebritate.*

Der Wegfall des dogmatisch wichtigen ersten Satzgliedes *non utique
corporis dolore*[165] und des einschränkenden, die Kühnheit der Aussage
relativierenden *quadam* vor dem zweiten Satzglied ist ein klares Indiz
für schematische Kürzung durch Ps.Linus, während man bei Ambrosius
die originäre Konzeption des theologischen Gedankens sich entwickeln
sieht. Auch die Ersetzung von *in singulis* durch *in electis* offenbart den gleichen Schematismus; denn Petrus fühlt sich bei dem
durch *intellexit* eingeleiteten Akt der Erkenntnis, daß die Worte Jesu

---

162 Apg 12,11 *et Petrus ad se reversus dixit: n u n c s c i o vere ... c o n s i d e r a n s que
venit ad domum* ... Zu vergleichen ist Lk 15,17 (vom verlorenen Sohn) εἰς ἑαυτὸν δὲ
ἐλθὼν ἔφη (*in se autem reversus dixit*).
163 Ambrosius hat den gleichen Gedankenzusammenhang auch in dem bereits oben berührten sermo contra Auxentium (13) hergestellt (Z. 147–154): *respondit Christus: 'Venio
iterum c r u c i f i g i'. intellexit Petrus a d s u a m c r u c e m divinum pertinere
responsum; Christus enim non poterat iterum crucifigi, qui carnem passione susceptae
mortis exuerat; quod enim mortuus est mortuus est semel, quod autem vivit vivit deo.
intellexit ergo Petrus quod i t e r u m Christus c r u c i f i g e n d u s e s s e t*
in servulo *itaque sponte remeavit.*
164 Eine ambrosianische Formulierung, s. o. S. 86 Anm. 153.
165 Es hat seine Entsprechung in dem zuvor zitierten Passus aus c. Aux.

iterum venio crucifigi auf sein, des Petrus, Martyrium zielen (*de s u a dictum passione*), nicht als ein *e l e c t u s*, sondern als ein *s e r v u - l u s*[166], als einer der vielen, in denen Christus leidet, der ja i n j e d e m e i n z e l n e n leide.

Verwiesen sei auf das Origenes-Zitat o. S. 85 Anm. 148 und die folgenden Parallelen: Paul. Nol. epist. 38,3 *ab initio saeculorum Christus i n o m n i - b u s s u i s p a t i t u r*; Petr. Chrys. serm. 173,5 *nam sicut in Christo sui re- surgunt, ita i n s u i s ipse p a t i t u r Christus*; Aug. in psalm. 142,3 (Z. 37) *p a t i t u r, inquit, adhuc Christus pressuram; n o n i n c a r n e s u a, in qua adscendit in caelum, s e d i n c a r n e m e a, quae adhuc laborat in terra. Christus, inquit, pressuram p a t i t u r in carne mea: vivo enim non iam ego, vivit vero in me Christus*; serm. 137,2 (PL 38, col. 755) *iam in coelo est, et hic laborat, quamdiu hic laborat e c c l e s i a. hic Christus esurit, hic sitit, nudus est, hospes est, infirmatur, in carcere est. quidquid enim hic patitur corpus eius, s e dixit pati*; serm. 263A, Misc. Ag. 1, p. 347,10 *ille* (sc. *Christus*) *iam exaltatus est super caelos; p a t i t u r tamen in terris q u i c q u i d l a b o r u m n o s tamquam eius membra s e n t i m u s*[167].

3. Petri Kreuzigung

Die Quellen stimmen in folgendem überein: Petrus wird kurz nach sei- ner Rückkehr zu der Christengemeinde von (vier) Soldaten festgenom- men; es ergeht der Befehl, ihn zu kreuzigen. Petrus erreicht von den Henkern, daß man ihn mit dem Kopf nach unten am Kreuz befestigt, weil er sich unwürdig fühle, in gleicher (aufrechter) Weise wie der Sohn Gottes ans Kreuz geheftet zu sein.

a) Petrus stärkt die Brüder – Gefangennahme und Verurteilung zum Kreuz durch Agrippa

Dem ersten Drängen der christlichen Brüder und Schwestern, sich den Schergen des Agrippa durch Flucht zu entziehen, hatte Petrus nach langem Widerstand schließlich nachgegeben. Als er nach der Begeg-

---

166 Siehe oben S. 91 Anm. 163 das Zitat aus c. Aux.
167 Verwiesen sei ferner auf VOUAUX p. 427 Anm. 3, der in dem allgemeinen Gedanken *que le Christ souffre de nouveau la passion d a n s c h a c u n d e s e s f i d è l e s* ei- nes der weit verbreiteten λόγια Christi erkennen möchte, *qui expriment souvent une idée contenue déjà, sous une autre forme, dans les livres canoniques*, er verweist z. B. auf Hebr 6,6; Gal 2,19; ferner auf Orig. c. Cels. 2,44 (GCS 2, p. 167,2) Καὶ ἀεὶ δ' ἐν τοῖς γνησίοις μαθηταῖς καὶ μαρτυροῦσι τῇ ἀληθείᾳ ὁ Ἰησοῦς συσταυροῦται λῃσταῖς καὶ τὴν αὐτὴν αὐτοῖς παρὰ ἀνθρώποις καταδίκην *πάσχει*.

nung mit Christus am Stadttor zurückkehrt, bitten ihn die Brüder erneut, sein Leben der Gemeinde zu erhalten. Doch Petrus läßt sich, bereit zum Martertod, von Agrippas Soldaten ergreifen und zur Kreuzigung führen (s. u. Mart. Petr. 7,1–3).

Ps.Linus geht in seiner Grundfassung dieses Handlungsabschnitts wieder auf eine mit den actus Petri nahe verwandte Quelle zurück; doch hat er – wie es für ihn typisch ist – manches erweitert[168]:

Ps.Lin. 7 (p. 8,11) *qui* (sc. *fratres*) *cum manifestasset passionem suam, fletum omnes et ululatum emiserunt. dolebant enim universi et lacrimas profundebant dicentes: considera* o v e s t u a s , p a s t o r b o n e , *sustenta eos quorum fides infirmior tuo expetit roborari sermone. considera corda titubantia quae per te stabilienda noscuntur. quibus Petrus ait: facile est Domino ut servorum suorum corda etiam sine meae humilitatis ammonitione corroboret. quos enim plantavit ad hoc faciet adolescere, ut et alios possint plantare. ego autem quasi servus necesse est ut Domini exequar voluntatem. quapropter si me adhuc in carne morari disponit propter vos, non contradico. et si me pati pro nomine suo decreverit et per passionem meam dignatur suscipere, exulto et laetor in gratia ipsius.*

„Als er so sein (bevorstehendes) Leiden kundgetan hatte, brachen alle (Brüder) in Weinen und Klagen aus. Alle zusammen waren sie mit Schmerz erfüllt und vergossen Tränen, indem sie sagten: 'Denke an deine Schafe, du guter Hirte, erhalte sie aufrecht, deren recht schwacher Glaube danach verlangt, durch dein Wort gestärkt zu werden. Denke an die wankenden Herzen, die – wie sich gezeigt hat – darauf angewiesen sind, durch dich gefestigt zu werden.' Ihnen antwortete Petrus: ‚Es ist ein Leichtes für den Herrn, die Herzen seiner Diener auch ohne meine demütigen Ermahnungen zu stärken. Denn die er gepflanzt hat, wird er dazu heranreifen lassen, daß sie imstande sind auch andere zu pflanzen. Für mich aber kann nichts anderes gelten, als daß ich als Diener den Willen meines Herrn erfülle. Wenn er demgemäß anordnet, daß ich weiter im Fleische verharre um euretwillen, werde ich nicht widersprechen. Wenn er aber beschlossen hat, daß ich für seinen Namen leiden soll, und mich des Vorzugs würdigt, daß er mich durch mein Martyrium (zu sich) aufnimmt, so juble ich und frohlocke über seine Gnade."

Die Gefangennahme und Überstellung an den Stadtpräfekten Agrippa (Mart. Petr. 7,3) ist bei Ps.Linus um einen Anführer des Soldatentrupps namens Hieros erweitert, den wir später als das Produkt einer falschen Ausdeutung einer Textvariante entlarven werden (s. S. 389):

Ps.Lin. 8 (p. 9,6) *cum igitur his et aliis multis verbis fratrum animos consolaretur, et illi lacrimas tenere non possent, supervenit Hieros cum quatuor apparitoribus et aliis decem viris, qui eum comprehendentes rapue-*

---

168 Die Übereinstimmungen mit Mart. Petr. sind durch gestrichelte Linien markiert.

runt de medio fratrum et statuerunt vinctum Agrippae praefecti urbis obtutibus.

„Während er also mit diesen und vielen anderen Worten die Herzen der Brüder zu trösten versuchte, jene aber ihre Tränen nicht zurückzuhalten vermochten, tauchte Hieros mit vier beamteten Dienern und weiteren zehn Männern auf, die Petrus festnahmen und aus der Mitte der Brüder hinwegrissen und ihn gefesselt vor die Augen des Stadtpräfekten Agrippa stellten."

Den anschließenden knappen Satz des Mart. Petr. in der interpolierten β-Fassung (7,3 κἀκεῖνος διὰ τὴν νόσον αὐτοῦ ἐπ' α ἰ τ ί ᾳ ἀ θ ε ό τ η - τ ο ς ἐκέλευσεν αὐτὸν σταυρωθῆναι)[169] hat Ps.Linus zu einer Art Gerichtsverhandlung zwischen Agrippa und Petrus ausgebaut, in der vorzeitig das Motiv von der umgekehrten Kreuzigung und der Marterbereitschaft des Petrus angeschlagen wird, das in den Originalquellen erst am Kreuzigungsort seinen Platz hat. Bei Ps.Linus also verteidigt sich Petrus vor Agrippa auf seine Weise:

Ps.Lin. 8 (p. 10,3) *et ait ad eum Petrus: nulla sit mihi gloria nisi crux Domini mei Iesu Christi, cuius ego sum servus. et ait Agrippa: vis ergo, ut crucifigaris sicut Deus tuus est crucifixus? Petrus quoque respondit: non sum dignus r e c t a c r u c e mundum testem facere passionis meae; sed p e r q u a e l i b e t s u p p l i c i a opto et desidero eius sequi vestigia passionis. tunc praefectus morbo incontinentiae suae praetendens s u p e r - s t i t i o n i s a c c u s a t i o n e m, crucifigi iussit apostolum.*

„'Kein anderer Ruhm möge mir zuteil werden als das Kreuz meines Herrn Jesus Christus, dessen Diener ich bin.' Darauf Agrippa: 'Willst du also gekreuzigt werden, wie dein Gott gekreuzigt wurde?' Petrus antwortete: 'Ich bin nicht würdig, an aufrechtem Kreuz die Welt zum Zeugen meines Leidens zu machen; aber ich wünsche und sehne mich danach, durch alle nur möglichen Marterstrafen den Spuren seines Leidens zu folgen.' Da befahl der Präfekt, indem er die Krankheit seiner Begierde mit der Anklage wegen Aberglaubens bemäntelte, den Apostel zu kreuzigen."

b) Auflauf des Volkes und Kreuzigung 'inversis vestigiis'

Im Anschluß an die Gefangennahme wird geschildert, wie alle Christen zusammenliefen, um dem Petrus zu helfen, und das Volk sich gegen Agrippa empörte (Mart. Petr. 7,4). Doch Petrus – inzwischen am Kreuzigungsort angekommen – beruhigte die Menge und hält das Volk davon ab, dem Agrippa weiter zu zürnen: dieser sei ja nur der Diener der

---

169 Siehe hierzu u. S. 356 Anm. 69.

dämonischen Macht seines Vaters (des Teufels) und seiner verschworenen Anschläge[170]. Überhaupt geschehe hierin nur dies, was ihm der Herr geoffenbart habe (7,5–6).

Nach einer Ansprache an das Kreuz und einer Predigt über Kreuzestheologie (Mart. Petr. 8,1–4) fordert Petrus schließlich die Henker auf, ihr Werk zu tun und ihn kopfüber zu kreuzigen:

> act. Petr. 37 (M. 8,4), p. 92,17 L. ἀπολάβετε οὖν (sc. τὸ σῶμα), ὧν ἐστιν τὸ ἴδιον. ἀξιῶ οὖν ὑμᾶς τοὺς δημίους, **οὕτως με σταυρώσατε, ἐπὶ κεφαλὴν καὶ μὴ ἄλλως·** καὶ διὰ τί, τοῖς ἀκούουσιν ἐρῶ.

> p. 93,12 *et conversus ad eos, qui eum suspensuri erant, dixit ad eos:* **capite deorsum me crucifigite;** *et propter quam causam sic peto figi, audientibus dicam.*

Alle Hauptmotive der Erzählung (Auflehnung des Volkes, besänftigendes Eingreifen des Petrus mit dem besonderen Hinweis auf Agrippa als Medium einer höheren Macht, frühere Prophezeiung des Geschehens durch Christus, umgekehrte Kreuzigung) lesen wir ebenso bei Ps.Linus und Ps.Marcellus:

> Ps.Lin. 10 (p. 12,3) *nolite, obsecro vos fratres, oblationem meam impedire, nolite adversus Agrippam saevire et amaro animo in eum esse. ille enim minister est alienae operationis. nam dampnationis meae secundum corporis qualitatem d i a b o l u s   a u c t o r   e s t, dominica abutens permisione (…). (p. 12,9) itaque, fratres mei et filii, obedientes estote, q u i a   p e r   r e v e l a t i o n e m   a   D o m i n o   I e s u   C h r i s t o   p r o d i t u m   e s t   m i h i   q u o d   i t a   e s s e t   v e n t u r u m.*

„Wollet nicht, ich bitte euch, Brüder, meine Darbietung (als Opfer) behindern, wollet nicht gegen Agrippa wüten und bitteren Herzens gegen ihn sein; er ist ja Diener des Wirkens einer anderen Macht. Denn Urheber meiner Verurteilung hinsichtlich der körperlichen Qualität ist der Teufel, der ein Gewährenlassen des Herrn mißbraucht … So seid (mir) denn, meine Brüder und Söhne, gehorsam; denn in einer Enthüllung ist mir vom Herrn Jesus Christus geoffenbart worden, daß es so kommen werde.“

> 12 (p. 14,5) *precor vos, boni salutis meae ministri, ut crucifigentes me* **caput deorsum ponatis et pedes sursum.** *n o n   e n i m   d e c e t   m e   s e r v u m   u l t i m u m   i t a   c r u c i f i g i, u t   d o m i n u s   u n i v e r s i t a t i s   pro salute totius mundi dignatus est pati, quem passione mea constat glorificari. est etiam ut mysterium crucis intento vultu semper possim conspicere, quo facilius quid inde dixero a circumstantibus possit audiri.*

Zu den Henkern: „Ich bitte euch, ihr guten Diener meines Heiles, legt, wenn ihr mich kreuzigt, meinen Kopf nach unten und die Füße nach oben.

---

170 Gemeint ist der Teufel, wie aus Ps.Linus ersichtlich ist. Die Formulierung erinnert sehr an Simon Magus und das gnostische Lehrsystem der Simoniten (s. S. 57).

Denn nicht ziemt es sich, daß ich, der niedrigste Knecht, auf diese Weise gekreuzigt werde, wie der Herr des Weltalls gewürdigt wurde, für das Heil der ganzen Welt zu leiden, den durch mein Leiden zu verherrlichen ich fest entschlossen bin. Es ist auch mein Bestreben, das Geheimnis des Kreuzes beständig mit unverwandtem Blick anschauen zu können, damit um so leichter das, was ich von dort aus spreche, von den Umstehenden gehört werden kann."

Ps.Marc. 60 (p. 171,3) *Petrus autem dum venisset ad crucem ait: quoniam Dominus meus Iesus Christus de caelo ad terram descendens **recta cruce**[171] sublimatus est, me autem quem de terra ad caelum evocare dignatur, crux mea caput meum in terra debet ostendere, et pedes ad caelum dirigere: e r g o q u i a n o n s u m d i g n u s i t a e s s e i n c r u c e s i c u t d o m i n u s m e u s, **girate crucem meam.** at illi verterunt crucem et **pedes eius sursum fixerunt, manus vero deorsum.***

60 (p. 170,4) Ὁ δὲ Πέτρος ἐλθὼν ἐπὶ τὸν σταυρὸν εἶπεν· Ἐπειδὴ ὁ κύριος ἡμῶν Ἰησοῦς Χριστὸς ἐκ τοῦ οὐρανοῦ καταβὰς ἐπὶ τῆς γῆς **ὀρθῶς τῷ σταυρῷ** ὑψώθη, ἐμὲ δὲ ὄντα ἀπὸ τῆς γῆς εἰς οὐρανὸν καλέσαι καταξιοῖ, ὁ σταυρός μου τὴν κεφαλὴν κατὰ γῆς ὀφείλει παγῆναι, ἵνα πρὸς οὐρανὸν κατευθύνει τοὺς πόδας μοῦ· ο ὐ γ ά ρ ε ἰ μ ι ἄ ξ ι ο ς ὡ ς ὁ κ ύ ρ ι ό ς μ ο υ σ τ α υ ρ ω θ ῆ ν α ι.

81 (p. 215,2: die Alternativfassung des Schlußteils, nach der übersetzt wird) ὁ σταυρός μου τὴν κεφαλήν μου κατὰ γῆν ὀφείλει δεῖξαι καὶ πρὸς τὸν οὐρανὸν κατευθῦναι τοὺς πόδας μου. ἐ π ε ῖ ο ὖ ν ο ὐ κ ε ἰ μ ι ἄ ξ ι - ο ς ο ὕ τ ω ς ἐ ν τ ῷ σ τ α υ ρ ῷ ε ἶ ν α ι ὡ ς κ α ὶ ὁ κ ύ ρ ι ό ς μ ο υ, **ἀντιστρέψατε τὸν σταυρόν μου.** Κἀκεῖνοι εὐθέως ἀντέστρεψαν τὸν σταυρὸν καὶ **τοὺς πόδας αὐτοῦ ἄνω προσήλωσαν.**

„Als aber Petrus zum Kreuz kam, sagte er: 'Da unser Herr Jesus Christus, der vom Himmel zur Erde herabstieg, aufrecht am Kreuz erhöht wurde, er aber mich, der ich von der Erde bin, würdigt, (mich zu sich) in den Himmel zu rufen, so soll mein Kreuz meinen Kopf zur Erde hin zeigen und meine Füße zum Himmel ausrichten. Da ich also nicht würdig bin, so am Kreuz zu hängen wie mein Herr, dreht mein Kreuz um!' Und jene drehten sogleich das Kreuz um und hefteten seine Füße nach oben (lat.: die Hände aber nach unten)."

Stark gerafft bietet A m b r o s i u s den ganzen Erzählzusammenhang von der Rückkehr des Petrus in die Stadt und der Gefangennahme bis zur Kreuzigung *inversis vestigiis* und deren Begründung:

---

171 Die früheste der Handschriften, M, überliefert *recte in cruce* – in Übereinstimmung mit ὀρθῶς τῷ σταυρῷ. Zu vergleichen ist aber act. Petr. 38 (M. 9,6) p. 96,8 ἵνα λόγος ᾖ τοῦτο **τὸ εὐθύξυλον, ἐφ' ᾧ ἐσταύρωμαι·** ἧχος δὲ τὸ πλάγιόν ἐστιν, ἡ ἀνθρώπου φύσις· ὁ δὲ ἧλος ὁ συνέχων **ἐπὶ τῷ ὀρθῷ ξύλῳ** τὸ πλάγιον κατὰ μέσου, ἡ ἐπιστροφὴ καὶ ἡ μετάνοια τοῦ ἀνθρώπου.

Heges. p. 186,26 *et conversus in urbem redit captusque a persecutoribus cruci adiudicatus*[172] ***poposcit ut inversis vestigiis cruci adfigeretur, quod indignus esset qui simili modo cruci figeretur, ut passus est dei filius.*** *quo inpetrato vel **quia ita debebatur ut Christus praedixerat,** vel quia persecutor non invitus indulget poenarum incrementa, et ipse et Paulus alter cruce alter gladio necati sunt*[173].

„Da wendet Petrus seine Schritte und kehrt in die Stadt zurück. Von den Verfolgern gefangen und dem Kreuz überantwortet, verlangte er, daß man ihn mit den Füßen nach oben ans Kreuz hefte, da er unwürdig sei, in der gleichen Weise gekreuzigt zu werden, wie es der Sohn Gottes erduldet hat. Dieser Wunsch wurde ihm erfüllt, sei es, weil es so kommen mußte, wie Christus vorhergesagt hatte, sei es, weil ein Verfolger bereitwillig zustimmt, die Peinigungen zu verschärfen. So sind beide, er selbst und Paulus, getötet worden, der eine durch Kreuzigung, der andere durchs Schwert.“

Erst im Schlußsatz also wird P a u l u s wieder in die Handlung miteinbezogen. Er ist nur beim Beginn der eigentlichen 'Passio' und an deren Ende ganz äußerlich hinzugefügt[174] – offenbar als Konzession an die Liturgie, die das Martyrium beider Apostel in Rom am gleichen Tag feierte. Wir greifen hier wohl eine Frühphase jenes Prozesses, in dem die Petrusakten sukzessive zu den Acta Petri e t P a u l i erweitert wurden[175].

c) Von Joh 21,18f. zu Ambr. hymn. 12

In allen hier herangezogenen Erzählungen (außer in Ps.Marc.) hören wir, daß Christus dem Petrus seinen Tod durch Kreuzigung zuvor geoffenbart hatte:

---

172 Ambr. in psalm. 40,21,1 *'Sed quid ego ceteros arguo?' dicit dominus Iesus; 'quid mirum si populus me non cognovit et c r u c i a d i u d i c a v i t'* [kein weiterer Beleg in CLCLT–4].
173 Vgl. die Kurzfassung in Ambr. c. Aux. 13, Z. 155f. *statimque* **correptus** *per crucem suam honorificavit dominum Iesum.*
174 Siehe dazu u. S. 125.
175 Vgl. RÖWESKAMP in LACL (2003) 567: „Die sog. *Acta Petri et Pauli* (BHG 1490) sind in Form einer griech. Grundschrift wohl im Zusammenhang mit dem (spätestens ab dem 4. Jh. faßbaren) röm. Versuch, die beiden Apostel zusammenzubinden, entstanden (vgl. auch *Decretum Gelasianum* 3,2)“; doch wird es auch bereits in den griechischen Versionen Bestrebungen gegeben haben, die beiden Apostelfürsten zusammenzurücken.

act. Petr. 36 (M. 7,6) καὶ πάντως τοῦτο γίνεται τοῦ κυρίου φανερώσαντός
μοι τὸ συμβαῖνον (act. Verc. 36, p. 91,4 *hoc autem quod factum est in me
dominus meus ante mihi ostendit*).

Damit könnte der Bogen zur 'Quo vadis'-Szene zurückgeschlagen sein
(denn dort hatte Petrus erkannt, daß Christus mit seiner Auskunft Ναί,
Πέτρε, πάλιν σταυροῦμαι bzw. – nach Ambrosius – *venio iterum crucifigi* ihm deutlich machen wollte, daß er, Christus, nun in Rom in seinem
Diener Petrus ein zweites Mal gekreuzigt werde)[176]. Aber von einer
wirklichen „Offenbarung" durch Christus wird man in jener Szene nicht
sprechen wollen. Folglich ist zu erwägen, ob sich Petrus hier nicht eher
auf Joh 21,18f. bezieht, wo Christus dem Petrus feierlich ankündigt:

> Joh 21,18 *Amen, amen dico tibi: cum esses iunior,* **cingebas te,** *et ambula-
> bas ubi volebas: cum autem senueris, e x t e n d e s   m a n u s   t u a s ,   e t
> alius te cinget, e t   d u c e t   q u o   n o n   v i s* (ἀμὴν ἀμὴν λέγω σοι, ὅτε ἧς
> νεώτερος, **ἐζώννυες σεαυτὸν** καὶ περιεπάτεις ὅπου ἤθελες· ὅταν δὲ γηρά-
> σῃς, ἐ κ τ ε ν ε ῖ ς   τ ὰ ς   χ ε ῖ ρ ά ς   σ ο υ ,   κ α ὶ   **ἄλλος σε ζώσει**   κ α ὶ   ο ἴ -
> σ ε ι   ὅπου οὐ θ έ λ ε ι ς),

und der Evangelist erläutert:

> Joh 21,19 *hoc autem dixit s i g n i f i c a n s   q u a   m o r t e   c l a r i f i c a -
> t u r u s   e s s e t   D e u m .   et hoc cum dixisset, dicit ei: Sequere me* (τοῦτο
> δὲ εἶπεν σημαίνων ποίῳ θανάτῳ δ ο ξ ά σ ε ι   τ ὸ ν   θ ε ό ν . καὶ τοῦτο εἰπὼν
> λέγει αὐτῷ, Ἀκολούθει μοι)[177].

Diesen Bezug sehen wir expressis verbis bei Tertullian hergestellt (s. u.
S. 119ff.). Aber er wird von ihm – wie auch in den oben zitierten Text-
stellen aus dem 'Martyrium' Petri (bzw. den act. Verc.) und dem Ps.Li-
nus – an den Kreuzestod in allgemeiner Form geknüpft, nicht an die
konkrete Spezifizierung der Kreuzigung *inversis vestigiis*.
    Wenn Ambrosius sagt, dem Petrus sei der besondere Wunsch, mit
den Füßen nach oben gekreuzigt zu werden, erfüllt worden, entweder
weil es so kommen mußte, wie Christus vorhergesagt hatte, oder weil
… (s. o.), scheinen sich nur zwei Erklärungsmöglichkeiten anzubieten:

---

176 Vgl. den Einsatz des gleich zu zitierenden Passus Ps.Lin. 7 (p. 8,9ff.) … *narrans fratri-
     bus quod ei obvius fuisset dominus, et d e c l a r a s s e t   e i   q u o d   i n   i p s o   e s -
     s e t   i t e r u m   c r u c i f i g e n d u s .* Im Ps.Marcellus wird dieser Zusammenhang da-
     durch hergestellt, daß Petrus dort, bereits ans Kreuz gefesselt, durch die nachträglich
     (im Rückblick) erzählte 'Quo vadis'-Szene die große Volksmenge davon abzuhalten
     sucht, den Kaiser zu schmähen und zu bedrohen. Insbesondere das Schlußwort Jesu:
     „Fürchte dich nicht, denn ich bin bei dir, bis ich dich hineinführen werde in das Haus
     meines Vaters!" nimmt Petrus zum Anlaß, das Volk zu bitten, ihn auf seinem Weg zum
     Himmel nicht zu hindern.
177 Weitere Schriftstellen, die man auf ein Martyrium des Apostels Petrus gedeutet hat,
     sind Jesu Worte in Joh 13,36 und Lk 22,33.

1. Er denkt an einen Zusammenhang, wie er in Mart. Petr. 10 (act. Verc. 39) vorliegt: Dort erläutert der bereits ans Kreuz gehängte Petrus in gnostischer Diktion das Geheimnis der ganzen Schöpfung, den Anfang der Dinge, die Umkehr der „natürlichen" Ordnung und so auch die umgekehrte Art der Kreuzigung, ja, die Symbolik des Kreuzes überhaupt und wendet sich dann – zu einem Gebet übergehend – an Christus mit folgenden Worten: „Da du nun dieses mir kundgetan und g e o f f e n b a r t hast, Wort des Lebens, wie jetzt das Holz von mir genannt worden ist, sage ich dir Dank"[178], etc. Aber auch diese „Offenbarung" bezieht sich nicht auf die konkrete Kreuzigung Petri selbst, sondern auf die Entschlüsselung der im sichtbaren Kreuz verborgenen Allegorie.

2. Er hat Joh 21,18f. in einer von der oben wiedergegebenen Vulgatafassung abweichenden Version vor Augen. Auf diesen Gedanken bin ich allerdings erst durch die Überprüfung der nur bei Ambrosius belegten Formel *inversis vestigiis* gestoßen worden, die zugleich den von einigen Patristikern in seiner Authentizität angezweifelten ambrosianischen Hymnus auf die Apostel Petrus und Paulus in den Blick bringt[179]. So wollen wir denn der Reihe nach vorgehen.

Ambrosius darf für sich beanspruchen, mit der Junktur *inversis vestigiis* eine besonders raffinierte Ausdrucksweise für die bizarre Todesart des Apostels Petrus geprägt zu haben. Die vom frühen (rhetorisch geschulten) Ambrosius im Hegesipp[180] offenkundig aus Verg. Aen. 8,209–211 und 10,646 entwickelte Formel[181] findet sich bei ihm noch zweimal (einmal im Singular, das andere Mal im Plural) in einem Porträt des „mit nach oben gekehrten Füßen" gekreuzigten Petrus:

---

178 Act. Petr. 39 (M. 10,1), p. 96,12 L. Ταῦτα οὖν μοι σοῦ γνωρίσαντος καὶ ἀ π ο κ α λ ύ - ψ α ν τ ο ς, λόγε ζωῆς, ξύλον νῦν ὑπ' ἐμοῦ εἰρημένον, εὐχαριστῶ σοι, etc.; vgl. act. Verc. 39 (p. 97,11) *Haec autem, domine, tu mihi in notitiam pertulisti; r e v e l a s t i quod est verbum vitae, nunc a me lignum dictum. gratias tibi ago*, etc.
179 Siehe M. SIMONETTI, Ambrogio. Inni, Firenze 1988, 93. Auch J. FONTAINE, Ambroise de Milan. Hymnes, Paris 1992, 515ff. zählt den Hymnus 12 (*Apostolorum passio*) zu den „dubia"; vgl. ferner die Synopse der verschiedenen Ausgaben bei A. FRANZ, Tageslauf und Heilsgeschichte. Untersuchungen zum literarischen Text und liturgischen Kontext der Tagzeitenhymnen des Ambrosius von Mailand, St. Ottilien 1994, 16 (dort S. 17–29 das Kapitel III: „Das Problem der Echtheit – Das Hymnar des Ambrosius").
180 p. 186,27; s. o. S. 97.
181 Aen. 8,209ff. (Cacus zieht die Rinder des Hercules rückwärts in seine Höhle): *atque hos, ne qua forent **pedibus vestigia rectis**, | cauda in speluncam tractos **versisque** viarum | **indiciis** raptos saxo occultabat opaco*; 10,646 *illa dato **vertit vestigia** t e r g o*: imitiert in Ambr. incarn. 8,79 *sed t e r g i **versatione** damnabili in eodem loco **vestigia vertunt*** und dann durch Prudentius in Prud. apoth. 475 *territa Persefone **vertit vestigia** r e t r o*.

Ambr. Iob 1,1,2 *Nam de Petro quid loquar? Qui **c r u c e m** suam futura remuneratione **i n d i g n a m   a r b i t r a t u s** inverso suspendi poposcit vestigio, **u t   a l i q u i d   p a s s i o n i   s u a e   a d d e r e t,** cuius acerbare*[182] *ipse sibi supplicia nec timeret;* in psalm. 118, serm. 21,21,2 *quae* (sc. *crux*) *tantum ei gloriae dedit, ut **inversis   C h r i s t u m   h o n o r a r e t** vestigiis, metuens ne, si ea specie crucifixus esset qua dominus, affectasse domini gloriam videretur;*

ein weiteres Mal zeichnet sie die aus Scheu vor Versündigung sich „rückwärts" dem entblößten Vater nähernden Söhne des Noë

Ambr. virg. 1,8,53 *Hinc **inversis vestigiis** filii Noë patria quondam pudenda texerunt*[183] (s. Gen 9,23 *et **incedentes retrorsum,** operuerunt verenda patris sui*).

Später hat der Bischof Ambrosius die beiden Apostel in seinem 12. Hymnus besungen und dabei mit Geschick die leicht variierte Formel semantisch neu ausgerichtet, indem er sie nun auf den „nach oben gewendeten Fuß des Kreuzes" überträgt (hymn. 12,13ff.)[184]:

13 *Verso crucis vestigio*	An gewendetem Fuß des Kreuzes,
Simon h o n o r e m d a n s	Gott die Ehre gebend, aufgehängt, ist Si-
D e o	mon

---

182 Die Herausgeber scheinen zu Unrecht in Anlehnung an das in PBC überlieferte *acervaret* den Inf. *acervare* zu bevorzugen; *a c e r b a r e t* bieten DP[1], *a c e r b a r e* (mit Rasur eines Buchstabens am Ende) B[2mg]. Siehe u. S. 101 Anm. 186 und S. 103 zu *mortem ... asperam.* Ambrosius bietet fünf Belege für *supplicia acerba,* zwei für *suppliciorum acerbitates* (Iac. 2,10,43; in psalm. 118, serm. 21,9) und einen scheinbaren (Heges. 1,43,5 [p. 108,22f.]) für *acervanda supplicia,* wo in Wirklichkeit die Herausgeber wieder die falsche Variantenwahl getroffen haben; denn in M²HBZαV ist folgender Text überliefert: *inpunita sibi omnia flagitia confitenti fore, aut* (at B) *infitianti **acerbanda supplicia,** ipsam quoque sepulturam negandam,* der sich stützen läßt durch Justinians Digesten (48,19,16,10): *ut aliquorum maleficiorum **supplicia** exacerbentur.* Dagegen scheint *supplicia acervare* nirgends zweifelsfrei belegt.

183 Diese Stelle ist wörtlich zitiert bei Ps.Isidor; sonst findet sich kein Beleg für *invers* vestigi** in CLCLT–4 und BTL–2.

184 Vgl. Ps.Marc. 60 (s. o.) *girate crucem meam* (ἀντιστρέψατε τὸν σταυρόν μου). Der Eingriff von H. FUCHS (Hermes 68, 1933, 348f.), der in Zeile 13 *crucis* in *crucem* ändern und damit ein Objekt zu *ascendit* gewinnen wollte, scheint nicht wirklich empfehlenswert, zumal dadurch die Sperrung noch vergrößert und die schöne geschlossene Wortstellung des Verses 13 aufgebrochen würde. *Suspensus* könnte sowohl absolut gesetzt als auch (wie hier bevorzugt) mit *vestigio* verbunden werden, vgl. die folgenden verwandten Predigtstellen Augustins (zitiert nach der Ausgabe von G. MORIN, Miscellanea Agostiniana 1, Rom 1930): Aug. serm. 113A, p. 154,23 MORIN *spinis coronatus est, c r u c i f i x u s est, ad extremum l i g n o s u s p e n s u s est;* serm. 375B, p. 24,27 MORIN *clamaverunt, c r u c i f i g e, c r u c i f i g e: tenuerunt, s u s p e n d e r u n t;* ferner (beliebig herausgegriffen) Fulg. aet. mund. 12 (p. 172,9 HELM) *flagellatur perpetua virtus, universalis conspuitur salus et c r u c i s p a t i b u l o s u s p e n d i t u r Deus.*

15 *suspensus ascendit, dati*	(wahrhaft) hinaufgestiegen[185], wohleingedenk
n o n i m m e m o r o r a c u l i:	der ihm gegebenen Prophezeiung:
praecinctus, ut dictum est, senex	Nach Christi Worten als Greis „umgürtet"
et elevatus ab altero,	und „emporgehoben von einem anderen",
quo nollet ivit, sed volens	ging er, „wohin er nicht wollte", doch willig
20 *mortem subegit asperam.*	nahm er auf sich den härteren[186] Tod.

Schon das hier herausgestellte Markenzeichen *(in)verso vestigio,* das
also vom späteren Ambrosius gegenüber der primären Verwendung
weiterentwickelt ist, sollte die Zweifel an der Echtheit dieses Hymnus
verstummen lassen[187]. Von besonderem Gewicht aber ist, daß auch hier
die „Prophezeiung" (vgl. 16 *oraculi;* 17 *ut dictum est*) weder auf die
Gefangennahme (s. u. S. 120), noch auf die „Kreuzigung" in allgemeiner Form, sondern – wie es allein beim frühen Ambrosius im Heges.-
Passus belegt ist – speziell auf die härtere Kreuzigungsvariante mit den
Füßen nach oben bezogen ist. Dabei zielt in diesem Hymnus der Terminus „Prophezeiung" *(oraculi)* zweifelsfrei auf Christi Wort in Joh
21,18f. (s. o.), worauf schon hymn. 12,14 (*h o n o r e m   d a n s   Deo*) anspielt, eine Wiedergabe von *clarificaturus,* die Ambrosius ganz ähnlich
auch in c. Aux. 13, Z. 155f. *per crucem suam   h o n o r i f i c a v i t   dominum Iesum* und in psalm. 118, serm. 21,21,2 *ut inversis Christum   h o -
n o r a r e t   vestigiis* (s. S. 100) gewählt hat.
   Die poetische Wiedergabe von Joh 21,18 erfolgt in der zweiten der
oben abgedruckten Strophen. Sie bliebe aber unverständlich, wenn der
Text der Vulgata und der griechische Urtext zugrunde zu legen wären.
Das knifflige Rätsel löst sich, wenn man annimmt, daß Ambrosius an

---

185 Zur Erklärung des Oxymorons *suspensus ascendit* siehe vorläufig Fontaine 536; eine
   Modifizierung folgt u. S. 102.
186 Der Positiv *asperam* ist hier m. E. (mit Blick auf das soeben behandelte *supplicia
   a c e r b a r e*) prägnant als Komparativ zu verstehen („die besonders bittere Todesart").
   Es sei auf verwandte Phänomene bei der Komparation überhaupt verwiesen, s. Hofm.-
   Sz. 169 („Positiv für Komp. und Superl."); Kühn.–Stegm. 2,476 (abgeschwächte
   Komparative, die wie Positive gebraucht werden), 478f. (koordinierende Zusammenstellung verschiedener Steigerungsgrade), 480 (*quam* mit einem Positiv), 484f. (Positiv
   und Komparativ kombiniert); ferner Löfstedt, Synt. II 199–208 ('Pleonasmus bei der
   Komparation').
187 Zudem erhellt selbst aus diesen wenigen Versen die hohe rhetorische Kunst des Verfassers; man blicke nur auf die Oxymora *suspensus ascendit* (15) und *nollet – volens* (19),
   die vergilische Litotes *non inmemor,* die Versrahmung in 13 *verso – vestigio,* 14 *Simon
   – Deo,* 17 *praec. – senex,* 20 *mortem – asperam,* das Zusammenbinden der Versklausel
   in 15f. (*dati – oraculi*).

dieser Stelle (wie das ja oft bei ihm der Fall ist) einem Bibeltext folgte,
der von der späteren Vulgataversion verschieden war. Vermutlich las er
die bei Augustinus überlieferte Fassung, siehe

Aug. in epist. Joh. 5, 11 *cum autem fueris s e n i o r, a l i u s t e **prae-
c i n g e t e t tollet te*** quo tu non vis.

Nur bei Zugrundelegung dieser Textform versteht man Vers 18 des
Hymnus: *et **elevatus** ab altero*. Ambrosius hat in *tollet te* nicht eine
Alternativ-Übersetzung zu *ducet te* (für das οἴσει der griechischen
Vorlage) gesehen, sondern „wird dich emporheben" verstanden. *Prae-
cinctus* ist für ihn der am Kreuz festgebundene (von den Stricken um-
wundene) Petrus, *elevatus* der am aufgerichteten Kreuz emporgehobe-
ne[188]. Wenn er *quo tu non vis* durch *quo nollet ivit* wiedergibt, scheint
ihm zugleich ein antithetischer Gedanke zu dem *et **ambulabas** ubi volebas* des Vordersatzes vorzuschweben, der in der Vulgatafassung zu *et
ducet quo non vis* führte.

Ambrosius deutete also Joh 21,18 (gemäß der Interpretationsanlei-
tung Joh 21,19) als Ankündigung des speziellen Todes Petri am umgekehrten Kreuz. Das abschließende Wort Christi *s e q u e r e m e* wird
durch ***ascendit*** (15) erfüllt: Petrus ist wie Christus aufs Kreuz hinaufge-
stiegen[189] und zwar in ganz besonderer Weise: das „*ascendit*" trifft hier
in speziellem Sinne zu, insofern der am gewendeten Kreuzesfuß Aufge-
hängte (*suspensus*) die Füße (mit denen man „steigt") oben, an der Spitze des Kreuzes hat, also tatsächlich „hinauf-gestiegen" ist. Das Oxymoron *suspensus ascendit* wird ganz ähnlich von Petrus Chrysologus verstanden, siehe

---

188 Dieser Annahme steht nicht im Wege, daß Ambrosius an zwei anderen Stellen Joh
21,18 mit der Vulagatavariante *et ducet* zitiert (in psalm. 36,60,3; in Luc. 10,177). Denn
auch diese beiden Zitate divergieren ihrerseits hinsichtlich *cinget* (so in psalm. 36,60)
und *praecinget* (so in Luc. 10,177). Auch Augustinus hat die oben zitierte Version mit
et tollet te nur einmal, aber fünfmal die „korrekte" Fassung, die in die Vulgata eingegangen ist (in evang. Ioh. 47,2; 123,4; 123,5 [zweimal]; in psalm. 30, enarr. 2,3). Solange die erst im letzten Jahrzehnt des 4. Jh.s entstandene Vulgata des Hieronymus sich
noch nicht durchgesetzt hatte, zitierte man die Bibel je nach Bedarf in ihren verschiedenen umlaufenden Fassungen.
189 Vgl. Ambr. hymn. 3,1f. *Iam surgit hora tertia, | qua C h r i s t u s a s c e n d i t c r u-
c e m*; in Luc. 10,107 (Z. 1009) *non enim suam, sed nostram c r u c e m C h r i s t u s
a s c e n d i t*; 108 *pulcre a s c e n s u r u s c r u c e m regalia vestimenta deposuit*;
Isaac 4,31 *descendit in Iordanen, a s c e n d i t i n c r u c e m*; in psalm. 118, serm.
5,26,4 *a s c e n d i t c r u c e m*; inst. virg. 15,96 *c r u c e m a s c e n d i t, mortuus est
pro nobis*.

serm. 27,2 *et vere p o s t   d o m i n u m   v a d i t Petrus, nam, u t   s e q u e -
r e t u r ad caelum, **crucem resupinus ascendit**[190].

Und dieses aktive Emporsteigen (statt des passiven *suspensus*) ist zugleich ein freiwillig vollzogener Akt, vgl.

Aug. serm. 223F [MiAg 1, p. 688, lin.14] *i n   c r u c e m, cum pateretur,
a s c e n d i t, quia **voluntate** miserantis, non peccantis necessitate s u s -
p e n s u s est,*

verwirklicht also die Aufforderung Christi *sequere me* bei gleichzeiti-
ger Erfüllung der unmittelbar zuvor gesprochenen Prophezeiung *tollet
te quo **tu non vis**.* Denn diese soll auf die W e i g e r u n g des Petrus gedeutet werden, sich in gleicher Weise wie Christus am aufrechten
Kreuz mit dem Kopf nach oben in die Höhe emporheben zu lassen.
    Somit hat Petrus durch das in Str. 4 beschriebene Geschehen tat-
sächlich die Prophezeiung erfüllt, wie durch die Str. 5 erläutert wird:
Insofern er, gemäß den Worten Christi, als alter Mann ans Kreuz „gegürtet" und „von einem anderen emporgehoben" wurde, ging er, „wo-
hin er nicht wollte" (*quo **nollet** ivit*)[191], doch willig (*volens*) nahm er die
'harte' Todesvariante auf sich, d. h. die größere Pein, die durch die
Kreuzigung am umgekehrten Holzstamm bereitet wurde. In *mortem
subegit **asperam*** bietet Vers 20 des Hymnus ein Äquivalent zu
Ambr. Iob 1,1,2 (s. o.) *i n v e r s o suspendi poposcit v e s t i g i o, **ut
a l i q u i d   p a s s i o n i   s u a e   a d d e r e t,** cuius a c e r b a r e   i p s e
s i b i   s u p p l i c i a nec timeret* und Heges. p. 187,1 *quo inpetrato vel
quia ita debebatur ut Christus praedixerat, vel quia persecutor non invitus indulget **p o e n a r u m   i n c r e m e n t a.***

d) Petrus, der Hirt, empfiehlt seine Schafe dem 'guten Hirten'

Es hat sich schon oben gezeigt, daß in diesen Erzähl-Partien Ps.Linus
eng mit unserer frühesten Fassung der 'actus Petri apostoli' übereinstimmt, wenngleich er nicht selten freizügige Erweiterungen vornimmt.
Dies gilt auch für die langatmigen, gnostisch-doketischen Reden über

---

190 Vgl. serm. 14,4 *quod **Petrus crucem resupinus ascendit,** deus tacet, et hoc clamat solum: quod comedit pauper*; auch Ps.Marcellus macht sich diese Metaphorik zueigen:
Ps.Marc. 83 (p. 172,1/216,1) Διὰ τοῦτο, τεκνία μου, μὴ ἐμποδίσητε τὴν ὁ δ ό ν μου·
ἤδη γὰρ ο ἱ π ό δ ε ς μου τὴν οὐράνιον ὁ δ ε ύ ο υ σ ι ν ὁ δ ό ν. Siehe gleich anschließend.
191 Der 'subjektive Konjunktiv' *nollet* ist gut erläutert in A. STEIER, Untersuchungen über
die Echtheit der Hymnen des Ambrosius, in: Jahrb. f. Klass. Philol., Suppl. 28, Leipzig
1903, 553–662, dort 615.

das Geheimnis des Kreuzes, die Petrus hält, eine zunächst v o r dem Kreuz, die andere, als er bereits (den Kopf nach unten und die Füße nach oben) ans Kreuz gebunden ist – worauf dann ein abschließendes Dankgebet folgt[192]. Auch hier ist bei Ps.Linus eine starke Ausweitung der Kreuzespredigt und des Gebets zu verzeichnen. Von solcher Kreuzestheologie lesen wir in den Erzählungen des Ambrosius und des Ps.Marcellus nichts[193]. Bei Ambrosius wird dies auf seine besonders geraffte Darstellungsweise zurückzuführen sein, bei Ps.Marcellus vielleicht nicht in gleichem Maße. Vermutlich waren die gnostischen Züge dieser Kreuzestheologie im späteren vierten und fünften Jahrhundert nicht mehr akzeptabel. Ps.Marcellus schließt die eigentliche 'Passio' mit der (bei ihm nach hinten verschobenen) Aufforderung des Petrus an das Volk (das sich anschickt, den Kaiser zu schmähen und zu bedrohen), es möge ihn doch auf seinem Weg zum Himmel nicht hindern[194], und läßt ihn dann nach einem Dankgebet an den guten Hirten, dem er nunmehr seine Herde anvertraue, seinen Geist aufgeben:

Ps.Marc. 83 (p. 172,1/216,1) Διὰ τοῦτο, τεκνία μου, μὴ ἐμποδίσητε τὴν ὁδόν μου· ἤδη γὰρ οἱ πόδες μου τὴν οὐράνιον ὁδεύουσιν ὁδόν[195]. μὴ οὖν λυπεῖσθε, ἀλλὰ συγχαίρετέ μοι μᾶλλον, ὅτι σήμερον πρὸς τοὺς πόνους τὸν καρπὸν ἀπολαμβάνω. καὶ τοῦτο εἰπὼν ἔφη[196]· Εὐχαριστῶ σοι, **ἀγαθὲ ποιμήν, ὅτι τὰ πρόβατα** ἃ ἐπίστευσάς μοι συμπάσχουσί μοι· αἰτῶ οὖν ἵνα σὺν ἐμοὶ μερίδα ἔχωσιν ἐν τῇ βασιλείᾳ σου. Καὶ τοῦτο εἰπὼν παρέδωκεν τὸ πνεῦμα τῷ κυρίῳ.

„Aus diesem Grunde, meine Kinder, behindert nicht meinen Weg; denn schon gehen meine Füße den Weg zum Himmel. Seid also nicht traurig, sondern freut euch um so mehr mit mir, als ich heute den Lohn für meine Mühen empfange. Nachdem er dies gesagt hatte, sprach er das Gebet: 'Ich sage dir Dank, guter Hirte, daß die Schafe, die du mir anvertraut hast, mit mir mitleiden. So bitte ich denn, daß sie mit mir Anteil haben mögen an deiner Königsherrschaft.' Und als er das gesagt hatte, übergab er seinen Geist dem Herrn.“

---

192 Vgl. Mart. Petr. 8,1–3 und 9–10 (act. Petr. 37 und 38–39) mit Ps.Lin. 11 und 12–15.
193 Man könnte versucht sein, die große Breite dieser Reden auf die von manchen vermutete Überarbeitung der actus Petri Anfang des 3. Jh.s zurückzuführen. Doch bieten sie reichlich gnostische Züge, die durchaus in das letzte Drittel des 2. Jh.s zu passen scheinen, so auch das Motiv von der Stimme, die im Schweigen erkannt wird, in Mart. Petr. 10,1 (act. Petr. 39, p. 96,16f./97,16f.), das stark an Ps.Ignatius erinnert.
194 Siehe oben S. 94ff. zu Mart. Petr. 7,4ff., bes. 7,6 (act. Petr. 36, p. 90,4–18), wo der Präfekt Agrippa an Stelle des Kaisers Ziel des Protestes der zusammengelaufenen Menge ist; vgl. ferner Mart. Paul. 3,5.
195 Siehe hierzu o. S. 101 Anm. 185 und S. 102f.
196 p. 216,4 προσηύξατο οὕτως.

Die Alternativfassung p. 216,5ff. lautet: ὅτι κατηξίωσάς με τῆς ὥρας ταύ-
της· ἀλλὰ δέομαί σου, **τὰ πρόβατα** ἃ ἐ π ί σ τ ε υ σ ά ς μ ο ι μὴ αἰσθαν-
θῶσι χωρισμόν μου, σὲ ἔχοντα δι' οὗ ἐγὼ **τὴν ποίμνην** ταύτην ἠδυνήθην
ποιμᾶναι. Καὶ τοῦτο εἰπὼν παρέδωκεν τὸ πνεῦμα.

„'Ich sage dir Dank, guter Hirte, daß du mich dieser Stunde gewürdigt
hast. Doch ich bitte dich, die Schafe, die du mir anvertraut hast, mögen
nicht (schmerzlich) fühlen müssen die Trennung von mir, da sie ja dich
haben, durch den ich in der Lage war, diese Herde zu weiden.' Nach
diesen Worten übergab er seinen Geist."

Die lateinische Fassung (p. 173,1ff.) bietet einen additiven Mischtext
aus den beiden griechischen Parallelversionen. Die ersten sechs Sätze
entsprechen den ersten sechs Sätzen der zunächst abgedruckten griechischen Fassung – mit der einen Abweichung, daß es am Schluß heißt:
„Anteil an deiner Gnade" (statt „an deiner Königsherrschaft"). Danach
folgt die Umsetzung der griechischen Alternativversion – jedoch ohne
den ὅτι-Satz und unter Ersetzung des folgenden Verbs δέομαί σου
durch *commendo tibi* („ich empfehle dir"):

*Et ideo, filioli, nolite inpedire iter meum. iam pedes mei viam caelestem
ambulant. nolite tristari, sed congaudete mecum, quia hodie laborum meo-
rum fructum consequor*[197]. *Et cum haec dixisset, ait: Gratias tibi ago, **bone pastor, quia oves** q u a s m i h i c r e d i d i s t i c o m p a t i u n t u r
m i h i. peto ut participentur mecum de gratia tua. c o m m e n d o t i b i
o v e s q u a s m i h i c r e d i d i s t i, ut non sentiant se sine me esse, qui
te habent per quem ego **gregem** hunc regere potui. Et haec dicens emisit
spiritum.*

Mit einer verwandten Bitte an den guten Hirten endet auch das längere
Gebet des gekreuzigten Petrus im Ps.Linus (nicht aber das Schlußgebet
der uns erhaltenen Fassung der 'actus Petri'):

Ps.Lin. 15 (p. 19,8) *haec custodi servis tuis, haec tribue atque largire,
quia tu es **pastor** aeternus*[198] *et summe **bonus,** verus filius Dei. **t i b i
c o m m e n d o o v e s q u a s t r a d i d i s t i m i h i.** tu eas in **ovile** tuum
aggrega et conserva, quia tu ostium **ovilis** et ostiarius, tu **pascua**[199], tu aeternae vitae refectio. tibi gloria cum patre et spiritu sancto nunc et in omnia saecula saeculorum.*

„Dies [sc. was du denen bereitet hast, die dich lieben] bewahre für deine
Diener auf, dies teile ihnen zu und schenke ihnen; denn du bist der ewige
und höchst gute Hirte, der wahre Sohn Gottes. Dir empfehle ich die Schafe, die du mir übergeben hast. Du sammle sie in deinem Schafstall und be-

---

197 Vgl. die griech. Version p. 216,3f. ὅτι σήμερον τῶν πόνων μου τὸν καρπὸν ἐπιτυγχάνω.
198 Joh 10,11.
199 Joh 10,3. 9.

wahre sie, denn du bist die Tür zum Schafstall[200] und der Türhüter, du die Weide, du die Erquickung des ewigen Lebens. Dir sei Ruhm zusammen mit dem Vater und dem Heiligen Geist jetzt und in alle Ewigkeit."

Wie die durch gesperrten Fettdruck markierten Sätze zeigen, hat Ps.Marcellus das von seiner griechischen Vorlage abweichende *commendo tibi* aus Ps.Linus entlehnt. Im Ps.Linus wird – wie wir gesehen haben – das Motiv vom guten Hirten schon früher angeschlagen, in der Bitte, die die christlichen Brüder an den in die Stadt zurückgekehrten Petrus richten, er möge an seine Schafe denken und sie im Glauben aufrecht erhalten und stärken (s. o. S. 93):

> Ps.Lin. 7 (p. 8,14) *considera* **oves tuas, pastor bone,** *sustenta eos quorum fides infirmior tuo expetit roborari sermone*[201].

Es läßt sich nicht sagen, ob dieses übereinstimmend von Ps.Linus und Ps.Marcellus gebotene Motiv vom Hirten Petrus, der seine Schafe am Schluß des Lebens dem göttlichen 'guten Hirten' anbefiehlt, schon irgendwo in der Urfassung der actus Petri angelegt war. Aus der uns vorliegenden Fassung des Mart. Petri konnte es wohl nicht unmittelbar erwachsen.

In dem nur wenige Jahre jüngeren 'Martyrium' Pauli wird berichtet, daß der Apostel vor seiner Hinrichtung ein – l a n g e s – Gebet (auf Hebräisch) gesprochen habe (5,3), doch ist der Wortlaut ausgespart[202]; dagegen läßt der Antihäretiker Hegesippus in der etwa gleichzeitig mit den actus Petri geschriebenen Jakobus-Vita seinen Märtyrer (in Anlehnung an Stephanus oder Christus selbst)[203] lediglich eine kurze letzte Bitte für das Heil der Verblendeten, die ihn steinigen, an Gott richten[204]. Im 'Martyrium Polycarpi' war dem standhaften Märtyrer auf dem Scheiterhaufen, unmittelbar vor dem Versuch, ihn zu verbrennen, ein Preis- und Dankgebet an Gott Vater in den Mund gelegt worden. Er sprach dort ganz in der Pose eines „Brandopfers"; denn er stand „die

---

200 Die gesamte Hirten-Metaphorik (einschließlich der Tür zum Schafstall) ist aus Joh 10,1–16 genommen; vgl. ferner act. Verc. 20 p. 68,11 *hunc Iesum habetis, fratres, i a - n u a m, lumen, viam,* etc.

201 Schon in der früheren Bitte an Petrus, er möge sich der Gemeinde erhalten und für eine Weile die Stadt verlassen, lautete die Anrede (Ps.Lin. 4, p. 6,8): *O* **bone** *Petre, pater et* **pastor.**

202 Siehe u. S. 361 mit Anm. 87 (vgl. S. 358 Anm. 80).

203 Vgl. Lk 23,34 (Jes 53,12; Mt 5,44); Act 7,60 („Herr, rechne ihnen diese Sünde nicht an!" Κύριε, μὴ στήσῃς αὐτοῖς ταύτην τὴν ἁμαρτίαν); siehe hierzu Act 3,17; 13,27; 1Tim 1,13.

204 Siehe Hegesippus bei Eus. h. e. 2,23,18 „Ich flehe dich an, Herr, Gott Vater, vergib ihnen, denn sie wissen nicht was sie tun" (παρακαλῶ κύριε θεὲ πάτερ, ἄφες αὐτοῖς, οὐ γὰρ οἴδασι τί ποιοῦσιν).

Hände auf dem Rücken festgebunden, wie ein ausgezeichneter Widder aus einer großen Herde zum Opfer bestimmt":

> Mart. Polyc. 14,1 Οἱ δὲ οὐ καθήλωσαν μέν, προσέδησαν δὲ αὐτόν. ὁ δὲ ὀπίσω τὰς χεῖρας ποιήσας καὶ προσδεθεὶς **ὥσπερ κριὸς ἐπίσημος ἐκ μεγάλου ποιμνίου** εἰς προσφοράν, ὁλοκαύτωμα δεκτὸν τῷ θεῷ ἡτοιμασμένον, ἀναβλέψας εἰς τὸν οὐρανὸν εἶπεν· Κύριε ὁ θεὸς ὁ παντοκράτωρ, ...

Das Motiv der Schafherde war also hier immerhin angeschlagen, das Ende des Berichtes aber gipfelt in der Vorstellung, daß der standhafte Märtyrer im Kreise der Apostel und aller Gerechten voller Jubel Gott, den Vater, den Allmächtigen rühmt und den Herrn Jesus Christus preist, „den Heiland unserer Seelen und den Lehrer unserer Körper, d e n H i r t e n der allumfassenden Kirche auf dem ganzen Erdkreis"

> Mart. Polyc. 19,2 τὸν σωτῆρα τῶν ψυχῶν ἡμῶν καὶ κυβερνήτην τῶν σωμάτων ἡμῶν καὶ **ποιμένα** τῆς κατὰ τὴν οἰκουμένην καθολικῆς ἐκκλησίας.

In dem kurzen Gebetstext des Ps.Marcellus und ebenso im Gebetsschluß des Ps.Linus wird das Martyrium des Apostels mit einem Rückverweis auf die Worte Jesu in Joh 21,15–17 gekrönt, die den 'Primat' Petri – oder doch seinen Vorrang vor den anderen Aposteln begründen[205]. Die Ersterwählung durch den Herrn und die Bestellung zum Leiter der Kirche mußten diesen Apostel dazu prädestinieren, die Verfolgung des Simon Magus nach Rom aufzunehmen und den Zauberer und seine (gnostischen) Irrlehren zu besiegen. Dieser Zusammenhang wird zumindest im Ps.Marcellus einmal ausdrücklich hervorgehoben und zwar von eben dem Apostel Paulus, der sich viel eher als der eigentliche Patron der Christengemeinde Roms hätte sehen dürfen[206]: Unmittelbar vor dem Flugschauspiel des Simon auf dem Marsfeld wendet sich Paulus zu Petrus und sagt: „Meine Aufgabe ist es, mit gebeugtem Knie Gott anzuflehen, deine, kraftvoll zu handeln, d e n n d u b i s t a l s e r s t e r v o m H e r r n e r w ä h l t w o r d e n"[207]:

> Ps.Marc. 52 (p. 162,18) Ἐμὸν μὲν τὸ γόνυ κλῖναι καὶ τὸν θεὸν ἱκετεύειν, σὸν δὲ τὸ ἀνύσαι, **ὅτι σὺ πρῶτος προεχειρίσθης ὑπὸ τοῦ κυρίου.**

205　Siehe hierzu CULLMANN 63–72, bes. 71f., wo hervorgehoben wird, daß der Befehl, die Schafe zu weiden, sich auf die beiden Hauptaufgaben des Apostolats des Petrus bezieht: Leitung der judenchristlichen Urgemeinde (in Jerusalem) und missionarische Verkündigung (womit – siehe S. 62 – judenchristliche Mission gemeint ist).

206　Wenngleich der historische Paulus in seinem Römerbrief deutlich macht, daß er sich niemals als Begründer der römischen Kirche sah.

207　Ich gebe die unterschiedlichen Versionen (zwei griechische, eine lateinische) nacheinander.

p. 209,1 Ἐμόν ἐστιν τῶν γονάτων τεθέντων τὸν θεὸν ἱκετεῦσαι· σὸν δέ ἐστιν τὸ ἀνύσαι, εἴ τι ἂν ἴδῃς αὐτὸν ἐπιχειροῦντα· **ὅτι σὺ πρῶτος ἐξελέχθης ὑπὸ τοῦ κυρίου.**

p. 163,16 *Meum est genibus positis deum exorare, tuum est impetrare si quid videris eum conari,* **quoniam tu prior electus es a domino.**

Man darf darin etwas von den innerkirchlichen Auseinandersetzungen anklingen hören, in die hinein auch diese Petruslegenden geschrieben und weitergesponnen worden sind. Es geht darum, die Apostolizität der römischen Tradition zu untermauern[208] und wohl auch darum, diese möglichst auf den Urapostel Petrus selbst zu gründen, den Felsen, auf den nach Mt 16,18 Christus seine Kirche gebaut hat[209].

4. Die Grablegung

a) Die Zeugen aus Jerusalem

Die Apostolizität der römischen Tradition wird im Ps.Marcellus ein weiteres Mal im Zusammenhang der Beerdigung des Leichnams bekräftigt. Ambrosius übergeht das Begräbnis ganz, bei Ps.Marcellus wird es in zwei Sätzen abgetan. Um so auffälliger ist es, daß dabei der Bogen nach J e r u s a l e m zurückgeschlagen wird:

Ps.Marc. 63 (p. 173,10) *Statim ibi apparuerunt viri sancti, quos umquam nemo viderat ante nec postea videre potuerunt. isti dicebant se propter ipsum* **de Hierosolymis** *advenisse, et ipsi una cum* M a r c e l l o, *inlustri viro, qui crediderat et relinquens Simonem Petrum secutus fuerat, abstulerunt corpus eius occulte et posuerunt sub terebinthum iuxta Naumachiam in locum qui appellatur* V a t i c a n u s[210].

„Sogleich erschienen dort heilige Männer, die zuvor noch niemand je gesehen hatte und die auch danach nicht wieder zu sehen waren. Diese sag-

---

208 Siehe CULLMANN 176.
209 Zur Exegese und zum theologischen Verständnis dieses Bibelwortes s. CULLMANN 179–271 und HENGEL (2007) 1–58.
210 Act. Petr. et Paul. 84 p. 216,10ff. Παραυτίκα δὲ ἐφάνησαν ἅγιοι ἄνδρες, οὓς οὐδέποτέ τις πρότερον ἑωράκει οὐδὲ μετὰ ταῦτα θεάσασθαι ἠδυνήθη· οὗτοι ἔλεγον ἑαυτοὺς ἀπὸ Ἱεροσολύμων παραγενέσθαι, ἅμα Μαρκέλλῳ ἀνδρὶ ἰλλουστρίῳ [auf diese Weise findet sich *illustris* auch sonst in den griechischen Wortschatz der Spätantike integriert, ohne daß man eine lateinische Vorlage annehmen müßte], ὅστις ἦν τῷ Χριστῷ πεπιστευκώς, καὶ καταλιπὼν τὸν Σίμωνα τῷ Πέτρῳ ἠκολούθει. ἦραν δὲ τὸ σῶμα τοῦ ἁγίου Πέτρου λάθρα πιστοὶ καὶ ἔθηκαν αὐτὸ ὑπὸ τὴν τερέβινθον πλησίον τοῦ ναυμαχίου εἰς τόπον καλούμενον Βατικάνον.

ten, sie seien wegen Petrus aus Jerusalem hergekommen[211], und zusammen mit Marcellus, einem edlen Mann, der den Glauben angenommen und den Simon Magus verlassen hatte und dem Petrus gefolgt war, trugen sie den Leichnam heimlich weg und legten ihn unter einen Terebinthenbaum neben der Naumachie an einem Platz, der Vaticanus genannt wird."

Der Sinn dieser Erfindung dürfte sein, die Autorität des Petrus auch durch seine Heimatgemeinde J e r u s a l e m bezeugen und stützen zu lassen. Demgemäß verkünden diese Männer aus Jerusalem dem ganzen Volk: „Jauchzt und freuet euch, denn ihr seid gewürdigt worden, bei euch zu haben große Schutzpatrone und Freunde des Herrn Jesu Christi!" (hier sind also die beiden Apostelfürsten der in Anm. 211 gegebenen griechischen Fassung vorausgesetzt):

Ps.Marc. 64 (p. 173,17) *Ipsi autem viri qui se dicebant de Hierosolymis advenisse, dixerunt ad omnem populum: Gaudete et exultate, quia p a - t r o n o s   m a g n o s meruistis habere et amicos domini Iesu Christi*[212].

Man möchte gerne glauben, daß diese abschließende Rückwendung nach J e r u s a l e m nicht ohne den Einfluß der ursprünglichen 'actus Petri' zustandegekommen ist, deren erste Hälfte in J e r u s a l e m spielte und deren fünftes Kapitel (act. Verc. 5) jene eindrucksvolle Szene enthält, in der Petrus durch Christus selbst v o n   J e r u s a l e m aus nach Rom geschickt wird, um die Macht des Simon Magus zu brechen: Es wird also, so möchte man annehmen, bewußt der Ring geschlossen! Die Nennung des Begräbnisortes dagegen, des Vaticanus, scheint eher spät zu sein und ist kaum vor dem oben zitierten Disput des Gaius mit Proclus (s. S. 4), d. h. vor dem 1. Jahrzehnt des 3. Jh.s, zu erwarten!

b) Die Sarkophagbestattung: „Laßt die Toten ihre Toten begraben!"

Über die Details einer Grablegung wird weder in der gerafften Darstellung des Ambrosius (wo dieses Schweigen zu erwarten ist) noch im Ps.Marcellus ein Wort verloren. Dies würde sich – falls nicht einfach

---

211 In der griechischen Alternativfassung von Ps.Marc. 63 p. 172,8ff. finden sich die unbekannten Männer „wegen der heiligen Apostelfürsten" (also Petrus und Paulus) aus Jerusalem ein (Παραυτίκα δὲ ἐφάνησαν ἄνδρες ἔνδοξοι καὶ ξένοι τῇ ἰδέᾳ, καὶ ἔλεγον πρὸς ἀλλήλους [daß sie das folgende zueinander sprechen, ist kaum sinnvoll] ὅτι Παραγεγόναμεν διὰ τοὺς ἁγίους καὶ κ ο ρ υ φ α ί ο υ ς   ἀ π ο σ τ ό λ ο υ ς ἀπὸ Ἱεροσολύμων); man fühlt sich an den Brief des Pseudo-Clemens erinnert, s. S. 16.

212 Wieder entspricht die lateinische Fassung dem Text in act. Petr. et Paul. 85 (p. 219,12): Χαίρετε καὶ ἀγαλλιᾶσθε, ὅτι μεγάλους πατρώνας ἠξιώθητε ἔχειν τοὺς ἁγίους ἀποστόλους καὶ φίλους τοῦ κυρίου Ἰησοῦ Χριστοῦ; in Ps.Marc. 64 (p. 172,16) dagegen heißt es verkürzt: Χαίρετε καὶ ἀγαλλιᾶσθε, ὅτι μεγάλους προστάτας ἠξιώθητε ἔχειν.

die Gebote der *brevitas* ausschlaggebend waren – gut zu einem Frühansatz einer solchen Schlußszene fügen: Zur Zeit der Entstehung der Acta Petri, also um 180–190, scheint das Interesse der Christen am Gräberkult noch gering entwickelt gewesen zu sein (s. u. S. 113). Demgemäß heißt es in Hegesipps J a k o b u s l e g e n d e einfach[213]: „... So starb er den Zeugentod. Man begrub ihn an derselben Stelle in der Nähe des Tempels. Noch jetzt ist sein Grabmal in der Nähe des Tempels":

καὶ οὕτως ἐμαρτύρησε· καὶ ἔ θ α ψ α ν α ὐ τ ὸ ν ἐ π ὶ τ ῷ τ ό π ῳ π α ρ ὰ τ ῷ ν α ῷ, καὶ ἐπ' αὐτοῦ σ τ ή λ η μένει παρὰ τῷ ναῷ.

Ähnlich knapp wird das Grab im M a r t y r i u m P a u l i erwähnt; dort spricht der Apostel zu dem Präfekten Longinos und dem Centurio Keskos kurz vor seiner Hinrichtung folgendes[214]: „Wenn ihr alsbald (nach meinem Tod) zu meinem Grab hinausgeht, werdet ihr zwei Männer im Gebet finden, Titus und Lukas. Diese werden euch das Siegel in Christus geben." Im Schlußabschnitt des Textes hören wir dann (7,1): „Und wie Paulus es ihnen aufgetragen hatte, machten sich der Centurio und seine Gefährten am frühen Morgen auf und gingen voll Furcht und Angst hinaus zum Grab des Paulus. Und als sie sich näherten, sahen sie Männer im Gebet: Titus, Lukas und zwischen beiden stehend Paulus, so daß sie bei ihrem Anblick außer sich gerieten"[215]: Die Grablegung selbst ist gänzlich ausgespart.

Das 'Polykarpmartyrium' ist leider in Teilen echtheitskritisch umstritten, weshalb man den Text nur eingeschränkt für chronologische Überlegungen verwerten darf. Dort wird in 17,1 der Teufel ins Spiel gebracht, der verhindert habe, daß die Christen den Leichnam des heldenhaften Märtyrers wegtragen konnten, „obwohl viele wünschten, dies zu tun und mit seinem heiligen Fleisch Gemeinschaft zu haben":

Mart. Polyc. 17,1 ἐπετήδευσεν ὡς μηδὲ τὸ σωμάτιον αὐτοῦ ὑφ' ἡμῶν ληφθῆναι, καίπερ πολλῶν ἐπιθυμούντων τοῦτο ποιῆσαι καὶ κοινωνῆσαι τῷ ἁγίῳ αὐτοῦ σαρκίῳ.

Er habe (den Juden) Niketes angestiftet, den Prokonsul zu bitten, Polykarps Leichnam nicht herauszugeben (ὥστε μὴ δοῦναι αὐτοῦ τὸ σῶμα). Der Centurio habe dann den Leichnam – wie es Gewohnheit war – ver-

---

213 Siehe Eus. h. e. 2,23,18.
214 Mart. Paul. 5,2 ταχέως πορευθέντες ἐ π ὶ τ ὸ ν τ ά φ ο ν μ ο υ εὑρήσετε δύο ἄνδρας προσευχομένους, Τίτον καὶ Λουκᾶν.
215 Mart. Paul. 7,1 Καὶ ὡς ἐτάξατο ὁ Παῦλος, ὄρθρου πορευθεὶς ὁ ἑκατοντάρχος καὶ οἱ σὺν αὐτῷ μετὰ φόβου καὶ δειλίας προσήρχοντο τ ῷ τ ά φ ῳ Π α ύ λ ο υ. καὶ ἐγγίσαντες εἶδον ἄνδρας προσευχομένους, Τίτον καὶ Λουκᾶν καὶ μέσον τὸν Παῦλον ἑστῶτα, ὥστε ἐκπλαγῆναι αὐτοὺς ἰδόντας.

brennen lassen. Auf diese Weise hätten die Christen später doch die kostbaren Gebeine erhalten und bestattet:

Mart. Polyc. 18,2 οὕτως τε ἡμεῖς ὕστερον ἀνελόμενοι τὰ τιμιώτερα λίθων πολυτελῶν καὶ δοκιμώτερα ὑπὲρ χρυσίον ὀστᾶ αὐτοῦ ἀπεθέμεθα ὅπου καὶ ἀκόλουθον ἦν. ἔνθα ὡς δυνατὸν ἡμῖν συναγομένοις ἐν ἀγαλλιάσει καὶ χαρᾷ παρέξει ὁ κύριος ἐπιτελεῖν τὴν τοῦ μαρτυρίου αὐτοῦ ἡμέραν γενέθλιον εἴς τε τὴν τῶν προηθληκότων μνήμην καὶ τῶν μελλόντων ἄσκησίν τε καὶ ἑτοιμασίαν.

„So bekamen wir später seine Gebeine, die edler als Edelsteine und kostbarer als Gold sind, und bestatteten sie, wo es angemessen war. Dort wird uns, die wir uns nach Möglichkeit in Jubel und Freude dort versammeln, der Herr die Feier des Tages seines Martyriums ermöglichen, zum Gedächtnis derer, die zuvor gekämpft haben, und zur Übung und Vorbereitung für die, denen dies bevorsteht.

Genauere Angaben über Ort und Umstände der Bestattung werden nicht gemacht.

Die uns vorliegende Fassung der 'actus Petri' dagegen zeigt ein ganz anderes Bild, ein geradezu liebevolles Auskosten der Details einer Sarkophagbestattung[216], die offenbar von dem Erfinder dieser Erzählung selbst als höchst problematisch empfunden wurde. Denn er salviert sich sogleich dadurch, daß er nachts Petrus erscheinen und gegenüber Marcellus, der Petrus beigesetzt hat, die echt christliche Haltung zum Totenkult bekräftigen läßt, indem er ihm das Herrenwort aus Mt 8,22 vorrückt: „Laßt die Toten ihre Toten begraben!"

Mart. Petr. 11,3 (act. Petr. 40, p. 100,5)[217] ὁ δὲ ἀπόστολος Πέτρος νυκτὸς ἐπιστὰς τῷ Μαρκέλλῳ ἔλεγεν· 'Μάρκελλε, οὐκ ἤκουσας τοῦ κυρίου λέγοντος· **ἄφετε τοὺς νεκροὺς θάπτειν τοὺς ἑαυτῶν νεκρούς;'** τοῦ δὲ Μαρκέλλου εἰρηκότος 'ναί', εἶπεν αὐτῷ ὁ Πέτρος· **'ἐκεῖνα οὖν ἃ παρέσχου εἰς τὸν νεκρόν, ἀπώλεσας· σὺ γὰρ ζῶν ὑπάρχων ὡς νεκρὸς νεκροῦ ἐπεμελήσω.'**

---

216 Siehe u. Mart. Petr. 11,1–3 (mit der Übersetzung); ich ziehe hier nur einige wenige Sätze aus, verweise im übrigen auf den Editionsteil.
217 Die lat. Version des Abschnittes (act. Verc. 40, p. 99,16ff.) ist eng verwandt: *Circumstantes autem maxima voce dixerunt amen. **Marcellus** itaque <neque> consilium cuiusquam petens, quod non licebat nisi petisset, ut vidit quoniam beatus Petrus deposuit spiritum, manibus suis deponens corpus illius de <cruce* [suppl. Zw.] *lavit> lacte et vino, et <***>* [lac. indic. Zw.] *murra paene pondo q u i n q u a g i n t a et implens **sarchofagum** et perfundens melle Attico, in suo monumento posuit. Petrus a<utem> nocte advenit ad Marcellum et dixit: **MARCELLE, QUOMODO AUDISTI VERBUM (DOMINI DICENTIS** [add. Zw.]): <**'SINE (MORTUOS) INVI>CEM MORTUOS SEPELLIRE?'** Mar<cello> recogitante, iterum dicit in <somnio> ad eum Petrus: **ILLA QUAE CONTU<LISTI> IN MORTUO PERDIDISTI.** Marcellus <ita>que expergefactus rettulit fratribus quomodo sibi apparuisset apostolus Christi Petrus.*

In der späteren Handschriftentradition (konkret im Hyparchetypus γ) ist das Begräbnis Petri nach dem Muster des Begräbnisses Jesu durch Joseph von Arimathäa ausgestaltet worden[218], das im späten Johannesevangelium (19,38–42) ebenfalls aufwendiger ausgeführt wurde (Nikodemus kam hinzu „und brachte eine Mischung von Myrrhe und Aloe, etwa hundert Pfund") als bei den Synoptikern (Mk 15,42–47; Mt 27,57–61; Lk 23,50–56), wo der Leichnam in Leinentücher gewickelt und in ein Grab gelegt wird, das in einen Felsen gehauen war. Die Fassung des Ps.Linus stimmt wieder eng mit den actus Petri überein, ist lediglich durch einige Sätze erweitert[219] und bietet an Stelle des „kostbaren Steinsargs" (11,2) den griechischen Sachbegriff „Sarkophag":

Ps.Lin. 16 (p. 20,1) *Et mox ut omnis plebs magna voce amen reddidit, Petrus spiritum tradidit. statimque M a r c e l l u s nullius expectavit sententiam, sed videns quia beatus expiravit apostolus, propriis manibus deposuit corpus sanctum de cruce et lavit illud lacte et vino optimo, terensque masticae et aloës minas m i l l e q u i n g e n t a s et myrrae ac folii, atque stacten cum caeteris variis aromatibus alias minas m i l l e quingentas, condivit eum diligentissime. melle quoque Attico novum replevit **sarcophagum** et in eo corpus aromatibus perlitum collocavit. (p. 20,9) in ipsa autem nocte cum M a r c e l l u s ad sepulchrum ipsius vigilaret, et ardenti eius desiderio fleret – statuerat enim in vita sua non separari a doctoris sui amantissimi sepultura[220] – venit ad eum beatus Petrus. quem videns Marcellus et contremiscens illi velociter assurrexit stetitque ante eum[221]. cui ait beatus apostolus: Frater Marcelle, non audisti vocem domini dicentis: '**Relinque mortuos sepelire mortuos suos**'? Et Marcellus ait: Care magister, audivi. Tunc Petrus ad eum: Ne ergo quasi mortuus mortuum videaris sepelisse et flere, sed quasi vivus viventi et gaudenti melius collaetari, relinque mortuos sepelire mortuos suos. tu autem, ut per me didicisti, vade, annuntia regnum Dei[222]. Quod cum gratia multa cunctis fratribus Marcellus indicavit, et[223] meritis sancti Petri ex omni parte fides cre-*

---

218 Mart. Petr. 11,1–2; s. u. S. 365–367.
219 Diese sind im folgenden durch gestrichelte Linien kenntlich gemacht.
220 „… als Marcellus am Grab des Petrus wachte und vor brennender Sehnsucht nach ihm weinte – er hatte nämlich beschlossen, zeit seines Lebens sich nicht trennen zu lassen von der Grabstätte seines überaus geliebten Lehrers": Es werden also emotionale Verstärkungen hinzugefügt; so auch anschließend durch Epitheta wie *beatus apostolus, frater* (*Marcelle*) und *care magister.*
221 „Als Marcellus ihn (den seligen Petrus) sah, erzitterte er vor Schreck und erhob sich rasch (vor ihm) und stellte sich vor ihm auf."
222 „Lass' also, damit du nicht den Anschein erweckst, du habest wie ein Toter einen Toten begraben und beweint, sondern du seiest wie ein Lebender mit dem Lebenden und sich Freuenden von Mitfreude erfüllt, die Toten ihre Toten begraben. Du aber gehe und verkündige – wie du es durch mich gelernt hast – die Herrschaft Gottes."
223 NESSELRATH nimmt zu Recht Anstoß an diesem Einsatz der Apodosis. Es scheint vor dem *et* ein Kolon ausgefallen, das sich auf Marcellus bezieht, der seinerseits – wie die

dentium a deo patre confirmata est in nomine domini nostri Iesu Christi et
in sanctificatione spiritus sancti.

CULLMANN hat in dem Tadel des nachts erscheinenden Apostels über
die verlorene Mühe, Tote zu bestatten, eine Ablehnung des Gräberkul-
tes durch die Christen noch des 2. Jh.s zum Ausdruck gebracht gesehen
(176). Dies wird durch DINKLER (der den gnostischen Charakter der
Actus Vercellenses hervorhebt) leicht nuanciert[224]: er zieht es vor, „in
der Legende eine Polemik gegen einen beginnenden Grabkult zu sehen,
eine Polemik, die noch mit dem Herrenwort Mt. 8: 22: 'Laß die Toten
ihre Toten begraben!' gerechtfertigt wird".

5. Neros Christenverfolgung

a) Nero in den actus Petri und im Ps.Linus

In den actus Petri erfährt Nero erst nachträglich, daß Petrus aus dem
Leben geschieden ist. Er tadelt den Präfekten Agrippa, daß Petrus ohne
Konsultation des Kaisers getötet wurde. Er hätte ihn nämlich kräftiger
strafen und härter züchtigen wollen. Denn Petrus hatte auch einige
s e i n e r Diener zu Jüngern und so dem Kaiser abspenstig gemacht.
Darum war er mit Zorn erfüllt und redete längere Zeit nicht mehr mit
Agrippa. Er suchte nämlich alle von Petrus unterwiesenen Brüder zu
vernichten.

> Mart. Petr. 12,1 (act. Petr. 41, p. 100,15) Ὁ δὲ Νέρων γνοὺς ὕστερον
> τὸν Πέτρον ἀπαλλαγέντα τοῦ βίου, ἐμέμψατο τὸν πραιφέκτον Ἀγρίππαν,
> ὅτι μὴ μετὰ γνώμης αὐτοῦ ἀνηρέθη. ἐβούλετο γὰρ αὐτὸν μᾶλλον περισσο-
> τέρως κολάσαι καὶ μειζόνως τιμωρήσασθαι· καὶ γάρ τινας τῶν πρὸς
> χεῖρα αὐτοῦ ὁ Πέτρος μαθητεύσας ἀποστῆναι αὐτοῦ
> ἐποίησεν· ὥστε ὀργίλως διακεῖσθαι τὸν Νέρωνα καὶ χρόνῳ ἱκανῷ τῷ
> Ἀγρίππᾳ μὴ λαλῆσαι. **ἐζήτει οὖν ὁ Νέρων πάντας τοὺς ὑπὸ Πέτρου**
> **μαθητευθέντας ἀδελφοὺς ἀπολέσαι.**

Dies ist schon das Wesentliche, was die Acta Petri über die konkreten
Maßnahmen, die Nero zur Verfolgung der Christen ergriffen haben soll,
preisgeben. Demnach hätte er sich aus persönlicher Betroffenheit gegen
Petrus gewandt, weil der ihm sein Palastpersonal entfremdete, hätte
aber, nachdem ihm Agrippa mit der Bestrafung des Petrus zuvorgekommen war, seinen Zorn gegen die von Petrus unterwiesenen Brüder ge-

---

Brüder – durch Petrus im Glauben gestärkt wurde, s. Mart. Petr. 11,4 στηριζόμενος καὶ
αὐτὸς ἔτι μᾶλλον.
224 DINKLER 1961, 47.

richtet und versucht, sie alle umbringen zu lassen. Es scheint, daß damit
ein Motiv vom Anfang der Rom-Erzählung, wie sie uns in den Actus
Vercellenses vorliegt, in variierter Form wieder aufgenommen wird: In
Kapitel 3 wurde erzählt, daß unter den Christen, die Paulus zum Hafen
geleiteten, auch Leute aus dem Hause des Kaisers waren. Diese waren
also nicht durch Petrus, sondern durch Paulus bekehrt worden. Doch
deutet die attributive Bestimmung *de domo Caesaris* darauf hin,
daß hier einfach die Grußformel des Paulus am Ende des Philipperbrie-
fes (4,22) ausgebeutet wurde: *salutant vos omnes sancti, maxime autem
qui de Caesaris domo sunt*[225].

Hinter dem Nero-Passus des Schlußkapitels der actus Petri steckt
also kein originäres historisches Wissen über ein wie auch immer gearte-
tes Verhältnis Neros zum Apostel Petrus, sondern die aus den Geschichtsschreibern übernommene Kunde von der ersten Christenverfolgung in Rom unter Nero und die legendenhafte Verbindung des Apostels Petrus mit Rom. Daß wir hier eine fiktive Erzählung und nicht eine Geschichtsdarstellung lesen, zeigt das weitere (12,2f.):

> „Doch sah er (Nero) nachts eine Gestalt, die ihn mit Geißelhieben schlug
> und dabei sprach: 'Nero, du kannst jetzt nicht die Diener Christi verfolgen
> oder zugrunderichten; halte deine Hände von ihnen zurück.' Auf diese
> Weise aber geriet Nero in Furcht infolge dieser Erscheinung und ließ ab
> von den Jüngern in jener Zeit, in der Petrus aus dem Leben schied."

> Mart. Petr. 12,2–3 (act. Petr. 41, p. 102,1) καὶ ὁρᾷ τινα νυκτὸς μαστίζοντα
> αὐτὸν καὶ λέγοντα· 'Νέρων, οὐ δύνασαι νῦν τοὺς τοῦ Χριστοῦ δούλους
> διώκειν ἢ ἀπολλύειν· ἔπεχε ἀπ' αὐτῶν τὰς χεῖρας.' Καὶ οὕτως ὁ Νέρων
> περίφοβος γενόμενος ἐκ τῆς τοιαύτης ὀπτασίας ἀπέστη τῶν μα-
> θητῶν ἐν ἐκείνῳ τῷ καιρῷ, καθ' ὃν ὁ Πέτρος τοῦ βίου ἀπηλ-
> λάγη.

Es gibt zu denken, daß in Kapitel 1 der act. Verc. die Stimme aus dem
Himmel nicht den Tod des Petrus durch Nero angekündigt hat, sondern
den Tod des Paulus (p. 46,8 *inter manus Neronis hominis
impii et iniqui sub oculis vestris consummabitur*), und daß das Ende der eigentlichen Petrus-Erzählung – nachdem der Verstorbene dem
Marcellus im Traum erschienen war und ihn wegen der aufwendigen
Bestattung zur Rede gestellt hatte – durch einen Satz mit deutlichem
Abschlußcharakter markiert ist, der auf die in Aussicht gestellte Rückkehr des Paulus von seiner Spanienreise vorausweist:

---

225 Später hat man auch Seneca zu dem Kreis derer „aus dem Haus des Kaisers" gerechnet,
die den Paulus in seinem römischen Gefängnis besuchten; s. dazu A. FÜRST (S. 389
Anm. 154) 4–6, bes. Anm. 2.

Mart. Petr. 11,4 (act. Petr. 40, p. 100,10) ὁ δὲ Μάρκελλος διυπνισθεὶς ἀνήγγειλεν τὸν ἐμφανισμὸν τοῖς ἀδελφοῖς τοῖς ὑπὸ Πέτρου στηριχθεῖσιν τῇ
εἰς τὸν Χριστὸν πίστει, στηριζόμενος καὶ αὐτὸς ἔτι μᾶλλον μ έ χ ρ ι τ ῆ ς
ἐ π ι δ η μ ί α ς Π α ύ λ ο υ τ ῆ ς ε ἰ ς Ῥ ώ μ η ν.

„Marcellus aber wachte auf und berichtete die Erscheinung den Brüdern,
die durch Petrus im Glauben zu Christus gestärkt wurden; gestärkt wurde
noch mehr auch er selbst – bis zur Rückkehr des Paulus nach Rom."

So wirkt denn das Schlußkapitel 12 (act. Petr. 41) über Neros Reaktion
auf die Eigenmächtigkeit des Agrippa und seine Verfolgung der von
Petrus Unterwiesenen beinahe wie ein unorganischer Nachtrag, durch
den nun auch der Kaiser selbst noch als Akteur in die Auseinandersetzung mit Petrus und den Christen gebracht werden soll. Zuvor lag das
Heft des Handelns ausschließlich in der Hand des Stadtpräfekten[226].
Auch war zuvor in den ganzen actus Petri, soweit sie in Rom spielen
(und größtenteils durch die act. Verc. repräsentiert werden), N e r o nur
ein einziges Mal namentlich genannt, eben in Kapitel 1, wo die Prophezeiung ergeht, daß P a u l u s (der sich zur Abfahrt nach Spanien anschickt) zurückkehren und vor den Augen der Christen Roms unter den
Händen Neros das Martyrium erleiden werde[227]. Danach wird jeweils
abstrakt von *Caesar* (sechsmal) oder *imperator* (zweimal) gesprochen –
ohne Festlegung auf einen bestimmten Kaiser. Erst in dem Schlußkapitel hören wir wieder den Namen *Nero*, und zwar gleich fünfmal[228]. Sind
wir hier also einer Tendenz auf der Spur, gemäß der die anonymen Verfasser der Apostelakten bei der Weiterentwicklung (und ergänzenden
Ausgestaltung) dieser Thematik bestrebt waren, zunehmend den Kaiser
N e r o selbst als den Auslöser der Verfolgungen in den Vordergrund zu
rücken?

Im Ps.Linus und Ps.Marcellus haben wir diese Tendenz schon oben
(S. 79ff.) aufgezeigt. Im Ps.Linus liegt die Hauptverantwortung bei Nero, Agrippa ist sein Handlanger – der sich allerdings im eigenen Interesse anmaßt, den auf Befehl Neros in Fessel gelegten Petrus ohne Konsultation des Kaisers zu töten. Dort lesen wir auch ein mit Mart. Petr.
12 (act. Petr. 41) eng verwandtes (um einiges erweitertes) Schlußkapitel

---

226 Siehe cap. 23 (p. 70,29), 24 (p. 72,19 *si praefectus permiserit*), 25 (p. 72,21. 22. 25), 26
(p. 73,20. 33 *Agrippa vero praefectus*), 28 (p. 76,18), 29 (p. 78,7), 33, 34 (Agrippa soll
dem Albinus Recht verschaffen), 36 (Agrippa gibt den Befehl zur Kreuzigung; das Volk
empört sich und fordert Rechenschaft; Petrus beschwichtigt, nennt Agrippa – offenbar
in gnostischer Diktion – einen „Diener der Wesenheit, Dämonenmacht und Verschwörung seines Vaters").
227 Daß dies ein Jahr nach der Abreise des Paulus zu erwarten war, ergibt sich ebenfalls aus
diesem Kap. 1 (s. u. S. 129 mit Anm. 3).
228 In den lateinischen act. Verc. ist hier einmal ὁ Νέρων durch *imperator* ersetzt.

(17), in dem zunächst Neros Zorn über Agrippa, dann seine Verfolgung
der Anhänger des Petrus geschildert wird, von der er aber – durch ein
Traumgesicht gepeinigt – auf Befehl des heiligen Märtyrers Petrus wieder abläßt:

> Ps.Lin. 17 (p. 21,13) *Nero autem comperiens beatum Petrum obisse,
> quem artare non interficere iusserat*[229]*, misit ut comprehenderetur
> Agrippa praefectus, quoniam Petrum non cum sua sententia interfece-
> rat, quem disponebat per varia punire supplicia.*
>
> p. 22,8 *denique convertit* **crudelissimus Nero** *animum* **ad persecutio-
> nem eorum quos didicit beato Petro familiarius adhaesisse,** *ut vel eo-
> rum poenis de Petro satiaretur. beatus vero apostolus fratribus hoc per
> revelationem innotuit et* **qualiter feram bestiam** *declinarent insinuavit.
> Nero siquidem vidit per visum sibi sanctum astare Petrum et
> dirissime a quodam iussu ipsius flagellatus audivit:* **Contine
> manus, impiissime, a servis domini nostri Iesu Christi,** *quos nunc tenere
> non poteris. Unde parum pavefactus quievit*[230].

b) Nero in den acta Pauli

Schon in den Acta Pauli trägt Nero selbst die ganze Verantwortung für
das Martyrium des Apostels Paulus. Der Presbyter aus Kleinasien, von
dem die Paulusakten stammen[231], hat gar manches aus den Petrusakten
übernommen[232], so auch nahe am Beginn den Rekurs auf Phil 4,22, der
bei ihm übertragen ist auf die zahlreiche Menge von Gläubigen aus dem
Haus des Kaisers, die sich um Paulus scharten (προσιέναι αὐτῷ πλῆθος
πολὺ ἐκ τῆς Καίσαρος οἰκίας καὶ πιστεύειν εὐθέως τῷ λό-
γῳ)[233], die Trauer Neros über den Tod seines Freundes (hier des Mund-
schenks Patroklus)[234], den Protest des Volkes – hier nicht gegenüber
Agrippa, sondern Nero[235].

---

229 Dies ist ein Rückgriff auf cap. 2 (p. 2,12) *... praeveniens perditionis caput scilicet* **anti-
    christus Nero,** *consummata iniquitas, a r t a r i eum et in custodia squalidissima com-
    pedibus vinciri i u s s i t.*
230 Es folgt – ganz wie in Mart, Petr. 12,4 (act. Petr. 41, p. 102,6) – ein an Apg 2,46 ausge-
    richteter Schlußpreis. – Auf eine Übersetzung kann hier wegen der großen Nähe zu den
    oben vorgeführten act. Petr. verzichtet werden.
231 Siehe S. 219.
232 Über das aus der 'Quo vadis'-Episode geholte Motiv des *iterum crucifigi*, s. o. S. 84.
233 Mart. Paul. 1,2 (p. 104,7 Lɪᴘs.). Vgl. die Fassung von M (s. u. S. 392): p. 105,8 Lɪᴘs.
    [*ita ut ... fieret ...*] *concursus multitudinis d e d o m o C a e s a r i s et credebant in
    domino.*
234 Mart. Paul. 2,1 (p. 106,16 Lɪᴘs.).
235 Mart. Paul. 3,5 (p. 112,7 Lɪᴘs.).

Dieser Nero läßt alle Mitglieder seines Palastes, die sich zu Christus bekennen, gefangensetzen und foltern – seien sie ihm auch noch so sehr ans Herz gewachsen, er gibt weiterhin den Befehl, die „Soldaten des großen Königs" aufzuspüren und erläßt ein förmliches Edikt des Inhalts, „daß alle, die als Christen ausfindig gemacht würden, hingerichtet werden sollten":

> Mart. Paul. 2,6 (p. 110,2 LIPS.) ὁ δὲ Καῖσαρ συνέκλεισεν αὐτοὺς καὶ ἐβασάνισεν, οὓς ἐφίλει λίαν, καὶ ἔπεμψεν ζητεῖσθαι τοὺς τοῦ μεγάλου βασιλέως στρατιώτας καὶ **προέθηκεν διάταγμα τοιοῦτον, ὥστε πάντας τοὺς εὑρισκομένους Χριστιανοὺς ἀναιρεῖσθαι.**

Nachdem ihm Paulus vorgeführt worden war und er ihn gehört hatte, gab er Befehl, alle Gefangenen mit Feuer zu verbrennen, Paulus aber zu enthaupten nach dem Gesetz der Römer.

> Mart. Paul. 3,3 (p. 112,1 LIPS.) καὶ ταῦτα ἀκούσας ὁ Καῖσαρ ἐκέλευσεν πάντας τοὺς δεθέντας π υ ρ ὶ κ α τ α κ α ῆ ν α ι, **τὸν δὲ Παῦλον τραχηλοκοπηθῆναι τῷ Ῥωμαίων νόμῳ.**

Hinter all diesem Wüten Neros in Rom – so die metaphysische Deutung – wird die mannigfache Einwirkung des Bösen erkennbar. Satan veranlaßt Nero, so viele Christen umzubringen, daß am Ende die Römer sich am Palast versammelten und zum Kaiser hinaufschrien: „Es ist genug, Kaiser! Dies sind ja Menschen von uns! Du vernichtest die Macht der Römer!" Daraufhin habe Nero eingehalten und ein Edikt erlassen, daß niemand unter den Christen angerührt werden solle, bis er ihre Sache untersucht habe:

> Mart. Paul. 3,5f. (p. 112,5 LIPS.) ἦν δὲ ὁ Νέρων ἐ ν τ ῇ Ῥ ώ μ ῃ πολλῇ ἐνεργείᾳ τοῦ πονηροῦ κινούμενος, **ὡς πολλοὺς Χριστιανοὺς ἀνελεῖν** καὶ λοιπὸν τοὺς Ῥωμαίους ἐπὶ τοῦ παλατίου σταθέντας βοῆσαι· 'ἀρκεῖ, Καῖσαρ, οἱ γὰρ ἄνθρωποι ἡμέτεροί εἰσιν· αἴρεις τὴν Ῥωμαίων δύναμιν.' καὶ ἐπὶ τούτοις **ἐπαύσατο θεὶς διάταγμα** μ η δ έ ν α ἅ π τ ε σ θ α ι τ ῶ ν Χ ρ ι σ τ ι α ν ῶ ν, μ έ χ ρ ι ς ἂ ν γ ν ῷ τ ὰ π ε ρ ὶ α ὐ τ ῶ ν.

Als ihm nun Paulus ein zweites Mal vorgeführt wurde, blieb er gleichwohl bei seinem Urteil, er solle enthauptet werden (4,1). Doch Paulus machte sein Versprechen wahr und suchte ihn nach seinem Martyrium um die neunte Stunde auf (6,1), während viele Philosophen, Staatsbeamte, Vornehme, Würdenträger und auch der Centurio beim Kaiser versammelt waren, und kündigte ihm baldiges schweres Unheil an. Da gab Nero, bestürzt, den Befehl, alle Gefangenen freizulassen, den Patroklos und die übrigen alle (6,3).

Beide Apostelviten enden also gewissermaßen mit einem Blick in die Zukunft: die actus Petri (ohne cap. 41) in der Erwartung der Rückkehr des Paulus aus Spanien, die acta Pauli mit einer Vorausdeutung auf den baldigen Untergang Neros. Zu diesem Zeitpunkt ist also die Vorstellung, beide Apostel seien am gleichen Tag (später ist es der 29. Juni)[236] unter Nero hingerichtet worden, noch nicht geboren. Beide Apostel betreiben je eigenständig ihre Mission, beide haben (gleichen) Anteil an der Kräftigung der römischen Christengemeinde, Paulus zeitlich früher, Petrus – den Paulus ablösend – später, beide werden einzeln und auf je eigene Weise hingerichtet, Petrus durch den Stadtpräfekten Agrippa, Paulus durch Nero selbst.

Der Presbyter aus Kleinasien scheint dem Martyrium des Paulus eine etwas kräftigere historische Grundierung gegeben zu haben, indem er Nero ein förmliches Edikt zuschreibt, gemäß dem alle, die als Christen ausfindig gemacht würden, hingerichtet werden sollten, ihn danach aber auf die Proteste der Bevölkerung durch die Anordnung reagieren läßt, daß künftig kein Christ mehr angerührt werden solle, bis er selbst den Fall untersucht habe. Man gewinnt den Eindruck, daß hinter diesen Äußerungen Kenntnis sowohl der für Bithynien-Pontus getroffenen Christen-Erlasse Trajans als auch des Reskriptes, das Kaiser Hadrian an den Prokonsul von Asien richtete, hervorschimmert, das zu einer größeren Verrechtlichung der Christenprozesse führte (s. S. 316). Als historische Quelle für den Umgang des Kaisers Nero selbst mit den Christen Roms taugt dieses 'Martyrium Pauli' selbstverständlich nicht[237].

---

236 Siehe S. 129.
237 Dies muß vor allem mit Blick auf die Thesen RORDORFs festgehalten werden: W. ROR-
    DORF, Die neronische Christenverfolgung im Spiegel der apokryphen Paulusakten, in:
    NTS 28, 1981, 365–374. Dort finden sich sowohl hinsichtlich der Datierung („zumin-
    dest Teile" der Paulusakten sollen sich in die 1. Hälfte des 2. Jh.s setzen lassen) als auch
    in der Auswertung dieses „christliche(n) Erbauungsroman(s)", dem es nicht um histori-
    sche Objektivität gehe, wie konzediert wird (366), der aber gleichwohl (in Teilen) als
    historisches Dokument interpretiert wird, bedenkliche Schlußfolgerungen. Am schwer-
    wiegendsten ist wohl die völlige Verkennung der Sprachmetaphorik, die die gesamte
    Auseinandersetzung zwischen Paulus und Nero prägt: „Soldat Christi sein", „für Chri-
    stus Kriegsdienst leisten" und verwandte Formulierungen indizieren keineswegs eine
    „ausgesprochen politische Zuspitzung des Gegensatzes zwischen Christentum und rö-
    mischem Reich" (367), so daß man sich nicht wundern müsse, „dass Nero gegen solche
    Aufrührer energisch einschreitet" (368), sondern sind Bestandteil der bei den Christen
    allgemein üblichen „militia Christi-Terminologie", die der Verfasser der Paulusakten
    auch schon in den actus Petri vorfand, s. Mart. Petr. 7,5 (Petrus spricht zu den Mitchri-
    sten Roms) ἄνδρες, οἱ εἰς θεὸν στρατευόμενοι; vgl. S. 433 Anm. 67.

c) Tertullians Kombination der Nero-Vita Suetons mit den Apostelakten und Joh 21,18f.

Der Kirchenhistoriker Eusebius (h. e. 2,25,3f.) weiß zu Beginn des 4. Jh.s keine frühere Quelle als Tertullian[238] für seine These in Anspruch zu nehmen, Nero sei der erste Christenverfolger gewesen, und er zitiert nicht näher bezeichnete Berichte, wonach Nero die beiden Apostel in Rom habe hinrichten lassen: Paulus durch Enthauptung, Petrus durch Kreuzigung.

> Eus. h. e. 2,25,5 ταύτῃ γοῦν οὗτος (sc. ὁ Νέρων), θεομάχος ἐν τοῖς μάλιστα πρῶτος ἀνακηρυχθείς, ἐπὶ τὰς κατὰ τῶν ἀποστόλων ἐπήρθη σφαγάς. Παῦλος δὴ οὖν ἐπ᾽ αὐτῆς Ῥώμης τὴν κεφαλὴν ἀποτμηθῆναι καὶ Πέτρος ὡσαύτως ἀνασκολοπισθῆναι κατ᾽ αὐτὸν ἱστοροῦνται.

> „So ließ sich nun dieser unter den schlimmsten Gottesfeinden als erster Sieger ausgerufene Nero zur Hinrichtung der Apostel verleiten. Es wird berichtet, daß Paulus unter Nero in Rom selbst enthauptet und gleicherweise Petrus gekreuzigt wurde."[239]

Für dieses ἱστοροῦνται gibt es aus heutiger Sicht kein anderes Zeugnis als die hier behandelten Martyriumsberichte der Acta Petri und der Acta Pauli. Tatsächlich kennt Eusebius die Acta Petri: sie werden in h. e. 3,3,2 ausdrücklich erwähnt, und die Art und Weise, wie die beiden Apostel hier zusammengerückt werden, ohne daß eine g l e i c h z e i t i - g e Hinrichtung in Rom impliziert wäre, paßt ganz zu dem Resümee, das wir oben aus der Behandlung beider Akten gezogen haben[240]. Tertullian kombinierte im Jahr 211/212, als er 'De scorpiace' schrieb, eine Nachricht aus der Nero-Vita Suetons mit den Apostelakten und zwei Bibelstellen zu der folgenden rhetorisch ausgefeilten Sentenz:

> Tert. scorp. 15 p. 178,11 (= 15,3 CCSL 2) *Vitas Caesarum legimus* (Tertullian bezieht sich also auf Sueton)*: orientem fidem R o m a e primus N e r o cruentavit. tunc* P e t r u s *ab a l t e r o cingitur,* **cum cruci**

---

238 Siehe apol. 5,3f. (geschrieben 197): *consulite commentarios vestros* [er meint wohl Tac. ann. 15,44,2–5; Suet. Ner. 16,2]*, illic reperietis primum N e r o n e m in hanc sectam cum maxime R o m a e orientem Caesariano gladio ferocisse. tali dedicatore damnationis nostrae etiam gloriamur: qui enim scit illum, intellegere potest non nisi grande aliquod bonum a Nerone damnatum. temptaverat et D o m i t i a n u s, portio Neronis de crudelitate; sed quia homo, facile coeptum repressit, restitutis etiam quos relegaverat.*

239 „Dieser Bericht" – so fährt er h. e. 2,25,5f. fort – „wird bestätigt durch die noch bis heute erhaltenen Namen P e t r u s u n d P a u l u s in den römischen Zömeterien sowie durch einen Kirchenmann namens G a i u s", dessen Dialog mit Proclus, einem Haupt der phrygischen Sekte, über die Stätte, wo die heiligen Leiber der genannten Apostel ruhen, wir oben berührt haben (s. S. 4).

240 Siehe S. 118; vgl. S. 97 und 126.

adstringitur (Joh 21,18f.). *tunc* P a u l u s   *c i v i t a t i s   R o m a n a e
c o n s e q u i t u r   n a t i v i t a t e m,* **cum illic martyrii renascitur generositate** (nach Apg 22,25–28).

„Wir lesen die 'Kaiserviten': Den erwachenden Glauben in Rom hat als
erster Nero mit Blut besudelt. Damals wurde Petrus 'von einem anderen
gegürtet', als er ans Kreuz gebunden wurde. Damals erhielt Paulus die
Geburtsurkunde des Römischen Bürgerrechts, als er dort zur Adelswürde
des Martyriums wiedergeboren wurde."

Neu hinzugekommen ist hier die Ausdeutung zweier Bibelworte auf
den Tod der beiden Apostel: Joh 21,18f. auf den Kreuzestod des Petrus,
Apg 22,25–28 auf die Todesart, die Paulus als römischem Bürger zustand[241]. Das Wort Jesu aus Joh 21,18 steht in dem zeitlich später (nach
Abschluß des ursprünglichen Evangeliums) hinzugefügten Zusatzkapi-
tel 21 und wird in 21,19 vom Redaktor selbst als Vorverweis auf die
Todesart des Petrus angesehen. Wie aber dieses Wort den K r e u z e s -
tod des Petrus hätte ankündigen sollen, bleibt ein Rätsel. Wir haben
oben aus sachlichen Gründen die entsprechenden Deutungen in den
späteren Apostelakten und bei Ambrosius vorwegnehmen müssen (S.
98ff.). Hier gilt es, den ursprünglichen Sinn der Bibelstelle zu eruieren
und die – soweit wir sehen – früheste Übernahme in den Nero-Zusam-
menhang durch Tertullian und – später – durch Laktanz zu überprüfen.
Deshalb sei der Text ein weiteres Mal dargeboten:

Joh 21,18f. ἀμὴν ἀμὴν λέγω σοι, ὅτε ἦς νεώτερος, **ἐ ζ ώ ν ν υ ε ς   σ ε α υ -
τ ὸ ν** κ α ὶ   π ε ρ ι ε π ά τ ε ι ς ὅπου ἤθελες· ὅταν δὲ γηράσῃς, *ἐκτενεῖς τὰς
χεῖράς σου,* καὶ **ἄ λ λ ο ς   σ ε   ζ ώ σ ε ι** κ α ὶ   ο ἴ σ ε ι ὅπου οὐ θέλεις. (τοῦτο δὲ εἶπεν σημαίνων ποίῳ θανάτῳ δοξάσει τὸν θεόν. καὶ τοῦτο εἰπὼν λέγει αὐτῷ, Ἀκολούθει μοι).

amen amen dico tibi cum esses iunior **c i n g e b a s   t e** *et a m b u l a b a s
ubi volebas; cum autem senueris* extendes manus tuas *et* **a l i u s   t e
c i n g e t** *et d u c e t quo non vis. (hoc autem dixit significans qua morte
clarificaturus esset Deum. et hoc cum dixisset, dicit ei: Sequere me).*

„Als du jünger warst, gürtetest du dich selbst und gingst, wohin du woll-
test; bist du aber alt geworden, wirst du deine Hände ausstrecken, und ein
anderer wird dich gürten und dich hinführen, wohin du nicht willst. (Dies
aber sagte er, um anzudeuten, durch welchen Tod er Gott verherrlichen
sollte. Und als er dies gesagt hatte, sprach er zu ihm: Folge mir!").

Der Zusammenhang gibt unmißverständlich vor, daß es sich jeweils um
ein Gürten des Gewandes vor dem Aufbrechen zu einem Gang oder einer Reise handelt. Üblicherweise deuten die heutigen Exegeten das

---

241 Siehe dazu u. S. 123f.

Ausstrecken der Hände in dieser Perikope als Vorverweis auf die am Kreuz ausgestreckten Arme. Aber Christus fährt in Joh 21,18 im gleichen Atemzug fort: „und d i c h f ü h r e n, wohin du nicht willst"! Also geht es um die Antithese: in der Jugend hatte er sich eigenhändig gegürtet und war anschließend ausgegangen auf freigewähltem Weg – im Alter wird er (an den ausgestreckten Händen) gegürtet, also gefesselt werden von fremder Hand und dann zwangsweise abgeführt werden. Das läuft allenfalls auf eine dunkle Ankündigung eines unfreiwilligen Todes hinaus, wie ein solcher nach dem Märtyrertod des Jakobus d. Ä. (im Jahr 44) und des Jakobus d. J. (im Jahr 62) für jeden Apostel in der Zukunft erwartet werden konnte, also auf die Vorstellung, daß Petrus i n F e s s e l n in ein Gefängnis oder – allgemein – zum Martyrium geführt wird – so wie wir sehen werden, daß Ignatius von Antiochien „gebunden", also in Fesseln zum Martyrium nach Rom geführt wird, wo er den Tod in der Arena, im Kampf mit wilden Tieren, erwartet[242]. Aus Joh 21,18 abzuleiten, daß der Verfasser dieses Zusatzkapitels Kenntnis vom K r e u z e s tod Petri gehabt habe, scheint mehr als kühn. Und selbst die hartnäckigsten Verfechter dieser These müssen zugeben, daß von einem Tod des Petrus i n R o m hier mit keiner Silbe gesprochen wird!

T e r t u l l i a n bezieht sich nicht auf das Ausstrecken der Hände, sondern allein auf das *alius te cinget* und scheint darin einen Verweis auf das Anbinden am Kreuz zu sehen. Woher nimmt er diese Verknüpfung, vor allem: woher hat er seine Kenntnis vom Kreuzestod des Petrus? Eben aus den hier besprochenen Apostelakten. Denn wie er die acta Pauli nachweislich nutzt (s. o. S. 37. 219f.), wird er auch die actus Petri, aus denen der Presbyter aus Kleinasien viele Motive schöpft[243], gekannt haben. In ihnen war – wir haben die Stellen oben behandelt (94ff.) – auf die dem Petrus zuteil gewordene Offenbarung Jesu in Joh 21,18 Bezug genommen, als der Apostel das aufbegehrende Volk der Römer zur Zurückhaltung gegenüber dem Stadtpräfekten Agrippa mahnt, der den Befehl zur Kreuzigung erteilt hatte.

Die Situation, auf die dort die Offenbarung von Joh 21,18f. bezogen wird, läßt sich folgendermaßen beschreiben[244]: Petrus ist von der Begegnung mit Christus am Stadttor zu den Brüdern zurückgekehrt und gibt dort im Hin und Her der Meinungen kund, daß er nicht ein zweites Mal sich verstecken wolle, sondern seine Zukunft in Gottes Hand lege. In diesem Moment tauchen die Häscher des Agrippa auf, nehmen ihn

---

242 Siehe S. 190f. 193. 202. 222. 225. 234 und S. 197 Anm. 173.
243 Siehe S. 116ff.
244 Siehe o. S. 98ff.

fest und führen ihn ab zu dem Stadtpräfekten. Dieser verurteilt Petrus zum Kreuzestod und läßt ihn zur Richtstätte abführen. Die Christen Roms strömen scharenweise herbei, um Petrus zu befreien. Da spricht Petrus, inzwischen an der Richtstätte angekommen, eben jenes das Volk zur Zurückhaltung mahnende Wort, das sich auf die Offenbarung in Joh 21,18f. bezieht (Mart. Petr. 7,6 καὶ πάντως τοῦτο γίνεται τοῦ κυρίου φανερώσαντος ἐμοὶ τὸ συμβαῖνον).

Das Bibelzitat

ἐκτενεῖς τὰς χεῖράς σου, καὶ **ἄλλος** σε **ζώσει** κ α ὶ ο ἴ σ ε ι ὅπου οὐ θέλεις
(*extendes manus tuas et **alius te cinget** e t d u c e t quo non vis*)

trifft also exakt die Situation: Petrus wird von fremder Hand gefesselt und zu einem Ort (dem Amtssitz des Stadtpräfekten und von dort zur Richtstätte) abgeführt, an den er sich nicht freiwillig würde begeben haben, man vergleiche den Text:

Mart. Petr. 7,3 (act. Petr. 36, p. 90,1) **φρουμεντάριοι τέσσαρες αὐτὸν παραλαβόντες** ἀ π ή γ α γ ο ν τῷ Ἀγρίππᾳ[245]. κἀκεῖνος ... ἐκέλευσεν αὐτὸν σταυρωθῆναι. (...)

90,10 Καὶ ὁ Πέτρος γενόμενος ἐπὶ τὸν τόπον, καταστείλας τὸν ὄχλον εἶπεν· (...)[246].

Was Tertullian daraus gemacht hat, ist nicht im Sinne einer historiographischen Notiz zu verstehen, sondern als ein geistreiches Wortspiel zu beurteilen, das in erster Linie auf den rhetorischen Effekt berechnet ist. Um die jeweilige ihm aus den Apostelakten bekannte Todesart des Petrus und des Paulus in je einem einzigen parallel gefügten Satz durch je ein Bibelwort verklausuliert zu umschreiben, nimmt er sich die Freiheit, das Bibelzitat ἄλλος σε ζώσει von dem konkreten Bezugszusammen-

---

245 Siehe Ps.Lin. 8 (p. 9,7) *supervenit Hieros cum quatuor apparitoribus et aliis decem viris, qui **eum comprehendentes** r a p u e r u n t de medio fratrum et s t a t u e r u n t **vinctum** Agrippae praefecti urbis obtutibus* (s. o. S. 94). In den Paulusakten (in denen Nero ein Edikt erläßt, alle Christen festnehmen und hinrichten zu lassen) heißt es entsprechend: „Unter den vielen wird auch Paulus gebunden herbeigeführt" (Mart. Paul. 3,1 Καὶ δὴ ἐν τοῖς πολλοῖς ἄ γ ε τ α ι καὶ ὁ Παῦλος **δεδεμένος**; vgl. die M-Übersetzung p. 111,8 LIPS. *inter quos et Paulus d u c t u s e s t **vinctus***).

246 Im Ps.Linus ist die Situation sogar noch etwas realistischer geschildert: Dort wird Petrus nach der Verurteilung durch Agrippa (p. 10,11 *crucifigi iussit apostolum*) zur Richtstätte fortgeführt, die dort – in der späteren Schrift – topographisch festgelegt ist: Ps.Lin. 10, p. 11,16 *ad locum qui vocatur N a u m a c h i a e i u x t a o b e l i s c u m N e r o n i s in montem*. Den Versuch, das herbeigeströmte Volk zu beruhigen, unternimmt Petrus aber nicht erst, als er am Ziel angekommen ist, sondern bereits unterwegs, indem er eine Pause einlegt und von einem erhöhten Platze aus um Ruhe bittet und dann eine Ansprache an das Volk hält (Ps.Lin. 9, p. 11,2ff. *tunc Petrus restitit modicum et ascendens editiorem locum nutuque ad silentium provocans populum ait*).

hang der Verhaftung des Petrus und der Hinführung zur Richtstätte ab-
zulösen und allgemein mit der Endsituation der Kreuzigung in Verbindung zu bringen. So kommt es zu der auf Klangwirkung (Anaphorik,
Assonanz, Homoioteleuta, figura etymologica) angelegten Doppelperi-
ode:

> *tunc* Petrus *ab altero cingitur, cum cruci adstringitur* (Joh
> 21,18f.). *tunc* Paulus *civitatis Romanae consequitur nati-*
> *vitatem, cum illic martyrii renascitur generositate* (nach Apg 22,25–
> 28).

Man könnte versuchen, den ersten *cum*-Satz nicht im Sinne eines „*cum*
identicum" (oder „*cum* coincidens") zu verstehen (also in dem Sinne,
daß das Festschnüren am Kreuz mit dem „Gegürtetwerden durch einen
anderen" unmittelbar zusammenfällt), sondern ein „*cum* temporale" anzusetzen (man beachte das korrespondierende *tunc* – *cum*). Dies böte
die Freiheit, den Zeitrahmen etwas weiter zu fassen, also das „Gegürtetwerden durch einen anderen" auf die Verhaftung zu beziehen, die zur
Kreuzigung führte („damals wurde Petrus 'von einem anderen gegürtet'
[= gefesselt abgeführt], als er ans Kreuz gebunden wurde"). Aber selbst
wenn Tertullian die Möglichkeit dieser weiter gefaßten Interpretation
seiner Formulierung hätte offengehalten wissen wollen: sie wirkt zu ge-
künstelt und das geradezu hörbare Zusammenfallen des *cingitur* und
adstringitur zu suggestiv, als daß die späteren Leser und Imitatoren
ein feinsinnig auszudenkendes Zeitintervall von sich aus hätten supplieren können.

Tertullian setzt also in ein raffiniertes Wort- und Gedankenspiel
um, was er aus Suet. Ner. 16,2, den Apostelakten und den dort berührten Schriftquellen weiß. So hatte er – was den zweiten Satz angeht – im
Martyrium Pauli gelesen, daß Nero den Befehl erteilte, alle Gefangenen
zu verbrennen, Paulus aber zu enthaupten gemäß dem Gesetz der Römer:

> Mart. Paul. 3,3 (p. 112,1 LIPS.) καὶ ταῦτα ἀκούσας ὁ Καῖσαρ ἐκέλευσεν
> πάντας τοὺς δεθέντας πυρὶ κατακαῆναι, τὸν δὲ Παῦλον τ ρ α χ η λ ο κ ο -
> π η θ ῆ ν α ι **τῷ Ῥωμαίων νόμῳ**[247].

Natürlich verstand Tertullian sofort, daß mit der Sonderbehandlung des
Paulus gemäß dem Gesetz für römische Bürger auf die Episode Apg
22,25–28 angespielt wird. Folglich beutet er diese Bibelstelle in dem
zweiten Satz, der dem Paulus gewidmet ist:

---

247 Siehe o. S. 117; ferner COLEMAN (Fatal Charades) 55 mit Anm. 104 (dort Verweis auf
MOMMSEN, Römisches Strafrecht 1889, 927 Anm. 2).

> *tunc* Paulus *c i v i t a t i s   R o m a n a e consequitur n a t i v i t a t e m, cum*
> *illic **martyrii** renascitur **generositate**,*

entsprechend aus: Er gewinnt sein Wortspiel (*civitatis Romanae*) *n a -*
t i v i t a t e – (*martyrii*) *r e n a s c i t u r* (*generositate*) aus Apg 22,26 (*ci-*
vis Romanus) und 22,28

> *'Ego* (sc. *tribunus*) *multa summa c i v i t a t e m   h a n c consecutus sum'.*
> *'Ego autem* (sc. *Paulus*) *et n a t u s sum'* (τὴν πολιτείαν ταύτην ἐκτησά-
> μην – καὶ γ ε γ έ ν ν η μ α ι)[248].

Wir dürfen somit folgern, daß dem Tertullian über die oben genannten
Quellen hinaus eine weitere, die den Aufenthalt (und das Martyrium)
des Petrus in Rom bezeugt hätte, nicht zur Verfügung stand, auch nicht
etwa ein früherer Text, der den Vers Joh 21,18 als Ankündigung des
K r e u z e s todes Petri ausgedeutet hätte. Vielmehr war er ganz auf das
bekannte (spärliche) Material (Apostelakten und die dort offenkundigen
Anspielungen auf Joh 21,18f. und Apg 22,25–28) angewiesen, als er
das Martyrium der beiden Apostel unter Nero in Rom mit einem rhetorisch brillanten Apophthegma den kommenden Generationen weitertra-
dierte.

d) Tertullian, Laktanz und Ambrosius (Heges. III 2)

Der gleiche Befund ergibt sich für Laktanz: Auch er hat keine weiteren
Quellen für einen Romaufenthalt des Petrus, außer den von Tertullian
berücksichtigten – und Tertullian selbst. Doch schreitet auch bei ihm
die sukzessive Verdüsterung des Nerobildes weiter voran. In den zwischen 304 und 311 geschriebenen 'Institutiones' malt er aus, wie Christus vor seiner Himmelfahrt die Jünger unterrichtete und diese dann
überall in den 'Provinzen' die Grundsteine für die Kirche legten. Dabei
habe Christus ihnen auch alles, was in der Zukunft geschehen werde,
offenbart. Dies hätten Petrus und Paulus in Rom verkündet und diese
Verkündigung sei in der Erinnerung eingeschrieben geblieben – darunter auch die (aus Flavius Josephus geholte) Prophezeiung, daß Gott binnen kurzem einen König schicken werde, um Judäa zu erobern und die
Städte der Juden dem Erdboden gleichzumachen als Strafe für ihr Ver-
gehen an dem Sohne Gottes. So sei es denn gekommen, daß Vespasian

---

248 Damasus hat diesen Gedanken später auf das Martyrium beider Apostel übertragen: Sie
   kamen aus dem Osten, sind aber durch das Martyrium in Rom römische Bürger geworden (s. u. S. 172).

nach der Ermordung der beiden Apostel durch Nero, Namen und Volk der Juden ausgelöscht habe.

> Lact. inst. 4,21,2 *sed et futura illis aperuit omnia: quae P e t r u s   e t
> P a u l u s   R o m a e   praedicaverunt et ea praedicatio in memoriam scripta
> permansit. ... Itaque p o s t   i l l o r u m   o b i t u m,   c u m   e o s   N e r o
> i n t e r e m i s s e t, Iudaeorum nomen et gentem V e s p a s i a n u s extinxit
> fecitque omnia quae illi futura praedixerant.*

In dem späteren Werk 'De mortibus persecutorum' (aus dem Zeitraum
313–316) beschreibt er das Wirken des Petrus in Rom unter Nero etwas
ausführlicher – und endet dann mit dem Doppelmartyrium der beiden
Apostel unter Nero, ohne daß zwingend behauptet werden könnte, es
habe sich um eine Hinrichtung beider am gleichen Tag gehandelt:

> Lact. mort. pers. 2,5 *cumque iam N e r o   imperaret, P e t r u s   R o m a m
> a d v e n i t   et editis quibusdam miraculis, quae virtute ipsius dei data sibi
> ab eo potestate faciebat, convertit multos ad iustitiam deoque templum fi-
> dele ac stabile collocavit. qua re ad Neronem delata cum animadverteret
> non modo Romae, sed ubique cotidie magnam multitudinem deficere a
> cultu idolorum et ad religionem novam damnata vetusta transire, ut erat
> **execrabilis ac nocens   t y r a n n u s**, prosilivit ad excidendum caeleste
> templum delendamque iustitiam et p r i m u s   o m n i u m   p e r s e c u t u s
> d e i   s e r v o s   **Petrum cruci adfixit, Paulum interfecit.** Nec tamen habuit
> impune.*

„Und als dann bereits Nero als Kaiser herrschte, kam Petrus nach Rom. In-
dem er eine Reihe von Wundern wirkte, die er in der Kraft Gottes voll-
brachte, da ihm die Macht von Gott verliehen war, bekehrte er viele zur
Gerechtigkeit und errichtete Gott einen gläubigen und unerschütterlichen
Tempel. Als dies dem Nero gemeldet wurde und er sah, daß nicht nur in
Rom, sondern überall täglich eine große Menge vom Kult der heidnischen
Götter abfiel und zur neuen Religion überging – nach Aburteilung des alten Ritus –, da stürzte er sich – abscheulicher und schadensstiftender Ty-   *
rann, der er war – in heftige Aktion, den himmlischen Tempel niederzurei-
ßen und die Gerechtigkeit zu zerstören. Als allererster Verfolger der Diener Gottes ließ er Petrus ans Kreuz heften, den Paulus aber (mit dem
Schwert) töten. Doch das ging ihm nicht ohne Bestrafung aus" (es folgt
die Schilderung seines unrühmlichen Endes, in deren Verlauf er u. a. als
m a l a   b e s t i a bezeichnet wird; es sei erinnert an Ps.Lin. 17 [o. S. 116],
wo Nero eine *f e r a   b e s t i a* ist).

Die der Schilderung zugrundeliegenden Quellen sind evident die Petrusakten und Tertullians 'De scorpiace'. Die aus Tertullian übernommene, aber komprimierte Schlußformel *Petrum cruci adfixit, Paulum
interfecit* hat er dann an A m b r o s i u s weitergereicht, bei dem das
Apostel p a a r nur an den Scharnierstellen, nicht aber in der eigentli-

chen Handlung (die allein dem Petrus vorbehalten ist) auftaucht, und zwar

a) ganz am Anfang der Episode Heges. III 2 (p. 183,20) *Erant tunc temporis R o m a e P e t r u s e t P a u l u s doctores Christianorum, sublimes operibus, clari magisterio, qui virtute suorum operum N e r o n e m adversum fecerant* (s. o. S. 43),

b) beim Neueinsatz mit der Martyriumserzählung (Heges. p. 186,6) *et iam tempus aderat, quo sancti vocarentur apostoli P e t r u s e t P a u l u s. denique dato ut conprehender e n t u r praecepto rogabatur Petrus ut sese alio conferret* (s. o. S. 77),

c) im Schlußsatz (p. 186,27) *(Petrus) poposcit ut inversis vestigiis cruci adfigeretur ...; quo inpetrato ... e t i p s e e t P a u l u s* **alter cruce alter gladio necati sunt.**

Besonders in diesem an die Laktanzformel zurückerinnernden Schlußsatz („so sind beide, er selbst und Paulus, getötet worden, der eine durch Kreuzigung, der andere durchs Schwert"), kommt Paulus ganz unverhofft (und unvermittelt) wieder ins Spiel. Es ist deutlich, daß Ambrosius primär einer Quelle der actus Petri folgt, notgedrungen aber eine Konzession an die bei Tertullian und Laktanz greifbare Vorstellung machen muß, daß Nero beide Apostel, Petrus und Paulus, in Rom hat hinrichten lassen (wenn auch nicht notwendig zum gleichen Zeitpunkt). Oben ist gezeigt worden (S. 101), daß er die Exegese von Joh 21,18f. – in Anschluß an Tertullian – weiterentwickelt und, offenbar unter Zugrundelegung der Textvariante *et tollet te*, als Ankündigung des speziellen Kreuzestodes Petri, der mit den Füßen nach oben und dem Kopf nach unten am Holzbalken festgeschnürt ist, gedeutet hat. Dabei scheint er nicht nur das Motiv vom Umgürten im Sinne eines Vorverweises auf das Festbinden am Kreuz, sondern auch das sprachliche Detail in Ambr. hymn. 12,18 *et elevatus a b a l t e r o* aus Tertullian (*a b a l t e r o cingitur*)[249] übernommen zu haben[250].

Laktanz aber scheint sogar die Struktur des ambrosianischen Hegesipp beeinflußt zu haben: Der oben umrissene Passus inst. 4,21 war wohl ausschlaggebend dafür, daß Ambrosius seine Skizze der Maßnahmen Neros zur endgültigen Unterwerfung der aufrührerischen Juden (er

---

249 Der Bibeltext hat *alius*.
250 In weiterem Sinne darf man auch die oben zitierte parallel gestaltete Doppel-Periode Tertullians über den Tod des Petrus und Paulus (s. S. 119) als maßgeblich für die beiden folgenden Sätze über Paulus und Petrus in Ambr. hex. 4,8,33 (Ende) ansehen: *S i c et E l y m a m m a g u m P a u l u s non solum sagae artis infirmitate, sed etiam oculorum amissione c a e c a v i t. Sic P e t r u s S i m o n e m alta caeli magico volatu petentem dissoluta carminum potestate d e i e c i t e t s t r a v i t.*

bestellt den späteren Kaiser Vespasianus zum Feldherrn) durch den Exkurs über Petrus und Paulus in Rom, die Auseinandersetzung des Petrus mit Simon Magus und das Ende der Apostel unterbrochen hat: Er fand eine verwandte Synchronie der Ereignisse bei Laktanz vor (der sich dort teilweise an Flavius Josephus anlehnt – eben den Autor, den Ambrosius in großem Stile umsetzt), ja, er las bei Laktanz eine geradezu prophetische Ankündigung der grausamen Niederwerfung der Juden durch Predigten der Apostel Petrus und Paulus in Rom und das Resümee, daß nach dem von Nero befohlenen Tod der beiden Apostel in Rom Vespasian das jüdische Volk ausgelöscht und alles erfüllt habe, was die beiden Apostel für die Zukunft vorausgesagt hätten. Eben dieser Zusammenhang lenkte Ambrosius bei der Gestaltung seines eigenen Nero-Abschnittes.

Dabei verdient hervorgehoben zu werden, daß auch seine Vorstellungen von der Christenverfolgung Neros höchst unpräzis sind: mangels anderer Quellen beschränkt er sich auf das, was ihm die Apostelakten, Laktanz und Tertullian über Leben und Tod des Petrus (und – höchst eingeschränkt – des Paulus) in Rom an die Hand gaben. Dieses Vorgehen Neros gegen die Christen (repräsentiert durch Petrus und Paulus) wird dann in seiner kausal-teleologischen Geschichtsauffassung zur eigentlichen Ursache für Neros baldigen Untergang:

Heges. III 1,3 (p. 183,17): *demens tamen, cum Iudaeorum bello adflictam Romani exercitus validam manum cognovisset, adversus Christianos insurrexit, ut ei debitus finis adpropinquaret.*

C. Legende und Historie

I. Ursprung und Entwicklung der Legende vom Wirken und Sterben des Apostels Petrus in Rom

1. Widersprüche zwischen den apokryphen Apostelakten und der Apostelgeschichte

Wir haben zuletzt gesehen, daß in den Äußerungen der wenigen frühchristlichen Autoren über Neros Christenverfolgung in Rom Berichte der Geschichtsschreiber (Sueton) mit den Legenden über Petrus und Paulus unterschiedslos vermischt werden. Das führt zu der Frage: „Welche h i s t o r i s c h e n F a k t e n stehen hinter diesen Apostelakten?" Wir müssen feststellen, daß die Verfasser wenig über die Stadt Rom wissen (sie drapieren ihre Erfindungen lediglich mit ein paar äußerlichen topographischen Angaben), und sie haben nichts Handgreifliches über Petrus und Paulus in Rom zu berichten: Wir erfahren aus den um 180–195 entstandenen apokryphen Apostellegenden über Petrus und Paulus an historisch Verwertbarem so gut wie nichts, was über die Apostelgeschichte hinausginge. Und schon die kanonische Apostelgeschichte selbst hat keine Kenntnis über Zeit und Ort des Todes der beiden Apostel, sie weiß nichts von einem Aufenthalt des Petrus in Rom und nichts von einem Martyrium weder des Petrus noch des Paulus. Die Kunde vom Tod des Heidenapostels durch Enthauptung in Rom während der neronischen Christenverfolgung begegnet frühestens im Martyriumsbericht der um 185–195 entstandenen apokryphen Paulusakten. Daß hier eine verbürgte historische Tradition zugrundeläge, wird zu Recht bezweifelt (MITTELSTAEDT 196).

Eine verbürgte historische Tradition fehlt auch den P e t r u s a k t e n (auf die ich mich im folgenden beschränke), zumal sie nachweislich falsche Angaben machen: So soll Petrus im Anschluß an die z w ö l f Jahre, die er (gemäß dem Kerygma Petri)[1] nach dem Tod Christi in Jerusalem zu verbringen hatte, nach Rom gekommen sein[2] – also bereits in den vierziger Jahren, zur Zeit des C l a u d i u s; aber Paulus soll

---

1   Siehe SCHNEEMELCHER II (1989) 40, frg. 3.
2   Siehe act. Verc. 5, p. 49,22.

gleichwohl binnen Jahresfrist[3] nach Ankunft des Petrus u n t e r N e r o (64/65 n. Chr.)[4] den Märtyrertod erlitten haben! Die Tradition von dem zwölfjährigen Aufenthalt des Petrus in Jerusalem war wohl auch die Ursache, daß in den Actus Petri der Schauplatz der Simon-Episode, wie sie Apg 8,18ff. erzählt wird, von Samaria nach Jerusalem verlegt wird (wir haben die Szene schon oben berührt); zusätzlich verändert die Legende die Personenkonstellation: Jetzt ist es nicht mehr Johannes, der Petrus nach Samaria begleitet, um dort den Gläubigen den Heiligen Geist zu spenden, sondern Paulus! Achtzig bis neunzig Jahre nach der Apostelgeschichte hat die Wirkmächtigkeit des Heidenapostels alle anderen in den Schatten gestellt, so daß allein er neben Petrus, den Erstberufenen, tritt. Schon in der kanonischen Apostelgeschichte hatte sich die Tendenz zu einer Verengung auf dieses Apostel p a a r abgezeichnet; im ersten „Clemensbrief" finden wir sie weiter verfestigt, bei Dionys von Korinth und Ps.Ignatius ist sie geradezu standardisiert[5]. Zum Abschluß kommt diese Bewegung durch die im Jahre 258 vollzogene Einrichtung eines kirchlichen Doppelgedenktags am 29. Juni[6].

2. Iustinus Martyr und die vermeintliche Statueninschrift
Simoni Deo Sancto

Wir haben in act. Verc. 5 gehört, daß Petrus nach zwölfjährigem Dienst in Jerusalem, also zur Zeit des Claudius, durch eine Vision Christi dazu aufgerufen wurde, dem Magier Simon – dem Urvater der Gnosis[7] – nach Rom zu folgen. In eben diese Zeit des Claudius führt uns scheinbar auch eine Inschrift auf einer Statuenbasis, die früh auf Simon Magus gedeutet wurde. Die Episode der Petrusakten von der Sendung des Urapostels nach Rom gehört – wie oben (S. 47–58) skizziert – in den Zusammenhang der Bedrohung der Orthodoxie durch die mächtige Bewegung der Gnosis, die sich in der Mitte des 2. Jh.s auch im Westen etabliert hat. In einer solchen Situation lag es nahe, auch eine vermeintliche „Simon"-Inschrift auf der Tiberinsel zu einem Zeugnis für die Anwesenheit des Simon Magus in Rom zu stilisieren und die Fiktion zu entwerfen, daß Petrus dem Begründer der gnostischen Häresie in Rom ein zweites Mal entgegengetreten sei. Unser frühester Repräsentant die-

---

3   Siehe act. Verc. 1, p. 46,3 *ut annum plus non abesset.*
4   Siehe act. Verc. 1, p. 46,8 *inter manus* N e r o n i s, *hominis impii et iniqui, sub oculis vestris consummabitur.*
5   Siehe 16ff. 31. 32. 139 und das Register (Petrus und Paulus/Apostelpaar).
6   Siehe S. 118 und 170ff.
7   Siehe S. 57f. 182.

ser Vorstellung ist I u s t i n u s   M a r t y r. Er hat sich zweimal mehrere
Jahre in Rom aufgehalten, wo er schließlich unter dem Stadtpräfekten
Rusticus, der dieses Amt unter Marc Aurel ca. 162–168 innehatte, hingerichtet wurde[8]. In der ersten Apologie[9], die er zwischen 150 und 154
an den Kaiser Antoninus Pius und seine Söhne richtete, berichtet er
u. a. folgendes (apol. 1,26,1f.):

„(Drittens:) Nach der Himmelfahrt Christi schickten die bösen Gei-
ster einige Menschen aus, welche sich für Götter ausgaben. Diese wurden von euch nicht nur nicht verfolgt, sondern sogar durch Ehren aus-
gezeichnet. Zu diesen gehörte ein gewisser S i m o n aus dem Dorf Gi-
thon in Samaria. Unter K a i s e r   C l a u d i u s wirkte er durch die Kraft
der in ihm tätigen Dämonen Zauberstücke. In eurer Kaiserstadt wurde
er für einen Gott gehalten, und d u r c h   e i n e   B i l d s ä u l e   i m   T i -
b e r   z w i s c h e n   d e n   b e i d e n   B r ü c k e n   h a b t   i h r   i h n   a l s
G o t t   g e e h r t; denn es wurde ihm die römische Aufschrift gewidmet:
SIMONI DEO SANCTO ('Dem heiligen Gott Simon')“.

Τρίτον δ' ὅτι καὶ μετὰ τὴν ἀνέλευσιν τοῦ Χριστοῦ εἰς οὐρανὸν προεβάλ-
λοντο οἱ δαίμονες ἀνθρώπους τινὰς λέγοντας ἑαυτοὺς εἶναι θεούς, οἳ οὐ
μόνον οὐκ ἐδιώχθησαν ὑφ' ὑμῶν, ἀλλὰ καὶ τιμῶν κατηξιώθησαν, Σ ί μ ω -
ν α μέν τινα Σαμαρέα, τὸν ἀπὸ κώμης λεγομένης Γίτθων, ὃς ἐ π ὶ
Κ λ α υ δ ί ο υ   Κ α ί σ α ρ ο ς διὰ τῆς τῶν ἐνεργούντων δαιμόνων τέχνης
δυνάμεις ποιήσας μαγικὰς ἐν τῇ πόλει ὑμῶν βασιλίδι Ῥώμῃ θ ε ὸ ς   ἐ ν ο -
μ ί σ θ η καὶ ἀ ν δ ρ ι ά ν τ ι   π α ρ '   ὑ μ ῶ ν   ὡ ς   θ ε ὸ ς   τ ε τ ί μ η τ α ι, ὃς
ἀ ν δ ρ ι ὰ ς ἀνεγήγερται ἐν τῷ Τίβερι ποταμῷ μεταξὺ τῶν δύο γεφυρῶν,
ἔχων ἐπιγραφὴν Ῥωμαϊκὴν ταύτην· Σ ί μ ω ν ι   δ ε ω   σ ά γ κ τ ῳ [= SI-
MONI DEO SANCTO][10].

---

8   In der röm. Kolonie Flavia Neapolis (heute Nablus) in der Provinz Syria Palästina gebo-
    ren, vertrat er, von Stoa, Peripatos und Pythagoreismus enttäuscht, zunächst die mittel-
    platonische Schulphilosophie, wandte sich dann aber dem Christentum zu, an dem ihn
    vor allem die von Gott inspirierte Offenbarung der Propheten anzog (LACL ³2002,
    413). Die 1. Apologie gehört in die Zeitspanne 150–154, die zweite (an Marc Aurel ge-
    richtet) muß spätestens 160 geschrieben sein.
9   Zur apologetischen Argumentationsweise Justins s. FIEDROWICZ, Apologie (³2000),
    39–43.
10 Eusebius (h. e. 2,13,3–5) gibt das Zitat bis einschließlich apol. 1,26,3: „Fast alle Sama-
    ritaner, außerdem noch einige aus anderen Völkern bekennen und verehren ihn als er-
    sten Gott. Eine gewisse Helena, welche damals mit ihm umherzog, früher aber in Tyrus
    in Phönizien sich in einem Hurenhaus preisgegeben hatte, nennen sie seinen ersten Ge-
    danken.“ Dann wendet er sich dem Zeugnis des Irenäus von Lyon zu: 'Mit ihm stimmt
    Irenäus in dem ersten Buch gegen die Häresien überein, wo er sowohl über die Person
    des Simon wie über seine gottlose, schmutzige Lehre näher unterrichtet.' Justin kommt
    später nochmals auf Simons angeblichen Rom-Aufenthalt zurück (apol. 1,56,1f.): πάλιν,
    ὡς προεδηλώσαμεν, προεβάλλοντο ἄλλους, Σ ί μ ω ν α μὲν καὶ Μένανδρον ἀπὸ Σαμα-
    ρείας, οἳ καὶ μ α γ ι κ ὰ ς   δ υ ν ά μ ε ι ς   π ο ι ή σ α ν τ ε ς   π ο λ λ ο ὺ ς   ἐ ξ η π ά τ η -
    σ α ν καὶ ἔτι ἀπατωμένους ἔχουσι. καὶ γὰρ παρ' ὑμῖν, ὡς προέφημεν, ἐ ν   τ ῇ   β α σ ι -

Wenn aber damit scheinbar bezeugt war, daß Simon Magus sein ver-
hängnisvolles Wirken nach Rom verlegt hatte, dann mußte – so der na-
heliegende Gedanke – auch sein Bezwinger P e t r u s ihm dorthin gefolgt sein, um die Christen vor dieser gefährlichen Irrlehre zu bewahren.

Es ist auffällig, daß dieser Gedanke bei Iustinus selbst noch nirgends belegt ist[11]. Doch haben wir ihn als Leitmotiv der Petrusakten erweisen können (47ff. 107) und dürfen zuversichtlich sein, damit die eigentliche Ursache für die Erfindung eines Aufenthaltes des Apostels
Petrus in Rom benannt zu haben. In der Kirchengeschichte des E u s e -
b i u s , die zwischen 290 und 325 in mehreren Redaktionen entstanden
ist, sehen wir diese Gedankenkombination voll ausgebildet (h. e.
2,14,4–6)[12]:

„Als der erwähnte Betrüger (Simon) aber zuvor durch den Apostel Petrus
in Judäa seiner bösen Taten überführt wurde, ward er in den Augen seines
Geistes wie von einem göttlichen, übernatürlichen Licht geblendet. Sogleich ergriff er die Flucht und begab sich auf eine große Seereise vom
Osten nach Westen in der Meinung, nur so ein Leben führen zu können,
wie er es wünschte. Nach seiner Ankunft in der Stadt der Römer hatte er
infolge energischer Unterstützung von seiten der dort lauernden Macht in
kurzer Zeit in seinen Unternehmungen solchen Erfolg, daß er sogar durch
Errichtung einer B i l d s ä u l e von den dortigen Bewohnern w i e e i n
G o t t geehrt wurde. Doch nicht lange dauerte sein Erfolg. Denn auf dem
Fuße, noch u n t e r d e r R e g i e r u n g d e s C l a u d i u s , führte die all-
gütige und allerhuldvollste Vorsehung P e t r u s , den gewaltigen und großen unter den Aposteln, der infolge seiner Tüchtigkeit der Wortführer aller
anderen war, nach Rom, um gegen diese gefährliche Pest des Lebens auf-
zutreten. Wie ein tapferer Feldherr Gottes, mit göttlichen Waffen gewapp-
net, brachte er den kostbaren Schatz des geistigen Lichtes aus dem Osten
nach dem Westen, indem er das Licht selbst und das die Seelen rettende
Wort, die Lehre vom Himmelreich, verkündete".

Eus. h. e. 2,14,4–6 αὐτίκα ὁ δηλωθεὶς γόης ὥσπερ ὑπὸ θείας καὶ
παραδόξου μαρμαρυγῆς τὰ τῆς διανοίας πληγεὶς ὄμματα ὅτε πρότερον

λίδι Ῥώμη ἐπὶ Κλαυδίου Καίσαρος γενόμενος ὁ Σίμων καὶ τὴν ἱε-
ρὰν σύγκλητον καὶ τὸν δῆμον Ῥωμαίων εἰς τοσοῦτο κατεπλήξατο, ὡς θεὸς νομισθῆναι καὶ ἀνδριάντι, ὡς τοὺς ἄλλους παρ' ὑμῖν τιμωμένους θεούς, τι-
μηθῆναι.

11 Dies hebt CULLMANN 130 hervor.
12 Zweifelhaft scheint die Auffassung, die Angabe der Apostelgeschichte (12,17f.) „…
   und Petrus begab sich an einen anderen Ort" habe zusätzlich als Legitimation für die
   Ausgestaltung eines römischen Aufenthaltes des Petrus dienen können; s. R. VON
   HAEHLING, Zwei Fremde in Rom: Das Wunderduell des Petrus mit Simon Magus in
   den acta Petri, in: Röm. Quartalschr. [f. christl. Altertumskunde und Kirchengeschichte]
   98, 2003, 47–71, dort 70; s. auch 47; GNILKA 93; ferner u. S. 239.

ἐπὶ τῆς Ἰουδαίας ἐφ’ οἷς ἐπονηρεύσατο πρὸς τοῦ ἀποστόλου Πέτρου κατεφωράθη, μεγίστην καὶ ὑπερπόντιον ἀπάρας πο-
ρείαν τὴν ἀπ’ ἀνατολῶν ἐπὶ δυσμὰς ᾤχετο φεύγων, μόνως ταύτῃ βιωτὸν αὐτῷ κατὰ γνώμην εἶναι οἰόμενος. ἐπιβὰς δὲ τ ῆ ς Ῥωμαίων
π ό λ ε ω ς, συναιρομένης αὐτῷ τὰ μεγάλα τῆς ἐφεδρευούσης ἐνταῦθα
δυνάμεως, ἐν ὀλίγῳ τοσοῦτον τὰ τῆς ἐπιχειρήσεως ἤνυστο, ὡ ς κ α ὶ
ἀ ν δ ρ ι ά ν τ ο ς ἀ ν α θ έ σ ε ι π ρ ὸ ς τ ῶ ν τ ῇ δ ε ο ἷ α θ ε ὸ ν τ ι-
μ η θ ῆ ν α ι. οὐ μὴν εἰς μακρὸν αὐτῷ ταῦτα προυχώρει. παρὰ πόδας γοῦν
ἐ π ὶ τ ῆ ς α ὐ τ ῆ ς Κ λ α υ δ ί ο υ β α σ ι λ ε ί α ς ἡ πανάγαθος καὶ φιλαν-
θρωποτάτη τῶν ὅλων πρόνοια τὸν καρτερὸν καὶ μέγαν τῶν ἀποστόλων,
τὸν ἀρετῆς ἕνεκα τῶν λοιπῶν ἁπάντων προήγορον, Π έ τ ρ ο ν, ἐ π ὶ τ ὴ ν
Ῥ ώ μ η ν ὡς ἐπὶ τηλικοῦτον λυμεῶνα βίου χειραγωγεῖ· ὃς οἷά τις γενναῖος
θεοῦ στρατηγὸς τοῖς θείοις ὅπλοις φραξάμενος, τὴν πολυτίμητον ἐμπορίαν
τοῦ νοητοῦ φωτὸς ἐ ξ ἀ ν α τ ο λ ῶ ν τ ο ῖ ς κ α τ ὰ δ ύ σ ι ν ἐκόμιζεν,
φῶς αὐτὸ καὶ λόγον ψυχῶν σωτήριον, τὸ κήρυγμα τῆς τῶν οὐρανῶν
βασιλείας, εὐαγγελιζόμενος.

Daß die Sache falsch konstruiert ist, ergibt sich schon daraus, daß in
den apokryphen Apostelakten Simon Magus erst nach der (dort supponierten) Abfahrt des Paulus aus Rom Richtung Spanien in die Kaiserstadt kommt und Anlaß für den Martertod des Petrus (und des wieder
zurückgekehrten Paulus) in der neronischen Christenverfolgung gewesen sein soll. Der historische Paulus aber hat erst im Jahr 58 den Brief
an die Römer geschrieben mit der Ankündigung, er plane eine Reise
nach Rom, um sich von dort nach Spanien geleiten zu lassen, und kam
frühestens 62 nach Rom; also kann Simon Magus unter den angegebe-
nen Voraussetzungen nicht zur Zeit des C l a u d i u s die Ehrenstatue
erhalten haben.

Glücklicherweise müssen wir nicht beim Räsonieren stehenbleiben,
sondern können nachweisen, daß Iustinus einem Irrtum erlegen ist
(oder eine absichtliche Umdeutung vorgenommen hat): Die Inschrift
zwischen den beiden Tiber-Brücken, auf die sich Iustinus hier bezieht,
ist nämlich seit 1574 wiedergefunden (CIL VI 567): Eine Statuenbasis
auf der Tiberinsel (s. Abb. 1) trägt die Widmung

SEMONI SANCO DEO ^ FIDIO SACRUM.

Semo Sancus aber bezeichnet nicht den Magier Simon, sondern einen
altsabinischen Schwurgott[13]. Der bei Iustinus vorliegende Irrtum hat
unter den frühchristlichen Schriftstellern weitere Verbreitung gefunden;

---

13 K. LATTE, Röm. Religionsgesch. 127f. (mit den Belegstellen); G. WISSOWA, Religion
und Kultus der Römer, ²1912, 129–133. 280; V. HAEHLING Anm. 66 (mit Verweis auf
J.-M. WAITZ, Simon Magus in der altchristlichen Literatur, ZNW 5, 1904, 123 Anm. 3).
Eine weitere Statuenbasis mit verwandter Aufschrift wurde 1879 am Abhang des Pincio
gefunden, s. Abb. 2.

so schreibt Irenäus von Lyon (der die Schriften Justins gekannt hat) in seinem wahrscheinlich in der Zeitspanne 180–189 entstandenen Werk 'Adversus haereses' folgendes über Simon Magus, dem das Kapitel 1,23 gewidmet ist[14]:

> haer. 1,23,1 (…) *quippe cum esset* **s u b   C l a u d i o   C a e s a r e**, *a quo etiam* **s t a t u a   h o n o r a t u s** *esse dicitur propter magiam* („… wo er doch in der Regierungszeit des Kaisers Claudius lebte, durch den er auch mit einem Standbild ausgezeichnet worden sein soll wegen seiner Fertigkeit in der Magie").

Ähnliche Nachrichten finden sich bei Tertullian in der 197 entstandenen Apologie (apol. 13,9 *Simonem Magum* **statua et inscriptione Sancti Dei** *inauguratis*) und an weiteren Stellen in der Kirchengeschichte des Eusebius[15].

Kein Wunder daß diese vermeintliche Bildsäule des Magiers Simon auch in die actus Petri Eingang gefunden hat: Dort in Kap. 10 wirft sich – überwältigt von den ersten Wundertaten des Petrus – der Senator Marcellus, in dessen Haus sich Simon eingenistet hat, dem Apostel zu Füßen und bittet ihn, sich als guter Anwalt bei Gott für ihn zu verwenden, daß er nicht mit den Sünden Simons dem ewigen Feuer übergeben werde, der ihn sogar dazu verleitet habe, ihm ein Standbild zu errichten mit der Inschrift: 'Dem Simon, dem jugendlichen Gott'.

> act. Verc. 10, p. 57,22 *roga ergo pro me tamquam bonus procurator dei, non me tradi[di] cum peccatis Simonis igni aeterno, qui me tantum suasit ut* **s t a t u a m** *illi ponerem,* **suscribtioni tali: SIMONI IVVENI DEO.** … *confiteor autem quoniam me non seduxisset, nisi quod* **d e i   v i r t u t e m** **s e   e s s e** *dicebat.*

Hier greifen wir den Kern der Legende, dessen materielles Substrat die falsch gedeutete Inschrift von der Statuenbasis auf der Tiberinsel ist. Sie hat ihre folgenreiche Wirkung frühestens in den Jahren 150–154, zur Zeit des ersten Romaufenthaltes des Iustinus Martyr, entfaltet.

---

14 Vgl. ferner 2, praef. 1; 2,9,2; 2,31,1f.; 2,32,3. 5.
15 Siehe Eus. h. e. 2,14,5f. (S. 131); zu Simon Magus auch 2,1,10–12.

3. Bischof Dionysios von Korinth über Petrus und Paulus:
Die Paulinischen Korintherbriefe und 1Clem

a) Das μαρτυρῆσαι der beiden Apostel in Korinth und Rom
nach Dionysius und Euseb

Eusebius berichtet in h. e. 2,25,8, der Bischof Dionysius von
Korinth habe in einem Schreiben an die Römer davon gesprochen, daß
beide Apostel (Petrus und Paulus) zu gleicher Zeit das Martyrium erlitten hätten:

ὡς δὲ κατὰ τὸν αὐτὸν ἄμφω καιρὸν **ἐμαρτύρησαν,** Κορινθίων
ἐπίσκοπος Διονύσιος ἐγγράφως Ῥωμαίοις ὁμιλῶν, ὧδε παρίστησιν.

Dabei beruft er sich auf das folgende Zitat aus dem Dionysios-Brief:

«ταῦτα καὶ ὑμεῖς διὰ τῆς τοσαύτης νουθεσίας τ ὴ ν ἀ π ὸ Π έ τ ρ ο υ κ α ὶ
Π α ύ λ ο υ φ υ τ ε ί α ν γ ε ν η θ ε ῖ σ α ν **Ῥ ω μ α ί ω ν τ ε κ α ὶ Κ ο -
ρ ι ν θ ί ω ν** συνεκεράσατε. καὶ γὰρ ἄ μ φ ω καὶ εἰς τὴν ἡμετέραν Κ ό -
ρ ι ν θ ο ν φυτεύσαντες ἡμᾶς ὁμοίως ἐδίδαξαν, ὁμοίως δὲ καὶ εἰς τὴν
Ἰ τ α λ ί α ν ὁμόσε διδάξαντες **ἐμαρτύρησαν** κ α τ ὰ τ ὸ ν α ὐ τ ὸ ν κ α ι -
ρ ό ν».

„Daher habt auch ihr durch eure starke Mahnung die von P e t r u s u n d
P a u l u s in R o m und K o r i n t h angelegte Pflanzung miteinander verbunden. Denn beide haben sowohl in unsere Stadt K o r i n t h (den Glauben) hineingepflanzt und uns in der gleichen Lehre unterrichtet als auch
nach I t a l i e n an den gleichen Ort[16] und zu gleicher Zeit – die gleiche
Lehre verkündend – ihr Glaubenszeugnis getragen."

In dieser Weise gebe ich das Verb **ἐμαρτύρησαν** wieder, das Eusebius
als „den Märtyrertod erleiden" verstanden hat. Eusebius hat dabei eine
zu seiner Zeit üblich gewordene semantische Verengung des Begriffs
μαρτυρῆσαι zugrundegelegt, die sich erst allmählich herausgebildet hat
und frühestens in dem 'Martyrium' des vermutlich im Jahr 167 hingerichteten Polykarp von Smyrna vorliegt[17]. Aber die Konstruktion ε ἰ ς
τ ὴ ν Ἰ τ α λ ί α ν ὁμόσε **ἐμαρτύρησαν** (die parallel zu ε ἰ ς τ ὴ ν ἡμετέραν Κ ό ρ ι ν θ ο ν φυτεύσαντες steht) schließt die Bedeutung 'das Martyrium erleiden' zwingend aus, muß vielmehr analog zu Apg 23,11 verstanden werden, wo der Herr zu Paulus spricht:

---

16   Anders CULLMANN, der ὁμόσε für ὁμοῦ nimmt (131 mit Anm. 3). Daß hier (zunächst)
      Italien an Stelle von Rom genannt wird, erinnert an die Actus Vercellenses cap. 4, wo
      der Magier Simon – noch in Aricia – von begeisterten Anhängern angefeuert wird: *'Tu
      es i n I t a l i a deus, tu R o m a n o r u m salvator: festina celerius R o m a e'* (48,29).
17   Siehe o. S. 17 mit Anm. 46 und S. 21f.

Θάρσει, ὡς γὰρ **διεμαρτύρω** τὰ περὶ ἐμοῦ εἰς Ἰ ε ρ ο υ σ α λ ὴ μ οὕτω σε δεῖ καὶ εἰς Ῥ ώ μ η ν **μαρτυρῆσαι:**

„Sei guten Mutes! Denn wie du das Zeugnis über meine Sache in die Stadt Jerusalem hineingetragen hast, so mußt du das Glaubenszeugnis auch nach Rom tragen".

Woher hat Dionysios seine Kenntnis von einem gleichzeitigen μαρτυρῆσαι der beiden Apostel in Rom? Der Bischof von Korinth richtete zahlreiche „katholische" Briefe an verschiedene Kirchengemeinden[18] (Lakedaimon, Athen, Nikomedien [gegen die Häresie des Markion!], Gortyn und die übrigen Kirchen Kretas, Amastris und die Gemeinden von Pontus, Knossos, Rom) und an die gläubige Schwester Chrysophora (h. e. 4,23,13 Χρυσοφόρᾳ πιστοτάτῃ ἀδελφῇ). In seinem Brief an Bischof Soter von Rom erwähnt er auch den B r i e f d e s K l e m e n s a n d i e K o r i n t h e r (es ist dies die früheste Zuschreibung des Korintherbriefs der römischen Gemeinde an Klemens!) und teilt u. a. mit, daß dieser nach altem Brauch noch immer am Sonntag in der Gemeinde Korinths verlesen werde[19]. Zugleich interpretiert er diesen „Clemensbrief" (gemäß h. e. 2,25,8) als Ausdruck der Verbundenheit ihrer beiden Gemeinden, die in den ihren beiden Kirchen gemeinsamen Gründer-Aposteln Petrus und Paulus ihre Wurzeln habe. Dabei scheint jedoch die Rolle der beiden Apostel verkannt. Denn weder aus den Korintherbriefen des Paulus, noch aus dem „Clemensbrief" läßt sich ein gemeinsames Auftreten der beiden Apostel ableiten, sei es in Korinth, sei es in Rom.

b) Petrus und Paulus in Korinth?

Gründer-Apostel der Christengemeinde in Korinth ist allein P a u l u s , der auf seiner zweiten Missionsreise (50–53) über Mazedonien und Athen nach Korinth kam und dort eineinhalb Jahre blieb (Apg 18,1–7).

---

18 Eusebius zeichnet h. e. 4,23,1–13 ein farbiges Bild von Dionysios. Seinen Zitaten (so auch dem oben aus h. e. 2,25,8 ausgeschriebenen) verdanken wir unsere Kenntnis dieses einflußreichen Bischofs von Korinth, dessen Briefcorpus ganz verloren ist.

19 Eus. h. e. 4,23,11 ἐν αὐτῇ δὲ ταύτῃ καὶ τ ῆ ς Κ λ ή μ ε ν τ ο ς π ρ ὸ ς Κ ο ρ ι ν θ ί ο υ ς μ έ μ ν η τ α ι ἐ π ι σ τ ο λ ῆ ς , δηλῶν ἀνέκαθεν ἐξ ἀρχαίου ἔθους ἐπὶ τῆς ἐκκλησίας τὴν ἀνάγνωσιν αὐτῆς ποιεῖσθαι· λέγει γοῦν· «τὴν σήμερον οὖν κυριακὴν ἁγίαν ἡμέραν διηγάγομεν, ἐν ᾗ ἀνέγνωμεν ὑμῶν τὴν ἐπιστολήν, ἣν ἕξομεν ἀεί ποτε ἀναγινώσκοντες νουθετεῖσθαι, ὡς καὶ τὴν π ρ ο τ έ ρ α ν ἡ μ ῖ ν δ ι ὰ Κ λ ή μ ε ν τ ο ς γ ρ α - φ ε ῖ σ α ν » („Er schreibt nämlich: 'Wir haben heute den heiligen Tag des Herrn gefeiert, an dem wir euren [Soters] Brief verlasen, den wir auch künftig immer zur Ermahnung verlesen werden, wie wir das auch mit dem früheren halten, der uns durch Klemens geschrieben wurde'").

Später kam ein aus Alexandrien stammender Judenchrist namens
A p o l l o s über Ephesus nach Korinth und entfaltete dort, da er ein be-
gnadeter Redner war, eine wirkungsvolle Lehrtätigkeit (Apg 18,24–
19,1). Während seiner dritten Missionsreise (54–58) schreibt Paulus aus
Ephesus seinen ersten Brief an die Korinther, in dem er sie vor den
Spaltungen (σχίσματα) warnt, die unter ihnen aufgetreten seien:

> 1Kor 1,12f. λέγω δὲ τοῦτο, ὅτι ἕκαστος ὑμῶν λέγει, Ἐγὼ μέν εἰμι Π α ύ -
> λ ο υ, Ἐγὼ δὲ Ἀ π ο λ λ ῶ, Ἐγὼ δὲ Κ η φ ᾶ, Ἐγὼ δὲ Χ ρ ι σ τ ο ῦ. μεμέρισ-
> ται ὁ Χριστός; μὴ Π α ῦ λ ο ς ἐσταυρώθη ὑπὲρ ὑμῶν, ἢ εἰς τὸ ὄνομα
> Π α ύ λ ο υ ἐβαπτίσθητε;

Der eine sage: „Ich gehöre zu Paulus", der andere: „Ich zu Apollos" –
„ich zu Kephas" – „ich aber zu Christus". Ihnen entgegnet Paulus: „Ist
denn Christus geteilt? Oder ist Paulus für euch gekreuzigt worden?
Oder seid ihr auf den Namen des Paulus getauft worden?"
Neben der zu Paulus haltenden Christengemeinde gibt es demnach
eine Partei des Apollos und eine weitere des K e p h a s, ja, sogar eine
eigene Christus-Partei. Doch nur Paulus und Apollos waren persönlich
in Korinth anwesend; die K e p h a s -Partei dürfte ähnlich zu verstehen
sein wie die Christus-Partei, also im Sinne einer Lehrtradition des Ur-
Apostels, der sich als Missionar unter den Beschnittenen stärker den jüdischen Gesetzen und Gebräuchen verpflichtet fühlte, wie wir aus dem
Galaterbrief wissen (s. u.). Für eine solche Deutung sprechen die weiteren Ausführungen des Paulus, der in 1Kor 3,3 den Korinthern vorwirft,
es herrsche unter ihnen Eifersucht und Streit (ἐν ὑμῖν **ζῆλος καὶ ἔρις**)[20]
wie unter Menschen, die „fleischlich" sind und noch nicht nach dem
Geiste wandeln. Dies wird nun allein mit Blick auf die beiden Paulus-
und Apollos-Parteien erläutert:

> 1Kor 3,4–7 ὅταν γὰρ λέγη τις, Ἐγὼ μέν εἰμι Π α ύ λ ο υ, ἕτερος δέ, Ἐγὼ
> Ἀ π ο λ λ ῶ, οὐκ ἄνθρωποί ἐστε; τί οὖν ἐστιν Ἀ π ο λ λ ῶ ς; τί δέ ἐστιν
> Π α ῦ λ ο ς; διάκονοι δι᾽ ὧν ἐπιστεύσατε, καὶ ἑκάστῳ ὡς ὁ κύριος ἔδωκεν.
> ἐγὼ ἐφύτευσα, Ἀ π ο λ λ ῶ ς ἐπότισεν, ἀλλὰ ὁ θ ε ὸ ς ηὔξανεν· ὥστε οὔ-
> τε ὁ φυτεύων ἐστίν τι οὔτε ὁ ποτίζων, ἀλλ᾽ ὁ αὐξάνων θ ε ό ς. 3,10 Κατὰ
> τὴν χάριν τοῦ θεοῦ τὴν δοθεῖσάν μοι ὡς σοφὸς ἀρχιτέκτων θεμέλιον
> ἔθηκα, ἄλλος δὲ ἐποικοδομεῖ:

In Wirklichkeit seien doch beide Glaubensverkünder lediglich Diener
des einen Herrn: Er, Paulus, habe gepflanzt, Apollos begossen, Gott das
Gedeihen gegeben. Weder der Pflanzende sei von Bedeutung, noch der
Begießende, sondern Gott, der das Gedeihen gebe. Gemäß der ihm zu-

---

20   Die Situation, auf die der erste „Clemensbrief" reagiert, hatte also ähnlich schon Paulus
     vorgefunden.

teil gewordenen Gnade habe er, Paulus, wie ein weiser Baumeister den Grund gelegt; ein anderer aber (Apollos) baue darauf.

Wenn in 3,22 dann ein weiteres Mal K e p h a s genannt wird, so in einer langen Reihe von „Besitztümern", die wiederum lediglich eine indirekte (durch Brüder vermittelte) Beziehung zur Lehrausrichtung des Petrus zur Voraussetzung hat (3,21–23): „So rühme sich niemand der Menschen (mit Blick auf Menschen); denn alles ist euer, sei es Paulus oder Apollos oder Kephas oder Welt oder Leben oder Tod oder Gegenwärtiges oder Zukünftiges, alles ist euer; ihr aber seid Christi, Christus aber ist Gottes".

1Kor 3,21–23 ὥστε μηδεὶς καυχάσθω ἐν ἀνθρώποις· πάντα γὰρ ὑμῶν ἐστιν, εἴτε Π α ῦ λ ο ς εἴτε Ἀ π ο λ λ ῶ ς εἴτε Κ η φ ᾶ ς εἴτε κόσμος εἴτε ζωὴ εἴτε θάνατος εἴτε ἐνεστῶτα εἴτε μέλλοντα, πάντα ὑ μ ῶ ν, ὑμεῖς δὲ Χ ρ ι σ τ ο ῦ, Χριστὸς δὲ θ ε ο ῦ.

Sobald Paulus in 4,6 wieder auf den konkreten Anlaß zurückkommt, spricht er wieder nur von dem Parteienstreit um seine Person und die des Apollos. In 4,17 hören wir dann, daß Paulus den T i m o t h e u s zu den Korinthern gesandt hat, damit er ihnen die L e h r e d e s P a u l u s wieder vor Augen stelle. Ganz entsprechend kann es unter der Christengemeinde in Korinth eine K e p h a s -Partei geben, die sich an Brüder angeschlossen hat, die aus der Umgebung des Petrus kamen und dessen (mehr auf die Juden ausgerichtete) Lehre hochhalten. Es sei an Gal 2,11–13 erinnert:

Ὅτε δὲ ἦλθεν Κ η φ ᾶ ς εἰς Ἀ ν τ ι ό χ ε ι α ν, κατὰ πρόσωπον αὐτῷ ἀντέστην, ὅτι κατεγνωσμένος ἦν. πρὸ τοῦ γὰρ ἐλθεῖν τινας ἀπὸ Ἰ α κ ώ β ο υ μετὰ τῶν ἐθνῶν συνήσθιεν· ὅτε δὲ ἦλθον, ὑπέστελλεν καὶ ἀφώριζεν ἑαυτόν, φοβούμενος τοὺς ἐκ περιτομῆς. καὶ συνυπεκρίθησαν αὐτῷ [καὶ] οἱ λοιποὶ Ἰουδαῖοι, ὥστε καὶ Βαρναβᾶς συναπήχθη αὐτῶν τῇ ὑποκρίσει.

„Als aber K e p h a s n a c h A n t i o c h i e n kam, widerstand ich ihm ins Angesicht, weil er zu tadeln war. Denn bevor einige von J a k o b u s her kamen, aß er zusammen mit den Heiden; als aber jene kamen, zog er sich zurück und sonderte sich ab aus Furcht vor denen aus der Beschneidung. Und es verstellten sich mit ihm die übrigen Juden, so daß selbst Barnabas mit in ihre Heuchelei hineingezogen wurde".

Wie Parteigänger des Jakobus dessen streng jüdische Doktrin in Antiochien durchzusetzen suchten, so gab es Parteigänger des Petrus, die in Korinth Anhänger einer Art Petrinischer Lehrvariante um sich scharten.

Darüber hinaus wird Petrus im Korintherbrief als der von Christus herausgestellte Führer der Apostel besonders hervorgehoben (vgl. 1Kor 9,5 μὴ οὐκ ἔχομεν ἐξουσίαν ἀδελφὴν γυναῖκα περιάγειν, ὡς καὶ οἱ λοιποὶ ἀπόστολοι καὶ οἱ ἀδελφοὶ τοῦ κυρίου καὶ Κ η φ ᾶ ς; 15,5 καὶ ὅτι ὤφθη Κηφᾷ, εἶτα τοῖς δώδεκα)[21], der (oder dessen Schülerschaft) zugleich Gegenspieler des Paulus zu sein scheint, wie man wohl aus dem zweiten Brief an die Korinther und aus dem Galaterbrief erschließen darf: In 2Kor 10,13–18 wird eine Antithese aufgemacht zwischen P a u l u s, der bis zu den Korinthern gelangt sei, und a n d e r e n, „d i e n i c h t   z u   e u c h   k a m e n" (ὡς μὴ ἐφικνούμενοι εἰς ὑμᾶς), und es wird der Vorwurf erhoben, daß sich manche mit den Mühen anderer rühmten und in fremdem Bereich eingedrungen seien und sich mit dem brüsteten, was schon vorher geleistet wurde. Nicht wer sich selbst empfehle, sei „angesehen", sondern wen Gott empfehle:

10,18 οὐ γὰρ ὁ ἑαυτὸν συνιστάνων, ἐκεῖνός ἐστιν **δ ό κ ι μ ο ς**, ἀλλὰ ὃν ὁ κύριος συνίστησιν.

Diejenigen aber, „die etwas gelten" („in Ansehen stehen"), **οἱ δ ο - κ ο ῦ ν τ ε ς** εἶναί τι, sind nach Gal 2,6–8 die drei von Jesus etwa bei der Verklärung auf dem Berg Horeb (Mk 9,2) und in der Nacht auf dem Ölberg (Mk 14,33) herausgehobenen Jünger, die „Säulen" Jakobus, Kephas und Johannes (οἱ δ ο κ ο ῦ ν τ ε ς σ τ ῦ λ ο ι εἶναι). Unter ihnen ist Petrus der mit dem Evangelium für die beschnittenen Juden betraute Apostel, während Paulus das Evangelium zu den unbeschnittenen Heiden bringt (Gal 2,7–9). Die Gegner in Korinth sind aber solche, die mit ihrer jüdischen Vergangenheit Eindruck machen wollen[22], also vielleicht Schüler des Petrus (auf die die Kephas-Partei zurückgeht); Paulus nennt sie „Über-Apostel" (2Kor 11,5; 12,11). Petrus dürfte dann zu denen gehören, die sich übermäßig anspannen (ausstrecken) müssen, weil sie niemals selbst zu den Korinthern gekommen sind (ὡς μὴ ἐφικνούμενοι εἰς ὑμᾶς).

Eine Durchsicht der beiden Briefe des Paulus an die Korinther stellt jedenfalls außer Zweifel, daß Paulus die Gründung der Christengemeinde in Korinth für sich allein beansprucht. Von einer persönlichen Anwesenheit des Petrus in Korinth ist nirgends die Rede[23].

---

21 Zur Gesamtthematik s. LThK 8, 1999, 144f. s. v. 'Petrusamt' (K. KERTELGE).

22 Vgl. 2Kor. 11,22f.: Sie seien Hebräer, Israeliten, Nachkommen Abrahams, Diener Christi – Prädikationen, die alle ebenso auf Paulus zutreffen, wie er ihnen entgegenhält; ja, „Diener Christi" sei er in weit höherem Maße als sie.

23 Schon A. VÖGTLE (LThK 8, 1963, 338) hatte geurteilt, Korinth habe eine Kephaspartei, „obwohl Petrus die Gemeinde nicht gründete, d i e s e   v i e l l e i c h t   n i e   s a h". Ähnliche Skepsis bringt L. WEHR in der Neuauflage des LThK (8, 1999, 91) zum Ausdruck. Auch ALAND räumt ein, daß Dionysius zu Unrecht „die Gemeinde zu Rom wie die zu Korinth von Paulus und Petrus gemeinsam gegründet sein läßt" (501). Auch muß er an gleicher Stelle die Möglichkeit zugestehen, daß „die [bei Dionysius erfolgte] Nennung des Petrus mit ihm [sc. Paulus] zusammen aus der Polemik des Paulus gegen die Kephaspartei im 1. Kor. herrührt" oder auch „aus der Wirksamkeit von Abgesandten des Petrus in Korinth, die in seinem Namen und mit seiner Autorität auftraten." Ähnlich

c) Der Irrtum des Bischofs Dionys über Petrus und Paulus als Gründungsapostel der Christengemeinden in Rom und Korinth

Wenn Bischof Dionysius um 170–174 das Apostel p a a r Petrus und Paulus[24] als Urheber der christlichen „Pflanzungen" in Rom und Korinth ansieht und behauptet, beide Apostel hätten in gleicher Weise in Korinth und in Italien „gepflanzt" und gelehrt[25], so scheint er im Falle der Kirchengemeinde Korinths die gelegentliche Nennung des Kephas im Korintherbrief irrig gedeutet zu haben – vermutlich verleitet durch den „Clemensbrief". Dort wird nämlich in 47,1–4 ausdrücklich auf den Korintherbrief des Paulus Bezug genommen und folgendes ausgeführt: „Wahrhaftig auf geistliche Weise schrieb er euch über sich selbst, Kephas und Apollos, weil ihr auch damals Parteien gebildet hattet. Doch jene Parteiung brachte euch geringere Schuld ein: ihr hattet ja für gut beleumundete Apostel und für einen nach ihrem Urteil bewährten Mann Partei ergriffen."

1Clem 47,1–4 Ἀναλάβετε τὴν ἐπιστολὴν τοῦ μακαρίου Παύλου τοῦ ἀποστόλου. Τί πρῶτον ὑμῖν ἐν ἀρχῇ τοῦ εὐαγγελίου ἔγραψεν; Ἐπ' ἀληθείας πνευματικῶς ἐπέστειλεν ὑμῖν π ε ρ ὶ ἑ α υ τ ο ῦ τε καὶ Κ η φ ᾶ τε καὶ Ἀ π ο λ λ ώ, διὰ τὸ καὶ τότε προσκλίσεις ὑμᾶς πεποιῆσθαι. Ἀλλ' ἡ πρόσκλισις ἐκείνη ἥττονα ἁμαρτίαν ὑμῖν προσήνεγκεν· προσεκλίθητε γὰρ ἀ π ο σ τ ό λ ο ι ς μ ε μ α ρ τ υ ρ η μ έ ν ο ι ς καὶ ἀ ν δ ρ ὶ δ ε δ ο κ ι μ α σ - μ έ ν ῳ παρ' αὐτοῖς.

Dieser Satz konnte von Dionysios leicht so verstanden werden, als deute der „Clemensbrief" die Nennung der beiden Apostel im paulinischen Korintherbrief im Sinne einer persönlichen Anwesenheit. Wir haben aber gesehen, daß dies für Petrus nicht zutrifft: als Missionar unter den beschnittenen Juden ist er weder nach Korinth noch nach Rom gekommen. Aus dem Nebeneinander der beiden Apostel in den Kapiteln 5 und

---

CULLMANN 60–62; weniger entschieden GNILKA 91f. 202. Jüngst hat auch HENGEL (2007) 106–129 der Problematik ein eigenes Kapitel gewidmet ('Petrus in Korinth'); er sieht dazu in der Vermutung veranlaßt, „daß der 'Felsenmann' nach Apollos, mit dem sich Paulus besser verstand, während des ca. dreijährigen Aufenthalts des Paulus in Ephesus auch die Hauptstadt Achaias besuchte." Einen wirklichen Anhalt für diese Annahme kann ich in den Schriften des NT nicht erkennen.

24 Man beachte die Reihenfolge: es ist die Reihenfolge, die wir schon aus dem „Clemensbrief" kennen (s. S. 32 Anm. 91).

25 Das Dionysios-Zitat καὶ γὰρ ἄ μ φ ω … εἰς τὴν ἡμετέραν Κ ό ρ ι ν θ ο ν φ υ τ ε ύ - σ α ν τ ε ς ἡμᾶς ὁμοίως ἐδίδαξαν (o. S. 134) widerspricht eklatant der Auskunft des Paulus in 1Kor 6–8 (ἐγὼ ἐ φ ύ τ ε υ σ α, Ἀπολλῶς ἐπότισεν, ἀλλὰ ὁ θεὸς ηὔξανεν· ὥσ- τε οὔτε ὁ φ υ τ ε ύ ω ν ἐστίν τι οὔτε ὁ ποτίζων, ἀλλ' ὁ αὐξάνων θεός. ὁ φ υ τ ε ύ ω ν δὲ καὶ ὁ ποτίζων ἕν εἰσιν, ἕκαστος δὲ τὸν ἴδιον μισθὸν λήμψεται κατὰ τὸν ἴδιον κόπον), dessen Bild vom Pflanzen Dionysius vermutlich bewußt aufgenommen hat.

6 des ersten „Clemensbriefes" läßt sich ja – wie oben gezeigt – keinerlei Bezug zu Rom herstellen. Bischof Dionys ist hier also doppelt in die Irre geführt worden.

Paulus hatte in seinem Brief die Christen Korinths abschließend aufgefordert, Streit, Eifersucht, Gehässigkeit, Zänkereien, Verleumdungen, etc. einzustellen und statt dessen eines Sinnes und friedliebend zu sein[26]. Das sind eben jene Wünsche, die dann – vermutlich in dem Zeitraum 120–125 – die Gemeinde von Rom in ihrem Brief, dem ersten „Clemensbrief", der späteren Christengemeinde in Korinth vorträgt (s. o. S. 13ff.).

4. Irenäus von Lyon: Die 'potentior principalitas' der von Petrus und Paulus gegründeten Kirche Roms

Als zwanzig Jahre nach dem Brief des Bischofs Dionysius an die Römer Irenäus von Lyon sein fünfbändiges Werk 'Adversus haereses' verfaßt (ca. 180–189)[27], weist er dem Apostelpaar Petrus und Paulus einen festen Platz als gemeinsame Begründer der Christengemeinde Roms zu und als Initiatoren einer römischen Bischofssukzession, die mit Linus beginnt. Er hatte seine Jugend in Smyrna verbracht und war dort durch die eindrucksvolle Persönlichkeit Polykarps geprägt worden (wie er selbst haer. 3,3,4 berichtet)[28]. Nach Gallien übergesiedelt, wurde er einer der führenden Presbyter Lyons und 177 – von einem Rombesuch zurück – zum Bischof gewählt. Er ist einer der großen frühchristlichen Apologeten im Kampf gegen die Gnosis[29], der die wahre Lehre mit allem Nachdruck auf die apostolische Tradition gründet[30].

---

26 2Kor 12,20 φοβοῦμαι γὰρ μή πως ἐλθὼν οὐχ οἵους θέλω εὕρω ὑμᾶς, κἀγὼ εὑρεθῶ ὑμῖν οἷον οὐ θέλετε, μή πως ἔρις, ζῆλος, θυμοί, ἐριθείαι, καταλαλιαί, ψιθυρισμοί, φυσιώσεις, ἀκαταστασίαι. 13,11 Λοιπόν, ἀδελφοί, χαίρετε, καταρτίζεσθε, παρακαλεῖσθε, τὸ αὐτὸ φρονεῖτε, ε ἰ ρ η ν ε ύ ε τ ε, καὶ ὁ θεὸς τῆς ἀ γ ά π η ς καὶ ε ἰ ρ ή ν η ς ἔσται μεθ' ὑμῶν.

27 Der einzige genauere Anhalt für die Datierung ist haer. 3,3,3, woraus erschlossen werden kann, daß das dritte Buch während des Episkopats des Eleutherus (ca. 175–189) entstand. In der 'Epideixis', die nach V. HARNACK nicht vor 190 geschrieben ist, bezieht er sich auf sein monumentales Werk 'Adversus haereses' zurück (epid. 99). Aus diesen beiden Eckpunkten resultiert der oben gegebene Zeitansatz für adv. haer.

28 Zu Polykarp, der unter Marc Aurel, vielleicht am 23. Februar 167, mit 86 Jahren den Märtyrertod in Smyrna gestorben ist, s. u. S. 162f.

29 Zur Gnosis s. o. S. 58 Anm. 63.

30 Ihr gilt sein abrißartiges Spätwerk mit dem Titel Ἐπίδειξις τοῦ ἀποστολικοῦ κηρύγματος. Zu Person und Werk sei beispielsweise verwiesen auf BROX (Irenäus) I (Freiburg 1993), dort die Einführungen 7–20 und 101–112; ferner U. HAMM, LACL ³2002, 351–355. Einen vorzüglichen Überblick über die Herausbildung und Sicherung der apostolischen Tradition in der Abgrenzung zur Gnosis bietet FIEDROWICZ, Theologie der Kir-

Dabei schöpft er aus einer Vielzahl von Autoren, die er nur selten namentlich nennt. Doch wissen wir, daß er u. a. vertraut war mit dem ersten „Clemensbrief", mit Iustin und Ps.Ignatius von Antiochien[31], bei dem ja ebenfalls – wie wir gesehen haben – die Apostel Petrus und Paulus eine bedeutende Stellung in Rom innehaben[32]. Mit großer Zuversicht dürfen wir ferner annehmen, daß er auch die katholischen Briefe des Bischofs Dionysios von Korinth und seine Verurteilung der Häresien (insbesondere jener des Markion) kannte – und damit auch dessen Zuschreibung des Korintherbriefs der römischen Gemeinde an „Klemens"[33] und seine Konzeption einer gemeinsamen Lehrtätigkeit der beiden „Gründerapostel" Petrus und Paulus in Korinth und Rom.

Die erste Erwähnung der beiden Apostel als Künder des Evangeliums in Rom und als Begründer der römischen Kirche begegnet bei Irenäus zu Beginn des dritten Buches[34]:

haer. 3,1,1 (= frg. 1 = Eus. h. e. 5,8,2–4) Ὁ μὲν δὴ Ματθαῖος ἐν τοῖς Ἑβραίοις τῇ ἰδίᾳ αὐτῶν διαλέκτῳ καὶ γραφὴν ἐξήνεγκεν εὐαγγελίου, **τοῦ Πέτρου καὶ τοῦ Παύλου ἐν Ῥώμῃ εὐαγγελιζομένων καὶ θεμελιούντων τὴν ἐκκλησίαν.** Μετὰ δὲ τὴν τούτων ἔξοδον, Μάρκος, ὁ μαθητὴς καὶ ἑρμηνευτὴς Πέτρου, καὶ αὐτὸς τὰ ὑπὸ Πέτρου κηρυσσόμενα ἐγγράφως ἡμῖν παραδέδωκεν. Καὶ Λουκᾶς δέ, ὁ ἀκόλουθος Παύλου, τὸ ὑπ᾽ ἐκείνου κηρυσσόμενον εὐαγγέλιον ἐν βίβλῳ κατέθετο. Ἔπειτα Ἰωάννης, ὁ μαθητὴς τοῦ Κυρίου, ὁ καὶ ἐπὶ τὸ στῆθος αὐτοῦ ἀναπεσών, καὶ αὐτὸς ἐξέδωκεν τὸ εὐαγγέλιον, ἐν Ἐφέσῳ τῆς Ἀσίας διατρίβων.

ita Matthaeus in Hebraeis ipsorum lingua scripturam edidit Evangelii, **cum Petrus et Paulus Romae** *evangelizarent et fundarent* **Ecclesiam.** *post vero horum excessum, Marcus discipulus et interpres*

---

chenväter (2007) im Abschnitt „B. Orientierung am Ursprung: das Prinzip der Überlieferung" (44–96); dort S. 49–51 auch ein Unterkapitel „Irenäus: Bindung an den Ursprung". Die Anlage des Buches als systematische Darstellung des patristischen Theologieverständnisses hat die beinahe notwendige Konsequenz, daß nicht 'Quellenkritik' und 'Historizität' im Vordergrund der Untersuchungen stehen, sondern die Quellenzitate und -belege als Träger theologischer Wahrheit in den Blick genommen sind.

31 Einige namentlich kenntlich gemachte oder durch Zitat verifizierbare Quellen hat BROX, Irenäus I 250 Anm. 64 zusammengestellt: Polykarp (haer. 3,3,4; 5,33,4); Papias (5,33,4); Ps.Ignatius von Antiochien (5,28,4); Ps.Clemens von Rom (3,3,3); Hermas (4,20,1f.; epid. 4, etc.); kleinasiatische Presbyter (4,27–32); Justin (4,6,2; 5,26,2). Justin liegt auch haer. 1,23,1 zugrunde: *quippe cum esset sub Claudio Caesare, a quo etiam statua honoratus esse dicitur propter magiam* (dazu oben S. 133).

32 Siehe S. 31f. und unten S. 183. 237.

33 Siehe Iren. haer. 3,3,3; u. S. 158.

34 Das fünfbändige Werk ist in vollem Umfang nur in einer lateinischen Übersetzung aus der zweiten Hälfte des 4. Jh.s erhalten; daneben besitzen wir Ausschnitte aus dem griechischen Original in Form von sporadischen Zitaten – etwa in der Kirchengeschichte des Eusebius.

*Petri et ipse quae a Petro adnuntiata erant per scripta nobis tradidit.
Et Lucas autem sector Pauli quod ab illo praedicabatur Evangelium in libro condidit. postea et Iohannes discipulus Domini, qui et supra pectus eius recumbebat, et ipse edidit Evangelium, Ephesi Asiae commorans.*

Irenäus will dort den Nachweis erbringen, daß die Kirche den alleinigen, wahren und lebensspendenden Glauben von den Aposteln empfangen hat und ihren Kindern austeilt. Denn der Herr über allem habe seinen Aposteln die Vollmacht verliehen, das Evangelium zu verkünden und die Erkenntnis der Wahrheit, das heißt der Lehre des Sohnes Gottes, zu vermitteln[35]. „Was sie damals mündlich verkündigten, uns später aber, dem Willen Gottes gemäß, in schriftlicher Form überlieferten, sollte Fundament und Säule (1Tim 3,15) unseres Glaubens werden"[36]. Diese Apostel seien nach Auferstehung des Herrn von den Toten durch den Heiligen Geist, der über sie kam, mit Kraft aus der Höhe, Sicherheit und vollkommener „Gnosis" erfüllt worden und daraufhin bis an die Grenzen der Erde hinausgezogen, um die frohe Botschaft zu bringen. Sie hätten (man darf verdeutlichen: aufgrund des Pfingstwunders) sowohl alle gemeinsam als auch jeder einzelne (für sich) das Evangelium Gottes in Besitz[37].

Dies wird nun konkretisiert durch die vier Evangelisten. Dabei lehnt sich Irenäus in dem, was er über Matthäus und Markus sagt, an Papias an, der seine fünf Bücher über die Herrenworte (Λόγια κυριακά) um 130/140 verfaßte[38]: Matthäus habe bei den Hebräern in ihrer eigenen Sprache eine Evangelienschrift herausgegeben[39], (…) Markus, der

---

35 Iren. haer. 3 praef. *Memento igitur eorum quae diximus in prioribus duobus libris, et haec illis adiungens, plenissimam habebis a nobis adversus omnes haereticos contradictionem, et fiducialiter ac instantissime resistes eis pro sola vera et vivifica fide, **quam ab apostolis Ecclesia percepit** et distribuit filiis suis. etenim Dominus omnium dedit apostolis suis potestatem Evangelii, per quos et veritatem, hoc est Dei Filii doctrinam, cognovimus.*

36 haer. 3,1,1 *quod quidem tunc praeconaverunt, postea vero per Dei voluntatem in Scripturis nobis tradiderunt, fundamentum et columnam fidei nostrae futurum.*

37 haer. 3,1,1 *postea enim quam surrexit Dominus noster a mortuis, et induti sunt superveniente Spiritu sancto virtutem ex alto, de omnibus adimpleti et habuerunt perfectam agnitionem; exierunt in fines terrae, ea quae a Deo nobis bona sunt evangelizantes et caelestem pacem hominibus adnuntiantes, qui quidem et omnes pariter et singuli eorum habentes Evangelium Dei.*

38 Er will sein Material durch Befragen von Apostelschülern und πρεσβύτεροι zusammengetragen haben; doch enthielt sein Werk auch manche Wundergeschichten zweifelhaften Ursprungs und Inhalts, die das Urteil des Eusebius (h. e. 3,39,11–13) rechtfertigen, Papias sei ein Mann von geringem Geist gewesen, der allegorische Redeweise nicht als solche habe begreifen können (siehe E. SCHULZ-FLÜGEL in LACL ³2002, 546).

39 Vgl. Papias frg. 2,16 (p. 294 LINDEMANN–PAULSEN [= Euseb. h. e. 3,39,15]) Ματθαῖος μὲν οὖν Ἑβραΐδι διαλέκτῳ τὰ λόγια συνετάξατο, ἡρμήνευσεν δ᾽ αὐτά, ὡς ἦν δυνατὸς

Schüler und Dolmetscher des Petrus, in schriftlicher Form das hinterlassen, was Petrus verkündet hat[40]. Ferner habe Lukas, der Begleiter des
Paulus, das von diesem gepredigte Evangelium in einem Buch nieder-
gelegt, schließlich Johannes, der Jünger des Herrn (der an seiner Brust
lag), auch seinerseits das Evangelium herausgegeben, als er sich in
Ephesus in Asien aufhielt.

Erstaunlich ist, daß Irenäus zwischen die beiden aus Papias übernommenen Notizen einen Satz über Petrus und Paulus eingeschoben
hat:

> „Zur selben Zeit (sc. als Matthäus bei den Juden das Evangelium in hebrä-
> ischer Sprache niederschrieb) p r e d i g t e n   P e t r u s   u n d   P a u l u s   i n
> R o m   d a s   E v a n g e l i u m   u n d   g r ü n d e t e n   d i e   (d o r t i g e)
> K i r c h e." Nach ihrem Tod habe dann Markus aufgezeichnet, was Petrus
> verkündet hat, etc.

Man muß annehmen, daß der Zusatz von Irenäus selbst stammt. Er verfolgt ja in den anschließenden Erörterungen das Ziel, der Kirche Roms
einen möglichst frühen apostolischen Ursprung zuzuerkennen, um daraus die Rechtfertigung abzuleiten, daß er sich bei seiner Widerlegung
der Häretiker auf den Aufweis der wahren Lehre, wie sie in der Kirche
Roms tradiert worden ist und bis in seine Zeit verkündet wird, beschränken kann.

Dahinter steht die grundsätzliche Überzeugung, daß der wahre
Glaube nur in der Überlieferung gewährleistet ist, die auf die Apostel
zurückgeht und durch die Aufeinanderfolge der Presbyter in den Kirchen bewahrt wird:

ἕκαστος („Matthäus also hat in hebräischer Sprache die Logien zusammengestellt; es
übersetzte sie ein jeder aber, so gut er es vermochte").

40 Breiter ist dies bei Papias frg. 2,15 (vgl. die voraufgehende Anm.) ausgeführt: Μάρκος
μὲν ἑρμηνευτὴς Πέτρου γενόμενος, ὅσα ἐμνημόνευσεν, ἀκριβῶς ἔγραψεν, οὐ μέντοι
τάξει, τὰ ὑπὸ τοῦ κυρίου ἢ λεχθέντα ἢ πραχθέντα· οὔτε γὰρ ἤκουσεν τοῦ κυρίου οὔτε
παρηκολούθησεν αὐτῷ, ὕστερον δέ, ὡς ἔφην, Πέτρῳ, ὃς πρὸς τὰς χρείας ἐποιεῖτο τὰς
διδασκαλίας, ἀλλ᾽ οὐχ ὥσπερ σύνταξιν τῶν κυριακῶν ποιούμενος λογίων, ὥστε οὐδὲν
ἥμαρτεν Μάρκος, οὕτως ἔνια γράψας ὡς ἀπεμνημόνευσεν· ἑνὸς γὰρ ἐποιήσατο πρόνοι-
αν, τοῦ μηδὲν ὧν ἤκουσεν παραλιπεῖν ἢ ψεύσασθαί τι ἐν αὐτοῖς.
„Markus, der Dolmetscher des Petrus, hat alles, dessen er sich erinnerte, genau aufgeschrieben, freilich nicht der (richtigen) Reihe nach – das, was vom Herrn sei es gesagt,
sei es getan worden war; er hatte nämlich weder den Herrn gehört noch war er ihm
nachgefolgt. Später aber, wie gesagt, (folgte er) dem Petrus, der seine Lehrvorträge den
Bedürfnissen entsprechend gestaltete, jedoch nicht, um eine zusammenhängende Darstellung der Herrenworte zu geben, so daß Markus nicht falsch handelte, als er einiges
so aufschrieb, wie er sich erinnerte. Denn für eines trug er Sorge, nichts von dem, was
er gehört hatte, auszulassen oder darunter etwas Unwahres zu berichten."

Iren. haer. 3,2,2 *cum autem iterum a d   e a m   t r a d i t i o n e m   q u a e*
est a b a p o s t o l i s,   q u a e p e r s u c c e s s i o n e s p r e s b y t e r o-
*r u m **in ecclesiis** c u s t o d i t u r, provocamus eos, adversantur traditioni,*
dicentes se non solum presbyteris sed etiam apostolis exsistentes sapienti-
ores sinceram invenisse veritatem, etc.

Die Überlieferung der Apostel sei aber auf der ganzen Welt offenbar
geworden und könne in der gesamten Kirche von allen erfaßt werden,
die das Wahre sehen wollten. Man sei darüber hinaus in der Lage, die
Bischöfe aufzuzählen, die von den Aposteln in den einzelnen Kirchen
eingesetzt wurden, und deren Nachfolger bis in die gegenwärtige Epoche:

Iren. haer. 3,3,1 *t r a d i t i o n e m   i t a q u e   a p o s t o l o r u m in toto mundo*
*manifestatam **in omni ecclesia** adest perspicere omnibus qui vera velint*
videre, et habemus adnumerare eos q u i a b a p o s t o l i s i n s t i t u t i
*s u n t e p i s c o p i **in ecclesiis** e t s u c c e s s o r e s e o r u m usque ad*
nos, qui nihil tale docuerunt neque cognoverunt quale ab his deliratur.

Doch verbiete sich dies in einem Buch wie dem vorliegenden wegen
der zu großen Länge. Und nun folgt ein (nur in der lateinischen Übersetzung erhaltener) Abschnitt, dessen letzter Satz in der neuzeitlichen
Theologie und Dogmatik hitzig diskutiert worden ist und bis heute –
wie es scheint – die Konfessionen spaltet:

haer. 3,3,2 *Sed quoniam valde longum est in hoc tali volumine **omnium***
***ecclesiarum** enumerare s u c c e s s i o n e s, maximae et antiquissimae et*
*omnibus cognitae, **a gloriosissimis duobus apostolis Petro et Paulo Ro-***
***mae fundatae et constitutae ecclesiae,** eam q u a m h a b e t a b a p o-*
s t o l i s t r a d i t i o n e m e t a d n u n t i a t a m h o m i n i b u s f i d e m
p e r s u c c e s s i o n e s e p i s c o p o r u m p e r v e n i e n t e m u s q u e
a d n o s i n d i c a n t e s, confundimus omnes eos qui quoquo modo, vel
per sibiplacentiam vel vanam gloriam vel per caecitatem et sententiam
*malam, praeterquam oportet colligunt: **ad hanc enim ecclesiam p r o p-***
***t e r p o t e n t i o r e m p r i n c i p a l i t a t e m** n e c e s s e e s t o m n e m*
c o n v e n i r e e c c l e s i a m, hoc est eos qui sunt undique fideles, in qua
semper ab his qui sunt undique conservata est ea quae est ab apostolis
traditio.

„Doch weil es in einem Buch wie dem vorliegenden zu weit führen würde,
die Sukzessionsreihen (der Presbyter und Bischöfe) aller Kirchen aufzuzählen, beschränken wir uns auf die größte, überaus alte und allen bekannte Kirche, die von den beiden hochberühmten Aposteln Petrus und Paulus
in Rom gegründet und eingerichtet worden ist, und zeigen an ihr die von
den Aposteln stammende Tradition und den für die Menschen verkündeten
Glauben auf, wie beides über die Sukzessionen der Bischöfe bis auf uns
gekommen ist. Auf diese Weise bringen wir all jene außer Fassung, die –

wie auch immer – sei es aus Selbstgefälligkeit, eitler Ruhmsucht, Blindheit und verkehrter Denkungsart (häretische) Zirkel um sich sammeln (*colligunt*) und damit gegen Pflicht und Ordnung verstoßen[41] (*oportet* = δεῖ)."

Bis hierher ist man sich unter den Interpreten einig. Der folgende Satz aber hat für große Verwirrung gesorgt, so daß man vor kurzem gar auf den Gedanken verfallen ist, eine englische Übersetzung mit mehreren Alternativversionen anzubieten, die – wie es scheint – gleichberechtigt nebeneinander stehen bleiben:

> „For with this church, on account of its superior authority [or antiquity], it is [legally or practically] necessary for the whole church [or every church] to agree [or come together], that is those on every place who are of the faith; it is in this [i.e. either the Roman church, or the whole church] that the tradition which comes from the Apostles is preserved by those who are on every place."[42]

Der umstrittene Satz des Irenäus bringt zweifelsohne die Begründung (*enim!*) für die zuvor aufgestellte These, daß es durchaus zureichend sei, sich bei dem Aufweis der apostolischen Glaubens- und Lehrtradition aus pragmatischen Gründen auf die Kirche Roms zu beschränken (obwohl diese Glaubenstradition auch an den anderen Kirchen, die auf die Apostel gegründet sind, ablesbar wäre). In vereinfachter Diktion lautet die Begründung:

> „Da die Kirche Roms von den bedeutenden Aposteln Petrus und Paulus ihren Ausgang nimmt, kommt ihr (gegenüber den anderen Kirchen und innerhalb der Gesamtkirche) ein überlegener Ursprung (*potentior principalitas*) zu. Folglich kann es gar nicht anders sein (*necesse est* = ἀνάγκη ἐστί), als daß sich die apostolische Glaubens- und Lehrtradition, wie sie sonst in der Kirche von den Gläubigen auf der ganzen Welt bewahrt ist, im Einklang befindet (*convenire ad*) mit der (durch

---

41 Vgl. haer. 4,26,2 *Quapropter eis qui in ecclesia sunt p r e s b y t e r i s obaudire oportet, his qui s u c c e s s i o n e m h a b e n t a b a p o s t o l i s, sicut ostendimus, qui cum episcopatus s u c c e s s i o n e c h a r i s m a v e r i t a t i s c e r - t u m secundum placitum Patris a c c e p e r u n t, reliquos vero qui absistunt a principali successione et quocumque loco c o l l i g u n t suspectos habere, vel quasi haereticos et malae sententiae, vel quasi scindentes et elatos et sibi placentes, aut rursus ut hypocritas, quaestus gratia et vanae gloriae hoc operantes. omnes autem hi decidunt a veritate.* Ps. I g n a t i u s, den Irenäus kennt, schärft immer wieder ein, daß Kirche nur dort ist, wo der Bischof ist, und daß Taufe und Eucharistie nur in der Gemeinschaft mit dem Bischof gefeiert werden dürfen (Ps.Ign. Smyrn 8,1f.; Philad 7,2); vgl. Trall 7,1f. („wer ohne Bischof, Presbyterium und Diakon etwas tut, der ist nicht rein im Gewissen").

42 So M. EDWARDS, *Romanitas* and the Church of Rome, in: S. SWAIN – M. J. EDWARDS (Hrsgg.), Approaching Late Antiquity: The Transformation from Early to Late Empire, Oxford 2004, 197.

die beiden Gründungsapostel initiierten und durch die Sukzession der Bischöfe bis auf die Gegenwart garantierten) Glaubens- und Lehrtradition Roms[43]. Also genügt es, in der Auseinandersetzung mit den Häretikern die wahre kirchliche Lehre abzulesen an der apostolischen Lehrtradition Roms (und daran die Häretiker zu messen oder besser: zuschanden werden zu lassen [vgl. das Stichwort *confundimus*]).“

Der apostolische Ursprung ist das Entscheidende; er konstituiert im Falle Roms die *potentior principalitas*. In ihm liegt die Authentizität der kirchlichen Lehre verbürgt. Dies gilt ähnlich für die Kirche von Smyrna (haer. 3,3,4), weil – so die Auffassung des Irenäus – in ihr Polykarp von den Aposteln als Bischof für Asien eingesetzt worden ist. Polykarp sei von den Aposteln unterrichtet worden und habe Umgang mit vielen gehabt, die den Herrn noch gesehen hätten. Er habe immer gelehrt, was er von den Aposteln gelernt hatte und was die Kirche überliefert. Denn das allein sei die Wahrheit. Dies bezeugten alle Kirchen Asiens und die Nachfolger Polykarps bis heute. Weiterhin sei die Kirche von Ephesus, die von Paulus gegründet worden sei und in der sich Johannes bis in die Zeit Trajans aufgehalten habe, eine wahrhafte Zeugin der apostolischen Überlieferung.

---

43 In der schulmäßigen Logik würden die Gewichte wohl eher umgekehrt verteilt, so daß sich die Formulierung ergäbe, die apostolische Lehrtradition Roms müsse sich naturgemäß im Einklang mit der apostolischen Lehre der Gesamtkirche befinden. Doch sind solche gedanklichen ‘Inversionen’ in der Latinität nicht selten, etwa auch bei Vergleichungssätzen mit korrespondierendem *tam – quam* (*aeque – quam, idem – qui, tantum – quantum, non minus – quam, non magis – quam, par – ac*) nach dem Typus Sen. Thy 205–207 *maximum hoc regni bonum est, / quod facta domini cogitur populus sui / tam ferre quam laudare*, wo gemeint ist: „die Willkürhandlungen des Herrschers nicht nur zu ertragen, sondern sogar zu loben“, statt dessen aber die gedanklich invertierte Formulierung gewählt ist „ebenso zu ertragen wie zu loben“. In TARRANTs Kommentar zur Stelle werden weitere Belege „for similar inversions of logical sequence“ genannt. Reiches Material bietet M. HILLEN, Studien zur Dichtersprache Senecas. Abundanz. Explikativer Ablativ. Hypallage, Berlin 1989, dort besonders 284ff. (3.3.2 Vertauschung von verglichenen oder gegenübergestellten Satzgliedern oder Attributen eines Bezugswortes). Sprachpsychologisch lag eine solche gedankliche Inversion im Falle des Irenäus (oder seines lateinischen Übersetzers) wohl besonders nahe, weil die Gesamtkirche durch eine Vielzahl von Einzelkirchen und ihren Gläubigen überall in der Welt gebildet wird, Rom aber für den in Lyon schreibenden Irenäus ins Zentrum gerückt ist. Deshalb verteilt er (oder sein lateinischer Übersetzer) die Gewichte umgekehrt. Entscheidend ist der eine Gedanke: Die apostolische Tradition der Kirche ist ebenso an der Glaubenstradition der auf Petrus und Paulus gegründeten Kirche Roms wie an der Glaubenstradition der sonstigen apostolischen Kirchen und der Summe all dieser Kirchen ablesbar; denn – wir haben es oben gehört – durch die Geistsendung im Pfingstereignis wurden alle Apostel mit der vollkommenen Erkenntnis, mit Kraft und Sicherheit erfüllt, so daß sie, wenn sie bis an die Grenzen der Erde hinausziehen, um die Frohbotschaft zu verkünden, sowohl alle zusammen als auch jeder einzelne für sich (*et omnes pariter et singuli eorum*) im Besitz des Evangeliums sind.

Καὶ Πολύκαρπος δὲ οὐ μόνον **ὑπὸ ἀποστόλων** μαθητευθεὶς καὶ συναναστραφεὶς πολλοῖς τοῖς τὸν Κύριον ἑωρακόσιν, ἀλλὰ καὶ **ὑπὸ ἀποστόλων** κατασταθεὶς εἰς τὴν Ἀσίαν ἐν τῇ ἐν Σμύρνῃ ἐκκλησίᾳ ἐπίσκοπος, ... ταῦτα διδάξας ἀεὶ ἃ καὶ **παρὰ τῶν ἀποστόλων**
ἔμαθεν, ἃ καὶ **ἡ ἐκκλησία παραδίδωσιν,** ἃ καὶ μόνα ἐστὶν ἀληθῆ. Μαρτυροῦσι τούτοις αἱ κατὰ τὴν Ἀσίαν ἐκκλησίαι πᾶσαι καὶ οἱ
μέχρι νῦν διαδεδεγμένοι τὸν Πολύκαρπον. ... 3,6 Ἀλλὰ καὶ ἡ ἐν Ἐφέσῳ ἐκκλησία ὑπὸ Παύλου μὲν τεθεμελιωμένη, Ἰωάννου δὲ
παραμείναντος αὐτοῖς μέχρι τῶν Τραϊανοῦ χρόνων, μάρτυς ἀληθής
ἐστιν **τῆς τῶν ἀποστόλων παραδόσεως**[44].

Folglich ist alles Bemühen der Häretiker, die Wahrheit woanders zu suchen als in der Kirche, verkehrt. Denn die Apostel hätten in der Kirche
wie in einem reichen Vorratsraum alles in größter Vollständigkeit zusammengetragen, was zur Wahrheit gehöre. Sollte es aber über irgend-
eine Frage (die ja nur geringfügig sein könne) eine Diskussion geben,
so habe man auf die ältesten Kirchen zurückzugrei-
fen, in denen die Apostel gelebt hätten, und sich von
ihnen für die Lösung des aktuellen Problems Sicherheit und Klarheit zu
holen. Denn wenn etwa die Apostel nichts Schriftliches hinterlassen
hätten, müßte man ebenfalls den Normen der Tradition folgen, die sie
denen übergeben haben, denen sie die Kirchen anvertrauten.

> haer. 3,4,1 *Tantae igitur ostensiones cum sint, non oportet adhuc quaerere*
> *apud alios veritatem quam facile est **ab ecclesia** sumere, cum **apostoli***
> *quasi in depositorium dives plenissime in eam contulerint omnia quae sint*
> *veritatis, uti omnis quicumque velit sumat ex ea potum vitae. ... et si de*
> *modica aliqua quaestione disceptatio esset, nonne oporteret **in antiquissi-***
> ***mas recurrere ecclesias** in quibus **apostoli** conversati sunt et ab eis de*
> *praesenti quaestione sumere quod certum et vere liquidum est? quid autem*
> *si nec apostoli quidem scripturas reliquissent nobis, nonne oportebat ordi-*
> *nem sequi traditionis quam tradiderunt his quibus committebant **ecclesi-***
> ***as**?*

---

44 Iren. frg. 5 (Eus. h. e. 4,14,3–8) und frg. 6 (Eus. h. e. 3,23,3); vgl. haer. 3,3,4 *Et Po-*
    *lycarpus autem, non solum **ab apostolis edoctus** et conversatus cum multis eis qui*
    *Dominum nostrum viderunt, sed etiam **ab apostolis** in Asia in ea **quae est Smyr-***
    ***nis Ecclesia constitutus episcopus** ... haec docuit semper quae ab apostolis didi-*
    *cerat, **quae et Ecclesia tradidit,** et sola sunt vera. testimonium his perhi-*
    *bent **quae sunt in Asia Ecclesiae omnes** et qui usque adhuc successe-*
    *runt Polycarpo. ... Sed et **quae est Ephesi Ecclesia a Paulo** quidem **fun-***
    ***data,** Iohanne autem permanente apud eos usque ad Traiani tempora, testis est ve-*
    *rus **apostolorum traditionis**.

Dieser Argumentationszusammenhang[45] zeigt, daß in dem umstrittenen
Satz aus 3,3,2 nicht von einer Suprematie der römischen Kirche (oder
gar des römischen Bischofsamtes) im Sinne einer Lehrweisung für die
Gesamtkirche die Rede ist[46]. Es geht auch nicht darum, daß die römische Kirche „den Maßstab setzt" für die anderen Kirchen oder darum,
sie, „die hervorragende Kirche, die die apostolische Überlieferung bewahrte, als maßgeblich zu kennzeichnen"[47]. Solche Folgerungen werden noch heute gezogen[48], weil man den ersten Teilsatz der umstritte-

---

45   Er ist offensichtlich in Tertullians 'De praescriptione haereticorum' (praescr. 21 und 36)
     übernommen, vgl. 21,4–6 (CCSL 1, p. 202f.) *Si haec ita sunt, constat perinde o m -
     n e m   d o c t r i n a m ,   q u a e   c u m   i l l i s   **ecclesiis apostolicis** m a t r i c i b u s   e t
     o r i g i n a l i b u s   f i d e i   **conspiret,** veritati deputandam, id sine dubio tenentem,
     quod **ecclesiae ab apostolis, apostoli a Christo, Christus a Deo** accepit; omnem vero
     doctrinam de mendacio praeiudicandam quae sapiat contra veritatem ecclesiarum et
     apostolorum Christi et Dei. Superest ergo uti demonstremus, an h a e c   n o s t r a
     d o c t r i n a cuius r e g u l a m supra edidimus **de apostolorum traditione** censeatur et
     ex hoc ipso an ceterae de mendacio veniant. **Communicamus cum ecclesiis apostolicis**
     quod nulla doctrina diversa: hoc est testimonium veritatis; 36,1–3 Age iam, qui voles
     curiositatem melius exercere in negotio salutis tuae, percurre **ecclesias apostolicas**
     apud quas i p s a e   a d h u c   c a t h e d r a e   a p o s t o l o r u m suis locis praesident,
     apud quas i p s a e   a u t h e n t i c a e   l i t t e r a e   e o r u m recitantur sonantes vocem
     et repraesentantes faciem uniuscuiusque. Proxima est tibi Achaia, habes C o r i n -
     t h u m .   si non longe es a Macedonia, habes P h i l i p p o s; si potes in Asiam tendere,
     habes E p h e s u m; si autem Italiae adiaces, habes R o m a m unde nobis quoque
     a u c t o r i t a s praesto est* („von wo her auch uns v e r b ü r g t e   A u t h e n t i z i t ä t
     zur Hand ist"). *Ista quam **felix ecclesia** cui **totam doctrinam** apostoli cum sanguine suo
     profunderunt, ubi P e t r u s   passioni dominicae adaequatur, ubi P a u l u s   Iohannis
     exitu coronatur, ubi apostolus I o h a n n e s posteaquam in oleum igneum demersus
     nihil passus est, in insulam relegatur,* etc.
46   Dies aber wird noch heute meist implizite vorausgesetzt in den Verlautbarungen der
     Päpste, so etwa in der CONSTITUTIO APOSTOLICA des Papstes Johannes Paul II. *De
     Sede Apostolica vacante deque Romani Pontificis electione* (AAS 88, 1996, 305–343).
     Dort lautet der Auftakt wie folgt: **Universi Dominici Gregis Pastor** est Romanae Eccle-
     siae Episcopus, in qua Beatus Petrus Apostolus, divina disponente Providentia, Christo
     per martyrium extremum sanguinis testimonium reddidit. Plane igitur intelligitur legiti-
     mam apostolicam in hac Sede successionem, **quacum „propter potentiorem principali-
     tatem, necesse est omnem convenire Ecclesiam",** usque peculiari diligentia esse obser-
     vatam.
47   So GNILKA 238. Auch bei FIEDROWICZ (2007) liest man „Maß nehmen" (72), „Maß-
     stäblichkeit" (74).
48   So jüngst durch BENEDIKT XVI. in dem Kirchenväter-Zyklus seiner jeweils auf Mitt-
     wochsaudienzen gehaltenen Katechesen (BENEDIKT XVI., Die Kirchenväter – frühe
     Lehrer der Christenheit, Regensburg 2008). Man hat Verständnis, daß der Anlaß dieser
     Ansprachen nicht Raum bot für theologisch und sprachlich schwierige Differenzierun-
     gen, hätte aber gehofft, daß dieser philologisch geschulte Papst nicht in lapidaren Sät-
     zen die Irenäus-Interpretation der weniger beschlagenen neuzeitlichen Theologen über-
     nimmt. So liest man nun die folgende Deutung des hier verhandelten Irenäus-Passus,
     die gewiß als „päpstliche Auffassung" bis in die nächste Generation weiterwirken wird:
     „Der von der Kirche öffentlich bekannte Glaube ist der gemeinsame Glaube aller. Nur
     dieser Glaube ist apostolisch, kommt von den Aposteln, das heißt von Jesus und von

nen Periode mißverständlich in folgender Weise übersetzt: „Mit dieser Kirche nämlich muß wegen ihrer größeren Vorzüglichkeit jede Kirche übereinstimmen". Daraus leitet man einen Appellcharakter des Satzes ab[49]. Aber schon im frühen neunzehnten Jahrhundert hatte man erkannt, daß die Aufeinanderfolge von *oportet* und *necesse est* in zwei unmittelbar benachbarten Sätzen eine bewußte semantische Differenz signalisiert[50], *necesse est* hier also eine logische (in der Natur der Sache begründete) Notwendigkeit eines bestehenden Sachverhaltes bezeichnet, der sich wie folgt formulieren läßt: „Denn es kann gar nicht anders sein, als daß sich die Glaubenstradition der apostolischen Kirche Roms mit der Glaubenstradition der gesamten, auf die Apostel gegründeten Kirche weltweit in Einklang befindet" [und deshalb im Disput mit den Häretikern stellvertretend für Glauben und Lehre der Gesamtkirche stehen bzw. diese repräsentieren kann])[51].

Gott. Wenn die Christen diesem öffentlich von den Aposteln ihren Nachfolgern übertragenen Glauben anhängen, müssen sie das befolgen, was die Bischöfe sagen, b e s o n - d e r s   m ü s s e n   s i e   d i e   L e h r e   d e r   h e r a u s r a g e n d e n   u n d   s e h r a l t e n   K i r c h e   v o n   R o m   b e a c h t e n. Diese Kirche hat aufgrund ihres Alters die höchste Apostolizität, hat sie doch in der Tat ihren Ursprung in den Säulen des Apostelkollegiums, Petrus und Paulus. M i t   d e r   K i r c h e   v o n   R o m   m ü s s e n s i c h   a l l e   K i r c h e n   v e r s t ä n d i g e n, i n d e m   s i e   i n   i h r   d a s   M a ß d e r   w a h r e n   a p o s t o l i s c h e n   Ü b e r l i e f e r u n g, d e s   e i n e n   g e - m e i n s a m e n   G l a u b e n s   d e r   K i r c h e   a n e r k e n n e n" (S. 27).

49 Ein solcher wird auch in der Paraphrase des Einführungsbandes der überaus verdienstvollen kommentierten Edition von A. ROUSSEAU – L. DOUTRELEAU, Irénée de Lyon, Contre les Hérésies III 1, Paris 1974 [SC 210], 229 zu Unrecht vorausgesetzt: „L'expression ἀνάγκη (ἐστίν) est extrêmement forte. Elle dit beaucoup plus qu'une simple obligation morale: une nécessité inscrite dans la nature même des choses. Une Église, dit équivalemment Irénée, qui n'adhérerait pas à la Tradition de l'Église de Rome dont il a été question, c'est-à-dire qui rejetterait la foi au Dieu unique, Créateur de l'univers et Père du Christ, ne pourrait être une véritable Église (…)"; ferner S. 235 „Si donc la tradition de l'Église de Rome possède, aux yeux d'Irénée, u n e   v a l e u r   n o r m a - t i v e   p o u r   t o u t e s   l e s   a u t r e s   É g l i s e s …" Sie übersetzen (S. 234, ebenso – nur ohne die Klammervermerke – in der zweisprachigen Ausgabe): „Car avec cette Église (de Rome), en raison de l'origine plus excellente (que je viens de dire), doit nécessairement s'accorder toute Église …"

50 Vgl. J. C. L. GIESELER, Lehrbuch der Kirchengeschichte, Bd. I.1, Bonn [4]1844, 212–215 (Anm. 10) [auf dieses vielbändige, heute eher selten zitierte Werk bin ich auch selbst erst nachträglich gestoßen, als meine eigene Erläuterung des schwierigen Satzes bereits formuliert war]. Dort wird S. 214 ausdrücklich davor gewarnt, *necesse est* (ἀνάγκη) mit *oportet* (δεῖ) zu verwechseln: „jenes drückt eine natürliche Nothwendigkeit, dieses eine Verbindlichkeit, Pflicht aus." Und A. VON HARNACK hatte in seinem Lehrbuch der Dogmengeschichte, Bd. I, Tübingen [4]1909, 487 Anm. 1 geschrieben: „Indessen ist dieses „muss" nicht als Imperativ gedacht, sondern = ἀνάγκη = 'es kann nicht anders sein'".

51 GIESELER 214 hatte den Zusammenhang m. E. treffend wie folgt paraphrasiert: „Irenäus will erweisen, daß die Lehre der kath. Kirche apostolisch sei, durch die Nachfolger der von den Aposteln eingesetzten Bischöfe erhalten. Da es zu weitläuftig ist, diesen Zu-

Weiterhin wird *principalitas* häufig unpassend mit „Vorzüglichkeit", „Vorzug"[52] oder auch „Autorität"[53] wiedergegeben. Diese Bedeutung kann das Nomen gewiß haben, und auch GIESELER wollte in ihm an unserer Stelle – mit Blick auf haer. 4,38,3 – das griechische πρωτεία umgesetzt sehen[54]. Aber BLAISE[55] hat die hier verhandelte Stelle (Iren. 3,3,2) mit gutem Grund der Rubrik (frz.) „origine" zugeordnet, und ROUSSEAU–DOUTRELEAU haben in der maßgebenden Edition und Kommentierung des 3. Buches den Nachweis geliefert, daß dem *propter potentiorem principalitatem* höchstwahrscheinlich die griechische Fassung διὰ τὴν ἱκανωτέραν ἀρχήν zugrundeliegt[56]. Eine solche Verwendung von *principalitas* ist ja keineswegs auf die christliche Literatur beschränkt, sondern findet sich etwa auch bei den mit dem Übersetzer des Irenäus zeitgenössischen Grammatikern. Ael. Donat etwa zeigt sein individuelles Profil innerhalb der Vergilscholien des Servius u. a. auch darin, daß er ein dutzendmal *principalitas* für „Grundwort", „Ursprungsform", „Stammform" – im Gegensatz zu den abgeleiteten Wortformen oder Deminutiva – setzt[57], worin ihm z. B. auch Isidor in seinem etymologischen Lehrbuch folgt, das den bezeichnenden Titel *origines* („Ursprungsformen", „Stammformen") trägt; vgl.

---

sammenhang mit den Aposteln von allen Kirchen nachzuweisen, will er seinen Beweis allein auf die römische Kirche beschränken, und zuletzt darthun, daß die Lehre der römischen Kirche mit der ganzen übrigen Kirche nothwendig übereinstimme."

52 Siehe auch GNILKA 236. Zuvor hatte CULLMANN 267 die Vorstellung von der „kräftigeren Vorrangstellung (*potentior principalitas*) Roms" insofern in Zweifel gezogen, als er im Anschluß an P. NAUTIN die Auffassung vertritt, daß „hier als *die* Kirche, der sich jede Kirche anschließen müsse [man beachte die irrige Wiedergabe von *convenire ad*, dazu gleich anschließend], gar nicht die römische, sondern allgemein die 'universale' Kirche gemeint" sei. Doch entgegen der Bewertung CULLMANNs ist dieser Interpretationsversuch alles andere als „philologisch sehr überzeugend begründet".

53 Vgl. ROUSSEAU–DOUTRELEAU 235; aus dem dortigen Versuch, *principalitas* im Sinne von „origine" mit der Vorstellung von „Autorität" in Einklang zu bringen („l'idée d'origine, telle que la comprend Irénée, inclut déjà en fait celle d'autorité") dürfte BROX (Irenäus) seine Übersetzung „Gründungsautorität" abgeleitet haben. Sie ist von FIEDROWICZ (2007, 73. 80) übernommen.

54 Er schließt aus dem lateinischen Wortlaut auf folgenden griechischen Urtext (214): πρὸς ταύτην γὰρ τὴν ἐκκλησίαν διὰ τὴν ἱκανωτέραν πρωτείαν ἀνάγκη πᾶσαν συμβαίνειν τὴν ἐκκλησίαν, τοῦτ' ἔστι τοὺς πανταχόθεν πιστούς, ἐν ᾗ ἀεὶ τοῖς πανταχόθεν συντετήρηται ἡ ἀπὸ τῶν ἀποστόλων παράδοσις. Seine Übersetzung des ersten Teils: „Denn mit dieser Kirche muß wegen ihres bedeutenderen Vorranges, der Natur der Sache nach, die ganze Kirche, d. h. die Gläubigen aller Orte, übereinstimmen." Er erläutert: „Ein Vorrang kam allen apostolischen Kirchen zu: der römischen Kirche ein bedeutenderer, wegen ihrer Größe und ihrer Stiftung von den zwei vornehmsten Aposteln."

55 A. BLAISE, Dictionnaire Latin-Français des Auteurs Chrétiens, Strassbourg 1954.

56 ROUSSEAU–DOUTRELEAU III 1, 229–232.

57 Z. B. DServ Aen. 1,59 *est autem p r i n c i p a l i t a s verbi* verro verris, *p r a e t e r - i t u m* versi, *unde et fit p a r t i c i p i u m* versus ...; 1,73 *sciendum tamen est, quia plerumque in compositione vel derivatione p r i n c i p a l i t a t i s natura corrumpitur;* 1,686 *'Lyaeum' autem pro 'Lyaeium' dixit, figurate ponens p r i n c i p a l i t a t e m pro d e r i v a t i o n e;* 11,657 *cuius nominis* (sc. d i a Camilla) *e t y m o l o g i a m plerique volunt venire ἀπὸ τοῦ Διός: quod si est, dicemus dissentire d e r i v a t i o n e m a p r i n c i p a l i t a t e: nam 'dia' 'di' producit, cum Διός corripiat.*

orig. 1,28,4 *nam quod genus* in p r i n c i p a l i t a t e *est, id esse solet* in d i -
m i n u t i o n e. Wie aber oftmals das Abstractum *origo* ein Concretum vertreten, also für „Stammvater" oder „Stammmutter" stehen kann (s. Tac. Germ. 2
T u i s c o e t M a n n u s origo gentis conditoresque)[58], so auch *principalitas*.
Das Abstractum meint also hier nichts anderes als die **conditores** *ecclesiae*
Romanae P e t r u s e t P a u l u s[59], der hier untersuchte Ausdruck sollte also
entweder mit „wegen ihrer h e r a u s r a g e n d e n G r ü n d u n g s a p o s t e l n"
oder – wenn man das Abstractum auch im Deutschen beibehalten will – mit
„wegen ihres b e d e u t e n d e r e n (p r i v i l e g i e r t e n) U r s p r u n g s" übersetzt werden.

Strittig ist ferner die Bedeutung des Verbs **convenire (*ad*)**. Doch verweisen ROUSSEAU–DOUTRELEAU (229) zu Recht auf haer. 3,12,14, wo der Vers
Apg 15,15 καὶ τ ο ύ τ ῳ **συμφωνοῦσιν** οἱ λόγοι τῶν προφητῶν, καθὼς γέγραπται („und damit stimmen die Worte der Propheten überein, wie geschrieben
steht ...") wiedergegeben ist durch die lateinische Version *et sic* **conveniunt**
sermones prophetarum, sicut scriptum est (...). Sie führen deshalb die Formulierung *ad hanc enim ecclesiam ... necesse est omnem convenire ecclesiam* zurück auf ein ursprüngliches πρὸς ταύτην ... τὴν ἐκκλησίαν ... ἀνάγκη πᾶσαν
συμφωνεῖν ἐκκλησίαν. Verwandt sind die griechisch-lateinischen Versionen
in ThLL IV 831,45ff., wo für *convenire* im Sinne von *aptum esse, congruere,*
congruum esse in den griechischen Vorlagen die Verba **συμφωνεῖν** oder **ἁρ-**
μόσαι stehen. Üblicherweise wird *convenire* dabei mit dem Dativ kombiniert,
so z. B. auch haer. 2,24,1–3 (dreimal) *non convenit figmento eorum* oder *expo-*
sitionibus eorum. Doch kann für den Dativ auch *in* oder *ad* mit Akk. eintreten
(ThLL IV 833,42ff. bzw. 82ff.). Bei Irenäus selbst findet sich noch eine auf-
schlußreiche Parallele in haer. 2,24,4, wo von der Zahl 5 in den Schriften der
Gnostiker die Rede ist, „die nichts mit ihrer Lehre gemein hat, nicht übereinstimmt mit ihrer Fiktion, nicht in Einklang steht mit ihrer typologischen Darstellung dessen, was sich im Pleroma befindet":

> *numerus iste qui quinque dicitur,*
> *in nullo* **communicans** *a r g u m e n t o* eorum
> *neque* **concurrens** *f i g m e n t o* eorum
> *neque c o n v e n i e n s eis*[60] *ad t y p i c a m* eorum
> *quae sunt in Pleromate d e m o n s t r a t i o n e m.*

Das parallel geordnete Trikolon erläutert sich selbst. Im folgenden Paragraphen 2,24,5 wird eine weitere Variation eingeführt: *si quidem annus in XXX*
divideretur et mensis in XII, **conveniens** *putaretur typus esse m e n d a c i o* eorum.

---

58 Entsprechend ist A e n e a s in Aen. 12,168 *Romanae stirpis* **origo**; vgl. Ov. met.
    11,755f. *huius* **origo** / *I l u s et A s s a r a c u s.*
59 Siehe ferner u. S. 164ff.
60 Dies ist Dat. commodi.

Damit kommen wir zum Schlußteil der Periode, in dem die Definition und Erläuterung von *omnem ecclesiam* gegeben wird:

> *ad hanc enim ecclesiam propter potentiorem principalitatem necesse est* **omnem** *convenire* **ecclesiam,** *hoc est eos qui sunt undique fideles,* **in qua** *semper ab his qui sunt undique conservata est ea quae est ab apostolis traditio.*

Manche sind der Auffassung, der Relativsatz *in qua* ... beziehe sich nicht auf den nächstgelegenen Subjektsakkusativ des AcI (*omnem ecclesiam*), sondern auf *hanc ecclesiam* zu Beginn des Satzes zurück, umschreibe also die Kirche Roms; so auch ROUSSEAU–DOUTRELEAU III 1, 232ff., die S. 234 eine (leicht paraphrasierende) Übersetzung geben: „Car avec cette Église (de Rome), en raison de l'origine plus excellente (que je viens de dire), doit nécessairement s'accorder toute Église, autrement dit les fidèles de partout, – (avec cette Église, dis-je), en laquelle toujours, au bénéfice de ces (gens) de partout, a été (effectivement) conservée, (ainsi que je vais le montrer tout de suite), la Tradition qui vient des apôtres."

Entsprechend liest man bei GNILKA 239: „Die 'Gläubigen von überall her' leben in den Gemeinden der weltweiten Kirche. ... Wenn es weiter heißt, daß Menschen von überall her in der römischen Gemeinde die apostolische Tradition bewahrt haben, ist dies am besten als Hinweis auf die Zusammensetzung dieser Gemeinde zu verstehen. In Rom haben sich Christen aus allen Weltteilen zusammengefunden." Aber wie die 'Gläubigen von überall her', die sich in Rom zusammenfinden, die apostolische Tradition (der römischen Gemeinde?) hätten gewährleisten sollen, ist ein Rätsel. Echtbürtigkeit und Authentizität wird ja in der antiken Historiographie viel eher, ja geradezu topisch an Unvermischtheit und bewahrte Autochthonie gebunden[61]. Beinahe jedes Lexikon gibt darüber Auskunft, daß **undique** nicht nur „v o n allen Seiten", sondern auch „a u f allen Seiten", „ü b e r a l l", „in every quarter", „in every part of the world" heißen kann – je nach Aspekt und Blickwinkel[62]. So ist in der Historia Augusta der Beginn eines Ediktes erhalten, das Kaiser Aurelian nach dem Sieg über den Tyrannen Firmus erlassen hat. Dort lautet der erste Satz nach dem Eingangsgruß: *pacato* **undique** *gentium toto, qua late patet, orbe terrarum Firmum etiam latronem Aegyptium ..., ne plurimum loquar, fugavimus, obsedimus, cruciavimus et occidimus* (Hist. Aug. quatt. tyr. 5,3 [HOHL II p. 225,24–29): „nachdem überall unter den Völkern der ganze Erdkreis, so

---

61 Es genügt an die klassische Darstellung dieser ethnographischen Thematik im Kapitel II von E. NORDENs „Die germanische Urgeschichte in Tacitus Germania" (Leipzig 1923), 42ff. zu erinnern.

62 Über diese Seite der Sprachpsychologie handeln lehrreich: H. STÜRENBURG, Relative Ortsbezeichnung. Zum geographischen Sprachgebrauch der Griechen und Römer, Leipzig–Berlin 1932; E. WISTRAND, Nach Innen oder nach Aussen? Zum geographischen Sprachgebrauch der Römer, Göteburg 1946.

weit er sich erstreckt, befriedet war, ..." Dementsprechend ist in haer. 3,3,2 *qui sunt **undique** (fideles)* durch „die Gläubigen überall in der Welt" wiederzugeben[63].

Daß sich der Relativsatz *in qua* auf *omnem ecclesiam* bezieht, hatte schon V. HARNACK gesehen: die Anbindung an das nächstgenannte Subjekt wird ja durch den Sprach-Usus dringend nahegelegt, die Übersetzung von ROUSSEAU–DOUTRELEAU aber, mit vielsagendem Gedankenstrich und rückgreifendem Klammervermerk, offenbart die Not, in die sie der gewaltsame Ausbruch aus der natürlichen Satzstruktur gestürzt hat. Wirklich strittig kann allein die Ausdeutung von *omnem ecclesiam* sein: Ist „jede Kirche" oder „die ganze Kirche", „die Gesamtkirche" gemeint? HARNACK (wie S. 149 Anm. 50) hat m. E. zu Recht darauf insistiert, daß *omnem ecclesiam* als πᾶσαν τὴν ἐκκλησίαν [„die ganze Kirche"], nicht als πᾶσαν ἐκκλησίαν [„jede Kirche"] zu fassen sei. Dies stimmt am besten zu dem oben herausgearbeiteten Leitgedanken, daß der Apologet sich aus pragmatischen Gründen auf die Glaubens- (und Lehr)tradition der von Petrus und Paulus gegründeten Kirche Roms beschränkt, weil er der Auffassung sein darf, daß diese vollgültig die apostolische Glaubenstradition der Gesamtkirche repräsentiert; weniger angemessen hieße es, „weil es gar nicht anders sein kann, als daß zwischen der Kirche Roms und allen übrigen Kirchen auf der ganzen Welt Übereinstimmung in der apostolischen Glaubens- (und Lehr)tradition herrscht." Die Gesamtkirche wird definiert als „die Gläubigen überall in der Welt, die (ganze) Kirche, in der zu allen Zeiten von diesen Gläubigen überall in der Welt die (Glaubens)tradition bewahrt ist, die von den Aposteln ihren Ausgang genommen hat". Nur bei dieser Deutung schließt sich der Relativsatz *in qua* nahtlos an. Sollte auf die Einzelkirchen abgehoben werden, müßten wir dringend *in quibus* erwarten; dies würde dann aber zuvor den Plural *omnes ecclesias* erforderlich machen.

Es sei daran erinnert, daß im umgebenden Text in der Regel der Plural gesetzt wird, wenn die verschiedenen Einzelkirchen herausgestellt werden sollen[64], vgl. 3,3,1 *qui ab apostolis instituti sunt episcopi in ecclesiis* (ἐν ταῖς ἐκ-

---

63 Auch der Irenäus-Übersetzer selbst benutzt ja *undique* in verschiedener Bedeutung, gerne im Sinne von „in jeder Hinsicht", „rundum", „gänzlich" (2,7,1 *si autem svave est undique evertere eos et mendaces arguere*; 2,17,2 *utrum simplices quidam et uniformes et undique sibi aequales et similes*). Man beachte das ebenfalls doppelt gesetzte *undique* in 3,2,3 (*more serpentium lubricos undique effugere conantes – quapropter undique resistendum illis est*); 3,24,1 *praedicatione autem ecclesiae undique constante et aequaliter perseverante* („überall"? oder „in jeder Hinsicht"?); 5,3,2 *nervi undique contensi et continentes membra*.
64 So auch bei Tertullian, o. S. 148 Anm. 45.

κλησίαις)[65]; ... *quibus ipsas ecclesias* (αὐτὰς τὰς ἐκκλησίας) *committebant*; 3,3,2 *omnium ecclesiarum ... successiones* (τὰς πασῶν τῶν ἐκκλησιῶν ... διαδοχάς); 3,3,4 *quae sunt in Asia ecclesiae omnes* (αἱ κατὰ τὴν Ἀσίαν ἐκκλησίαι πᾶσαι).

Andererseits spricht Irenäus mit Vorliebe davon, daß die Apostel die Tradition begründet haben und die Kirche (im Singular) diese bewahrt oder lehrt und predigt: Iren. haer. 3,3,4 *haec docuit semper quae a b a p o s t o l i s d i - d i c e r a t, quae et ecclesia tradidit, et sola sunt vera; ... unam et solam hanc veritatem adnuntians a b a p o s t o l i s p e r c e p i s s e se quam et ecclesia tradidit*; 3,12,13 *quoniam autem e t a p o s t o l i e t d i s c e n t e s i p s o - r u m s i c d o c e b a n t quemadmodum ecclesia praedicat*; vgl. haer. 1,10,1 ἡ μὲν γὰρ **ἐκκλησία**, καίπερ **καθ᾽ ὅλης τῆς οἰκουμένης ἕως περάτων τῆς γῆς διεσπαρμένη**, π α ρ ὰ δ ὲ τ ῶ ν Ἀ π ο σ τ ό λ ω ν, κ α ὶ τ ῶ ν ἐ κ ε ί ν ω ν μ α - θ η τ ῶ ν παραλαβοῦσα τὴν ... πίστιν; 1,10,2 τοῦτο τὸ κήρυγμα παρειληφυῖα, καὶ ταύτην τὴν πίστιν, ὡς προέφαμεν, **ἡ ἐκκλησία**, καίπερ **ἐν ὅλῳ τῷ κόσμῳ διεσπαρμένη**, ἐπιμελῶς φυλάσσει, ὡς ἕνα οἶκον οἰκοῦσα· καὶ ὁμοίως πιστεύει τούτοις, ὡς μίαν ψυχὴν καὶ τὴν αὐτὴν ἔχουσα καρδίαν, καὶ σ υ μ φ ώ ν ω ς ταῦτα κηρύσσει, καὶ διδάσκει, καὶ παραδίδωσιν, ὡς ἓν στόμα κεκτημένη. καὶ γὰρ αἱ κατὰ τὸν κόσμον διάλεκτοι ἀνόμοιαι, ἀλλ᾽ **ἡ δύναμις τῆς παραδόσεως** μία καὶ ἡ αὐτή; 5,20,1 *ubique enim ecclesia praedicat veritatem.*

Bis ins Detail stimmt mit dem so gedeuteten Wortlaut des umstrittenen Satzes die verwandte Stelle haer. 2,9,1 überein: *ecclesia autem omnis per universum orbem hanc accepit a b a p o s t o l i s t r a d i t i o n e m.* Dort zeigt der Zusammenhang in aller Klarheit, daß gemeint ist: „Die ganze Kirche aber auf dem gesamten Erdkreis hat diese Tradition von den Aposteln übermittelt bekommen." Denn zuvor ist von dem Urgeschlecht unter Adam die Rede, dann von den späteren Generationen, die von den Propheten unterrichtet wurden, danach von den Heiden, die aus der Schöpfung selbst den Herrn und Schöpfer erkennen konnten, – schließlich von der Kirche, die ihre Überlieferung von den Aposteln erhalten hat. Hier ist der Blick nicht auf jede einzelne Ortskirche, sondern auf die Kirche insgesamt gerichtet. Nicht ganz so sicher kann man in dem bereits oben (S. 144) paraphrasierten Satz 3,3,1 sein (*t r a d i t i o n e m itaque a p o s t o l o r u m in toto mundo manifestatam in omni ecclesia adest perspicere omnibus qui vera velint videre, et habemus adnumerare eos qui ab apostolis instituti sunt episcopi in ecclesiis et successores eorum usque ad nos,* etc.). Aber die Wahrscheinlichkeit ist groß, daß hier zunächst die Gesamtkirche ins Auge gefaßt ist, dann die verschiedenen Einzelkirchen mit ihren von den Aposteln eingestellten Bischöfen und deren Nachfolgern[66]. Dagegen ist

---

65 Siehe oben S. 144 (haer. 3,2,2; 3,3,1). 147 (haer. 3,4,1) mit Anm. 44.

66 Vgl. haer. 4,33,8 (frg. 17 γνῶσις ἀληθής, ἡ τῶν ἀποστόλων διδαχὴ καὶ τὸ ἀρχαῖον τῆς ἐκκλησίας σύστημα κατὰ παντὸς τοῦ κόσμου) „Die wahre Gnosis ist die Lehre der Apostel und die altbewährte Gemeinschaft (Körperschaft, Vereinigung) der Kirche in der ganzen Welt" [Ioh. Chrys. in psalm. 149,1 (PG 55,493) Ἐκκλησία γὰρ συστήματος καὶ συνόδου ἐστὶν ὄνομα; Theodoret in XIV epist. Paul. (Kol. II vers. 19), PG 82,613 C ᾽σ ῶ μ α᾽ δὲ τῆς ἐκκλησίας τὸ σύστημα]: *agnitio vera est a p o s t o l o r u m d o c - t r i n a, et antiquus e c c l e s i a e s t a t u s in universo mundo, et character c o r -*

3,12,5 durch die griechische Vorlage sichergestellt, daß die Jerusalemer Muttergemeinde als Ursprung jeder anderen Kirchengemeinde bezeichnet wird: *hae voces e c c l e s i a e ex qua habuit* **omnis ecclesia** *initium; hae voces civitatis magnae novi Testamenti civium; hae voces apostolorum, hae voces discipulorum Domini* (αὗται φωναὶ τ ῆ ς ἐ κ κ λ η σ ί α ς ἐξ ἧς **πᾶσα** ἔσχηκεν **ἐκκλησία** τὴν ἀρχήν· αὗται φωναὶ τῆς μητροπόλεως τῶν τῆς καινῆς διαθήκης πολιτῶν· αὗται φωναὶ τῶν ἀποστόλων, αὗται φωναὶ τῶν μαθητῶν τοῦ Κυρίου).

Für unseren Zusammenhang ist von zentraler Bedeutung, daß Irenäus die Kirche Roms auf die beiden Apostel Petrus und Paulus gründet. Da sie demnach einen so frühen Ursprung hat und in den beiden größten Aposteln wurzelt, darf er darauf vertrauen, daß sich in ihrem Glauben und in ihrer Lehre die Glaubenslehre der apostolischen Gesamtkirche spiegelt: Die Lehrtradition der Kirche Roms ist nach seiner Sicht in der Lage, die Lehrtradition der Weltkirche zu repräsentieren[67]. Woher aber seine Überzeugung stammt, daß Petrus und Paulus gemeinsam in Rom gewirkt und die dortige Kirche gegründet haben, sagt er uns nicht. Er setzt dies als gegeben voraus – wahrscheinlich gestützt auf die irrige Interpretation des (ihm wohlbekannten) „Clemensbriefes" durch Bischof Dionysius von Korinth[68], sicherlich gestützt auf den Römerbrief des Ps.Ignatius, den er ausdrücklich nennt. Es hat den Anschein, daß er diese Konzeption weiter verfestigen half, indem er das

---

poris Christi secundum successiones episcoporum quibus illi e a m q u a e i n u n o q u o q u e l o c o e s t e c c l e s i a m t r a d i d e r u n t, quae pervenit usque ad nos custoditio sine fictione Scripturarum, plenissima tractatio neque additamentum neque ablationem recipiens, et lectio sine falsatione, et secundum Scripturas expositio legitima et diligens et sine periculo et sine blasphemia, et praecipuum dilectionis munus, quod est pretiosius quam agnitio, gloriosius autem quam prophetia, omnibus autem reliquis charismatibus supereminens.

67 Eine „ideologische Rechtfertigung des römischen Zentralismus" (Kardinal KASPER) läßt sich aus den frühchristlichen Apologeten wie Irenäus, Ps.Ignatius und Tertullian (s. o. S. 148 Anm. 45) nicht gewinnen; vielmehr verkörpern alle Kirchen, die von Aposteln gegründet sind und ihre jeweilige Presbyter- und Bischofssukzession durchgehalten haben (z. B. Smyrna und Ephesus, vgl. haer. 3,3,4–6), sowohl einzeln als in ihrer Gesamtheit die kirchliche Tradition, s. o. S. 146 Anm. 43 Ende; ferner etwa die oben zitierten Texte haer. 3,1,1; 3,2,2; 3,3,1; 4,26,2. Dies ist auch der Grund, weswegen u. a. der Antihäretiker Hegesippus die verschiedenen Bischofskirchen, darunter Korinth und Rom, besucht, um Klarheit über die Orthodoxie zu gewinnen. Er stellt fest, daß er bei all den vielen Bischöfen, mit denen er zusammengetroffen sei, stets die gleiche Lehre vorgefunden habe (s. u. S. 167). Eine solche mehr historische Perspektive könnte vielleicht den philosophisch-theologischen „Streit der Kardinäle" (RATZINGER/KASPER) entschärfen helfen. Er ist zuletzt im einzelnen entfaltet in K.-H. MENKE, Der Leitgedanke Joseph Ratzingers: Die Verschränkung von vertikaler und horizontaler Inkarnation, Paderborn 2008 (NRWAkW G 415), siehe dort besonders Kapitel 2: „Die Verhältnisbestimmung von Universal- und Ortskirche", S. 27–46.

68 Siehe oben S. 32. 134f. 139f. und unten S. 237.

aus Papias entlehnte Eingangszitat haer. 3,1,1 um einen Satz erweiterte, durch den er die beiden in Rom predigenden Gründerapostel in die Reihe der Evangelisten integrierte.

5. Petrus und Paulus als Begründer des römischen Episkopats: Die ersten Bischöfe Roms

a) Die früheste Bischofsliste Roms bei Irenäus

Die Häretiker stehen gemäß Irenäus weder im Einklang mit der Schrift noch mit der apostolischen Tradition[69], die durch die Aufeinanderfolge der Presbyter in den Kirchen bewahrt wird:

> haer. 3,2,2 [traditio] quae est ab apostolis, quae per successiones presbyterorum in ecclesiis custoditur.

Wenn der Apologet die Widerlegung der Häretiker auf diese beiden Stützpfeiler gründet, ist es von entscheidender Bedeutung, daß er die römische Kirche, die für ihn den Glauben der Gesamtkirche repräsentieren soll, nicht nur in den beiden Aposteln Petrus und Paulus zu verankern weiß, sondern auch zeigen kann, daß diese mit den beiden Aposteln beginnende Tradition durch eine lückenlose Sukzessionsfolge bis in seine eigene Epoche treu bewahrt wurde. So ist es nur folgerichtig, daß er nach dem Aufweis der Lehrtätigkeit der beiden Apostel in Rom, die er in die Evangelien des Marcus und Lucas münden läßt (s. o. S. 141ff.), nun die Begründung des römischen Episkopats durch die beiden Apostel herausstellt und daran eine Liste der ersten zwölf Bischöfe knüpft, die – offensichtlich nach dem Vorbild der zwölf Apostel konzipiert – den Zeitraum von Petrus und Paulus bis zu dem zeitgenössischen Bischof Eleutherus überspannt. Woher hat Irenäus sein Wissen? Handelt es sich um eine apologetische Konstruktion? Der Text lautet wie folgt:

> haer. 3,3,3 (frg. 3 [Eus. h. e. 5,6,1–2]) Θεμελιώσαντες οὖν καὶ οἰκοδομήσαντες οἱ μακάριοι ἀπόστολοι τὴν ἐκκλησίαν, **Λίνῳ** τὴν τῆς ἐπισκοπῆς λειτουργίαν ἐνεχείρισαν· τούτου τοῦ Λίνου Παῦλος ἐν ταῖς πρὸς Τιμόθεον ἐπιστολαῖς μέμνηται. Διαδέχεται δὲ αὐτὸν **Ἀνέγκλητος**. Μετὰ τοῦτον δὲ τρίτῳ τόπῳ ἀπὸ τῶν ἀποστόλων τὴν ἐπισκοπὴν κληροῦται **Κλήμης**, ὁ καὶ ἑωρακὼς τοὺς μακαρίους ἀποστόλους καὶ συμβεβληκὼς αὐτοῖς, καὶ ἔτι ἔναυλον τὸ κήρυγμα τῶν ἀποστόλων καὶ τὴν παράδοσιν πρὸ ὀφθαλμῶν ἔχων, οὐ μόνος· ἔτι γὰρ

---

69 Iren. haer. 3,2,2 evenit itaque neque scripturis iam neque traditioni consentire eos.

πολλοὶ ὑπελείποντο τότε ὑ π ὸ τ ῶ ν ἀ π ο σ τ ό λ ω ν δ ε δ ι δ α γ μ έ-
ν ο ι. ...
Τὸν δὲ Κλήμεντα τοῦτον διαδέχεται **Εὐάρεστος**, καὶ τὸν Εὐάρεστον Ἀλέ-
ξανδρος, εἶθ᾽ οὕτως ἕκτος ἀ π ὸ τ ῶ ν ἀ π ο σ τ ό λ ω ν καθίσταται **Ξύστος**, μετὰ δὲ τοῦτον **Τελεσφόρος**, ὃς καὶ ἐνδόξως ἐμαρτύρησεν· ἔπειτα
Ὑγῖνος, εἶτα **Πίος**, μεθ᾽ ὃν **Ἀνίκητος**· διαδεξαμένου τὸν Ἀνίκητον **Σωτῆρος**, νῦν δωδεκάτῳ τόπῳ *τὸν τῆς ἐπισκοπῆς* ἀ π ὸ τ ῶ ν ἀ π ο σ τ ό λ ω ν
κατέχει *κλῆρον* **Ἐλεύθερος**.

3,3,3 *Fundantes igitur et instruentes b e a t i a p o s t o l i ecclesiam*, **Lino**
*episcopatum administrandae ecclesiae tradiderunt: huius Lini Paulus in
his quae sunt ad Timotheum epistolis meminit. succedit autem ei* **Anacletus**. *post eum tertio loco a b a p o s t o l i s episcopatum sortitur* **Clemens**,
*qui e t v i d i t a p o s t o l o s i p s o s, et contulit cum eis et cum adhuc in-
sonantem p r a e d i c a t i o n e m a p o s t o l o r u m e t t r a d i t i o n e m
ante oculos haberet, non solus: adhuc enim multi supererant tunc a b
a p o s t o l i s d o c t i*. ...
Huic autem Clementi succedit **Euaristus**, *et Euaristo* **Alexander**, *ac deinceps sextus a b a p o s t o l i s constitutus est* **Xustus**, *et ab hoc* **Telesipho-
rus**, *qui etiam gloriosissime martyrium fecit, ac deinceps* **Hyginus**, *post*
Pius, *post quem* **Anicetus**. *Cum autem successisset Aniceto* **Soter**, *nunc
duodecimo loco e p i s c o p a t u m a b a p o s t o l i s habet* **Eleutherus**.

Demnach hätten die 'seligen Apostel' nach Gründung und Einrichtung
der Kirche Roms dem L i n u s das Amt des Bischofs übertragen. Irenäus erläutert sofort, wen er dabei vor Augen hat: Es ist eben der Linus,
den 'Paulus' in seinem Brief an Timotheus (2Tim 4,21) erwähnt[70].
Schon durch diesen Auftakt wird offenkundig, daß es sich um eine
Konstruktion handelt; denn der Timotheus-Brief ist – wie die anderen
„Pastoralbriefe" – spät, vermutlich nicht vor 100, wahrscheinlich sogar
etwas später, entstanden; der in der Grußformel am Ende des Briefes
genannte Linus aber („es grüßen dich Eubulus, Pudens, L i n u s , Clau-
dia und alle Brüder") nimmt dort keinerlei herausgehobene Leitungs-
funktion wahr – und müßte ja um die Zeit des 'Paulus' auch längst den
weiteren Bischöfen in der Sukzession Platz gemacht haben, wenn diese
zuträfe.
   Wie der erste Bischof der Zwölferliste (Linus) aus 2Tim 4,21 gewonnen wurde, so ist der zweite (A n e n c l e t u s) mit großer Wahrscheinlichkeit aus Tit 1,7 herausgesponnen, wo es heißt:

---

70 So dann auch Eus. h. e. 3,2.

δεῖ γὰρ τ ὸ ν ἐ π ί σ κ ο π ο ν ἀ ν έ γ κ λ η τ ο ν εἶναι ὡς θεοῦ οἰκονόμον ... („denn es soll der Bischof unbescholten sein als ein Hausverwalter Gottes")[71],

der dritte, C l e m e n s, aber aus Phil 4,3, wo Paulus einen Clemens unter seinen Mitarbeitern nennt. In diesem Sinne interpretieren den Irenäus sowohl Origenes (in Joh 6,54,279 [GCS 10, p. 163])[72] als auch Eusebius (h. e. 3,4,9; ähnlich 3,15)[73]. Denn Irenäus spricht ja anschließend davon, daß Clemens die seligen Apostel noch gesehen habe und mit ihnen verkehrt habe; ja, er habe noch die Predigt der Apostel gehört und sei ein Augenzeuge ihrer Überlieferung gewesen – und zwar keineswegs der einzige; denn es seien damals noch viele von den Schülern der Apostel am Leben gewesen[74].

In dem folgenden Satz bringt Irenäus diesen Bischof Clemens in zeitliche Verbindung zu dem sog. 1. Clemensbrief, den die römische Ortskirche an die Gemeinde von Korinth geschrieben hat:

---

71 Zu „Papst" Anencletus im Liber pontificalis siehe HEUSSI 71–77. Die angeblich von ihm errichtete memoria Petri ist ungeschichtlich, „eine phantasiemäßige Projektion des späteren Zustandes in die Frühzeit" (76); siehe ferner unten S. 250 Anm. 12.

72 Siehe LONA 67. Origenes kannte acta Pauli oder (und) acta Petri, s. Eus. h. e. 3,1,2f. ὃς (sc. Petrus) καὶ ἐπὶ τέλει ἐν Ῥώμῃ γενόμενος, ἀνεσκολοπίσθη κατὰ κεφαλῆς, οὕτως αὐτὸς ἀξιώσας παθεῖν. τί δεῖ περὶ Παύλου λέγειν, ἀπὸ Ἱερουσαλὴμ μέχρι τοῦ Ἰλλυρικοῦ πεπληρωκότος τὸ εὐαγγέλιον τοῦ Χριστοῦ καὶ ὕστερον ἐν τῇ Ῥώμῃ ἐπὶ Νέρωνος μεμαρτυρηκότος; ταῦτα Ὠ ρ ι γ έ ν ε ι κατὰ λέξιν ἐν τρίτῳ τόμῳ τῶν εἰς τὴν Γένεσιν ἐξηγητικῶν εἴρηται (Petrus, der offenbar in Pontus, Galatien, Bithynien, Kappadokien und [Klein-]Asien den Diasporajuden gepredigt hatte, „kam schließlich auch nach Rom und wurde dort mit dem Kopf nach unten gekreuzigt, ganz so, wie er selbst zu leiden gewünscht hatte. Was soll ich über Paulus sagen, der von Jerusalem bis hin nach Illyrien die Verkündigung des Evangeliums Christi erfüllt hatte und später in Rom unter Nero das Martyrium erlitt? Dies hat wörtlich so Origenes im 3. Buch seines Genesis-Kommentars berichtet"); s. ferner o. S. 85.

73 Siehe LONA 68. Wir beobachten hier den gleichen Mechanismus wie bei der Zuschreibung der Evangelien an die Mitarbeiter der Apostel (Markus und Lukas) durch den gleichen Irenäus (s. S. 142), ferner durch den für die Evangelien-Tituli verantwortlichen Editor und durch den (um 200 anzusetzenden) Autor des Canon Muratori, s. G. SCHNEIDER, Die Apostelgeschichte I, Freiburg 1980 (HThK 5/1), 109; A. WEISER, Die Apostelgeschichte, ÖTK 5,1, Gütersloh 1981, 39; R. PESCH, Die Apostelgeschichte, 2 Bde. (EKK 5, 1986), I 26; ders., Die Zuschreibung der Evangelien an apostolische Verfasser, ZKTh 97, 1975, 56–71. Nach U. SCHNELLE, Einleitung in das Neue Testament, UTB 1830, ²Göttingen 1996, 256f. ist zu vermuten, daß die Heraushebung des Lukas in 2Tim 4,11 der Anlaß war, Lukas zum Evangelisten zu machen.

74 Der Pseudo-Ignatius des interpolierten Briefcorpus macht auch Anencletus – wie den Clemens – zum Mitarbeiter des Petrus, s. Ps.Ignat. epist. interpol. 2,7,4 τί δὲ δ ι ά κ ο - ν ο ι ἀλλ᾽ ἢ μιμηταὶ Χριστοῦ, δ ι α κ ο ν ο ῦ ν τ ε ς τ ῷ ἐ π ι σ κ ό π ῳ ὡς Χριστὸς τῷ πατρὶ καὶ λειτουργοῦντες αὐτῷ λειτουργίαν καθαρὰν καὶ ἄμωμον, ὡς Σ τ έ φ α ν ο ς ὁ ἅγιος Ἰακώβῳ τῷ μακαρίῳ καὶ Τ ι μ ό θ ε ο ς κ α ὶ Λ ῖ ν ο ς Παύλῳ καὶ Ἀ ν έ γ - κ λ η τ ο ς κ α ὶ Κ λ ή μ η ς Πέτρῳ;

haer. 3,3,3 Ἐπὶ τούτου οὖν τοῦ Κλήμεντος στάσεως οὐκ ὀλίγης τοῖς ἐν
Κορίνθῳ γενομένης ἀδελφοῖς, ἐπέστειλεν ἡ ἐν Ῥώμῃ ἐκκλησία ἱκανωτά-
την γραφὴν τοῖς Κορινθίοις, εἰς εἰρήνην συμβιβάζουσα αὐτοὺς καὶ ἀνανε-
οῦσα τὴν πίστιν αὐτῶν καὶ ἣν νεωστὶ ἀ π ὸ τ ῶ ν ἀ π ο σ τ ό λ ω ν π α -
ρ ά δ ο σ ι ν εἰλήφει.

sub hoc igitur Clemente dissensione non modica inter eos qui Corintho[75]
essent fratres facta, scripsit quae est Romae ecclesia potentissimas litteras
Corinthiis, ad pacem eos congregans et reparans fidem eorum et adnunti-
ans quam in recenti a b a p o s t o l i s acceperat t r a d i t i o n e m.

„Zur Zeit dieses Clemens kam es zu einer keineswegs geringfügigen Auseinandersetzung unter den Brüdern in Korinth. Da schickte die Kirchengemeinde in Rom den Korinthern einen höchst bedeutsamen Brief, um sie in
Frieden zu versöhnen und ihren Glauben zu erneuern und (ihnen) die
Überlieferung (zu verkünden)[76], die sie (die römische Gemeinde) jüngst
von den Aposteln empfangen hatte.“

Die folgende Kurzfassung eines „Glaubensbekenntnisses“[77], wie es aus
dem „Clemensbrief“ gezogen werden kann, insbesondere die Lehre von
Gott, dem Vater des Herrn Jesus Christus, wird dann als ausdrückliche
apostolische Tradition der Kirche bezeichnet, die jedermann aus dem
Brief der römischen Gemeinde entnehmen könne. Denn dieser Brief sei
älter (und damit von höherer Autorität) als die Häretiker mit ihrem falschen Gottesbild.

Wir haben gesehen, daß dieser Brief der Kirche Roms an die Korinther erstmals durch den Bischof Dionysios v. Korinth (ca. 170–174)[78]
einem (Bischof)[79] K l e m e n s zugeschrieben wird. Irenäus zitiert ihn
ebenso wie noch Clemens Alexandrinus (strom. 5,80,1 κἂν τῇ πρὸς Κο-

---

75 So die Editoren, *Corinthi* NESSELRATH.
76 In dem von Eusebius überlieferten griechischen Text fehlt ein drittes Partizip, das dem   *
   adnuntians der lateinischen Übersetzung entspräche. Vielleicht ist καὶ <(ἀνα)κηρύττου-
   σα> zu schreiben (κηρύσσουσα schon SCHWARTZ im App. der „Kleinen Ausgabe“ zu
   S. 187,19).
77 Wir befinden uns weiter in Iren. haer. 3,3,3 (der Text schließt unmittelbar an *quam …*
   ab apostolis acceperat t r a d i t i o n e m an) *a d n u n t i a n t e m unum Deum omnipo-*
   tentem, Factorem caeli et terrae, Plasmatorem hominis, qui induxerit cataclysmum et
   advocaverit Abraham, qui eduxerit populum de terra Aegypti, qui collocutus sit Moysi,
   qui legem disposuerit et prophetas miserit, qui ignem praeparaverit diabolo et angelis
   eius. hunc Patrem Domini nostri Iesu Christi ab ecclesiis adnuntiari, ex ipsa scriptura
   qui velint discere possunt et a p o s t o l i c a m e c c l e s i a e t r a d i t i o n e m intel-
   legere, cum sit vetustior epistola his qui nunc false docent et alterum Deum super De-
   miurgum et Factorem horum omnium quae sunt commentiuntur.
78 Später dann auch in der griech. Handschrift H aus dem Jahr 1056 – vermutlich aber
   auch schon in der früheren handschriftlichen Überlieferung; nur können wir das nicht
   nachweisen, weil im Codex Alexandrinus aus dem 5. Jh. der Anfang verstümmelt ist.
79 Dies ergibt sich wohl aus der engen Parallelisierung mit Bischof Soter, siehe die Texte
   o. S. 135 mit Anm. 19.

ρινθίους Ῥωμαίων ἐπιστολῇ ... γέγραπται: um 200 bis 210?) – beide offensichtlich mit Blick auf den Einleitungssatz des Briefes – als ein Schreiben der Römer an die Korinther; doch zieht Irenäus eine wenigstens zeitliche Verbindung zu Bischof Clemens. Vermutlich hat er auch dabei den Brief des Bischofs Dionysios im Blick, der seinerseits durchaus mit der Methode vertraut scheint, erste Bischöfe aus beiläufig genannten Personen des NT zu kreieren. So berichtet Eusebius, Dionysios von Korinth habe in seinem Brief an die Kirche von Athen mitgeteilt, daß der Areopagite Dionysios, der nach dem Bericht der Apostelgeschichte (Apg 17,34) von Paulus für den Glauben gewonnen wurde, zum ersten Bischof der Kirche in Athen erwählt worden sei[80]. Vergleichbares werden wir unten in der Jakobuslegende des Hegesippus hören (S. 178ff.).

Dies alles sind spätere Konstruktionen, mit denen der Monepiskopat, wie er sich in der zweiten Hälfte des zweiten Jahrhunderts – in der Auseinandersetzung mit den gnostischen Häresien[81] – allmählich herausgebildet hat, bereits auf die Frühphase der kirchlichen Gemeindestrukturen zurückprojiziert wurde[82]. Historisch Verläßliches kann aus dieser Methode nicht erwachsen. Somit müssen all diese frühen Bischofsnamen mit großer Skepsis betrachtet werden. Die Zweifel, die man dem sogenannten Clemens, der den Korintherbrief der Gemeinde Roms verfaßt haben soll, entgegengebracht hat, und die Zweifel an der Existenz dieses Bischofs Clemens überhaupt, der die 3. Position auf der römischen Bischofsliste eingenommen haben soll, sind voll berechtigt (s. S. 250 Anm. 12)[83].

---

80 Eus. h. e. 4,23,3 δηλοῖ δ' ἐπὶ τούτοις ὡς καὶ Διονύσιος ὁ Ἀρεοπαγίτης ὑπὸ τοῦ ἀποστόλου Παύλου προτραπεὶς ἐπὶ τὴν πίστιν κατὰ τὰ ἐν ταῖς Πράξεσιν δεδηλωμένα, πρῶτος τῆς Ἀθήνησι παροικίας τὴν ἐπισκοπὴν ἐγκεχείριστο.

81 Siehe unten S. 129. 206ff. und 226ff.

82 „Die kirchliche Überlieferung geht von einer Gemeindestruktur aus – mit dem Bischof an der Spitze –, die auf Clemens projiziert wird, die aber für seine Zeit nicht postuliert werden darf" (LONA 72). Schon vor 150 Jahren hatte VOLCKMAR geschrieben: „Dann aber hat es überhaupt bis mindestens c. 140 hin in allen Gemeinden und so auch zu Rom absolut an einer monarchischen oder bischöflichen Verfassung gefehlt, wie gerade auch durch diesen Brief (sc. 1Clem) evident wird, der nur gleichberechtigte *presbyteri* an der Spitze der Gemeinde weiss. ... Darüber ist auch unter allen Verständigen kein Streit mehr, dass die ganze Annahme einer römischen Bischofsreihe von Anfang an bis gegen c. 140–150 hin, sei es mit oder ohne Petrus zu Anfang, von der spätern Voraussetzung aus zwar ganz natürlich aber doch nur eine Phantasie ist" (G. VOLCKMAR, Über Clemens von Rom und die nächste Folgezeit, mit besonderer Beziehung auf den Philipper- und Barnabas-Brief, so wie auf das Buch Judith, in: Theologische Jahrbücher 15, 1856, 287–369, dort 300).

83 Nach Eusebius (h. e. 3,15 in Kombination mit 3,34) hätte er von 92–100 amtiert, s. LONA 68. – Schon Epiphanius (haer. 27,6,2-7) sah sich überfordert, die Aporie zu lö-

Auch die unmittelbar anschließenden Namen der Bischofsliste (Ev-
aristus, Alexander, Xystus, Telesphorus, Hyginus, Pius) bleiben für uns
schemenhaft[84]. Erst mit Hyginus, den Irenäus haer. 1,27,1 als 9. Bischof
zählt, obwohl er auf seiner Liste den 8. Platz innehat[85], scheint sich ein
historisches Ereignis zu verbinden, der Besuch des Gnostikers Cerdon
in Rom. Mit den drei letzten (Aniket, Soter, Eleutherus) gewinnen wir
dann festen Grund: Sie sind uns u. a. durch den Antihäretiker Hegesippus bezeugt (S. 166f.), Aniket auch etwa durch Polykarp von Smyrna
(S. 163 und S. 201 Anm. 191). Den Bischof Eleutherus bezeichnet Irenäus ausdrücklich als seinen Zeitgenossen (**νῦν** ... τὸν τῆς ἐπισκοπῆς
... κατέχει κλῆρον Ἐλεύθερος / *nunc ... episcopatum ... habet
Eleutherus*).

Die elementare Bedeutung dieser Bischofssukzession für den Wahr-
heitsanspruch der apostolischen Lehre, wie sie durch die Kirche Roms
bewahrt worden sei, hebt Irenäus zum Abschluß noch einmal hervor:

haer. 3,3,3 *h a c   o r d i n a t i o n e   e t   s u c c e s s i o n e   ea quae est ab
apostolis in ecclesia traditio et veritatis praeconatio pervenit usque ad
nos. et est plenissima haec ostensio, unam et eandem vivificatricem fidem
esse quae in ecclesia ab apostolis usque nunc sit conservata et tradita in
veritate* (Eusebius [h. e. 5,6,5] hat uns nur noch den ersten Satz im griechischen Original bewahrt: τῇ αὐτῇ τάξει καὶ τῇ αὐτῇ διδαχῇ[86] ἥ τε ἀπὸ
τ ῶ ν   ἀ π ο σ τ ό λ ω ν ἐν τῇ ἐκκλησίᾳ π α ρ ά δ ο σ ι ς καὶ τὸ τῆς ἀ λ η -
θ ε ί α ς   κ ή ρ υ γ μ α κατήντηκεν εἰς ἡμᾶς): „In dieser Reihenfolge der
Sukzession ist die von den Aposteln ausgehende Überlieferung und Verkündigung der Wahrheit in der Kirche bis auf uns gekommen. Und das ist
der vollkommenste Beweis, daß es sich um ein und denselben lebensspen-

---

sen, daß Clemens Zeitgenosse der Apostel Petrus und Paulus gewesen und von ihnen
zum Bischof Roms ordiniert worden sein soll, aber das Bischofamt erst in der Nachfolge des Linus und Anenkletos (der bei ihm Kletos heißt) angetreten habe. Er denkt sich
verschiedene Möglichkeiten aus, behilft sich beispielsweise mit der Annahme, daß Clemens nach seiner Ordinierung durch die Apostel außerhalb Roms tätig gewesen sei und
deshalb sein Amt erst nach dem Tod des Linus und Kletos ausgeübt habe. Als Alternative erwägt er, daß Petrus und Paulus häufig von Rom abwesend gewesen seien (Paulus
in Spanien, Petrus in Pontus und Bithynien) und deshalb Ersatzbischöfe in Rom fungie-
ren mußten. Wirkliche historische Kenntnis besitzt er nicht, hält aber gleichwohl an einer festen Akoluthie der Bischöfe Roms fest: ὅμως ἡ τῶν ἐν Ῥώμῃ ἐπισκόπων διαδοχὴ
ταύτην ἔχει τὴν ἀκολουθίαν· **Πέτρος καὶ Παῦλος, Λίνος καὶ Κλῆτος, Κλήμης** Εὐάρεστος Ἀλέξανδρος Ξύστος Τελέσφορος Ὑγῖνος Πίος Ἀνίκητος, ὁ ἄνω ἐν τῷ καταλό-
γῳ προδεδηλωμένος.
84 Zu den Bischofslisten überhaupt s. S. 249.
85 Siehe dazu die Irenäus-Ausgabe von BROX Bd. 1, 318 Anm. 115: er vermutet, daß man
    schon zur Zeit des Irenäus Petrus als ersten Bischof mitzählen konnte – was doch wohl
    verwundern müßte, da ja der gleiche Irenäus davon in seiner Zwölferliste absieht.
86 Im Hinblick auf die lateinische Übersetzung ist hier besser ταύτῃ τῇ τάξει καὶ ταύτῃ τῇ
    διαδοχῇ zu schreiben, s. ROUSSEAU–DOUTRELEAU III 1, p. 238.

denden Glauben handelt, der in der Kirche von den Aposteln bis in die
Gegenwart bewahrt und weitergegeben worden ist in Wahrheit"[87].

Wer hat die römische Bischofsliste zusammengestellt? Wer hat die drei
ersten Positionen mit Namen aus dem Neuen Testament gefüllt? War es
Irenäus selbst? Es sei daran erinnert, daß er in eigener Regie zwischen
die Papias-Zitate über die Evangelisten einen entscheidenden Satz über
die in Rom predigenden Apostel Petrus und Paulus als die geistigen
Väter des Marcus- und des Lucas-Evangeliums eingeschoben hat (S.
143)[88].

b) Bischof Polykarp von Smyrna bei Irenäus

Auch was Irenäus anschließend – in haer. 3,3,4 – über Polykarp von
Smyrna schreibt (den er dort in seiner frühesten Jugend selbst noch gesehen habe), klingt konstruiert, als würde ihm gegen alle chronologische Plausibilität ein vertrauter Umgang mit den Aposteln zugeschrieben und überdies seine Auseinandersetzung mit den Gnostikern[89] anek-
dotenhaft ausgeschmückt. Irenäus beginnt nach dem Denkmuster, das
er bereits bei der Konzeption des fiktiven „Bischofs" Clemens vorgeführt hat: Auch Polykarp sei „von Aposteln" unterrichtet worden und
habe mit vielen Umgang gehabt, die den Herrn noch gesehen hätten, ja,
er sei sogar „von Aposteln in der Kirche von Smyrna als Bischof für
Asien eingesetzt worden."

frg. 5 (Eus. h. e. 4,14,3) Καὶ Πολύκαρπος δὲ οὐ μόνον ὑπὸ ἀποστόλων μαθητευθεὶς καὶ συναναστραφεὶς πολλοῖς τοῖς τὸν Κύριον

---

87 Der Nachweis der ununterbrochenen traditio apostolica bedeutet eines der wesentlichen
    Wahrheitskriterien jener Zeit, so ALAND 500. Über „Apostolische Sukzession" handelt
    FIEDROWICZ 2007, 65–72, über „Römische Bischofs-/Presbyterlisten" GNILKA 242–
    250; siehe ferner S. 169 und 249.
88 In karolingischer Zeit tauchen dann sogar ab den vierziger Jahren des 9. Jh.s die bis da-
    hin „vermißten" Dekrete dieser frühchristlichen (z. T. erfundenen) römischen Bischöfe
    auf, angefangen von Clemens über Anacletus, Evaristus, Alexander bis hin zu Silvester,
    Marcus und Julius: 79 Schreiben von 36 frühen Päpsten, ein grandioses Fälscherunter-
    nehmen mit dem Zentrum Kloster Corbie an der Somme, vermutlich unter dem Diakon
    und Abt Paschasius Radbertus als dem *spiritus rector*. Man hat diese pseudo-isidori-
    schen Dekretale den „größten Betrug der Weltgeschichte" genannt. Zu dem ganzen
    Komplex sind die Arbeiten von K. ZECHIEL-ECKES zu vergleichen; siehe die knappe
    Zusammenfassung (mit einer entsprechenden Bibliographie S. 89 Anm. 17) in K. ZE-
    CHIEL-ECKES, Altes Recht und falsche Päpste: Überlegungen zu Rezeption und 'kreati-
    ver' Transformation spätantiker Literalität im frühen Mittelalter, in: D. BOSCHUNG – S.
    WITTEKIND (Hrsgg.), Persistenz und Rezeption, Wiesbaden 2008, 85–104, dort bes.
    89f. 92–95.
89 Vgl. o. S. 58 Anm. 63.

ἑωρακόσιν, ἀλλὰ καὶ ὑπὸ ἀποστόλων κατασταθεὶς εἰς τὴν Ἀσίαν
ἐν τῇ ἐν Σμύρνῃ ἐκκλησίᾳ ἐπίσκοπος, ὃν καὶ ἡμεῖς ἑωρά-
καμεν ἐν τῇ πρώτῃ ἡμῶν ἡλικίᾳ.

haer. 3,3,4 *Et Polycarpus autem, non solum a b a p o s t o l i s edoc-
tus et conversatus cum multis eis qui Dominum nostrum viderunt, sed etiam a b a p o s t o l i s in Asia in ea q u a e e s t Smyrnis Ecclesia
constitutus e p i s c o p u s, quem et nos vidimus in prima nostra aetate.*

Wenig später erzählt Irenäus eine Anekdote, die angeblich noch lebende Zeitgenossen aus dem Mund des Polykarp gehört hätten. Sie handelt
von Johannes, „dem Jünger unseres Herrn", der in Ephesus ein Bad be-
treten, dort aber den Gnostiker Kerinth gesehen und deshalb sofort wieder – ungewaschen – das Bad verlassen habe mit dem Ausruf: „Schnell
weg! Das Bad könnte einstürzen; denn drinnen befindet sich Kerinthos,
der Feind der Wahrheit!"[90] Es folgt die berühmte Anekdote über Polykarps Begegnung mit Markion, bei der er dem Gnostiker sein Verdikt
ἐπιγινώσκω, ἐπιγινώσκω τὸν πρωτότοκον τοῦ Σατανᾶ entgegenge-
schleudert haben soll. Sie wird heute als eine Erfindung des Irenäus angesehen, der ein ausgeprägtes Interesse daran haben mußte, „etablierte
Bürgen der apostolischen Überlieferung in irgendein persönliches Verhältnis zu den führenden Köpfen der einzelnen Häresien zu bringen"[91].
Vor allem aber soll Polykarp als Garant einer möglichst originären
apostolischen Tradition stilisiert werden[92]. Deshalb hebt Irenäus in
haer. 3,3,4 hervor, daß Polykarp stets die Lehre der Apostel und die
Überlieferung der Kirche gelehrt habe, die allein wahr seien:

ταῦτα διδάξας ἀεὶ ἃ καὶ **παρὰ τῶν ἀποστόλων ἔμαθεν,** ἃ κ α ὶ ἡ ἐκκλησία παραδίδωσιν, ἃ καὶ μόνα ἐστὶν ἀληθῆ.

*haec docuit semper quae **ab apostolis didicerat,** quae e t ecclesia*
[-iae codd., zu Unrecht] *t r a d i d i t, et sola sunt vera.*

In Rom (unter Aniketos) habe er viele Häretiker zurückgewonnen durch
die Erklärung, er habe das, was er lehre, als die eine, allein gültige

---

90 Iren. frg. 5 (Eus. h. e. 4,14,6) Καί εἰσιν οἱ ἀκηκοότες αὐτοῦ ὅτι Ἰ ω ά ν ν η ς ὁ τοῦ Κυρίου μαθητὴς ἐν τῇ Ἐφέσῳ πορευθεὶς λούσασθαι καὶ ἰδὼν ἔσω Κ ή ρ ι ν θ ο ν ἐξήλατο
τοῦ βαλανείου μὴ λουσάμενος, ἀλλ' ἐπειπών· «Φύγωμεν, μὴ καὶ τὸ βαλανεῖον συμπέ-
σῃ, ἔνδον ὄντος Κηρίνθου τοῦ τῆς ἀληθείας ἐχθροῦ.» haer. 3,3,4 *Et sunt qui audierunt
eum quoniam I o h a n n e s Domini discipulus in Epheso iens lavari, cum vidisset intus
Cerinthum, exsilierit de balneo non lotus, dicens quod timeat ne balneum concidat, cum
intus esset Cerinthus inimicus veritatis.*
91 Siehe LECHNER 1999, 31 unter Berufung auf LÜDEMANN (wie S. 201 Anm. 191) 89f.
92 Bei Eusebius wird daraus die Prädikation τῶν ἀποστόλων ὁμιλητής: Polykarp sei ein
Weggefährte der Apostel gewesen und habe „von Augenzeugen und Dienern des
Herrn" die bischöfliche Würde der Kirche zu Smyrna übertragen bekommen" (h. e.
3,36,1). Eusebius fußt hier offensichtlich auf Iren. adv. haer. 3,3,5 (s. o.).

Wahrheit von den Aposteln empfangen, die als solche von der Kirche überliefert worden sei

Ὅς καὶ ἐπὶ Ἀνικήτου ἐπιδημήσας τῇ Ῥώμῃ, πολλοὺς ἀπὸ τῶν προειρημέ-νων αἱρετικῶν ἐπέστρεψεν εἰς τὴν ἐκκλησίαν τοῦ Θεοῦ, μίαν καὶ μόνην ταύτην ἀλήθειαν κηρύξας **ὑπὸ τῶν ἀποστόλων παρειληφέναι** τὴν ὑ π ὸ τῆς ἐκκλησίας παραδιδομένην.

haer. 3,3,4 *unam et solam hanc veritatem adnuntians **ab apostolis perce-pisse se** quam et ecclesia tradidit* (die Hss haben wieder zu Un-recht *ecclesiae*; s. o.).

c) Die Bischöfe Polykarp und Clemens in Tertullians 'De praescriptione haereticorum'

Die in den letzten Kapiteln behandelten Vorstellungen des Irenäus über die *principalitas* der Kirchengemeinden von Rom und Smyrna und über die apostolische Sukzession als Grundlage der wahren Lehre finden sich ganz ähnlich wenige Jahre später bei Tertullian; ich beschränke mich auf einen einzigen kurzen Passus aus seiner Schrift 'De praescrip-tione haereticorum'. Nachdem er die einzelnen Häretiker vorgeführt und ihre Irrlehren skizziert hat, mißt er sie an den Aposteln und faßt das Ergebnis in dem einen Satz zusammen (30,17): „Jene machten aus To-ten Lebende, diese aber machen aus Lebenden Tote" (*illi* [sc. *apostoli*] *enim de mortuis vivos faciebant, isti* [*haeretici*] *de vivis m o r t u o s fa-ciunt*). Daran knüpft er dann die folgende grundsätzliche Bemerkung, von dem Stichwort „Tod" zum „Ursprung" zurückgehend:

Tert. praescr. 31,1–4 *sed a b e x c e s s u revertar **ad principalitatem** v e-r i t a t i s et p o s t e r i t a t e m m e n d a c i t a t i s disputandam, ex illius quoque parabolae patrocinio quae bonum semen frumenti a domino semi-natum **in primore** constituit, avenarum autem sterilis faeni adulterium ab inimico diabolo p o s t e a superducit. Proprie enim doctrinarum distinc-tionem figurat quia et alibi verbum dei seminis similitudo est. Ita ex ipso ordine manifestatur id esse dominicum et verum quod sit **prius traditum,** id autem extraneum et falsum quod sit p o s t e r i u s inmissum. Ea senten-tia manebit adversus p o s t e r i o r e s q u a s q u e h a e r e s e s, quibus nulla constantia de conscientia competit ad defendendam sibi veritatem.*

„Aber vom Tod will ich zurückkehren zur Erörterung der 'Ursprünglich-keit' der Wahrheit[93] und der Posteriorität des Truges. Dabei stütze ich mich auf das Gleichnis (Mt 13,24–30), das den guten, vom Herrn ausge-streuten Getreidesamen an die erste Stelle setzt, die durch den Teufel be-wirkte Verfälschung in Form des unfruchtbaren Unkrautes aber nachträg-lich hinzufügt. Dieses Gleichnis stellt nämlich in eigentlichem Sinne die Verschiedenheit der Lehren dar, da ja auch anderswo der Same das Wort Gottes versinnbildet. Auf diese Weise wird schon durch die bloße Reihen-folge offenbar, daß das vom Herrn kommt und wahr ist, was früher über-liefert ist, daß aber das von außen kommt und falsch ist, was nachträglich eingefügt ist. Dieser Schiedsspruch (dieses Kriterium) wird seine Gültig-keit behalten gegenüber allen späteren Häresien, denen keine Beständig-keit in der Überzeugung zukommt (= denen keine unerschütterlich feste Überzeugung zukommt), sie könnten für sich die Wahrheit beanspruchen."

32,1–3 *ceterum si quae audent interserere se a e t a t i a p o s t o l i c a e ut ideo videantur a b a p o s t o l i s traditae quia s u b a p o s t o l i s fue-runt, possumus dicere: edant ergo* **o r i g i n e s ecclesiarum suarum,** *evol-vant o r d i n e m e p i s c o p o r u m suorum ita p e r s u c c e s s i o n e m ab initio decurrentem ut primus ille episcopus aliquem e x a p o s t o l i s v e l a p o s t o l i c i s v i r i s , qui tamen cum apostolis perseveraverit, ha-buerit auctorem et antecessorem. Hoc enim modo e c c l e s i a e a p o -s t o l i c a e census suos deferunt, sicut* **S m y r n a e o r u m e c c l e s i a** P o l y c a r p u m a b I o h a n n e *collocatum refert, sicut* **R o m a n o -r u m** C l e m e n t e m a P e t r o *ordinatum [est]*[94]. *Perinde utique et ce-terae exhibent quos a b a p o s t o l i s i n e p i s c o p a t u m c o n s t i t u -t o s apostolici seminis traduces habeant.*

„Wenn aber einige (Häresien) wagen, sich in das apostolische Zeitalter einzureihen, um den Eindruck zu erwecken, sie seien von den Aposteln überliefert, weil sie aus der Zeit der Apostel stammen, dann können wir fordern: So sollen sie doch den jeweiligen Ursprung ihrer Kirchen aufwei-sen, eine Reihenfolge ihrer Bischöfe aufrollen, die so durch eine fortlau-fende Sukzession von Anfang an bis in die Gegenwart herabläuft, daß je-ner am Anfang stehende Bischof einen der Apostel oder wenigstens einen der Männer aus apostolischer Zeit, der mit den Aposteln dauerhaft zusam-mengewirkt hat, als Urheber (seiner Bischofswürde) und als Vorgänger namhaft machen kann. Auf diese Weise nämlich leisten die apostolischen Kirchen ihren Beglaubigungsnachweis: So bezieht sich die Kirche von Smyrna auf die Einsetzung ihres (ersten Bischofs) Polykarp durch Johan-nes, so die Kirche von Rom auf die Ordinierung ihres (ersten Bischofs) Clemens durch Petrus. In gleicher Weise geben auch die übrigen Kirchen

---

93 Gemeint ist: „zur Ursprünglichkeit, die Wahrheit garantiert" (am Beginn/Anfang/Ur-sprung steht die unverfälschte Wahrheit; die Lüge und das Verkehrte stellt sich erst spä-ter/mit einem zeitlichen Abstand ein).
94 del. Zw.

Zeugnis, welche von den Aposteln eingesetzten Bischöfe sie als Überliefe-rer des apostolischen Samens vorzuweisen haben."

In diesem Tertullian-Text erhalten wir eine zusätzliche Bestätigung, daß wir oben (S. 150) im Irenäus-Zitat die Junktur *potentiorem principalitatem* zu Recht als synonym zu (*potentiorem*) *originem* verstanden haben (vgl. 31 *ad principalitatem veritatis et posteritatem mendacitatis*; 32 *edant ergo origines ecclesiarum suarum*). Die zentrale These aber lautet: Die sicherste Abgrenzung von den Häre-sien gelingt durch den Nachweis des apostolischen Ursprungs des je-weils ersten Bischofs der einzelnen Kirchen und einer ununterbroche-nen Sukzessionsreihe von Bischöfen bis in die Gegenwart, durch die die unverfälschte Weitergabe der Lehrtradition garantiert wird. Heraus-ragende Beispiele sind wieder Smyrna mit seinem ersten, von Johannes eingesetzten Bischof Polykarp und Rom, als dessen erster Bischof hier offenbar bereits der von Petrus ordinierte Clemens figuriert, obwohl er bei Irenäus erst den dritten Platz zugebilligt erhalten hatte.

d) Die vermeintliche 'Diadoche' des Antihäretikers Hegesippus

Aufgrund einer verwirrenden Notiz des Eusebius hat man die erste Bi-schofsliste Roms nicht dem Irenäus, sondern dem Hegesippus zuge-schrieben. Dieser gehört zu jenen frühchristlichen Apologeten, die etwa zur gleichen Zeit wie Iustinus Martyr[95] aus dem griechischen Osten nach Rom kamen, um sich in der Auseinandersetzung mit der Gnosis der wahren Lehre zu versichern. Er besuchte eine Reihe christlicher Ge-meinden und unternahm um 160 (unter Bischof Aniketos) auch eine Reise über Korinth nach Rom, wo er nach eigenen Aussagen (die uns Eusebius erhalten hat)[96] bis zu Bischof Eleutherus blieb, der sein Amt ca. 177 antrat[97]. In diese Zeit, in die sechziger Jahre, fällt auch der zweite Romaufenthalt Justins (s. S. 130). Beide um die Orthodoxie ringenden, aus dem griechisch-sprachigen Osten kommenden Apologe-ten konnten sich also dort treffen.

Nach Eusebius skizzierte Hegesippus in fünf (um 180–190 ge-schriebenen) Büchern die unverfälschte Überlieferung der apostoli-

---

95 Siehe o. S. 129ff.
96 Eus. h. e. 4,11,7 καθ' ὃν [Ἀνίκητον] Ἡγήσιππος ἱστορεῖ ἑαυτὸν ἐπιδημῆσαι τῇ Ῥώμῃ παραμεῖναί τε αὐτόθι μέχρι τῆς ἐπισκοπῆς Ἐλευθέρου.
97 Siehe Eus. h. e. 5, praef.1.

schen Lehre in höchst einfacher literarischer Form[98]. Dabei erzählte er auch von seiner Reise nach Rom:

> Eus. h. e. 4,22,1–3 Ὁ μὲν οὖν Ἡγήσιππος ἐν πέντε τοῖς εἰς ἡμᾶς ἐλθοῦσιν ὑπομνήμασιν τῆς ἰδίας γνώμης πληρεστάτην μνήμην καταλέλοιπεν· ἐν οἷς δηλοῖ ὡς πλείστοις ἐπισκόποις συμμίξειεν ἀποδημίαν στειλάμενος μέχρι Ῥώμης, καὶ ὡς ὅτι τὴν αὐτὴν παρὰ πάντων παρείληφεν διδασκαλίαν. ἀκοῦσαί γέ τοι πάρεστιν μετά τινα περὶ τῆς Κλήμεντος πρὸς Κορινθίους ἐπιστολῆς αὐτῷ εἰρημένα ἐπιλέγοντος ταῦτα· «καὶ ἐπέμενεν ἡ ἐκκλησία ἡ Κορινθίων ἐν τῷ ὀρθῷ λόγῳ μέχρι Πρίμου ἐπισκοπεύοντος ἐν Κορίνθῳ· οἷς συνέμιξα πλέων εἰς Ῥώμην καὶ συνδιέτριψα τοῖς Κορινθίοις ἡμέρας ἱκανάς, ἐν αἷς συνανεπάημεν τῷ ὀρθῷ λόγῳ· γενόμενος δὲ ἐν Ῥώμῃ, **διαδοχὴν ἐποιησάμην** μέχρις Ἀνικήτου· οὗ διάκονος ἦν Ἐλεύθερος, καὶ παρὰ Ἀνικήτου **διαδέχεται** Σωτήρ, μεθ' ὃν Ἐλεύθερος. ἐν ἑκάστῃ δὲ **διαδοχῇ** καὶ ἐν ἑκάστῃ πόλει οὕτως ἔχει ὡς ὁ νόμος κηρύσσει καὶ οἱ προφῆται καὶ ὁ κύριος».

Er sei unterwegs mit sehr vielen Bischöfen zusammengetroffen und habe von allen die gleiche Lehre dargeboten bekommen. Er habe sich dann – so weiter Eusebius – über den „Brief des Klemens an die Korinther" geäußert (leider erfahren wir nichts Inhaltliches) und dann folgendes mitgeteilt:

> „Und es verharrte die Kirche von Korinth bei der rechten Lehre bis zu dem Zeitpunkt, da Primus das Bischofsamt in Korinth innehatte. Mit ihnen (den Korinthern) traf ich zusammen anläßlich einer Reise nach Rom und ich hielt mich bei ihnen eine ganze Reihe von Tagen auf, während deren ich zusammen mit ihnen Erholung fand bei dem wahren Wort. In Rom angekommen, fertigte ich eine „D i a d o c h e" an bis hin zu Aniket. Dessen Diakon war Eleutherus; und von Aniket übernahm Soter das Bischofsamt (im Jahr 169?), nach ihm Eleutherus."

Sein Bericht endet mit der bedeutsamen Feststellung:

> „In jeder Diadoche und in jeder Stadt sind die Verhältnisse so, wie es das Gesetz, die Propheten und der Herr (selbst) verkünden",

das heißt: Hegesippus hat in allen von ihm besuchten Städten, in denen die christliche Lehre von Nachfolger zu Nachfolger weitertradiert wurde, die Orthodoxie bewahrt gefunden.

Was hat es mit dieser Notiz διαδοχὴν ἐποιησάμην μέχρις Ἀνικήτου auf sich? Nach M. DURST (LACL ³2002, 315) und J. GNILKA 246 soll

---

98 Eus. h. e. 4,8,2 ἐν πέντε δ' οὖν συγγράμμασιν οὗτος τὴν ἀπλανῆ παράδοσιν τοῦ ἀποστολικοῦ κηρύγματος ἀπλουστάτῃ συντάξει γραφῆς ὑπομνηματισάμενος, ...

Hegesippus keine „formelle Liste der Bischöfe Roms erstellt (…), sondern sich anhand der ununterbrochenen Abfolge der röm. Bischöfe von der zuverlässigen Weitergabe der apostolischen Überlieferung überzeugt" haben. Aber wie geht das mit dem Wortlaut des griechischen Textes zusammen? Die lateinische Übersetzung des Rufinus aus dem Jahr 402/403 bietet eine abweichende Version:

> Rufin. hist. 4,22,1–3 *ait ergo: 'Et permansit', inquit, 'ecclesia Corinthiorum in praedicatione recta usque ad Primum episcopum, quem Romam navigans vidi et resedi cum eo apud Corinthum diebus multis, delectatus puritate fidei eius. cum autem venissem Romam,* **permansi inibi,** *donec Aniceto Soter et Soteri successit Eleutherus. sed in omnibus istis ordinationibus vel in ceteris, quas per reliquas urbes videram, ita omnia habebantur, sicut lex antiquitus tradidit et prophetae indicarunt et dominus statuit'.*

Hier lesen wir nichts vom Aufstellen einer Bischofsdiadoche, sondern es heißt schlicht:

> „Als ich aber in Rom angekommen war, blieb ich dort, bis dem Anicet Soter und dem Soter Eleutherus als Bischof nachfolgte."

Zuvor ist auch hier von Bischof Primus in Korinth die Rede, aber so, daß deutlich wird, daß Hegesippus vornehmlich i h n (und nicht in erster Linie die Kirchengemeinde) aufsuchte und mit i h m zusammen viele Tage verbrachte und sich an der Reinheit s e i n e s Glaubens erfreute. Das Motto des ganzen Abschnittes lautet ja, Hegesippus sei auf seiner Reise bis nach Rom mit v i e l e n B i s c h ö f e n zusammengetroffen (ὡς πλείστοις ἐπισκόποις συμμίξειεν ἀποδημίαν στειλάμενος μέχρι Ῥώμης); so versteht man auch sofort, daß in dem *donec*-Satz von einer *successio* der Bischöfe Anicetus – Soter – Eleutherus die Rede ist.

Es spricht somit viel dafür, daß die lateinische Übersetzung dem Original näher steht als die Wiedergabe des griechischen Textes in der Eusebius-Tradition. Im überlieferten griechischen Wortlaut mutet ja das blanke **διαδοχὴν ἐποιησάμην** merkwürdig an: man müßte dringend einen spezifizierenden Genetiv τῶν ἐν (τῇ) Ῥώμῃ ἐπισκόπων fordern. Und wenn Hegesippus sich wirklich die Erstellung der frühesten Bischofsliste hätte zuschreiben wollen, dürfte man erwarten, daß er die ganze Liste mitteilen und nicht nur die letzten drei Bischöfe der Zwölferreihe nennen würde. Überdies scheint die Junktur διαδοχὴν ποιεῖσθαι in der Bedeutung „eine Diadoche erstellen", „eine Sukzessionsliste (von Bischöfen) anfertigen" sonst in der ganzen Gräzität nicht belegt. Somit dürften VON HARNACK und andere das überlieferte **διαδοχήν** zu Recht angezweifelt und statt dessen **διατριβήν** (oder διαγωγήν) gefor-

dert haben. Die Verschreibung lag ja wegen des anschließenden διαδέχεται Σωτήρ ... ἐν ἑκάστῃ δὲ διαδοχῇ nahe![99] Die korrigierte Version
aber stimmt bestens zu

Eus. h. e. 4,11,7 καθ' ὃν [Ἀνίκητον] Ἡγήσιππος ἱστορεῖ ἑαυτὸν ἐπιδημῆσαι τῇ Ῥώμῃ παραμεῖναί τε αὐτόθι μέχρι τῆς ἐπισκοπῆς Ἐλευθέρου.

Ganz offenkundig ist ja das hier behandelte Hegesipp-Fragment die
Quelle für Eusebs Nachricht! Im Gegensatz zu διαδοχὴν ποιεῖσθαι ist
διατριβήν ποιεῖσθαι eine zu allen Epochen in der griechischen Literatur häufig verwendete Ausdrucksweise. Sie begegnet von Isokrates,
Platon, Aristoteles, Polybios bis in die byzantinistische Gräzität, siehe
ex. gr. Flav. Ios. ant. 18,123 τρεῖς μὲν ἡμέρας ταύτῃ διατριβὴν ποι-
εῖται.

Es hat also den Anschein, daß nicht Hegesippus, sondern Irenäus
von Lyon die erste Bischofsliste Roms zusammengestellt und dabei den
Beginn der apostolischen Sukzession selbst konstruiert hat. Einen mon-
archisch herausgehobenen Bischof kann es ja in der frühchristlichen
Gemeindestruktur in Rom noch nicht gegeben haben[100], was sich in aller Klarheit auch aus dem „Clemensbrief" ablesen läßt.

e) Christlicher Rom-Mythos
(Damasus, Ambr. hymn. 12, Prudentius, Leo d. Große)

Die bei Justinus Martyr greifbare Fehldeutung der Inschrift auf dem Ti-
bermonument (Irenäus hat sie übernommen) und die Extrapolation dreier Bischofsnamen aus Briefen des NT geben Anlaß zu der Vermutung,
daß die um Sicherung der apostolischen Tradition bemühten Antihäretiker, die sich – aus dem Osten kommend – in dem Zeitraum von ca.
150–180 in Rom einfanden, einen entscheidenden Anteil haben an der
Konstruktion der Frühgeschichte der christlichen Gemeinde Roms und
daß es letztlich ihr Werk war, die beiden Apostelfürsten Petrus und
Paulus gemeinsam zu einer Art Gründungsheroen der römischen Kirche
zu erheben.

Es setzt sich hier fort, was bei der literarischen Ausgestaltung der
Urgeschichte Roms begann: Die Griechen haben den Römern ihre Ursprungslegende von Romulus und Remus geschenkt[101], sie prägen auch

---

99 Auch in Eus. h. e. 5,6,5 ist διαδοχή verschrieben worden (zu διδαχή), s. o. Anm. 86.
100 Siehe HEUSSI 72.
101 Siehe O. ZWIERLEIN, Die Wölfin und die Zwillinge in der römischen Historiographie,
in: Lucubrationes Philologae II 155–203.

die Ursprungslegende der römischen Kirche. E. RENAN hat es Ende des
19. Jahrhunderts so formuliert[102]:

> „Pierre el Paul réconciliés, voila le chef-d'oeuvre qui fondait la suprematie
> ecclesiastique de Rome dans l'avenir. Une nouvelle qualité mythique rem-
> plaçait celle de Romulus et Remus."

Und CULLMANN erinnert erneut daran (was ebenfalls schon Ende des
19. Jh.s in die Diskussion eingeführt worden war)[103], daß die Feier des
Kultes der römischen Apostelfürsten Petrus und Paulus alljährlich am
29. Juni, die im Jahr 258 einsetzt, mit dem Jahrestag der Stadtgründung
durch Romulus zusammenfällt: Der Feier des Gründers der Stadt ent-
sprach die Feier der Gründer der Gemeinde.

Leo Magnus, serm. 82

Ob dieser Zusammenhang bei der Wahl des Festtermins im Jahre 258
wirklich eine Rolle gespielt hat, ist ungewiß[104]. Jedoch darf man aus
dem Sermo 82 des Papstes Leo des Großen zum Festtag der Apostel
Petrus und Paulus am 29. Juni des Jahres 441 schließen, „daß christliche Prediger gelegentlich die Gründer der Stadt Rom zu den Gründern
der römischen Christengemeinde in Parallele setzten"[105]. Papst Leo
wendet sich dort wie folgt an die personifizierte Stadt Rom:

---

102 E. RENAN, Histoire des origines du Christianisme, 8 Bde. (Paris 1866–1881), Bd. 7, p.
     70.
103 Siehe CULLMANN 146 mit Anm. 1 – in Anlehnung an C. ERBES, Die Todestage der
     Apostel Petrus und Paulus und ihre römischen Denkmäler, Berlin 1899, 39f.
104 KLAUSER 76f. stellt den von ERBES beobachteten Zusammenhang ausdrücklich in Fra-
     ge: „Gewiß war einmal der 29. Juni der Hauptfesttag des Romulus-Quirinus gewesen;
     es war der Tag, an dem das Stiftungsfest des im Jahre 49 vor Christus abgebrannten al-
     ten Quirinustempels gefeiert wurde. Aber seit dem Untergang des alten Tempels spielte
     der 29. Juni im Quirinuskult keine Rolle mehr. In der ganzen Kaiserzeit feierte man den
     mit Quirinus identifizierten Stadtgründer am 3. April." CHR. KÖRNER (Philippus Arabs,
     Berlin 2002) hat S. 248–259 die Tausendjahrfeier der Stadt Rom im Jahre 248 n. Chr.
     beleuchtet. Sie wurde am *dies natalis* der Stadt, und zwar am 21.4. gefeiert (S. 248.
     252f.). Kaiser Hadrian habe im Jahre 121 am 21.4., der schon zuvor als Gründungstag
     Roms gegolten habe, erstmals Zirkusspiele veranstaltet. Unter eben diesem Hadrian sei
     – nach der Tempelgründung für die Tyche der Stadt Rom –, das Fest, das früher *Pari-
     lia*-Fest geheißen habe, Ῥωμαῖα-Fest genannt worden (254).
105 So KLAUSER 76 Anm. 151. Er erklärt die Tatsache, „daß der 29. Juni 258 als besonde-
     rer Gedenktag in den römischen Kalender aufgenommen wurde", damit, „daß damals an
     jener Stelle an der Via Appia, wo man bis dahin nur private Totenmahlfeiern zum Ge-
     dächtnis der Apostel gehalten hatte, nun zum ersten Mal ein liturgischer Gemeindegot-
     tesdienst zu ihren Ehren stattfand" (75). Um die Mitte des dritten Jahrhunderts habe
     sich in Rom der Märtyrerkult als besondere Form vom Totenkult abgesondert. Die bei-
     den Apostel hätten zu den ersten gehört, die man auf die neue Weise zu feiern ge-

Leo Magn. serm. 82,1 (CCSL 138°, p. 508, lin. 11) *Isti sunt sancti patres tui verique pastores, q u i t e regnis caelestibus inserendam multo melius multoque felicius quam illi discordes usque ad parricidium gemini c o n - d i d e r u n t*[106]*, ut 'gens sancta', 'populus electus', civitas 'sacerdotalis et regia', per sacram beati Petri sedem caput totius orbis effecta, latius praesideres religione divina quam dominatione terrena.*

„Diese Apostel Petrus und Paulus sind deine heiligen Väter und wahren Hirten, die dich – im Bestreben, dich einzugliedern in die himmlische Herrschaft – viel besser und viel glückverheißender als jene Zwillinge, deren Zwietracht im Brudermord gipfelte, gegründet haben, auf daß du als 'heiliges Geschlecht', als 'erwähltes Volk' und 'priesterliche und königliche' Gemeinde[107] durch den heiligen Stuhl des glückseligen Petrus Haupt der ganzen Welt geworden, eine umfangreichere Leitungsbefugnis aufgrund der göttlichen Religion innehaben mögest als aufgrund deiner weltlichen Oberherrschaft."

In der lateinischen Dichtung sind Petrus und Paulus schon zwei Generationen zuvor als die Begründer des christlichen Rom besungen worden. Es mag hier genügen, ein Epigramm des Papstes Damasus, ferner den oben bereits kurz berührten Hymnus des Ambrosius[108] und die Prudentius-Gedichte auf die beiden Apostel vorzustellen.

Damasus epigr. 26 [20 FERRUA]

Das Epigramm 26 [20 FERRUA] des Papstes Damasus befand sich ursprünglich in der Kirche an der Via Appia ad Catacumbas, San Sebastiano, dort am Eingang zur Krypta. Ob der Wortlaut in allem korrekt überliefert ist, muß hier offen bleiben[109]:

---

wünscht habe. Daß die Gesamtgemeinde unter Führung des Bischofs diese Feier vollzogen habe und damit die Via Appia-Tradition anerkannt worden sei, habe den Ausschlag für die Eintragung des Festes in den Kalender der Kirche gegeben.

106 Eine spätere, breit verdeutlichende Fassung (die Bestandteil der Lesung zum Hochfest der Apostel Petrus und Paulus am 29. Juni im Breviarium Romanum geworden ist) lautet: *quam illi quorum prima studio m o e n i u m t u o r u m f u n d a m e n t a l o c a - t a sunt, ex quibus is qui tibi nomen dedit fraterna te caede foedauit. isti sunt qui te ad hanc gloriam provexerunt, ut 'gens sancta'*, etc. („als jene beiden [Romulus und Remus], die im Wetteifer die ersten Grundsteine deiner Mauern legten, worauf der eine von ihnen, der dir den Namen gab, dich mit Bruderblut besudelte. Diese sind es, die dich zu einem solchen Ruhm beförderten, daß ...").
107 Die Zitate aus dem AT sind in dieser Kombination aus 1 Petr 2,9 entnommen.
108 Siehe S. 100ff.
109 Die Inschrift existiert nicht mehr im Original, sondern nur in einer Kopie aus dem 13. Jh. (DINKLER 1959, 223 Anm. 3). Es hat den Anschein, daß die in Klammern gesetzte Parenthese das Kolon *sanguinis ob meritum* explizieren soll. Ist das *-que* in Vers 4 epexegetisch oder „parasitär" – oder in freier Wortstellung nach vorne gezogen?

> *Hic habitasse prius sanctos cognoscere debes,*
> *nomina quisque **Petri** pariter **Paulique** requiris.*
> *Discipulos oriens misit, quod sponte fatemur;*
> *sanguinis ob meritum (Christumque per astra secuti*
> 5 *aetherios petiere sinus regnaque piorum)*
> ***R o m a** suos potius meruit defendere cives.*
> *Haec Damasus vestras referat nova sidera laudes.*

DINKLER (1959, 223f.) übersetzt und interpretiert (mit anderen) die Verse so, als wolle Damasus sagen, „daß zu seiner eigenen Zeit die Gebeine dort nicht mehr wohnen, daß also mindestens *eine* Translation stattgefunden hat“:

> „Wer immer es sei, der die Namen von Petrus und Paulus sucht, soll wissen, daß hier die Heiligen vorher wohnten (*habitasse prius*). Der Osten sandte seine Jünger – was wir willig zugestehen; aber dank des Verdienstes ihres Blutes – sie folgten Christus durch die Sterne und gelangten zu den himmlischen Gefilden und zum Reich der Frommen – hat Rom einen höheren Anspruch verdient, sie als Bürger in Anspruch zu nehmen. Damasus will dies zum Lob euch, ihr neuen Sterne, verkünden.“

Die von verschiedenen Forschern vorgetragenen unterschiedlichen Translationsvarianten scheinen alle so problematisch, daß es näher liegen dürfte, in dem Gedicht den schlichten Gedanken ausgedrückt zu finden, die beiden Apostel hätten einst hier (in Rom) ihre Heimstatt gehabt, sich aber durch ihr blutiges Martyrium einen Platz in den himmlischen Gefilden erworben, wo sie nun im Reich der Frommen wohnen. Dies scheint die eine Antithese, auf die der Dichter abzielt (früher: irdisches Rom – jetzt: himmlisches Reich der Seligen); die andere spielt zwischen Vers 3 und Vers 6: als Jünger Christi kamen sie aus dem Osten, durch ihr blutiges Martyrium aber ist Rom das „Verdienst“ zugefallen[110], diese Jünger des Ostens nun mit mehr Recht als s e i n e Bürger beanspruchen zu dürfen (*defendere* steht für *vindicare*).

Damit überträgt Damasus auf beide Apostel und Märtyrer Roms, was Tertullian zuvor in einer kühnen Sentenz auf Paulus allein gemünzt hatte (vgl. Tert. scorp. 15 [o. S. 119]): Paulus, von Geburt römischer Bürger (Apg 22,25–28), hat sich dieses Bürgerrecht im wahren Sinne erst durch die Wiedergeburt im Adel des Martyriums erworben (*tunc Paulus c i v i t a t i s R o m a n a e consequitur **nativitatem**, cum illic m a r t y r i i **renascitur** g e n e r o s i t a t e*).

---

110 Das Oxymoron, das im Gedanken steckt, wird durch das Wortspiel *meritum – meruit* untermalt.

Ambrosius hymn. 12

Wenig später dichtet Ambrosius seinen zwölften Hymnus[111] auf das Hochfest der beiden Apostel am 29. Juni, durch das der profane Zeitenlauf einen geheiligten Tag erhält:

hymn. 12

	Apostolorum passio	„Das Martyrium der Apostel
	diem sacravit saeculi,	hat diesen Tag der profanen Welt[112] geheiligt
	Petri *triumphum nobilem,*	durch den Aufweis des herrlichen Triumphes Petri
	Pauli *coronam praeferens.*	und der Siegeskrone des Paulus.
5	*Coniunxit aequales viros*	Es verband die beiden Helden gleichen Schlages
	cruor triumphalis necis,	das Blut des Todes im Triumph.
	Deum secutos praesulem	Gott, ihrem Schützer, folgend,
	Christi coronavit fides.	hat sie der Glaube an Christus[113] gekrönt.
	Primus **Petrus** *apostolus,*	Petrus, der erste Apostel,
10	*nec* **Paulus** *inpar gratia[114];*	doch ist Paulus nicht weniger reich an Gnade;
	electionis vas sacrae,	das „Gefäß" heiliger Erwählung
	Petri *adaequavit fidem.*	kam gleich im Glauben dem Petrus.
	[Str. 4 + 5 s. o.]	
21	*Hinc Roma celsum verticem*	Seit dieser Zeit hat „Roma" ihr Haupt
	Devotionis[115] extulit,	frommer Verehrung hoch emporgehoben[116],

---

111 Er ist zweifellos echt, wie oben an den Strophen 4 und 5 gezeigt wurde. Wenn man das reiche sprachliche Parallelenmaterial, das STEIER 611–617 und FONTAINE in seinem geradezu erschöpfenden Kommentar zusammengetragen haben, prüft, stellt man fest, daß es kein einziges Argument gegen, aber unendlich viele für die ambrosianische Provenienz des Gedichtes gibt. Ich füge im folgenden nur gelegentlich die eine oder andere ergänzende sprachliche Beobachtung hinzu.

112 Siehe FONTAINEs Kommentar 526f. Erinnert sei an *saeculum* in der Bedeutung „heidnische Welt"; zur Begriffsverengung s. LÖFSTEDT, Syntactica II 470–473.

113 Vgl. Mar. Vict. in Eph. 4,14 *denique haec veluti duo, scilicet f i d e s Christi, id est in Christum, et agnitio Christi, b e a t u m   v i r u m faciunt, qui vir beatus non fluctuat, non circumfertur doctrina in nequitia hominum.*

114 Eine typisch ambrosianische Junktur, vgl. Abr. 1,2,6 *ideo virum   i n p a r e m non putabat, ideo quasi   p a r e m   g r a t i a diligebat;* fid. 5,11,144 *qui   n o n   i n p a r   e s t   g r a t i a, quomodo inpar est potestate?*

115 Die Junktur *vertex devotionis* ist nach CLCLT4-Cetedoc nur noch ein einziges Mal belegt: bei Ambr. Iob 4,7,28 *in vertice capilli, non   i n   v e r t i c e   d e v o t i o n i s   e t fidei.*

116 FONTAINE gibt überzeugende Beispiele für metaphorisches *vertex* bei Ambrosius; doch soll man hier wohl zugleich an die konkreten Apostel-Kirchen denken, die inzwischen

*fundata **tali sanguine***   gegründet auf solchem Blut
*et **vate tanto** nobilis.*   und geadelt durch einen so großen Prophe-
    ten.

25 *Tantae per urbis ambitum*   Durch den weiten Raum der großen Stadt
stipata tendunt agmina,   ziehen dicht gedrängte Scharen;
trinis celebratur viis   auf drei Wegen[117] wird das Fest
festum sacrorum marty-   der heiligen Märtyrer gefeiert.
rum.

Prodire quis mundum pu-   Man könnte glauben, die ganze Welt trete
tet,   hervor,
30 *concurrere plebem poli:*   es ströme zusammen das Volk des Erdkrei-
    ses[118]:

electa g e n t i u m caput   erwählt worden ist das Haupt der Völker
sedes magistri g e n t i u m.   zum Sitz des Lehrers der Völker."

Interpunktion und Sinn der beiden Schlußverse sind umstritten. M. E.
liefern sie die Begründung dafür, daß die dicht gedrängten Scharen aus
aller Welt in der Stadt Rom zusammenströmen, um das Fest der beiden
Apostel zu feiern: Früher kamen die Besucher aus allen Ländern der
Erde nach Rom, um das Zentrum der weltlichen, politisch-militärischen
Macht zu sehen; jetzt strömt man in die Hauptstadt der Christenheit, die
die Gräber der beiden Apostel birgt und zum Sitz des Nachfolgers Petri
erwählt wurde, der das geistliche Regiment über die Völker führt. Obwohl der Hymnus den gemeinsamen Festtag beider Apostel besingt, die
mehrmals auf die gleiche Ebene gehoben werden[119], ist doch Petrus *pri-*

---

     das Stadtbild der personifizierten Roma prägen. Eine ähnlich bewußt eingesetzte Ambi-
     valenz dürfte in dem anschließenden *fundata* stecken.
117 Gemeint sind die *via Aurelia*, die *via Ostiensis* und die *via Appia*: dort befinden sich die
     Basilica Vaticana, die Basilica Ostiense und die Katakomben von S. Sebastiano, siehe
     SIMONETTI (1988), 93. Zu den d r e i Wegen (im Vergleich zu den z w e i bei Pruden-
     tius) als Datierungskriterium siehe STEIER 611 und FONTAINE 515–517.
118 FONTAINE übersetzt „accourir le peuple du ciel". Aber *poli* meint hier „die unter dem
     Himmelsgewölbe liegende Welt"; STEIER verweist S. 569 (zu hymn. 3,2) zu Recht auf
     hex. 1,8,28 *pulcherrima est rerum species: sed quid esset sine lumine, quid sine tempe-*
     rie, quid sine aquarum congregatione, quibus ante demersa p o l i h u i u s habebantur
     exordia? Vgl. Lucan. 10,300f. *(Nilo) soli ... vagari concessum per utrosque polos*
     (durch die Gefilde beider Hemisphären, der nördlichen und der südlichen).
119 Siehe 5 *aequales*; 10 *nec ... impar*; 12 *adaequavit.* Doch scheint es sich um eine quali-
     fizierte Gleichheit zu handeln: Paulus ist ebenso reich an Gnade (*nec ... impar g r a -*
     t i a) und von gleicher Glaubenskraft (*Petri adaequavit f i d e m*). In 23f. ist Rom auf
     Petri Blut gegründet – und geadelt durch die prophetengleiche Lehrtätigkeit des Paulus;
     das heißt doch: das Fundament ist Petrus! STEIER (613) verweist auf den verwandten
     Vergleich zwischen Petrus und Paulus in Ambr. spir. 2,13,158 n e c Paulus i n f e r i -
     o r Petro, *quamvis ille* (= Petrus) **ecclesiae fundamentum** *et hic* (= Paulus) *sapiens ar-*
     chitectus sciens vestigia credentium fundare populorum. nec Paulus, inquam, indignus

mus apostolus (9) und wird allein sein Tod geschildert, und zwar so, daß er die beiden zentralen Strophen 4 und 5 des achtstrophigen Hymnus einnimmt. So ist es nur konsequent, wenn auch die beiden Schlußzeilen ihn, d. h. seinen Bischofssitz, auf den die Völker der Christenheit schauen, hervorheben.

Es ist richtig (wie man eingewandt hat), daß den *magister gentium* seit Röm 11,13; 1Tim 2,7 und 2Tim 1,11 (*in quo positus sum ego praedicator et apostolus et m a g i s t e r   g e n t i u m*) geradezu topisch der Apostel Paulus verkörpert (in weit über 100 Belegen); aber Ambrosius nennt Paulus niemals *magister gentium*, sondern *doctor gentium*. Und diesen Preis, daß manche Hörer beim ersten Eindruck verwirrt werden könnten, war der rhetorisch ambitionierte Ambrosius allemal bereit zu zahlen, wenn dafür ein pretiöses Wortspiel (*g e n t i u m   caput – magistri   g e n t i u m*) erkauft werden konnte. Doch hat schon der frühe Ambrosius beiden Aposteln das *magisterium* zugesprochen, wie wir oben im Auftakt des Exkurses Heges. III 2 gesehen haben, der mit dem Satz beginnt (p. 183,20): *erant tunc temporis R o m a e Petrus et Paulus d o c t o r e s   Christianorum, sublimes operibus,   c l a r i   m a g i s t e r i o*[120]. Vermutlich soll in der Schlußzeile des Hymnus auch gar nicht in erster Linie der „Lehrer" der Völker (Paulus war in 24 *vates* genannt worden), sondern der „Lenker" und Oberhirte der Christenheit bezeichnet werden. Als „Steuermann" des Schiffes der Kirche wird Petrus bei Maximus I. von Turin *magister* genannt:

> Max. Taurin. serm. 49,3 (lin. 59) *hanc igitur solam ecclesiae n a v e m ascendit dominus, in qua* P e t r u s **magister** *est constitutus dicente domino: super hanc petram aedificabo ecclesiam meam.*

> Vgl. Apon. 12,90 (lin. 1344) *principe apostolorum **magistro et praesule*** P e t r o.

Daß Ambrosius den Primat des römischen Bischofs anerkennt, hat STEIER 616 mit Anm. 3 gezeigt; er verweist vor allem auf den Brief extra coll. 15 (ad Siricium papam)[121]; siehe ferner

---

*apostolorum collegio,   c u m   p r i m o   quoque facile   c o n f e r e n d u s   et   n u l l i   s e c u n d u s. nam qui se **inparem** nescit, facit **aequalem**.*

120 Grundsätzlich sind natürlich alle Apostel „Lehrer": Ambr. in psalm. 118, serm. 2,5,1 *intendere seniorum praeceptis, prophetarum oraculis,   a p o s t o l o r u m   m a g i s t e r i i s*; in Luc. 10,138 (Z. 1319) *et tamen quid mirum si occultabatur iustus, quando occultabantur et   a p o s t o l i   iustorum   m a g i s t r i ?*

121 Vgl. den Einleitungsgruß (15,1 [CSEL 82.3, p. 302]) *Domino dilectissimo fratri Siricio Ambrosius Sabinus Bassianus et ceteri. recognovimus litteris   s a n c t i t a t i s   t u a e   boni   p a s t o r i s   excubias, qui diligenter commissam tibi ianuam serves et pia sollicitudine Christi   o v i l e   custodias, dignus quem oves domini audiant et sequantur. Et ideo quia nosti   o v i c u l a s   C h r i s t i, lupos facile deprehendis et occurris quasi*

Ambr. paenit. 1,7,33 *non habent enim* [die Novatianer] *Petri hereditatem, qui P e t r i   s e d e m   non habent, quam inpia divisione discerpunt*; symb. 7 *hoc autem est symbolum, quod Romana ecclesia tenet, ubi p r i m u s   a p o s t o l o r u m   P e t r u s   s e d i t et communem sententiam eo detulit.*

Entscheidend für unseren Zusammenhang aber ist, daß die personifizierte Roma, der wir sonst als heidnischer Stadtgottheit begegnen, hier als die Stadt christlicher Gottesverehrung erscheint, die, auf dem Blut Petri gegründet und geadelt durch den prophetischen Lehrer Paulus, sich nun ebenso hoch emporhebt, wie einst das Rom des Augustus die anderen Städte überragte (ecl. 1,24 *tantum alias inter c a p u t   e x t u l i t urbes* [sc. *Roma*]). Die Völker des ganzen Erdkreises wallfahren zu den drei heiligen Gedenkstätten der beiden Märtyrer-Apostel und zum Sitz des Bischofs von Rom, der die weltweite Christenheit leitet[122].

Prudentius

Zu Recht hat man hervorgehoben, daß von diesen Zeilen des Ambrosius-Gedichtes ein direkter Weg zum Laurentiushymnus des Prudentius führt[123], aber auch zu der „Passio Apostolorum" perist. 12 (die deutlich den apokryphen Apostelakten nachgestaltet ist). Im letztgenannten Gedicht ist zu Beginn und am Ende – wie bei Ambrosius – das Flair des Festtages 29. Juni mit dem Zusammenströmen der Massen eingefangen.

---

p r o v i d u s   p a s t o r, ne isti morsibus perfidiae suae feralique ululatu dominicum ovile dispergant; ferner extra coll. 15,14 (lin. 137–140) *Itaque Iovinianum Auxentium Germinatorem Felicem Plotinum Genialem Marcianum Ianuarium et Ingeniosum, q u o s   s a n c t i t a s   t u a   d a m n a v i t, scias apud nos quoque secundum iudicium tuum e s s e   d a m n a t o s*: Ambrosius erkennt also die Verurteilung der Häretiker durch den Bischof von Rom auch für den Bischof von Mailand als verbindlich an.

122 Diese Konzeption beherrscht nicht die Prosopoiie der Roma im 73. Brief des Ambrosius an Kaiser Valentinian (epist. 10,73 [= 18 Maur.],7); dort geht es ja um eine Replik auf die von Symmachus in rel. 3,9 eingeführte Prosopoiie der heidnischen Roma (vgl. Ambr. epist. 73 [= 18 Maur.],4); dazu siehe R. KLEIN, Der Streit um den Victoriaaltar, Darmstadt 1972 und ders., Symmachus, Darmstadt 1971, bes. 126ff. (dort 99–121 „Die Romidee"), ferner FIEDROWICZ ³2000, 205–207 („Das Roma christiana-Konzept", mit weiterer Literatur).

123 V. BUCHHEIT, Christliche Romideologie im Laurentiushymnus des Prudentius, Polychronion, Festschr. F. DÖLGER, Heidelberg 1963, 121ff. (= R. KLEIN [Hrsg.], Das frühe Christentum im Römischen Staat, Darmstadt 1971, 455ff.); siehe KLEIN, Symmachus (wie Anm. 122) 136; zu Prudentius auch FIEDROWICZ ³2000, 205f. Weitere Literatur möge man entnehmen aus dem jüngsten Kommentar von P.-Y. FUX, Les Sept Passions de Prudence, Fribourg 2003. Dort findet sich eine ausführliche Bibliographie auf den Seiten 115–127; der Kommentar zum Laurentiushymnus S. 149ff. bietet weitere Spezialliteratur.

Hier werden wir jedoch belehrt, daß der Festtag zwar der gleiche ist, Paulus aber (in 12,24 *gentium magister* genannt)[124] ein Jahr n a c h der Kreuzigung des Petrus enthauptet wurde[125]. Außer in Vers 55f. (*ecce duas fidei summo patre conferente dotes | u r b i colendas quas dedit t o g a t a e*) scheint aber eine auf die beiden Apostel bezogene Verchristlichung der heidnischen Romidee nicht ins Spiel zu kommen.

Dies ist anders im Laurentiushymnus (perist. 2), wo der Märtyrer auf dem Rost – aus Mitleid mit der Stadt des Romulus (412 *miseratus u r b e m   R o m u l a m*) – ein letztes Gebet zu Christus schickt, und darum bittet, nachdem das ganze Menschengeschlecht sich unter die Herrschaft des Remus (425 *sub r e g n u m   R e m i*) gefügt habe, möge nun Rom eine christliche Stadt werden (434 *sit christiana ut civitas*), es möge gläubig werden Romulus (443 *fiat fidelis R o m u l u s*) und selbst Numa möge zum Glauben kommen. Daß diese Hoffnung wahr werde, dafür besäße Rom ja bereits die sichersten Unterpfänder:

hic nempe iam regnant duo	Hier nämlich herrschen bereits
460 *Apostolorum principes,*	die beiden Apostelfürsten,
alter vocator gentium,	der eine bestellt zur Berufung der Heiden,
alter **cathedram** *possidens*	der andere Inhaber des ersten Bischofssitzes,
primam recludit creditas aeternitatis ianuas.	der die ihm anvertrauten Tore zum ewigen Himmelsreich erschließt.
465 *Discede, adulter* **Iuppiter,**	Weiche, Ehebrecher Juppiter,
stupro sororis oblite,	durch den Inzest mit der Schwester besudelt,
relinque Romam liberam plebemque iam Christi fuge!	verlasse Rom, gib frei die Stadt und fliehe das Volk, das bereits Christus gehört!
Te **Paulus** *hinc exterminat,*	Dich weist aus von hier Paulus,
470 *te* **sanguis** *exturbat* **Petri,**	dich treibt hinaus das Blut Petri,
tibi id quod ipse armaveras	dir versperrt hier weiteren Aufenthalt der

---

124 Dazu o. S. 175.

125 Dieses Intervall von einem Jahr wurzelt letztlich in den actus Petri, wo die christlichen Brüder in Rom den Paulus bei seiner Abfahrt nach Spanien unter Beschwörung der Ankunft Christi bedrängten, „er möchte nicht länger als ein Jahr wegbleiben" (act. Verc. 1 p. 46,1 *urgebant autem fratres Paulum per adventum domini nostri Iesu Christi, u t a n n u m   p l u s   n o n   a b e s s e t*), worauf eine Stimme vom Himmel erscholl, die ankündigte, Paulus werde in den Händen Neros vor ihren Augen vollendet werden (s. o. S. 129).

factum Neronis officit.   Frevel Neros, dem du selbst die Waffen
                                    liehst.

Mit einem Ausblick auf den christlichen Kaiser Honorius (der zur Zeit
des Prudentius regiert) endet dann das Gebet.

Auch hier – so darf man sagen – treten Petrus und Paulus an die
Stelle von Romulus (412. 443) und Remus (425)[126]. Die beiden Apostel
sind die Garanten, daß Rom sich von den heidnischen Göttern, allen
voran Jupiter, der mit seiner Schwester Inzest begeht, abwendet und
christlich wird. Wie bei Ambrosius werden beide Apostel paarweise
vorgeführt[127]; doch Petrus wird das Privileg zugeschrieben, das Himmelreich zu erschließen. Und obwohl beide Apostel Jupiter aus der
Stadt vertreiben, wird nur das Märtyrerblut Petri als die Primärursache
dieser Vertreibung eigens hervorgehoben. Doch dürfte die Bevorzu-
gung des Petrus hier – ähnlich wie bei Ambrosius in hymn. 12,23f. –
eine nur scheinbare sein, erzwungen durch die Kürze des Versmaßes,
das den beiden Dichtern jeweils eine ἀπὸ κοινοῦ-Konstruktion abver-
langte. Sachlich soll beide Male auch das Blut des Paulus mitverstan-
den werden[128]. Beide Apostel haben unter Neros Christenverfolgung in
Rom (so wird hier wieder vorausgesetzt) den Märtyrertod erlitten. Doch
nachdem nun der Samen des Christentums aufgegangen ist, wird eben
dieser Frevel des heidnischen Kaisers dem Heidengott Jupiter zum Ver-
hängnis.

6. Die Jakobuslegende und die Diadoche der Bischöfe Jerusalems: Hegesippus vor der Folie des Flavius Josephus

Wir haben gehört, daß der Apologet Hegesippus im Bestreben nach einer Fixierung der apostolischen Tradition um das Jahr 160 bis nach Korinth und Rom reiste und viele Bischöfe verschiedener Kirchengemeinden aufsuchte und von allen die wahre Lehre bestätigt erhielt. Auf diese
Weise konnte er bezeugen, daß sich die Orthodoxie in den verschiedenen Bischofssukzessionen erhalten hatte. Als er davon in seinen um

---

126 Siehe FUX S. 219 zu 457–460: „parallèle implicite entre les fondateurs de la Rome
    chrétienne, frères selon l'esprit, et Romulus et Rémus (nommés, vv. 443 et 425), dont
    l'un tue l'autre lors de la fondation de Rome; cf. c. Symm. præf. 1; LEO M. serm. 82, 1
    (cf. BUCHHEIT 1971, p. 477–478)".
127 Ebenso perist. 11,31f. *una fides vigeat, prisco quae condita templo est,* | *quam P a u -
    l u s retinet quamque c a t h e d r a   P e t r i.*
128 Dies ist ja bei Ambrosius in 12,5f. eigens zum Ausdruck gebracht.

180–190 verfaßten 'Hypomnemata'[129] berichtete, war etwa gleichzeitig Irenäus von Lyon dabei, die Wahrung der apostolischen Tradition in Rom für alle Welt förmlich zu dokumentieren, indem er eine nahtlos an die Apostel Petrus und Paulus anknüpfende Liste der ersten zwölf römischen Bischöfe bis auf seine Zeit zusammenstellte. Historisch sichere Kenntnisse von den Anfängen und der Struktur der römischen Kirchengemeinde konnte er im zeitlichen Abstand von über hundert Jahren nirgendwoher erhalten. Vielmehr projizierte er die Gemeindestruktur seiner eigenen Epoche mit einem 'monarchischen' Bischof an der Spitze auf die Ursprungszeit der römischen Christengemeinde zurück.

Ganz ähnlich scheint Hegesippus bei seiner etwa gleichzeitigen literarischen Ausgestaltung der *'Diadoche'* der ersten B i s c h ö f e J e r u -s a l e m s verfahren zu sein. Dort sind es nicht Mitarbeiter der Apostel, sondern leibliche Verwandte Jesu, die als die ersten Bischöfe Jerusalems ausgewählt werden, zunächst der B r u d e r J e s u , J a k o b u s (der Jüngere)[130], dann – nach dessen Martyrium im Jahre 62 – der V e t t e r S y m e o n , Sohn des Klopas. Die entsprechenden Auszüge aus Hegesipps 'Hypomnemata' sind uns bei Eusebius erhalten, der in h. e. 4,5,1 wie folgt schreibt:

Eus. h. e. 4,5,1–4 Τῶν γε μὴν ἐν Ἱεροσολύμοις ἐπισκόπων τοὺς χρόνους γραφῇ σῳζομένους οὐδαμῶς εὑρών (κομιδῇ γὰρ οὖν βραχυβίους αὐτοὺς λόγος κατέχει γενέσθαι), τοσοῦτον ἐ ξ ἐ γ γ ρ ά φ ω ν παρείληφα, ὡς μέχρι τῆς κ α τ ὰ Ἀ δ ρ ι α ν ὸ ν Ἰουδαίων πολιορκίας π ε ν τ ε -κ α ί δ ε κ α τὸν ἀριθμὸν αὐτόθι γεγόνασιν ἐπισκόπων δ ι α δ ο χ α ί. πρῶτος τοιγαροῦν Ἰ ά κ ω β ο ς ὁ τοῦ κυρίου λεγόμενος ἀδελφὸς ἦν· μεθ᾽ ὃν δεύτερος Σ υ μ ε ὼ ν· τρίτος Ἰοῦστος· Ζακχαῖος τέταρτος· πέμπτος Τωβίας· ἕκτος Βενιαμίν· Ἰωάννης ἕβδομος· ὄγδοος Ματθίας· ἔνατος Φίλιππος· δέκατος Σενέκας· ἑνδέκατος Ἰοῦστος· Λευὶς δωδέκατος· Ἐφρῆς τρισκαιδέκατος· τεσσαρεσκαιδέκατος Ἰωσήφ· ἐπὶ πᾶσι πεντεκαιδέκατος Ἰούδας. τοσοῦτοι καὶ οἱ ἐπὶ τῆς Ἱεροσολύμων πόλεως ἐπίσκοποι ἀ π ὸ τ ῶ ν ἀ π ο σ τ ό λ ω ν εἰς τὸν δηλούμενον διαγενόμενοι χρόνον, οἱ πάντες ἐ κ π ε ρ ι τ ο μ ῆ ς.

---

129 Zu dem (nicht ganz sicheren) Titel, der die fünf „Bücher mit kirchengeschichtlichem Stoff" in die „Denkwürdigkeitenliteratur" einreihen würde, s. CHR. MARKSCHIES, Origenes und die Kommentierung des paulinischen Römerbriefs, in: ders., Origenes und sein Erbe, Berlin 2007 (TU 160), 70. Dort auch der Hinweis: „Clemens Alexandrinus [vgl. Eus. h. e. 2,15,1] und Tertullian [ieiun. 10,3] haben sogar die neutestamentlichen Evangelien als ὑπομνήματα bzw. *commentarii* bezeichnet."

130 Eus. h. e. 2,23,3 ἀκριβέστατά γε μὴν τὰ κατ᾽ αὐτὸν [Ἰάκωβον] ὁ Ἡγήσιππος, ἐ π ὶ τ ῆ ς π ρ ώ τ η ς τ ῶ ν ἀ π ο σ τ ό λ ω ν γενόμενος [γενόμενα? Zw.] δ ι α δ ο χ ῆ ς, ἐν τῷ πέμπτῳ αὐτοῦ ὑπομνήματι τοῦτον λέγων ἱστορεῖ τὸν τρόπον· «δ ι α δ έ χ ε τ α ι τὴν ἐκκλησίαν μετὰ τῶν ἀποστόλων ὁ ἀδελφὸς τοῦ κυρίου Ἰάκωβος ...»

„Über die Daten der Bischöfe in Jerusalem konnte ich überhaupt keine schriftliche Nachricht ausfindig machen; doch es geht die Kunde, daß sie jeweils außerordentlich kurz gelebt haben. So viel habe ich aus Aufzeichnungen erfahren, daß bis zum Vorgehen gegen die Juden unter H a d r i a n sich in Jerusalem 15 Bischöfe gefolgt sind."

Er gibt dann tatsächlich eine Liste mit 15 Namen, bei denen es sich ausnahmslos um judenchristliche Bischöfe „aus der Beschneidung" gehandelt habe, die von den Aposteln ihren Ausgang genommen hätten; der erste Bischof sei Jakobus, der Bruder des Herrn, gewesen.

Von Hegesippus selbst, auf den sich Eusebius beruft, ist folgendes Zitat erhalten:

Eus. h. e. 4,22,4 καὶ μετὰ τὸ μαρτυρῆσαι Ἰ ά κ ω β ο ν τὸν δίκαιον, ὡς καὶ ὁ κύριος, ἐπὶ τῷ αὐτῷ λόγῳ, πάλιν ὁ ἐκ θείου αὐτοῦ Σ υ μ ε ὼ ν ὁ τοῦ Κλωπᾶ καθίσταται ἐ π ί σ κ ο π ο ς, ὃν προέθεντο πάντες, ὄντα ἀ ν ε ψ ι ὸ ν τ ο ῦ κ υ ρ ί ο υ δεύτερον.

„Nachdem J a k o b u s der Gerechte aus gleichen Gründen wie der Herr den Martertod erlitten hatte, wurde S y m e o n, der Sohn des Klopas, eines Onkels des Herrn, zum Bischof ernannt. Ihn schlugen alle vor, weil er ein zweiter V e t t e r d e s H e r r n war."

Eusebius schmückt dies in seiner Erzählung (h. e. 3,11) folgendermaßen aus:

Μετὰ τὴν Ἰ α κ ώ β ο υ μαρτυρίαν καὶ τὴν αὐτίκα γενομένην ἅλωσιν τῆς Ἱερουσαλὴμ λόγος κατέχει τῶν ἀποστόλων καὶ τῶν τοῦ κυρίου μαθητῶν τοὺς εἰς ἔτι τῷ βίῳ λειπομένους ἐπὶ ταὐτὸν πανταχόθεν συνελθεῖν ἅμα τοῖς πρὸς γένους κατὰ σάρκα τοῦ κυρίου (πλείους γὰρ καὶ τούτων περιῆσαν εἰς ἔτι τότε τῷ βίῳ), βουλήν τε ὁμοῦ τοὺς πάντας περὶ τοῦ τίνα χρὴ τ ῆ ς Ἰ α κ ώ β ο υ δ ι α δ ο χ ῆ ς ἐπικρῖναι ἄξιον ποιήσασθαι, καὶ δὴ ἀπὸ μιᾶς γνώμης τοὺς πάντας Συμεῶνα τὸν τοῦ Κλωπᾶ, οὗ καὶ ἡ τοῦ εὐαγγελίου μνημονεύει γραφή, τοῦ τῆς αὐτόθι παροικίας θρόνου ἄξιον εἶναι δοκιμάσαι, ἀ ν ε ψ ι ό ν, ὥς γέ φασι, γεγονότα τοῦ σωτῆρος (τὸν γὰρ οὖν Κλωπᾶν ἀδελφὸν τοῦ Ἰωσὴφ ὑπάρχειν Ἡ γ ή σ ι π π ο ς ἱστορεῖ).

„Nach dem Martyrium des J a k o b u s und der unmittelbar darauf folgenden Einnahme von Jerusalem kamen, wie berichtet wird, die damals noch lebenden A p o s t e l u n d J ü n g e r d e s H e r r n von allen Seiten an einem Orte zugleich mit den l e i b l i c h e n V e r w a n d t e n d e s H e r r n zusammen; denn auch von letzteren waren damals noch mehrere am Leben. Alle sollen nun gemeinsam darüber, wer es verdiene, Nachfolger des Jakobus zu werden, beraten und einstimmig S y m e o n, d e n S o h n d e s K l o p a s, den auch das Evangelium erwähnt [Lk 24,18; Joh 19,25], des Bischofsstuhles in Jerusalem für würdig erklärt haben. S y - m e o n war, wie man erzählt, ein V e t t e r des Heilandes; denn nach dem Berichte des H e g e s i p p u s war Klopas der Bruder des Joseph."

Hegesippus läßt seinen Bericht über die e r s t e Bischofswahl mit dem charakteristischen Stichwort διαδέχεται τὴν ἐκκλησίαν einsetzen, also: „Es übernimmt die (Leitung der) Kirche unter den Aposteln der Bruder des Herrn, J a k o b u s, der von den Zeiten des Herrn an bis auf unsere Tage allgemein der Gerechte genannt wurde"[131].

Diesem ersten Bischof J a k o b u s widmet Hegesippus im 5. Buch seiner Hypomnemata eine ganze Lebensskizze, die ihren Schwerpunkt in der Auseinandersetzung mit den jüdischen Schriftgelehrten und Hohenpriester und dem anschließenden Martyrium hat. Durch eine günstige Fügung können wir diese Lebensskizze vergleichen mit einem kurzen Abriß aus den 'Antiquitates Iudaeorum' des Historikers F l a v i u s J o s e p h u s, eines Zeugen erster Hand, der seinen Bericht in den 90er Jahren verfaßt hat[132]. Dieser Vergleich offenbart auf e i n e n Blick das ganze Ausmaß der legendarischen Ausschmückung, die Hegesippus seiner Geschichte hat zuteil werden lassen.

Statt der breit ausgeschmückten Jakobus l e g e n d e des Hegesippus gibt der Geschichtsschreiber eine knappe historische Skizze:

Flav. Ios. ant. Iud. 20,200 (zitiert bei Eus. h. e. 2,23,22) ἄτε δὴ οὖν τοιοῦτος ὢν ὁ Ἄ ν α ν ο ς, νομίσας ἔχειν καιρὸν ἐπιτήδειον διὰ τὸ τεθνάναι μὲν Φῆστον, Ἀλβῖνον δ' ἔτι κατὰ τὴν ὁδὸν ὑπάρχειν, καθίζει συνέδριον κριτῶν καὶ παραγαγὼν εἰς αὐτὸ τ ὸ ν ἀ δ ε λ φ ὸ ν Ἰ η σ ο ῦ τ ο ῦ λ ε γ ο -μ έ ν ο υ Χ ρ ι σ τ ο ῦ, Ἰ ά κ ω β ο ς ὄνομα α ὐ τ ῷ, καί τινας ἑτέρους, ὡς παρανομησάντων κατηγορίαν ποιησάμενος παρέδωκε λευσθησομένους.

Jakobus, der Bruder Jesu, „des sogenannten Christus", wird im Jahr 62 – während der kurzzeitigen Vakanz des Prokuratorenpostens von Judäa – durch den Hohenpriester Ananus (er gehörte der grausamen Sekte der Sadduzäer an) vor den Hohen Rat zitiert und z u s a m m e n   m i t   e i -n i g e n   a n d e r e n wegen Gesetzesübertretung zum Tode durch Steinigung verurteilt und hingerichtet – ein Ärgernis für die guten Bürger und die Rechtskundigen, die darin eine Amtsanmaßung erblickten.

Jakobus ist hier nicht „Bischof", wie wir es bei Hegesippus lesen, sondern einer unter mehreren angeblichen Gesetzesübertretern, und seine Todesstrafe ist die Steinigung, während Hegesippus eine dreifache Todesart ausmalt: Sein Jakobus wird zunächst von den Zinnen des Tempels gestürzt, dann wird er zusätzlich gesteinigt, schließlich von einem Walker mit einem Holz auf den Kopf geschlagen und so endgültig zu Tode befördert.

---

131 Eus. h. e. 2,23,4 «δ ι α δ έ χ ε τ α ι τὴν ἐκκλησίαν μετὰ τῶν ἀποστόλων ὁ ἀδελφὸς τοῦ κυρίου Ἰ ά κ ω β ο ς, ὁ ὀνομασθεὶς ὑπὸ πάντων δ ί κ α ι ο ς ἀπὸ τῶν τοῦ κυρίου χρόνων μέχρι καὶ ἡμῶν ...»
132 Vgl. Flav. Ios. ant. Iud. 20,197. 199–203.

Es gibt in Hegesipps Jakobuslegende eine Reihe motivischer und sprachlicher Parallelen zu den 'actus Petri apostoli', die eine Verwandtschaft beider Erzählungen nahelegen. Durch Eusebius wissen wir, daß Hegesippus in den fünf Büchern seiner 'Hypomnemata' die unverfälschte Überlieferung der apostolischen Lehre wiedergab, und dies in höchst einfacher Form[133]. Man darf vermuten, daß die unverfälschte Wiedergabe des apostolischen Kerygmas nicht ohne Rekurs auf den Urapostel Petrus vonstatten gehen konnte. Die überaus einfache Form der Darstellung, die auch in der Wahl des Begriffes ὑπομνηματισάμενος zum Ausdruck kommt, dürfte treffend das anspruchslose Genre der Legende (wie wir es in der Jakobusvita greifen) umschreiben. Aus Eusebius (h. e. 4,22,4ff.) wissen wir, daß Hegesippus auch über den Ursprung der Häresien seiner Zeit handelte, die er bis auf die frühen Sekten der urchristlichen und jüdischen Epoche zurückführte und dabei an erster Stelle Simon, den Begründer der Simonianer, nannte. Es wäre nicht verwunderlich, wenn er bei seinem langen Romaufenthalt (mindestens 17 Jahre verlebte er dort) die von Justinus Martyr inaugurierte Deutung der Semo Sancus-Inschrift auf den Magier Simon kennengelernt und daraus einen Rom-Abschnitt seiner Petruslegende konzipiert hätte.

Diese Kombinationen müssen nicht ganz ins Reich der Spekulation verwiesen werden. Vielmehr führt man mit guten Gründen die über frühe Häretiker (darunter die „Samaritaner" und die Simonianer) handelnden Kapitel 8 und 9 des 6. Buches der oben S. 39 und 66 kurz vorgestellten Constitutiones Apostolorum u. a. auf Hegesippus zurück. Inwieweit die in der Überlieferung erhaltenen Kapitelüberschriften auf die Kompilatoren des 4. Jh.s oder schon auf die Didaskalie des 3. Jh.s zurückgehen und somit echtes Wissen vermitteln, scheint nicht geklärt. Jedenfalls besitzen wir in dem Titulus zu VI 9 ein wie immer einzuschätzendes historisches Dokument, das neben drei weiteren Autoren ausdrücklich dem Hegesippus (von dem Irenäus[134] und Clemens Alexandrinus[135] abhängig sein dürften) eine Darstellung der oben besprochenen Flug-Episode des Magiers Simon zuschreibt, in der Simon aufgrund der Gebete des Petrus aus der Höhe in die Tiefe hinabstürzt und sich dabei die Beine (und die Handflächen) bricht:

const. Apost. 6,9 tit. (SC 329, p. 288) Ὅπως Σίμων γοητείαις τισὶ πτῆναι θελήσας εὐχαῖς Πέτρου κατενεχθεὶς ἐξ ὕψους κάτω συνετρίβη

---

133 Siehe S. 167 mit Anm. 98.
134 In seinen 'adv. haereses' findet sich jedoch eine solche Simon-Episode nicht; vgl. bes. haer. I 23.
135 Er hat ca. 190–202 acht Bücher 'Hypotyposeis' geschrieben.

τοὺς πόδας καὶ τῶν χειρῶν τοὺς ταρσούς· ἱστορεῖ Κλήμης, Ἡ γ ή σ ι π -
π ο ς, Ἰουστῖνος καὶ Εἰρηναῖος.

Der Wortlaut συνετρίβη τοὺς πόδας καὶ τῶν χειρῶν τοὺς ταρσούς ist
sicher nicht ursprünglich; er rekurriert offensichtlich auf const. Apost.
6,9,4 (συντρίβεται τὸ ἰσχίον καὶ τῶν ποδῶν τοὺς ταρσούς) und wurde
bei der Übertragung in den Titel verdorben. Der früheste unter den vier
genannten Autoren ist I u s t i n u s   M a r t y r, mit dem wir in den Zeitraum 150–154 kommen. Ob er im Anschluß an seine unzutreffende
Deutung der Semo Sancus-Inschrift auf der Säulenbasis zwischen den
beiden Tiberbrücken irgendwo auch bereits die legendarische Begegnung des vermeintlichen Simon Magus mit Petrus konzipiert hat, wissen wir nicht. Daß eine solche Legende Bestandteil der Hypomnemata
des Hegesippus war, darf dagegen mit großer Zuversicht angenommen
werden.

Bei Irenäus sind die beiden Apostel Roms nicht Blutzeugen, sondern Lehrer und Hüter des rechten Glaubens; dies gilt auch – wie wir
gesehen haben (S. 134 und 139ff.) – für die Charakterisierung des Petrus und Paulus durch den Bischof Dionysios von Korinth. Römische
M ä r t y r e r sind beide Apostel nach der uns vorliegenden Überlieferung frühestens in den legendenhaften Acta Petri. Wenn man die Jakobuslegende des Hegesippus als Vergleichsmuster nimmt, liegt es nahe,
eben diesem Hegesippus einen Anteil an dieser Konzeption zuzuschreiben.

II. Das fiktive Briefcorpus des „Ignatius von Antiochien"   *

1. Die Datierung der sog. 'epistulae genuinae' in die Zeit nach der valentinianischen Gnosis

Bei der Behandlung des Römerbriefs des „Ignatius" hat sich gezeigt[136],
daß das dort vorausgesetzte gemeinsame Wirken der Apostel Petrus
und Paulus in Rom frühestens nach dem Brief, den Bischof Dionysius
von Korinth an den Bischof Soter von Rom geschrieben hat, zu erwarten ist, also nicht vor dem Jahr 170. Denn erst in diesem Brief wird die
irrige Konzeption von dem Doppelapostolat aus einer falschen Deutung
des ersten „Clemensbriefes" entwickelt[137]. Damit stellt sich aufs neue

---

136 Siehe S. 31f.
137 Siehe S. 135f.

die Frage nach der Datierung der Ignatianen. Sie wurde seit dem 17.
Jahrhundert ganz unterschiedlich beantwortet.

Die „traditionelle" (vor allem durch das einflußreiche Werk LIGHT-
FOOTs weit verbreitete) Auffassung der letzten eineinhalb Jahrhunderte,
das Corpus der sieben „epistulae genuinae"[138] sei in den Zeitraum 110–
117 zu setzen, ist heute zu Recht von maßgeblichen Kirchenhistorikern
in Zweifel gezogen worden: Nicht ca. 110, sondern ca. 170 sei der Zeitraum, an dem man sich hinsichtlich der Entstehung der („echten") Ignatianen zu orientieren habe[139]. Da geistes- und theologiegeschichtliche
Entwicklungen oft nicht sehr exakt datiert werden können, empfiehlt es
sich, auf die Philologen zu hören: R. JOLY, der m. E. „Ignatius" überzeugend als Gegner der Gnostiker, insbesondere der Doketisten und
Valentinianer erweist[140], hat vor allem durch die genaue Analyse des
eigentümlichen Wortschatzes der Ignatianen, ferner der „Zitate" und
Imitationen die Spätdatierung zweifelsfrei erwiesen – auch wenn man
seiner These von der Interpolation des Polykarpbriefes und seinem Plädoyer zugunsten der Lesart μαρτυρίου ἐπιτυχεῖν in Ign. Eph 1,2 nicht
folgt (s. u.). Ob man mit ihm das Jahrzehnt 160–170 als den Zeitrahmen
für die Entstehung des Briefcorpus anzusetzen hat oder besser in das
folgende Jahrzehnt (170–180) hinabgehen sollte, wird unten zu erörtern
sein.

Einen energischen Mitstreiter hat JOLY seit einigen Jahren in R. M.
HÜBNER gefunden, dessen „Thesen zur Echtheit und Datierung der sieben Briefe des Ignatius von Antiochien"[141] stark der in der Tat ein-
drucksvollen Arbeit JOLYs verpflichtet sind[142]. Ihm kommt vor allem
das Verdienst zu, den Nachweis geführt zu haben, daß die in den Ignati-

---

138 Neben den *Epistulae VII genuinae* der sog. mittleren Rezension (CPG 1025) besitzen
     wir eine wohl dem 4. Jh. zuzuschreibende recensio longior, bestehend aus den sieben
     „echten" und sechs weiteren Briefen: *Epistulae interpolatae et epistulae suppositiciae*
     (CPG 1026).
139 Den Gang der Diskussion findet man in verschiedenen Forschungsberichten und Hand-
     buchartikeln bequem nachgezeichnet; genannt seien die Berichte in ANRW II 27.1
     (Berlin–New York 1993): W. R. SCHOEDEL, Polycarp of Smyrna and Ignatius, 272–
     358; CH. MUNIER, Où en est la question d'Ignace d'Antioche? Bilan d'un siècle de re-
     cherches 1870–1988, 359–484; B. DEHANDSCHUTTER, The Martyrium Polycarpi: a
     Century of Research, 485–522; T. LECHNER, Ignatius adversus Valentinianos?, Leiden
     1999 (bes. die Einleitung XV–XXVI); J. RIST, Der Neue Pauly 5, 924f.; F. R. PROST-
     MEIER, LACL ³2002, 346–348.
140 R. JOLY, Le Dossier d'Ignace d'Antioche, Brüssel 1979, 87–91. 72f. Zur Gnosis vgl. o.
     S. 58 Anm. 63.
141 Zeitschr. für ant. Christentum (ZAC) 1, 1997, 44–72.
142 Vgl. ferner R. M. HÜBNER, Der Paradox Eine. Antignostischer Monarchianismus im
     zweiten Jahrhundert, Leiden 1999 (darin, S. 241–286, M. VINZENT, „Ich bin kein kör-
     perloses Geistwesen") und LECHNER.

anen greifbare Reaktion auf die valentinianische Gnosis durch Noët von Smyrna geprägt ist[143]. Die „Antwort" A. LINDEMANNs auf HÜBNERs „Thesen"[144] scheint jedenfalls im Philologischen (187f.) zum Teil anfechtbar, weil in beiden textkritisch umstrittenen Stellen, die für die Datierung zentrale Bedeutung haben (Ign. Eph 1,2 und Ign. Magn 8,2), mit dem gleichen, beinahe mechanischen, Einsatz der „Regel der *lectio difficilior*" (187) operiert wird, die allenfalls an der ersten Stelle ihre Berechtigung hat.

a) Die Interpolation des Terminus technicus μαρτύριον in Eph 1,2

In Eph 1,2 liest man seit LIGHTFOOT in der Regel folgenden Text:

ἀκούσαντες γὰρ δεδεμένον ἀπὸ Συρίας ὑπὲρ τοῦ κοινοῦ ὀνόματος καὶ ἐλ-πίδος, ἐλπίζοντα τῇ προσευχῇ ὑμῶν ἐ π ι τ υ χ ε ῖ ν ἐν Ῥώμῃ θηριομαχῆσαι, ἵνα διὰ τοῦ ἐ π ι τ υ χ ε ῖ ν δυνηθῶ **μαθητὴς εἶναι**, ἰδεῖν ἐσπουδάσατε.

„Denn als ihr hörtet, daß ich für den gemeinsamen Namen und die Hoffnung von Syrien her die Fesseln trug voller Hoffnung, auf euer Gebet hin es zu erlangen in Rom mit wilden Tieren zu kämpfen, damit ich durch das Erlangen dieses Tierkampfes Gelegenheit erhielte, 'Jünger' zu sein, habt ihr euch bemüht, mich zu sehen."

Er stützt sich auf die lateinische Übersetzung der kürzeren Rezension (L: *per potiri*), auf die gekürzte syrische Übertragung aus dem 4. Jh. (S: *per id quo dignor*) und auf die armenische Übersetzung (A: *quando hoc dignor et perfero*), die nicht in allem zuverlässig ist. Die einzige griechische Handschrift der kürzeren Rezension (G, aus dem 11. Jh.) überliefert ἵνα διὰ τοῦ μ α ρ τ υ ρ ί ο υ ἐπιτυχεῖν δυνηθῶ, eine Fassung, in der man m. E. zu Recht den Einfluß der längeren griechischen Rezension g (ἵνα διὰ τοῦ μ α ρ τ υ ρ ί ο υ δυνηθῶ) wirksam gesehen hat: die sinngemäße Wiedergabe der umschreibenden Ausdrucksweise des „Ignatius" durch den Terminus technicus μαρτύριον, der sich in dieser Bedeutungsverengung erst seit dem Polykarpmartyrium belegen läßt, hat dazu geführt, daß der Sachbegriff μαρτυρίου (g) in die durch G repräsentierte Tradition interpoliert wurde. Es finden sich ja eine ganze Reihe solcher gemeinsamer Zusätze in Gg, von denen einige aufgeführt seien, der erste unmittelbar anschließend im gleichen Satz:

---

143 Siehe ZAC 1, 1997, 52–64 und „Der Paradox Eine", ferner VINZENT (wie S. 184 Anm. 142) 267–273.
144 A. LINDEMANN, Antwort auf die „Thesen zur Echtheit und Datierung der sieben Briefe des Ignatius von Antiochien", ZAC 1, 1997, 185–194.

Eph 1,2 μαθητὴς εἶναι L: μ. εἶναι θεοῦ SA: μ. εἶναι <τοῦ ὑπὲρ ἡμῶν ἑαυτὸν ἀνενεγκόντος θεῷ προσφορὰν καὶ θυσίαν> Gg (weitergesponnen nach Eph 5,2)

– 2,2 ἵνα ἐν μιᾷ ὑποταγῇ κατηρτισμένοι L: ἵνα ἐν μ. ὑπ. <ἦτε> κατηρτισμένοι <τῷ αὐτῷ νοΐ καὶ τῇ αὐτῇ γνώμῃ καὶ τὸ αὐτὸ λέγητε πάντες περὶ τοῦ αὐτοῦ, ἵνα> Gg (aus 1Kor 1,10)

Magn 9,1 κατὰ κυριακὴν ζῶντες L(Ag): κ. κυριακὴν <ζωὴν> ζῶντες G

Röm 5,3 (θηρίων τε) συστάσεις, σκορπισμοὶ ὀστέων LS Eus.: (θηρίων τε) συστάσεις, <ἀνατομαὶ διαιρέσεις> σκορπισμοὶ ὀστέων GHT(Sm)AmgM

– 6,1 βασιλεύειν … τῆς γῆς LsfSmAAm Tim.: βασιλεύειν … τῆς γῆς <τί γὰρ ὠφελεῖται ἄνθρωπος, ἐὰν κερδήσῃ τὸν κόσμον ὅλον τὴν δὲ ψυχὴν αὐτοῦ ζημιωθῇ;> GHTgM (nach Mt 16,26)

Smyrn 12,2 πνευματικῇ LAg: πνευματικῇ <ἐν ὀνόματι> G

Die Wiederaufnahme des scheinbar nun ohne Objekt stehenden ἐπιτυχεῖν macht hier keinerlei Schwierigkeiten, da das unmittelbar zuvor mit dem Verb verbundene Objekt (ἐπιτυχεῖν ἐν Ῥώμῃ θηριομαχῆσαι) bei der rhetorisch bedingten Wiederholung des Verbs automatisch mitgedacht wird. Weit größere Anstrengung mutet „Ignatius" seinen Lesern in Röm 8,3 zu (αἰτήσασθε περὶ ἐμοῦ, ἵνα ἐπιτύχω), wo das Objekt mühsam aus dem Gesamtzusammenhang erschlossen werden muß. Erinnert sei an Jak 4,2 ἐπιθυμεῖτε, καὶ οὐκ ἔχετε· φονεύετε καὶ ζηλοῦτε, καὶ οὐ δύνασθε ἐπιτυχεῖν· μάχεσθε καὶ πολεμεῖτε.

Entscheidend aber ist, daß „Ignatius" eine – nach B. DEHAND-SCHUTTER eigentümliche – reflektierte Martyriumstheologie mit spezieller Terminologie (μιμητής, μαθητής) vertritt[145], die in Eph 1,2 die Einführung des Terminus technicus ausschließt! Er verwendet viermal μαρτυρέω, zweimal μαρτύριον und einmal μάρτυς, immer in der traditionellen Bedeutung des Bezeugens. Das hindert gewiß nicht – darin ist JOLY recht zu geben –, „qu'il ait pu aussi employer une fois μαρτύριον dans un sens plus récent, qui était en train de devenir technique" (71). Ausgeschlossen wird der Terminus technicus in Eph 1,2 vielmehr deshalb, weil er einen tautologischen „technischen" Begriff zu der sorgsam

---

145 B. DEHANDSCHUTTER, L'authenticité des Épîtres d'Ignace d'Antioche, StPatr 18, 1989, 103–110, dort 108f.; auf ihn verweist HÜBNER (1997) 51. Doch leitet sich die vermeintlich spezielle Martyriumsterminologie des „Ignatius" aus dem Polykarp-Martyrium her, s. u. S. 206ff. Ein Jahrzehnt vor DEHANDSCHUTTER war die Thematik systematisch behandelt worden durch K. BOMMES, Weizen Gottes. Untersuchungen zur Theologie des Martyriums bei Ignatius von Antiochien, Köln–Bonn 1976; auf ihn stützt sich BOWERSOCK (Martyrdom) 77f.

gewählten Periphrase μαθητὴς εἶναι einführen würde, die „Ignatius" auch sonst bevorzugt, s. u. S. 206ff., bes. 210–212.

b) Die Σιγή aus dem valentinianischen Pleroma in Magn 8,2

In Magn 8,2

> ὅτι εἷς θεός ἐστιν, ὁ φανερώσας ἑαυτὸν διὰ Ἰησοῦ Χριστοῦ τοῦ υἱοῦ αὐτοῦ, ὅς ἐστιν αὐτοῦ λόγος [ἀίδιος, οὐκ] ἀπὸ σιγῆς προελθών,

wird über die Wesensbestimmung Jesu Christi gehandelt, „der sein [des Vaters] (ewiges) Wort ist, (nicht) hervorgehend aus dem Schweigen". Bei der Kritik der Textgrundlage fixiert sich LINDEMANN auf die Antithese einer „antignostischen Einfügung" von ἀίδιος, οὐκ und einer „gnostizierenden Streichung" und vermißt bei HÜBNER eine Begründung, „warum es zu der kürzeren und theologisch jedenfalls 'schwierigeren', gleichwohl nach seiner Meinung sekundären Lesart gekommen sein könnte" (188). Dabei hatte JOLY (71–73) schon alles aufs beste geklärt: Die handschriftliche Überlieferung spricht klar zugunsten der Textversion λόγος **ἀίδιος, οὐκ** ἀπὸ σιγῆς προελθών, die durch den einzigen uns erhaltenen griechischen Codex der sog. mittleren Fassung (G), ferner durch die lateinische Übersetzung (L) und das früheste Zitat (bei Timotheus Aelurus) bezeugt und auch in der Paraphrase der längeren (interpolierten) griechischen Fassung (g) vorausgesetzt wird. Demgegenüber können sich die Anwälte der Version λόγος ἀπὸ σιγῆς προελθών allein auf die wenig zuverlässige armenische Übersetzung und auf ein Zitat des (späten) Severus von Antiochien stützen.

Bei dieser Überlieferungslage geht es schwerlich um die Antithese 'Einfügung – Streichung' von ἀίδιος οὐκ; vielmehr hat man mit einem mechanischen Ausfall zu rechnen, der vielleicht überhaupt erst bei der Übertragung ins Armenische eingetreten ist oder – wenn er sich schon in der griechischen Vorlage einstellte – leicht durch die Aufeinanderfolge der ähnlichen Wortbilder (λόγος/ἀίδιος und οὐκ/ἀπό) bewirkt werden konnte. Ein apologetischer Interpolator hätte sich auf die bloße Negation οὐκ beschränkt, nicht zusätzlich dem voraufgehenden, völlig autarken λόγος ein zusätzliches Attribut beigegeben und dabei zufällig das Adjektiv ἀίδιος getroffen, das noch ein einziges Mal bei „Ignatius" selbst belegt ist (Eph 19,3), bei den übrigen apostolischen Vätern aber fehlt. JOLYs Urteil war also völlig korrekt: „Les deux termes n'étant pas liés grammaticalement, leur chute accidentelle … est beaucoup plus probable que leur insertion apologétique." Er hat ferner richtig gesehen, daß die antithetischen Satzglieder

8,2 (Jesus Christus) ὅς ἐστιν αὐτοῦ λόγος ἀίδιος, **οὐκ ἀπὸ σιγῆς προελ-θών** und

7,2 ἐπὶ ἕνα Ἰησοῦν Χριστόν, τὸν **ἀφ᾿ ἑνὸς πατρὸς προελθόντα**

in enger Korrespondenz zueinander stehen: „le Logos *n'*est *pas* sorti du Silence des gnostiques, puisqu'il est sorti du seul Père" (72).

Dieses Ergebnis ist allein durch philologische Textkritik gewonnen, ohne Rücksicht auf irgendwelche theologiegeschichtlichen Erwägungen, und bildet deshalb ein tragfähiges Fundament für HÜBNERs Resümee (1997, 52)[146]: „Die Wiederherstellung der besten Lesart genügt schon allein für eine Spätdatierung der Briefe. ... Die *Sige* kann nur eine Figur aus dem valentinianischen Pleroma sein. Damit kommen wir in jedem Fall in die Zeit nach 155/160."

2. Polykarps Philipper-Brief – eine authentische Beglaubigung des Märtyrers Ignatius (von Antiochien)

Wenn also nach JOLY das uns überlieferte Corpus der sieben epistulae „genuinae" nicht bereits um 110, sondern frühestens um 160/170 entstanden sein kann, so muß die Zuschreibung dieses Briefdossiers an den allzeit hochverehrten Märtyrer Ignatius von Antiochien fingiert sein. Denn der heilige Ignatius muß älter gewesen sein als Polykarp von Smyrna und seine durch Polykarp bezeugten Briefe einige Zeit vor dessen Philipperbrief geschrieben haben – wenn nicht um 110, so eher um 130 als um 150. Manche haben die hier skizzierte Widersprüchlichkeit zum Anlaß genommen, nicht nur die Echtheit der Briefe zu bezweifeln, sondern die Historizität des Märtyrers Ignatius überhaupt in Frage zu stellen. Dies scheint jedoch nicht gerechtfertigt. Denn wenn Polykarp in seinem Philipperbrief von Briefen des Ignatius spricht, kann man nicht von vornherein auf Identität dieser Briefe mit den sieben „genuinae" des uns vorliegenden Ignatiuscorpus schließen, wie dies zumeist getan wird[147]. Denn wir erhalten durch Polykarp nicht mehr als die dürftige Mitteilung, daß er „die Briefe des Ignatius, die uns von ihm geschickt sind, und andere, soviel wir ihrer bei uns haben", dem soeben geschrie-

---

146 Vgl. HÜBNER 1999, 138 Anm. 27.
147 LECHNER 9 verweist auf B. DEHANDSCHUTTER, Polycarp's epistle to the Philippians. An early Example of „Reception", in: SEVRIN (Hrsg.), The New Testament in Early Christianity = BEThL 86 (Leuven 1989), 277 Anm. 14, wo m. E. mit gutem Grund die Auffassung vertreten wird, daß der Polykarpbrief für den Nachweis der Authentizität der sieben Ignatiusbriefe der mittleren Rezension von geringem Wert sei.

benen Brief an die Philipper beigibt und der Überzeugung ist, daß die
Adressaten großen Nutzen aus ihnen ziehen werden; denn sie handelten
von Glauben und Geduld und jeder Erbauung, die den Herrn beträfe:

Polyc. Phil 13,1f. Ἐγράψατέ μοι καὶ ὑμεῖς καὶ Ἰ γ ν ά τ ι ο ς, ἵν' ἐάν τις ἀπέρχηται ε ἰ ς Σ υ ρ ί α ν, καὶ τὰ παρ' ὑμῶν ἀποκομίσῃ γράμματα· ὅπερ ποιήσω, ἐὰν λάβω καιρὸν εὔθετον, εἴτε ἐγώ, εἴτε ὃν πέμπω πρεσβεύσοντα καὶ
περὶ ὑμῶν. **τὰς ἐπιστολὰς Ἰγνατίου τὰς πεμφθείσας ἡμῖν ὑπ' αὐτοῦ καὶ
ἄλλας,** ὅσας εἴχομεν παρ' ἡμῖν, ἐπέμψαμεν ὑμῖν, καθὼς ἐνετείλασθε· αἵτι-
νες ὑποτεταγμέναι εἰσὶν τῇ ἐπιστολῇ ταύτῃ· ἐξ ὧν μεγάλα ὠφεληθῆναι δυ-
νήσεσθε. περιέχουσι γὰρ πίστιν καὶ ὑπομονὴν καὶ πᾶσαν οἰκοδομὴν τὴν
εἰς τὸν κύριον ἡμῶν ἀνήκουσαν.

Aus diesen unspezifischen Sätzen kann nicht erschlossen werden, daß
Polykarp die sieben Ignatianen der mittleren Rezension in Händen hielt;
man wird vielmehr damit rechnen müssen, daß es sich um uns unbekannte Briefe des Ignatius handelt, der laut Polyc. Phil 9,1 mit zwei Gefährten (Zosimus und Rufus) auf seinem Weg zum Martyrium (in
Rom)[148] durch Philippi gekommen war und den Philippern ein Beispiel
für Standhaftigkeit im Glauben gegeben hatte. Von diesen beiden Gefährten ist in den Ignatianen der mittleren Rezension nirgends die Rede,
weshalb manche diese Notiz des Polykarpbriefes als verdächtig ansehen wollten. Man kann darin aber ebensogut ein Indiz dafür sehen, daß
die sieben Briefe des „Ignatius"-Corpus nicht identisch sind mit den
von Polykarp erwähnten Briefen des wirklichen Bekenners aus Antiochien.

Nun scheint es allerdings Gründe für die Annahme zu geben, der
Polykarpbrief sei von dem Verfasser der pseud-epigraphischen Ignatianen interpoliert worden, um sein Briefcorpus durch den Bischof von
Smyrna beglaubigen zu lassen. Urheber dieser Theorie ist J. DAILLÉ,
der bereits 1666 das Corpus der Ignatius-Briefe für unecht erklärt hat
und einen schweren Widerspruch zwischen den Kapiteln 9 und 13 des
Polykarpbriefes[149] zum Anlaß nahm, das Kapitel 13 (und damit die
scheinbare Bezeugung der Ignatianen) als interpoliert zu verwerfen[150].
Seit dieser Zeit kommen die Auseinandersetzungen um diese Problematik nicht zur Ruhe: Neben Verteidigern der Echtheit treten immer wieder Gelehrte auf, die nicht nur das Kapitel 13, sondern weitere Partien,
ja, den Polykarpbrief insgesamt als unecht verwerfen[151]. HÜBNER und

---

148 Dies ergibt sich aus 1,1 und 13,2.
149 In 9 scheint der Märtyrer Ignatius bereits tot, in 13 – ebenso wie in 1,1 – (zusammen
   mit seinen beiden Gefährten) noch am Leben.
150 J. DAILLÉ, De Scriptis quae sub Dionysii Areopagitae et Ignatii Antiocheni nominibus
   circumferunter libri duo, Genf 1666.
151 Siehe SCHOEDEL 276–285.

LECHNER halten sich auch in dieser Frage an JOLY, der das erste Kapitel seines Buches diesem Problem gewidmet hat (17–33). In (modifizierter) Wiederaufnahme früherer Lösungsvorschläge (so hatte VÖLTER 1910 alle Referenzen auf Ignatius in 1,1 und 9,1, und Kap. 13 ganz getilgt)[152] scheidet er Kap. 13, ferner 1,1 δεξαμένοις bis 1,2 καὶ aus (so schon RITSCHL)[153] und bezieht den Ignatius von Kapitel 9 nicht auf den antiochenischen Märtyrer, sondern auf einen in Philippi heimischen und hingerichteten Ignatius.

LECHNER sucht JOLYs Athetesen ausführlich zu begründen (48–64). Die Textgestalt des Eingangssatzes hätte demnach folgendes Aussehen:

Polyc. Phil 1,1 Συνεχάρην ὑμῖν μεγάλως ἐν τῷ κυρίῳ ἡμῶν Ἰησοῦ Χριστῷ,
[δεξαμένοις τὰ μιμήματα τῆς ἀληθοῦς ἀγάπης καὶ προπέμψασιν, ὡς ἐπέβαλεν ὑμῖν, τοὺς ἐνειλημένους τοῖς ἁγιοπρεπέσιν δεσμοῖς, ἅτινά ἐστιν διαδήματα τῶν ἀληθῶς ὑπὸ θεοῦ καὶ τοῦ κυρίου ἡμῶν ἐκλελεγμένων· καὶ]
ὅτι ἡ βεβαία τῆς πίστεως ὑμῶν ῥίζα, ἐξ ἀρχαίων καταγγελλομένη χρόνων, μέχρι νῦν διαμένει καὶ καρποφορεῖ εἰς τὸν κύριον ἡμῶν Ἰησοῦν Χριστόν.

„Ich freute mich mit euch von Herzen in unserem Herrn Jesus Christus, (als ich durch euren Brief erfuhr)[154] [daß ihr die Abbilder der wahren Liebe aufgenommen und, wie es euch zukam, die mit hochheiligen Fesseln Umwundenen weitergeleitet habt – Fesseln, die Diademe sind der in Wahrheit von Gott und unserem Herrn Auserwählten, und] daß die feste

---

152 D. VÖLTER, Die Apostolischen Väter, neu untersucht, Bd. 2.2: Polycarp und Ignatius und die ihnen zugeschriebenen Briefe, Leiden 1910, 19–28.

153 A. RITSCHL, Entstehung der altkatholischen Kirche, Bonn 1850 ([2]1857), 584–600, der eine große Zahl weiterer Interpolationen annahm.

154 Zum Verständnis ist LIGHTFOOTs Einleitung hilfreich (The Apostolic Fathers II 3,313): „The Epistle of Polycarp was written in reply to a communication from the Philippians. They had invited him to address words of exhortation to them (§ 3); they had requested him to forward by his own messenger the letter which they had addressed to the Syrian Church (§ 13); and they had asked him to send them any epistles of Ignatius which he might have in his hands (ib.). ... The Philippians had recently welcomed and escorted on their way certain saints who were in bonds (§ 1). From a later notice in the epistle it appears that Ignatius was one of these (§ 9)", etc. Der Briefeinsatz nimmt, wie LIGHTFOOT zeigt, Phil 4,10 auf. Daß in συνεχάρην kein „Brieftempus" vorliegt, ergibt sich aus dem gesamten Briefduktus und wird gestützt durch die von LIGHTFOOT angeführte weitere Parallele Phil 2,17 ἀλλὰ εἰ καὶ σπένδομαι ἐπὶ τῇ θυσίᾳ καὶ λειτουργίᾳ τῆς πίστεως ὑμῶν, χαίρω καὶ συγχαίρω πᾶσιν ὑμῖν· 18 τὸ δὲ αὐτὸ καὶ ὑμεῖς χαίρετε καὶ συγχαίρετέ μοι. Er paraphrasiert deshalb zu Recht wie folgt: „I rejoiced to hear that ye received and escorted on their way the saintly followers of Christ, whose fetters are their diadems; and that the root of your faith, famous from the beginning, still bears fruit", etc.

Wurzel eures Glaubens, von der seit alten Zeiten Nachricht ergeht[155], bis heute fortdauert und Frucht trägt für unseren Herrn Jesus Christus."

Doch gilt gegenüber der hier veranschaulichten Ausgliederung der vermeintlichen Interpolation das gleiche Verdikt, das JOLY zu Recht gegen die oben behandelte These, in Ign. Magn 8,2 sei ἀΐδιος, οὐκ interpoliert, erhoben hatte: der angebliche Zusatz bildet keine grammatische Einheit: Nach aller Erfahrung hätte ein Interpolator in dem Auftakt des Polykarpbriefes die beiden Partizipialkonstruktionen (δεξαμένοις ... καὶ προπέμψασιν) nicht durch ein zusätzliches καί mit dem folgenden ὅτι-Satz verbunden. Umgekehrt lässt sich weder ein gedankliches noch ein grammatisches Hindernis benennen, das es dem Autor verwehren sollte, die beiden unterschiedlichen Anlässe der Freude in zwei variierenden Konstruktionen wiederzugeben, die durch καί verbunden sind: Daß die Philipper die unmittelbar vor dem Tor der Heiligkeit stehenden, künftigen Märtyrer (umwunden mit hochheiligen Fesseln, den „Diademen" der in Wahrheit von Gott und dem Herrn Auserwählten)[156] bei sich aufgenommen und auf ihrem Weg zum Martyrium weitergeleitet haben, ist ein ebenso gewichtiger (konkreter) Anlaß zur Freude wie die (auf diese Weise sichtbare) seit alters (seit den Paulusbriefen) gerühmte, fortdauernde Verwurzelung der Gemeinde Philippi im fruchtbringenden Glauben.

Nichts ist hieran unangemessen, vielmehr erfolgt am Beginn des Briefes in kunstvoller Metaphorik die Einbettung der folgenden Unterweisung in die konkrete „historische" Situation, auf die der Verfasser in Kapitel 9 und am Schluß (13) rekurrieren wird, wodurch er dem ganzen Schreiben einen einheitlichen Sitz im aktuellen Leben der Gemeinde schafft. Hätte ein Interpolator eine ursprünglich abstrakte geistliche Unterweisung in eine fiktive Ignatius-Legende mit aktuellem Bezug zu der Gemeinde Philippi verankern wollen (wie manche die Genese des Briefes erklären), würde er – so dürfen wir annehmen – von Anfang an unverschlüsselt gesprochen und konkrete Namen genannt haben. Die kunstvolle Metaphorik in erlesener, sonst nirgends belegter Diktion, die wir bei Polykarp vorfinden:

τὰ μιμήματα τῆς ἀληθοῦς ἀγάπης, τοὺς ἐνειλημένους τοῖς ἁγιοπρεπέσιν δεσμοῖς statt

τοὺς μακαρίους Ἰγνάτιον καὶ Ζώσιμον καὶ Ῥοῦφον δεδεμένους τοῖς ἁγιοπρεπέσιν δεσμοῖς,

---

155 Dies ist eine Anspielung auf den Philipperbrief des Paulus.
156 Diese Metaphorik hat „Ignatius" in Eph 11,1 variiert: Χωρὶς τούτου μηδὲν ὑμῖν πρεπέτω, ἐν ᾧ τ ὰ δ ε σ μ ὰ περιφέρω, τ ο ὺ ς π ν ε υ μ α τ ι κ ο ὺ ς μ α ρ γ α ρ ί τ α ς, ἐν οἷς γένοιτό μοι ἀναστῆναι τῇ προσευχῇ ὑμῶν.

setzt Kenntnis der aktuellen Ereignisse beim Adressaten voraus, ist also eine starke Beglaubigung der Authentizität[157].

Wenn uns Kapitel 1 in unverfälschter Fassung vorliegt, dann ist notwendig auch Kapitel 13 zu halten: Der Schlußsatz

> Polyc. Phil 13,2 *et de ipso Ignatio et de his, qui cum eo sunt, quod certius agnoveritis, significate* („Und was ihr Zuverlässiges über Ignatius und seine Gefährten in Erfahrung bringt, das gebt bekannt")

schlägt den Bogen zurück zum Briefeingang: Polykarp wünscht Nachricht über das weitere Schicksal der drei von den Philippern geleiteten Gefährten und – sobald sie Genaueres hören – über die Umstände ihres Martyriums. Die ungeschickte lateinische Übersetzung, auf die wir hier allein bauen müssen, hat LIGHTFOOT überzeugend auf die griechische Fassung περὶ τῶν σὺν αὐτῷ zurückgeführt[158], die ohne weiteres mit der diesem Brief zugrunde liegenden Voraussetzung im Einklang steht, die LIGHTFOOT (314) wie folgt skizziert: „The visit of Ignatius had been recent – so recent indeed, that Polycarp, though he assumes that the saint has suffered martyrdom, is yet without any certain knowledge of the fact. He therefore asks the Philippians, who are some stages nearer to Rome than Smyrna, to communicate to him any information which they may have received respecting the saint and his companions."

Damit ist dann auch der scheinbare Widerspruch zu § 9 aufgelöst, wo Polykarp den Märtyrer Ignatius und seine Gefährten zusammen mit anderen aus der Mitte der Philipper und mit Paulus und den übrigen Aposteln in die himmlische Gemeinschaft des Herrn aufgenommen sieht. Die Philipper sollen überzeugt sein (9,2)

> „daß diese alle nicht vergeblich, sondern in Glauben und Gerechtigkeit gelaufen und an den ihnen zukommenden Platz beim Herrn gelangt sind, mit dem zusammen sie auch gelitten haben" (παρακαλῶ οὖν πάντας ὑμᾶς ... πεπεισμένους, ὅτι οὗτοι πάντες οὐκ εἰς κενὸν ἔδραμον, ἀλλ' ἐν πίστει καὶ δικαιοσύνῃ, καὶ ὅτι εἰς[159] τὸν ὀφειλόμενον αὐτοῖς τόπον[160] εἰσὶ παρὰ τῷ κυρίῳ, ᾧ καὶ συνέπαθον).

---

157 Zu der speziellen, für das Polykarpmartyrium und das Corpus des Ps.Ignatius charakteristischen martyrologischen Ausdrucksweise τὰ μιμήματα τῆς ἀληθοῦς ἀγάπης siehe u. S. 207f.

158 Unter Verweis auf das ganz entsprechende Verfahren des Übersetzers am Briefbeginn und in § 9, „where τοῖς ἐξ ὑμῶν is rendered 'qui ex vobis *sunt*', though the persons were no longer living."

159 Zu εἰς in Verbindung mit εἶναι verweist LIGHTFOOT auf Ign. Röm 1 εἰς τέλος εἶναι („to arrive at the end"), Lk 11,7 u. a.; siehe KÜHN.–GERTH II 1,540ff., bes. 543. Unklar scheint, ob man als Beleg für diese prägnante Verwendung der Präposition auch Ps.Ign. Magn 7,2 verbuchen kann: πάντες ὡς εἰς ἕνα ναὸν συντρέχετε θεοῦ, ὡς ἐπὶ ἓν θυσιαστήριον, ἐπὶ ἕνα Ἰησοῦν Χριστόν, τὸν ἀφ' ἑνὸς πατρὸς προελθόντα καὶ εἰς ἕνα

Damit können wir die vielen seit dem 17. Jh. mit Blick auf die Paragraphen 1. 9. 13 unternommenen Harmonisierungsversuche, über die die Forschungsüberblicke, zuletzt LECHNER 13ff., unterrichten, auf sich beruhen lassen und den Polykarpbrief als eine in sich geschlossene, stimmige Einheit ansehen. Die Briefe des Märtyrers Ignatius, von denen in 13,2 die Rede ist, sind nicht identisch mit den sieben vermeintlich echten, in Wirklichkeit pseudepigraphischen Briefen des „Ignatius"-Corpus, deren nachdrückliche Propagierung des Monepiskopats sich nicht an die kleinasiatischen Christen der Trajanischen oder Hadrianischen Zeit richtet, sondern den häretischen Bedrohungen der siebziger Jahre des zweiten Jahrhunderts zu begegnen sucht (s. u. S. 206ff.). Ob das Datum ihrer Entstehung noch etwas genauer eingegrenzt werden kann, soll im folgenden Kapitel erörtert werden.

3. Chronologische Fixpunkte für die sog. mittlere Rezension der pseudepigraphischen Briefe des „Ignatius von Antiochien"

a) Irenäus von Lyon, 'Adversus haereses'

Ein fester Terminus ante quem für die „mittlere Rezension" der Ignatianen (die sog. sieben echten Briefe) ist das 5. Buch der antignostischen Schrift 'Adversus haereses' des Irenäus von Lyon. Der Bischof zitiert dort in 5,28,4 (wir haben die Stelle schon oben berührt)[161] einen Satz aus Ps.Ign. Röm 4,1, indem er sagt: „So hat das einer der Unsrigen ausgedrückt, der wegen des Zeugnisses für Gott zum Tod durch die wilden Tiere verurteilt war: 'Weizen Christi bin ich, und durch die Zähne von Bestien werde ich gemahlen, damit ich als reines Brot Gottes erfunden werde'":

ὄντα καὶ χωρήσαντα. LINDEMANN–PAULSEN übersetzen: „der von dem *einen* Vater ausging und bei dem Einen ist und zu ihm zurückkehrte." Die Satzstruktur scheint aber durch die Antithese „von d e m e i n e n Vater ausgehen und zu d e m e i n e n Vater [eigentlich: „zu dem, der E i n e r ist"] a u c h w i e d e r zurückkehren" bestimmt zu werden.

160 Zugrunde liegt 1Clem 5,4 (Πέτρον), ὃς διὰ ζῆλον ἄδικον οὐχ ἕνα οὐδὲ δύο, ἀλλὰ πλείονας ὑπήνεγκεν πόνους καὶ οὕτω μαρτυρήσας ἐπορεύθη εἰς τὸν ὀφειλόμενον τόπον τῆς δόξης; vgl. 5,7 δικαιοσύνην διδάξας ὅλον τὸν κόσμον καὶ ἐπὶ τὸ τέρμα τῆς δύσεως ἐλθὼν καὶ μαρτυρήσας ἐπὶ τῶν ἡγουμένων, οὕτως ἀπηλλάγη τοῦ κόσμου καὶ εἰς τὸν ἅγιον τόπον ἐπορεύθη, ὑπομονῆς γενόμενος μέγιστος ὑπογραμμός.

161 Siehe S. 26.

Iren. haer. 5,28,4 (frg. 22) ὡς εἶπέ τις τῶν ἡμετέρων διὰ τὴν πρὸς τὸν Θεὸν μαρτυρίαν κατακριθεὶς πρὸς θηρία, ὅτι «σῖτός εἰμι τοῦ Θεοῦ καὶ διὰ
ὀδόντων θηρίων ἀλήθομαι, ἵνα καθαρὸς Θεοῦ ἄρτος εὑρεθῶ».

Es ist dies das früheste wörtliche Zitat aus Ps.Ignatius, das wir kennen.
Irenäus, der um 177 als Presbyter der Gemeinde von Lyon nach Rom
zu Bischof Eleutherus (ca. 174–189) reiste und nach seiner Rückkehr
das Bischofsamt übernahm, scheint um 200 gestorben zu sein (s. S. 140
mit Anm. 27). Für die Datierung seines Hauptwerkes besitzen wir nur
einen unpräzisen Anhaltspunkt, insofern in haer. 3,3,3 der amtierende
Bischof Eleutherus erwähnt wird. Nichts scheint der Annahme entge-
genzustehen, daß wir mit dem 5. Buch bis etwa ins Jahr 190 hinabgehen dürfen.

b) Lukians Schrift 'De morte Peregrini'?

Ein weiterer Terminus ante quem scheint sich aus einer von nicht
wenigen Gelehrten als plausibel beurteilten Reminiszenz in Lukians
'De morte Peregrini' zu ergeben. Diese Schrift wird in jüngerer Zeit in
die Nähe des 'Alexander', also um das Jahr 180, gesetzt[162]. Schon J.
PEARSON (1672)[163] war der Auffassung, daß Lukian mit den Zirkelbriefen, die sein Peregrinus vor dem Tod an die ruhmreichsten Städte Grie-
chenlands schickt, in denen er ihnen Vermächtnisse, Zusprüche und gesetzliche Bestimmungen hinterläßt:

Peregr. 41 φασὶ δὲ πάσαις σχεδὸν ταῖς ἐνδόξοις πόλεσιν ἐπιστολὰς
διαπέμψαι αὐτόν, διαθήκας τινὰς καὶ παραινέσεις καὶ νόμους,

---

162 Siehe J. A. HALL, Lucian's Satire, New York 1981, 28 (mit Anm. 44 [S. 454] und Ver-
     weis auf M. CASTER, Lucien et la Pensée Religieuse de son Temps, Paris 1937, 69 und
     242ff.); vgl. 60. 444. 498; ferner M. D. MACLEOD, Lucianic Studies since 1930, in:
     ANRW II 34.2, 1994, 1362–1421, dort 1383: „In 165 Lucian was in Greece for the
     Olympic Games which saw the death of Peregrinus, though 'Peregr.' may have been
     written much later and may even be close in date to 'Alex.', which was after the death
     of Marcus in 180"; vgl. S. 1377: „... it seems better to place 'Peregr.' later and closer to
     'Alex.' and to suppose that it was only the establishment of a Peregrinean oracle that in-
     duced Lucian to compose his piece." Lukian ist mit dem 'falschen Propheten' Alexan-
     der auf seiner Reise nach Griechenland im Jahr 165 zusammengetroffen, dem gleichen
     Jahr, in dem er Zeuge der öffentlichen Selbstverbrennung des Peregrinus in Olympia
     wurde. Wenn also 'Alex.' erst nach 180 entstand, spricht nichts gegen ein benachbartes
     Datum für den inhaltlich verwandten 'Peregrinus' (s. 1436–1438). Daß 'Peregr.' zusam-
     men mit 'Alex.' ein Paar bildet und beide in die Nähe des 'Eunuchus' zu stellen sind,
     hat schon T. SINKO, Symbolae chronologicae ad scripta Plutarchi et Luciani, Cracowie
     [= Krakau] 1947, 52. 69 gesehen.
163 J. PEARSON, Vindiciae Epistolarum S. Ignatii, Cambridge 1672, I, 2.

die entsprechenden Briefe des Ignatius imitiert habe. Dies scheint durch sprachliche Entlehnungen gestützt zu werden, auf die man seit dem 19. Jh. immer wieder hingewiesen hat[164].

Die Grundvoraussetzung für eine solche Annahme, ein inhaltlicher Bezug des Textpassus zum Christentum, ist zweifellos gegeben. Denn Lukian schildert in den früheren Partien der Schrift die christliche Phase des Scharlatans Peregrinos[165] und zeichnet ihn dabei auch als einen Märtyrer-Aspiranten. Nicht wenige Interpreten verweisen auf die Entsprechungen zu der Schrift über Alexanders Lügenorakel in Abonoteichos: Wie Lukian dort „eine Satire auf das Orakelwesen und den Aberglauben in den höchsten und niedersten Ständen des damaligen Römerreichs" beabsichtigt hat, so habe er in der karikierten Lebens- und Todesgeschichte des Peregrinus Proteus die philosophische wie religiöse Schwärmerei seiner Zeit[166] und die christlichen Märtyrer aufs Korn ge-

---

164 Siehe P. Pilhofer in: P. Pilhofer, M. Baumbach, J. Gerlach, D. U. Hansen (Hrsgg.), Lukian: Der Tod des Peregrinos. Ein Scharlatan auf dem Scheiterhaufen, mit Übers. u. Beitr., Darmstadt 2005 (Sapere 9), S. 91 Anm. 138: „Die These ist uralt und findet sich schon im Jahr 1832 bei Baur 1832, S. 137f. Anm." (F. Chr. Baur, Apollonius von Tyana und Christus. Ein Beitrag zur Religionsgeschichte der ersten Jahrhunderte nach Christus, neu herausgegeben von E. Zeller, Leipzig 1876, nachgedruckt Hildesheim 1966). Vgl. H. D. Betz, Lukian von Samosata und das Neue Testament, Berlin 1961, 109 mit Anm. 9 (dort S. 5–13 grundsätzlich zu „Lukians Bemerkungen über die Christen", vor allem im Alexander und im Peregrinus); W. R. Schoedel, Ignatius of Antioch. A Commentary on the Letters of Ignatius of Antioch, Hermeneia, Philadelphia 1985, dort 175. 278–280.

165 Vgl. Hall 178 mit Anm. 28 [S. 500]; dort Verweis auf G. Bagnani, Peregrinus Proteus and the Christians, Historia 4, 1955, 107–112.

166 Auch im Peregrinus Proteus wird das Orakelwesen entlarvt (etwa 26–30); u. a. wird dort die Erwartung ausgesprochen, daß die Schüler des Peregrinus ihm ein Orakel oder ein Allerheiligstes (χρηστήριον … καὶ ἄδυτον) errichten und Priester für ihn einsetzen (28) und daß die Eleer und andere Griechen ihm Statuen (εἰκόνας) aufstellen (41) werden. Was hier Fiktion ist, berichtet im Jahre 177 Athenagoras in seiner Legatio pro Christianis 26,2 (ed. M. Marcovich, Berlin 1990 [PTS 31], 86–88) als Realität: τοῦ τοίνυν ἄλλους μὲν εἶναι τοὺς ἐνεργοῦντας, ἐφ' ἑτέρων δὲ ἀνίστασθαι τὰς εἰκόνας, ἐκεῖνο μέγιστον τεκμήριον, Τρῳὰς καὶ Πάριον· ἡ μὲν Νερυλλίνου εἰκόνας ἔχει, τὸ δὲ Πάριον Ἀλεξάνδρου καὶ Πρωτέως· … ὁ δὲ τοῦ Ἀλεξάνδρου καὶ ὁ τοῦ Πρωτέως (τοῦτον δ' οὐκ ἀγνοεῖτε ῥίψαντα ἑαυτὸν εἰς τὸ πῦρ περὶ τὴν Ὀλυμπίαν), ὁ μὲν καὶ αὐτὸς λέγεται χρηματίζειν, τῷ δὲ τοῦ Ἀλεξάνδρου – „Δύσπαρι, εἶδος ἄριστε, γυναιμανές" – δημοτελεῖς ἄγονται θυσίαι καὶ ἑορταὶ ὡς ἐπηκόῳ θεῷ. πότερον οὖν ὁ Νερυλλῖνος καὶ ὁ Πρωτεὺς καὶ ὁ Ἀλέξανδρός εἰσιν οἱ ταῦτα ἐνεργοῦντας περὶ τὰ ἀγάλματα ἢ τῆς ὕλης ἡ σύστασις; … ὁ δὲ Νερυλλῖνος καὶ ὁ Πρωτεὺς καὶ ὁ Ἀλέξανδρος τί πλέον τοῖς νοσοῦσιν; ἃ γὰρ ἡ εἰκὼν λέγεται νῦν ἐνεργεῖν, ἐνήργει καὶ ζῶντος καὶ νοσοῦντος Νερυλλίνου. Wie so oft, nährt sich auch hier die Fiktion an der Wirklichkeit; d. h. eine Spätdatierung des Peregrinus wird durch Athenagoras gestützt, dessen Legatio recht präzis ins Jahr 177 gesetzt werden kann, siehe Marcovich 1–3.

nommen[167]. Der Drang vieler Christen zum Martyrium muß in jener
Zeit ein öffentlich wahrnehmbares Phänomen gewesen sein[168]. Über
Polykarp wird im „Martyrium" berichtet, er habe mit denen aus Philadelphia als zwölfter in Smyrna das Martyrium erlitten, die Erinnerung
an ihn aber werde ganz besonders hochgehalten, so daß a u c h d i e
H e i d e n a n a l l e n O r t e n ü b e r i h n s p r ä c h e n und alle danach verlangten, sein Martyrium nachzuahmen, das dem Evangelium
Christi gemäß geschehen sei[169]. In einem solchen Umfeld[170] konnte es
für Lukian verlockend sein, ein jüngst erschienenes fiktives Briefcorpus, in dem der Weg eines solchen von Sehnsucht nach dem Martyrium
beseelten christlichen Helden erkennbar wird, zu nutzen, um seiner
Schilderung des gleichgearteten Märtyreraspiranten Peregrinos christli-
ches Kolorit zu verleihen[171].

---

167 So A. PLANCK, Lucian und das Christenthum, in: Theologische Studien und Kritiken
24, 1851, 826–902, dort 829f.; vgl. 826f. 843 (den Hinweis auf diesen Aufsatz verdanke
ich H.–G. NESSELRATH, der, was die Frage betrifft, ob Lukian die Ignatius-Briefe wirklich kennen konnte und, selbst wenn ja, ob er eine Parodierung ihres Inhalts anstrebte,
skeptisch ist).

168 Siehe BOWERSOCK (Martyrdom) 1–6; dort Beispiele „freiwilliger Märtyrer"; siehe auch
Kap. IV („Martyrdom and suicide"). Vgl. ferner CHRISTINE HEUSCH, Proteische Ver-
wandlung. Die Figur des Peregrinos Proteus im Spiegel der zeitgenössischen Literatur,
Gymn. 114, 2007, 435–460, dort bes. Anm. 40 über Christen als „Selbst-Auslieferer".

169 Mart. Polyc. 19,1 τοιαῦτα τὰ κατὰ τὸν μακάριον Πολύκαρπον, ὃς σὺν τοῖς ἀπὸ Φιλ-
αδελφίας δωδέκατος ἐν Σμύρνῃ μαρτυρήσας, μόνος ὑπὸ πάντων μᾶλλον μνημονεύεται,
ὥστε κ α ὶ ὑ π ὸ τ ῶ ν ἐ θ ν ῶ ν ἐ ν π α ν τ ὶ τ ό π ῳ λαλεῖσθαι, οὐ μόνον διδάσκαλος γενόμενος ἐπίσημος ἀλλὰ καὶ μάρτυς ἔξοχος, οὗ τ ὸ μ α ρ τ ύ ρ ι ο ν π ά ν τ ε ς
ἐ π ι θ υ μ ο ῦ σ ι ν μ ι μ ε ῖ σ θ α ι κατὰ τὸ εὐαγγέλιον Χριστοῦ γενόμενον.

170 Eine plastische Schilderung der gegenseitigen Durchdringung des griechisch-römischen
und christlich-paganen Kulturraums jener Epoche gibt BOWERSOCK (Martyrdom); dort
besonders aufschlußreich die Ausführungen über „The civic role of martyrs" (41–57),
wonach Männer wie Cyprian und Pionios im 3. und Polykarp im 2. Jh. „were the Christian equivalent of the famous teachers and sophists who enlivened and adorned the intellectual and social life of those two centuries" (44). Unter Verweis auf das Kapitel
'The Christian Sophist' in TIMOTHY BARNES' Tertullian-Buch (211–232) führt er aus:
„The age of the martyrs and the age of the sophists is largely one and the same. The culture from which both groups came and upon which both depended for their power of
communication was likewise the same. It was a Graeco-Roman culture in which pagans
and Christians alike could share" (44). Siehe ferner S. 56: „But it was precisely the
Christians' vigorous participation in the civic life and intellectual traditions of the
Graeco-roman world that grounded their martyrdoms in the life of their great cities"
oder S. 66: „The life and death of a Christian martyr was … something the pagans could
readily comprehend through the quasi-sophistic role of a martyr when living and his
part in agonistic festivals when dying."

171 Die wesentlichen Züge der von Lukian geschilderten christlichen Phase des Peregrinus
konnten gewiß auch ohne Kenntnisnahme schriftlicher Quellen durch einfache Beobachtung des öffentlichen Geschehens gewonnen werden. Nicht anders muß man BO-
WERSOCKs Erwähnung von Märtyrerakten deuten ('Martyrdom' S. 61): „Lucian tells us
that as a Christian Peregrinus felt a great longing to die; and, in what is almost a parody

Doch bevor Peregrinos seinen Feuertod zelebrieren darf, werden seine früheren Jahre als Christ geschildert[172]: Er ist in Palästina mit christlichen Priestern und Schriftgelehrten bekannt geworden und ließ sich so erfolgreich unterweisen, daß er bald selbst Prophet, Thiasarch, Synagogenmeister unter ihnen wurde, ihre Bücher erklärte und kommentierte, selbst eine große Menge Bücher schrieb, ja, es so weit brachte, daß sie ihn für einen göttlichen Mann ansahen, sich Gesetze von ihm geben ließen und ihn zu ihrem Vorsteher machten:

Lucian. Peregr. 11 Ὅτεπερ καὶ τ ὴ ν θ α υ μ α σ τ ὴ ν σ ο φ ί α ν τ ῶ ν Χ ρ ι σ τ ι α ν ῶ ν ἐ ξ έ μ α θ ε ν, περὶ τὴν Παλαιστίνην τοῖς ἱερεῦσιν καὶ γραμματεῦσιν αὐτῶν ξυγγενόμενος. καὶ τί γάρ; ἐν βραχεῖ παῖδας αὐτοὺς ἀπέφηνε, προφήτης καὶ θιασάρχης καὶ ξυναγωγεὺς καὶ πάντα μόνος αὐτὸς ὤν, καὶ τῶν βίβλων τὰς μὲν ἐξηγεῖτο καὶ διεσάφει, πολλὰς δὲ αὐτὸς καὶ συνέγραφεν, καὶ ὡς θεὸν αὐτὸν ἐκεῖνοι ᾐδοῦντο καὶ νομοθέτῃ ἐχρῶντο καὶ προστάτην ἐπεγράφοντο.

Er wurde schließlich – wie Ps.Ignatius[173] – ergriffen und gefesselt in ein Gefängnis geworfen[174]. Als er in Fesseln lag, versuchten die Christen alles mögliche, ihn dem Gefängnis zu entreißen[175], sie pflegten ihn und warteten ihm auf[176]; die Vornehmsten unter ihnen suchten sogar die Gefängniswärter zu bestechen[177] – entsprechend beschwört „Ignatius" im Römerbrief (1–2) die Christen der Kaiserstadt, nur ja nicht ihren Einfluß bei den Behörden geltend zu machen, sondern ihm das Martyrium

---

of a scene from a Martyr Act, the satirist describes the imprisonment of Peregrinus, the visitations to the would-be martyr from the faithful, and the eagerness with which many volunteered to go to their death along with him."
172 Ein umfassendes Bild dieser schillernden Figur gewinnt man aus der vorzüglichen Studie von CHRISTINE HEUSCH, s. o. S. 196 Anm. 168.
173 Siehe Eph 1,2 **δεδεμένον ἀπὸ Συρίας** ... ἰδεῖν ἐσπουδάσατε. 3,1 Εἰ γὰρ καὶ **δέδεμαι** ἐν τῷ ὀνόματι, οὔπω ἀπήρτισμαι ἐν Ἰησοῦ Χριστῷ. 21,2 Προσεύχεσθε ὑπὲρ τῆς ἐκκλησίας τῆς **ἐν Συρίᾳ**, ὅθεν **δεδεμένος** εἰς Ῥώμην ἀπάγομαι. Magn 12,1 Εἰ γὰρ καὶ **δέδεμαι.** Trall 1,1 οὕτως μοι συνεχάρη **δεδεμένῳ** ἐν Χριστῷ Ἰησοῦ. 5,2; 10,1; Ps.Ign. Röm 1,1; 4,3; 5,1 **ἀπὸ Συρίας** μέχρι Ῥώμης θηριομαχῶ ... **δεδεμένος** δέκα λεοπάρδοις, ὅ ἐστιν στρατιωτικὸν τάγμα. Philad 5,1; 7,1; Smyrn 4,2; 6,2; 11,1; Eph 11,2 ἐν ᾧ **τὰ δεσμὰ** περιφέρω. Magn 1,2; Trall 12,2; Smyrn 10,2; 11,1; Polyc 2,3.
174 Siehe zum folgenden auch PLANCK (1851) 853f.
175 Lucian. Peregr. 12 ἐπεὶ δ' οὖν ἐδέδετο, οἱ Χριστιανοὶ συμφορὰν ποιούμενοι τὸ πρᾶγμα πάντα ἐκίνουν ἐ ξ α ρ π ά σ α ι πειρώμενοι αὐτόν. Vgl. Ps.Ign. Röm 7,1 ὁ ἄρχων τοῦ αἰῶνος τούτου δ ι α ρ π ά σ α ι με βούλεται καὶ τὴν εἰς θεόν μου γνώμην διαφθεῖραι. μηδεὶς οὖν τῶν παρόντων ὑμῶν βοηθείτω αὐτῷ.
176 Vgl. Ps.Ign. Eph 1,2–2,2.
177 Lucian. Peregr. 12 Τότε δὴ καὶ **συλληφθεὶς** ἐπὶ τούτῳ ὁ Πρωτεὺς ἐνέπεσεν εἰς τὸ **δεσμωτήριον,** ὅπερ καὶ αὐτὸ οὐ μικρὸν αὐτῷ ἀξίωμα περιεποίησεν πρὸς τὸν ἑξῆς βίον καὶ τὴν τερατείαν καὶ δοξοκοπίαν ὧν ἐρῶν ἐτύγχανεν. ἐπεὶ δ' οὖν **ἐδέδετο** ...; vgl. Ps.Ign. Eph 1,2 ἀκούσαντες γὰρ **δεδεμένον ἀπὸ Συρίας** ὑπὲρ τοῦ κοινοῦ ὀνόματος καὶ ἐλπίδος ... ἰδεῖν **ἐσπουδάσατε.** 2,1 κατὰ πάντα με ἀνέπαυσεν.

zu ermöglichen. Wie im Falle des „Ignatius" (etwa Eph 1,2–2,2; Magn 2; Trall 1,1; Philad 10,2; Smyrn 10,1; 12,1) kamen sogar einige aus verschiedenen Städten Asiens, die von den dortigen Christen abgesandt waren, um ihm Hilfe und Fürsprache vor Gericht zu leisten und ihn zu trösten:

Lucian. Peregr. 13 Καὶ μὴν κἀκ τῶν ἐν Ἀσίᾳ πόλεων ἔστιν ὧν ἧκόν τινες, τῶν Χριστιανῶν στελλόντων ἀπὸ τοῦ κοινοῦ, βοηθήσοντες καὶ συναγορεύσοντες καὶ παραμυθησόμενοι τὸν ἄνδρα.

Hier nun folgt der oben skizzierte Passus, der den Eindruck erweckt, als sei er in einigen pretiösen Formulierungen durch die I g n a t i u s b r i e - f e inspiriert:

Peregr. 41 φασὶ δὲ π ά σ α ι ς σχεδὸν τ α ῖ ς ἐνδόξοις π ό λ ε σ ι ν ἐ π ι - σ τ ο λ ὰ ς δ ι α π έ μ ψ α ι α ὐ τ ό ν[178], διαθήκας τινὰς καὶ παραινέσεις[179] καὶ νόμους· κ α ί τ ι ν α ς ἐπὶ τούτῳ **πρεσβευτὰς** τῶν ἑταίρων **ἐχειροτόνησεν, νεκραγγέλους** καὶ **νερτεροδρόμους προσαγορεύσας.**

Vgl. Ps.Ign. Polyc 7,2 Πρέπει, Πολύκαρπε θεομακαριστότατε, συμβούλιον ἀγαγεῖν θεοπρεπέστατον **καὶ χειροτονῆσαί τ ι ν α,** ὃν ἀγαπητὸν λίαν ἔχετε καὶ ἄοκνον, ὃς δυνήσεται **θεοδρόμος καλεῖσθαι·** τοῦτον καταξιῶσαι, ἵνα πορευθεὶς εἰς Συρίαν δοξάσῃ ὑμῶν τὴν ἄοκνον ἀγάπην εἰς δόξαν θεοῦ.

Smyrn 11,2 πρέπει εἰς τιμὴν θεοῦ **χειροτονῆσαι** τὴν ἐκκλησίαν ὑμῶν **θεοπρεσβύτην,** εἰς τὸ γενόμενον ἕως Συρίας συγχαρῆναι αὐτοῖς.

Philad 10,1 πρέπον ἐστὶν ὑμῖν ὡς ἐκκλησίᾳ θεοῦ, **χειροτονῆσαι** διάκονον εἰς τὸ **πρεσβεῦσαι** ἐκεῖ **θεοῦ πρεσβείαν.**

---

178 Ps.Ign. Smyrn 11.3 Ἐφάνη μοι οὖν ἄξιον πρᾶγμα, **πέμψαι τινὰ** τῶν ὑμετέρων μ ε τ' ἐ π ι σ τ ο λ ῆ ς, ἵνα συνδοξάσῃ τὴν κατὰ θεὸν αὐτοῖς γενομένην εὐδίαν. Ps.Ign. Polyc 8,1 Ἐπεὶ οὖν π ά σ α ι ς τ α ῖ ς ἐ κ κ λ η σ ί α ι ς οὐκ ἠδυνήθην γ ρ ά ψ α ι διὰ τὸ ἐξαίφνης πλεῖν με ἀπὸ **Τρωάδος** εἰς Νεάπολιν, ὡς τὸ θέλημα προστάσσει, γ ρ ά ψ ε ι ς τ α ῖ ς ἔ μ π ρ ο σ θ ε ν ἐ κ κ λ η σ ί α ι ς, ὡς θεοῦ γνώμην κεκτημένος, εἰς τὸ καὶ αὐτοὺς τὸ αὐτὸ ποιῆσαι οἱ μὲν δυνάμενοι **πεζοὺς πέμψαι,** οἱ δὲ ἐ π ι σ τ ο λ ὰ ς διὰ τῶν ὑπὸ σοῦ **πεμπομένων,** ἵνα δοξασθῆτε αἰωνίῳ ἔργῳ, ὡς ἄξιος ὤν. Briefe haben auch die Märtyrer von Lyon, die 177 hingerichtet wurden, aus dem Kerker an die Brüder in Asien und Phrygien und an Eleutheros, den Bischof von Rom, geschrieben – um zugunsten des Friedens zwischen den Kirchen zu vermitteln (τῆς τῶν ἐκκλησιῶν εἰρήνης ἕνεκα πρεσβεύοντες: es ging vermutlich um das Verhältnis zu den Montanisten in Phrygien), s. Eus. h. e. 5,3,4.

179 Vgl. Ps.Ign. Magn 6,1 Ἐπεὶ οὖν ἐν τοῖς προγεγραμμένοις προσώποις τὸ πᾶν πλῆθος ἐθεώρησα ἐν πίστει καὶ ἠγάπησα, **παραινῶ,** ἐν ὁμονοίᾳ θεοῦ **σπουδάζετε** πάντα πράσσειν, προκαθημένου τ ο ῦ ἐ π ι σ κ ό π ο υ εἰς τόπον θεοῦ καὶ τ ῶ ν π ρ ε σ β υ τ έ - ρ ω ν εἰς τόπον συνεδρίου τῶν ἀποστόλων, καὶ τ ῶ ν δ ι α κ ό ν ω ν τῶν ἐμοὶ γλυκυτάτων πεπιστευμένων διακονίαν Ἰησοῦ Χριστοῦ. Smyrn 4,1 Ταῦτα δὲ **παραινῶ ὑμῖν,** ἀγαπητοί, εἰδὼς ὅτι καὶ ὑμεῖς οὕτως ἔχετε. Siehe ferner u. S. 228.

Die markierten Begriffe im Lukian-Passus machen „nach Form und Inhalt wahrscheinlich" – so PLANCK 852f. –, „daß sie bei Lucian nicht originell, sondern eine Nachahmung sind. Das Original dazu findet sich in den ignatianischen Briefen, nicht nur das χειροτονεῖν (...), sondern (...) πρέπει χειροτονῆσαι θεοπρεσβύτην und noch auffallender (...) πρέπει χειροτονῆσαί τινα, ὃς δυνήσεται **θεοδρόμος** καλεῖσθαι". Zwar spreche Ignatius nicht von Boten, die sein eigenes Ende ankündigen sollten, und Philad. 2 scheine Ignatius selbst sich als „Gottesläufer" zu bezeichnen, als einer, „der zu Gott eilt, ἵνα θεοῦ ἐπιτύχῃ, wie es so oft heißt"[180]; aber der Ausdruck **νερτεροδρόμοι**, Todesläufer, sei dem θεοδρόμοι, Gottesläufer, „offenbar nachgebildet, da er sich im sonstigen Sprachgebrauch gar nicht findet". Dieser Schlußsatz ist wohl ohne Beweiskraft, denn der Wortkünstler Lukian glänzt durch viele ἅπαξ λεγόμενα; auch scheint er durchaus eine Vorliebe für Zusammensetzungen mit dem Wortstamm -δρόμ- zu haben[181], mußte also nicht durch den θεοδρόμος des Ps.Ignatius dazu animiert werden, eine Art Gegenbegriff zu erfinden. Es ist also nicht dieses Detail, sondern die Kombination mehrerer Elemente, die eine Verwandtschaft zwischen Ps.Ignatius und Lukians Peregrinus suggeriert.

Zu ihnen hat man auch den Zug gezählt, daß Lukians Erzähler am Ende (43) kundgibt, daß er – ein weiteres Mal wie „Ignatius" (s. u. S. 222f.) – aus S y r i e n kam und von T r o a s aus mit Peregrinus a u f demselben S c h i f f übers Ägäische Meer fuhr:

ἐκεῖνα μὲν γὰρ πάλαι οἶσθα, εὐθὺς ἀκούσας μου ὅτε ἥκων **ἀπὸ Συρίας** διηγούμην ὡς **ἀπὸ Τρῳάδος** συμπλεύσαιμι αὐτῷ (...), vgl. Ps.Ign. Eph 1,2 ἀκούσαντες γὰρ δεδεμένον **ἀπὸ Συρίας** ... ἰδεῖν ἐσπουδάσατε. Ps.Ign. Röm 5,1 **ἀπὸ Συρίας** μέχρι Ῥώμης θηριομαχῶ. 10,2 Περὶ τῶν προελθόν-

---

180 Dies scheint die primäre Wortbedeutung zu sein, die „Ignatius" in Philad. 2 erstmalig verwendet (πολλοὶ γὰρ λύκοι ἀξιόπιστοι ἡδονῇ κακῇ αἰχμαλωτίζουσιν τοὺς θεοδρόμους· ἀλλ᾽ ἐν τῇ ἑνότητι ὑμῶν οὐχ ἕξουσιν τόπον); ein früheres Zeugnis fehlt in der auf uns gekommenen Gräzität. Erst bei byzantinischen Autoren wird man wieder fündig: im 8./9. Jh. lesen wir im epigr. 5 des Theodorus Studites wieder (attributives) θεοδρόμος (5,8 μήτ᾽ ἄλλο τάγμα τῶν θ ε ο δ ρ ό μ ω ν βίων) und in epist. 175, lin. 11 FATOUROS (PG 99, 1122 D) das zugehörige Substantiv (ἐξ ἀσκητικῆς ... θ ε ο δ ρ ο μ ί α ς); zeitlich unsicher ist ein Beleg aus Ps.Johannes Damascenus (jedenfalls nach Mitte 8. Jh.); danach müssen wir – wie es scheint – bis zu dem Dichter Manuel Philes des 14. Jh.s hinabgehen, um in carm. app. 1,97 (ed. MILLER) auf den „gottläufigen" Stern der Magier zu treffen: θ ε ο δ ρ ό μ ο υ τυχόντες ἀστέρος μάγοι. Auch hier ist der Terminus in dem etymologisch ursprünglichen Sinne (wie in Philad. 2) verwendet. Sowohl Photios als das Suda-Lexikon bieten den Eintrag: <Θεοδρομῶν>: κατὰ θεὸν πορευόμενος.

181 Darunter auch solche, die sonst nicht belegt sind, siehe διάδρομος, παλίνδρομος (zweimal, dazu einmal παλινδρομεῖν), ἱππόδρομον (zweimal), (ἀεροδρομήσαντες), Ἀνεμοδρόμοι (zweimal), (βοηδρομήσαντες), τῆς διαδρομῆς, ὁμοδρομίη, Φιλιππίδης ὁ ἡμεροδρομήσας, (τὰς ἀγγελίας ... ἄνω καὶ κάτω ἡμεροδρομοῦντα), κωλυσιδρόμα (Podagr.).

των με **ἀπὸ Συρίας** εἰς Ῥώμην. Philad 11,1 Ῥέῳ Ἀγαθόποδι, ἀνδρὶ ἐκλεκτῷ, ὃς **ἀπὸ Συρίας** μοι ἀκολουθεῖ – Ps.Ign. Polyc 8,1 … διὰ τὸ ἐξαίφνης **πλεῖν με ἀπὸ Τρωάδος** εἰς Νεάπολιν[182].

Aus all dem läßt sich kein zwingender Beweis für die Nutzung des ignatianischen Briefcorpus durch Lukian gewinnen, wenngleich die schon im 17. Jh. aufgestellte These auch im einundzwanzigsten noch eine gewisse Attraktivität behält[183]. Man wird gut daran tun, eher damit zu rechnen, daß Lukian im Charakterporträt des Peregrinus ein Stück praktischer Lebenswirklichkeit seiner Zeit abbildet, in der das öffentlich zur Schau gestellte Märtyrertum eine große Rolle spielte,[184] als daß man der Vorstellung anhängt, der satirische Skeptiker habe sich die Mühe zugemutet, aktuelle christliche Literatur zur Kenntnis zu nehmen, die in erster Linie die Intention verfolgt, durch stets wiederholte Mahnungen an die Gläubigen der verschiedenen Gemeinden Kleinasiens die

---

182 Vgl. Philad 11,2 Ἀσπάζεται ὑμᾶς ἡ ἀγάπη τῶν ἀδελφῶν τῶν **ἐν Τρωάδι**, ὅθεν καὶ γράφω ὑμῖν διὰ Βούρρου πεμφθέντος ἅμα ἐμοὶ ἀπὸ Ἐφεσίων καὶ Σμυρναίων εἰς λόγον τιμῆς, s. Smyrn 12,1.

183 Allerjüngst ist dem Zauber dieser Konzeption gänzlich erlegen: R. PARVUS, A New Look at the Letters of Ignatius of Antioch and other Apellean Writings, New York 2008 (den Hinweis verdanke ich CHRISTINE HEUSCH), indem er den ursprünglichen Verfasser der „Ignatius"-Briefe mit Lukians Peregrinus identifiziert! Er schreibt zunächst mit J. TURMEL (alias HENRI DELAFOSSE [Paris 1927]) die sieben 'Ignatius'-Briefe einem markionitischen Bischof 'Theophorus' zu, der das Corpus irgendwann zwischen 135 und 190 verfaßt habe. Zwischen 190 und 210 seien die Briefe dann überarbeitet und interpoliert worden „in the interest of making them serviceable to the proto-Catholic church" (VII und 1–2). Der proto-katholische Bearbeiter habe auch die Reiseroute geändert: er lasse „Ignatius" von Antiochien nach Rom überführen, während der ursprüngliche Akteur Theodorus von Parium nach Antiochien gebracht wurde, denn die Briefe hätten bei der Überarbeitung auch neue Adressaten erhalten, so sei z. B. der „Römerbrief" ursprünglich an die Antiochener gerichtet gewesen (37–48). Die Ähnlichkeiten zwischen dem Theodorus des Briefcorpus und Lukians Peregrinus seien so groß, daß sie den Schluß nahelegen „that Theophorus and Peregrinus are one and the same" (48). Damit werden wir aber auch zu dem Ausgangspunkt des ursprünglichen Itinerars geführt: Es ist Parium! Von dort wurde Peregrinus nach Antiochien gebracht (48f.). 'Theophorus' war nicht der wirkliche Zweitname des Peregrinus (der sich bei Lukian auch 'Proteus' und 'Phoinix' nennt), sondern eine Substitution des Bearbeiters (60) – der aber früher bereits für die Umbenennung in 'Ignatius' in Anspruch genommen worden war. Spätestens an dieser Stelle, wo wir zu Beginn der Seite 60 lesen: „To my mind the many similarities that exist between Theophorus and Peregrinus indicate that they are one and the same. And so from this point on in this book, I will refer to the author of the Ignatian letters as Peregrinus", dürfen wir das Buch zur Seite legen, qualifiziert doch der Verfasser selbst seine Ausführungen an den entscheidenden Stellen mehr als einmal als „guesswork" und „speculation".

184 Siehe BOWERSOCKs Skizze der „civic role of martyrs" ('Martyrdom' 41–57); er stützt sich u. a. auf KATHLEEN M. COLEMAN, Fatal Charades: Roman Executions Staged as Mythological Enactments, JRS 80, 1990, 44–73 und O. POTTER, Martyrdom and Spectacle, in: Theater and Society in the Classical World, ed. R. SCODEL, Ann Arbor 1993.

Einrichtung des monarchischen Bischofsamtes zu befördern. Die Verwandtschaft im sprachlichen Ausdruck aber läßt sich wohl besser als Reflex der zeitgenössischen Sprachidiomatik erklären, also der Gräzität des Zeitraums um 150–180 n. Chr., in der sich beide Autoren gemeinsam bewegten.

c) Das 'Martyrium Polycarpi' und der Martyriumsbericht der Christen von Lyon

Termini post quos ergeben sich aus (imitatorischen) Bezugnahmen auf folgende Schriften: 1Clem (ca. 120–125)[185], 4Makk (nach Unterdrückung des Bar Kochba-Aufstandes durch Hadrian, also nach 135?)[186], Kerygma Petri (ca. 130–150)[187], Pastor Hermae (ca. 140/150)[188], Polykarps Brief an die Philipper (um 150)[189], antignostische, antivalentinianische Schriften und Noët von Smyrna (nach 160/165)[190], Polykarpmartyrium (ca. 168, wenn das Martyrium auf den 23. Febr. 167 fällt)[191].

---

185 Siehe auch O. B. KNOCH (1993) 8.
186 Siehe JOLY 93–98; andere bevorzugen die Zeitspanne 90–100. Doch scheint die Spätdatierung inzwischen akzeptiert, s. BOWERSOCK (Martyrdom) 77–81, bes. 79 mit Verweis (u. a.) auf J. W. VAN HENTEN, Datierung und Herkunft des vierten Makkabäerbuches, in: Tradition und Reinterpretation in Jewish and Early Christian Literature, Essays in Honour of J. C. H. LEBRAM, ed. VAN HENTEN and DE JONGE, Leiden 1986, 136–149. JOLY scheint eher noch weiter hinab in Richtung Mitte 2. Jh. gehen zu wollen: Einflüsse auf christliche Literatur seien nicht vor dem Jahrzehnt 160–170 bezeugt, d. h. nicht vor dem Polykarpmartyrium und dem Briefcorpus des Ps.Ignatius (98); BOWERSOCK hatte konzediert, daß ein zeitlicher Ansatz von 4Makk „at any time down to Clement of Alexandria" möglich sei (12).
187 Siehe JOLY 53f.
188 Siehe JOLY 54–57. 109; ferner ders., Le milieu complexe du 'Pasteur d'Hermas', in: ANRW II 27.1, Berlin/New York 1993, 539f. (s. HÜBNER 1999, 204).
189 Siehe JOLY 31–37. M. E. bezieht sich auch Ps.Ign. Polyc 8,1 (γ ρ ά ψ ε ι ς ταῖς ἔμπροσθεν ἐκκλησίαις ... εἰς τὸ καὶ αὐτοὺς τ ὸ α ὐ τ ὸ π ο ι ῆ σ α ι οἱ μὲν δυνάμενοι πεζοὺς πέμψαι, οἱ δὲ ἐ π ι σ τ ο λ ὰ ς διὰ τῶν ὑπὸ σοῦ πεμπομένων) auf Polyc. Phil 13,1 (Ἐ γ ρ ά ψ α τ έ μοι καὶ ὑμεῖς καὶ Ἰγνάτιος, ἵν' ἐάν τις ἀπέρχηται εἰς Συρίαν, καὶ τὰ παρ' ὑμῶν ἀποκομίσῃ γ ρ ά μ μ α τ α· ὅπερ π ο ι ή σ ω, ἐὰν λάβω καιρὸν εὔθετον, εἴτε ἐγώ, εἴτε ὃν πέμπω πρεσβεύσοντα καὶ περὶ ὑμῶν) zurück. Die Datierung des Polykarpbriefes wird zuletzt von LECHNER 6–65 ausführlich erörtert.
190 Siehe oben 188ff. und JOLY 87–91.
191 Siehe JOLY 113–120 (das früher favorisierte Todesdatum 155 ist aufzugeben; man muß – mit MARROU und SIMONETTI – in die ersten Jahre der Regierungszeit Marc Aurels, etwa in den Zeitraum 161–168/9 hinabgehen); ferner DEHANDSCHUTTER 497–502 (vor 160); SCHOEDEL 354f.; LECHNER 64f. Da Polykarp den Bischof Anicetus, der die Kirche Roms von 154/5–166 leitete, wegen der Differenzen über den Ostertermin aufgesucht hat, entfällt die Frühdatierung. Nichts spricht gegen das in Eusebs Chronik (GCS 47, p. 205) verzeichnete Datum 167, da ja Kapitel 21 des Polykarpmartyriums einer

Auf diesen schriftlichen Bericht der Kirche in Smyrna über das
Martyrium Polykarps bezieht sich Ps.Ignatius in seinem Brief an die
Römer. In Smyrna waren einige der Mitmärtyrer Polykarps zum Tod
durch Tiere verurteilt (2,4 εἰς τὰ θηρία κατακριθέντες), darunter ein
Germanikus,

> „der die Verzagtheit der anderen durch seine Standhaftigkeit aufrichtete.
> Er kämpfte in herausragender Weise mit den Tieren. Als der Prokonsul ihn
> überreden wollte und sagte, er habe Mitleid mit seiner Jugend, zog er das
> Tier mit Gewalt an sich, weil er schneller von ihrem ungerechten und ge-
> setzlosen Leben loskommen wollte":

> Mart. Polyc. 3,1 ὁ γὰρ γενναιότατος Γ ε ρ μ α ν ι κ ὸ ς ἐπερρώννυεν αὐτῶν
> **τὴν δειλίαν**[192] διὰ τῆς ἐν αὐτῷ ὑπομονῆς, ὃς καὶ ἐπισήμως ἐ θ η ρ ι ο μ ά -
> χ η σ ε ν. βουλομένου γὰρ τοῦ ἀνθυπάτου πείθειν αὐτὸν καὶ λέγοντος τὴν
> ἡλικίαν αὐτοῦ κατοικτεῖραι, **ἑαυτῷ ἐπεσπάσατο** τ ὸ   θ η ρ ί ο ν **προσβια-
> σάμενος, τ ά χ ι ο ν** τοῦ ἀδίκου καὶ ἀνόμου βίου αὐτῶν ἀπαλλαγῆναι βου-
> λόμενος.

Diese Schilderung hat Ps.Ignatius gesteigert:

> Ps.Ign. Röm 5,2 Ὀναίμην τ ῶ ν   θ η ρ ί ω ν τῶν ἐμοὶ ἡτοιμασμένων καὶ εὔ-
> χομαι σύντομά μοι εὑρεθῆναι· ἃ καὶ κολακεύσω, **σ υ ν τ ό μ ω ς** με κατα-
> φαγεῖν, οὐχ ὥσπερ **τινῶν δειλαινόμενα ο ὐ χ   ἥ ψ α ν τ ο**. Κἂν αὐτὰ δὲ
> ἄκοντα μὴ θελήσῃ, ἐγὼ **προσβιάσομαι:**

> „Möchte ich doch Nutzen ziehen aus den wilden Tieren, die für mich be-
> reitstehen, und ich wünsche, daß sie sich mir gegenüber schnell entschlos-
> sen erweisen; ich will sie dazu verlocken, mich schnell entschlossen zu
> verschlingen, nicht so, wie es bei einigen geschah, die sie aus Feigheit
> nicht anrührten. Wollen sie aber freiwillig nicht, so werde ich Gewalt ge-
> brauchen."

Im Polykarpmartyrium lesen wir nichts von einer Verweigerung der
Tiere, schon gar nichts von einer Verweigerung aus Feigheit. Vielmehr
zieht Germanikus die Tiere gewaltsam an sich, damit er um so schneller
den bösen Einflüsterungen des Prokonsuls entgehe. Ps.Ignatius hat die
Szene ausgeweitet: er will den Tieren zusätzlich schmeicheln, damit sie

---

späteren Redaktion angehört (s. S. 234). Daß Polykarp in Rom 154/5 auch die legendä-
re, bei Irenäus (haer. 3,4,3) geschilderte Begegnung mit Markion gehabt habe, wird
heute angezweifelt (das geflügelte Wort ἐπιγινώσκω τὸν πρωτότοκον τοῦ Σατανᾶ
scheint von Irenäus aus Polyc. Phil 7,1 οὗτος πρωτότοκός ἐστι τοῦ σατανᾶ in seine er-
fundene Geschichte übertragen worden zu sein), vgl. G. LÜDEMANN, Zur Geschichte
des ältesten Christentums in Rom. I. Valentin und Marcion, II. Ptolemäus und Justin,
ZNW 70, 1979, 86–97 und LECHNER 29–32; ferner o. S. 162f.

192 Vgl. 4,1 Εἷς δὲ ὀνόματι Κόϊντος, Φρύξ, προσφάτως ἐληλυθὼς ἀπὸ τῆς Φρυγίας, ἰδὼν
τ ὰ   θ η ρ ί α ἐδειλίασεν („einer aber ... sah die Tiere und fürchtete sich").

ihn schnell verschlingen, und er malt sich aus, daß sie vielleicht freiwillig nicht gehorchen könnten; in diesem Falle will er sie zwingen: Aus der Schilderung des konkreten Vorgangs der vergangenen Handlung (Germanikus zog die Tiere gewaltsam an sich heran, um das Martyrium zu beschleunigen) ist ein in die Zukunft projektiertes abstraktes Konditionalgefüge geworden (bei Verweigerung werde ich Zwang anwenden). Dabei wurde das Feigheitsmotiv von den verängstigten Mitmärtyrern auf die wilden Tiere übertragen.

Mit dem Satz οὐχ ὥσπερ τινῶν (δειλαινόμενα) οὐχ ἥψαντο bezieht sich Ps.Ignatius vermutlich nicht auf eigene Anschauung, sondern auf Erzählungen, wahrscheinlich auf Martyriumsberichte. Wenn es richtig ist, daß die Verurteilung von Christen zum Tod durch Tiere erst unter Marc Aurel eingesetzt hat[193], dürfte er an schriftlichen Äußerungen keine große Auswahl gehabt haben. Auf uns ist nur ein einziger Bericht über Martyrien durch wilde Tiere gekommen, der eine Entsprechung zu dem signifikanten Verb οὐχ ἥψαντο enthält: der Brief über die Martyrien des Jahres 177, den die Christen von Lyon und Vienne an die Gemeinden in der Asia und in Phrygia gerichtet haben[194], also gewissermaßen als Erwiderung auf das aus Smyrna gesandte Polykarpmartyrium an eben den Ort, an dem die pseudepigraphischen Ignatiusbriefe verfaßt sein dürften[195]:

epist. eccl. Lugd. et Vienn. 1,41f. ἡ δὲ Βλανδῖνα ἐπὶ ξύλου κρεμασθεῖσα προύκειτο βορὰ τῶν εἰσβαλλομένων θηρίων, ... καὶ μηδενὸς ἁψαμένου τότε τῶν θηρίων αὐτῆς, καθαιρεθεῖσα ἀπὸ τοῦ ξύλου ἀνελήφθη πάλιν εἰς τὴν εἱρκτήν, εἰς ἄλλον ἀγῶνα τηρουμένη:

„Blandina aber, ans Holz geheftet, war dem Fraß der auf sie gehetzten wilden Tiere ausgesetzt[196]. ... Doch als keines der Tiere sie anrührte, wurde sie vom Holz abgenommen und wieder herausgenommen aus der Tierarena und in das abgeschlossene Verlies gebracht, wo sie für einen weiteren Kampf aufbewahrt wurde"[197].

---

193 Siehe JOLY 50f. Er bezieht sich auf H. GRÉGOIRE et al., Les persécutions dans l'empire Romain, Académie royale de Belgique, Classe des lettres et des sciences morales et politiques, Mémoires 56.5 (Brussels ²1964), 106. Auf diese Stelle (S. 105f.) verweist auch SCHOEDEL (1993) 279 und urteilt: „An important corollary is that the seven Ignatian letters need not be dated before the age of Marcus Aurelius – the first period in which, as GRÉGOIRE sees it, any significant persecution of the Christians occurred."

194 Zur Datierung s. DAVIES bei JOLY 52.

195 Siehe JOLY 83 unten, ferner 96. 103. 115. 120.

196 Zu dieser 'combined penalty' siehe COLEMAN 56.

197 Vgl. die Episode 'Daniel in der Löwengrube' in Joh. Chrys. [?] ieiun. PG 62, p. 733,44 Οὐχ ὁρᾷς ὅτι καὶ λέοντες ἐν λάκκῳ ἐπείσθησαν νηστεῦσαι, καὶ οὐχ ἥψαντο τοῦ Δανιήλ; Εἰ δὲ λέοντες πειθαρχοῦσι τῷ προστάγματι, καὶ τῆς ἀγριότητος τὴν

Das beiden Stellen gemeinsame Signalwort im gleichen Sinnzusammenhang läßt ein Abhängigkeitsverhältnis vermuten, wenngleich wir damit noch keine s i c h e r e Antwort auf die Frage erhalten, ob Ps.Ignatius in seinem Römerbrief neben dem 'Martyrium Polycarpi' auch den Bericht der Christen von Lyon verarbeitet hat. Doch es kommen weitere Berührungen hinzu:

Schon HÜBNER 1997, 70 Anm. 96 hatte erwogen, in Ps.Ign. Röm 3,2 (ὅταν κόσμῳ μὴ φαίνωμαι) und 4,2 eine literarische Verarbeitung der Nachricht des Briefes aus Lyon (Eus. h. e. 5,1,62) zu sehen, daß die Überreste der Märtyrer sechs Tage und Nächte von Soldaten bewacht, dann völlig verbrannt und die Asche in die Rhône geworfen wurde, „damit nicht ein Rest von ihnen auf der Erde noch zu sehen sei" (ὅπως μηδὲ λείψανον αὐτῶν φαίνηται ἐπὶ τῆς γῆς ἔτι). Zugleich berühre sich der Beginn dieses Satzes (ὅπως μηδὲ λείψανον αὐτῶν) eng mit der Aufforderung in Ps.Ign. Röm 4,2 (μᾶλλον κολακεύσατε τὰ θηρία, ἵνα μοι τάφος γένωνται καὶ μηθὲν καταλίπωσι τῶν τοῦ σώματός μου, ἵνα μὴ κοιμηθεὶς βαρύς τινι γένωμαι), die Römer möchten den Bestien schmeicheln, daß sie ihm zum Grabe würden und nichts von seinem Leibe übrigließen, die Welt seinen Leib nicht mehr sehe. Nimmt man aber auch noch den folgenden Satz hinzu (4,2 τότε ἔσομαι μαθητὴς ἀληθῶς Ἰησοῦ Χριστοῦ, ὅτε οὐδὲ τὸ σῶμά μου ὁ κόσμος ὄψεται), wird die Bezugnahme des Ps.Ignatius auf den Martyriumsbericht aus Lyon ein Stück wahrscheinlicher, weil der unmittelbare Zusammenhang mit dem Verschwinden des gemarterten Körpers an beiden Stellen deutlich bleibt, während in Röm 3,2 primär doketische Vorstellungen geweckt werden sollen.

Auch der letzte Satz in der Bezugnahme des Ps.Ignatius auf das bevorstehende Martyrium in Rom durch die wilden Tiere (4,2 λιτανεύσατε τὸν Χριστὸν ὑπὲρ ἐμοῦ, ἵνα διὰ τῶν ὀργάνων τούτων θεῷ θυσία εὑρεθῶ) scheint einen Anklang an das Martyrium Lugdunense in sich zu bergen. Dort werden § 50 Alexander und Attalos, die sich als Christen bekannt haben, πρὸς θηρία verurteilt (Attalos, der zuvor schwach geworden war, jetzt ein zweites Mal vor die Tiere geführt). In 51 heißt es dann: οἳ καὶ διὰ πάντων διελθόντες τῶν ἐν τῷ ἀμφιθεάτρῳ πρὸς κόλασιν ἐξηυρημένων ὀργάνων καὶ μέγιστον ὑπομείναντες ἀγῶνα, τούσχατον ἐτύθησαν καὶ αὐτοί, also sie seien, nachdem sie alle im Amphitheater zur Strafe erfundenen 'Folterwerkzeuge' und Folterprozeduren durchlaufen und den schwersten Kampf bestanden hatten, schließlich ihrerseits getötet worden. In Mart. Polyc. 13,3 (εὐθέως οὖν αὐτῷ περιετίθετο τὰ πρὸς τὴν πυρὰν ἡρμοσμένα ὄργανα) war der Begriff ὄργανα ganz vordergründig in seiner eigentlichen Bedeutung im Sinne von Brennmaterial, das um den Scheiterhaufen des Märtyrers herum aufgeschichtet wird, verwendet worden. In mart. Lugd. 51 zielt er auf alle Foltermechanismen, die im Amphitheater zur Anwendung kommen – offenbar bevor die πρὸς θηρία Verurteilten schließlich ihren härtesten Kampf bestehen müssen. Daraus scheint Ps.Ig-

---

φύσιν ἐξέθεντο, καὶ εἰσὶν ὡς γνώριμοι, καὶ οὐκ ἐπέρχονται ὡς ἀλλότριοι, σπεύσωμεν ἐπὶ νηστείαν προσταχθέντες.

natius sein prägnantes **διὰ τῶν ὀργάνων τούτων** gewonnen zu haben, das im neuen Kontext nicht leicht als Metapher für die wilden Tiere verständlich ist, da die letzte Nennung der θηρία drei Sätze zurückliegt.

Wir dürfen also mit nicht geringer Wahrscheinlichkeit annehmen, daß der Römerbrief des Ps.Ignatius n a c h dem Bericht über das Martyrium Lugdunense des Jahres 177 geschrieben ist.

Das Motiv von den wilden Tieren, die den zum Martyrium bestimmten Christus-Bekenner nicht angreifen, hat später weitergewuchert, so in den a c - t a P a u l i, die etwa auf die Jahre 185–195 datiert werden können (s. o. S. 37), vgl.

> Hippol. in Dan 3,29,3/4 (GCS 1, p. 176) Τότε τοίνυν τοῦ ἀγγέλου φανέντος ἐν τῷ λάκκῳ τὰ μὲν θ η ρ ί α τὰ ἄγρια ἡμερώθησαν, καὶ τούτῳ τὰς οὐρὰς σείοντα προσέχαιρον ὡς νέῳ Ἀδὰμ ὑποτασσόμενα, λείχοντα μὲν τοὺς τοῦ Δανιὴλ ἁγίους πόδας καὶ πρὸς τὰ ἴχνη τῶν τούτου ποδῶν ἐκυλίοντο πατεῖσθαι καὶ αὐτοὶ ὑπ' αὐτοῦ ἐπιθυμοῦντα. Εἰ γὰρ πιστεύομεν, ὅτι Π α ύ λ ο υ ε ἰ ς θ η ρ ί α κατακριθέντος ἀφεθεὶς ἐπ' αὐτὸν ὁ λέων εἰς τοὺς πόδας ἀναπεσὼν περιέλειχεν αὐτόν, πῶς οὐχὶ καὶ ἐπὶ τ ο ῦ Δ α ν ι ὴ λ γενόμενα πιστεύσομεν;[198]

„Als damals nun der Engel in der Grube erschien, waren die wilden Tiere gezähmt, und sie umschmeichelten den Daniel, indem sie mit den Schwänzen hin- und herwedelten, und zeigten sich ihm wie einem neuen Adam unterwürfig, leckten Daniels heilige Füße und wälzten sich den Tritten seiner Füße entgegen und verlangten von selbst danach, daß er seine Füße auf sie setze. Wenn wir aber glauben, daß damals, als Paulus zu den Tieren verurteilt worden war, der auf ihn gehetzte Löwe sich zu seinen Füßen legte und ihn beleckte, warum sollen wir nicht auch das, was mit Daniel geschehen ist, glauben?"

In act. Paul. et Thecl. 28 ist das Motiv auf Thekla übertragen:

> Ἡνίκα δὲ τὰ θηρία ἐπόμπευεν, προσέδησαν αὐτὴν λεαίνῃ πικρᾷ, καὶ ἡ βασίλισσα Τρύφαινα ἐπηκολούθει αὐτῇ. ἡ δὲ λέαινα ἐπάνω καθεζομένης Θ έ κ λ η ς περιέλειχεν αὐτῆς τοὺς πόδας, καὶ πᾶς ὁ ὄχλος ἐξίστατο· ... 33 Ἡ δὲ Θέκλα ἐκ χειρὸς Τρυφαίνης ληφθεῖσα ἐξεδύθη καὶ ἔλαβεν διαζώστραν καὶ ἐβλήθη εἰς τὸ στάδιον. καὶ λέοντες καὶ ἄρκτοι ἐβλήθησαν ἐπ' αὐτήν. καὶ πικρὰ λέαινα προσδραμοῦσα εἰς τοὺς πόδας αὐτῆς ἀνεκλίθη· ὁ δὲ ὄχλος τῶν γυναικῶν ἐβόησεν μέγα, ... 34 ... καὶ ἦν περὶ αὐτὴν νεφέλη πυρός, ὥστε **μήτε τὰ θηρία ἅ π τ ε σ θ α ι αὐτῆς**, μήτε θεωρεῖσθαι αὐτὴν γυμνήν. ... 35 ... πάντα δὲ τὰ βληθέντα θ η ρ ί α ὥσπερ ὕπνῳ κατασχεθέντα **οὐχ ἥ ψ α ν τ ο αὐτῆς**.

„Als nun der Umzug der Tiere stattfand, band man sie an eine wilde Löwin, und die Königin Tryphäna folgte ihr. Und die Löwin leckte, während

---

198 Hippolyts Danielkommentar ist etwa 204 verfaßt, s. SCHNEEMELCHER II (1989), 195.

Thekla oben darauf saß, ihr die Füße, und die ganze Volksmenge geriet
außer sich. ... 33 Thekla aber wurde den Händen der Tryphäna entrissen
und entkleidet und empfing einen Schurz und wurde in die Rennbahn gestoßen. Und Löwen und Bären wurden auf sie losgelassen, und eine wilde
Löwin lief auf sie zu und legte sich zu ihren Füßen. Der Haufen der Frau-
en aber erhob ein großes Geschrei ... etc. 34 ... Und um sie herum war eine Wolke von Feuer, so daß weder die Tiere sie anrühren konnten noch sie
in ihrer Nacktheit gesehen werden konnte. ... 35 ... Alle losgelassenen
Tiere aber waren wie vom Schlaf befangen und rührten sie nicht an."

(37) Καὶ ἐκάλεσεν ὁ ἡγεμὼν τὴν Θέκλαν ἐκ μέσου τῶν θηρίων καὶ εἶπεν
αὐτῇ· Τίς εἶ σύ; καὶ τίνα τὰ περὶ σέ, ὅτι **οὐδὲ ἓν τῶν θηρίων ἥψατό**
σου; ἡ δὲ εἶπεν· Ἐγὼ μέν εἰμι θεοῦ τοῦ ζῶντος δούλη· τὰ δὲ περὶ ἐμέ, εἰς
ὃν εὐδόκησεν ὁ θεὸς υἱὸν αὐτοῦ ἐπίστευσα· δι᾽ ὃν **οὐδὲ ἓν τῶν θηρίων**
ἥψατό μου.

„Und der Statthalter ließ Thekla mitten aus den Tieren herausrufen und
sagte zu ihr: 'Wer bist du und was ist es, das dich umgibt, daß auch nicht
eines von den Tieren dich anrührte?' Sie antwortete: 'Ich bin eine Dienerin
des lebendigen Gottes; ... ich habe an den geglaubt, an dem Gott Wohlge-
fallen hatte, an seinen Sohn. Um seinetwillen hat mich keines von den Tieren angerührt.'"

Hier hat der kleinasiatische Verfasser der Acta Pauli et Theclae (s. u. S.
219) seine Heldin deutlich in die Rolle der Blandina aus Lyon schlüpfen lassen
und eine klare sprachliche Entsprechung zu dem **μηδενὸς ἁψαμένου** τότε
τῶν θηρίων αὐτῆς aus dem Martyriumsbericht der Christen von Lyon und Vienne (und zu dem τινῶν δειλαινόμενα **οὐχ ἥψαντο** des Ps.Ignatius) geschaffen – ein Indiz für die Wirkmächtigkeit dieses Martyriumsberichtes![199]

4. Zur Martyriumsterminologie bei Ps.Ignatius, Polykarp, im Brief über die Märtyrer von Lyon und im 4. Makkabäerbuch

a) μαρτυρεῖν – μαθητὴς/μιμητὴς εἶναι / μαθητεύεσθαι

Gegen die Spätdatierung der sieben vermeintlich echten Briefe des Ignatius wird die Martyriumsterminologie der Ignatiusbriefe ins Feld geführt, die den speziellen Begriff des μαρτυρεῖν im Sinne eines Blut-
zeugnisses noch nicht kenne[200]. „If μάρτυς had meant martyr at that

---

199 COLEMAN erwähnt weder die acta Pauli noch die Thekla-Episode, berührt aber das Phä-
    nomen, daß die Tiere in der Arena nicht wie vorgesehen reagierten, S. 59. Sie nimmt
    ihre Beispiele christlicher Martyrien in erster Linie aus der 'Passio Perpetuae et Felici-
    tatis' (wohl aus dem Jahre 203, lokalisiert in Karthago); dort wird 19,9 von einem Bä-
    ren berichtet, der das ihm zugedachte Opfer (den Christen Saturus) verschmähte.
200 Siehe GRÉGOIRE 241, zitiert bei JOLY 71 Anm. 60 (s. o. S. 203 Anm. 193).

time (107 AD), Ignatius would undoubtedly have availed himself of the word", so BOWERSOCK (Martyrdom) 77. „Instead the bishop expresses the act of self-sacrifice in the Christian cause as an aspect of simply being a Christian (Χριστιανός), of striving to imitate Jesus (μιμητής), and of being a student of Jesus (μαθητής). These, as K. BOMMES has shown[201], are the periphrases by which Ignatius describes what was later to be called a martyr."

Dabei scheint nicht genügend beachtet zu werden, daß auch im Polykarpmartyrium diese vergleichsweise unpräzis erscheinende Terminologie neben dem in dichter Folge eingesetzten neuen terminus technicus weiterbesteht und ihre Berechtigung behält. Sie wird geradezu im Sinne des Martyriums definiert in

> Mart. Polyc. 17,2f. ἀγνοοῦντες ὅτι οὔτε τὸν Χριστόν ποτε καταλιπεῖν δυνησόμεθα τὸν ὑπὲρ τῆς τοῦ παντὸς κόσμου τῶν σω-ζομένων σωτηρίας παθόντα ἄμωμον ὑπὲρ ἁμαρτωλῶν οὔτε ἕτε-ρόν τινα σέβεσθαι. τοῦτον μὲν γὰρ υἱὸν ὄντα τοῦ θεοῦ προσκυνοῦμεν, **τοὺς δὲ μάρτυρας ὡς μαθητὰς καὶ μιμητὰς τοῦ κυρίου ἀγαπῶμεν** ἀξί-ως ἕνεκα εὐνοίας ἀνυπερβλήτου τῆς εἰς τὸν ἴδιον βασιλέα καὶ διδάσκαλον, ὧν γένοιτο καὶ ἡμᾶς **κοινωνούς** τε καὶ **συμμαθητὰς** γενέσθαι[202].

> (Die Juden sind) „unwissend, daß wir weder jemals Christus verlassen können, der für das Heil der in der ganzen Welt Geretteten litt, der Untadelige für die Sünder, noch irgendeinen anderen verehren. Denn vor diesem, der Sohn Gottes ist, beugen wir die Knie, die Märtyrer aber lieben wir in angemessener Weise als Jünger und Nachahmer des Herrn wegen der unüberbietbaren Zuneigung zu ihrem König und Lehrer. Möge es geschehen, daß auch wir ihre Teilhaber und Mitjünger werden!"[203]

Ferner scheint es kein Zufall, daß Polykarp selbst sich nicht als Märtyrer bezeichnet, sondern nur der im Auftrag der Kirchengemeinde von Smyrna über sein Martyrium berichtende Briefsteller (nach 20,2 hieß er Euarestos). Polykarp selbst nennt den Märtyrer Ignatius und seine Gefährten – ganz in Entsprechung zu Ps.Ignatius – **μιμήματα** τῆς ἀληθοῦς

---

201 Siehe o. S. 186 Anm. 145.

202 Vgl. 6,2 καὶ ὁ εἰρήναρχος … Ἡρώδης ἐπιλεγόμενος, ἔσπευδεν εἰς τὸ στάδιον αὐτὸν εἰσαγαγεῖν ἵνα ἐκεῖνος μὲν τὸν ἴδιον κλῆρον ἀπαρτίσῃ, **Χριστοῦ κοινωνὸς γενόμενος**, οἱ δὲ προδόντες αὐτὸν τὴν αὐτοῦ τοῦ Ἰούδα ὑπόσχοιεν τιμωρίαν.

203 Vgl. Mart. Polyc. 1,2 περιέμενεν γὰρ ἵνα παραδοθῇ, ὡς καὶ ὁ κύριος, **ἵνα μιμηταὶ καὶ ἡμεῖς αὐτοῦ γενώμεθα**, μὴ μόνον σκοποῦντες τὸ καθ᾽ ἑαυτούς, ἀλλὰ καὶ τὸ κατὰ τοὺς πέλας. ἀγάπης γὰρ ἀληθοῦς καὶ βεβαίας ἐστίν, μὴ μόνον ἑαυτὸν θέλειν σώζεσθαι ἀλλὰ καὶ πάντας τοὺς ἀδελφούς. Hier ist das Martyrium ein weiteres Mal als stellvertretende Hingabe des eigenen Lebens für die Rettung der Mitchristen gesehen – in der Nachfolge des stellvertretenden Todes Jesu Christi.

ἀγάπης, also „imitators of Christ who is the true Love"[204] und erläutert dies in 8,1f. wiederum[205] als die Nachahmung des stellvertretenden Leidens Christi, „der unsere Sünden an seinem Leibe hinauftrug auf das Holz" ... und „um unseretwillen, damit wir durch ihn leben, alles erduldet hat. So wollen wir nun Nachahmer seines Ausharrens im geduldigen Ertragen werden und, wenn wir um seines Namens willen leiden müssen, ihn preisen. Denn dieses Beispiel hat er uns durch sich gegeben, und wir haben darauf vertraut."

> Polyc. Phil. 8,1–2 ὅς ἀνήνεγκεν ἡμῶν τὰς ἁμαρτίας τῷ ἰδίῳ σώματι ἐπὶ τὸ ξύλον[206] ... δι' ἡμᾶς, ἵνα ζήσωμεν ἐν αὐτῷ[207], πάντα ὑπέμεινεν. **μιμηταὶ** οὖν γενώμεθα τῆς ὑπομονῆς αὐτοῦ, καὶ ἐὰν πάσχομεν διὰ τὸ ὄνομα αὐτοῦ, δοξάζωμεν αὐτόν. τοῦτον γὰρ ἡμῖν τὸν ὑπογραμμὸν ἔθηκε δι' ἑαυτοῦ, καὶ ἡμεῖς τοῦτο ἐπιστεύσαμεν.

Allein im Schlußpreis an Gott, unmittelbar bevor der Scheiterhaufen entzündet wird, dankt Polykarp dem Allmächtigen, daß er ihn dieses Tages und dieser Stunde gewürdigt hat, teilzuhaben in der Zahl der Märtyrer am Becher Christi zur Auferstehung des ewigen Lebens von Seele und Leib in der Unvergänglichkeit des heiligen Geistes. Unter ihnen wolle er heute vor Gott angenommen werden, etc.

> Mart. Polyc. 14,1–2 εὐλογῶ σε ὅτι ἠξίωσάς με τῆς ἡμέρας καὶ ὥρας ταύτης τοῦ λαβεῖν μέρος ἐν ἀριθμῷ τῶν μαρτύρων ἐν τῷ ποτηρίῳ τοῦ Χριστοῦ σου εἰς ἀνάστασιν ζωῆς αἰωνίου ψυχῆς τε καὶ σώματος ἐν ἀφθαρσίᾳ πνεύματος ἁγίου, ἐν οἷς προσδεχθείην ἐνώπιόν σου σήμερον ἐν θυσίᾳ πίονι καὶ προσδεκτῇ, etc.

Selbst hier, in unmittelbarer Reichweite der Märtyrerkrone, nennt Polykarp sich nicht selbst direkt „Märtyrer", sondern erhofft sich, eingereiht in die Zahl der Märtyrer, Anteil am ewigen Leben. Es scheint eine Scheu zu bestehen, daß der Bekenner selbst, bevor er das Ziel erreicht hat, sich den Ehrentitel zuerkennt. Der Berichterstatter dagegen ist nach dem erfolgten Martyrium gänzlich frei und kann sich im 'Poly-

---

204 So LIGHTFOOT zu Phil 1,1, und er fährt fort: „This mode of expression seems to have been characteristic of the Asiatic school of s. John: e.g. Papias in Euseb. *H. E.* III 39 ἀπ' αὐτῆς τῆς ἀληθείας. This type of phraseology would be suggested by S. John himself; e.g. John XIV. 6, 1 Joh. IV 8, 16."
205 Indem er Christus Hoffnung und Unterpfand der Rechtfertigung nennt.
206 Vgl. 1Petr 2,24 ὃς τὰς ἁμαρτίας ἡμῶν αὐτὸς ἀνήνεγκεν ἐν τῷ σώματι αὐτοῦ ἐπὶ τὸ ξύλον. Is 53,12 καὶ αὐτὸς ἁμαρτίας πολλῶν ἀνήνεγκεν καὶ διὰ τὰς ἁμαρτίας αὐτῶν παρεδόθη. 1Clem 16,14 καὶ αὐτὸς ἁμαρτίας πολλῶν ἀνήνεγκεν καὶ διὰ τὰς ἁμαρτίας αὐτῶν παρεδόθη.
207 Siehe 1Petr 2,24 (Fortsetzung des Zitats von Anm. 206) ἵνα ταῖς ἁμαρτίαις ἀπογενόμενοι τῇ δικαιοσύνῃ ζήσωμεν.

karpmartyrium' gar nicht genug tun, den neuen terminus technicus „Märtyrer" zu gebrauchen[208].

Daß dieser Eindruck, den man aus den Polykarpschriften gewinnt, nicht trügt, zeigt sich im Bericht über die Märtyrer von Lyon: Sie verbieten allen mit größtem Nachdruck, sie bereits zu ihren Lebzeiten als „Märtyrer" zu bezeichnen – geschweige denn, daß sie sich selbst mit diesem Titel schmückten! Nur denen, die ihnen in den Tod vorausgegangen sind, gebühre der Ehrenname. Sie selbst seien „Bekenner", die hofften, ans Ziel zu gelangen. Eusebius, dem wir die Überlieferung des Briefberichtes der Kirchen von Vienne und Lyon verdanken, zitiert:

> Eus. h. e. 5,2,1–4 «οἳ καὶ ἐπὶ τοσοῦτον **ζηλωταὶ καὶ μιμηταὶ Χριστοῦ** ἐγένοντο[209], ὃς ἐν μορφῇ θεοῦ ὑπάρχων οὐχ ἁρπαγμὸν ἡγήσατο τὸ εἶναι ἴσα θεῷ [Phil 2,6], ὥστε ἐν τοιαύτῃ δόξῃ ὑπάρχοντες καὶ οὐχ ἅπαξ οὐδὲ δὶς ἀλλὰ πολλάκις **μαρτυρήσαντες** καὶ ἐκ θηρίων αὖθις ἀναληφθέντες[210] καὶ τὰ καυτήρια καὶ τοὺς μώλωπας καὶ τὰ τραύματα ἔχοντες περικείμενα, ο ὔ τ ' α ὐ τ ο ὶ **μ ά ρ τ υ ρ α ς** ἑ α υ τ ο ὺ ς ἀ ν ε κ ή ρ υ τ τ ο ν ο ὔ τ ε μ ὴ ν ἡ μ ῖ ν ἐ π έ τ ρ ε π ο ν τ ο ύ τ ῳ τ ῷ ὀ ν ό μ α τ ι π ρ ο σ α γ ο ρ ε ύ ε ι ν α ὐ τ ο ύ ς, ἀλλ' εἴ ποτέ τις ἡμῶν δι' ἐπιστολῆς ἢ διὰ λόγου μάρτυρας αὐτοὺς προσεῖπεν, ἐπέπλησσον πικρῶς. ἡδέως γὰρ παρεχώρουν τὴν τῆς μαρτυρίας προσηγορίαν τῷ Χριστῷ, τῷ πιστῷ καὶ ἀληθινῷ μάρτυρι καὶ πρωτοτόκῳ τῶν νεκρῶν καὶ ἀρχηγῷ τῆς ζωῆς τοῦ θεοῦ[211], καὶ ἐπεμιμνήσκοντο **τῶν ἐξεληλυθότων ἤδη μαρτύρων** καὶ ἔλεγον· «ἐκεῖνοι **ἤδη μάρτυρες**, οὓς ἐν τῇ ὁμολογίᾳ Χριστὸς ἠξίωσεν ἀναληφθῆναι, ἐπ ι- σ φ ρ α γ ι σ ά μ ε ν ο ς α ὐ τ ῶ ν δ ι ὰ τ ῆ ς ἐ ξ ό δ ο υ τ ὴ ν **μ α ρ τ υ- ρ ί α ν**, ἡμεῖς δὲ **ὁμόλογοι** μέτριοι καὶ ταπεινοί», καὶ μετὰ δακρύων παρεκάλουν τοὺς ἀδελφοὺς δεόμενοι ἵνα ἐκτενεῖς εὐχαὶ γίνωνται **πρὸς τὸ τε- λειωθῆναι αὐτούς.** καὶ τὴν μὲν δύναμιν τ ῆ ς μ α ρ τ υ ρ ί α ς ἔργῳ ἐπ- εδείκνυντο πολλὴν παρρησίαν ἄγοντες πρὸς τὰ ἔθνη, καὶ τὴν εὐγένειαν διὰ τῆς ὑπομονῆς καὶ ἀφοβίας καὶ ἀτρομίας φανερὰν ἐποίουν, τὴν δὲ πρὸς τοὺς ἀδελφοὺς τῶν **μαρτύρων** π ρ ο σ η γ ο ρ ί α ν π α ρ η τ ο ῦ ν τ ο, ἐμπε- πλησμένοι φόβου θεοῦ».

„Sie wurden sogar so sehr Eiferer und Nachahmer Christi ('der – im Besitze der Gottesgestalt – nicht glaubte, das Gleichsein mit Gott wie einen Raub für sich festhalten zu sollen'), daß sie, obwohl sie in so hohem Ansehen standen und nicht einmal und auch nicht zweimal, sondern oftmals Marterqualen erlitten und, nachdem sie aus dem Kampf mit den wilden Tieren wieder herausgenommen wurden, ringsum am Körper mit Brand-

---

208 Über „The Theology of Martyrdom in Mpol" s. DEHANDSCHUTTERs Forschungsbericht in ANRW II 27.1 (1993), 508–514.

209 Auch hier finden wir wieder die Terminologie, die zu Unrecht auf die Zeit vor dem Aufkommen des terminus technicus μάρτυς eingeschränkt worden ist.

210 Siehe o. S. 203 (1,42) καὶ μηδενὸς ἁψαμένου τότε τῶν θηρίων αὐτῆς, καθαιρεθεῖσα ἀπὸ τοῦ ξύλου ἀ ν ε λ ή φ θ η π ά λ ι ν εἰς τὴν εἱρκτήν, εἰς ἄλλον ἀγῶνα τηρουμένη.

211 Vgl. Apk 1,5 und 3,14.

malen, Striemen und Wunden übersät waren, weder sich selbst als Märtyrer bezeichneten noch – wahrlich – uns es erlaubten, sie mit diesem Namen anzureden. Vielmehr: wenn einer von uns sie einmal im Brief oder in
der Unterhaltung als Märtyrer ansprach, wiesen sie ihn scharf zurecht.
Denn gerne überließen sie die Bezeichnung 'Martyrium' Christus, 'dem
getreuen und wahren Märtyrer, dem Erstgeborenen aus den Toten und Urheber des Lebens Gottes'. Sie erinnerten ferner an die bereits aus dem Leben geschiedenen Märtyrer und sagten: 'Diese sind tatsächlich Märtyrer,
die Christus in ihrem Bekenntnis würdigte, aufgenommen zu werden, indem er aufgrund ihres Todes ihr Martyrium besiegelte; wir dagegen sind
unbedeutende, niedrige Bekenner.' Und unter Tränen forderten sie die
Brüder auf und baten sie, es möchten ausdauernde Gebete verrichtet werden, daß sie zur Vollendung gelangten. Die Kraft des Martyriums bewiesen sie durch die Tat, indem sie großen Freimut gegenüber den Heiden an
den Tag legten und ihren edlen Mut durch Ausdauer im Ertragen, durch
Furchtlosigkeit und Unerschrockenheit offenbar machten, die Anrede
'Märtyrer' aber von seiten der Brüder verbaten sie sich, erfüllt von der
Furcht Gottes."

Bei dieser Tabuisierung des Märtyrertitels, solange die mit dem Martyrium verbundenen Prüfungen nicht endgültig bestanden sind (das
„Fleisch" des Bekenners könnte ja noch bei den allerletzten Martyri-
umsschmerzen schwach werden und dem willigen Geist die Gefolg-
schaft verweigern), ist es völlig natürlich, daß Ps.Ignatius, der ja als
Briefsteller stets in eigenem Namen schreibt, den neu aufgekommenen
Begriff „Märtyrer" nicht nutzt[212], sondern in bedachtsamer Zurückhaltung stets die umschreibende Terminologie wählt. Dies wird besonders
anschaulich im eigentlichen „Martyriumsbrief" an die Römer, der
gleich mit dem Motiv der Besorgnis, ob denn auch das Ziel erreicht
werden könne, einsetzt:

> Ign. Röm 1,1f. „(…) denn gefesselt in Christus Jesus hoffe ich euch zu be-
> grüßen, wenn es der Wille Gottes ist, daß ich gewürdigt werde, am Ziel zu
> stehen. Denn der Anfang zwar ist gut gelungen, wenn anders ich die Gna-
> de erlangen sollte, mein Los ungehindert zu empfangen"

> δεδεμένος γὰρ ἐν Χριστῷ Ἰησοῦ ἐλπίζω ὑμᾶς ἀσπάσασθαι, ἐάνπερ θέλημα
> ᾖ τοῦ ἀξιωθῆναί με εἰς τέλος εἶναι. ἡ μὲν γὰρ ἀρχὴ εὐοικο-
> νόμητός ἐστιν, ἐάνπερ χάριτος ἐπιτύχω εἰς τὸ τὸν κλῆρόν μου
> ἀνεμποδίστως ἀπολαβεῖν[213].

---

212 Zur „Théologie du martyre" bei Ps.Ignatius ist der Forschungsbericht von MUNIER in
    ANRW II 27.1 (1993), 455–463 zu vergleichen.
213 Vgl. Ps.Ign. Trall 13,3 ἁγνίζεται ὑμῶν τὸ ἐμὸν πνεῦμα οὐ μόνον νῦν, ἀλλὰ καὶ ὅταν
    θεοῦ ἐπιτύχω. ἔτι γὰρ ὑπὸ κίνδυνόν εἰμι· ἀλλὰ πιστὸς ὁ πατὴρ ἐν
    Ἰησοῦ Χριστῷ πληρῶσαί μου τὴν αἴτησιν καὶ ὑμῶν. Smyrn 4,2 τί δὲ καὶ ἑαυτὸν ἔκδο-

Hier fürchtet Ps.Ignatius nicht die eigene Schwäche, sondern die allzu große Liebe der römischen Gemeinde, die durch Intervention zu seinen Gunsten – in Wirklichkeit zu seinem Schaden – seinen Wunsch, zu Gott zu gelangen (θεοῦ ἐπιτυχεῖν)[214], behindert. Sein Ziel ist es, freiwillig für Gott zu sterben (4,1). „Mais conscient de sa faiblesse et de son indignité (Smyrn 11,1; Trall 13,3; Philad 5,1), il demande aux églises de prier le Seigneur afin qu'il lui accorde le courage et l'endurance nécessaires pour triompher de l'épreuve qui l'attend (Eph 3,2; Magn 9,1; Smyrn 4,2; Polyc 3,1)."[215] Er möchte der wilden Tiere Fraß sein, durch die es möglich ist, Gottes teilhaftig zu werden (ἄφετέ με θηρίων εἶναι βοράν, δι᾽ ὧν ἔστιν θεοῦ ἐπιτυχεῖν); er sieht sich als Gottes Weizen, werde durch die Zähne der wilden Tiere gemahlen, damit er als reines Brot Christi erfunden werde (4,1 σῖτός εἰμι θεοῦ καὶ δι᾽ ὀδόντων θηρίων ἀλήθομαι, ἵνα καθαρὸς ἄρτος εὑρεθῶ τοῦ Χριστοῦ). In typisch asianischer Rhetorik, die hier in der Tradition des Gorgias steht (γῦπες ἔμψυχοι τάφοι)[216], begehrt er danach, daß die wilden Tiere ihm zum Grab würden und nichts von seinem Körper übrigließen, damit er nach seinem Tode niemanden zur Last falle. Dann werde er wirklich Jünger Jesu sein, wenn die Welt nicht einmal seinen Leib (mehr) sehe. Er möchte durch diese Werkzeuge (die wilden Tiere) als ein Opfer für Gott erfunden werden:

> 4,2 μᾶλλον κολακεύσατε τὰ θηρία, ἵνα μοι τάφος γένωνται καὶ μηθὲν καταλίπωσι τῶν τοῦ σώματός μου, ἵνα μὴ κοιμηθεὶς βαρύς τινι γένωμαι. **τότε ἔσομαι μαθητὴς ἀληθῶς Ἰησοῦ Χριστοῦ**, ὅτε οὐδὲ τὸ σῶμά μου ὁ κόσμος ὄψεται. λιτανεύσατε τὸν Χριστὸν ὑπὲρ ἐμοῦ, ἵνα διὰ τῶν ὀργάνων[217] τούτων **θεῷ θυσία** εὑρεθῶ.

Schon auf dem Weg von Syrien nach Rom ist er ein θηριομαχῶν, als Gefangener von zehn 'Leoparden' (einer Soldatenabteilung). Unter ihren Mißhandlungen werde er immer mehr zum „Jünger" (d. h. Märtyrer in der Nachfolge Christi): ἐν δὲ τοῖς ἀδικήμασιν αὐτῶν μᾶλλον **μαθητεύομαι**; doch nimmt er seine Selbsteinschätzung gleich wieder vorsichtig zurück, indem er durch das Schriftzitat 1Kor 4,4 ἀλλ᾽ οὐ παρὰ τοῦτο δεδικαίωμαι zu verstehen gibt, daß die Rechtfertigung allein

---

τον δέδωκα τῷ θανάτῳ, πρὸς πῦρ, πρὸς μάχαιραν, πρὸς θηρία· ἀλλ᾽ ἐγγὺς μαχαίρας ἐγγὺς θεοῦ, μεταξὺ θηρίων μεταξὺ θεοῦ· μόνον ἐν τῷ ὀνόματι Ἰησοῦ Χριστοῦ. εἰς τὸ συμπαθεῖν αὐτῷ πάντα ὑπομένω, αὐτοῦ με ἐνδυναμοῦντος τοῦ τελείου ἀνθρώπου γενομένου.

214 Vgl. 2,1 Οὔτε γὰρ ἐγώ ποτε ἔξω καιρὸν τοιοῦτον θεοῦ ἐπιτυχεῖν, οὔτε ὑμεῖς (...).
215 MUNIER in ANRW II 27.1 (1993), 459.
216 Frg. Vors. 82 [76] B 5a (II 284,25 DIELS–KRANZ).
217 Zur Verwendung dieses Begriffes s. o. S. 204.

durch Gott geschieht. Noch ist er am Beginn der Jesus-Nachfolge im Martyrium (5,3 νῦν ἄρχομαι **μαθητὴς εἶναι**)[218]; er will alle Marter auf sich nehmen, wenn er nur zu Christus gelangt (ἵνα Ἰησοῦ Χριστοῦ ἐπιτύχω)[219].

Die μιμητής-Terminologie speist sich aus Eph. 5,1f.: „Werdet also Nachahmer Gottes (**μιμηταὶ** τοῦ θεοῦ)[220] als seine geliebten Kinder und wandelt in Liebe, wie auch Christus uns geliebt und sich hingegeben hat für uns als 'Gabe und Opfer', Gott 'zum lieblichen Wohlgeruch' (καὶ π α ρ έ δ ω κ ε ν ἑ α υ τ ὸ ν ὑ π ὲ ρ ἡ μ ῶ ν π ρ ο σ φ ο ρ ὰ ν καὶ **θ υ - σ ί α ν τ ῷ θ ε ῷ** εἰς ὀσμὴν εὐωδίας, vgl. Ps 39 [40],7 und Ex 29,18); siehe Ps.Ign. Eph 1,1 «**μιμηταὶ**» ὄντες «**θεοῦ**» ἀναζωπυρήσαντες ἐν αἵματι θεοῦ τὸ συγγενικὸν ἔργον τελείως ἀπηρτίσατε. 10,3 «**μιμηταὶ**» δὲ «τοῦ κυρίου» σπουδάζωμεν εἶναι. Trall 1,2 εὑρὼν ὑμᾶς, ὡς ἔγνων, **μιμητὰς** ὄντας **θεοῦ**[221]. In Röm 6,1–3 zielt der Begriff dann im eigentlichen Sinne auf die Nachahmung Christi in Leid und Tod, die zur Auferstehung mit Christus führt: ἐκεῖνον (sc. Χριστὸν Ἰησοῦν) ζητῶ, τ ὸ ν ὑ π ὲ ρ ἡ μ ῶ ν ἀ π ο θ α ν ό ν τ α· ἐκεῖνον θέλω, τὸν δι' ἡμᾶς ἀναστάντα. 3 ἐπιτρέψατέ μοι **μιμητὴν εἶναι τοῦ πάθους τοῦ θεοῦ μου**.

b) ἀντίψυχος: Der Märtyrer als Stellvertreter

Wir sind bereits bei Polykarp[222], im Polykarpmartyrium[223] und in mehreren Briefen des Ps.Ignatius[224] auf die Konzeption gestoßen, daß der Märtyrer als μαθητής und μιμητής Christi sich auch die Selbstaufopfe-

---

218 Vgl. Eph 3,1 εἰ γὰρ καὶ δ έ δ ε μ α ι ἐν τῷ ὀνόματι, οὔπω ἀπήρτισμαι ἐν Ἰησοῦ Χριστῷ. νῦν γὰρ ἀρχὴν ἔχω **τοῦ μαθητεύεσθαι** καὶ προσλαλῶ ὑμῖν ὡς συνδιδασκαλίταις μου. Magn 9,1 διὰ τοῦτο ὑ π ο μ έ ν ο μ ε ν, ἵνα εὑρεθῶμεν **μαθηταὶ Ἰησοῦ Χριστοῦ** τοῦ μόνου διδασκάλου ἡμῶν. (10,1 **μαθηταὶ** αὐτοῦ γενόμενοι, μάθωμεν κατὰ Χριστιανισμὸν ζῆν); Trall 5,2 καὶ γὰρ ἐγὼ **οὐ** καθότι δ έ δ ε μ α ι ... παρὰ τοῦτο ἤδη καὶ **μαθητής εἰμι.** πολλὰ γὰρ ἡμῖν λείπει, ἵνα θεοῦ μὴ λειπώμεθα.

219 So zweimal in 5,3; vgl. 4,1 (o. S. 211); Polyc 7,1 ἐάνπερ δ ι ὰ τ ο ῦ π α θ ε ῖ ν θ ε ο ῦ ἐ π ι τ ύ χ ω, εἰς τὸ εὑρεθῆναί με ἐν τῇ ἀναστάσει ὑμῶν **μαθητήν.**

220 Vgl. Philad 7,2 μιμηταὶ γίνεσθε Ἰησοῦ Χριστοῦ.

221 Hier wird die Martyriumsterminologie mit der Propagierung des Bischofsamtes und Christi stellvertretendem Opfer verbunden: 2,1 „denn wenn ihr euch dem Bischof unterordnet wie Jesus Christus, scheint ihr mir nicht nach Art der Menschen zu leben, sondern nach Jesus Christus, der um unseretwillen gestorben ist, damit ihr im Glauben an seinen Tod dem Sterben entrinnt.

222 Phil 8,1 (S. 208).

223 Mart. Polyc. 1,2 (s. S. 207 Anm. 203); 17,2 (s. S. 207).

224 Ps.Ign. Eph 1,1f. (1,2 „als ihr hörtet, daß ich für den gemeinsamen Namen und die Hoffnung – ὑπὲρ τοῦ κοινοῦ ὀνόματος καὶ ἐλπίδος – von Syrien her Fesseln trage ...); Röm 6,1; Trall 2,1 (s. 221).

rung seines Meisters für das Leben der Menschen[225] zum Vorbild nimmt. Bei Ps.Ignatius ist dieses stellvertretende Opfer des eigenen Lebens[226] viermal in den pretiösen Terminus ἀντίψυχον gegossen, den er – zusammen mit einer Reihe weiterer Ausdrucksweisen[227] – aus 4Makk entlehnt haben dürfte. Dies ist vor kurzem bestritten worden mit der Begründung, die Gemeinsamkeiten im sprachlichen Ausdruck reflektierten „a common origin for both in the imperial Greek of Asia Minor"[228]. Dies wird damit untermauert, daß der zuvor nicht belegte Begriff ἀντίψυχος auch einmal bei Lukian („from Samosata on the Euphrates", 80) auftaucht und ein weiteres Mal im 3. Jh. bei Cassius Dio, „from Nicaea in Bithynia" (80). Also lautet die Schlußfolgerung: „The testimony of Ignatius and Lucian together implies that the social context for this metaphor (and the word ἀντίψυχος) was a local penal system in which a prisoner with money could pay another to take his place" (81).

Bei Lukian (Lexiph. 10) ist ein Gefangener bereit, aus Furcht Lösegeld für sein eigenes Leben zu bezahlen (χρήματα **ἀντίψυχα** διδόναι), bei Cassius Dio (59,8,3) verpfänden zwei Männer ihr Leben für die Genesung des erkrankten Caligula (der eine τελευτήσειν ὑποσχόμενος, der andere μονομαχήσειν ἐπαγγειλάμενος) – und werden vom grausamen Kaiser nach überstandener Krankheit beim Wort genommen, sie, die sich reiche Geschenke erhofft hatten für die Bereitschaft, ihr Leben für das seine hinzugeben: **ἀντίψυχοί** οἱ ἀποθανεῖν.

Zwei weitere Stellen aus 'paganer' Literatur scheinen bisher nicht berücksichtigt; sie deuten auf hellenistische Provenienz des Terminus.

In dem Aristophanes-Scholion zu ran. 330 erbittet Dionysos von den Göttern der Unterwelt das Leben der Semele zurück. Hades hatte ihr versprochen, dies zu gewähren, wenn Dionys als Gegengabe für ihr Leben jemanden von denen schicke, die ihm am meisten am Herzen liegen (im Griechischen kann dies ebensogut neutral verstanden werden, also „etwas von dem, was … liegt" oder „Freude bereitet"). Darauf habe Dionysos die Unterweltsgötter sophistisch klügelnd überlistet und

---

225 Siehe Eph 5,1–2; 1Petr 2,24; 1Joh 3,16. Die „Sühne"-Christologie (1Kor 15,3–5; Mk 14,24; Mt 26,28) wird zuletzt umfassend aufgearbeitet durch MENKE (2008), 116–147; die „Stellvertretung" als das christozentrische Modell der Soteriologie ebendort S. 376–408.

226 Siehe BOMMES (wie Anm. 145) 221–227 („Das Martyrium als Opfer für die Kirche"): unter besonderer Berücksichtigung der Begriffe ἀντίψυχον, περίψημα und ἁγνίζεσθαι.

227 Siehe O. PERLER, Das vierte Makkabäerbuch, Ignatius von Antiochien und die ältesten Märtyrerberichte, Riv. arch. crist. 25, 1949, 47–71, dort bes. 47–65; JOLY (o. S. 184 mit Anm. 140) und MUNIER, ANRW II 27.1 (1993), 458. 461f.

228 BOWERSOCK (Martyrdom) 77–81 (Appendix 2: 'Ignatius and IV Maccabees'), das Zitat dort S. 79.

ihnen von den drei Gewächsen, die er am liebsten hat, nämlich Epheu,
Weinrebe, Myrte, die letztere geschickt.

> schol. (vet.) Aristoph. ran. 330 ἐπεὶ γὰρ, ὥς φασιν, ἐξητεῖτο τ ὴ ν ψ υ -
> χ ὴ ν τ ῆ ς Σ ε μ έ λ η ς τοὺς κάτω θεοὺς, καθάπερ ἦν ἐπηγγελμένον, ὑπο-
> σχέσθαι λέγουσιν αὐτῇ τὸν Ἅιδην τοῦτο δράσειν, τ ο ῦ Δ ι ο ν ύ σ ο υ τῶν
> μάλιστα τερπόντων αὐτῷ **ἀντίψυχον ἀντ᾽ ἐκείνης** πέμψαντος· τὸν δὲ Διό-
> νυσον πυθόμενον τὰ παρὰ τῶν κάτω θεῶν ἐπεσταλμένα σοφίσασθαι πρὸς
> ταῦτα καὶ τριῶν ὄντων αὐτῷ μάλιστα ἠγαπημένων, τοῦ τε κ ι σ σ ο ῦ καὶ
> * τῆς ἀ μ π έ λ ο υ καὶ τῆς μ υ ρ σ ί ν η ς, ἀποστεῖλαι τοῖς κάτω θεοῖς αὐτήν.

Hesych aber hat den Eintrag: <ἀντίψυχοι>· οὕτως καλοῦνται ο ἱ
Μ έ μ ν ο ν ε ς ὄ ρ ν ι θ ε ς. Diese Vögel kommen gemäß dem Mythos
alljährlich von Äthiopien nach Ilion und töten sich gegenseitig über
Memnons Grab. Es scheint unklar, ob dies seine „Auslösung" für den
ἀφανισμός bedeutet, von dem seit Aischylos gesprochen wird, oder ob
es sich analog der aus Etrurien (und seit 264 v. Chr. in Rom) bekannten
Gladiatorenkämpfe als *ludi funebres* um Totenopfer für den Verstorbenen handelt[229]. Ovids ausführliche Schilderung der Memnon-Episode
mit der singulär bei ihm anzutreffenden Metamorphose des vom Scheiterhaufen aufsteigenden Rauches in die *Memnonides* dürfte sich aus
Boios' Ornithogonie speisen.

Sowohl das Aristophanesscholion als auch der Hesych-Eintrag legen somit nahe, den Terminus ἀντίψυχος im Hellenismus (Alexandria?)
zu verankern. Da von den χρήματα ἀντίψυχα des Lukian kein Weg zu
den anschließend zu besprechenden Äußerungen des Ps.Ignatius führt,
wird man annehmen, daß der hellenisierte Jude, der das 4. Makkabäerbuch (in Alexandria?) verfaßt hat, das Bindeglied zu Ps.Ignatius gewesen ist. Denn daß Ps.Ignatius chronologisch nach 4Makk zu setzen
ist, ergibt sich nicht nur aus den anderen von früheren Forschern aufge-
wiesenen Übernahmen, sondern auch in unserem speziellen Falle aus
der bereits formelhaften Verwendung von ἀντίψυχον im Sinne eines
verfestigten Neutrum-Begriffs, während man in den beiden Stellen aus
4Makk die neue Konzeption in ihrer Genese beobachten zu können
meint: Es geht hier nicht mehr um das übliche Auslösen eines konkreten Einzellebens, sondern um das stellvertretende Opfer des eigenen
Lebens für das ganze Volk (so Eleazar in 4Makk) oder für die ganze
Gemeinde bzw. das Christentum – ganz entsprechend dem stellvertretenden Tod Christi für das Leben der Welt![230]

---

229 Zu dem ganzen Komplex siehe BÖMER zu met. 13,576–622 und MCKEOWN zu Ov. am.
1,13,3f. (*sic Memnonis umbris annua sollemni caede parentet avis*).

230 Hier zwei zufällig herausgegriffene spätere Belege, in denen ἀντίψυχον verwendet ist:
Theodoret (ed. G. H. ETTLINGER, Oxford 1975, p. 237,25) ὑπὲρ πάντας γὰρ ὢν ὁ λ ό -

4Makk 6,29 καθάρσιον αὐτῶν ποίησον τὸ ἐμὸν αἷμα καὶ **ἀντίψυχον** α ὐ τ ῶ ν λαβὲ τὴν ἐμὴν **ψ υ χ ή ν.**

4Makk 17,21 καὶ οὗτοι οὖν ἁγιασθέντες διὰ θεὸν τετίμηνται, οὐ μόνον ταύτῃ τῇ τιμῇ, ἀλλὰ καὶ τῷ δι' αὐτοὺς τὸ ἔ θ ν ο ς ἡ μ ῶ ν τοὺς πολεμίους μὴ ἐπικρατῆσαι καὶ τὸν τύραννον τιμωρηθῆναι καὶ τ ὴ ν π α τ ρ ί δ α κ α θ α ρ ι σ θ ῆ ν α ι, ὥσπερ **ἀντίψυχον** γεγονότας τ ῆ ς τ ο ῦ ἔ θ ν ο υ ς ἁμαρτίας.

Ps.Ign. Eph 20,2–21,1 εἰς τὸ ὑπακούειν ὑμᾶς τῷ ἐπισκόπῳ καὶ τῷ πρεσβυτερίῳ ἀπερισπάστῳ διανοίᾳ, ἕνα ἄρτον κλῶντες, ὅς ἐστιν φάρμακον ἀθανασίας, ἀ ν τ ί δ ο τ ο ς τ ο ῦ μ ὴ ἀ π ο θ α ν ε ῖ ν, ἀλλὰ ζῆν ἐν Ἰησοῦ Χριστῷ διὰ παντός. **ἀντίψυχον** ὑ μ ῶ ν <u>ἐγὼ</u> καὶ ὧν ἐπέμψατε εἰς θεοῦ τιμὴν εἰς Σμύραν, ὅθεν καὶ γράφω ὑμῖν, εὐχαριστῶν τῷ κυρίῳ, ἀγαπῶν Πολύκαρπον ὡς καὶ ὑμᾶς.

Röm 10,2 **ἀντίψυχον** ὑ μ ῶ ν τὸ **π ν ε ῦ μ ά** μου καὶ τὰ <u>δεσμά μου</u>, ἃ οὐχ ὑπερηφανήσατε οὐδὲ ἐπῃσχύνθητε.

Pol 2,3 κατὰ πάντα σου **ἀντίψυχον** <u>ἐγὼ</u> καὶ <u>δεσμά μου</u>, ἃ ἠγάπησας.

Pol 6,1 τῷ ἐπισκόπῳ προσέχετε, ἵνα καὶ ὁ θεὸς ὑμῖν. **ἀντίψυχον** <u>ἐγὼ</u> τῶν ὑποτασσομένων τῷ ἐπισκόπῳ, πρεσβυτέροις, διακόνοις· καὶ μετ' αὐτῶν μοι τὸ μέρος γένοιτο σχεῖν ἐν θεῷ.

Das dreifache formelhafte **ἀντίψυχον ἐγὼ** ist vor Ps.Ignatius ohne Beispiel, scheint mechanisch nach 4Makk 17,21 gebildet (obwohl es sich dort um einen Akkusativ handelt), so wie das bereits in dem Aristophanesscholion angelegte Wortspiel **ἀντί ψ υ χ ο ν** α ὐ τ ῶ ν – τὴν ἐμὴν **ψ υ χ ή ν** (4Makk 6,29) in Röm 10,2 (**ἀντίψυχον** ὑ μ ῶ ν – τὸ **π ν ε ῦ-μ ά** μου) variiert[231] und durch τὰ δεσμά μου erweitert ist.

γ ο ς τ ο ῦ θ ε ο ῦ εἰκότως τὸν ἑαυτοῦ ναὸν καὶ τὸ σωματικὸν ὄργανον προσάγων **ἀντίψυχον ὑπὲρ πάντων** ἐπλήρου τὸ ὀφειλόμενον τῷ θανάτῳ· καὶ οὕτως συνὼν διὰ τοῦ ὁμοίου τοῖς πᾶσιν ὁ ἄφθαρτος τοῦ θεοῦ υἱός, εἰκότως τοὺς πάντας ἐνέδυσεν ἀφθαρσίαν ἐν τῇ περὶ τῆς ἀναστάσεως ἐπαγγελίᾳ. Caten. in epist. ad Hebr. (Catenae Graecorum patrum in Novum Testamentum VII, ed. J. A. CRAMER, Oxford 1843, repr. 1967) p. 414,20 ὑπὲρ πάντας γὰρ ὢν ὁ Λ ό γ ο ς τ ο ῦ Θ ε ο ῦ, εἰκότως τὸν ἑαυτοῦ ναὸν καὶ τὸ σωματικὸν ὄργανον προσάγων **ἀντίψυχον,** ὑπὲρ τοῦ Δαβὶδ καὶ τοῦ Ἀβραὰμ καὶ τοῦ Ἀδὰμ ὡς γέγραπται.

231 Vgl. Ps.Ign. Trall 13,3 ἁ γ ν ί ζ ε τ α ι ὑ μ ῶ ν τ ὸ ἐ μ ὸ ν π ν ε ῦ μ α (o. S. 210 Anm. 213).

5. Die Pseud-Ignatianen: ein 'Briefroman' zur Propagierung des Monepiskopats

a) Die sieben Briefe des „Ignatius" im Rahmen christlicher und heidnischer Pseudepigrapha der Zweiten Sophistik

Sollte die von manchen aufrecht erhaltene Vermutung zutreffen, daß Lukian seinem „Sophisten" Peregrinus Züge des fiktiven christlichen Bekenners und Briefstellers „Ignatius" geliehen hat, die aus den Pseud-Ignatianen geholt sind (S. 194ff.), ergäbe sich ein – wie es scheint mehr zufälliger – Einblick in die von manchen Forschern jüngerer Zeit mit Nachdruck herausgestellte Symbiose heidnischer und christlicher Kultur in der Zweiten Sophistik. Einen knappen Rückblick auf die Forschungsergebnisse zu dieser Thematik hat vor einigen Jahren L. PERNOT versucht[232]. Er hebt hervor, daß die frühere Vorstellung vom „Einfluß" der Sophistik auf das Christentum abgelöst worden sei von der Konzeption des gemeinsamen Milieus[233]: „l'idée d'un milieu sophistique, avec lequel les auteurs juifs et chrétiens auraient eu des échanges et auquel ils se seraient parfois opposés. … la sophistique est envisagée comme un milieu intellectuel et social doté d'une réalité historique au lieu d'être réduite à des procédés d'écriture catalogués *in abstracto*" (256). Ferner seien nach neuerer Anschauung Christentum und Sophistik in einer gemeinsamen Kultur des θεῖος ἀνήρ integriert, „dans la culture du 'holy man'" (259). Dabei bezieht er sich in erster Linie auf GRAHAM ANDERSON, Sage, Saint and Sophist (London – New York 1994)[234], der Gestalten wie Jesus, Paulus, Peregrinus, Apollonios von Tyana, Aelius Aristides und eine Reihe anderer auf eine gemeinsame Ebene rückt.

---

232 L. PERNOT, Christianisme et Sophistique, in: L. CALBOLI MONTEFUSCO (Hrsg.), Papers on Rhetoric IV, Rome 2002, 245–262; vgl. ferner H. D. BETZ, Lukian von Samosata und das Christentum, NT 3, 1959, 226–237; ders., Lukian von Samosata und das Neue Testament (TU, 76), Berlin 1961; B. BALDWIN, The Church Fathers and Lucian, Studia Patristica 17, 1982, 626–630. Neuerdings versucht man wieder Schriften des NT an der menippeischen Satire insgesamt oder an der „Diatribe" zu messen, s. TH. SCHMELLER, Paulus und die „Diatribe", Münster 1987; N. NEUMANN, Lukas und Menippos, Göttingen 2008 (dem Philologen wenig hilfreich).

233 Hier bezieht er sich vor allem auf B. W. WINTER, Philo and Paul among the Sophists, Cambridge 1997.

234 ANDERSON hatte bereits ein Jahr zuvor, in G. ANDERSON, The Second Sophistic, London–New York 1993, 203–215, ein Kapitel den Beziehungen zwischen der Zweiten Sophistik und der christlichen Literatur gewidmet. Zu vergleichen sind ferner die folgenden Arbeiten: G. W. BOWERSOCK, Greek Sophists in the Roman Empire, Oxford 1969; ders., Fiction as History, Berkeley 1994; ders., Martyrdom and Rome, Cambridge 1995.

Für unsere Zwecke mag es genügen, daran zu erinnern, daß die Zweite Sophistik ihr Zentrum in Kleinasien, ganz besonders in Smyrna hatte[235], wo auch das Corpus der sieben Pseud-Ignatianen entstanden sein dürfte. Diese haben gewiß ihre primären Vorbilder in den (wohl nur sechs) echten Paulusbriefen[236] und in den übrigen, pseudepigraphischen Briefen des Neuen Testaments[237], ferner im 1. „Clemensbrief" und im Philipperbrief des Polykarp. In der Zusammenstellung zu einem christlich-romanhaften Briefjournal aber ordnet sich das Corpus der sieben Sendschreiben des Ps.Ignatius zwanglos ein in eine längere Reihe heidnisch-griechischer „Briefromane", die N. HOLZBERG zu der folgenden Liste aufgereiht hat[238]: Die Briefe Platons, des Euripides, Aischines, Hippokrates, die Briefe Chions, des Themistokles, des Sokrates und der Sokratiker; die Briefe des Phalaris, die bei Diogenes Laertios zitierten Briefe der Sieben Weisen, die Fragmente der Briefe Xenophons und Alexanders des Großen. Es handelt sich durchweg um fingierte Briefe, die in einen „romanhaften" Zusammenhang gebracht wurden[239]. Nimmt man die Platon- und Hippokrates-„Romane" aus,

---

235 Siehe E. ROHDE, Die griechische Sophistik der Kaiserzeit, in: ders., Der griechische Roman, Leipzig ³1914, 310–387, dort 325: „… ihr eigentlicher Tummelplatz war das griechische Kleinasien, zumal das glänzende S m y r n a; nächstdem A t h e n, dessen erhabene Erinnerungen und akademische Ruhe manche dem brausenden Leben in Smyrna vorzogen", etc. Weitere Literatur zur Zweiten Sophistik s. S. 216 Anm. 234; ferner etwa G. ANDERSON, The Pepaideumenos in Action: Sophists and Their Outlook in the Early Empire, ANRW II 33.1, 1990, 79–208; A. MICHEL, Rhétorique et Philosophie en second siècle après J.-C., ANRW II 34.1, 1993, 3–78; T. SCHMITZ, Bildung und Macht: Zur sozialen und politischen Funktion der Zweiten Sophistik in der griechischen Welt der Kaiserzeit, München 1997; E. L. BOWIE, Literature and Sophistic, CAH ²II, 2000, 898–921.
236 Röm, 1Kor, 2Kor, Gal, Phil, 1Thess (siehe A. DIHLE, Die griechische und lateinische Literatur der Kaiserzeit, München 1989, 217 – wo auch 2Thess als paulinisch verbucht ist).
237 Schon für Eusebius war es h. e. 3,25 ein brennendes Thema, die echten Schriften des NT zusammenzufassen und von den „bestrittenen", aber gleichwohl in Ansehen stehenden (3,25,3 τῶν δ' ἀντιλεγομένων, γνωρίμων δέ) und „unechten" (3,25,4–7 ἐν τοῖς νόθοις) zu scheiden. Zu letzteren zählt er die Paulusakten, den 'Hirten' des Hermas, die Offenbarung des Petrus, etc. Besonders verwerflich findet er innerhalb der letzten Gruppe Schriften, „die von den Häretikern unter dem Namen von Aposteln, z. B. eines Petrus, eines Thomas, eines Matthias in Umlauf gesetzt worden sind oder Evangelien von noch anderen Männern oder die Akten eines Andreas, Johannes oder weiterer Apostel enthalten". Nach Darstellung und Inhalt gäben sie zu erkennen, daß es sich um Fiktionen von Häretikern handele (ὅτι δὴ α ἱ ρ ε τ ι κ ῶ ν ἀνδρῶν ἀ ν α π λ ά σ μ α τ α τυγχάνει).
238 N. HOLZBERG (Hrsg.), Der griechische Briefroman, Tübingen 1994; dort S. 5.
239 Im Falle der Alexanderbriefe (darunter offenbar eine regelrechte fiktive „Korrespondenz des Welteroberers mit seinem Lehrer, dem Universalgelehrten Aristoteles" [DIHLE 248]) handelt es sich um die Vorstufe zum 'Alexanderroman' des 3. Jh.s; siehe dazu die Arbeiten von R. MERKELBACH und seiner Schule, ferner R. STONEMAN, The Alexander

sind all diese pseudepigraphischen Briefcorpora nicht vor Mitte des 1.
Jh.s n. Chr. entstanden (HOLZBERG 48)[240]. Doch kennen wir fingierte
Briefe schon aus der frühen Geschichtsschreibung, so in Herodot III 40
den Brief des Pharao Amasis an Polykrates oder in Thukydides I 128f.
den fiktiven Brief des Xerxes an Pausanias (als scheinbar wörtliches Zitat gegeben). Nicht vergessen sei die „von den Rhetoren so eifrig ge-
pflegte(n) Kunstform der Briefstellerei unter fremdem Namen"[241] im 2.
Jh. n. Chr. (oftmals handelt es sich um erotische Briefe); zu nennen wären Autoren wie Lesbonax, Alkiphron[242], Aelian[243].

In einer solchen Atmosphäre fiktionaler Briefliteratur muß es – zumal in Smyrna, dem Zentrum der Zweiten Sophistik (wie wir gehört haben) – nicht wundernehmen, daß Polykarps Notiz über bestimmte, nicht
näher bekannte Briefe des Märtyrers Ignatius den Anreiz gaben, diese
zum Zeitpunkt der Entstehung der sieben Pseud-Ignatianen offenbar
nicht mehr greifbare Briefsammlung durch fingierte Pseudepigrapha zu
ersetzen[244], konkret: ein „Reisejournal"[245] des Märtyrers Ignatius auf

---

Romance. From History to Fiction, in: J. R. MORGAN – R. STONEMAN (Hrsgg.), Greek
Fiction. The Greek Novel in Context, London–New York 1994, dort: 117–129.

240 ROHDE (328) weist darauf hin, daß es neben all den vielen Prunkreden und der sonstigen Literatur, die öffentlich vorgetragen zu werden pflegte, auch Vorlesungen von Briefen gab, so etwa in einem Πανελλήνιον in Kyrene (Synesius epist. 101, p. 173, 4 GAR-
ZYA [Rom 1979]): οὐ γὰρ μικρὸς ὁ κίνδυνος ἐν τῷ Πανελληνίῳ τὴν ἐπιστολὴν ἀναγνωσθῆναι. Für die neutestamentlichen und sonstigen christlichen
Briefe bot sich entsprechend die Versammlung der Kirchengemeinde an, s. DIHLE 217,
der die in gottesdienstlichen Zusammenkünften zu verlesenden Paulusbriefe „als Zeugnisse einer über die räumliche Distanz hin fortgesetzten oder eingeleiteten Predigt und
Seelsorge" interpretiert. Bischof Dionys von Korinth bezeugt, daß der 1. „Clemensbrief" der Gemeinde Roms noch zu seiner Zeit in der Kirchengemeinde Korinths verlesen wurde (s. S. 135).

241 ROHDE 366ff. 380 („Briefe im sophistischen Stil").

242 Er gilt als der „Klassiker" dieser Briefliteratur: 124 Bauern-, Fischer- und Hetärenbriefe
sind erhalten (s. DIHLE 245).

243 Sie wird im 3. Jh. weitergeführt durch Philostrat, im 5./6. Jh. durch Aristainetos.

244 Man denke an die Antwortbriefe, die Sabinus den Briefen der ovidischen Heroides zuteil werden ließ: Ov. am. 2,18,27–34 mit MCKEOWNs Kommentar (1998, 386f. und
399–401). A. FÜRST versucht den im 4. Jh. entstandenen apokryphen Briefwechsel zwischen Seneca und Paulus aus der Erwähnung von Christen „aus dem Haus des Kaisers",
von denen Paulus der Gemeinde in Philippi Grüße ausrichtete (Phil 4,22), abzuleiten;
siehe seine mit Einleitung, Übersetzung und interpretierenden Essays versehene Ausgabe (Tübingen 2006; s. u. S. 389 mit Anm. 154, 4f.). Dort werden weitere Analogien aus
der pseudepigraphischen Literatur des frühen Christentums genannt (5f.): der sogenannte Dritte Korintherbrief, „eine im Rahmen der Paulusakten überlieferte, ursprünglich
aber wohl selbständige Korrespondenz der Gemeinde von Korinth mit Paulus, wohl
deshalb, weil Paulus im Ersten Korintherbrief von einem früheren Brief redete (1Kor
5,9)", der nur lateinisch erhaltene Brief an die Laodizener (aus der Nennung eines solchen Briefes in Kol 4,16 herausgesponnen), die Oden Salomos (gegründet auf die Erwähnung von „Psalmen, Hymnen und Liedern" in Kol 3,16 und Eph 5,19).

seinem Weg nach Rom zu entwerfen (s. u. S. 222ff.) und diese Send-schreiben zugleich als Medium zu nutzen, bestimmten theologischen Lehren oder Neuerungen in der Amtsstruktur der Kirche zum Durch-bruch zu verhelfen. Im Grunde geschieht hier nichts anderes als in der romanhaften Fortsetzung der kanonischen Apostelgeschichte durch die apokryphen Apostelakte[246].

Im Falle der um 185–195 entstandenen P a u l u s a k t e n werden wir zufällig durch die um 200 anzusetzende Schrift 'De baptismo' des Tertullian davon unterrichtet, daß sie von einem P r e s b y t e r aus K l e i n a s i e n verfaßt wurden, der nach seiner Entlarvung von seinem Amt zurücktrat[247]. Doch beschwor nicht etwa der fiktive Charakter die-ses Pseudepigraphon den Widerstand der „Amtskirche" herauf, sondern die darin dem Paulus zu Unrecht zugeschriebene unorthodoxe Auffas-sung vom selbständigen Wirken der Frauen in der Kirche, siehe

> act. Paul. et Thecl. 41: Thekla zu Paulus: „Ich gehe nach Ikonium", worauf Paulus antwortet: „Gehe hin und lehre das Wort Gottes!": Ὕπαγε καὶ δί-δασκε τὸν λόγον τοῦ θεοῦ,

---

245 So QUACQUARELLI (Rom 1976, 97), s. LECHNER 56.

246 Hier einige Literatur zum Gegenstand: K. ALAND, Das Problem der Anonymität und Pseudonymität in der christlichen Literatur der ersten beiden Jahrhunderte. Studien zur Überlieferung des Neuen Testaments und seines Textes, Berlin 1967 (ANTT 2), S. 24–34; ders., Noch einmal: Das Problem der Anonymität und Pseudonymität in der christli-chen Literatur der ersten beiden Jahrhunderte, in: E. DASSMANN – K. S. FRANK (Hrsgg.), *Pietas*. Festschrift für Bernhard Kötting, JAC Ergänzungsband 8, Münster 1980, S. 121–139; K. VON FRITZ (Hrsg.), Pseudepigrapha, Bd. 1: Pseudopythagorica – Lettres de Platon – Littérature pseudépigraphique juive, Genf 1972 (EnAC 18); darin u. a. M. HENGEL, Anonymität, Pseudepigraphie und 'literarische Fälschung' in der jü-disch-hellenistischen Literatur (S. 231–308) = (erweitert) in: M. HENGEL, Judaica et Hellenistica. Kleine Schriften I, Tübingen 1996 (WUNT 90), S. 196–251; W. SPEYER, Fälschung, pseudepigraphische freie Erfindung und 'echte religiöse Pseudepigraphie' ([K. VON FRITZ] S. 331–366) = W. SPEYER, Frühes Christentum im antiken Strahlungs-feld, Tübingen 1989 (WUNT 50), S. 100–139; N. BROX, Falsche Verfasserangaben. Zur Erklärung der frühchristlichen Pseudepigraphie, Stuttgart 1975; ders. (Hrsg.), Pseudepigraphie in der heidnischen und jüdisch-christlichen Antike, Darmstadt 1977; darin u. a. A. GUDEMAN, Literarische Fälschung bei den Griechen (S. 43–73); W. SPEYER, Religiöse Pseudepigraphie und literarische Fälschung im Altertum (S. 195–263 [= Jahrb. f. Antike u. Christentum 8/9, 1965/66, S. 88–125]); M. WOLTER, Die an-onymen Schriften des Neuen Testaments. Annäherungsversuch an ein literarisches Phä-nomen, ZNW 79, 1988, 1–16; A. D. BAUM, Pseudepigraphie und literarische Fälschung im frühen Christentum, Tübingen 2001 (WUNT 2/138); MARTINA JANSSEN, Unter fal-schem Namen. Eine kritische Forschungsbilanz frühchristlicher Pseudepigraphie, Frankfurt am Main u. a. 2003; FIEDROWICZ 2007, 271f.

247 Siehe SCHNEEMELCHER 195 und 214.

und kompromittierende Episoden wie die Taufe eines Löwen durch Paulus[248] und die „Selbsttaufe" der Thekla (§ 34)[249] mit ihrem Bericht darüber an Paulus in §§ 40f.:

> act. Paul. et Thecl. 40 „Sie aber bemerkte es (daß Paulus um sie besorgt war) und sprach zu ihm: 'Ich habe das Bad genommen, Paulus; denn der mit dir zusammengewirkt hat für das Evangelium, hat auch mit mir zusammengewirkt für meine Taufe'":

> ἡ δὲ συνιδοῦσα εἶπεν αὐτῷ· Ἔλαβον τὸ λουτρόν, Παῦλε· ὁ γὰρ σοὶ συνεργήσας εἰς τὸ εὐαγγέλιον κἀμοὶ συνήργησεν εἰς τὸ λούσασθαι.

Demzufolge hören wir das harte Urteil Tertullians in bapt. 17 p. 215,10 (= 17,4f. CCSL 1)[250]:

> *Petulantia autem mulieris, quae usurpavit **docere**, utique non etiam **tinguendi ius** sibi rapiet, nisi si quae nova bestia evenerit similis pristinae, ut, quemadmodum illa **baptismum auferebat**, ita aliqua per se eum **conferat**! quodsi quae **acta Pauli** perperam inscripta[251] sunt exemplum Theclae ad licentiam mulierum **docendi tinguendique** defendunt, sciant **in Asia presbyterum** qui eam scripturam*

---

248 Siehe SCHNEEMELCHER 207 mit Anm. 29 und 213, ferner den Text S. 230 mit der Szene, in der Paulus den getauften Löwen (der ihn nun in der Arena zerreißen soll) wiedererkennt und mit ihm spricht.

249 Act. Paul. et Thecl. 33 (Im Stadion wurden Löwen und Bären auf Thekla losgelassen; doch eine wilde Löwin legte sich zu ihren Füßen [s. o. S. 205] und wehrte danach eine Bärin und einen Löwen ab, wobei sie selbst ums Leben kam). 34: „Da ließen sie viele Tiere herein, während sie (Thekla) mit ausgebreiteten Händen dastand und betete. Als sie aber ihr Gebet beendet hatte, wandte sie sich um und sah eine große Grube voll Wasser und sprach: 'Jetzt ist der Zeitpunkt gekommen, mich zu waschen.' Und sie stürzte sich selbst hinein mit den Worten: 'Im Namen Jesu Christi taufe ich mich am letzten Tage!' ... Sie also stürzte sich ins Wasser im Namen Jesu Christi", etc. (Τότε εἰσβάλλουσιν πολλὰ θηρία, ἑστώσης αὐτῆς καὶ ἐκτετακυίας τὰς χεῖρας καὶ προσευχομένης. ὡς δὲ ἐτέλεσεν τὴν προσευχήν, ἐστράφη καὶ εἶδεν ὄρυγμα μέγα πλῆρες ὕδατος, καὶ εἶπεν· Νῦν καιρὸς λούσασθαί με. καὶ ἔβαλεν ἑαυτὴν λέγουσα· Ἐν τῷ ὀνόματι Ἰησοῦ Χριστοῦ ὑστέρᾳ ἡμέρᾳ βαπτίζομαι. ... ἡ μὲν οὖν ἔβαλεν ἑαυτὴν εἰς τὸ ὕδωρ ἐν τῷ ὀνόματι Ἰησοῦ Χριστοῦ).

250 Die Textkonstitution in CCSL 1 (1957) durch J. W. PH. BORLEFFS stützt sich nahezu ganz auf den cod. Trecensis (T), dessen Wert im Vergleich zu B (ed. Paris. 1545) stark überschätzt wird. Dies ist auch gegen den von BORLEFFS in Vig. Christ. 2, 1948, 185–200 publizierten Artikel 'La valeur du *codex Trecensis* de Tertullien pour la critique de texte dans le traité *De Baptismo*' einzuwenden, wo klare Schreibfehler als bewußte Änderungen, sogar im Sinne von Zweitfassungen Tertullians gedeutet werden. In Wirklichkeit sind B und T als gleichberechtigte Überlieferungsträger zu beurteilen. REIFFERSCHEIDs Text ist lediglich an folgenden Stellen zu ändern: p. 215,12 *rapiet* statt *pariet*; 14 *acta Pauli* (wo T *acta* bewahrt, aber zu Unrecht *Pauli<que>* geschrieben hat: ein Perseverationsfehler im Anschluß an *quodsique*); 20 *nec* (... *quidem* statt *ne* ... *quidem*); in 21 ist wohl *viros* (T) dem *maritos* von B vorzuziehen.

251 REIFFERSCHEID hat zu Recht das überlieferte *scripta* zu *inscripta* geändert; nach schließendem *m* (*perperam*) geht das folgende Präfix *in* sehr häufig in Haplographie unter.

*construxit quasi titulo Pauli de suo cumulans convictum atque confessum
id se amore Pauli fecisse loco decessisse. Quam enim fidei proximum videtur ut is* docendi et tinguendi *daret f e m i n a e potestatem qui nec discere
quidem constanter mulieri permisit? taceant, inquit, et domi viros suos
consulant!*

„Die Verwegenheit der Frau aber, die sich anmaßte zu lehren[252], wird auf
keinen Fall auch das Recht zu taufen an sich reißen, es sei denn es wäre (in
ihr) eine Art neues Untier in Erscheinung getreten ähnlich dem früheren[253],
so daß, wie jene (sc. Thekla) die (eigene) Taufe sich anmaßend verschaff-
te, jetzt eine käme, die diese Taufe aus eigener Machtbefugnis (anderen)
spendete! Denn wenn die Acta, die fälschlich dem Paulus zugeschrieben
sind, das Beispiel der Thekla im Hinblick auf die Lehr- und Taufbefugnis
der Frauen zu rechtfertigen scheinen, so sei kundgetan, daß der Presbyter
in Kleinasien, der diese Schrift (die Acta Pauli) verfaßt hat in der Vorstellung, er könne dem Ansehen des Paulus aus seinem eigenen Fundus die
Krone aufsetzen[254], überführt und von seinem Amt zurückgetreten ist,
nachdem er gestanden hat, er habe das aus Liebe zu Paulus getan. Denn
wie könnte dies auch nur im entferntesten Glaubwürdigkeit beanspruchen,
daß eben der Mann der Frau die Befugnis zu lehren und zu taufen einräumen sollte, der den festen Standpunkt vertrat, daß es der Frau nicht einmal
erlaubt werden solle, (in der Gemeindeversammlung) zu lernen? Sie sollen
schweigen, befand er, und zu Hause ihre Männer befragen!"[255]

---

252 Dies weist zurück auf den Beginn des Traktats 1,2f., wo berichtet wird, daß vor kurzem
ein weibliches Mitglied der Kainitischen Sekte, eine rechte Schlange (*quaedam d e
C a i n a h a e r e s i v i p e r a*), in Karthago aufgetreten sei und mit ihrer giftigen Lehre (*venenatissima doctrina*) gegen die Taufe viele Anhänger gewonnen habe. Dieses
gräßliche Ungeheuer, das nicht einmal in rechter Weise die Lehrbefugnis besessen habe
(*illa monstrosissima cui nec integre quidem docendi ius erat*), habe sich bestens darauf
verstanden, die Christenfischlein zu töten, indem sie sie aus ihrem Element, dem
(Tauf-)Wasser, herausnahm. Zur *Caina haeresis* siehe Hier. epist. 69,1,2 (CSEL 54, p.
679,6) *et consurgit mihi C a i n a h e r e s i s atque olim emortua v i p e r a contritum
caput levat, quae non ex parte, ut ante consueverat, sed totum Christi subruit sacra-
mentum*; ferner T. D. BARNES, Tertullian: A Historical and Literary Study, Oxford
1985, 279f.; CH. E. HILL, The Johannine Corpus in the Early Church, Oxford 2004,
201.
253 Unzutreffend notiert BORLEFFS im Apparat zu *pristinae*: „intellege viperam illam capi-
tis 1,2"; vielmehr deutet *bestia p r i s t i n a* (im Gegensatz zur *n o v a bestia*) auf Thekla, was erst durch das anschließende *exemplum Theclae* dem Leser voll entschlüsselt
wird. Schon deshalb ist die in BORLEFFS' Text übernommene, von CHR. MOHRMANN
befürwortete Athetese des Objektbegriffes *exemplum Theclae*, die RIGALTIUS eingeführt hat, unplausibel.
254 Oder auch nur „Mehrung verschaffen", es „mehren": *cumulare* kann absolut und mit
Dat. commodi konstruiert werden. REIFFERSCHEID erwägt im Apparat: „fort. *titulum*".
255 Vgl. Cypr. testim. 3,46 *In epistula Pauli ad Corinthios I* [14,34f.]: *m u l i e r e s vestrae
in ecclesiis taceant. S i q u a e autem quid discere volunt, domi viros suos interrogent.
Item ad Timotheum* [1Tim 2,11f.]: *mulier cum silentio discat in omni summissione. Do-
cere autem mulieri non permitto neque praepositam esse viro.*

Man sieht, wie hier der in 1Kor 14,34–35 und 1Tim 2,11–12 beschriebene Status durch hartes Eingreifen der Kirchenmänner zementiert wird. Diesen apokryphen Paulusakten mit teilweise unorthodoxen Lehrauffassungen lassen sich die pseudepigraphischen Paulusbriefe mit unorthodoxen Lehren über die Parusie an die Seite stellen, die durch 2Thess 2,1–2 bezeugt werden, siehe JOLY 103 mit Anm. 14. Dort wird (S. 99–102) mit teils bestechenden Gründen angenommen, die Ps.Ignatianen seien von Polycrates, dem Bischof von Ephesus, in einem Brief, den er zwischen 189 und 199 an den Bischof Victor von Rom sandte, aus Verlegenheit verschwiegen worden. Ob die ebendort aufgeführten Indizien, wonach auch Origenes und Irenäus[256] von dem Briefcorpus nur ausweichend gesprochen hätten, wirklich tragen, darf hier offen bleiben.

b) Auf den Spuren des Paulus von Antiochien nach Rom: Die sieben Sendschreiben des Ps.Ignatius als fingierte Repräsentationen der von Polykarp bezeugten Briefe des Märtyrers Ignatius

Das fiktive „Reisejournal" der Ignatianen lässt uns den in Ketten gelegten christlichen Bekenner auf seinem Weg vom syrischen Antiochien nach Rom begleiten. Auf den Zwischenetappen findet „Ignatius" Gelegenheit, Sendschreiben an die umliegenden christlichen Gemeinden Kleinasiens und nach Rom zu richten: Von S m y r n a aus schreibt er an die Epheser, Magnesier, Traller und Römer, von T r o a s aus an die Philadelphier, Smyrnäer und an Polykarp. Am Ende dieses an den Schluß der Sammlung gestellten Briefes bittet er Polykarp zunächst, einen von einer Ratsversammlung ausgewählten „Gottläufer" nach Syrien zu schicken:

> Ps.Ign. Polyc 7,2 Πρέπει, Πολύκαρπε θεομακαριστότατε, συμβούλιον ἀγαγεῖν θεοπρεπέστατον καὶ χειροτονῆσαί τινα, …, ὃς δυνήσεται θεο-δρόμος[257] καλεῖσθαι· τοῦτον καταξιῶσαι, ἵνα πορευθεὶς εἰς Συρίαν δοξάσῃ ὑμῶν τὴν ἄοκνον ἀγάπην εἰς δόξαν θεοῦ,

danach teilt er mit (8,1), er könne nicht an alle Kirchen schreiben, weil er plötzlich von T r o a s aus mit dem Schiff nach N e a p o l i s segeln müsse; deshalb möge Polykarp den Kirchen „weiter vorwärts" schreiben, „damit auch sie das gleiche tun, indem die einen, wenn es möglich ist, B o t e n s c h i c k e n, die anderen Briefe durch die von dir Abge-

---

256 Iren. haer. 5,28,4 (s. S. 26 und 193).
257 Zu θεοδρόμος siehe S. 199.

sandten, damit ihr durch ein unvergängliches Werk verherrlicht werdet, wie es deiner würdig ist":

> 8,1 Ἐπεὶ οὖν πάσαις ταῖς ἐκκλησίαις οὐκ ἠδυνήθην γ ρ ά ψ α ι διὰ τὸ ἐξαίφνης πλεῖν με ἀ π ὸ Τ ρ ω ά δ ο ς εἰς Ν ε ά π ο λ ι ν, ὡς τὸ θέλημα προστάσσει, γ ρ ά ψ ε ι ς τ α ῖ ς **ἔ μ π ρ ο σ θ ε ν** ἐ κ κ λ η σ ί α ι ς, ὡς θεοῦ γνώμην κεκτημένος, εἰς τὸ καὶ αὐτοὺς τὸ αὐτὸ ποιῆσαι *οἱ μὲν δυνάμενοι πεζοὺς πέμψαι, οἱ δὲ* ἐ π ι σ τ ο λ ὰ ς διὰ τῶν ὑπὸ σοῦ πεμπομένων, ἵνα δοξασθῆτε αἰωνίῳ ἔργῳ, ὡς ἄξιος ὤν.

Das Ziel, das mit der Mission nach Syrien verfolgt werden soll („damit er eure unermüdliche Liebe zur Ehre Gottes rühme"), scheint ebenso vage wie der Inhalt der „Zirkelbriefe", die „Ignatius" hier in Gang setzt. In Wirklichkeit geht es dem Autor des pseudepigraphischen Briefcorpus in diesem konkreten Zusammenhang der Weiterführung der fiktiven Handlung nur darum, seine erfundenen Sendschreiben mit dem Polykarpbrief zu verknüpfen. Dort lesen wir im Schlußabschnitt:

> Polyc. Phil 13,1 Ἐγράψατέ μοι καὶ ὑμεῖς καὶ Ἰ γ ν ά τ ι ο ς, ἵν' ἐάν τις ἀπέρχηται ε ἰ ς Σ υ ρ ί α ν, καὶ τὰ παρ' ὑμῶν ἀποκομίσῃ γ ρ ά μ μ α τ α· ὅπερ ποιήσω, ἐὰν λάβω καιρὸν εὔθετον, *εἴτε ἐγώ, εἴτε* ὃν πέμπω πρεσβεύσοντα καὶ περὶ ὑμῶν:

> „Ihr (die Philipper) habt mir ebenso geschrieben wie auch I g n a t i u s, daß, wenn jemand nach Syrien reise, er auch von euch einen Brief mitnehmen solle. Das werde ich besorgen, wenn ich eine gelegene Zeit finde, entweder ich persönlich oder durch einen Boten, den ich auch für euch senden werde".

Der Autor der Ignatianen sucht seinen Lesern zu suggerieren, daß der von Polykarp in 13,1 erwähnte Brief des wirklichen Ignatius identisch sei mit dem von ihm (dem Pseudo-Ignatius) fingierten Brief an Polykarp. Deshalb hat er ihn auch sprachlich eng an den echten Brief des Polykarp angeschlossen, wie ein Vergleich der oben ausgeschriebenen Textabschnitte leicht veranschaulichen kann[258].

Die Briefe an die „weiter vorne liegenden" (ἔ μ π ρ ο σ θ ε ν) Kirchen, die Ps.Ignatius dem Polykarp aufträgt, als er im Begriff ist, von Troas nach Neapolis zu segeln, weisen – wenn man sich die Reiseroute und die Adressaten des „Ignatius" ansieht – deutlich nach P h i l i p p i, also auf eben die Gemeinde, an die Polykarp tatsächlich seinen uns erhaltenen Brief gerichtet hat. Die in der Epistelsammlung gewählte Route und die geographische Lage der angeschriebenen Kirchen orientieren sich ja weitgehend an der dritten Missionsreise des Apostels Paulus, der

---

258 Eine verwandte Methode verfolgen die Fälscher der pseudo-isidorischen Dekretale, s. ZECHIEL-ECKES 93f.

ebenfalls vom syrischen Antiochia aufbrach und über Philadelphia nach Ephesos kam, wo er zweieinhalb Jahre wirkte (und Briefe nach Korinth, an die Galater und vielleicht an die Philipper schrieb), dann weiterzog über Smyrna, die Troas und von dort (wie schon in der zweiten Missionsreise) über Neapolis nach Makedonien (mit der ersten Station in P h i l i p p i !)[259] und von dort schließlich nach Korinth.

Es ist also auch in der Anweisung γράψεις ταῖς **ἔμπροσθεν** ἐκκλησίαις das Bestreben des Ps.Ignatius zu erkennen, seinen fingierten Brief an Polykarp als eine Epistel erscheinen zu lassen, die dem uns erhaltenen Brief des Polykarp an die Philipper vorausliegt, so daß in den Augen des Lesers der Eindruck erweckt wird, Polykarp von Smyrna reagiere mit seinem Philipperbrief auf die Bitten und Anweisungen des antiochenischen Bekenners Ignatius. Da nun Polykarp in 13,2 von weiteren Briefen des Ignatius spricht, die er von ihm selbst zugeschickt erhalten hatte, und von anderen, die er (zusätzlich) in seinem Besitz habe (er fügt sie alle seinem Brief an die Philipper bei, die ihn darum gebeten hatten[260]), konnte der Verfasser der Ignatianen leicht vorspiegeln, daß sein fingiertes Briefcorpus mit einem Teil dieser Briefe identisch sei[261] und ihm so Glaubwürdigkeit und Autorität verleihen[262].

Dieser Zwang des pseudonymen Autors, seinen fiktiven antiochenischen Bekenner Ignatius gegenüber Polykarp von Smyrna nicht nur mit einem höheren Alter, sondern auch mit größerer Autorität, ja geradezu mit Weisungsbefugnis auszustatten, hat dazu geführt, daß er sich in seinem Brief an Polykarp mehrfach im Ton vergreift und wie ein Schul-

---

259 Siehe Apg 16,11 ἀναχθέντες δὲ ἀ π ὸ Τ ρ ῳ ά δ ο ς εὐθυδρομήσαμεν εἰς Σαμοθράκην, τῇ δὲ ἐπιούσῃ εἰς Ν έ α ν Π ό λ ι ν, κἀκεῖθεν εἰς Φ ι λ ί π π ο υ ς, ἥτις ἐστὶν πρώτης μερίδος τῆς Μακεδονίας πόλις, κολωνία (vgl. 20,5; 2Kor 2,12).

260 Offensichtlich aus dem aktuellen Anlass, daß dieser in Fesseln gebundene Ignatius bei ihnen Station gemacht hatte, und sie ihn dann weitergeleitet haben.

261 Wieder sei auf die pseudo-isidorischen Dekretale verwiesen (ich zitiere ZECHIEL-ECKES 99f.): „Cassiodor hatte in seiner ... *Historia ecclesiastica tripartita* vermerkt, die Bischöfe des Ostens seien in der Angelegenheit des Athanasius brieflich an Papst Julius herangetreten. Wenn ihm (Cassiodor) dann aber dieses Schreiben aus dem Orient nur eine knappe, lockere Zusammenfassung wert war, wer sollte da Verdacht schöpfen, wenn jener Brief – und die Antwort gleich dazu – inmitten einer noch umfangreicheren Marcus-Athanasius-Julius-Korrespondenz nun plötzlich vorlag? ... Die Julius-Antwort (JK †196) ist das Beispiel *par excellence* für die pseudoisidorische Idee des universellen päpstlichen Jurisdiktionsprimats."

262 Das Bemühen, eine enge Verbindung zu Polykarp herzustellen, steht auch hinter der doppelt eingesetzten Grußformel ἀσπάζομαι Ἄ λ κ η ν, τὸ ποθητόν μοι ὄνομα in Smyrn 13,2 und Polyc 8,3. Ps.Ignatius versucht zu insinuieren, daß diese sonst nicht bekannte Alke im scheinbar späteren (in Wirklichkeit früheren) Polykarpmartyrium (17,2) noch einmal genannt wird, dort als Schwester des Niketes, der Vater des Eirenarchen Herodes war und von den Juden angestiftet wurde, den Prokonsul zu bitten, den Leichnam Polykarps nicht an die Christen zur Verehrung herauszugeben (s. o. S. 110).

meister auftritt, so daß HÜBNER (1997, 60) nicht ganz zu Unrecht von „rüden Ermahnungen" spricht. Dieser Brief steht mit Blick auf die gewählte Reiseroute notwendig am Schluß der Sammlung; doch scheint er – wie oben gezeigt (S. 199 Anm. 180) – v o r dem Brief an die Philadelphier verfaßt. Dies muß nicht verwundern, darf man doch annehmen, daß der Verfasser die Grundkonzeption seiner Sammlung im Sinne eines Reisejournals gleich zu Beginn entworfen und die Stationen und Briefadressaten nach dem „paulinischen" Reiseplan ausgewählt hat.

c) Paulinisches Kolorit im Ps.Ignatius

Paulinisch ist – trotz des „asianischen" Stilduktus – denn auch das Kolorit vieler dieser Briefe, wie man leicht an den in den Ausgaben verzeichneten Entlehnungen aus Paulusbriefen ablesen kann. Gleich im ersten Brief der Sammlung wird dieser Bezug offengelegt, wenn „Ignatius" den Ephesern schreibt[263]:

Ps.Ign. Eph 12,2 Πάροδός ἐστε τῶν εἰς θεὸν ἀναιρουμένων, Π α ύ λ ο υ σ υ μ μ ύ σ τ α ι, τοῦ ἡγιασμένου, τοῦ μεμαρτυρημένου, ἀξιομακαρίστου οὗ γένοιτό μοι ὑπὸ τὰ ἴχνη εὑρεθῆναι, ὅταν θεοῦ ἐπιτύχω, ὃς ἐν πάσῃ ἐ π ι σ τ ο λ ῇ μνημονεύει ὑμῶν ἐν Χριστῷ Ἰησοῦ:

„An euch führt der Weg derer vorbei, die durch ihren Tod zu Gott kommen, ihr seid Miteingeweihte des Paulus, des Geheiligten, des Wohlbezeugten, Preiswürdigen, in dessen Spuren mich zu befinden mir zuteil werden möchte, wenn ich zu Gott gelange, des Paulus, der euch in jedem Brief erwähnt in Christus Jesus".

Ignatius wird – über Ephesos – in Fesseln zum Martyrium nach Rom gebracht, Paulus – ebenfalls in Fesseln[264] – auf dem Schiffsweg zum Appellationsgericht des Kaisers (mit unbekanntem Ausgang).

Demgemäß greift Ps.Ignatius beispielsweise zum Auftakt seines Römerbriefes direkt den Einleitungspassus des paulinischen Römerbriefes auf, in dem der Apostel seiner Sehnsucht Ausdruck gibt, mit Gottes Willen doch endlich einmal nach Rom zu kommen und die dortige christliche Gemeinde zu sehen und sie im Glauben zu stärken[265].

---

263 Ps.Ign. Eph 12,2; JOLY 96f. verweist auf O. PERLER, Ignatius von Antiochien und die römische Christengemeinde, in: Divus Thomas, 58, 1944, 413–451, dort 426: PERLER zeige, „que la Lettre aux Ephésiens paraphrase précisément celle de Paul à la même communauté."

264 Apg 24,27 θέλων τε χάριτα καταθέσθαι τοῖς Ἰουδαίοις ὁ Φῆλιξ κατέλιπε τ ὸ ν Π α ῦ -λ ο ν δ ε δ ε μ έ ν ο ν (siehe S. 20. 190. 222. 234).

265 Röm 1,9–12 μάρτυς γάρ μού ἐστιν ὁ θεός, ᾧ λατρεύω ἐν τῷ πνεύματί μου ἐν τῷ εὐαγ-γελίῳ τοῦ υἱοῦ αὐτοῦ, ὡς ἀδιαλείπτως μνείαν ὑμῶν ποιοῦμαι πάντοτε ἐπὶ τ ῶ ν

Das wird durch „Ignatius" an die neue Situation des bevorstehenden Martyriums in Rom angepaßt:

Ps.Ign. Röm 1,1 Ἐπεὶ ε ὐ ξ ά μ ε ν ο ς θεῷ ἐπέτυχον **ἰδεῖν ὑμῶν** τὰ ἀξιόθεα πρόσωπα, ὡς καὶ π λ έ ο ν ἠ τ ο ύ μ η ν λαβεῖν· δεδεμένος γὰρ ἐν Χριστῷ Ἰησοῦ ἐ λ π ί ζ ω **ὑμᾶς ἀσπάσασθαι, ἐάνπερ θέλημα ᾖ** τοῦ ἀξιωθῆναί με εἰς τέλος εἶναι:

„Da ich auf mein Gebet zu Gott hin erlangt habe, eure gotteswürdigen Gesichter zu schauen, wie ich mein Flehen auch noch gesteigert habe, es zu empfangen –; denn gebunden in Christus Jesus hoffe ich euch zu begrüßen, wenn es der Wille Gottes ist, daß ich gewürdigt werde, am Ziel zu stehen."

Wenig später adaptiert er in enger Folge drei Stellen aus dem Korintherbrief (Ps.Ign. Röm 4,3 ~ 1Kor 9,1; 7,22; Ps.Ign. Röm 5,1 ~ 1Kor 4,4)[266], durch die er zwar den Abstand zwischen sich und den Aposteln Petrus und Paulus hervorhebt, gleichwohl aber verdeutlicht, daß er sich in den Spuren des Paulus auf dem Weg zum Jünger Jesu sieht.

Nach dem bisher Ausgeführten scheint klar, daß der Verfasser der Pseudepigrapha seinem erfundenen Briefcorpus die Aura ignatianischer Provenienz verleihen, konkret: die fingierten Briefe mit den im Polykarpbrief genannten echten Briefen des späteren Märtyrers Ignatius identifiziert sehen wollte (was ihm ja auch, wie die jahrhundertealte Diskussion zeigt, gelungen ist). Die Autorität des Märtyrers aus Antiochien wird gesteigert durch die implizit evozierte Verbindung mit dem Apostel Paulus und durch das Ansehen des weiteren Märtyrers Polykarp von Smyrna[267], an den eine Reihe der echten Ignatiusbriefe gerichtet waren, die Polykarp den Philippern als dessen 'Vermächtnis' aushändigte. Was wird mit diesem Beglaubigungsapparat bezweckt?

d) Der Beglaubigungsapparat im Dienste der Abwehr gnostischer Häresien und der Beförderung des Monepiskopats

Es scheint nur vordergründig um das Bild des antiochenischen Heiligen zu gehen, der vor allem im Römerbrief des Ps.Ignatius seine emphatische Sehnsucht nach dem Martyrium offenbart. Im Zentrum des Brief-

π ρ ο σ ε υ χ ῶ ν μ ο υ, δ ε ό μ ε ν ο ς εἴ πως ἤδη ποτὲ εὐοδωθήσομαι **ἐν τῷ θελήματι τοῦ θεοῦ ἐ λ θ ε ῖ ν π ρ ὸ ς ὑ μ ᾶ ς**. ἐπιποθῶ γὰρ **ἰδεῖν ὑμᾶς**, ἵνα τι μεταδῶ χάρισμα ὑμῖν πνευματικὸν εἰς τὸ στηριχθῆναι ὑμᾶς.

266 Siehe oben S. 32 Anm. 89.
267 Obwohl sich dieser selbst (wie anschließend gezeigt wird) nie als Bischof bezeichnete, sondern sich als Presbyter unter Mitpresbytern sah.

corpus steht die Abwehr gnostischer Häresien und die zu diesem Zwekke konzipierte Doktrin einer hierarchischen Kirchenordnung mit einem monarchischen Episkopat, die durch die Mahnungen des Bekenners aus Antiochien befördert werden soll. Diese zuletzt vor allem von JOLY, HÜBNER und LECHNER untermauerte These hat m. E. hohe Plausibilität: Es wurde im Zeitraum 160–180 in Kleinasien, vornehmlich in Smyrna und Ephesus, die Notwendigkeit empfunden, die Einheit der „katholischen" Kirche im Kampf gegen die gnostischen Häresien[268] dadurch sicherzustellen, daß die einzelnen Gemeinden der Leitung eines „monarchischen" Bischofs anvertraut würden, damit sie in der Gemeinschaft mit dem Bischof, zusammen mit dem Presbyterium und den Diakonen, die Orthodoxie in Glauben und Verkündigung und die Einheit im Vollzug der Eucharistie[269] bewahren könnten. Um diese neue Doktrin mit dem nötigen Nachdruck propagieren zu können, nutzte man die Autorität des Märtyrers Ignatius, der durch den Großmärtyrer Polykarp beglaubigt war. Die sieben Sendschreiben des Ps.Ignatius sind also das Medium, die Doktrin von der an den Monepiskopat gebundenen Orthodoxie zu legitimieren und im ganzen kleinasiatischen Raum zu propagieren[270].

Es sei ein weiteres Mal an Lukians Peregrinus-Satire erinnert: Wie oben ausgeführt (194ff.), hat Lukian seinen ruhmsüchtigen Gaukel-Sophisten, der sich durch Selbstverbrennung auf dem Feuerstoß als ein zweiter Herakles kynischen Zuschnitts stilisieren möchte (angeblich, um die Menschen zu lehren, den Tod zu verachten und das Schreckliche mit Geduld zu ertragen, in Wirklichkeit, um sich einen Orakel-Altar mit goldenem Standbild und eine Priesterschaft zu verdienen)[271],

---

268 Vgl. o. S. 58 Anm. 63.

269 Vgl. etwa Ign. Philad 2–4.

270 Analog sind die 79 fingierten Schreiben von der Hand 36 früherer Päpste in den pseudo-isidorischen Dekretalen „e i n e m großen kirchenpolitischen Ziel verpflichtet: Kleriker, zumal Bischöfe, sollen faktisch von einem Anklage- und Absetzungsverfahren ausgeschlossen und dem Zugriff der weltlichen Gewalt oder einer vom Herrscher gelenkten Synodalgerichtsbarkeit entzogen werden. In diesem immer und immer wieder evozierten Zusammenhang erfährt der Apostolische Stuhl eine enorme Ausweitung seiner Zuständigkeit …: *extra Romanum nihil decerni pontificem*", etc. (ZECHIEL-ECKES 95f.); ferner findet sich in nicht wenigen fingierten Briefen dieser Sammlung die Botschaft Leos des Großen: … *ad unam Petri sedem universalis ecclesiae cura confitueret et nihil usquam a suo capite dissideret* (ZECHIEL-ECKES 97f.). ZECHIEL-ECKES spricht S. 101 „von der fast magischen Anziehungskraft einer historischen Fiktion", die eindeutig dem kirchenpolitischen Zweck diene und somit *per definitionem* auf Beeinflussung und Manipulation ausgelegt sei.

271 Peregrin. 22 τοσοῦτος ἔρως τῆς δόξης ἐντέτηκεν αὐτῷ. 23 Καίτοι φησὶν ὅτι ὑπὲρ τῶν ἀνθρώπων αὐτὸ δρᾷ, ὡς διδάξειεν αὐτοὺς θανάτου καταφρονεῖν καὶ ἐγκαρτερεῖν τοῖς δεινοῖς. 27 ἀλλὰ καὶ λογοποιεῖ καὶ χρησμούς τινας διέξεισιν παλαιοὺς δή, ὡς χρεὼν εἴη

Zirkelbriefe an alle berühmten Städte senden lassen, wie dies ähnlich in den Pseudignatianen geschieht. Das Ziel, das die beiden künftigen 'Märtyrer' mit ihren Zirkelbriefen verfolgen, wird von Lukian (mit Blick auf Proteus) treffend wie folgt beschrieben: In den Sendschreiben hinterlassen die Todgeweihten den verschiedenen Städten (bzw. den Kirchen) Kleinasiens und der angrenzenden Regionen Vermächtnisse, Zusprüche und gesetzliche Normen (διαθήκας τινὰς καὶ παραινέσεις καὶ νόμους)[272]. Im Falle des Ps.Ignatius sind sie das Medium, durch das der künftige Märtyrer autoritativ als sein „letztes Vermächtnis" den Kirchengemeinden neue hierarchische Ordnungen und heilsame Unterweisung zum Bewahren der Einheit und der Orthodoxie übermittelt.

Das παραινεῖν geschieht in verschiedenen Variationen, durch einfaches παραινῶ oder παρακαλεῖ ὑμᾶς τὰ δεσμά μου (Trall 12,2)[273] oder durch Empfehlen des Notwendigen (ἀναγκαῖον)[274] und Angemessenen (πρέπον/πρέπει)[275] – gelegentlich verbunden mit dem Topos der Selbstbescheidung: Eph 3,1 οὐ διατάσσομαι ὑμῖν ὡς ὤν τις: „nicht erteile ich euch Befehle, als wäre ich ein bedeutender Mann", oder „als wäre ich ein Apostel"[276], oder „wie Petrus und Paulus"[277]. Doch hinter diesem Gestus scheint durchaus der Anspruch auf, durch das bevorstehende Martyrium zum wahren Jünger Jesu zu werden, so daß das Wort Gewicht erhält und zu einer διαθήκη im Sinne des oben zitierten Lukian-Mottos wird[278].

Nicht selten erscheint die Protreptik in ein Lob verpackt, als würde in der Gemeinde bereits praktiziert, was „Ignatius" erst erreichen möchte; oder es wird versichert, daß sich die Mahnung nicht auf aktuelle Versäumnisse richtet, sondern als Vorsorge für die Zukunft verstanden

---

δαίμονα νυκτοφύλακα γενέσθαι αὐτόν, καὶ δῆλός ἐστι βωμῶν ἤδη ἐπιθυμῶν καὶ χρυσοῦς ἀναστήσεσθαι ἐλπίζων. 28 μαρτύρομαι δὲ ἦ μὴν καὶ ἱερέας αὐτοῦ ἀποδειχθήσεσθαι μαστίγων ἢ καυτηρίων ἤ τινος τοιαύτης τερατουργίας, ἢ καὶ νὴ Δία τελετήν τινα ἐπ’ αὐτῷ συστήσεσθαι νυκτέριον καὶ δαδουχίαν ἐπὶ τῇ πυρᾷ.

272 Lucian. Peregr. 41.
273 Siehe o. S. 198 Anm. 179.
274 Trall 2,2.
275 Ps.Ign. Eph 2,2; 4,1 (ὅθεν πρέπει ὑμῖν συντρέχειν τῇ τοῦ ἐπισκόπου γνώμῃ, ὅπερ καὶ ποιεῖτε); Magn 3,1. 2; 4,1; Trall 12,2 (πρέπει γὰρ ὑμῖν τοῖς καθ’ ἕνα, ἐξαιρέτως καὶ τοῖς πρεσβυτέροις, ἀναψύχειν τὸν ἐπίσκοπον εἰς τιμὴν πατρὸς Ἰησοῦ Χριστοῦ καὶ τῶν ἀποστόλων); Röm 10,2; Philad 10,1; Smyrn 7,2; 11,2; Polyc 5,2.
276 Trall 3,3 οὐκ εἰς τοῦτο ᾠήθην, ἵνα ὢν κατάκριτος ὡς ἀπόστολος ὑμῖν διατάσσωμαι.
277 Ps.Ign. Röm 4,3 (s. o. 31f.).
278 Vgl. Eph 3,2; 12,1; Magn 11,1; 12,1; Trall 3,3; 5,2; 13,1; Röm 4,3; Smyrn 11,1.

werden soll[279]. Die Dialektik solcher rhetorischer Figuren wird in Magn 12 vom Briefschreiber selbst entschlüsselt:

ὅταν ἐπαινῶ ὑμᾶς, οἶδα ὅτι ἐντρέπεσθε, ὡς γέγραπται, ὅτι ὁ «δίκαιος ἑαυτοῦ κατήγορος» („Wenn ich euch lobe, so weiß ich, daß ihr Scham empfindet, wie geschrieben steht [Spr 18,17]: 'der Gerechte klagt sich selber an'"),

das heißt: die Gelobten werden sich bemühen, das tatsächlich zu tun, wofür sie bereits gelobt werden, als hätten sie es schon in die Tat umgesetzt.

In diesen Mahnungen und Suggestionen werden die verbindlichen Normen (vgl. die νόμοι aus dem Lukian-Zitat) eingeschärft, etwa die hierarchische Gemeindestruktur mit dem monarchischen Bischof als Stellvertreter Gottes und die Pflicht der Gläubigen, sich diesen Würdenträgern unterzuordnen,

z. B. Magn 6,1: „Ich ermahne euch: in der Eintracht Gottes bemüht euch, alles zu tun, wobei der Bischof den Vorsitz führt an Gottes Stelle und die Presbyter an Stelle der Versammlung der Apostel, und die mir besonders lieben Diakone mit dem Dienst Jesu Christi betraut sind" (παραινῶ, ἐν ὁμονοίᾳ θεοῦ σπουδάζετε πάντα πράσσειν, προκαθημένου **τοῦ ἐπισκόπου** εἰς τόπον θεοῦ καὶ τῶν πρεσβυτέρων εἰς τόπον συνεδρίου τῶν ἀποστόλων, καὶ τῶν διακόνων τῶν ἐμοὶ γλυκυτάτων πεπιστευμένων διακονίαν Ἰησοῦ Χριστοῦ)[280];

Philad 7,1 „Ich schrie in eurer Mitte, ich rief mit lauter Stimme, mit der Stimme Gottes: 'Haltet euch zum Bischof und dem Presbyterium und den Diakonen!'" (**τῷ ἐπισκόπῳ** προσέχετε καὶ τῷ πρεσβυτερίῳ καὶ διακόνοις);

---

279 Vgl. Ps.Ign. Eph 4,1 (ὅπερ καὶ ποιεῖτε); 5,1; 6,2; 8,1 (μὴ οὖν τις ὑμᾶς ἐξαπατάτω, ὥσπερ οὐδὲ ἐξαπατᾶσθε, ὅλοι ὄντες θεοῦ); 9,1f.; 20,2; Magn 1,1; 11,1; 14; Trall 1,1; 1,2; 2,2 (ἀναγκαῖον οὖν ἐστιν, ὥσπερ ποιεῖτε, **ἄνευ τοῦ ἐπισκόπου** μηδὲν πράσσειν ὑμᾶς, ἀλλ' **ὑποτάσσεσθαι** καὶ **τῷ πρεσβυτερίῳ** ὡς τοῖς ἀποστόλοις Ἰησοῦ Χριστοῦ τῆς ἐλπίδος ἡμῶν, ἐν ᾧ διάγοντες εὑρεθησόμεθα); 3,2; 8,1 (οὐκ ἐπεὶ ἔγνων τοιοῦτόν τι ἐν ὑμῖν, ἀλλὰ προφυλάσσω ὑμᾶς ὄντας μου ἀγαπητούς, προορῶν τὰς ἐνέδρας τοῦ διαβόλου); 12,3 („Ich bitte euch, in Liebe auf mich zu hören, damit ich nicht zum Zeugnis unter euch werde mit meinem Brief"); Röm 2,1 (οὐ γὰρ θέλω ὑμᾶς ἀνθρωπαρεσκῆσαι, ἀλλὰ θεῷ ἀρέσαι, ὥσπερ καὶ ἀρέσκετε); Philad 3,1 („nicht, daß ich bei euch Spaltung gefunden hätte – vielmehr Läuterung"); Smyrn 4,1 (ταῦτα δὲ παραινῶ ὑμῖν, ἀγαπητοί, εἰδὼς ὅτι καὶ ὑμεῖς οὕτως ἔχετε. προφυλάσσω δὲ ὑμᾶς ἀπὸ τῶν θηρίων τῶν ἀνθρωπομόρφων); Polyc 1,2 (ὥσπερ καὶ ποιεῖς).

280 In diesem Sinne ordnen sich auch die Presbyter dem Bischof unter, selbst einem Bischof in jugendlichem Alter; denn in der Unterordnung unter seine Amtsautorität fügen sie sich nicht ihm, dem jugendlichen Mann, sondern dem Vater Jesu Christi, der Bischof aller ist (Magn 3,1 καθὼς ἔγνων καὶ τοὺς ἁγίους πρεσβυτέρους οὐ προσειληφότας τὴν φαινομένην νεωτερικὴν τάξιν, ἀλλ' ὡς φρονίμους ἐν θεῷ συγχωροῦντας αὐτῷ, οὐκ αὐτῷ δέ, ἀλλὰ τῷ πατρὶ Ἰησοῦ Χριστοῦ, **τῷ πάντων ἐπισκόπῳ**).

Smyrn 8,1 „Folgt alle dem Bischof, wie Jesus Christus dem Vater, und dem Presbyterium wie den Aposteln; die Diakone aber achtet wie Gottes Gebot" (πάντες τῷ ἐπισκόπῳ ἀκολουθεῖτε, ὡς Ἰησοῦς Χριστὸς τῷ πατρί, καὶ τῷ π ρ ε σ β υ τ ε ρ ί ῳ ὡς τοῖς ἀποστόλοις· τοὺς δὲ δ ι α κ ό ν ο υ ς ἐν-τρέπεσθε ὡς θεοῦ ἐντολήν);

Polyc 6,1 „Haltet euch zum Bischof, damit sich auch Gott zu euch hält. Lösegeld bin ich für die, die sich dem Bischof, den Presbytern, den Diakonen unterordnen" (τῷ ἐπισκόπῳ προσέχετε, ἵνα καὶ ὁ θεὸς ὑμῖν. ἀντίψυ-χον ἐγὼ τῶν ὑποτασσομένων τῷ ἐπισκόπῳ, π ρ ε σ β υ τ έ ρ ο ι ς, δ ι α-κ ό ν ο ι ς· καὶ μετ᾽ αὐτῶν μοι τὸ μέρος γένοιτο σχεῖν ἐν θεῷ)[281].

Ziel dieser hierarchischen Neustrukturierung ist die E i n h e i t der Rechtgläubigen im festen Band mit dem Bischof,

vgl. etwa Ps.Ign. Magn 7,1f. „Wie nun der Herr nichts getan hat ohne den Vater, mit dem er e i n s ist, weder in eigener Person noch durch die Apostel, so sollt auch ihr ohne den Bischof und die Presbyter nichts tun; und versucht nicht, etwas als verständig anzusehen, was ihr im privaten Kreis tut. Vielmehr soll bei eurer Zusammenkunft e i n Gebet, e i n e Bitte, e i n Sinn, e i n e Hoffnung sein in Liebe und untadeliger Freude, das ist Jesus Christus, über den nichts geht. Strömt alle zusammen wie zu e i-n e m Tempel Gottes, zu e i n e m Altar, zu e i n e m Jesus Christus, der von dem e i n e n Vater ausging und zu dem e i n e n Vater auch wieder zurückkehrte" (ὥσπερ οὖν ὁ κύριος ἄνευ τοῦ πατρὸς οὐδὲν ἐποίησεν, ἡ ν ω μ έ ν ο ς ὤν, οὔτε δι᾽ ἑαυτοῦ οὔτε διὰ τῶν ἀποστόλων, οὕτως μηδὲ ὑμεῖς ἄνευ τοῦ ἐπισκόπου καὶ τῶν π ρ ε σ β υ τ έ ρ ω ν μηδὲν πράσσετε· μηδὲ πειράσητε εὔλογόν τι φαίνεσθαι ἰδίᾳ ὑμῖν, ἀλλ᾽ ἐπὶ τὸ αὐτό· μ ί α προσευχή, μ ί α δέησις, ε ἷ ς νοῦς, μ ί α ἐλπὶς ἐν ἀγάπῃ, ἐν τῇ χαρᾷ τῇ ἀμώμῳ, ὅ ἐστιν Ἰησοῦς Χριστός, οὗ ἄμεινον ο ὐ θ έ ν ἐστιν. πάντες ὡς εἰς ἕ ν α ναὸν συντρέχετε θεοῦ, ὡς ἐπὶ ἓ ν θυσιαστήριον, ἐπὶ ἕ ν α Ἰησοῦν Χριστόν, τὸν ἀφ᾽ ἑ ν ὸ ς πατρὸς προελθόντα καὶ εἰς ἕ ν α ὄντα[282] καὶ χω-ρήσαντα)

und Philad 4 „Deshalb seid bedacht, e i n e Eucharistie zu gebrauchen – denn e i n Fleisch unseres Herrn Jesus Christus (gibt es nur) und e i n e n

---

281 Zu dieser Thematik siehe das Kapitel 'L'épiscopat monarchique' bei JOLY 75–85; ferner etwa folgende Stellen: Ps.Ign. Eph 2,2; Magn 2. 3,1–2 (vgl. S. 229 Anm. 280); 7,1; 13,1–2; Trall 2,1–3,1; 7,2; 12,2; 13,2; Röm 9,1 („Ignatius" bekennt sich als Hirte und Bischof der Kirche von Syrien)' Philad inscr.; 3,2; 4; 5,1 (τοῖς ἀποστόλοις, ὡς πρεσβυ-τερίῳ ἐκκλησίας); 7,2; 8,1f.; 9,1; 12,2; Polyc 5,2. HENGEL (2007) 82f. sieht in dem Herrenbruder Jakobus den „Ausgangspunkt des *monarchischen* Episkopats", der von Osten nach Westen gewandert sei und sich in Rom erst relativ spät durchgesetzt habe (dort seien klare Ansätze zum monarchischen Episkopat erst etwa seit Anicet [ca. 155–166] sichtbar). Ohne die Echtheitsproblematik zu berühren, nimmt er die früher übliche Datierung der Ignatiusbriefe in die Zeitspanne 110–114 als nach wie vor gültig an, s. Anm. 174. 394 und S. 159.
282 Zur Konstruktion s. o. S. 193 Anm. 160.

Kelch zur Ver e i n i g u n g mit seinem Blute, e i n e n Altar, wie e i n e n Bischof zusammen mit dem Presbyterium und den Diakonen, meinen Mit-sklaven –, damit ihr, was immer ihr tut, nach Gottes Weise tut" (σπουδά-σατε οὖν μιᾷ εὐχαριστίᾳ χρῆσθαι· μία γὰρ σὰρξ τοῦ κυρίου ἡμῶν Ἰη-σοῦ Χριστοῦ καὶ ἓν ποτήριον εἰς ἕνωσιν τοῦ αἵματος αὐτοῦ, ἓν θυσι-αστήριον, ὡς εἷς ἐπίσκοπος ἅμα τῷ πρεσβυτερίῳ καὶ διακό-νοις, τοῖς συνδούλοις μου· ἵνα ὃ ἐὰν πράσσητε κατὰ θεὸν πράσσητε)[283],

ferner die Abgrenzung von den gnostischen (und jüdischen) Sekten,

z. B. Philad 2,1f. „So flieht nun als Kinder des Lichtes der Wahrheit die Spaltung und die schlechten Lehren; wo aber der Hirte ist, da folgt als Schafe. Denn viele Wölfe bringen, indem sie Glaubwürdigkeit vortäu-schen, durch schlimme Lust die Gottesläufer in ihre Gewalt. Aber in eurer Einheit werden sie keinen Platz haben" (τέκνα οὖν φωτὸς ἀληθείας, φεύγετε τὸν μερισμὸν καὶ τὰς κακοδιδασκαλίας· ὅπου δὲ ὁ ποιμήν ἐστιν, ἐκεῖ ὡς πρόβατα ἀκολουθεῖτε. πολλοὶ γὰρ λύκοι ἀξιόπι-στοι ἡδονῇ κακῇ αἰχμαλωτίζουσιν τοὺς θεοδρόμους· ἀλλ' ἐν τῇ ἑνό-τητι ὑμῶν οὐχ ἕξουσιν τόπον)[284].

e) Die Stilisierung des Presbyters Polykarp von Smyrna zum Bischof

Die Propagierung des einheitsstiftenden monarchischen Bischofsamtes ist dem Verfasser des Briefcorpus so wichtig, daß er, wenngleich mit einer Art Einschränkung, den Eindruck zu erwecken sucht, schon Poly-karp (dessen Autorität er seinen Zielen dienstbar machen möchte) habe ein monarchisches Bischofsamt innegehabt. Das Anschreiben des Brie-fes, den er an Polykarp richtet, lautet:

Ἰγνάτιος, ὁ καὶ Θεοφόρος, Πολυκάρπῳ ἐπισκόπῳ ἐκκλησίας Σμυρ-ναίων, μᾶλλον ἐπισκοπημένῳ ὑπὸ θεοῦ πατρὸς καὶ κυρίου Ἰησοῦ Χρι-στοῦ, πλεῖστα χαίρειν:

„Ignatius, der auch Theophorus heißt, grüßt von ganzem Herzen Polykarp, den Bischof der Kirche der Smyrnäer, dem vielmehr Gott Vater und der Herr Jesus Christus Bischöfe sind"[285].

Wenn man daneben die Inscriptio stellt, die Polykarp selbst seinem Brief an die Philipper gegeben hat:

283 Siehe ferner Ps.Ign. Eph 4,1f.; 5,1; Magn 1,2; 6,1. 2; Trall 7,1. 2; 12,2; 13,2; Philad 2,1.
2; 4; 7,2; 8,1. Zur theologischen Dimension s. das Kapitel „Une mystique de l'Unité"
des Forschungsberichtes von MUNIER, ANRW II 27.1 (1993), 463–470.
284 Siehe ferner Ps.Ign. Eph 6,2; 7,1. 2; 9,1; 16,1; Magn 8,1 (Judentum); 10,3 (Judentum);
Trall 6,1. 2; 9–10 (Doketismus); 11,1f.; Philad 3,1. 3; 6,1 (Judentum); 7,2; Smyrn 2–3,3
(Doketismus); 4,1; 4,2 (Doketismus); 5,1–3; 6,2; 7,1–2.
285 Zu diesem Nachsatz s. Magn 3,1 (o. S. 229 Anm. 280).

Πολύκαρπος καὶ **οἱ σὺν αὐτῷ πρεσβύτεροι** τῇ ἐκκλησίᾳ τοῦ θεοῦ τῇ παροικούσῃ Φιλίππους,

so versteht man das in der Selbstkorrektur μᾶλλον ἐπισκοπημένῳ ὑπὸ θεοῦ πατρὸς etc. zum Ausdruck kommende Zögern des Ps.Ignatius, seinen angeblichen Amtsbruder unverblümt als Bischof zu titulieren: hatte doch dieser sich selbst in aller Öffentlichkeit lediglich als P r e s - b y t e r u n t e r M i t p r e s b y t e r n vorgestellt – und an Stelle der von Ps.Ignatius beständig im Mund geführten dreigliedrigen Formel 'Bischof, Presbyterium, Diakone' die Zweierformel 'P r e s b y t e r u n d D i a k o n e' verwendet, so in Polyc. Phil 5,3:

> διὸ δέον ἀπέχεσθαι ἀπὸ πάντων τούτων, ὑποτασσομένους **τοῖς πρεσβυτέ-ροις** καὶ δ ι α κ ό ν ο ι ς **ὡς θεῷ** καὶ Χ ρ ι σ τ ῷ („Deshalb ist es notwendig, sich von all dem fernzuhalten, untertan den Presbytern und Diakonen wie Gott und Christus").

Dies ist offensichtlich die Ausgangsformel[286], die Ps.Ignatius in seinem Sinne verändert (z. B. Eph 2,2 ὑποτασσόμενοι **τῷ ἐπισκόπῳ** καὶ τῷ π ρ ε σ β υ τ ε ρ ί ῳ) und erweitert, vgl. z. B.

> Magn 2,1 ὅτι ὑποτάσσεται **τῷ ἐπισκόπῳ** ὡς χάριτι θεοῦ καὶ τῷ π ρ ε σ - β υ τ ε ρ ί ῳ ὡς νόμῳ Ἰησοῦ Χριστοῦ.

> Polyc 6,1 ἀντίψυχον ἐγὼ τῶν ὑποτασσομένων **τῷ ἐπισκόπῳ**, π ρ ε σ β υ - τ έ ρ ο ι ς, δ ι α κ ό ν ο ι ς.

An die Magnesier schreibt Ps.Ignatius von Smyrna aus (15,1)[287], die (in Smyrna anwesenden) Epheser hätten ihn in allem erquickt – zusammen mit Polykarp, dem Bischof der Smyrnäer (ἅμα Πολυκάρπῳ, **ἐπισκόπῳ** Σμυρναίων). Ähnlich lobend hatte er sich im Brief an die Epheser (21,1) über Polykarp geäußert – dort ohne ihm einen Titel beizulegen. Dagegen nennt er in dem Brief an die Smyrnäer Polykarp nicht ein einziges Mal, obwohl er mehrfach auf das Bischofsamt zu sprechen kommt (Smyrn 8,1–2; 9,1) und sich in 12,2 sogar ausdrücklich vom gotteswürdigen Bischof, dem Presbyterium und den Diakonen mit einem Gruß verabschiedet

> ἀσπάζομαι τὸν ἀξιόθεον **ἐπίσκοπον** καὶ θεοπρεπὲς π ρ ε σ β υ τ έ ρ ι ο ν καὶ τοὺς συνδούλους μου δ ι α κ ό ν ο υ ς καὶ τοὺς κατ' ἄνδρα καὶ κοινῇ πάντας ἐν ὀνόματι Ἰησοῦ Χριστοῦ …

---

286 Ganz am Beginn der Reihe steht der 1. „Clemensbrief" an die Korinther (57,1 ὑμεῖς οὖν οἱ τὴν καταβολὴν τῆς στάσεως ποιήσαντες ὑ π ο τ ά γ η τ ε τ ο ῖ ς π ρ ε σ β υ τ έ ρ ο ι ς καὶ παιδεύθητε εἰς μετάνοιαν), der seinerseits auf 1Petr 5,5 (ὁμοίως, νεώτεροι, ὑ π ο - τ ά γ η τ ε π ρ ε σ β υ τ έ ρ ο ι ς) rekurriert, s. S. 280.
287 Zum folgenden siehe JOLY 48f. 83f.

Auch im Brief an Polykarp wird dessen Name im Zusammenhang des Bischofsamtes auffällig verschwiegen, besonders eklatant in Polyc 6,1 (S. 230). Es scheint, daß dem Verfasser der fingierten Briefe die Diskrepanz zwischen der tatsächlich bestehenden – zur Zeit des Polykarp noch kollegialen – Presbyterordnung in Smyrna und dem von ihm supponierten Monepiskopat bewußt war.

Ebenso hören wir in den unbestritten genuinen Textpartien des Polykarpmartyriums nichts von einem Bischof Polykarp. Allein in Mart. Polyc. 16,2 ist Polykarp in einer handschriftlichen Alternativfassung apostolischer und prophetischer Lehrer und Bischof der katholischen Kirche in Smyrna. Doch fällt diese Fassung so sehr aus dem Erzählduktus heraus, daß sie von vorneherein den Interpolationsverdacht auf sich zieht; ich skizziere die wesentlichen Elemente: In den Kapiteln 13 und 14 wird erzählt, wie Polykarp auf den Scheiterhaufen gelegt und festgebunden wird. Er spricht ein letztes Gebet, dann wird in 15,1 das Feuer entzündet. In 16,1f. fährt der Erzähler fort:

> „Als schließlich die Gottlosen sahen, daß sein Leib nicht vom Feuer verzehrt werden konnte, befahlen sie, daß der Konfektor zu ihm träte und den Dolch in den Leib stoße. Und als er dies tat, kam eine solche Menge Blut hervor, daß das Feuer verlosch und sich die ganze Menge verwunderte, welch ein Unterschied zwischen den Ungläubigen und den Erwählten bestehe [, *von denen einer auch dieser bewundernswerte Polykarp war, zu unseren Zeiten* ein apostolischer und prophetischer Lehrer und **Bischof der katholischen Kirche von Smyrna.** Denn jedes Wort aus seinem Munde [vgl. Mt 4,4] hat sich erfüllt und wird sich erfüllen"].

> Mart. Polyc. 16,1f. καὶ τοῦτο ποιήσαντος, ἐξῆλθεν πλῆθος αἵματος ὥστε κατασβέσαι τὸ πῦρ καὶ θαυμάσαι πάντα τὸν ὄχλον, εἰ τοσαύτη τις διαφορὰ μεταξὺ τῶν τε ἀπίστων καὶ τῶν ἐκλεκτῶν [, *ὧν εἷς καὶ οὗτος γεγόνει ὁ θαυμασιώτατος Πολύκαρπος, ἐν τοῖς καθ' ἡμᾶς χρόνοις* διδάσκαλος ἀποστολικὸς καὶ προφητικὸς γενόμενος **ἐπίσκοπός τε**[288] **τῆς ἐν Σμύρνῃ καθολικῆς ἐκκλησίας.** πᾶν γὰρ ῥῆμα ὃ ἀφῆκεν ἐκ τοῦ στόματος αὐτοῦ καὶ ἐτελειώθη καὶ τελειωθήσεται].

Die hier in Klammern gesetzte Version, die erzähltechnisch einem aus einer Distanz geschriebenen Zusatz gleichkommt und das Attribut „katholisch" in bedenklicher Weise der Einzelkirche von Smyrna zuordnet[289], muß m. E. durch die in den Handschriften CV überlieferte Alternativversion ersetzt werden[290]:

---

288 Dieses τε fehlt in der Ausgabe von E. SCHWARTZ [2]1914, p. 147. Im Apparat heißt es: „ἐπίσκοπος interpoliert um διδάσκαλος zu ersetzen."

289 Soweit unsere Thesauri reichen, kommt die Junktur καθολικὴ ἐκκλησία erstmalig im Polykarpmartyrium vor, und zwar im Sinne der allgemeinen, alle Paroikien umfassenden Gesamtkirche, nicht eingeschränkt auf eine Einzelkirche; siehe die Inscriptio (deren

„Und so kam der heilige Hohepriester und ruhmvolle Märtyrer Christi, Polykarp, am 23. des Monats Februar an das Ende seines Lebens":

Mart. Polyc. 16,2 CV: καὶ οὕτως ἐτελειώθη ὁ ἅγιος ἱεράρχης καὶ ἔνδοξος μάρτυς τοῦ Χριστοῦ Πολύκαρπος τῇ εἰκάδι τρίτῃ τοῦ φεβρουαρίου μηνός.

Der Nachtrag Kap. 21 mit der gleichen, wenn auch anders formulierten Datumsangabe kommt nach dem Abschlußgruß 20,2 zu spät: Die Kapitel 21 und 22 gehören einer späteren Redaktion an – ganz zu schweigen von dem „andere(n) Epilog aus der Moskauer Handschrift"[291].

Der Märtyrer P o l y k a r p von Smyrna war also nicht (monarchischer) Bischof, sondern einer unter mehreren Presbytern.

f) Der Römerbrief des Ps.Ignatius und der erste „Clemensbrief"

Wie steht es um I g n a t i u s selbst? Die einzige verläßliche Quelle, die wir besitzen, der Polykarpbrief, nennt ihn nirgends 'Bischof', sondern führt ihn als ersten einer Dreiergruppe von gefangenen christlichen Bekennern auf, die gefesselt zum (nicht ausdrücklich genannten) Martyriumsort expediert werden und dabei über Philippi gekommen sind: Ignatius, Zosimus, Rufus (Polyc. Phil 9,1); sie erscheinen in 13,2 ein weiteres Mal in der Formel „Ignatius und seine Gefährten" (*de ipso Ignatio et de his, qui cum eo sunt, quod certius agnoveritis, significate*).

Die Namen der Mitgefangenen, Ζ ώ σ ι μ ο ς und Ῥ ο ῦ φ ο ς, erinnern klanglich wohl mit Bedacht an die Diakone Ζ ω τ ί ω ν und

---

Eingang aus dem 1. „Clemensbrief" übernommen ist [s. o. S. 9 und S. 12 Anm. 33]): „Die Kirche Gottes, die in Smyrna als Fremde (unter Nichtchristen) wohnt, an die Kirche Gottes, die in Philomelium als Fremde (unter Nichtchristen) wohnt, und an alle Gemeinden der heiligen und allumfassenden Kirche an jedem Ort" (Ἡ ἐκκλησία τοῦ θεοῦ, ἡ παροικοῦσα Σμύρναν, τῇ ἐκκλησίᾳ τοῦ θεοῦ, τῇ παροικούσῃ ἐν Φιλομηλίῳ καὶ πάσαις ταῖς κατὰ πάντα τόπον τῆς ἁγίας καὶ **καθολικῆς ἐκκλησίας** παροικίαις), ferner Mart. Polyc. 8,1 „der gesamten, auf dem ganzen Erdkreis allgemeinen Kirche" (πάσης τῆς κ α τ ὰ τ ὴ ν ο ἰ κ ο υ μ έ ν η ν **καθολικῆς ἐκκλησίας**); 19,2 „(Jesus Christus) den Hirten der allgemeinen Kirche auf dem ganzen Erdkreis" (ποιμένα τῆς κ α τ ὰ τ ὴ ν ο ἰ κ ο υ μ έ ν η ν **καθολικῆς ἐκκλησίας**). Ps.Ignatius hat dann diese Junktur in Smyrn 8,2 übernommen: „Wo der Bischof erscheint, da soll auch die Gemeinde sein, wie da, wo Christus Jesus sich befindet, auch die allgemeine Kirche ist" (ὅπου ἂν φανῇ ὁ ἐπίσκοπος, ἐκεῖ τὸ πλῆθος ἔστω, ὥσπερ ὅπου ἂν ᾖ Χριστὸς Ἰησοῦς, ἐκεῖ **ἡ καθολικὴ ἐκκλησία**). Zum Sprachgebrauch von ἐκκλησία siehe R. BULTMANN, Theologie des Neuen Testamentes, Tübingen ⁹1984, 96 (zitiert bei MENKE, Leitgedanke 38 Anm. 60).

*
290 Die hier als unecht verworfene Version hat sich bei Eusebius (h. e. 4,15,39) durchgesetzt; doch ist Eusebius kein guter Zeuge für die ursprüngliche Textfassung, siehe DE-HANDSCHUTTER ANRW II 27.1 (1993), 486–488.

291 Zu den verschiedenen Überarbeitungshypothesen siehe SCHOEDELs Forschungsbericht 349–354.

Βοῦρρος, die Ps.Ignatius in Smyrna (von wo er Eph und Magn schreibt) bei sich hat und gerne weiter um sich haben möchte:

Magn 2 διὰ ... τοῦ συνδούλου μου **διακόνου** Ζωτίωνος, οὗ ἐγὼ ὀναίμην;

Eph 2,1 περὶ δὲ τοῦ συνδούλου μου Βούρρου, τοῦ κατὰ θεὸν **διακόνου** ὑμῶν ἐν πᾶσιν εὐλογημένου, εὔχομαι παραμεῖναι αὐτὸν εἰς τιμὴν ὑμῶν καὶ τοῦ ἐπισκόπου.

Wenn er diese Diakone als „Mitsklaven" bezeichnet, möchte man annehmen, daß auch er selbst Diakon – und keinesfalls höhergestellter Bischof – ist. Dieser Eindruck verstärkt sich in Philad 4 durch das formelhafte

„wie e i n Bischof zusammen mit dem Presbyterium und den Diakonen, meinen Mitsklaven" (ὡς εἷς ἐπίσκοπος ἅμα τῷ πρεσβυτερίῳ καὶ **διακόνοις**, τοῖς συνδούλοις μου),

wo ja ausdrücklich keine Zuordnung zum Bischof oder zu den Presbytern erfolgt, sondern zu den Diakonen. Das gleiche gilt für die Grußformel

Smyrn 12,2 ἀσπάζομαι τὸν ἀξιόθεον ἐπίσκοπον καὶ θεοπρεπὲς πρεσβυτέριον καὶ τοὺς συνδούλους μου **διακόνους** καὶ τοὺς κατ᾿ ἄνδρα καὶ κοινῇ πάντας ἐν ὀνόματι Ἰησοῦ Χριστοῦ,

ferner für die bereits oben (S. 229) zitierte Stelle Magn 6,1 (der Bischof, die Presbyter „und die mir besonders lieben Diakone": καὶ **τῶν διακόνων** τῶν ἐμοὶ γλυκυτάτων πεπιστευμένων διακονίαν Ἰησοῦ Χριστοῦ)[292]. Der Verfasser des Briefcorpus, der unter der Maske des Ignatius schreibt, scheint sich demnach der Gruppe der Diakone zugehörig zu fühlen.

Es fällt auf, daß er in allen Briefen an die Kirchen in Kleinasien einen Hinweis auf die 'amtliche' Stellung des wirklichen Ignatius vermeidet – vielleicht, weil er dort, wo der Schauplatz des aufsehenerregenden Durchzugs der Gefangenen war, noch mit Kenntnis des wirklichen Status des Ignatius rechnen mußte. Nur im Brief an die Römer[293] spricht er einmal in etwas verklausulierter Form von dem B i s c h o f S y r i e n s, den Gott – wenn denn die römischen Christen seine Sehnsucht nach dem Martyrium respektieren und keine 'Rettungs'-Maßnah-

---

292 Vgl. Trall 2,3 οὐ γὰρ βρωμάτων καὶ ποτῶν εἰσιν **διάκονοι**, ἀλλ᾿ ἐκκλησίας θεοῦ ὑπηρέται.

293 Dieser hat eine von den übrigen sechs Episteln getrennte Überlieferung, ist vielmehr mit dem Ignatius-Martyrium, den Acta Ignatii verknüpft (Paris. Graec. 1451, früher Colbert. 460); s. SCHOEDEL 287.

men ergreifen wollten – würdigen wird, sich im Untergang (der Sonne) zu befinden, vom Aufgang herbeigebracht; schön aber sei es, von der Welt fort zu Gott hin unterzugehen, damit man in ihm aufgehe:

Ps.Ign. Röm 2,2 ὅτι τὸν ἐπίσκοπον Συρίας[294] ὁ θεὸς κατηξίωσεν εὑρεθῆναι εἰς δύσιν ἀπὸ ἀνατολῆς μεταπεμψάμενος. καλὸν τὸ δῦναι ἀπὸ κόσμου πρὸς θεόν, ἵνα εἰς αὐτὸν ἀνατείλω.

Hinter der nach asianischer Manier geformten, zwischen realer und metaphorischer Ebene changierenden Sprechweise verbirgt sich eine Anspielung auf den Petrus-und-Paulus-Passus des 1. „Clemensbriefes". Von Paulus heißt es dort[295]:

1Clem 5,6f. ἑπτάκις δεσμὰ φορέσας, φυγαδευθείς, λιθασθείς, κῆρυξ γενόμενος ἔν τε τῇ ἀνατολῇ καὶ ἐν τῇ δύσει τὸ γενναῖον τῆς πίστεως αὐτοῦ κλέος ἔλαβεν· δικαιοσύνην διδάξας ὅλον τὸν κόσμον καὶ ἐπὶ τὸ τέρμα τῆς δύσεως ἐλθὼν καὶ μαρτυρήσας ἐπὶ τῶν ἡγουμένων, οὕτως ἀπηλλάγη τοῦ κόσμου καὶ εἰς τὸν ἅγιον τόπον ἐπορεύθη, ὑπομονῆς γενόμενος μέγιστος ὑπογραμμός:

„Siebenmal in Ketten, vertrieben, gesteinigt, Herold im Osten wie im Westen, empfing er den echten Ruhm für seinen Glauben. Gerechtigkeit lehrte er die ganze Welt, gelangte bis zum äußersten Westen und legte Zeugnis ab vor den Machthabern. So schied er aus der Welt und gelangte an den heiligen Ort – das größte Vorbild für Ausdauer."

Wir sehen hier die Konzeption 'Ignatius auf den Spuren des Paulus' (s. S. 222ff.) zu Ende gedacht: Er wird, von Osten kommend, im Westen (als Märtyrer) die Welt verlassen und zur Vollendung gelangen. Daß er damit den Text von 1Clem 5,7 zu eng ausdeutet[296], muß bei einem Verfasser fiktionaler Literatur nicht verwundern.

Da sich also Ps.Ignatius in seinem Römerbrief auf 1Clem bezieht[297], den Brief der römischen an die korinthische Christengemeinde, in dem weder ein römischer noch ein korinthischer Bischof eine Rolle spielt, wird verständlich, daß 'Ignatius' nirgendwo den Bischof seiner Adressatengemeinde erwähnt, sondern sich an die Gemeinde Roms insgesamt

---

294 In solchen Zusammenhängen scheint „Syrien" öfter als Umschreibung von Antiochien zu stehen. Ps.Ignatius jedenfalls läßt seinen syrischen Bekenner ausdrücklich aus dem syrischen Antiochien kommen: Smyrn 11,1 ἡ προσευχὴ ὑμῶν ἀπῆλθεν ἐπὶ τὴν ἐκκλησίαν τὴν ἐν Ἀντιοχείᾳ τῆς Συρίας, ὅθεν δεδεμένος θεοπρεπεστάτοις δεσμοῖς πάντας ἀσπάζομαι, οὐκ ὢν ἄξιος ἐκεῖθεν εἶναι, ἔσχατος αὐτῶν ὤν.

295 Siehe S. 20.

296 Siehe S. 20ff. 30.

297 Dies wird auch deutlich in Ign. Röm 3,1, wo er zu den Römern sagt: „Andere habt ihr belehrt" (ἄλλους ἐδιδάξατε). Gemeint ist ihr Schreiben an die Korinther; siehe O. B. KNOCH (1993) 8.

wendet[298]. Aktuelle Kenntnis der Verhältnisse in Rom scheint er nicht zu besitzen, schreibt er doch in Kleinasien (wahrscheinlich in Smyrna oder Ephesus). Zudem wird er gesehen haben, daß in 1Clem noch kein Rangunterschied zwischen Episkopen und Presbytern besteht, ἡ ἐπι- σκοπή vielmehr wie in 1Tim 3,1 das „Aufseheramt" bezeichnet[299], und in 1Clem 42,4–5 Episkopen und Diakone in einem Atemzug genannt werden. Gleichwohl müßte seine Formulierung ὅτι **τὸν ἐπίσκοπον Συ- ρίας** ὁ θεὸς κατηξίωσεν (Ps.Ign. Röm 2,2), selbst wenn sie in den Ver- ständnishorizont der Christengemeinde des ersten „Clemensbriefes" hineingesprochen sein sollte, stark monepiskopal klingen. Eben dies aber war mit der Wortwahl beabsichtigt: der Einsatz der Autorität des Märtyrers aus Antiochien zur Legitimierung eines monarchischen Bi- schofsamtes.

Ergebnis

Der hier aufgewiesene Rekurs auf den Petrus- und Paulus-Abschnitt des ersten „Clemensbriefes" beantwortet nun auch die Ausgangsfrage unse- rer Untersuchung der Ignatianen (S. 31ff.), nämlich wie die in Ps.Ign. Röm 4,3 vorliegende scheinbare Bezeugung eines Aufenthaltes beider Apostel in Rom zu beurteilen sei. Es handelt sich nicht um ein originä- res, sondern um ein abgeleitetes Zeugnis: Der gelehrte Diakon, der sich hinter der Maske des Ignatius verbirgt und seine Bischofsdoktrin durch ein fingiertes Briefcorpus propagiert, hat den (gleichzeitigen) Aufent- halt der Apostel Petrus und Paulus in Rom in gleicher Weise wie – um das Jahr 170 – Dionys von Korinth[300] aus dem ersten „Clemensbrief" erschlossen. Beide haben 1Clem 5,3–7 unzutreffend ausgedeutet. Ob Ps.Ignatius dabei nicht nur den Primärtext, sondern auch dessen Inter- pretation durch Dionys von Korinth vor Augen hatte, können wir nicht wissen – dürfen es aber vermuten.

---

298 Die Problematik wird erörtert in G. SCHÖLLGEN, Die Ignatianen als pseudepigraphi- sches Briefcorpus, ZAC 2, 1998, 16–25, dort 22.

299 Siehe 1Clem 44,1. 4; 50,3 (vgl. 59,3 τὸν παντὸς πνεύματος κτίστην καὶ ἐπίσκο- πον), wozu Apg 20,17. 28 und die ntl. Pastoralbriefe zu vergleichen sind, etwa 1Tim 3,1–13 (über Bischöfe und Diakone), 5,17–20 (über die Presbyter, einleitend über κα- λῶς προεστῶτες πρεσβύτεροι, also über Presbyter, die ihren 'Vorsteherdienst' gut ver- richten).

300 Siehe oben Anm. 68.

III. Eine unplausible Frühdatierung des lukanischen Geschichtswerks und die Legende von einem Romaufenthalt des Petrus

Eine Übersicht über die in der Forschung mehrheitlich als plausibel erachteten ungefähren Entstehungsdaten der neutestamentlichen Schriften hat vor fünfundzwanzig Jahren J. ERNST in dem Arbeitspapier zum Paderborner Symposion „Die Datierung der Evangelien" vorgelegt[301]. Ohne die verschiedenen Gelehrten und ihre je besonderen Präferenzen einzeln vorzuführen, gebe ich zu jeder der Schriften die dort verzeichneten obersten und untersten Zeitansätze[302]: Schlußredaktion des Mk-Evangeliums: 67–80, des Lk-Evangeliums: 65–90, der Apostelgeschichte: ca. 70 bis 1. Hälfte des 2. Jh.s, des Mt-Evangeliums: ca. 75–100, des Johannesevangeliums: 90 bis zur Wende des 1. zum 2. Jh. Für die deuteropaulinischen Schriften ergeben sich folgende Ansätze: Kol: 56–80, Eph: 80–100, 2Thess: 50–Anfang 2. Jh., für die Pastoralbriefe: 90–130. H. JANSSEN plädiert an gleicher Stelle (288–303) für die folgende chronologische Ordnung: Mk-Evangelium: 65–75, Mt-Ev.: 80–90, Lk-Ev. und Apostelgeschichte: 90–100.

Diesem breiten Grundkonsens unter den Neutestamentlern (der im Einzelfall durchaus fragwürdige Schwankungsbreiten von einigen Jahrzehnten umschließt) stellt JOHN A. T. ROBINSON, der Verfasser von „Redating the New Testament" (London 1976), auf dem gleichen Symposion seine These entgegen, „daß es kein einziges Buch im Neuen Testament gibt, das nicht in der Zeit zwischen der Mitte der 40er Jahre und dem Ende der 60er des ersten Jahrhunderts abgefaßt ist" (327); alle Evangelien hätten sich in verschiedenen christlichen Gemeinden unter gegenseitiger Beeinflussung in ungefähr demselben Zeitabschnitt (30+ bis 60+) herausgebildet.

Auf ROBINSONs Spuren bewegt sich die jüngst erschienene Konstanzer Dissertation von A. MITTELSTAEDT, der in Opposition zu den meisten angloamerikanischen und – wie er selbst hervorhebt – zu praktisch allen „deutschen Einleitungen und Kommentaren" (12f.) einer radikalen Frühdatierung der beiden Schriften des Lukas (der mit dem Paulus-Begleiter identifiziert wird) das Wort redet. Er setzt den Abschluß des Lk-Evangeliums in den Spätherbst des Jahres 59 (Schreibort

---

301 Siehe R. WEGNER (Hrsg.), Die Datierung der Evangelien. Tonbandnachschrift zum Symposion des Institutes für wissenschaftstheoretische Grundlagenforschung, Paderborn 1982 , 279–286.
302 Eine detaillierte Untersuchung der Chronologie der Spätschriften wird im folgenden Kapitel gegeben werden.

ist Cäsarea), den der Apostelgeschichte nicht allzu lange nach dem (angenommenen) Ende des Prozesses gegen Paulus in Rom, also ins Jahr 62. Um sich freie Bahn für diesen Ansatz zu eröffnen, läßt er das Mk-Evangelium, das auch nach seinem Urteil zwingend zeitlich vor dem Lk-Evangelium liegen muß (131)[303], in den 40er Jahren entstanden sein, am ehesten zwischen 45 und 48 (S. 130). Dabei kombiniert er – methodisch unzulässig – die Angabe Apg 12,12. 17, Petrus sei (im Jahr 42, als der Apostel Jakobus hingerichtet wurde) aus Jerusalem „an einen anderen Ort" geflohen, mit den Ausführungen der apokryphen (erst um 180–190 entstandenen!) Petrusakten, wonach Petrus zwölf Jahre nach der Kreuzigung Jerusalem verlassen und sich nach Rom begeben habe (125)[304]. Als Begleiter gibt er ihm den Markus mit auf den Weg – im Vertrauen auf die bei Eusebius h. e. 5,8,2f. überlieferte Äußerung des Irenäus, Matthäus habe bei den Hebräern in ihrer eigenen Sprache auch eine Niederschrift des Evangeliums herausgebracht, als Petrus und Paulus in Rom das Evangelium verkündeten und die Kirche gründeten[305]. Nach dem „Weggang dieser (beiden)" [sc. aus Rom] – so übersetzt MITTELSTAEDT im Anschluß an ROBINSON[306] das Kolon μετὰ δὲ τὴν τούτων ἔξοδον – habe Markus, der Schüler und Dolmetscher des Petrus, das von Petrus Gepredigte selbst aufgeschrieben und uns überliefert. Der sprachliche Ausdruck[307] und der gedankliche Zusammenhang

---

303 Zum Markus-Evangelium sei vor allem auf den Kommentar von J. GNILKA verwiesen (EKK 2, 2 Bde., Zürich et al. 1978/1979).

304 Diese Annahme stützt sich in Wirklichkeit auf das apokryphe Kerygma Petri; s. S. 128. 201 und S. 47 Anm. 37. Auch HENGEL (2007) 154 hält es für möglich, daß Petrus „nach seiner Vertreibung aus Jerusalem ca. 42/43" schon einmal nach Rom gekommen sei (ähnlich S. 89). Dies ist freilich pure Spekulation.

305 Die Stelle ist oben behandelt, s. S. 142f. (über die aus Papias abgewandelte Fassung des Irenäus) und S. 158 Anm. 73.

306 Siehe dessen Darlegung zu den Synoptikern bei Wegner 331 c).

307 Vgl. Lk 9,31 οἱ ὀφθέντες ἐν δόξῃ (sc. Μωϋσῆς καὶ Ἠλίας) ἔλεγον τὴν **ἔξοδον** αὐτοῦ ἣν ἤμελλεν πληροῦν ἐν Ἰερουσαλήμ. 2Petr 1,15 σπουδάσω δὲ καὶ ἑκάστοτε ἔχειν ὑμᾶς **μετὰ τὴν ἐμὴν ἔξοδον** τὴν τούτων μνήμην ποιεῖσθαι. Euseb. in Jes 2,50 (60,8–9) [GCS 60, p. 374,12] τήν τε εἰς οὐρανοὺς αὐτῶν ἀνάπτησιν τὴν **μετὰ τὴν ἔξοδον** τοῦ βίου φασί. In Psalm. 94 (PG 23, p. 1217 A, lin. 1) ἀλλ᾽ ἡ **μετὰ τὴν ἔξοδον** τοῦ παρόντος βίου σὺν αὐτῷ διατριβή. Siehe auch Plut. mor. frg. 211 SANDBACH ὅτι φανεὶς Ἰούλιος Κᾶνος τὰ περὶ διαμονῆς τῆς ψυχῆς καὶ καθαρωτέρου φωτὸς **μετὰ τὴν ἔξοδον** διηγήσατο; ferner ROUSSEAU–DOUTRELEAU III. 1, 217 zu Iren. haer. 3,1,1 (mit weiteren Stellen). – Wenn dagegen das Verlassen eines Ortes bezeichnet werden soll, ist in der Regel eine Ortsangabe erforderlich: Euseb. dem. ev. 4,16,58 **μετὰ τὴν ἔξοδον** τὴν ἀπὸ Αἰγύπτου; in psalm. 104 (PG 23, p. 1297 C, lin. 38) **ἐπὶ ἔξοδον** τῶν υἱῶν Ἰσραὴλ τὴν ἀπὸ Αἰγύπτου; Dion. Hal. ant. Rom. 1,63,1 **μετὰ τὴν ἔξοδον** τὴν ἐκ Τροίας.

erfordern jedoch zwingend, den griechischen Text mit „nach ihrem
T o d" zu übersetzen, und die lateinische Version bestätigt dies[308].

Obwohl MITTELSTAEDT zu Recht eine Reihe von Ungereimtheiten
und Widersprüchlichkeiten in dem Irenäus-Zitat herausstellt, zieht er
nicht den Schluß, daß die Nachrichten des ca. 120 Jahre nach den hier
erörterten Geschehnissen schreibenden Irenäus insgesamt mit Skepsis
zu beurteilen seien, sondern er erfindet eine kühne Theorie (127): Irenäus (oder schon seine Quelle) habe hier zwei Nachrichten kombiniert,
die – wenn auch mit unterschiedlicher Bedeutung – beide den Terminus
ἔξοδος verwendet hätten: „Zum einen für eine 'Abreise' des Petrus aus
Rom, aus deren Anlaß Markus von römischen Gemeindemitgliedern
um eine Niederschrift dessen gebeten wurde, was Petrus gepredigt hatte
(Eus. HE VI 14,6), zum anderen für den in mehreren Quellen (s. Kap.
3.1.5) bezeugten gemeinsamen oder zumindest innerhalb derselben historischen Situation geschehenen 'Tod' des Petrus und Paulus in Rom."
MITTELSTAEDT läßt also Petrus bereits im Jahr 42 ein erstes Mal nach
Rom kommen (128); da Petrus (und Markus) aber bei der Kollektenrei-
se des Paulus und Barnabas 44/45 wieder in Jerusalem sein muß (Gal
2,9/Apg 12,25), läßt MITTELSTAEDT ihn wieder dorthin zurückkehren –
nimmt aber an, daß er zusammen mit Markus zwischen diesem und
dem von ihm so genannten z w e i t e n Jerusalemer Konzil des Jahres
48/49 (Apg 15,7)[309] nochmals nach Rom gezogen sei. In der Zeit vor
der gemeinsamen zweiten Abreise aus Rom (man sieht: alles dreht sich
um das falsch gedeutete ἔξοδος!), also zwischen 45 und 48, hätte
dann Markus sein Evangelium „in seiner heutigen Form" geschrieben
(130).

Da aber Petrus vor dem (von MITTELSTAEDT in Ansatz gebrachten)
e r s t e n Apostelkonzil (Gal 2,1–10), also vor 44/45, keine Heidenmission, erst recht keine gesetzesfreie, betrieben haben kann, türmen sich
weitere Schwierigkeiten auf: MITTELSTAEDT konzediert im Anschluß
an HENGEL[310], daß Petrus eine Reihe von Anschauungen und Lehrmei-
nungen des Markusevangeliums zum Zeitpunkt des ersten der von ihm
supponierten Romaufenthalte noch nicht vertreten haben kann, so etwa
die Konzeption des Evangeliums „für alle Völker" (13,10/14,9a), die
Relativierung der Sabbatgebote (2,23–28/3,1–6), die Verwerfung sämt-
licher jüdischer Speisegesetze (7,19b) und weiteres (128f.). Wenig spä-

308 Zum lat. Sprachgebrauch (*post eorum excessum*) genügt ein Hinweis auf den antiken
Titel der Annalen des Tacitus: *AB E X C E S S V DIVI AVGVSTI.*
309 Siehe dazu MITTELSTAEDT 34–48.
310 M. HENGEL, Entstehungszeit und Situation des Markusevangeliums, in: H. CANCIK
(Hrsg.), Markus-Philologie. Historische, literargeschichtliche und stilistische Untersuchungen zum zweiten Evangelium, WUNT 33, Tübingen 1984, 1–45, dort 19.

ter hält er es für möglich, daß Petrus während seiner ersten beiden Rombesuche noch keine Heiden getauft hat[311], und daß die Propagierung der gesetzesfreien Heidenmission im Markus-Evangelium eher auf Markus selbst denn auf Petrus zurückgeht (130)[312]. Schließlich soll dann Petrus ein drittes Mal nach Rom gekommen sein, um in der Neronischen Christenverfolgung den Märtyrertod zu erleiden – und das alles, ohne daß dieses für die apostolische Frühzeit ganz exzeptionelle (man denke an Paulus), angeblich dreifach angesteuerte Reiseziel auch nur den leisesten Niederschlag in den Evangelien und in der Apostelgeschichte gefunden hätte!

Derartig freie Konstruktionen können keine tragfähigen Pfeiler für eine Frühdatierung der beiden Schriften des Lukas abgeben![313] Da somit bereits die primäre Voraussetzung für eine Frühdatierung des (von Markus abhängigen) Lukas entfällt, müssen wir uns mit den aus Lukas selbst gezogenen scheinbaren Indizien einer Frühdatierung hier nicht weiter beschäftigen. Die z. T. sehr detaillierten quellenkritischen Erörterungen der Paderborner Diskussionsrunde haben nach meinem Urteil die „relative Spätdatierung", wie sie in dem ersten Arbeitspapier vorgestellt war, klar bestätigt.

Der auch dort mit Nachdruck ins Gespräch gebrachte Stein des Anstoßes, daß die Apostelgeschichte endet, ohne daß wir etwas über Tod und Begräbnis des Paulus erfahren, wird von MITTELSTAEDT wieder als das wichtigste Datierungskriterium für die Apostelgeschichte herausgestellt: das Geschichtswerk müsse v o r dem Tod des Paulus verfaßt sein. Die breit angelegte Beweisführung (165–221) endet mit dem Fazit: „Seinen [des Paulus] Tod im Rahmen der neronischen Verfolgung vorausgesetzt, muß die Apg also vorher fertiggestellt worden sein, also

---

311 Vielleicht denkt er an die nach der Steinigung des Stephanus aus Jerusalem fliehenden Judenchristen, die bis nach Phönizien, Cypern und Antiochien kamen und dort nur den Juden das Wort verkündeten (Apg 11,19 μηδένι λαλοῦντες τὸν λόγον εἰ μὴ μόνον Ἰουδαίοις). Aber ist dies realistisch? Das Beispiel Antiochien lehrt im unmittelbar anschließenden Vers (Apg 11,20), daß die Frohbotschaft spontan über die Juden hinaus auch an das Ohr der „Hellenen" drang, so daß Barnabas und Paulus in einjährigem Wirken eine Gemeinde formten, deren Profilierung den Jüngern erstmals den Namen „Christen" eintrug (Apg 11,26).

312 Doch siehe grundsätzlich zur „Heidenmission" des Petrus in Rom oben S. 43 mit Anm. 24 (dort auch den Verweis auf LONA 63) und S. 58.

313 Schon ALAND 508 hatte konstatiert: „Wir wissen so gut wie nichts über das Leben des Petrus nach Apg 12 bzw. 15. Aber, wieder via negativa läßt sich wenigstens soviel sagen, daß Petrus aller Wahrscheinlichkeit nach erst zu einem relativ späten Zeitpunkt nach Rom gekommen sein kann. Denn der Brief, den Paulus 56/58 nach Rom schreibt, erlaubt uns, das Kommen des Petrus nach Rom v o r diesem Zeitpunkt mit einer ziemlichen Sicherheit auszuschließen. Der Römerbrief bietet uns keine Spur von einem f r ü h e r e n Aufenthalt des Petrus dort (…)."

vor jenem Sommer des Jahres 64, in dem der Brand von Rom ausbrach,
der den Pogrom zur Folge haben sollte" (221). Diese Schlußfolgerung
gründet auf einer Prämisse, die – trotz intensiver Bemühungen[314] –
nicht gesichert werden konnte. Denn auch dort ruht alles auf einer wiederum gänzlich ungesicherten Prämisse (214): „Nimmt man also die
spätere altkirchliche Überlieferung m a n g e l s p l a u s i b l e r A l t e r -
n a t i v e n ernst und p o s t u l i e r t einen gewaltsamen Tod des Paulus
und auch des Petrus im Rahmen dieser Verfolgung, die sich mit dem
Vorwurf einer Schuld am Brand Roms verband, ergibt sich für die
christlichen Gemeinden Roms wie auch für die im ganzen Reich eine
katastrophale Situation ... Ihre prominentesten Führer Petrus und Paulus waren durch den Staat hingerichtet worden ..." Dies läuft – etwas
pointiert gesprochen – auf die Beweislogik hinaus: Wenn man einen
gewaltsamen Tod der beiden Apostel postuliert, dann sind beide Apostel auch tatsächlich gewaltsam umgekommen.

In Wirklichkeit gilt der von MITTELSTAEDT ein paar Seiten früher,
mit Blick auf den 1. „Clemensbrief" formulierte Satz: „So ärgerlich es
ist, über Ort, Zeit und Umstände des Todes des Paulus lassen uns alle
bisher behandelten Quellen des ersten Jahrhunderts nach der Kreuzigung im Unklaren" (195), und er gilt nicht nur mit Blick auf den 1.
„Clemensbrief", sondern uneingeschränkt: Ein wirkliches Wissen über
Ort, Zeit und Umstände des Todes besitzen wir weder für Paulus noch
für Petrus[315]. Beide Apostel entschwinden ganz unspektakulär, man
könnte auch sagen: ganz im Sinne ihres selbstlosen Dienstes aus dem
Blickfeld ihrer Zeitgenossen – um später dann um so machtvoller im
Bewußtsein der Kirche präsent zu sein.

Wenn aber nun alle übrigen Datierungs-Indizien[316] darauf hindeu-
ten, daß die Apostelgeschichte erst in den 90er Jahren, vielleicht erst

---

314 Siehe das Kapitel 3.1.7 „Der Brand von Rom und die Verfolgung unter Nero", S. 208–
219.

315 Auch im Falle des Petrus beurteilt MITTELSTAEDT den Zeugniswert des 1. „Clemensbriefes" erfreulich nüchtern: „Der ganze Satz [5,4] ist jedoch so allgemein und hagio-
graphisch formuliert, daß ihm im Prinzip kein einziges über die biblischen Informationen hinausgehendes Detail zu entnehmen ist, strenggenommen nicht einmal ein eindeu-
tiger Beleg für den Aufenthalt in Rom" (195 Anm. 47) – ein bemerkenswert tapferes
Zugeständnis aus dem Mund eines Historikers, der einen dreimaligen Romaufenthalt
des Petrus postuliert.

316 Genannt seien die folgenden: der auf eine Reihe von Tradenten und ergänzungsbedürfti-
gen Vorgängern zurückweisende Prolog des Lukas-Evangeliums, das der Apostelgeschichte vorausgeht („hier schreibt ein Mann der dritten Generation") [JANSSEN bei
WEGNER 292], die Ausdifferenzierung bestimmter Begriffe wie „Apostel", die Harmo-
nisierung der an sich unterschiedlichen Lehren der Apostel Petrus und Paulus in der
Darstellung des Lukas, die fortgeschrittene Gemeindeorganisation, z. B. mit Presbytern
und gesetzgebenden Aposteln, der Wandel von Eschatologie und Naherwartung zu ei-

um 100, entstanden ist[317], darf man das „Skandalon" des fehlenden Hinweises auf den Tod des Paulus nicht zum Anlaß nehmen, eine Frühdatierung (v o r dem Tod des Paulus) einfach erzwingen zu wollen. Vielmehr wird man – analog zum 1. „Clemensbrief" – folgern, daß auch dem Verfasser der Apostelgeschichte um das Jahr 90 oder 100 keinerlei Nachrichten über das Ende des Paulus verfügbar waren. Seine Quellen gaben über einen zweijährigen Romaufenthalt hinaus nichts weiter preis. Noch viel früher brechen die Nachrichten über Petrus ab[318].

---

ner sich in die Zukunft hinein entfaltenden Heilsgeschichte, die redaktionellen Eingriffe, die Lukas an bestimmten Stellen des Markus-Evangeliums vornimmt.

317 SCHNELLE, Einleitung 276 setzt die Apg zwischen 90 und 100, ebenso I. BROER, Einleitung in das Neue Testament, NEB Erg.-Bd. 2/I zum NT, Würzburg 1998, 156. Die späteste Datierung der Apg in der neueren Forschung findet sich (so MITTELSTAEDT 149 Anm. 170) bei H. KÖSTER, Einführung in das Neue Testament, Berlin 1980, II 310, der die Apg in das Jahr 135 setzt. J. JERVELL (Die Apostelgeschichte, KEK III, Göttingen 1998, 85f.) plädiert für den Zeitraum 80–90, W. ECKEY (Die Apostelgeschichte. Der Weg des Evangeliums von Jerusalem nach Rom, 2 Bde., Neukirchen–Vluyn 2000, I 17) läßt die Apg um 80 entstanden sein. Beiden muß daran gelegen sein, nicht zu weit ans Ende des 1. Jh.s zu gehen, weil sie den Verfasser mit dem Paulus-Begleiter Lukas identifizieren, was jedoch fragwürdig erscheint. Zu vergleichen sind ferner O. BAUERNFEIND, Kommentar und Studien zur Apostelgeschichte, WUNT 22, Tübingen 1980; G. SCHNEIDER, Die Apostelgeschichte, HThK NT V (2 Bde.), Freiburg/Basel/Wien 1980/1982; W. SCHMITHALS, Die Apostelgeschichte des Lukas, ZBK 3.1, Zürich 1982; C. K. BARRETT, The Acts of the Apostles. A Critical and Exegetical Commentary, 2 Bde., Edingburgh 1994 u. 1998; F. F. BRUCE, The Acts of the Apostles, [3]Leicester 1990. E. HAENCHEN (Die Apostelgeschichte, MeyerK 3, [15]1968) folgert aus den von ihm S. 1–7 aufgeführten ältesten Erwähnungen, daß die Apostelgeschichte nicht vor der Mitte des 2. Jh.s als autoritative Schrift gegolten habe. Gegen diese Ansicht wird man die intensive Nutzung der Apg im ersten „Clemensbrief" zu setzen haben. Die Schwelle zum kanonischen Ansehen hat die Apg nach SCHNEIDER Apg I 175 mit der Wende zum 3. Jh. überschritten; das älteste explizite Zeugnis der Kanonisierung liefert der um 200 entstandene Canon Muratori (34–37).

318 Aus der Strukturanalyse der weitgehend parallel geformten Viten Jesu und des Paulus im Lukasevangelium und in der Apostelgeschichte hat MITTELSTAEDT (169ff.) zu Recht den Schluß gezogen, daß der Verfasser der Apg mit einem Martyrium des Paulus ganz offensichtlich nicht aufwarten konnte (172) und deshalb mehrere Elemente der Passion Jesu im Rahmen des Stephanus-Martyriums verwendet hat. MITTELSTAEDT ist dann aber im folgenden (S. 174) inkonsequent: Daß 'Lukas' „über den Tod des Apostels Jakobus, über den er auch nur karge Informationen besaß," „gerade mal einen Satz" verliert (Apg 12,2), entschuldigt er damit, daß der Tod des Jakobus zur Zeit der Abfassung der Apg schon mehrere Jahrzehnte zurücklag; von dem „Doppelmartyrium der beiden Hauptpersonen des Buches" aber behauptet er, daß es, „wäre es denn schon eingetreten, brandaktuell wäre und jeden Leser weitaus mehr interessieren dürfte." Er scheint sich nicht mehr lösen zu können von seiner Petitio principii, daß die Apg v o r (oder meint er hier u n m i t t e l b a r   n a c h?) 64 geschrieben sein müsse. In Wirklichkeit dokumentiert allein dieser knappe Vergleich mit dem kargen Niederschlag, den das Schicksal des Jakobus in der Apg gefunden hat, zur Genüge die Unhaltbarkeit der von ihm verfochtenen Frühdatierung.

Gleichwohl sucht man in den vielfältigen Diskussionen immer wieder herauszustellen, daß der Verfasser Lukas seinem Geschichtswerk einen durchaus passenden Abschluß gegeben habe: Die zu Beginn angeschlagenen Themen (Lk 3,6 „und alles Fleisch wird schauen das Heil Gottes"; Apg 1,8 „ihr werdet Kraft empfangen, wenn der Heilige Geist über euch herabkommen wird, und werdet meine Zeugen sein in Jerusalem und in ganz Judäa und Samaria und bis an die Grenzen der Erde") seien am Ende, in der Bezeugung des Evangeliums durch Paulus in Rom, ihrer Verwirklichung näher gekommen: „Es sei euch (Juden) kund: Den Heidenvölkern ist dieses Heil Gottes gesandt" (Apg 28,28)[319].

Spätere Generationen haben versucht, die Leerstellen der Apostelgeschichte zu füllen und schließlich gegen Ende des 2. Jh.s, als sich nach dem Polykarp-Martyrium die besondere Hochschätzung und Verehrung der Blutzeugenschaft herausgebildet hatte, dem Petrus den Kreuzestod zuerkannt, dem Paulus aber (der römisches Bürgerrecht besaß) den angemessenen Tod durch das Schwert. Sie haben sich dabei nicht auf neu gefundene authentische Quellen gestützt, sondern Legenden geknüpft. Einen der damals maßgeblichen Verfasser solcher erbaulicher Apostellegenden können wir noch greifen: Es ist der Antihäretiker Hegesippus (s. S. 178ff.; 182).

---

319 Siehe GNILKA bei WEGNER 135 (und dort die Vorredner); ferner die Belege bei MITTELSTAEDT 170 mit Anm. 7.

D. Philologische Untersuchungen zur Datierung des ersten „Clemensbriefes" und der Spätschriften des Neuen Testaments

I. Der Forschungsstand: Das chronologische Verhältnis des ersten „Clemensbriefes" zu den Schriften des Neuen Testaments

1. Der erste „Clemensbrief" als vermeintlicher Fixpunkt für die Datierung der Spätschriften des NT

In der seit Jahrhunderten anhaltenden Diskussion über die Datierung der Schriften des Neuen Testaments kommt dem sogenannten 1. „Clemensbrief" die Rolle eines Fixpunktes auf der Zeitskala zu, an dem sich alle Patristiker, Neutestamentler und Historiker[1] beim Versuch einer chronologischen Einordnung der Spätschriften des NT orientieren. Als ein Beispiel von vielen seien die Erwägungen von N. BROX zum zeitlichen Ansatz des ersten Petrusbriefes vorgeführt[2]: „Während über die Bezeugung [sc. des 1Petr] durch 2Petr und Polykarp Konsens besteht, ist die Rolle des exakt datierbaren ersten Klemensbriefes (96–98 n. Chr.)[3] umstritten. Neben der Ansicht, daß dieser Brief die ersten Rückgriffe auf den 1Petr zeigt, steht deren Bestreitung[4]. Es scheint sich zwischen beiden tatsächlich lediglich um traditionsgeschichtlich bedingte Ähnlichkeiten zu handeln" (39). In dem Schlußsatz wird man ei-

---

1   Siehe zuletzt MITTELSTAEDT 190f. („um 96/97 n. Chr.").
2   N. BROX, Der erste Petrusbrief, EKK 21, 1979.
3   Vgl. auch O. B. KNOCH, Im Namen des Petrus und Paulus: Der Brief des Clemens Romanus und die Eigenart des römischen Christentums, in: ANRW II 27.1 (1993), 3–54, dort 4f.: 1Clem sei das älteste außerbiblische christliche Schreiben, „das noch aus dem ersten christlichen Jahrhundert stammt. Nach wohlbegründeter, heute nahezu allgemein vertretener Auffassung wurde es in Rom nach dem Tod von Kaiser Domitian oder unter Kaiser Nerva, das heißt um 96–98 n. Chr. verfaßt."
4   Vgl. E. GRÄSSER, An die Hebräer (EKK 17.1) 1990, 25: „Für die Abfassungszeit hätten wir einen *terminus ante quem*, falls sicher wäre, daß der 1Clem den Hebr zitiert: 95 n. Chr." In Anm. 107 wird auf Eus. h. e. 3,38,1–2 verwiesen, wo ausdrücklich festgehalten ist, daß Clemens „in dem allgemein anerkannten Brief", den er im Namen der Kirche von Rom an die Kirche in Korinth geschrieben hat, „zahlreiche Gedanken und selbst wörtliche Zitate aus dem Hebräerbrief anführt".

ne Standardformel der neutestamentlichen Philologie erkennen[5], die
den Lücken unserer Überlieferung Rechnung zu tragen sucht und kritischer ἐποχή den Vorzug gibt vor allzu raschen Festlegungen. Zuweilen
kann man aber auch den Eindruck gewinnen, diese Formel werde gerne
dann zum Einsatz gebracht, wenn es wünschenswert erscheinen mag,
unbequemen chronologischen Folgerungen auszuweichen[6]. Manche gehen so weit, das Markus-Evangelium in die frühen 40er Jahre zu setzen
und gleichwohl zwischen 30 und 45 genügend Raum zu sehen für eine
aus mindestens zwei Quellen schöpfende Traditionsbildung. Doch gibt
es auch Vertreter dieser Disziplin, die aus der sachlich kaum zu umge-
henden Spätdatierung der anschließend genannten Schriften des NT die
Konsequenz ziehen und – angesichts der vermeintlich feststehenden
Datierung von 1Clem – eine Abhängigkeit der Spätschriften des NT
von 1Clem erwägen.

Hier eine knappe Liste der für uns wichtigen Datierungen[7] – in der Regel
nach der „Mehrheitsmeinung":

Mt (um 80/90): siehe FRANKEMÖLLE (u. S. 248 zu Jak) 60; HENGEL
(2007) dagegen jetzt (7): „etwa zwischen 90 und 100 n. Chr."

Lk (ca. 90–95): eine Liste von früheren Datierungsvorschlägen gibt MIT-
TELSTAEDT 66f. mit Anm. 54; über seinen eigenen Versuch, eine radikale
Frühdatierung plausibel zu machen („im Lauf des Jahres 62 abgeschlos-
sen", das Material sei am ehesten 57–59 in Cäsarea gesammelt worden, so

---

5   Vgl. SCHNEIDER (1994) 25 zu der verwandtschaftlichen Beziehung zwischen 1Clem
    18,1 und Apg 13,22: „Doch dürfte die Gemeinsamkeit auf ein Testimonium bezie-
    hungsweise Florilegium zurückgehen" (siehe u. S. 255f.); KNOCH (1964) 97 zu der Ver-
    wandtschaft von 1Clem 57,1 mit 1Petr 5,5: „Doch steht Cl. der Formulierung wie auch
    der Gedankenführung nach dem 1. Petr.-Brief am nächsten, so daß hier eine literarische
    Abhängigkeit vorliegen könnte. Jedoch läßt sich die hier vorliegende Gemeinsamkeit
    auch ebensogut aus der durch Petri Wirken geprägten römischen Gemeindetradition er-
    klären"; J.-H. ELLIOTT, The Rehabilitation of an exegetical Step-child: 1 Peter in recent
    research, Journ. of Bibl. Lit. 95, 1976, 243–254, dort 247: „Form criticism and tradition
    criticism … have demonstrated that the theory of a Petrine dependence upon Paul must
    now be rejected in favor of a common Petrine and Pauline use of a broadly varied (litur-
    gical, parenetic, and catechetical) tradition." POPKES 94 über das Verhältnis von Jak 4,6
    zu 1Petr 5,5: „gemeinchristliche Paränese, die ihren Grund in einer jüdischen Vorlage
    haben dürfte", siehe jedoch S. 39, wo die Formel „aus gemeinsamer Tradition" einmal
    auch mit Skepsis betrachtet wird.
6   So sollen auch die handgreiflichen Imitationen des Hebr durch 1Clem auf eine ver-
    wandte Quelle zurückgehen (M. KARRER, Der Brief an die Hebräer, Gütersloh 2002,
    94), obwohl schon Eusebius die Abhängigkeit des 1Clem von Hebr herausgestellt hat
    (s. S. 245 Anm. 4). Zweifellos ist A. LINDEMANN, Die Clemensbriefe (HNT 17 [Die
    Apostolischen Väter 1]), Tübingen 1992, 112 im Recht, wenn er urteilt, daß Hebr ein
    passendes „Florilegium" für den 1Clem gewesen sei; vgl. SCHNEIDER (1994) 26–29,
    ferner die Zitatnachweise etwa S. 153ff.
7   Siehe auch o. S. 238ff.

etwa 254f.), siehe o. S. 238ff. Da HENGEL (2007) 52 an dem Apostel Lukas als Verfasser festhält, datiert auch er vergleichsweise früh: „zwischen 75 und 85"; vgl. S. 131: „Mt, Joh, 1Petr, Hebr, 1Clem, Eph und erst recht die Pastoralbriefe entstanden wesentlich später."

Joh (um 100): siehe zuletzt H. THYEN, Das Johannesevangelium, Tübingen 2005, 791 (Paulus habe „fast ein halbes Jahrhundert zuvor" den Thess geschrieben (nämlich 51/52); vgl. J. BLANK, Das Evangelium nach Johannes 1. Teil a, Düsseldorf 1981, 16. 62 (zwischen 90 und 100); KLAUCK (s. u. S. 248 zu 1Joh) zum 2. und 3. Johannesbrief, die in der Phase der Endredaktion des (von einem anderen Autor verfaßten) Joh-Evangeliums, kurz vor dessen endgültiger Herausgabe, um 100/110 in Ephesus verfaßt seien.

Apg (ca. 90–100): kurz (?) vor der um 100 n. Chr. vorliegenden Sammlung der Paulus-Briefe?, vgl. A. WEISER, Die Apostelgeschichte, Gütersloh 1981, 40f. (der allerdings für eine Abfassungszeit zwischen 80–90 plädiert). MITTELSTAEDT (222ff.) sieht in der Nichtberücksichtigung der Paulusbriefe zu Unrecht ein Indiz für seine extreme Frühdatierung.

Eph (um 90): R. SCHNACKENBURG, Der Brief an die Epheser (EKK 10) 1982, 30; siehe jetzt HENGEL (2007) Anm. 55: „Der Epheserbrief ist etwa gleichzeitig wie Mt zwischen 90 und 100 n. Chr. entstanden."

2Thess (zwischen 80 und dem frühen 2. Jh.): W. TRILLING, Der zweite Brief an die Thessalonicher (EKK 14) 1980, 28.

Hebr (ca. 90/95): siehe KARRER (wie S. 246 Anm. 6) 97ff. („zwischen 80 und 100" – dabei spielen aber die „Querlinien zum 1Clem" eine wichtige Rolle, der offenbar als sicher datiert eingestuft wird; s. dazu S. 158ff. und hier anschließend, ferner S. 330); E. GRÄSSER, An die Hebräer (EKK 17.1) 1990, 25, der die Mehrheitsmeinung nach VIELHAUER referiert: „achtziger oder neunziger Jahre"; manche sehen in Hebr 10,32–34; 11,26. 35–38; 12,2. 5–11; 13,7. 13 etc. Ereignisse des Vorabends der Domitianischen Verfolgung (die es in diesem Sinne aber nie gegeben hat, s. S. 248. 315 und S. 316 Anm. 194) oder auch des ausgehenden 1. Jh.s geschildert. G. VOLCKMAR (1856, 369) hatte für die Epoche n a c h 100 plädiert.

Apk (nach 95): siehe zuletzt MITTELSTAEDT 198 mit Anm. 53 (dort u. a. Verweise auf H. KRAFT, Die Offenbarung des Johannes [HNT 16a], Tübingen 1974, 10, der die zeitgeschichtlichen Kapitel Apk 13 und 17 erst 96/97 entstanden sein läßt; ferner auf U. B. MÜLLER [ÖTL 19], Gütersloh 1984, 42 und H. RITT, [NEB 21], Würzburg 1986, 13, die die Apk „am Ende" bzw. „im letzten Jahrzehnt" des 1. Jh.s ansiedeln.

Past[oralschriften] (um 100): nach KARRER (wie S. 246 Anm. 6) 99 ungefähr gleichzeitig mit Hebr oder etwas später. W. ROLOFF, Der erste Brief an Timotheus (EKK 15) 1988, 42ff. faßt die drei Pastoralbriefe als Einheit; das dreiteilige Briefcorpus stamme von e i n e m Verfasser (43) und stehe

in Verbindung mit dem im Entstehen begriffenen Corpus der Paulusbriefe
(44), gehöre in die Zeit um 100, ans Ende der für ca. 80–100 anzusetzenden „Zeit der neutestamentlichen Pseudepigraphie". Siehe jetzt HENGEL
(2007) Anm. 394: „etwa gleichzeitig mit den Ignatiusbriefen" (die er in
den Zeitraum 110–114 datiert). Zum Spätansatz HÜBNERs („um 150") s. u.
S. 263.

Jak (100–105?): siehe H. FRANKEMÖLLE, Der Brief des Jakobus, Gütersloh 1994, 61 („wohl um die Jahrhundertwende"); W. POPKES, Der Brief
des Jakobus, Leipzig 2001, 61. 66 („im späteren 1. Jahrhundert oder sogar
Anfang des 2. Jh.s"). 69 („etwa um die Wende vom 1. zum 2. Jh.").

1Petr („um 95–100" bzw. „um 100"), so HENGEL (2007) 18 bzw. 75.

1Joh (100/110): K. WENGST, Der erste, zweite und dritte Brief des Johannes, Gütersloh 1978, 30 („zwischen 100 und 110"); H. J. KLAUCK (EKK
23.1) 1991, 49: „Ephesus, um 100/110".

2/3Joh (110–115): siehe WENGST (o. zu 1Joh) 235 („110 bis 115"); H.-J.
KLAUCK, Der zweite und dritte Johannesbrief (EKK 23.2) 1992 („in Ephe-
sus, um 100/110", und zwar in der Phase d e r E n d r e d a k t i o n d e s
E v a n g e l i u m s, kurz vor dessen endgültiger Herausgabe).

2Petr (120–140): A. VÖGTLE, Der Judasbrief / Der zweite Petrusbrief
(EKK 22) 1994, 128f.; J. GNILKA 188 mit Anm. 33.

In Wirklichkeit haben wir auch für 1Clem keinen gesicherten zeitlichen
Fixpunkt. Die von BROX und anderen genannte Zeitspanne beruht einerseits auf der falschen Annahme, daß der Auftakt des 1Clem auf eine
erst kurz überstandene Christenverfolgung durch Domitian in Rom zu-
rückblicke[8] (dies ist inzwischen mehrfach widerlegt)[9], zum anderen auf
der vorbehaltlosen Identifizierung des uns unbekannten, im Namen der
römischen Kirchengemeinde schreibenden Verfassers des Briefes mit
dem Bischof „Clemens", der nach Auskunft des Eusebius (h. e. 3,15
und 3,34) neun Jahre lang in Rom residierte und zwar vom 12. Regie-

---

8   Als früher Vertreter dieser These sei genannt J. B. LIGHTFOOT, The Apostolic Fathers,
     2 Bde., London 1889–1890 (Nachdr.: 1973), II 383f.; jüngere Verfechter dieser Ansicht
     findet man (in Auswahl) bei SCHNEIDER (1994) 20 mit Anm. 51.
9   Schon frühzeitig durch E. T. MERRILL, On „Clement of Rome", Amer. Journ. of Theol.
     22, 1918, 426–442; ferner ders., The Alleged Persecution by Domitian, in: Essays in
     Early Christian History, London 1924, 148–173; siehe L. L. WELBORN, On the Date of
     First Clement, Biblical Research (Chicago) 29, 1984, 35–54 (dort Anm. 25 weitere Li-
     teraturhinweise); F. W. BEARE 32; LONA 76f.; GNILKA 183f. (mit weiterer Literatur
     187f., etwa J. ULRICH, Euseb, Hist Eccl III, 14–20 und die Frage nach der Christenver-
     folgung unter Domitian, ZNW 87, 1996, 269–289).

rungsjahr des Domitian an, womit man auf die Jahre 92–100 käme[10].
Doch weder ist „Clemens" als Verfasser des Schreibens gesichert, das
nach Ausweis des Einleitungssatzes die Kirchengemeinde Roms an die
Kirchengemeinde in Korinth richtet („Clemens" wird erstmals um 170
n. Chr. durch Bischof Dionysius von Korinth ins Spiel gebracht)[11],
noch ist auf die von Eusebius genutzte Bischofsliste Verlaß.

Die verschiedenen, in ihren Anfängen auch widersprüchlichen Bischofslisten findet man ausführlich entwickelt bei LIGHTFOOT I 1, 201–345 (vgl. 63–
67). Siehe dazu MERRILL (1918) 427. 428 („The early church history had to be
painfully pieced together by succeeding generations, and was largely conjectu-
ral"). 430f. 433 („Jerome remarks on differences of opinion among the Ro-
mans themselves concerning their own early episcopal succession, and the va-
ried accounts that have come down to us show abundant signs of fogginess
about the beginnings of the church in the imperial capital as well as elsewhere"). 434 („As regards bishops, neither I Clement nor the *Shepherd* of Hermas knows anything of a monarchical episcopate in the church at Rome. Its
government appears to rest with the entire body of the presbyters. There is no
mention or suggestion of a single ruling bishop, not even in the exhortation of
Clement [himself, we are asked to believe, a bishop] to the church in Corinth
to respect the ministerial succession from the apostles. Only when the episcopate began to emerge in the West above the general level of the presbyterate
[about the middle of the second century] would there be any probable effort to
compile a list of the past bishops of Rome"). Siehe auch den Exkurs 4
(„'Papst' Anencletus I. und die Memoria Petri auf dem Vatikan") in HEUSSI
71–77; dort S. 72 – mit Berufung auf A. HARNACK, Chronologie I (1897),
144ff. – das Urteil: „Die für die einzelnen Episkopate errechneten Jahre sind
für die Zeit bis 235 sämtlich unsicher und für die ersten Jahrzehnte bare Will-
kür." Schließlich sei verwiesen auf H. VON CAMPENHAUSEN, Lehrerreihen und
Bischofsreihen im 2. Jahrhundert. In Memoriam Ernst Lohmeyer, Stuttgart
1951, 240ff. und auf das Kapitel „Römische Bischofs-/Presbyterlisten" bei J.
GNILKA 242–250. Dort wird (249) mit Blick auf L. DUCHESNE (Le Liber pontificalis I, Paris 1894, IX) und L. KOEP (RAC 2, 411) referiert: „Die chronologischen Angaben in der römischen Liste wurden künstlich berechnet. Als erstes
gesichertes Datum der Papstgeschichte gilt erst der Todestag Pontians am 28.
September 235." Siehe ferner S. 160 Anm. 83 und S. 162 Anm. 87.

Wie oben dargetan, sind wir zu der Annahme gezwungen, daß der
angeblich dritte Bischof Roms, „Clemens", ebenso aus dem Text des

---

10 Zur Datierung des sogenannten ersten Clemensbriefes siehe u. a. DINKLER 1959, 207
    („man muß den Brief gegen 95 n. Chr. ansetzen"), ferner SCHNEIDER (1994) 16–20;
    LONA 66–110.
11 Siehe S. 135 zu dem Brief des Bischofs Dionysius an den römischen Bischof Soter (der
    etwa 166–174 amtierte): Eus. h. e. 4,23,11; die weiteren Zeugnisse bei MERRILL 431–
    434; SCHNEIDER 17ff. und LONA 66ff.

NT extrapoliert wurde[12] wie der angeblich erste Bischof, Linus[13], und der zweite namens Anenklet[14]. Damit aber ist der Weg frei, das Verhältnis von 1Clem zu den Spätschriften des NT ohne vorherige Festlegungen zu bestimmen[15].

---

12 Irenäus von Lyon hat bei seiner (erfundenen) „Rekonstruktion" der frühen Bischofsliste Roms den Paulus-Mitarbeiter aus Phil 4,3 zum dritten Bischof gemacht, s. S. 158. „The bishop himself is a figure of dubious authenticity. To say nothing of other considerations, the varying positions assigned to him in the episcopal succession at Rome indicate that there was no early and fixed tradition concerning him, still less a definite record. Nor is it probable that there was any actual and trustworthy tradition extant even in the church at Rome concerning any of the early occupants of that see (I do not include its reputed apostolic founder or founders in this statement), still less any veritable documentary evidence. Even the writer of the article on Clement in the *Catholic Encyclopedia* remarks that everyone is now agreed that the early popes Cletus and Anencletus (alias Anacletus) did not both have an actual existence. It is of course a different thing to suggest that Pope Clement I ... also had no actual existence. But I am inclined to believe that such is the lamentable case" (MERRILL 1918, 435; s. ferner 436. 442, dort den Schlußsatz: „the reputed Bishop Clement probably never had an actual existence").

13 Siehe S. 157.

14 Siehe S. 157.

15 Kein festes chronologisches Indiz ist aus Eus. h. e. 3,16 zu gewinnen. LONA (75) verficht mit anderen die These, Euseb zitiere dort den Hegesippus als Zeugen dafür, „daß es zur erwähnten Zeit (**κατὰ τὸν δηλούμενον**, d. h. χρόνον) unter den Korinthern tatsächlich einen Aufstand gegeben hat". Die Zeit könne keine andere sein als die Zeit des Domitian, „denn von III 13 bis III 20,7 wird über Ereignisse während dessen Regierungszeit berichtet." Aber Euseb gibt die Formel „zur erwähnten Zeit" immer durch κατὰ τὸν δηλούμενον χρόνον (oder καιρόν) wieder. Wenn das Partizip kein Substantiv neben sich hat, bezieht es sich auf ein im näheren Kontext genanntes zurück. Das kann in dem hier verhandelten Zusammenhang nur der zweimal genannte Clemens sein, der nach Euseb besagten Brief im Namen der römischen Gemeinde an die Gemeinde in Korinth geschrieben haben soll. Daß es zu seiner Zeit eine στάσις in Korinth gegeben habe, bezeuge Hegesipp (ὅτι γε **κατὰ τὸν δηλούμενον** τὰ τῆς Κορινθίων κεκίνητο στάσεως, ἀξιόχρεως μάρτυς ὁ Ἡγήσιππος); dies ist nicht anders zu beurteilen als das Irenäus-Zitat (haer. 3,3,3) in Eus. h. e. 5,6,3 (**ἐπὶ τούτου οὖν τοῦ Κλήμεντος** στάσεως οὐκ ὀλίγης τοῖς ἐν Κορίνθῳ γενομένοις ἀδελφοῖς [s. o. S. 159]): beide von Euseb genannten oder ausgeschriebenen Gewährsmänner schöpfen ihr Wissen aus dem „Clemensbrief" selbst. Wir gewinnen hier kein unabhängiges Zeugnis, sondern die Wiederholung einer für uns seit Dionysios von Korinth greifbaren Konstruktion. – Ebensowenig läßt sich aus der präsentischen Bezugnahme auf Opfer und Tempelfeiern in Jerusalem (1Clem 41) der Schluß ziehen, der Verfasser schreibe vor der Zerstörung des Tempels, s. LIGHTFOOT I 1, 353 und den Kommentar zu § 41; zuvor schon VOLCKMAR 290 (mit weiteren Verweisen).

2. Vorläufige Indizien für eine Datierung von 1Clem in das frühe 2. Jh.

a) Die Situation der Kirchengemeinde in Korinth

Einen wichtigen Anhaltspunkt für die Zeit der Entstehung von 1Clem liefert die Schilderung der aktuellen Situation der Kirchengemeinde zu Korinth[16]: In 1Clem 40–45 geht der Verfasser ausführlich auf die von Gott grundgelegte, nach Hohenpriestern, Priestern, Leviten und Laien differenzierte (jüdische) Kirchenordnung ein, die von Christus und den Aposteln auf die christliche Gemeinde übertragen wurde[17]. Sie hat zu der Zeit, da „Clemens" schreibt, Episkope bzw. Presbyter und Diakone[18] – mindestens in der zweiten Generation nach den Aposteln. Denn diese setzten gemäß 42,4 (dort schreibt „Clemens" im Rückblick auf 1Tim 3,8–10 [s. u. 270f.] und Apg 14,23) „nach vorausgegangener Prüfung" ihre „Erstlinge" zu Episkopen und Diakonen für die künftigen Gläubigen ein – mit der Anweisung (44,2), daß nach deren Tod andere bewährte Männer ihren Dienst übernähmen. Es galt also lebenslange Amtszeit. Laut 44,3 waren solche lebenslänglich amtierenden Presbyter und Diakone zunächst von den Aposteln, zwischenzeitlich aber auch schon von „anderen" unter Zustimmung der gesamten Gemeinde eingesetzt worden (τοὺς οὖν κατασταθέντας ὑπ᾽ ἐκείνων ἢ μεταξὺ ὑφ᾽ ἑτέρων ἐλλογίμων ἀνδρῶν συνευδοκησάσης τῆς ἐκκλησίας πάσης ... ἀποβάλλεσθαι τῆς λειτουργίας). Wir stehen also in der zweiten (möglicherweise auch in der dritten?) nachapostolischen Generation[19]; „vorangegangene" Presbyter sind bereits dahingeschieden (44,5 μακάριοι οἱ προοδοιπορήσαντες πρεσβύτεροι, οἵτινες ἔγκαρπον καὶ τελείαν ἔσχον τὴν ἀνάλυσιν), und die gegenwärtig in Korinth tätigen, die unter Mißachtung des auf Lebenszeit verliehenen Amtes abgesetzt werden sollen (44,3), haben bereits „lange Zeit" (πολλοῖς χρόνοις) untadelig ihren Dienst verrichtet (44,3). Die Gemeinde Korinths war etwa zwanzig Jahre nach Christi Tod (also etwa 53) gegrün-

---

16 Eine ausführliche und gewichtige Diskussion der chronologischen Indizien bietet MER-RILL 437–442. Er kommt zu dem Ergebnis: „I should be inclined to assign it to the neighborhood of 140 A. D., not far removed in time from the *Shepherd* of Hermas, but perhaps rather a little before than after it." Von dem üblichen Zeitansatz abweichende Datierungen des ersten „Clemensbriefes" sind bei LONA 69f. und bes. 76f. zusammengestellt; darunter finden sich folgende Namen: G. VOLCKMAR („um 125"), CHR. EGGENBERGER („zwischen 118 und ca. 125") und R. P. C. HANSON („im 2. oder 3. Jahrzehnt des 2. Jh."), s. Theol. Realenz. (TRE) III 535.

17 Über die „Verfassung" der Gemeinde im ersten „Clemensbrief" handelt O. B. KNOCH (1993) 36–39.

18 Siehe GNILKA 208–215, bes. 211f.

19 Diese Unwägbarkeit bleibt wegen der nicht sehr präzisen Angabe ἢ μεταξὺ ὑφ᾽ ἑτέρων ... ἀνδρῶν.

det worden, „und doch blickt der Verfasser auf diese Entstehung der Kirche Corinths als auf eine Urzeit (ἀρχαία) hin (cap. 47)"[20]. Ähnlich fällt für „Clemens" der im Jahre 58 geschriebene Brief des Paulus an die Korinther aus seiner weiten zeitlichen Distanz in „den Anfang des Evangeliums"[21]. Dies alles dürfte auf eine ungefähre Entstehungszeit des Briefes in den ersten Jahrzehnten des 2. Jh.s. deuten[22].

Andererseits läßt sich aus 5,1, wo die Apostel Petrus und Paulus als τῆς γενεᾶς ἡμῶν τὰ γενναῖα ὑποδείγματα eingeführt werden, nicht (wie dies häufig geschieht) die Folgerung ziehen, der Brief sei in zeitlicher Nähe zum Tod der beiden Apostel entstanden. Vielmehr zielt die Formel – wie oben S. 24–27 ausgeführt – auf „Christen unserer Ära" (im Gegensatz zu den großen Gestalten des AT) und sie kann ohne weiteres (wie aus den S. 26 angeführten Eusebius-Parallelen deutlich wird) eine Zeitspanne von 100 Jahren umspannen[23].

b) Intertextuelle Verwandtschaftsindizien

Wir sind demnach darauf angewiesen, nähere Eingrenzungen der Entstehungszeit von 1Clem aus dem Nachweis literarischer Abhängigkeit von zeitgenössischen Quellen, insbesondere von den Spätschriften des NT zu gewinnen. Dabei ist grundsätzlich zu beachten, daß in 1Clem zwar das AT (die Septuaginta) oftmals wörtlich zitiert wird[24], nicht aber

---

20 VOLCKMAR 290 (1Clem 47,6 τὴν βεβαιοτάτην καὶ ἀρχαίαν Κορινθίων ἐκκλησίαν).

21 So m. E. zu Recht VOLCKMAR (290) und andere; denn „Clemens" gibt ja hier in 47,2 (τί πρῶτον ὑμῖν ἐν ἀρχῇ τοῦ εὐαγγελίου ἔγραψεν;) ein Zitat aus Phil 4,15 Οἴδατε δὲ καὶ ὑμεῖς, Φιλιππήσιοι, ὅτι ἐν ἀρχῇ τοῦ εὐαγγελίου, ὅτε ἐξῆλθον ἀπὸ Μακεδονίας, οὐδεμία μοι ἐκκλησία ἐκοινώνησεν εἰς λόγον δόσεως καὶ λήμψεως εἰ μὴ ὑμεῖς μόνοι. Man darf also „noch ganz zu Anfang der Evangeliumsverkündigung" verstehen.

22 Vgl. MERRILL 438: „The age of the apostles is past, and apparently a long time past (chaps. 5; 42–44). Presbyters in the second or third ecclesiastical generation from the apostles, perhaps even farther removed, are in office (chap. 44). The messengers that carry the letter to the Corinthians were perhaps born into church families, or at least have lived as Christians from youth to old age (chap. 63:3). The church of Corinth itself is an ancient church (chap. 47:6). All this suits the second century, and either not so well, or not at all, the first."

23 MERRILL 438 vertritt zu Recht die Auffassung „that 'our own generation' means nothing more than 'our own times', and the writer is contrasting these with the ages far past, of Moses and of David"; siehe auch VOLCKMAR 294. Dieser zieht 296 das Resümee: „Die innern Kriterien schliessen nur jeden Versuch, den Brief in die apostolische Zeit selbst zu setzen aus, geben aber der Entscheidung für ein ganzes Menschenalter, das zweite nach der apostolischen Zeit, das dritte christliche überhaupt (c. 90–120 u. Z.) Raum."

24 Eine Liste wörtlicher Zitate findet sich etwa bei SCHNEIDER 21; vgl. im übrigen HAGNER 109–132.

die Schriften des NT. Diese sind noch nicht „kanonische" Quellen[25], sondern werden wie frei verfügbare Schriftzeugnisse in teils wörtlicher, teils sinngemäßer Zitierweise oder auch nur in Anspielungen verarbeitet – oftmals in der für die antike Imitationskunst charakteristischen Verschmelzung mehrerer Quellen, die einen souveränen Umgang mit den vorliegenden Bibeltexten offenbart. Dies hat zur Folge, daß die Abhängigkeitsverhältnisse nicht immer unmittelbar durchsichtig sind und Einzelfälle der im folgenden vorzuführenden Imitationsanalysen mit Unsicherheiten behaftet bleiben. Generell aber darf festgestellt werden, daß sich genügend feste Stützpfeiler ausmachen lassen, die das begründete Urteil ermöglichen, daß „Clemens" nahezu alle Schriften des uns vorliegenden NT benutzt hat, also zeitlich nach Mt, Lk, Joh, Apg, dem Briefcorpus des Paulus einschließlich des Hebräerbriefes und der deuteropaulinischen Pastoralbriefe, ferner nach Jak und 1Petr anzusetzen ist.

Mustert man die von KNOCH (1964) und besonders von HAGNER zusammengestellten und analysierten Belege[26] (beide Forscher übernehmen den üblichen Zeitansatz für 1Clem: um 95 n. Chr.), so ergibt sich, daß der Verfasser das Briefcorpus des „Paulus" einschließlich des Hebräerbriefes und der Pastoralbriefe kannte[27], auch wenn für letztere, ferner für 2Kor und Kol, kein sicherer Nachweis geführt ist (es wird eine gemeinsame Quelle besonders in den Tugendkatalogen angesetzt)[28] und 1/2Thess eher nicht benutzt scheinen (beide Briefe waren wohl the-

---

25 „Die Verschriftlichung der apostolischen Tradition" skizziert FIEDROWICZ 2007, 58–65.

26 O. KNOCH, Eigenart und Bedeutung der Eschatologie im theologischen Aufriß des ersten Clemensbriefes, Bonn 1964, 68–101; D. A. HAGNER, The Use of the Old and New Testaments in Clement of Rome, Leiden 1973; zurückhaltender SCHNEIDER 20–31, der Gemeinsamkeiten lieber durch Testimonien oder Florilegien vermittelt sein läßt (so S. 25 mit Blick auf Apg) – kaum zu Recht! Vgl. ferner LONA 30–35. 48–58 (dazu jeweils unten). Wenn die Pastoralbriefe und der Hebräerbrief um das Jahr 100, die Pastoralbriefe (nach HENGEL, s. o.) sogar um 110 angesetzt werden müssen, ist eine Spätdatierung des 1. „Clemensbriefes" unausweichlich.

27 Siehe vor allem KNOCH (1964) 82–92 und HAGNER 179–237.

28 Doch das von KNOCH (1964) 80 vermutete Abhängigkeitsverhältnis Kol 3,14 → 1Clem 49,2 gewinnt an Wahrscheinlichkeit, wenn man hinzunimmt die Entsprechung Kol 3,12 (ἐνδύσασθε οὖν ὡς ἐκλεκτοὶ τοῦ θεοῦ, ἅγιοι καὶ ἠγαπημένοι, σπλάγχνα οἰκτιρμοῦ, χρηστότητα, ταπεινοφροσύνην, πραΰτητα [die Kombination der beiden letzten Begriffe findet sich nur noch 1Clem 30,8]) → 1Clem 30,3 ἐνδυσώμεθα τὴν ὁμόνοιαν ταπεινοφρονοῦντες, ἐγκρατευόμενοι, ἀπὸ παντὸς ψιθυρισμοῦ καὶ καταλαλιᾶς πόρρω ἑαυτοὺς ποιοῦντες), wo „Clemens" vermutlich zugleich eine Anleihe an den Lasterkatalog von 2Kor 12,20f. mitverwertet hat. Denn in dem Katalog 2Kor 12,20f. (ἔρις, ζῆλος, θυμοί, ἐριθείαι, καταλαλιαί, ψιθυρισμοί, φυσιώσεις, ἀκαταστασίαι) begegnet neben der für 1Clem charakteristisch gewordenen Junktur ἔρις, ζῆλος (s. o. S. 14 Anm. 38) auch die nur noch in 1Clem 30,3 (s. o.) und 35,5 vorliegende Kombination ψιθυρισμούς τε καὶ καταλαλιάς, was für ein direktes Abhängigkeitsverhältnis spricht.

matisch für 1Clem nicht sehr interessant). Schon dieser Befund zwingt dazu, 1Clem m i n d e s t e n s a n d e n B e g i n n d e s 2. J h. s zu setzen. Weiterhin bestehe zu Jak und 1Petr mit ziemlicher Gewißheit ein literarisches Abhängigkeitsverhältnis[29]; als unsicher, aber wahrscheinlich gilt die Nutzung der Apg[30], als allenfalls möglich die des Joh-Evangeliums und der Apokalypse, als unwahrscheinlich (1Joh) bzw. ausgeschlossen (2/3Joh) die der Johannes-Briefe[31].

Wir suchen im folgenden einige dieser Positionen zu festigen oder auch zu revidieren. Dies scheint um so dringender geboten, als noch SCHNEIDER (1994), 31 – in Kenntnis von HAGNER – die folgende Auffassung vertritt: „Zusammenfassend läßt sich feststellen, daß von den neutestamentlichen Schriften nur der Erste Korinther- und der Römerbrief des Paulus sowie der Hebräerbrief benutzt worden sind. Für die Apostelgeschichte, die Pastoralbriefe, den Jakobus- und den Ersten Petrusbrief sind lediglich ein ähnlicher oder verwandter Milieuhintergrund und eine zeitliche Nähe zum 'Clemensbrief' zu verzeichnen." Ja, LONA (1998) bestreitet gar, daß „Clemens" den Hebräerbrief gekannt habe, obwohl schon Euseb wörtliche Übereinstimmungen zwischen Hebräerbrief und 1Clem aufgewiesen hat[32] und LONA von 157 Wörtern, die in der neutestamentlichen Literatur nur in Hebr belegt sind, 22 auch in 1Clem nachweisen kann, darunter Pretiosa wie ἀναλογίζομαι, ἀπαύγασμα, ἐγκαινίζω, εὐθύτης, κατάσκοπος, μηλωτή, νωθρός, συνεπιμαρτυρέω (54). LONA sieht auch hier lediglich einen „Traditionszusammenhang", der „auf einen Einfluß des alexandrinischen Judenchristentums auf beide Werke schließen" lasse. „Ohne Kontakt miteinander stehen sie auf einem gemeinsamen traditionellen Boden" (55). Mit Sicherheit lasse sich nur die Kenntnis des ersten Paulus-Briefes an die Korinther und des Römerbriefes nachweisen. „Alles andere ist noch überwiegend mündliche Überlieferung" (49)[33]. Wir werden diese Auffassung zu revidieren haben.

---

29   KNOCH (1964) 92–99, HAGNER 238–256.
30   KNOCH (1964) 76f., HAGNER 256–263.
31   KNOCH (1964) 7–81, HAGNER 263–271.
32   Eus. h. e. 3,38,1 (er schließt daraus, daß „Clemens" den Hebräerbrief verfaßt habe: 3,38,3).
33   Es sei auf das ganze Kapitel „Sprache und Stil" der Einleitung LONAs verwiesen (30–41; siehe dort vor allem die Analysen des Vokabulars: 30–35), ferner auf „Das geistige Milieu" (42–65), wo die Verwandtschaft von 1Clem zu den verschiedenen Schriften des AT und NT besprochen wird – mit folgendem Ergebnis: „Eine literarische Abhängigkeit ist an keiner Stelle nachweisbar und für das Verständnis des Sachverhalts auch nicht notwendig. Der Kontakt mit christlichen Missionaren, die zur 'Paulusschule' gehörten oder mit ihr in Verbindung standen, reicht aus, um die Herkunft der paulinischen Elemente in I Clem begreiflich zu machen" (50); siehe auch das Fazit S. 58: „... Stellen wie I Clem 13,2; 24,5; 46,8 weisen eher auf eine Aneignung der Überlieferung hin, die

II. Literarische Filiationen: 1Clem und die Spätschriften des NT

1. Der Verfasser von 1Clem schöpft aus der Apostelgeschichte

Wir haben oben (S. 13ff.) wichtige Partien vor allem aus den Eingangs-
kapiteln von 1Clem auf die Apostelgeschichte zurückgeführt. Dabei
konnte der konkrete Nachweis erbracht werden, daß die Moses-Perikope
von 1Clem 4,10 direkt aus Apg 7,26–29 entnommen wurde (S. 18f.)[34].

a) Apg 13,21–22 / 1Clem 18

Eine ähnlich enge Anlehnung an die Apostelgeschichte liegt in 1Clem
18 vor:

> Τί δὲ εἴπωμεν ἐπὶ τῷ **μεμαρτυρημένῳ** Δαυίδ; **πρὸς ὃν εἶπεν ὁ θεός**·
> «*Εὗρον ἄνδρα κατὰ τὴν καρδίαν μου, Δαυὶδ τὸν τοῦ Ἰεσσαί· ἐν ἐλέει
> αἰωνίῳ* ἔχρισα αὐτόν»;

vgl. Apg 13,22

> (21 καὶ ἔδωκεν αὐτοῖς **ὁ θεὸς** τὸν Σαοὺλ υἱὸν Κίς) καὶ μεταστήσας αὐτὸν
> ἤγειρεν τὸν Δαυὶδ αὐτοῖς εἰς βασιλέα, **ᾧ** καὶ **εἶπεν μαρτυρήσας**,
> *Εὗρον Δαυὶδ* [Ps 89,20] *τὸν τοῦ Ἰεσσαί, ἄνδρα κατὰ τὴν καρδίαν μου*
> [1Sm 13,14], *ὃς ποιήσει πάντα τὰ θελήματά μου* [Jes 44,28].

Der Verfasser des „Clemensbriefes" führt Beispiele der Demut aus dem
AT vor; er nennt drei Propheten und vier große Gestalten, die durch
Schriftzeugnisse beglaubigt sind (17,1 **μεμαρτυρημένους**), nämlich
Abraham, Job, Moses und schließlich – als Klimax (auch im Umfange)
– David. Da lag es für ihn nahe, den Abriß der Geschichte Israels zu
nutzen, den Paulus den Juden im pisidischen Antiochien gibt, angefangen vom Auszug aus Ägypten bis zu den Königen Saul und David, aus
dessen Geschlecht Jesus, der Retter Israels hervorgehen sollte. In Apg
13,21f. fand er das Motto für seine Reihe der „Beglaubigten",
nämlich:

> „Gott … ließ Saul absetzen und erweckte ihnen David zum König. Zu ihm
> sprach er, indem er ihm d a s   Z e u g n i s   s e i n e r   B e g l a u b i g u n g

---

vornehmlich durch den mündlichen Vortrag als Unterweisung und Verkündigung weitergegeben wurde. Dies dürfte auch bei den anderen Stellen der Fall sein, wo christli-
ches Traditionsgut vorliegt."

34 Nach LONA (57) beruhen die Übereinstimmungen „auf gemeinsamer christlicher Überlieferung. Die Gemeinsamkeiten verlangen keine andere Erklärung."

g a b: ʻIch habe David, den Sohn des Jessai, als Mann nach meinem Herzen befunden, der in allem meinen Willen erfüllen wird."

Wieder ist es hier nicht die (weitgehende) Übereinstimmung in den Bibelzitaten selbst, sondern die von den beiden Autoren selbständig gegebene (hier fett gedruckte) Einleitung dieser Schriftzitate, die die Abhängigkeit des „Clemensbriefes" von der Apostelgeschichte beweist. Denn die in Apg 13,22 a k t i v vollzogene Beglaubigung Davids durch Gott (ᾧ καὶ εἶπεν **μαρτυρήσας**) wird in 1Clem 18 als geschehen aufgegriffen und David als der (passiv) von Gott Beglaubigte eingeführt (ἐπὶ τῷ **μεμαρτυρημένῳ** Δαυίδ; πρὸς ὃν εἶπεν ὁ θεός).

Ähnlich sind dann auch die Schriftzitate selbst variiert: Da der Verfasser des „Clemensbriefes" ganz auf David konzentriert war, von dem er ein langes Porträt aus den Schriftquellen zusammenzustellen hatte, war für ihn der schließende Relativsatz mit dem auf König Kyros gemünzten Jesajazitat ὃς ποιήσει πάντα τὰ θελήματά μου (Jes 44,28) wenig verlockend; deswegen schnitt er es weg und münzte statt dessen lieber die in Apg 13,22 angeschlagenen David-Motive weiter aus.

Als erstes drängt sich der aus 1Sm 13,14 in die Paulusrede übernommene Zusammenhang auf: Samuel prophezeit dem König Saul:

καὶ νῦν ἡ βασιλεία σου οὐ στήσεται, καὶ ζητήσει κύριος ἑαυτῷ ἄνθρωπον κατὰ τὴν καρδίαν αὐτοῦ (in Apg 13,22 durch *καὶ μεταστήσας αὐτὸν* ἤγειρεν τὸν Δαυιδ αὐτοῖς *εἰς βασιλέα*, ᾧ καὶ εἶπεν μαρτυρήσας, *Εὗρον Δαυιδ* τὸν τοῦ Ἰεσσαί, *ἄνδρα κατὰ τὴν καρδίαν μου* variiert).

Daneben war durch εὗρον Δαυιδ laut vernehmlich Ps 88,21 angeschlagen:

εὗρον Δαυιδ τὸν δοῦλόν μου, ἐν ἐλαίῳ ἁγίῳ μου ἔχρισα αὐτόν.

Diesen Zitatauftakt sprengt der Anonymus, indem er die Apposition ἄνδρα κατὰ τὴν καρδίαν μου aus Apg 13,22 zwischenschiebt, so daß die Apposition der unmittelbaren Vorlage bei ihm zum Objekt wird, wodurch er sich wieder der Urquelle 1Sm 13,14 annähert. Das Kolon Δαυὶδ τὸν τοῦ Ἰεσσαί (das ehemalige direkte Objekt)[35] läßt er als Apposition bestehen, an die er nun die in Apg 13,22 nicht berücksichtigte zweite Hälfte des Zitats Ps 88,21 fügt und zwar in der abweichenden Version *ἐν ἐλέει αἰωνίῳ* (lat. *in misericordia sempiterna*) ἔχρισα αὐτόν. Es scheint, daß ihn die handschriftlich bezeugte varia lectio ἐν ἐλέει ἁγίῳ dazu animiert hat, eine Kontamination mit Jes 54,8

---

35   Kein weiteres Mal in dieser Form belegt, vgl. vielmehr 2Sm 23,2 Πιστὸς Δαυιδ υἱὸς Ιεσσαι; 1Chr 10,14 τῷ Δαυιδ υἱῷ Ιεσσαι (= Sir 45,25); 1Chr 12,19 Δαυιδ υἱὸς Ιεσσαι (= 29,26); Lk 3,31f. τοῦ Δαυὶδ τοῦ Ἰεσσαὶ τοῦ Ἰωβὴδ τοῦ Βόος, etc.

καὶ ἐν ἐλέει αἰωνίῳ ἐλεήσω σε, εἶπεν ὁ ῥυσάμενός σε κύριος

vorzunehmen. Zum Schlußkolon ist ferner zu vergleichen 2Sm 12,7 ἔχρισά σε *εἰς βασιλέα ἐπὶ Ἰσραηλ.*

Einige weitere Belege für die Abhängigkeit des 1Clem von Apg sollen möglichst knapp vorgestellt werden:

b) ἄνδρες ἀδελφοί

Allein die Anrede **ἄνδρες ἀδελφοί** in 1Clem 14,1 (s. u.); 37,1; 43,4 und 62,1 dürfte genügen, die Apostelgeschichte als Quelle zu erweisen; denn mit der einen Ausnahme 4Makk 8,19 (einer Stelle, die keinen Bezug zu 1Clem hat) begegnet diese Junktur innerhalb des ganzen Bibelcorpus (AT und NT) nur in der Apostelgeschichte, dort nicht weniger als 13mal![36]

c) Mt 12,18 / Apg 3,13; 4,28. 30 / 1Clem 59,2–4

Auch die Benennung Christi mit dem Titel **παῖς** hat „Clemens" aus der Apostelgeschichte gekannt: aus einer Rede des Petrus an die Juden im 3. Kapitel

Apg 3,13 ὁ θ ε ὸ ς Ἀβραὰμ καὶ [ὁ θεὸς] Ἰσαὰκ καὶ [ὁ θεὸς] Ἰακώβ, ὁ θ ε ὸ ς τῶν πατέρων ἡμῶν, ἐ δ ό ξ α σ ε ν **τὸν παῖδα αὐτοῦ** Ἰησοῦν, **ὃν** ὑμεῖς μὲν παρεδώκατε καὶ ἠρνήσασθε.

3,26 ὑμῖν πρῶτον ἀναστήσας ὁ θ ε ὸ ς **τὸν παῖδα αὐτοῦ** ἀπέστειλεν αὐτὸν εὐλογοῦντα ὑμᾶς ἐν τῷ ἀποστρέφειν ἕκαστον ἀπὸ τῶν πονηριῶν ὑμῶν

und aus dem von den Aposteln Petrus und Johannes zusammen mit der Gemeinde Jerusalems gesprochenen Gebet im 4. Kapitel

Apg 4,28 συνήχθησαν γὰρ ἐπ᾽ ἀληθείας ἐν τῇ πόλει ταύτῃ ἐπὶ **τὸν ἅ γ ι - ο ν παῖδά σου** Ἰησοῦν, **ὃν** ἔχρισας, Ἡρῴδης τε καὶ Πόντιος Πιλᾶτος σὺν ἔθνεσιν καὶ λαοῖς Ἰσραήλ.

4,30 ἐν τῷ … σημεῖα καὶ τέρατα γίνεσθαι **διὰ** τοῦ ὀνόματος **τοῦ ἁ γ ί ο υ παιδός σου** Ἰησοῦ.

Doch hat er die dortigen Jesus-Titel verwoben mit der einzigen weiteren Christus-bezogenen παῖς-Formulierung im ganzen NT, nämlich Mt 12,18

---

36 Apg 1,16; 2,29. 37; 7,2 (vgl. 7,26); 13,15. 26. 38; 15,7. 13; 22,1; 23,1. 6; 28,17.

Ἰδοὺ ὁ **παῖς μου** ὃν ᾑρέτισα, ὁ **ἀ γ α π η τ ό ς** μου εἰς ὃν εὐδόκησεν ἡ ψυχή μου[37],

hinter der jedoch ein Jesaia-Zitat steckt (Jes 42,1). Matthäus hatte erstmals das Wort des Propheten Jesaia ausdrücklich (s. Mt 12,17) auf Jesus übertragen. In der Apg wird das Attribut ἀγαπητός entweder fortgelassen oder durch ἅγιος ersetzt. „Clemens" hat den Titel dreimal im Kapitel 59 verwendet – zweimal unter gleichzeitigem Rückgriff auf Mt 12,18:

1Clem 59,2 **διὰ τοῦ ἠ γ α π η μ έ ν ο υ παιδὸς αὐτοῦ** Ἰησοῦ Χριστοῦ τοῦ κυρίου ἡμῶν, **δι' οὗ** ἐκάλεσεν ἡμᾶς ἀπὸ σκότους εἰς φῶς (...).

59,3 **διὰ** Ἰησοῦ Χριστοῦ **τοῦ ἠ γ α π η μ έ ν ο υ παιδός σου, δι' οὗ** ἡμᾶς ἐπαίδευσας, **ἠ γ ί α σ α ς**, ἐτίμησας.

59,4 ὅτι σὺ εἶ ὁ θ ε ὸ ς μόνος καὶ Ἰησοῦς Χριστὸς **ὁ παῖς σου.**

Ansonsten wird im NT der Titel παῖς auf Israel (Lk 1,54 = Jes 41,8) oder David (Lk 1,69 und Apg 4,25 ὁ τοῦ πατρὸς ἡμῶν **διὰ** πνεύματος **ἁ γ ί ο υ** στόματος Δαυὶδ **παιδός σου** εἰπών) übertragen.

d) Spezielle Termini (Jdt 4,9 / Apg 26,7; 17,26 / 1Clem 55,6; 33,1; 37,1; 40,3)

τὸ δωδεκάφυλον: Das Wort[38] ist innerhalb des ganzen biblischen Schrifttums (AT und NT) nur belegt in

Apg 26,7 εἰς ἣν [sc. zu der unseren Vätern zuteil gewordenen Verheißung (ἐπαγγελίαν)] **τὸ δωδεκάφυλον** ἡμῶν ἐν ἐκτενείᾳ νύκτα καὶ ἡμέραν λατρεῦον ἐλπίζει καταντῆσαι.

Paulus rechtfertigt sich dort vor König Agrippa: er habe als Pharisäer nach der strengsten Ausrichtung der jüdischen Religion gelebt; jetzt stehe er vor Gericht wegen der Hoffnung auf die Verheißung, die von Gott an die Väter ergangen sei, „zu der unser Zwölfstämmevolk zu gelangen

---

37 Vergleichbar ist das Verhältnis zwischen 1Clem 46,8 und der bei den Synoptikern (Mk 14,21/9,42; Mt 26,24/18,6; Lk 22,22/17,2) zu lesenden Wehklage über den Verräter und den Verursacher von Ärgernissen, das KNOCH (1964, 70–72) und HAGNER 152ff. ausführlich besprechen. Aufgrund der gemeinsamen Verwendung des sonst im ganzen NT nicht mehr belegten Verbs κ α τ α π ο ν τ ί ζ ε ι ν durch „Clemens" und Matthäus und der sonstigen Entsprechungen zwischen „Clemens" auf der einen und Matthäus und Lukas auf der anderen Seite ist nach menschlichem Ermessen sichergestellt, daß „C l e - m e n s" die genannten Perikopen aus M a t t h ä u s u n d L u k a s selbständig kombiniert und seinem Zusammenhang dienstbar gemacht hat.

38 Siehe S. 9.

hofft, wenn es in Beharrlichkeit Tag und Nacht Gott dient." Das Zitat aus dem „Clemensbrief" (1Clem 55,6 ἵνα **τὸ δωδεκάφυλον τοῦ Ἰσρα-ὴλ** μέλλον ἀπολέσθαι ῥύσηται) mit dem singulären Begriff **τὸ δω-δεκάφυλον** dagegen steht in einem Passus, in dem den Aufrührern in der Christengemeinde Korinths die Heldinnen des jüdischen Widerstandes, Judith und Esther, als Beispiele dafür vor Augen gestellt werden, daß sich sogar Frauen nicht gescheut hätten, für das Wohl ihres Vaterlandes Gefahren auf sich zu nehmen. Dabei scheinen in 55,6 gezielt Anklänge an ein Textsegment aufgenommen, das – obwohl bereits von Esther gehandelt wird – nicht aus dem Buch „Esther", sondern aus „Judith" stammt (Jdt 4,8–17) und sich dadurch auszeichnet, daß es die einzige biblische Parallele zu der zweiten Pretiosität enthält, die sich in dem Vers Apg 26,7 findet: ἐν ἐκτενείᾳ![39] Eben diese zweite Pretiosität aber hat sich „Clemens", leicht verändert (er bevorzugt die Präposition μετά), in 33,1 und 37,1 zunutze gemacht. Hier die Texte:

> 1Clem 55,6 Οὐχ ἥττονι καὶ ἡ τελεία κατὰ πίστιν Ἐσθὴρ κινδύνῳ ἑαυτὴν παρέβαλεν, ἵνα **τὸ δωδεκάφυλον τοῦ Ἰσραὴλ** μέλλον ἀπολέσθαι ῥύσηται· δ̲ι̲ὰ̲ ̲γ̲ὰ̲ρ̲ ̲τ̲ῆ̲ς̲ ̲ν̲η̲σ̲τ̲ε̲ί̲α̲ς̲ καὶ τ̲ῆ̲ς̲ ̲τ̲α̲π̲ε̲ι̲ν̲ώ̲σ̲ε̲ω̲ς̲ ̲α̲ὑ̲τ̲ῆ̲ς̲ ἠξίω- σεν *τὸν παντεπόπτην* δ ε σ π ό τ η ν[40], θ ε ὸ ν τῶν αἰώνων· ὃς ἰδὼν τ̲ὸ̲ ̲τ̲α̲- π̲ε̲ι̲ν̲ὸ̲ν̲ ̲τ̲ῆ̲ς̲ ̲ψ̲υ̲χ̲ῆ̲ς̲ ̲α̲ὑ̲τ̲ῆ̲ς̲ ἐρύσατο τὸν λαόν, ὧν χάριν ἐκινδύνευ- σεν[41].

„Nicht minder setzte sich auch die im Glauben vollkommene Esther selbst der Gefahr aus, um das Zwölfstämmevolk Israels, als ihm Vernichtung drohte, zu retten. Denn durch ihr Fasten und durch ihre Selbstdemütigung bat sie den allsehenden Herrn, den Gott der Äonen. Dieser rettete, als er

---

39 Inhaltlich wäre auch an Est 4,3. 15f. zu denken; doch das Vokabular deutet auf Jdt. SCHNEIDER führt im Register zu 1Clem (S. 259f.) vier an Est und drei an Jdt orientierte Imitationen auf. Besonders auffällig sind die entsprechenden Gebets-Prädikationen in 1Clem 59,3: z. B. τὸν τῶν κινδυνευόντων βοηθόν, τὸν τῶν **ἀπηλπισμένων σωτῆρα** – Jdt 9,11 ἀπεγνωσμένων σκεπαστής, **ἀπηλπισμένων σωτήρ**, wofür es in der ganzen voraufliegenden Gräzität nur in Polyb. 16,32 ein entfernt verwandtes Muster gibt: περιθεῖσα τὴν νίκην ἅμα καὶ τὴν **σωτηρίαν** τοῖς **ἀπηλπισμένοις**. Vgl. Est 4,17[z] ὁ θεὸς ὁ ἰσχύων ἐπὶ πάντας, εἰσάκουσον φωνὴν **ἀπηλπισμένων** καὶ ῥῦσαι ἡμᾶς ἐκ χειρὸς τῶν πονηρευομένων· καὶ ῥ ῦ σ α ί με ἐκ τοῦ φόβου μου.

40 Siehe Est 5,1[a] ἐπικαλεσαμένη *τὸν πάντων ἐπόπτην* θ ε ὸ ν καὶ σωτῆρα; die Gottesprädikation παντεπόπτης sonst „in der LXX nur in 2Makk 9,5" (LONA 567).

41 Vgl. Est 4,8 … ἐντείλασθαι αὐτῇ εἰσελθούσῃ παραιτήσασθαι τὸν βασιλέα καὶ ἀ ξ ι ῶ - σ α ι α ὑ τ ὸ ν **περὶ τοῦ λαοῦ** μνησθεῖσα ἡμερῶν τ̲α̲π̲ε̲ι̲ν̲ώ̲σ̲ε̲ώ̲ς̲ ̲σ̲ο̲υ̲ …· ἐ π ι κ ά λ ε - σ α ι τ ὸ ν κ ύ ρ ι ο ν καὶ λάλησον τῷ βασιλεῖ περὶ ἡμῶν καὶ ῥ ῦ σ α ι ἡ μ ᾶ ς ἐκ θανάτου. 4,16 καὶ **νηστεύσατε** ἐπ᾽ ἐμοὶ καὶ μὴ φάγητε μηδὲ πίητε ἐπὶ ἡμέρας τρεῖς νύκτα καὶ ἡμέραν, κἀγὼ δὲ καὶ αἱ ἅβραι μου ἀ̲σ̲ι̲τ̲ή̲σ̲ο̲μ̲ε̲ν̲, καὶ τότε εἰσελεύσομαι πρὸς τὸν βασιλέα παρὰ τὸν νόμον, ἐὰν καὶ ἀπολέσθαι με ᾖ. 4,17[l] βοήθησόν μοι τῇ μόνῃ καὶ μὴ ἐχούσῃ βοηθὸν εἰ μὴ σέ, ὅτι κ ί ν δ υ ν ό ς μου ἐν χειρί μου. 4,17[t] ἡμᾶς δὲ ῥ ῦ σ α ι ἐν χειρί σου καὶ βοήθησόν μοι, etc.

die Demut ihres Herzens sah, das Volk, um dessentwillen sie die Gefahr auf sich genommen hatte."

Jdt 4,9 καὶ ἀ ν ε β ό η σ α ν **πᾶς ἀνὴρ Ισραηλ** π ρ ὸ ς τ ὸ ν θ ε ὸ ν <u>ἐν ἐκτε-</u> <u>νείᾳ μεγάλῃ</u> καὶ <u>ἐταπείνωσαν τὰς ψυχὰς αὐτῶν</u> **ἐν νηστείᾳ** [μεγάλῃ][42] αὐ- τοὶ καὶ αἱ γυναῖκες αὐτῶν καὶ τὰ νήπια αὐτῶν, etc. („das ganze Volk Isra- els aber rief zu Gott in großer Beharrlichkeit und sie demütigten ihre See- len durch Fasten – sie selbst und ihre Frauen und ihre Kinder", etc.), vgl.

1Clem 33,1 ἀλλὰ σπεύσωμεν <u>μετὰ ἐκτενείας</u> καὶ προθυμίας πᾶν ἔργον ἀγαθὸν[43] ἐπιτελεῖν („vielmehr wollen wir uns beeilen, mit beharrlicher Be- reitwilligkeit jedes gute Werk zu vollbringen"); 37,1 στρατευσώμεθα οὖν, ἄνδρες ἀδελφοί, <u>μετὰ πάσης ἐκτενείας</u> ἐν τοῖς ἀμώμοις προστάγμασιν αὐ- τοῦ („Laßt uns also, Männer und Brüder, den Kriegsdienst leisten mit aller Beharrlichkeit unter seinen untadeligen Befehlen")[44].

Die einfachste Erklärung dieses Überlieferungsbefundes scheint die fol- gende zu sein: „Clemens" nimmt bei seiner Ausgestaltung des „Esther"-Passus in 55,6 Anleihen an Jdt 4,9ff. (bzw. 4,8–17 in der Vul- gata-Fassung). Die große Beharrlichkeit, in der dort **πᾶς ἀνὴρ Ισραηλ** zu Gott ruft und ihn durch demütiges Fasten zur Rettung seines Volkes zu bewegen sucht, ist gedanklich und sprachlich (ἐν ἐκτενείᾳ) verwandt mit dem Vers Apg 26,7, in dem Paulus das beharrliche Bemühen des Zwölfstämmevolkes Israel erläutert, durch unermüdlichen Dienst bei Tag und Nacht die Verheißung Gottes zu erlangen. Also hat „Clemens" Jdt 4,9 mit Apg 26,7 kontaminiert und so durch die Kombination des Kolons **πᾶς ἀνὴρ Ισραηλ** seiner Primärquelle mit **τὸ δωδεκάφυλον** ἡμῶν aus Apg 26,7 sein **τὸ δωδεκάφυλον τοῦ Ἰσραὴλ** gewonnen. Von einer verheißenen Rettung (vor Holofernes) kann man ja auch im Jdt-

---

42   Die Handschriften wiederholen hier das Kolon ἐν ἐκτενείᾳ μεγάλῃ vom ersten Satz – ausgenommen die Hs S, deren Korrektor statt dessen νηστια μεγαλη bietet. Ich habe den Text mit Blick auf den zugrundeliegenden Psalmvers (Ps 34,13 ἐγὼ δὲ ἐν τῷ αὐ- τούς παρενοχλεῖν μοι ἐνεδυόμην σάκκον | καὶ <u>ἐταπείνουν</u> **ἐν νηστείᾳ** τὴν ψυχήν μου; vgl. PsSal 3,8 ἐξιλάσατο περὶ ἀγνοίας **ἐν νηστείᾳ** <u>καὶ ταπεινώσει ψυχῆς αὐτοῦ</u>) und auf die Übersetzung der Vulgata hergestellt. Dort lautet der Passus: Jdt 4,8 [entspricht 4,9 der griech. Fassung] *et clamavit omnis populus ad Dominum* instantia magna *et* humili- averunt animas suas *in ieiuniis* ipsi et mulieres eorum. Die Fassung des „Clemensbrie- fes" (55,6) könnte diesen Text weiter sichern helfen; doch muß man in Rechnung stel- len, daß diese ihrerseits von den oben zitierten Psalmversen abhängig ist. Anders auch Jdt 4,13 καὶ εἰσήκουσεν κύριος τῆς φωνῆς αὐτῶν καὶ εἰσεῖδεν τὴν θλῖψιν αὐτῶν· καὶ ἦν **ὁ λαὸς νηστεύων** ἡμέρας πλείους ἐν πάσῃ τῇ Ιουδαίᾳ καὶ Ιερουσαλημ κατὰ πρόσωπον τῶν ἁγίων κυρίου παντοκράτορος.

43   Auch dieses Kolon πᾶν ἔργον ἀγαθόν ist entliehen, s. S. 269 und 293.

44   Das von HAGNER (262) angeführte ἀντοφθαλμεῖ von 1Clem 34,1 läßt sich kaum auf Apg 27,15 zurückführen, sondern dürfte eher auf SapSal 12,14 zurückgehen, dem einzi- gen Beleg im AT.

Zusammenhang sprechen[45]: In der von Hieronymus übersetzten Vulgata zieht gemäß Jdt 4,11 der Hohepriester Eliakim in ganz Israel umher und verkündet

> 4,12 *scitote quoniam exaudivit Dominus preces vestras, si manentes permanseritis in ieiuniis et orationibus in conspectu Domini* („Wisset, der Herr hat eure Bitten erhört: Bleibt nur beharrlich in eurem Fasten und Flehen im Angesicht des Herrn!") und

> 4,14–17 *sic erunt universi hostes Israhel, si perseveraveritis in hoc opere quo coepistis. ad hanc igitur exhortationem eius deprecantes Dominum permanebant in conspectu Domini ita ut etiam hii, qui holocausta Domino offerebant, praecincti ciliciis offerrent sacrificia Domino et erat cinis super capita eorum, et ex toto corde suo omnes orabant Deum ut visitaret populum suum Israhel* („So [wie den Amalekitern] wird es allen Feinden Israels ergehen, wenn ihr in dem Werk ausharrt, das ihr begonnen habt. Aufgrund dieser Mahnung des Eliakim verharrten sie im Angesichte Gottes im Gebet … Aus ganzem Herzen flehten alle zu Gott, er möge sein Volk Israel gnädig besuchen [anschauen]")[46].

---

45 Vermutlich hat bereits „Clemens" erkannt, daß Paulus in Apg 26,7 das in Jdt 4,9 geschilderte beharrliche Bemühen ganz Israels um die Hilfe Gottes zur Rettung der physischen Existenz des Volkes (im Kampf mit Holofernes) transponiert hat zu einem beharrlichen Bemühen des Zwölfstämmevolkes, die Verheißung Gottes von der Errettung aus dem Tod (s. Apg 23,6; 24,15. 21; 28,20) zu erlangen. Aufgrund dieses literarischen Abhängigkeitsverhältnisses dürfte aber gesichert sein, daß das Judithbuch der Apostelgeschichte zeitlich vorausliegt, auch wenn wir in 1 Clem 55,4–6 die erste greifbare Erwähnung der Judithgeschichte in dem gesamten jüdisch-christlichen Schrifttum vor uns haben (s. LONA 564f.). Judith erscheint dort in der später ganz vertrauten Symbiose mit Esther. Noch Josephus aber hat allein die Geschichte der Esther in den „jüdischen Altertümern" behandelt (ant. 11,184–296), von Judith findet sich dort keine Silbe!
    Aus einer Rezension des Sammelbandes J. C. VANDERKAM (ed.), „No One Spoke ill of Her". Essays on Judith (SBL Early Judaism and Its Literature 2), Atlanta 1992 durch G. J. BROOKE (Journal of Semitic Studies 38, 1993, 322) entnehme ich, daß dort C. A. MOORE der Frage nachgeht, warum das Judithbuch nicht in die Hebräische Bibel aufgenommen worden sei. Da man heute wisse, daß die Hagiographa „in either the first or second centuries BCE" kanonisiert wurden, zieht er (mit Vorsicht) den Schluß, „that Judith's date of composition may have been the principal reason for its not being included in the Bible." Eine sehr instruktive Einführung in die Probleme der Septuaginta (Entstehung, Kanon, Ort und Zeit der Übersetzungen, Revisionen) gibt zuletzt M. RÖSEL, Die Septuaginta, in H.J. WENDEL, al., Brücke zwischen den Kulturen: „Übersetzung" als Mittel und Ausdruck kulturellen Austauschs, Rostock 2002 (Rostocker Studien zur Kulturwissenschaft; 7), 217–249; dort S. 226 über den (umfangreicheren) „alexandrinischen Kanon", in den die „Apokryphen" integriert sind, von denen einige „gewiss in griechischer Sprache abgefasst worden" seien; zu ihnen gehört auch das Judithbuch.

46 Auch die sonst in der ganzen Gräzität, wie es scheint, nicht belegte Junktur **προστεταγμένοι καιροί** wirkt wie ein Mosaiksteinchen, das „Clemens" (1 Clem 40,3 οἱ οὖν **τοῖς προστεταγμένοις καιροῖς** ποιοῦντες τὰς προσφορὰς αὐτῶν εὐπρόσδεκτοί τε καὶ μακάριοι) aus der Apostelgeschichte (Apg 17,26 ὁρίσας **προστεταγμένους καιροὺς** καὶ τὰς

e) Apg 20,35; 5,29 / 1Clem 2,1; 13,1; 46,7; 14,1

1Clem 2,1 Πάντες τε ἐταπεινοφρονεῖτε μηδὲν ἀλαζονευόμενοι, ὑποτασσόμενοι **μᾶλλον** ἢ ὑποτάσσοντες, **ἥδιον διδόντες ἢ λαμβάνοντες**
ist gespeist aus

Apg 20,35 <u>μνημονεύειν τε τῶν λόγων τοῦ κυρίου</u> Ἰησοῦ <u>ὅτι αὐτὸς εἶπεν</u>,
Μακάριόν ἐστιν μᾶλλον διδόναι ἢ λαμβάνειν,

zugleich scheint der Anfang des Apg-Zitats verwertet in 1Clem 13,1
μάλιστα <u>μεμνημένοι τῶν λόγων τοῦ κυρίου</u> Ἰησοῦ, <u>οὓς ἐλάλησεν</u> διδάσκων ἐπιείκειαν καὶ μακροθυμίαν und 46,7 <u>μνήσθητε τῶν λόγων</u> Ἰη-
<u>σοῦ τοῦ κυρίου</u> ἡμῶν. <u>εἶπεν γάρ</u> (...).
   In 1Clem 14,1 (δίκαιον οὖν καὶ ὅσιον, ἄνδρες ἀδελφοί, **ὑπ-
ηκόους** ἡμᾶς **μᾶλλον γενέσθαι τῷ θεῷ ἢ τοῖς** ἐν ἀλαζονείᾳ καὶ ἀκα-
ταστασίᾳ μυσεροῦ ζήλους ἀρχηγοῖς ἐξακολουθεῖν) dürfte eine erweiterte Variation von Apg 5,29 (**πειθαρχεῖν** δεῖ **θεῷ μᾶλλον ἢ ἀνθρώποις**) vorliegen[47].

όροθεσίας τῆς κατοικίας αὐτῶν) geborgt hat – wenngleich man hier wegen der fehlen-
den inhaltlichen Übereinstimmungen weniger sicher sein kann.
Da „Clemens" diese innerhalb des NT als ἅπαξ λεγόμενα auftretenden Begriffe zum
Teil anders nuanciert oder in einem inhaltlich anders gearteten Zusammenhang einsetzt,
könnte dies als Hinweis darauf gedeutet werden, daß wir – wie es KNOCH (1964), HAG-
NER (im vorliegenden Fall S. 262) und viele andere Neutestamentler häufig postulieren
– eine andere (uns verlorene) Quelle in Rechnung zu stellen haben. Aber auch diese
Schlußfolgerung ist nicht zwingend; denn es entspricht der üblichen Praxis antiker Imitationstechnik, dem Vorgänger einen Begriff zu entlehnen (und damit zugleich intertextuelle Reverenz anzudeuten), das eigene Profil aber durch die neuartige Nuancierung
oder durch Eingliederung in einen andersartigen Zusammenhang sichtbar zu machen.
Sicherheit ist in derartigen Fällen oft nicht zu erreichen.
47 Dagegen läßt sich 1Clem 52,1 **ἀπροσδεής,** ἀδελφοί, ὁ δεσπότης <u>ὑπάρχει</u> **τῶν
ἀπάντων·** <u>οὐδὲν οὐδενὸς χρήζει</u> εἰ μὴ τὸ ἐξομολογεῖσθαι αὐτῷ („bedürfnislos, Brüder,
von allen Dingen ist der Herr; nichts benötigt er von irgendjemandem, außer daß man
ihm gegenüber ein Bekenntnis <der Verfehlungen> ablege") kaum auf Apg 17,24f. zurückführen. Vielmehr dürfte „Clemens" entweder direkt aus Flav. Ios. ant. 8,111
ἀπροσδεὲς γὰρ τὸ θεῖον **ἀπάντων** oder 2Makk 14,35 Σύ, κύριε, **τῶν ὅλων
ἀπροσδεὴς** <u>ὑπάρχων</u> geschöpft – oder sonstwoher eine stoische Gottesprädikation übernommen haben; vgl. R. MARCUS, Divine Names and Attributes in Hellenistic Jewish
Literature, in: Proceedings of the American Academy for Jewish Research 3, 1931–
1932, 43–120. Verwiesen sei ferner auf Philo decal. 81 ἑαυτοῦ τιμῆς **οὐ προσδεόμενος**
– <u>οὐ γὰρ ἑτέρου χρεῖος</u> ἦν ὁ αὐταρκέστατος ἑαυτῷ.

2. Die Verfasser von 1 Petr und 1Clem schöpfen aus den Pastoralbriefen

Gegen „die (weithin übliche) Datierung der Pastoralbriefe um 100 n. Chr." ist in jüngerer Zeit aus durchaus verständlichen Gründen Widerspruch angemeldet und statt dessen eine Datierung um 150 vorgeschlagen worden[48]; denn man habe die Pastoralbriefe als Reaktion auf Markion zu betrachten[49]. Intertextuelle Bezüge zwischen Past – 1Petr – 1Clem zwingen jedoch dazu, die Pastoralbriefe v o r 1Petr und 1Clem (und damit deutlich vor dem Auftreten Markions) anzusetzen. Dies soll im folgenden an exemplarisch herausgegriffenen Belegen plausibel gemacht werden[50].

a) 1Tim 2,8–14 / 1Petr 3,1–7 / 1Clem 29,1; 33,7

In 1Tim 2 ergehen Anweisungen für die rechte Feier des Gottesdienstes: in 2,8 an die Männer, in 2,9ff. an die Frauen, die besonders angehalten werden, sich nicht mit Haargeflecht, Gold, Perlen und teuren Kleidern zu schmücken, sondern mit Schamgefühl, Selbstbeherrschung – und mit guten Werken, in Stille zuhörend und lernend in aller Unterordnung.

1Tim 2,8 Βούλομαι οὖν **προσεύχεσθαι τοὺς ἄνδρας** ἐν παντὶ τόπῳ, ἐπαίροντας ὁσίους χεῖρας χωρὶς ὀργῆς καὶ διαλογισμοῦ· 9 **ὡσαύτως** [καὶ] **γυναῖκας ἐν καταστολῇ**[51] **κοσμίῳ μετὰ αἰδοῦς καὶ σωφροσύνης**[52] κοσ-

---

48 HENGEL (2007) hält – wie wir oben gesehen haben – die Pastoralbriefe für gleichzeitig mit den Ignatiusbriefen, die er in die Zeitspanne 110–114 datiert.

49 HÜBNER 1997, 62f. mit Anm. 68 – unter Verweis auf PH. VIELHAUER, Geschichte der urchristlichen Literatur, Berlin 1975, 228. Es sei schwer vorstellbar, „daß ein Paulus-Fan wie Markion (in dessen Kanon die Pastoralbriefe bekanntlich fehlen) sein Hauptwerk ἀντιθέσεις genannt haben könnte, wenn sein (einziger) Apostel am Ende eines Briefes, also an hervorgehobener Stelle, die allen Hörern im Gedächtnis bleibt, vor den Antithesen der falschen Gnosis warnt. Sollte ihm kein anderer Titel für sein Werk eingefallen sein?" Aber vielleicht hat Markion mit Absicht in seinem Titel den Schlußsatz 1Tim 6,20 (Ὦ Τιμόθεε, τὴν παραθήκην φύλαξον, ἐκτρεπόμενος τὰς βεβήλους κενοφωνίας καὶ **ἀντιθέσεις** τῆς **ψευδωνύμου γνώσεως,** ἥν τινες ἐπαγγελλόμενοι περὶ τὴν πίστιν ἠστόχησαν) anklingen lassen, um zu provozieren?

50 LONA konstatiert wieder lediglich einen sprachlichen und thematischen „Traditionszusammenhang" zwischen 1Clem und den Pastoralbriefen (50f.) – trotz der Übereinstimmung in 16 von 175 Wörtern, die innerhalb des NT nur in Past belegt sind, darunter ἀγνεία, ἀγωγή, ἀναζωπυρέω, βδελυκτός, ἔντευξις.

51 Vgl. den Ausdruck καταστολὴν δόξης ἀντὶ πνεύματος ἀκηδίας in Jes 61,3.

52 Diese Junktur scheint in NT und Septuaginta nicht belegt, wohl aber bei Philo Iudaeus, s. congr. erud. grat. 124 (von der Schönheit Thamars nach Gen 38,13ff.) τὸ ἄψαυστον καὶ ἀμίαντον καὶ παρθένιον ὄντως αἰδοῦς καὶ σωφροσύνης ἐκπρεπέστατον κάλλος;

μεῖν ἑαυτάς, **μὴ** <u>ἐν πλέγμασιν</u>[53] <u>καὶ χρυσίῳ ἢ μαργαρίταις ἢ ἱματισ-μῷ</u>[54] **π ο λ υ τ ε λ ε ῖ,** 10 ἀλλ᾽ ὃ πρέπει γυναιξὶν ἐπαγγελλομέναις <u>θεοσέ-βειαν, δι᾽ ἔργων ἀγαθῶν</u>[55]. 11 **γυνὴ ἐν ἡσυχίᾳ** μανθανέτω **ἐν πάσῃ ὑποτα-γῇ·** 12 διδάσκειν δὲ γυναικὶ οὐκ ἐπιτρέπω, οὐδὲ αὐθεντεῖν ἀνδρός, ἀλλ᾽ εἶναι **ἐν ἡσυχίᾳ.** 13 Ἀ δ ὰ μ γὰρ πρῶτος ἐπλάσθη, εἶτα Ε ὔ α· 14 καὶ Ἀδὰμ οὐκ ἠπατήθη, ἡ δὲ γυνὴ ἐξαπατηθεῖσα ἐν παραβάσει γέγονεν etc.

In 1Petr 3,1–7 (dort geht es um das Verhältnis der Ehegatten unterein-ander) sind einige Züge dieses Passus genutzt. Dabei wurde die Reihen-folge zwischen den Männern und Frauen vertauscht; auf seiten der Männer begegnet wieder das Stichwort προσευχαί, auf seiten der Frau-en ist die Motivkette 'ὑποταγή, äußerer Schmuck – innerer Schmuck des Herzens' aufgenommen und (unter Bezugnahme auf weitere Vor-bilder) rhetorisch ausgeformt worden. Das als maßgebliches Vorbild eingeführte Menschen-Paar Adam und Eva wird durch Sara und Abra-ham variiert:

> **Ὁμοίως [αἱ] γυναῖκες ὑποτασσόμεναι τοῖς ἰδίοις ἀνδράσιν**[56], ἵνα καὶ εἴ τινες ἀπειθοῦσιν τῷ λόγῳ <u>διὰ τῆς τῶν γυναικῶν ἀναστροφῆς</u> ἄνευ λόγου κερδηθήσονται 2 ἐποπτεύσαντες <u>τὴν ἐν φόβῳ ἁγνὴν ἀναστροφὴν ὑμῶν.</u> 3 ὧν ἔστω **οὐχ ὁ ἔξωθεν** <u>ἐμπλοκῆς</u> τριχῶν <u>καὶ</u> περιθέσεως <u>χρυσίων</u> ἢ ἐνδύ-σεως <u>ἱματίων</u> κ ό σ μ ο ς, 4 **ἀλλ᾽** ὁ κρυπτὸς <u>τῆς καρδίας ἄνθρωπος</u> ἐν τῷ ἀφθάρτῳ <u>τοῦ πραέως καὶ ἡσυχίου</u> πνεύματος, ὅ ἐστιν ἐνώπιον τοῦ θεοῦ **π ο λ υ τ ε λ έ ς.** 5 οὕτως γάρ ποτε καὶ αἱ ἅγιαι **γυναῖκες** αἱ ἐλπίζουσαι εἰς θεὸν ἐ κ ό σ μ ο υ ν ἑ α υ τ ά ς, **ὑποτασσόμεναι τοῖς ἰδίοις ἀνδράσιν,** 6 ὡς Σ ά ρ ρ α ὑπήκουσεν τῷ Ἀ β ρ α ά μ, κύριον αὐτὸν καλοῦσα· ἧς ἐγενήθητε τέκνα ἀγαθοποιοῦσαι καὶ μὴ φοβούμεναι μηδεμίαν πτόησιν. 7 **Οἱ ἄνδρες ὁμοίως** συνοικοῦντες κατὰ γνῶσιν, ὡς ἀσθενεστέρῳ σκεύει τῷ γυναικείῳ ἀπονέμοντες τιμήν, ὡς καὶ συγκληρονόμοις χάριτος ζωῆς, εἰς τὸ μὴ ἐγκόπτεσθαι **τὰς προσευχὰς** ὑμῶν.

---

mut. nom. 217 πρεσβυτέρου δὲ παρατυγχάνοντος <u>αἰδοῖ καὶ σωφροσύνῃ</u> κ ο σ μ ε ῖ τ α ι νέος.

53   Das Wort ist singulär in NT und Septuaginta, aber sonst durchaus häufig belegt.
54   Vgl. u. a. Ps 44,10 **θυγατέρες** βασιλέων ἐν τῇ τιμῇ σου· παρέστη ἡ **βασίλισσα** ἐκ δεξιῶν σου <u>ἐν ἱματισμῷ διαχρύσῳ</u> περιβεβλημένη πεποικιλμένη.
55   Der Schmuckkatalog samt der Antithese könnte entwickelt sein aus dem Strafgericht über die stolzen Frauen Sions in Jes 3,16ff., vgl. bes. 3,24 (…) καὶ ἀντὶ ζώνης σχοινίῳ ζώσῃ καὶ **ἀντὶ** τοῦ κ ό σ μ ο υ <u>τῆς κεφαλῆς</u> τοῦ χρυσίου φαλάκρωμα ἕξεις <u>διὰ τὰ ἔργα σου</u> καὶ **ἀντὶ** τοῦ <u>χιτῶνος</u> τοῦ μεσοπορφύρου περιζώσῃ σάκκον. Vgl. ferner Apg 9,36 ἐν Ἰόππῃ δέ τις ἦν **μαθήτρια** ὀνόματι Τ α β ι θ ά, ἣ διερμηνευομένη λέγεται Δορκάς· αὕτη ἦν <u>πλήρης ἔργων ἀγαθῶν</u> καὶ ἐλεημοσυνῶν ὧν ἐποίει.
56   Das Kolon ἐν πάσῃ ὑποταγῇ in 1Tim 2,11 ist mit Blick auf Eph 5,22 (**αἱ γυναῖκες τοῖς ἰδίοις ἀνδράσιν** [**ὑποτάσσεσθε/ὑποτασσέσθωσαν,** dies die Überlieferung der Hss, von den Herausgebern getilgt] ὡς τῷ κυρίῳ) und 5,24 (vgl. Kol 3,18 **αἱ γυναῖκες, ὑποτάσ-σεσθε τοῖς ἀνδράσιν**) und wahrscheinlich Tit 2,5 (**ὑποτασσομένας τοῖς ἰδίοις ἀνδρά-σιν,** s. u.) ausgeweitet worden.

Die meisten imitatorischen Bezüge dürften sich durch die einander entsprechenden Markierungen selbst erläutern; doch sei einiges hervorgehoben. Von besonderer Wichtigkeit für die Prioritätsbestimmung ist der Relativsatz ὅ ἐστιν ἐνώπιον τοῦ θεοῦ π ο λ υ τ ε λ έ ς, in dem „Petrus" sozusagen die Antwort auf den durch ἱματισμῷ π ο λ υ τ ε λ ε ῖ (1Tim 2,9) umschriebenen äußeren Schmuck gibt: vor Gott gelten Schmuck und prächtige Kleidung nichts, vielmehr ist in seinen Augen w a h r - h a f t   w e r t v o l l die Unvergänglichkeit eines bescheidenen und ruhigen Geistes.

Ferner hat der Verfasser des Petrus-Briefes die in 1Tim 2,9f. etwas lockere Abfolge 'weiblicher Schmuck der Gesittung – nicht äußerlicher Schmuck in Haarlocken, Gold und Edelsteinen und prächtigen Kleidern, sondern gute Werke zur Verehrung Gottes' in 1 Petr 3,3f. zu einer klaren Antithese gestrafft („nicht der äußere Schmuck – sondern der im Herzen des Menschen verborgene")[57]. Im ersten Satzteil (§ 3) greift er die Stichworte ἐν πλέγμασιν, χρυσίῳ und ἱματισμῷ seiner Quelle durch ein auf Klangwirkung bedachtes Trikolon auf, das aus einer Folge parallel geformter, jeweils durch ein Genetivattribut spezifizierter Kola wachsender Glieder besteht: ἐμ-πλοκῆς τριχῶν – περι-θέσεως χρυσίων – ἐν-δύσεως ἱματίων. Im zweiten Satzteil kleidet er sein antithetisches Kolon in eine pretiöse Hypallage: statt „der im Herzen des Menschen vorborgene (Schmuck)", wie oben sinngemäß übersetzt wurde, schreibt er „der verborgene Mensch des Herzens", eine – soweit ich sehe – zuvor niemals formulierte Ausdrucksweise[58]; zudem bezieht er sich mit seinem ἀλλά-Satz nicht auf die eigentlich zugeordnete ἀλλά-Antithese in 1Tim 2,10, sondern kombiniert gedanklich die dortige Adversativpartikel mit dem Inhalt von § 11 (γυνὴ ἐν ἡσυχίᾳ).

Dieses Kolon aber weitet er aus zu einer tiefsinnigen gedanklichen Verschmelzung von SapSal 12,1 (τὸ γὰρ ἄ φ θ α ρ τ ό ν σ ο υ π ν ε ῦ μ ά ἐστιν ἐν πᾶσιν) und Jes 66,2 (καὶ ἐπὶ τίνα ἐπιβλέψω ἀλλ᾽ ἢ ἐπὶ τ ὸ ν τ α - π ε ι ν ὸ ν κ α ὶ ἡ σ ύ χ ι ο ν καὶ τρέμοντα τοὺς λόγους μου), wobei das Jesaja-Zitat in der von den maßgeblichen Handschriften abweichenden Fassung verarbeitet ist, wie wir sie auch in 1Clem 13,4 lesen (s. 13,3f. φησὶν

---

57 Es könnten verwandte Antithesen und Junkturen aus Philo Iudaeus eingewirkt haben, vgl. migr. Abrah. 97 (eine Auslegung von Ex 35,22. 25f.): καὶ τὸν ἑαυτῶν κ ό σ μ ο ν ἀόκνως εἰσφέρουσι (sc. die Frauen), «σφραγῖδας, ἐνώτια, δακτυλίους, περιδέξια, ἐμ- πλόκια» (Ex 35, 22), πάνθ᾽ ὅσα χρυσὸν εἶχε τὴν ὕλην, τὸν σ ώ μ α τ ο ς κ ό σ μ ο ν ἀντι- καταλλαττόμεναι τοῦ τῆς εὐσεβείας (vgl. 1Tim 2,10 ὃ πρέπει γυναιξὶν ἐπαγγελλομέναις θεοσέβειαν); vit. Mos. 2,243 (ὡσανεὶ κ ό σ μ ο ν ἔξωθεν).

58 Sie wurzelt letztlich in Röm 2,16 (τὰ κρύπτα τῶν ἀνθρώπων).

γὰρ ὁ ἅγιος λόγος· 4 «Ἐπὶ τίνα ἐπιβλέψω, ἀλλ' ἢ ἐπὶ <u>τὸν πραῢν καὶ</u> <u>ἡσύχιον</u> καὶ τρέμοντά μου τὰ λόγια;»)[59].

In ἐκόσμουν ἑαυτάς schließlich wird der Satzschluß (μετὰ αἰδοῦς καὶ σωφροσύνης) κοσμεῖν ἑαυτάς von 1Tim 2,9 aufgenommen. Er findet später – zusammen mit § 2,10 (<u>δι' ἔργων ἀγαθῶν</u>) – einen Nachhall in 1Clem 33,7

Ἴδωμεν, ὅτι <u>ἐν ἔργοις ἀγαθοῖς</u> πάντες ἐκοσμήθησαν οἱ δίκαιοι, καὶ αὐτὸς δὲ ὁ κύριος <u>ἔργοις ἀγαθοῖς</u> ἑαυτὸν κοσμήσας ἐχάρη,

so wie auch das Vokabular des Partizipialsatzes von 2,8 (**ἐπαίροντας ὁσίους χεῖρας** χωρὶς ὀργῆς καὶ διαλογισμοῦ) in 1Clem 29,1 προσέλθωμεν οὖν αὐτῷ **ἐν ὁσιότητι** ψυχῆς, **ἁγνὰς** καὶ ἀμιάντους **χεῖρας αἴροντες** πρὸς αὐτόν verarbeitet sein dürfte[60].

b) Tit 2,2–8 / 1Clem 1,3

In Tit 2,2 werden die einzelnen Stände unterwiesen; eine Art „Haustafel" klärt die Pflichten von Männern und Frauen in der Abfolge: ältere Männer – ältere Frauen – junge Frauen (und ihr Verhältnis zu Mann und Kindern) – jüngere Männer.

Tit 2,2 **πρεσβύτας** νηφαλίους εἶναι, <u>σεμνούς</u>, <u>σώφρονας</u>, ὑγιαίνοντας τῇ πίστει, τῇ ἀγάπῃ, τῇ ὑπομονῇ. 3 **πρεσβύτιδας** ὡσαύτως ἐν καταστήματι ἱεροπρεπεῖς, μὴ διαβόλους μηδὲ οἴνῳ πολλῷ δεδουλωμένας, καλοδιδασκάλους, 4 ἵνα <u>σωφρονίζωσιν</u> **τὰς νέας** <u>φιλάνδρους</u> εἶναι, <u>φιλοτέκνους</u>, 5 <u>σώφρονας</u>, ἁγνάς, **οἰκουργοὺς** ἀγαθάς, **ὑποτασσομένας τοῖς ἰδίοις ἀνδράσιν**, ἵνα μὴ ὁ λόγος τοῦ θεοῦ βλασφημῆται[61]. 6 **τοὺς νεωτέρους** ὡσαύτως παρακάλει <u>σωφρονεῖν</u>· 7 περὶ πάντα σεαυτὸν παρεχόμενος τύπον <u>καλῶν ἔργων</u>.

Dieses Schema ist in dem Lob zu erkennen, das die römische Gemeinde im Einleitungskapitel ihres Briefes (1Clem 1,3) den Christen in Korinth spendet: sie seien gemäß den Satzungen Gottes den Vorstehern untertan, erwiesen den Alten die geziemende Achtung, hielten die Jungen zu maßvoller und ehrbarer Gesinnung an, gäben den Frauen Anweisung, alles mit untadeligem und reinem Gewissen zu tun, ihre Männer

---

59   Aus τρέμοντά μου τὰ λόγια mag das Stichwort ἐν φόβῳ in 1Petr 3,2 herrühren; vgl. 1Petr 3,16 μετὰ <u>πραΰτητος</u> καὶ φόβου). Zu 1Petr 3,4 und der in 1Clem 13,4 zitierten Septuagintafassung von Jes 66,2 ist zu vergleichen Mt 11,29 μάθετε ἀπ' ἐμοῦ, ὅτι <u>πραΰς</u> εἰμι <u>καὶ ταπεινὸς</u> τῇ καρδίᾳ.
60   Vgl. die „Haustafel" in 1Clem 21,6–8; s. S. 305.
61   Dies zielt wohl auf die S. 267 Anm. 64 genannten Eph- und Kol-Stellen.

in geziemender Weise zu lieben und nach dem Maßstab der Unterordnung das Hauswesen ehrbar zu versehen, in jeder Hinsicht verständig.

Ἀπροσωπολήμπτως[62] γὰρ πάντα ἐποιεῖτε καὶ ἐν τοῖς νομίμοις τοῦ θεοῦ[63] ἐπορεύεσθε, **ὑποτασσόμενοι τοῖς ἡγουμένοις ὑμῶν**[64] καὶ τιμὴν τὴν καθήκουσαν ἀπονέμοντες τοῖς παρ' ὑμῖν **πρεσβυτέροις**[65]· **νέοις** τε μέτρια καὶ σεμνὰ νοεῖν ἐπετρέπετε· **γυναιξίν** τε ἐν ἀμώμῳ[66] καὶ ἀγνῇ συνειδήσει πάντα ἐπιτελεῖν παρηγγέλλετε, στεργούσας καθηκόντως τοὺς ἄνδρας ἑαυτῶν· ἔν τε τῷ κανόνι **τῆς ὑποταγῆς**[67] ὑπαρχούσας τὰ κατὰ **τ ὸ ν ο ἶ κ ο ν** **σεμνῶς ο ἰ κ ο υ ρ γ ε ῖ ν** ἐδιδάσκετε, πάνυ σωφρονούσας.

Neben den Stände- und Altersbezeichnungen (hier fett gedruckt) haben die Stichworte ὑποτασσόμενοι/τῆς ὑποταγῆς, σεμνά/σεμνῶς, ἀγνή, στεργούσας τοὺς ἄνδρας ἑαυτῶν (vgl. φιλάνδρους), οἰκουργεῖν, σωφρονούσας alle in der „Haustafel" von Tit 2,2ff. ihre Entsprechung(en) und zwar so, daß die knappe katalogartige Aufzählung von Tit 2,4f. in 1Clem breiter ausformuliert wurde. Dabei kommt der Umsetzung von **ο ἰ κ ο υ ρ γ ο ὺ ς** ἀγαθάς (Tit 2,5) in τὰ κατὰ **τ ὸ ν ο ἶ κ ο ν** σεμνῶς

---

62 Aus 1Petr 1,17 geholt (καὶ εἰ πατέρα ἐπικαλεῖσθε τὸν ἀ π ρ ο σ ω π ο λ ή μ π τ ω ς κρίνοντα κατὰ τὸ ἑκάστου ἔργον), sonst in NT und Septuaginta nicht belegt (anders Jak 2,1). Der Zusammenhang von 1Petr 1,17 ist auch sonst in 1Clem genutzt, s. S. 277.

63 Vgl. Dan 6,6 Οὐχ εὑρήσομεν κατὰ Δανιηλ πρόφασιν εἰ μὴ *ἐν νομίμοις θεοῦ αὐτοῦ*.

64 Vgl. Hebr 13,7; 13,17 πείθεσθε **τοῖς ἡγουμένοις ὑμῶν** καὶ ὑπείκετε, αὐτοὶ γὰρ ἀγρυπνοῦσιν ὑπὲρ τῶν ψυχῶν ὑμῶν ὡς λόγον ἀποδώσοντες. Statt der Verba πείθειν und ὑπείκειν ist das Partizip **ὑποτασσόμενοι** zum Tragen gekommen, vermutlich eine Reminiszenz an Eph 5,21 **ὑποτασσόμενοι** ἀλλήλοις ἐν φόβῳ Χριστοῦ, siehe ferner o. S. 264 Anm. 56 (und S. 305 Anm. 165), wo 1Petr 3,1 ὁμοίως [αἱ] **γυναῖκες ὑποτασσόμεναι τοῖς ἰδίοις ἀνδράσιν** aus Tit 2,5 (vielleicht unter Einwirkung von Eph 5,22. 24 und Kol 3,18) hergeleitet wird.

65 Siehe 1Petr 3,7 οἱ ἄνδρες ... τῷ γυναικείῳ ἀ π ο ν έ μ ο ν τ ε ς τ ι μ ή ν; 1Petr 5,1 **πρεσβυτέρους** οὖν ἐν ὑμῖν παρακαλῶ ὁ συμπρεσβύτερος. Der Gedanke, den Presbytern die angemessene Ehre zuteil werden zu lassen, dürfte auf 1Tim 5,17 zurückgehen: οἱ καλῶς προεστῶτες **πρεσβύτεροι** δ ι π λ ῆ ς τ ι μ ῆ ς ἀξιούσθωσαν (in Lev 19,32 ἀπὸ προσώπου πολιοῦ ἐξαναστήσῃ καὶ τ ι μ ή σ ε ι ς πρόσωπον **πρεσβυτέρου** ist πρεσβύτερος noch nicht auf ein Amt bezogen); er erscheint ein weiteres Mal in 1Clem 21,6 τοὺς **προηγουμένους** ἡμῶν αἰδεσθῶμεν, τοὺς **πρεσβυτέρους** τ ι μ ή σ ω μ ε ν, τοὺς **νέους** παιδεύσωμεν τὴν παιδείαν τοῦ φόβου τοῦ θεοῦ, τὰς **γυναῖκας** ἡμῶν ἐπὶ τὸ ἀγαθὸν διορθωσώμεθα.

66 In den Hss AH folgt hier καὶ σεμνῇ, wodurch das im Passus Tit 2,2ff. einmal auftauchende Attribut ein drittes Mal in den Zusammenhang von 1Clem 1,3 eingeführt würde. Es scheint deshalb geraten, der Fassung der lateinischen, koptischen und syrischen Übersetzungen – und dem offenkundigen Zitat unserer Stelle in Polyc. Phil 5,3 (**τὰς παρθένους** ἐν ἀ μ ώ μ ῳ κ α ὶ ἀ γ ν ῇ σ υ ν ε ι δ ή σ ε ι περιπατεῖν) – zu folgen, zumal sich die Junktur συνείδησις σεμνή in der gesamten von den Computer-Thesauri erfaßten Gräzität kein zweites Mal nachweisen läßt. Der Zusatz könnte durch das darüber stehende καὶ σεμνά verursacht sein.

67 Vgl. 1Tim 2,11 *ἐν πάσῃ ὑποταγῇ* (s. o. S. 264 Anm. 56).

οἰκουργεῖν die Qualität eines stemmatischen „Bindefehlers" zu[68]; denn der griechische Wortschatz kennt sonst – nimmt man eine unsichere Stelle bei dem Mediziner Soranus (2. Jh. n. Chr.) aus[69] – überhaupt nur das Substantiv οἰκουρός und das Verb οἰκουρεῖν. Somit sind beide Stellen nicht nur miteinander verwandt, sondern stehen höchstwahrscheinlich in einem unmittelbaren Abhängigkeitsverhältnis. Dieses ist nach Maßgabe der verbreiternden und kontaminierenden[70] Entfaltung des knappen „Titus"-Katalogs durch den Verfasser von 1Clem klar im Sinne der Priorität von Tit 2,2ff. zu bestimmen.

Daß in dem kurzen Titus-Passus die Frauen zweimal die Qualifizierung σώφρονας erhalten und zusätzlich je einmal die Verba σωφρονεῖν und σωφρονίζειν eingesetzt werden, läßt auf (jüdisch-)hellenistische Quellen schließen[71]. In der Tat wird man bei Philo Iudaeus (der etwa 85mal Wörter mit dem Stamm σώφρο- nutzt) fündig: Ein Satz wie Philo praem. et poen. 139

> ὄψονται καὶ **γυναῖκας**, ἃς ἠγάγοντο **κουριδίας** ἐπὶ γνησίων παίδων σπο-
> ρᾷ, σώφρονας <καὶ> ο ἰ κ ο υ ρ ο ὺ ς καὶ φιλάνδρους ἑταιρῶν τρόπον ὑβ-
> ριζομένας

würde sich gut als Archetypus einer Entwicklung verstehen lassen, die zu dem Tugendkatalog in Tit 2,4f. führt; man vergleiche ferner Philo congr. erud. grat. 5 οἱ δ' οὔπω <τὴν> ἡλικίαν ἔδοξαν ἔχειν, ὡς ἐπαινετῆς καὶ σώφρονος ο ἰ κ ο υ ρ ί α ς ἀνέχεσθαι und fug. et invent. 154 κοσμιότητι καὶ σωφροσύνῃ καὶ ταῖς ἄλλαις διαπρέπουσαν ἀρεταῖς, ἑνὶ προσέχουσαν ἀνδρὶ καὶ τὴν ἑνὸς ο ἰ κ ο υ ρ ί α ν ἀγαπῶσαν καὶ μοναρχίᾳ χαίρουσαν.

---

68 Nur in späten Hss des NT begegnet die offenbar durch „Normalisierung" gewonnene Variante οἰκουρούς in Tit 2,5; ähnlich ist in 1Clem 1,3 das γ von οἰκουργεῖν in der Hs C später ausradiert worden, s. LIGHTFOOT I 1,426 (zitiert bei HAGNER 235 Anm. 1).

69 In Sor. 1,27 gibt es die Überlieferung διὰ τὸ ο ἰ κ ο υ ρ γ ὸ ν καὶ καθέδριον διάγειν βί-
ον; doch liest man auch dort in den neueren Ausgaben οἰκουρόν – entsprechend dem noch im 12. Jh. vom Grammatiker Tzetzes (hist. var. chil. 1,287) bezeugten ususgemäßen Adjektiv οἰκουροκαθέδριος (βίος).

70 Siehe die Nachweise in den voraufgehenden Anmerkungen.

71 In Spätwerken der Septuaginta stoßen wir 8mal auf das Substantiv σωφροσύνη (Est 3,2; SapSal 8,7 und 2Makk 4,37; die 5 weiteren Belege begegnen in der noch jüngeren Schrift 4Makk (s. S. 201); sonstige Ableitungen aus der Wurzel σώφρ- finden sich nur SapSal 9,11 (σωφρόνως) und 8mal in 4 Makk (überwiegend im Sinne von „selbstbeherrscht" gegenüber den Martern, oft in der Junktur ὁ σώφρων νοῦς). Das NT bietet das Substantiv in Apg 26,25 und 1Tim 2,9, sonstige Ableitungen in Mk 5,15 und Lk 8,35 (jeweils vom geheilten Besessenen, der wieder „klaren Sinnes" ist), ferner Röm 12,3; 2Kor 5,13; 1Tim 3,2; 2Tim 1,7; Tit 1,8; 2,2. 4 (zweimal). 6. 12; 1Petr 4,7.

c) 2Kor 9,8 / Tit 3,1 (1,16; 2Tim 2,21) / 1Clem 2,7

In Tit 3,1 gibt „Paulus" weitere Aufträge an Titus: er solle die Christen in Kreta (wo er seinen Mitarbeiter der Fiktion nach zurückgelassen hat, s. 1,5) anweisen, den Obrigkeiten untertan und gehorsam zu sein, bereit zu jedem guten Werk:

ὑπομίμνῃσκε αὐτοὺς ἀρχαῖς ἐξουσίαις ὑποτάσσεσθαι, πειθαρχεῖν, **πρὸς** π̲α̲ν̲ ἔ̲ρ̲γ̲ο̲ν̲ ἀ̲γ̲α̲θ̲ὸ̲ν̲ **ἑτοίμους** εἶναι, etc.

Die Schlußformel des Satzes war vorbereitet durch 2Tim 2,21 ἐὰν οὖν τις ἐκκαθάρῃ ἑαυτὸν ἀπὸ τούτων, ἔσται σκεῦος εἰς τιμήν, ἡγιασμένον, εὔχρηστον τῷ δεσπότῃ, **εἰς** π̲α̲ν̲ ἔ̲ρ̲γ̲ο̲ν̲ ἀ̲γ̲α̲θ̲ὸ̲ν̲ **ἡτοιμασμένον** und Tit 1,16 θεὸν ὁμολογοῦσιν εἰδέναι, τοῖς δὲ ἔργοις ἀρνοῦνται, βδελυκτοὶ ὄντες καὶ ἀπειθεῖς καὶ **πρὸς** π̲α̲ν̲ ἔ̲ρ̲γ̲ο̲ν̲ ἀ̲γ̲α̲θ̲ὸ̲ν̲ ἀ δ ό κ ι μ ο ι.

Am Beginn der Reihe steht 2Kor 9,8

ἵνα ἐν παντὶ πάντοτε πᾶσαν αὐτάρκειαν ἔχοντες π ε ρ ι σ σ ε ύ η τ ε **εἰς** π̲α̲ν̲ ἔ̲ρ̲γ̲ο̲ν̲ ἀ̲γ̲α̲θ̲ό̲ν̲[72].

Der Verfasser von 1Clem, der sich gerne breit, nicht selten in verstärkenden Wiederholungen ausdrückt, kombiniert in 2,7

ἀ μ ε τ α μ έ λ η τ ο ι ἦ τ ε ἐπὶ πάσῃ ἀγαθοποιΐᾳ, **ἕτοιμοι εἰς** π̲α̲ν̲ ἔ̲ρ̲γ̲ο̲ν̲ ἀ̲γ̲α̲-θ̲ό̲ν̲

die Formulierung von Tit 3,1 (das einleitende Verb dort hat auch seinen Auftakt geprägt) mit dem ursprünglichen Paulus-Zitat. Danach hat er mit der Formel weitergewuchert in 1Clem 33,1 ἀλλὰ σπεύσωμεν μετὰ ἐκτενείας καὶ προθυμίας π̲α̲ν̲ ἔ̲ρ̲γ̲ο̲ν̲ ἀ̲γ̲α̲θ̲ὸ̲ν̲ ἐπιτελεῖν[73] und 34,4 προτρέπεται οὖν ἡμᾶς πιστεύοντας ἐξ ὅλης τῆς καρδίας ἐπ᾽ αὐτῷ μ ὴ ἀ ρ - γ ο ὺ ς μ η δ ὲ π α ρ ε ι μ έ ν ο υ ς ε ἶ ν α ι **ἐπὶ** π̲α̲ν̲ ἔ̲ρ̲γ̲ο̲ν̲ ἀ̲γ̲α̲θ̲ό̲ν̲.

d) Apg 10,42 / 2Tim 4,1 / 1Petr 4,5

In 2Tim 4,1 mahnt Ps.Paulus den Adressaten zu unverdrossenem Dienst an der Wahrheit. Er setzt mit einer emphatischen Beschwörungsformel ein, die er zum Teil bereits in 1Tim 5,21 verwendet hatte[74]:

---

72 Vgl. 2Tim 3,17 ἵ ν α ἄ ρ τ ι ο ς ᾖ ὁ τοῦ θεοῦ ἄνθρωπος, **πρὸς** π̲α̲ν̲ ἔ̲ρ̲γ̲ο̲ν̲ ἀ̲γ̲α̲θ̲ὸ̲ν̲ ἐ ξ - η ρ τ ι σ μ έ ν ο ς. Sir 39,33 heißt es: τὰ ἔργα κυρίου πάντα ἀγαθά.

73 Siehe S. 264 mit Anm. 55; 273 und 293.

74 1Tim 5,21 **διαμαρτύρομαι ἐνώπιον τοῦ θεοῦ καὶ Χριστοῦ Ἰησοῦ** καὶ τῶν ἐκλεκτῶν ἀγγέλων, ἵνα ταῦτα φυλάξῃς, etc. (s. S. 271).

διαμαρτύρομαι ἐνώπιον **τοῦ θεοῦ** καὶ Χριστοῦ Ἰησοῦ, <u>τοῦ μέλλοντος</u> <u>κρίνειν ζῶντας καὶ νεκρούς</u>, καὶ τ ὴ ν ἐ π ι φ ά ν ε ι α ν α ὐ τ ο ῦ καὶ τὴν βασιλείαν αὐτοῦ.

Zugrunde liegt ein Wort des Petrus anläßlich der Taufe des Cornelius in Apg 10,42

καὶ παρήγγειλεν ἡμῖν κηρύξαι τῷ λαῷ καὶ **διαμαρτύρασθαι** ὅτι οὗτός ἐστιν <u>ὁ ὡρισμένος</u> ὑπὸ **τοῦ θεοῦ** <u>κριτὴς ζώντων καὶ νεκρῶν</u> (in 10,40 war ausgeführt: ἔδωκεν α ὐ τ ὸ ν ἐ μ φ α ν ῆ γενέσθαι).

Es ist deutlich, daß der Verfasser von 2Tim den Auftrag des διαμαρτύρασθαι erfüllen will und deshalb mit dem nachdrücklichen διαμαρτύρομαι einsetzt. Die nominal geprägte Formel κριτὴς ζώντων καὶ νεκρῶν hat er verbal durch κρίνειν ζῶντας καὶ νεκρούς wiedergegeben. In 1Petr 4,5

οἳ ἀποδώσουσιν λόγον <u>τῷ ἑτοίμως ἔχοντι</u> κρῖναι ζῶντας καὶ νεκρούς

ist der Infinitiv Präsens der Vorlage in den Aorist gesetzt. Das gleiche Abhängigkeitsmuster wird in der Abfolge ὁ ὡρισμένος über τοῦ μέλλοντος zu τῷ ἑτοίμως ἔχοντι erkennbar.

e) 1Kor 16,15 / 1Tim 1,16–17; 3,10; Tit 1,5 / 1Clem 42,4; 61,2

In 1Clem 42 skizziert der Verfasser den Weg der apostolischen Sukzession. Gemäß 42,4 predigten die Apostel in Ländern und Städten und setzten nach vorausgegangener Prüfung im Geiste ihre Erstlinge zu Episkopen und Diakonen für die künftigen Gläubigen ein:

κ α τ ὰ χώρας οὖν καὶ π ό λ ε ι ς κηρύσσοντες κ α θ ί σ τ α ν ο ν τὰς ἀ π - α ρ χ ὰ ς αὐτῶν, **δοκιμάσαντες** τῷ πνεύματι, ε ἰ ς ἐπισκόπους καὶ **διακό- νους** <u>τῶν μελλόντων πιστεύειν</u>.

Die Formulierung ist ein Mosaik verschiedener Entlehnungen. Zunächst wird Tit 1,5 τούτου χάριν ἀπέλιπόν σε ἐν Κρήτῃ, ἵνα τὰ λείποντα ἐπιδιορθώσῃ καὶ κ α τ α σ τ ή σ ῃ ς κ α τ ὰ π ό λ ι ν **πρεσβυτέρους**[75], ὡς ἐγώ σοι διεταξάμην durch den Zusatz (κατὰ) χώρας ... καί erweitert und gleich anschließend statt des direkten Objekts ἐπισκόπους καὶ διακόνους eine pretiöse Umschreibung (τὰς ἀ π α ρ χ ὰ ς αὐτῶν ... ε ἰ ς ἐπισκόπους καὶ **διακόνους**) eingeführt – offensichtlich unter Rückgriff auf 1Kor 16,15

---

75 Vgl. Dtn 16,18 κριτὰς καὶ γραμματοεισαγωγεῖς κ α τ α σ τ ή σ ε ι ς σεαυτῷ ἐ ν π ά - σ α ι ς τ α ῖ ς π ό λ ε σ ί ν σου.

οἴδατε τὴν οἰκίαν Στεφανᾶ, ὅτι ἐστὶν **ἀπαρχὴ** τῆς Ἀχαΐας καὶ **εἰς διακονίαν** τοῖς ἁγίοις ἔταξαν ἑαυτούς[76].

Eingeschoben ist die aus 1 Tim 3,10

καὶ οὗτοι δὲ **δοκιμαζέσθωσαν** πρῶτον, εἶτα **διακονείτωσαν** ἀνέγκλητοι ὄντες

gespeiste Partizipialbestimmung **δοκιμάσαντες** τῷ πνεύματι, die unmöglich ihrerseits Ausgangspunkt für 1 Tim 3,10 gewesen sein kann; vielmehr hat der Verfasser von 1 Clem 42,2 die breite Anweisung von 1 Tim 3,10 in ein knappes parenthetisches Partizip zusammengedrängt – aber gleichwohl dem Partizip eine zusätzliche Vertiefung durch den Zusatz τῷ πνεύματι beschert.

Den Satzschluß τῶν μελλόντων πιστεύειν hat er aus 1 Tim 1,16 (πρὸς ὑποτύπωσιν τῶν μελλόντων πιστεύειν ἐπ' αὐτῷ εἰς ζωὴν αἰώνιον) geholt. Den dort unmittelbar anschließenden Vers 1,17 τῷ δὲ βασιλεῖ τῶν αἰώνων, ἀφθάρτῳ, ἀοράτῳ, μόνῳ θεῷ, τιμὴ καὶ δόξα εἰς τοὺς αἰῶνας τῶν αἰώνων dürfte er in 1 Clem 61,2 verarbeitet haben: σὺ γάρ, δέσποτα ἐπουράνιε, **βασιλεῦ τῶν αἰώνων,** δίδως τοῖς υἱοῖς τῶν ἀνθρώπων δόξαν καὶ τιμὴν καὶ ἐξουσίαν τῶν ἐπὶ τῆς γῆς ὑπαρχόντων. Wir sehen ihn also freizügig kontaminierend mehrere Stellen der Pastoralbriefe ausbeuten.

f) 1 Tim 5,21. 24 / 1 Clem 21,7; 51,3

Wir haben oben (S. 269 mit Anm. 74) den Beginn der Beschwörungsformel 1 Tim 5,21

διαμαρτύρομαι ἐνώπιον τοῦ θεοῦ καὶ Χριστοῦ Ἰησοῦ καὶ τῶν ἐκλεκτῶν ἀγγέλων, ἵνα ταῦτα φυλάξῃς **χωρὶς προκρίματος, μηδὲν** ποιῶν **κατὰ πρόσκλισιν**

in Zusammenhang mit 2 Tim 4,1 und 1 Petr 4,5 gebracht. Der zweite Teil ist dreimal in 1 Clem verwertet worden:

1 Clem 21,7 τὴν ἀγάπην αὐτῶν **μὴ κατὰ προσκλίσεις** … παρεχέτωσαν; 50,2 ἵνα ἐν ἀγάπῃ εὑρεθῶμεν **δίχα προσκλίσεως** ἀνθρωπίνης, ἄμωμοι; 51,3 ὧν τὸ **κρίμα** πρόδηλον ἐγενήθη – an der dritten Stelle in Kontamination mit 1 Tim 5,24 τινῶν ἀνθρώπων αἱ ἁμαρτίαι πρόδηλοί εἰσιν, προάγουσαι εἰς **κρίσιν.**

---

76 Vgl. Röm 16,5 ἀσπάσασθε Ἐπαίνετον τὸν ἀγαπητόν μου, ὅς ἐστιν **ἀπαρχὴ** τῆς Ἀσίας εἰς Χριστόν.

g) Hebr 9,11–14; 10,22–24 / 2Tim 1,3 (1Tim 1,5; 3,9);
Tit 2,13f. / 1Clem 45,7

„Gott dienen" wird in der Septuaginta und im NT nicht selten durch τῷ θεῷ λατρεύειν wiedergegeben; aber „Gott mit reinem Gewissen dienen" findet man in der griechischen Literatur überhaupt nur zweimal, wie es scheint, durch τῷ θεῷ λατρεύειν ἐν καθαρᾷ συνειδήσει zum Ausdruck gebracht:

> 2Tim 1,3 Χάριν ἔχω <u>τῷ θεῷ</u>, <u>ᾧ</u> **λατρεύω** ἀπὸ προγόνων **ἐν καθαρᾷ συνειδήσει** und

> 1Clem 45,7 ὅτι ὁ ὕψιστος ὑπέρμαχος καὶ ὑπερασπιστής ἐστιν τῶν **ἐν καθαρᾷ συνειδήσει λατρευόντων** <u>τῷ παναρέτῳ ὀνόματι αὐτοῦ</u>.

Die metonymische Erweiterung des Dativobjektes zeigt, daß auch hier der Verfasser von 1Clem der Spätere ist[77].

Zwei weitere Parallelen verstärken den Eindruck, daß wir in dem Autor der beiden Timotheusbriefe den wahrscheinlichen Urheber der hier behandelten Formulierung vor uns haben:

> 1Tim 1,5 τὸ δὲ τέλος τῆς παραγγελίας ἐστὶν ἀγάπη **ἐκ καθαρᾶς κ α ρ δ ί -
α ς κ α ὶ συνειδήσεως** ἀγαθῆς καὶ <u>πίστεως</u> ἀνυποκρίτου (dabei wird ein
Rückgriff auf Gen 20,5 **ἐν καθαρᾷ κ α ρ δ ί ᾳ κ α ὶ** ἐν δικαιοσύνη χειρῶν
ἐποίησα τοῦτο erkennbar); 1Tim 3,9 ἔχοντας τὸ μυστήριον τῆς <u>πίστεως</u> **ἐν
καθαρᾷ συνειδήσει**[78].

Der Verfestigung dieses Schlußkolons zu einem stehenden Ausdruck (in 2Tim 1,3 kombiniert mit <u>τῷ θεῷ</u> ... **λατρεύω**) dürfte die verbale Form, wie sie im Hebräerbrief vorliegt (κ α θ α ρ ι ε ῖ τὴν συνείδησιν), zeitlich vorausgehen (wenngleich hier letzte Sicherheit wohl nicht zu erreichen ist):

> Hebr 9,11f. 14 Χριστὸς ... διὰ δὲ τοῦ ἰδίου αἵματος εἰσῆλθεν ἐφάπαξ εἰς
τὰ ἅγια, αἰωνίαν λ ύ τ ρ ω σ ι ν εὑράμενος. ... τὸ αἷμα τοῦ Χριστοῦ ... **καθαριεῖ τὴν συνείδησιν** ἡμῶν ἀπὸ <u>ν ε κ ρ ῶ ν</u> <u>ἔργων</u>[79] **εἰς τὸ λατρεύειν**

---

77 Bei den übrigen Belegen für diese Junktur handelt es sich durchweg um Zitate der beiden Stellen aus dem NT durch die Kirchenväter, angefangen von Clemens Alexandrinus und Origenes bis zu Theodoret und den Catenae. Einzig bei Ephraem Syrus findet sich eine leichte eigene Abwandlung des Ausdrucks.

78 Ps.Clemens hat dies in 1Clem 21,8 variiert: μαθέτωσαν, ... πῶς ὁ φόβος αὐτοῦ καλὸς καὶ μέγας καὶ σῴζων πάντας τοὺς ἐν αὐτῷ ὁσίως ἀναστρεφομένους **ἐν καθαρᾷ δ ι α -
ν ο ί ᾳ** (s. auch 1Clem 7,2–4: unten S. 275).

79 Die Junktur **ἀπὸ** ν ε κ ρ ῶ ν **ἔργων** begegnet bereits in Hebr 6,1 (vgl. SapSal 15,17
θνητὸς δὲ ὢν ν ε κ ρ ὸ ν **ἐργάζεται** χερσὶν ἀνόμοις); folglich erwächst das Attribut (εἰς
τὸ λατρεύειν θεῷ) ζ ῶ ν τ ι aus der Antithese zu ν ε κ ρ ῶ ν ἔργων, muß also nicht als

θεῷ ζῶντι; 10,22 προσερχώμεθα μετὰ ἀληθινῆς *καρδίας* ἐν πληρο-
φορίᾳ πίστεως, ῥεραντισμένοι *τὰς καρδίας* **ἀπὸ συνειδήσεως πονη-
ρᾶς**[80] καὶ **λελουσμένοι** τὸ σῶμα ὕδατι **καθαρῷ**. ... 24 καὶ κατανοῶμεν ἀλλήλους εἰς παροξυσμὸν ἀγάπης καὶ καλῶν ἔργων.

Wie das Attribut (θεῷ) ζῶντι[81] dürfte auch die Klausel καλῶν ἔργων aus der Antithese zu νεκρῶν ἔργων erwachsen sein. Das
spricht für die Priorität des Schlußsatzes

Hebr 10,24 καὶ κατανοῶμεν ἀλλήλους εἰς παροξυσμὸν ἀγάπης καὶ καλῶν ἔργων gegenüber

Tit 2,14 καὶ **καθαρίσῃ** ἑαυτῷ λαὸν περιούσιον [Ex 19,5], ζηλωτὴν καλῶν ἔργων[82].

Sowohl der ausgeschriebene Passus aus dem Hebräerbrief als auch Tit
2,13f. sind mit Blick auf Eph 5,26 und Lk 1,68 verfaßt:

Tit 2,13f.[83] προσδεχόμενοι τὴν μακαρίαν ἐλπίδα καὶ ἐπιφάνειαν τῆς δόξης
τοῦ μεγάλου **θεοῦ** καὶ **σωτῆρος** ἡμῶν Ἰησοῦ Χριστοῦ, ὃς ἔδωκεν ἑαυτὸν ὑπὲρ ἡμῶν, **ἵνα λυτρώσηται** ἡμᾶς **ἀπὸ** πάσης ἀνομίας καὶ **καθαρίσῃ** ἑαυτῷ λαὸν περιούσιον, ζηλωτὴν καλῶν ἔργων.

Eph 5,26 καθὼς καὶ ὁ Χριστὸς ἠγάπησεν τὴν ἐκκλησίαν καὶ ἑαυτὸν παρέδωκεν ὑπὲρ αὐτῆς, **ἵνα** αὐτὴν **ἁγιάσῃ καθαρίσας** τῷ **λουτρῷ** τοῦ
ὕδατος ἐν ῥήματι und

Lk 1,68 ὅτι ἐπεσκέψατο (sc. κύριος ὁ θεὸς τοῦ Ἰσραήλ) καὶ ἐποίησεν λύ-
τρωσιν τῷ λαῷ αὐτοῦ (Ps 110,9), καὶ ἤγειρεν κέρας **σωτηρίας**
(Ps 17,3) ἡμῖν.

---

eine (zeitlich spätere) Erweiterung des Auftakts in 2Tim 1,3 (τῷ θεῷ, ᾧ λατρεύω) gedeutet werden.
80 Siehe oben 1Tim 1,5 und 1Tim 3,9.
81 Siehe S. 272 Anm. 79.
82 Vgl. Mt 5,16 ὅπως ἴδωσιν ὑμῶν τὰ καλὰ ἔργα καὶ δοξάσωσιν τὸν πατέρα ὑμῶν
τὸν ἐν τοῖς οὐρανοῖς (ein weiteres Mal in 1Petr 2,12 rezipiert: ἐκ τῶν καλῶν
ἔργων ἐποπτεύοντες δοξάσωσιν τὸν θεὸν ἐν ἡμέρᾳ ἐπισκοπῆς); vgl. Tit 2,7 (περὶ
πάντα σεαυτὸν παρεχόμενος τύπον καλῶν ἔργων); 3,14; 1Tim 5,10. 25; 6,18
(πλουτεῖν ἐν ἔργοις καλοῖς).
83 „... im Warten auf die selige Hoffnung und das Erscheinen der Herrlichkeit des großen
Gottes und unseres Heilandes Jesus Christus, der sich für uns dahingegeben hat, damit
er uns l o s k a u f e von aller Ungesetzlichkeit und für sich ein Volk r e i n m a c h e,
das allein ihm zugehört und e i f r i g ist in g u t e n W e r k e n.“

h) Apg 14,15 / Hebr 9,11–14 / 1Tim 2,3f. 6; Tit 2,11–14 / 1Petr 1,18–21 / 1Clem 7,1–4

Das oben (S. 273) nur zur Hälfte wiedergegebene Zitat Tit 2,11–14

ἐπεφάνη γὰρ ἡ **χάρις** τοῦ θεοῦ **σωτήριος** πᾶσιν ἀνθρώποις[84], παιδεύουσα ἡμᾶς ἵνα ἀρνησάμενοι τὴν ἀσέβειαν καὶ τὰς κοσμικὰς ἐπιθυμίας σωφρόνως καὶ δικαίως καὶ εὐσεβῶς ζήσωμεν ἐν τῷ νῦν αἰῶνι, προσδεχόμενοι τὴν μακαρίαν **ἐλπίδα** καὶ ἐ π ι φ ά ν ε ι α ν τῆς **δόξης** τοῦ μεγάλου θεοῦ καὶ **σωτῆρος** ἡμῶν Ἰησοῦ Χριστοῦ, ὃς ἔδωκεν ἑαυτὸν ὑπὲρ ἡμῶν ἵνα λ υ τ ρ ώ σ η τ α ι ἡμᾶς *ἀπὸ πάσης ἀνομίας*[85] καὶ καθαρίσῃ ἑαυτῷ λαὸν περιούσιον, ζηλωτὴν καλῶν ἔργων

hat zusammen mit Hebr 9,11–14

Χριστὸς δὲ ... <u>οὐδὲ δι᾽ **αἵματος** τράγων καὶ μόσχων</u>, <u>διὰ δὲ τοῦ ἰδίου **αἵματος**</u> εἰσῆλθεν ἐφάπαξ εἰς τὰ ἅγια, αἰωνίαν λ ύ τ ρ ω σ ι ν εὑράμενος. εἰ γὰρ **τὸ αἶμα** τράγων καὶ ταύρων καὶ σποδὸς δαμάλεως ῥαντίζουσα τοὺς κεκοινωμένους ἁγιάζει πρὸς τὴν τῆς σαρκὸς καθαρότητα [Num 19,1–22], πόσῳ μᾶλλον **τὸ αἶμα** τοῦ Χριστοῦ, ὃς διὰ πνεύματος αἰωνίου ἑαυτὸν προσήνεγκεν **ἄμωμον** τῷ θεῷ, καθαριεῖ τὴν συνείδησιν ἡμῶν ἀπὸ νεκρῶν ἔργων εἰς τὸ λατρεύειν θεῷ ζῶντι[86]

auch auf die Briefe 1Petr und 1Clem eingewirkt, wie aus den folgenden Auszügen hervorgeht:

1Petr 1,18–21 εἰδότες ὅτι <u>οὐ φθαρτοῖς, ἀργυρίῳ ἢ χρυσίῳ</u> ἐ λ υ τ ρ ώ θ η - τ ε ἐκ τῆς **ματαίας** ὑμῶν ἀναστροφῆς **πατροπαραδότου**, <u>ἀλλὰ τιμίῳ **αἵματι**</u> ὡς ἀμνοῦ **ἀμώμου** καὶ ἀσπίλου[87] Χριστοῦ, προεγνωσμένου μὲν πρὸ καταβολῆς κόσμου[88], φ α ν ε ρ ω θ έ ν τ ο ς δὲ ἐπ᾽ ἐσχάτου τῶν χρόνων <u>δι᾽</u> ὑ μ ᾶ ς τοὺς δι᾽ αὐτοῦ πιστοὺς εἰς θεὸν τὸν ἐγείραντα

---

84   Nach HÜBNER 1997, 62f. darf man es als eine charakteristische Aussage der Pastoralbriefe ansehen, daß Gott das Heil aller Menschen will (1Tim 2,4. 6), daß er der Erlöser aller ist (1Tim 4,10), daß die Gnade Gottes Heil für alle Menschen bedeutet (Tit 2,11), ein Heil, das durch den Tod „unseres großen Gottes und Erlösers Jesus Christus" erworben ist (Tit 2,13f.).

85   Vgl. Ex 34,7; Num 14,18; Ps 50,4 ἐπὶ πλεῖον **πλῦνόν με** *ἀπὸ τῆς ἀνομίας* μου καὶ ἀπὸ τῆς ἁμαρτίας μου **καθάρισόν με**.

86   Der letzte Satz klingt wie eine Revision des alttestamentarischen Spruchs, wonach der barmherzige und gnädige Gott Schuld, Frevel und Sünde vergibt, aber niemand frei ausgehen läßt, sondern die Schuld der Väter an Kindern und Kindeskindern heimsucht, am dritten und vierten Geschlecht (Ex 34,7 ἀφαιρῶν *ἀνομίας* καὶ ἀδικίας καὶ ἁμαρτίας, καὶ οὐ **καθαριεῖ** τὸν ἔνοχον ἐπάγων *ἀνομίας* π α τ έ ρ ω ν ἐπὶ τέκνα καὶ ἐπὶ τέκνα τέκνων ἐπὶ τρίτην καὶ τετάρτην γενεάν ~ Num 14,18).

87   Vgl. Eph 5,26f. (ἐκκλησίαν) μὴ ἔχουσαν σ π ί λ ο ν ἢ ῥυτίδα ..., ἀλλ᾽ ἵνα ᾖ ἁγία καὶ ἄ μ ω μ ο ς.

88   Dies nach Eph 1,4 καθὼς ἐξελέξατο ἡμᾶς ἐν αὐτῷ π ρ ὸ κ α τ α β ο λ ῆ ς κ ό σ μ ο υ, εἶναι ἡμᾶς ἁγίους καὶ **ἀμώμους** κατενώπιον αὐτοῦ ἐν ἀγάπῃ. Vgl. ferner Apg 2,23.

αὐτὸν ἐκ νεκρῶν[89] καὶ *δόξαν* αὐτῷ δόντα, ὥστε τὴν <u>πίστιν</u> ὑμῶν καὶ *ἐλπίδα* εἶναι εἰς θεόν[90].

An die Stelle des (wertlosen) Blutes von Böcken und Rindern (das im ursprünglichen Zusammenhang von Hebr 9,12 als Gegenglied zu dem ewige Reinigung bewirkenden Blut Christi konzipiert war) sind vergängliche Dinge allgemein[91], insbesondere Silber und Gold, getreten. Diese können nicht Reinigung von dem sinnleeren Wandel bewirken, der von den Vätern ererbt ist, sondern nur das kostbare Blut Christi, der als untadeliges Lamm vor der Grundlegung der Welt ausersehen war. Die Metapher 'Christus als Lamm', das die Böcke und Rinder von Hebr 9,12 ersetzt (und das Attribut **ἄμωμος** erhält[92], das in Hebr 9,14 Christus eignete) bietet einen weiteren sicheren Anhalt für die Priorität von Hebr gegenüber 1Petr., ebenso die in 1Petr 1,18 erfolgte Konkretisierung der ursprünglich umfassend konzipierten „Reinigung" auf die Reinigung von der „vätererbten" nichtigen Lebensweise (also die „Erbsünde").

Der Teilsatz **ἐ λ υ τ ρ ώ θ η τ ε   ἐ κ   τ ῆ ς   μ α τ α ί α ς** ὑμῶν ἀ ν α - σ τ ρ ο φ ῆ ς (1Petr 1,18) ist aus Tit 2,14 (s. o.) und Apg 14,15 gewonnen, wo Paulus und Barnabas die Lykaonier von leerem Götzendienst abbringen und zum Glauben an den lebendigen Gott bekehren wollen, der Himmel, Erde, Meer und alles, was in diesen Gefilden lebt, geschaffen hat (Zitat aus Ex 20,11; vgl. Ps 146,6):

εὐαγγελιζόμενοι ὑ μ ᾶ ς **ἀπὸ τούτων τῶν ματαίων** ἐ π ι σ τ ρ έ φ ε ι ν <u>ἐπὶ</u> θεὸν ζῶντα <u>ὃς ἐποίησεν</u> τὸν οὐρανὸν καὶ τὴν γῆν καὶ τὴν θάλασσαν καὶ πάντα τὰ ἐν αὐτοῖς.

All diese Aussagen und Formulierungen, zu denen noch 1Tim 2,3f. und 1Tim 5,4 hinzuzunehmen sind (s. u. S. 277), prägen den Abschnitt 1Clem 7,2–4

---

89 Nach Röm 4,24 ἀλλὰ καὶ δ ι ' ἡ μ ᾶ ς οἷς μέλλει λογίζεσθαι, <u>τοῖς πιστεύουσιν ἐπὶ τὸν</u> <u>ἐγείραντα</u> Ἰησοῦν τὸν κύριον ἡμῶν <u>ἐκ νεκρῶν</u>.

90 Den hier markierten Stichworten φανερωθέντος, δόξαν, ἐλπίδα entsprechen in Tit 2,11ff. ἐπεφάνη, ἐλπίδα, ἐπιφάνειαν τῆς δόξης.

91 Die Antithese wird mit dem gleichen Stichwort in 1,23 wieder aufgenommen: „wiedergeboren nicht aus vergänglichem, sondern aus unvergänglichem Samen durch das lebendige und bleibende Wort Gottes (ἀναγεγεννημένοι <u>οὐκ ἐκ σπορᾶς φθαρτῆς ἀλλὰ</u> <u>ἀφθάρτου</u>, διὰ λόγου **ζῶντος θεοῦ** καὶ μένοντος). Verwandte Antithesen finden sich im NT zuvor nur noch Röm 1,23; 1Kor 9,25; 1Kor 15,53f.; vgl. Philo, Quod deterius potiori insidiari solet 49 ὁ μὲν δὴ σοφὸς τεθνηκέναι δοκῶν <u>τὸν φθαρτὸν</u> | βίον ζῇ <u>τὸν ἄφθαρ-</u> <u>τον</u>, ὁ δὲ φαῦλος ζῶν τὸν ἐν κακίᾳ τέθνηκε τὸν εὐδαίμονα.

92 Siehe Ex 29,38 **ἀμνοὺς** ἐνιαυσίους **ἀμώμους** δύο τὴν ἡμέραν ἐπὶ τὸ θυσιαστήριον ἐνδελεχῶς; Lev 9,3 λάβετε χίμαρον ἐξ αἰγῶν ἕνα περὶ ἁμαρτίας καὶ μοσχάριον καὶ **ἀμνὸν** ἐνιαύσιον εἰς ὁλοκάρπωσιν, **ἄμωμα**. 12,6; 14,10; 23,18; Num 6,14; 28,3. 9. 11.

διὸ ἀπολίπωμεν **τὰς** κενὰς καὶ **ματαίας** φροντίδας καὶ ἔλθωμεν <u>ἐπὶ</u> τὸν εὐκλεῆ καὶ σεμνὸν τῆς **παραδόσεως** ἡμῶν κανόνα[93]
καὶ ἴδωμεν, τί καλὸν καὶ τί τερπνὸν καὶ τί προσδεκτὸν ἐνώπιον <u>τοῦ</u>
<u>ποιήσαντος</u> ἡμᾶς. Ἀτενίσωμεν εἰς **<u>τὸ αἷμα</u>** τοῦ Χριστοῦ[94] καὶ γνῶμεν, ὡς
ἔστιν **<u>τίμιον</u>** τῷ πατρὶ αὐτοῦ, ὅτι <u>διὰ</u> τὴν ἡμετέραν **σωτηρίαν** ἐκχυθὲν παντὶ τῷ κόσμῳ μετανοίας **χάριν** ἐπήνεγκεν[95]:

„Verlassen wir darum die leeren und eitlen Gedanken, wenden wir uns der
ruhmvollen und erhabenen Regel unserer Überlieferung zu und betrachten
wir, was gut und was wohlgefällig und was angenehm ist vor dem, der uns
geschaffen hat! Blicken wir hin auf das Blut Christi und erkennen wir, wie
kostbar es seinem Vater ist! Denn um unseres Heiles willen vergossen,
brachte es der ganzen Welt die Gnade der Buße"[96].

Das Verb ἐπιστρέφειν (ἐπὶ) aus Apg 14,15 war in 1Petr 1,18 in ein
Substantiv mit veränderter Bedeutung (ἀναστροφή) eingeschmolzen
worden, das Ps.Clemens zu einem üblicheren φροντίδας zurückbildet.
Ähnlich verfährt er mit dem in der Bibel singulären, zuvor nur bei Dio-
dorus Siculus und Dionysios von Halikarnaß belegten Kompositum πατροπαραδότου in 1Petr, aus dem bei ihm ein „banales" παραδόσεως wird. Durch ἐνώπιον τοῦ **ποιήσαντος** ἡμᾶς zeigt er, daß er bewußt
neben 1Petr 1,18 auch dessen Vorbild Apg 14,15 (ἐπὶ θεὸν ζῶντα **ὃς**
ἐποίησεν τὸν οὐρανὸν καὶ τὴν γῆν etc.) anklingen lassen will. Aus dem
Kolon ὑμᾶς **ἀπὸ** τούτων **τῶν ματαίων** ἐπιστρέφειν <u>ἐπὶ</u> (Apg
14,15) hatte Ps.Petrus sein **ἐλυτρώθητε ἐκ τῆς ματαίας** ὑμῶν
ἀναστροφῆς gewonnen (s. o.). Ps.Clemens hat die knappe Konstruktion ἀπὸ … ἐπιστρέφειν ἐπὶ von Apg 14,15 zu einem Ausdruck
mit zwei Verben gedehnt (ἀπολίπωμεν **τὰς** κενὰς καὶ **ματαίας**
φροντίδας καὶ ἔλθωμεν <u>ἐπὶ</u>) und dem einen Attribut, das er in
1Petr neben dem Substantiv ἀναστροφή fand, ein synonymes hinzuge-

---

93 Vgl. den vorletzten Satz des Galaterbriefes: Gal 6,15f. οὔτε γὰρ περιτομή τί ἐστιν οὔτε
    ἀκροβυστία, ἀλλὰ καινὴ κτίσις. καὶ ὅσοι τῷ κανόνι τούτῳ στοιχήσου-
    σιν, εἰρήνη ἐπ' αὐτοὺς καὶ ἔλεος, καὶ ἐπὶ τὸν Ἰσραὴλ τοῦ θεοῦ. Ferner 4Makk 7,21f.
    πρὸς ὅλον τὸν τῆς φιλοσοφίας κανόνα φιλοσοφῶν.
94 Aus Hebr 9,14.
95 Zum Schlußsatz vgl. Tit 2,11f. (s. o.) ἐπεφάνη γὰρ ἡ **χάρις** τοῦ θεοῦ **σωτήριος**
    πᾶσιν ἀνθρώποις, παιδεύουσα ἡμᾶς ἵνα ἀρνησάμενοι τὴν ἀσέβειαν καὶ τὰς κοσ-
    μικὰς ἐπιθυμίας σωφρόνως καὶ δικαίως καὶ εὐσεβῶς ζήσωμεν ἐν τῷ νῦν αἰῶνι.
96 Eingeleitet wird der Passus durch eine in Anlehnung an Phil 1,30 formulierte Versiche-
    rung, die Christengemeinde in Rom befinde sich auf dem gleichen Kampfplatz wie die
    korinthische; allen Christen sei derselbe Kampf auferlegt: 1Clem 7,1 Ταῦτα, ἀγαπητοί,
    οὐ μόνον ὑμᾶς νουθετοῦντες ἐπιστέλλομεν, ἀλλὰ καὶ ἑαυτοὺς ὑπομιμνήσκοντες· ἐν γὰρ
    τῷ αὐτῷ ἐσμὲν σκάμματι, καὶ ὁ αὐτὸς ἡμῖν ἀγὼν ἐπίκειται. Vgl. Phil
    1,30 τὸν αὐτὸν ἀγῶνα ἔχοντες οἷον εἴδετε ἐν ἐμοὶ (der Ausdruck ist singu-
    lär in NT und Sept.).

fügt: Man sieht, wie die Vielzahl der verarbeiteten Vorbilder und das Bestreben, diese zu übertrumpfen, die Darstellung breit machen.

Die Junktur **τίμιον αἷμα** begegnet in NT und Sept. nur an der zitierten 1Petr-Stelle. Zusammen mit den übrigen genannten Anklängen erweist diese Junktur 1Petr 1,18ff. als Quelle von 1Clem 7,2–4, zumal sich Ps.Clemens in 1Clem 12,7

πρόδηλον ποιοῦντες ὅτι διὰ τοῦ **αἵματος τοῦ κυρίου λύτρωσις** ἔσται πᾶσιν τοῖς πιστεύουσιν καὶ ἐλπίζουσιν ἐπὶ τὸν θεόν

ein weiteres Mal auf 1Petr 1,18–21 zurückbezieht, vgl. besonders:

εἰδότες ὅτι οὐ φθαρτοῖς, ... **ἐλυτρώθητε** ..., ἀλλὰ τιμίῳ **αἵματι** Χριστοῦ, ... φανερωθέντος ... δι᾽ ὑμᾶς τοὺς δι᾽ αὐτοῦ πιστοὺς εἰς θεὸν τὸν ἐγείραντα αὐτὸν ἐκ νεκρῶν ..., ὥστε τὴν πίστιν ὑμῶν καὶ ἐλπίδα εἶναι εἰς θεόν.

Indem Ps.Clemens die Formulierungen von 1Tim 2,3f. τοῦτο **καλὸν καὶ** ἀπόδεκτον ἐνώπιον τοῦ **σωτῆρος** ἡμῶν θεοῦ, ὃς πάντας ἀνθρώπους[97] θέλει **σωθῆναι** καὶ εἰς ἐπίγνωσιν ἀληθείας ἐλθεῖν und 1Tim 5,4 τοῦτο γάρ ἐστιν ἀπόδεκτον ἐνώπιον τοῦ θεοῦ mit dem verwandten Psalmvers 132,1

ἰδοὺ δὴ τί καλὸν ἢ τί τερπνὸν ἀλλ᾽ ἢ τὸ κατοικεῖν ἀδελφοὺς ἐπὶ τὸ αὐτό

kombinierte, hat er die Formel

καὶ ἴδωμεν, τί καλὸν καὶ τί τερπνὸν καὶ τί προσδεκτὸν ἐνώπιον τοῦ **ποιήσαντος** ἡμᾶς

geprägt[98]. Den unmittelbar anschließenden Teil des Verses 1Tim 2,3f. berücksichtigt Ps.Clemens (zusammen mit 1Petr 18–21, s. o.) im übernächsten Satz (7,4): ὅτι διὰ τὴν ἡμετέραν **σωτηρίαν ἐκχυθὲν** παντὶ τῷ κόσμῳ μετανοίας **χάριν** ἐπήνεγκεν.

---

97 Vgl. o. S. 274 und S. 276 Anm. 95 (S. 274 Anm. 84) zu Tit 2,11.

98 Die beiden Schlußworte sollen an Apg 14,15 zurückerinnern (s. S. 275). Das Kompositum ἀπόδεκτ- erscheint innerhalb der biblischen Schriften nur an den beiden 1Tim-Stellen; ansonsten findet sich nur προσδεκτός, s. Spr 11,20 προσδεκτοὶ δὲ αὐτῷ (sc. κυρίῳ) πάντες ἄμωμοι ἐν ταῖς ὁδοῖς αὐτῶν; vgl. 16,15 οἱ δὲ προσδεκτοὶ αὐτῷ ὥσπερ νέφος ὄψιμον; SapSal 9,12 καὶ ἔσται προσδεκτὰ τὰ ἔργα μου. Dies dürften die Vorbilder sein, an denen sich Ps.Clemens bei seiner Abwandlung der Version von 1Tim 2,3 orientiert hat.

3. 1Clem schöpft aus Jak und 1Petr

Bevor einige Reminiszenzen des „Clemens" an den Jakobusbrief und den von Jak abhängigen ersten Petrusbrief je gesondert vorgeführt werden[99], soll die Nutzung einiger Motive und Formeln besprochen werden, die sich sowohl in Jak als auch in 1Petr finden, jedoch einen Traditionszusammenhang Jak – 1Petr – 1Clem konstituieren.

a) Jak 5,19f. / 1Petr 4,8 / 1Clem 49,5

Der Hymnus auf die Liebe in 1Clem 49 besteht aus einer Kombination verschiedener Zitate, die aus Schriften des NT genommen sind, darunter auch die folgenden:

1Clem 49,5 Ἀγάπη κολλᾷ ἡμᾶς τῷ θεῷ, ἀγάπη **καλύπτει πλῆθος ἁμαρτιῶν**, ἀγάπη πάντα ἀνέχεται, πάντα μακροθυμεῖ[100].

Das S c h l u ß w o r t des Jakobusbriefes lautet (Jak 5,19f.): „Meine Brüder, sollte jemand unter euch von der Wahrheit abgeirrt sein und jemand führt ihn zurück, so wisset, daß, wer einen Sünder von seinem Irrweg zurückführt, seine Seele vor dem Tode erretten und eine Menge von Sünden zudecken wird."

Ἀδελφοί μου, ἐάν τις ἐν ὑμῖν πλανηθῇ ἀπὸ τῆς ἀληθείας καὶ ἐπιστρέψῃ τις αὐτόν, γινώσκετε ὅτι ὁ ἐπιστρέψας **ἁμαρτωλὸν** ἐκ πλάνης ὁδοῦ αὐτοῦ σώσει ψυχὴν [αὐτοῦ] ἐκ θανάτου καὶ **καλύψει πλῆθος ἁμαρτιῶν**.

Der Zusammenhang handelt von gegenseitigem Sündenbekenntnis und Vergebung der Sünden durch das Gebet, vor allem durch das Gebet des Gerechten. Deshalb begegnet hier insgesamt viermal das Stichwort

---

99   Siehe KNOCH (1964) 92–98; HAGNER 238–256. LONA (56f.) schließt literarische Abhängigkeit im Verhältnis von 1Clem zu 1Petr und (S. 57) zu Jak aus, konstatiert wieder lediglich die Existenz eines gemeinsamen Traditionsgutes – obwohl er 13 von 58 Wörtern, die sonst nur in 1Petr belegt sind, auch in 1Clem nachweisen kann. Hinzu kommt eine Reihe seltener Junkturen! Dies ist ein so hoher Prozentsatz gemeinsamer nur zwischen 1Petr und 1Clem bestehender Berührungspunkte, daß man ihn nicht dem Zufall mündlich übermittelter Lehrtradition zuschreiben kann. Der Leser sei auf die Tabelle und die weiteren Ausführungen bei LONA S. 56 verwiesen. Zu würdigen sind wieder erlesene Kostbarkeiten wie ἀγαθοποιία, ἀδελφότης, ἀπροσωπολήμπτως, μώλωψ und ῥύπος. Auch das dort nicht verzeichnete ὑπογραμμός (1Petr 2,21 – danach 1Clem 5,7; 16,7; 33,8) wäre aufzunehmen. Daß literarische Nachahmer gerade die Pretiositäten ihrer Vorbilder bevorzugen, läßt sich leicht ersehen aus den homerischen ἅπαξ und δὶς λεγόμενα im Apollonios Rhodios und dessen „lexicographischer" Technik, s. A. RENGAKOS, Apollonios Rhodios und die antike Homererklärung, München 1994 (Zetemata 92), 173–178 (mit weiteren bibliographischen Hinweisen).
100 Der letzte Satz ist aus 1Kor 13,4–7; Eph 4,2 gespeist.

ἁμαρτία bzw. ἁμαρτωλός[101], zuletzt das zuvor nirgends belegte Kolon **καλύψει πλῆθος ἁμαρτιῶν**. Dies ist offensichtlich für diesen S c h l u ß s a t z geprägt und dem gläubigen Leser als ein in die Zukunft weisendes Versprechen mit auf den Weg gegeben worden. Der Verfasser des ersten Petrusbriefes löst dieses Versprechen aus dem konkreten Zusammenhang des jakobinischen Brief s c h l u s s e s (der sich dem Leser besonders eingeprägt haben dürfte) und formt daraus[102] innerhalb einer Mahnung zu einträchtiger Liebe, in der das Stichwort ἁμαρτία keinen originären Anhalt hat, einen allgemeingültigen Lehrsatz:

1Petr 4,8 πρὸ πάντων τὴν εἰς ἑαυτοὺς ἀ γ ά π η ν ἐκτενῆ ἔχοντες, ὅτι ἀ γ ά π η **καλύπτει πλῆθος ἁ μ α ρ τ ι ῶ ν**.

Diesen hat dann „Clemens" – neben einer langen Reihe weiterer z. T. isolierter Zitate – in seinen Liebeshymnus aufgenommen.

b) Spr 3,34 / Jak 4,6 / 1Petr 5,5 / 1Clem 30,1ff. 57,1

1Clem 30,1ff. lautet: „Da wir also ein heiliger Teil sind, wollen wir alles tun, was zur Heiligung gehört, indem wir uns zurückhalten von Verleumdungen, schmutzigen und unreinen Umarmungen, Trunkenheit und Umsturz sowie abscheulichen Begierden, schändlichem Ehebruch und abscheulichem Hochmut. 'Denn Gott', so heißt es, 'widersetzt sich den Hochmütigen, den Demütigen aber gibt er seine Gnade' [Spr 3,34]. Schließen wir uns also jenen an, denen von Gott die Gnade geschenkt ist! Ziehen wir die Eintracht an, seien wir demütig, enthaltsam, halten wir uns fern von aller Ohrenbläserei und Verleumdung, rechtfertigen wir uns durch Werke und nicht durch Worte!"

> Ἁγία οὖν μερὶς ὑπάρχοντες ποιήσωμεν τὰ τοῦ ἁγιασμοῦ πάντα, φεύγοντες καταλαλιάς, μιαράς τε καὶ ἀνάγνους συμπλοκάς, μέθας τε καὶ νεωτερισμοὺς καὶ βδελυκτὰς ἐπιθυμίας, μυσεράν τε μοιχείαν καὶ βδελυκτὴν ὑπερηφανίαν. «*Θεὸς* **γάρ, φησίν,** *ὑπερηφάνοις ἀντιτάσσεται, τ α π ε ι ν ο ῖ ς δὲ δίδωσιν χάριν.*» Κολληθῶμεν οὖν ἐκείνοις, οἷς ἡ χάρις ἀπὸ <u>τοῦ θεοῦ</u> δέδοται· ἐνδυσώμεθα τὴν ὁμόνοιαν τ α π ε ι ν ο φ ρ ο ν ο ῦ ν τ ε ς, ἐγκρατευόμενοι, ἀπὸ παντὸς ψιθυρισμοῦ καὶ καταλαλιᾶς πόρρω ἑαυτοὺς ποιοῦντες, ἔργοις δικαιούμενοι καὶ μὴ λόγοις.

---

101 Siehe den weiteren Text u. S. 291.
102 Kaum unter Einfluß einer hebräischen Version des in der Septuagintafassung gedanklich weit abliegenden Verses Spr 10,12 ([LXX] μῖσος ἐγείρει νεῖκος, πάντας δὲ τοὺς μὴ φιλονεικοῦντας κ α λ ύ π τ ε ι φ ι λ ί α); vgl. BEARE 184f.

Die Urquelle des herausgestellten Bibelzitats sind wieder die Sprüche der Weisheit,

> Spr 3,34 (LXX) <u>κύριος</u> ὑπερηφάνοις ἀντιτάσσεται, τ α π ε ι ν ο ῖ ς δὲ δίδω-
> σιν χάριν.

Doch zeigt der Ersatz von κύριος durch θεός und das mit Blick auf Jak 4,6 eingefügte **γάρ, φησίν,** daß „Clemens" auf die Version von Jak 4,6 zurückgeht:

> μείζονα δὲ δίδωσιν χάριν· **διὸ λέγει,** <u>Ὁ θεὸς</u> ὑπερηφάνοις ἀντιτάσσεται,
> τ α π ε ι ν ο ῖ ς δὲ δίδωσιν χάριν. **ὑποτάγητε** οὖν τ ῷ θ ε ῷ.

Von Jak 4,6 wiederum hängt 1Petr 5,5 ab:

> Ὁμοίως, νεώτεροι, **ὑποτάγητε** π ρ ε σ β υ τ έ ρ ο ι ς. πάντες δὲ ἀλλήλοις
> τὴν τ α π ε ι ν ο φ ρ ο σ ύ ν η ν ἐγκομβώσασθε, ὅτι <u>Ὁ θεὸς</u> ὑπερηφάνοις
> ἀντιτάσσεται, τ α π ε ι ν ο ῖ ς δὲ δίδωσιν χάριν.

Dies beweist der neben das wörtlich gleiche Schriftzitat gesetzte gemeinsame Imperativ **ὑποτάγητε,** der in Jak 4,6 mit τ ῷ θ ε ῷ (also dem Subjekt des eben zitierten Bibelspruches) verbunden ist, in 1Petr 5,5 aber in einen neuen Zusammenhang gerückt ist. Eben diese neue Junktur **ὑποτάγητε πρεσβυτέροις** aus 1Petr 5,5 ist nun ihrerseits durch „Clemens" in einen späteren, gedanklich verwandten Passus übernommen worden (1Clem 57,1):

> Ὑμεῖς οὖν οἱ τὴν καταβολὴν τῆς στάσεως ποιήσαντες **ὑποτάγητε τοῖς**
> **πρεσβυτέροις** καὶ παιδεύθητε εἰς μετάνοιαν κάμψαντες τὰ γόνατα τῆς
> καρδίας ὑμῶν.

c) Vgl. Jak 4,10 / 1Petr 5,6

Ein vergleichbares Abhängigkeitsverhältnis zeigt sich in der Formulierung des Demutsmotivs in Jak 4,10 (τ α π ε ι ν ώ θ η τ ε ἐνώπιον **κυρίου,** καὶ **ὑψώσει ὑμᾶς**) und 1Petr 5,6 (τ α π ε ι ν ώ θ η τ ε οὖν ὑπὸ τὴν κραταιὰν χεῖρα **τοῦ θεοῦ,** ἵνα **ὑμᾶς ὑψώσῃ** ἐν καιρῷ). Der jeweils gleiche Imperativ am Satzbeginn ist singulär im NT; es besteht also mit großer Sicherheit ein Zusammenhang zwischen beiden Stellen. Man erkennt denn auch unmittelbar, daß das schlichte ἐνώπιον κυρίου des Jakobusbriefes in 1Petr pretiös umgeformt wurde (ὑπὸ τὴν κραταιὰν χεῖρα τοῦ θεοῦ), obwohl die „starke Hand" Gottes im Zusammenhang keine wirkliche Funktion hat: die im NT sonst nicht belegte Junktur wurde als alttestamentarischer „Schmuck" hinzugefügt, vgl. Ex 3,19 μετὰ χειρὸς κραταιᾶς; 6,1 ἐν γὰρ χειρὶ κραταιᾷ; 3,3. 9. 14. 16 – und viele weitere

Belege, bes. in Dtn. Auch die Ersetzung des allgemeingültigen Futurs καὶ ὑψώσει ὑμᾶς durch den Finalsatz ἵνα ὑμᾶς ὑψώσῃ ἐν καιρῷ schwächt eher die Aussagekraft, wirkt also sekundär.

d) Hebr 12,1f. / Jak 1,9–11. 18–21 / 1Petr 1,22–2,1 / 1Clem 13,1

1Clem 13,1 lautet: „Seien wir also demütigen Sinnes, Brüder; legen wir ab alle Prahlerei, Aufgeblasenheit, Torheit und Zornmütigkeit, und tun wir, was geschrieben steht! Der Heilige Geist sagt nämlich: 'Nicht rühme sich der Weise in seiner Weisheit, noch der Starke in seiner Stärke, noch der Reiche in seinem Reichtum', sondern (Jer 9,22) 'wer sich rühmt, rühme sich im Herrn' (1Kor 1,31), auf daß er ihn suche 'und Gerechtigkeit übe' (vgl. Jer 9,23). Vor allem wollen wir der Worte des Herrn Jesus gedenken, die er sprach als Lehrer von Milde und Langmut."

Τ α π ε ι ν ο φ ρ ο ν ή σ ω μ ε ν **οὖν**, ἀδελφοί, **ἀποθέμενοι πᾶσαν** ἀλαζονείαν **καὶ** τῦφος καὶ ἀφροσύνην καὶ ὀργάς, καὶ ποιήσωμεν τὸ γεγραμμένον· λέγει γὰρ τὸ πνεῦμα τὸ ἅγιον· «*Μὴ καυχάσθω ὁ σοφὸς ἐν τῇ σοφίᾳ αὐτοῦ μηδὲ ὁ ἰσχυρὸς ἐν τῇ ἰσχύϊ αὐτοῦ μηδὲ ὁ πλούσιος ἐν τῷ πλούτῳ αὐτοῦ, ἀλλ'* (Jer 9,22) *ὁ καυχώμενος ἐν κυρίῳ καυχάσθω* (1Kor 1,31) τοῦ ἐκζητεῖν αὐτὸν καὶ *ποιεῖν κρίμα καὶ δικαιοσύνην* (Jer. 9,23)»· μάλιστα μεμνημένοι τῶν λόγων τοῦ κυρίου Ἰησοῦ, οὓς ἐλάλησεν διδάσκων ἐπιείκειαν καὶ μακροθυμίαν.

Vgl. 1Clem 30,8 Θράσος καὶ αὐθάδεια καὶ τόλμα τοῖς κατηραμένοις ὑπὸ τοῦ θεοῦ· ἐπιείκεια καὶ τ α π ε ι ν ο φ ρ ο σ ύ ν η καὶ π ρ α ΰ τ η ς[103] παρὰ τοῖς ηὐλογημένοις ὑπὸ τοῦ θεοῦ.

Vordergründig stellt sich der Passus so dar, als ob „Clemens" von sich aus das (mit 1Kor 1,31 kontaminierte) Jeremias-Zitat (Jer 9,22f.) zur Bekräftigung seines Mahnwortes angeführt hätte. Die exhortative Einleitungsformel (τ α π ε ι ν ο φ ρ ο ν ή σ ω μ ε ν **οὖν**, ἀδελφοί, **ἀποθέμενοι πᾶσαν** ἀλαζονείαν **καὶ** τῦφος) läßt aber vermuten, daß er zu diesem Rückgriff auf das alttestamentarische Bibelzitat durch das erste Kapitel des Jakobusbriefes angeregt wurde. Dort konnte er nämlich einerseits die folgende Aufforderung lesen:

Jak 1,21 **διὸ ἀποθέμενοι πᾶσαν** ῥυπαρίαν **καὶ** περισσείαν κακίας ἐ ν π ρ α ΰ τ η τ ι δ έ ξ α σ θ ε τὸν ἔμφυτον λόγον τὸν δυνάμενον σῶσαι τὰς ψυχὰς ὑμῶν,

---

103 Die gleiche Kombination in Kol 3,12, s. o. S. 253 Anm. 28.

andererseits das Demutsmotiv von Jer 9,22 (*Μὴ καυχάσθω ὁ σοφὸς ἐν τῇ σοφίᾳ αὐτοῦ μηδὲ ὁ ἰσχυρὸς ἐν τῇ ἰσχύϊ αὐτοῦ μηδὲ ὁ πλούσιος ἐν τῷ πλούτῳ αὐτοῦ*) in folgender Weise variiert finden:

Jak 1,9f. **Καυχάσθω** δὲ ὁ ἀδελφὸς ὁ τ α π ε ι ν ὸ ς ἐν τῷ ὕψει αὐτοῦ, 10 ὁ δὲ πλούσιος ἐν τῇ τ α π ε ι ν ώ σ ε ι αὐτοῦ.

Als „Clemens" nun einige der Grundgedanken (einschließlich des Demutsmotivs) aus dem ersten Kapitel des Jakobusbriefes übernahm (wie anschließend näher ausgeführt wird), wurde er durch 1,9f. auf die alttestamentarische Urquelle zurückverwiesen. Das veranlaßte ihn, selbst wieder den Originaltext – allerdings vermischt mit dem inhaltlich und formal verwandten Vers 1Kor 1,31 (s. o.) – an die Stelle der von „Jakobus" eingeführten Variation zu setzen[104].

Das gleiche Verfahren läßt sich 1Petr 1,22–25; 2,1–3 beobachten:

Τὰς ψυχὰς ὑμῶν ἡ γ ν ι κ ό τ ε ς[105] ἐν τῇ ὑπακοῇ τ ῆ ς ἀ λ η θ ε ί α ς εἰς φιλαδελφίαν ἀνυπόκριτον, ἐκ καρδίας ἀλλήλους ἀγαπήσατε ἐκτενῶς, ἀναγεγεννημένοι οὐκ ἐκ σπορᾶς φθαρτῆς ἀλλὰ ἀφθάρτου, διὰ λόγου ζῶντος θεοῦ καὶ μένοντος· διότι «*πᾶσα σὰρξ ὡς χόρτος, | καὶ πᾶσα δόξα αὐτῆς ὡς ἄνθος χόρτου· | ἐξηράνθη ὁ χόρτος, | καὶ τὸ ἄνθος ἐξέπεσεν· | τὸ δὲ ῥῆμα κυρίου μένει εἰς τὸν αἰῶνα*» (Jes 40,6f.). τοῦτο δέ ἐστιν τὸ ῥῆμα τὸ εὐαγγελισθὲν εἰς ὑμᾶς.

2,1 **Ἀποθέμενοι οὖν πᾶσαν** κακίαν **καὶ** πάντα δόλον καὶ ὑποκρίσεις καὶ φθόνους καὶ πάσας καταλαλιάς, ὡς ἀρτιγέννητα βρέφη τὸ λογικὸν ἄδολον γάλα ἐπιποθήσατε, ἵνα ἐν αὐτῷ αὐξηθῆτε εἰς σωτηρίαν, *εἰ ἐγεύσασθε ὅτι χρηστὸς ὁ κύριος* (Ps 34,8).

Es handelt sich um einen zusammenhängenden Passus, dessen Schlußfolgerung in 2,1 die gleiche Einleitungsformel wie Jak 1,21 aufweist (nur wurde das satzeinleitende διό des Jakobusbriefes durch nachgestelltes οὖν ersetzt). Die Klausel des Verses Jak 1,21 (ἐν π ρ α ΰ τ η τ ι δέξασθε τὸν ἔμφυτον λόγον τὸν δυνάμενον σῶσαι **τὰς ψυχὰς ὑμῶν**) aber bildet den Auftakt des ganzen Passsus aus 1Petr 1,22ff. Zusätzlich hat der soeben besprochene Abschnitt aus Jak 1,9–11 eingewirkt, in dem nicht nur Jer 9,22, sondern auch Jes 40,6f. frei ausgebeutet war (man beachte die Markierungen hier und in dem voraufgehenden Jes-Zitat):

Jak 1,9 Καυχάσθω δὲ ὁ ἀδελφὸς ὁ τ α π ε ι ν ὸ ς ἐν τῷ ὕψει αὐτοῦ, 10 ὁ δὲ πλούσιος ἐν τῇ τ α π ε ι ν ώ σ ε ι αὐτοῦ (vgl. Jer 9,22), ὅτι ὡς ἄνθος χόρτου παρελεύσεται. 11 ἀνέτειλεν γὰρ ὁ ἥλιος σὺν τῷ καύσωνι καὶ ἐξήρανεν τὸν χόρτον, καὶ τὸ ἄνθος αὐτοῦ ἐξέπεσεν (vgl. Jes 40,6f.) καὶ ἡ εὐπρέπεια τοῦ

---

104 Wir werden unten S. 301ff. vergleichbare Fälle in größerem Zusammenhang vorführen.
105 Hier haben wir die Fortsetzung der ἅγιοι-Thematik von 1Petr 1,15f.

προσώπου αὐτοῦ ἀπώλετο· οὕτως καὶ ὁ πλούσιος ἐν ταῖς πορείαις αὐτοῦ μαρανθήσεται.

Auch hier bietet sich die Erklärung an, daß der Verfasser von 1 Petr 1,22ff. durch das Vorbild von Jak 1,9–11. 21 dazu angeregt wurde, seinerseits auf die Urquelle (Jes 40,6f.) selbst zurückzugreifen und diese wörtlich zu zitieren.

Die Abhängigkeitsverhältnisse werden dadurch zusätzlich verwikkelt, daß sich eine dritte Stelle in der Bibel findet (Hebr 12,1f.), die eine mit dem Auftaktmotiv von Jak 1,21 und 1Petr 2,1 verwandte Formulierung enthält. Ich rücke die Stellen zusammen, damit der Vergleich erleichtert wird:

– Jak 1,21 **διὸ ἀποθέμενοι πᾶσαν** ῥυπαρίαν **καὶ** <u>περισσείαν κακίας</u> ἐ ν π ρ α ΰ τ η τ ι δέξασθε τὸν ἔμφυτον λόγον τὸν δυνάμενον σῶσαι τὰς ψυχὰς ὑμῶν;

– Hebr 12,1f. τοιγαρ**οῦν** καὶ ἡμεῖς, τοσοῦτον ἔχοντες περικείμενον ἡμῖν νέφος μαρτύρων, <u>ὄγκον</u> **ἀποθέμενοι πάντα καὶ** τὴν εὐπερίστατον[106] ἁμαρτίαν, δι' ὑπομονῆς τρέχ ω μ ε ν τὸν προκείμενον ἡμῖν ἀγῶνα;

– 1Petr 2,1 **ἀποθέμενοι οὖν πᾶσαν** <u>κακίαν</u> **καὶ** πάντα δόλον καὶ ὑποκρίσεις καὶ φθόνους καὶ πάσας καταλαλιάς, ὡς ἀρτιγέννητα βρέφη τὸ λογικὸν ἄδολον γάλα ἐπιποθήσατε, ἵνα ἐν αὐτῷ αὐξηθῆτε εἰς σωτηρίαν, *εἰ ἐγεύσασθε ὅτι χρηστὸς ὁ κύριος* (Ps 34,8);

– 1Clem 13,1 τ α π ε ι ν ο φ ρ ο ν ή σ ω μ ε ν **οὖν**, ἀδελφοί, **ἀποθέμενοι πᾶσαν** <u>ἀλαζονείαν</u> **καὶ** <u>τῦφος</u> καὶ ἀφροσύνην καὶ <u>ὀργάς</u>, καὶ ποιήσ ω μ ε ν τὸ γεγραμμένον.

Zur Auftaktformel scheint sich der Hebr 12,2 noch in einen verschachtelten Satz eingelassene Ausdruck erst in Jak 1,21 und 1Petr 2,1 verfestigt zu haben. „Clemens" dürfte sich zumindest an den beiden ersten Bibelstellen orientieren, denn er stimmt mit Hebr 12,1f. in dem Exhortativ (ταπεινοφρονήσ ω μ ε ν **οὖν**, ἀδελφοί, / τοιγαρ**οῦν** καὶ ἡμεῖς … τρέχ ω μ ε ν) überein, wo „Petrus" und „Jakobus" den an die zweite Person gerichteten Imperativ gesetzt haben; ferner bildet seine viergliedrige Objektreihe ἀλαζονείαν καὶ τῦφος καὶ ἀφροσύνην καὶ ὀργάς eine

---

106 Das Attribut erscheint hier erstmalig in der für uns faßbaren Gräzität. „Die uns dicht gedrängt (oder „mit Leichtigkeit") umgarnende Sünde" versteht Johannes Chrysostomus (in psalm. 48,4 [PG 55, 227, lin. 22]: Διὸ καὶ ὁ Παῦλος αὐτὴν ε ὐ π ε ρ ί σ τ α τ ο ν καλεῖ, τὴν συνεχῶς περιβάλλουσαν δηλῶν, τὴν εὐκόλως, τὴν ῥᾳδίως); vgl. das Begriffspaar καὶ ὁ ξ ύ ρ ρ ο π ο ν τὸ κακὸν, καὶ ε ὐ π ε ρ ί σ τ α τ ο ς ἡ ἁμαρτία (Ioh. Chrys. proph. obsc. 2,10 (PG 56, 191, lin. 25); ferner in 2Kor serm. 2,7 (PG 61, 402, lin. 17) ε ὐ π ε ρ ί σ τ α τ ο ν γὰρ ἡ ἁμαρτία, πάντοθεν ἱσταμένη, ἔμπροσθεν, ὄπισθεν, καὶ οὕτως ἡμᾶς καταβάλλουσα; Hesych *<εὐπερίστατον>· εὔκολον, εὐχερῆ (Hebr. 12,1) ASP (g).

Kombination aus den entsprechenden Begriffen in Hebr 12,1 (ὄγκον) und im Jakobuskapitel, aus dem er das in 1Petr 2,1 fehlende Demutsmotiv geholt hat: Zorn und Sanftmut begegnen Jak 1,19f. (ἔστω δὲ πᾶς ἄνθρωπος ... βραδὺς εἰς ὀργήν· ὀργὴ γὰρ ἀνδρὸς δικαιοσύνην θεοῦ οὐκ ἐργάζεται) und 1,21 (ἐν πραΰτητι), Demut und Hochmut aber (mit den Schlüsselbegriffen ταπεινός und ἐν τῇ ταπεινώσει – entsprechend dem ταπεινοφρονήσωμεν in 1Clem 13,1) waren bereits in Jak 1,9–11 breit entfaltet worden (s. o.).

„Petrus" hat diese spezifische Zielrichtung aufgegeben zugunsten einer fünfgliedrigen Reihe, die lediglich den abstrakten Doppelbegriff πᾶσαν ῥυπαρίαν καὶ περισσείαν κακίας („schmutzige Gesinnung und Übermaß von Schlechtigkeit") aus Jak 1,21 auffächert: 1Petr 2,1 πᾶσαν κακίαν καὶ πάντα δόλον καὶ ὑποκρίσεις καὶ φθόνους καὶ πάσας καταλαλιάς („alle Schlechtigkeit und jede Art von Hinterlist, Heuchelei und Neid und alles böse Nachreden"). Dabei ist das paulinisch getönte περισσείαν κακίας[107] zu einem konturlosen κακίαν verblaßt, woran dann mit doppelter Wiederholung des Attributs πᾶς und viermaligem καί eine additive Viererkette konkreter schlechter Verhaltensweisen gefügt wurde. Dies ist eine deutlich sekundäre Umformung von Jak 1,21.

Das gleiche Abhängigkeitsverhältnis wird durch die jeweils zweiten Satzhälften nahegelegt: Die Aufforderung Jak 1,21

δέξασθε τὸν ἔμφυτον λόγον τὸν δυνάμενον σῶσαι τὰς ψυχὰς ὑμῶν[108]

wird in 1 Petr 2,1 zu

ὡς ἀρτιγέννητα βρέφη τὸ λογικὸν ἄδολον γάλα ἐπιποθήσατε, ἵνα ἐν αὐτῷ αὐξηθῆτε εἰς σωτηρίαν, εἰ ἐγεύσασθε ὅτι χρηστὸς ὁ κύριος

umgewandelt[109]. Dabei entfaltet Ps.Petrus das Bild vom „eingepflanzten" Wort (~ Christus ~ Wahrheit) zu einer Art Allegorie: die Christen sollen gleichsam „neugeborene Säuglinge" sein, die nach der „rei-

---

107 Vgl. Röm 5,17 πολλῷ μᾶλλον οἱ τὴν περισσείαν τῆς χάριτος καὶ τῆς δωρεᾶς τῆς δικαιοσύνης λαμβάνοντες; 2Kor 8,2 ἡ περισσεία τῆς χαρᾶς αὐτῶν καὶ ἡ κατὰ βάθους πτωχεία αὐτῶν ἐπερίσσευσεν (man beachte das Wortspiel).

108 Ob dieser 'Jakobus'-Vers in 2Tim 3,15 (καὶ ὅτι ἀπὸ βρέφους [τὰ] ἱερὰ γράμματα οἶδας, τὰ δυνάμενά σε σοφίσαι εἰς σωτηρίαν διὰ πίστεως τῆς ἐν Χριστῷ Ἰησοῦ) anklingt (kontaminiert mit Röm 1,16 Οὐ γὰρ ἐπαισχύνομαι τὸ εὐαγγέλιον, δύναμις γὰρ θεοῦ ἐστιν εἰς σωτηρίαν παντὶ τῷ πιστεύοντι), läßt sich nicht klar entscheiden; vgl. im übrigen Hebr 5,7 (δεήσεις τε καὶ ἱκετηρίας πρὸς τὸν δυνάμενον σῴζειν αὐτὸν ἐκ θανάτου) und Mt 10,28 φοβεῖσθε δὲ μᾶλλον τὸν δυνάμενον καὶ ψυχὴν καὶ σῶμα ἀπολέσαι ἐν γεέννῃ.

109 Siehe dazu weiter u. S. 285.

nen Milch des Wortes" verlangen, durch die sie zum Heil „genährt"
werden, wenn sie „geschmeckt" haben, daß d e r H e r r gerecht ist.
Diese Allegorie ist nur unter Einbeziehung von Jak 1,18 verständlich:
'Aus freiem Willen hat er (der Vater des Lichtes) uns durch d a s
W o r t d e r W a h r h e i t „gezeugt", damit wir die „Erstfrucht" seiner
„Schöpfung" seien'

βουληθεὶς **ἀπεκύησεν** ἡμᾶς **λόγῳ ἀληθείας**, εἰς τὸ εἶναι ἡμᾶς ἀ π α ρ χ ή ν
τινα τῶν αὐτοῦ κ τ ι σ μ ά τ ω ν.

Die Metaphorik des Petrusbriefes hat also den Jakobusbrief zur Voraussetzung. Beide Briefstellen wurzeln letztlich im Johannesprolog und in
der Wiedergeburtsmetaphorik von Joh 3 (s. gleich anschließend)[110].
    Auch die fortschreitende Abstraktion des Ausdrucks in dem schlie-
ßenden Nebensatz spricht für die Reihenfolge Jak – 1Petr: Der Verfasser des Jakobusbriefes verwendet nirgends substantiviertes σωτηρία,
wie dies in 1Petr 2,1 vorliegt (ἵνα ... αὐξηθῆτε εἰς σωτηρίαν).
Vielmehr behält er stets (wie in Jak 1,21, s. o.) den aus Mk 3,4; 8,35;
Mt 16,25; Lk 6,9; 9,24 geläufigen (wenn auch auf das „Leben" statt auf
die „Seele" zielenden) Verbalausdruck (τὴν) ψυχὴν σ ῶ σ α ι bei – so
etwa auch in dem (S. 278) zitierten Schlußsatz Jak 5,20 (σ ώ σ ε ι ψ υ -
χ ὴ ν ἐκ θανάτου), der in 1Petr 1,9 zu substantiviertem σ ω τ η ρ ί α ν
ψ υ χ ῶ ν verfestigt wird, einer in der ganzen Bibel singulären Junktur[111].

e) Joh 1,13; 3,3–7 / Jak 1,15–21 / 1Petr 1,23–2,2 / 1Clem 32,1

Es ist oben (S. 284) gezeigt worden, daß der Verfasser des ersten Petrusbriefes die im Jakobusbrief angelegte Metaphorik vom „eingepflanzten" Wort und vom „Gezeugtwerden" durch das Wort der Wahrheit zu einer regelrechten Allegorie ausgeweitet hat. Beiden Briefstel-
lern dürfte der Johannesprolog und die Wiedergeburtsmetaphorik von
Joh 3 zugrundeliegen, jedoch so, daß sich Ps.Petrus sowohl indirekt
über den Jakobusbrief als auch ein weiteres Mal direkt auf das Johannesevangelium zurückbezieht. Ich rücke aus praktischen Gründen den

---

110 Die Junkturen ἀ π ο κ ύ ε ι ν λόγῳ und ἀ π ο κ ύ ε ι ν + ἀληθεί* treten in der uns be-
    kannten Gräzität nicht vor dem Jakobusbrief auf; ebenso ist ἔ μ φ υ τ ο ς λόγος erstma-
    lig in Jak 1,21 belegt. Ps.Jakobus scheint also hier eigenständig den Johannes umge-
    formt zu haben; Ps.Petrus zog die durch Ps.Jakobus eingeführte allegorische Linie wei-
    ter aus und orientierte sich seinerseits ein weiteres Mal an Johannes.
111 Das Substantiv noch in 1Petr 1,5; ferner Eph 1,13; 2Thess 2,13; 2Tim 2,10; 3,15; Hebr
    5,9.

frühesten Text, den Auszug aus dem Johannesevangelium, zwischen die entsprechenden Partien aus dem Jakobusbrief und aus 1Petrus:

Jak 1,15 εἶτα ἡ ἐπιθυμία συλλαβοῦσα **τίκτει** ἁμαρτίαν, ἡ δὲ ἁμαρτία ἀπο-τελεσθεῖσα **ἀποκύει** θάνατον. 1,17 πᾶσα δόσις ἀγαθὴ καὶ πᾶν δώρημα τέ-λειον **ἄ ν ω θ έ ν** ἐστιν, καταβαῖνον ἀπὸ τοῦ πατρὸς τῶν φώτων[112], παρ' ᾧ οὐκ ἔνι παραλλαγὴ ἢ τροπῆς ἀποσκίασμα[113]. 1,18 [s. u. Joh 1,13] **βουλη-θεὶς ἀπεκύησεν** ἡμᾶς λ ό γ ῳ ἀ λ η θ ε ί α ς[114], εἰς τὸ εἶναι ἡμᾶς **ἀπαρχήν τινα** τῶν αὐτοῦ **κτισμάτων.** 1,21 (s. o. S. 281) διὸ ἀποθέμενοι πᾶσαν ῥυ-παρίαν καὶ περισσείαν κακίας ἐν πραῢτητι δέξασθε τ ὸ ν ἔ μ φ υ τ ο ν λ ό γ ο ν τὸν δυνάμενον σῶσαι τὰς ψυχὰς ὑμῶν.

Joh 1,13 [s. o. Jak 1,18] οἳ οὐκ ἐξ αἱμάτων οὐδὲ ἐ κ **θελήματος σαρκὸς** οὐδὲ ἐ κ **θελήματος** ἀνδρὸς ἀλλ᾽ ἐ κ **θ ε ο ῦ** ἐγεννήθησαν; Joh 3,3–7 ἀπεκρίθη Ἰησοῦς καὶ εἶπεν αὐτῷ, Ἀμὴν ἀμὴν λέγω σοι, ἐὰν μή τις **γεννη-θῇ ἄ ν ω θ ε ν,** οὐ δύναται ἰδεῖν τὴν βασιλείαν τοῦ θεοῦ. λέγει πρὸς αὐτὸν [ὁ] Νικόδημος, Πῶς δύναται ἄνθρωπος **γεννηθῆναι** γέρων ὤν; μὴ δύναται εἰς τὴν κοιλίαν τῆς μητρὸς αὐτοῦ **δ ε ύ τ ε ρ ο ν** εἰσελθεῖν καὶ **γεννηθῆναι;** ἀπεκρίθη Ἰησοῦς, Ἀμὴν ἀμὴν λέγω σοι, ἐὰν μή τις **γεννηθῇ** ἐξ ὕδατος καὶ πνεύματος, οὐ δύναται εἰσελθεῖν εἰς τὴν βασιλείαν τοῦ θεοῦ. **τὸ γεγεννη-μένον** ἐκ τῆς **σαρκὸς σάρξ** ἐστιν, καὶ τὸ γεγεννημένον ἐκ τοῦ πνεύματος πνεῦμά ἐστιν. μὴ θαυμάσῃς ὅτι εἶπόν σοι, Δεῖ ὑμᾶς **γεννηθῆναι ἄ ν ω -θ ε ν.**

Der Dialog mit dem verständnislosen Nikodemus macht deutlich, daß hier erstmalig die Idee der geistigen Wiedergeburt eingeführt wird. Im ersten Petrusbrief ist der Gedanke bereits so geläufig, daß ursprüngli-ches γεννᾶσθαι ἄνωθεν zu einem eigenständigen Kompositum **ἀναγεν-νᾶσθαι** gerinnt, das jedoch in der ganzen Bibel nur zweimal begegnet, zunächst in 1Petr 1,3 als aktives Verb (ἀ ν α γεννήσας ἡμᾶς εἰς ἐλπίδα ζῶσαν δι' ἀναστάσεως Ἰησοῦ Χριστοῦ ἐκ νεκρῶν, εἰς κληρονομίαν ἄφθαρτον), danach in 1Petr 1,23–2,2:

ἀ ν α γεγεννημένοι οὐκ ἐκ **σπορᾶς** φθαρτῆς ἀλλὰ ἀφθάρτου, δ ι ὰ λ ό -γ ο υ ζῶντος **θεοῦ** καὶ μ έ ν ο ν τ ο ς· διότι «πᾶσα **σὰρξ** ὡς χόρτος ... τ ὸ δ ὲ ῥ ῆ μ α **κ υ ρ ί ο υ** μ έ ν ε ι εἰς τὸν αἰῶνα» [Jes 40,6f.][115]. τοῦτο δέ ἐστιν

---

112 Siehe unten S. 287 zum Johannesprolog.
113 Vgl. Mt 7,11 εἰ οὖν ὑμεῖς πονηροὶ ὄντες οἴδατε δ ό μ α τ α ἀ γ α θ ὰ δ ι δ ό ν α ι τοῖς τέκνοις ὑμῶν, πόσῳ μᾶλλον ὁ π α τ ὴ ρ ὑ μ ῶ ν ὁ ἐ ν τ ο ῖ ς ο ὐ ρ α ν ο ῖ ς δ ώ σ ε ι ἀ γ α θ ὰ τοῖς αἰτοῦσιν αὐτόν.
114 Siehe Joh 17,17 ὁ λ ό γ ο ς ὁ σὸς ἀ λ ή θ ε ι ά ἐστιν; ferner 2Kor 6,7 ἐ ν λ ό γ ῳ ἀ λ η θ ε ί α ς, ἐν δυνάμει θεοῦ· Eph 1,13 Χριστῷ· ἐν ᾧ καὶ ὑμεῖς ἀκούσαντες τ ὸ ν λ ό γ ο ν τ ῆ ς ἀ λ η θ ε ί α ς, τὸ εὐαγγέλιον τῆς σωτηρίας ὑμῶν, ἐν ᾧ καὶ πιστεύσαντες ἐσφραγίσθητε τ ῷ π ν ε ύ μ α τ ι τῆς ἐπαγγελίας τ ῷ ἁ γ ί ῳ; Kol 1,5 ἐ ν τ ῷ λ ό -γ ῳ τ ῆ ς ἀ λ η θ ε ί α ς; 2Tim 2,15.
115 Die beiden verwandten Belege aus 1Joh wirken sekundär, liegen in jedem Falle später als Joh; ob auch später als 1Petr ist ungewiß, vgl. 1Joh 3,9 Πᾶς ὁ γεγεννημένος ἐκ τοῦ

τὸ ῥῆμα τὸ εὐαγγελισθὲν εἰς ὑμᾶς. 2,1 Ἀποθέμενοι οὖν πᾶσαν κακίαν …, ὡς **ἀρτιγέννητα** βρέφη τὸ λογικὸν ἄδολον γάλα ἐπιποθήσατε.

Im Jakobusbrief ist die Metaphorik vom Zeugen und Gebären breit ausgeführt, aber gegenüber Johannes stärker verfremdet; ἄνωθεν wird nicht als Zeit-, sondern als Ortsadverb eingesetzt und Gott als der Spender aller guter Gaben gepriesen, als Vater des Lichtes, der nach seinem Willen die Menschen durch das Wort der Wahrheit gezeugt hat, damit sie Erstlingsfrucht seiner Schöpfung seien.

Gott, der Spender des Lebens und das L i c h t der Menschen, wird im J o h a n n e s p r o l o g gepriesen:

Joh 1,4 ἐν αὐτῷ ζωὴ ἦν, καὶ ἡ ζωὴ ἦν τὸ φῶς τῶν ἀνθρώπων; 1,8. 9; 8,12 (τὸ φῶς τοῦ κόσμου· … τὸ φῶς τῆς ζωῆς); 12,36 πιστεύετε εἰς τὸ φῶς, ἵνα υἱοὶ φωτὸς γένησθε; 12,44f.; aber vgl. auch Eph 5,8 ἦτε γάρ ποτε σκότος, νῦν δὲ φῶς ἐν κυρίῳ· ὡς τέκνα φωτὸς περιπατεῖτε; 1Joh 1,5; 1Thess 5,5 πάντες γὰρ ὑμεῖς υἱοὶ φωτός.

Der (göttliche) Logos ist „Fleisch" geworden:

Joh 1,14 Καὶ ὁ λόγος **σὰρξ** ἐγένετο καὶ ἐσκήνωσεν ἐν ἡμῖν, καὶ ἐθεασάμεθα τὴν δόξαν αὐτοῦ, δόξαν ὡς **μονογενοῦς** παρὰ πατρός, πλήρης χάριτος καὶ ἀληθείας.

Auf Gott, den Spender von Gnade und allen guten Gaben verweist „Clemens" in

1Clem 30,3 Κολληθῶμεν οὖν ἐκείνοις, οἷς ἡ χάρις ἀπὸ τοῦ θεοῦ δέδοται.

32,1 Ὃ ἐάν τις καθ' ἓν ἕκαστον εἰλικρινῶς κατανοήσῃ, ἐπιγνώσεται μεγαλεῖα τῶν ὑπ' αὐτοῦ δεδομένων δωρεῶν[116].

4. Der Jakobusbrief ist Quelle für den ersten Petrusbrief (Jak → 1Petr)

Durch die voraufgehenden Ausführungen dürfte die Traditionsfolge Jak – 1Petr – 1Clem im Grundsatz feststehen. Es sollen nun eine Reihe von detaillierten Einzelnachweisen erbracht werden, die das Bild vervollständigen. Wir beginnen mit der Erläuterung des Verwandtschaftsverhältnisses zwischen dem Jakobus- und dem ersten Petrusbrief[117]. Dabei

---

θεοῦ ἁμαρτίαν οὐ ποιεῖ, ὅτι σπέρμα αὐτοῦ ἐν αὐτῷ μένει· καὶ οὐ δύναται ἁμαρτάνειν, ὅτι ἐκ τοῦ θεοῦ γεγέννηται. 5,18 Οἴδαμεν ὅτι πᾶς ὁ γεγεννημένος ἐκ τοῦ θεοῦ οὐχ ἁμαρτάνει, ἀλλ' ὁ γεννηθεὶς ἐκ τοῦ θεοῦ τηρεῖ αὐτόν, καὶ ὁ πονηρὸς οὐχ ἅπτεται αὐτοῦ.
116 Siehe oben Jak 1,17 mit S. 286 Anm. 113 (Mt 7,11).
117 Bereits oben sind behandelt Jak 5,19f. / 1Petr 4,8; Jak 4,6 / 1Petr 5,5; Jak 4,10 / 1Petr 5,6; Jak 1,18. 20 / 1Petr 2,1.

können wir uns auf die Anfangs- und Schlußpartien der beiden Briefe beschränken[118]. Schon die ersten neun Verse weisen den Petrusbrief als ein höchst kompilatorisches Schreiben aus, das nicht nur den Anfang des Jakobusbriefes, sondern auch die folgenden annähernd chronologisch aufgeführten Bibeltexte weidlich ausbeutet: Dan, 2Kor, 2Thess, Apg, Joh, Hebr. Die wichtigsten dieser Entlehnungen sind in den folgenden Anmerkungen dokumentiert. Die übrigen Markierungen beziehen sich auf die verwandten Formulierungen der beiden Briefe selbst.

a) Jak 1,1–4. 12 / 1Petr 1,1–9

Jak 1,1–4 **Ἰάκωβος** θεοῦ καὶ κυρίου **Ἰησοῦ Χριστοῦ** δοῦλος ταῖς δώδεκα φυλαῖς ταῖς **ἐν τῇ διασπορᾷ** χαίρειν. 2 Πᾶσαν χαρὰν ἡγήσασθε, ἀδελφοί μου, ὅταν **πειρασμοῖς** περιπέσητε **ποικίλοις**, 3 γινώσκοντες **ὅτι τὸ δοκίμιον ὑμῶν τῆς πίστεως** κατεργάζεται ὑπομονήν· 4 ἡ δὲ ὑπομονὴ ἔργον τέλειον ἐχέτω, ἵνα ἦτε τέλειοι καὶ ὁλόκληροι, ἐν μηδενὶ λειπόμενοι. 12 Μακάριος ἀνὴρ ὃς ὑπομένει **πειρασμόν**, ὅτι **δόκιμος γενόμενος** λήμψεται τὸν στέφανον τῆς ζωῆς, ὃν ἐπηγγείλατο τοῖς ἀγαπῶσιν αὐτόν.

1Petr 1,1 **Πέτρος** ἀπόστολος **Ἰησοῦ Χριστοῦ** ἐκλεκτοῖς παρεπιδήμοις **διασπορᾶς** Πόντου, Γαλατίας, Καππαδοκίας, Ἀσίας, καὶ Βιθυνίας, 2 κατὰ πρόγνωσιν θεοῦ[119] πατρός, ἐν ἁγιασμῷ πνεύματος[120], εἰς ὑπακοὴν[121] καὶ ῥαντισμὸν αἵματος[122] Ἰησοῦ Χριστοῦ· χάρις ὑμῖν καὶ εἰρήνη πληθυνθείη[123]. 3 Εὐλογητὸς ὁ θεὸς καὶ πατὴρ τοῦ κυρίου ἡμῶν Ἰησοῦ Χριστοῦ, ὁ[124] κατὰ τὸ πολὺ αὐτοῦ ἔλεος ἀναγεννήσας ἡμᾶς εἰς ἐλπίδα ζῶσαν δι' ἀναστάσεως Ἰησοῦ Χριστοῦ ἐκ νεκρῶν, 4 εἰς κληρονομίαν ἄφθαρτον καὶ

---

118 Vgl. POPKES 39: „Mehrere Motive in Jak 1,16–2,1 (Frömmigkeit, Reinheit gegenüber der Welt, Gott und Vater, Ansehen der Person) finden sich auch in 1Petr (1,3f. 17.19; 2,5ff. 11ff.)."

119 Nach Apg 2,23 τοῦτον τῇ ὡρισμένῃ βουλῇ καὶ προγνώσει τοῦ θεοῦ ἔκδοτον διὰ χειρὸς ἀνόμων προσπήξαντες ἀνείλατε: dies sind die beiden einzigen Stellen im NT, an denen das Substantiv πρόγνωσις erscheint; vgl. ferner Röm 8,28f. ... τοῖς κατὰ πρόθεσιν κλητοῖς οὖσιν. ὅτι οὓς προέγνω, καὶ προώρισεν συμμόρφους τῆς εἰκόνος τοῦ υἱοῦ αὐτοῦ, εἰς τὸ εἶναι αὐτὸν πρωτότοκον ἐν πολλοῖς ἀδελφοῖς.

120 Siehe 2Thess 2,13 ... περὶ ὑμῶν, ἀδελφοὶ ἠγαπημένοι ὑπὸ κυρίου, ὅτι εἵλατο ὑμᾶς ὁ θεὸς ἀπαρχὴν εἰς σωτηρίαν ἐν ἁγιασμῷ πνεύματος καὶ πίστει ἀληθείας. Die Junktur begegnet sonst nirgends in NT und Sept.!

121 Der einzige weitere Beleg steht 2Kor 10,5 αἰχμαλωτίζοντες πᾶν νόημα εἰς τὴν ὑπακοὴν τοῦ Χριστοῦ.

122 Hebr 12,24 (22f. ἀλλὰ προσεληλύθατε ... ἐκκλησίᾳ πρωτοτόκων ἀπογεγραμμένων ἐν οὐρανοῖς, καὶ κριτῇ θεῷ πάντων, καὶ πνεύμασι δικαίων τετελειωμένων) καὶ διαθήκης νέας μεσίτῃ Ἰησοῦ, καὶ αἵματι ῥαντισμοῦ κρεῖττον λαλοῦντι παρὰ τὸν Ἄβελ (die Junktur ist sonst ohne Parallele in NT und Sept.).

123 Aus 2Kor 1,2 übernommen, s. o. S. 8.

124 Aus 2Kor 1,3 übernommen, s. o. S. 8.

ἀμίαντον καὶ ἀμάραντον, τετηρημένην ἐν οὐρανοῖς εἰς ὑμᾶς[125] 5 τοὺς ἐν δυνάμει θεοῦ φρουρουμένους διὰ πίστεως εἰς σωτηρίαν ἑτοίμην ἀποκαλυφθῆναι ἐν καιρῷ ἐσχάτῳ[126]. 6 ἐν ᾧ ἀγαλλιᾶσθε, ὀλίγον ἄρτι εἰ δέον [ἐστὶν] λυπηθέντες ἐν **ποικίλοις πειρασμοῖς**, 7 **ἵνα τὸ δοκίμιον ὑμῶν τῆς πίστεως** πολυτιμότερον <u>χρυσίου</u> τοῦ ἀπολλυμένου, <u>διὰ πυρὸς</u> δὲ **δοκιμαζομένου**, εὑρεθῇ εἰς ἔπαινον καὶ δόξαν καὶ τιμὴν ἐν ἀποκαλύψει Ἰησοῦ Χριστοῦ[127]. 8 ὃν οὐκ ἰδόντες ἀγαπᾶτε, εἰς ὃν ἄρτι μὴ ὁρῶντες πιστεύοντες δὲ[128] ἀγαλλιᾶσθε χαρᾷ ἀνεκλαλήτῳ[129] καὶ δεδοξασμένῃ[130], 9 <u>κομιζόμενοι τὸ τέλος τῆς πίστεως ὑμῶν σωτηρίαν ψυχῶν</u>[131].

Anrede, Gruß und der mit einem Preis Gottes anhebende Auftakt im ersten Petrusbrief sind oben (S. 8) in einen größeren Zusammenhang gestellt worden. So können wir uns gleich den folgenden Versen zuwenden. Kernpunkt in beiden Abschnitten ist die Läuterung des Glaubens durch Ausdauer und Bewährung in den Anfechtungen, woraus der Lohn des ewigen Lebens erwächst. Schon durch die Selbstprädikation als θεοῦ καὶ κυρίου Ἰησοῦ Χριστοῦ δοῦλος verweist „Jakobus" auf den Zusammenhang von Röm 6,16–23, in dem den Knechten der Sünde der Tod, den Dienern Gottes aber und seiner Gerechtigkeit die Frucht des ewigen Lebens verheißen wird, vgl. bes. Röm 6,20ff.: ὅτε γὰρ δοῦλοι ἦτε τῆς ἁμαρτίας, ἐλεύθεροι ἦτε τῇ δικαιοσύνῃ. τίνα οὖν <u>καρπὸν</u> εἴχετε τότε ἐφ' οἷς νῦν ἐπαισχύνεσθε; <u>τὸ γὰρ τέλος</u> ἐκείνων θάνατος. νυνὶ δέ, ἐλευθερωθέντες ἀπὸ τῆς ἁμαρτίας δουλωθέντες δὲ τῷ θεῷ, <u>ἔχετε τὸν καρπὸν ὑμῶν εἰς ἁγιασμόν, τὸ δὲ τέλος ζωὴν αἰώνιον</u>. „Jakobus" hat aus dem paulinischen „End-Sold des ewigen

---

125 Zu diesem Vers s. die Parallelen S. 288 Anm. 122 (Hebr 12,22f.) und 2Thess 2,13.
126 Zugrunde liegt wieder 2Thess: 2,6 καὶ νῦν τὸ κατέχον οἴδατε, εἰς τὸ ἀποκαλυφθῆναι αὐτὸν ἐν τῷ ἑαυτοῦ καιρῷ.
127 Wieder ist 2Thess genutzt: 1,6f. εἴπερ δίκαιον παρὰ θεῷ ἀνταποδοῦναι τοῖς θλίβουσιν ὑμᾶς θλῖψιν καὶ ὑμῖν τοῖς θλιβομένοις ἄνεσιν μεθ' ἡμῶν ἐν τῇ ἀποκαλύψει τοῦ κυρίου Ἰησοῦ ἀπ' οὐρανοῦ μετ' ἀγγέλων δυνάμεως αὐτοῦ ἐν πυρὶ φλογός, διδόντος ἐκδίκησιν. Vgl. 1Petr 1,13 τελείως ἐλπίσατε ἐπὶ τὴν φερομένην ὑμῖν χάριν ἐν ἀποκαλύψει Ἰησοῦ Χριστοῦ. 4,13 χαίρετε, ἵνα καὶ ἐν τῇ ἀποκαλύψει τῆς δόξης αὐτοῦ χαρῆτε ἀγαλλιώμενοι.
128 Quelle ist Joh 20,29: λέγει αὐτῷ ὁ Ἰησοῦς, Ὅτι ἑώρακάς με πεπίστευκας; μακάριοι οἱ μὴ ἰδόντες καὶ πιστεύσαντες.
129 Siehe o. Anm. 127 (1Petr 4,13). Vorbilder scheinen zu sein: Ps 125,1 τότε ἐπλήσθη χαρᾶς τὸ στόμα ἡμῶν καὶ ἡ γλῶσσα ἡμῶν ἀγαλλιάσεως. Lk 1,13 καὶ ἔσται χαρά σοι καὶ ἀγαλλίασις, καὶ πολλοὶ ἐπὶ τῇ γενέσει αὐτοῦ χαρήσονται. Die Junkturen χαρᾷ ἀνεκλαλήτῳ bzw. δεδοξασμένῃ sind in der ganzen Gräzität singulär, das Attribut ἀνεκλάλητος findet sich hier erstmalig; es steht singulär in NT und Sept.
130 Vgl. Ps 86,3 δεδοξασμένα ἐλαλήθη περὶ σοῦ, ἡ πόλις τοῦ θεοῦ; 2Kor 3,10 καὶ γὰρ οὐ δεδόξασται τὸ δεδοξασμένον ἐν τούτῳ τῷ μέρει εἵνεκεν τῆς ὑπερβαλλούσης δόξης.
131 Zu dieser (in NT, Sept. und 1Clem singulären) Klausel s. S. 284f.

Lebens" den „Siegeskranz des Lebens" gemacht, „Petrus" danach
die dem Gedanken der Erprobung inhärente Wettkampf-Metaphorik
aufgegeben und als „End-Sold des Glaubens"[132] die Rettung der
Seelen (der Glaubenden) in Aussicht gestellt – letzteres eine Ausdrucksweise, die deutlich sekundär gegenüber Jak ist, s. S. 285.

Die Junkturen πειρασμοὶ ποικίλοι und τὸ δοκίμιον ὑμῶν τῆς πίστεως sind innerhalb der biblischen Schriften (NT und Sept.) nur an
diesen beiden Briefstellen belegt. „Petrus" hat – wie wir es von ihm
kennen – die einfache Formel aus Jak 1,3 gedehnt und in 1Petr 1,7 die
hinter ihr stehenden alttestamentarischen Quellen sichtbar gemacht:

Ps 65,10 ὅτι ἐδοκίμασας ἡμᾶς, ὁ θεός, | ἐπύρωσας ἡμᾶς, ὡς πυροῦ-
ται τὸ ἀργύριον; vgl. Spr 17,3 ὥσπερ δοκιμάζεται ἐν καμίνῳ ἄργυρος καὶ
χρυσός, | οὕτως ἐκλεκταὶ καρδίαι παρὰ κυρίῳ; Sach 13,9 καὶ διάξω τὸ
τρίτον διὰ πυρὸς καὶ πυρώσω αὐτούς, ὡς πυροῦται τὸ ἀργύριον,
καὶ δοκιμῶ αὐτούς, ὡς δοκιμάζεται τὸ χρυσίον.

b) Jak 5,7–20 / 1Petr 4,7–19; 5,8–10

Die oben (S. 278) behandelte Sentenz ἀγάπη καλύπτει πλῆθος ἁμαρτιῶν steht in einem Passus (1Petr 4,7ff.), der auch insgesamt Berührungen mit dem Jakobusbrief, nämlich dem Schlußteil Jak 5,7–20, aufweist. „Jakobus" selbst lehnt sich am Beginn des Abschnittes deutlich
an 1Thess 3,11ff. an. Der Verfasser des Petrusbriefes hat dann den Passus aus dem Jakobusbrief frei genutzt und einzelne Gedanken und Formulierungen in seinen eigenen Zusammenhang übernommen. Grundge-
danke ist die Ausdauer im Kampf gegen das Böse (dies in Anlehnung
an Eph 6,10ff.) angesichts der nahen Parusie des Herrn. Ich stelle die
Partien, soweit verwandt, nebeneinander und markiere die Abhängig-
keitssignale:

Jak 5,7–20 Μακροθυμήσατε οὖν, ἀδελφοί, ἕως τῆς παρουσίας τοῦ
κυρίου. ... 8 μακροθυμήσατε καὶ ὑμεῖς, στηρίξατε τὰς καρδίας
ὑμῶν[133], ὅτι ἡ παρουσία τοῦ κυρίου ἤγγικεν. 9 μὴ στενάζετε, ἀδελφοί,
κατ' ἀλλήλων, ἵνα μὴ κριθῆτε· ἰδοὺ ὁ κριτὴς πρὸ τῶν θυρῶν ἕστηκεν. 10 ὑπόδειγμα λάβετε, ἀδελφοί, τῆς κακοπαθείας καὶ τῆς

---

132 Die Junktur taucht hier erstmalig auf, hat keine Entsprechung in NT und Sept.
133 Zugrunde liegt 1Thess 3,11–13 Αὐτὸς δὲ ὁ θεὸς καὶ πατὴρ ἡμῶν καὶ ὁ κύριος ἡμῶν
Ἰησοῦς κατευθύναι τὴν ὁδὸν ἡμῶν πρὸς ὑμᾶς· ὑμᾶς δὲ ὁ κύριος πλεονάσαι καὶ περισ-
σεύσαι τῇ ἀγάπῃ εἰς ἀλλήλους καὶ εἰς πάντας, καθάπερ καὶ ἡμεῖς εἰς ὑμᾶς,
εἰς τὸ στηρίξαι ὑμῶν τὰς καρδίας ἀμέμπτους ἐν ἁγιωσύνῃ ἔμπροσθεν τοῦ θεοῦ καὶ πατρὸς ἡμῶν ἐν τῇ παρουσίᾳ τοῦ κυρίου ἡμῶν Ἰησοῦ μετὰ πάντων
τῶν ἁγίων αὐτοῦ.

μακροθυμίας τοὺς προφήτας, οἳ ἐλάλησαν ἐν τῷ ὀνόματι κυρίου. 11 ἰδοὺ μακαρίζομεν τοὺς ὑπομείναντας· τὴν ὑπομονὴν Ἰὼβ ἠκούσατε, καὶ **τὸ τέλος** κυρίου εἴδετε, ὅτι πολύσπλαγχνός ἐστιν ὁ κύριος καὶ οἰκτίρμων. 12 **Πρὸ πάντων** δέ, ἀδελφοί μου, μὴ ὀμνύετε, μήτε τὸν οὐρανὸν μήτε τὴν γῆν μήτε ἄλλον τινὰ ὅρκον· ἤτω δὲ ὑμῶν τὸ Ναὶ ναὶ καὶ τὸ Οὒ οὔ, ἵνα μὴ **ὑπὸ κρίσιν** πέσητε. 13 **Κακοπαθεῖ τις** ἐν ὑμῖν; **προσευχέσθω**· εὐθυμεῖ τις; ψαλλέτω. 14 **ἀσθενεῖ** τις ἐν ὑμῖν; προσκαλεσάσθω τοὺς πρεσβυτέρους τῆς ἐκκλησίας, καὶ **προσευξάσθωσαν** ἐπ᾽ αὐτὸν ἀλείψαντες ἐλαίῳ ἐν τῷ ὀνόματι [τοῦ] κυρίου· 15 καὶ **ἡ εὐχὴ τῆς πίστεως σώσει** τὸν κάμνοντα, καὶ ἐγερεῖ αὐτὸν ὁ κύριος· κἂν **ἁμαρτίας** ᾖ πεποιηκώς, ἀφεθήσεται αὐτῷ. 16 ἐξομολογεῖσθε οὖν ἀλλήλοις **τὰς ἁμαρτίας** καὶ **εὔχεσθε** ὑπὲρ ἀλλήλων, ὅπως ἰαθῆτε. πολὺ **ἰσχύει δέησις δικαίου** ἐνεργουμένη. 5,20 ... ὁ ἐπιστρέψας **ἁμαρτωλὸν** ἐκ πλάνης ὁδοῦ αὐτοῦ **σώσει ψυχὴν** [αὐτοῦ] ἐκ θανάτου καὶ **καλύψει πλῆθος ἁμαρτιῶν.**

1Petr 4,7ff. Πάντων δὲ **τὸ τέλος ἤγγικεν.** **σωφρονήσατε οὖν** καὶ νήψατε εἰς **προσευχάς**· **Πρὸ πάντων** τὴν εἰς ἑαυτοὺς **ἀγάπην** ἐκτενῆ ἔχοντες, ὅτι **ἀγάπη καλύπτει πλῆθος ἁμαρτιῶν**· φιλόξενοι εἰς ἀλλήλους ἄνευ γογγυσμοῦ· ... 17 ὅτι **ὁ καιρὸς τοῦ ἄρξασθαι τὸ κρίμα ἀπὸ τοῦ οἴκου** τοῦ θεοῦ· εἰ δὲ πρῶτον ἀφ᾽ ἡμῶν, τί **τὸ τέλος** τῶν ἀπειθούντων τῷ τοῦ θεοῦ εὐαγγελίῳ; 18 καὶ εἰ „ὁ **δίκαιος** μόλις **σῴζεται,** | *ὁ ἀσεβὴς* καὶ **ἁμαρτωλὸς** *ποῦ φανεῖται;*" [Spr 11,31 LXX]. 19 ὥστε καὶ **οἱ πάσχοντες** κατὰ τὸ θέλημα τοῦ θεοῦ πιστῷ κτίστῃ παρατιθέσθωσαν **τὰς ψυχὰς** αὐτῶν ἐν ἀγαθοποιΐᾳ. 5,8 Νήψατε, γρηγορήσατε. ὁ ἀντίδικος ὑμῶν διάβολος ὡς λέων ὠρυόμενος περιπατεῖ ζητῶν [τινα] καταπιεῖν· 9 ᾧ ἀντίστητε στερεοὶ τῇ πίστει, εἰδότες τὰ αὐτὰ **τῶν παθημάτων** τῇ ἐν [τῷ] κόσμῳ ὑμῶν ἀδελφότητι ἐπιτελεῖσθαι. 10 Ὁ δὲ θεὸς πάσης χάριτος, ὁ καλέσας ὑμᾶς εἰς τὴν αἰώνιον αὐτοῦ δόξαν ἐν Χριστῷ, ὀλίγον **παθόντας** αὐτὸς καταρτίσει, **στηρίξει, σθενώσει,** θεμελιώσει. αὐτῷ τὸ κράτος εἰς τοὺς αἰῶνας· ἀμήν.

Popkes (39) verweist auf die Entsprechungen „Nähe des Endes, angemessenes Verhalten, Gebet, Sünden zudecken (einschließlich Anspielung an Spr 10,12), zudem die Wendung 'vor allen Dingen' und das Motiv 'Herzen stärken' (1Petr 5,10)." Man könnte noch die Motive 'Nächstenliebe, Richten und Gerichtetwerden, Geduld im Leiden, Bedrohungen in der Endzeit, Gebet (bzw. Standhaftigkeit) im Glauben, der Gerechte, Rettung und Heilung (des Schwachen und Sünders)' hinzufügen, die ebenfalls im Text markiert sind.

Die Junktur **πρὸ πάντων** in der Bedeutung *in primis* ist innerhalb von NT und Septuaginta nur Jak 5,12 und 1Petr 4,8 belegt (öfter dagegen z. B. bei Flavius Josephus und Lukian); der Verfasser von 1Petr ist auch hierin (man beachte jeweils die Stellung am Satzbeginn) abhängig von Jak 5,12. Er hat durch diesen übernommenen Versauftakt 4,8 eine etwas schiefe Pseudo-Anaphorik zu 4,7 (**πάντων** δὲ τὸ τέλος ἤγγικεν) in den Text gebracht. Dabei scheint er bestrebt gewesen zu sein, seine Quelle inhaltlich zu verbessern: Nicht das Unterlassen des Schwörens schien ihm das wichtigste Gebot für die Christen zu sein (wie es nach Jak 5,12 den Anschein haben könnte), sondern die gegenseitige Liebe, wofür er sich ja auf viele Schriftstellen stützen konnte (z. B. Joh 13,34f.; Röm 13,8–10; 15,1–13; 1Kor 13,1–13; Gal 5,14; Kol 3,14 ἐπὶ πᾶσιν δὲ τούτοις τὴν ἀγάπην, ὅ ἐστιν σύνδεσμος τῆς τελειότητος).

Besonders deutlich ist die Priorität des Jakobusbriefes gegenüber den Versen 1Petr 5,8f.

> Νήψατε, γρηγορήσατε. ὁ ἀντίδικος ὑμῶν **διάβολος** ὡς λέων ὠρυόμενος περιπατεῖ ζητῶν [τινα] καταπιεῖν· 9 **ᾧ ἀντίστητε** στερεοὶ τῇ πίστει, εἰδότες τὰ αὐτὰ τῶν παθημάτων τῇ ἐν [τῷ] κόσμῳ ὑμῶν ἀδελφότητι ἐπιτελεῖσθαι.

Quelle ist Jak 4,7

> ὑποτάγητε οὖν τῷ θεῷ· **ἀντίστητε** δὲ **τῷ διαβόλῳ,** καὶ φεύξεται ἀφ᾽ ὑμῶν.

Voraufgeht das Zitat aus Spr 3,34 LXX

> διὸ λέγει, Ὁ θεὸς ὑπερηφάνοις ἀντιτάσσεται, | ταπεινοῖς δὲ δίδωσιν χάριν.

Das erste Kolon mit dem Stichwort Ὁ θεὸς wird durch ὑποτάγητε οὖν τῷ θεῷ aufgenommen und dazu die Antithese ἀντίστητε δὲ τῷ διαβόλῳ, καὶ φεύξεται ἀφ᾽ ὑμῶν gefügt, der dann wiederum das dazu antithetische Kolon ἐγγίσατε τῷ θεῷ, καὶ ἐγγιεῖ ὑμῖν angeschlossen wird. Aus diesem festgefügten Zusammenhang hat „Petrus" den einen διάβολος-Satz herausgelöst und für seine Zwecke erweitert[134].

---

134 Bibelfest, wie der Verfasser des Petrusbriefes ist, hat ihn möglicherweise die Hochmut-Thematik der Jak-Stelle mit dem Diabolus-Motiv an Sir 27,28 erinnert („Spott und Schimpf ist das Los der Stolzen, die Strafe lauert ihnen auf wie ein Löwe") und einen entsprechenden Vergleich eingeführt: ἐμπαιγμὸς καὶ ὀνειδισμὸς ὑπερηφάνῳ, καὶ ἡ ἐκδίκησις ὡς λέων ἐνεδρεύσει αὐτόν. BEARE 205 verweist auf Ps 22,14 (LXX) ἤνοιξαν ἐπ᾽ ἐμὲ τὸ στόμα αὐτῶν ὡς λέων ὁ ἁρπάζων καὶ ὠρυόμενος und Hi 1,7; vgl. Ez 22,25 ὡς λέοντες ὠρυόμενοι ἁρπάζοντες ἁρπάγματα.

5. 1Clem schöpft aus Jak

a) Jak 2,25f. / 1Clem 12,1–4

In beiden Briefen[135] wird in gleichem Sinne das Verhältnis zwischen „Werkgerechtigkeit" und Rechtfertigung durch Glauben in den Blick genommen: Die paulinische Rechtfertigung durch Glauben (1Clem 31,2; 32,4; vgl. Gal 3,1–14) wird ergänzt um den Gesichtspunkt der Notwendigkeit guter Werke (1Clem 33,1–7), die im Jakobusbrief betont wird. Diese Doktrin wird in beiden Briefen durch die alttestamentlichen Exempla 'Abraham' und 'Rahab' erläutert. Zu Recht urteilt HAGNER (250): „The fact that Clement in mentioning both Abraham and Rahab stresses the combination of faith and works found in them, makes it probable, that James 2 is in his mind." Dabei ist von besonderer Bedeutung, daß in beiden Briefen ein sonst für die Rahab-Episode nicht belegter Zug erscheint: Die Buhlerin schickt die Späher des Königs in die falsche Richtung! Hierin ist 1Clem 12,4 ('... καὶ πορεύονται τῇ ὁδῷ, ὑποδεικνύουσα αὐτοῖς ἐναλλάξ)[136] eine Variation des Vorbildes Jak 2,25 (καὶ ἑτέρᾳ ὁδῷ ἐκβαλοῦσα)[137], s. u. Wenn also 1Clem in dieser Hinsicht von Jak 2 abhängig ist, schließt dies nicht aus, daß „Clemens" in der für ihn typischen Manier andere Bibelstellen (wie Hebr 11,31) zusätzlich mitverarbeitet[138], insbesondere auch ergänzend auf die alttestamentarische Urquelle Jos 2,1–10 zurückgreift:

– Jak 2,25 ὁμοίως δὲ καὶ Ῥαὰβ ἡ πόρνη οὐκ ἐξ ἔργων ἐδικαιώθη, ὑποδεξαμένη τοὺς ἀγγέλους καὶ ἑτέρᾳ ὁδῷ ἐκβαλοῦσα; 26

---

135 Siehe KNOCH (1964) 92–95; HAGNER 248–256.

136 ἐναλλάξ ist in der Bibel nur Gen 48,14 belegt.

137 Ob man in der Formulierung von Jak 2,25 eine Reminiszenz an die drei Weisen aus dem Morgenland hören soll, die δι' ἄλλης ὁδοῦ ἀνεχώρησαν εἰς τὴν χώραν αὐτῶν (Mt 2,12), läßt sich nicht ausmachen.

138 Kontaminierende Quellennutzung ist kennzeichnend für die Arbeitsweise des Ps.Clemens. Im Falle der alttestamentarischen Exempla für Glaube und Gehorsam, die „Clemens" in 9,3ff. vorführt, steht der Katalog der Vorbilder des Glaubens in Hebr 11,1–40 im Vordergrund. Dort paradieren unter vielen anderen auch Henoch (11,5, vgl. 1Clem 9,3), Noah (11,7, vgl. 1Clem 9,4), Abraham (11,8; 1Clem 10), schließlich Rahab, die Buhlerin (11,31, vgl. 1Clem 12); die beiden letztgenannten werden mit Zügen aus Jak 2,25 bereichert. In einem zweiten Anlauf (1Clem 17–19) gibt „Clemens" Exempla der Demut und Bescheidenheit. Dabei bedient er sich wieder dieses Katalogs aus dem Hebräerbrief, den er sogar ausdrücklich durch ein Schlüsselzitat kenntlich macht (1Clem 17,1 Μιμηταὶ γενώμεθα κἀκείνων, οἵτινες ἐν δέρμασιν αἰγείοις καὶ μηλωταῖς περιεπάτησαν κηρύσσοντες τὴν ἔλευσιν τοῦ Χριστοῦ, vgl. Hebr 11,37 ἐλιθάσθησαν, ἐπρίσθησαν, ἐν φόνῳ μαχαίρης ἀπέθανον, περιῆλθον ἐν μηλωταῖς, ἐν αἰγείοις δέρμασιν, ὑστερούμενοι, θλιβόμενοι, κακουχούμενοι); doch entlehnt er ihm nur ein weiteres Mal Abraham (17,2) und zusätzlich Moses (17,5f. vgl. Hebr 11,23–30).

ὥσπερ γὰρ τὸ σῶμα χωρὶς πνεύματος νεκρόν ἐστιν, οὕτως καὶ ἡ πίστις χωρὶς ἔργων νεκρά ἐστιν.

– 1Clem 12,1–4 Διὰ πίστιν καὶ φιλοξενίαν ἐσώθη Ῥαὰβ ἡ πόρνη. 2 Ἐκπεμφθέντων γὰρ ὑπὸ Ἰησοῦ τοῦ τοῦ Ναυὴ κατασκόπων εἰς τὴν Ἰεριχὼ ἔγνω ὁ βασιλεὺς τῆς γῆς ὅτι ἥκασιν κατασκοπεῦσαι τὴν χώραν αὐτῶν, καὶ ἐξέπεμψεν ἄνδρας τοὺς συλλημψομένους αὐτούς, ὅπως συλλημφθέντες θανατωθῶσιν. 3 Ἡ οὖν φιλόξενος Ῥαὰβ εἰσδεξαμένη αὐτοὺς ἔκρυψεν εἰς τὸ ὑπερῷον ὑπὸ τὴν λινοκαλάμην. 4 Ἐπισταθέντων δὲ τῶν παρὰ τοῦ βασιλέως καὶ λεγόντων· ‘Πρὸς σὲ εἰσῆλθον οἱ κατάσκοποι τῆς γῆς ἡμῶν· ἐξάγαγε αὐτούς, ὁ γὰρ βασιλεὺς οὕτως κελεύει’, ἡ δὲ ἀπεκρίθη· ‘Εἰσῆλθον μὲν οἱ ἄνδρες, οὓς ζητεῖτε, πρός μέ, ἀλλ’ εὐθέως ἀπῆλθον καὶ πορεύονται τῇ ὁδῷ, ὑποδεικνύουσα αὐτοῖς ἐναλλάξ.

– Hebr 11,31 Πίστει Ῥαὰβ ἡ πόρνη οὐ συναπώλετο τοῖς ἀπειθήσασιν, δεξαμένη τοὺς κατασκόπους μετ’ εἰρήνης.

– Jos 2,1 Καὶ ἀπέστειλεν Ἰησοῦς υἱὸς Ναυὴ ἐκ Σαττιν δύο νεανίσκους κατασκοπεῦσαι λέγων· Ἀνάβητε καὶ ἴδετε τὴν γῆν καὶ τὴν Ιεριχω. καὶ πορευθέντες εἰσήλθοσαν οἱ δύο νεανίσκοι εἰς Ιεριχω καὶ εἰσήλθοσαν εἰς οἰκίαν γυναικὸς πόρνης, ᾗ ὄνομα Ρααβ, καὶ κατέλυσαν ἐκεῖ; vgl. 6,23. 25 Ῥαὰβ τὴν πόρνην.

„Jakobus" lehnt die πίστις χωρὶς ἔργων, die das Rahab-Exemplum sowie den ganzen langen Katalog der alttestamentarischen Vorbilder des Glaubens im Hebräerbrief prägt, ab, wodurch der Hebräerbrief von vorneherein als der zeitlich frühere fixiert sein dürfte[139]. In Entsprechung zu Jak 2,26 hebt „Clemens" gleich einleitend die vorbildliche Verbin-

---

139 Diese zeitliche Abfolge zwischen Hebr und Jak wird auch durch die selektive Berücksichtigung zweier Exempla (Abraham und Rahab), die in dem Katalog von Hebr 11 weit voneinander getrennt sind, nahegelegt: Rahab steht am Schluß (Hebr 11,31), Abraham (Hebr 11,17) ungefähr in der Mitte. Beide sind in Jak 2,21–26 zusammengeführt, wobei ‘Jakobus’ im Abraham-Passus (s. insbesondere ἀνενέγκας Ἰσαὰκ τὸν υἱὸν αὐτοῦ ἐπὶ τὸ θυσιαστήριον) sprachlich direkt auf Gen 22,9 zurückgreift (συμποδίσας Ἰσαὰκ τὸν υἱὸν αὐτοῦ ἐπέθηκεν αὐτὸν ἐπὶ τὸ θυσιαστήριον), das dort verwendete Verb aber vermutlich deshalb durch ἀν-ενέγκας ersetzt, weil ihm der Auftakt von Hebr 11,17 bekannt war: Πίστει προσ-ενήνοχεν Ἀβραὰμ τὸν Ἰσαὰκ πειραζόμενος, καὶ τὸν μονογενῆ προσ-έφερεν (zu diesem Terminus technicus für „Opfer darbringen" siehe Hi 1,5 προσέφερεν περὶ αὐτῶν θυσίας, so. Iωβ). Der umgekehrte Traditionsweg, daß der Verfasser des Hebräerbriefes die beiden Exempla Abraham/Isaac und Rahab aus dem Jakobusbrief geholt und an verschiedener Stelle unter seine mehr als zehn Beispiele eingeordnet hätte, ist wenig plausibel – vor allem auch deshalb, weil der Abschnitt ‘Abraham’ in Hebr 11,8–19 selbst in fünf jeweils durch das anaphorisch gesetzte Motto Πίστει (oder κατὰ πίστιν) eingeleitete Unterabschnitte zerfällt, in denen je verschiedene Glaubensbewährungen Abrahams aufgeführt werden. Sollte nun ausgerechnet die Abraham-Isaak-Episode isoliert aus Jak 2,21 geholt sein? Siehe ferner das o. S. 293 Anm. 138 beschriebene Verfahren der Quellennutzung im Verhältnis von 1Clem 9,3ff. zu Hebr 11,1–40.

dung von Glaube u n d tätiger Gastfreundschaft (διὰ πίστιν καὶ φιλοξενίαν) im Rahab-Exempel hervor; er hat dabei beide Stellen, Jak 2,25
und Hebr 11,31, kontaminiert. Großes Raffinement legt er in die erste
Verbform ἐσ ώ θ η ("sie wurde gerettet"), die inhaltlich eine ins Positive gewendete Wiedergabe des οὐ συναπώλετο ("sie kam nicht zusammen mit den anderen um") des Hebräerbriefs darstellt, formal aber dem
ἐδικαι ώ θ η ("sie wurde gerechtfertigt") des Jakobusbriefes nachgebildet ist. Weiterhin hat „Clemens" die ἀγγέλους des „Jakobus" durch die
κατασκόπους des Hebräerbriefes ersetzt, die ihrerseits – zusammen mit
dem von „Clemens" ebenfalls zitierten Infinitiv κατασκοπεῦσαι – aus
Jos 2,1ff. übernommen sind. Aus dem Partizipialausdruck ὑποδεξαμένη τοὺς ἀγγέλους des Jakobusbriefes, dem in Hebr 11,31 δεξαμένη
τοὺς κατασκόπους μετ' εἰρήνης entspricht, macht „Clemens" ε ἰ σ δεξαμένη αὐτούς (sc. τοὺς κατασκόπους) – offensichtlich im Hinblick auf
das Kompositum ε ἰ σ ήλθοσαν bzw. ε ἰ σ πεπόρευνται (εἰς οἰκίαν) in
Jos 2,1f., das „Clemens" selbst noch zweimal in § 4 nutzt. Aus der Aufforderung Ἐ ξ ά γ α γ ε τοὺς ἄνδρας τοὺς ε ἰ σ πεπορευμένους εἰς τὴν οἰκίαν σου τὴν νύκτα· κατασκοπεῦσαι γὰρ τὴν γῆν ἥκασιν in Jos 2,3 hat
„Jakobus" sein (ἑτέρᾳ ὁδῷ) ἐ κ β α λ ο ῦ σ α gewonnen.

b) Jak 2,21–24 / 1Clem 10,1. 6; 17,2

Hier taucht eine sonst in der gesamten Septuaginta und im NT nicht
belegte Spezialität auf, nämlich die Benennung Abrahams als „Freund
Gottes". Dies macht den Schluß unausweichlich, daß ein Verwandt-
schaftsverhältnis zwischen beiden Briefen vorliegt, und zwar – wie die
Erweiterung des Bibelzitats in Jak 2,23 und deren zweifaches Echo im
„Clemensbrief" zeigt – mit großer Wahrscheinlichkeit ein Verhältnis
direkter Abhängigkeit des sogenannten ersten „Clemensbriefes" vom
Jakobusbrief[140]:

Jak 2,21 **Ἀβραὰμ** ὁ πατὴρ ἡμῶν οὐκ ἐξ ἔργων **ἐδικαιώθη**, ἀνενέγκας
Ἰσαὰκ τὸν υἱὸν αὐτοῦ ἐπὶ τὸ θυσιαστήριον; 22 βλέπεις ὅτι ἡ π ί σ τ ι ς
συνήργει τοῖς ἔργοις αὐτοῦ καὶ ἐκ τῶν ἔργων ἡ π ί σ τ ι ς ἐτελειώθη, 23
καὶ ἐπληρώθη ἡ γραφὴ ἡ λέγουσα, «*Ἐ π ί σ τ ε υ σ ε ν δὲ Ἀβραὰμ τῷ θεῷ,
καὶ ἐλογίσθη αὐτῷ εἰς δικαιοσύνην*» [Gen. 15,6], **καὶ φίλος θεοῦ**

---

140 In einem anderen Zusammenhang taucht Abraham als „Freund Gottes" in der Vulgata-
Fassung (nicht aber in der griechischen Version) von Jdt 8,21–23 auf: *si vere colerent
Deum suum, memores esse debent, quomodo pater noster A b r a h a m temptatus est et
per multas tribulationes probatus D e i a m i c u s effectus est. sic Isaac sic Iacob sic
Moses et omnes qui placuerunt Deo per multas tribulationes transierunt f i d e l e s.*

ἐκλήθη. 24 ὁρᾶτε ὅτι ἐξ ἔργων **δικαιοῦται** ἄνθρωπος καὶ οὐκ ἐκ πίστεως μόνον.

1Clem 10,1 **Ἀβραάμ, ὁ φίλος προσαγορευθείς,** πιστὸς εὑρέθη ἐν τῷ αὐτὸν ὑπήκοον γενέσθαι τοῖς ῥήμασιν τοῦ θεοῦ. 10,6 Καὶ πάλιν λέγει· «*Ἐξήγαγεν ὁ θεὸς τὸν Ἀβραὰμ καὶ εἶπεν αὐτῷ· Ἀνάβλεψον εἰς τὸν οὐρανὸν καὶ ἀρίθμησον τοὺς ἀστέρας, εἰ δυνήσῃ ἐξαριθμῆσαι αὐτούς· οὕτως ἔσται τὸ σπέρμα σου. Ἐπίστευσεν δὲ Ἀβραὰμ τῷ θεῷ, καὶ ἐλογίσθη αὐτῷ εἰς δικαιοσύνην*» [Gen 15,5f.]; 17,2 Ἐμαρτυρήθη μεγάλως **Ἀβραὰμ καὶ φίλος προσηγορεύθη τοῦ θεοῦ,** καὶ λέγει ἀτενίζων εἰς τὴν δόξαν τοῦ θεοῦ ταπεινοφρονῶν· «*Ἐγὼ δέ εἰμι γῆ καὶ σποδός*» [Gen 18,27][141].

c) Jak 3,13; 4,16 / 1Clem 38,2; 21,5

Verwandt mit der oben behandelten Thematik der guten Werke, die der Gläubige zu verrichten hat, ist die Anweisung von 1Clem 38,2

ὁ σοφὸς **ἐνδεικνύσθω τὴν σοφίαν αὐτοῦ** μὴ ἐν λόγοις, ἀλλ᾽ ἐν ἔργοις ἀγαθοῖς[142],

die mit großer Wahrscheinlichkeit auf Jak 3,13

Τίς **σοφὸς** καὶ ἐπιστήμων ἐν ὑμῖν; **δειξάτω** ἐκ τῆς καλῆς ἀναστροφῆς τὰ ἔργα **αὐτοῦ** ἐν πραΰτητι **σοφίας**

zurückgeht[143]; vgl. ferner

Jak 4,16 νῦν δὲ **καυχᾶσθε ἐν ταῖς ἀλαζονείαις** ὑμῶν· πᾶσα **καύχησις** τοιαύτη πονηρά ἐστιν und

---

141 Ob Philo von Alexandrien in Gen 18,17 ἀπὸ Ἀβραὰμ τοῦ φίλου μου las statt der Septuaginta-Fassung ἀπὸ Αβρααμ τοῦ παιδός μου, dürfte für uns unerheblich sein, da „Clemens" – soweit wir sehen – ein Septuaginta-Exemplar vor sich hatte, zudem der anschließende Text des Philo mit den Begriffen πατέρα und υἱός die Septuagintafassung τοῦ παιδός μου bestätigt, vgl. Philo sobr. 56 παρὸ καὶ σαφῶς ἐπὶ Ἀβραὰμ φάσκει· „μὴ ἐπικαλύψω ἐγὼ ἀπὸ Ἀβραὰμ τοῦ φίλου μου" (Gen. 18, 17 [LXX ὁ δὲ κύριος εἶπεν· Μη κρύψω ἐγὼ ἀπὸ Αβρααμ τοῦ παιδός μου ἃ ἐγὼ ποιῶ]); ὁ δὲ ἔχων τὸν κλῆρον τοῦτον πέραν ὅρων ἀνθρωπίνης εὐδαιμονίας προελήλυθε· μόνος γὰρ εὐγενὴς ἅτε θεὸν ἐπιγεγραμμένος πατέρα καὶ γεγονὼς εἰσποιητὸς αὐτῷ μόνος υἱός· „Jakobus" selbst blickt vielleicht zurück auf Jes 41,8 (Σὺ δέ, Ισραηλ, παῖς μου Ιακωβ, ὃν ἐξελεξάμην, σπέρμα Αβρααμ, ὃν ἠγάπησα) und 2Chr 20,7 οὐχὶ σὺ εἶ ὁ κύριος ὁ ἐξολεθρεύσας τοὺς κατοικοῦντας τὴν γῆν ταύτην ἀπὸ προσώπου τοῦ λαοῦ σου Ισραηλ καὶ ἔδωκας αὐτὴν σπέρματι Αβρααμ τῷ ἠγαπημένῳ σου εἰς τὸν αἰῶνα;

142 Vgl. 1Clem 30,3 ἔργοις δικαιούμενοι καὶ μὴ λόγοις.

143 Zugrunde liegt Mt 11,19 καὶ ἐδικαιώθη **ἡ σοφία** ἀπὸ τῶν ἔργων αὐτῆς – von Lukas (7,35) variiert zu καὶ ἐδικαιώθη **ἡ σοφία** ἀπὸ πάντων τῶν τέκνων αὐτῆς.

1Clem 21,5 Μᾶλλον ἀνθρώποις ἄφροσι καὶ ἀνοήτοις καὶ ἐπαιρομένοις καὶ **ἐγκαυχωμένοις ἐν ἀλαζονείᾳ** τ ο ῦ λ ό γ ο υ αὐτῶν προσκόψωμεν ἢ τῷ θεῷ:

die Junktur ist zuvor nirgends belegt und die Priorität des Jakobusbriefes gegenüber 1Clem steht hier außer Frage[144].

6. 1Clem schöpft aus 1Petr

Wir sind bereits oben auf die folgenden Stellen zu sprechen gekommen, in denen 1Clem von 1Petr abhängig ist[145]:

– Die Inscriptio von 1Clem, insbes. die Grußformel χάρις ὑμῖν καὶ εἰρήνη ἀπὸ παντοκράτορος θεοῦ διὰ Ἰησοῦ Χριστοῦ π λ η θ υ ν θ ε ί η ist eine Kombination aus dem Eingangsgruß von 2Kor und 1Petr 1,2; s. S. 9.

– Die ἐκκλησία παροικοῦσα des Eingangssatzes läßt sich u. a. auf 1Petr 1,1 und 2,11 zurückführen, s. S. 9f. Ferner gilt folgendes:

– 1Clem 1,3 ← 1Petr 1,17 (s. S. 267 Anm. 62)

– 1Clem 7,2–4 ← 1Petr 1,18–21 (s. S. 274–277)

– 1Clem 13,1 ← 1Petr 2,1f. (s. S. 283ff. 303)

– 1Clem 30,2 ← 1Petr 5,5 (s. S. 279. 303)

– 1Clem 49,5 ← 1Petr 4,8 (s. S. 278).

Weitere Partien schließen sich an:

a) Jes 43,20–22 / 2Kor 4,6 / Eph 1,17f. / Apg 4,30; 26,17f. / 1Petr 2,9 / 1Clem 59,2f.

In 1Clem 59,2f. hat „Clemens" eine ganze Reihe von Bibelstellen ineinandergewirkt. Ich stelle sie hier zusammen (zu Apg 4,30 s. S. 257):

– 1Clem 59,2f. αἰτησόμεθα ἐκτενῆ τὴν δέησιν καὶ ἱκεσίαν ποιούμενοι, ὅπως τὸν ἀριθμὸν τὸν κατηριθμημένον τ ῶ ν ἐ κ λ ε κ τ ῶ ν αὐτοῦ ἐν ὅλῳ τῷ κόσμῳ διαφυλάξῃ ἄθραυστον ὁ δημιουργὸς[146] τῶν ἁπάντων διὰ τοῦ

---

144 Demnach darf auch 1Clem 35,4 Ἡμεῖς οὖν ἀγωνισώμεθα εὑρεθῆναι ἐν τῷ ἀριθμῷ τ ῶ ν ὑ π ο μ ε ν ό ν τ ω ν, ὅπως μεταλάβωμεν τῶν ἐπηγγελμένων δωρεῶν auf Jak 1,12 (Μακάριος ἀνὴρ ὃς ὑ π ο μ έ ν ε ι πειρασμόν, ὅτι δόκιμος γενόμενος λήμψεται τὸν στέφανον τῆς ζωῆς, ὃν ἐπηγγείλατο τοῖς ἀγαπῶσιν αὐτόν) zurückgeführt werden.

145 Verwiesen sei auch auf KNOCH (1964) 95–98; HAGNER 238–248.

146 Gott als „Demiurg" begegnet in der ganzen Bibel (AT und NT) nur Hebr 11,10 ἐξεδέχετο γὰρ τὴν τοὺς θεμελίους ἔχουσαν πόλιν, ἧς τ ε χ ν ί τ η ς κ α ὶ δ η μ ι ο υ ρ γ ὸ ς ὁ

ἠγαπημένου παιδὸς αὐτοῦ Ἰησοῦ[147] Χριστοῦ τοῦ κυρίου ἡμῶν, δι' οὗ
ἐκάλεσεν ἡμᾶς **ἀπὸ σκότους εἰς φῶς**, ἀπὸ ἀγνωσίας εἰς ἐπίγνωσιν δόξης ὀνόματος αὐτοῦ, ἐλπίζειν ἐπὶ τὸ ἀρχεγόνον πάσης κτίσεως ὄνομά
σου, ἀνοίξας τοὺς ὀφθαλμοὺς τῆς καρδίας ἡμῶν εἰς τὸ γινώσκειν σε
τὸν μόνον ὕψιστον ἐν ὑψίστοις, ἅγιον ἐν ἁγίοις ἀναπαυόμενον[148].

– Apg 26,17f. ἐξαιρούμενός σε ἐκ τοῦ λαοῦ καὶ ἐκ τῶν ἐθνῶν, εἰς οὓς ἐγὼ
ἀποστέλλω σε ἀνοῖξαι ὀφθαλμοὺς αὐτῶν, τοῦ ἐπιστρέψαι **ἀπὸ**
σκότους εἰς φῶς.

– 2Kor 4,6 ὅτι ὁ θεὸς ὁ εἰπών, **Ἐκ σκότους φῶς** λάμψει, ὃς ἔλαμψεν ἐν
ταῖς καρδίαις ἡμῶν πρὸς φωτισμὸν τῆς γνώσεως τῆς δόξης τοῦ θεοῦ
ἐν προσώπῳ Χριστοῦ.

– Eph 1,17f. ἵνα … ὁ πατὴρ τῆς δόξης δώῃ ὑμῖν πνεῦμα σοφίας καὶ ἀπο-
καλύψεως ἐν ἐπιγνώσει αὐτοῦ, πεφωτισμένους τοὺς ὀφθαλμοὺς τῆς καρδίας ὑμῶν εἰς τὸ εἰδέναι ὑμᾶς τίς ἐστιν ἡ ἐλπὶς τῆς κλήσεως αὐτοῦ.

– 1Petr 2,9 Ὑμεῖς δὲ *γένος ἐκλεκτόν* [Jes 43,21], *βασίλειον ἱεράτευ-*
μα [Ex 19,6; vgl. Jes 61,6; 1Petr 2,5], *ἔθνος ἅγιον* [Ex 19,6], *λαὸς εἰς*
περιποίησιν [Jes 43,21; Ex 19,5], *ὅπως τὰς ἀρετὰς ἐξαγγείλητε* [Jes 43,21]
τοῦ **ἐκ σκότους** ὑμᾶς καλέσαντος **εἰς τὸ** θαυμαστὸν αὐτοῦ **φῶς**.

Die Kontamination von Apg 26,17f. und Eph 1,17f. wird durch die
Markierungen zur Genüge erhellt; aus dem gedanklich und formal eng
benachbarten Vers 2Kor 4,6 ist das breitere Kolon πρὸς φωτισμὸν τῆς
γνώσεως τῆς δόξης in die Junktur εἰς ἐπίγνωσιν δόξης eingeflos-
sen. Der zweite Korintherbrief war schon in der Inscriptio des Briefes
maßgebend (s. S. 9); hier hat er das Motiv der Erkenntnis der Herrlichkeit Gottes beigesteuert[149]. Die Abhängigkeit von 1Petr wird durch ἐκάλεσεν ἡμᾶς (vgl. ὑμᾶς καλέσαντος) bewiesen, also durch die Hervorhebung des Motivs, daß Gott (bei „Clemens" durch den Mittler Jesus) die
Menschen aus der Dunkelheit ins Licht „g e r u f e n" hat. Zugleich war
die freie Kombination mehrerer, besonders aber zweier alttestamentarischer Schriftstellen in 1Petr 2,9 (Jes 43,21 und das Vermächtnis Gottes

---

θεός. „Clemens" wuchert geradezu damit, vgl. 20,11; 26,1; 33,2; 35,3; hinzu kämen
noch die entsprechenden Verbalformen (und Synonym-Variationen nach dem Muster
19,2 ἀτενίσωμεν εἰς τὸν πατέρα καὶ κτίστην τοῦ σύμπαντος κόσμου).

147 Siehe oben S. 257 zu Apg 4,30 ἐν τῷ … σημεῖα καὶ τέρατα γίνεσθαι **διὰ** τοῦ ὀνόματος
τοῦ ἁγίου παιδός σου Ἰησοῦ.

148 Vgl. 36,2 διὰ τούτου ἠνεῴχθησαν ἡμῶν οἱ ὀφθαλμοὶ τῆς καρδίας, διὰ τούτου ἡ
ἀσύνετος καὶ **ἐσκοτωμένη** διάνοια ἡμῶν ἀναθάλλει **εἰς τὸ φῶς** <θαυμαστὸν H; θαυμαστὸν αὐτοῦ A>, διὰ τούτου ἠθέλησεν ὁ δεσπότης τῆς ἀθανάτου γνώσεως ἡμᾶς γεύσα-
σθαι und schon zuvor 19,3 Ἴδωμεν αὐτὸν κατὰ διάνοιαν καὶ ἐμβλέψωμεν τοῖς ὄμμασιν
τῆς ψυχῆς εἰς τὸ μακρόθυμον αὐτοῦ βούλημα.

149 Dagegen spielt Kol 1,11–14 keine entscheidende Rolle.

an Moses in Ex 19,5–6) der Anlaß, daß „Clemens" in dem ersten oben ausgeschriebenen Satz auf eben diese alttestamentarischen Vorbildverse zurückgriff: Mit Blick auf

Jes 43,20–22 ὅτι ἔδωκα ἐν τῇ ἐρήμῳ ὕδωρ καὶ ποταμοὺς ἐν τῇ ἀνύδρῳ ποτίσαι τὸ **γένος** μου τὸ **ἐκλεκτόν, λαόν** μου, **ὃν περιεποιησάμην** τὰς ἀρετάς μου διηγεῖσθαι. οὐ νῦν <u>ἐκάλεσά</u> σε, Ιακωβ, οὐδὲ κοπιᾶσαί σε ἐποίησα, Ισραηλ und

Ex 19,5f. καὶ νῦν ἐὰν ἀκοῇ ἀκούσητε τῆς ἐμῆς φωνῆς καὶ φυλάξητε τὴν διαθήκην μου, ἔσεσθέ μοι **λαὸς περιούσιος** ἀπὸ πάντων τῶν ἐθνῶν· ἐμὴ γάρ ἐστιν πᾶσα ἡ γῆ· ὑμεῖς δὲ ἔσεσθέ μοι βασίλειον ἱεράτευμα καὶ **ἔθνος ἅγιον**

wandelte „Clemens" das **γένος ἐκλεκτόν** von 1Petr 2,9 zu der „abgezählten Zahl seiner Erwählten" (τὸν ἀριθμὸν τὸν κατηριθμημένον **τῶν ἐκλεκτῶν** αὐτοῦ) um[150] und gewann aus dem Muster Ex 19,5 sein ἐν ὅλῳ τῷ κόσμῳ.

Daß 1Petr 2,9 eine der Quellen des „Clemens" war, hatte man für 1Clem 36,2 (s. S. 298 Anm. 148) schon in der Spätantike erkannt, wie aus den von dem „Petrus"-Passus geborgten Zusätzen εἰς τὸ φῶς <θαυμαστὸν H; θαυμαστὸν αὐτοῦ A>, in den Hss A und H hervorgeht.

b) Gen 7,1 / Philo aet. mund. 85 / Hebr 11,7 / 1Petr 3,19f. / 1Clem 7,6; 9,4

1Clem 7,6 und 9,4: „Clemens" hat in den beiden auf N o ë zurückblikkenden Äußerungen sowohl Gen (6,9) 7,1; Hebr 11,7 als auch 1Petr 3,19f. genutzt. Zusätzlich scheint er den Begriff παλιγγενεσία τοῦ κόσμου von Philo Iudaeus übernommen zu haben, der ihn in seiner Abhandlung 'De aeternitate mundi' mehrmals verwendet (85. 93. 99. 103). Dabei beruft er sich auf die Stoiker, insbesondere Chrysipp[151]:

---

150 Auch das in 29,2 wörtlich zitierte Vorbild Dtn 32,8 (LXX) wurde mitverwertet: ὅτε διεμέριζεν ὁ ὕψιστος ἔθνη, | ὡς διέσπειρεν υἱοὺς Αδαμ, | ἔστησεν ὅρια ἐθνῶν | κατὰ ἀριθμὸν ἀγγέλων θεοῦ, | καὶ ἐγενήθη μερὶς κυρίου λαὸς αὐτοῦ Ιακωβ, | σχοίνισμα κληρονομίας αὐτοῦ Ισραηλ. – „Clemens" hat schon zuvor in 2,4 den Satz εἰς τὸ σῴζεσθαι μετ' ἐλέους καὶ συνειδήσεως τὸν ἀριθμὸν **τῶν ἐκλεκτῶν** αὐτοῦ; vgl. 35,4 Ἡμεῖς οὖν ἀγωνισώμεθα εὑρεθῆναι ἐν τῷ ἀριθμῷ τῶν ὑπομενόντων. 58,2 οὗτος ἐντεταγμένος καὶ **ἐλλόγιμος** ἔσται εἰς τὸν ἀριθμὸν **τῶν σῳζομένων** διὰ Ἰησοῦ Χριστοῦ.

151 Siehe SVF II 613 V. ARNIM καὶ μὴν οἵ γε τὰς **ἐκπυρώσεις** καὶ τὰς **παλιγγενεσίας** εἰσηγούμενοι **τοῦ κόσμου** νομίζουσι καὶ ὁμολογοῦσι τοὺς ἀστέρας θεοὺς εἶναι, οὓς τῷ λόγῳ διαφθείρειν οὐκ ἐρυθριῶσιν.

– 1Clem 7,6 Ν ῶ ε ἐκήρυξεν μετάνοιαν καὶ οἱ ὑπακούσαντες[152] ἐ σ ώ -
θ η σ α ν.

– 1Clem 9,4 Ν ῶ ε π ι σ τ ὸ ς εὑρεθεὶς διὰ τῆς λειτουργίας[153] αὐτοῦ παλιγγενεσίαν κόσμῳ ἐκήρυξεν, καὶ δ ι έ σ ω σ ε ν δι᾽ αὐτοῦ ὁ δεσπότης τὰ
ε ἰ σ ε λ θ ό ν τ α ἐν ὁμονοίᾳ ζῷα ε ἰ ς τ ὴ ν κ ι β ω τ ό ν.

– Gen 7,1 Καὶ εἶπεν κύριος ὁ θεὸς πρὸς Ν ῶ ε· Ε ἴ σ ε λ θ ε σ ὺ κ α ὶ π ᾶ ς ὁ
ο ἶ κ ό ς σ ο υ ε ἰ ς τ ὴ ν κ ι β ω τ ό ν, ὅτι σὲ εἶδον δ ί κ α ι ο ν ἐναντίον μου ἐν
τῇ γενεᾷ ταύτῃ (vgl. Mt 24,37–39; Lk 17,26f.).

– Hebr 11,7 Π ί σ τ ε ι χρηματισθεὶς Ν ῶ ε περὶ τῶν μηδέπω βλεπομένων
εὐλαβηθεὶς κατεσκεύασεν κ ι β ω τ ὸ ν ε ἰ ς σ ω τ η ρ ί α ν τοῦ οἴκου αὐτοῦ, δι᾽ ἧς κατέκρινεν τὸν κόσμον, καὶ τῆς κατὰ π ί σ τ ι ν δ ι κ α ι ο σ ύ -
ν η ς ἐγένετο κληρονόμος[154].

– 1Petr 3,19f. [Jesus] ἐν ᾧ καὶ τοῖς ἐν φυλακῇ πνεύμασιν πορευθεὶς ἐκήρυξεν, ἀπειθήσασίν ποτε ὅτε ἀπεξεδέχετο ἡ τοῦ θεοῦ μακροθυμία ἐν ἡμέραις
Ν ῶ ε κατασκευαζομένης κ ι β ω τ ο ῦ, ε ἰ ς ἥ ν ὀλίγοι, τοῦτ᾽ ἔστιν ὀ κ τ ὼ
ψυχαί, δ ι ε σ ώ θ η σ α ν δι᾽ ὕδατος.

– 2Petr 2,4f. Εἰ γὰρ ὁ θεὸς ἀγγέλων ἁμαρτησάντων οὐκ ἐφείσατο, ἀλλὰ
σιραῖς ζόφου ταρταρώσας παρέδωκεν εἰς κρίσιν τηρουμένους, καὶ ἀρχαίου κόσμου οὐκ ἐφείσατο, ἀλλὰ ὄγδοον Ν ῶ ε δ ι κ α ι ο σ ύ ν η ς κήρυ-
κα ἐφύλαξεν, κατακλυσμὸν κόσμῳ ἀσεβῶν ἐπάξας.

Der Vers aus dem Hebräerbrief hat in dem Kolon κατεσκεύασεν κιβωτόν seinerseits bereits das Muster für κατασκευαζομένης κιβωτοῦ in
1Petr 3,20 abgegeben[155]. Dies führt dazu, daß der Verfasser des „Cle-

---

152 Eine Kontrastimitation zur Wendung ἐκήρυξεν ἀ π ε ι θ ή σ α σ ί ν π ο τ ε aus 1Petr
3,19 (siehe anschließend).
153 Dies ist der Leitbegriff des ganzen hier gegebenen Rückblicks auf die Vorbilder des
AT, die in vollkommener Weise Gottes Herrlichkeit dienten: 1Clem 9,2 Ἀτενίσωμεν εἰς
τούς τελείως λ ε ι τ ο υ ρ γ ή σ α ν τ α ς τῇ μεγαλοπρεπεῖ δόξῃ αὐτοῦ. Das Schlußkolon
hat in der ganzen Bibel eine einzige Parallele: 2Petr 1,17 λαβὼν γὰρ παρὰ θεοῦ πατρὸς
τιμὴν καὶ δόξαν φωνῆς ἐνεχθείσης αὐτῷ τοιᾶσδε ὑπὸ τῆς μεγαλοπρεποῦς δόξης.
KNOCH (1964, 99) führt beide Wendungen auf die jüdisch-hellenistische Tradition zurück. Sollte direkte Abhängigkeit vorliegen, ist nicht auszumachen, wer wen imitiert
hat.
154 Dieser Vers Hebr 11,7 liegt ebenso wie 1Petr 3,19f. (siehe anschließend) auch dem
Noë-Passus 2Petr 2,5 zugrunde.
155 Der Hebräerbrief bietet auffällig viele, nämlich s e c h s, Belege für κατασκευάζειν.
Wir dürfen also schon deshalb sicher sein, daß das Verb von dort in den Petrusbrief
übernommen wurde und nicht etwa, umgekehrt, vom Petrusbrief in den Hebräerbrief
kam und dort produktiv geworden ist. Dafür spricht, daß das Verb schon fünfmal v o r
dem Vers Hebr 11,7 erscheint, die ersten drei Male (Hebr 3,1–4) in Verbindung mit einem alttestamentlichen Zitat (Num 12,7) über Moses „samt seinem ganzen Haus" (Ὅ-
θεν, ἀδελφοὶ ἅγιοι, κλήσεως ἐπουρανίου μέτοχοι, κατανοήσατε τὸν ἀπόστολον καὶ ἀρ-
χιερέα τῆς ὁμολογίας ἡμῶν Ἰησοῦν, π ι σ τ ὸ ν ὄντα τῷ ποιήσαντι αὐτὸν ὡς καὶ
Μ ω ϋ σ ῆ ς ἐν ὅλῳ τῷ οἴκῳ αὐτοῦ. πλείονος γὰρ οὗτος δόξης παρὰ Μωϋσῆν ἠξίωται

mensbriefes", der sich sowohl auf Hebr 11,7 wie auf 1Petr stützt, zusätzlich die alttestamentarische Quelle seiner Vorbilder auch selbst
noch einmal nutzt (dies wird evident in der Junktur εἰσελθόντα ...
εἰς τὴν κιβωτόν), ein Phänomen, das uns bereits mehrmals begegnet ist,
s. gleich anschließend das Kapitel 7). „Clemens" hat in 9,4 das
πιστός-Motiv aus Hebr 11,7 gewonnen und die dort vorgefundene
Formulierung, Noë habe durch die (im Glauben erwirkte) Rettung seines Stammes die Welt gerichtet (κατέκρινεν τὸν κόσμον) mit Hilfe von
Philos Konzeption der **παλιγγενεσία** τοῦ κόσμου ins Positive gewen-
det[156], indem er durch Noë die W i e d e r g e b u r t   d e r   W e l t ankündigen läßt[157]. Die beiden Verben ἐκήρυξεν und ἐσώθησαν bzw.
διέσωσεν in 1Clem 7,6 und 9,4, die sonst mit Noë nirgends verbunden sind, beweisen, daß „Clemens" aus 1Petr 3,19f. geschöpft hat[158].

7. Imitation des durch imitatio gewonnenen Textes unter erneutem   *
Rückgriff auf das Original

In der griechisch-römischen Literatur der Antike (und auch sonst) begegnet nicht selten eine besondere Form der Imitationstechnik, die man
als die Imitation eines bereits durch Imitation gewonnenen Textes unter
erneutem Rückgriff auf das Original umschreiben könnte: der spätere
Autor (z. B. Valerius Flaccus oder Silius Italicus) ahmt nicht nur seinen
direkten Vorgänger (Vergil) nach, der seinerseits bereits eine frühere
Quelle – Homer – 'zitiert', sondern sucht selbst erneut den vom Vorgänger (Vergil) imitierten Urtext (Homer) auf, um ihm zusätzliches
Material oder neue Aspekte abzugewinnen. Schon Macrobius hat in den
Saturnalia (6,3) Verspartien aus Homer aufgeführt, die Vergil unmittelbar in seine Aeneis übertragen zu haben scheint, die ihm aber in Wirklichkeit durch Ennius oder sonstige Autoren republikanischer Zeit (die
ihrerseits Homer ausgebeutet haben) vermittelt worden sind: *sunt quae-*

καθ᾿ ὅσον πλείονα τ ι μ ὴ ν ἔχει τ ο ῦ ο ἴ κ ο υ ὁ **κατασκευάσας** αὐτόν. πᾶς γὰρ ο ἶ-
κ ο ς **κατασκευάζεται** ὑπό τινος, ὁ δὲ πάντα **κατασκευάσας** θεός), an das sich der
Verfasser des Hebräerbriefes offensichtlich im Zusammenhang der Noë „samt seinem
ganzen Haus" (Gen 7,1) zurückerinnerte und so dem früheren κατασκευάσας αὐτόν (sc.
οἶκον) in 11,7 durch **κατεσκεύασεν** κ ι β ω τ ό ν eine Entsprechung schuf.

156 Dagegen bleibt der negative Tenor in 2Petr 2,5 gewahrt, wo von der Z e r s t ö r u n g
d e r   a l t e n   W e l t durch die Sintflut gesprochen wird.

157 Zusätzlich zu dem genannten Chrysipp-Zitat sei verwiesen auf Philo aet. mund. 85 τὸ δ᾿
ἐστὶν ἔκθεσμον καὶ ἀσέβημα ἤδη διπλοῦν, μὴ μόνον φ θ ο ρ ὰ ν **τοῦ κόσμου** κατηγο-
ρεῖν ἀλλὰ καὶ **παλιγγενεσίαν** ἀναιρεῖν, ὥσπερ ἐν ἀκοσμίᾳ καὶ ἀπραξίᾳ καὶ τοῖς πλημμε-
λέσι πᾶσι χαίροντος θεοῦ.

158 Dies gilt, obwohl ἐκήρυξεν in 1Petr 3,19 noch auf Christus bezogen ist, bevor sich der
Blick in 3,20 auf Noë richtet.

dam apud Vergilium quae ab Homero creditur transtulisse, sed ea docebo a nostris auctoribus sumpta, qui priores haec ab Homero in carmina sua traxerant (6,3,1). Macrob erwähnt nicht, daß Vergil in den meisten derartigen Fällen indirekter, d. h. 'vermittelter' Imitation über den Vermittler hinweg auch selbst noch zum homerischen Original vorgestoßen ist, also Homer und den lateinischen Vermittler 'kontaminiert' hat. Für Vergil und die kaiserzeitliche Epik ist dieses Phänomen etwa durch T. SCHMIT-NEUERBURG analysiert worden (subsumiert unter dem Begriff „kontaminierende Imitation")[159], für die spätantike Bibeldichtung durch A. ARWEILER[160]. Es findet sich ebenso in den biblischen Schriften selbst, insbesondere im Verhältnis der verschiedenen Autoren des Neuen Testaments zueinander und zu dem gemeinsamen Primärtext, den Schriften des Alten Testaments.

Bereits oben sind wir beiwege auf die folgenden Fälle gestoßen:

– 1Clem 13,1: Bei der Verarbeitung des 1. Kapitels des Jakobusbriefes wird „Clemens" durch Jak 1,9f. auf die alttestamentarische Urquelle Jer 9,22f. zurückverwiesen, die er nun wieder im Originalwortlaut (vermischt mit 1Kor 1,31) an Stelle der von „Jakobus" eingeführten Variation zitiert (s. S. 282).

– 1Petr 1,22ff.: Der Verfasser wird durch seinen Mustertext Jak 1,9–11. 21 dazu angeregt, auf die Urquelle (Jes 40,6f.) selbst zurückzugreifen und diese wörtlich zu zitieren (s. S. 282f.).

---

159 T. SCHMIT-NEUERBURG, Vergils Aeneis und die antike Homerexegese. Untersuchungen zum Einfluss ethischer und kritischer Homerrezeption auf *imitatio* und *aemulatio* Vergils, Berlin 1999 (UaLG 56), s. das Sachregister s. v. „Imitationstechnik", vor allem S. 70–73 (Lucan – Vergil – Homer), 152–154 (Silius Italicus / Valerius Flaccus / Statius – Vergil – Homer).

160 A. ARWEILER, Die Imitation antiker und spätantiker Literatur in der Dichtung 'De spiritalis historiae gestis' des Alcimus Avitus, Berlin 1999 (UaLG 52), vgl. bes. S. 323ff. („*Imitatio imitationis*: Der Reiche des Lukasevangeliums an der Tafel von Lucans Cleopatra"): „Der Vergleich z. B. mit vergilischen Vorbildern konnte zeigen, daß manche Dichter den bereits imitierenden Text nachahmen, ohne auf die Originalstelle zurückzugreifen. Andere erweitern die Imitation durch bewußte Hinzunahme zusätzlicher Elemente aus der imitierten Primärquelle. Es handelt sich um Traditionsbildung innerhalb der späten Literatur, die sich von früheren Imitationen anregen läßt, selbst eine andere, neue oder bessere Verarbeitung der Vorbilder zu bieten" (323f.). So imitiert beispielsweise Sidonius im 2. Brief (er berichtet, wie Damocles für einen Tag am luxuriösen Leben des Dionysius teilnimmt) Lucans Schilderung des Festmahls der Kleopatra (10,107ff.). Avit orientiert sich bei seiner Darstellung des Gelages des Reichen nach Lk 16,19ff. einerseits an der Schilderung des Sidonius, andererseits auch selbst wieder an der Lucanepisode. In seiner Erweiterung der Lucanimitation des Sidonius bringt er vor allem die Aussageabsicht des Originals wieder zur Geltung, nämlich den moralistisch gefärbten Tadel des Luxus, der bei Sidonius hinter der Funktion des Lucanexemplums als *ornatus* zurückgetreten war (s. ARWEILER 326).

– 1Petr 1,7: „Petrus" hat die Formel seines Vorbilds Jak 1,3 gedehnt und die hinter ihr stehenden alttestamentarischen Quellen sichtbar gemacht: Ps 65,10; Spr 17,3 und Sach 13,9 (s. S. 290).

– 1Clem 12,1–4: „Clemens" kontaminiert Jak 2,25f. mit Hebr 11,31 und greift zusätzlich auf den hinter beiden Stellen stehenden Urtext Jos 2,1–10 zurück (s. S. 293).

– 1Clem 7,6; 9,4: Der Verfasser des „Clemensbriefes", der sich sowohl auf Hebr 11,7 wie auf 1Petr 3,19f. stützt, nutzt zusätzlich auch selbst noch einmal die alttestamentarische Quelle seiner Vorbilder (Gen 7,1), s. S. 299f.

Im folgenden sollen zwei weitere derartige Fälle aus dem Beziehungs-geflecht zwischen 1Clem und 1Petr besprochen werden. Beide stimmen sehr auffällig darin überein, daß an längere Erörterungen über tugend-haftes Leben und Pflichten die gleichen alttestamentarischen Bibelstel-len zur Exemplifizierung angefügt werden. Aus der näheren Analyse dieser Stellen ergibt sich das Gesamtbild, daß „Clemens" auf breiter Front den Leitlinien von 1Petr folgt, diese aber im Detail – unter Nut-zung weiterer Quellen – abwandelt und umformt. Dabei sucht er die in 1Petr gegebenen Zitate oder Imitationen alttestamentarischer Schrift-worte seinerseits im Urtext auf und schreibt diese oft in größerem Um-fange aus, als es „Petrus" getan hatte; auch ersetzt er gerne dessen oft-mals paraphrasierende Wiedergabe durch stereotyp-wörtliche Zitate aus dem Alten Testament. Nun zu den beiden Stellen:
Als Heilmittel gegen Eifersucht, Streit und Aufruhr, der in der Ge-meinde von Korinth von ein oder zwei Personen entfacht wird, mahnt „Clemens" zu Eintracht, Frieden, Demut und Unterordnung. Die ταπει-νοφροσύνη hat schon in 1Clem 13,1 eine wichtige Rolle gespielt, dort in Anlehnung u. a. an 1Petr 2,1f., wie wir gesehen haben (s. 281ff.); doch beherrscht sie in der Folge den ganzen Abschnitt der Kapitel 13–22 und wird danach immer wieder als eine der wichtigsten Tugenden vor Augen gestellt, so in 30–31 (30,2 hat 1Petr 5,5 zur Voraussetzung, s. S. 279); 37. 38; 44,3; 48,6; 56,1; 57,1; 58,2; 61,1; 62–63[161]. Eben die-se Tugend wird in 1Petr 2,13–3,22 in mehrfacher Perspektive beleuch-tet.

---

161 Der Begriff selbst erscheint 10mal als Verbform, 6mal als Substantiv.

a) ταπεινοφροσύνη in 1Petr 2,13–25 / Jes 53,1–12 / 1Clem 16,1–17

In 1Petr 2,13ff. geht es um Unterordnung unter die menschlichen Einrichtungen, die staatlichen Behörden, Könige und Statthalter[162]. Die Christen sind „freie" Menschen, jedoch frei als Knechte Gottes, sie ehren alle, lieben die Brüder, fürchten Gott, ehren den König:

Ὑποτάγητε πάσῃ ἀνθρωπίνῃ κτίσει διὰ τὸν κύριον· εἴτε β α σ ι λ ε ῖ ὡς ὑπερέχοντι, εἴτε ἡ γ ε μ ό σ ι ν ὡς δι' αὐτοῦ πεμπομένοις εἰς ἐκδίκησιν κακοποιῶν ἔπαινον δὲ ἀγαθοποιῶν· ὅτι οὕτως ἐστὶν τὸ θέλημα τοῦ θεοῦ, ἀγαθοποιοῦντας φιμοῦν τὴν τῶν ἀφρόνων ἀνθρώπων ἀγνωσίαν· ὡς ἐ λ ε ύ θ ε ρ ο ι, καὶ μὴ ὡς ἐπικάλυμμα ἔχοντες τῆς κακίας τὴν ἐλευθερίαν, ἀλλ' ὡς θ ε ο ῦ δ ο ῦ λ ο ι. πάντας τιμήσατε, τὴν ἀδελφότητα ἀγαπᾶτε, τὸν θεὸν φοβεῖσθε, τὸν βασιλέα τιμᾶτε.

Gemäß 1Petr 2,18ff. sind die D i e n e r in Ehrfurcht untertan den H e r r e n – selbst wenn sie ungerecht leiden müssen. Denn auch Christus hat für sie gelitten und ihnen ein Beispiel hinterlassen, damit sie seinen Fußstapfen nachfolgen:

Οἱ ο ἰ κ έ τ α ι **ὑποτασσόμενοι** ἐν παντὶ φόβῳ τοῖς δ ε σ π ό τ α ι ς, οὐ μόνον τοῖς ἀγαθοῖς καὶ ἐπιεικέσιν ἀλλὰ καὶ τοῖς σκολιοῖς. τοῦτο γὰρ <u>χάρις</u> εἰ διὰ συνείδησιν θεοῦ ὑποφέρει τις λύπας πάσχων ἀδίκως. ποῖον γὰρ κλέος εἰ ἁμαρτάνοντες καὶ κολαφιζόμενοι ὑ π ο μ ε ν ε ῖ τ ε; ἀλλ' εἰ ἀγαθοποιοῦντες καὶ π ά σ χ ο ν τ ε ς ὑ π ο μ ε ν ε ῖ τ ε, τοῦτο <u>χάρις</u> παρὰ θεῷ. εἰς τοῦτο γὰρ ἐκλήθητε, ὅτι καὶ Χριστὸς ἔ π α θ ε ν ὑπὲρ ὑμῶν, <u>ὑμῖν ὑπολιμπάνων ὑπογραμμὸν</u> ἵνα ἐπακολουθήσητε τοῖς ἴχνεσιν αὐτοῦ·
ὃς ἁμαρτίαν οὐκ ἐποίησεν
οὐδὲ εὑρέθη δόλος ἐν τῷ στόματι αὐτοῦ·
ὃς λοιδορούμενος οὐκ ἀντελοιδόρει, πάσχων οὐκ ἠπείλει, παρεδίδου δὲ τῷ κρίνοντι δικαίως· ὃς ***τὰς ἁμαρτίας ἡμῶν αὐτὸς ἀνήνεγκεν*** ἐν τῷ σώματι αὐτοῦ ἐπὶ τὸ ξύλον, ἵνα ταῖς ἁμαρτίαις ἀπογενόμενοι τῇ δικαιοσύνῃ ζήσωμεν· οὗ ***τῷ μώλωπι ἰάθητε.*** ἦτε γὰρ ***ὡς πρόβατα πλανώμενοι,*** ἀλλὰ ἐπεστράφητε νῦν <u>ἐπὶ τὸν ποιμένα</u> καὶ ἐπίσκοπον τῶν ψυχῶν ὑμῶν.

Durch kursiven Fettdruck sind hier die wörtlichen oder angenäherten Zitate aus Jes 53 hervorgehoben. Sie erscheinen in der Reihenfolge **Jes 53,9. (7). 4. 12. 5. 6**[163]. Eben diesen Jesaia-Abschnitt zitiert „Clemens"

---

162 Vgl. 1Clem 37,3; 61,1.
163 Nach der Zählung der Septuaginta-Ausgabe von A. RAHLFS, Stuttgart 1943. In der Zählweise der 1Clem-Ausgaben wären es die Verse 10. (7). 4. 14. 5. 6. Dabei steht (7) für die Ersetzung von Jes 53,7 (καὶ αὐτὸς διὰ τὸ κεκακῶσθαι οὐκ ἀνοίγει τὸ στόμα. Ὡς π ρ ό β α τ ο ν ἐπὶ σφαγὴν ἤχθη, καὶ ὡς ἀ μ ν ὸ ς ἐναντίον τοῦ κείραντος ἄφωνος, οὕτως οὐκ ἀνοίγει τὸ στόμα αὐτοῦ) durch 1Petr 2,23 (ὃς λ ο ι δ ο ρ ο ύ μ ε ν ο ς οὐκ ἀντελοιδόρει, πάσχων οὐκ ἠπείλει, παρεδίδου δὲ τῷ κρίνοντι δικαίως), was aber problematisch erscheint (vgl. auch 1Petr 3,9, s. u. S. 306); eher dürfte eine Umwandlung von

in dem verwandten Zusammenhang von 1Clem 16,1–14 – aber, anders als „Petrus", in der ursprünglichen Reihenfolge und erheblich erweitert auf den Umfang **Jes 53,1–12**; auch bietet er in 53,9 das ursprüngliche ἀνομίαν der Septuaginta an Stelle von ἁμαρτίαν, wie in 1Petr 2,22 überliefert ist:

1Clem 16,1ff. **Ταπεινοφρονούντων** γάρ ἐστιν ὁ Χριστός, οὐκ ἐπαιρομέ-νων **ἐπὶ τὸ ποίμνιον** αὐτοῦ. Τὸ σκῆπτρον τῆς μεγαλωσύνης τοῦ θεοῦ, ὁ κύριος Ἰησοῦς Χριστός, οὐκ ἦλθεν ἐν κόμπῳ ἀλαζονείας οὐδὲ ὑπερηφανί-ας, καίπερ δυνάμενος, ἀλλὰ **ταπεινοφρονῶν,** καθὼς τὸ πνεῦμα τὸ ἅγιον περὶ αὐτοῦ ἐλάλησεν· φ η σ ὶ ν   γ ά ρ (es folgt wörtliches Zitat von **Jes 53,1–12**)[164].

„Clemens" geht also von seinem Leittext 1Petr 2,18–25 auf die zugrundeliegende Quelle Jes 53 selbst zurück und hebt diese als ganzen – erheblich erweiterten – Block aus, den er als wörtliches Zitat gibt; er verfährt also mit dem AT weniger frei als der Verfasser des Petrusbriefes, zitiert eher schematisch.

Nach einem weiteren wörtlichen Zitat (Ps 21,7–9) in 1Clem 16,15f. endet der Abschnitt mit dem Resümee 1Clem 16,17

Ὁρᾶτε, ἄνδρες ἀγαπητοί, τίς ὁ ὑ π ο γ ρ α μ μ ὸ ς ὁ δεδομένος ἡμῖν· εἰ γὰρ ὁ κύριος οὕτως ἐ τ α π ε ι ν ο φ ρ ό ν η σ ε ν, τί ποιήσωμεν ἡμεῖς οἱ ὑπὸ τὸν ζυγὸν τῆς χάριτος αὐτοῦ δι' αὐτοῦ ἐλθόντες;

das deutlich nach 1Petr 2,18–21 geformt ist, s. o. S. 304.

b) ταπεινοφροσύνη in 1Petr 3,1–22 / Ps 33,12–18 / 1Clem 21,6–8; 22,1–8

Wenig später bietet 1Petr 3,1–6 einen „Tugendspiegel" der Ehefrauen (und in 3,7 der Ehemänner), der teilweise das Vorbild abgab für die „Haustafel" in 1Clem 21,6–8 (sie bietet Mahnungen zum rechten Verhalten gegenüber Vorgesetzten und Älteren und zum rechten Wandel der Jungen, der Frauen und der Kinder)[165]:

1Kor 4,12f. vorliegen: λ ο ι δ ο ρ ο ύ μ ε ν ο ι εὐλογοῦμεν, διωκόμενοι ἀνεχόμεθα, δυσ-φημούμενοι παρακαλοῦμεν.
164 In 1Petr 2,24 (ὃς **τὰς ἁμαρτίας ἡμῶν αὐτὸς ἀνήνεγκεν** ἐν τῷ σώματι αὐτοῦ ἐπὶ τὸ ξύ-λον) sind die Verse Jes 53,4 (Οὗτος **τὰς ἁμαρτίας ἡμῶν** φέρει) und 53,12 (καὶ **αὐτὸς ἁμαρτίας** πολλῶν **ἀνήνεγκεν**) kontaminiert.
165 Oben S. 266f. ist gezeigt, daß der Autor von 1Petr 3,1–7 (und 3,16) ausgiebig aus 1Tim 2,8–14 schöpft. „Clemens" konnte beide Stellen heranziehen und sich zusätzlich orientieren an Kol 3,18–4,1; Eph 5,22–6,9; Tit 2,2–10.

1Petr 3,1 Ὁμοίως [αἱ] γυναῖκες **ὑποτασσόμεναι** τοῖς ἰδίοις ἀνδράσιν, ἵνα καὶ εἴ τινες ἀπειθοῦσιν τῷ λόγῳ διὰ τῆς τῶν γυναικῶν ἀναστροφῆς ἄνευ λόγου κερδηθήσονται 2 ἐποπτεύσαντες τὴν ἐν φόβῳ ἁγνὴν ἀναστρο-φὴν ὑμῶν[166], etc. (s. o. S. 264).

Es folgen in 1Petr 3,8ff. Mahnungen an alle: „… seid einmütig, mitlei-dig, brüderlich, barmherzig, bescheiden" (**ταπεινόφρονες**)[167]. Dies wird mit Hilfe des wörtlich ausgeschriebenen Psalms 33,13–17 expliziert. Eben dieses Bibelzitat nutzt „Clemens" in 1Clem 22 zur Bekräftigung der zuvor behandelten „Haustafel" aus Kap. 21. Doch hat er – wie wir es von ihm kennen – auch hier das in 1Petr 3,10–12 verkürzte Psalmen-zitat erweitert. Der Passus aus dem Petrusbrief lautet wie folgt:

1Petr 3,8–16 Τὸ δὲ τέλος πάντες ὁμόφρονες, συμπαθεῖς, φιλάδελφοι, εὔ-σπλαγχνοι, **ταπεινόφρονες,** 9 μὴ ἀποδιδόντες κακὸν ἀντὶ κακοῦ ἢ λοιδο-ρίαν ἀντὶ λοιδορίας, τοὐναντίον δὲ εὐλογοῦντες[168], ὅτι εἰς τοῦτο ἐκλήθητε ἵνα εὐλογίαν κληρονομήσητε.
10 (Ps) 13 ὁ γὰρ θέλων ζωὴν | ἀγαπᾶν | καὶ ἰδεῖν ἡμέρας ἀγαθὰς
            14 παυσάτω τὴν γλῶσσαν ἀπὸ κακοῦ | καὶ χείλη τοῦ μὴ λαλῆσαι δόλον,
11   15 ἐκκλινάτω δὲ ἀπὸ κακοῦ καὶ ποιησάτω ἀγαθόν, | ζητησάτω εἰρήνην καὶ διωξάτω αὐτήν.
12   16 ὅτι ὀφθαλμοὶ κυρίου ἐπὶ δικαίους | καὶ ὦτα αὐτοῦ εἰς δέησιν αὐτῶν,
            17 πρόσωπον δὲ κυρίου ἐπὶ ποιοῦντας κακά.
13 Καὶ τίς ὁ κακώσων ὑμᾶς ἐὰν τοῦ ἀγαθοῦ ζηλωταὶ γένησθε; 14 ἀλλ' εἰ καὶ πάσχοιτε διὰ δικαιοσύνην, μακάριοι. τὸν δὲ φόβον αὐτῶν μὴ φοβηθῆ-

---

166 Vgl. 1Clem 21,6 τοὺς νέους παιδεύσωμεν τὴν παιδείαν τοῦ φόβου τοῦ θεοῦ, τὰς γυναῖκας ἡμῶν ἐπὶ τὸ ἀγαθὸν διορθωσώμεθα. 21,7 τὸ ἀξιαγάπητον τῆς ἁγνείας ἦθος ἐνδειξάσθωσαν, τὸ ἀκέραιον **τῆς πραΰτητος** αὐτῶν βούλημα ἀποδειξάτωσαν, τὸ ἐπιεικὲς τῆς γλώσσης αὐτῶν διὰ τῆς σιγῆς φανερὸν ποιησάτωσαν. 21,8 μαθέτωσαν, τί **ταπεινοφροσύνη** παρὰ θεῷ ἰσχύει, τί ἀγάπη ἁγνὴ παρὰ θεῷ δύναται, πῶς ὁ φόβος αὐ-τοῦ καλὸς καὶ μέγας καὶ σῴζων πάντας τοὺς ἐν αὐτῷ ὁσίως ἀναστρεφομένους ἐν καθα-ρᾷ διανοίᾳ. Dieser ganze Passus 21,6–8 enthält Reminiszenzen sowohl an die hier aus-geschriebenen Verse 1Petr 3,1–2. 4 als auch an den unten zitierten Vers 1Petr 3,16. Von Bedeutung ist auch wieder der Jakobusbrief (Jak 3,13), der sowohl auf 1Petr 3,1 (man beachte das doppelte ἀναστροφή) als auch auf 1Clem 21,7 eingewirkt haben könn-te: Τίς σοφὸς καὶ ἐπιστήμων ἐν ὑμῖν; δειξάτω ἐκ τῆς καλῆς ἀναστροφῆς τὰ ἔργα αὐτοῦ **ἐν πραΰτητι** σοφίας.
167 Dies ist neben Spr 29,23 (ὕβρις ἄνδρα ταπεινοῖ, | τοὺς δὲ **ταπεινόφρονας** ἐρείδει δόξῃ κύριος) der einzige Beleg für **ταπεινοφρον*** in allen bibl. Schriften – ein deutli-ches Indiz, daß 1Petr in diesen „Demutspartien" von 1Clem die Folie bildet! Das Sub-stantiv **ταπεινοφροσύνη** dagegen kommt im NT mehrmals vor: Apg 20,19; Eph 4,2 (μετὰ πάσης **ταπεινοφροσύνης** καὶ **πραΰτητος,** μετὰ μακροθυμίας, ἀνεχόμενοι ἀλλή-λων ἐν ἀγάπῃ); Phil 2,3; Kol 2,18; 2,23; 3,12 (Ἐνδύσασθε οὖν ὡς ἐκλεκτοὶ τοῦ θεοῦ, ἅγιοι καὶ ἠγαπημένοι, σπλάγχνα οἰκτιρμοῦ, χρηστότητα, **ταπεινοφροσύνην, πρα-ΰτητα,** μακροθυμίαν); 1Petr 5,5 (s. o.).
168 Vgl. oben 2,23 und S. 304 Anm. 163 (1Kor 4,12).

τε μηδὲ ταραχθῆτε, 15 κύριον δὲ τὸν Χριστὸν ἁγιάσατε ἐν ταῖς καρδίαις ὑμῶν[169], ἕτοιμοι ἀεὶ πρὸς ἀπολογίαν παντὶ τῷ αἰτοῦντι ὑμᾶς λόγον περὶ τῆς ἐν ὑμῖν ἐλπίδος, 16 ἀλλὰ <u>μετὰ πραΰτητος καὶ φόβου, συνείδησιν ἔχοντες ἀγαθήν,</u> ἵνα ἐν ᾧ καταλαλεῖσθε καταισχυνθῶσιν οἱ ἐπηρεάζοντες ὑμῶν <u>τὴν ἀγαθὴν</u> ἐν Χριστῷ <u>ἀναστροφήν</u> (s. hierzu o. S. 272f.; 274–277; 306 mit Anm. 166).

„Clemens" läßt sich durch den Petrusbrief führen, greift aber bei dem Zitat aus dem AT auf die Quelle selbst zurück, schreibt also das von „Petrus" am Anfang und am Ende „verstümmelte" und ausschnittweise in seinen Kontext eingepaßte Dipsalma von Anfang an aus und führt es bis zum Ende von Vers 18. Auch hat er alle Abweichungen vom Septuagintatext in 1Petr 3,10–12 beseitigt, fußt also ganz auf dem Original (das der uns greifbare Pseudo-Petrus zum Teil nach einer anderen Handschrift [die mit B verwandt scheint] wiedergibt)[170]:

1Clem 22,1 Ταῦτα δὲ πάντα βεβαιοῖ ἡ ἐν Χριστῷ πίστις· καὶ γὰρ αὐτὸς διὰ τοῦ πνεύματος τοῦ ἁγίου οὕτως προσκαλεῖται ἡμᾶς·

(Ps) 12 «Δεῦτε, τέκνα, ἀκούσατέ μου, | φόβον κυρίου διδάξω ὑμᾶς.

2   13 Τίς ἐστιν ἄνθρωπος [[ὁ θέλων ζωήν, | ἀγαπῶν ἡμέρας ἰδεῖν ἀγαθάς;

3   14 Παῦσον τὴν γλῶσσάν σου ἀπὸ κακοῦ | καὶ χείλη σου τοῦ μὴ λαλῆσαι δόλον.

4   15 Ἔκκλινον ἀπὸ κακοῦ καὶ ποίησον ἀγαθόν. | [5] Ζήτησον εἰρήνην καὶ δίωξον αὐτήν.

6   16 Ὀφθαλμοὶ κυρίου ἐπὶ δικαίους, | καὶ ὦτα αὐτοῦ <u>πρὸς</u> δέησιν αὐτῶν·

    17 πρόσωπον δὲ κυρίου ἐπὶ ποιοῦντας κακά,]] | τοῦ ἐξολεθρεῦσαι ἐκ γῆς τὸ μνημόσυνον αὐτῶν.

7   18 Ἐκέκραξ<u>εν ὁ δίκαιος</u>, καὶ ὁ κύριος εἰσήκουσεν αὐτ<u>οῦ</u>, | καὶ ἐκ πασῶν τῶν θλίψεων αὐτ<u>οῦ</u> ἐρύσατο αὐτ<u>όν</u>.»

8 (Ps 31,10) «Πολλαὶ αἱ μάστιγες τοῦ ἁμαρτωλοῦ, | <u>τοὺς</u> δὲ ἐλπίζοντ<u>ας</u> ἐπὶ κύριον ἔλεος κυκλώσει.»

„Clemens" bietet die getreue Septuagintafassung von Ps 33,12–18 mit den geringfügigen Variationen, daß er in Vers 16 die Präposition εἰς des Originals durch synonymes πρός ersetzt und in Vers 18 den im Original gewählten Singular (ὁ δίκαιος und die diesem entsprechenden Verb-

---

169 In 14–15 (τὸν δὲ φόβον αὐτῶν μὴ φοβηθῆτε μηδὲ ταραχθῆτε, 15 κύριον δὲ τὸν Χριστὸν ἁγιάσατε ἐν ταῖς καρδίαις ὑμῶν) hat „Petrus" ein weiteres Bibelzitat integriert: Jes 8,12–13.

170 Ich bezeichne den Einsatz und das Ende des Ausschnittes, der in 1Petr 3,10–12 zitiert ist, durch [[ ]] und markiere die Textabweichungen – wie schon im 1Petr-Passus – durch Unterstreichung.

und Pronominal-Formen) durchgehend in die Pluralformen umwan-
delt[171].

Der Abschnitt 1Petr 3 endet in 3,20ff. mit dem Exempel N o ë s,
das wir bereits S. 299f. als Muster für 1Clem 7,6 und 9,4 erwiesen haben. Es kann demnach festgestellt werden, daß „Clemens" in wichtigen
Partien von 1Clem 7. 9. 13–30, die um die Themen Eintracht, Demut
und Unterordnung kreisen, dem Grundmuster von 1 Petr 2,1–3,22 (5,5)
folgt.

III. Christenverfolgungen bei Plinius d. J., Tacitus, Sueton
und die Chronologie von 1Petr und 1Clem

Die Anfechtungen und Bedrängnisse, von denen die „Diaspora"-Chri-
sten des Jakobusbriefs heimgesucht werden, kommen nicht von außen,
sind nicht durch die heidnische Majorität und deren Behörden verursacht[172]; vielmehr handelt es sich um Prüfungen des Glaubens (Jak 1,3),
die aus den Begierden des einzelnen erwachsen (1,13–15). In dieser
Hinsicht ist der Jakobusbrief sozusagen zeitlos, fügt sich ebenso in die
Situation des Römerbriefes (5,3f.) wie in zeitlich spätere Bedingungen
christlicher Existenz.

Im Petrusbrief hat sich dies geändert! Zwar ist auch dieses Schreiben im ganzen ein „ethics for exiles", ein moralischer Verhaltenskodex
für christliche Minoritäten in einer heidnischen Umwelt, in der die
Christen als Übeltäter (κακοποιοί) verleumdet werden (1Petr 2,11f.),
aber es enthält doch eine Reihe stark „politischer" Züge: so die mit
Röm 13,1–7 verwandte[173] und zum Teil mit Blick auf dieses Vorbild
formulierte Aufforderung in 2,13f.: „Ordnet euch jeder menschlichen
Einrichtung unter um des Herrn willen, sei es dem König als dem Oberen oder den Statthaltern als denen, die von ihm abgeordnet sind zur
Bestrafung der Übeltäter (κακοποιῶν) und zur Anerkennung derer, die
gute Taten vollbringen (ἀγαθοποιῶν)"[174]; vor allem aber den Abschnitt
über den Sinn des Leidens in 4,12ff., bes. 15f.:

---

171 Umgekehrt ist er mit dem Numerus in Ps 31,10 verfahren.
172 Dies dürfte auch trotz Jak 2,6f. gelten; denn auch dort geht es offensichtlich nicht um
    „Christenverfolgungen", sondern um Willkürakte von „Reichen"; s. POPKES Anm. 459.
173 Siehe H. GOLDSTEIN, Die politischen Paränesen in 1Petr und Rom 13, BibLeb 15
    (1974) 88–104.
174 Die Anweisungen in 3,15ff. und 4,1–5 dagegen richten sich wieder auf den Umgang mit
    feindseligen und verleumderischen heidnischen Mitbürgern. Dabei erinnert die in 4,4
    zum Ausdruck kommende Tendenz der „asketisch" lebenden Christen zur sozialen Iso-
    lation (ἐν ᾧ ξενίζονται μὴ συντρεχόντων ὑμῶν εἰς τὴν αὐτὴν τῆς ἀσωτίας ἀνάχυσιν,

„Geliebte, wundert euch nicht über die unter euch wütende Feuersbrunst (die euch zu eurer Prüfung befällt), als ob euch etwas Befremdliches widerfahre. Freut euch vielmehr, daß ihr dadurch an Christi Leiden Anteil habt, um auch bei der Offenbarung seiner Herrlichkeit euch freuen und frohlocken zu können! Seid selig, wenn ihr im Namen Christi geschmäht werdet[175]; denn der Geist der Herrlichkeit, der Geist Gottes ruht auf euch! Denn keiner von euch soll leiden als Mörder oder Dieb oder Übeltäter oder als einer, der Umstürzlerisches betreibt. Leidet er dagegen als Christ, so schäme er sich nicht, sondern verherrliche Gott in diesem Namen. Denn es ist die Zeit, da das Gericht beim Hause Gottes den Anfang nimmt[176]. Beginnt es aber bei uns, was wird es für ein Ende nehmen bei denen, die dem Evangelium Gottes nicht gehorchen? 'Wenn der Gerechte kaum das Heil erlangt, wo wird der Gottlose und der Sünder bleiben?'[177] Darum sollen auch jene, die nach dem Willen Gottes leiden, dem getreuen Schöpfer ihre Seelen in rechtschaffenem Handeln anbefehlen."

4,12 Ἀγαπητοί, μὴ ξενίζεσθε **τῇ ἐν ὑμῖν πυρώσει** πρὸς πειρασμὸν ὑμῖν γινομένῃ ὡς ξένου ὑμῖν συμβαίνοντος, 13 ἀλλὰ καθὸ κοινωνεῖτε τοῖς τοῦ Χριστοῦ παθήμασιν χαίρετε, ἵνα καὶ ἐν τῇ ἀποκαλύψει τῆς δόξης αὐτοῦ χαρῆτε ἀγαλλιώμενοι. 14 εἰ ὀνειδίζεσθε **ἐν ὀνόματι Χριστοῦ,** μακάριοι, ὅτι τὸ τῆς δόξης καὶ τὸ τοῦ θεοῦ πνεῦμα ἐφ' ὑμᾶς ἀναπαύεται. 15

βλασφημοῦντες) an den Vorwurf des *odium generis humanum*, der den Christen in Tac. ann. 15,44,4 gemacht wird.

175 Dies müßte in einem anderen Zusammenhang nicht mehr bedeuten als der Hinweis in Jak 2,6f. auf die Reichen, die „den erhabenen Namen (lästern), nach dem ihr genannt seid" (βλασφημοῦσιν τὸ καλὸν ὄνομα τὸ ἐπικληθὲν ἐφ' ὑμᾶς).

176 „The aorist is not used lightly; it signifies a definite event in God's dealing with the world, sustaining the thought that the outbreak of organized persecution is not a mere intensifying of the normal difficulties which beset the life of Christians in a pagan environment, but is the first act in the great drama of the Last Judgment. The 'house of God', i. e., the community of believers, as in 2:5 (cf. Heb. 3:6), is now standing trial before the Judge to whom all must render account (1:17); in the last act, not long to be deferred, 'those that disobey the Gospel of God' must in their turn stand before His throne to face His wrath", so BEARE 194. Er fährt fort: „The thought that the Judgment of God begins with punishment of the derelictions of His own people goes back to the prophets of Israel (Jer. 25:29; Ez. 9:6, etc.), but it is not evident that any O. T. prophecy is laid directly under contribution here. ... It is perhaps permissible to find implicit in the passage something of the thought suggested by St. Paul in 1 Corinthians 11:31–32, that Christians who fall short of the scrupulous care of their conduct which the Gospel demands are visited with the judgments of the Lord in this life, but that these judgments are salutary and chastening, saving them from the condemnation that shall befall the world. ... Cf. also 1 Corinthians 3:12ff."

177 „Elsewhere in the New Testament, the terrors which the Judgment Day holds for unbelievers are vividly portrayed (2Thess 1:8; Apoc. 6:15ff.; etc.). Here, however, the author's concern is not to warn the disobedient, but to encourage the faithful ... In part, his motive is to remind them that there is no ultimate escape in apostasy; those who might be tempted to seek an immediate freedom by renouncing Christ are warned that the imminent menace of far worse punishment hangs over the disobedient" (BEARE 194).

μὴ γάρ τις ὑμῶν πασχέτω **ὡς φονεὺς** ἢ **κλέπτης** ἢ **κ α κ ο π ο ι ὸ ς** ἢ ὡς **ἀλλοτριεπίσκοπος**[178]· 16 εἰ δὲ ὡ ς **Χ ρ ι σ τ ι α ν ό ς**, μὴ αἰσχυνέσθω, δο-ξαζέτω δὲ τὸν θεὸν ἐ ν τ ῷ ὀ ν ό μ α τ ι τ ο ύ τ ῳ. 17 ὅτι ὁ καιρὸς τοῦ ἄρξασθαι τὸ κρίμα ἀπὸ τοῦ οἴκου τοῦ θεοῦ· εἰ δὲ πρῶτον ἀφ᾽ ἡμῶν, τί τὸ τέλος τῶν ἀπειθούντων τῷ τοῦ θεοῦ εὐαγγελίῳ; 18 «καὶ εἰ ὁ δίκαιος μόλις σῴζεται, | ὁ ἀσεβὴς καὶ ἁμαρτωλὸς ποῦ φανεῖται;» [Spr 11,31]. 19 ὥστε καὶ οἱ πάσχοντες κατὰ τὸ θέλημα τοῦ θεοῦ πιστῷ κτίστῃ παρατιθέσθωσαν τὰς ψυχὰς αὐτῶν ἐν ἀγαθοποιΐα.

Die „Feuersbrunst", die zur Erprobung des Glaubens auf die Christen der im Briefkopf genannten fünf östlichen Regionen (P o n t u s, Galati-en, Kappadokien, [Klein-]Asien und B i t h y n i e n) hereinbricht, muß zwar nicht auf eine „staatliche" Christenverfolgung hinweisen[179], fügt sich aber aufs beste zu dem vom Jüngeren Plinius, dem damaligen Pro-konsul von B i t h y n i e n - P o n t u s, im Briefwechsel mit Kaiser Trajan aus dem Jahr 112 n. Chr. geschilderten Vorgehen des Provinzstatthal-ters[180] gegen Christen, die ihm „als Christen" angezeigt wurden (10,96,2 *qui ad me t a m q u a m   C h r i s t i a n i deferebantur*)[181]. Auch Skeptiker wie BROX können nicht leugnen (28), daß manche Partien in 1Petr „verblüffende Berührungen" mit den Schilderungen des Plinius in epist. 10,96 zeigen, etwa „4,15 als Indiz für Schandtaten (*flagitia*), nach denen dort [bei den Verhören] geforscht wurde; und vor allem in über-

---

178 Das Adjektiv erscheint hier erstmalig in der uns bekannten Gräzität; danach erst wieder im Jahre 374 im Ancoratus des Epiphanius (Anc. 12,5 [GCS 25, p. 20,22]). Dort steht es synonym für περιεργαζόμενος, bezeichnet also jemanden, der umtriebig sich in ande-rer Leute Angelegenheiten einmischt oder fremde Dinge ausspioniert (ποῦ γὰρ ἐρευνᾷ [sc. τὸ ἅγιον πνεῦμα] τὰ βάθη τοῦ θεοῦ· διὰ ποίαν αἰτίαν· λέγε, ὦ ἀνόητε· ὡς π ε ρ ι-ε ρ γ α ζ ό μ ε ν ο ν· ὡς **ἀλλοτριεπίσκοπον**; ὡς μὴ ἰδίων ἐπιθυμοῦν; μὴ γένοιτο. Inso-fern scheint die von BEARE vorgenommene Gleichsetzung mit *cupidus novarum rerum* im Sinne von „revolutionary activity" vielleicht etwas stark zugespitzt. Dies gilt auch im Hinblick auf den dritten (und für uns letzten) Beleg bei Pseudo-Dionysius Areopa-gita epist. 8,1 (p. 178,11 RITTER [PTS 36]).
179 Die organisierte kaiserliche Christenverfolgung begann erst unter dem Regiment des Decius (249–251), s. ELLIOTT (1976), 251f. mit Anm. 50. Eine knappe Zusammenfas-sung des „historischen Kontexts" des Entstehens der ersten christlichen Apologien im Zusammenhang von Denunziationen, Pogromen und Prozessen bietet (mit weiterfüh-render Literatur) FIEDROWICZ, Apologie (³2000), 34–37.
180 Eigentlich war er kaiserlicher Legat mit konsularischer Machtbefugnis (*legatus Augusti consulari potestate*).
181 Siehe J. KNOX, Pliny and I Peter: A Note on I Pet 4,14–16 and 3,15, Journ. of Bibl. Lit. 72/73 (1953/54), 187–189 [dort Anm. 1 frühere Literatur zu dieser Frage, insbes. E. G. HARDY, Christianity and the Roman Government, London 1894, 78–106]; F. W. BEARE, The First Epistle of Peter, ³Oxford 1970, 29–34. 188; J. D. MCCAUGHEY, Three 'Persecution Documents' of the New Testament, Australian Biblical Review 17 (1969) 27–40; ELLIOTTs Widerlegungsversuch halte ich für mißglückt. Wichtig ist ferner der Kommentar von SHERWIN-WHITE zu den Briefen des Plinius (Oxford 1966), s. dort S. 697 und BROX (1979) 28.

raschender Deutlichkeit 4,14. 16 die Unterscheidung zwischen dem
Leiden als Übeltäter und dem Leiden 'als Christ' bzw. 'im Namen
Christi' als Reflex der bei Plinius/Trajan historisch erstmals belegten[182] Überlegung samt dem juristischen Definitions-
versuch, ob Christsein als solches und an sich (*nomen ipsum*) strafbar
sei oder allein die (angeblich) mit dem Christsein verbundenen krimi-
nellen Handlungen (*flagitia cohaerentia nomini*)[183]."

Eine ausführliche Diskussion der juristischen Problematik bietet
SHERWIN-WHITE im Kommentar (Oxford 1966) und in der Appendix V
('The early Persecutions and Roman Law'), 772–787. Die Quintessenz
wird im Kommentar (S. 696) wie folgt formuliert:

> „The phrase *flagitia cohaerentia nomini* gives the grounds on which the
> Roman government in the late Republic and early Principate had normally
> taken proceedings against sectaries of cults alien to the Roman State, such
> as those of Bacchus, Isis, Druidism, and Magism. Religious persecution as
> such had no place in such action, which was directed against the criminal
> by-products of the sects, *flagitia, scelera.* When the practice of a sect was
> banned, either by SC or by an imperial or proconsular edict, indictment of
> the *nomen,* i. e. of membership of a cult group, sufficed to secure convict-
> ion. This looked uncommonly like religious persecution to the victims
> themselves, but the underlying ground remained the *flagitia* supposed to
> be inseparable from the practice of the cult. Appendix, pp. 780f. Trajan's
> reply suggests that he or his advisers believed, despite Pliny's plea, that
> Christians tended to commit the *scelera* which their enemies alleged
> against them – the 'Thyestian banquests' and 'Oedipodean marriages' al-
> leged against the martyrs of Lyons … . So too Tacitus, *Ann.* 15. 44, reck-
> ons the sect 'exitiabilis' and 'novissima exempla meritos', and Suetonius,
> *Nero* 16. 2, calls them 'genus hominum superstitionis novae et *malefi-
> cae*'."

Es ist wohl kein Zufall, daß beide zuletzt genannten Geschichtsschreiber, die die sogenannte Verfolgung der Christen durch Nero anläßlich
des Brandes Roms schildern (beide etwa um die gleiche Zeit, Tacitus
um 115–120, Sueton um 120 n. Chr.), ausgiebig Kontakt mit Christen
jener östlichen Regionen gehabt haben: der mit Plinius befreundete Tacitus als Prokonsul von Asia 112/113[184] und Sueton vermutlich im Stab

---

182 Sperrung von mir.
183 Siehe epist. 10,96,2 *Nec mediocriter haesitavi, sitne aliquod discrimen aetatum, an
    quamlibet teneri nihil a robustioribus differant; detur paenitentiae venia, an ei, qui om-
    nino Christianus fuit, desisse non prosit;* **nomen ipsum,** *si flagitiis careat,* **an fla-
    gitia cohaerentia nomini** *puniantur.*
184 Siehe R. SYME, Tacitus, Oxford 1958, 72. 465; zur Abfassungszeit der Annalen s. 465–
    480, zum Briefwechsel des Plinius mit Trajan s. 468f.

des Plinius selbst 111/112[185]. So spiegeln sie denn auch die gleiche Einschätzung: nach ann. 15,44,2 benutzt Nero als Sündenböcke Leute, *quos per flagitia invisos vulgus Christianos appellabat*; Sueton nennt sie – wie gehört – Vertreter *superstitionis novae et maleficae*.

Insofern hat es m. E. volle Berechtigung, daß SHERWIN-WHITE zur Kennzeichnung der damaligen Situation der Christen in der Provinz Bithynien-Pontus auch 1Petr 4,15–16 ins Spiel bringt und folgende Interpretation gibt (697):

> „Possibly the author is insisting that Christians should see to it that they could only be charged *ob nomen* and not *ob scelera*, and so create the impression that Pliny here receives of their innocence of life."

Wenn der Verfasser von 1Petr mahnt, jeder der Christen in Bithynien-Pontus (und den weiteren Regionen Kleinasiens) sollte darauf achten, daß er nicht bestraft werden könne

ὡς φονεὺς ἢ κλέπτης ἢ κακοποιὸς ἢ ὡς ἀλλοτριεπίσκοπος, (sondern eben allenfalls ἐν ὀνόματι Χριστοῦ, d. h. ὡς Χριστιανός),

so darf man darin auch eine Übereinstimmung mit der Schilderung des Prokonsuls von Bithynien sehen (epist. 10,96,7), wonach sich die angeklagten Christen damit verteidigt hätten, daß sie sich nichts anderes hätten zuschulden kommen lassen, als sich an einem bestimmten Tage vor Sonnenaufgang zu versammeln, im Wechselgesang ein Lied zu Ehren des göttlichen Christus zu singen und sich eidlich zu verpflichten – nicht etwa zu einem Verbrechen, sondern ganz im Gegenteil: keinen Diebstahl, keinen Raub, keinen Ehebruch zu begehen, kein gegebenes Wort zu brechen, kein anvertrautes Gut, wenn es zurückgefordert wird, abzuleugnen:

> *seque sacramento **non in scelus aliquod** obstringere, sed ne furta ne latrocinia ne adulteria committerent, ne fidem fallerent, ne depositum adpellati abnegarent.*

Nachdem Plinius im Auftrag Trajans die Vereine verboten hatte, hätten sie ihre Zusammenkünfte und die damit verbundenen (ganz gewöhnlichen und harmlosen) Mähler aufgegeben (10,96,8): *quod ipsum facere desisse post edictum meum, quo secundum mandata tua hetaerias esse vetueram*[186].

---

185 Siehe KIERDORFs Kommentar (1992) 12. Sueton gibt in Nero 16,2 nur eine kurze Notiz.
186 Trajans Sorge vor „gangs" (*hetaeriae*) jeder Art – selbst vor Feuerwehreinheiten – in der unruhigen Provinz wird aus Plin. epist. 10,34 deutlich; derartige Sondergruppierungen wollte er zumal wegen des geplanten Zuges gegen die Parther in dem dortigen Aufmarschgebiet nicht dulden (BEARE 40f.). – Über die Aufgaben eines Prokonsuls

Den konkreten Bezug von 1Petr 4,12ff. zu dem von Plinius im Auftrag des Kaisers gewählten Vorgehen gegen die ihm angezeigten Christen der Provinz Bithynien-Pontus hebt BEARE hervor:

„The situation envisaged is definite, and stands forth in vivid clarity. Suffering is no longer contemplated as a vague possibility for which Christians must always be prepared; it has become a stark actuality in the 'fiery ordeal' which is putting their faith to the test (ἐν τῇ πυρώσει πρὸς πειρασμὸν ὑμῖν γινομένῃ – not 'which is to try you', as in A. V., which suggests that it still lies in the future; but 'which is upon you for a testing', 4:11). They *are sharing* in the sufferings of Christ (v. 12); they are liable to be upbraided 'in the name of Christ', and to suffer at the hands of the governing authority 'as Christians' (vv. 14, 16). The terror of the time is such that it can only be regarded as the beginning of the Judgment of God (v. 17). The devil is abroad in the earth, like a lion seeking prey[187]; and the Christian brotherhood throughout the world is facing the same ordeal of suffering for the faith (5:8–9)[188]. This is no general warning about the possibility of persecution, but an urgent message called forth by a crisis, an ordeal which is strange and incomprehensible to its victims (4:12) – clearly a situation for which the normal experience of pagan hostility afforded little preparation" (26f.).

Aus diesen und anderen Umständen folgert BEARE wenig später (33)[189]:

---

schreibt Ulpian 'libro septimo de officio proconsulis' (Dig. 1,18,13): *Congruit bono et gravi praesidi curare, ut pacata atque quieta provincia sit quam regit. quod non difficile obtinebit, si sollicite agat, ut m a l i s h o m i n i b u s provincia careat eosque conquirat: nam et s a c r i l e g o s l a t r o n e s p l a g i a r i o s f u r e s conquirere debet et prout quisque deliquerit, in eum animadvertere, receptoresque eorum coercere, sine quibus l a t r o diutius latere non potest. F u r i o s i s, si non possint per necessarios contineri, eo remedio per praesidem obviam eund<u>m est: scilicet ut carcere contineantur. et ita divus Pius rescripsit. sane excutiendum divi fratres putaverunt in persona eius, q u i p a r r i c i d i u m a d m i s e r a t, utrum simulato furore facinus admisisset an vero re vera compos mentis non esset, ut si simulasset, plecte<re>tur, si fureret, in carcere contineretur.*

187 Hierzu s. o. S. 292 Anm. 134 und BEARE 205: „The idea of 'devouring' belongs, of course, to the figure of the lion. Men are 'devoured' (or 'swallowed up') by Satan, when under the pressure of persecution they apostatize."

188 Vgl. hierzu S. 206: „ἐν τῷ κόσμῳ] suggesting not so much that the persecution is worldwide, as that the 'meed of suffering' is inseparable from the experience of Christians so long as they are 'in the world'" – mit Verweis auf Joh 16,33 und 13,1. Erinnert sei ferner an den Diognetbrief 6,3ff. „Auch die Christen wohnen in der Welt, aber sie stammen nicht aus der Welt" (καὶ Χριστιανοὶ **ἐν κόσμῳ** οἰκοῦσιν, οὐκ εἰσὶ δὲ ἐκ τοῦ κόσμου), etc.: siehe o. S. 10.

189 Lesenswert ist der gesamte Abschnitt IV („The Date of the Epistle" [28–43]), ebenso die Abschnitte V („The Destination of the Epistle" [38–43]) und VI („The Problem of Authorship and the Place of Writing" [43–50]). Zur letztgenannten Problematik heißt es S. 50: „It seems probable, accordingly, that it was written in the area to which it is addressed, by a presbyter of the region, who knew at first hand the sufferings of his flock under the terror." Diese Auffassung ist im Supplement der 3. Auflage, S. 227 m. E. zu

„Pliny's description of his experience and methods could not conceivably correspond more closely to the words of 1 Peter 4:12–16; and there is certainly nothing resembling it to be found elsewhere in ancient literature or in official documents."

Seine Rolle bei der Christenverfolgung im Osten wird als durchaus verhängnisvoll eingeschätzt (34):

„Pliny evidently found nothing in the judicial records of his own predecessors in Bithynia to guide him, and his own by no means limited experience had never brought him into contact with the trial of Christians in other parts of the Empire. Moreover, his own words suggest that in the earlier months of his governorship, Christians were brought before his tribunal only occasionally, but 'after a short while, as the offence was dealt with, the charge became common' (*mox ipso tractatu, ut fieri solet, diffundente se crimine*). When informers found that the charge was taken seriously by the new governor, they began to search for more victims, and the hunt was on in earnest. Previous governors may well have refused to entertain such accusations, and it is quite possible, and even probable, that the persecution of Christians became general in Asia Minor only when Pliny by his severe judgments whetted the zeal of informers, and satisfied them that their accusations would bring the desired results."

Nach meinem Urteil hat BEAREs Versuch, dem ersten Petrusbrief seinen „Sitz im Leben" zuzuweisen, konkret: ihn in den Zusammenhang der unter Trajans Legaten Plinius in Kleinasien aufflammenden Christenverfolgungen zu rücken, ein hohes Maß an Plausibilität. Nur scheinbar widerspricht diesem Ansatz die Nachricht des Plinius, daß manche der ihm von den Delatoren Benannten sich zunächst als Christen bekannt, dann aber dies geleugnet und vielmehr erklärt hätten, sie seien zwar Christen gewesen, hätten dies aber aufgegeben, einige vor drei, andere vor etlichen Jahren, einzelne sogar bereits vor zwanzig Jahren[190]. Man hat aus diesem Satz die Notiz *non nemo etiam ante viginti* (sc. *annos*) herausgezogen und verabsolutiert (obwohl diese Zahl ja nur die Klimax einer Dreierreihe darstellt) und gefolgert: „Das führt uns in die Zeit Domitians. ... Es liegt nahe, daß der in den Verhören bezeugte

---

Unrecht zugunsten römischer Provenienz aufgegeben. Die neue Bewertung beruht u. a. auf einer falschen Einschätzung des Verhältnisses zum 1. „Clemensbrief", der entsprechend der – zu Unrecht bestehenden – communis opinio in die Jahre „A.D. 96–97?" datiert wird (32). Die Schlüsse, die aus Ignatius von Antiochien gezogen werden (S. 34 der 3. Aufl. und im Supplement S. 227), sind durch die oben (S. 183ff.) bekräftigte Spätdatierung der fiktiven Briefsammlung hinfällig.

190 Plin. epist. 10,96,6 *Alii ab indice nominati esse se Christianos dixerunt et mox negaverunt; fuisse quidem sed desisse, quidam ante triennium, quidam ante plures annos, non nemo etiam ante viginti. <Hi> quoque omnes et imaginem tuam deorumque simulacra venerati sunt et Christo male dixerunt.*

Abfall vom Christentum in der Vergangenheit mit behördlichen Maßnahmen in Verbindung steht"[191].

Damit wird implizit aufs neue eine Christenverfolgung unter Domitian – zumindest in den östlichen Provinzen – suggeriert (und der erste
Petrusbrief als zeitgenössisches Echo der damaligen Notsituation angesehen), obwohl diese Sicht der Dinge längst als unhistorisch erkannt
war und die Einsicht sich durchgesetzt hatte, daß aus dem Pliniustext
keinerlei behördliche Pression als Ursache für die berichtete Apostasie
(die drei bis zwanzig Jahre zuvor stattgefunden hat) herausgelesen werden kann. Hätte es in Kleinasien, insbesondere in Bithynien, bereits unter Domitian ein ähnliches Einschreiten der Behörden gegen die Christen gegeben, hätte Plinius dem Kaiser Trajan nicht sein völliges Un-
wissen über die angemessenen Sanktionen bekennen müssen, sondern
aus dem in Bithynien verfügbaren Erfahrungsschatz, den seine Vorgänger gesammelt hatten, schöpfen können. Abfall vom Glauben – auch
ohne behördlichen Druck – gab es zu allen Zeiten, auch unter den frühen Christen, wie das Neue Testament lehrt. Als Bestätigung einer
Frühdatierung des ersten Petrusbriefes kann der oben angeführte Plini-
uspassus also nicht in Anspruch genommen werden.

Da die aus Zitaten und Imitationen gewonnene relative Chronologie
den ersten Petrusbrief als einen Spätling ausweist, der weit an das Ende
des uns vorliegenden Bibelcorpus gehört (2 Petr und 2/3 Joh ausgenom-
men), wird er nach allem, was wir über den zeitlichen Ansatz der biblischen Schriften inzwischen wissen, kaum vor dem ersten Jahrzehnt des
2. Jh.s geschrieben sein. Die engen Berührungen mit den bei Plinius
greifbaren Anklagen gegen Christen in Bithynien machen eine Datierung in die Zeit um 110–113 wahrscheinlich[192].

---

191 GNILKA 184.
192 Nachgetragen sei ein Hinweis auf die mir erst jetzt bekannt gewordene Abhandlung von
F. CHR. BAUR, Der erste petrinische Brief, Theol. Jahrbücher 15, 1856, 193–240. BAUR
schließt sich dort (219) der „zuerst von SCHWEGLER aufgestellten Behauptung" an [A.
SCHWEGLER, Das nachapostol. Zeitalter in den Hauptpunkten seiner Entwickelung II,
Tübingen 1846, 125ff.], „dass die Leiden und Bedrückungen, welchen die Leser des
Briefes ausgesetzt waren, den Charakter der trajanischen Zeit an sich tragen." Der Brief
des Plinius an Trajan „über die Christen derselben Provinzen, welchen die Leser des
Briefs angehörten", eigne sich als „eine zum Maasstab der Vergleichung dienende Ur-
kunde." Diese beweise, daß in beiden Schriften „von obrigkeitlichen Untersuchungen
gegen die Christen" die Rede sei. Da aber solche erwiesenermaßen überhaupt erst in der
Zeit Trajans stattgefunden hätten, bliebe keine andere Wahl, als 1 Petr in die trajanische
Zeit zu setzen (221). In 1 Petr 2,12; 3,16; 4,13. 16 werde deutlich, daß die Christen
schlechthin als κακοποιοί angesehen würden, „d. h. als solche, die an sich im Staate
nicht geduldet werden können" (222). Und nun folgt eine Analyse, die teils wörtlich der
oben von SHERWIN-WHITE gegebenen entspricht: „Als die Hauptsache, um die es sich
handelte, kann nur die Frage vorausgesetzt werden, ob das Χριστιανός Sein an sich Gegenstand eines sittlichen Vorwurfs ist, wie ein solcher einem κακοποιὸς gemacht wer-

IV. Der „Clemensbrief" als Zeugnis der frühen Epoche Hadrians

1Petr ist aber ohne allen Zweifel zeitlich vor 1Clem anzusetzen; denn „Clemens" macht sich ausgiebig den ersten Petrusbrief zunutze, wie oben gezeigt wurde. Da dieser nicht in Rom, sondern in Kleinasien (oder in Antiochien, wo der historische Petrus missionierte?) geschrieben sein dürfte[193], wird man ein Intervall von einigen Jahren anzusetzen haben, bevor der Petrusbrief in Rom seine Wirkung entfalten und den Brief der dortigen Kirchengemeinde an die Gemeinde in Korinth befruchten konnte. Damit kommen wir höchstwahrscheinlich an den Beginn der Ära Hadrians[194].

1. Die Fürbitte für die staatliche Obrigkeit

Kaiser Hadrian scheint in einem Reskript an Minicius Fundanus dem Prokonsul von Asien des Jahres 122/3 die Weisung erteilt zu haben[195], keinen Christen zu verurteilen, wenn nicht eine Anklage vorläge und ein gewissenhafter Prozeß geführt worden sei (ungeachtet des Geschreis des Pöbels), ja, verleumderische Ankläger selbst mit einer *ca-*

---

den muß? Um diese Frage so entschieden als möglich zu verneinen, sollten die Christen alles von sich fern halten, was sie zu wirklichen κακοποιούς machen würde. Eben diese Frage ist der Standpunkt, auf welchen uns der plinianische Bericht stellt. Dass die Christen als solche strafbar seien, setzten die voraus, welche sie zur gerichtlichen Untersuchung zogen, und nur das römische Rechtsbewusstsein des Plinius hält sich, um beides wohl zu unterscheiden, die Frage vor: *nomen ipsum, si flagitiis careat, an flagitia cohaerentia nomini puniantur?"* (222). Dies sei (so fährt er S. 223 fort) dieselbe Unterscheidung wie die zwischen ὡς Χριστιανὸς πάσχειν und πάσχειν ὡς κακοποιός (1Petr 4,15f.); vgl. auch 224 Anm. 1.

193 Siehe o. S. 7ff.; dort ist für 1Petr die Identifizierung von „Babylon" mit Rom als unhaltbar erwiesen. In diesem Punkt wurde auch BAUR (224f.) in die Irre geführt.

194 Wie oben dargetan (245ff.), gibt es kein durchschlagendes Argument, das gegen einen solchen Zeitansatz spräche, wohl aber gewichtige Indizien, die einen Spätansatz geradezu erzwingen. Es sei nochmals daran erinnert, daß es die vermeintliche Christenverfolgung unter Domitian nicht gegeben hat. Wenn früher nicht wenige Forscher in dem Einleitungssatz 1Clem 1,1 („plötzliche, Schlag auf Schlag über uns gekommene Mißgeschicke und Unglücksfälle" werden als Hinderungsgrund für eine frühere Kontaktaufnahme mit der korinthischen Gemeinde angegeben) eine solche Verfolgung angedeutet sehen wollten, so ist diese Ansicht heute auf breiter Front revidiert, siehe zuletzt LONA 77.

195 Siehe Euseb. hist. eccl. IV 9; dazu SYME 468 Anm. 5: „If the Emperor allowed only regular indictments for precise offences, that would be a notable and humane innovation. But it appears that apologists have 'interpreted' the rescript for their own purposes" (mit Verweis auf W. SCHMID, Maia 7, 1955,1ff.).

lumnia-Klage zu überziehen. Zu einer Art „Toleranzedikt" dürfte dieses Schreiben erst Justinus stilisiert haben[196], denn das *praesumere de sceleribus ex nominis confessione*[197] scheint bei der Urteilsfindung weiterhin in Geltung geblieben zu sein. Gleichwohl ließe sich unter einem Herrscher solcher Gesinnung die nachdrückliche Fürbitte für die staatliche Obrigkeit, für König und Regierende in 1Clem 61 gut verstehen. Sie ist Bestandteil des „Allgemeinen Gebets" (1Clem 59,1–61,3), aus dem die für unseren Zusammenhang wichtigsten Partien herausgehoben seien:

> 1Clem 60,2 „Rechne keine Sünde deiner Knechte und Mägde an, sondern reinige uns mit der Reinigung durch deine Wahrheit, und lenke unsere Schritte, daß wir in Heiligkeit des Herzens wandeln und tun, was gut und wohlgefällig ist vor dir u n d   v o r   u n s e r e n   H e r r s c h e r n":

> Μὴ λογίσῃ πᾶσαν ἁμαρτίαν δούλων σου καὶ παιδισκῶν, ἀλλὰ καθάρισον ἡμᾶς τὸν καθαρισμὸν τῆς σῆς ἀληθείας, καὶ κατεύθυνον τὰ διαβήματα ἡμῶν ἐν ὁσιότητι καρδίας πορεύεσθαι καὶ ποιεῖν τὰ καλὰ καὶ εὐάρεστα ἐνώπιόν σου κ α ὶ   ἐ ν ώ π ι ο ν   τ ῶ ν   ἀ ρ χ ό ν τ ω ν   ἡ μ ῶ ν.

> 60,4–61,2 „Gib Eintracht und Frieden uns und allen, die die Erde bewohnen, wie du sie (beides) gegeben hast unseren Vätern, als sie dich fromm anriefen in Glauben und Wahrheit, daß wir gehorsam werden deinem allmächtigen und ganz vortrefflichen Namen sowie unsern Herrschern und Regierenden auf Erden. Du, Herr, hast ihnen die Königsherrschaft gegeben durch deine erhabene und unaussprechliche Macht, damit wir die von dir ihnen gegebene Herrlichkeit und Ehre anerkennen und uns ihnen unterordnen, keineswegs deinem Willen zuwider[198]. Gib ihnen, Herr, Gesundheit, Frieden, Eintracht, Beständigkeit, damit sie die von dir ihnen gegebene Herrschaft untadelig ausüben! Denn du, himmlischer Herr, König der Äonen, gibst den Menschenkindern Herrlichkeit und Ehre und Macht über das, was auf Erden ist. Du, Herr, lenke den Willen entsprechend dem, was gut und wohlgefällig ist vor dir, damit sie in Frieden und Milde frommen Sinnes die von dir ihnen gegebene Macht ausüben und so deiner Huld teilhaftig werden!"

> Δὸς ὁμόνοιαν καὶ εἰρήνην ἡμῖν τε καὶ πᾶσιν τοῖς κατοικοῦσιν τὴν γῆν, καθὼς ἔδωκας τοῖς πατράσιν ἡμῶν, ἐπικαλουμένων σε αὐτῶν ὁσίως ἐν πίστει καὶ ἀληθείᾳ, ὑπηκόους γινομένους τῷ παντοκράτορι καὶ παναρέτῳ ὀνόματί σου, τ ο ῖ ς   τ ε   ἄ ρ χ ο υ σ ι ν   κ α ὶ   ἡ γ ο υ μ έ ν ο ι ς   ἡ μ ῶ ν   ἐ π ὶ   τ ῆ ς   γ ῆ ς. Σ ύ,   δ έ σ π ο τ α,   ἔ δ ω κ α ς   τ ὴ ν   ἐ ξ ο υ σ ί α ν   τ ῆ ς   β α σ ι-

---

196 Siehe hierzu FIEDROWICZ, Apologie (³2000), 41.
197 So die Formel bei Tert. apol. 2,11; siehe W. SCHMID, The Christian Re-Interpretation of the Rescript of Hadrian (Maia 7, 1955), in: Ausgew. Philol. Schriften, Berlin 1984, 325–332, dort 326 mit Anm. 5.
198 Man verweist mit gutem Grund auf Röm 13,1–7; Tit 3,1; 1Petr 2,13–17.

λείας αὐτοῖς διὰ τοῦ μεγαλοπρεποῦς καὶ ἀνεκδιηγήτου κράτους σου,
εἰς τὸ γινώσκοντας ἡμᾶς τὴν ὑπὸ σοῦ αὐτοῖς δεδομένην δόξαν καὶ τιμὴν ὑποτάσσεσθαι αὐτοῖς, μηδὲν
ἐναντιουμένους τῷ θελήματί σου· οἷς δός, κύριε, ὑγείαν,
εἰρήνην, ὁμόνοιαν, εὐστάθειαν, εἰς τὸ διέπειν αὐτοὺς τὴν ὑπὸ σοῦ δεδομένην αὐτοῖς ἡγεμονίαν ἀπροσκόπως. Σὺ γάρ, δέσποτα ἐπουράνιε, βασιλεῦ τῶν αἰώνων, δίδως τοῖς υἱοῖς τῶν ἀνθρώπων δόξαν καὶ τιμὴν καὶ
ἐξουσίαν τῶν ἐπὶ τῆς γῆς ὑπαρχόντων· σύ, κύριε, διεύθυνον τὴν βουλὴν
αὐτῶν κατὰ τὸ καλὸν καὶ εὐάρεστον ἐνώπιόν σου, ὅπως διέποντες ἐν εἰρήνῃ καὶ πραΰτητι εὐσεβῶς τὴν ὑπὸ σοῦ αὐτοῖς δεδομένην ἐξουσίαν ἵλεώ
σου τυγχάνωσιν.

Auch wenn man hier mit der Einwirkung jüdischer Vorbilder zu rechnen hat[199], scheinen die frühen Jahre der Regierungszeit Hadrians im
Vergleich zu den voraufgehenden Epochen einen besonders passenden
politisch-historischen Rahmen für ein solches nachdrückliches Gebet
für die Herrscher und Regenten abzugeben. Bei diesem Ansatz wird
auch dem Verdikt HARNACKs, die offene, loyale Beurteilung der römischen Obrigkeit sei nach Trajans Schreiben an Plinius (111 n. Chr.) un-
denkbar[200], gebührend Rechnung getragen: sie ist nicht unter Trajan
denkbar, wohl aber unter dem frühen Hadrian – zumal nach dem Reskript des Jahres 122/123![201]

2. Der Vogel Phönix und die Münzprägung des Kaisers Hadrian

Ähnlich steht es mit der auffallend ausführlichen Schilderung des V o -
g e l s   P h ö n i x als Symbol der Auferstehung der Toten in 1Clem 25.
Eine solche breite Darstellung dieses Motivs[202] wäre wohl auch unter
Domitian und Trajan nicht völlig auszuschließen[203]; sie dürfte aber in
besonderer Weise der Vorstellungswelt des Kaisers Hadrian entsprechen, der   a l s   e r s t e r in der Münzprägung das Bild des Kaisers mit
dem des Vogels   P h ö n i x hat verbinden lassen[204] und im Laufe seiner

---

199 Siehe SCHNEIDER 32 mit Anm. 111 und LONA 613–623 (Exkurs 9: 'Das allgemeine
    Gebet in I Clem').
200 Es wird von O. B. KNOCH (1993) S. 8 zitiert. Siehe A. V. HARNACK, Der Klemensbrief.
    Eine Studie zur Bestimmung des Charakters des ältesten Heidenchristentums, SPAW,
    Berlin 1909, 38–63.
201 Über „Das Gebet für den Kaiser und das Reich" in späteren Zeiten (etwa ab Tertullian)
    handelt FIEDROWICZ, Apologie (³2000) 197–200.
202 Siehe LONAs Kommentar 303–306.
203 Vgl. Plin. nat. 10,5 und Tac. ann. 6,28.
204 So auf Münzen der Jahre 118, 121/122; ferner auf alexandrinischen Münzen der Jahre
    137/138 (vgl. alexandrinische Münzen des Antoninus Pius 138/139; 142/143 und viele
    weitere, darunter auch solche des Marc Aurel und der Julia Domna); siehe R. VAN DEN

Regierung bekanntlich ein besonders enges Verhältnis zu Alexandrien und Ägypten (der Heimat des Vogels Phönix) entwickelt hat. Zunächst wird durch zwei Aurei Hadrians aus dem Jahr 118, die das Porträt des Divus Traianus auf der Vorder- und das Bild des Vogels Phönix auf der Rückseite tragen[205], die mit dem Phönix verbundene Symbolik des aus dem Tod erwachsenden neuen Lebens genutzt, um die Apotheose des verstorbenen Herrschers zu proklamieren.

> Zu dieser Symbolik s. VAN DEN BROEK 415–419, dort 419: „Even when regarded quite apart from the assumed relationship between Hesiod, frg. 304, and the periodization of metempsychosis, it may be considered reasonable that the phoenix was related to the death of man and the life thereafter. It is in this sense that the bird believed to find new life by its death, was assigned a role in Classical funerary symbolism and was used symbolically on coins issued at the consecration of Roman Emperors [frühestens unter Hadrian!]. For the Christians [der früheste Beleg ist 1Clem 25!] the phoenix constituted a form of natural evidence of the resurrection of Christ as well as of the resurrection of the flesh in general."

Die Divinisierung des verstorbenen Herrschers geht Hand in Hand mit der Inauguration des Nachfolgers. Insofern setzt Hadrian die Symbolik des Vogels Phönix zugleich ein, um den Beginn einer neuen Ära zu propagieren, die als Wiederkehr der *aurea aetas* mit all der Segensfülle der goldenen Urzeit verstanden werden soll. Diese Intention wird durch einen Aureus des Jahres 121/122 n. Chr. mit der Aufschrift SAEC(U-LUM) AUR(EUM) ausdrücklich verbürgt (Abb. 3 a/b). Die Vorderseite zeigt die Büste Hadrians, die Rückseite den Aion im Zodiacus mit Phönix auf dem Globus, den der jugendliche Aion in der Linken trägt[206]. Damit sind all jene Symbole der auch inschriftlich auf diesen Münzen oft erscheinenden Glücksverheißungen wie AETERNITAS, AIΩN, FELI-

---

BROEK, The Myth of the Phoenix according to classical and early christian traditions, Leiden 1972, dort 427ff. (Taf. VI, 1.2.3.4 = Hadrian, VI, 8.9.10; VII, 1.2.3.4.5 = Antoninus Pius, VII, 6.7 = Marc Aurel, VII, 8 = Julia Domna, etc.). S. 113ff. werden „Erscheinungen des Vogels" erörtert, insbesondere solche in Ägypten: unter Sesosis, Amasis und Ptolemaeus III Euergetes (Tac. ann. 6,28); ferner in den Jahren 34–36 (Plin. nat. 10,5), siehe S. 116ff. Zu berücksichtigen ist weiterhin SYME 471ff., ferner LIGHTFOOT I 2, 83–87.

205 Eines der beiden Exemplare ist Abb. 4 a/b wiedergegeben.

206 Siehe VAN DEN BROEK 428. Auch der Z o d i a c u s scheint hier e r s t m a l i g als   *****
Münzprägung belegt. Zur Gestalt, Entwicklung und Symbolik des A i o n siehe D. LEVI, AION, Hesperia 13, 1944, 269–314. Der uns hier interessierende Aureus aus dem Jahr 121/122 wird dort S. 294f. berührt (vgl. Fig. 19 e S. 295) zusammen mit einem Bronze-Medaillon „struck by Hadrian for the apotheosis of Trajan, where the latter Emperor is represented probably in the attitude of Zeus, seated and surrounded by the Zodiac" (295, vgl. 305).

CIUM TEMPORUM REPARATIO[207] kombiniert, die in hellenistischer Diktion das Kapitel 20 des „Clemensbriefes" prägen: einen nur leicht ins Christliche eingefärbten Hymnus stoisch-platonischer Kosmologie, der sich (von den jüdisch-christlichen Farbtupfen abgesehen) aufs beste in die Weltsicht des Philhellenen Hadrian einfügt[208].

3. Die ewige Harmonie des Kosmos in der Protreptik des Dion von Prusa und im „Clemensbrief"

Im „Clemensbrief" ist dieser ausführliche Verweis auf die kosmische Harmonie integriert in den Grundtenor des Aufrufs an die gespaltene Gemeinde in Korinth[209], zu Eintracht und Frieden zurückzukehren[210]. Die Dringlichkeit dieses Zieles (τῆς εἰρήνης σκοπός: 19,2) wird an dem Verhalten des Vaters und Schöpfers der ganzen Welt exemplifiziert, der den Menschen seine überreichen Friedensgeschenke und Wohltaten hat zuteil werden lassen und mit Langmut und ohne jeden Groll seiner Schöpfung gegenübersteht:

> 1Clem 19,2f. ἀτενίσωμεν εἰς τὸν πατέρα καὶ κτίστην τοῦ σύμπαντος κόσμου καὶ ταῖς μεγαλοπρεπέσι καὶ ὑπερβαλλούσαις αὐτοῦ δωρεαῖς τῆς εἰρήνης εὐεργεσίαις τε κολληθῶμεν
> („Laßt uns unseren Blick richten auf den Vater und Schöpfer der ganzen Welt und uns ein Beispiel nehmen an seinen großartigen und überreichen Geschenken des Friedens und an seinen Wohltaten!") ... νοήσωμεν, πῶς ἀόργητος ὑπάρχει πρὸς πᾶσαν τὴν κτίσιν αὐτοῦ[211].

---

207 Siehe VAN DEN BROEK 417.

208 Die Fürsorge des Kaisers für das Wohl seiner Untertanen wird in der Tetradrachme des Jahres 137/138 n. Chr. aus Alexandria symbolisiert durch die Kombination der Büste Hadrians mit personifizierter Pronoia (und der Aufschrift PRONOIA) auf der Rückseite, die wieder den Vogel Phönix auf der Rechten trägt (s. Abb. 5 a/b).

209 In urbanem Gesprächsstil benutzt der Verfasser den Exhortativ statt des Imperativs, schließt also die Christen Roms in die an die korinthische Gemeinde gerichtete Aufforderung mit ein: Bewahrung oder Wiederherstellung von Frieden und Eintracht ist die beständige Aufgabe aller Christen.

210 Das Begriffs p a a r ὁμόνοια καὶ εἰρήνη begegnet zweimal im folgenden „Hymnus" (20,10. 11), zweimal im großen Gebet (60,4; 61,1) und zweimal in den Schlußkapiteln (63,2; 65,1); daneben treten beide Begriffe durch den ganzen Brief hindurch immer wieder je einzeln auf.

211 Dies wird im Sinne stoischer Auffassung von der Leidenschaftslosigkeit Gottes gedeutet, so SCHNEIDER 113 Anm. 107 und LONA 249 – mit Verweis auf M. SPANNEUT, Le stoïcisme des pères de l'Église de Clément de Rome à Clément d'Alexandrie, Paris ²1957, 292 Anm. 37. In der Regel charakterisiert das Attribut aber Menschen, nicht Gott. Der mit 1Clem 19,2f. am engsten verwandte Beleg findet sich im Aristeasbrief (254): γινώσκειν δὲ δεῖ διότι θεὸς τὸν πάντα κόσμον διοικεῖ μετ᾽ εὐμενείας καὶ χωρὶς ὀργῆς ἁπάσης.

Anschließend wird die Harmonie dieses Schöpfungswerkes in einer Art Hymnus gepriesen und daraus schließlich (21,1) die Mahnung gezogen, sich dieser Wohltaten würdig zu erweisen und in Eintracht (μεθ' ὁμονοίας) zu tun, was gut und Gott wohlgefällig ist.

Die rhetorische Grundstruktur findet sich ähnlich in zwei Reden (der 1. und 40.) des berühmtesten 'Sophisten' um die Wende des 1. zum 2. Jh., Dions von Prusa, genannt Chrysostomus, Schüler des Stoikers Musonius[212]. In beiden Reden wird „die Vorstellung von einem sinnvoll strukturierten und unter der Lenkung eines guten Universalgottes stehenden Kosmos ... jeweils verschieden eingesetzt: In der 1. Rede ist sie Modell (und zugleich Legitimation) des guten Reichsherrschers auf Erden, in der 40. soll sie die streitenden Bürger der beiden Nachbarstädte Prusa und Apameia dazu anhalten, ... die im Kosmos sichtbare Eintracht auch in ihrem kleinen Bereich zum Vorbild zu nehmen"[213]. Dies trifft exakt die Argumentationslinie, die „Clemens" mit dem Brief an die in Zwietracht verfallene Gemeinde Korinths verfolgt[214]:

1Clem 20,1–10 Οἱ οὐρανοὶ τῇ διοικήσει αὐτοῦ σαλευόμενοι ἐν εἰρήνῃ ὑποτάσσονται αὐτῷ. Ἡμέρα τε καὶ νὺξ τὸν τεταγμένον ὑπ' αὐτοῦ δρόμον διανύουσιν, μηδὲν ἀλλήλοις ἐμποδίζοντα. Ἥλιός τε καὶ σελήνη, ἀστέρων τε χοροὶ κατὰ τὴν διαταγὴν αὐτοῦ ἐν ὁμονοίᾳ δίχα πάσης παρεκβάσεως ἐξελίσσουσιν τοὺς ἐπιτεταγμένους αὐτοῖς ὁρισμούς. Γῆ κυοφοροῦσα κατὰ τὸ θέλημα αὐτοῦ τοῖς ἰδίοις καιροῖς τὴν πανπληθῆ ἀνθρώποις τε καὶ θηρσὶν καὶ πᾶσιν τοῖς οὖσιν ἐπ' αὐτῆς ζῴοις ἀνατέλλει τροφήν, μὴ διχοστατοῦσα μηδὲ ἀλλοιοῦσά τι τῶν δεδογματισμένων ὑπ' αὐτοῦ. Ἀβύσσων τε ἀνεξιχνίαστα καὶ νερτέρων ἀνεκδιήγητα κρίματα (κλίματα?) τοῖς αὐτοῖς συνέχεται προστάγμασιν. Τὸ κύτος τῆς ἀπείρου θαλάσσης κατὰ τὴν δημιουργίαν αὐτοῦ συσταθὲν εἰς τὰς συναγωγὰς οὐ παρεκβαίνει τὰ περιτεθειμένα αὐτῇ κλεῖθρα, ἀλλὰ καθὼς διέταξεν αὐτῇ, οὕτως ποιεῖ. Εἶπεν γάρ· «Ἕως ὧδε ἥξεις, καὶ τὰ κύματά σου ἐν σοὶ συντριβήσεται» (Hi 38,11). Ὠκεανὸς ἀπέραντος ἀνθρώποις καὶ οἱ μετ' αὐτὸν κόσμοι ταῖς αὐταῖς ταγαῖς τοῦ δεσπότου διευθύνονται.

---

212 Seine Lebenszeit kalkuliert man auf ca. 40–120. Von Domitian verbannt, wurde er durch Nerva begnadigt und war dann freundschaftlich mit Kaiser Trajan verbunden. Aus epist. 10,81f. des Plinius erfahren wir von der Vorgeschichte eines Prozesses aus dem Jahr 111/112 mit seiner Heimatstadt Prusa in Bithynien. Weitere Nachrichten über seine letzten Lebensjahre fehlen.

213 NESSELRATH, in H.-G. NESSELRATH – B. BÄBLER – M. FORSCHNER – A. DE JONG, Dion von Prusa. Menschliche Gemeinschaft und Göttliche Ordnung: Die Borysthenes-Rede, Darmstadt 2003, 25; vgl. DIHLE 239f.

214 LONA sucht in seiner ausführlichen Besprechung dieses Hymnus (249–274) die stoischen Elemente auf das hellenistische Judentum zurückzuführen. Zu Recht wird die Bedeutung Philos von Alexandrien hervorgehoben (der seinerseits vom hellenistischen Stoizismus geprägt ist), wenngleich eine direkte Kenntnis des Werkes Philos als fraglich eingeschätzt wird (273).

Καιροὶ ἐαρινοὶ καὶ θερινοὶ καὶ μετοπωρινοὶ καὶ χειμερινοὶ ἐν εἰρήνῃ με-
ταπαραδιδόασιν ἀλλήλοις. Ἀνέμων σταθμοὶ (Hi 28,25) κατὰ τὸν ἴδιον
καιρὸν τὴν λειτουργίαν αὐτῶν ἀπροσκόπως ἐπιτελοῦσιν· ἀέναοί τε πη-
γαί, πρὸς ἀπόλαυσιν καὶ ὑγείαν δημιουργηθεῖσαι, δίχα ἐλλείψεως
παρέχονται τοὺς πρὸς ζωῆς ἀνθρώποις μαζούς· **τά τε ἐλάχιστα τῶν ζῴων
τὰς συνελεύσεις αὐτῶν** ἐν ὁμονοίᾳ καὶ εἰρήνῃ ποιοῦν-
ται. Ταῦτα πάντα ὁ μέγας δημιουργὸς καὶ δεσπότης τῶν ἀπάντων ἐν
εἰρήνῃ καὶ ὁμονοίᾳ προσέταξεν εἶναι, εὐεργετῶν τὰ πάντα, ὑπερ-
εκπερισσῶς δὲ ἡμᾶς τοὺς προσπεφευγότας τοῖς οἰκτιρμοῖς αὐτοῦ διὰ τοῦ
κυρίου ἡμῶν Ἰησοῦ Χριστοῦ· ᾧ ἡ δόξα καὶ μεγαλωσύνη εἰς τοὺς αἰῶνας
τῶν αἰώνων. Ἀμήν.

Es werden die überreichen Geschenke und Wohltaten des Vaters und
Schöpfers der ganzen Welt gepriesen, der die Himmel in Bewegung
setzt[215] und alles in Frieden und Harmonie ordnet, den Lauf des Tages
und der Nacht[216], der Sonne, des Mondes und der Chöre der Sterne[217].
Nach seinem Willen trägt die Erde Frucht und bringt zu den angemessenen Zeiten Nahrung für Mensch und Tier in Fülle[218]. … Das Meer
und der Ozean, uferlos für die Menschen, und die Erdteile hinter ihm
werden durch die gleichen Anordnungen des Herrn regiert[219]. Die Jahreszeiten Frühling, Sommer, Herbst und Winter lösen einander in fried-

---

215 Eine typisch stoische Vorstellung; erinnert sei an den Zeushymnus des Kleanthes (bes.
1f. und 7f.): Κύδιστ᾽ ἀθανάτων, πολυώνυμε παγκρατὲς αἰεί, | Ζεῦ φύσεως ἀρχ-
ηγέ, **νόμου μετὰ πάντα κυβερνῶν,** | …; 7f. σοὶ δὴ πᾶς ὅδε **κόσμος ἑλισσόμενος** περὶ
γαῖαν | πείθεται ᾗ κεν ἄγῃς, καὶ ἑκὼν ὑπὸ σεῖο κρατεῖται; ferner an Maximus von
Tyros (2. Jh. n. Chr.), der die zum Wohle der Menschheit geführte *vita activa* des Herakles nach seinem allezeit tätigen Vater Zeus bemißt (15,6ᶠ): οὐδὲ γὰρ ὁ Ζεὺς σχο-
λὴν ἄγει· ἢ γὰρ ἂν ἐπαύσατο καὶ **οὐρανὸς περιφερόμενος**· καὶ **γῆ** τρέφουσα, καὶ
ποταμοὶ ῥέοντες, καὶ δεχομένη θάλαττα, καὶ **ὧραι** ἀμείβουσαι, etc.
216 Das Motiv wird fortgesetzt in dem Kapitel 1Clem 24.
217 LONA (255) erinnert an Philo agr. 51, wo allerdings der fürsorgliche Weltenlenker der
Stoa durchgehend mit den Zügen eines Hirten ausgestattet wird, die der Psalmist (Ps
22,1) seinem Gott verliehen hatte: derartiges findet sich im Hymnus des „Clemens"
nicht! Hervorgehoben sei: ἔτι δὲ οὐρανοῦ φύσιν καὶ ἡλίου καὶ σελήνης
περιόδους καὶ τῶν ἄλλων ἀστέρων τροπάς τε αὖ καὶ χορείας ἐν-
αρμονίους **ὁ ποιμὴν καὶ βασιλεὺς θεὸς** ἄγει κατὰ δίκην καὶ νόμον.
218 1Clem 20,4 γῆ κυοφοροῦσα … τὴν πανπληθῆ … ἀνατέλλει τροφήν: Das Füllhorn
spielt auch in den entsprechenden archäologischen Dokumenten bei LEVI seine Rolle (s.
S. 287. 296), ebenso die Lichtgottheiten (Sonne, Mond, Phosphorus, Hesperus), ferner
Tellus, Oceanus, die Horen und die Quellnymphen (287. 296).
219 LEVI bespricht S. 294 im Zusammenhang der soeben genannten Hadrianmünze (aus
dem Jahr 121/122) eine in Bithynien geschlagene: „The relations between the supreme
and immortal divinity and the destinies of the mortal beings appear even more clearly
on the coin struck at Nicaea in Bithynia (Fig. 19 c), where Zeus, seated on his throne
within the ring of the Zodiac, is flanked by the carriages of the Sun and the
Moon, and dominates the figures of the Earth and the Ocean lying at his feet …"

licher Harmonie ab[220]; die Winde vollführen zu der ihnen je eigenen Zeit (κατὰ τὸν ἴδιον καιρόν) ohne Anstoß ihren Dienst[221], die unversieglichen Quellen[222] reichen ohne Unterbrechung den Menschen ihre lebensspendenden Brüste; auch **die Kleinsten unter den Tieren** vollführen **ihre Begegnungen** und ihr Zusammenwirken **in Eintracht und Frieden**. „All dies besteht **in Frieden und Eintracht** gemäß der Anordnung des großen Demiurgen und Herrn des Alls, der alles mit seinen Wohltaten bedenkt, in überreichem Maße aber uns, die wir Zuflucht genommen haben zu seinem Erbarmen durch unseren Herrn Jesus Christus, dem die Ehre sei und die Herrlichkeit von Ewigkeit zu Ewigkeit".

Sieht man von der abschließenden christlichen Doxologie ab, so haben wir in dieser philosophischen 'Argumentatio' mittels eines kosmologischen Exemplums eine enge Entsprechung zu mehreren Reden des Dion Chrysostomos, dürfen in ihr also einen Reflex der beginnenden Zweiten Sophistik sehen, deren herausragender Vertreter eben jener Dion war. Seine ausführliche 'Argumentatio' in der Borysthenes-Rede (or. 36) über den Kosmos als 'Haus' und 'Polis' unter der Leitung des göttlichen Weltherrschers und über die 'Polis-Gemeinschaft' von Göttern und Menschen (Kap. 28–38)[223] stellt in gleicher Weise die kosmische Ordnung als Modell für die menschliche Gemeinschaft vor Augen und gewinnt daraus ebenso einen Appell für die Verwirklichung dieser vernunftgeleiteten kosmischen Harmonie im konkreten Leben der Bürgergemeinden, wie dies im „Clemensbrief" mit Blick auf die Kirchengemeinde von Korinth der Fall ist.

Von besonderer Bedeutung für „Clemens" aber muß – wie oben vermutet – die 40. Rede Dions gewesen sein, die schon im Titel das Programm trägt, das er selbst der in Streit und Zwietracht auseinandergefallenen Gemeinde Korinths vor Augen führt: Ἐν τῇ πατρίδι **περὶ τῆς πρὸς Ἀπαμεῖς ὁμονοίας**. Dion spricht also in seiner Heimatstadt Prusa (sie liegt in Bithynien) über die (wiederherzustellende) Eintracht

---

220 Siehe die Monumente bei LEVI (die vier Jahreszeiten z. B. S. 285. 286. 296). Von besonderem Interesse ist ein Schwarz-Weiß-Mosaik aus einem Grab in der Nähe der Tibermündung von Ostia. Es gehört in die hadrianisch-antoninische Periode: A i o n auf einem Felsen sitzend dreht das Rad der Zeit, durch das die allegorisch dargestellten v i e r   J a h r e s z e i t e n („each characterised by their usual attributes of different wreaths") der Reihe nach hindurchtanzen. Über der Szene liegt Tellus als nackte Frau am Boden (S. 285–287).

221 Siehe LEVI 296: „With the Seasons often t h e   W i n d s are associated, each of which was considered to rule over a period of the year and to determine the climatic conditions to which a season was submitted."

222 Siehe o. S. 322 Anm. 218.

223 Siehe NESSELRATH 18.

mit der Nachbargemeinde Apameia: Grundsätzlich gelte, und zwar ebenso für den privaten wie für den öffentlichen Bereich, daß jeder Friede besser sei als Krieg und jede Freundschaft besser und nützlicher als Feindschaft. Friede und Eintracht habe nie Schaden bewirkt, Feindschaft und Streit aber großen und unerträglichen. Der Name Eintracht habe einen guten Klang und freundlichen Umgang pflegen sei für alle gut und nützlich; Aufstand und Zwietracht dagegen sei etwas Finsteres und noch schlimmer seien die aus ihnen entspringenden Handlungen[224].

Schon in diesem Einleitungsparagraphen der eigentlichen 'Argumentatio' begegnen viele jener Begriffe, Gegenbegriffe, Begriffspaare und Synonyma, die den „Clemensbrief" prägen. Für das Stichwort ὁμόνοια finden sich in Dions Reden 56 Belege; die Junktur εἰρήνη καὶ ὁμόνοια (auch in umgekehrter Reihenfolge), die wir im „Clemensbrief" 6mal nachgewiesen haben, begegnet hier in 40,26; dann in 38,14 (erweitert durch ὑγεία); 39,2 (erweitert durch φιλία); 49,6 und 63,2. Dion hat 38 Belege für στάσις (3 davon in or. 40) und 14 für das Verb, „Clemens" 9mal στάσις und 7mal στασιάζειν.

Wenn aber Zwietracht und Haß zwischen so eng benachbarten Städten (sc. Prusa und Apameia) herrsche, so sei dies nichts anderes als Aufruhr in ein und derselben Stadt (40,27 ἡ δὲ τῶν ἐγγὺς οὕτως καὶ ὁμόρων διαφορὰ καὶ τὸ μῖσος οὐδενὶ ἄλλῳ ἔοικεν ἢ σ τ ά σ ε ι μ ι ᾶ ς π ό λ ε ω ς)[225]. Dies wird nun breit ausgeführt, angefangen von den gegenseitigen Verbindungen durch Heiraten und Rechtskontrakte bis zu den gemeinsamen Volksversammlungen, Sport- und Theaterereignissen und religiösen Opferfeiern. War schon in Kap. 32 einmal kurz das Verhalten des Menschen an dem der Tierwelt gemessen worden (s. u.), so nutzt Dion im Schlußteil der (am Ende verstümmelten) Rede (35–41) in großem Stil die von Frieden und Eintracht bestimmten Verhältnisse im Kosmos als mahnendes Exempel für die beiden streitenden Nachbarstädte (40,35): „Seht ihr nicht des gesamten Himmels und der in ihm befindlichen göttlichen und glückseligen Wesen ewige Ordnung, Eintracht und Selbstbeherrschung ...?" (οὐχ ὁρᾶτε τοῦ ξύμπαντος οὐρανοῦ καὶ τῶν ἐν αὐτῷ θείων καὶ μακαρίων αἰώνιον τάξιν καὶ ὁ μ ό ν ο ι α ν καὶ σωφροσύνην ...;)[226].

---

224 D.Chr. or. 40,26 πᾶσα γάρ, ὥς φασιν, ε ἰ ρ ή ν η κ ρ ε ί τ τ ω ν π ο λ έ μ ο υ, καὶ πᾶσα φ ι λ ί α πολὺ ἀμείνων καὶ λυσιτελεστέρα τοῖς γε νοῦν ἔχουσιν ἔ χ θ ρ α ς, καὶ ἰδίᾳ τοῖς οἴκοις καὶ δημοσίᾳ ταῖς πόλεσιν. ε ἰ ρ ή ν η μὲν γὰρ κ α ὶ ὁ μ ό ν ο ι α τοὺς χρωμένους οὐδὲν πώποτε ἔβλαψεν, ἔ χ θ ρ α δὲ κ α ὶ φ ι λ ο ν ι κ ί α θαυμαστὸν εἰ μὴ σφόδρα ἀνήκεστα καὶ μεγάλα. καὶ τῆς μὲν ὁ μ ο ν ο ί α ς τό τε ὄνομα εὔφημον ἥ τε π ε ῖ ρ α ἀρίστη καὶ λυσιτελεστάτη πᾶσι· σ τ ά σ ε ω ς δὲ καὶ δ ι α φ ο ρ ᾶ ς σκυθρωπὴ μὲν ἡ προσηγορία καὶ δυσχερής, πολὺ δὲ χείρω [καὶ] τὰ ἔργα καὶ σκυθρωπότερα.
225 Somit konnte also hier „Clemens" eine volle Entsprechung zu der Entzweiung in der e i n e n Christengemeinde Korinths benannt finden!
226 NESSELRATH 23f.

Er beschreibt die durch gerechten Ausgleich für alle Zeit gesicherte Harmonie (τὴν ἀσφαλῆ καὶ δικαίαν δι' αἰῶνος ἁρμονίαν) der vier Ur-elemente (in der Reihenfolge Luft, Erde, Wasser, Feuer), deren gegenseitige φιλία καὶ ὁμόνοια (zweimal begegnet diese Junktur in 36 und 37) den Bestand des Kosmos garantiert. Er schildert (38f.), wie die S o n n e der N a c h t aus dem Weg geht und es so ermöglicht, daß die weniger sichtbaren G e s t i r n e aufgehen können, wie der M o n d in Abwesenheit der stärkeren Lichtquelle die ganze Erde erleuchtet, die S t e r n e, die der S o n n e Raum geben, keine Einbuße erleiden, die P l a n e t e n ihren unaufhörlichen Reigentanz vollführen, ohne sich jemals hindernd in den Weg zu treten (s. u.). Auch im Aufbau des Weltganzen werde der harmonische Ausgleich im Kosmos offenbar: die Erde nehme den untersten Platz ein, das Meer ergieße sich um sie herum, über beiden wehe die weiche Luft, ganz oben aber halte der aus göttlichem Feuer bestehende Äther alles in Besitz und wirble im Kreis um die übrigen Elemente herum.

Daraus wird dann die erste Lehre für die Bevölkerung der beiden Städte gezogen: „Und diese gewaltigen und mächtigen Strukturen des Kosmos halten ihre gemeinschaftliche Einheit dauerhaft fest ohne alle Feindschaft: Die winzigen Städtchen der zufällig dort lebenden Menschen und die schwachen Völker, die lediglich einen Teil der Erde bewohnen, vermögen es nicht, Ruhe zu bewahren und ohne Tumult und Geschrei einander Nachbarn zu sein?"

D.Chr. or. 40,39 καὶ ταῦτα μέν, οὕτως ἰσχυρὰ καὶ μεγάλα, τὴν πρὸς ἄλληλα κ ο ι ν ω ν ί α ν ἀνέχεται καὶ διατελεῖ χ ω ρ ὶ ς ἔ χ θ ρ α ς· μικρὰ δὲ οὕτω πολίχνια τῶν ἐπιτυχόντων ἀνθρώπων καὶ ἔθνη ἀσθενῆ κατοικοῦντα ἐν μέρει τῆς γῆς οὐ δύναται τὴν ἡσυχίαν ἄγειν οὐδὲ ἀθορύβως ἀλλήλοις γ ε ι τ ν ι ᾶ ν;

Dieses unvernünftige Verhalten der Menschen, insbesondere der beiden Nachbarstädte, zu denen Dion spricht, wird nun (40,40) kontrastiert mit den V ö g e l n, die in enger Nachbarschaft ihre Nester bauen und doch nicht einander nachstellen und sich um die Nahrung streiten, mit den A m e i s e n, die in enger Nachbarschaft ihre Erd- und Felslöcher haben und oftmals von der gleichen Getreidetenne ihre Nahrung holen und doch einander Platz machen und auf ihrem Weg ausweichen, ja oftmals sogar zusammenarbeiten, mit den B i e n e n aus verschiedenen Schwärmen, die ein und dieselbe Wiese „abweiden" und sich doch nicht wegen des Blütentaus streiten. Schließlich geht er (§ 41) zu den R i n d e r - u n d P f e r d e h e r d e n über, die sich oftmals mischen und gemeinsam weiden; das gleiche gelte von den Z i e g e n - und S c h a f s h e r d e n. Die Menschen aber seien, so habe es den Anschein, schlechter disponiert für Freundschaft und für gemeinschaftlichen Umgang miteinander. Denn was die Natur um der wohlwollenden Teilhabe willen geschaffen habe, das werde zur Ursache von Feindschaft und Haß:

> D.Chr. or. 40,41 ἄνθρωποι δὲ βοσκημάτων καὶ θηρίων χείρους, ὡς ἔοικε, τὰ πρὸς φιλίαν καὶ τὸ κοινωνεῖν ἀλλήλοις. ἃ γὰρ ἡ φύσις ἐποίησεν εὐνοίας ἕνεκα, ταῦτα ἰδεῖν ἔστιν ἔχθρας καὶ μίσους αἴτια γιγνόμενα.

Wie man sieht, stimmen Dion und „Clemens" sowohl im gedanklichen Grundtenor (die Harmonie des Kosmos soll Mahnung an die zerstrittenen Parteien sein, zur Einheit zurückzufinden) als auch – teilweise – in der Motivik und im sprachlichen Ausdruck überein. „Clemens" hat einerseits das große Gemälde Dions auf kleinere Maße reduziert, andererseits – gemäß seinem üblicherweise eklektischen Imitationsverfahren – zusätzliche stoische, platonisierende und alttestamentarische Quellen eingearbeitet. Unverkennbar aber folgt er in dem „Tanz" der Sterne (1Clem 20,3) dem 'Goldmund' Dion, vgl. or. 40,39 (τοῦτο δὲ **τῶν** πλανωμένων **ἀστέρων** τὴν ἄπαυστον **χορείαν**, ἃ **μηδέποτε** **ἀλλήλοις** **ἐμ**_**ποδ**ὼ**ν ἵσταται**)[227]. Daß sie sich dabei niemals gegenseitig behindernd in den Weg treten, sehen wir bei „Clemens" einen Satz zuvor (20,3) von Tag und Nacht ausgesagt, die den ihnen verordneten Lauf vollführen, ohne einander zu stören:

> 1Clem 20,2f. ἡ μέρα τε καὶ νὺξ τὸν τεταγμένον ὑπ' αὐτοῦ δρόμον διανύουσιν, **μηδὲν ἀλλήλοις ἐμποδίζοντα**. ἥλιός τε καὶ σελήνη, **ἀστέρων τε χοροὶ** κατὰ τὴν διαταγὴν αὐτοῦ ἐν ὁμονοίᾳ δίχα πάσης παρεκβάσεως ἐξελίσσουσιν τοὺς ἐπιτεταγμένους αὐτοῖς ὁρισμούς[228].

Den Epigonen „Clemens" erkennt man hier weniger an der Ersetzung des erlesenen, von Dion auch in 40,20 (und sonst nicht mehr) verwendeten ἐμποδὼν ἵστασθαι durch ἐμποδίζειν als an der Veränderung des Behinderungsmotivs, das ursprünglich für den Reigen der vielen Sterne

---

227 NESSELRATH kommentiert Anm. 92 (zu or. 36,22) den glückseligen, von Vernunft und klarem Denken begleiteten Reigen der verstirnt gedachten Götter (χορείαν εὐδαίμονα χορευόντων) mit einem Verweis auf Plat. Tim. 40c und auf D.Chr. or. 12,34 und die hier verhandelte Stelle or. 40,39; weitere Belege gibt LONA 254f. Das Thesaurusprogramm 'Diogenes' wirft ca. 180 Stellen aus, angefangen von Eur. El. 467, Ion 1078ff. und Kritias frg. 4,4f. (TrGF I p. 174) bis zum Suda-Lexikon. Allein Philo Alexandrinus ist 19mal vertreten; aber eine Entsprechung zu μηδὲν ἀλλήλοις ἐμποδίζοντα und δίχα πάσης παρεκβάσεως finde ich unter den chronologisch relevanten Belegen nur in dem oben genannten Passus des Dion von Prusa.
228 Vgl. Phil. spec. leg. 4,155 (vom Schiffskapitän) παρατηρήσας γὰρ **τὰς χορείας τῶν ἀστέρων** καὶ ἐπακολουθήσας αὐτῶν ταῖς τεταγμέναις κινήσεσιν ἐν ἀνοδίαις ἴσχυσεν ἀπλανεῖς καὶ λεωφόρους ὁδοὺς ἀνατεμεῖν.

(bei dem sich die tanzenden „Füße" in der Tat leicht ins Gehege kommen können) konzipiert war, von „Clemens" aber weniger zwingend auf den Lauf von Tag und Nacht übertragen wurde. Auch gleich der nächste Satz (or. 40,39 καὶ ταῦτα μέν, οὕτως ἰσχυρὰ καὶ μεγάλα, τὴν πρὸς ἄλληλα κοινωνίαν ἀνέχεται καὶ διατελεῖ χωρὶς ἔχθρας) dürfte in 1Clem 20,3 (ἐν ὁμονοίᾳ δίχα πάσης παρεκβάσεως) umgewandelt sein.

Sicher aber stammt das in 1Clem 20,10 unvermittelt auftauchende und isoliert am Schluß der Beispielsreihe (Himmel, Tag und Nacht, Sonne, Mond und Sterne, Erde, Abgründe, Meer, Ozean, Jahreszeiten, Winde, unversiegliche Quellen) stehende Motiv von den kleinsten Tieren, die ihr Zusammentreffen (und Zusammenwirken) in Eintracht und Frieden bewerkstelligen (τά τε ἐλάχιστα τῶν ζῴων τὰς συνελεύσεις αὐτῶν ἐν ὁμονοίᾳ καὶ εἰρήνῃ ποιοῦνται) wieder aus der 40. Rede des Dio Chrysostomus:

> or. 40,32 ὥστε ἔγωγε ἐνεθυμούμην πολλάκις τὴν τῶν ἀνθρώπων ἀμαθίαν καὶ διαφθοράν, ὅτι τῶν σφόδρα ἀδόξων καὶ φαυλοτάτων ζῴων χείρους εἰσὶ ταῖς ψυχαῖς. οἱ μὲν γὰρ ἄνθρωποι πολλάκις ἐντυχόντες ἀλλήλοις μάχονται καὶ λοιδορηθέντες ἀπίασιν· οἱ δὲ μύρμηκες οὕτω πυκνοὶ βαδίζοντες οὐδέποτε ἠνώχλησαν ἀλλήλους, ἀλλὰ πάνυ πρᾴως ἐντυχάνουσι καὶ παρίασι καὶ βοηθοῦσιν ἀλλήλοις.

> „Daher habe ich oftmals über den Unverstand und die Verdorbenheit der Menschen nachgedacht, daß sie in ihrer psychischen Veranlagung den ganz unansehnlichen und nichtsnutzen Tieren unterlegen sind. Denn wenn die Menschen zufällig aufeinander treffen, so streiten sie oftmals miteinander und gehen unter Schmähungen wieder auseinander. Die Ameisen aber fallen, obwohl sie so dichtgedrängt auf ihrem Weg voranziehen, einander niemals lästig, sondern treffen mit aller Sanftmut und Freundlichkeit aufeinander, machen einander Platz zum Vorbeigehen und helfen einander."

> In 40,40 heißt es demgemäß (s. o.): „Und auch die Ameisen ... entzweien sich nicht, sondern sie machen einander Platz, weichen aus dem Weg, ja, arbeiten oftmals gemeinsam zusammen" (οὐδὲ μύρμηκες πλησίον ὀπὰς ἔχοντες, ἐκ τῆς αὐτῆς ἅλω πολλάκις εἰσφερόμενοι σῖτον, ἀλλὰ παραχωροῦσιν αὐτοῖς καὶ τῶν ὁδῶν ἐκτρέπονται καὶ συνεργάζονται πολλάκις).

Aus Aristoteles konnte Dion nur das Verb βαδίζειν und den Hinweis entnehmen, daß die Ameisen alle den gleichen Pfad benutzen (hist. an. 8(9), 622b,24) ἡ μὲν οὖν τῶν μυρμήκων ἐργασία πᾶσίν ἐστιν ἐπιπολῆς ἰδεῖν, καὶ ὡς ἀεὶ μίαν ἀτραπὸν πάντες βαδίζουσι, καὶ τὴν ἀπόθεσιν τῆς τροφῆς καὶ ταμιείαν· ἐργάζονται γὰρ καὶ τὰς νύκτας τὰς πανσελήνους. Sein Zeitgenosse Plutarch aber, der mehrere Schriften zur Tierpsychologie verfaßt hat, hebt in soll. an. 11, 967d–968b[229] zunächst ihre Tugend der Freundschaft und Geselligkeit (φιλότης und τὸ κοινωνικόν) hervor (ferner ihre Tapferkeit, Ausdauer, Enthaltsamkeit, Klugheit und Gerechtigkeit). Danach beschreibt er ähnlich wie Dion ihre wohlgesinnte Höflichkeit beim „Verkehr" auf ein und derselben Ameisenstraße (967f):

> τῶν δὲ πᾶσιν ἐμφανῶν <u>ἥ τε **περὶ τὰς ἀπαντήσεις**</u> ἐστὶν <u>εὐγνωμοσύνῃ</u>, τῶν μηδὲν φερόντων τοῖς φέρουσιν <u>**ἐξισταμένων ὁδοῦ καὶ παρελθεῖν διδόντων**</u>· αἵ τε τῶν δυσφόρων καὶ δυσπαρακομίστων διαβρώσεις καὶ διαιρέσεις, ὅπως εὐβάστακτα πλείοσι γένηται („Was aber bei allen ins Auge fällt, ist einmal ihre verständige Freundlichkeit bei der Begegnung <auf dem gemeinsamen Pfad>, indem jene, die nichts tragen, denen, die etwas tragen, aus der Bahn gehen und ihnen das Passieren ermöglichen, dann aber, daß sie Dinge, die nicht gut fortzuschaffen sind, auseinandernagen und zerteilen, damit die Last, auf mehrere verteilt, leichter zu transportieren ist").

Es ist unmittelbar einsichtig, daß Dion auf Plutarchs Schilderung fußt und diese etwas verallgemeinert wiedergibt, indem er auf das spezielle Moment, daß die Ameisen, s o w e i t   s i e   o h n e   L a s t   s i n d ,   d e n   L a s t t r ä g e r n ausweichen, verzichtet und den zweiten Satz Plutarchs durch bloßes συνεργάζονται oder (s. o.) βοηθοῦσιν ἀλλήλοις zusammenfaßt. Er scheint ferner jeweils nach erleseneren Verben gesucht zu haben, schreibt also τ ῶ ν   ὁ δ ῶ ν **ἐκτρέπονται** statt <u>ἐξισταμένων</u> ὁ δ ο ῦ und <u>παραχωροῦσιν</u> oder (s. o.) <u>παρίασι</u> statt <u>παρελθεῖν διδόντων</u>. Die ἀ π α ν τ ή σ ε ι ς   aber gibt er durch ἐ ν - τ υ χ ά ν ο υ σ ι   wieder, die dabei bewiesene εὐγνωμοσύνη durch die attributive Bestimmung πάνυ πράως, die dann „Clemens" in sein Leitmotiv ἐν ὁμονοίᾳ καὶ εἰρήνῃ umsetzt.

Sowohl auf der Ebene der Menschen als im Ameisen-Exemplum geht es dem Chrysostomus um das Verhalten bei der Begegnung auf dem Weg, beim Zusammentreffen und Auseinandergehen. Damit ist das Tertium comparationis klar bezeichnet[230] – und zugleich der Schlüssel

---

229 Vielleicht bald nach Vespasian in den achtziger Jahren geschrieben, s. K. ZIEGLER, RE 21,1 (1951), 709, 9ff. (s. v. Plutarchos).

230 Dies läßt sich stützen durch die voraufgehenden Schilderungen, die Dion von den Auswirkungen der Entzweiung zwischen den Nachbarstädten gibt. Ich begnüge mich damit, eine Reihe von Stichworten und einzelne Paragraphen aus or. 40 zu zitieren: § 27 τὸ ἀ φ ι κ ν ε ῖ σ θ α ι   π α ρ’   ἀ λ λ ή λ ο υ ς   σχεδόν τι καθ’ ἑκάστην τὴν ἡμέραν; 28 ἀποδημεῖν πρὸς τοὺς πέλας; τοὺς ἐπιξενουμένους ὑποδέχεσθαι χωρὶς ὑποψίας; ἀ ν α μ ί γ -ν υ σ θ α ι   συνθύοντας ἀλλήλοις καὶ συνευχομένους, ἀλλὰ μὴ τοὐναντίον καταρωμένους καὶ βλασφημοῦντας; wichtig ist der ganze § 31, in dem geschildert wird, wie die Bewohner beider Städte aufgrund der natürlichen Bedingungen zu beständigem gegenseitigen Kontakt gezwungen sind: πῶς οὖν οὐχ ἁπάντων δυστυχέστατον ὠνεῖσθαι μὲν ἑκάστους παρὰ ἀνθρώπων οὐ φίλων, ἀποδίδοσθαι δὲ τοῖς μισοῦσι, κ α τ ά γ ε σ θ α ι   δ ὲ   παρὰ τοῖς βαρυνομένοις, ὑ π ο δ έ χ ε σ θ α ι   δὲ τοὺς λοιδοροῦντας, σ υ ν ε σ τ ι ᾶ -σ θ α ι   δὲ ἐνίοτε τοῖς ἀλλοτριωτάτοις· ἐὰν δὲ πλοίου τις ἐπιβαίνῃ, σαφῶς εἰδέναι καὶ τὸν κυβερνήτην καὶ τοὺς ναύτας ἅπαντας καταρωμένους, τὸ δὲ πάντων ἀηδέστατον

zur Beseitigung der Ratlosigkeit gewonnen, die viele Übersetzer und Kommentatoren angesichts der Formulierung τὰς <u>συνελεύσεις</u> αὐτῶν <u>ἐν ὁμονοίᾳ καὶ εἰρήνῃ</u> **ποιοῦνται** in 1Clem 20,10 befallen hat[231]: „Clemens" umschreibt mit diesem Ausdruck Dions <u>πάνυ πρᾴως</u> ἐντυχάνουσι καὶ *παρίασι* καὶ **βοηθοῦσιν ἀλλήλοις** bzw. (§40) ἀλλὰ *παραχωροῦσιν αὐτοῖς* καὶ **τῶν ὁδῶν ἐκτρέπονται** καὶ <u>συνεργάζονται</u> πολλάκις.

Das Beispiel von den Ameisen, die friedlich beieinander wohnen, ausschwärmen, ihren Anteil an den Lasten übernehmen und P l a t z m a c h e n , u m e i n a n d e r v o r b e i z u l a s s e n , bildet auch den Abschluß der 48. Rede Dions

> or. 48,16 καὶ μέντοι καὶ **μ ύ ρ μ η κ α ς** πανὺ ἡδέως ἰδεῖν ἔστιν, ὅπως μὲν οἰκοῦσι μετ᾽ ἀλλήλων <u>εὐκόλως</u>, ὅπως δὲ ἐξίασιν, ὅπως δὲ τὰ βάρη μεταλαμβάνουσιν, ὅπως δὲ **παραχωροῦσιν ἀλλήλοις τῶν ὁδῶν**. οὔκουν αἰσχρὸν ἀνθρώπους ὄντας ἀφρονεστέρους εἶναι **θ η ρ ί ω ν   ο ὕ τ ω   σ μ ι - κ ρ ῶ ν**[232] καὶ ἀφρόνων;).

Es dient ihm wieder als Kontrast zum Verhalten der Menschen: „Ist es nicht eine Schande für die Menschen, unvernünftiger zu sein als so kleine Tiere, die keinen Verstand haben?"

Die 40. Rede des Dion von Prusa läßt sich nicht exakt datieren. Aufgrund der Einleitungspartie ist aber klar, daß sie bald nach der Rückkehr Dions aus Rom, wo er sich die Gunst Trajans erworben hat, also etwa 102/103, gehalten sein dürfte[233]. Da diesen bithynischen Re-

---

ὅραμα ἐχθρῶν, τοῦτο ἀεί ποτε ὁρᾶν καὶ π λ έ ο ν τ α ς καὶ β α δ ί ζ ο ν τ α ς , καὶ τ ο ύ τ ο ι ς   ἀ ε ὶ   π λ ε ί σ τ ο ι ς **κατὰ τὰς ὁδοὺς ἀπαντᾶν**, πονηρὸν καὶ δυσχερῆ σ ύ μ β ο λ ο ν , ὥστε πάντως εἰπόντα τι π α ρ ε λ θ ε ῖ ν ἢ ἀκούσαντα δυσχερές; 33 ἀ π ί α σ ι ν ; ἢ κύκλῳ π ε ρ ι ί α σ ι ν ; λαβόντας ὅπλα β α δ ί ζ ε ι ν εἰς τὴν χώραν ἢ προσβάλλειν τοῖς τείχεσιν; 34 τὸ γὰρ μηδέποτε εἴκειν μηδὲ π α ρ α χ ω ρ ε ῖ ν τῷ πλησίον; μηδὲ τῶν μὲν τ υ γ χ ά ν ε ι ν αὐτούς, τὰ δὲ π α ρ ι έ ν α ι τοῖς ἄλλοις. Aus den weiteren Naturvergleichen sei verwiesen auf D.Chr. 40,38 οὐχ ὁρᾶτε τοῦτο μὲν ἥλιον νυκτὶ **μεθιστάμενον** ... τοῦτο δὲ **ἄστρα ὑποχωροῦντα ἡλίῳ**; und auf den oben S. 326 besprochenen Aspekt des u n b e h i n d e r t e n Laufs von Tag und Nacht, Sonne, Mond und dem Reigen der Sterne.

231 Siehe LONA 264f. Abwegig ist der Verweis auf Cic. nat. deor. 2,124: der Passus hat nichts mit 1Clem 20 gemein. Lohnender wäre ein Blick auf Quint. inst. 5,11,24 (*si ad curam rei publicae horteris, ostendas, a p e s etiam f o r m i c a s que, non modo muta, sed etiam **parva animalia, in commune** tamen laborare*), eine Stelle, die ich W. D. LEBEK verdanke. Sie bildet eine willkommene Folie, auf der das soeben bezeichnete entscheidende Tertium comparationis fehlt, das D.Chr. or. 40,32. 40 und 1Clem 20,10 zusammenbindet: das „höfliche" und friedfertige Verhalten b e i d e r B e g e g n u n g a u f d e m W e g , b e i m Z u s a m m e n t r e f f e n u n d A u s e i n a n d e r g e h e n . „Clemens" wählt nicht das übliche Verb συνεργάζονται, sondern den speziell auf Dion abgestimmten Verbalausdruck **τὰς συνελεύσεις αὐτῶν** ἐν ὁμονοίᾳ καὶ εἰρήνῃ **ποιοῦνται**.

232 Vgl. 1Clem 20,10 τά τε ἐ λ ά χ ι σ τ α   τ ῶ ν   ζ ῴ ω ν .

233 Siehe W. SCHMID RE V 1, 857,28ff. und 872,24.

330 D. Philologische Untersuchungen zur Datierung des 1. „Clemensbriefes"

den – anders als den Kaiserreden, die ein überregionales Interesse auf sich zogen – keine Sonderpublikation vergönnt gewesen sein wird, dürften Jahre ins Land gegangen sein, bis sie in einer zitierfähigen Sammelausgabe in Rom greifbar waren. Jedenfalls haben wir in dem Jahr 103 einen sicheren Terminus post quem für die Entstehung des „Clemensbriefes"[234].

Blicken wir zurück auf diesen dritten Teil unserer Untersuchungen, so bilden eine Reihe voneinander unabhängiger Indizien eine tragfähige Grundlage für den Schluß, d a ß   d e r   s o g.   e r s t e   C l e m e n s b r i e f im   Z e i t r a u m   1 2 0 – 1 2 5 ,   a m   w a h r s c h e i n l i c h s t e n   u m 1 2 5 ,   e n t s t a n d e n   i s t : Situation und Struktur der „altehrwürdigen" Kirchengemeinde in Korinth, die Einwirkung des ersten „Petrusbriefes", der um 110–113 geschrieben sein dürfte, das nachdrückliche Gebet der Christengemeinde für den Herrscher und die weltliche Obrigkeit, die – in der Münzprägung erstmals durch Hadrian verwendete – Symbolik des Vogels Phönix und die u. a. durch Dion von Prusa inspirierte Evokation der Harmonie des (zyklisch den Aion durchlaufenden)

---

234 Zu meiner nicht geringen Überraschung stoße ich, an diesem Punkt meines Manuskriptes angekommen, auf das 4. Kapitel des Buches von CHR. EGGENBERGER, Die Quellen der politischen Ethik des 1. Klemensbriefes, Zürich 1951, 74–106 ('Die Abhängigkeit des 1.Klemensbriefes von den Reden des Dio v. Prusa') und sehe dort S. 84 ganz treffend die Übereinstimmung zwischen Dion und „Clemens" in der Position und Beschreibung der „kleinsten Lebewesen" (und darüber hinaus eine Reihe weiterer Übereinstimmungen) als Beweis für eine Abhängigkeit des „Clemensbriefes" vom Redner Dion gebucht! So erfreulich es sein mag, daß zwei Philologen bzw. Theologen unabhängig voneinander (der Philologe angeregt durch NESSELRATHs Dion-Studien) zum gleichen Ergebnis gekommen sind und damit die Spätdatierung des „Clemensbriefes" doppelten Nachdruck gewinnt, so muß man sich doch über die neuesten Kommentatoren (und Übersetzer) des „Clemensbriefes" (von deren Kenntnisstand man billigerweise ausgehen durfte) wundern: Bei LONA 264f. findet man zu den „kleinsten von den Lebewesen" keinen Hinweis auf die Lösung des Problems durch EGGENBERGER (der seinerseits die Plutarch-Tradition hinter Dion noch nicht gesehen hat), sondern ein beinahe hilfloses Abwägen verschiedener Möglichkeiten (συνέλευσις „auch im Sinn der sexuellen Vereinigung"!), gipfelnd in der Vermutung, es handle sich um „eine eigene Bildung" des Verfassers unter Einfluß von Ps 103,25c. Später, im Exkurs 2: („Die religionsgeschichtliche Frage in I Clem 20") wird 269f. mit ein paar Sätzen auf EGGENBERGER eingegangen und S. 270 in einer Tabelle auch „Dio von Prusa" genannt – ohne jede Konkretisierung, vielmehr mit dem abbrechenden Verdikt: „Das Echo der Forschung auf diese Monographie ist – nicht grundlos – negativ ausgefallen" (dies zielt auf H. V. CAMPENHAUSEN, ThLZ 77, 1952,38f.). Nun wird man einräumen, daß EGGENBERGER die Durchschlagskraft seiner echten Beweise stark beeinträchtigt hat durch benachbarte Fehlschlüsse und durch Heranziehung vieler Pseudo-Parallelen, zumal aus Plinius dem Jüngeren, Tacitus, Sueton, die m. E. alle unhaltbar sind. Seine Selbsteinschätzung zu Beginn des 4. Kapitels aber: „Unter den verschiedenen Beziehungen unseres Briefes zur zeitgenössischen Literatur ist dies (sc. „dass unser 1. Klemensbrief abhängig sei von den Reden des Dio von Prusa") die stärkste und wichtigste" (74), hätte man ernster nehmen müssen, als dies in der mir bekannten Literatur der Fall ist.

Kosmos[235] als Appell zu Eintracht und Frieden. All dies fügt sich zu dem Gesamtbild zusammen, daß der Brief der Kirche Roms an die Christengemeinde in Korinth seinen „Sitz im Leben" in dem (von „Clemens" christlich überformten) stoisch-hellenistischen Weltbild der frühen Epoche des Kaisers Hadrian hat.

---

235 Zu dem auf hadrianischen Münzen dargestellten jugendlichen A i o n (den Globus mit dem Vogel Phönix in der Rechten) im Zodiacus vgl. die von Dion in or. 1,42 entworfene Konzeption des glücklichen und weisen Universums, das sich beständig auf der Reise durch den grenzenlosen A i o n befindet, ohne Unterlaß in endlosen Umläufen (ὁποῖόν γε τὸ ξύμπαν αὐτό τε εὔδαιμον καὶ σοφὸν ἀ ε ì δ ι α π ο ρ ε ύ ε τ α ι τὸν ἄπειρον α ἰ ῶ ν α συνεχῶς ἐν ἀπείροις π ε ρ ι ό δ ο ι ς); dazu NESSELRATH 22f.

Ergebnis

Es ist oben gezeigt worden, daß der Verfasser des sogenannten ersten Clemensbriefes, den man am besten in die Jahre 120–125 n. Chr. datiert, nichts von einem Aufenthalt des Petrus in Rom weiß und auch keine Kenntnis hat von einer Verfolgung und dem Martyrium des Petrus und des Paulus unter Nero (S. 30). Die Vorstellung, daß Petrus nach Rom gekommen sei, scheint sich frühestens in der Auseinandersetzung mit den gnostischen Häretikern entwickelt zu haben und dabei konkret im Anschluß an Justins unzutreffende Deutung der Semo Sancus-Inschrift auf den Magier Simon, den „Vater aller Häretiker"[1], also nicht vor dem Zeitraum 150–154 (S. 133). Damals begann sich die Überzeugung herauszubilden, daß der Magier Simon, der Urvater der Gnosis, – ähnlich wie später Markion oder Valentin – auch Rom aufgesucht und dort seine schädliche Lehre verbreitet habe. Da ihn Petrus bereits in Judäa in die Schranken gewiesen hatte, schien der Urapostel dazu berufen, auch die Christen Roms von diesem Irrlehrer zu befreien. Diese Vorstellung war bald so lebendig, daß sie das zentrale Leitmotiv der Petrusakten aus dem vorletzten Jahrzehnt des zweiten Jahrhunderts abgab, in denen sich denn auch eine Replik der verhängnisvollen Götterstatue auf der Tiberinsel findet, nunmehr mit der leicht veränderten Sockelinschrift *Simoni Iuveni Deo*.

Parallel zu dieser Konzeption von dem Apostel Petrus, der in Rom den Gnostiker Simon bekämpft, entwickelte sich die Idee einer gemeinsamen Tätigkeit der Apostel Petrus und Paulus in Rom. Sie hat ihre Grundlage in der Sonderstellung der beiden Apostel in den kanonischen Acta Apostolorum, die ebenso in den ersten „Clemensbrief" übernommen wurde. Obwohl dort Petrus mit keinem Wort in Beziehung zu Rom gebracht wird und auch kein Hinweis auf eine Verwicklung des Petrus und Paulus in die Verfolgung der Christen Roms durch Nero gegeben wird, hat sich in dem Zeitraum ca. 170–174 Bischof Dionysios von Korinth in einem Brief an die Römer auf eben diesen ersten „Clemensbrief" bezogen und daraus fälschlich die Feststellung abgeleitet, Rom besitze die gleichen Gründerapostel Petrus und Paulus wie Korinth –

---

1   So Iren. haer. 3 praef. *a Simone patre omnium haereticorum*; vgl. ferner 1,23,1–4, bes. 23,2 *Simon autem Samaritanus, ex quo omnes haereses substiterunt.*

ein doppelter Irrtum, weil ja Petrus auch niemals in Korinth gewesen ist (S. 135. 139).

Etwa um die Jahre 178–180 (jedenfalls wohl erst nach 177) sehen wir eben diese Vorstellung von einer gemeinsamen Tätigkeit der Apostel Petrus und Paulus in Rom in dem Römerbrief des Ps.Ignatius übernommen (S. 237). Da Irenäus von Lyon mit allen bisher genannten Autoren und Schriften (1Clem, Iustin[2], Dionysius, Ps.Ignatius) vertraut ist, verwundert es nicht, daß in seinem zwischen ca. 180 und 189 entstandenen Werk 'Adversus Haereses' Petrus und Paulus gemeinsam als Begründer der römischen Christengemeinde und als Initiatoren einer Bischofssukzession figurieren, die mit Bischof Linus, der von beiden Aposteln eingesetzt worden sein soll, beginnt (S. 156ff.). Zu Märtyrern der neronischen Christenverfolgung sind dann beide Apostel frühestens in den actus Petri apostoli (180–190) und in den acta Pauli (185–195) geworden, die vermutlich in Kenntnis der volkstümlichen, „in ganz einfachem Schreibstil gehaltenen" 'Hypomnemata' des Antihäretikers Hegesippus verfaßt wurden. Eine wichtige Rolle scheint dabei das Vorbild des Märtyrers Polykarp von Smyrna gespielt zu haben – und ein weiteres Mal der Brief des Bischofs Dionysios von Korinth an die Römer: Der dort noch unspezifisch verwendete Begriff μαρτυρῆσαι („bezeugen", „Zeugnis geben"), der inzwischen – seit dem Martyriumsbericht der Christen von Smyrna über ihren Erzmärtyrer Polykarp – in verengter Bedeutung den blutigen Märtyrertod zum Ausdruck bringen konnte, gab Anlaß, im nachhinein auch den Brief des Dionysios selbst fälschlich in diesem Sinne zu deuten, nämlich als vermeintliches Zeugnis eines Martyriums der beiden Apostel in Rom. In Eusebs Kirchengeschichte ist diese falsche Deutung des Dionysios schriftlich dokumentiert (S. 134f.). Sie wurde von dort weitertradiert und prägt durch die Jahrhunderte hindurch bis in unsere Gegenwart die Theologie und den Disput der Fachgelehrten.

---

2 Hierzu sei besonders erinnert an haer. 1,23,1 *quippe cum esset sub Claudio Caesare, a quo etiam statua honoratus esse dicitur propter magiam.*

Ausblick

Als im Jahre 410 die Goten Alarichs Rom erstürmt hatten, war der jahrhundertealte Glaube an die ewige Dauer der Stadt so sehr erschüttert, daß sich Augustinus aufgerufen sah, den christlichen Glauben von seiner Verkettung mit Rom, das die Christenheit in seinen Sturz mithineinzuziehen drohte, zu lösen und eine Transzendierung des Rom-Mythos von der *civitas terrena* zur *civitas caelestis* zu konzipieren[1]. Wie die christliche Religion nicht an das irdische Rom gebunden ist, so auch nicht der Primat Petri und das Papsttum überhaupt. Die Geschichte hat ja längst erwiesen, daß die Päpste auch außerhalb Roms – etwa in Ravenna oder (von 1309–1376) in Avignon – imstande sind, die ihnen übertragene Leitung der Kirche wahrzunehmen. Sub specie aeternitatis scheint also die schon von den Waldensern im 12. Jahrhundert verfochtene, dann von Marsilius von Padua in seinem 'Defensor Pacis' von 1326 vorsichtig wieder aufgenommene, ab dem 16. Jahrhundert vor allem von protestantischer Seite gelegentlich in die Diskussion gebrachte und hier nun aufs neue begründete These, daß der historische Petrus niemals nach Rom gekommen sei, in keiner Weise revolutionär.

Vielleicht darf sogar die Vermutung geäußert werden, daß die Väter des Zweiten Vatikanischen Konzils von der Inspiration des Heiligen Geistes beseelt gewesen sind, als sie in die Dogmatische Konstitution über die Kirche („Lumen Gentium") Kapitel 1, Artikel 8 eine bedeutsame Änderung einführten. Dort wird seitdem von der Kirche Christi gesagt, sie habe ihre konkrete Existenzform (sei konkret verwirklicht: *subsistit*)[2] *in Ecclesia catholica*, die vom N a c h f o l g e r   P e t r i und von den Bischöfen in Gemeinschaft mit ihm geleitet werde. Früher hieß es an dieser Stelle nicht „Nachfolger Petri", sondern *R o m a n u s   P o n t i f e x*, also „B i s c h o f   v o n   R o m". Nach Äußerungen des Kardinals LEHMANN wurde die Ersetzung des *Romanus Pontifex* durch

---

1 Siehe ZWIERLEIN, Lucubr. II (2004), 437–445; vgl. FIEDROWICZ, Apologie (³2000), 130–144: „Geschichtstheologische Apologetik gegenüber neuen Angriffen nach dem Fall Roms (410)"; CHR. TORNAU, Die Heiden des Augustinus. Das Porträt des paganen Gebildeten in *De Civitate Dei* und in den *Saturnalien* des Macrobius, in: TH. FUHRER, Die christlich-philosophischen Diskurse der Spätantike: Texte, Personen, Institutionen, Stuttgart 2008, 299–325, bes. 301ff.
2 Siehe hierzu MENKE 39–46.

den *Successor Petri* vorgenommen, „um stärker den Gedanken der Nachfolge ins Spiel zu bringen und auch dem Denken der katholischen Ostkirchen mehr Rechnung zu tragen"[3]. Es hat den Anschein, daß die Konzilsväter unbewußt eine viel grundsätzlichere Richtigstellung vorgenommen haben, die die Zeiten in alle wechselvolle Zukunft hinein wird überdauern können.

---

3   FAZ Nr. 223 v. 25. Sept. 2007, Seite 8.

Kritische Edition der Martyrien des Petrus und des Paulus auf neuer handschriftlicher Grundlage

Durch die Vermittlung R. STICHELs und die großzügige Hilfe von Frau Prof. AKSINIJA DZUROVA, Direktorin des Ivan-Dujcev-Zentrums für slawische und byzantinische Studien in Sofia, können hier erstmals die Martyrien der Apostel Petrus und Paulus in der Fassung des cod. Ochrid. bibl. mun. 44 der wissenschaftlichen Öffentlichkeit bekannt gemacht werden. Die neue Handschrift bietet eine in sich stimmige Textversion von hohem Niveau, die nur an einigen wenigen Stellen durch Textverlust aufgrund von Augensprung gelitten hat. Sie bringt erstmals eine Paulus-Rede ans Tageslicht, an deren Beginn der Apostel ein eindrucksvolles „Selbstporträt" gibt, das das Interesse der Theologen und Kirchenhistoriker auf sich ziehen dürfte. Sie ist aber auch von großem Wert bei dem Versuch, die Urfassung der beiden Martyrien wiederzugewinnen; denn sie bereichert unsere Kenntnis durch originäres Material, das an vielen Stellen dem, was uns die beiden bisher bekannten griechischen Textzeugen bieten, deutlich überlegen ist.

Die gute Qualität der im cod. Ochrid. gebotenen Überlieferung gab den Impuls, den neuen Text im Rahmen einer kritischen Edition vorzulegen, in der zugleich erstmals jene Textzeugen berücksichtigt werden, die n a c h der maßgeblichen Ausgabe von R. A. LIPSIUS (1891) ans Tageslicht gekommen sind: der griechische Papyrus Hamburgensis und zwei koptische Papyri, die hier ebenfalls erstmalig (zusätzlich zu den beiden koptischen Handschriften, die schon LIPSIUS sporadisch erwähnt) eingeführt werden. Neu ist ferner die kontinuierliche Berücksichtigung dreier spätlateinischer Zeugen, die LIPSIUS bereits kannte, aber nur desultorisch herangezogen hat.

Wenn sich trotz der – wie es scheint – reichen Überlieferung Schwierigkeiten bei der Textkonstitution ergeben, so liegt dies darin begründet, daß viele dieser Textzeugen stark fragmentiert sind, daß es sich bei der Mehrzahl um lateinische, koptische und kirchenslawische Übersetzungen handelt, aus denen der Wortlaut der griechischen Vorlage nicht immer sicher erschlossen werden kann, besonders aber in dem Umstand, daß derartige Erbauungsliteratur sehr leicht den Charakter eines „fließenden" Textes annimmt, der sich auf jeder Überlieferungsstufe verändert und oftmals zu einer freien Paraphrase des Mustertextes wird. Dies ist hier vor allem am Athos-Codex (**A**, s. u.) ablesbar, dessen Urheber frei variiert, mitunter zeilenlange Erweiterungen vornimmt[1]. Bei solchen Voraussetzungen läßt es sich nicht vermeiden, daß der kritische Apparat stark anschwillt: es müssen dort im Grunde je eigenständige Fassungen mit einem gemeinsamen Urkern nebeneinander dokumentiert werden. Die Aufgabe des Herausgebers ist es, diesen Urkern aus den verschiedenen Versionen möglichst vollständig herauszuschälen. Dafür gibt es kein Patentrezept; es hilft nur sorgfältiges Abwägen von Fall zu Fall; eine sichere Entscheidung ist nicht immer möglich.

I. Die Textzeugen

1. Die beiden Martyrien Petri und Pauli im Verbund

P cod. Patmiacus 48, 9. Jh., Mart. Petr. beginnt mit cap. 33 der Zählung von **V** (s. u.); s. LIPSIUS LII f. LVI[2]; zugrunde gelegt wird hier der krit. Apparat von LIPSIUS und die Publikation des vollständigen Textes der Handschrift, ebenfalls durch LIPSIUS, in: Jahrbücher für protestantische Theologie XV, 1886, 86–106.

A cod. Athous Vatoped. 79, 10./11. Jh.; Mart. Petr. beginnt mit cap. 30 der Zählung von **V** (s. u.); s. LIPSIUS LIII f. LVI.

O cod. Ochrid. bibl. mun. 44, 11. Jh., Mart. Petri p. 500–508, Mart. Pauli p. 508–515 (s. Taf. 3 und 4); Mart. Petr. beginnt mit cap. 33 der Zählung von **V** (s. u.)[3].

---

1   Teilweise mag Rücksichtnahme auf das einfache, wenig geschulte Kirchenvolk eine Rolle spielen, dem diese Martyrien am Festtag der beiden Apostel in Rom vorgelesen wurden (wie noch heute die *Passio Christi* in der Karfreitags-Liturgie). Der Festtag der beiden Apostel ist in Rom seit dem Jahre 258 eingeführt, s. S. 5. 7. 129. 170.

2   Zu den einzelnen Textzeugen s. auch VOUAUX (1922) 15–22; SCHNEEMELCHER (1989) 193ff. und 243ff., bes. 250–252.

3   Eine Beschreibung des cod. Ochrid. gibt F. HALKIN, Manuscrits byzantins d'Ochrida en Macédoine yougoslave, Anal. Boll. 80, 1962, 15: „Parchemin; cm. 27,5 × 18,5; 812 pages; mutilé du début et de la fin; lacunes après les p. 222, 264, 428 et 668; les p. 1–46 et 669–698 sont plus récentes (XIIᵉ–XIIIᵉ siècle); les p. 384, 576, 698 sont blanches. Collection prémétaphrastique annuelle ('Jahressammlung', comme dit Ehrhard [A. EHRHARD, Überlieferung und Bestand der hagiographischen und homiletischen Literatur der griechischen Kirche, Bd. I, 1937 (TU 50)], t. 1, p. 154); elle commençait au 1ᵉʳ septembre, mais les quatre premiers mois de l'année byzantine (sept.-déc.) ont péri. Les fêtes mobiles, du samedi de Lazare au samedi saint et de la μεσοπεντεκοστὴ à la Pentecôte, sont insérées partie avant, partie après la Saint-Georges. Après le 29 août, dernière fête du cycle annuel, venait un supplément, dont il ne subsiste que la Vie de S. Antoine

L Ps.Linus nutzt für seine lat. Paraphrase, vermutlich Ende 4. Jh., eine eigenständige griechische Version der beiden Apostelmartyrien. Er beginnt das Mart. Petr. – wie die Hss **P** und **O** – mit cap. 33, also dem eigentlichen Martyrium[4], gestaltet dieses aber frei durch eigene Zusätze und Kontaminationen aus[5]. Eine der eingearbeiteten Quellen ist der Exkurs des Ambrosius über Petrus und Simon Magus im Kapitel 3,2 des 'Hegesippus', wodurch sich das Jahr (ca.) 372 als terminus post quem für die Entstehung des lateinischen 'Ps.Linus' ergibt.

C versio coptica, repräsentiert durch die drei fragmentarischen Pergament-Handschriften codd. Borg. 128. 129. 130 (Datierung nicht gesichert; 9. Jh.?)[6] und einen ebenfalls fragmentarischen Papyrus aus St. Petersburg (**C**[P]), vielleicht 5. Jh.?[7] Die codd. Borgiani werden in dieser Ausgabe zitiert nach der wortgetreuen italienischen Übersetzung von I. GUIDI, Gli Atti apocrifi degli Apostoli nei testi copti, arabi ed etiopici, Giornale della

---

par Athanase et le début, effacé, d'une homélie de Chrysostome. La date des fêtes n'est que très irrégulièrement indiquée en tête des pièces."
Zur Geschichte der Sammelhandschrift: „Conservée durant des siècles à l'église Saint-Clément d'Ochrida, elle appartient maintenant au musée local, dont elle constitue un des trésors les plus remarquables. Ses manuscrits grecs, en effet, remontent presque tous à l'époque qui va du Xe au XVe siècle; 36 sont en parchemin, plus quelques fragments; 8 au moins sont antérieurs à l'an 1200 et 5 seulement sont postérieurs à 1500" (HALKIN S. 1).

4   Siehe die Editionen von LIPSIUS I 1–44 (auf der Grundlage von 8 Hss des 12. bis 14. Jh.s) und SALONIUS (er berücksichtigt 5 weitere Codices, vier Brüsseler Hss des 12. und 13. Jh.s und einen Leidensis des 14. Jh.s, beschränkt sich aber auf das Mart. Petr.); vgl. ferner VOUAUX 129–149.

5   Siehe LIPSIUS XVI: „(…) rectius iudicabis, si eum (*sc.* ipsum illum Lini textum) ex antiqua aliqua graeci libri versione confectum, multis additamentis auctum et quod ad verborum ordinem attinet nonnihil immutatum, paraphrastae potius quam translatoris opus esse statueris." Ps.Linus scheint seine griechische Vorlage direkt in Rom übertragen und umgearbeitet zu haben, s. VOUAUX 136f.; ferner LACL 2003, 566f. (G. RÖWE-KAMP); HLL IV 393 (ZELZER).

6   Siehe G. ZOËGA, Catalogus codicum Copticorum manu scriptorum, qui in Museo Borgiano Velitris adservantur, Rom 1810 (Nachdr. 'avec une introduction historique et des notes bibliographiques' par J.-M. SAUGET, Hildesheim 1973), 229f.; zur Problematik der Datierung S. 169–171; ferner die Ausgaben der koptischen Fragmente der apokryphen Acta durch I. GIUDI, Frammenti Copti, Nota II[a] und III[a], Atti della Reale Accademia dei Lincei 284, 1887, Ser. 4[a], Rendiconti, vol. III, 2.

7   O. VON LEMM, Koptische apocryphe Apostelacten, Bulletin de l'Académie impériale des sciences de St.-Pétersbourg, N. S. I (XXXIII) 1890, 509–581 und III (XXXV) 1892, p. 233–326 (mit 2 Tafeln). Wenn er S. 237 (1892) und 315–318 den Papyrus „in die erste Hälfte des V-ten Jahrhunderts, vielleicht sogar in die zweite Hälfte des IV-ten Jahrhunderts" datiert, weil im Text von Kap. 5,3 der Todestag des Paulus auf den 2. Tybi des koptischen Kalenders (= 28. Dezember) gesetzt wird, so scheint er damit eher die Textfassung als den Papyrus selbst datiert zu haben. In einem Nachtrag S. 325 gibt er mit Blick auf einen durch HECHLER „in die Zeit vor 300 p. Chr." gesetzten Wiener Papyruscodex der Septuaginta zu erwägen, den St.Petersburger Papyrus wegen der „auffallende(n) Ähnlichkeit" der Schriftzüge in die gleiche Zeit zu datieren. Sicherheit scheint hier nicht erreicht.

Società Asiatica Italiana 2, 1888, 1–66: Mart. Petr. bei GUIDI S. 29–35, Mart. Paul. S. 36–37.

Nach GIUDI (1888) 2–4 und 14 geben die Borgiani einen etwa im 5./6. Jh., nach VON LEMM (s. S. 339 Anm. 7) einen eher im 4./5. Jh. aus dem Griechischen ins Sahidische übersetzten Text wieder, der dann im 13. Jh. ins Arabische, im 14. Jh. aus dem Arabischen ins Aethiopische übertragen wurde.

C¹ codd. Borg. 128 und 130; sie haben als Abschriften der gleichen Vorlage zu gelten, wie schon ZOËGA gesehen hat[8], s. LIPSIUS LIV: „codicis 128 septem foliis p. 3–16 passio Petri ab initio et sub finem mutila continetur. quae sub finem narrationis desiderantur, quattuor foliis codicis 130 (p. 7–11; 13–14) supplentur; desunt quae in graecis inde a primis passionis verbis Πέτρος ἦν [unten S. 404,3] usque ad verba γινώσκετε … ἀπολέσω [unten S. 404,15] leguntur. uterque codex plane eandem textus formam repraesentat, cum Patmio graeco artissime cognatam; extrema prioris fragmenti verba in altero fragmento repetitas ad litteram consentiunt". Im cod. Borg. 130 ist im Anschluß an das Mart. Petr. auch der Beginn des Mart. Paul. bis einschließlich στράτευσαι αὐτῷ S. 434,10 enthalten; vgl. ZOËGA 229f. und LIPSIUS LVIf.

C² cod. Borg. 129, scheint aus einer anderen Vorlage als C¹ zu schöpfen, die jedoch mit der Mutterhandschrift von C¹ näher verwandt ist, als es in der Einschätzung von LIPSIUS LIV zum Ausdruck kommt: „tria folia (p. 101–108) ad nos pervenerunt; continent duo passionis Petri fragmenta, quorum alterum (inde a verbis συνέδραμεν οὖν … [unten S. 410,14f.] usque ad verba τοῦ πρώτως εἰς γένεσιν χωρήσαντος ἀνθρώπου [unten S. 416,13]) maximam partem orationis quam apostolus de cruce habuit continet, alterum ab ultimis eiusdem orationis verbis (σὺ τὸ πᾶν καὶ τὸ πᾶν ἐν σοί [unten S. 420,1f.]) incipit narrationemque usque ad visionem Marcelli (unten S. 422,4f. τοῦ δὲ Μαρκέλλου εἰρηκότος) continuat. verborum tenor a codicum 128 et 130 textu adeo discrepat, ut vix eiusdem versionis esse videatur."

Cᴾ Der koptische Papyrus aus St. Petersburg überliefert Mart. Petr. 7,5 ἄνδρες οἱ εἰς θεὸν ἐλπίζοντες (unten S. 412,5) bis 12,1 ὀργίλως διακεῖσθαι τὸν Νέρωνα (S. 422,15) und das Mart. Paul. 1,1 bis zum Ende mit der großen Lücke S. 426,10–440,4 (καθίσας – εἰς τοὺς αἰῶνας). Es zeigt sich durchweg eine enge Traditionsgemeinschaft zwischen Cᴾ und C¹ (insbes. C¹³⁰)[9], z. B. fehlt in beiden Handschriften S. 426,7 (Mart. Paul. 1,2) das Kolon ἐκ τῆς Καίσαρος οἰκίας, und die mitten in die Erzählung vom Tod des Paulus (5,3) eingeschobene Kalenderangabe in Cᴾ („und als man ihn am zweiten

---

8   Siehe ZOËGA 229: „De actis S. Petri, fragmentum ut videtur antigraphi ejusdem codicis, cujus fragmentum recensuimus N. CXXVIII, nam ad verbum fere convenit hujus fragmenti initium cum fine illius."

9   Auf diese Weise bezeichne ich die C¹-Version, wie sie durch den cod. Borg. 130 bezeugt wird. Analog sind die Siglen C¹²⁸ und C¹²⁹ zu verstehen.

Tybi enthauptete, ging aus ihm Milch hervor", etc.)[10] hat ihre genaue Entsprechung in der Erzählung vom Tod des Petrus (Mart. Petr. 11,1) in C^{130}: „gab er seinen Geist in die Hand des Herrn am 5. Epiphi" (dies hier nicht in C^P und auch nicht in C^{129}). Man darf annehmen, daß der Papyrus C^P und die Handschrift C^{130} auf die gleiche Vorlage zurückgehen, in der die Zusätze der koptischen Kalenderdaten als Interlinearglossen gegeben waren, die von den Abschreibern eklektisch übernommen wurden. Gemeinsame Bindefehler in C^P, C^1 und C^2 beweisen[11], daß alle drei Repräsentanten der koptischen Version in dem gleichen Hyparchetypus C wurzeln[12].

S versio slavica, im cod. collect. Undol´skianae 1296 der Bibliothek des Fürsten Rumjánzew in Moskau, 15./16. Jh. (f. 239^r–249^b); s. LIPSIUS LIV. Alle Angaben über S-Lesarten in diesem Buch sind dem krit. Apparat von LIPSIUS entnommen.

2. Das Martyrium Petri apostoli (ca. 180–190 wohl in Bithynien verfaßt)

V actus Vercellenses (3./4. Jh.), lat. Übersetzung einer verlorenen griechischen Fassung der Actus Petri apostoli im cod. Vercell. bibl. capit. 158, saec. VII (CLA IV 468a); erhalten ist nur der in Rom spielende Teil; das Martyrium Petri dort in den Kapiteln 33–41 (= Mart. Petr. 4–11)[13]; s. LIPSIUS XXXIII–LII. Zu BALDWIN, Whose *Acts of Peter*? Tübingen 2005 (WUNT II. 196) und KLAUCK 93–116 s. S. 38, S. 37 Anm. 4[14] und S. 39.

---

10 Da dieser Textpassus in C^{130} nicht erhalten ist, wissen wir nicht, ob sich dort der gleiche Eintrag gefunden hat; im Titulus bietet C^{130} die Angabe „il 5^0 di Epêp"; in C^P ist der Kalendereintrag in einer Lücke verlorengegangen; s. u. 342 Anm. 16.

11 Es sei auf die Versetzung des Genitivattributs πολλοῦ τιμήματος in Mart. Petr. 11,2 verwiesen; s. u. S. 366 mit Anm. 100.

12 Der künftige Herausgeber jener Teile der actus Petri, die dem Martyrium voraufliegen, sei verwiesen auf den m. W. in der Forschung zu den apokryphen Apostelakten bisher nicht zur Kenntnis genommenen koptischen Kölner Papyruskodex 3221 aus dem 4. Jh., der auf 80 Seiten Teile von vier apokryphen Texten enthält: den Schluß des „Testaments des Adam" (2 Seiten), das „Testament des Hiob" (48 Seiten), das „Testament des Abraham" (22 Seiten) und Fragmente aus den Petrus- und Andreasakten (8 Seiten). Durch Frau Dr. GESA SCHENKE (Köln) erhalte ich die Auskunft (24.11.2008): „Auf den letzten 8 erhaltenen Seiten des Kölner Papyruskodex scheint von dem Petrus-Martyrium nichts erhalten zu sein. Bislang ist der Text noch weitgehend unbearbeitet geblieben und liegt nur in einer ersten hastigen Transkription vor."

13 Die verwirrende Zählung beruht auf dem Umstand, daß die Athos-Handschrift (A) bereits mit Kap. 30 (der Zählung von V) einsetzt, also das „Vorspiel" zum eigentlichen Martyrium mitüberliefert.

14 SCHNEEMELCHER 251 nennt zusätzlich eine kirchenslawische Übersetzung, die den act. Verc. ab Kap. 7 entspricht; siehe A. DE SANTOS OTERO, NTApo II 394 und 'Überlieferung' I 52–59.

Über das Verhältnis von **V** zu **L** urteilt LIPSIUS p. XVI wie folgt: „translatio latina non eadem est atque ista quae apud Linum quem vocant legitur. etenim si utrumque passionis textum comparaveris, statim intelleges, non duas esse eiusdem latinae interpretationis propagines, sed duae graeci textus interpretationes latinas, cura stilo verbis diversissimas."

3. Das Martyrium Pauli apostoli (ca. 185–195 verfaßt von einem Presbyter aus Kleinasien)

H   Papyrus Hamburg. (Pap.bil.1.), 10 Blätter eines griechischen Papyrusbuches der Hamburger Staats- und Universitätsbibliothek aus der Zeit um 300 (mit Teilen aus den Partien Ephesus, Korinth, Fahrt nach Korinth und Italien, Martyrium); s. SCHMIDT–SCHUBART 1936.

* **R**   Papyrus Palau-Ribes 18 (5. Jh.), s. S. 483.

K   Koptische Version der Acta Pauli aus der Heidelberger koptischen Papyrushandschrift Nr. 1, „wahrscheinlich 6. Jahrh." (C. SCHMIDT, [2]Leipzig 1905, S. XXXVII und 5)[15]. **K** geht ebenso eng mit **P** zusammen wie die von **C** abhängigen koptischen Fragmentzeugnisse. Es liegt nahe, alle koptischen Überlieferungsträger letztlich auf die gleiche griechische Vorlage zurückzuführen, die vielleicht im 4./5. Jh. ins Koptisch-Sahidische übersetzt wurde, s. o. S. 339f.

M   Passionis Pauli fragmentum, eine lat. Version der Kapitel 1–3 des Mart. Paul.; s. LIPSIUS XVIIIf. und p. 105–113; vermutlich Ende 4./Anfang 5. Jh.

II. Die zweigeteilte Überlieferung

1. Eine unbekannte Rede des Paulus zu Beginn des Paulus-Martyriums in O

Der Text des Paulus-Martyriums in **O** beginnt vielversprechend: Zunächst erfahren wir im Titulus (s. Abb. 9) den in **P** ausgefallenen Monatsnamen des Gedenkfestes[16], danach sehen wir im Eingangssatz die

---

15   SCHMIDT zeigt bei der Beschreibung der Handschrift und dem Versuch, aus den erhaltenen Fragmenten Hinweise auf die ursprüngliche Anordnung der Blätter zu gewinnen (S. 3–13), daß die erhaltenen Papyrusfetzen nicht einer Rolle, sondern einem Papyrus-Kodex entstammen.

16   Die bisher bekannte Überlieferung bietet nur in **C**[1] eine verwertbare kalendarische Angabe, die nach GIUDIs Version (und nach LIPSIUS) il 5[0] di Epêp lautet, also auf den 29. Juni verweist. In **P** steht τῇ πρὸ θ̄ καλανδῶν, es fehlt aber der Monatsname. LIPSIUS postuliert entweder πρὸ γ´ καλανδῶν Ἰουλίων (29. Juni) oder πρὸ η´ καλανδῶν Φεβρουαρίων, bevorzugt seinerseits den 29. Juni, auf den der Eintrag τῇ αὐτῇ ἡμέρᾳ in **A** verweist. Dagegen steht die Zahl θ´ in **P**, die nun auch von **O** bezeugt wird, wo sie nun

Rollen von Lukas und Titus einerseits und von Paulus andererseits vertauscht, und es folgt drittens eine längere Rede des Paulus, die uns ein bisher unbekanntes „Selbstporträt" von hohem theologischen und kirchengeschichtlichen Wert liefert.

Doch zunächst zum Einleitungssatz: In den bisher bekannten griechischen Handschriften **P** und **A**, ebenso in der lateinischen Fassung des Ps.Linus (**L**), wird die Ausgangssituation so umschrieben, daß Lukas und Titus in Rom die Ankunft des Paulus erwarten[17], **O** dagegen setzt wie folgt ein: „Paulus, der hochselige Apostel, wartete in Rom auf die Ankunft des Lukas aus Galatien[18] und des Titus aus Dalmatien. Als er diese sah, freute er sich", etc. Hier die griechischen Versionen (1,1):

P ἦσαν δὲ περιμένοντες τὸν παῦλον ἐν τῇ ῥώμῃ λουκᾶς ἀπὸ γαλλιῶν καὶ τίτος ἀπὸ δαλματίας. οὓς ἰδὼν ὁ παῦλος ἐχάρη

A ἦσαν δὲ ἐν ῥώμῃ περιμένοντες παῦλον λουκᾶς ἀπὸ γαλλιῶν τίτος ἀπὸ δελματίας. οὓς ἰδὼν ὁ παῦλος ἐχάρη ἐν κυρίῳ

O παῦλος ὁ μακαριώτατος ἀπόστολος[19] ἦν ἐν τῇ ῥώμῃ περιμένων λουκᾶν ἀπὸ γαλλιῶν καὶ τίτον ἀπὸ δελματίας. οὓς ἰδὼν ὁ παῦλος ἐχάρη.

Die **O**-Fassung, in der Subjekt und Objekt gegenüber **PA** vertauscht sind, wird gestützt durch **S** (ἐπὶ Νέρωνος τοῦ βασιλέως ἦν περιμένων ὁ Παῦλος ... Λουκᾶν ... καὶ Τίτον); doch auch der Kopte **C** (den LIPSIUS im Apparat übergeht) bietet die **A(P)**-Version, ebenso Ps.Linus und **M**. Die Frage wird entschieden durch einen Passus der Acta Titi[20]. Dort wird u. a. über die Reisen des Paulus-Schülers und -Begleiters berichtet. Gemäß § 4 (S. 248) muß Titus v o r Paulus im gemeinsamen Reiseziel Ikonium angekommen sein und seinen Gastgeber Onesiphoros im voraus auf Paulus eingestimmt haben; denn er sei der Vorbote des Paulus gewesen von Stadt zu Stadt: ᾧτινι π ρ ο ε ῖ π ε ν ὁ Τίτος τὰ κατὰ τὸν Παῦλον, ἐπειδὴ αὐτὸς ἦν ὁ π ρ ο π ο ρ ε υ ό μ ε ν ο ς Παύλου κατὰ

---

dem bisher fehlenden Monatsnamen zugeordnet ist: πρὸ θ καλανδῶν ἰανουαρίων; das wäre wohl der 25. Dezember. Dies kommt nahe an die Datumsangabe „2. Tybi" des koptischen Kalenders (= 28. [?] Dezember) heran, die durch **C**[P] in Mart. Paul. 5,3 bezeugt ist (s. S. 340f. mit Anm. 10). **O** scheint demnach hier gute Überlieferung zu bieten.

17 Siehe SCHNEEMELCHER 238: „Es erwarteten aber den Paulus in Rom Lukas, der aus Gallien, und Titus, der aus Dalmatien (gekommen war)."

18 So ist ἀπὸ γαλλιῶν zu verstehen (a Galatia **L**), s. SCHMIDT 1905, 169. Zugrunde liegt 2Tim 4,10f., wo Crescens statt Lukas nach Galatien (in einem Teil der Überlieferung steht εἰς Γαλλίαν) gereist ist, während Lukas allein bei Paulus blieb.

19 Vgl. act. Paul. 3,27 ὁ μακάριος Παῦλος (s. SCHMIDT–SCHUBART 15).

20 Siehe F. HALKIN, La légende crétoise de Saint Tite, Anal. Boll. 79, 1961, 241–256. Die Tituslegende wird zeitlich nach Publikation des Corpus Areopagiticum (Anfang 6. Jh.) und vor 740 datiert (S. 242). In ihr sind etwa siebenmal Anleihen aus den Acta Pauli genommen.

πόλιν, und in jeder Stadt habe er zusammen mit Paulus das Wort Gottes verkündet[21]. Folglich bezeugen hier **PACμ**[22] das Richtige, während **OS** im Falschen zusammengehen. Dies deutet auf eine enge Traditionsgemeinschaft von **OS**, die sich weiter erhärten wird.

Der Einleitungssatz wird nun in **P** wie folgt weitergeführt:

οὓς ἰδὼν ὁ Παῦλος ἐχάρη ὥστε ἔξω Ῥώμης ὅρριον μισθώσασθαι, ἐν ᾧ μετὰ τῶν ἀδελφῶν **ἐδίδασκε** τὸν λόγον **τῆς ἀληθείας.** δ ι α βόητος δὲ ἐγένετο, etc.

O bietet den gleichen Text (von dem Artikel τὸ vor ὅριον kann hier abgesehen werden), aber mit der abweichenden Formel **ἐλάλει** τὸν λόγον **λέγων**[23], an die sich eine längere Rede des Paulus anschließt. Sie mündet am Ende wieder in den Erzählzusammenhang: καὶ τούτων ὑπὸ τοῦ Παύλου λεγομένων μ ε τ ὰ δ α κ ρ ύ ω ν κ α ὶ β α σ ά ν ω ν ψ υ χ ῆ ς π ε ρ ι βόητος ἐγένετο, etc.

Da keiner der sonstigen Textzeugen diese Rede zu kennen scheint, liegt der Verdacht nahe, daß es sich um Sondergut der Handschrift **O** handelt. Immerhin hat LIPSIUS im Apparat den Eintrag: μ ε τ ὰ δ α κ ρ ύ ω ν κ α ὶ π ό ν ο υ ψ υ χ ῆ ς S. In der Vorlage des kirchenslawischen Übersetzers müssen also zumindest Spuren des Ausgangs dieser Rede vorhanden gewesen sein. Das deutet ein weiteres Mal auf einen verwandtschaftlichen Zusammenhang zwischen **O** und **S**. Doch scheinen sich damit andere (divergierende) Verwandtschaftsbezüge zu vermischen[24], auf die später zurückzukommen sein wird. Hier zunächst Text und Übersetzung der neuen Paulus-Rede in der orthographisch und textkritisch bereinigten Fassung. Ich gebe das Sondergut der **O**-Handschrift kursiv, um es von dem gemeinsam überlieferten Rahmen abzuheben:

---

21 In der später überarbeiteten Fassung ist dies noch verstärkt (S. 253): πανταχοῦ οὖν π ρ ο π ο ρ ε υ ό μ ε ν ο ς Παύλου καὶ π ρ ο ο δ ο π ο ι ῶ ν α ὐ τ ῷ τὸν λόγον τοῦ κυρίου π ρ ο εδίδασκεν.

22 Zu **μ** = **LM** s. unten S. 389ff.

23 Der feste Ausdruck für „das Wort (Gottes) verkünden" ist λαλεῖν τὸν λόγον (τοῦ θεοῦ), vgl. Apg 4,29 καὶ δὸς τοῖς δούλοις σου μετὰ παρρησίας πάσης λ α λ ε ῖ ν τ ὸ ν λ ό γ ο ν σου; 8,25; 11,19; 13,46; 14,25; 16,6; Phi. 1,14 ἀφόβως τ ὸ ν λ ό γ ο ν λ α λ ε ῖ ν; Mk 5,36. So schreibt auch der Presbyter in act. Paul. et Thecl. 40 καὶ εὗρεν Παῦλον λ α λ ο ῦ ν τ α τ ὸ ν λ ό γ ο ν τοῦ θεοῦ καὶ ἐπέστη αὐτῷ. Um ein zusätzliches Ptz. λ έ γ ω ν erweitert findet sich die Formel weder im NT noch in den Apostelakten. Dagegen steht in act. Paul. frg. 8,8ff. zur Einführung der Rede, die Paulus unmittelbar nach seiner Landung in Italien (vermutlich in Puteoli) im Haus des Claudius hält: ἰδὼν γὰρ **τὸν Παῦλ**[ον τὸ] [κατηφ]ὲ̣ς ἀποθέμενον καὶ **διδάσκοντα** τὸν τῆς ἀλη[θ]ε̣ί̣[ας λόγον] [καὶ] λ έ γ ο ν τ α, wodurch in Mart. Paul. 1,1 die P-Fassung gestützt wird.

24 ἐν ᾧ μετὰ τῶν ἀδελφῶν ἐδίδασκε (ἐλάλει **O**) **OP(LM)**: ἐν ᾧ μετὰ τῶν ἀδελφῶν **ἦ ν.** καὶ ἐδίδασκε **AC** (stava coi fratelli), similiter **S**; διαβόητος δὲ ἐγένετο **PA(CL)**: περιβόητος ἐγένετο **O**, om. **MS**.

οὓς ἰδὼν ὁ Παῦλος ἐχάρη, ὥστε ἔξω Ῥώμης <τὸ> ὅρριον μισθώσασθαι, ἐν
ᾧ μετὰ τῶν ἀδελφῶν **1a*** *ἐλάλει* τὸν λόγον *λέγων·* ᾿*ἀδελφοί, μὴ ἐπιλανθα-
νέτω ὑμᾶς τὰ κατ᾿ ἐμὲ ὁποῖός τις ἤμην ἄνομος, ἄδικος, ἐχθρὸς ἀληθείας,
Ἰουδαῖος τὰ ὅλα πᾶσάν τε τὴν ἐν νόμῳ Μωϋσέως δικαιοσύνην φυλάξας καὶ*
5 *τὰ ἔθη καὶ τοὺς νόμους καὶ τὰς λατρείας καὶ πάντα ἅπαξ ἁπλῶς. νῦν δὲ διὰ
τοῦ ἠγαπημένου υἱοῦ τοῦ θεοῦ πάντα τὰ τοῦ νόμου σκύβαλα ἡγησάμην διὰ
τὴν ὑπερβάλλουσαν ἀλήθειαν καὶ δικαιοσύνην τὴν ἐκ θεοῦ καὶ ἀγάπην Χριστοῦ.* **1b*** *καὶ ὑμεῖς, ἀδελφοί, φεύγετε νόμους στοιχείων καὶ ἔθη ἀνθρώπων
καὶ πλάνην ἀρχόντων καὶ πήρωσιν δυνάμεων καὶ παγίδας ἐξουσιῶν σκό-*
10 *τους, καὶ δεῦτε ἐπὶ τὸν μόνον βασιλέα τῶν αἰώνων καὶ κριτὴν πάσης ψυχῆς,
τὸν ἀποκαλύψαντα τὰ κρυπτὰ τῆς αἰσχύνης, τὸν ταπεινώσαντα τὸ ἔπαρμα
τοῦ διαβόλου, τὸν τοὺς ἰδίους ἀναγαγόντα ἐκ τοῦ Ἅιδου καὶ τὸν ἔμετον τοῦ
ὄφεως εἰς χάος καταγαγόντα.* **1c*** *δεῦτε ὑψώθητε ἐν τῇ ταπεινώσει Χριστοῦ·
δεῦτε κλαύσατε ἐπὶ τῷ δέσμῳ αὐτοῦ τῷ ἐν ὑμῖν· δεῦτε πενθήσατε βραχὺν*
15 *χρόνον, ἵνα μὴ ὅλους αἰῶνας πενθήσητε.* **1d*** *οὐκ ἔστιν οὐδὲν ὁ κόσμος αὐτὸς οὐδὲ τὰ ἐν αὐτῷ οὐδὲ σὰρξ οὐδὲ αἱ ταύτης ἐπιθυμίαι. τί φαντάζεσθε ἐν-
υπνιαζόμενοι; σάρκα εὐφραίνοντες ψυχὴν μολύνετε, νόμον ἀκυροῦντες θεῷ
ἀρέσαι οὐ δύνασθε, ἐγκράτειαν ἀσκοῦντες ἄγγελοι ἔσεσθε.᾿* **2*** *καὶ τούτων
ὑπὸ τοῦ Παύλου λεγομένων μετὰ δακρύων καὶ βασάνων ψυχῆς* **περι**βόητος
20 ἐγένετο, καὶ ψυχαὶ πολλαὶ προσετίθεντο τῷ κυρίῳ, ὡς ἠχόν τινα ἐν τῇ
Ῥώμῃ γενέσθαι καὶ προσιέναι αὐτῷ πλῆθος πολὺ ἐκ τῆς Καίσαρος οἰκίας
καὶ πιστεύειν εὐθέως τῷ λόγῳ, ὡς εἶναι μεγάλην χαρὰν τῷ Παύλῳ καὶ τοῖς
ἀκούουσιν.

2 ἐλάλει τὸν λόγον λέγων O: ἐδίδασκε τὸν λόγον τῆς ἀληθείας **rell.**   8 στοιχείων]
στυχ- O   9 παγίδας Zw. ('an -δα?' HUTCHINSON): -ων O   12 ἔμετον Zw.: ἄιμετον
O   15 ἔστιν] -ην O   16 φαντάζεσθε] -αι O   17 μολύνετε] -αι O   19 περιβόητος
O: διαβόητος δὲ **PA(C)**

„Als Paulus sie sah, freute er sich und nahm dies zum Anlaß, außerhalb
Roms die Scheune zu mieten, in der er unter den Brüdern **1a*** das Wort
verkündete[25] und folgendermaßen sprach[26]: ʻBrüder, es soll unter euch
nicht in Vergessenheit geraten, wie es um mich bestellt war, was für ein
Gesetzloser[27], Ungerechter, Feind der Wahrheit ich gewesen bin, ein Jude
in allem, der die ganze im mosaischen Gesetz gründende ʻGerechtigkeitʼ
bewahrte, die moralischen Normen, die Gesetzesvorschriften, die Riten
des Gottesdienstes und überhaupt alles ein für allemal[28]. Jetzt aber habe
ich durch den geliebten Sohn Gottes gelernt, alles Gesetzliche als Kehricht
anzusehen aufgrund der überwältigenden Wahrheit und Gerechtigkeit aus

---

25 Zur Formulierung s. oben S. 344 Anm. 23.
26 Das Partizip eröffnet wie act. Paul frg. 8,9 die konkrete Rede.
27 1Kor 9,21 τοῖς ἀνόμοις ὡς ἄνομος, μὴ ὢν ἄ ν ο μ ο ς θ ε ο ῦ ἀλλ᾿ ἔννομος Χριστοῦ,
    ἵνα κερδάνω τοὺς ἀνόμους.
28 Vgl. Röm 9,4f. οἵτινές εἰσιν Ἰ σ ρ α η λ ῖ τ α ι, ὧν ἡ υἱοθεσία καὶ ἡ δόξα καὶ αἱ διαθῆκαι
    καὶ ἡ ν ο μ ο θ ε σ ί α καὶ ἡ λ α τ ρ ε ί α καὶ αἱ ἐπαγγελίαι, ὧν οἱ πατέρες, καὶ ἐξ ὧν ὁ
    Χριστὸς τὸ κατὰ σάρκα. Hebr 9,6 οἱ ἱερεῖς τ ὰ ς λ α τ ρ ε ί α ς ἐπιτελοῦντες.

Gott und der Liebe Christi[29]. **1b*** Auch ihr, Brüder, fliehet die Buchstabengesetzlichkeit und die sittlichen Normen von Menschen, das Irren der Führer, die Verstümmelung der Mächte, die Fallstricke der Dämonen der Finsternis[30] und kommet hierher zu dem einzigen König der Äonen[31] und Richter einer jeden Seele, der aufdeckt die verborgenen Makel schändlicher Entehrung[32], der erniedrigt die eitle Überhebung des Teufels, der die Seinen aus dem Hades heraufführt[33], den Auswurf des Drachen aber in das Chaos hinabsenkt[34]. **1c*** Kommet und laßt euch erhöhen in der Erniedrigung Christi[35], kommet und weinet über seine Fessel[36], durch die er euch bindet, kommet und trauert kurze Zeit, damit ihr nicht ganze Ewigkeiten trauern müßt[37]. **1d*** Nichts ist die Welt selbst, nichts die Dinge in ihr, nichts das Fleisch und nichts seine Begierden. Was gaukelt ihr euch vor wie im Traum Befangene? Wenn ihr das Fleisch erfreut, zerrüttet ihr die Seele[38], wenn ihr das Gesetz (Gottes) ungültig macht[39], könnt ihr Gott

---

29 Vgl. Phil. 3,5–11 περιτομῇ ὀκταήμερος, ἐκ γένους Ἰσραήλ, φυλῆς Βενιαμείν, Ἑβ-
    ραῖος ἐξ Ἑβραίων, κατὰ νόμον Φαρισαῖος, κατὰ ζῆλος διώκων τὴν ἐκκλησίαν,
    κατὰ δικαιοσύνην τὴν ἐν νόμῳ γενόμενος ἄμεμπτος. [ἀλλὰ]
    ἅτινα ἦν μοι κέρδη, ταῦτα ἥγημαι διὰ τὸν Χριστὸν ζημίαν. ἀλλὰ μενοῦνγε καὶ
    ἡγοῦμαι πάντα ζημίαν εἶναι διὰ τὸ ὑπερέχον τῆς γνώσεως Χριστοῦ Ἰησοῦ τοῦ κυρίου
    μου, δι' ὃν τὰ πάντα ἐζημιώθην, καὶ ἡγοῦμαι σκύβαλα ἵνα Χριστὸν κερδήσω
    καὶ εὑρεθῶ ἐν αὐτῷ, μὴ ἔχων ἐμὴν δικαιοσύνην τὴν ἐκ νόμου ἀλλὰ τὴν
    διὰ πίστεως Χριστοῦ, τὴν ἐκ θεοῦ δικαιοσύνην ἐπὶ τῇ πίστει, etc.
    Eph 3,19 γνῶναί τε τὴν ὑπερβάλλουσαν τῆς γνώσεως ἀγάπην τοῦ
    Χριστοῦ.
30 1Tim 3,7 ἵνα μὴ εἰς ὀνειδισμὸν ἐμπέσῃ καὶ παγίδα τοῦ διαβόλου; 1Tim 6,9
    und 2Tim 2,26 … καὶ ἀνανήψωσιν ἐκ τῆς τοῦ διαβόλου παγίδος.
31 Siehe u. 2,2f. und S. 431 Anm. 63; S. 433 Anm. 66.
32 Nah 3,5 ἰδοῦ ἐγὼ ἐπὶ σέ, λέγει κύριος ὁ θεὸς ὁ παντοκράτωρ, καὶ ἀποκαλύψω τὰ
    ὀπίσω σου ἐπὶ τὸ πρόσωπόν σου καὶ δείξω ἔθνεσιν τὴν αἰσχύνην σου καὶ βασι-
    λείαις τὴν ἀτιμίαν σου.
33 1Kön 2,6 κύριος θανατοῖ καὶ ζωογονεῖ, κατάγει εἰς ᾅδου καὶ ἀνάγει· κύ-
    ριος πτωχίζει καὶ πλουτίζει, ταπεινοῖ καὶ ἀνυψοῖ. SapSal 16,13.
34 Vgl. ferner Lk 22,53 ἀλλ' αὕτη ἐστὶν ὑμῶν ἡ ὥρα καὶ ἡ ἐξουσία τοῦ σκότους
    und Kol 1,13 ὃς ἐρρύσατο ἡμᾶς ἐκ τῆς ἐξουσίας τοῦ σκότους. Zur Junktur
    ἔμετος τοῦ ὄφεως, bezogen auf Häretiker, s. S. 348 mit Anm. 45.
35 Mt 23,12; Jak 1,9f. καυχάσθω δὲ ὁ ἀδελφὸς ὁ ταπεινὸς ἐν τῷ ὕψει αὐτοῦ, ὁ δὲ πλούσιος
    ἐν τῇ ταπεινώσει αὐτοῦ.
36 Eph 3,1 τούτου χάριν ἐγὼ Παῦλος ὁ δέσμιος τοῦ Χριστοῦ; 4,1 ἐγὼ ὁ δέσμιος
    ἐν κυρίῳ; Phil 1,7 ἔν τε τοῖς δεσμοῖς μου; 1,13f. 17; Kol 4,18; 2Tim 1,8; Phi-
    lem 9. 10. 13.
37 Lk 6,25 οὐαί, οἱ γελῶντες νῦν, ὅτι πενθήσετε καὶ κλαύσετε; Jak 4,9 ταλαιπω-
    ρήσατε καὶ πενθήσατε καὶ κλαύσατε· ὁ γέλως ὑμῶν εἰς πένθος μετατρα-
    πήτω καὶ ἡ χαρὰ εἰς κατήφειαν.
38 Sir 21,28 μολύνει τὴν ἑαυτοῦ ψυχὴν ὁ ψιθυρίζων.
39 Vgl. Mk 7,1–23 (Mt 15,1–20); dort die Antithese zwischen den äußerlichen Reinheits-
    geboten, die die Juden von ihren Vätern überkommen haben (es sind ἐντάλματα ἀν-
    θρώπων; s. o. in der 'Paulusrede' 1,2 die ἔθη ἀνθρώπων) und dem auf die Ge-
    sinnung des Menschen zielenden Gebot Gottes. Durch Zitate aus dem AT (Jes 29,13
    LXX und Ex 20,12; Dt 5,16) wird das falsche Verhalten der Pharisäer expliziert. Sie

nicht gefallen, wenn ihr aber Enthaltsamkeit übt, werdet ihr Engel sein.'[40]
2* Und indem Paulus solches unter Tränen und Herzenspein redete[41], verbreitete sich sein Ruf weithin, etc."

Paulus zeichnet also in wenigen Strichen seinen Weg von der streng normativen Frömmigkeit des Juden (der die im mosaischen Gesetz verankerte „Gerechtigkeit" wahrte, die sittlichen Normen, die Gesetzesvorschriften und die Riten des Gottesdienstes) zur christlichen Freiheit vom Gesetz, die in der Wahrheit und Gerechtigkeit „aus Gott" und der Liebe Christi wurzelt. Er wendet sich dann an die Brüder, daß sie diesem Beispiel folgen, sich von der Buchstabengesetzlichkeit lösen, von sittlichen Normen, die Menschen verfügen, daß sie fliehen vor den Fallstricken der Dämonen der Finsternis und statt dessen Zuflucht suchen bei dem einzigen König der Äonen und Richter einer jeden Seele, der alles Verborgene aufdeckt, die eitle Überhebung des Teufels erniedrigt, die Seinen her:aufführt aus der Unterwelt, den Auswurf der Schlange aber (die Häretiker) in das unterirdische Chaos hinabzwingt – usw.

Erwarten wir eine Rede mit solcher Thematik am Ende der langen (für uns großenteils verlorenen) Acta Pauli, kurz vor dem Martyrium? Sollte man nicht annehmen, eine solche Selbstoffenbarung hätte an früherer Stelle erfolgen müssen? Doch mag das Verhältnis zu den Juden und zum mosaischen Gesetz bis zu dem Zeitpunkt aufgespart worden sein, wo es die Analogie zur hier vorausgesetzten Situation im Schlußkapitel der kanonischen Apostelgeschichte zwangsläufig in den Blick rückte. Dort wird erzählt, wie Paulus in Rom die Anführer der Juden in seiner Mietwohnung (ἐν ἰδίῳ μισθώματι) empfing[42], sie davon überzeugte, daß er nichts gegen das Volk der Juden oder die väterlichen Sit-

---

sind κρατοῦντες τὴν παράδοσιν τῶν πρεσβυτέρων (7,3), also Menschen, die sich an die Überlieferung ihrer Väter halten und dabei das Gebot Gottes verlassen: 7,6–9 ὁ δὲ εἶπεν αὐτοῖς, Καλῶς ἐπροφήτευσεν Ἡσαῖας περὶ ὑμῶν τῶν ὑποκριτῶν, ὡς γέγραπται ὅτι ʿΟὗτος ὁ λαὸς τοῖς χείλεσίν με τιμᾷ, ἡ δὲ καρδία αὐτῶν πόρρω ἀπέχει ἀπ' ἐμοῦ· μάτην δὲ σέβονταί με, δ ι δ ά σ κ ο ν τ ε ς διδασκαλίας ἐ ν τ ά λ μ α τ α ἀ ν θ ρ ώ π ω ν. 8 ἀφέντες τὴν ἐ ν τ ο λ ὴ ν τ ο ῦ θ ε ο ῦ κρατεῖτε τὴν παράδοσιν τῶν ἀ ν θ ρ ώ π ω ν. 9 Καὶ ἔλεγεν αὐτοῖς, Καλῶς ἀθετεῖτε τὴν ἐ ν τ ο λ ὴ ν τ ο ῦ θ ε ο ῦ, ἵνα τὴν παράδοσιν ὑμῶν στήσητε. In 7,13 wirft Jesus den Pharisäern vor, sie seien ἀ κ υ ρ ο ῦ ν τ ε ς τ ὸ ν λ ό γ ο ν τ ο ῦ θ ε ο ῦ zugunsten ihrer Überlieferung (τῇ παραδόσει ὑμῶν). Auf diese Stelle bezieht sich ʿPaulus' in 1,5 ν ό μ ῳ ἀ κ υ ρ ο ῦ ν τ ε ς θ ε ῷ ἀρέσαι οὐ δύνασθε; er spielt also die νόμοι der Juden gegen den νόμος τοῦ θεοῦ aus. In der Überlieferung von Mt 15,6 (καὶ ἠκυρώσατε τὸν λόγον τοῦ θεοῦ διὰ τὴν παράδοσιν ὑμῶν) ist z. T. τὸν λόγον durch τὸν νόμον oder durch τὴν ἐντολήν ersetzt worden.

40 Vgl. Mk 12,25 ὅταν γὰρ ἐκ νεκρῶν ἀναστῶσιν, οὔτε γαμοῦσιν οὔτε γαμίζονται, ἀλλ' ε ἰ σ ὶ ν ὡ ς ἄ γ γ ε λ ο ι ἐ ν τ ο ῖ ς ο ὐ ρ α ν ο ῖ ς (s. Mt 22,30 ἀλλ' ὡ ς ἄ γ γ ε λ ο ι ἐ ν τ ῷ ο ὐ ρ α ν ῷ ε ἰ σ ι ν).

41 2Petr 2,8 βλέμματι γὰρ καὶ ἀκοῇ ὁ δίκαιος ἐγκατοικῶν ἐν αὐτοῖς ἡμέραν ἐξ ἡμέρας ψ υ χ ὴ ν δικαίαν ἀνόμοις ἔργοις ἐ β α σ ά ν ι ζ ε ν.

42 Apg 28,30; vgl. 28,16. 23.

ten unternommen habe (οὐδὲν ἐναντίον ποιήσας τῷ λαῷ ἢ **τοῖς ἔθεσι** τοῖς πατρῴοις)[43], ihnen das Reich Gottes erklärte und sie, ausgehend vom Gesetz des Moses und den Propheten, für Jesus zu gewinnen suchte: πείθων τε αὐτοὺς περὶ τοῦ Ἰησοῦ ἀπό τε **τοῦ νόμου Μωϋσέως** καὶ τῶν προφητῶν (Apg 28,23).

Gleichwohl wecken Begrifflichkeit und Sprache Bedenken: In den erhaltenen Teilen der Petrus- und Paulusakten (einem zugegeben schmalen Vergleichsmaterial) spielen die Kernbegriffe der neuen Paulus-Rede keine Rolle. Nur einige seien hervorgehoben: ἐχθρὸς ἀληθείας, Ἰουδαῖος τὰ ὅλα, ἡ ἐν νόμῳ Μωύσεω δικαιοσύνη, τὰ ἔθη, λατρεία, νόμοι στοιχείων, τὸ ἔπαρμα (τοῦ διαβόλου), ὁ ἔμετος (τοῦ ὄφεως). Der letztgenannte Begriff („Auswurf der Schlange") zielt, wie der Zusammenhang zeigt, auf die Häretiker. Dies scheint eine spätere Sprachentwicklung zu spiegeln; in den Paulusakten selbst (8,38) heißen sie „Otterngezücht" (wohl nach Mt 3,7 – dort auf die Pharisäer gemünzt); gemäß 8,20 sind sie Kinder des Zornes, „denn sie haben den verfluchten Glauben der Schlange"[44]. LAMPE s. v. ἔμετος ('„vomit", cf. Pr. 26,11') nennt als Gewährsmann für die Verwendung des Wortes mit metonymischem Bezug auf Häresie den Kirchenlehrer des 4. Jh.s Athanasius, dessen Schriften erst im 5. Jh. zusammengestellt und ediert wurden[45]. Auch τὸ ἔπαρμα (τοῦ διαβόλου) scheint erst in der vielleicht späten Schrift des Ps.(?)Hippolytus contra haeresin Noëti (1, p. 235,62 [PG 10, 804 A] ὁρᾶτε ὅσον ἔ π α ρ μ α καρδίας καὶ φυσίωμα πνεύματος ἀλλοτρίου ὑπεισῆλθεν εἰς αὐτόν), im Panarion des Epiphanius (zwischen

---

43 Apg 28,17.
44 Konkret sind dort die Gnostiker Simon und Kleobios, die in Korinth ihr Unwesen treiben, in den Blick genommen, s. SCHMIDT 1905, 180f. (der Presbyter ist von Hegesippus abhängig) und SCHMIDT–SCHUBART 1936, 100.
45 Athan. hist. Ar. 29 (p. 198,18 OPITZ; PG 25, 725 B) πρῶτον μὲν τοὺς περὶ Οὐρσάκιον καὶ Οὐάλεντα ὡς τ ο ὺ ς κ ύ ν α ς μεταπείθουσι μεταβαλέσθαι καὶ ε ἰ ς τ ὸ ν ἴ δ ι ο ν ἔ μ ε τ ὸ ν ἐ π ι σ τ ρ έ ψ α ι καὶ ὡς τοὺς χοίρους εἰς τὸν πρότερον βόρβορον τῆς ἀσεβείας πάλιν κυλισθῆναι πρόφασίν τε τῆς μετανοίας πλάσασθαι. C. Ar. 2,30 (PG 26,212 A) ταῦτα μὲν οὖν **τῶν αἱρετικῶν ἔμετοι** καὶ ναυτίαι. Urquelle ist Spr 26,11 ὥσπερ κ ύ ω ν ὅταν ἐπέλθη ἐπὶ τὸν ἑαυτοῦ ἔ μ ε τ ο ν καὶ μισητὸς γένηται, οὕτως ἄφρων τῇ ἑαυτοῦ κακίᾳ ἀναστρέψας ἐπὶ τὴν ἑαυτοῦ ἁμαρτίαν. Wie aber die Schlange an die Stelle des Hundes tritt, ist nicht leicht auszumachen. Gemeint ist wohl der Drache der Unterwelt gemäß Apk 12,9 καὶ ἐβλήθη ὁ δ ρ ά κ ω ν ὁ μέγας, ὁ ὄ φ ι ς ὁ ἀρχαῖος, ὁ καλούμενος Δ ι ά β ο λ ο ς καὶ ὁ Σ α τ α ν ᾶ ς, ὁ πλανῶν τὴν οἰκουμένην ὅλην – ἐβλήθη εἰς τὴν γῆν, καὶ οἱ ἄγγελοι αὐτοῦ μετ' αὐτοῦ ἐβλήθησαν und 20,2 καὶ ἐκράτησεν τ ὸ ν δ ρ ά κ ο ν τ α, ὁ ὄ φ ι ς ὁ ἀ ρ χ α ῖ ο ς, ὅς ἐστιν Δ ι ά β ο λ ο ς καὶ ὁ Σ α τ α ν ᾶ ς, καὶ ἔ δ η σ ε ν αὐτὸν χίλια ἔτη, καὶ **ἔβαλεν αὐτὸν εἰς τὴν ἄβυσσον** καὶ ἔκλεισεν καὶ ἐσφράγισεν ἐπάνω αὐτοῦ ἵνα μὴ πλανήση ἔτι τὰ ἔθνη ἄχρι τελεσθῆ τὰ χίλια ἔτη.

374 und 377 entstanden)[46] und in einer etwa gleichzeitigen Psalmenhomilie des Basilius[47] passende Parallelen zu finden, schließlich bei Prokop von Gaza aus dem 6. Jh. (Procop. G. Is. [PG 37, 1888 B]): δαιμονιῶδες πᾶν ἔπαρμα.

Somit sprechen sowohl die äußeren Kriterien der Überlieferung als auch innere Kriterien gegen die Echtheit der Rede. Zu der hier besprochenen „späten" Begrifflichkeit (die den weiteren Forschungen berufener Patristiker überlassen sei) tritt die vom Usus abweichende Einleitungsformel (s. o. S. 344 Anm. 23). Das auf die römische Lehrtätigkeit insgesamt bezogene „lehrte er das Wort der Wahrheit"[48] scheint sich eine Nuance glatter in den übergeordneten Gedankenduktus zu fügen als eine konkrete Einzelrede, an deren Schluß es heißt: „Und indem Paulus solches unter Tränen und Herzenspein redete, verbreitete sich sein Ruf weithin, und viele Seelen schlossen sich dem Herrn an"[49].

Verlangt die Struktur der Gesamterzählung an dieser Stelle, also zu Beginn des Romabschnitts, eine Rede? Die actus Petri bieten tatsächlich zunächst eine Rede des Petrus nach dessen Landung in Puteoli (ihr entspricht die überaus lange Rede des Paulus, die er nach seiner Landung im Haus des Claudius hält), dann eine weitere, programmatische in Rom selbst, der sich später eine dritte vor dem Haus des Marcellus hinzugesellt. Die dortigen Maßstäbe einer ausführlichen Romhandlung im Rahmen der Auseinandersetzung mit Simon Magus sind jedoch nicht mit der knappen Romepisode des Paulus zu vergleichen[50]. Es mag das Vorbild der Petrusakten gewesen sein, das den Urheber dieser 'neuen' Paulusrede (die man vielleicht ins 4. Jh. setzen wird) dazu bewogen hat, auch dem Paulus einen markanten Auftritt in Rom zu bescheren und die Predigt, über die in den Akten, wie er sie vorfand, nur berichtet

---

46 Epiph. haer. 57,1,2 (GCS 31, p. 343,17) αὐτὸς ἀφ' ἑαυτοῦ ἐπάρματι μανίας ἐπαρθεὶς ἐτόλμησε λέγειν.

47 LAMPE nennt S. 510 s. v. ἔπαρμα § 4 („elation, vanity") neben der vielleicht unechten Hippolyt-Stelle noch Bas. hom. Ps. 33 (I 155 D; PG 29, 380C) ὁ μηδὲν ἔχων ἔπαρμα ... (ἐστὶ) ταπεινὸς τῷ πνεύματι und eine weitere als sicher unecht eingeschätzte Stelle: Ps.Bas. Is. 86 (I 438 E; PG 30, 260 A).

48 Vgl. 2Tim 2,15; Eph 1,13; Kol 1,5.

49 Hier könnte act. Petr. (Verc.) 9 (p. 56,19) eingewirkt haben: *haec dicente Petro cum magno dolore animi sui adiciebantur bene plures in domino credentes*; vgl. 6 (p. 52,25) *et ipse cum lacrimis ingemiscens dixit Petrus.*

50 SCHNEEMELCHER (Paulusakten, 238) hebt hervor, daß die Lücke zwischen der Paulusrede im Haus des Claudius, vor deren Ende der Papyrus abbricht, und dem Beginn des Martyriums wahrscheinlich nicht sehr groß war (wie sich aus Berechnungen verschiedener Papyrus-Fragmente ergibt).

wurde, in wirkliche Worte zu kleiden und unmittelbar hörbar zu machen[51].

Insgesamt scheint das Bestreben erkennbar, dem Einsatz des Martyriums größere Bedeutsamkeit zu verleihen. Dies gilt wohl ähnlich für den Beginn des Petrus-Martyriums[52], wo in **O** (nicht in **S**) die beiden einleitenden finiten Hauptsätze zu einem langen Genitivus absolutus mit darauf folgendem Hauptsatz umgeformt wurden (Πέτρου τοῦ ἀποστόλου τοῦ κυρίου Ἰησοῦ Χριστοῦ ἐν τῇ Ῥώμῃ ἀγαλλιωμένου μετὰ τῶν ἀδελφῶν ἐν κυρίῳ καὶ εὐχαριστοῦντος τῷ θεῷ νυκτός τε καὶ ἡμέρας ἐπὶ τῷ ὄχλῳ τῷ ἀγομένῳ καθ' ἡμέραν ἐπὶ τὸ ὄνομα τοῦ κυρίου Ἰησοῦ Χριστοῦ τῇ χάριτι τοῦ θεοῦ[53], σ υ ν ή γ ο ν τ ο ο ὖ ν κ α ὶ α ἱ γ υ - ν α ῖ κ ε ς τοῦ πραιφέκτου Ἀγρίππα πρὸς τὸν Πέτρον, τέσσαρες οὖσαι, Ἀγριππῖνα καὶ Ἰκαρία καὶ Εὐφημία καὶ Δῶρις) – wohl um den Ausdruck erhabener wirken zu lassen und ihn an den Auftakt des Martyrium-Vorspiels in act. Petr. 30 (Mart. 1) anzugleichen[54].

2. β versus α

Es sind uns bereits zwei Beispiele für **OS**-Bindefehler begegnet. Sie wurzeln letztlich (wie sich zeigen wird) in dem gemeinsamen Hyparchetypus **α**, dem der Hyparchetypus **β** gegenübersteht. Dieser wird repräsentiert durch die Handschriftengruppe **PA(HCLV)**[55], die sich ihrer-

---

51   Der Ausgang der Paulus-Rede (§ 4, besonders der letzte Satz) scheint stark durch die acta Pauli (et Theclae) gespeist, vgl. act. Thecl. 12 ἄλλως ἀνάστασις ὑμῖν οὐκ ἔστιν, ἐὰν μὴ ἁγνοὶ μείνητε καὶ τὴν σ ά ρ κ α μὴ μ ο λ ύ ν η τ ε ἀλλὰ τηρήσητε ἁγνήν. 5/6 je einmal εὐ α ρ ε σ τ ή σ ο υ σ ι ν τῷ θεῷ; 5 λόγος θεοῦ περὶ ἐ γ κ ρ α τ ε ί α ς καὶ ἀναστάσεως; μακάριοι οἱ ἐ γ κ ρ α τ ε ῖ ς; μακάριοι οἱ φόβον ἔχοντες θεοῦ, ὅτι αὐτοὶ ἄ γ γ ε - λ ο ι θεοῦ γ ε ν ή σ ο ν τ α ι. Hier scheint die Abhängigkeit von den Thekla-Akten offenkundig; vgl. aber auch schon das Ende von § 1 mit act. Thecl. 1 τ ὰ λ ό γ ι α ... τ ῆ ς ἀ ν α - σ τ ά σ ε ω ς τ ο ῦ ἠ γ α π η μ έ ν ο υ; act. Paul. 2,23 σ κ ύ β α λ α ἡ γ ο ύ μ ε ν ο ν.

52   Beide Martyrien wurden ja im Rahmen der Festtagsliturgie zu Ehren der beiden Apostel (in Rom seit dem Jahre 258 eingeführt, s. S. 338 Anm. 1) vorgelesen.

53   Das letzte Kolon ist in **O** leicht verschrieben, s. den krit. App.

54   Siehe act. Petr. 30 (Mart. 1): Κυριακῆς οὔσης, ὁμιλοῦντος τοῦ Πέτρου τοῖς ἀδελφοῖς, καὶ προτρέποντος εἰς τὴν τοῦ Χριστοῦ πίστιν, παρόντων πολλῶν συγκλητικῶν καὶ ἱππικῶν πλειόνων καὶ γυναικῶν πλουσίων (καὶ) ματρωνῶν καὶ στηριζομένων τῇ πίστει, μ ί α τ ι ς ἔ ν θ α ο ὖ σ α γ υ ν ὴ πάνυ πλουσία, ἥτις τὴν ἐπίκλησιν Χρυσῆ εἶχεν, διὰ τὸ πᾶν αὐτῆς σκεῦος χρύσεον ὑπάρχειν – ἥτις γεννηθεῖσα οὔτε ἀργυρέῳ ποτὲ σκεύει ἐχρήσατο οὔτε ὑελῷ, εἰ μὴ μόνοις χρυσέοις – ε ἶ π ε ν τῷ Πέτρῳ· Πέτρε, etc.

55   Die Textzeugen, deren Sigla in Klammern stehen, sind nicht durchlaufend verfügbar; der Papyrus **H** bietet nur Fragmente des Paulus-Martyriums, **V** enthält nur den „Petrus". Da das Verhältnis zu dem Hamburger Papyrus (**H**), unserem frühesten Textzeugen, von besonderem Interesse ist, hebe ich die Sigle **H** durch Unterstreichung hervor.

seits in verschiedene Filiationen aufspaltet. Hier zunächst eine Tabelle weiterer **OS**-Bindefehler:

Mart. Petr.

4,3 πρὸς τὸν (τόν om. **O**) Πέτρον <ἀπίεσαν (~ἀπέρχονται **S**)> **OS**, <*conveniunt*> **V**: die stilistisch vorzügliche Ellipse des Verbs wird aufgehoben; in **V** liegt wohl ein unabhängig gleichgerichteter Eingriff vor[56].

6,4 ναὶ Πέτρε πάλιν σταυροῦμαι **PAC**: ναὶ πάλιν στ. Πέτρε <ὡς καὶ πολλάκις> **OS**

9,5 ἐπιβαί ν ε ι ν οὖν] ἐπιβαίνειν **A**: *superascendere* **L**: ἐπιβαίνοντας **P** (Interpolation): ἐπιβαίνων (-ενων **O**) οὖν **OS**

– τεταμένος **PCV** (**A** hat Ausfall): τεταγμένος **OS**

10,1 τῇ μή … ἀκουομένη om. **OS** (Augensprung; kann sich auch zweimal   *
unabhängig eingestellt haben).

10,2 <σοὶ δόξα ἀμήν> **OS**; der Zusatz ist aus 10,4 nach vorne gezogen.

Mart. Paul.

7,1 μετὰ φόβου καὶ διλίας **H̲**: μετὰ φόβου **PA**: μετὰ φόβου <καὶ τρόμου> καὶ δειλίας **OS**: es scheint nur die Zweierkombination μετὰ φόβου καὶ τρόμου oder μετὰ φόβου καὶ δειλίας üblich, nicht die Dreierkombination; also dürfte <καὶ τρόμου> interpoliert sein[57].

3. Sonderfehler von O (α)

Da die von SERGIUS SOKOLOFF aus dem Slawischen ins Griechische zurückübersetzte Fassung **S** im Apparat von LIPSIUS nur teilweise dokumentiert ist, läßt sich bei einer Reihe von **O**-Sonderfehlern nicht entscheiden, ob **O** selbst Urheber der Abweichungen ist oder ob der Kodex abweichende **α**-Versionen tradiert:

Mart. Petr.

9,6 ἡ ἐπιστροφὴ καὶ ἡ μετάνοια τοῦ ἀνθρώπου] ἡ ἐπ. τοῦ ἀν. ἐστίν (om. καὶ ἡ μετάνοια) **O**

---

56 Analog ist in 6,1 παρεκάλουν αὐτὸν ἐξελθεῖν <Ρώμης> (add. **OSC,** non habent **PAL**) zu beurteilen, wo fälschlich das voraufgehende ἐξέλθῃ Ρώμης zum Muster genommen wurde.

57 Über den Abschluß der beiden Martyrien (mit Doxologie) s. S. 384ff.

*   10,4 ὅτι σὺ εἶ ὁ σωτὴρ τῶν ψυχῶν ἡμῶν **OS** <καὶ θεὸς καὶ πατὴρ καὶ δεσπότης μόνος> **O**: ὅτι σὺ θεὸς μόνος **PC**: ὅτι σὺ εἶ κύριος θεὸς μόνος **A(V)**

Mart. Paul.

1,4 οἰκετῶν] <ἀκούσας δὲ ὁ Νέρων ἐταράχθη> **O**[58]

2,5 λίαν] <καὶ ἐκέλευσεν αὐτοὺς ἀπὸκεφαλισθῆναι> **O** (dieser Zusatz wird durch 6,3 als unstimmig entlarvt)

3,2 βοῆσαι] <τῷ καίσαρι λεγόντων> **O**

3,3 τὸν δὲ παῦλον τραχηλοκοπηθῆναι om. **O** (Ausfall wegen Homoiotel.)

*   4,3 λέγουσιν αὐτῷ **PC(H)**: <εἰπόντος δὲ αὐτοῦ ταῦτα> εἶπον αὐτῷ **O**: καὶ εἶπαν πρὸς τὸν παῦλον <ὁ λόγγος καὶ ὁ κέστος> **A**: *illi vero flentes dixerunt ei* **L**

5,1 παρθένιον καὶ φέρηταν ἰδεῖν **PC(AL)**: ἰδεῖν **O** (Ausfall wegen Augensprungs von ὁ Ν̲έ̲ρ̲ω̲ν̲ zu Φ̲έ̲ρ̲η̲τ̲α̲ν̲?)

5,3 ἀπετίναξεν αὐτοῦ τὴν κεφαλὴν ὁ̲ ̲σ̲τ̲ρ̲α̲τ̲ι̲ώ̲τ̲η̲ς̲] danach Ausfall des 'Milchwunders' ὡς δὲ ἀπετμήθη ἡ κεφαλὴ αὐτοῦ γάλα ἐπύτισεν εἰς τοὺς χιτῶνας τ̲ο̲ῦ̲ ̲σ̲τ̲ρ̲α̲τ̲ι̲ώ̲τ̲ο̲υ̲ in **O** aufgrund eines Augensprungs

7,2 ἐνετείλατο ἡμῖν Παῦλος <λέγων περὶ ὑμῶν> ὁ μεθ' ὑμῶν ... προσευχόμενος **O**

4. α versus β

Weit häufiger als im Falschen gehen **OS** im Richtigen zusammen und entlarven so gemeinsame Fehler von **PA(HCLV)**, die auf den Hyparchetypus β zurückzuführen sind[59]:

---

58 Der Zusatz nimmt die Reaktion Neros vorweg, die vom Erzähler erst nach dem Schauplatzwechsel in 2,1 gegeben wird (ὁ δὲ Καῖσαρ ἀκούσας τὸν θάνατον τοῦ Πατρόκλου μεγάλως ἐλυπήθη). Der Grad der Erschütterung (ἐταράχθη) ist hier (im Verhältnis des Kaisers zum Mundschenk) unangebracht. Anders verhält es sich mit den unmittelbar folgenden Stellen, aus denen der Zusatz gezogen ist: 1,5 ἰδόντες δὲ οἱ ὄχλοι (sc. den toten Patroklos) ἐ τ α ρ ά χ θ η σ α ν; 2,3 ὁ δὲ Καῖσαρ ἐ τ α ρ ά χ θ η (über die Aussage des Patroklos, der von ihm erwählte Jesus Christus sei König über den gesamten Kosmos und alle Äonen). Es ist aufschlußreich zu sehen, daß auch Ps.Linus das Bedürfnis empfunden hat, bereits am Ende von 1,4 (wo erzählt wird, daß der Tod des Patroklos sogleich dem Nero gemeldet worden sei) die Reaktion des Nero auszumalen, und dafür eine Doppelung in Kauf nimmt (s. u. S. 394f.).

59 Soweit Divergenzen im Wortlaut von **S** gegenüber **O** durch die Rückübersetzung aus dem Slawischen ins Griechische bedingt sind, bleiben sie hier unberücksichtigt.

Mart. Petr.

4,1 (εὐχαριστῶν) τῷ θεῷ **OS**: om. **PALV**

4,2 ἑκάστης ἡμέρας **OS**: om. **PA**

6,2 ἐπίμεινον ἐν σαρκί ἡμῶν χάριν **OS(L)**[60]: om. **PAC**

6,4 κύριε μου **OS**: κύριε **PA**

7,1 νεωτέρων ἐν τῇ πίστει **OS** (sim. **L**): νεωτέρων (μετεώρων **A**) **PAC**

7,4 στασιάζει (~ θορυβήσει **S**) ῥώμη ἐὰν οὗτος ἀποθάνη **OS**: καὶ ἑτέρω λόγῳ μὴ ἂν (ἄν in ras.) οὗτος ἀποθάνη καὶ ὁ κύριος ἀπολέσει ἡμᾶς **A~CL**: om. **P**

7,5 ἄνδρες οἱ ζωὴν ἐν Χριστῷ ἔχοντες **OS**: om. **PACL** (Augensprung)

– πόσας ἰάσεις … καὶ ποίας **OS**: καὶ ποίας om. **PAC**

8,1 μυστήριον ὅλον ἀπόκρυφον **OS**: μ. ἀ. **PCV**: τὸ ἀ. μ. **A(L)**

8,3 μυστήριον τὸ πάντοτε λεγόμενον καὶ μηδ᾽ ὅλως ἀκουόμενον **OS**: μυστήριον καὶ ταῦτα ὑμῖν εἰρήσθω τοῖς ἀκούουσιν ὡς μὴ εἰρημένα **P**: μυστήριον **ACLV**

9,2 ὁ … ἄνθρωπος ὁ γενόμενος ἐν εἴδει ὃ ἔχω ἐγώ **OS**: ὁ … ἄν. οὗ γένος ἐν εἴ. ἔ. ἐ. **PALV**

9,5 ἐπαναδραμεῖν προσῆκεν (πρ. om. **S**) πρὸς τὴν ἀρχαίαν (~ π. τ. ἄνω **S**) πατρίδα **OS**: ἐπ. πρ. **P**: ἐπ. ὀφείλετε προσῆκεν γάρ **A**

10,2 καὶ οὐκ ἔστι σωτηρία ἐκτός σου τινί **OS**: κ. οὐκ ἔ. ἄλλο ὃ ἔστιν εἰ μὴ μόνος σύ **PC(V)**: κ. οὐκ ἔ. ἄλλο ὅ ἐστιν νοητὸν ἢ μόνος σὺ κύριέ μου ὁ θεός **A**

Mart. Paul.

1,2 καὶ πιστεύειν εὐθέως τῷ λόγῳ ὡς **OS**: πιστεύοντας καί **P**: (πιστεύοντας zum vorausgehenden Satz gestellt) ὡς **A**

– εἶναι μεγάλην χαρὰν τῷ παύλῳ καὶ τοῖς ἀκούουσιν **OS**: εἶναι χ. μ. παρ᾽ αὐτοῖς **A(L)**: εἶναι χ. μ. **PCM**

2,6 ὥστε πάντας … χριστιανοὺς ἀναιρεῖσθαι (ἀνερ-) **OS**: πάντας … χρ. καὶ στρατιώτας ἰησοῦ ἀ. **P**: π. … χρ. κατὰ πᾶσαν τὴν βασιλευομένην πόλην καὶ τοὺς λεγομένους χριστοῦ στρατιώτας κελεύω ἀναρεῖσθαι (sic) **A**: *ut omnes … Christi milites interficerentur* **μC**[61]

---

60 Vgl. die Paraphrase des Ps.Linus (*nec nos … destitutos relinquas; … pro nostra salute …*) *praesertim cum et domino possis ministrare i n c a r n e.*

61 Gegen das Kolon καὶ στρατιώτας ἰησοῦ (**P**) bzw. καὶ τοὺς λεγομένους χριστοῦ στρατιώτας (**A**), das im Vergleich zur **O**-Fassung überschüssig ist, spricht der unmittelbar vor-

3,2 κρίνειν (*sic* S) ἐν δικαιοσύνῃ O(S): πολεμεῖν (-μῖν **H**) **PHM**: πολεμεῖν ἐν πυρί **AL**[62]

4,1 ἐνέμεινεν λέγων· τοῦτον τραχηλοκοπήσατε, ἵνα μὴ τὰ ἀλλότρια ὡς ἴδια λαμβάνει (-ῃ HUTCHINSON). καὶ ὁ παῦλος εἶπεν OS: καὶ ἐπέμενεν λέγων τοῦτον τραχηλοκοπηθῆναι. ὁ δὲ παῦλος εἶπεν (τοῦτο]ν τραχηλοκο-π[ηθῆναι ὁ δὲ] **H**, in extrema linea) P(**H**): αἰτουμένων οὖν αὐτόν, αὐτῷ ἀκίνδυνον ὑπάρξαι, οὐκ ἀνασχόμενος ὁ νέρων ἐπέμενεν τῇ ἀποφάσει τῇ προτέρᾳ λέγων, τοῦτον τῇ τοῦ ξίφους τιμωρίᾳ παραδιδόσθαι. καὶ εἶπεν ὁ παῦλος πρὸς αὐτόν **A**

– εἰς τὸ γνῶσαί (-ναί HUTCHINSON) σε ὅτι OSL (*et cognoscere poteris quia*): ὅτι **PA**

4,2 καὶ εἶπεν αὐτοῖς ὁ παῦλος OS: ὁ δὲ παῦλος κοινωσάμενος αὐτοῖς τὸν λόγον εἶπεν (κοινω[σάμενος **H**) **P**: καὶ ὁ π. κοιν. αὐ. τ. λ. εἶπεν αὐτοῖς **A**[63]

– ὁ πρὸ τῆς παρουσίας αὐτοῦ πιστεύσας εἰς αὐτόν OS: ὃς πιστεύσει αὐτῷ **PC**: ὃς ἂν πιστεύσει αὐτῷ ἐν ἀληθείᾳ ἐν τῷ παρόντι καιρῷ **A**: *qui credide-rit in eum* **L**

6,1 (ἑστώτων πολλῶν μετὰ τοῦ Καίσαρος) φιλοσόφων τε καὶ ἀρχόντων καὶ πλουσίων καὶ ἐπισήμων συμπαρόντος καὶ τοῦ ἑκατοντάρχου OS: φι-λοσόφω]ν δὲ καὶ φίλων καὶ τοῦ κεντυρίωνος **H**: φιλοσ. καὶ τοῦ κεντυρίω-νος **P** (~ φιλοσ. καὶ τοῦ κεν[etiam **K**): φιλοσ. τε καὶ φίλων **A**: *cum philo-sophis et amicis atque ministris reipublicae* **L** (*multi philosophi atque mi-nistri* **C**)[64]

---

aufgehende Satz καὶ ἔπεμψεν ζητεῖσθαι τοὺς τοῦ μεγάλου βασιλέως σ τ ρ α τ ι ώ τ α ς: Dort wird zunächst die in der Erzählung vorherrschende Kriegsmetaphorik weiterge-führt; das offizielle Edikt aber verwendet die κύρια ὀνόματα, also den offiziellen Chri-stennamen.

62 Der gedankliche Zusammenhang stützt die **OS**-Lesart, vgl. 4,1 ἀλλὰ ζῶ τῷ ἐμῷ βασιλεῖ Ἰησοῦ Χριστῷ, τῷ κ ρ ι ν ο ῦ ν τ ι πᾶσαν τὴν οἰκουμένην – mit den Varianten ὃς ἔρχε-ται τὴν οἰκουμένην κ ρ ῖ ν α ι (οἰκουμέ]νη[ν] κρῖγ[α]ι **H**) **PH**: ὃς ἔρχ. κ ρ ῖ ν α ι τὴν οἰκ. ἐν π ά σ ῃ δ ι κ α ι ο σ ύ ν ῃ **A** – und 4,2 ἔρχεται κ ρ ι τ ὴ ς ζώντων καὶ νεκρῶν. Das durch β eingeführte Stichwort πολεμεῖν (**PHM**), in AL (= δ) ausgeweitet zu πολε-μεῖν ἐν πυρί, nimmt voraus, was Paulus erst im folgenden ausführt, vgl. 4,2 σωθῆτε ἀπὸ τοῦ πυρὸς τοῦ ἐρχομένου ἐφ᾽ ὅλην τὴν οἰκουμένην … ὅταν ἐκεῖνος ἔλθῃ καθαίρων καὶ κατακαίων τὴν οἰκουμένην.

63 Das umständliche κοινωσάμενος αὐτοῖς τὸν λόγον ist hier nicht angebracht; vgl. dage-gen 3,4 ὁ δὲ Παῦλος ἦν μὴ σιωπῶν ἀλλὰ καταγγέλλων πᾶσιν τὸν λόγον τοῦ θεοῦ, ἀ ν α κ ο ι ν ο ύ μ ε ν ο ς καὶ τῷ πραιφέκτῳ Λογγίνῳ καὶ τῷ ἑκατοντάρχῳ Κέσκῳ. 5,3 καὶ καταπαύσας τὴν προσευχὴν ἐ κ ο ι ν ώ ν η σ ε ν αὐτοῖς τ ὸ ν λ ό γ ο ν. Ferner act. Paul. Pap. H, p. 7,22 ἀπάραντος δὲ τοῦ πλοίου ἐ κ ο ι ν ώ ν η σ ε ν ὁ Ἀρτέμῳ[ν τῷ] Παύλῳ.

64 **H** dürfte die β-Fassung wiedergeben, die in **P** (aufgrund von Augensprung) und **A** durch Ausfall gelitten hat. Die längere **OS**-Fassung muß nicht notwendig als die origi-näre gelten (sie könnte auch „aufgefüllt" worden sein); aber die Kombination von Phi-losophen und Archonten hat seit Platon einen guten Klang (vgl. Plut. mor. 778 F τοὺς δ᾽

6,3 (ἐκέλευσεν λυθῆναι) πάντας τοὺς δεσμίους (τ. δ. πά. **H**, πά. om. **PC**) **OPHCA** | τόν τε πάτροκλον καὶ τοὺς λοιποὺς ἅπαντας **OS**: τόν τ]ε π. κ. τοὺς περὶ βαρζαβᾶν **HC**: καὶ τὸν π. (τὸν π. **A**) καὶ τοὺς περὶ τὸν βαρ-σαβ(β)ᾶν **PA**: ~ πάτροκλον καὶ βαρσαβᾶν **K**: *P. ac Barnabam et eos qui vincti erant cum illis* **L**[65]

5. O versus β

Auch hier gilt das oben unter 3. Festgestellte: Die Lesarten von **S** sind nur teilweise bekannt. Folglich repräsentiert überall dort, wo **O** allein das Richtige gegenüber β bietet, der Ochridensis den Hyparchetypus α. Hier die wichtigsten Belege:

Mart. Petr.

4,1 αἱ γυναῖκες **O**: αἱ (om. **A**) παλλακίδες **PA**[66]

ἄρχοντας οἱ συνόντες τῶν φιλοσόφων δικαιοτέρους ποιοῦσι); ebenso vertraut sind die übrigen Begriffspaare, vgl. Plut. mor. 58 E οἱ δὲ κόλακες τοὺς βασιλεῖς καὶ πλουσίους καὶ ἄρχοντας ... πρωτεύοντας ἀναγορεύουσιν; Aes. fab. 272 HSR. ὅτι οὐ δεῖ τοὺς ἄρχοντας καὶ πλουσίους ζηλοῦν. Vett. Val. p. 87,17 γί-νονται μὲν ἐπίσημοι καὶ πλούσιοι. Ferner Didym. Caec. (in psalm.) frg. 1192,3 μὴ ἐκ μεγάλων ἀρχόντων πλουσίων φιλοσόφων ῥητόρων ἀλλ’ ἐξ ἀνθρώπων τὰ ἔσχατα νενοημένων.

65 Die Ersetzung von „und die übrigen alle" (**OS**) durch „und die Leute um Barsabas" im Hyparchetypus β scheint die Konsequenz aus der bereits in 2,5 vorgenommenen, durch **PACKLM** für den Überlieferungszweig β bezeugten Veränderung καὶ <ὁ (ὁ om. **A**) βαρσαβᾶς> ἰοῦστος („Barsabas, genannt Justus" **C**[P]). Dort erhält – wie man wohl an-nehmen darf – einer der drei Leibwächter Neros den Beinamen Barsabas, weil sein wirklicher Name Ἰοῦστος an die Nachwahl des 12. Apostels in Apg 1,23 erinnerte, wo auf Initiative des Petrus neben Matthias (auf den das Los schließlich fiel) ein „Joseph, genannt Barsabbas, mit dem Beinamen Iustos" zur Kandidatur aufgestellt wurde: καὶ ἔστησαν δύο, Ἰωσὴφ τὸν καλούμενον **Βαρσαββᾶν**, ὃς ἐπεκλήθη Ἰοῦστος, καὶ Ματθί-αν. In 2,6 läßt Nero den Patroklos und die drei Leibwächter Iustos, Orion und Hephai-stos ins Gefängnis werfen und foltern (obwohl er ihnen sehr zugetan war) und gibt den Befehl, alle Christen ausfindig zu machen und umzubringen. Zusammen mit Paulus werden viele in Fesseln herbeigeführt (3,1); tatsächlich läßt Nero viele umbringen (3,5), legt aber, als das Volk der Römer sich über die Grausamkeit empört, per Edikt fest, daß keiner der Christen angerührt werden solle, bis er ihre Sache untersucht habe (3,6). Die-se gefangenen Christen dürften gemeint sein, wenn es in 6,3 heißt, Nero habe – durch die Erscheinung des hingerichteten Paulus in Schrecken versetzt – alle Gefangenen frei-gelassen: den Patroklos und die übrigen alle. Die Variante der β-Überlieferung „Patro-klos und die Leute im Gefolge des Barsabas" hat keinen wirklichen Anhalt in der Er-zählung; denn Iustos (Barnabas) war in 2,5 einer von drei gleichgeordneten Leibwäch-tern, nicht etwa ihr Anführer, und als Explikation für „alle Gefangenen" taugen Barna-bas und seine beiden Kollegen nicht.

66 Seit Hom. Il. 24,497 kann γυναῖκες für „Kebsweiber", „Beischläferinnen" stehen; durch παλλακίδες soll der Sachverhalt verdeutlicht werden. Andere Beispiele für prägnanten

4,2 κατηνύγησαν **O** (κατεν- Zw.): ἐπλήγησαν **PA**⁶⁷

4,3 διαπορο̃υντος **O**: ἀπ- **PA**; vgl. Mart. Paul. 6,1

5,2 λυπούμενος ὅτι ἀποστρέφεται αὐτόν **O**: θαυμάζων ὅτι οὐδὲ ἐπ' αὐτῆς τῆς κλίνης καθεύδει ἅμα αὐτῷ (ἐβούλετο -δειν, om. ἅ. αὐ. **A**) **PA(CV)**⁶⁸

7,3 ὁμιλο̃υντος **O**: λαλο̃υντος **PA**

– διὰ τὴν νόσον αὐτοῦ ἐκέλευσεν αὐτὸν σταυρωθῆναι **O**: διὰ τ. (κακὴν add. **A**) νόσον αὐτοῦ <ἐπ' αἰτίᾳ ἀθεότητος> ἐκ. αὐ. στ. **PACL**⁶⁹

7,5 οἱ εἰς θεὸν ἐλπίζοντες **O**: οἱ ἐπὶ χριστὸν ἐ. **PACL**⁷⁰

7,6 πατρικῆς οὐσίας αὐτοῦ καὶ ἐξουσίας καὶ συνεργίας **O**: πατρικῆς αὐτοῦ ἐνεργείας **PAC**: *paternae aenergiae et traditionis illius* **V**: *alienae operationis* (*diabolus auctor*) **L**

8,1 τῆς ἐνθάδε συσχέσεως ὑπάρχων **O**: τῆς ἐ. λύσεως ὑπ. **PCL** (*in finitima absolutione existens*) **V** (*ad consummationem*)⁷¹

---

67 oder „neutralen" Gebrauch von γυνή im Griechischen hat SCHMIDT (1905) S. XLIIIf. im Zusammenhang der Thekla-Problematik vorgeführt.

67 Der Verfasser der Petrusakten hatte die Pfingstpredigt des Petrus in der Apostelge-schichte im Sinn, wo die Hörer „ins Herz getroffen wurden" (Apg 2,37 ἀκούσαντες δὲ κατενύγησαν τὴν καρδίαν); ἐπλήγησαν ist die Abkehr vom Erlesenen zum Gewöhnlichen. Das Verb begegnet auch in den Paulusakten, so im Hamburger Papyrus **H** p. 6,36 (SCHMIDT–SCHUBART S. 48) τοῦ [δὲ Παύ]λου (...) κατανυγέντος.

68 Einerseits banalisiert der Redaktor (θαυμάζων statt λυπούμενος), andererseits übertreibt er maßlos: selbst mitten im (gemeinsamen) Bett weigert sie sich, mit dem Mann zu schlafen.

69 Agrippa befahl in seiner krankhaften Leidenschaft, den gefangengenommenen Petrus zu kreuzigen. Nach der durch **PACL** repräsentierten β-Fassung hätte Agrippa den Petrus wegen seiner krankhaften Leidenschaft unter Anschuldigung von Gottlosigkeit ans Kreuz befohlen (per accusa di empietà **C**: *praetendens superstitionis accusationem* **L**) – eine unplausible Vorstellung; denn weder gab es ein juristisches Verfahren mit einer förmlichen Beschuldigung, noch kümmerte sich der Präfekt des Petrus-Martyriums im mindesten um religiöse Belange: es ging ihm allein darum, die Willfährigkeit seiner Konkubinen wiederzugewinnen (s. 5,5). Der Interpolator hat also ein Element aus späteren Prozessen gegen Christen auf die Situation des gefangenen Petrus übertragen. Verwiesen sei auf SHERWIN-WHITEs Kommentar zu den Plinius-Briefen, S. 785 Anm. 2: „... the basic ground for the popular objection to the Christians was their otherness and exclusiveness. ... This objection was most easily reduced to a formal charge under the heading of ἀθεότης, or of *maiestas* if the imperial divinity was taken into account. ... The evidence makes it clear that there is no trace of an official charge of 'atheism' in the period before Hadrian, and suggests that these religious charges were frequently not approved by governors in the later second century."

70 Die Anaphorik ʽἄνδρες οἱ εἰς θεὸν στρατευόμενοι, ἄνδρες οἱ εἰς θεὸν ἐλπίζοντες, ἄνδρες οἱ ζωὴν ἐν Χριστῷ ἔχοντεςʼ bestätigt die **O**-Version.

71 Das Pretiosum σύσχεσις („Gefangennahme", „Gefangenschaft") scheint bisher nur ein einziges Mal – ebenfalls im 2. Jh. n. Chr. – belegt, bei dem Astronomen Vettius Valens (ed. W. KROLL, Berlin 1908, p. 292,12): eine bestimmte Sternenkonstellation zeige an τὴν ἐπιφορὰν ἢ τὴν σύσχεσιν ἔσεσθαι. Der Verfasser des Petrus-Martyriums hat in

9,2 κατελθὼν **O**: κατασυρεὶς **S(C)**: κατασυρΐ **P**: κατασυρίζων **A**: *tractum* **L**[72]

Mart. Paul.

1,4 τὴν ἐν κυρίῳ ἀγάπην καὶ τὴν τῶν ἀδελφῶν σωτηρίαν **O**: τ. ἐν κ. ἀ. τῶν ἀδελφῶν **A**: τ. ἀ. τῶν ἀδελφῶν **P**: *dilectionem verbi dei et ipsius apostoli quam studiosius adolescens habebat* **L**

1,7 καὶ πάντων εὐξαμένων πρὸς κύριον **O**: στεναξάντων δὲ πάντων **PC**: λίαν στεναξάντων πάντων πρὸς τὸν θεὸν καὶ δεηθέντων ἐκτενῶς **AL** (*et cum ingemuissent universi procumbentes orationi*)[73]

2,1 μεγάλως ἐλυπήθη **O**: ἐλυπήθη σφόδρα **P**: περίλυπος γενόμενος σφόδρα **A**: *contristatus est rex usque ad animam* **L** (ad 1,6 fin. transpos.): *se ne attristò* **C**[74]

2,3 μόνος, οὗ τῆς βασιλείας οὐκ ἔσται τέλος εἰς τοὺς αἰῶνας **O**: μόνος εἰς τοὺς αἰῶνας **P**: *solus in saecula* **M**: μόνος **AC**

2,5 τότε ἴουστος **O**: καὶ ὁ (ὁ om. **A**) βαρσαβ(β)ᾶς ἰοῦστος (ἴσουστος **P**) **PA** (βαρσαβᾶς **K**): Barsaba, chiamato Giusto **C**: *tunc barnabas iustus* **µS** (τότε); s. o. S. 355 mit Anm. 65 zu 6,3.

3,2 ἐκ τῆς ἐμῆς βασιλείας **O**: ἐκ τ. ἐ. ἐπαρχίας (]ἐπαρχείᾳ[ ] **H**) **PH**: ἑαυτῷ ἐκ τ. ἐ. ἐπ. **A** (cf. al tuo re ... dal mio regno **C**): *illi ... de meae militiae principatu* **L**: *de potestate mea* **M**[75]

– ἐὰν ... αὐτὸς σώσει σε] ἐὰν πιστεύσῃς τῷ (το) ἐμῷ βασιλεῖ Ἰησοῦ Χριστῷ σώσει σε **O**: ἐὰ[ν ὑπο]πέσῃς αὐτῷ καὶ [... (fere id. spat. ac P, ut vid.)] **H**: ἐὰν ὑποπέσῃς καὶ δεηθῇς αὐτοῦ σωθήσῃ **P**: ἐὰν ὑ. αὐτῷ κ. δ. αὐτὸς σε σώσει ἀπὸ τῆς ὀργῆς ἧς ἐπιφέρει τοῖς ἀπειθοῦσιν τοῖς διατάγμασιν αὐτοῦ **A**: *si subiectus fueris illi et deprecatus fueris eum, salvus eris in aeternum* **M**: *si s. illi f., in perpetuum s. e.* **L**[76]

5,5 bereits das entsprechende V e r b gewählt: σ υ σ χ ῶ μ ε ν αὐτόν; vgl. Eust. in. Hom. Od. I p. 269,12 (von dem Krebs, der eine Schlange mit seiner Schere gefangenhielt): ἤγουν καρκίνος χηλῇ τὸν ὄφιν σ υ σ χ ώ ν.

72 Vgl. 9,4 τὸ σχῆμα ... ἐκείνου διατύπωσίς ἐστιν τοῦ κ α τ α β ε β η κ ό τ ο ς καὶ εἰς γένεσιν ἐ λ θ ό ν τ ο ς ἀνθρώπου.

73 Der β-Redaktor war um Ausdrucksverstärkung bemüht.

74 Drei weitere Belege für μεγάλως in den act. Paul.; vgl. act. Thecl. 21 ὁ ἡγεμὼν ἔπαθεν μ ε γ ά λ ω ς.

75 Der ususgemäß auf ein Provinzial-Imperium zielende Begriff ἐπαρχία der β-Überlieferung ist hier fehl am Platze. Unmittelbar anschließend findet sich der gleiche Fehler wieder in **PH**: οὐ μόνον ἐκ τῆς σῆς ἡγεμονίας (-νει- **A**) **OAC** (dal tuo dominio): οὐ μόνον ἐκ τ. σ. ἐπαρχίας **P**: οὐ μόν[ον ἐκ] τ. σ. [ἐπ]α[ρχίας **H**: *de tuo angulo* **µ**.

76 Paulus fordert Nero auf, seinerseits „Soldat Christi“ zu werden; denn nur der Glaube an Jesus Christus könne ihn retten. In β wurde der Glaube an Christus als Bedingung für das Heil durch theatralisches Niederfallen und Bitten ersetzt (ähnlich die A-Überlieferung in 4,3: Longos und Kestos προσπεσόντες καὶ δεηθέντες αὐτοῦ εἶπον πρὸς αὐτόν) –

4,1 αὖθις ἐγερθεὶς **O**: αὖθις om. **PA**

4,2 ζῶντι θεῷ καὶ μένοντι εἰς τοὺς αἰῶνας **O**: ζ. θεῷ **PA**: *deo vivo, regi* (*caelorum et*) *omnium saeculorum* **L**

4,3 ἔννομος στρατιώτης εἰμὶ τοῦ χριστοῦ **O**: ἔ. στρ. εἰμὶ (εἰμὶ om. **P**) θεοῦ ζῶντος **PAC**: *miles legitimus regis mei* **L**; vgl. 1Kor 9,21.

– ἔφυγον ἄν **O**: ἐποίησα ἄν αὐτὸ (ἐποίησα [**H**) **PHC**: ἐποίησα τοῦτο ... ἵνα ἀπολυθῶ παρ' ὑμῶν καὶ φύγω τὸ ἀποθανεῖν **A**[77]

– ἀλλ' ἐπειδὴ οἶδα ὅτι ζῶ τῷ ἐμῷ βασιλεῖ χριστῷ **O**: ἐπεὶ δὲ ζῶ τῷ θεῷ καὶ ἐμαυτὸν (**P**: αὐτόν **C**, ut uid.) ἀγαπῶ **PC**: ἐπε]ὶ δὲ ζῶ τῷ θεῷ καὶ [ἐμ]αυτὸν[**H**: ἐπειδὴ δὲ θαρρῶ ὅτι ζῶ τῷ θ. μου κ. ἐμαυτὸν ἀγ. **A**[78]

5,3 (πρὸς ἀνατολὰς) ἐκτείνας τὰς χεῖρας **O**: καὶ ἐπάρας τὰς χεῖρας εἰς τὸν οὐρανόν **AL**: om. **PSC**[79]

– ἐκοινώνησεν αὐτοῖς τὸν λόγον καὶ εἰπὼν τὸ ἀμὴν **O**: κοινολογησάμενος ἑβραϊστὶ τοῖς πατράσιν **P** (om. **S**): κοινολογησάμεν]ος ἑβραιστεὶ πρὸς τοὺς π[ατέρας **H**: κοιν. ὁμοῦ πᾶσιν τὸν τῆς σωτηρίας λόγον τῇ ἑβραίων φωνῇ πρὸς πάντας τοὺς ἀδελφοὺς καὶ πατέρας **A**[80]

---

ein schwerer Fehlgriff, wie sich auch ergibt aus 4,2 μακάριος ἀνὴρ ἐκεῖνος ὁ πρὸ τῆς παρουσίας αὐτοῦ π ι σ τ ε ύ σ α ς εἰς αὐτόν· οὗτος ζήσεται εἰς τὸν αἰῶνα, etc.; 5,1 καὶ προσκαλεσάμενος αὐτοὺς ὁ Παῦλος εἶπεν· «π ι σ τ ε ύ σ α τ ε τῷ θεῷ, τῷ κἀμὲ καὶ τοὺς π ι σ τ ε ύ σ α ν τ α ς εἰς αὐτὸν ἐκ νεκρῶν ἐγείροντι.»

77 Durch ἔφυγον ἄν (**O**) reagiert Paulus auf das Angebot des Longinos und Keskos: ἀπολύομέν σε. Diese präzise Replik ist in **PHC** (= β) verwässert, während **A** beide Traditionsstränge (wohl über δ, s. u.) kontaminiert.

78 Wieder einen **PHC** den deutlich schlechteren (interpolierten) Text, während **A** (ἐπειδὴ δὲ θαρρῶ ὅτι ζῶ) wie schon im voraufgehenden Textstück kontaminiert: vermutlich war in δ (s. u.) noch das richtige ἐπειδὴ οἶδα ὅτι ζῶ (**O**) bewahrt.

79 Vermutlich liegt in **PSC** (mehrfach unabhängiger?) Ausfall wegen Augensprungs vor; daraus ergibt sich zugleich, daß die Variante in **AL** (= δ) als sekundäre Erweiterung zu beurteilen ist.

80 Es wird herausgestellt (so in **OL**), daß Paulus sein letztes Gebet in hebräischer Sprache verrichtete (ηὔχετο ἐπὶ πολὺ τῇ Ἑβραΐδι διαλέκτῳ) – wie Jesus seine letzten Worte am Kreuz? oder soll an das Damaskus-Erlebnis Apg 26,14 erinnert werden? – und dann den Umstehenden (insbesondere dem Longinos und Keskos?) das Wort mitteilte (~ ihnen Anteil an seinem Wort der Wahrheit gab?). Da die Adressaten nicht ausdrücklich genannt sind, scheint der β-Redaktor den Impuls verspürt zu haben, hier Abhilfe zu schaffen: Er läßt Paulus zunächst einfach beten (ohne hin auf den hebräischen Dialekt festzulegen), gibt aber vor, Paulus habe, nachdem er ausdrücklich das Gebet beendet hatte (καταπαύσας τὴν προσευχήν), sich auf Hebräisch den „Vätern" mitgeteilt. Bei den „Vätern" denkt man zunächst an die Stammväter und Propheten des Alten Bundes (so wie Mk 9,4 [~ Lk 9,30 ~ Mt 17,3] bei der Verklärung Jesu Moses und Elias mit Jesus sprechen). Doch diesen „Vätern" könnte sich Paulus außerhalb des Gebetes nicht mitteilen. Also scheint dem Interpolator vorzuschweben, Paulus habe sich in Rom auf Hebräisch an die dort lebenden Juden gewandt. Vielleicht erinnerte ihn das Kolon τῇ Ἑβραΐδι διαλέκτῳ in 5,3 an die Situation in Apg 21,40ff., wo Paulus vor den aufgebrachten Juden in Jerusalem eine Verteidigungsrede auf Hebräisch hielt (τῇ Ἑβραΐδι διαλέκτῳ), um

6. Das Stemma

Um die verwirrenden Verwandtschaftsverhältnisse der verschiedenen Textzeugen durchsichtiger zu machen, gebe ich hier ein teilweise schematisiertes Stemma, dessen Filiationen mit Rücksicht auf den primär an der Petrusproblematik interessierten Leser nicht in allen Details besprochen werden können[81]. Einiges wird sich von selbst durch den weiteren Gang der Untersuchung erhellen. Es sei aber eingeräumt, daß sich aufgrund von hinzugeschriebenen Varianten in den verschiedenen Vorlagen (schon der Archetypus scheint solche mit sich geführt zu haben) und sonstigen Kontaminationen eine reinliche Abgrenzung der verschiedenen Handschriftenfamilien nicht überall erreichen läßt[82].

---

sich als ein Abkömmling des jüdischen Volkes auszuweisen. Er beginnt dort mit der Anrede: ἄνδρες ἀδελφοὶ καὶ π α τ έ ρ ε ς, die in der A-Fassung unserer Stelle (πρὸς πάντας τοὺς ἀδελφοὺς καὶ πατέρας **A**) umgemünzt scheint. Die „Väter" in Apg 22,1 sind vermutlich der Hohepriester und das Presbyterium, auf die Paulus 22,5 zu sprechen kommt. Auf die Hinrichtungsszene in Rom konnte dies nur gewaltsam übertragen werden. **O** bewahrt auch hier die gute Überlieferung.

81 Aus Gründen der Ökonomie werden die Überlieferungsverhältnisse beider Martyrien in einem einzigen Stemma zusammengefaßt, obwohl sich die Papyri **H** und **K** und das lateinische Fragment **M** nur auf das Martyrium Pauli beziehen, der cod. Vercellensis (**V**) nur den in Rom spielenden Teil der actus Petri umfaßt. Der Leser wird ohne Mühe aus dem Gesamtstemma durch Subtraktion von **HKM** das Stemma „Mart. Petr." und durch Subtraktion von **V** das Stemma „Mart. Paul." gewinnen können. Er sei im übrigen auf das Kapitel „I. Die Textzeugen" (S. 338–342) verwiesen.

82 So wird z. B. die oben dokumentierte enge Verwandtschaft zwischen **O** und **S** durch eine Reihe von **PS**-Bindefehlern relativiert, die den griechischen Mustertext des Slawen (σ) als einen Mischkodex ausweisen: Mart. Petr. 9,6 ἧλος LIPSIUS (cum **CVL**): ἥλιος **O**: λόγος **PS**; 11,3 ἐκεῖνα οὖν ἃ παρέσχου εἰς τὸν νεκρὸν ἀπώλεσας **OACV**: πέτρῳ ἐκ. οὗ π. ἃ εἰς τ. ν. αὐτοῦ ἀπ. **PS**; Mart. Paul. 2,2 καὶ ὁ καῖσαρ ἐκέλευσεν αὐτὸν εἰσελθεῖν **OC**: καὶ εὐλαβεῖτο εἰσελθεῖν **PS**: καὶ ὁ καῖσαρ ἀκούσας καὶ θαυμάσας ἔτι δὲ ἀπιστῶν ὅτι ζῇ οὐκ ἐβούλετο εἰσελθεῖν ἐπὶ τὸ ἄριστον **A(μ)**; – καὶ εἰσελθόντος αὐτοῦ εἶπεν **O**: καὶ ὡς εἰσῆλθεν λέγει αὐτῷ ὁ καῖσαρ **PS**: μετὰ δὲ τὸ εἰσελθεῖν αὐτὸν εἶδεν (ἴδεν) τὸν πάτροκλον καὶ ἐξ αὐτοῦ γενόμενος εἶπεν **Aμ** (... iussit illum introire; quem cum vidisset obstupuit et dixit ad eum **M**): gli disse (om. καὶ εἰσελθόντος αὐτοῦ) **C**; 3,6 καὶ ἐπὶ τούτοις ἐπαύσατο θ ε ὶ ς δ ι ά τ α γ μ α **O**: τότε ἐπαύσατο ἐπὶ τούτοις πεισθεὶς **P**: (spat. 18 fere litt.)] τούτοις **H**: ~ τότε πεισθεὶς ἐπὶ τούτοις παυσάμενος ἐ ν τ ο λ ὴ ν ἐ ν - ε τ ε ί λ α τ ο **S**: καὶ τότε νέρων ἐπαύσατο ἐπὶ τούτοις κ ε λ ε ύ σ α ς τ ε θ ῆ ν α ι δ ό γ - μ α τ α ὥστε **A**: tunc iussu regis cessavit edictum **M**: tunc Nero ... aliud edictum proposuit **L** (hier ist der Mischcharakter von **S** mit Händen zu greifen); 5,1 κἀμέ **O**: καὶ ἐμέ **ACL**: καὶ ἡμᾶς **PS**; 5,3 ἐκτείνας τὰς χεῖρας **O**: καὶ ἐπάρας τὰς χεῖρας εἰς τὸν οὐρανὸν **AL** (aus δ): om. **PSC**; 5,4 καὶ ἰδόντες οἱ παρεστῶτες ὄχλοι ἐδόξασαν **O**: ὁ δὲ στρατιώ- της θαυμάσας (θαυ. om. **C**) ἐδόξασεν **PCS**: ὁ δὲ στρατιώτης καὶ πάντες οἱ παρεστῶτες ἰδόντες ἐθαύμασαν καὶ ἐδόξαζον **A** (cf. **L**). Auch das Markenzeichen von β, die Erweiterung des Namens Ἰοῦστος um βαρσαβ(β)ᾶς, findet sich Mart. Paul. 2,5 in **S** und gleich anschließend das Analogon zu dem δ-Fehler regi invicto: ΑΙΩΝΙΩ war in δ (wie es scheint) zu ΑΝΙΚΙΤΩ verschrieben worden und fand von dort (durch Glossen?) Eingang in **S**. Ähnlich scheint **S** in 3,3 „die Gefesselten Christi" ebenfalls aus δ entlehnt zu haben. In 1,6 fehlt das Motiv vom Einwirken Satans gleicherweise in **CSM**.

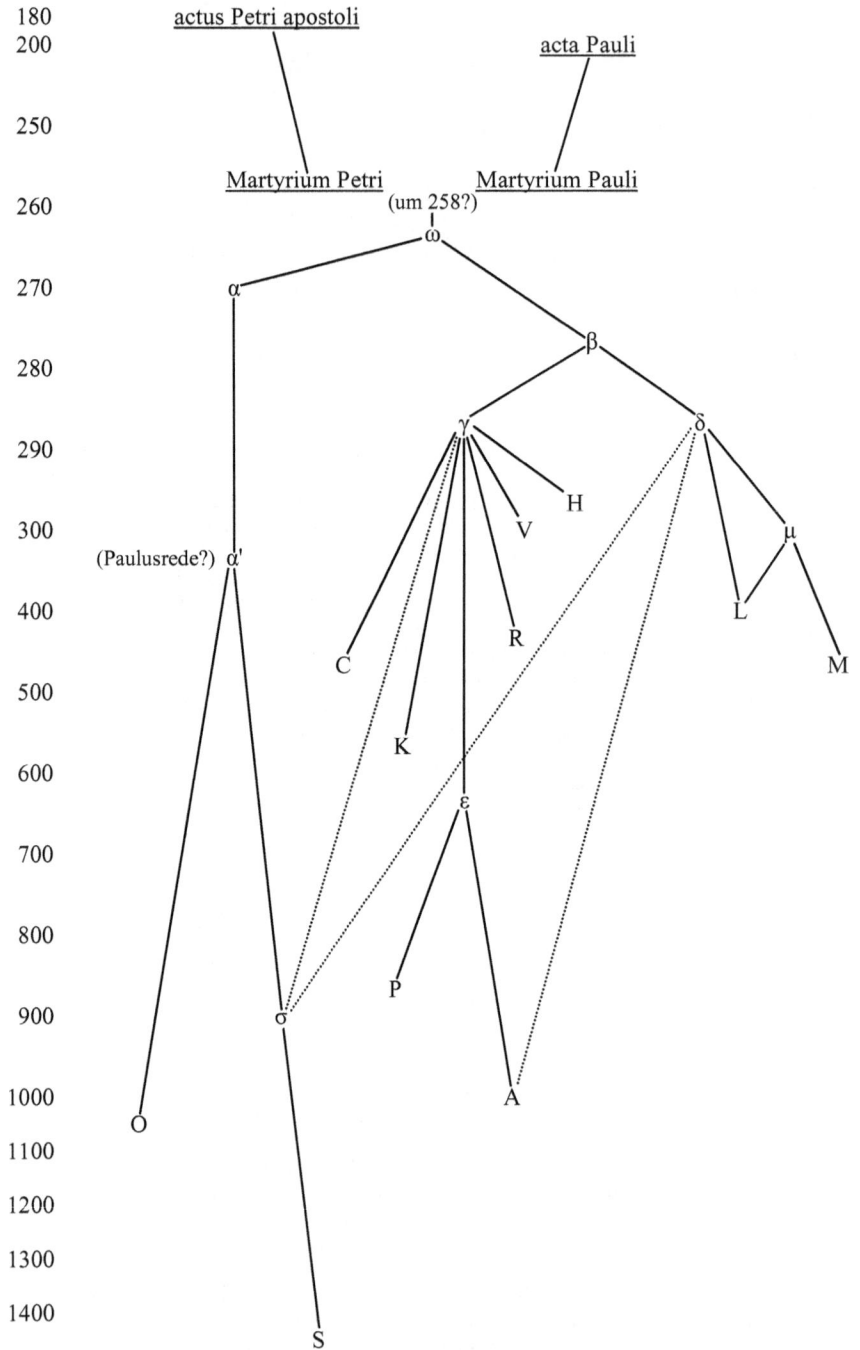

180
200

250

260

270

280

290

300

400

500

600

700

800

900

1000

1100

1200

1300

1400

actus Petri apostoli

acta Pauli

Martyrium Petri   Martyrium Pauli
(um 258?)

ω

α'

β

γ

δ

H

V

μ

(Paulusrede?) α'

C

R

L

M

K

ε

σ

P

O

A

S

III. Die O-Überlieferung im Verhältnis zum Hyparchetypus γ

1. O und die frühen Textzeugen HCK

Aus den bisher vorgelegten Tabellen ist bereits deutlich geworden, daß der griechische Papyrus **H**[83], der koptische **K**[84], ebenso der Papyruskodex **C**[P] und dessen koptische Schwesterhandschriften aus der Bibliotheca Borgiana[85] allesamt der **β**-Familie angehören. Sie repräsentieren zusammen mit den späteren Handschriften **P** und (meistenteils) **A** den Hyparchetypus **γ**. Im Bereich des Mart. Petr. tritt **V**[86] an die Stelle von **HK**. Der Ochridensis (**O**) reicht in den angeführten Belegen überall in eine frühere, noch nicht verderbte oder interpolierte Überlieferungsphase zurück, übertrifft hier also auch unseren frühesten Zeugen, den um 300 geschriebenen Hamburger Papyrus (**H**). Dieser führt nicht nur die verderbten **β**-Lesarten mit sich, sondern darüber hinaus eine Reihe von größeren, mehrzeiligen Interpolationen, s. den krit. Apparat zu Mart. Paul. 3,2 (der Schreiber wiederholt in einem verwandten Gedankenzusammenhang vier Zeilen aus einem früheren Abschnitt, nämlich Pap. H S. 2,24ff.); 5,3 (ein zweizeiliger Zusatz, zusammengewirkt aus Lk 23,46 und Apg 7,59)[87] und zu 5,4, wo wir zwei weitere Zusätze antreffen[88]: Der frühere (er umfaßte ehemals drei Zeilen, von denen nur

---

83 Siehe oben die Einträge unter 4. Mart. Paul. 3,2; 4,1; 4,2; 6,1; 6,3 und 5. Mart. Paul. 3,2 (2 Belege); 4,3 (2 Belege); 5,3.

84 Siehe die Einträge unter 4. Mart. Paul. 6,3 und unter 5. Mart. Paul. 2,5.

85 Siehe die Einträge unter 4. Mart. Petr. 6,2; 7,1; 7,4; 7,5 (2 Belege); 8,1; 8,3; 10,2; Mart. Paul. 1,2; 4,2; 6,1 und unter 5. Mart. Petr. 5,2; 7,3; 7,5; 7,6; 8,1; 9,2; Mart. Paul. 1,7; 2,3; 2,5; 4,3 (3 Belege); 5,3. Überall, wo **C** nicht aufgeführt ist, fehlt entweder die koptische Überlieferung oder läßt sich die Übersetzung den griechischen Varianten nicht sicher zuordnen.

86 Siehe die Einträge unter 4. Mart. Petr. 4,1; 8,1; 8,3; 9,2; 10,2 und unter 5. Mart. Petr. 5,2; 7,6; 8,1.

87 Er soll das abschließende Gebet des Paulus, von dem die Erzählung berichtet, in direkter Form hörbar machen; jedoch erfüllen die zwei Zeilen „Vater, in deine Hände übergebe ich meinen Geist", etc. nicht die Voraussetzung, daß Paulus ein l a n g e s Gebet gesprochen habe: προσεύξατο ἐ π ὶ   π ο λ ύ.

88 Auch im späteren Athoskodex (**A**) wird der Text durch viele Zusätze gedehnt; Erweiterungen aus drei bis vier Zeilen sind keine Seltenheit, wie man dem krit. Apparat entnehmen kann. Die auch für uns schwer verständliche gnostizistische Kreuzesrede des Petrus dagegen ist bewußt zusammengestrichen, s. den krit. App. zu 8,1 (ὦ φύσις … σταυροῦ τὸ μυστήριον); 9,3–4 (περὶ ὧν … ἐλθόντος ἀνθρώπου) und 9,5–10,1 (ὅς ἐστι τεταμένος … λόγε ζωῆς). Gelegentlich sucht der für die A-Fassung verantwortliche Schreiber Farbe in den Dialog zu bringen, etwa Mart. Paul. 4,3 ὁ δὲ παῦλος <[σ]μειδιῶν τῷ προσώπῳ> εἶπεν πρὸς αὐτούς, öfter Intensität (2,3 <χαρᾶς δὲ πολλῆς πληρωθεὶς καὶ πίστεως> ὁ πάτροκλος <ἀναβοήσας φωνῇ> εἶπεν; 2,6 ὁ δὲ νέρων <ὀργῆς καὶ θυμοῦ

Bruchstücke lesbar sind) zielt auf die Reaktion der Umstehenden, die das Milch-Wunder mitangesehen haben[89], der gleich anschließende aber glossiert den Bericht, man habe dem Nero das Geschehen (τὰ γεγονότα) beim Martyrium des Paulus gemeldet, durch den erläuternden Satz, „daß nach seiner Enthauptung Milch ausgetreten sei" (ὅτι τραχηλοκοπη]θίσης τῆς κεφαλῆς αὐτοῦ γάλα ἐξῆλθε). Dieser greift aber viel zu kurz; denn es geht im Zusammenhang nicht nur um das Milchwunder, sondern auch um die gläubige Zuversicht, mit der Paulus – unerschrocken – den Tod auf sich nahm[90].

Im Verhältnis des Ochridensis zu **C** sticht hervor, daß der cod. **O** (dem wir mancherlei Pretiosa wie das bisher überhaupt nur einmal belegte Substantiv σύσχεσις[91] oder den Fachterminus für „Sicherheitspolizei" φ ρ ο υ μ ε ν τ ά ρ ι ο ι[92] verdanken) in Mart. Paul. 2,5 nun tatsächlich den bisher nur aus **C** („che erano della guardia del corpo di Nerone") erschlossenen Begriff οἱ πρῶτοι σ ω μ α τ ο φ ύ λ α κ ε ς νέρωνος ans Tageslicht bringt. Er stand wohl auch in der Vorlage von **S**, die SOKOLOFF durch θαλαμοφύλακες 'vel simile verbum' wiederzugeben versucht. Somit dürfen wir folgern, daß **α**, **α'** und **γ** noch den korrekten Text des Archetypus bewahrt hatten, möglicherweise auch der Hyparchetypus **δ**, auf den unten die lateinischen Versionen **L** und **M** (über das Mittelglied **μ**) zurückgeführt werden[93]. In **ε** aber war σωματοφύλακες ausgefallen; **P** gibt den Wortlaut der Vorlage getreu weiter, **A** hat versucht, οἱ πρῶ-

---

πληρωθείς>; οὓς ἦν λίαν φιλῶν <καὶ ἐντίμους ἔχων ἔμπροσθεν αὐτοῦ>; 4,3 παρακαλοῦμέν σε <μακάριε τοῦ θεοῦ ἄνθρωπε>; 7,2 <ὡς ὑπονοεῖτε, μακάριοι θεοῦ ἄνθρωποι>) oder auch Drastik (3,5 ἦν οὖν ὁ <δεινὸς καὶ ἀπηκίστατος (ἀεικέστατος?) θήρ> νέρων ἐν τῇ ῥώμῃ); immer aber ist er auf Verdeutlichung bedacht – selbst in dem vordergründigen Sinne, daß er erzählenden Verben in der dritten Person die Namen der Gemeinten hinzusetzt (4,3 καὶ εἶπαν πρὸς <τὸν παῦλον ὁ λόγγος καὶ ὁ κέστος>; 7,2 εἶπον δὲ <πρὸς τίτον καὶ λουκᾶν ὁ κέστος καὶ ὁ λόγγος> oder 7,3 <ὁ τίτος καὶ ὁ λουκᾶς> ... ἔδωκαν; ähnlich **L**; der Zusatz könnte also auch aus **δ** gewonnen sein).

89   Siehe hierzu SCHMIDT–SCHUBART 68 (zu p. 10,30): „es muß ein längerer Einschub vorliegen, der sonst in der Überlieferung nicht vorkommt. Offenbar preist die zuschauende Menge ob dieses Wunders den Gott und Vater Christi."

90   Erinnert sei an die erstaunte Frage des Longinos und Keskos in 4,2 πόθεν ὑμεῖς ἔχετε τὸν βασιλέα τοῦτον, ἵνα αὐτῷ οὕτως πιστεύητε μὴ βουλόμενοι μεταβαλέσθαι, ὥστε καὶ θ ά ν α τ ο ν κ α τ α φ ρ ο ν ε ῖ τ ε;

91   Siehe S. 356 Anm. 71 zu Mart. Petr. 8,1.

92   Siehe Mart. Petr. 7,3. Nach DINKLER 1959, 225 (mit Verweis auf A. M. SCHNEIDER, Die Memoria Apostolorum an der Via Appia, NAG, phil.-hist. Kl. 1951, 5) ist *statio frumentariorum* „Wachlokal der S i c h e r h e i t s p o l i z e i".

93   Denn die lateinische(n) Übersetzung(en) lautet (lauten): *qui erant ministri Caesaris* **μ**, von **L** erweitert durch *et ei iugiter assistebant*.

τοι τοῦ νέρωνος durch οἱ ὄντες ἐπίσημοι ἔμπροσθεν τ. ν. zu verdeutlichen[94].

Ähnlich sind die Verhältnisse in der oben (S. 82ff.) behandelten 'Quo vadis'-Szene: **C** hat die Frageform „Signore, **perchè** tu sei qua? (e dove vai?)", die jetzt durch **O** bestätigt wird (**τί** ὧδε κύριε;), wodurch auch das ambrosianische *Domine, quo* ('weshalb') *venis?* ins Recht gesetzt wird. In ε war daraus **ποῦ** ὧδε geworden; dies geben die ε-Abkömmlinge **PA** in gleicher Weise weiter; die Lesart findet sich auch im ausgiebig kontaminierenden Ps.Linus (*quo vadis?*) und auch im Ps.Marcellus (**ποῦ** πορεύῃ;).

Im folgenden sollen noch einige Bindefehler aus dem Martyrium Pauli aufgeführt werden, die vor allem das Verhältnis von **O** zu **K** (und **H**) berühren[95]:

4,1 καὶ προσαχθέντος αὐτῷ τοῦ παύλου μετὰ τὸ διάταγμα **O**: τότε παῦλος αὐτῷ προσηνέχθη μετὰ τὸ διάταγμα **P**: τότε οὖν πάλιν μετὰ τὸ διάταγμα προσηνέχθη παῦλος δέσμιος τῷ νέρωνι **A**: τό[τε οὖν πάλιν παῦλος προσηνέχ]θη αὐτῷ μετὰ τ[ὸ διάταγμα **H**

4,2 πόθεν ὑμεῖς ἔχετε (-ται) **O**: πόθεν ἔχετε **PA**: π]όθε[ν] ἔχαιτε **H**

4,3 καὶ πῶς τραχηλοκοπηθέντος σοῦ ἡμεῖς ζήσομεν (-σω-) ἐπ᾽ αὐτῷ **O**: πῶς οὖν σοῦ τρ. ἡ. ζ. (π. οὖν σ. τραχηλοκ[οπηθέντος ἡ. ζήσομε]ν **H**) **PHC**: πῶς οὖν ἀφαιρεθείσης σοῦ τῆς κεφαλῆς ἡμεῖς δυνησόμεθα ζῆσαι μὴ ἔχοντες τὸν πιστοῦντα ἡμᾶς ἐν τοῖς λόγοις σου **A**: *quomodo te punito vivemus et ad illum in quo nos credere persuades pervenire ultra valebimus?* **L**

5,2 κἀκεῖνοι **OLC**: ἐκεῖνοι **PH**: αὐτοί **A**

5,3 καὶ στραφεὶς ὁ παῦλος **OL** (*ad orientem versus*): καὶ σταθεὶς ὁ π. **H**: τότε σταθεὶς ὁ π. **RC**: (τότε?) σταθεὶς **K**: καὶ εἰπὼν ταῦτα πρὸς αὐτοὺς ὁ π. σταθεὶς **A**

---

94 Verwandte Fälle sind (die Bindefehler werden durch punktierte Linie hervorgehoben): Mart. Petr. 4,5 ἵνα μηκέτι μιαίνωνται **O**: solo di non contaminare il loro corpo con Agrippa, da allora in poi **C**: *ad inquinamentum commixtionis inflectere* **L**: μόνον ἵνα μηκέτι οιστρηλατοῦνται (ὕστρ-) **A**: μόνονυυστριλατουυτε **P**: *se conmittere cum eo* **V**; 7,2 αὐτοῖς εἶπεν **OC**: εἶπεν om. **PA**; – γενήσεται κἂν **O(S)C**: γίνεται κἂν (καὶ ἐάν **P**) **PA**; 8,3 πηρώσατε, zweimal von USENER restituiert, steht in der Schreibweise πειρ- in **O**, wird gestützt durch **CV**; πληρ- haben **PA**; – καὶ τὰς ἐν τῷ φανερῷ πράξεις **O**: τὰς (om. **A**) πράξεις τὰς ἐν φανερῷ **PA**; ~ χωρίσατε ὑμᾶς ἀπὸ τῶν τοῦ σώματος πράξεων **C**; cf. *excaecate oculos et aures ab istis passionibus quae palam videtis* **V** (s. S. 375–377); 9,2 πρὸς ἑαυτὸν τὸ πᾶν τοῦτο (τοῦτο om. **S**) **OSC**: τὸ πᾶν **PA**; 10,2 μου πατήρ **OC**: μοι π. **PA**; 11,2 καθελὼν τὸ σῶμα **OLV**: κ. αὐτὸν **PA**; Mart. Paul. 1,3 ὀψίας **OCμ**: ὀψέ **PA**; – τὸν λόγον **OSCμ**: αὐτοῦ διδάσκοντος τ. λ. **PA**.

95 Durch punktierte Linie hervorgehoben sind die von den richtigen O-Lesarten abweichenden eigentümlichen β-Versionen; auf die detaillierte Angabe des in **H** und **K** verbürgten Buchstabenbestandes wird hier verzichtet; dazu findet man alles Nötige im krit. Apparat.

– ηὔχετο ἐπὶ πολὺ τῇ ἑβραΐδι διαλέκτῳ **O**: *diutissime oravit cum lacrimis hebraice* **L**: π̲ρ̲ο̲σ̲ε̲ύ̲ξ̲α̲τ̲ο̲ ἐπὶ πολύ **PC** (~ κοινολογησάμενος ἑβραϊστὶ τοῖς πατράσιν add. **C**): π̲ρ̲. ἐπὶ πλεῖστον **A**: π̲ρ̲ο̲σ̲η̲ύ̲]ξ̲α̲τ̲ο̲ ἐπὶ π̲ο̲λ̲ὺ̲ λέγων· πατέρα **H** (es folgt ein Zusatz von ehemals zwei Zeilen, s. o.)

6,1 θαυμάζοντος (-ες) δὲ καὶ διαποροῦντος τοῦ καίσαρος **O(S)**: κ̲ἀ̲κ̲ε̲ί̲ν̲ο̲υ̲ θαυμάζοντος καὶ δ. **HKP(C)**: τοῦ δὲ νέρωνος ἀκούσαντος καὶ ἐπὶ πολὺ θαυμάσαντος καὶ δ. τὰς (sic) περὶ αὐτοῦ **A**

7,2 οὐκ εἰς θάνατον ὑμᾶς διώκομεν, δοῦλοι τοῦ χριστοῦ **O**: ο̲ὐ̲ δ̲ι̲ώ̲κ̲ο̲μ̲ε̲ν̲ ὑ̲μ̲ᾶ̲ς̲ ε̲ἰ̲ς̲ θάνατον (…] ὑ̲μ̲ᾶ̲ς̲ ε̲ἰ̲ς̲ θ. **H**) **HKP**: ο̲ὐ̲χ̲ὶ̲ δ̲. ὑ̲μ̲ᾶ̲ς̲ πρὸς θάνατον, ὡς ὑπονοεῖτε, μακάριοι θεοῦ ἄνθρωποι **A**

7,3 ἀκούσαντες ἀπεδέξαντο αὐτοὺς καὶ ἐδόξασαν τὸν θεὸν καὶ ἔδωκαν αὐτοῖς **O**: ἀκ. ἐ̲χ̲ά̲ρ̲η̲σ̲α̲ν̲ καὶ ἔδωκαν αὐτοῖς (ἐ̲χ̲ά̲ρ̲η̲σ̲α̲ν̲] κ. ἔδ. αὐτοῖς **H**) **PSH(K)**: ἀκ. παρ' αὐτῶν ὁ τίτος καὶ ὁ λουκᾶς μ̲ε̲τ̲ὰ̲ π̲ο̲λ̲λ̲ῆ̲ς̲ ε̲ὐ̲φ̲ρ̲ο̲σ̲ύ̲ν̲η̲ς̲ ἔδ. αὐτοῖς **AL**

2. Die Salbung des Leichnams Petri (Mart. Petr. 11,2)

Um den Leichnam des Petrus zu salben, zerrieb Marcellus fünfzig Pfund Mastix und weitere fünfzig Pfund Myrrhe, Aloë und Gewürz. Die Überlieferung scheint nur in **O** intakt, in **P** hat sie durch Augensprung gelitten, in **A** sind die ersten 50 Pfund durch 7 Pfund ersetzt. **C** scheint eine attraktive Erweiterung zu bieten (s. den App. von LIPSIUS):

O   μαστίχης μνᾶς π̲ε̲ν̲τ̲ή̲κ̲ο̲ν̲τ̲α̲ καὶ σμύρνης καὶ ἀλόης καὶ φύλλου ἄλλας μνᾶς π̲ε̲ν̲τ̲ή̲κ̲ο̲ν̲τ̲α̲

A   χείας μνᾶς ἑ̲π̲τ̲ὰ̲ καὶ σμύρνης καὶ ἀλόης καὶ φύλλου ἄλλας π̲ε̲ν̲τ̲ή̲κ̲ο̲ν̲τ̲α̲

P   χίας μνᾶς π̲ε̲ν̲τ̲ή̲κ̲ο̲ν̲τ̲α̲ (ἑπτὰ … ἄλλας om. **PS**)

V   *murra paene pondo q̲u̲i̲n̲q̲u̲a̲g̲i̲n̲t̲a̲*

L   *masticae et aloës minas m̲i̲l̲l̲e̲ q̲u̲i̲n̲g̲e̲n̲t̲a̲*[96] *et myrrae ac folii, atque stacten cum caeteris variis aromatibus alias minas m̲i̲l̲l̲e̲ q̲u̲i̲n̲g̲e̲n̲t̲a̲*

C¹   π̲ε̲ν̲τ̲ή̲κ̲ο̲ν̲τ̲α̲ μνᾶς σμύρνης καὶ ἀλόης καὶ φύλλου [ἰνδικοῦ]

C²   „c̲i̲n̲q̲u̲a̲n̲t̲a̲ mine di mastix e v̲e̲n̲t̲i̲ libbre di mirra e aloe e foglia *indica* e malobatro"

V bietet eine stark verkürzte Version, die der **P**-Fassung nahezukommen scheint, jedoch – im Unterschied zum **P**-Text – nicht mechanisch, sondern durch bewußtes Schneiden entstanden sein dürfte. **A** bietet zu-

---

96 LIPSIUS p. 20,7 hat *quingentas* ohne Notiz im Apparat; VON LEMM 1892, 291 fordert zu Recht *quingenta*.

nächst ἑπτά statt πεντήκοντα; vermutlich waren die Zahlen in der Vorlage als Kürzel gegeben[97]. In der koptischen Übersetzung C^2 ist aus zweimal 50 die Kombination 50 und 20 geworden. Ps.Linus hat nicht nur die Zahl beide Male ins Irreale gesteigert, sondern auch die Reihe der Salben, Gewürze und Aromata erweitert (ähnlich C^2); trotzdem ist er bei der Wiedergabe des in O und A überlieferten „Gewürzes" (φύλλου) bei einfachem *folii* geblieben. Daraus würde man schließen müssen, daß das indische Gewürz, das LIPSIUS den beiden C-Fassungen zuschreibt, nicht originäre Überlieferung, sondern eine Zutat des koptischen Übersetzers ist. Doch zeigt ein Blick in die koptischen Ausgaben und Übersetzungen, daß sowohl in C^1 wie in C^2 als auch in C^P das bloße Äquivalent für φύλλου überliefert ist; das kursiv gedruckte *indica* bei GIUGLI 1888, 35 ist lediglich als Erläuterung gedacht, s. VON LEMM 1892, 276/277 und seinen Kommentar 291f.

Einfaches φύλλον für „Gewürz" in Aufzählungen begegnet auch in medizinischen Schriften, z. B. Oribas. ecl. med. 51,8 … μαστίχης Χίας, φολιάτου ἀνὰ δ', ναρδοστάχυος, πεπέρεως, κόστου, κασσίας, λιβανωτοῦ, σμύρνης, βδελλίου, ἀλόης, **φύλλου,** κυπέρου, μελιλώτου, κινναμώμου, ξυλοκασσίας ἀνὰ δ', ὀποβαλσάμου β'; 79,15 ἀλόης δ', **φύλλου** β', κόστου, κασσίας, ἀμώμου, ἴρεως ἀνὰ α', μαράθου ῥίζης φλοιοῦ α', μαστίχης, νάρδου Κελτικῆς, etc.; Aët. Med., iatr. 7,112, Z. 86 … ἀλόης ε', σμύρνης τρωγλίτιδος γ', μέλανος Ἰνδικοῦ ζ', **φύλλου** α', ὀμφακίου ξηροῦ γ', κόμμεως β', ὀποβαλσάμου, etc., ähnlich 7,100, Z. 132.

3. Die Beisetzung des Leichnams Petri im Grab des Marcellus (Mart. Petr. 11,2)

Nach dem Wortlaut von O salbt Marcellus den Leichnam des Petrus mit Spezereien aus Mastix, Myrrhe, Aloe und sonstigem Gewürz und legt ihn in einen großen, kostbaren Steinsarg, den er mit attischem Honig gefüllt hat (Mart. Petr. 11,2): καὶ κόψας μαστίχης μνᾶς πεντήκοντα καὶ σμύρνης καὶ ἀλόης καὶ φύλλου ἄλλας μνᾶς πεντήκοντα ἐσμύρνισεν αὐτοῦ τὸ λείψανον καὶ γεμίσας μακρὰν σορὸν λιθίνην πολλοῦ τιμήματος μέλιτος Ἀττικοῦ κατέθετο αὐτόν[98]. An welchem Ort dieser Stein-

---

97 Nach einer Vermutung RIESENWEBERs könnte jemand das N' (= πεντήκοντα) für ein umgekipptes Z' (= ἑπτά) gehalten haben.

98 Zur konservierenden Wirkung von Honig verweist VON LEMM 1892, 292 auf Nep. Ages. 8,7 *ibi eum* (sc. *Agesilaum*) *amici, quo Spartam facilius perferre possent, quod m e l non habebant, cera circumfuderunt atque ita domum rettulerunt* und Plin. nat. 22,108 *m e l l i s quidem ipsius natura talis est, ut p u t r e s c e r e c o r p o r a n o n*

sarg stand, wird nicht gesagt; das war für den Autor ebenso ohne Belang (er konnte ja auch gar keine Kenntnis darüber haben) wie ein Jahrzehnt später für den Verfasser der Paulusakten der Ort des Grabes seines Apostels (s. S. 368). In beiden Fällen hat ein Redaktor eingegriffen[99].

Hier poliert er die Szene nach dem Vorbild der Grablegung Jesu durch Joseph von Arimathaia auf, wie sie Mt 27,59f. erzählt wird: καὶ λαβὼν τὸ σῶμα ὁ Ἰωσὴφ ἐνετύλιξεν αὐτὸ ἐν σινδόνι καθαρᾷ, καὶ **ἔθηκεν αὐτὸ ἐν τῷ καινῷ αὐτοῦ μνημείῳ** ὃ ἐλατόμησεν ἐν τῇ πέτρᾳ, καὶ προσκυλίσας λίθον μέγαν τῇ θύρᾳ τοῦ μνημείου ἀπῆλθεν. Die interpolierte Fassung der Petrus-Grablegung weist den Zusatz auf: <**ἐν τῷ ἰδίῳ αὐτοῦ μνημείῳ**> **κατέθετο αὐτόν** (-το **P**), so **PA**. Der Vergleich mit der Quelle entlarvt sogleich die Gedankenlosigkeit des Interpolators: Den in ein Seidengewand gehüllten Leichnam Jesu selbst konnte Joseph von Arimathaia in seinem eigenen Grab beisetzen, aber wie sollte Marcellus den großen mit Honig gefüllten Steinsarg dorthin schaffen? Die brüchige Konstruktion des veränderten Satzes γεμίσας μακρὰν σορὸν λιθίνην πολλοῦ τιμήματος μέλιτος Ἀττικοῦ <ἐν τῷ ἰδίῳ αὐτοῦ μνημείῳ> κατέθετο αὐτόν (-το **P**) offenbart auch ihrerseits, daß hier zwei verschiedene Gedanken notdürftig zusammengeschweißt wurden (denn es fehlt ja der Hinweis, daß dieser Steinsarg im Grab des Marcellus zu denken sei, wenn eine solche Vorstellung angesichts des Vorbildes Mt 27,60 überhaupt möglich wäre). Ps.Linus hat hier die einzig richtige sinngemäße Wiedergabe des Originals: *melle quoque Attico novum replevit sarcophagum et in eo corpus aromatibus perlitum collocavit.*

Wenn aber in **L** das Richtige erhalten ist, war es auch in δ und β bewahrt. Die Interpolation kann also nur in γ oder in ε eingedrungen sein. Es war der γ-Redaktor, der uns diese Erfindung beschert hat; denn sie hat bereits in **V** und **C** ihren Niederschlag gefunden: Der cod. Verc. bietet die Kurzfassung, wie sie ähnlich in **PA** vorliegt: *Marcellus itaque ... manibus suis deponens corpus illius ... et implens sarchofagum et perfundens melle Attico **in suo monumento posuit**.* In **C** dagegen lesen wir eine vollere Fassung, die in dieser Form wohl keine Grundlage in γ hat, sondern auf den Urheber der koptischen Übersetzung selbst zurückgeht: „... und füllte eine grosse Kiste mit attischem Honig von grossem Werthe[100] und legte seinen Leichnam hinein und stellte densel-

---

sinat. GREGORY HUTCHINSON erinnert an Hdt. 1,198 und Lucr. 3,891, NESSELRATH an Xen. Hell. 5,3,19.

99 Im Falle des Paulusgrabes war es der Urheber der interpolierten β-Tradition selbst.

100 Diese falsche Zuordnung von πολλοῦ τιμήματος ist einer der Bindefehler, durch die C^P, C^1 und C^2 als Abkömmlinge der gleichen Vorlage kenntlich werden, s. o. S. 341 Anm. 11.

ben in sein eigenes Grab hinein" (**C**^{P}), vgl. **C**^{1}: „… ed empì una grande cassa di mèle attico di molto prezzo, vi pose il suo corpo, e lo mise nel suo stesso sepolcro"; dies stimmt wörtlich mit **C**^{2} überein, außer daß dort das mittlere Sätzchen (vi pose il suo corpo) wie folgt ausgeweitet ist: „lo gittò sul corpo del beato Pietro, dentro la cassa, (e lo pose nel suo proprio sepolcro)."

An dieser Stelle befreit uns der Ochridensis von einem unerträglichen Vulgarismus, der nicht durch Interpolation, sondern durch mechanische Verderbnis in die Überlieferung gekommen ist: von dem „steinernen Trog" (SCHNEEMELCHER), in den der Leichnam des Petrus gelegt worden sein soll. Dieser „Trog" soll aber gleichzeitig „sehr teuer" (SCHNEEMELCHER) gewesen sein, was man von einem „Teigtrog" oder „Mörser" – wie das von den Herausgebern aus der P-Lesart σμακτραν hergestellte μάκτραν zu übersetzen wäre – kaum wird sagen können[101]. In **O** lesen wir nun **μακρὰν σωρόν**; σωρον war schon in **A** überliefert, aber bisher nicht gebührend gewürdigt worden – verständlicherweise; denn mit einem „steinernen H a u f e n" läßt sich ja im Zusammenhang nun wirklich nichts anfangen. Man muß aber nur die in all diesen Handschriften ganz übliche – prosodisch bedingte – wechselweise Verwendung von ω/o berücksichtigen, dann findet man das Rätsel durch die **O**-Lesart (die nichts anderes als **μακρὰν σορόν** bedeutet) aufs schönste gelöst: Es war ein kostbarer steinerner Sarkophag, mit attischem Honig gefüllt (zum Zwecke der Balsamierung), in den der Verfasser den Leichnam des Petrus hat legen lassen.

Erinnert sei an Plutarchs Schilderung vom Begräbnis des Königs und Gesetzgebers Numa (Num. 22,2f):

πυρὶ μὲν οὖν οὐκ ἔδοσαν τ ὸ ν   ν ε κ ρ ὸ ν αὐτοῦ κωλύσαντος, ὡς λέγεται, δύο δὲ ποιησάμενοι **λιθίνας σοροὺς** ὑπὸ τὸ Ἰάνοκλον ἔθηκαν, τὴν μὲν ἑτέραν ἔχουσαν τὸ σῶμα, τὴν δὲ ἑτέραν τὰς ἱερὰς βίβλους ἃς ἐγράψατο μὲν αὐτός, ὥσπερ οἱ τῶν Ἑλλήνων νομοθέται τοὺς κύρβεις.

„Den Leib übergaben sie nicht dem Feuer, da er das, wie es heißt, verboten hatte, sondern sie ließen z w e i   s t e i n e r n e   S ä r g e machen und setzten sie unterhalb des Janiculus bei. Der eine enthielt den Leichnam, der andere die heiligen Bücher, die er selbst geschrieben hatte, wie die Gesetzgeber der Griechen mit ihren Gesetzestafeln verfuhren."

Aus den sonstigen Belegen greife ich noch heraus: Ephr. Chers. de mir. Clem. (PG 2, 636 D) καὶ δὴ εἰσελθόντες εὖρον ἐν σχήματι ναοῦ μαρμαρίνου οἴκημα, καὶ αὐτόθι **ἐν σορῷ λιθίνῃ** τὸ πανάγιον καὶ ἔνδοξον **ἀποτεθειμένον** τ ο ῦ μ ά ρ τ υ ρ ο ς   λ ε ί ψ α ν ο ν; Phot. Bibl. 111b,9 BEKKER καταλαμβάνουσιν ὑπογείους **λιθίνους σορούς**, ὧν ἡ μὲν ἐπεγέγραπτο· Λυσίλλα ἐβίω ἔτη πέντε καὶ τριήκοντα', etc.

---

101 Eine adäquate Übersetzung von **μάκτρα** wäre „Mörser", „Teigtrog" (in dem der Teig geknetet wird), „Badewanne".

4. Der Ort des Paulus-Grabes (Mart. Paul. 5,2)

Paulus weist an der Richtstätte die Offiziere Longinos und Keskos an, sie sollten nach seinem Tode zu seinem Grab hinausgehen: Dort würden sie Titus und Lukas antreffen, die ihnen das Siegel Christi (die Taufe) spendeten. In der guten Überlieferung von **O** lautet dies wie folgt: 5,2 τ α χ έ ω ς πορευθέντες ἐπὶ τὸν τάφον μου εὑρήσετε δύο ἄνδρας προσευχομένους, Τίτον καὶ Λουκᾶν· κἀκεῖνοι ὑμῖν δώσουσιν τὴν ἐν Χριστῷ σφραγῖδα. Die bisher bekannte β-Version dagegen bietet im ersten Satz ein zusätzliches Orts- und Zeitadverb: τ α χ έ ω ς ἐλθόντες ὄρ-θρου ὧδε ἐπὶ τ. τ. μου (... ὧ]δε ἐπεὶ τὸν τάφον [μο]υ **H**) **PH**: αὔριον τ α χ έ ω ς ὧδε ἐλθόντες ἐπὶ τ. τ. μου **A**: _cras valde diluculo illuc_ (sc. _ad locum sepulchri mei_) _venite_ **L**. Wenn **C**[P] die frühe γ-Version bezeugt, war dort noch der gleiche Auftakt wie in **O** bewahrt: „Wenn ihr in Eile an jenen Ort kommt, welcher mein Grab ist."

Aus dem Ortsadverb ὧδε hat man den Schluß gezogen, daß das Paulus-Grab an der Stätte der Hinrichtung zu suchen sei. Es zeigt sich nun, daß dies eine unglückliche Konstruktion des Redaktors war, auf den die β-Überlieferung zurückgeht[102]. Im Original war das Grab überhaupt nicht lokalisiert. Aus dem Partizip πορευθέντες und der Schilderung in 7,1 darf man immerhin erschließen, daß sich der Presbyter in Kleinasien, dem wir die Schrift verdanken, eine durchaus ansehnliche Wegstrecke vorstellte, die der Hekatontarch und seine Gefährten am nächsten Morgen zu dem (außerhalb der Stadt gedachten?) Grab zu bewältigen hatten.

Wenn es in 7,1 heißt καὶ ὡς ἐτάξατο ὁ Παῦλος, ὄρθρου πορευθεὶς ὁ ἑκατοντάρχος καὶ οἱ σὺν αὐτῷ μετὰ φόβου καὶ δειλίας προσήρχοντο τῷ τάφῳ Παύλου, so bedeutet das nicht, daß wir uns in 5,2 an der dortigen Variante ὄρθρου der **P**-Fassung orientieren müssen. Diese scheint vielmehr nachträglich auf die Schilderung in 7,1 abgestimmt worden zu sein. Darauf deutet auch die freie Wiedergabe durch αὔριον in **A** hin. Der eigentliche Auftrag (ὡς ἐτάξατο) des Paulus zielt nicht auf den konkreten Zeitpunkt („bei Morgendämmerung"), sondern auf die Aktion, das Aufsuchen des Grabes, das „a l s b a l d" nach seinem Tode geschehen solle. Mit diesem allgemeinen Zeitadverb ταχέως[103] harmoniert das durch **P** zusätzlich gebotene ὄρθρου denkbar schlecht – auf die einzuschlagende Geschwindigkeit beim Gehen (ταχέως ἐλθόντες) kann

---

102 Ein ähnliches, wenngleich „harmloses" ὧδε hatte er bereits in Mart. Paul. 1,7 hinzugesetzt: τοῦτον ἐνέγκατε πρός με **O**: ἄραντες ἐνέγκατε ὧ δ ε πρός με **P**: _quem levantes ad me h u c afferre satagite_ **L**: φέρετε μοι αὐτὸν ὧ δ ε **AC**: _h u c illum adferte ad me_ **M**.

103 Vgl. 1Kor 4,19 ἐλεύσομαι δὲ τ α χ έ ω ς πρὸς ὑμᾶς, ἐὰν ὁ κύριος θελήσῃ. Phil 2,19; 2,24 πέποιθα δὲ ἐν κυρίῳ ὅτι καὶ αὐτὸς τ α χ έ ω ς ἐλεύσομαι.

sich der Auftrag des Apostels ja nicht bezogen haben[104]. Der in **O** überlieferte Text gibt also in allem das Original wieder.

5. Die Stimme des heiligen Geistes (Mart. Paul. 3,2 und 6,2)

Nach seinem Tod erscheint Paulus – wie angekündigt – vor Nero und
seinem Hofstaat. Seine Rede wird in **OS** wie folgt eingeleitet (6,2): καὶ
πᾶσιν φανεὶς ὁ Παῦλος εἶπεν. Der gleiche Auftakt findet sich auch in
der Frühform der β-Überlieferung, bei **H** und **K**; er ist in **P** durch (ἦλθεν ὁ Παῦλος) ἔμπροσθεν πάντων καὶ εἶπεν wiedergegeben[105].
In **H** liest man aber den bedeutsamen Zusatz, Paulus habe durch die
Stimme des heiligen Geistes gesprochen: καὶ ὁ [παῦλος φα]νὶς πᾶσει εἶ-
πεν διὰ φωνῆς πνεύματος ἁγίου. Ob dieser (aus Apg 4,8 gewonnene)
Zusatz bereits auf β zurückgeht (also in **P** übergangen wurde), läßt sich
nicht sicher sagen[106], auch nicht, ob ein ferner Anklang in der folgenden
A-Lesart vorliegt: (ἦλθεν ὁ Παῦλος πρὸς αὐτούς …) καὶ **εἶπεν** πρὸς νέρωνα **φωνῇ μεγάλῃ** (ὁ παῦλος ὁ τοῦ χριστοῦ στρατιώτης).
Ein eng verwandter Zusatz findet sich in 3,2: καὶ εἶπεν ὁ παῦλος ἔμπροσθεν πάντων **OSCM**: ὁ δὲ παῦλος **πλησθεὶς πνεύματος ἁγίου** εἶπεν **P**: καὶ εἶπ[εν παῦλος πλησθεὶς πνεύματος ἁγίου …] **H** (?)[107]: καὶ ὁ
παῦλος **πλησθεὶς πνεύματος ἁγίου** ἔμπροσθεν πάντων εἶπεν πρὸς τὸν
καίσαρα **A**. Die gleiche Kombination beider Kola bietet auch Ps.Linus
(p. 29,15): *Paulus autem **repletus spiritu sancto** constanter in aure omnium qui poterant adesse dixit ad Caesarem.* Dem Usus entspricht dies
nicht, wie sich aus den folgenden Stellen ergibt, in denen das Kolon
πλησθεὶς πνεύματος ἁγίου jeweils allein das ganze Gewicht erhält: act.

---

104 Die L-Fassung erweckt den Eindruck, als seien die beiden unterschiedlichen Zeitadver-
bia von **P** und **A** kombiniert worden; dies deutet auf Varianten in δ. Es kann aber auch
unabhängig in **P** und **L** jeweils der dieser Szene zugrunde liegende Urtypus Lk 24,1 assoziiert worden sein: τῇ δὲ μιᾷ τῶν σαββάτων ὄρθρου βαθέως ἐπὶ τὸ μνῆμα ἦλθον φέ-
ρουσαι ἃ ἡτοίμασαν ἀρώματα. Ps.Linus jedenfalls scheint wörtlich den lateinischen Bibeltext anklingen zu lassen, vgl. Vulg. Lk 24,1 *una autem sabbati valde diluculo vene-
runt ad monumentum portantes quae paraverant aromata.*
105 In **C**[P] ist hier Textverderbnis zu beklagen.
106 Allein durch **H** dagegen ist der aus 1Chr 22,8 geschöpfte Zusatz in 6,2 überliefert, man
vergleiche die verschiedenen Versionen: αἷμα πολλῶν δικαίων ἐξέχεας **O**: δίκαιον αἷμα
ἐξ. **P(K)**: αἷμα δίκαιον ἐξ[έχεας ἐπὶ] τῆς γῆς **H** (cf. 1Chr 22,8): ἐξ. αἷμα δίκαιον πολὺ
ἀδίκως **A** (hier ist zu beachten, daß -ov jederzeit als -ων gedeutet werden kann): *multum
sanguinem iustorum effudisti iniuste* **L** (dies übrigens ein weiterer Beweis für die am
Ende des Paulus-Martyriums offenkundige Neuausrichtung von **A** hin zu δ, wie die enge Übereinstimmung mit **L** zeigt, s. u. S. 391ff., bes. 399f.
107 Doch könnte man die Lücke in **H** wohl ebenso gut folgendermaßen füllen: καὶ εἶπ[εν
αὐτῷ ὁ Π. ἐμπρ. πάντων· Καῖσ]αρ.

Paul. Pap. H, p. 6,17f. καὶ ὁ Πα[ῦ]λος πλησθεὶς πνεύματος ἁγίου [ε]ἶ-
πεν; ebenso p. 9,4 καὶ εἶπ[εν Παῦλος πλησθεὶς πνεύματος ἁγίου; so
auch in den beiden einzigen Belegen aus dem NT: Apg 4,8 τότε Πέτρος
πλησθεὶς πνεύματος ἁγίου εἶπεν πρὸς αὐτούς; 13,9 Σαῦλος δέ, ὁ καὶ
Παῦλος, πλησθεὶς πνεύματος ἁγίου ἀτενίσας εἰς αὐτὸν εἶπεν. Der stark
interpolierte (und mit vielen Zusätzen ausgestattete) Hamburger Papyrus führt also auch hier (jedenfalls in 6,2) ein unechtes 'Zitat' mit sich.
Wieder verdienen **OS** unser volles Vertrauen[108].

6. Die Anrede des nach dem Tod fortlebenden Soldaten Gottes an den Kaiser Nero (Mart. Paul. 6,2)

Zunächst die verschiedenen Textfassungen jeweils in ihrem Zusammenhang[109]:

O　καὶ πᾶσιν φανεὶς ὁ Π α ῦ λ ο ς εἶπεν· 'Καῖσαρ, ἴδε, **ὅτι** ὁ τοῦ θεοῦ στρατιώτης οὐκ ἀπέθανεν, ἀλλὰ ζῆ. σοὶ δὲ ἔσται πολλὰ κακά, etc.

H　καὶ ὁ [π α ῦ λ ο ς φα]νὶς πᾶσει εἶπεν διὰ φωνῆς πνεύματος ἁγίου· ἰ[δοὺ
π α ῦ λ ο] ς ὁ τοῦ θεοῦ στρατιώτης οὐκ ἀπέθανεν, ἀλλὰ ζ[. σοι δὲ ἔ]στε
πολλὰ κακά, etc.

K　„da offenbarte sich Paulus vor allen (*und sagte*): 'Siehe, (*o Kaiser*), siehe,
P a u l u s, (*der*) Soldat (*Gottes*), nicht bin ich gestorben, sondern ich (*lebe*). (*Dir*) aber wird (*viel*) Böses (*geschehen*) ~ καὶ πᾶσιν φανεὶς ... καῖσαρ ἰδοὺ παῦλος ὁ τοῦ θεοῦ στρατιώτης οὐκ ἀπέθανεν, ἀλλὰ ζῶ, etc.

P　ἦλθεν ὁ Π α ῦ λ ο ς ἔμπροσθεν πάντων καὶ εἶπεν· ἰδοὺ π α ῦ λ ο ς ὁ τοῦ
θεοῦ στρατιώτης οὐκ ἀπέθανεν, ἀλλὰ ζῶ· σοὶ δὲ πολλὰ ἔσται κακά, etc.

A　(ἦλθεν ὁ Π α ῦ λ ο ς πρὸς αὐτοὺς περὶ ὥραν ... φίλων) καὶ εἶπεν πρὸς νέρωνα φωνῇ μεγάλῃ ὁ π α ῦ λ ο ς ὁ τοῦ χριστοῦ στρατιώτης· **καὶ νῦν πείσθητι ὅτι** οὐκ ἀπέθανον, ἀλλὰ ζῶ ἐν τῷ θεῷ μου· σοὶ δὲ ἔσται πλείονα
κακὰ καὶ μεγάλη κόλασις, ἄθλιε, etc.

108　Wenn in 3,2 **CM** mit **OS** im Richtigen zusammengehen, stellt sich die Frage nach der
　　ursprünglichen Textfassung des Hyparchetypus **β**, von dem beide Hss abhängig sind:
　　Während in **P** (und vielleicht **H**) das Kolon ἔμπροσθεν πάντων ausgelassen wurde, fehlt
　　in **C** und **M** πλησθεὶς πνεύματος ἁγίου. Es scheint, daß die jedenfalls in der Wortstel-
　　lung von **A** schwerfällig wirkende doppelte adverbiale Bestimmung die verschiedenen
　　Schreiber der **β**-Abkömmlinge unabhängig dazu veranlaßt hat, eine der beiden zu ver-
　　sparen. Vielleicht war das Kolon πλησθεὶς πνεύματος ἁγίου in **β** – und nicht nur in **β**,
　　sondern auch in **γ** und **δ** – als Interlinearglosse gegeben, die von den Abschreibern je
　　nach Geschmack integriert wurde oder unberücksichtigt blieb.
109　Die einander entsprechenden Wörter oder Satzglieder sind durch jeweils entsprechende
　　Markierungen hervorgehoben.

L (*dumque haec invicem mirarentur et secum quaererent, venit P a u l u s circa horam nonam ianuis clausis stetitque ante Caesarem*) *et ait:* '*Caesar, ecce ego P a u l u s, regis aeterni et invicti miles*; **vel nunc crede, quia non sum mortuus, sed vivo** *deo meo. tibi autem, miser, non post multum tempus mala ineffabilia imminent et supplicium maximum*, etc.

Die ursprüngliche Form des Auftakts ist in **O** bewahrt; die frühe Fassung von β hatte noch einen eng verwandten Wortlaut (der in **H** erweitert wurde, s. S. 369f.). Die dann folgende Anrede an den Kaiser, wie sie in **O** vorliegt, ist zwingend; sie wird auch durch **K** und Ps.Linus und (indirekt) durch **A** gestützt (stand also auch in β) und bildet die Voraussetzung für die unmittelbar anschließende, einhellig überlieferte Antithese σοὶ δέ. Zu vergleichen sind die entsprechenden Anreden 'Καῖσαρ, …' in 2,2; 3,2; 4,1.

Die nochmalige namentliche Hervorhebung des Paulus in der direkten Rede (nachdem er bereits zuvor bei der Ankündigung seines Auftritts genannt war) wird man der allenthalben in β wahrnehmbaren Tendenz zur massiven Verdeutlichung zuzuschreiben haben. Dafür spricht auch die erste Anrede Neros an Paulus, als dieser ihm als Gefangener vorgeführt wird: Nicht die Person des Apostels, sondern seine Mission als Soldat und Heerführer des himmlischen Königs in der Auseinandersetzung mit dem heidnischen Königtum Neros soll herausgehoben werden, s. 3,2 καὶ εἶπεν αὐτῷ ὁ Νέρων· 'ἄνθρωπε τοῦ μεγάλου βασιλέως καὶ στρατοπεδάρχα, τί σοι ἔδοξεν λάθρα εἰσελθεῖν εἰς τὴν Ῥωμαίων ἡγεμονίαν καὶ στρατολογεῖν ἐκ τῆς ἐμῆς βασιλείας;' Die Christen (und so auch Paulus) werden in ihrer Eigenschaft als „τοῦ μεγάλου βασιλέως" στρατιῶται verfolgt (2,6; vgl. 4,3 ἔννομος στρατιώτης εἰμὶ τοῦ Χριστοῦ), sie dienen im Heer des himmlischen Königs (3,2) und werden nicht durch die Person Christi, sondern durch ihren König Jesus Christus gerettet (3,2; 4,3). Demgemäß hatte Paulus in 4,1 dem Nero vorhergesagt, daß er nach kurzer Zeit durch seinen König wieder leben werde: καὶ ὁ Παῦλος εἶπεν· 'Καῖσαρ, οὐ πρὸς ὀλίγον καιρὸν ἐγὼ ζῶ τῷ βασιλεῖ μου· τοῦτο δὲ γίνωσκε· κἄν με τραχηλοκοπήσῃς, τοῦτο ποιήσω· αὖθις ἐγερθεὶς ἐμφανισθήσομαί σοι, εἰς τὸ γνῶναί σε, ὅτι οὐκ ἀπέθανον, ἀλλὰ ζῶ τῷ ἐμῷ βασιλεῖ Ἰησοῦ Χριστῷ, τῷ κρινοῦντι πᾶσαν τὴν οἰκουμένην. Dieses Versprechen macht er in 6,2 wahr. Deshalb also die Anrede Καῖσαρ und die Selbsteinführung durch ὁ τοῦ θεοῦ στρατιώτης. Wenn er auf diese Weise in der 3. Person von sich spricht (und dies auch in den beiden Verben οὐκ ἀπέθαν ε ν, ἀλλὰ ζῆ durchhält), stellt er bewußt auf diese Eigenschaft des „Gotteskriegers" ab, der er allein seine Auferweckung durch den himmlischen König zu neuem Leben verdankt.

Zwischen ἴδε ὅτι (O) und dem einfachen deiktischen ἰδού der β-Fassung scheint sich zunächst keine Präferenz anzubieten[110]. Wenn man auf die Ankündigung des Paulus in 4,1 zurückblickt, wird man vermuten dürfen, daß in 6,2 das dortige ὅτι bewußt wiederaufgenommen wurde. Dieses verbindet sich aber kaum jemals mit ἰδού, wohl aber (freilich nahezu ausschließlich in der späteren Gräzität) mit ἴδε. Dem Presbyter aus Kleinasien dürfte die Formel ἴδε ὅτι vor allem durch einige Musterstellen des AT (insbesondere Ps 118,159 ἴ δ ε   ὅ τ ι τὰς ἐντολάς σου ἠγάπησα) und der einzigen des NT, nämlich Joh 7,52 (ἐρεύνησον καὶ ἴ δ ε   ὅ τ ι προφήτης ἐκ τῆς Γαλιλαίας οὐκ ἐγείρεται), nahegelegt worden sein[111].

In die β-Überlieferung von 6,2 aber hat sich das ganze Kolon ὅτι οὐκ ἀπέθαν ο ν, ἀλλὰ ζ ῶ aus der Ankündigung in 4,1 eingenistet, in A und L (also in δ, s. u.) im Verbund mit dem voraufgehenden Verb εἰς τὸ γ ν ῶ ν α ί   σ ε, das durch ein Synonym wiedergegeben wird: καὶ νῦν π ε ί σ θ η τ ι, ὅτι οὐκ ἀπέθανον ἀλλὰ ζῶ ἐν τῷ θεῷ μου bzw. *vel nunc crede, quia non sum mortuus, sed vivo* deo meo. Beide δ-Fassungen bieten am Ende übereinstimmend den Zusatz ἐν τῷ θεῷ μου bzw. *deo meo*, der auf den Urheber der Wiedererweckung verweist, und im Folgesatz die Erweiterung καὶ μεγάλη κόλασις, ἄθλιε bzw. *miser, ... et supplicium maximum*.

Die O-Version scheint demnach in allen Belangen tadellos und der β-Fassung überlegen. Wenn H in der Endung des Verbs ἀπέθαν- von der sonst einhellig bezeugten β-Lesart ἀπέθανον abweicht, dürfen wir darin einen (assoziativ bedingten) Sonderfehler erkennen, mit dem zufällig das richtige ἀπέθανεν getroffen wurde.

---

110 Man vergleiche act. Paul. frg. 6,19 ἰδοὺ γὰρ ἐγὼ ἀπέρχομαι εἰς κάμινον πυρός; act. Thecl. 43 (p. 269,5 LIPS.) ἰδού, παρέστηκά σοι; act. Petr. 32 Καὶ ἰδοὺ ἀρθέντος αὐτοῦ εἰς τὸ ὕψος; Mart. Petr. 7,3 ἰδοὺ φρουμεντάριοι τέσσαρες αὐτὸν παραλαβόντες ἀπήγαγον τῷ Ἀγρίππᾳ; aber auch act. Ioann. 20 Ἴδε κύριε τὸ μαρανθὲν κάλλος, ἴδε τὴν νεότητα, ἴδε τὸ διαβόητον ἄνθος τῆς ταλαιπώρου μου γυναικός, ἐφ᾽ ᾧ ὅλη ἡ Ἔφεσος ἐξεστήκει.

111 Beide Stellen werden später häufig zitiert. Vgl. ferner Test. Iob 25,7 ἴδε ὅτι αὕτη ἐστὶν ἥτις εἶχεν τὴν ἔνδυσιν ἐκ βύσσου ὑφασμένην σὺν χρυσῷ. Eustath. I p. 375,9 καὶ ἴδε ὅτι καὶ τὸν Νέστορα τοῖς ἀριστεῦσι συγκαταλέγει.

7. Personennamen

Ein besonderes Problem stellen die Namensformen im Mart. Paul. dar:

3,4 λ ο γ γ ί ν ῳ καὶ ... κέσ μ ῳ **O**[112]: λογ[... κέ]σ κ ῳ **H**: λόγγῳ καὶ κέστῳ
P: λόγγῳ καὶ ... κέστῳ **A**

4,3 λ ο γ γ ῖ ν ε καὶ κ έ σ κ ε ἔφυγον ἄν **O**: ἐποίησα ἂν αὐτὸ λόγγε καὶ
κέστε (ἐποίησα [... **H**) **P(H)**: ἐποίησα τοῦτο λόγγε καὶ κέστε ... **AC**

5,2 τοῦ δὲ λ ο γ γ ί ν ο υ καὶ τοῦ κ έ σ κ ο υ δεομένων **O** (λογγίνου etiam
K): τοῦ δὲ λόγγου κ. τ. κέστου δ. **PC**: (...) ὁ λόγγος καὶ ὁ κέστος ἠξίουν **A**

7,1 ὄρθρου πορευθεὶς ὁ ἑκατοντάρχος καὶ οἱ σὺν αὐτῷ **O**: ὄρ]θρου πορευθὶς ὁ κεντυρίω[ν καὶ οἱ σὺ]ν αὐτῷ **H**: ὄ. πορευθέντες ὁ λόγγος καὶ ὁ κεντυρίων κέστος **P**: ὄ. πορευθέντες ὁ κέστος καὶ ὁ λόγγος ἐπὶ τὸν τόπον **A**
(**C^P** hat hier eine Lücke)

Die in **O** überlieferten Namen Λ ο γ γ ῖ ν ο ς und Κ έ σ κ ο ς werden in
4,3 und 5,2 durch den koptischen Papyrus **K**, der Name Κ έ σ κ ο ς in
3,4 auch durch den Hamburger Papyrus (**H**)[113] als Lesarten des Hyparchetyps γ bezeugt, während **PA** – in 4,3 und 5,2 unterstützt durch **C^P** –
durchgehend Λ ό γ γ ο ς und Κ έ σ τ ο ς schreiben[114]. Wenn auf die Angaben VON LEMMs zu **C^P** Verlaß ist[115], verbietet sich hier die Annahme,
der Fehler sei erst in ε entstanden, wir müssen statt dessen wohl mit
Varianten in γ (τ über κ gesetzt oder vice versa?) rechnen, die unterschiedlich berücksichtigt wurden[116].

Im Gegensatz zu Kestos/Cestus/Kestios/Cestius scheint K e s k o s
bisher als Personenname nicht belegt, wohl aber als eine kilikische
(oder auch pamphylische) Stadt, die ins Sprichwort eingegangen ist (s.
Zenob. vulg. IV 51 Κ έ σ κ ο ν ο ἰ κ ε ῖ ς· πόλις Παμφυλίας ἀνοήτων)
und den Spott der Komiker auf unvernünftige Menschen würzte[117].

---

112 **O** bietet hier, beim erstmaligen Auftauchen des Namens, eine leichte Verschreibung,
ansonsten aber immer Κέσκος.

113 p. 9,18 (SCHMIDT 62).

114 In δ rückte an die Stelle dieser beiden Namen das Dreigestirn Longinus (so dort durchgehend richtig), Megistus und Acestus, s. p. 30,16; 32,1. 12f.; 37,6; 39,16; 43,4. LIPSI-
US gibt dort überall der Lesart *Acestus* vor *Cestus* den Vorzug, siehe seine Begründung
p. XXX.

115 Dieser Konditionalsatz ist formuliert mit Blick auf sein scheinbares Faksimile des
„Cod. Borg. CXXIX" im Bulletin 1892 (s. o. 339 Anm. 7), S. 284, das sich nach zeitrau-
benden Recherchen als cod. Borg. 130 herausstellte.

116 Λογγῖνος wird auch in **O** zweimal verkürzt wiedergegeben, s. 4,2 λογγος, 4,3 λ΄γγος.
Hatte die Vorlage ein Kürzel?

117 Siehe frg. adesp. 509 K.-A. (PCG VIII p. 151) Κέσκος· ἦν πόλις ἐν Κιλικίᾳ, καὶ παρ'
αὐτὴν ποταμὸς Νοῦς ὄνομα· διόπερ οἱ κωμικοὶ παίζοντες τοὺς νοῦν οὐκ ἔχοντας
Κ έ σ κ ο ν φασὶν ο ὐ κ ἔ χ ε ι ν.

Ähnliches gilt von dem neu in **O** aufgetauchten Namen Ἰκαρία der zweiten Hetäre des Agrippa (Mart. Petr. 4,1)[118], die in **S** Δαρία, in **P** Νικαρία, in **L** Eucharia heißt (Ἰλαρία gibt HUTCHINSON zu erwägen). Eine Nikaria ist in der ganzen Gräzität nicht belegt; Ikaria dagegen heißt nicht nur die Kykladen-Insel bei Samos, mit der der Name des ins „Ikarische" Meer gestürzten Sohnes des Daedalus verbunden ist (Strab. 10,5,13 und 14,1,19), sondern auch die erste von Dionysos geschenkte Weinrebe und das Land, auf dem sie gebaut wurde (schol. Lucian. [Scholia vetera et recentiora Arethae] 52,5), schließlich der nach Ikarios, dem Vater der Erigone, genannte attische Demos: Hdn. Gram. 3,1 p. 299,3 Ἰκαρία δῆμος τῆς Αἰγηΐδος φυλῆς ἀπὸ Ἰκαρίου τοῦ πατρὸς Ἠριγόνης.

IV. Emendationen auf der Grundlage leicht verderbter O-Lesarten

Die gute Überlieferungsqualität des cod. Ochridensis (**O**) wird auch dort deutlich, wo er einen verderbten Text getreu überliefert (und so für die Nachbesserung des Philologen offenhält), während Vertreter der β-Tradition verfälschend eingegriffen haben.

1. Das Geheimnis des Kreuzes (Mart. Petr. 8,1)

ἀπὸ σταυροῦ [στροῦ script.] χωρισθῆναι Zw.: πιστοῦ (πιστὴ **S**) χωρισθῆναι **OS**: χωρισθῆναι θεοῦ **PC**; cf. *o natura hominum, qui non discedunt ab ea* (sc. *cruce*) *et qui non recedunt ab ea* **V**

Petrus eröffnet das Geheimnis des Kreuzes. Dabei hebt er, vor dem Kreuz stehend, mit folgender dreigliedrig anaphorischen Apostrophe an: 'ὦ ὄνομα σταυροῦ, μυστήριον ὅλον ἀπόκρυφον· ὦ χάρις ἀνέκφραστος ἐπ' ὀνόματι σταυροῦ εἰρημένη· ὦ φύσις ἀνθρώπου ἀπὸ σταυροῦ χωρισθῆναι μὴ δυναμένη.' Im letzten Satz habe ich die korrupte **OS**-Lesart ἀνθρώπου πιστοῦ (πιστὴ **S** nach SOKOLOFFs Übersetzung) χωρισθῆναι zu ἀνθρώπου ἀπὸ σταυροῦ χωρισθῆναι verbessert: **OS** fanden in ihrer Vorlage (α') vermutlich die Schreibweise ἀ πὸστροῦ, also die übliche Abkürzung für σταυρ- und zusätzlich die auch in der Minuskel von **O** sehr häufig anzutreffende weite Vorausstellung des Anfangsvokals, so daß dieser von dem nachfolgenden

---

118 Siehe Taf. 3, Abb. 7.

Wortkörper getrennt erscheint und leicht mit dem voraufgehenden Wort assoziiert wird. Dies führte zu der Verschreibung ἀνθρώπου πιστοῦ[119]. Die hier vorgeschlagene Verbesserung wird durch die lateinische Version von **V** (s. o.) zumindest gestützt. Ob sie dort auf guter Überlieferung der griechischen Vorlage oder auf Konjektur beruht, muß offen bleiben. Denn es hat den Anschein, daß **PCV** auf den gemeinsamen Hyparchetypus γ zurückzuführen sind[120]. Dort müßte aber nach dem Zeugnis von **P** und **C** χωρισθῆναι θεοῦ gestanden haben. Diese Lesart setzt voraus, daß in β ἀπὸ σταυροῦ hinter ἀνθρώπου durch saut du même au même ausgefallen war, der Schreiber von γ aber per Konjektur einen passenden Gedanken herzustellen versucht hat. Dabei scheint er aber nur auf etwas Banales gekommen zu sein (die Natur des Menschen kann nicht von Gott getrennt werden), das sich nicht in den speziellen Kreuzeszusammenhang fügt. **A** hat den ganzen Satz und das weitere bis zum Ende des Paragraphen herausgeschnitten, kann also für die Rekonstruktion des Überlieferungsvorgangs nicht herangezogen werden.

2. Die Abwehr äußerer Sinneseindrücke (Mart. Petr. 8,3)

Petrus, am Fuß des Kreuzes stehend, mahnt die herbeigeströmten Christen Roms, ihre Herzen (gemeint ist ihr Erkenntnisvermögen) und ihre Sinne zu lösen von allen äußeren Wahrnehmungen und Sinneseindrücken, weil diese falsch seien[121]. Sie sollten ihre leiblichen Augen blind und ihre Ohren taub machen und (statt dessen) erkennen, was einst durch Christus geschehen sei, „das ganze Geheimnis der Erlösung, das oftmals gepredigt, aber nicht in ganzer Fülle vernommen worden ist": So dürfte der unterschiedlich überlieferte Text zu verstehen sein.

Der erste Satz erhält durch **O** wieder seine ursprüngliche Form: παντὸς φαινομένου αἰσθητοῦ χωρίσατε ὑμῶν τὰς ψυχὰς μὴ ὄντος ἀληθοῦς. **P** überliefert statt dessen παντὸς α ἰ σ θ η τ η ρ ί ο υ[122] χωρίσατε τὰς

---

119 Unmittelbar zuvor hat **S** offenbar zweimal das Kürzel στροῦ durch Χριστοῦ wiedergegeben.

120 Man beachte die gemeinsamen Bindefehler Mart. Paul. 10,2 τὸ πᾶν ἐν σοὶ] add. καὶ τὸ ὂν σύ **PCV**, supplem. non exstat in **OSA**; 12,3 ἐκ τῆς τοιαύτης ὀπτασίας **OSA(L)**, om. **PCV**; ferner den Wegfall des Schlußsatzes (mit Doxologie), s. u. S. 401 ff.

121 So etwa faßt den Sinn des Abschnittes Ps.Linus zusammen, siehe gleich anschließend. Es sei aber vermerkt, daß wir hier keine Übersetzung der einzelnen Textsegmente lesen, sondern eine frei paraphrasierende Zusammenfassung des Gesamtabschnitts, aus dem die zentralen Formulierungen herausgehoben sind.

122 Die 'Sinnesorgane' können hier gerade nicht gemeint sein; das hatte schon LIPSIUS gesehen, dessen „malim αἰσθητοῦ" nun durch **O** aufs schönste bestätigt wird.

ἑαυτῶν ψυχάς, παντὸς φαινομένου μὴ ὄντος ἀληθοῦς, **A** beschränkt sich auf den Gen. abs. am Satzende, läßt den voraufgehenden Satz παντὸς … ψυχάς weg (wohl infolge Augensprungs von παντός zu παντός); **L** hat den ganzen „Sinnespassus" in einen Satz komprimiert, der eng mit **P** übereinkommt, am Schluß aber frei erweitert ist: *omnes sensus segregate et animas vestras **ab omni quod apparet,** ad illud quod invisibile est*; **V** gibt eine Kurzversion, die durch Ausfall gelitten hat (ich ergänze sinngemäß): *nolite <putare vera esse> haec quae oculis videtis humanis.* Die längere zweiteilige **P**-Fassung findet sich ähnlich in **C**:

C^P   Mögen eure S e e l e n über jedes Gefühl [es ist wohl „sinnliche Wahrnehmung" gemeint] erhaben sein, machet euch los von dem, **was erscheint** (sichtbar ist), denn es ist nicht vorhanden, noch ist es eine Wahrheit.

C¹   Che il vostro a n i m o s'innalzi sopra ogni senso, per separarsi dal re visibile. Fatevi stranieri ad ogni opera che passa, non esistendo essa veramente.

C²   Possa la vostra m e n t e illuminarsi, nè riguardate solamente a ciò che **appare.**

Dabei kommt der Papyrus der **P**-Version am nächsten, **C²** ist notorisch kurz und ungenau, der Urheber von **C¹** verblüfft damit, daß er schon hier das Äquivalent für das rätselhafte πράξεις einzuführen scheint, das uns anschließend noch beschäftigen wird; doch gibt VON LEMM den koptischen Text in leicht veränderter Form wieder („Machet euch fremd jeglichem Dinge, welches vergeht, als ob es nicht existiert hätte"), die mit dem Papyrustext (und dem zugrunde liegenden παντὸς φαινομένου μὴ ὄντος ἀληθοῦς) vereinbar scheint und jedenfalls nicht vorzeitig auf das πράξεις-Motiv rekurriert.

    Dieses sitzt dagegen einigermaßen fest in der Überlieferung des anschließenden Textpassus, den die verschiedenen Zeugen wie folgt tradieren:

O   πη(πει-)ρώσατε ὑμῶν <u>τὰς ὄψεις</u> **τῆς σαρκός,** πηρώσατε ὑμῶν <u>τὰς ἀκοὰς</u> ταύτας **καὶ** τὰς ἐν τῷ φανερῷ <u>πράξεις</u>.

PA πληρώσατε (πλη- **S**) ὑμῶν <u>τὰς ὄψεις</u> ταύτας, πληρώσατε ὑμῶν <u>τὰς ἀκοὰς</u> ταύτας τὰς (τάς om. **A**) <u>πράξεις</u> τὰς ἐν φανερῷ.

C^P   Mögen eure äusseren (leiblichen) <u>Augen</u> blind sein, verschliesset die <u>Ohren</u> **eures Fleisches,** trennet euch von den <u>Handlungen</u> des Leibes.

C¹   Chiudete la vista degli <u>occhi</u> che **appaiono** (*gli <u>occhi</u> corporei*): che i vostri <u>occhi</u> esterni divengano ciechi! Chiudete le <u>orecchie</u> **della carne,** e tagliate fuori di voi ogni <u>opera</u> del corpo.

C² Che i vostri occhi esterni divengano ciechi, si chiudano le orecchie del vostro cuore, togliete via da voi ogni pensiero terreno, e le opere **della carne.**

V *excaecate oculos et aures vestras ab istis passionibus, quae palam videtis*[123].

TH. RIESENWEBER hat mit sicherem Blick erkannt, daß das Objekt πρά-ξεις keinen Platz hat in einem Zusammenhang, dessen Motto παντὸς φαινομένου αἰσθητοῦ ... μὴ ὄντος ἀληθοῦς lautet und durch das Einge-hen auf die Sinneswahrnehmungen mittels Augen und Ohren entfaltet wird[124]. Er hat deshalb dieses verkehrte Objekt als (Interlinear-)Glosse zu dem unmittelbar darunter stehenden τὰ ... ὑπὸ τοῦ Χριστοῦ γεγονό-τα getilgt. Durch diese Glosse sollte die etwas umständlich klingende Umschreibung τὰ πάλαι ὑπὸ τοῦ Χριστοῦ γεγονότα in einen prägnanten Begriff (τὰς τοῦ Χριστοῦ πράξεις) überführt werden (zur Junktur vgl. man etwa Euseb. h.e. 3,24,13: das Johannesevangelium umfasse τὰ πρῶτα τῶν τοῦ Χριστοῦ πράξεων). In der Überlieferung der beiden Martyrien findet sich ja eine große Zahl an glossierenden, explizieren-den, ergänzenden und weiterführenden Zusätzen; insbesondere der frü-he Hamburger Papyrus ist voll von solchen Erweiterungen (s. S. 361f. und S. 351ff. passim). Folglich darf man annehmen, daß sich einige Glossen auch schon in den Archetypus eingeschlichen hatten.

Die divergierende Überlieferung erklärt sich nun wie folgt: Die Ar-chetypfassung πηρώσατε ὑμῶν τὰς ἀκοὰς ταύτας τὰς ἐν τῷ φανερῷ[125] <πράξεις> hat **O** durch den Einschub von καί verständlich zu machen versucht, ε hat πράξεις nach vorne gezogen (wo das Wort in **P** und **A** steht), der Kopte aber hat in seine Übersetzung ein durch den Zusam-menhang nahegelegtes Verb des Trennens einfließen lassen, das LIPSI-US vor τὰς[126] πράξεις eingeschoben hat. **V** und **L** muß man wegen der freien, z. T. stark raffenden Paraphrase nicht ins Kalkül ziehen.

---

123 Das 'neutrale' Relativpronomen *quae* scheint darauf hinzudeuten, daß *passionibus* (~ πάθεσιν) eine in den Text des cod. unicus V aus dem 7. Jh. eingedrungene Glosse zu dem Kolon *ab istis quae palam videtis* darstellt, das vielleicht durch den philosophi-schen Fachterminus für „äußere Sinneseindrücke" verdeutlicht werden sollte (*videtis* ist hier synästhetisch sowohl auf *oculos* wie auf *aures* bezogen); vgl. Epic. epist. 1, p. 13 US. (ἀκουστικὸν πάθος).

124 Eine breite computerunterstützte Musterung verwandter Stellen in der griechischen Li-teratur bestätigt seine Einschätzung.

125 Zu τὰς ἀκοὰς ταύτας τὰς ἐν τῷ φανερῷ ist der verwandte Ausdruck in Mart. Petr. 10,1 φωνῇ ... μὴ ἐν φανερῷ ἀκουομένη zu vergleichen.

126 In **A** ist der Artikel infolge von Haplographie hinter ταύτας verlorengegangen.

3. Die Abkehr von dem früheren Irrweg (Mart. Petr. 9,5)

Petrus spricht vom Kreuz aus zu den Umstehenden: „Eure Aufgabe nun, meine Geliebten, die ihr jetzt hört und die ihr künftig hören werdet, ist es, abzulassen von dem (eurem) ersten Irrweg und zurückzukehren zu dem altehrwürdigen ursprünglichen Vaterland, also hinaufzusteigen auf das Kreuz des Herrn."

> ὑμᾶς οὖν, ἀγαπητοί μου, καὶ τοὺς νῦν ἀκούοντας καὶ τοὺς μέλλοντας ἀκούειν, λήξαντας τῆς πρώτης πλάνης ἐπαναδραμεῖν προσῆκεν πρὸς τὴν ἀρχαίαν πατρίδα, ἐπιβαίνειν οὖν τῷ τοῦ κυρίου σταυρῷ.

λήξαντας ... πλάνης Zw.: λήξαντες τῆς πρώτης ὑμῶν (ὑμ. om. **C**¹) πλάνης **ACL** (*sicut de primo vestro errore ... redistis*): δείξαντας τὴν πρώτην πλάνην **O**: διξαντεσ την πρό-τιν πλανιν **P**: τῷ δείξαντι ἀπὸ τῆς πρώτης πλάνης **S**: *ostendi vobis primum errorem* **V** ἐπαναδραμεῖν προσῆκεν (προσῆκεν om. **S**) πρὸς τὴν ἀρχαίαν (π. τ. ἄνω **S**) πατρίδα **OS**: ἐπαναδραμεῖν προσῆκεν **P**: ἐπαναδραμεῖν ὀφείλετε προσῆκεν γάρ **A**   ἐπιβαίνειν οὖν] ἐπιβαίνων (-ενων) οὖν **OS**: ἐπιβαίνειν **A**: *superascendere* **L**: ἐπιβαίνοντας **P**   τοῦ κυρίου **O**: τοῦ Χριστοῦ **PA**

Die hier gebotene Textkonstitution resultiert aus einer Kombination des in **ACL** überlieferten Partizips λήξαντ(ες) mit dem durch **O** gebotenen Kasus (δεί)ξαντας[127]. Wegen der phonetischen Identität von η, ει, ι geht es bei den Varianten λήξαντ- und δείξαντ- lediglich um die Vertauschung des Anfangsbuchstabens (λ/δ oder Λ/Δ). Diese aber konnte sich unabhängig auch mehrmals einstellen. Wer λήξαντ- liest, hat auch die Genitivkonstruktion vor sich, wer den ersten Buchstaben des Partizips als Δ deutet, gleicht die Konstruktion an, gibt also dem δείξαντ- das erforderliche Akkusativ-Objekt zur Seite (auch das ἔδειξεν von 9,2 konnte einwirken). Daß in **AP** der Nominativ λήξαντες bzw. διξαντες steht, erklärt sich mit den unterschiedlichen Hauptverben (ὑμᾶς π ρ ο σ ῆ κ ε ν **O** – ὑμεῖς ὀ φ ε ί λ ε τ ε, προσῆκεν γάρ **A**). In **P** ist durch Ausfall oder durch ungeschickte Kürzung ein ungrammatischer Mischtext zustandegekommen ὑμεῖς ... αυ(τ)ονταισ ... μέλλοντες, διξαντεσ ... προσῆκεν. Überraschend steht in **V** *o s t e n d i vobis primum errorem*, obwohl der cod. Verc. üblicherweise aus einer Vorlage schöpft, die der γ-Tradition angehört, während die koptischen γ-Abkömmlinge das richtige λήξαντ- gelesen haben, vgl. **C**ᴾ „Ihr aber, ..., euch geziemt es, nachdem ihr euren ersten Irrthum verlassen habt, dass ihr umkehrt zu eurer Herrschaft. Dies kommt euch zu, euch die ihr hoffet auf das Kreuz Christi" und **C**¹ „E voi, ..., a voi si conviene di abbandonare il primo errore che fu

---

127 Zum sprachlichen Ausdruck siehe Clem. Alex. protr. 2,27,1 ἤδη ποτὲ τ ῆ ς π λ ά ν η ς λ ή ξ η τ ε.

dapprima, e di tornare al vostro principio; chè ciò è quello che vi conviene, voi che sperate nel Signore e nella sua croce."

Man kann mit einer hinzugeschriebenen Variante in γ rechnen, man kann aber ebensogut annehmen, **V** habe aus dem Wortbild von γ die lectio facilior δείξαντ- abgeleitet, während die ebenfalls auf γ zurückzuführende griechische Vorlage des koptischen Hyparchetyps die lectio difficilior λήξαντ- bewahrt hat. Diese scheint auch in δ vorgelegen zu haben, wie sich – trotz der freien Ausgestaltung – aus **L** ergibt: *vos vero, …, sicut de primo vestro errore ad certissimam fidei stationem redistis, ita perseverate currentes et ad quietem supernae vocationis tendite bene conversantes. … oportet igitur cum Iesu Christo deo vero superascendere crucem,* etc. Das gleiche Abgleiten zur lectio facilior wie vermutlich in **P** und **V** ist auch in **O** geschehen. Als stemmatische Bindefehler taugen diese Λ/Δ-Verwechslungen nicht: es handelt sich um triviale Uncial-Verschreibungen.

4. Der Tod des Patroklos (Mart. Paul. 1,4–5)

Patroklos war eingenickt und fiel vom Fenster hinab; sein Tod wird sogleich von Dienern dem Nero gemeldet (ὁ Πάτροκλος νυστάξας ἀπὸ τῆς θυρίδος ἔπεσεν κάτω καὶ ὡς ἀποθανόντα αὐτὸν ταχέως ἀναγγελθῆναι τῷ Νέρωνι ὑπὸ τῶν οἰκετῶν). Dem Satz fehlt wieder ein Verbum finitum. Aus der Parallelüberlieferung in **PA** erhellt, daß vor der Meldung an Nero zunächst ausdrücklich berichtet wurde, daß Patroklos beim Sturz umgekommen war (καὶ ἀπέθανεν **P**: ὥστε αὐτὸν ἀποθανεῖν παραχρῆμα ἐπὶ τοῦ τόπου **A~C**). Dies wird auch durch das literarische Muster (Apg 20,9) nahegelegt: κ α θ ε ζ ό μ ε ν ο ς δέ τις νεανίας ὀνόματι Εὔτυχος ἐ π ὶ τ ῆ ς θ υ ρ ί δ ο ς, καταφερόμενος ὕπνῳ βαθεῖ διαλεγομένου τοῦ Παύλου ἐπὶ πλεῖον, κ α τ ε ν ε χ θ ε ὶ ς ἀ π ὸ τ ο ῦ ὕ π ν ο υ ἔπεσεν ἀπὸ τοῦ τριστέγου **κάτω** κ α ὶ ἤ ρ θ η **νεκρός**. Da es in **O** aber anschließend heißt ὡς ἀ π ο θ α ν ό ν τ α αὐτὸν ταχέως ἀναγγελθῆναι, kann man nicht das Verbum finitum ἀπέθανεν aus **P** übernehmen.

Paulus, der die Szene im Geiste verfolgte, beauftragt in 1,5 einige der Zuhörer, nach draußen zu gehen; sie würden dort einen Sklaven finden, der zu Tode gestürzt sei und bereits sein Leben aushauche (εὑρήσετε παῖδα πεπτωκότα μέλλοντα ἐ κ π ν έ ε ι ν)[128]. Demgemäß heißt es in

---

128 Ihn sollen sie zu Paulus bringen (τοῦτον **ἐνέγκατε** πρός με). In der **O**-Fassung heißt es dann: καὶ ἀπελθόντες αὐτῷ ἤ γ α γ ο ν τὸν παῖδα, wofür in **P** und **A** (wenn auch mit unterschiedlichem Begleittext) das richtige Verb **ἤνεγκαν** gewählt ist (siehe auch die δ-Überlieferung im krit. App.). In der **α(O)**-Tradition hat die Nähe der Formulierung zu dem Schlußsatz der Muster-Episode Apg 20,9–12 (wo der Jüngling aber lebend herbei-

1,7, daß das gemeinsame Gebet, zu dem Paulus die Versammelten aufgefordert hatte, bewirkte, daß der Sklave „vom Tod erstand" (ἀνέστη ὁ παῖς) und wieder seinen Lebensodem empfing: ἀνέλαβεν τὸ πνεῦμα αὐτοῦ (daß er tot war, sagt er selbst dem Nero in 2,4: καὶ γὰρ αὐτός με ἤγειρεν τεθνεῶτα). Dies führt zu der Vermutung, daß das gesuchte Verbum finitum *ἀπέπνευσεν* (oder ἐξέπνευσεν) gelautet hat[129]. In der Wortfolge ἔπεσεν κάτω καὶ ἀπέπνευσεν ὡς ἀποθανόντα konnte es gewiß leicht zu diesem 'mechanischen' Ausfall kommen. Eine Bestätigung für die hier vorgeschlagene Korrektur ziehe ich aus Ps.Linus, bei dem es heißt (p. 25,15 LIPS.): *cadensque de fenestra satis excelsa spiritum exalavit*; vgl. p. 26,6f. die Anweisung des Petrus: *ite igitur foras, et invenietis iuvenem Caesaris delicatum ex alto cecidisse et iam nunc iacere e x a n i m e m* und 26,16 die Aufforderung zum Gebet, *ut restituatur a n i m a eius in istud iuvenile cadaver.* Anstelle der Konjunktion ὥστε (**PA**) überliefert **O** ὡ ς. Der Presbyter verwendet beide Konjunktionen (die ja grundsätzlich gleichberechtigt sind)[130], ὡ ς gleich zweimal in 1,5 ὡς ἦχόν τινα ἐν τῇ Ῥώμῃ γενέσθαι καὶ προσιέναι αὐτῷ πλῆθος πολὺ ἐκ τῆς Καίσαρος οἰκίας καὶ πιστεύειν εὐθέως τῷ λόγῳ, ὡς εἶναι μεγάλην χαρὰν τῷ Παύλῳ καὶ τοῖς ἀκούουσιν, ferner in 3,5 ὡς πολλοὺς Χριστιανοὺς ἀνελεῖν καὶ ... τοὺς Ῥωμαίους ... βοῆσαι.

5. Die Wiederbelebung des Patroklos (Mart. Paul. 1,7)

Patroklos wird durch das Gebet der um Paulus versammelten Gemeinde wieder zum Leben erweckt und beginnt wieder zu atmen. Nach der bisherigen, auf **PA** gründenden Textfassung setzen sie ihn dann auf ein Maultier und schicken ihn zusammen mit den übrigen, die sich aus dem

---

geführt wird) bewirkt, daß ein Schreiber versehentlich das dortige Verb an die Stelle von ἤνεγκαν setzte; vgl. Apg 20,12 ἤ γ α γ ο ν δὲ τὸν παῖδα ζ ῶ ν τ α, καὶ παρεκλήθησαν οὐ μετρίως.

129 Da der Presbyter aus Kleinasien nachweislich das Petrus-Martyrium imitiert, hat er den dortigen Passus 11,1f. gekannt: ὡς δὲ ὁ παρεστὼς ὄχλος τὸ ἀμὴν μεγάλῃ τῇ φωνῇ ἅμα αὐτῷ ἀνέπεμψεν, καὶ ὁ ἀπόστολος Πέτρος π α ρ έ δ ω κ ε τ ὸ π ν ε ῦ μ α. ὁ δὲ Μάρκελλος ... ἰδὼν ὅτι ὁ μακάριος Πέτρος *ἀπέπνευσεν*, (...); vgl. hierzu Mk 15,38f. ὁ δὲ Ἰησοῦς ἀφεὶς φωνὴν μεγάλην ἐξέπνευσεν. ἰδὼν δὲ ὁ κεντυρίων ὁ παρεστηκὼς ... ὅτι οὕτως ἐξέπνευσεν, etc.; Lk 23,46f. καὶ φωνήσας φωνῇ μεγάλῃ ὁ Ἰησοῦς εἶπεν, Πάτερ, εἰς χεῖράς σου π α ρ α τ ί θ ε μ α ι τ ὸ π ν ε ῦ μ ά μ ο υ· τοῦτο δὲ εἰπὼν ἐξέπνευσεν. ἰδὼν δὲ ὁ ἑκατοντάρχης τὸ γενόμενον ἐδόξαζεν τὸν θεόν. Zu ἀ π έ π ν ε υ σ ε ν kann man noch vergleichen Hist. Alex. Magn. rec. β 1,24 καὶ οὕτως εἰπὼν Φίλιππος ἀπέπνευσεν; Mart. Pion. 21,8 ὁ μὲν Πιόνιος συνέκλεισε τοὺς ὀφθαλμοὺς ὥστε τὸν ὄχλον ὑπολαβεῖν ὅτι ἀπέπνευσεν; zu ἐξέπνευσεν: Plut. Aristid. 20,6 εὐθὺς ἔπεσε καὶ μετὰ μικρὸν ἐξέπνευσεν.

130 Vgl. SCHMIDT–SCHUBART 1936, 122.

Haus des Kaisers eingefunden hatten, zurück: καὶ πάντων εὐξαμένων πρὸς κύριον ἀνέστη ὁ παῖς καὶ ἀνέλαβεν τὸ πνεῦμα αὐτοῦ· καὶ καθίσαντες αὐτὸν ἐπὶ κτῆνος ἀποπέμπουσιν μετὰ τῶν ἄλλων τῶν ἀπὸ τῆς οἰκίας τοῦ Καίσαρος. Der Ochridensis (O) überliefert καὶ καθίσαντες αὐτὸν ἀποπέμπουσιν ..., läßt also das Maultier weg. Dieses fehlt auch in **C**[1(130)], vgl. GIUDI 36 („il giovinetto rivisse; l o a l z a r o n o e lo inviarono al suo posto, ...“) und VON LEMM 298/299 („Und es geschah, als sie alle seufzten, dass der Jüngling lebte und m a n r i c h t e t e i h n a u f und schickte ihn in seine Wohnung mit einigen, die aus dem Hause des Königs waren“). Da der Mundschenk Neros ohne Maultier zur Versammlung des Paulus gekommen war, wird er – nach seinem Unfall durch ein Wunder wieder voll in den früheren Stand gesetzt – auch ohne Maultier wieder nach Hause gefunden haben. Die Übereinstimmung von **OC** in diesem Punkte repräsentiert die Textfassung des Archetypus, zumal auch bei Ps.Linus und in dem 'Passionis Pauli fragmentum' (**M**) nichts von einem Maultier verlautet[131]. Die Lösung scheint einfach: Man muß lediglich einen Buchstaben ergänzen, also **καθιστάντες** statt καθίσαντες schreiben. Das Maultier ist eine Erfindung des Urhebers von **ε,** der seinerseits καθίσαντες in seiner Vorlage las (der triviale Fehler kam unabhängig zweimal zustande) und sich etwas ausdachte, worauf man den jungen Mann setzen konnte[132]. Dabei hat er sich an dem Gleichnis vom barmherzigen Samariter orientiert, der dem von Räubern halbtot geschlagenen Juden aus Jerusalem aufhilft, seine Wunden versorgt und ihn dann auf sein eigenes Reittier hebt und zu einer Herberge bringt: Lk 10,34 **ἐπιβιβάσας** δὲ **αὐτὸν ἐπὶ τὸ** ἴδιον **κτῆνος** ἤγαγεν αὐ-

---

131 Ps.Linus bietet eine sehr freie Paraphrase: Paulus fordert die Christengemeinde auf, den Herrn zu bitten, *ut restituatur anima eius in istud iuvenile cadaver, vivatque melius quam vixisset. et cum ingemuissent universi procumbentes orationi, ait Paulus: adolescens Patrocle, surge et narra quanta tibi fecerit deus. ad quam vocem mox Patroclus tamquam a somno surrexit et coepit glorificare deum, qui dedit potestatem talem hominibus. **dimisitque eum** Paulus cum ceteris qui erant ex domo Caesaris, et abibant laetantes et gaudentes omnes in domino*, etc. Vgl. **M:** *et cum orassent omnes, surrexit puer sanus et **dimisit eum** Paulus cum ceteris qui erant ex domo Caesaris*. Die Markierung des jeweils entsprechenden Wortlauts soll eine Vorstellung davon geben, daß Ps.Linus die gleiche lateinische Übersetzung eines δ-Textes (**μ**) nutzt wie **M**, daß aber **M** diese im ganzen getreuer wiedergibt, während Ps.Linus sie frei entfaltet (s. dazu u. S. 389f. 399).

132 In einer schulmäßigen Stemmatik hätten wir folgende Überlieferungsphasen zu verbuchen: aus γ (καθιστάντες) schöpft **C** das korrekte καθίστανετες; γ' verschreibt zu καθίσαντες; diese fehlerhafte Lesart sieht ε vor sich; um sie verständlich zu machen ergänzt er ἐπὶ κτῆνος; dies wird dann von den beiden Kopisten der Codices **P** und **A** übernommen. Man kann aber auch annehmen, daß über das fehlerhafte καθίσαντες im Hyparchetypus ε die Ergänzung interlinear gegeben war. Dies würde dann zum gleichen Überlieferungsbefund in **P** und **A** führen können. Folglich wird hier darauf verzichtet, eine zusätzliche Zwischenstufe γ' in das Stemma einzuführen.

τὸν εἰς πανδοχεῖον καὶ ἐπεμελήθη αὐτοῦ. Es ist evident, daß durch die Imitation dieser Episode dem Leser und Hörer des Paulus-Martyriums eine verkehrte Analogie suggeriert wird, die dem Tenor der Patroklos-Episode (die in dem machtvollen Wunder der Wiedererweckung gipfeln soll) zuwiderläuft.

6. Christus, der Bezwinger aller irdischen Königreiche und aller Mächte der Unterwelt (Mart. Paul. 2,3)

(ὁ δὲ Καῖσαρ ἐταράχθη καὶ εἶπεν· 'ἐκεῖνος οὖν μέλλει βασιλεύειν τῶν αἰώνων, καὶ καταλύειν πάσας τὰς βασιλείας τὰς ὑπὸ τὸν οὐρανόν;' καὶ ἀποκριθεὶς ὁ Πάτροκλος εἶπεν·)
'ναί, καὶ γὰρ αὐτὸς βασιλεύει ἐν οὐρανῷ καὶ ἐπὶ γῆς, Ἰησοῦς Χριστὸς, καὶ οὐ μόνον τὰς βασιλείας τὰς ὑπὸ τὸν οὐρανὸν καταλύει, ἀλλὰ πᾶσαν ἀρχὴν σκότους καὶ ἐξουσίαν θανάτου καὶ δύναμιν πονηράν. καὶ αὐτός ἐστι μόνος οὗ τῆς βασιλείας οὐκ ἔσται τέλος εἰς τοὺς αἰῶνας, καὶ οὐκ ἔστιν βασιλεία ἥτις διαφεύξεται αὐτόν.'[133]

ναί ... πονηράν] τὰς <βασιλείας τὰς> (ex SA) et verbum καταλύει (ex P) suppl. Zw.: **ναὶ** καὶ γὰρ αὐτὸς βασιλεύει ἐν οὐρανῷ καὶ ἐπὶ γῆς, ἰησοῦς χριστὸς οὐ μόνον τὰς ὑπὸ τὸν οὐρανόν, ἀλλὰ πᾶσαν ἀρχὴν σκότους καὶ ἐξουσίαν θανάτου καὶ δύναμιν πονηράν **O**: (... ?) ~ οὐ μόνον τὰς βασιλείας ἀλλὰ καὶ δυνάμεις σκοτεινὰς καὶ χάριν θνητὴν καὶ ῥώμην τῆς κακίας **S**: **ναὶ** πάσας τὰς βασιλείας καταλύει **P** (τὰς ὑπ' οὐρανόν om. **PS**): **ναὶ** καῖσαρ οὗτος μέλλει καταλύειν πάσας τὰς βασιλείας τὰς ὑπ' οὐρανόν **AC**: *etiam, Caesar, destruet omnia regna quae sub caelo sunt* **L**; ante vel pro Ἰησοῦς Χριστός fort. καί inserend. suspic. HUTCHINSON, post Χριστός inser. Zw.   καὶ αὐτός ἐστι μόνος HUTCHINSON: *et ipse est solus rex* **μ**: καὶ αὐτὸς ἔσται μόνος **OPC**: καὶ ἔσται λοιπὸν αὐτὸς μόνος **A**   οὗ τῆς βασιλείας οὐκ ἔσται τέλος εἰς τοὺς αἰῶνα **O**: εἰς τοὺς αἰῶνας **P**: *in saecula* **M**: om. **AC**

Durch die Markierung sind jene Satzteile hervorgehoben, die erst der Ochridensis (**O**) ans Tageslicht gebracht hat (nur teilweise waren sie schon aus **S** bekannt – aber nicht gewürdigt). Der **O**-Text hat selbst durch kleinere Ausfälle gelitten; doch können diese leicht durch Vergleich mit **SPA** (τὰς <βασιλείας τὰς>) und **P** (<καταλύει>) behoben werden. In **β** ist der Text stark zusammengeschrumpft (vielleicht nach mechanischem Ausfall); im vorletzten Satz liegt mechanischer Textverlust durch Augensprung vor (**ἔσται μόνος** [οὗ τῆς βασιλείας οὐκ ἔσται τέλος]).

---

133 Siehe die im Zusammenhang der Edition gegebene Übersetzung mit den Verweisen auf 1Kor 15,24–26; Lk 1,33 und die Danielprophezeiung (Dan 7,26f. und 7,13–18).

7. Der Aufruf an Nero, Soldat Christi zu werden (Mart. Paul. 3,2)

Der größte Gewinn, den wir aus den Hamburger Papyrusblättern für die Verbesserung des Paulus-Martyriums ziehen, liegt in 3,2, wo **H** den von der Satzkonstruktion geforderten Imperativ στράτευσαι wieder ans Tageslicht bringt, an dessen Stelle die Handschriften **O** und **P** den aus dem voraufgehenden Satz wiederholten Infinitiv στρατευθῆναι bieten.

Der bisherige (in erster Linie nach dem Wortlaut von **P** hergestellte) Text lautete: τοῦτο γὰρ διατέτακται ἡμῖν, μηδένα ἀποκλεισθῆναι θέλοντα σ τ ρ α - τ ε υ θ ῆ ν α ι τῷ ἐμῷ βασιλεῖ. ὅπερ εἰ καὶ σοὶ φίλον ἐστὶν σ τ ρ α τ ε υ θ ῆ ν α ι αὐτῷ, οὐχ ὁ πλοῦτος ἢ τὰ νῦν ἐν βίῳ λαμπρὰ σώσει σε, ἀλλ᾽ ἐὰν ὑποπέσῃς καὶ δεηθῇς αὐτοῦ σωθήσῃ. Der cod. Ochridensis (**O**) gibt den zweiten Satz in der folgenden Version: ὅθεν καὶ σοί εἰ φίλον ἐστίν σοι σ τ ρ α τ ε υ θ ῆ ν α ι αὐτῷ, οὐ γὰρ πλοῦτος καὶ τὰ νῦν ἐν βίῳ λαμπρὰ σώσει σε, ἀλλ᾽ ἐὰν πιστεύσῃς τῷ ἐμῷ βασιλεῖ Ἰησοῦ Χριστῷ σώσει σε[134]. Daraus hatte ich, veranlaßt durch das doppelte σ ο ι und eingedenk der phonetisch bedingten häufigen Vertauschung von οι und υ[135], zunächst die folgende Fassung hergestellt: ὅθεν **καὶ σύ**, εἰ φίλον ἐστίν **σοι**, σ τ ρ α τ ε ύ θ η τ ι αὐτῷ (und diesen Imperativ durch Verweis auf den Septuagintatext von Ri 19,8 καὶ στρατεύθητι, ἕως κλίνῃ ἡ ἡμέρα untermauert). Die kraftvolle Anrede ὅθεν **καὶ σύ** an Nero[136], die passend durch die urbane Parenthese εἰ φίλον ἐστίν **σοι** gemildert wird, behält auch nach Einsicht in den Hamburger Papyrus (der vor στ]ρατευσαι α[υτω Lücke hat) ihre Gültigkeit[137]. Aus den möglichen Imperativformen ist jedoch der durch **H** gebotene Imp. Aor. Med. σ τ ρ ά τ ε υ σ α ι zu wählen.

---

134 Die **A**-Fassung lautet (gemäß dem Appart von LIPSIUS): ὅθεν λέγω σοι παραινῶν, ὅτι εἴθε καὶ σοὶ φίλον ἦν, ἵνα στρατεύσω τῷ βασιλεῖ μου, οὐ γάρ ὁ πλοῦτος καὶ τὰ νῦν ἐν τῷ βίῳ λαμπρὰ δυνήσονται σῶσαί σε, ἀλλ᾽ ἐὰν ὑποπέσῃς αὐτῷ καὶ δεηθῇς, αὐτός σε σώσει ἀπὸ τῆς ὀργῆς ἧς ἐπιφέρει τοῖς ἀπειθοῦσιν τοῖς διατάγμασιν αὐτοῦ. Daraus ziehe ich eine Stütze für das doppelte σώσει σε in **O** und die Vermutung, daß das in **A** überlieferte αὐτός in den Text zu übernehmen ist; der Ausfall war ja zwischen (abgekürztem?) χριστο (ο für ω) und σώσει σε leicht möglich. Durch αὐτός wird das voraufgehende αὐτῷ aufgenommen. Zu αὐτός ~ οὗτος vgl. beispielsweise 2,3–5 ἐκεῖνος – αὐτός – αὐτός – αὐτόν – αὐτός – ἐκείνῳ.

135 Siehe die gleiche Verschreibung (σοι **O**: σύ **PA**) in Mart. Petr. 8,4; ferner Mart. Paul. 1,2 στυχ- **O**; 1,5 πλῆθος πολύ] πλῆθος πολλοι (= -υ) **O**: πολὺ πλῆθος **PA** und u. S. 385 Anm. 138 Ende.

136 Vgl. 2,4 Πάτροκλε, **καὶ σὺ** στρατεύει τῷ βασιλεῖ τούτῳ.

137 Nachdem mir die koptische Version (GIUDI, 1888) zugänglich geworden ist, finde ich dort (S. 37) die folgende Wiedergabe, bevor der Text von **C**¹ (cod. Borg. 130) abreißt: ed anche tu, se così vuoi, sii suo soldato **C**. Demnach dürfte in γ das Richtige noch erhalten gewesen sein: **C** bekräftigt ja auch den durch den Schwester-Papyrus **H̲** wieder aufgedeckten Imperativ! – Nach einem erneuten Durchgang durch die mir vorliegende Fotokopie der Hs **O**, bei dem die zunächst unberücksichtigt belassene Akzentsetzung stärker in den Blick genommen wurde, scheint es mir nicht ausgeschlossen, daß an der

Um so berechtigter ist die von TH. RIESENWEBER aufgeworfene
Frage, ob innerhalb des Vordersatzes μηδένα ἀποκλεισθῆναι θέλοντα
στρατευθῆναι τῷ ἐμῷ βασιλεῖ nicht eher die durative Aktionsart,
also der Infinitiv Praesens **στρατεύεσθαι** zu erwarten sei, und seine Vermutung, die Endung -θῆναι könne durch Angleichung an das
voraufgehende ἀποκλεισθῆναι entstanden sein. Der Infinitiv στρατεύεσθαι habe den Vorteil, daß wir bei dem folgenden Imp. Med. στράτευσαι nicht mehr gezwungen wären, einen Wechsel von Pass. zu Med.
anzunehmen. Sein Vorschlag wird durch die **A**-Überlieferung θέλοντα
προθύμως στρατεύεσθαι gestützt. Es scheint, daß die Kopisten **O**
und **P** je unabhängig die gleiche irrige Angleichung an das voraufgehende ἀποκλεισθῆναι vollzogen und unmittelbar danach den so zustan-
degekommenen Infinitiv στρατευθῆναι ein weiteres Mal an Stelle des
Imperativs στράτευσαι gesetzt haben, weil der Textzusammenhang un-
willkürlich dazu verführte, dem Kolon εἰ φίλον ἐστίν σοι einen solchen
Infinitiv zuzuschlagen. Das spatium des Papyrus **H** am Zeilenende ist
groß genug für die Annahme, daß dort (wie in **A**) die ursprüngliche β-
Lesart στρατεύεσθαι stand; sie scheint auch durch **μ** (also **δ**) bezeugt zu werden (*volentem militare*).

V. Die Schlußpartien mit Doxologie

1. Mart. Petr. 12,3–4

3 Καὶ οὕτως ὁ Νέρων περίφοβος γενόμενος ἐκ τῆς τοιαύτης ὀπτασίας
ἀπέστη τῶν μαθητῶν ἐν ἐκείνῳ τῷ καιρῷ, καθ' ὃν ὁ Πέτρος τοῦ βίου
ἀπηλλάγη. **4** καὶ ἦσαν τὸ λοιπὸν οἱ ἀδελφοὶ ὁμοθυμαδὸν εὐφραινόμενοι
καὶ ἀγαλλιῶντες ἐπὶ τῷ κυρίῳ, δοξάζοντες πατέρα καὶ υἱὸν καὶ **ἅγιον**
πνεῦμα, ᾧ ἡ δόξα εἰς τοὺς αἰῶνας τῶν αἰώνων. Ἀμήν.

ἐκ τῆς τοιαύτης ὀπτασίας **OSA(L)**: om. **PCV**   καὶ ἦσαν ... αἰώνων. ἀμήν **OASL**: om.
PCV   ἐπὶ τῷ κυρίῳ **O**: ἐν κυρίῳ **ASL**   πατέρα καὶ υἱὸν καὶ ἅγιον πνεῦμα **OS**: τὸν
θεὸν καὶ σωτῆρα τὸν κύριον ἡμῶν ἰησοῦν χριστὸν σὺν ἁγίῳ πνεύματι **A**   ᾧ ἡ δόξα ...
ἀμήν **OA**: ᾧ ἡ δόξα <νῦν καὶ ἀεὶ καὶ> εἰς τοὺς ... ἀμήν **S**

Da die Handschrift **A** vor allem gegen Ende des Petrusmartyriums[138]
und dann in weiten Teilen des Paulusmartyriums von ihrer primären

---

hier zu verhandelnden Stelle ein ursprüngliches σοί nachträglich in σὺ korrigiert wurde.
Sicherheit kann nur die Einsichtnahme in das Original bringen.

138 Aber auch schon vorher, z. B. Mart. Petr. 7,2 (ὑμᾶς δὲ δυνατὸς ὁ κύριος στηρίξαι ...
οὓς αὐτὸς ἐφύτευσεν), wo **A** und **L** mit einem scheinbar geschmeidigeren Finalsatz
fortfahren (ἵνα καὶ ὑμεῖς ἄλλους φυτεύσητε bzw. *ut et alios possint plantare*), der aus **δ**
geschöpft sein dürfte (wie sich aus analogen Fällen ergibt), **C** aber einen futurischen

Quelle γ abweicht und sich mit Vorliebe an δ orientiert, repräsentieren
an dieser Stelle **PCV** den Hyparchetypus **γ**. Dieser wird zum Schluß
des Martyriums durch zwei hervorstechende Merkmale gekennzeich-
net: den Wegfall des Kolons ἐκ τῆς τοιαύτης ὀπτασίας (12,3) und den
Verlust des ganzen Schlußsatzes 12,4 mitsamt der Doxologie[139]. Die
Kombination von ο ὕ τ ω ς mit der nachgeschobenen Erläuterung ἐκ τῆς
τοιαύτης ὀ π τ α σ ί α ς läßt sich durch die verwandte Ausdrucksweise in
8,4 (ο ὕ τ ω ς με σταυρώσατε, ἐπὶ τὴν κεφαλὴν καὶ μὴ ἄλλως) als untadelig absichern; der Wortlaut selbst aber findet in act. Paul. pap. H. p.
3,15 (διὰ δὲ τὴν ὀ π τ α σ ί α ν τὴν γενομένην Παύλῳ) eine stützende
Parallele. Ps.Linus (**L**) hat in seiner freien Übertragung eine Wiedergabe des Kolons ἐκ τῆς τοιαύτης ὀ π τ α σ ί α ς zunächst ausgespart (es
wird unter ein allgemeines *unde* – entsprechend dem soeben behandelten οὕτως – subsumiert), läßt aber dann doch einen Reflex im anschließenden Satz erkennen, den er um die partizipiale Bestimmung *confortati saepe v i s i o n e beati Petri apostoli* erweitert. Hier der Text der
beiden lateinischen Versionen von 12,3–4:

L   *unde parum pavefactus quievit. erant quoque fratres simul laetantes et ex-
ultantes in domino, confortati saepe v i s i o n e beati Petri apostoli, glori-
ficantes deum patrem omnipotentem et dominum Iesum Christum cum spiritu sancto, cui est gloria, virtus et adoratio in saecula saeculorum. amen.*

V   *sic autem Nero <ti>more accepto abstinuit manus suas a discentibus dei et
Christi quo ter<mi>no Petrus arcessitus est. Pax om<ni>bus fratribus et
qui legunt et qui audiunt. actus Petri apostoli explicuerunt cum pace [et
Simonis.] amen.*

Die Schlußsätze *Pax ... amen* in **V** bilden das Explicit des Schreibers
(und Übersetzers), sind also nicht als Ersatz eines (verlorenen) Schlus-
ses der eigentlichen Erzählung anzusehen. Es hat den Anschein, daß der
Verfasser des Petrusmartyriums mit dem letzten Satz (καὶ ἦσαν τὸ

Satz parataktisch anfügt (ed altri pianterete voi), was jetzt durch **O** bestätigt wird (καὶ
ὑμεῖς δὲ ἄλλους φυτεύσετε) – wenn man nur die überlieferte Verbform φυτεύσητε in
das futurische -σετε ändert (in **P** ist der auf ἐφύτευσεν folgende Satz ganz weggefallen).
Die gleiche ε/η-Vertauschung liegt in Mart. Petr. 4,2 κατηνύγησαν **O** (-εν- Zw.) vor,
vgl. Mart. Paul. 4,2 μεταβάλεσθε (HUTCHINSON: μεταβάλεσθαι **O**, -ησθε **P**) und das
Schwanken der Handschriften zwischen καταφυτεύσητε und -σετε in Lev 19,23. Ansonsten lassen sich die Beobachtungen von LIPSIUS über die Orthographie in **P** ganz auf
O übertragen: „mira est neglegentia in scribendis vocalibus: litterae ι, η et ει, ε et αι, υ
et οι, ο et ω usque et modo fere inaudito si codicis aetatem respexeris permutantur"
(LIPS. p. LIIsq.).

139 **C** fügt lediglich das abschließende Kolon „nella pace di Dio. Amen" an; doch ist dies
eine stereotype Schlußformel, mit der die meisten der von ZOËGA beschriebenen koptischen Apocrypha enden; sie gehört nicht zu dem aus der griechischen Vorlage übertragenen Text.

λοιπὸν οἱ ἀδελφοὶ ὁμοθυμαδὸν εὐφραινόμενοι καὶ ἀγαλλιῶντες ἐπὶ[140] τῷ κυρίῳ) bewußt den Bogen zum Beginn des Martyriums (Πέτρος ὁ ἀπόστολος **ἦν** ἐν τῇ Ῥώμῃ ἀγαλλιώμενος μετὰ
τῶν ἀδελφῶν ἐν τῷ κυρίῳ) zurückschlagen wollte. Beide Male hat er sich dabei an Apg 2,46f. orientiert. Für die Echtheit spricht
auch ein so unscheinbarer Ausdruck wie τὸ λοιπόν, der sich durch act.
Paul. pap. H. p. 6,5f. ὥστε εἰς [ἄ]νεσι[ν] τὸ λοιπὸν τὰ δάκρυα αὐτοῦ γενέ[σ]θαι stützen läßt.

An der Aufeinanderfolge von δοξάζοντες und ᾧ ἡ δόξα wird man
sich hier ebensowenig stören müssen wie am Ende des Gebetes Petri:

> 10,4 αἰνοῦμέν σε εὐχαριστοῦντες[141] καὶ δεόμενοι ἀνθομολογούμεθα, δοξά-
> ζοντές σε ἔτι ἀσθενεῖς ὄντες ἄνθρωποι, ὅτι σὺ εἶ ὁ σωτὴρ[142] τῶν ψυχῶν
> ἡμῶν καὶ οὐχ ἕτερος εἰ μὴ μόνος σὺ θεός, ᾧ ἡ δόξα καὶ νῦν καὶ εἰς τοὺς
> ἅπαντας αἰῶνας. Ἀμήν.'

Erinnert sei an das im Petrusmartyrium mehrmals anklingende Polykarpmartyrium. Dort endet der Märtyrer sein Gebet auf dem Scheiterhaufen wie folgt (man beachte die trinitarische Doxologie):

*
> Mart. Polyc. 14,3 διὰ τοῦτο καὶ περὶ πάντων σὲ αἰνῶ, σὲ εὐλογῶ, σὲ δοξά-
> ζω διὰ τοῦ αἰωνίου καὶ ἐπουρανίου ἀρχιερέως Ἰησοῦ Χριστοῦ ἀγαπητοῦ
> σου παιδός, δι' οὗ σοὶ σὺν αὐτῷ καὶ πνεύματι ἁγίῳ δόξα καὶ νῦν καὶ εἰς
> τοὺς μέλλοντας αἰῶνας. ἀμήν.

Je nach dem, wie zuverlässig die Überlieferung des Poykarpmartyriums
einzuschätzen ist, kommen die hier im Gebet angeschlagenen Motive
noch mehrmals in der abschließenden Darlegung der berichtenden Gemeinde von Smyrna zum Ausdruck:

> 19,2 ἀγαλλιώμενος δοξάζει τὸν θεὸν καὶ πατέρα παντοκράτορα καὶ εὐλο-
> γεῖ τὸν κύριον ἡμῶν Ἰησοῦν Χριστόν, τὸν σωτῆρα τῶν ψυχῶν ἡμῶν καὶ
> κυβερνήτην τῶν σωμάτων ἡμῶν ...

> 20,2 (ἐν τῇ αὐτοῦ **χάριτι** καὶ δωρεᾷ) ... διὰ τοῦ παιδὸς αὐτοῦ τοῦ μο-
> νογενοῦς Ἰησοῦ Χριστοῦ, δόξα, τιμή, κράτος, μεγαλωσύνη εἰς τοὺς αἰῶ-
> νας

---

140 Vgl. Ps 34,9 ἡ δὲ ψυχή μου ἀγαλλιάσεται ἐπὶ τῷ κυρίῳ. 63,11; 103,34; Jo 2,23
χαίρετε καὶ εὐφραίνεσθε ἐπὶ τῷ κυρίῳ θεῷ ὑμῶν. Sach 10,7; Jes 61,10 ἀγαλλιάσ-
θω ἡ ψυχή μου ἐπὶ τῷ κυρίῳ.
141 Durch Unterstreichung hebe ich im folgenden die Entsprechungen zwischen Petrus- und
Polykarpmartyrium hervor (es gibt natürlich noch viele weitere, die hier nicht aufgeführt werden können).
142 Aus dieser Stelle könnte A seine abweichende Version δοξάζοντες τὸν θεὸν καὶ σωτῆρα
gewonnen haben, wenn er sich nicht das gleich zu nennende Polykarpmartyrium (19,2)
zum Vorbild genommen hat.

21,1 βασιλεύοντος δὲ εἰς τοὺς αἰῶνας τοῦ κυρίου ἡμῶν Ἰησοῦ Χριστοῦ· (ᾧ ἡ δόξα, τιμή, μεγαλωσύνη, θρόνος αἰώνιος ἀπὸ γενεᾶς εἰς γενεάν. ἀμήν)

22,3 ἵνα κἀμὲ συναγάγῃ ὁ κύριος Ἰησοῦς Χριστὸς μετὰ τῶν ἐκλεκτῶν αὐτοῦ εἰς τὴν οὐράνιον βασιλείαν αὐτοῦ, ᾧ ἡ δόξα σὺν τῷ πατρὶ καὶ ἁγίῳ πνεύματι εἰς τοὺς αἰῶνας τῶν αἰώνων. ἀμήν.

2. Mart. Paul. 7,3

Der Schlußsatz des Paulusmartyriums lautet in der durch **O** verbürgten Fassung wie folgt: καὶ ταῦτα (so **OHA**, οἱ δὲ τ. **P**)[143] ἀκούσαντες ἀπεδέξαντο αὐτοὺς καὶ ἐδόξασαν τὸν θεὸν καὶ ἔδωκαν αὐτοῖς τὴν ἐν Χριστῷ σφραγῖδα χ ά ρ ι τ ι τοῦ κυρίου ἡμῶν Ἰησοῦ Χριστοῦ, ᾧ ἡ δόξα εἰς τοὺς αἰῶνας. ἀμήν[144]. **PHS** und wohl auch **K** bieten an Stelle von ἀπεδέξαντο … σφραγῖδα die verkürzte Version ἐχάρησαν καὶ ἔδωκαν αὐτοῖς τὴν ἐν κυρίῳ σφραγῖδα, während **A** im Anschluß an ἀκούσαντες weiterfährt mit παρ' αὐτῶν ὁ Τίτος καὶ ὁ Λουκᾶς μετὰ πολλῆς εὐφροσύνης ἔδωκαν αὐτοῖς τ. ἐν κ. σφραγῖδα. Der in **O** überlieferte Abschluß mit Doxologie fehlt in **PH**; **A** und der späte kontaminierte Mischkodex **S** (s. u.) bieten die Variation δοξάζοντες τὸν θεὸν[145] καὶ πατέρα τοῦ κυρίου ἡμῶν Ἰησοῦ Χριστοῦ[146], ᾧ ἡ δόξα εἰς τοὺς αἰῶνας τῶν αἰώνων. ἀμήν, also die nur geringfügig erweiterte Doxologie, die wir aus **O** kennen. Sie erscheint wiederum selbständig (im Sinne der trinitarischen Grundformel) modifiziert in **L**: (baptizati sunt) in nomine[147] domini nostri Iesu Christi, cui cum patre in unitate spiritus sancti est honor et gloria, virtus et imperium in omnia saecula saeculorum. amen, ähnlich aber auch in **C**ᴾ (das Ende des Papyruskodex ist verstümmelt): „… im Namen unseres Herrn Jesu, dem Ehre zukommt mit Seinem Vater und dem Heiligen Geiste. Von Ewigkeit zu Ewigkeit. Amen."

Das Verb des Schlußsatzes in **K** kann nicht gesichert werden, sondern nur die Schlußworte „Herrn Jesus (Christus) und alle (…)." Es hat aber den Anschein, daß die abschließende Doxologie nur in **HP** fehlt,

---

143 Die koptische Übersetzung scheint beiden Versionen gemäß.
144 Vgl. den Schluß des Gebetes der Thekla in act. Paul. et Thecl. 42. Χ ρ ι σ τ ὲ ὁ υἱὸς τοῦ θεοῦ … αὐτὸς εἶ θεὸς καὶ σοὶ ἡ δόξα εἰς τοὺς αἰῶνας, ἀμήν (s. SCHMIDT 1905, 191).
145 Dies mutet wie ein Nachtrag des in **O** vorausgestellten Kolons καὶ ἐδόξασαν τὸν θεὸν an; doch erscheint das Partizip δοξάζοντες auch sonst in solchen Doxologien, wie oben gezeigt.
146 Statt des Genitivattributs überliefert **S**: πατέρα καὶ τὸν κύριον Ἰ. Χρ.
147 Stand in δ ὀνόματι statt χάριτι?

im Hyparchetypus γ könnte sie noch vorhanden gewesen sein und ihre Spur in **C**[P] (und **K**?) hinterlassen haben.

3. Nachgetragene Randvarianten in δ?

In Mart. Paul. 7,3 gibt **S** das Kolon ἔδωκαν αὐτοῖς τὴν ἐν Χριστῷ σφραγῖδα (**O**) in der Fassung von **PAK** (ἐ. αὐ. τ. ἐν κυρίῳ σφ.) und erweitert es durch den anschließenden Zusatz καὶ ἔλαβον αὐτοὺς. Hierbei scheint es sich um eine Variation[148] des unmittelbar voraufgehenden ἀκούσαντες ἀπεδέξαντο αὐτοὺς zu handeln: Titus und Lukas, die die Flucht angetreten hatten, „blieben stehen und ließen Longinos und Keskos, von denen sie sich verfolgt glaubten, zu sich herankommen (und nahmen sie auf)" (und spendeten ihnen, Gott preisend, die Taufe). Diese Fassung steht aber nur in **O**; **S** überliefert statt dessen an der entsprechenden Stelle zusammen mit **P(A)H** ἀκούσαντες ἐχάρησαν καὶ ἔδωκαν αὐτοῖς, etc.

Der Kopist von **S** (oder besser jener von **σ**) dürfte also in der Vorlage δ (?) einen Randzusatz vorgefunden haben, einen Nachtrag der **O**-Lesart ἀπεδέξαντο αὐτούς, und diesen in seinen Text übernommen haben. Es hat den Anschein, daß auch Ps.Linus (**L**) eine solche Ergänzung am Rand vor sich sah, als er den δ-Text wie folgt übertrug: *haec namque audientes ab eis Titus et Lucas steterunt* [hier erwartet man nun καὶ ἀπεδέξαντο αὐτοὺς] *cum multa laetitia et gaudio spiritali, imponentes eis mox manus et dantes signaculum sanctificationis perpetuae, sicque in ieiunio usque ad vesperam percurrentes*[149] *baptizati sunt*, etc. Die Verdoppelung des Taufmotivs könnte daher rühren, daß Ps.Linus in einem zweiten Ansatz auch den Rand-Nachtrag καὶ ἀπεδέξαντο αὐτοὺς umzusetzen suchte und dabei das Verb im Sinne einer gastlichen Aufnahme (die freilich mit Fasten verbunden war) deutete. Erinnert sei an den Schluß der kanonischen Apostelgeschichte (Apg 28,30): ἐνέμεινεν δὲ διετίαν ὅλην ἐν ἰδίῳ μισθώματι, καὶ ἀπεδέχετο πάντας τοὺς εἰσπορευομένους πρὸς αὐτόν.

Eine verwandte Umsetzung einer nachgetragenen Variante dürfte in Mart. Petr. 7,6 (πρὸς τὸν Ἀγρίππαν μὴ ἀγριαίνεσθε) vorliegen: μὴ ἀγριαίνεσθε **O**: μὴ πικραίνεσθε **PA**: *nolite ... saevire et amaro animo in*

---

148 Oder einfach um einen Nachtrag von ἀπεδέξαντο αὐτοὺς zu handeln; denn es ist ja durchaus fraglich, ob SOKOLOFF bei der Rückübersetzung der slawischen Version mit ἔλαβον das richtige Verb der griechischen Vorlage von **S** getroffen hat.

149 In den Handschriften finden sich die Varianten *ieiunio ... percurrente* und *ieiunium ... percurrentes*.

eum esse **L** (*n. furere* **V**)[150]. Schließlich sei auf das versprengte (*h*)*ieros* in Mart. Petr. 7,3 verwiesen, worin man offenbar das Fragment einer aus γ nach δ übertragenen Variante zu sehen hat; man vergleiche die handschriftliche Überlieferung (φρουμεντάριοι τέσσαρες **O**: ἱερο-πολῆται τεσσαρῖς **P**: ὑπηρέται αὐτῷ δέκα ἐπιστάντες **A**) mit dem Text des Ps.Linus: *supervenit **Hieros**[151] cum q u a t u o r apparitoribus et aliis d e c e m viris, qui eum comprehendentes rapuerunt de medio fratrum et statuerunt vinctum Agrippae praefecti urbis obtutibus.*

VI. Ps.Linus (L) und das Passionis Pauli Fragmentum (M)

1. Eine lateinische Übersetzung (μ) der δ-Fassung des Mart. Pauli

Das Verhältnis des lateinischen Auszugs aus dem Paulus-Martyrium (**M**)[152] zu **L** ist nicht geklärt. LIPSIUS (XVIII) war der Ansicht, das Fragment **M**, das in allen drei Kapiteln viele, oft längere wörtliche Übereinstimmungen mit **L** bietet, sei direkt aus dem uns vorliegenden lateinischen Ps.Linus herausgezogen. Dies scheint aber aus mehreren Gründen unmöglich, wie sich anschließend zeigen wird. Mit weit größerem Recht könnte man vermuten, daß Ps.Linus bei der lateinischen Wiedergabe des Paulus-Martyriums, das er nach einer ihm zur Verfügung stehenden griechischen Vorlage (δ) übersetzte, in den ersten drei Kapiteln die Grundsubstanz der bereits existierenden lateinischen Übertragung durch **M** übernommen, diese aber stark ausgeweitet hat. Wir haben ja gesehen, daß er bei seiner lateinischen Übersetzung des Petrus-Martyriums auch den Exkurs des Ambrosius über die Auseinandersetzung zwischen Petrus und Simon Magus in Rom und den Tod des Petrus unter Nero ausbeutet[153].

Die Alternative lautet: Es gab bereits eine lateinische Übersetzung des (ganzen?) Paulus-Martyriums (μ). Sie wird von Ps.Linus in großem Stile bearbeitet (von seiner Hand dürfte z. B. der Abschnitt über die Freundschaft zwischen Seneca und Paulus und ihren angeblichen Briefwechsel[154] oder auch die Plautilla-Episode[155] stammen)[156], der Verfas-

---

150 Auch in der koptischen Übersetzung scheint die Variante erhalten geblieben zu sein: non vi adirate e non v'indignate **C¹** (n. v'ind. om. **CᴾC²**).

151 *Hieros* f (= ed. princ.): *ieros* AGL: ***leros*** BCD: *sacerdos deorum* E | *apparitoribus **ieros** et aliis* E.

152 Er umfaßt nur die Kapitel 1–3.

153 Siehe S. 75f. 79f., bes. 85ff. 90f.

154 LIPSIUS p. 24,6–17. Siehe hierzu A. FÜRST, alii, Der apokryphe Briefwechsel zwischen Seneca und Paulus, Tübingen 2006. In der Einführung (3–22) behandelt FÜRST auch die

ser von **M** aber nutzt sie in der Absicht, die zunächst getrennten, je
selbständigen Martyriumsberichte beider Apostel zu einer einheitlichen
'Passio sanctorum apostolorum Petri et Pauli' zusammenzuführen, wie
sie uns im Ps.Marcellus vorliegt[157]. Tatsächlich ist ja das Fragment **M**
als eine Art Vorspann zu diesem Ps.Marcellus überliefert (s. LIPSIUS p.
106): der Verfasser hat den Schluß des Kapitels 3 mit Geschick so ab-
gewandelt, daß eine Überleitung gefunden wird in eine Situation, wie
sie zu Beginn des Ps.Marcellus vorausgesetzt ist. Zwar hören wir noch
von dem Todesurteil, das Nero über Paulus verhängt hat; aber am Ende
steht die Rücknahme des Christenedikts durch den Kaiser, die dazu
führt, „daß niemand wagte, Hand an die Christen zu legen, bis der größte Teil des Volkes sich zu Christus bekehrte": *tunc iussu regis cessavit
edictum, ita ut nemo auderet contingere Christianos, donec maxima
pars populi ad Christum converterentur.*

Daran aber schließt (für den Nutzer der LIPSIUS-Ausgabe nur erkennbar, wenn er dessen Eintrag im krit. Apparat S. 113 berücksichtigt)
der **M**-Redaktor den Einleitungssatz des Petrus-Martyriums in der
Übersetzung der act. Verc. an: *in diebus autem illis Petrus apostolus
Romae morabatur cum fratribus gloriosus in domino gratias agens deo
die ac nocte, turba<m> credentium ad se venientem suscipiebat* (p.
85,10sqq. LIPS.), so daß also auch der Handlungsfaden der Petrusakten
aufgenommen ist, und leitet dann mit zwei weiteren Sätzen direkt in die
Auseinandersetzung der Juden in Rom mit Petrus und Paulus über, die
den ersten Teil des Ps.Marcellus prägt: *resistebant autem illi quidam
I u d a e i, quos revincebat P e t r u s per verbum domini. cumque audis-
sent de P a u l o in tempore illo* **cum venisset Paulus Romam, conve-
nerunt ad eum omnes Iudaei.** Der hier markierte Schlußsatz ist identisch mit dem Eingangssatz des Ps.Marcellus.

Damit ist aber das Fragment **M** in die Zeit des Ps.Marcellus und
damit später als Ps.Linus datiert, kann also selbst nicht die Vorlage des
Ps.Linus gebildet haben. Somit ist eine lateinische Übersetzung (**μ**) des

---

Frage der Datierung (6–10). Ein sicherer *terminus ante quem* liegt in dem Zeugnis des
Hieronymus (vir. ill. 12) aus dem Jahre 392/393 vor. Versuche einer näheren Eingren-
zung müssen sich allein auf innere Kriterien stützen. Sie deuten auf die zweite Hälfte
des 4. Jh.s.; FÜRSTs weitergehende Äußerung „vielleicht kann man sogar wagen zu sagen: im letzten Viertel" des 4. Jh.s (10) ist ohne sicheren Anhalt.

155 LIPSIUS p. 38,20–39,15; 40,14f. 21f.; 41,9–42,8.

156 Auch die lange Predigt des Paulus an die Römer 33,6–36,13 L. geht auf sein Konto;
dort zeigt ein Statius-Zitat, daß Ps.Linus ein „klassisch" gebildeter Christ war, s. 36,2 L.
unde et dicitur, quia 'primus in orbe timor creavit deos' (vgl. Stat. Theb. 3,661 *primus
in orbe deos fecit timor*).

157 Dementsprechend heißt der Titel: *passio sanctorum apostolorum petri et pauli qui passi
sunt sub nerone imperatore die tertio kal. iulias.*

Paulus-Martyriums als gemeinsame Vorlage für **L** und **M** zu postulieren. Der **M**-Redaktor dürfte die ersten drei Kapitel von dort ähnlich unambitioniert herausgeschnitten und verwertet haben (die vom Zwang diktierte leichte Umformung des Schlußsatzes steht dem nicht entgegen), wie er das mit dem wörtlich aus den act. Verc. übernommenen Satz getan hat. Ein Vergleich mit der Version des Ps.Linus kann diesen Eindruck bestätigen, auch wenn man an einigen Stellen mit kürzenden Eingriffen durch **M** zu rechnen haben wird. Ich versuche dies im folgenden an ausgewählten Beispielen zu illustrieren.

Die griechische Vorlage der hier erschlossenen lateinischen Übersetzung μ wurzelt letztlich in β. Die zeitlich weit vor unseren griechischen Handschriften angesiedelten lateinischen Übersetzungen (μLM) fußen jedoch auf einem griechischen Exemplar (δ), das in manchem noch ein Frühstadium der β-Tradition erkennen läßt, in dem einige der uns aus **PA** und den Papyri **HK** bekannten Fehler noch nicht in die β-Tradition eingedrungen waren, das aber durchaus auch eigene Versionen eingeführt hat, die nicht auf β und auch nicht auf den Archetypus zurückgehen, sondern als selbständige δ-Erfindungen beurteilt werden müssen.

2. Abriß einer Rekonstruktion der δ-Fassung von Mart. Paul. 1–3 aus Ps.Linus, M und A

Der ursprünglich vollständige Vergleich der Textfassungen von **LM** mit der sonstigen Überlieferung, aus dem das oben vorweggenommene Ergebnis gewonnen wurde, kann hier nur ausschnittweise wiedergegeben werden. Dabei wird auch öfter der synoptische Abdruck des jeweiligen griechischen Ausgangstextes (mit den verschiedenen Fassungen) aufgegeben: die Edition mit Apparat ist dem Leser ja um nur wenige Seiten versetzt zur Hand. Ich beschränke mich darauf, die wichtigsten von μ abhängigen **LM**-Versionen zusammenzustellen und ihre gemeinsamen Abweichungen von den übrigen Textzeugen im Sinne von 'Bindefehlern' hervorzuheben[158]. Die signifikanten Übereinstimmungen mit

---

158 Die übereinstimmende lateinische Umsetzung des Griechischtextes durch **LM** ist meist durch die gemeinsame Nutzung der bereits vorliegenden lateinischen Übersetzung μ bedingt. Diese Übereinstimmungen werden durch Fettdruck markiert, die übereinstimmenden Abweichungen vom bisher bekannten Griechischtext zusätzlich durch Unterstreichung hervorgehoben: in ihnen haben wir Sonderlesarten von δ vor uns, die durch μ vermittelt wurden. Übereinstimmungen mit **A**-Sonderlesarten deuten auf gemeinsamen Rückgriff (entweder von μA oder auch von LA) auf δ. Dies wird durch punktierte Linie kenntlich gemacht (L scheint nicht nur auf μ, sondern zusätzlich direkt auf eine griechische δ-Handschrift zurückzugreifen). Kleinere Veränderungen des Wortlauts der

A-Lesarten, die bisher als Sonderfehler von **A** zu deuten waren, jetzt aber auf den Hyparchetypus δ zurückgeführt werden können, werden je gesondert aufgeführt. Die Zitate sind auf die in der anschließenden Edition eingeführten Kapitel und Paragraphen abgestimmt.

1,1 *ubi cum <u>his</u>* v e r b u m *tractaret* **M**
ubi cum <u>his</u> et aliis fratribus[159] *de* v e r b o *vitae tractaret* **L**

1,2 *et <u>coepit</u> per haec <u>colligere multitudinem magnam</u> et adiciebantur
a d e u m animae multae, ita ut <u>per totam</u> urbem strepitus fieret et concursus*[160] *multitudinis de domo Caesaris et credebant in domino et fiebat
<u>cottidie</u> gaudium magnum* **M**
*<u>coepit</u> interea <u>colligere multitudinem maximam</u>, adiciebanturque <u>per
eum</u> fidei multae animae operante gratia dei*[161]*, ita ut <u>per totam</u> urbem
sonus praedicationis et sanctitatis <u>ipsius</u> fieret et exiret fama per universam circa regionem <u>de illo</u>. iam enim admodum innotuerat orbi Romano
signis et prodigiis et doctrina multa atque mirabili sanctitate. concursus
quoque multus de domo Caesaris fiebat a d e u m credentium in dominum Iesum Christum et augmentabatur <u>cotidie</u> fidelibus gaudium magnum et exultatio* **L**

Der jeweils gleiche Auftaktsatz (*et*) *coepit ... magnam/maximam*, der den ersten Gedanken verdoppelt, hat keinen Anhalt in den uns bekannten sonstigen Überlieferungsträgern, scheint also ebenso wie das spätere *cottidie* eine Eigentümlichkeit der Übersetzung µ (oder wohl besser bereits ihrer griechischen Vorlage δ) zu sein. Der auf Intensivierung und Ausmalung bedachte Ps.Linus hat *magnam* superlativisch gesteigert und das in **M** fehlende Ruhmesmotiv, das im griechischen Urtext am Beginn von 1,2 steht (διαβόητος ἐγένετο), an späterer Stelle nachgetragen (*ita ut ... exiret fama per universam circa regionem de illo*) und durch einen zweiten Satz weiter ausgemalt. Schon diese wenigen Veränderungen (andere übergehe ich) zeigen, daß **M** nicht aus **L** zusammengeschnitten worden sein kann, sondern daß **L** den Kurztext µ, wie wir ihn aus **M** kennen, mit Blick auf eine weitere Quelle (δ) ergänzt und zusätzlich aus eigenem Fundus, wie es scheint, erweitert hat. Schon die lateinische Version µ hat einen β-Text zum Vorbild, aus dem auch **A** geschöpft haben muß (s. *per totam urbem*)[162], aber auch der von

---

gemeinsamen Quelle durch **L** (oder **M**) oder einander entsprechende Wörter sind zuweilen gesperrt gedruckt.

159 Vgl. μετὰ τῶν ἀδελφῶν **OPA**; das Kolon wurde entweder von **M** ausgelassen (obwohl es in µ stand) oder von **L** direkt aus δ nachgetragen.

160 Von LIPSIUS aus *conversus* (**M**[1]) gewonnen, eine sichere Emendation.

161 Vgl. Mart. Petr. 4,1 τῇ χάριτι τοῦ θεοῦ.

162 Dies hat allein in der **A**-Version ἦχον περὶ αὐτοῦ γενέσθαι κατὰ πᾶσαν τὴν ῥώμην einen Anhalt.

Ps.Linus zusätzlich herangezogene Text (δ) ist von eben dieser Art; darauf deutet die Entsprechung zwischen ἦχον περὶ αὐτοῦ (A) und *sonus praedicationis et sanctitatis ipsius* einerseits und *augmentabatur cotidie fidelibus gaudium magnum et exultatio* und ὡς εἶναι μεγάλην χαρὰν τῷ παύλῳ καὶ τοῖς ἀκούουσιν (O: εἶναι χαρὰν μεγάλην παρ' αὐτοῖς A: εἶναι χαρὰν μεγάλην P) andererseits. Durch *concursus fiebat/fieret* aber bezeugen die lateinischen Übersetzungen, daß ihre griechische Vorlage noch das ursprüngliche Verb **προσιέναι** tradierte, das durch **O** wieder ans Tageslicht gekommen ist, in **PA** aber zu προσεῖναι verschrieben war.

> 1,3 καί τις οἰνοχόος τοῦ Καίσαρος ὀνόματι Πάτροκλος ὀ ψ ί α ς (**OC**: ὀψέ **PA**) πορευθεὶς εἰς τὸ ὅρριον οὐκ ἴσχυσεν εἰσελθεῖν πρὸς τὸν Παῦλον διὰ τὸν ὄχλον
>
> **quidam** autem **pincerna** Caesaris nomine **Patroclus abiit v e s p e r a ad horreum** et **prae turba non potuit introire ad Paulum M**
>
> quadam denique die, cum Paulus doctrinae inserviens c i r c a **v e s p e r a m** in cenaculo editiori turbas alloqueretur, **quidam Patroclus,** deliciosus et **pincerna** regis, ipsius se subducens aspectibus **abiit ad horreum** ubi Paulus hospitabatur, ut audiret documenta vitae perpetuae. invitatus enim ad hoc et animo ductus iam fuerat a consodalibus suis et Caesaris amicissimis, qui de eius familiari obsequio Pauli monita sectabantur. sed cum **prae multitudine populi ad eum introire non posset L**

In **M** liegt eine eng an den Wortlaut von (**O**)**A** angelehnte Übersetzung vor, die großenteils in **L** (aus der gemeinsamen Quelle **μ**) übernommen, aber breit ausgeweitet ist. Die von LIPSIUS favorisierte umgekehrte Abhängigkeit würde zur Bedingung haben, daß **M** den breiten **L**-Text zufällig auf genau das Maß zurückgeschnitten hätte, das der Länge (und der Wortfolge) der griechischen Vorlage entspricht. Eine solche Konzeption ist widersinnig.

Auch hier bezeugen **LM** (also **μ**) eine richtige Lesart (*vespera* bzw. *circa vesperam*), die in der Tradition der griechischen Handschriften erst durch **O** aufgedeckt worden ist (ὀψίας). Dies ist ein neuer Beweis, daß die β-Überlieferung auf der durch **μ**(**LM**) repräsentierten Textstufe (δ) noch näher bei **α** stand, als es die in **PA** sichtbaren Depravierungen (in diesem Falle in der Form von ὀψέ) erahnen lassen. Da auch der Kopte (**C**) das Richtige bezeugt, war dies auch noch in γ erhalten; der Fehler ist erst durch ε in die Überlieferung gekommen.

1,4 / 2,1 (Die Chronologie der Patrokloshandlung)

Wir übergehen die Episode vom tödlichen Fenstersturz des Patroklos und seine Wiedererweckung durch Petrus und richten unser Augenmerk gleich auf die in den Handschriften uneinheitliche Einbindung Neros in das Geschehen: Der Mundschenk nutzt seinen freien Nachmittag (ὀψίας muß nicht auf den Abend verweisen, sondern kann auch einfach die spätere Tageszeit ca. 15–18 Uhr bezeichnen), um Paulus zu hören. Es ist die Zeit, in der Nero (nach Siësta und gymnastischen Übungen?) sein Bad nimmt. Im Anschluß an das Bad folgt im festen Turnus des römischen Tagesablaufs die *cena*, das Abendmahl[163]. Erst da wird der Mundschenk wieder gebraucht. So ist es ganz folgerichtig, daß Nero, dem der Tod des ihm eng verbundenen Patroklos gemeldet worden war, beim Verlassen des Bades einen neuen Mundschenk einsetzt, der bei der unmittelbar anschließenden *cena* Dienst tun soll[164]. Inzwischen war aber der wiedererweckte Jüngling zusammen mit den übrigen Hörern, die aus dem Haus des Kaisers zu Paulus gekommen waren, in den Kaiserpalast zurückgekehrt und hatte selbst seinen gewohnten Platz wieder eingenommen.

Wann genau und wo Nero die Todesnachricht erhält, ist aus dem ursprünglichen Text nicht sicher zu ermitteln. Dies scheint der Grund für den nachfolgend zu besprechenden Eingriff in **L**.

1,4 (…) ὡς ἀποθανόντα αὐτὸν ταχέως ἀναγγελθῆναι τῷ Νέρωνι ὑπὸ τῶν οἰκέτων· <ἀκούσας δὲ ὁ Νέρων ἐταράχθη add. **O**> (hierzu o. S. 352 Anm. 58)

***continuo nuntiatum est Neroni* M**

*quod cum **mox Neroni** <u>revertenti a balneo</u>*[165] *fuisset **nuntiatum**, qui multa frequentia dilectum sibi iuvenem requirebat, **<u>contristatus</u>** est rex usque ad animam **<u>super mortem Patrocli statuitque alium</u>** <u>pro eo</u> **<u>ad vini officium</u>**, ut ei porrigeretur poculum* **L**

2,1 Ὁ δὲ Καῖσαρ ἀκούσας τὸν θάνατον τοῦ Πατρόκλου μεγάλως ἐλυπήθη καὶ ἐλθὼν ἀπὸ τοῦ βαλανείου (δημοσίου **A**) ἄλλον ἐκέλευσεν στῆναι ἐπὶ τοῦ οἴνου. **2** οἱ δὲ παῖδες εἶπον αὐτῷ· 'Καῖσαρ, Πάτροκλος ζῇ καὶ ἔστηκεν ἐπὶ τῆς τραπέζης.'

---

163 Verwiesen sei auf den Abschnitt „3. Das Bad im Tagesablauf" bei ST. BUSCH, Versus Balnearum. Die antike Dichtung über Bäder und Baden im römischen Reich, Stuttgart 1999, 400ff. Nach Vitruv (5,10,1) ist die Hauptbadezeit zwischen Mittag und Abend. Martial (3,36) muß – selbst längst müde – einen seiner Patrone zur zehnten Stunde oder noch später in die Thermen des Agrippa begleiten, s. BUSCH 395. 403; auch nächtliches Baden (mit sehr spätem Mahl) ist belegt (BUSCH 413ff.). Zum Verständnis unseres Textes ist wichtig, daß man sich den engen Konnex zwischen Bad und anschließendem Abendmahl im römischen Tagesrhythmus vor Augen hält; es sei Martial zitiert (6,53,1f.): „Er hat noch mit uns gebadet, heiter gespeist, und am Morgen wurde derselbe Andragoras tot aufgefunden" (BUSCH 402).

164 Der **A**-Redaktor dagegen bringt in 2,2 den Mundschenk mit dem Frühstück oder der Mittagsmahlzeit in Zusammenhang (οὐκ ἐβούλετο εἰσελθεῖν ἐπὶ τὸ ἄριστον).

165 Durch doppelte Unterstreichung werden jene Wörter und Kola hervorgehoben, die **L** mit **M** teilt, die aber in **L** – anders als in **M** – aus dem Paragraphen 2,1 nach vorne gezogen sind und nun das Ende von 1,4 bilden.

ἄλλον ἐκέλευσεν (ἐ. ἄ. **P**) στῆναι ἐπὶ τοῦ οἴνου **OP**: ἐκέλευσεν ἄλλον <u>εἰς τὸν τόπον</u> <u>αὐτοῦ</u> ἐπὶ τοῦ οἴνου στῆναι **A**(~**C**)

2,1 *Caesar **autem cum** audisset **de morte Patrocli, contristatus** valde et* ***egrediens a balneo iussit alium stare ad calices**. dixerunt autem pueri **ad*** ***Caesarem: noli contristari, Caesar: vivit enim** Patroclus **et nunc adest.*** **M**

Cum autem** lamentaretur Nero Patroclum et immensitate absorberetur* ***tristitiae, dixerunt** circumstantes **ad Caesarem: non, domine,** magnanimi-* *tas vestra **gravetur molestia** <u>**super mortem**</u> adolescentis. **nam vivit et ad- *est pro foribus.* **L**

In der ursprünglichen Erzählung hat der Leser in 1,4 erfahren, daß der Tod des Patroklos unmittelbar dem Nero gemeldet wurde; die Aufmerksamkeit des Lesers aber blieb weiter am Ort des tödlichen Geschehens gebunden, wo sogleich Petrus eingreift und die Wiedererweckung des Jünglings bewirkt. Erst jetzt erfolgt der Schauplatzwechsel zu Nero. Er hat die Todesnachricht mit Schmerzen vernommen und ernennt nun, aus dem Bad zurückkehrend, einen neuen Kellermeister.

Diesen Satz hat Ps.Linus nach vorne (an das Ende von 1,4) gezogen und mit der Überbringung der Todesnachricht verknüpft. Er hat dann das Motiv der Trauer über den Tod des Patroklos zu Beginn von 2,1 in veränderter Diktion erneut aufgegriffen, eben dort, wo er es in **μ** stehen fand und wo es auch in **M** mit Blick auf die gemeinsame Vorlage **μ** überliefert wird. Dabei bietet **M** sowohl am Schluß von 1,4 wie zu Beginn von 2,1 sehr getreu den Text der griechischen Vorlage. Dies kann aber nicht dadurch erreicht worden sein, daß **M** von sich aus die Textversetzungen von **L** wieder rückgängig gemacht und dabei zufällig recht genau die Fassung des griechischen Originals getroffen hätte. Vielmehr haben wir hier einen weiteren sicheren Beweis für die Existenz von **μ**, einer lateinischen Übersetzung, aus der sowohl **L** als auch **M** geschöpft haben.

Unabhängig von der Textversetzung sehen wir Ps.Linus zweimal im Wortlaut von **μ** abweichen; beide Male bietet er eine Fassung, die eng mit **A** (ὁ δὲ Καῖσαρ <u>ἀκούσας ἐλθὼν ἀπὸ τοῦ</u> δημοσίου καὶ περίλυπος γενόμενος σφόδρα ἐκέλευσεν ἄλλον <u>εἰς τὸν τόπον αὐτοῦ</u> ἐπὶ τοῦ οἴνου στῆναι) verwandt ist: 1. *statuitque alium <u>pro eo</u> ad vini officium*; 2. *quod cum mox Neroni <u>revertenti a balneo</u> fuisset <u>nuntiatum</u> contri-* *status est rex … statuitque* etc. (es geht um die Zuordnung von ἐλθών/ revertenti zum Empfang der Nachricht statt zur Bestellung des neuen Kellermeisters). Wir dürfen annehmen, daß hier **L** wie **A** direkt auf **δ** zurückgegriffen hat.

1,5 *cum **autem** vidissent* (sc. *puerum mortuum*) ***turbae, mirabantur <u>de*** **<u>Paulo quod nemo illi nuntiasset</u>** **M**

mirabantur autem turbae, quomodo __Paulus__ rem gestam ex ordine cogno-
visset __sibi nemine nuntiante__ L

Die lateinische Übersetzung **μ** hat das in **OPA** einhellig überlieferte
ἐταράχθησαν (sc. οἱ ὄχλοι) durch *mirabantur* wiedergegeben und den
vermeintlichen Grund der Verwunderung breit ausgeführt, wovon sich
in unseren Textzeugen keine Spur findet. Vielleicht bot bereits die griechische Vorlage **δ** einen entsprechenden Eintrag.

> 2,2 *__Caesar autem cum audisset vivere__ Patroclum __quem paulo ante mor-__*
> *__tuum__ audierat, __expavit__ et __nolebat__ eum permittere __introire__ sibi* **M**
> *__Caesar vero cum audisset__ Patroclum __vivere quem paulo ante__ didicerat*
> *__mortuum, expavit__ corde et __recusabat__ eum __introire__ et adstare suo conspec-*
> *tui* **L**
> καὶ ὁ καῖσαρ ἐκέλευσεν α ὐ τ ὸ ν ε ἰ σ ε λ θ ε ῖ ν **O(C)**: καὶ εὐλαβεῖτο εἰσ-
> ελθεῖν **P(S)**: <u>καὶ ὁ καῖσαρ ἀκούσας καὶ θαυμάσας ἔτι δὲ ἀπιστῶν ὅτι ζῇ</u>
> <u>οὐκ ἐβούλετο εἰσελθεῖν</u> ἐπὶ τὸ ἄριστον **A**

Hier stimmen **LM** beinahe wörtlich überein, geben also getreu die
Übersetzung **μ** wieder, die uns ihrerseits ein zuverlässiges Bild von **δ**
geben dürfte. Dort war offensichtlich das ursprüngliche α ὐ τ ό ν (εἰσελθεῖν) bewahrt, das in **A** und **P** ausgefallen ist: LIPSIUS sucht zu Unrecht
im Apparat dem Autor zu unterstellen, „ut ipsum Caesarem introire no-
luisse opinaretur". Während also **A** im Ausfall von αὐτόν einen ε-Bin-
defehler tradiert, bietet die Handschrift ansonsten in diesem Passus
meist – abweichend von **OPK** – den **μ**-Text, schöpft also aus **δ**, wie aus
den einander entsprechenden Markierungen hervorgeht.

Dies gilt auch für den folgenden Satz:

> *– et cum suasum illi fuisset ab amicis plurimis, iussit illum introire.*
> *__quem cum vidisset obstupuit__ et __dixit ad eum__* **M**
> *__sed cum__ persuasum illi fuisset ab amicis perplurimis, iussit eum introire.*
> *__et videns eum__ vegetum et nulla mortis signa habentem __obstupuit__ et __ait ad__*
> *__eum__* **L**
> καὶ εἰσελθόντος αὐτοῦ εἶπεν **OC**: καὶ ὡς εἰσῆλθεν <u>λέγει αὐτῷ</u> ὁ καῖσαρ
> **P(S)**: μετὰ δὲ τὸ εἰσελθεῖν αὐτὸν <u>εἶδεν τὸν πάτροκλον καὶ ἐξ αὐτοῦ γενό-</u>
> <u>μενος εἶπεν</u> **A**

> 2,3 *Et Nero conturbatus __de nomine virtutis__ dicit: Quid ergo incipit[166] iste,*
> *quem dicitis __regnare in saeculis et resolvere omnia regna__?* **M**
> *Et Nero conturbatus __de nomine virtutis__ dei dixit ad iuvenem: I l l e*
> *e r g o d e b e t __regnare in saecula et resolvere omnia regna__ mundi?* **L**
> ὁ δὲ Καῖσαρ ἐταράχθη καὶ εἶπεν· ἐ κ ε ῖ ν ο ς ο ὖ ν μ έ λ λ ε ι βασιλεύειν
> τῶν αἰώνων, καὶ καταλύειν πάσας τὰς βασιλείας τὰς ὑπὸ τὸν οὐρανόν;' **O**

---

166 So ist μέλλει in **M** auch in 3,2 wiedergegeben.

Die gemeinsame Vorlage μ (d. h. vermutlich: schon δ) bot hier eine Zusatzvariante (ὀνόματι ἀρετῆς?), die in unserer sonstigen Überlieferung keinen Anhalt hat. Ps.Linus (L) scheint bei seiner Wiedergabe des Primärtextes δ, den er – unter steter Einsichtnahme in μ – überträgt, in diesem Falle μ verbessert und aus δ selbst das treffendere *ille ergo debet* gewonnen zu haben.

> 2,5 *Tunc Barnabas Iustus et quidam Paulus et Arion Cappadox et Festus Galata, qui erant ministri Caesaris, dixerunt Neroni: Et nos illi militamus, Caesar, invicto regi* M
>
> *Tunc Barnabas et Iustus et quidam Paulus et Arion Cappadocus et Festus Galatha, qui erant ministri Caesaris* et ei iugiter assistebant, *dixerunt Neroni:* Cur, *Caesar,* recta sapientem et prudentissime atque veracissime respondentem percutis iuvenem? nam *et nos illi militamus regi invicto,* Iesu Christo domino nostro **L**

Die Namensproblematik dieses Passus ist o. S. 355 Anm. 65 behandelt. Der Zusatz *Barnabas* (*Iustus*) bestätigt δ als Abkömmling von β (hier repräsentiert durch **CKPAS**). Hinter dem rätselhaften Zusatzkolon *et quidam Paulus* hat BONNET mit gutem Grund *qui et Plancus* (πλατύπους) vermutet. Hier und im gleich anschließenden *Arion* (ὡρίων [ὁρ- **A**] **OAC**: οὐρίων **P**) liefern **ML** also klare Bindefehler, die auf μ oder δ zurückgehen. Gleich anschließend muß man für δ die Verschreibung AIΩΝΙΩ in ΑΝΙΚΙΤΩ ansetzen: so lasen offenbar μ (*regi invicto*) und **S**, so auch **ML**.

Die letztgenannte Verschreibung hat im anschließenden Satz weitergewuchert, wie uns durch die Übersetzung μ bezeugt wird, deren erster Satz im griechischen Archetypus keinen Anhalt hatte:

> 2,6 *Ille autem cum audisset omnes uno sensu et uno sermone dixisse invictum regem Iesum,* reclusit[167] omnes *in carcerem, ut nimium illos torqueret quos nimium amabat; et iussit quaeri* milites *magni regis illius et posuit edictum, ut omnes* qui *invenirentur Christi milites* interficerentur **M**
>
> *Nero autem cum audisset uno sensu eodemque sermone dicere illos invictum regem Iesum,* retrusit eos *in carcerem, ut nimium illos torqueret quos nimis* ante *amaverat.* et iussit requiri *magni illius regis* famulos *posuitque edictum, ut* sicubi *fuissent inventi,* sine interrogatione *omnes Christi milites* per tormenta varia punirentur **L**

> 3,2 *dixit* autem *illi: homo regis magni servus, mihi autem vinctus, quid tibi visum est introire latenter in regno Romano et subtrahere milites de potestate mea?* **M**

---

167 Die richtige M-Lesart *reclusit* (siehe συνέκλεισεν **OP**: ἐνέκλ. **A**) hat Ps.Linus verstärkt zu *retrusit.*

intellegensque illum ducem et Christi servorum magistrum, ait ad eum: O homo magni regis servus, mihi autem vinctus, quid tibi visum est introire latenter in regnum Romanorum et mihi subtrahere, illi autem c o l l i -g e r e milites de meae militiae principatu? **L**

καὶ εἶπεν αὐτῷ ὁ Νέρων· 'ἄνθρωπε τοῦ μεγάλου βασιλέως καὶ στρατο-πεδάρχα, τί σοι ἔδοξεν λάθρα εἰσελθεῖν εἰς τὴν Ῥωμαίων ἡγεμονίαν καὶ σ τ ρ α τ ο λ ο γ ε ῖ ν ἐκ τῆς ἐμῆς βασιλείας;'

ἐκ τῆς ἐμῆς βασιλείας **O**: ἐκ τ. ἐ. ἐπαρχίας **PH**: ἑαυτῷ ἐκ τ. ἐ. ἐπαρχίας **A**

Im Hyparchetypus β hat die Anrede Neros an den gefesselt ihm vorge-führten Paulus das Kolon καὶ στρατοπεδάρχα (**O**) verloren, wurde aber zugleich um das Kolon ἐ μ ο ὶ δ ο θ ε ί ς (so **AC**; εμυδοθεις **P**)[168] erwei-tert. Dies geschah wohl in Erinnerung an die zugrunde liegende Episo-de „Jesus vor Pilatus" (wo ja auch das Stichwort ἄνθρωπος seine Rolle spielt, s. Joh 19,5 ἰδοὺ ὁ ἄνθρωπος), vgl. Joh 19,11 ὁ π α ρ α δ ο ύ ς μ έ σ ο ι; Mt 27,2 καὶ δήσαντες αὐτὸν ἀπήγαγον καὶ π α ρ έ δ ω κ α ν Πιλάτῳ τῷ ἡγεμόνι (~ Mk 15,1). In δ wurde dies offenbar infolge einer geringfügigen Verschreibung als ἐ μ ο ὶ δ ε θ ε ί ς gedeutet – eine Les-art, die LIPSIUS sogar in den Text gesetzt hat. Doch zeigt das einheitlich überlieferte Sondergut in μ ([*o homo magni regis*] *servus, mihi autem vinctus*), daß in δ, der Vorlage der Übersetzung μ, so etwas wie (τοῦ μεγάλου βασιλέως) δοῦλος ἐμοὶ δὲ δεθείς gestanden haben muß.

– *quod si et tibi utile visum fuerit credere in illum, non te paenitebit. ce-terum noli putare, quia divitiae huius saeculi* aut *splendor aut gloria sal-vabunt te; sed si subiectus fueris illi et deprecatus fueris eum, salvus eris in aeternum* **M**
si enim et tibi visum fuerit in illum credere et ei fideliter oboedire, non te paenitebit. ceterum noli putare, quia divitiae huius saeculi, splendor aut gloria salvare te debeant; sed si subiectus illi fueris, in perpetuum salvus eris **L**

Zu dieser Stelle s. o. S. 383f. Man sieht, daß hier **ML** übereinstimmend dreimal von den uns vorliegenden Griechischversionen abgewichen sind und somit Verbesserungsversuche des Übersetzers μ oder schon des Kopisten δ dokumentieren.

– *incipit*[169] *enim una die saeculum istud vastare et nova saecula, quae nunc ab hoc mundo habet occulta, suis declarata donare* **M**
cum enim venerit i u d i c a r e vivos et mortuos, devastabit huius mundi figuram per ignem, et ante mundi constitutionem parata et a saeculis oc-

---

168 Die **C**-Fassung gibt der italienische Übersetzer durch „ma che sei stato a me consegna-to" wieder. Der **PAC**-Bindefehler geht auf γ zurück.
169 So gibt der Übersetzer μ μέλλει auch in 2,3 wieder, s. o. S. 396 Anm. 166.

culta militibus **suis** *donativa, quae numquam deficient et quae omnem excludent indigentiam,* **largietur** L

Schon in **μ** (also in **δ**?) wurde die β-Lesart τὸν κόσμον πολεμεῖν (πολεμεῖν ἐν πυρί A) stark ausgeweitet; Ps.Linus ist diesen Weg weitergegangen. Erstaunlicherweise hat er durch ein gedanklich verwandtes, leicht abgewandeltes Zitat aus dem Symbolon (nach 1Petr 4,5 *qui reddent rationem ei qui paratus est i u d i c a r e vivos et mortuos*; vgl. 2Tim 4,1 τοῦ μέλλοντος κ ρ ί ν ε ι ν ζῶντας καὶ νεκρούς) eben jenes Stichwort (κρίνειν) getroffen, das im Original an der Stelle von πολεμεῖν bzw. πολεμεῖν ἐν πυρί stand. Die letztgenannte Variante darf man für **δ** reklamieren. Sie ist von dort nach **A** und (latinisiert) nach **L** gekommen.

Im Rückblick zeigt sich, daß Ps.Linus insgesamt freier mit der ihm vorliegenden Übersetzung des δ-Textes (**μ**) verfährt als **M**. Dies wird insbesondere deutlich bei der Transposition des Anfangssatzes von 2,1 nach 1,4, aber auch etwa in dem Passus 3,3–5 über Neros Christenverfolgung (hier ausgespart). Es hat den Anschein, daß sich diese Freizügigkeit steigert, sobald Ps.Linus unabhängig von **μ** auf die griechische Vorlage (**δ**) selbst zugreift. Dies läßt sich deutlich an dem Petrus-Martyrium ablesen, wo Ps.Linus nicht durch die Fessel (oder das Korrektiv) einer bereits vorliegenden lateinischen Übersetzung gebunden war.

Der hier mehrfach dokumentierte gemeinsame Rückgriff von **LA** auf **δ** bleibt bis zum Ende des Paulusmartyriums gültig. Zum Beweis seien hier die **L A - B i n d e f e h l e r** aus Mart. Paul. 7,2 angeführt:

7,2 τίτος δὲ καὶ λουκᾶς ἄνθρωποι ὄντες καὶ φοβηθέντες ἔφυγον **O**: τὸν δὲ τίτον καὶ λουκᾶν φόβῳ συσσχεθέντα ἀνθρωπίνῳ εἰς φυγὴν τραπῆναι **P(~C)**: καὶ τὸν τίτον καὶ τὸν [λ. φ. συσχε]θέντας ἀνθρωπίνῳ εἰς [φ. τρ. **H**: καὶ τὸν τίτον τὲ καὶ τὸν λ. φ. -θέντας οὐρανίῳ ἰδόντας τὸν λόγγον καὶ τὸν κέστον πρὸς αὐτοὺς δὲ ἐρχομένους εἰς φ. τρ. **A**: *Titus autem et Lucas ... videntes praefectos atque centurionem qui ministri fuerant necis Pauli ad se properantes, humano timore subrepti in fugam versi sunt* **L**

– οὐκ εἰς θάνατον ὑμᾶς διώκομεν, δοῦλοι τοῦ χριστοῦ **O**: οὐ δ. ὑμ. εἰς θ. (...] ὑμᾶς εἰς θ. **H**) **PH(K)**: οὐχὶ δ. ὑμ. πρὸς θάνατον, ὡς ὑπονοεῖτε, μακάριοι θεοῦ ἄνθρωποι **A**: *non, ut suspicamini, beati dei homines, ideo venimus, ut vos persequamur ad mortem* **L**

– καθὼς ἐνετείλατο ἡμῖν παῦλος λέγων περὶ ὑμῶν **O**: ὡς π. ἐνετείλατο (-τι-) **PH(K)**: ὡς ἐπηγγείλατο ἡμῖν π. **A**: *sicut nobis verus doctor Paulus promisit* **L**

– ὁ μεθ᾽ ὑμῶν πρὸ μικροῦ μέσος προσευχόμενος (…] προσευχόμενος **H)**
OPH(K): ὃν ἴδομεν μέσον ὑμῶν πρὸ μικροῦ ἑστῶτα καὶ προσευχόμενον
A: *quem ante modicum in medio vestri stantem et orantem conspeximus* **L**

Editio critica der beiden Martyrien mit Übersetzung

Sigla

H Papyrus Hamburg. Pap.bil.1 (graec.), ca. 300

R Papyrus Palau-Ribes 18, saec. V

K Papyrus Heidelberg. (copt.), saec. VI?

P Patmiacus 48, saec. IX

A Athous Vatoped. 79, saec. X/XI

O Ochridensis bibl. mun. 44, saec. XI

V versio lat. (saec. III/IV) in cod. Vercell. bibl. capit. 158, saec. VII

L Ps.Linus (lat.), saec. IV$^{\text{ex.}}$ (post 372)

M Passionis Pauli fragmentum (lat.), saec. IV$^{\text{ex.}}$/V$^{\text{in.}}$

μ = **LM**

C versio coptica, saec. V?

    C^{P} Papyrus St. Petersburg., saec. V?

    C^1 codd. Borg. 128 et 130, saec. IX?

    C^2 cod. Borg. 129, saec. IX?

S versio slavica cod. collect. Undol´skianae 1296, saec. XV/XVI

β = **PACVL** (Mart. Petr.) *vel* **PACμ(H)** *vel* (*ubi deficit* **M**) **PACL(H)** (Mart. Paul.)

Zum **krit. Apparat:** Die Einträge zu **A** und **S** sind dem Apparat von LIPSIUS entnommen. Phonetisch bedingte Abweichungen in der Schreibweise werden nur in Auswahl berücksichtigt; β z. B. ist in **O** ausnahmslos durch υ wiedergegeben, ohne daß dies je vermerkt wäre. Ebenso sind Akzente und Spiritus in der Regel nach heutiger Norm gesetzt, mit der **OPA** meist übereinstimmen (LIPSIUS war ebenso bei **P** und **A** verfahren); wo Differenzen zur Norm im Apparat auftauchen, sind sie an den Handschriften (oder – im Falle von **A** und **P** – an den maßgeblichen Ausgaben) überprüft und geben das tatsächliche Bild der Handschriften (oder des Zeugnisses von LIPSIUS) wieder. Generell sei vermerkt, daß Komposita in **O** meist nach dem Muster διὰμεῖναι (Mart. Petr. 4,2), ἀπὸστρέφετε [= -αι] (5,2), ὑπὸμείνατε (7,5), πρὸσἐλθόντος (8,1), παρὰδοῦναι (8,4), πρὸἔρχεται (10,1), πρὸσἔθηκεν (Mart. Paul. 2,6) πρὸσεύχομένους (5,2), κατὰπαύσας (5,3), geschrieben werden, also das Präfix wie ein eigenständiges Wort behandelt wird. Auch dies ist nur sporadisch im Apparat angegeben.

4 1 Πέτρος ὁ ἀπόστολος ἦν ἐν τῇ Ῥώμῃ ἀγαλλιώμενος μετὰ τῶν ἀδελφῶν ἐν τῷ κυρίῳ καὶ εὐχαριστῶν τῷ θεῷ νυκτός τε καὶ ἡμέρας ἐπὶ τῷ
ὄχλῳ τῷ καθ᾽ ἡμέραν προσαγομένῳ τῷ ὀνόματι τοῦ κυρίου Ἰησοῦ Χρι- 5
στοῦ τῇ χάριτι τοῦ θεοῦ. συνήγοντο οὖν καὶ αἱ γυναῖκες τοῦ πραιφέκτου Ἀγρίππα πρὸς τὸν Πέτρον, τέσσαρες οὖσαι, Ἀγριππῖνα καὶ Ἰκαρία
καὶ Εὐφημία καὶ Δῶρις. **2** αὗται ἀκούσασαι τὸν τῆς ἁγνείας λόγον καὶ
πάντα τὰ τοῦ κυρίου λόγια, κατενύγησαν τὰς ψυχάς, καὶ συνθέμεναι
ἀλλήλαις ἁγναὶ τῆς Ἀγρίππα κοίτης διαμεῖναι ἠνοχλοῦντο ὑπ᾽ αὐτοῦ 1
ἑκάστης ἡμέρας. **3** διαπορῦντος οὖν τοῦ Ἀγρίππα καὶ λυπουμένου
περὶ αὐτῶν – καὶ ὅτι μάλιστα τούτων ἦρα – ἐπετηρεῖτο καὶ πέμψας
ἰδεῖν ποῦ προέρχονται, μανθάνει ὅτι πρὸς τὸν Πέτρον. **4** ἔλεγεν οὖν αὐταῖς ἐλθούσαις· ʻμὴ συνεῖναί μοι ὁ Χριστιανὸς ἐκεῖνος ἐδίδαξεν ὑμᾶς·
γινώσκετε ὅτι καὶ ὑμᾶς ἀπολέσω κἀκεῖνον ζῶντα κατακαύσωʼ. **5** αὗται 1

---

15 κἀκεῖνον ζῶντα κατακαύσω] *hic incipit* **C¹**

1–2 μαρτύριον τοῦ ἁγίου πέτρου τοῦ ἀποστόλου (ἀπ. π. S) μαρτυρήσαντος ἐν ῥώμῃ **OS**
(*add.* ὑπὸ νέρωνος. κύριε εὐλόγησον **S**); *praemissa est indicatio diei* Μηνὶ ἰουνίῳ κ̅θ̅, *titulum
sequitur* πρὸ τριῶν καλανδῶν ἰουλίῳ **O**   Μαρτύριον τοῦ ἁγίου πέτρου ἀποστόλου ἐν ῥώμῃ **P**; *ante cap. 1 hunc tit. exhibet* **A** μαρτύριον τοῦ ἁγίου ἀποστόλου πέτρου. *sequitur*: ἐκ
τῶν ἱστορικῶν κλήμεντος ῥώμης ἐπισκόπου. ἐν τῷ ἐσχάτῳ λόγῳ ἱστοροῦντος οὕτως. κύριε
εὐλόγησον *die* Μηνὶ ἰουνίῳ κ̅θ̅ *ascripta*   **3** Πέτρος ὁ ἀπόστολος (ὁ δὲ πέτρος **A**) ἦν…
ἀγαλλιώμενος **PAS**; πέτρου τοῦ ἀποστόλου… ἀγαλλιωμένου **O**; *post* ἀποστ. *add.* τοῦ κυρίου
ἡμῶν (ἡμ. *om.* **O**) Ἰησοῦ Χριστοῦ **OS**   τῇ *om.* **A**   **4** ἐν τῷ κυρίῳ (τῷ *om.* **O**) **OA**: ἐπὶ τ.
κ. **P**   καὶ (*om.* **A**) εὐχαριστῶν (-οῦντος **O**) **OSALV**: *om.* **P**   τῷ θεῷ **OS**: *om.* **PALV**
τε *om.* **RA**   **5** τῷ… ὀνόματι] τῷ ἀγώμενῳ καθ᾽ ἡμέραν ἐπὶ τὸ ὀνόματι (ὄνομα *temptauerat*
Zw.) **O**: τῷ καθημερινῷ τῷ προσαγομένῳ τῷ ὀνόματι **PA**   **5–6** τοῦ κυρίου Ἰησοῦ Χριστοῦ **O**: τοῦ ἁγίου χριστοῦ **A**: τῷ ἁγίῳ ἰησοῦ χριστοῦ **S**: τῷ ἁγίῳ **P**   **6** τῇ χάριτι τοῦ θεοῦ
Zw.: τῇ τοῦ κυρίου χάριτι **P** (*om.* **ALV**): ἠχαρίστει τῷ θεῷ **O**   οὖν **OA**: δέ **P**   αἱ γυναῖκες **O**: αἱ (*om.* **A**) παλλακίδες **PA**: *concubinae* **LV**   **6–7** πραιφέκτου **OA**: ἐπάρχου **P**   **7**
τέσσαρες οὖσαι **OP**: ἀριθμὸν τέσσαρας **A**: *quatuor* **L**, *om.* **V**   **7–8** ἀγριππῖνα καὶ ἰκαρία
(νίκ- **P**: euch- **L**: Δαρία **S**: ʻ*an* ἱλαρία?ʼ *Hutchinson*) καὶ εὐφημία καὶ δῶρις (dionis **L**) **OPL**,
om. **AV**   **8** αὗται (αὖ- *Nesselrath*) ἀκούσασαι **O**: αἱ ἀκούουσαι **A**: ἀκούουσαι **P**   **9** τοῦ
κυρίου (ἰησοῦ *add.* **A**, χριστοῦ **S**) **PAS**: τ. χριστοῦ **O**   κατενύγησαν **O** (*unde* κατεν- *Zw.*,
cf. Apg 2,37): ἐπλήγησαν **PA**   **11** ἑκάστης (πάσας τὰς **S**) ἡμέρας **OS**, *om.* **PA**   *diaπo-*
ρῦντος **O**: ἀπ- **PA**   **12** ὅτι μάλιστα **OA**: μάλ.   τούτων **PA**: αὐτῶν **O**   ἐπετηρεῖτο]
ἐπετηρεῖτο οὖν **P**: ὑποτήρηται **A**: ἐπετήρει αὐτάς **O**   **12–13** πέμψας ἰδεῖν **O**: πέμψας **A**:
ὑποπ- **P**   **13** ποῦ προέρχονται **O**: ὅπου πρ. **A**: *ubi prodirent* **V**: ὅπου ἀπήρχοντο **P**   πρὸς
τὸν Πέτρον **PA**: τόν *om.* **O**   Πέτρον] *add.* ἀπίεσαν (~ ἀπέρχονται **S**) **OS**; *cf. proripere* **L**,
conueniunt **V**   **14** μὴ (τοῦ μὴ **A**) συνεῖναί μοι **OA**: *mecum non coire* **L**: μὴ κοινωνεῖν ἐμοί
P: *non communicare mecum* **V**   ὁ *om.* **P**   **15** κατακαύσω **OA**: καύσω **P**

Martyrium des heiligen Apostels Petrus, der sein Blutzeugnis gab in Rom

1 Petrus, der Apostel, war in Rom zusammen mit den Brüdern voller **4** Freude im Herrn[1] und dankte Gott Tag und Nacht für die große Menge von Menschen, die täglich dem Namen des Herrn Jesus Christus[2] zugeführt wurde durch die Gnade Gottes[3]. So kamen denn auch die Frauen des Präfekten Agrippa zusammen zu Petrus, vier an der Zahl, Agrippina, Ikaria, Euphemia und Doris. **2** Als diese die Predigt von der Keuschheit hörten und alle Worte des Herrn, ging ihnen ein Stich durchs Herz[4], und sie vereinbarten untereinander, keusch zu bleiben und sich vom Lager des Agrippa fernzuhalten, wurden aber von ihm bedrängt Tag für Tag. **3** Da nun Agrippa ratlos war und voller Verdruß über sie – denn er liebte diese ganz besonders –, ließ er sie beobachten und schickte Späher, die erkunden sollten, wohin sie gingen, und erfuhr so, daß Petrus ihr Ziel war. **4** Da sagte er denn zu ihnen, als sie zurückkamen: „Mir nicht beizuwohnen, das hat euch jener Christ gelehrt! Wisset, daß ich euch zugrunderichten und jenen lebend verbrennen werde!" **5** Sie nun ertrugen geduldig alles üble Leid von seiten Agrip-

---

1 Vgl. OdSal 4,18 (= Hab 3,18) ἐγὼ δὲ ἐν τῷ κυρίῳ ἀγαλλιάσομαι; Mt 5,12 χαίρετε καὶ ἀγαλλιᾶσθε, ὅτι ὁ μισθὸς ὑμῶν πολὺς ἐν τοῖς οὐρανοῖς.

2 Vgl. Apg 8,12 ὅτε δὲ ἐπίστευσαν τῷ Φιλίππῳ εὐαγγελιζομένῳ περὶ τῆς βασιλείας τοῦ θεοῦ καὶ τοῦ ὀνόματος Ἰησοῦ Χριστοῦ; 16,18; 1Kor 6,11 ἀλλὰ ἐδικαιώθητε ἐν τῷ ὀνόματι τοῦ κυρίου Ἰησοῦ Χριστοῦ καὶ ἐν τῷ πνεύματι τοῦ θεοῦ ἡμῶν; Eph 5,20 εὐχαριστοῦντες πάντοτε ὑπὲρ πάντων ἐν ὀνόματι τοῦ κυρίου ἡμῶν Ἰησοῦ Χριστοῦ τῷ θεῷ καὶ πατρί. Siehe auch Ps.Lin. Paul. 1 (p. 23,8f. LIPS.) *adiciebanturque per eum fidei multae animae o p e r a n t e g r a t i a d e i.*

3 Vgl. Apg 2,46f. καθ᾽ ἡμέραν τε προσκαρτεροῦντες ὁμοθυμαδὸν ἐν τῷ ἱερῷ, κλῶντές τε κατ᾽ οἶκον ἄρτον, μετελάμβανον τροφῆς ἐν ἀγαλλιάσει καὶ ἀφελότητι καρδίας, αἰνοῦντες τὸν θεὸν καὶ ἔχοντες χάριν πρὸς ὅλον τὸν λαόν. ὁ δὲ κύριος προσετίθει τοὺς σῳζομένους καθ᾽ ἡμέραν ἐπὶ τὸ αὐτό; ferner (zugleich mit Blick auf § 3) Apg 9,24 παρετηροῦντο δὲ καὶ τὰς πύλας ἡμέρας τε καὶ νυκτὸς ὅπως αὐτὸν ἀνέλωσιν; 1Kor 1,4 εὐχαριστῶ τῷ θεῷ μου πάντοτε περὶ ὑμῶν ἐπὶ τῇ χάριτι τοῦ θεοῦ τῇ δοθείσῃ ὑμῖν ἐν Χριστῷ Ἰησοῦ; 2Kor 1,12 οὐκ ἐν σοφίᾳ σαρκικῇ ἀλλ᾽ ἐν χάριτι θεοῦ.

4 Siehe Apg 2,37 ἀκούσαντες δὲ κατενύγησαν τὴν καρδίαν, εἶπόν τε πρὸς τὸν Πέτρον καὶ τοὺς λοιποὺς ἀποστόλους, Τί ποιήσωμεν, ἄνδρες ἀδελφοί;

μὲν οὖν πᾶσαν κακοπαθίαν ὑπὸ τοῦ Ἀγρίππα ὑπέμειναν, ἵνα μηκέτι μιαίνωνται, ἐνδυναμούμεναι ἐν τῷ κράτει Ἰησοῦ Χριστοῦ.

5   1 Μία δέ τις καὶ μάλιστα εὐμορφοτάτη Ἀλβίνου φίλου τοῦ Καίσαρος γυνὴ ὀνόματι Ξανθίππη ἅμα ταῖς λοιπαῖς ματρώναις συνερχομένη
πρὸς τὸν Πέτρον καὶ αὐτὴ τοῦ Ἀλβίνου ἀπέστη. 2 ἐκεῖνος οὖν μεμηνὼς
καὶ ἐρῶν τῆς Ξανθίππης καὶ λυπούμενος ὅτι ἀποστρέφεται αὐτόν, ὡς
θηρίον ἠγριαίνετο, βουλόμενος τὸν Πέτρον διαχειρίσασθαι· ἔγνω γὰρ
αὐτὸν παραίτιον τοῦ χωρισμοῦ τῆς κοίτης γεγενῆσθαι. 3 πολλαὶ δὲ καὶ
ἄλλαι γυναῖκες ἐρασθεῖσαι τοῦ λόγου τῆς ἁγνείας τῶν ἀνδρῶν ἐχωρίζοντο καὶ ἄνδρες τῶν ἰδίων αὐτῶν γυναικῶν διὰ τὸ ἁγνῶς καὶ σεμνῶς
θέλειν αὐτοὺς θεοσεβεῖν. 4 θορύβου οὖν ὄντος μεγίστου ἐν τῇ Ῥώμῃ
καὶ τοῦ Ἀλβίνου δηλώσαντος τὰ κατ' αὐτὸν τῷ Ἀγρίππᾳ καὶ λέγοντος
αὐτῷ ὅτι· 'ἢ σύ με, Ἀγρίππα, ἐκδίκησον ἀπὸ τοῦ χωρίσαντός μου τὴν
γυναῖκα Πέτρου ἢ ἐμαυτὸν ἐκδικῶ', καὶ ὁ Ἀγρίππας ταὐτὰ ἔλεγεν πε-
πονθέναι ὑπ' αὐτοῦ. 5 καὶ ὁ Ἀλβῖνος ἔφη· 'τί οὖν μέλλεις, Ἀγρίππα;
συσχῶμεν αὐτόν, καὶ ὡς περίεργον ἄνδρα ἀνέλωμεν, καὶ ἐκδικήσωμεν

---

1 πᾶσαν κακοπαθίαν ὑπὸ τοῦ Ἀγρίππα ὑπέμειναν Ο: sopportare ogni tortura C: omnibus tor-
mentis pro castitate succumbere L: ὑπ. πάντα κακοπαθεῖν ὑ. τ. ἀ. A: ὑπ. πάντα τὰ κακὰ παθεῖν ὑ. τ. ἀ. PV (omnia mala pati)   1–2 ἵνα μηκέτι μιαίνωνται Ο: solo di non contaminare
il loro corpo con Agrippa, da allora in poi C: ad inquinamentum commixtionis inflectere L:
μόνον ἵνα μηκέτι οἰστρηλατοῦνται (ὕστρ-) A: ἵνα μηκέτι μόνοννυστριλατουντε P: ad inquinamentum commixtionis inflectere L   2 ἐν τῷ κράτει Ἰησοῦ Χριστοῦ Ο(~C): τῷ κράτει
τοῦ ἰησοῦ P: τῷ κρίτῃ χριστῷ A   3 μία δέ τις καὶ μάλιστα εὐμορφοτάτη (γαμετή add. P)
ΟP(CV): μ. δέ τις γυνή A   3–4 Ἀλβίνου φίλου τοῦ Καίσαρος γυνή Ο: ἀλβίνου φίλου
καίσαρος A: ἀλβίνου τοῦ καίσαρος φίλου P   4 ὀνόματι Ξανθίππη Ο: ξαντίππη ὀνόματι A:
ἀγρίππα (sic) P   ἅμα ταῖς λοιπαῖς ΟP: ἅμα καὶ ἄλλαις ACVL   συνερχομένη ΟV: ἐρχο-
μένη A: καὶ αὐτὴ συνήρχετο P   5–6 μεμηνὼς καὶ ἐρῶν τῆς Ξανθίππης Ο: μαινόμενος κ.
ἐ. τ. ἀγριππίνης P(V): δεινῶς ἦν μεμηνὼς κατὰ τῆς ξαντίππης A   6 λυπούμενος ὅτι ἀποστρέφεται αὐτόν Ο: perchè non dormiva più con lui C: θαυμάζων ὅτι οὐδὲ ἐπ' αὐτῆς τῆς
κλίνης καθεύδει ἅμα αὐτῷ (ἐβούλετο -δειν, om. ἅ. αὐ. A) PA(V)   6–7 ὡς θηρίον ἠγριαίνετο ΟP: ὥς τι θηρίον ἠγριοῦτο A   7 ἔγνω ΟP: κατέγνω A   8 αὐτὸν παραίτιον τοῦ χωρισμοῦ τῆς κοίτης γεγενῆσθαι (-εῖσθαι) Ο: αὐ. π. τ. χ. γεγ. τῆς κ. A: αὐ. π. γεγονότα τ. χ. τῆς
κ. αυτον γενέσθε (= -αι) P   9 ἐρασθεῖσαι (ἀρε- Ο, ερεθεισθεῖσαι A) ante τοῦ λόγου ΟA:
ερεσθεῖσε post τῆς ἁγνείας P   9–10 ἐχωρίζοντο ΟP: ἀπέστησαν A: recedebant V(C)
10 τῶν ἰδίων αὐτῶν γυναικῶν Ο(V): τῶν ἰδίων ὁμοίως ἐχωρίζοντο γυναικῶν A: τῶν ἰδίων
γυναικῶν τὰς κοίτας ἐχώριζον P: parimente abbandonarono i letti delle loro mogli C   ἁγνῶς καὶ σεμνῶς ΟA: σεμνῶς καὶ ἁγνῶς P: caste et mundae V   11 θέλειν αὐτοὺς θεοσεβεῖν ΟAV: καὶ θελην θεοσεβιν P   ὄντος μεγίστου Ο: μεγ. ὄ. P: οὐ μικροῦ ὄντος AS
12 δηλώσαντος τὰ κατ' αὐτόν ΟP: δηλ. κατ' αὐτῶν A   12–13 καὶ λέγοντος αὐτῷ (καὶ
om. P) ΟP: om. A   13 ὅτι ἢ σύ με, ἀγρίππα, ἐκδίκησον Ο: ἢ σύ με ἐκ. PA (-δικησιν A)
13–14 μου τὴν γυναῖκα Ο: τὴν γυναῖκά μου P: τὴν γυναῖκα ἀπ' ἐμοῦ A   14 Πέτρου om.
A   ἢ…ἐκδικῶ (-κήσω P) ΟP: ἢ ἐγὼ -κήσω ἐμαυτόν (tempus futuri etiam) AV; ἐγὼ etiam S   ταὐτά] τὰ (α eras. P) αὐτά ΟP: ταῦτα A   15 ὑπ' αὐτοῦ ΟA: ὑπ' αὐτοῦ <χωρί-
σαντός μου τὰς παλλακίδας> P(~C)   ὁ Ἀλβῖνος ἔφη Ο: ὁ (om. A) ἀλβίνος πρὸς αὐτὸν PA
μέλλεις ΟA: περιμένεις P(~C)   16 συσχῶμεν ΟAC: εὕρωμεν P; cf. caperet L
16–408,1 καὶ ἐκδικήσωμεν (-κοῦμεν A) ἑαυτοὺς ΟA, om. PC; cf. cur non te defendes et uni-
uersos? V

pas, damit sie nur nicht mehr befleckt würden[5], und fanden dabei Stär-
kung in der Kraft Jesu Christi[6].

1 Eine Frau aber, und zwar eine überaus schöne, die Gattin des **5**
Albinus, eines Freundes des Kaisers, – sie trug den Namen Xanthippe –
kam zusammen mit den sonstigen Matronen zu Petrus und versagte sich
auch ihrerseits dem Albinus. **2** Jener nun, rasend vor Wut, und von Leidenschaft zu Xanthippe ergriffen und entrüstet, daß sie ihn verschmähte,
wurde wild wie ein Tier und wollte an Petrus Hand anlegen[7]. Denn ihm
war klar, daß dieser die Schuld an der Trennung der Frau vom
gemeinsamen Lager trüge. **3** Aber auch viele andere Frauen trennten
sich aus Liebe zum (verkündeten) Wort der Keuschheit von ihren Männern und viele Männer von ihren eigenen Frauen, im Bestreben, rein
und würdevoll Gott zu verehren. **4** So herrschte denn größter Aufruhr in
Rom. Da deckte Albinus dem Agrippa auf, was ihm widerfahren war,
und sagte zu ihm; „Entweder schaffe du mir Recht[8], Agrippa, gegenüber Petrus, der meine Frau von mir getrennt hat, oder ich räche mich
selbst"; da bekannte Agrippa, daß er von Petrus das gleiche erlitten habe. **5** Und Albinus sprach: „Was also zögerst du, Agrippa? Lass' uns
ihn festnehmen und als einen Mann, der Zauberei betreibt[9], beseitigen

---

5   Vgl. Ez 14,11 ὅπως μὴ πλανᾶται ἔτι ὁ οἶκος τοῦ Ἰσραὴλ ἀπ᾽ ἐμοῦ, καὶ ἵνα μὴ
    μιαίνωνται ἔτι ἐν πᾶσιν τοῖς παραπτώμασιν αὐτῶν· καὶ ἔσονταί μοι εἰς λαόν, καὶ
    ἐγὼ ἔσομαι αὐτοῖς εἰς θεόν, λέγει κύριος.
6   Siehe Eph 6,10 τοῦ λοιποῦ ἐνδυναμοῦσθε ἐν κυρίῳ καὶ ἐν τῷ κράτει τῆς
    ἰσχύος αὐτοῦ; 2Tim 2,1 ἐνδυναμοῦ ἐν τῇ χάριτι τῇ ἐν Χριστῷ Ἰησοῦ.
7   NESSELRATH verweist auf Apg 26,21 ἕνεκα τούτων με Ἰουδαῖοι συλλαβόμενοι ...
    ἐπειρῶντο διαχειρίσασθαι.
8   Vgl. Lk 18,3 χήρα δὲ ἦν ἐν τῇ πόλει ἐκείνῃ καὶ ἤρχετο πρὸς αὐτὸν λέγουσα, Ἐκδί-
    κησόν με ἀπὸ τοῦ ἀντιδίκου μου.
9   Vgl. Apg 19,19 ἱκανοὶ δὲ τῶν τὰ περίεργα πραξάντων συνενέγκαντες τὰς
    βίβλους κατέκαιον ἐνώπιον πάντων. Die ital. Übersetzung von C lautet: „uccidiamolo
    siccome un mago e siccome un sacrilego". Auch Ps.Linus läßt Agrippa in die-
    sem Zusammenhang von Zauberkünsten des Petrus sprechen: *sed certus sum quia su-
    is magicis artibus amorem erga me vestrum non poterit infirmare* (p. 3,7 L.).

ἑαυτούς, ὅπως σχῶμεν ἡμῶν τὰς γυναῖκας, ἵνα κἀκείνους ἐκδικήσωμεν
τοὺς μὴ δυναμένους ἑαυτοὺς ἐκδικεῖν, ὧν καὶ αὐτῶν ἀπέστρεψεν τὰς
γυναῖκας'.

6   **1** Ὡς δὲ ταῦτα ἐσκέπτοντο, γνοῦσα ἡ Ξανθίππη τοῦ ἀνδρὸς τὴν
συμβουλίαν τὴν πρὸς Ἀγρίππαν, πέμψασα ἐδήλωσεν τῷ Πέτρῳ, ὅπως   5
ἐξέλθῃ Ῥώμης. καὶ οἱ λοιποὶ δὲ ἀδελφοὶ ἅμα τῷ Μαρκέλλῳ παρεκάλουν αὐτὸν ἐξελθεῖν. **2** ὁ δὲ Πέτρος ἔφη αὐτοῖς· 'δραπετεύωμεν, ἀδελ-
*   φοί;' οἱ δὲ ἔλεγον αὐτῷ· 'οὐχί, ἀλλ' ὡς ἔτι σοῦ δυναμένου ὑπηρετεῖν
τῷ κυρίῳ ἐπίμεινον ἐν σαρκὶ ἡμῶν χάριν.' **3** πεισθεὶς δὲ τοῖς ἀδελφοῖς ὁ
Πέτρος ἐξῆλθεν μόνος εἰπών· 'μηδεὶς ὑμῶν ἐρχέσθω σὺν ἐμοί, ἀλλ' ἐξ-   1
έρχομαι μόνος, μεταμφιάσας τὸ σχῆμά μου.' **4** ὡς δὲ ἐξήει τὴν πύλην,
εἶδεν τὸν κύριον εἰσερχόμενον εἰς τὴν Ῥώμην. καὶ ὁ Πέτρος ἰδὼν εἶπεν
αὐτῷ· 'τί ὧδε, κύριε;' καὶ ὁ κύριος εἶπεν αὐτῷ· 'εἰσέρχομαι εἰς τὴν Ῥώμην σταυρωθῆναι.' καὶ ὁ Πέτρος εἶπεν αὐτῷ· 'κύριέ μου, πάλιν σταυ-
ροῦσαι;' καὶ εἶπεν αὐτῷ ὁ Κύριος· 'ναί, Πέτρε, πάλιν σταυροῦμαι.' **5**   1
καὶ ἐλθὼν εἰς ἑαυτὸν ὁ Πέτρος καὶ ἰδὼν τὸν κύριον εἰς οὐρανὸν ἀνελθόντα, ὑπέστρεψεν εἰς τὴν Ῥώμην ἀγαλλιῶν καὶ δοξάζων τὸν κύριον,

---

1 ὅπως σχῶμεν (ἔξωμεν P)...κἀκείνους ἐκδικήσωμεν **OPC**, *om.* **A**   2 τοὺς μὴ δυναμένους **OPC**: καὶ τ. μ. δ. **A**   ἑαυτοὺς ἐκδικεῖν **OC**: ἑαυτοῖς βοηθῆσαι **A**: αὐτὸν ἀνελεῖν **P**
2–3 ὧν καὶ αὐτῶν ἀπέστρεψεν τὰς γυναῖκας **O**: ὧν κ. αὐ. ἀπέστησεν τ. γ. **P**: οὓς καὶ αὐτοὺς
ἐστέρησεν τῆς τοιαύτης συναναστροφῆς **A**   4 ἐσκέπτοντο **OP**: ἐσκ. πρὸς αὐτοὺς **A**
Ξανθίππη **OA**: ἀγριππῖνα **P**   τοῦ ἀνδρὸς τήν **OP**: τὴν τοῦ ἀ. **A**   5 πρός **OP**: πρὸς τόν
A(S)   6 ῥώμης **O**: τῆς ῥ. **A**: ἀπὸ τῆς ῥ. **P**   δέ *om.* **PA**   7 ἐξελθεῖν **PA(L)**: ἐξ. ῥώμης
OSC   ἔφη αὐτοῖς **O**: αὐ. ἔ. **A**: εἶπεν αὐ. **P**   7–8 δραπετεύωμεν...οὐχί] *aut* δραπετεύσομεν...οὐχί *aut* -εύωμεν...οὐχί <δραπετεύσεις> *scribendum suspicatur Hutchinson*   **8**
*   οὐχί, ἀλλ' ὡς...ὑπηρετεῖν *Sier*: οὐχί, ἀλλ'...ὑπηρετεῖν **O**: οὔ, ἀλλ' ὡς...ὑπηρετεῖν **PA** (*un-*
de οὐ <δραπετεύσεις οὐκ> ἄλλως ἔτι σου δ. ὑπ. τ. κ. *Hutchinson, coll. act. Thecl. 12; SapSal*
8,21)   σοῦ δυναμένου **OP**: δυν. σου **A**   9 ἐπίμεινον ἐν σαρκὶ ἡμῶν χάριν **OS**, *om.*
PAC; *cf.* (nec nos...destitutos relinquas;...pro nostra salute...) praesertim cum et domino
possis ministrare in carne **L**; *uide infra p. 410,10* ἐν σαρκὶ εἶναι   9–10 ὁ πέτρος ἐξῆλθεν
OA: ἐξῆλθεν **PC**   10 μηδεὶς ὑμῶν ἐρχέσθω (ἐξερχ- P) σὺν ἐμοί **PAL**: μ. σ. ἐ. ἐρχ. **O**
10–11 ἐξέρχομαι (-με O) μόνος **OPL**: ἐξερχόμενος **A**   11 μεταμφιάσας **OP**: mutato sce-
mate **L**: μεταφιάσω **A**   ἐξήει (-ιει O) τὴν πύλην **OPC**: ἐξῆλθεν ὁ πέτρος εἰς τὴν πύλην **A**
12 εἶδεν] ἰδεν **O**   ῥώμην **OP**: σταυρωθῆναι *add.* **A**   12–13 ὁ πέτρος ἰδὼν εἶπεν αὐτῷ
OC: ὁ πέτρος αὐτῷ εἶπεν **A**: ἰδὼν αὐτὸν εἶπεν **P**   13 τί ὧδε κύριε **O**: Signore, perchè tu
sei qua? e dove vai? **C**: ποῦ ὧδε κύριε **A**: κύριε ποῦ ὅδε **P**: domine, quo uadis? **L**   εἶπεν
αὐτῷ **O**: αὐτῷ εἶπεν **PA**   14 εἶπεν αὐτῷ **OP**: αὐτῷ εἶπεν **A**   κύριέ μου **OS**: κ. **PA**
15 καὶ εἶπεν αὐτῷ ὁ Κύριος **OA**: εἶπεν αὐτῷ **P**   ναὶ Πέτρε πάλιν σταυροῦμαι **PAC**: ναὶ
πάλιν στ. πέτρε ὡς καὶ πολλάκις **OS**   16 ἰδὼν **OAC**: θεασάμενος **P**   εἰς οὐρανόν **OPC**:
εἰς τοὺς οὐρανούς **A**   17 τήν *om.* **P**   ἀγαλλιῶν **O**: -ώμενος **PA**

und uns rächen, damit wir unsere Frauen wiederhaben und auch jenen Recht schaffen, die sich nicht selbst ihr Recht holen können, denen er ebenfalls ihre Frauen abspenstig gemacht hat."

1 Während sie dies planten, erfuhr Xanthippe den Rat ihres Mannes **6** an Agrippa und schickte zu Petrus, um ihn in Kenntnis zu setzen, damit er Rom verlasse. Auch die übrigen Brüder zusammen mit Marcellus forderten ihn auf, wegzugehen. **2** Petrus aber sprach zu ihnen: „Sollen wir (wie Sklaven) entlaufen, Brüder?" Sie aber sagten zu ihm: „Nein (nicht entlaufen)[10], sondern in dem Bewußtsein, daß du dem Herrn noch ***** dienen kannst, bleibe im Fleische um unseretwillen"[11]. **3** Überredet durch die Brüder, machte sich Petrus alleine auf, Rom zu verlassen, nachdem er gesagt hatte: „Keiner von euch soll mit mir kommen, sondern ich gehe alleine fort, werde mich aber zuvor verkleiden und mein Aussehen verändern." **4** Als er durch das Stadttor hinausgehen wollte, sah er den Herrn in die Stadt Rom hineinkommen. Und wie Petrus das sah, sprach er zu ihm: „Was (weshalb) kommst du hierher, Herr?" Und der Herr antwortete ihm: „Ich gehe nach Rom hinein, um gekreuzigt zu werden." Und Petrus sagte zu ihm: „Mein Herr, ein weiteres Mal wirst du gekreuzigt?" Und es antwortete ihm der Herr: „Ja, Petrus, ein weiteres Mal werde ich gekreuzigt."[12] **5** Und Petrus ging in

---

10 Die Ausdrucksweise scheint stark elliptisch. Dies veranlaßt GREGORY HUTCHINSON zu folgender Überlegung: „The deliberative subjunctive is here negated by οὐ not μή; and the reader is supposed to gather from this negative that they are turning Peter's meaning 'shall I run away from (my duty in) Rome?' (cf. 6.1) into 'you won't be running away from your duty to stay alive while you can still serve the Lord'. Possibilities: 1) read δραπετεύσομεν …; For the future 'am I to' cf. Soph. *Ant.* 726 οἱ τηλικοίδε καὶ διδαξό-μεσθα δή; Eur. *El.* 967 μητέρ' ἢ φονεύσομαι; note also Sept. *Reg.* 4.5.12 οὐχὶ πορευθεὶς λούσομαι ἐν αὐτοῖς καὶ καθαρισθήσομαι; *Isai.* 57.6 ἐπὶ τούτοις οὖν οὐκ ὀργισθήσομαι; 2) read οὐχὶ <δραπετεύσεις·>. This is perhaps clearer, but requires more of a jump in the construction with ἀλλ' and the imperative. The same point would tell more strongly against reading δραπετεύομεν …; ('is what I am doing running away?), which is also too anxious for the Apostle. 2) motivates the genitive absolute less well (cf. *Paul.* 7.2), but if *Paul.* 3.5 is right, the use of it is pretty loose anyway."

11 Vgl. Phil. 1,22 τὸ ζῆν ἐν σαρκί; 1,24f. τὸ δὲ ἐπιμένειν ἐν τῇ σαρκὶ ἀναγκαιότερον δι' ὑμᾶς. καὶ τοῦτο πεποιθὼς οἶδα ὅτι μενῶ καὶ παραμενῶ πᾶσιν ὑμῖν εἰς τὴν ὑμῶν προκοπὴν καὶ χαρὰν τῆς πίστεως.

12 Der Zusatz ὡς καὶ πολλάκις in OS wird üblicherweise im Sinne von ὡς καὶ πολλάκις εἴρηται mit Blick auf die Vergangenheit gebraucht („wie schon oft"), vgl. Basil. epist. 136,1 (PG 32, 576 A) εἰ μή που ἄρα ἡ τοῦ Θεοῦ φιλανθρωπία ἡμῖν … ποιήσειε καὶ νῦν, ὡς καὶ πολλάκις πρότερον. Christus will dem Petrus sagen, daß im bevorstehenden Kreuzestod des Apostels er, der Herr, selbst ein zweites Mal gekreuzigt werde. Dies wird durch die Zusatzformel verallgemeinert, letztlich auf alle christlichen Märtyrer bezogen, aber sprachlich doch – wie es scheint – so ausgedrückt, daß der Blick auf die Vergangenheit gerichtet wird („wie schon oftmals"). Dies scheint sich nicht dem Tenor der Erzählung zu fügen, wo das Verhältnis Christi zu dem Märtyrer in Petrus archety-pisch begründet wird.

ὅτι ἑαυτὸν εἶπεν πάλιν σταυροῦσθαι, ὃ εἰς τὸν Πέτρον προέλεγεν γίνεσθαι.

7   1 Ἀναβὰς οὖν πρὸς τοὺς ἀδελφοὺς ἔλεγεν αὐτοῖς τὸ ὁραθὲν αὐτῷ· κἀκεῖνοι ἀκούσαντες αὐτοῦ ἐπένθουν τῇ ψυχῇ κλαίοντες καὶ ἔλεγον πρὸς αὐτόν· 'παρακαλοῦμέν σε, Πέτρε· ἡμῶν τῶν νεωτέρων ἐν τῇ πίστει φρόντισον.' 2 καὶ ὁ Πέτρος αὐτοῖς εἶπεν ὅτι· 'ἐὰν ᾖ τοῦ κυρίου τὸ θέλημα, γενήσεται, κἂν ἡμεῖς μὴ θέλωμεν. ὑμᾶς δὲ δυνατὸς ὁ κύριος στηρίξαι ἐν τῇ πίστει αὐτοῦ καὶ θεμελιῶσαι ἐν αὐτῷ καὶ κρατῦναι, οὓς αὐτὸς ἐφύτευσεν· καὶ ὑμεῖς δὲ ἄλλους φυτεύσετε καὶ ζωογονήσετε δι' αὐτοῦ. ἐγὼ δέ, μέχρι θέλει με ὁ κύριος ἐν σαρκὶ εἶναι, οὐκ ἀντιλέγω· καὶ πάλιν θέλοντος αὐτοῦ με παραλαβεῖν, ἀγαλλιῶ καὶ εὐφραίνομαι.' 3 ταῦτα τοῦ Πέτρου ὁμιλοῦντος καὶ τῶν ἀδελφῶν πάντων κλαιόντων φρουμεντάριοι τέσσαρες αὐτὸν παραλαβόντες ἀπήγαγον τῷ Ἀγρίππᾳ. κἀκεῖνος διὰ τὴν νόσον αὐτοῦ ἐκέλευσεν αὐτὸν σταυρωθῆναι. 4 συνέδραμεν οὖν τὸ πλῆθος τῶν ἀδελφῶν ὅλον πλουσίων τε καὶ πενήτων, ὀρφανῶν τε καὶ χηρῶν, ἀδυνάτων τε καὶ δυνατῶν, βουλομένων ἰδεῖν

5

1

1

1

---

15 πλουσίων] *hic incipit* **C²**

---

* 1 ὅτι ἑαυτὸν εἶπεν πάλιν σταυροῦσθαι **O**: ὅτι αὐτὸς εἶπεν σταυροῦσθαι (-ροῦμαι **P**) **PA**: ripensando che ciò che il Signore gli aveva detto: „sarò di nuovo crocifisso" (doveva compirsi su lui) **C**, *unde* ὅτι <ὃ εἰς> ἑαυτὸν εἶπεν π. στ. (εἰς τὸν Πέτρον προέλεγεν γίνεσθαι) *Sier* ὃ εἰς τόν **OA**: εἰς δὲ τόν **P**: su lui **C**   1–2 προέλεγεν γίνεσθαι **O**: ἔλεγεν γίν. **P**: ἤμελλεν γίν. **AS**: doveva compirsi **C**   3 ἀναβὰς οὖν **O(C)**: ἀναβὰς οὖν ὁ πέτρος **A**: ἀναβὰς οὖν πάλιν **P**   4 κἀκεῖνοι ἀκούσαντες αὐτοῦ **O**: κ. αὐτοῦ ἀκ. **A**: κἀκεῖνοι **P**   4–5 ἔλεγον πρὸς αὐτόν **O**: λέγοντες πρὸς αὐτόν **AC**: λέγοντες **P**   5–6 νεωτέρων ἐν τῇ πίστει **OS** (*sim.* **L**): νεωτέρων (μετεώρων **A**) **PA**(~**C**)   6 αὐτοῖς εἶπεν **OC**: αὐτοῖς **PA**   ὅτι ἐὰν **OP**: ὅτι ἂν **A**   6–7 τοῦ κυρίου τὸ (τὸ *om.* **A**) θέλημα **PAC**: τὸ τοῦ θεοῦ θέλ. **O**   7 γενήσεται κἂν **O(S)C**: γίνεται κἂν (καὶ ἐάν **P**) **PA**   ὑμᾶς **OAC**: ημας **P**   7–8 δυνατὸς ὁ κύριος στηρίξαι **O**: δυνατός ἐστιν ὁ κ. στηρ. **A**: ὁ κ. στηρίξῃ δυνατῶς **P**   8 ἐν τῇ πίστει **O**: nella sua fede **C**: εἰς τὴν πίστιν **PA**   θεμελιῶσαι ἐν αὐτῷ καὶ κρατῦναι **OAC**: -ώσει ἐν αὐ. κ. πλατυνεῖ ἐν αὐτῷ **P**   8–9 οὓς αὐτός **OPC**: οὓς αὐτούς **A**   9–10 καὶ ὑμεῖς δὲ ἄλλους φυτεύσετε καὶ ζωογονήσετε δι' αὐτοῦ *Zw.*: καὶ ὑ. δὲ ἄ. -σητε καὶ -σητε δ. αὐ. **O**: ed altri pianterete voi per suo mezzo **C**: ἵνα καὶ ὑμεῖς ἄ. φυτεύσητε δ. αὐ. **A**: (quos enim plantauit ad hoc faciet adolescere,) ut et alios possint plantare **L**; *totam sententiam siue ab* καί *siue ab* ἵνα *incipientem om.* **P**   10 δέ *om.* **A**   μέχρι θέλει με **O**: μέχρις ὅτε θέλει με **A**: μέχρις με θέλει **P**   ἐν σαρκὶ εἶναι **OP**: εἶναι ἐν σαρκί **A**   ἀντιλέγω **OPC**: ἀντ. αὐτῷ **A**   11 θέλοντος αὐτοῦ **OA**: θέλοντος **P**   με (μαι) παραλαβεῖν **O**: π. με **A**: λαβεῖν με **P**   ἀγαλλιῶ **O**: -ῶμαι **PA**   12 ὁμιλοῦντος **O**: λαλοῦντος **P**: κλαιόντων] γοερῶς *add.* **A**   13 φρουμεντάριοι τέσσαρες **O**: ἱεροπόληται τεσσαρὶς **P**: ὑπηρέται αὐτῷ δέκα ἐπιστάντες **A**: ἰδοὺ στρατιῶται **S**: ecco quattro soldati della coorte che stava al cospetto del re **C**: ieros cum quattuor apparitoribus et aliis decem uiris **L**   τῷ Ἀγρίππᾳ **OP**: πρὸς τὸν ἀγρίππαν **A**   14 νόσον **OPC**: κακὴν νόσον **A**   ἐκέλευσεν **O**: ἐπ' αἰτία (*corr. Hermannus frater ex* ἐπὶ αἰτία **A**, ἐπετηαν **P**) ἀθεότητος ἐκέλευσεν **PACL**   15 τὸ πλῆθος τῶν ἀδελφῶν **OA**: τῶν ἀδελφῶν τὸ πλῆθος **P**   πλουσίων τε **OP**: πλουσίων τε πάντων **A**   16 ἀδυνάτων τε *om.* **A**   βουλομένων **OA**: βουλόμενοι **P**   16–412,1 ἰδεῖν καί *om.* **P**

sich, und als er den Herrn zum Himmel hinaufschweben sah[13], kehrte er in die Stadt Rom zurück, frohlockend und den Herrn preisend, daß er gesagt habe, er selbst werde ein weiteres Mal gekreuzigt, wodurch er in Wirklichkeit ankündigte, was an Petrus geschehen sollte.

1 So ging er denn wieder zu den Brüdern hinauf und erzählte ihnen **7** die Erscheinung, die er gehabt hatte. Und als jene ihn hörten, trauerten sie in ihrem Herzen und weinten und sagten zu ihm: „Wir flehen dich an, Petrus: denke an uns, die wir noch jünger (und unerfahrener) im Glauben sind." **2** Und Petrus sagte ihnen: „Wenn es der Wille Gottes ist, wird es geschehen, auch wenn wir es nicht wollen[14]. Der Herr aber hat die Macht, euch im Glauben an ihn zu stärken und euch auf ihn zu gründen und zu festigen[15], euch, die er selbst gepflanzt hat; auch ihr aber werdet andere pflanzen und beleben durch ihn[16]. Ich aber werde, solange mich der Herr im Fleische sein lassen will, nicht widersprechen; und wiederum, wenn er mich zu sich aufnehmen will, so werde ich jauchzen und mich freuen"[17]. **3** Während Petrus dieses mit ihnen redete und alle Brüder weinten, nahmen ihn vier Gendarmen fest und führten ihn zu Agrippa. Und dieser befahl in seiner krankhaften Leidenschaft, ihn zu kreuzigen. **4** Da nun lief die ganze Schar der Brüder zusammen, Reiche und Arme, Waisen und Witwen[18], Ohnmächtige und Mächtige; sie wollten Petrus sehen und ihn den Häschern entreißen. Während das Volk aber mit unbändigem Herzen[19] und einer Stimme[20] *

---

13 Mk 16,19 Ὁ μὲν οὖν κύριος [Ἰησοῦς] μετὰ τὸ λαλῆσαι αὐτοῖς ἀνελήμφθη εἰς τὸν οὐρανὸν καὶ ἐκάθισεν ἐκ δεξιῶν τοῦ θεοῦ; Lk 24,51 καὶ ἐγένετο ἐν τῷ εὐλογεῖν αὐτὸν αὐτοὺς διέστη ἀπ' αὐτῶν καὶ ἀνεφέρετο εἰς τὸν οὐρανόν; Apg 1,11.

14 Mk 14,35f.; Mt 26,39; Joh 5,30; 6,38; Apg 21,14 τοῦ κυρίου τὸ θέλημα γινέσθω; 1Petr 3,17 εἰ θέλοι τὸ θέλημα τοῦ θεοῦ.

15 Apg 20,32 καὶ τὰ νῦν παρατίθεμαι ὑμᾶς τῷ θεῷ καὶ τῷ λόγῳ τῆς χάριτος αὐτοῦ τῷ δυναμένῳ οἰκοδομῆσαι καὶ δοῦναι τὴν κληρονομίαν ἐν τοῖς ἡγιασμένοις πᾶσιν; Röm 16,26 τῷ δὲ δυναμένῳ ὑμᾶς στηρίξαι κατὰ τὸ εὐαγγέλιόν μου καὶ τὸ κήρυγμα Ἰησοῦ Χριστοῦ; 14,4 τῷ ἰδίῳ κυρίῳ στήκει ἢ πίπτει· σταθήσεται δέ, δυνατεῖ γὰρ ὁ κύριος στῆσαι αὐτόν; 1Petr 5,10 Ὁ δὲ θεὸς ... ὑμᾶς ... ὀλίγον παθόντας αὐτὸς καταρτίσει, στηρίξει, σθενώσει, θεμελιώσει.

16 Vgl. 1Kor 3,6f. ἐγὼ ἐφύτευσα, Ἀπολλῶς ἐπότισεν, ἀλλὰ ὁ θεὸς ηὔξανεν· ὥστε οὔτε ὁ φυτεύων ἐστίν τι οὔτε ὁ ποτίζων, ἀλλ' ὁ αὐξάνων θεός; 1Tim 6,13 ἐνώπιον τοῦ θεοῦ τοῦ ζῳογονοῦντος τὰ πάντα.

17 Siehe Phil 1,21–26 (o. S. 409 Anm. 11).

18 Die Junktur ist in der Septuaginta (seit Ex 22,21 πᾶσαν χήραν καὶ ὀρφανὸν οὐ κακώσετε) sehr häufig, im NT nur Jak 1,27 belegt (ἐπισκέπτεσθαι ὀρφανοὺς καὶ χήρας ἐν τῇ θλίψει αὐτῶν).

19 Vgl. Mart. Polyc. 12,2 ἅπαν τὸ πλῆθος ἐθνῶν τε καὶ Ἰουδαίων τῶν τὴν Σμύρναν κατοικούντων ἀκατασχέτῳ θυμῷ καὶ μεγάλῃ φωνῇ ἐπεβόα; 3Makk 6,17 καὶ θεωρήσαντες οἱ Ιουδαῖοι μέγα εἰς οὐρανὸν ἀνέκραξαν ὥστε καὶ τοὺς παρακειμένους αὐλῶνας συνηχήσαντας ἀκατάσχετον πτόην ποιῆσαι παντὶ τῷ στρατοπέδῳ.

20 Siehe die folgende Anm.

* καὶ ἀφαρπάσαι τὸν Πέτρον. τοῦ δὲ δήμου <θυμῷ> ἐκβοῶντος ἀκατασχέτῳ καὶ μιᾷ φωνῇ· 'τί ἠδίκησεν Πέτρος, Ἀγρίππα; τί σε κακὸν διέθη-
κεν; λέγε Ῥωμαίοις. στασιάζει Ῥώμη ἐὰν οὗτος ἀποθάνῃ', 5 Πέτρος ὁ
ἀπόστολος γενόμενος ἐπὶ τὸν τόπον καὶ καταστείλας τὸν ὄχλον εἶπεν·
'ἄνδρες οἱ εἰς θεὸν στρατευόμενοι, ἄνδρες οἱ εἰς θεὸν ἐλπίζοντες, ἄν-   5
δρες οἱ ζωὴν ἐν Χριστῷ ἔχοντες, μέμνησθε ὧν εἴδετε δι' ἐμοῦ σημείων
καὶ τεράτων, μέμνησθε τῆς συμπαθείας τοῦ θεοῦ, δι' ἡμᾶς πόσας ἰάσεις
ἐποίησεν ἐν ὑμῖν καὶ ποίας. ὑπομείνατε οὖν αὐτὸν ἐρχόμενον καὶ ἀποδιδοῦντα ἑκάστῳ κατὰ τὰς πράξεις αὐτοῦ. 6 καὶ νῦν πρὸς τὸν Ἀγρίππαν
μὴ ἀγριαίνεσθε· διάκονος γάρ ἐστιν τῆς πατρικῆς οὐσίας αὐτοῦ καὶ ἐξ-   10
ουσίας καὶ συνεργίας, καὶ πάντως τοῦτο γίνεται τοῦ κυρίου φανερώσαντος ἐμοὶ τὸ συμβαῖνον. ἀλλὰ τί μέλλω καὶ οὐ πρόσειμι τῷ σταυρῷ;'

8   **1** Προσελθόντος οὖν αὐτῷ καὶ παραστάντος ἤρξατο λέγειν· 'ὦ ὄνομα σταυροῦ, μυστήριον ὅλον ἀπόκρυφον· ὦ χάρις ἀνέκφραστος ἐπ'
ὀνόματι σταυροῦ εἰρημένη· ὦ φύσις ἀνθρώπου ἀπὸ σταυροῦ χωρισθῆ-   15
ναι μὴ δυναμένη· ἄρρητε φιλία καὶ ἀχώριστε, διὰ χειλέων ῥυπαρῶν ἐκ-
* φαίνεσθαι μὴ δυναμένη· βιάζομαι ἐμαυτὸν νῦν πρὸς τῷ τέλει τῆς ἐνθά-

---

5 ἄνδρες οἱ εἰς θεὸν ἐλπίζοντες] hic incipit Cᴾ; consensus omnium uel duorum ex tribus (uel ex quattuor) codd. copt. fere semper siglo C nudo notatur

---

* 1 τοῦ δὲ δήμου <θυμῷ> (add. Sier coll. Mart. Polyc. 12,2, qui etiam cogitauit de ἀκατασχέτως) ἐκβοῶντος O: τῶν δὲ (δὲ om. A) δήμων ἐκβοώντων PA   1–2 ἀκατασχέτῳ καὶ μιᾷ
φωνῇ OSA: qui summa uoce clamabant L: om. PCᴵ C² 2 πέτρος OA: ὁ πέτρος P   3
λέγε OP: λέγε νῦν A   στασιάζει (~ θορυβήσει S) ῥώμη ἐὰν οὗτος ἀποθάνῃ OS: καὶ ἑτέρω
λόγῳ μὴ ἂν (ἂν in ras.) οὗτος ἀποθάνῃ καὶ ὁ κύριος ἀπολέσει ἡμᾶς A (sim. CᴵC²L): om. P
3–4 πέτρος ὁ ἀπόστολος γενόμενος O: καὶ ὁ πέτρος γενά- P: om. A   4 ἐπί OP: εἰς A
καί om. P   εἶπεν OP: ὁ πέτρος εἶπεν A   5 ~ οἱ εἰστασσόμενοι εἰς τὴν στρατιὰν θεοῦ
τοῦ σωτῆρος S: οἱ εἰς θεὸν ἰησοῦν στρατευόμενοι AL: οἱ εἰς χριστὸν στρατευόμενοι AL: οἱ
τοῦ χριστοῦ στρατιῶται P   οἱ εἰς θεὸν ἐλπίζοντες O: οἱ ἐπὶ χριστὸν ἐ. PACL   5–6 ἄνδρες οἱ ζωὴν ἐν Χριστῷ ἔχοντες OS, om. PACL   6 εἴδετε] ἴδετε OPA   7 δι' ἡμᾶς O:
δι' ὑμᾶς PC: τῆς εἰς ὑμᾶς A   8 ἐποίησεν ἐν ὑμῖν καὶ ποίας OS: operò fra noi (om. καὶ ποίας) Cᴵ⁺²: ἐποίησεν ὑμῖν A: ἐποίησεν PC   οὖν om. RA   8–9 ἀποδιδοῦντα O: -δοντα RA
9 νῦν OP: νῦν ἀδελφοί A   10 ἀγριαίνεσθε (-ιεν-) O: πικραίνεσθε RA: nolite… saeuire et
amaro animo in eum esse L: non vi adirate e non v'indignate Cᴵ (n. v'ind. om. Cᴾ⁺²): n. furere V   10–11 πατρικῆς οὐσίας αὐτοῦ καὶ ἐξουσίας καὶ συνεργίας O: πατρικῆς αὐτοῦ ἐνεργείας PAC: paternae aenergiae et traditionis illius V: alienae operationis (diabolus auctor) L
11 γίνεται OP: γέγονεν A   12 ἐμοί OA: μοι P   13 προσελθόντος οὖν αὐτῷ καὶ
παραστάντος O: πρ. δὲ καὶ παρ. τῷ σταυρῷ ACL(S): om. PV (propter homoiotel.)   λέγειν
OAC: λ. πάλιν P   14 μυστήριον ὅλον (~ μ. παντελῶς S) ἀπόκρυφον OS: μ. ἀ. PCV: τὸ ἀ.
μ. AL   14–15 ἐπ' ὀνόματι O: ἐπὶ ὀν. P   15–414,3 ὦ… μυστήριον om. A   15–16
ἀπὸ σταυροῦ [στροῦ script.] χωρισθῆναι Zw.: πιστοῦ (πιστὴ S) χωρισθῆναι OS: χωρισθῆναι
θεοῦ PC; cf. o natura hominum, qui non discedunt ab ea (sc. cruce) et qui non recedunt ab ea
V   16–17 ἄρρητε… δυναμένη om. O (propter homoiotel.)   17 βιάζομαι ἐμαυτόν O: β.
* αὐτός S: βιάζομαί σε P: a forza io ora ti prendo C: uim patior tui causa L   πρὸς τῷ τέλει
(τοτελη) P: πρὸς τῷ τέλει σε (σε om. S?) φανερῶσαι OS   17–414,1 τῆς ἐνθάδε… ὕπάρ-
* χων hic exhibet P, quod dubitanter prob. Sier (p. 414,5–6 confert Riesenweber): post δηλῶσαί (σε) transpos. O (unde ἐνθάδε τῆς… ὑπάρχων Sier)

schrie: „Was hat Petrus Unrechtes getan, Agrippa? Wodurch hat er dich gegen sich aufgebracht, daß du ihm übel mitspielst? Sag' es den Römern! Rom rebelliert, wenn dieser stirbt!", **5** hatte der Apostel Petrus den Ort (die Hinrichtungsstätte) erreicht und beruhigte die Masse, indem er rief[21]: „Männer, die ihr für Gott Kriegsdienst leistet[22]; Männer, die ihr auf Gott eure Hoffnung setzt[23]; Männer, die ihr das Leben in Christus habt[24]: Denkt an die Zeichen und Wunder, die ihr durch mich gesehen habt[25], denkt an das Mitleid Gottes, wie viele und welch wunderbare Heilungen er durch uns unter euch vollbracht hat. Wartet also in Geduld auf ihn, der kommen und jedem nach seinen Werken vergelten wird[26]. **6** Und nun zürnet nicht voller Ingrimm dem Agrippa; er ist ja nur Diener der Wesenheit, Dämonenmacht und Verschwörung seines Vaters, und überhaupt geschieht hierin dies, von dem mir der Herr geoffenbart hat, daß es eintreten werde[27]. Doch was zögere ich und trete nicht heran an das Kreuz?"

1 Als er zum Kreuz hinzugetreten war und neben ihm stand, begann **8** er zu sprechen[28]: „O Name des Kreuzes, ganz und gar verborgenes Geheimnis; o unaussprechliche Gnade, die im Namen des Kreuzes ausgesagt ist; o Natur des Menschen, die vom Kreuz nicht getrennt werden kann[29]; unsagbare Liebe und untrennbare, die durch unreine Lippen

---

21 Vgl. Apg 19,34f. ἐπιγνόντες δὲ ὅτι Ἰουδαῖός ἐστιν φ ω ν ὴ ἐγένετο μ ί α ἐκ πάντων ὡς ἐπὶ ὥρας δύο κ ρ α ζ ό ν τ ω ν, Μεγάλη ἡ Ἄρτεμις Ἐφεσίων. κ α τ α σ τ ε ί λ α ς δὲ ὁ γραμματεὺς τ ὸ ν ὄ χ λ ο ν φ η σ ί ν, Ἄ ν δ ρ ε ς Ἐφέσιοι, etc.

22 Act. Paul. 6,2 ὁ τοῦ θεοῦ στρατιώτης; 2Tim 2,3f. συγκακοπάθησον ὡς καλὸς σ τ ρ α - τ ι ώ τ η ς Χ ρ ι σ τ ο ῦ Ἰ η σ ο ῦ. οὐδεὶς σ τ ρ α τ ε υ ό μ ε ν ο ς ἐμπλέκεται ταῖς τοῦ βίου πραγματείαις, ἵνα τῷ σ τ ρ α τ ο λ ο γ ή σ α ν τ ι ἀρέσῃ. Jesus ist Gottes Sohn; Jesus als Gott (so O) hätte im NT allenfalls Tit 2,13 eine Parallele: προσδεχόμενοι τὴν μακαρίαν ἐλπίδα καὶ ἐπιφάνειαν τῆς δόξης τοῦ μεγάλου θεοῦ καὶ σωτῆρος ἡμῶν Ἰησοῦ Χριστοῦ.

23 Siehe Apg 24,15 ἐλπίδα ἔχων εἰς τὸν θεόν; 1Petr 1,21 ὥστε τὴν πίστιν ὑμῶν καὶ ἐλπίδα εἶναι εἰς θεόν; 3,5; Ps 30,25 ἀνδρίζεσθε ..., πάντες ο ἱ ἐ λ π ί ζ ο ν τ ε ς ἐ π ὶ κ ύ ρ ι - ο ν; 1Kor 15,19 ἐν Χριστῷ ἠλπικότες.

24 1Kor 15,22 οὕτως καὶ ἐν τῷ Χριστῷ πάντες ζ ω ο π ο ι η θ ή σ ο ν τ α ι.

25 Joh 4,48 ἐὰν μὴ σ η μ ε ῖ α κ α ὶ τ έ ρ α τ α ἴ δ η τ ε, οὐ μὴ πιστεύσητε; Apg 2,43 πολ- λά τε τέρατα καὶ σημεῖα διὰ τῶν ἀποστόλων ἐγίνετο; 4,30 ἐν τῷ τὴν χεῖρά σου ἐκτείνειν σε εἰς ἴασιν καὶ σημεῖα καὶ τέρατα γίνεσθαι διὰ τοῦ ὀνόματος τοῦ ἁγίου παιδός σου Ἰησοῦ; 5,12.

26 Mt 16,27 μέλλει γὰρ ὁ υἱὸς τοῦ ἀνθρώπου ἔ ρ χ ε σ θ α ι ἐν τῇ δόξῃ τοῦ πατρὸς αὐτοῦ μετὰ τῶν ἀγγέλων αὐτοῦ, καὶ τότε ἀ π ο δ ώ σ ε ι ἑ κ ά σ τ ῳ κ α τ ὰ τ ὴ ν π ρ ᾶ ξ ι ν α ὐ τ ο ῦ; Röm 2,6; zuvor schon Ps 28,4; 62,12, etc.

27 Siehe o. S. 95–103.

28 Zu dieser mystischen Kreuzesrede s. LIPSIUS-BONNET, Acta Apostolorum apocrypha II,1 p. 258ff.

29 VOUAUX zitiert (zu der früheren, auf P gründenden Textfassung χωρισθῆναι θεοῦ) 1Petr 2,24 ὃς τὰς ἁμαρτίας ἡμῶν αὐτὸς ἀνήνεγκεν ἐν τῷ σώματι αὐτοῦ ἐ π ὶ τ ὸ ξ ύ - λ ο ν, ἵνα ταῖς ἁμαρτίαις ἀπογενόμενοι τῇ δικαιοσύνῃ ζήσωμεν· οὗ τῷ μώλωπι ἰάθητε.

* δε συσχέσεως ὑπάρχων, ὅστις εἶ, ἄνθρωπε, δηλῶσαί σε· οὐκ ἠρεμίσω
τὸ πάλαι μεμυκὸς καὶ κρυπτόμενον τῇ ψυχῇ μου τοῦ σταυροῦ μυστήριον. 2 μὴ τοῦτο ὑμῖν ἔστω τὸ φαινόμενον ὄνομα σταυροῦ, οἱ ἐπὶ Χριστὸν ἐλπίζοντες· ἕτερον γάρ τί ἐστιν παρὰ τοῦτο τὸ φαινόμενον ὑμῖν. 3
καὶ νῦν μάλιστα, ὅτε δύνασθε οἱ δυνάμενοι ἀκούειν ἐν ἐσχάτῃ ὥρᾳ καὶ   5
τελευταίᾳ τοῦ βίου ὑπάρχοντός μου, ἀκούσατε· παντὸς φαινομένου αἰσθητοῦ χωρίσατε ὑμῶν τὰς ψυχὰς μὴ ὄντος ἀληθοῦς· πηρώσατε ὑμῶν
τὰς ὄψεις τῆς σαρκός, πηρώσατε ὑμῶν τὰς ἀκοὰς ταύτας τὰς ἐν τῷ
φανερῷ [πράξεις], καὶ γνῶτε τὰ πάλαι ὑπὸ τοῦ Χριστοῦ γεγονότα καὶ
τὸ ὅλον τῆς σωτηρίας μυστήριον τὸ πάντοτε λεγόμενον καὶ μηδ' ὅλως   1
ἀκουόμενον. 4 ὥρα δέ σοι, Πέτρε, παραδοῦναι τὸ σῶμα τοῖς λαμβάνου-
σιν. ἀπολάβετε οὖν, ὧν ἐστιν τὸ ἴδιον. ἀξιῶ οὖν ὑμᾶς τοὺς δημίους, οὕτως με σταυρώσατε, ἐπὶ κεφαλὴν καὶ μὴ ἄλλως· καὶ διὰ τί, τοῖς ἀκούουσιν ἐρῶ.'

9   1 Ὡς δὲ ἀπεκρέμασαν αὐτὸν ὃν ἠξίωσεν τρόπον, ἤρξατο πάλιν λέ-   1
γειν· 'ἄνδρες, ὧν ἐστιν ἴδιον τὸ ἀκούειν, ἐνωτίσασθε ἃ νῦν ἀναγγελῶ
ὑμῖν ἀποκρεμάμενος. γινώσκετε τῆς ἁπάσης φύσεως τὸ μυστήριον καὶ

---

1 συσχέσεως Ο: λύσεως PC; cf. et iam nunc, in finitima absolutione existens L: nunc ad
consummationem huius loci V   ὅστις εἶ ἄνθρωπε δηλῶσαί σε (σε add. Zw.; τοῖς ἀνθρώποις δηλῶσαι S ut uid.) Ο: οστησϊδιλοσεσε Ρ   ante οὐκ ἠρεμ. praem. πάσῃ ἐποχῇ uel simile quid S   2 τὸ πάλαι μεμυκὸς καὶ κρυπτόμενον τῇ ψυχῇ μου Ο: τ. π. μ. τῇ ψ. μ. καὶ κρ.
Ρ: 'et occultum olim et absconditum' (om. τῇ ψ. μ.) S   2–3 τοῦ σταυροῦ μυστήριον] τοῦ
στ. τὸ μυστ. Ρ: στ. μυστ. Ο   3 μὴ τοῦτο Ο: σταυρὸς μὴ (μὴ om. Α) τοῦτο PAC   τὸ φαινόμενον ὄνομα σταυροῦ Ο: ὅπλον (debuit ἁπλοῦν) τὸ φαεινόν ΑC (solamente secondo l'ap-
parenza): τὸ φαινόμενον Ρ; cf. non istud sit uobis crux quod apparet L (quod palam uidetur
V)   4 γάρ τί PAL: γάρ Ο   τοῦτο τὸ φαινόμενον ὑμῖν ΟΑ: τὸ φαινόμενον τοῦτο κατὰ
τοῦ χριστοῦ πάθος Ρ; cf. aliud est autem praeter hoc obscurum et magnum mysterium V
(sententiam om. C)   5 ὅτε ΟΑ: ὅτι Ρ   ἀκούειν Ο: ἀκοῦσαι ΡΑ   6 ἀκούσατε ΟΡ:
ἀκούσατε μου προθύμως Α   6–7 παντὸς φαινομένου αἰσθητοῦ Ο: παντὸς αἰσθητηρίου Ρ
6–7 παντὸς...ψυχὰς om. Α   7 ὑμῶν τὰς ψυχὰς Ο: τὰς ἑαυτῶν ψυχάς παντὸς φαινομένου
Ρ   πηρώσατε bis ab Usener restitut. praebet Ο (πειρ-), confirm. CV (excaecate [-re V]):
πληρ- PSA   8 τὰς ὄψεις τῆς σαρκός (τ. ὄ. τῆς ὁράσεως S)...τὰς ἀκοὰς ταύτας Ο: τὰς ὄ.
ταύτας...τ. ἀ. ταύτας ΡΑ: i vostri occhi esterni...le orecchie della carne C: oculos et aures
uestras V   8–9 τὰς³...πράξεις] τὰς ἐν τῷ φανερῷ {πράξεις} (πράξεις delet.) Riesenweber:
* καὶ τὰς ἐν τῷ φανερῷ πράξεις Ο (unde τὰς κατὰ τὰς...πράξεις Sier dubitanter): τὰς (om. Α)
πράξεις τὰς ἐν φανερῷ ΡΑ (ταύτας τὰς...ἐν φαν. om. S): ~ χωρίσατε ὑμᾶς ἀπὸ τῶν τοῦ σώματος πράξεων C: (excaecate oc. et aur. ab istis passionibus) quae palam uidetis V; ante τὰς
πράξεις (Ρ) <χωρίσατε> suppleuerat Lipsius   9 γνῶτε ΟC(V): γνώσεσθε PAL   τὰ πάλαι ὑπὸ τοῦ Χριστοῦ γεγονότα Ο: τὰ ἐπὶ χριστὸν γ. ΑC: τὰ περὶ χριστοῦ γ. Ρ   10 τῆς σωτηρίας OAL: τῆς σ. ὑμῶν PC   10–11 μυστήριον τὸ πάντοτε λεγόμενον καὶ μηδ' ὅλως
ἀκουόμενον (~...οὐδέποτε δὲ ἀκ.) ΟS: μυστήριον καὶ ταῦτα ὑμῖν εἰρήσθω τοῖς ἀκούουσιν
ὡς μὴ εἰρημένα Ρ: μυστήριον ACLV   11 σοι Ο: συ ΡΑ   12 ἀπολάβετε ΡΑ: -λαμβάν-
Ο   ὧν ἐστιν τὸ ἴδιον Ο: οἷς ἐστιν ἴδιον PACL   ἀξιῶ οὖν ΟΡ: ὡς οὖν ἀξιῶ Α   13 ἐπὶ
κεφαλὴν Ο: ἐπὶ τὴν κ. Ρ: ἐπὶ κεφαλῆς Α   14 ἐρῶ ΟΡV: ἐρῶ σταυρωθείς ΑC   16 ὧν
ἐστιν Ο: οἷς ἐστιν PALV   τό om. Α   16–17 νῦν ἀναγγελῶ ὑμῖν OL: νῦν μάλιστα ὑμῖν
ἀναγγελῶ PACV   17 ἀποκρεμάμενος ΟΡ: κρεμάμενος Α   τό om. Α

nicht kundgetan werden kann: ich fühle mich nun, da ich am Ende   *
dieses irdischen Gefängnisses stehe, gezwungen, dich zu offenbaren,
Mensch, wer du bist. Ich werde nicht zurückhalten das seit langem in
meinem Herzen verschlossene und verborgene Geheimnis des Kreuzes.
2 Nicht dies, was (nach außen) erscheint, soll euch das „Kreuz" sein[30],
ihr, die auf Christus hofft[31]. Etwas anderes nämlich ist das Kreuz als
dieses da, das sichtbar vor euch steht. 3 Und ganz besonders jetzt, da
ihr, die ihr imstande seid zu hören, hören könnt in der letzten und abschließenden Stunde[32] des mir noch verfügbaren Lebens: hört! Von aller sinnlich wahrnehmbaren Erscheinung trennt euren Geist (und sein
Erkennen), da sie nicht wirklich ist[33]. Macht blind eure leiblichen Augen, macht taub diese eure Ohren und erkennt (statt dessen), was vor-
mals durch Christus geschehen ist, und das ganze Geheimnis der Erlösung, das überallhin verkündet, aber nicht in ganzer Fülle vernommen
wurde. 4 Es ist aber Zeit[34], Petrus, deinen Leib denen zu übergeben, die
Hand an ihn legen wollen. So nehmt ihn denn entgegen, die ihr das Ei-
gentumsrecht an ihm besitzt. Ich bitte aber euch Henker: s o kreuzigt
mich, mit dem Kopf nach unten, und nicht anders; und aus welchem
Grund, das werde ich den Hörenden sagen."

1 Als sie ihn aber in der Weise, wie er es erbeten hatte, (am Kreuz)   9
aufgehängt hatten, begann er wieder zu sprechen: „Männer, denen es
zukommt zu hören, vernehmt, was ich nun euch verkünden werde, (in
dieser Weise am Kreuze) aufgehängt. Erkennt das Geheimnis der ganzen Natur und den Ursprung aller Dinge, von welcher Art er war.
2 Denn der erste Mensch, der entstand in der Gestalt (und Haltung), wie

---

30 „Soll euch das sein, was ihr mit dem Namen 'Kreuz' belegt": ὄνομα σταυροῦ steht hier
    periphrastisch für σταυρός; vgl. Eur. Iph. T. 905 ὄνομα τῆς σωτηρίας = σωτηρία.

31 Siehe oben S. 413 Anm. 23 (1Kor 15,19).

32 1Joh 2,18 ἐσχάτη ὥρα ἐστίν; … ὅθεν γινώσκομεν ὅτι ἐσχάτη ὥρα ἐστίν.

33 Vgl. Sext. Empir. Pyrrh. 1,94 ἕκαστον τῶν φαινομένων ἡμῖν αἰσθητῶν ποι-
    κίλον ὑποπίπτειν δοκεῖ; Orig. c. Cels. 3,34 τεθήπαμεν τὸν Ἰησοῦν τὸν νοῦν ἡμῶν
    μεταθέντα ἀπὸ παντὸς αἰσθητοῦ, ὡς οὐ μόνον φθαρτοῦ ἀλλὰ καὶ φθαρη-
    σομένου; 3,56 (…) παριστάντας δὲ καὶ ὡς χρὴ μὲν τῶν αἰσθητῶν καὶ προσκαί-
    ρων καὶ βλεπομένων πάντων καταφρονεῖν, πάντα δὲ πράττειν ὑπὲρ τοῦ τυχεῖν
    τῆς τοῦ θεοῦ κοινωνίας καὶ τῆς τῶν νοητῶν καὶ ἀοράτων θεωρίας;
    3,81 (…) παντὸς μὲν ἀφιστάσῃ γενητοῦ προσαγούσῃ δὲ δι' ἐμψύχου καὶ
    ζῶντος λόγου, ὅς ἐστι καὶ σοφία ζῶσα καὶ υἱὸς θεοῦ, τῷ ἐπὶ πᾶσι θεῷ (Hinweis
    bei VOUAUX).

34 Vgl. Mk 14,41 ἦλθεν ἡ ὥρα, ἰδοὺ παραδίδοται ὁ υἱὸς τοῦ ἀνθρώπου εἰς τὰς χεῖ-
    ρας τῶν ἁμαρτωλῶν; Mt 26,45 ἰδοὺ ἤγγικεν ἡ ὥρα καὶ ὁ υἱὸς τοῦ ἀνθρώπου
    παραδίδοται εἰς χεῖρας ἁμαρτωλῶν; 1Kor 13,3 καὶ ἐὰν παραδῶ τὸ σῶμά
    μου (ἵνα καυχήσωμαι).

τῶν ἁπασῶν φύσεων τὴν ἀρχὴν ἥτις ἦν. 2 ὁ γὰρ πρῶτος ἄνθρωπος, ὁ
γενόμενος ἐν εἴδει ὃ ἔχω ἐγώ, κατὰ κεφαλῆς ἐνεχθεὶς ἔδειξεν γένεσιν
τὴν οὐκ οὖσαν πάλαι νεκράν, νεκρὰ γὰρ αὐτὴ ἡ φύσις, νεκράν τε καὶ
κίνησιν ἔχει· κατελθὼν οὖν ἐκεῖνος καὶ τὴν ἀρχὴν τὴν ἑαυτοῦ εἰς γῆν
ῥίψας, πρὸς ἑαυτὸν τὸ πᾶν τοῦτο τῆς διακοσμήσεως συνεστήσατο εἶ-   5
δος, ἐν ᾧ τὰ δεξιὰ ἀριστερὰ ἔδειξεν καὶ τὰ ἀριστερὰ δεξιά, καὶ πάντα
ἐνηλλάγη τῆς φύσεως αὐτῶν τὰ σημεῖα, ὡς καλὰ τὰ μὴ καλὰ νομισθῆναι καὶ τὰ ἐκ φύσεως ἀγαθὰ κακά· 3 περὶ ὧν ὁ κύριος ἐν μυστηρίῳ λέ-
γει· ἐὰν μὴ ποιήσητε τὰ δεξιὰ ὡς τὰ ἀριστερὰ καὶ τὰ ἀριστερὰ ὡς τὰ
δεξιὰ καὶ τὰ κάτω ὡς τὰ ἄνω καὶ τὰ ὀπίσω ὡς τὰ ἔμπροσθεν, οὐ μὴ εἰσ-   1
έλθητε εἰς τὴν βασιλείαν τοῦ θεοῦ. 4 ταύτην οὖν τὴν ἔννοιαν εἰς ἡμᾶς
προάξας <...>, καὶ τὸ σχῆμα ἐν ᾧ ὁρᾶτέ με ἀποκρεμάμενον ἐκείνου διατύπωσίς ἐστιν τοῦ καταβεβηκότος καὶ εἰς γένεσιν ἐλθόντος ἀνθρώπου.
5 ὑμᾶς οὖν, ἀγαπητοί μου, καὶ τοὺς νῦν ἀκούοντας καὶ τοὺς μέλλοντας

---

8 περὶ] hic incipit cod. Borg. 130 (qui cum fraterno cod. Borg. 128 siglo C¹ subsumitur)
14 ὑμᾶς…420,1 οἰκονόμος non exstat in C²

---

1 τῶν ἁπασῶν φύσεων τὴν ἀρχήν O: τὴν τῶν πάντων ἀρχήν P: τῆς τῶν πάντων καταβολῆς
τὴν ἀρχήν ACL (omnis factae constitutionis initium)   ἥτις ἦν O: ἥτις γέγονεν PAC
post γέγονεν add. ὁ γὰρ πρῶτος ἄνθρωπος ἐκ γῆς χοϊκός, ὁ δεύτερος ἐξ οὐρανοῦ (cf. 1 Kor
15,47) P   1–2 ὁ…ἄνθρωπος ὁ γενόμενος ἐν εἴδει (ἐν εἴ. O: ~ εἶδος S) ὃ ἔχω ἐγώ OS:
ὁ…ἄν. οὗ γένος ἐν εἴδει ἔχω ἐγώ PALV   2 κατὰ κεφαλῆς OA: κατὰ κεφαλήν P   2–3
γένεσιν (om. A) τὴν οὐκ οὖσαν πάλαι νεκράν (νεκράν om. PC, sequens uerbum νεκρά om.
A, ut uid.) OPACS (οὐκ om. S?): (ostendit) olim perditam generationem L   3–4 νεκρὰ
γὰρ αὐτὴ ἡ φύσις νεκράν τε καὶ κίνησιν ἔχει OS: mortua enim erat generatio eius et nec uita-
lem habebat motum L: νεκρὰ γὰρ ἦν αὐτὴ κίνησιν ἔχουσα P: νεκρὰν γὰρ αὐτὴν μὴ κίνησιν
ἔχουσαν A: poichè era morta e la quale non aveva il moto C   4 κατελθὼν οὖν ἐκεῖνος καί
O: κατασυρῐ̈ουνεκινουοκ(αι) P (unde κατασυρεὶς οὖν, etc. Hermannus frater ~ S): κατασυρίζων οὖν ἐκεῖνος καί A: ma quegli essendo tratto in giù C (tractum L)   5 πρὸς ἑαυτὸν τὸ
πᾶν τοῦτο (τοῦτο om. S) OSC: τὸ πᾶν PA   συνεστήσατο PA: συνέστησα O (constituit L)
5–6 εἶδος O: εἶδος ἀποκρεμασθεὶς (κλήσεως add. AL) PSAC   6 ἐν ᾧ O: ἐν ᾗ PA
ἔδειξεν OSP: ἐδόξασεν A; cf. (dextera) glorificans L   τὰ ἀριστερὰ δεξιά OP: τὰ ἀριστερὰ
ὡς τὰ δεξιά A   7 ἐνηλλάγη O: ἐνήλλαξεν PA   τῆς φύσεως OP: τὰ τῆς φ. A   αὐτῶν
Lipsius: αὐτοῦ codd.   τὰ σημεῖα O: τά om. PA   7–8 νομισθῆναι O: νομίσαι A: νοῆσαι
P: intellegens L: uiderentur V   8 καὶ τὰ ἐκ φύσεως ἀγαθὰ κακά O: καὶ ἀγαθὰ τὰ ὄντως
κακά PACL (reuera)   8–13 περὶ…ἀνθρώπου om. A   9–10 τὰ δεξιὰ ὡς τὰ ἀριστερὰ
καὶ τὰ ἀριστερὰ ὡς τὰ δεξιά PCVL: τὰ ἀριστερὰ καὶ τὰ δεξιὰ ὡς ἀριστερά O   10 καὶ τὰ
κάτω ὡς τὰ ἄνω OC^P: καὶ τὰ ἄνω ὡς τὰ κάτω PC^{1+2}VL   10–11 εἰσέλθητε εἰς τὴν βασιλείαν τοῦ θεοῦ OSCV: ἐπιγνῶτε τὴν βασιλείαν PL (cognoscetis)   11 τὴν ἔννοιαν PL: τῆς
ἐννοιαν O   εἰς ἡμᾶς OL (in me): εἰς ὑμᾶς PCV (ad uos)   12 post προάξας lacunam in-
dicauit Zw.   με ἀποκρεμάμενον O: ἀποκρεμάμενόν με P   13 τοῦ καταβεβηκότος καὶ
εἰς γένεσιν ἐλθόντος ἀνθρώπου O: τοῦ πρώτως εἰς γένεσιν χωρήσαντος ἀνθρώπου PC: schema…primi hominis L   14 ὑμᾶς…καὶ τοὺς…καὶ τούς Zw.: ἡμᾶς…καὶ ὑμᾶς τοὺς…καὶ
τούς O: ὑμεῖς…καὶ οἱ (οἱ om. P)…καὶ οἱ β   14–418,1 νῦν ἀκούοντας…μέλλοντας ἀκούειν O: νῦν -τες (-αις P)…μέλλοντες ἀκ. β

ich sie habe, mit dem Kopf nach unten auf die Erde geworfen[35], zeigte
eine Art der Entstehung, die nicht vor alters „tot" war; denn tot ist die
materielle Natur selbst und sie hat auch (nur) eine tote (unbeseelte)
Bewegung (ohne Empfindung)[36]. Indem nun jener herniederkam und
seinen Urbeginn auf die Erde warf, formte er nach dem Bild seiner
selbst diese ganze Gestalt der kosmischen Ordnung, in der er das Rechte als Linkes erscheinen ließ und das Linke als Rechtes und in der alle
Merkmale ihre natürliche Bedeutung wechselseitig vertauschten, so daß
als edel das Unedle galt und das von Natur aus Gute als schlecht. 3 Darüber sagt der Herr im Geheimnis[37]: 'Wenn ihr nicht das Rechte zum
Linken macht und das Linke zum Rechten und das Untere zum Oberen
und das Hintere zum Vorderen, werdet ihr, fürwahr, nicht in die
Königsherrschaft Gottes eintreten.' 4 Wenn ich nun diese Einsicht auf
mich übertrage[38] <...>, und die Haltung, in der ihr mich aufgehängt
seht, ist eine sinnbildliche Verkörperung jenes (vom Himmel) niederge-
stiegenen und (durch leibliche Geburt) ins Dasein getretenen Menschen[39]. 5 Eure Aufgabe nun, meine Geliebten, die ihr jetzt hört und die

---

35   VON LEMM (1892), 288 bezieht dies zu Recht auf die Geburt des Menschen, „welcher
     zuerst mit dem Kopf aus dem Mutterleib herauskommt."
36   Wie die Randglosse von P zeigt, liegt hier 1 Kor 15,44–49 und das dort im Hintergrund
     stehende Textstück Gn 2,7 zugrunde: „Gesät wird ein sinnenhafter Leib (mit Lebens-
     odem), auferweckt wird ein geistiger Leib. Gibt es einen sinnenhaften Leib, so gibt es
     auch einen geistigen Leib. Denn es steht geschrieben: 'Der erste Mensch Adam wurde
     zu einem lebenden Wesen' (Gen 2,7), der letzte Adam zum lebendigmachenden Geist.
     Das Geistige aber kommt nicht zuerst, sondern das sinnenhaft Beseelte, dann das Gei-
     stige. Der erste Mensch aus Erde ist aus Staub, der zweite Mensch vom Himmel [man
     erwartet: „ist aus Geist", also πνευματικός, aber die Überlieferung geht andere Wege]"
     (σπείρεται σῶμα ψυχικόν, ἐγείρεται σῶμα πνευματικόν. εἰ ἔστιν σῶμα
     ψυχικόν, ἔστιν καὶ πνευματικόν. οὕτως καὶ γέγραπται, Ἐγένετο ὁ πρῶτος ἄνθρωπος
     Ἀδὰμ εἰς ψυχὴν ζῶσαν· ὁ ἔσχατος Ἀδὰμ εἰς πνεῦμα ζῳοποιοῦν. ἀλλ' οὐ πρῶτον τὸ
     πνευματικὸν ἀλλὰ τὸ ψυχικόν, ἔπειτα τὸ πνευματικόν. ὁ πρῶτος ἄνθρωπος ἐκ γῆς χοϊ-
     κός, ὁ δεύτερος ἄνθρωπος ἐξ οὐρανοῦ, etc.). Vgl. Gen 2,7 καὶ ἔπλασεν ὁ θεὸς τὸν ἄν-
     θρωπον χοῦν ἀπὸ τῆς γῆς καὶ ἐνεφύσησεν εἰς τὸ πρόσωπον αὐτοῦ πνοὴν ζωῆς, καὶ ἐγέ-
     νετο ὁ ἄνθρωπος εἰς ψυχὴν ζῶσαν („da bildete Gott den Menschen aus dem Staub der
     Erde und hauchte ihm den Odem des Lebens ins Angesicht. So wurde der Mensch zu
     einem lebenden Wesen").
37   Gemeint ist: in allegorischer Ausdrucksweise.
38   Gäbe man der Variante ὑμᾶς den Vorzug, müßte man übersetzen: „wenn ich nun euch
     dieses Verständnis nahegebracht habe." Aber zu erwarten wäre in diesem Falle die
     Konstruktion ὑμᾶς εἰς ταύτην τὴν ἔννοιαν προάξας, vgl. Ammon. in Ar. cat. 4, p. 32,21
     BUSSE (Comm. Ar. Gr. IV 4) ἵνα εἰς ἔννοιάν τινα ἡμᾶς τούτων προαγάγῃ;
     Basil. c. Sabell. (PG 31, 617 A) ὡς μηδ' ὑπ' αὐτῆς προσάγεσθαι τῆς φωνῆς εἰς
     τὰς ἀξίας ἐννοίας τοῦ Πνεύματος. Im Hinblick auf die folgenden Zeilen ist ἡμᾶς
     wohl lectio difficilior.
39   Petrus deutet hier m. E. die Stellung, die er – den Kopf nach unten – am Kreuz ein-
     nimmt, als Sinnbild für die „Niederkunft" des göttlichen Menschensohnes Christi, ge-
     boren aus Maria.

ἀκούειν, λήξαντας τῆς πρώτης πλάνης ἐπαναδραμεῖν προσῆκεν πρὸς
τὴν ἀρχαίαν πατρίδα, ἐπιβαίνειν οὖν τῷ τοῦ κυρίου σταυρῷ, ὅς ἐστι τεταμένος λόγος, εἷς καὶ μόνος, περὶ οὗ τὸ πνεῦμα λέγει· 'τί ἐστιν Χριστὸς ἀλλ' ἢ λόγος, ἦχος θεοῦ;' 6 ἵνα λόγος ᾖ τοῦτο τὸ εὐθύξυλον, ἐφ'
οὗ ἐσταύρωμαι· ἦχος δὲ τὸ πλάγιόν ἐστιν, ἡ ἀνθρώπου φύσις· ὁ δὲ   5
ἧλος ὁ συνέχων ἐπὶ τῷ ὀρθῷ ξύλῳ τὸ πλάγιον κατὰ μέσου, ἡ ἐπιστροφὴ καὶ ἡ μετάνοια τοῦ ἀνθρώπου.

10   1 Ταῦτα οὖν μοι σοῦ γνωρίσαντος καὶ ἀποκαλύψαντος, λόγε ζωῆς,
ξύλον νῦν ὑπ' ἐμοῦ εἰρημένον, εὐχαριστῶ σοι οὐ χείλεσι τούτοις οἷς
*   προσηλωμένος λαλῶ, οὐδὲ γλώσσῃ, δι' ἧς τὸ ἀληθὲς καὶ τὸ ψεῦδος
προέρχεται, οὐδὲ λόγῳ τούτῳ τῷ ὑπὸ τέχνης φύσεως ὑλικῆς προερχο-
*   μένῳ, ἀλλ' ἐκείνῃ φωνῇ σοι εὐχαριστῶ τῇ διὰ σιγῆς νοουμένῃ, τῇ μὴ
δι' ὀργάνων σώματος προϊούσῃ, τῇ μὴ εἰς σαρκικὰ ὦτα πορευομένῃ, τῇ
μὴ φύσει φθαρτῇ ἀκουομένῃ, τῇ μὴ ἐν κόσμῳ οὔσῃ καὶ ἐν γῇ ἀφιομένῃ
καὶ ἐν βίβλοις γραφομένῃ, μηδὲ τινὶ μὲν οὔσῃ, τινὶ δὲ οὔ· ἀλλὰ ταύτῃ,
Ἰησοῦ, εὐχαριστῶ σοι σιγῇ – φωνῇ τῇ σῇ –, ᾗ τὸ ἐν ἐμοὶ πνεῦμά σε φι-
λοῦν καί σοι λαλοῦν καί σε ὁρῶν ἐντυγχάνει σοι, ὃς καὶ μόνῳ πνεύματι
*   νοητὸς εἶ. 2 σύ μοι πατήρ, σύ μοι μήτηρ, σύ μοι ἀδελφός, σὺ φίλος, σὺ

_____

1 λήξαντας…πλάνης Zw.: λήξαντες τῆς πρώτης ὑμῶν (ὑμ. om. C¹) πλάνης ACL (sicut de
primo uestro errore…redistis): δείξαντας τὴν πρώτην πλάνην O: διξαντες την πρότιν πλανιν
P: τῷ δείξαντι ἀπὸ τῆς πρώτης πλάνης S: ostendi uobis primum errorem V   1–2 ἐπαναδραμεῖν προσῆκεν (προσῆκεν om. S) πρὸς τὴν ἀρχαίαν (π. τ. ἄνω S) πατρίδα OS: ἐπαναδραμεῖν προσῆκεν P: ἐπαναδραμεῖν ὀφείλετε προσῆκεν γάρ A   2 ἐπιβαίνειν οὖν] ἐπιβαίνων
(-ενων) οὖν OS: ἐπιβαίνειν A: superascendere L: ἐπιβαίνοντας P   τοῦ κυρίου O: τοῦ Χριστοῦ PA   ὅς ἐστι O: ὅστις ἐστίν P   2–8 ὅς…ζωῆς om. A   2–3 τεταμένος PCV: τεταγμένος OS   3 λέγει O: λεγην P   τί O: τί γάρ PV   4 ἀλλ' ἢ λόγος O (ut coniecerat
Usener): ἀλλ' ὁ λόγος P   ἦχος θεοῦ OC: καὶ (et) ἠχ. θ. SL: ἦχος θεοῦ   τὸ εὐθύξυλον O:
~ ὀρθὸν ξύλον (ξ. om. S) CSL (rectum lignum): τὸ ξύλον P   4–5 ἐφ' οὗ O: ἐφ' ᾧ P   5
ἡ om. P   6 ἧλος Lipsius (cum CVL): ἥλιος O: λόγος PS   τὸ πλάγιον O: τὸ δὲ πλ. P
6–7 ἡ ἐπιστροφὴ καὶ ἡ μετάνοια τοῦ ἀνθρώπου β: ἡ ἐπ. τ. ἀν. ἐστίν (om. καὶ ἡ μετ.) O   8
ταῦτα οὖν μοι O: τ. μοι οὖν β   σοῦ γνωρίσαντος καὶ ἀποκαλύψαντος β: σοῦ -ζοντος καὶ
-πτοντος O   8–9 λόγε ζωῆς ξύλον νῦν OPC: ὦ νῦν ξύλον ζωῆς A   9 οὐ χείλεσι(ν) OA:
*   οὐκ ἐν χείλεσιν P   9–10 οἷς προσηλωμένος λαλῶ Sier: οἷς ἡλωμένος λαλῶ O: τοῖς (om.
P) προσηλωμένοις (-λου- A) PAL   10 τὸ ἀληθές O: ἀληθές ALV: ἀλήθεια PC   τὸ
ψεῦδος] ψεῦδος PA   11 τούτῳ τῷ O (ut uoluit Usener): τούτῳ PA   11–12 προερχομέ-
νῳ O: προσερχ- PA: producto LV   12 φωνῇ OP: τῇ φ. A   σοι εὐχαριστῶ OSV: εὐχα-
*   ριστῶ σοι βασιλεῦ PACL   νοουμένῃ] τῇ μὴ ἐν φανερῷ ἀκουομένῃ add. β (uide Sier, ZPE
2010)   13 εἰς σαρκικά] ἐν σαρκικά O: εἰς (ἐν P) σάρκινα PA   14 φύσει OACL: οὐσίᾳ
P   ἐν γῇ ἀφιομένῃ (cf. Lk 11,4) OL: ἐν γ. -εμένῃ P: ἐν αὐτῇ ἐπαφιεμένῃ A   15 καὶ ἐν
βίβλοις O: μηδὲ ἐν β. A: μὴ ἐν β. P   τινὶ δὲ οὔ O: τινὶ δὲ οὔσῃ PAC   16 Ἰησοῦ O:
ἰησοῦ χριστέ β   σιγῇ φωνῇ τῇ σῇ O: σιγῇ τῇ δὲ σῇ φωνῇ A: ~ τῇ σιγῷσῃ φωνῇ S: σιγῇ
φωνῆς P(V)   ᾗ P: om. OA   17 καί σε ὁρῶν] τὸν θεόν μου add. A   ἐντυγχάνει σοι
Lipsius: ἐντυγχάνω σοι OA: εντυγχανην P   ὃς καὶ μόνῳ OS: σὺ καὶ μ. P: ᾧ καὶ μ. A
*   18 νοητὸς εἶ OSA: νοητός P   μοι πατήρ PA (post πατήρ add. κύριε AL): μου π. OC
*   σύ μοι μήτηρ Sier: σύ μου μ. OSACV, om. P   μοι ἀδελφός P: μου ἀ. OAC   18–420,1
σὺ δοῦλος] σύ μοι δ. A, om. S

ihr künftig hören werdet, sollte es sein: abzulassen von dem ersten Irrweg und zurückzukehren zu dem ursprünglichen Vaterland, also hinaufzusteigen auf das Kreuz des Herrn, der das ausgespannte Wort ist,
einzig und allein, über den der Geist spricht: 'Was ist Christus anderes
als das Wort, der Schall Gottes?', 6 damit das Wort sei dieses aufrecht
stehende Holz, an das ich gekreuzigt bin. Der Schall aber ist der Querbalken, die Natur des Menschen. Der Nagel aber, der an dem aufrechten Holz den Querbalken in der Mitte festhält, ist die Bekehrung und
Umkehr des Menschen[40].

1 Da du nun dieses mir kundgetan und geoffenbart hast, Wort des **10**
Lebens, wie jetzt das Holz von mir genannt worden ist, sage ich dir
Dank – nicht mit diesen Lippen, mit denen ich festgenagelt spreche,
auch nicht mit der Zunge, durch die das Wahre und die Lüge (aus dem
Inneren des Menschen) hervorkommt, und auch nicht mit diesem Wort,
das durch ein Kunstgebilde der stofflichen Natur entsteht, sondern mit
jener Stimme sage ich dir Dank, die durch Schweigen wahrgenommen
wird, die nicht aus Organen des Körpers hervortritt, die nicht in   *
leibliche Ohren dringt, die nicht von verderblicher Natur gehört wird,
die nicht in der Welt ist und nicht auf der Erde ertönt[41] und nicht in
Büchern aufgeschrieben wird, und die nicht dem einen zu Gebote steht,
dem anderen aber nicht; sondern ich sage dir, Jesus, Dank mit diesem
Schweigen – deiner Stimme –, mit dem der Geist in mir, der dich liebt
und zu dir spricht und dich sieht, deiner teilhaft wird, der du ja allein
dem Geist erkennbar bist. 2 Du bist mir Vater, du mir Mutter, du mir
Bruder, du Freund, du Diener, du Hausverwalter, du (mir) alles und al-   *

---

40 Vgl. Apg 3,9 μετανοήσατε οὖν καὶ ἐπιστρέψατε; 26,20 καὶ τοῖς ἔθνεσιν ἀπήγγελλον με-
   τανοεῖν καὶ ἐπιστρέφειν ἐπὶ τὸν θεόν; Test. Salom. 4 (p. 102, 15f. [ed. MCCOWN, Leipzig 1922]) εἰς ἐπιστροφὴν καὶ εἰς μετάνοιαν.
41 Eigentlich: „(aus dem Munde) losgeschickt wird".

* δοῦλος, σὺ οἰκονόμος, σὺ τὸ πᾶν καὶ τὸ πᾶν ἐν σοὶ ἕστηκεν καὶ οὐκ
ἔστι σωτηρία ἐκτὸς σοῦ τινι. 3 ἐπὶ τοῦτον οὖν, ἀδελφοί, καὶ ὑμεῖς κατα-
φεύγοντες ἀνανεωθήσεσθε· ἐν αὐτῷ γὰρ μόνῳ τοῦτο ὑπάρχει τὸ ὑμᾶς
μαθόντας ἐκείνων τεύξασθαι ὧν λέγει δοῦναι ὑμῖν· ἃ οὔτε ὀφθαλμὸς
εἶδεν, οὔτε οὓς ἤκουσεν, οὔτε ἐπὶ καρδίαν ἀνθρώπου ἁμαρτωλοῦ ἀνέ- 5
βη. 4 δεόμεθα σοῦ, ἀμίαντε, περὶ ὧν ἡμῖν ὑπέσχου δοῦναι· αἰνοῦμέν σε
εὐχαριστοῦντες καὶ δεόμενοι ἀνθομολογούμεθα, δοξάζοντές σε ἔτι
* ἀσθενεῖς ὄντες ἄνθρωποι, ὅτι σὺ εἶ ὁ σωτὴρ τῶν ψυχῶν ἡμῶν καὶ θεὸς
καὶ πατὴρ καὶ δεσπότης μόνος καὶ οὐχ ἕτερος εἰ μὴ μόνος σὺ θεός, ᾧ ἡ
δόξα καὶ νῦν καὶ εἰς τοὺς ἅπαντας αἰῶνας. Ἀμήν.' 1

11 1 Ὡς δὲ ὁ παρεστὼς ὄχλος τὸ ἀμὴν μεγάλῃ τῇ φωνῇ ἅμα αὐτῷ ἀνέπεμψεν, καὶ ὁ ἀπόστολος Πέτρος παρέδωκε τὸ πνεῦμα. 2 ὁ δὲ Μάρκελλος, μηδὲ γνώμην τινὸς λαβών, ὃ μὴ ἐξὸν ἦν, ἰδὼν ὅτι ὁ μακάριος Πέτρος ἀπέπνευσεν, ἰδίαις χερσὶν καθελὼν τὸ σῶμα ἀπὸ τοῦ σταυροῦ
ἔλουσεν γάλακτι καὶ οἴνῳ. καὶ κόψας μαστίχης μνᾶς πεντήκοντα καὶ 1
σμύρνης καὶ ἀλόης καὶ φύλλου ἄλλας μνᾶς πεντήκοντα ἐσμύρνισεν

---

13 λαβών] *hic deficit cod. Borg. 128, prior de duobus traditionis* **C¹** *testibus, quam dehinc cod. Borg. 130 solus repraesentabit*

---

* **1** σὺ τὸ πᾶν] *om.* **O**, *transpos.* **V** (et omnia in te et quidquid tu)   τὸ πᾶν ἐν σοί] *add.* καὶ τὸ
* ὃν σύ **PCV**, *supplem. non exstat in* **OSA**   ἕστηκεν **O**: *om.* **β   1–2** καὶ οὐκ ἔστι σωτηρία ἐκτός σου τινι **O**(~**S**): καὶ οὐκ ἔστιν ἄλλο ὃ ἔστιν εἰ μὴ μόνος σύ **PC**(**V**): καὶ οὐκ ἔστιν
ἄλλο ὃ ἔστιν νοητὸν ἢ μόνος σὺ κύριέ μου ὁ θεός **A   2** ἐκτὸς σοῦ τινι] *add.* σοὶ δόξα ἀμήν
OS   ἀδελφοί, καὶ ὑμεῖς **O**: καὶ ὑμεῖς (ημησ = ἡμεῖς **P**), ἀδελφοί **PA   2–3** καταφεύγον-
τες ἀνανεωθήσεσθε ἐν αὐτῷ γάρ **O**: καταφυγόντες καὶ ἐν αὐτῷ **PAC   3–4** τοῦτο ὑπάρχει
τὸ ὑμᾶς μαθόντας **O**: τὸ ὑπάρχειν ὑμᾶς (ημασ **P**) μαθόντες **PACV   4** ἐκείνων τεύξασθε
(= -θαι) **OP**: ἐκείνου τεύξεσθε ἀγαπητοί **A**   ὧν (ὃν **A**) λέγει δοῦναι ὑμῖν **OAC**: ὧν λέγει
ὑμῖν **P**   *ante* ἃ οὔτε (*1Kor 2,9*) *add.* ὑπίσχούμενος **A   5** εἶδεν **O**: ἴδεν **PA**   οὔτε οὓς
ἤκουσεν **OSACV**, *om.* **P**   ἀνθρώπου ἁμαρτωλοῦ **OSV**: ἀνθρώπου **PACL   5–6** ἀνέβη]
οὐκ ἄν. **P   6** δεόμεθα σοῦ ἀμίαντε **OC¹**: αἰτοῦμεν οὖν…ἀμίαντε ἰησοῦ **P**: δεόμενοι **AV**
* αἰνοῦμέν σε **OPC¹**, *om.* **A**: αἰτοῦμέν σε **Sier** (*cf.* **P**)   **7** εὐχαριστοῦντες καὶ δεόμενοι ἀνθομολογούμεθα **O**: εὐχαριστοῦμέν σε (σε *om.* **A**) καὶ ἀνθ. **PA**   δοξάζοντές] καὶ δ. **A   8**
* ἀσθενεῖς ὄντες ἄνθρωποι **O**: ἀ. ἄν. ὅ. **A**: ἀ. ἄν. **P   8–9** ὅτι σὺ εἶ ὁ σωτὴρ τῶν ψυχῶν ἡμῶν
καὶ θεὸς καὶ πατὴρ καὶ δεσπότης μόνος (καὶ θεὸς…μόνος *om.* **S**?) **OS**, *cf. Mart. Polyc. 19,2*:
ὅτι σὺ θεὸς μόνος **PC**: ὅτι σὺ εἶ κύριος θεὸς μόνος **A**(**V**)   **9** καὶ οὐχ ἕτερος εἰ μὴ μόνος σὺ
θεός **O**: καὶ οὐκ ἔστιν ἕτερος θεός **A**: καὶ οὐχ ἕτερος **P**   ᾧ] σοί **A   10** εἰς τοὺς ἅπαντας
αἰῶνας **O**: εἰς τ. ἅ. (εἰς πάν. τ. **P**) αἰῶνας τῶν αἰώνων **PACL   11** ὁ παρεστὼς ὄχλος **OA**:
τὸ -ὸς πλῆθος **P**; *cf. Mart. Paul. 1,2.* **3   11–12** τὸ ἀμὴν μεγάλῃ τῇ φωνῇ ἅμα αὐτῷ ἀνέπεμψεν καὶ ὁ ἀπόστολος πέτρος παρέδωκε τὸ πνεῦμα **O**(~**S**): μεγάλῃ τῇ φ. τὸ ἀμὴν ἀνέπ. ἅ.
αὐ. καὶ πέτρος τῷ κυρίῳ τὸ πνεῦμα παρ. **A**: το αμην (*sic* **P**) μεγάλῳ ἤχῳ ἐφώνει ἅμα αὐτῷ τὸ
ἀμὴν τὸ πνεῦμα ὁ πέτρος τῷ κυρ. παρ. **P**(**C**)   **13** γνώμην] -ης **A   13** ὃ *om.* **A**   ἰδὼν **β**:
εἰδὼς **O**; *cf. Mk 15,39; Lk 23,47   14** ἀπέπνευσεν] ἤδη ἀπ. **A**   καθελὼν τὸ σῶμα **OLV**:
κ. αὐτόν **PAC** (*cf. Mk 15,46*)   ἀπὸ τοῦ σταυροῦ **OAC**: το ὅρῶ **P   15** γάλακτι **OAC**: ἐν
γ. **P   15–16** μαστίχης μνᾶς πεντήκοντα καὶ…ἄλλας μνᾶς πεντήκοντα **O**(**C**): χίας μνᾶς
πεντήκ. (καὶ…πεντήκοντα *om. propter homoiotel.*) **PS**: χείας μνᾶς ἑπτὰ καὶ…ἄλλας (*om.*
μνᾶς) πεντήκοντα **A**: murra paene pondo quinquaginta **V**

les steht fest in dir, und nicht gibt es Rettung für jemanden außerhalb *
deiner[42]. **3** Zu ihm, Brüder, nehmt also auch ihr eure Zuflucht und er-
neuert euch[43]. Denn in ihm allein besteht die Gewähr dafür, daß ihr, wie
ihr gelernt habt, dessen teilhaft werdet, von dem er sagt, daß er es euch
geben werde: 'was weder ein Auge gesehen, noch ein Ohr gehört, noch
in eines sündigen Menschen Herz gekommen ist'[44]. **4** Wir bitten dich,
Unbefleckter, um das, was du uns zu geben versprochen hast. Wir
loben dich, indem wir Dank sagen, und preisen dich, indem wir bitten,
dich rühmend, auch wenn wir noch schwache Menschen sind. Denn du
bist der Retter unserer Seelen und Gott und Vater und Herr allein, und *
kein anderer als allein du Gott[45], dem die Ehre sei jetzt und in alle
Ewigkeit. Amen."[46]

1 Als aber das umstehende Volk das 'Amen' mit lauter Stimme ge- **11**
meinsam mit ihm zum Himmel emporgeschickt hatte[47], da übergab der
Apostel Petrus seinen Geist. **2** Als aber Marcellus sah, daß der selige
Petrus seinen Geist aufgegeben hatte, nahm er, ohne das Urteil irgendeiner Instanz einzuholen[48], was ja auch nicht möglich gewesen wäre,
mit seinen eigenen Händen den Leichnam vom Kreuz und wusch ihn
mit Milch und Wein. Und er zerrieb fünfzig Pfund Mastix und weitere
fünfzig Pfund Myrrhe, Aloë und Gewürz und salbte seine Überreste;

---

42 Siehe Apg 4,12 καὶ οὐκ ἔστιν ἐν ἄλλῳ οὐδενὶ ἡ σωτηρία. Dieses Motiv der
   Rettung ist in 8,3 mit Nachdruck eingeführt (καὶ γνῶτε τὰ πάλαι ὑπὸ τοῦ Χριστοῦ γεγονότα καὶ τὸ ὅλον τῆς σωτηρίας μυστήριον); folglich hat man hier und anschließend in 9,4 der Textfassung von O(S) zu folgen.
43 Siehe Eph 4,23 ἀνανεοῦσθαι δὲ τῷ πνεύματι τοῦ νοὸς ὑμῶν.
44 Siehe 1Kor 2,9 ἀλλὰ καθὼς γέγραπται, Ἃ ὀφθαλμὸς οὐκ εἶδεν καὶ οὓς οὐκ ἤκουσεν καὶ
   ἐπὶ καρδίαν ἀνθρώπου οὐκ ἀνέβη, ἃ ἡτοίμασεν ὁ θεὸς τοῖς ἀγαπῶσιν αὐτόν.
45 Siehe Mart. Polyc. 19,2 εὐλογεῖ τὸν κύριον ἡμῶν Ἰησοῦν Χριστόν, τὸν σωτῆρα
   τῶν ψυχῶν ἡμῶν καὶ κυβερνήτην τῶν σωμάτων ἡμῶν, etc.; Ps 24,5 ὅτι σὺ
   εἶ ὁ θεὸς ὁ σωτήρ μου; Sir 51,1 καὶ αἰνέσω σε θεὸν τὸν σωτῆρά
   μου; Tit 2,13 προσδεχόμενοι τὴν μακαρίαν ἐλπίδα καὶ ἐπιφάνειαν τῆς δόξης τοῦ
   μεγάλου θεοῦ καὶ σωτῆρος ἡμῶν Ἰησοῦ Χριστοῦ; 2Petr 1,1 ἐν δικαιοσύνῃ
   τοῦ θεοῦ ἡμῶν καὶ σωτῆρος Ἰησοῦ Χριστοῦ.
46 Siehe Mart. Polyc. 14,3 (o. S. 386).
47 Vgl. Mart. Polyc. 15,1 ἀναπέμψαντος δὲ αὐτοῦ τὸ ἀμήν, etc.
48 Vgl. 12,1: Nero verübelt dem Agrippa, daß er nicht vor der Hinrichtung des Petrus sein
   Urteil eingeholt hat.

αὐτοῦ τὸ λείψανον καὶ γεμίσας μακρὰν σορὸν λιθίνην πολλοῦ τιμήματος μέλιτος Ἀττικοῦ κατέθετο αὐτόν. **3** ὁ δὲ ἀπόστολος Πέτρος νυκτὸς ἐπιστὰς τῷ Μαρκέλλῳ ἔλεγεν· 'Μάρκελλε, οὐκ ἤκουσας τοῦ κυρίου λέγοντος· ἄφετε τοὺς νεκροὺς θάπτειν τοὺς ἑαυτῶν νεκρούς;' τοῦ δὲ Μαρκέλλου εἰρηκότος 'ναί', εἶπεν αὐτῷ ὁ Πέτρος· 'ἐκεῖνα οὖν ἃ παρέ-   5
σχου εἰς τὸν νεκρόν, ἀπώλεσας· σὺ γὰρ ζῶν ὑπάρχων ὡς νεκρὸς νεκροῦ ἐπεμελήσω.' **4** ὁ δὲ Μάρκελλος διυπνισθεὶς ἀνήγγειλεν τὸν ἐμφανισμὸν τοῖς ἀδελφοῖς τοῖς ὑπὸ Πέτρου στηριχθεῖσιν τῇ εἰς τὸν Χριστὸν πίστει, στηριζόμενος καὶ αὐτὸς ἔτι μᾶλλον μέχρι τῆς ἐπιδημίας Παύλου τῆς εἰς Ῥώμην.   1

12   **1** Ὁ δὲ Νέρων γνοὺς ὕστερον τὸν Πέτρον ἀπαλλαγέντα τοῦ βίου, ἐμέμψατο τὸν πραίφεκτον Ἀγρίππαν, ὅτι μὴ μετὰ γνώμης αὐτοῦ ἀνηρέθη. ἐβούλετο γὰρ αὐτὸν μᾶλλον περισσοτέρως κολάσαι καὶ μειζόνως τιμωρήσασθαι· καὶ γάρ τινας τῶν πρὸς χεῖρα αὐτοῦ ὁ Πέτρος μαθητεύσας ἀποστῆναι αὐτοῦ ἐποίησεν· ὥστε ὀργίλως διακεῖσθαι τὸν Νέρωνα   1
καὶ χρόνῳ ἱκανῷ τῷ Ἀγρίππᾳ μὴ λαλῆσαι. **2** ἐζήτει οὖν ὁ Νέρων πάντας τοὺς ὑπὸ Πέτρου μαθητευθέντας ἀδελφοὺς ἀπολέσαι. καὶ ὁρᾷ τινα νυκτὸς μαστίζοντα αὐτὸν καὶ λέγοντα· 'Νέρων, οὐ δύνασαι νῦν τοὺς τοῦ Χριστοῦ δούλους διώκειν ἢ ἀπολλύειν· ἔπεχε ἀπ' αὐτῶν τὰς χεῖ-

---

4 νεκρούς] *hic deficit* **C²**

---

1 μακρὰν σορόν *Zw.*: μ. σωρόν **O**: una grande cassa **C**: σωρόν **A**: sarcophagum **LV**: σμακτραν (*unde* μάκτραν *editores*) **P**   1–2 πολλοῦ τιμήματος **O**: τιμ. πολλοῦ **PA** (*post* μέλ. ἀττ. *pos.* **C**)   2 μέλιτος Ἀττικοῦ (ατγι-) **O**: ἀττικοῦ μέλ. **PA**, *om.* **S**   κατέθετο αὐτόν **O**: et in eo corpus aromatibus perlitum collocauit **L**: ἐν τῷ ἰδίῳ αὐτοῦ μνημείῳ κατέθετο αὐτόν (-το **P**) **PACV**; *additamentum ex Mt 27,60*   2–3 ὁ δὲ ἀπόστολος πέτρος νυκτὸς ἐπιστὰς τῷ Μαρκέλλῳ **O**: ὁ δὲ πέτρος μαρκέλλῳ ἐπιστάς **P**: ὁ δὲ π. μ. ἐπιφανεὶς νυκτός **A** (*sim.* **CSVL**)   3 ἔλεγεν] *add.* πρὸς αὐτόν **A**   οὐκ *om.* **A**   4 θάπτειν τοὺς ἑαυτῶν νεκρούς **OACL**: θάπτεσθαι ὑπὸ τῶν ἰδίων νεκρῶν **P**; *cf. Mt 8,22*   5 ναί **OPC**: καί **A**   εἶπεν αὐτῷ ὁ πέτρος **O**: ὁ πέτρος αὐ. εἰ. **PA**   5–6 ἐκεῖνα οὖν ἃ παρέσχου εἰς τὸν νεκρὸν ἀπώλεσας **OACV**: πέτρῳ ἐκ. οὐ π. ἃ εἰς τ. ν. αὐτοῦ ἀπ. **PS**   7 ἐπεμελήσω (ἐπι- **O**) **OA**: ἐπεμελήθης **P**   7–8 ἀνήγγειλεν τὸν (τοῦτον τὸν **A**) ἐμφανισμὸν τοῖς ἀδελφοῖς **O(S)AC**: τοῦ πέτρου τὸν ἐμφ. τ. ἀδ. διηγήσατο καὶ ἦν ἅμα **P**   8 τοῖς ὑπὸ πέτρου στηριχθεῖσιν **OP**: τοῖς στ. ὑπὸ π. **A**   τῇ *om.* **O**   8–9 εἰς τὸν Χριστὸν πίστει **OP(C)**: εἰς τὴν πίστιν τοῦ κυρίου **A**   9 στηριζόμενος **O**: -μενοι **P**: ἐπιστηριζόμενος **A**   9–10 μέχρι τῆς ἐπιδημίας παύλου τῆς εἰς ῥώμην **OPC**: τῇ -ίᾳ π. τῇ εἰς ῥ. **A**   11 τὸν πέτρον **OPC**: τὸν μακάριον π. **A**   ἀπαλλαγέντα **O**: ἀπηλλαγμένον **PA**   12 τὸν πρεφέκτον Ἀγρίππαν **OCV**: τῷ πραιφέκτῳ ἀγρίππα **A**: τὸν ἔπαρχον ἀγρίππαν **P**   μετὰ γνώμης **OP**: μετὰ τῆς γν. **A**   13 αὐτὸν μᾶλλον περισσότερος (-έρως *Hutchinson*) κολάσαι **O**: αὐ. περισσοτέρα κολάσαι **P**: π. κολάσει αὐ. κολάσαι **A**   13–14 μειζόνως τιμωρήσασθαι **O**: μεῖζον τιμ. **P**: μείζονι τιμωρία τιμωρήσασθαι αὐτόν **A**   14 τῶν πρός] τῶν ὄντων πρός **A**   15 ἀποστῆναι αὐτοῦ **OA**: ἀπ. αὐτοὺς **P**   ὥστε ὀργίλως (-ος) **O**: ὡς ὀργίλως (-ος **P**) **PA**   τὸν Νέρωνα **OAC**: *om.* **P**   16 ἐζήτει οὖν ὁ Νέρων **OA**: ἐζ. γὰρ **P** (ὁ Νέρων *om.* **CV**)   17 ὑπὸ πέτρου **OP**: ὑπὸ τοῦ π. **A**   ἀπολέσαι **OPC**: ἀπολλύειν δεινῶς **AV** (male perdere)   17–18 τινα νυκτὸς **OA**: ν. τ. **P**   18 λέγοντα] λ. πρὸς αὐτόν **A**   19 διώκειν ἢ **OP**: διώκων **AC**   19–424,1 ἔπεχε ἀπ' αὐτῶν τὰς χεῖρας **O**: ἀπέχου οὖν τ. χ. ἀπ' αὐτῶν **PA** (ἀπ' αὐ. *om.* **P**)

dann füllte er einen großen, sehr kostbaren Steinsarg mit attischem Honig und legte den Leichnam hinein. **3** Der Apostel Petrus aber trat nachts an Marcellus heran und sagte: „Marcellus, hast du nicht den Herrn sagen hören: 'Laßt die Toten ihre Toten begraben'?" Als aber Marcellus antwortete: 'Ja, doch', sagte Petrus zu ihm: „Das also, was du an den Toten gewandt hast, hast du verloren; denn obgleich du lebendig bist, hast du wie ein Toter für einen Toten gesorgt." **4** Marcellus aber wachte auf und berichtete die Erscheinung den Brüdern, die durch Petrus im Glauben zu Christus gestärkt wurden; gestärkt wurde noch mehr auch er selbst – bis zur Ankunft des Paulus in Rom.

1 Als aber Nero später erfuhr, daß Petrus ums Leben gekommen **12** war, tadelte er den Präfekten Agrippa, daß er ohne seinen Urteilsspruch hingerichtet worden sei. Er hatte nämlich die Absicht, ihn weit härter[49] zu bestrafen und sehr viel heftiger zu züchtigen[50]. Denn Petrus hatte auch einige seiner Bediensteten unterrichtet und sie so ihm (Nero) abspenstig gemacht. Darum war Nero erzürnt und würdigte eine beträchtliche Zeit lang den Agrippa keines Wortes. **2** Nero suchte nun alle von Petrus unterwiesenen Brüder zu vernichten. Doch sah er nachts eine Gestalt, die ihn mit Geißelhieben schlug und dabei sprach: „Nero, du kannst jetzt nicht die Diener Christi verfolgen oder zugrunderichten;

---

49 Zur Ausdrucksweise vgl. Mk 7,36 αὐτοὶ μᾶλλον περισσότερον ἐκήρυσσον; 2Kor 7,13 περισσοτέρως μᾶλλον.
50 Siehe Flav. Ios. ant. 19,106 τιμωρεῖσθαι μειζόνως πλήθει τραυμάτων; Chrys. hom. 20,4 in Hebr. (PG 63, 148, lin. 28) οἱ μὲν καὶ μετὰ τῆς εὐεργεσίας μείναντες κακοὶ μειζόνως τιμωρηθήσονται.

ρας.' **3** Καὶ οὕτως ὁ Νέρων περίφοβος γενόμενος ἐκ τῆς τοιαύτης ὀπτασίας ἀπέστη τῶν μαθητῶν ἐν ἐκείνῳ τῷ καιρῷ, καθ' ὃν ὁ Πέτρος τοῦ βίου ἀπηλλάγη. **4** καὶ ἦσαν τὸ λοιπὸν οἱ ἀδελφοὶ ὁμοθυμαδὸν εὐφραινόμενοι καὶ ἀγαλλιῶντες ἐπὶ τῷ κυρίῳ, δοξάζοντες πατέρα καὶ υἱὸν καὶ ἅγιον πνεῦμα, ᾧ ἡ δόξα εἰς τοὺς αἰῶνας τῶν αἰώνων. Ἀμήν.

5

---

1 γενόμενος **OA**: γεγονώς **P**   1–2 ἐκ τῆς τοιαύτης ὀπτασίας **OSA(L)**: *om.* **PCV**   2 ἀπέστη **OA**: ἐξέστη **P**   ἐν ἐκείνῳ **OA**: ἐν *om.* **P**   ὁ πέτρος **OACV**: καὶ ὁ μακάριος π. **P** 3–5 καὶ ἦσαν…αἰώνων. ἀμήν **OASL**: *om.* **PCV**   4 ἐπὶ τῷ κυρίῳ **O**: ἐν κυρίῳ **ASL** 4–5 πατέρα καὶ υἱὸν καὶ ἅγιον πνεῦμα **OS**: τὸν θεὸν καὶ σωτῆρα τὸν κύριον ἡμῶν ἰησοῦν χριστὸν σὺν ἁγίῳ πνεύματι **A**: deum patrem omnipotentem et dominum Iesum Christum cum spiritu sancto **L**   5 ᾧ ἡ δόξα…ἀμήν **OA**: ᾧ ἡ δόξα <νῦν καὶ ἀεὶ καὶ> εἰς τοὺς…ἀμήν **S**: cui est gloria, uirtus et adoratio in saecula saeculorum. amen **L**

halte deine Hände von ihnen zurück." **3** Auf diese Weise aber geriet Nero in Furcht infolge dieser Erscheinung[51] und ließ ab von den Jüngern in jener Zeit, in der Petrus aus dem Leben schied. **4** Und es waren in der Folgezeit die Brüder einmütig in der Freude und im Frohlocken über den Herrn[52] und sie priesen den Vater und den Sohn und den heiligen Geist, dem die Ehre gebührt bis in die Ewigkeiten der Ewigkeiten. Amen.

---

51 Vgl. act. Paul. Pap. Hamb. p. 3,15 διὰ δὲ τὴν ὀπτασίαν τὴν γενομένην Παύλῳ; Apg 26,19.

52 Vgl. Apg 2,46 καθ' ἡμέραν τε προσκαρτεροῦντες ὁμοθυμαδὸν ἐν τῷ ἱερῷ, κλῶντές τε κατ' οἶκον ἄρτον, μετελάμβανον τροφῆς ἐν ἀγαλλιάσει καὶ ἀφελότητι καρδίας, αἰνοῦντες τὸν θεὸν, etc.; Ps 34,9 ἡ δὲ ψυχή μου ἀγαλλιάσεται ἐπὶ τῷ κυρίῳ.

Μαρτύριον τοῦ ἁγίου Παύλου τοῦ ἀποστόλου ἐν Ῥώμῃ

1 **1** Ἦσαν δὲ περιμένοντες τὸν Παῦλον ἐν τῇ Ῥώμῃ Λουκᾶς ἀπὸ Γαλλιῶν καὶ Τίτος ἀπὸ Δελματίας. οὓς ἰδὼν ὁ Παῦλος ἐχάρη, ὥστε ἔξω Ῥώμης ὅρριον μισθώσασθαι, ἐν ᾧ μετὰ τῶν ἀδελφῶν ἐδίδασκε τὸν λόγον τῆς ἀληθείας. **2** διαβόητος δὲ ἐγένετο, καὶ ψυχαὶ πολλαὶ προσετίθεντο τῷ 5 κυρίῳ, ὡς ἦχόν τινα ἐν τῇ Ῥώμῃ γενέσθαι καὶ προσιέναι αὐτῷ πλῆθος πολὺ ἐκ τῆς Καίσαρος οἰκίας καὶ πιστεύειν εὐθέως τῷ λόγῳ, ὡς εἶναι μεγάλην χαρὰν τῷ Παύλῳ καὶ τοῖς ἀκούουσιν. **3** καί τις οἰνοχόος τοῦ Καίσαρος ὀνόματι Πάτροκλος ὀψίας πορευθεὶς εἰς τὸ ὅρριον οὐκ ἴσχυ- σεν εἰσελθεῖν πρὸς τὸν Παῦλον διὰ τὸν ὄχλον, ἀλλὰ καθίσας ἐπί τινα 1

---

10 καθίσας … 440,4 αἰῶνας *non exstat in* **C^P**

---

1 Μαρτύριον τοῦ ἁγίου παύλου τοῦ ἀποστόλου ἐν ῥώμῃ πρὸ θ̅ καλανδῶν ἰανουαρίων **O**: Μαρτύριον τοῦ ἁγίου ἀποστόλου παύλου ἐν ῥώμῃ τῇ πρὸ θ̅ καλανδῶν (*deest nomen mensis*) **P**: τῇ αὐτῇ ἡμέρᾳ μαρτύριον τοῦ ἁγίου ἀποστόλου παύλου. κύριε εὐλόγησον **A**: Martirio di San Paolo, apostolo di Gesù Cristo, che egli consumò in Roma, sotto l'imperatore Nerone, il 5⁰ di Epêp; nella pace di Dio, Amen. **C** **2** ἦσαν δὲ περιμένοντες τὸν παῦλον ἐν τῇ ῥώμῃ λουκᾶς **Rμ**: ἦσαν δὲ ἐν ῥώμῃ περ. π. λουκᾶς **AC**: παῦλος ὁ μακαριώτατος ἀπόστολος ἦν ἐν τῇ ῥώμῃ περιμένων (-ον) λοῦκαν **O**: ἐπὶ Νέρωνος τοῦ βασιλέως ἦν περιμένων ὁ Παῦλος … Λουκᾶν **S** ἀπὸ γαλλιῶν **PA**: ἀπὸ -ίαν **O**: a Galatia **L(C¹)** **3** καὶ **OSPCM**: *om.* **AL** τίτος **β**: τίτον **OS** δελματίας **OA**: δαλ- **PCμ** ἐχάρη **OP**: ἐχ. ἐν κυρίῳ **A**: laetatus est ualde **Cμ** ὥστε **OP**: ὥστε αὐτόν **A** **4** ὅριον **PA**: τὸ οριον **O**: horreum **M** **4–5** ἐν ᾧ μετὰ τῶν ἀδελφῶν ἐδίδασκε τὸν λόγον τῆς ἀληθείας **P**: ἐν ᾧ μ. τ. ἀ. ἐλάλει τὸν λόγον λέγων **O** (*sequitur oratio Pauli insitiua, ut uid., quam p. 345 reddidi*): ἐν ᾧ μ. τ. ἀ. ἦν καὶ ἐδίδασκε τ. λ. τ. ἀλ. **A(~S)C** (stava coi fratelli): ubi cum his uerbum tractaret **M(CP)**: u. c. h. et aliis fratribus de uerbo uitae tr. **L** (**C¹** la parola di Dio) **5** *post* ἀληθείας *add.* ἀποδεχόμενος καὶ ξενοδοχῶν ἅπαντας **A**: ~ μετὰ δακρύων καὶ πόνου τῆς ψυχῆς **S**, *quae enuntiatio ex eodem fonte* (α') *fluxisse uidetur, ex quo librarius* **O** *hauriens Pauli oratione finita tali modo ad priorem narrationem reuertitur:* καὶ τούτων ὑπὸ τοῦ Παύλου λεγομένων μετὰ δακρύων καὶ βα- σανῶν ψυχῆς (περιβόητος ἐγένετο) διαβόητος δέ **PA(C)**: περιβόητος **O**; *cf.* **L** (*sententia- rum ordine inuerso*) ita ut … exiret fama per uniuersam circa regionem de illo. iam enim ad- modum innotuerat orbi Romano *etc.*, *om.* **SM** ψυχαὶ πολλαὶ προσετίθεντο (-τεθ- **O**) **OM**: π. ψ. πρ. (-θοντο **P**) **PAL** **6** ὡς ἦχόν τινα ἐν τῇ ῥώμῃ γενέσθαι **O**: ὡς ἦχον κατὰ τὴν ῥώ- μην γ. **PS**: ὡς ἦχον περὶ αὐτοῦ γενέσθαι κ. πᾶσαν τ. ῥώμην **A(C)**: ita ut per totam urbem strepitus fieret **M**: i. u. p. t. u. sonus praedicationis et sanctitatis ipsius fieret **L** προσιέναι (-ειεν-) **OCμ**: ~ προσήιει **S**: προσεῖναι **PA** **6–7** πλῆθος πολὺ ἐκ τῆς καίσαρος οἰκίας] πλ. πολλοι (= -υ) ἐκ τ. κ. οἰ. **O**: πολὺ πλ. ἐκ τ. κ. οἰ. **P**: πιστεύοντας πολὺ πλῆθος μάλιστα ἐκ τ. κ. οἰ. **A(μ)** **7** καὶ πιστεύειν εὐθέως τῷ λόγῳ ὡς **OS**: πιστεύοντας καί **P**: ὡς **A** **7–8** εἶναι μεγάλην χαρὰν τῷ παύλῳ καὶ τοῖς ἀκούουσιν **OS**: εἶναι χ. μ. παρ' αὐτοῖς **A(L)**: εἶναι χ. μ. **PCM** **8–9** καί τις οἰνοχόος τοῦ καίσαρος ὀνόματι πάτροκλος **OAM**: πάτροκλος δέ τις οἰνοχόος τ. κ. **PCL** **9** ὀψίας **OCμ**: ὀψέ **PA** τὸ ὅρριον (τὸ ὄριν **O**)] τό *om.* **P** **9–10** οὐκ ἴσχυσεν εἰσελθεῖν πρὸς τὸν παῦλον διὰ τὸν ὄχλον **O**: καὶ μὴ δυνάμενος διὰ τὸν ὄχλον εἰσελ. π. τ. παῦλον (εἰσελ. εἰς τ. παῦλον **A**) **PA** **10–428,1** ἀλλὰ καθίσας (-ησ-) ἐπί τινα θυρίδα ὑψηλήν **O**: ἀλλὰ καθήμενος ἐπὶ θυρίδος ὑψηλῆς **A**: ἐπὶ θυρίδος καθεσθεὶς ὑψ. **P**

Martyrium des heiligen Apostels Paulus in Rom

1 „Es waren aber in Erwartung des Paulus in Rom Lukas, aus Galatien **1** gekommen, und Titus aus Dalmatien[53]. Als Paulus sie sah, freute er sich und nahm dies zum Anlaß, außerhalb Roms eine Scheune zu mieten, in der er zusammen mit den Brüdern das Wort der Wahrheit lehrte. **2** Es verbreitete sich aber sein Ruf weithin, und viele Seelen schlossen sich dem Herrn an[54], so daß in Rom ein Raunen entstand und eine große Menge aus dem Haus des Kaisers[55] zu ihm (Paulus) strömte und sogleich seinem Wort glaubte, so daß große Freude herrschte bei Paulus und seinen Hörern. **3** Auch ein Mundschenk des Kaisers mit Namen Patroklos ging eines späteren Nachmittags[56] zur Scheune hinaus, konn-

---

53 Siehe 2Tim 4,10f. Δημᾶς ... ἐπορεύθη εἰς Θεσσαλονίκην, Κρήσκης εἰς Γ α λ α τ ί α ν, Τ ί τ ο ς ε ἰ ς Δ α λ μ α τ ί α ν· Λ ο υ κ ᾶ ς ἐστιν μόνος μετ' ἐμοῦ.
54 Apg 2,41 οἱ μὲν οὖν ἀποδεξάμενοι τὸν λόγον αὐτοῦ ἐβαπτίσθησαν, καὶ π ρ ο σ ε τ έ - θ η σ α ν ἐν τῇ ἡμέρᾳ ἐκείνῃ ψ υ χ α ὶ ὡσεὶ τρισχίλιαι.
55 Phil 4,22 ἀσπάζονται ὑμᾶς πάντες οἱ ἅγιοι, μάλιστα δὲ οἱ ἐ κ τ ῆ ς Κ α ί σ α ρ ο ς ο ἰ κ ί α ς.
56 Zur Chronologie der erzählten Handlung s. o. S. 393–395.

θυρίδα ὑψηλὴν ἤκουεν τὸν λόγον τοῦ θεοῦ. **4** τοῦ δὲ πονηροῦ διαβόλου ζηλοῦντος τὴν ἐν κυρίῳ ἀγάπην καὶ τὴν τῶν ἀδελφῶν σωτηρίαν ὁ Πάτροκλος νυστάξας ἀπὸ τῆς θυρίδος ἔπεσεν κάτω καὶ ἀπέπνευσεν, ὡς ἀποθανόντα αὐτὸν ταχέως ἀναγγελθῆναι τῷ Νέρωνι ὑπὸ τῶν οἰκετῶν.
* **5** συνιδὼν δὲ τῷ πνεύματι ὁ Παῦλος εἶπεν· 'ἄνδρες ἀδελφοί, ἔσχεν ὁ 5 πονηρὸς τόπον, ὅπως ἡμᾶς πειράσῃ· ὑπάγετε ἔξω, καὶ εὑρήσετε παῖδα πεπτωκότα μέλλοντα ἐκπνέειν. τοῦτον ἐνέγκατε πρός με.' καὶ ἀπελθόντες ἤνεγκαν αὐτῷ τὸν παῖδα. ἰδόντες δὲ οἱ ὄχλοι ἐταράχθησαν. **6** καὶ εἶπεν ὁ Παῦλος· 'νῦν ἡμῶν ἡ πίστις φανήτω· δεῦτε πάντες, κλαύσωμεν πρὸς τὸν κύριον ἡμῶν Ἰησοῦν Χριστόν, ἵνα ζήσῃ οὗτος καὶ ἡμεῖς ἀνεν- 1 όχλητοι μείνωμεν. **7** καὶ πάντων εὐξαμένων πρὸς κύριον ἀνέστη ὁ παῖς

---

* **8** εἶπεν] *hic incipit* R   **11** ὁ παῖς καὶ ἀνέλαβεν] *hic deficit* R (ἀνέλα]βεν ὁ παῖ[ς])

---

1 ἤκουεν A: ἀκούειν O: ἤκουσεν P: (cum sederet…) audiretque M: ut…posset audire L(C) τὸν λόγον OSCμ: αὐτοῦ διδάσκοντος τ. λ. PA   **1–2** τοῦ δὲ πονηροῦ…ἀδελφῶν (*uid.* PA) *om.* CSM   **2** τὴν ἐν κυρίῳ (εκῶ, *cf.* A) ἀγάπην καὶ τὴν τῶν ἀδελφῶν σωτηρίαν O: τ. ἐν κ. ἀ. τῶν ἀδελφῶν A: τ. ἀ. τῶν ἀδελφῶν P: dilectionem uerbi dei et ipsius apostoli quam studiosius adolescens habebat L   **2–3** ὁ πάτροκλος νυστάξας ἀπὸ τῆς θυρίδος ἔπεσεν κάτω OL (cum…somno fatigaretur, …fecit iuuenem paululum dormitare, cadensque de fenestra satis excelsa): ἔπεσεν ὁ πάτροκλος ἀπὸ τῆς θυρίδος P: ὁ πάτροκλος (ὁ π. *om.* CSM) καθήμενος ἐπὶ τῆς θυρίδος ἔπεσεν κάτω εἰς τὸ ἔδαφος A   **3** καὶ ἀπέπνευσεν *Zw.*: spiritum exalauit L: καὶ O: καὶ ἀπέθανεν P: ὥστε αὐτὸν ἀποθανεῖν παραχρῆμα ἐπὶ τοῦ τόπου A(C); *cf. l.* 7 πεπτωκότα…ἐκπνέειν; *p.* 430,1 ἀνέλαβεν τὸ πνεῦμα αὐτοῦ   **3–4** ὡς ἀποθανόντα αὐτὸν ταχέως ἀναγγελθῆναι τῷ νέρωνι (-να) ὑπὸ τῶν οἰκετῶν O: ὥστε ἀναγγεῖλαι ταχέως τῷ νέρωνι RCμ: καὶ ἀναγγελθῆναι ταχέως ὑπό τινων σπουδαίων τῷ νέρωνι A   **4** οἰκετῶν] *add.*
* ἀκούσας δὲ ὁ νέρων ἐταράχθη O(L), *om.* PACM   **5** συνιδὼν δὲ τῷ πνεύματι ὁ Παῦλος εἶπεν *Riesenweber duce Sier*: συνεῖδεν (*ex* -ειν *in ras.*?) τῷ πνεύματι ὁ παῦλος καὶ εἶπεν O: ὁ δὲ παῦλος συνιδὼν τῷ πνεύματι ἔλεγε P, *prob. Sier*: γνοὺς δὲ τῷ πνεύματι ὁ παῦλος εἶπεν πρὸς τοὺς σὺν αὐτῷ Aμ   **6** ἡμᾶς OACM: ὑμᾶς PL   ὑπάγετε ἔξω OPCμ: ἀπέλθετε A   **7** πεπτωκότα OP(C): πεπτωκότα ἀπὸ ὕψους A: ex alto cecidisse μ   μέλλοντα ἐκπνέειν OPC: ἤδη μ. -πνειν A: iam nunc iacere exanimem L: et animam agentem M   τοῦτον ἐνέγκατε πρός με O: ἄραντες ἐνέγκατε ὧδε πρός με P: quem leuantes ad me huc afferre satagite L: φέρετε μοι αὐτὸν ὧδε AC: huc illum adferte ad me M   **7–8** καὶ…ἤνεγκαν…παῖδα] καὶ ἀπελθόντες ἤγαγον αὐτῷ τὸν παῖδα O: (…) ἤνεγκαν τὸν παῖδα S: οἱ δὲ ἀπ. (ἀπ. *om.* C) ἤνεγκαν PC: καὶ ἀπ. βαστάσαντες ἤνεγκαν αὐτὸν πρὸς τὸν παῦλον A: confestim iuuenem mortuum attulerunt L: c. adduxerunt eum M   **8** ἰδόντες δὲ οἱ ὄχλοι ἐταράχθησαν (-κθησαν P)] ἰδ. δὲ οἱ ἀδελφοὶ νεκρὸν ἐ. σφόδρα A (mirabantur μ)   **8–9** καὶ εἶπεν ὁ παῦλος O: καὶ εἶπεν (]ειπεν R) ὁ παῦλος πρὸς αὐτούς AR: λέγει αὐτοῖς ὁ παῦλος P   **9** νῦν ἡμῶν… φανήτω] νῦν ἡμῶν…ἡ π. φ. O: νῦν ἡ π. ὑμῶν φ. Cμ: νῦν ἀδελφοὶ ἡ π. ὑμῶν φ. (ἀδ. *post* φ.
* A) PA   **10** πρὸς τὸν κύριον ἡμῶν Ἰησοῦν Χριστόν] τόν *et* ἡμῶν *om.* AR (κν χν ιν R): ad dominum I. Chr. M (ad d. deum nostrum L)   ἵνα ζήσῃ οὗτος OSPC: ἵνα ζ. ὁ παῖς οὗτος A(M)   **11–430,1** καὶ πάντων εὐξαμένων πρὸς κύριον ἀνέστη ὁ παῖς (*ita, sed* πρὸς κύριον *omisso,* M; surrexit *etiam* L) καὶ ἀνέλαβεν τὸ πνεῦμα αὐτοῦ O: στεναξάντων δὲ πάντων ἀνέ-
* λαβεν τὸ πνεῦμα ὁ παῖς PCR (μεί]νωμεν. στε[ναξάντων…ἀνέλα]βεν ὁ παῖ[ς] R): λίαν στεναξάντων πάντων πρὸς τὸν θεὸν καὶ δεηθέντων ἐκτενῶς ὁ παῖς ἀνέλαβεν χάριτι θεοῦ τὸ πνεῦμα αὐτοῦ AL (et cum ingemuissent uniuersi procumbentes orationi…Patroclus tamquam a somno surrexit, *etc.*)

te aber wegen der Volksmenge nicht zu Paulus hineingelangen[57], sondern setzte sich an ein hochgelegenes Fenster und suchte das Wort Gottes zu hören. **4** Da aber der böse Teufel eifersüchtig war auf die Liebe zum Herrn und auf die Rettung der Brüder, nickte Patroklos schläfrig ein, fiel vom Fenster hinab und gab seinen Geist auf[58], so daß sogleich von den Dienern sein Tod dem Nero gemeldet wurde. **5** Aber Paulus verfolgte das Geschehen im Geiste mit und sprach: „Männer, Brüder, es hat der Böse eine Gelegenheit gefunden, uns zu versuchen. Gehet hinaus und ihr werdet dort einen Diener finden[59], der zu Tode gestürzt ist und gerade sein Leben aushaucht. Ihn bringt zu mir."[60] Und sie gingen hinaus und brachten ihm den Diener. Bei seinem Anblick wurde die Menge erschüttert. **6** Und Paulus sprach: „Nun soll unser Glaube offenbar werden. Wohlauf, wir alle wollen zu unserem Herrn Jesus Christus unter Tränen flehen[61], daß dieser lebe und wir unbehelligt bleiben." **7** Und als alle zum Herrn beteten, erstand der Jüngling vom Tod und

---

57 Vgl. Mk 2,4 καὶ μὴ δυνάμενοι προσενέγκαι αὐτῷ διὰ τὸν ὄχλον ἀπεστέγασαν τὴν στέγην ὅπου ἦν; Lk 6,48 καὶ οὐκ ἴσχυσεν σαλεῦσαι; 8,43 ἥτις οὐκ ἴσχυσεν ἀπ' οὐδενὸς θεραπευθῆναι; 14,30.
58 Apg 20,9: siehe o. S. 379.
59 Mk 11,2 ὑπάγετε ... καὶ ... εὑρήσετε ...; λύσατε αὐτὸν καὶ φέρετε.
60 Vgl. Ex 32,2 καὶ ἐνέγκατε πρός με.
61 Ps 94,6 δεῦτε προσκυνήσωμεν καὶ προσπέσωμεν αὐτῷ καὶ κλαύσωμεν ἐναντίον κυρίου τοῦ ποιήσαντος ἡμᾶς· ὅτι αὐτός ἐστιν ὁ θεὸς ἡμῶν.

καὶ ἀνέλαβεν τὸ πνεῦμα αὐτοῦ· καὶ καθιστάντες αὐτὸν ἀποπέμπουσιν
μετὰ τῶν ἄλλων τῶν ἀπὸ τῆς οἰκίας τοῦ Καίσαρος.

2 **1** Ὁ δὲ Καῖσαρ ἀκούσας τὸν θάνατον τοῦ Πατρόκλου μεγάλως ἐλυπήθη καὶ ἐλθὼν ἀπὸ τοῦ βαλανείου ἄλλον ἐκέλευσεν στῆναι ἐπὶ τοῦ οἴνου. **2** οἱ δὲ παῖδες εἶπον αὐτῷ· 'Καῖσαρ, Πάτροκλος ζῇ καὶ ἔστηκεν 5
ἐπὶ τῆς τραπέζης.' καὶ ὁ Καῖσαρ ἐκέλευσεν αὐτὸν εἰσελθεῖν. καὶ εἰσελθόντος αὐτοῦ εἶπεν· 'Πάτροκλε, ζῇς;' ὁ δὲ εἶπεν· 'ζῶ.' καὶ ὁ Καῖσαρ
εἶπεν· 'καὶ τίς ὁ ποιήσας σε ζῆσαι;' φρονήματι δὲ πίστεως φερόμενος ὁ
Πάτροκλος εἶπεν· 'Ἰησοῦς Χριστὸς ὁ βασιλεὺς τοῦ σύμπαντος κόσμου
καὶ τῶν αἰώνων.' **3** ὁ δὲ Καῖσαρ ἐταράχθη καὶ εἶπεν· 'ἐκεῖνος οὖν μέλ- 10
λει βασιλεύειν τῶν αἰώνων, καὶ καταλύειν πάσας τὰς βασιλείας τὰς ὑπὸ
τὸν οὐρανόν;' καὶ ἀποκριθεὶς ὁ Πάτροκλος εἶπεν· 'ναί, καὶ γὰρ αὐτὸς

---

2 ἀπὸ τῆς οἰκίας] *hic succedit* K (*miserrime mutilatus*)

---

1 καὶ καθιστάντες αὐτόν *Zw.*: lo alzarono C: κ. καθίσαντες αὐ. O: κ. -σαντες αὐ. ἐπὶ κτῆνος
P: καὶ μετα σπ...δη (μ. σπουδῆς *Ph. Meyer*) -σαντες αὐ. ἐπὶ κτίνους A; ἐπὶ κτῆνος *om.* μ
ἀποπέμπουσιν O: ἀνέπεμψαν A: ἀπέπεμψαν ζῶντα P: lo inviarono al suo posto C: dimisitque (et dim. M) eum Paulus μ   2 μετὰ τῶν ἄλλων τῶν ἀπὸ τῆς οἰκίας τοῦ καίσαρος O: μ.
καὶ ἄλ. τῶν ὄντων (ὄντων *om.* A) ἐκ τῆς καίσαρος οἰκίας β   3 ὁ δὲ καῖσαρ ἀκούσας
OACM: ὁ δὲ νέρων ἀκηκοὼς P   3–4 μεγάλως ἐλυπήθη καὶ ἐλθὼν ἀπὸ τοῦ βαλανείου O:
ἐλυπ. σφόδρα καὶ ὡς εἰσῆλθεν ἀ. τ. β. P: contristatus ualde et egrediens a balneo M: ἐλθὼν
ἀπὸ τοῦ δημοσίου καὶ περίλυπος γενόμενος σφόδρα A: (quod cum mox Neroni) reuertenti a
balneo (fuisset nuntiatum)...contristatus est rex usque ad animam L (*ad 1,4 fin. transpos.*):
se ne attristò (*om.* καὶ ἐλθὼν ἀπὸ τοῦ βαλανείου) C   4–5 ἄλλον ἐκέλευσεν στῆναι ἐπὶ τοῦ
οἴνου O: ἐκ. ἄ. στ. ἐ. τ. οἴ. P: iussit alium stare ad calices M: ἐκέλ. ἄ. εἰς τὸν τόπον αὐτοῦ ἐ.
τ. οἴ. στ. AC: statuitque alium pro eo ad uini officium, ut ei porrigeretur poculum L (*ad 1,4
fin.*)   5 οἱ δὲ παῖδες εἶπον αὐτῷ O: ἀπήγγειλαν δὲ αὐτῷ οἱ παῖδες αὐτοῦ λέγοντες AC (*om.*
οἱ π. αὐ.): λεγόντων δὲ αὐτῷ ταῦτα ἤκουσεν ὅτι P(S)   καὶ ἔστηκεν OP: καὶ αὐτὸς στήκει
A   6 καὶ ὁ καῖσαρ ἐκέλευσεν αὐτὸν εἰσελθεῖν OC: καὶ εὐλαβεῖτο εἰσελθεῖν PS: καὶ ὁ καῖσαρ ἀκούσας καὶ θαυμάσας ἔτι δὲ ἀπιστῶν ὅτι ζῇ οὐκ ἐβούλετο εἰσελθεῖν ἐπὶ τὸ ἄριστον
A(μ); *de* K *nihil certi apud Schmidt p.* 86   6–7 καὶ εἰσελθόντος αὐτοῦ εἶπεν O: καὶ ὡς
εἰσῆλθεν λέγει αὐτῷ ὁ καῖσαρ PS: μετὰ δὲ τὸ εἰσελθεῖν αὐτὸν ἴδεν τὸν πάτροκλον καὶ ἐξ αὐτοῦ γενόμενος εἶπεν Aμ (...iussit illum introire; quem cum uidisset obstupuit et dixit ad eum
M): gli disse (*om.* καὶ εἰσελθόντος αὐτοῦ) C   7 εἶπεν O: ἔφη P(C): respondit μ: βοήσας
μεγάλῃ φωνῇ λέγει A   7–8 ζῶ. καὶ ὁ καῖσαρ εἶπεν O: ζῶ καῖσαρ. ὁ δὲ εἶπεν P: ναὶ ζῶ κύριε καῖσαρ. καὶ εἶπεν πρὸς αὐτὸν ὁ καῖσαρ A: ita, sed κύριε καῖσαρ *omisso*, C   8 καὶ τίς
O: τίς P: τίς οὖν A   ζῆσαι OP: ζῆν A   8–9 φρονήματι δὲ πίστεως φερόμενος ὁ πάτροκλος O: φρ. δὲ π. φ. ὁ παῖς A: ita, sed ὁ παῖς *omisso*, C: ὁ δὲ παῖς φρ. π. φ. P   9 ἰησοῦς
χριστός O: χρ. ἰησοῦς PAC   9–10 ὁ βασιλεὺς τοῦ σύμπαντος κόσμου καὶ τῶν αἰώνων O:
ὁ β. τ. σ. κ. τῶν ἀνθρώπων A: ὁ β. τῶν αἰώνων PC: rex omnium saeculorum μ   10 ὁ δὲ
καῖσαρ ἐταράχθη καί O: ὁ δὲ καῖσαρ ταραχθείς P: καὶ ὁ καῖσαρ θυμῷ ταραχθεὶς A: et Nero
conturbatus μ   11 βασιλεύειν τῶν αἰώνων OPCμ: β. τοῦ συμπαντὸς κόσμου καὶ τῶν ἀνθρώπων A   11–12 βασιλείας τὰς ὑπὸ τὸν οὐρανόν O: β. τὰς ὑπ' οὐρανόν A: β. τῶν αἰώνων P:
β. C   12 καὶ ἀποκριθεὶς ὁ πάτροκλος εἶπεν O: λέγει αὐτῷ πάτροκλος P: χαρᾶς δὲ πολλῆς
πληρωθεὶς καὶ πίστεως ὁ πάτροκλος ἀναβοήσας φωνῇ εἶπεν A: et Patroclus dixit (ait) μC
12–432,3 ναί...πονηράν] τὰς <βασιλείας τὰς> (*ex* SPA) *et uerbum* καταλύει (*ex* P) *suppl.*
Zw.: ναὶ καὶ γὰρ αὐτὸς βασιλεύει ἐν οὐρανῷ καὶ ἐπὶ γῆς, ἰησοῦς χριστὸς οὐ μόνον τὰς ὑπὸ
τὸν οὐρανόν, ἀλλὰ πᾶσαν ἀρχὴν σκότους καὶ ἐξουσίαν θανάτου καὶ δύναμιν πονηράν O:

empfing seinen Lebensodem wieder. Sie richteten ihn auf und entließen ihn zusammen mit den übrigen Besuchern aus dem Haus des Kaisers.

1 Der Kaiser aber wurde durch die Nachricht vom Tod des Patro- **2** klos in große Trauer versetzt, und als er vom Bad (zum anschließenden Abendmahl) zurückkam, bestimmte er einen anderen zum Kellermeister. **2** Die Diener aber sagten zu ihm: „Kaiser, Patroklos lebt und steht (bereits wieder) am Schanktisch." Und der Kaiser befahl, er solle hereinkommen. Und als er eingetreten war, sprach er: „Patroklos, du lebst?" Dieser aber sprach: „Ja, ich lebe." Und der Kaiser sagte: „Und wer ist es, der dich wieder lebendig gemacht hat?" Vom Hochgefühl des Glaubens getragen, antwortete Patroklos: „Jesus Christus, der König des ganzen Kosmos und der Äonen[62]." **3** Da wurde der Kaiser bestürzt und fragte: „Ist es also jener, der (wie es heißt) herrschen soll über die Äonen und auflösen alle Königreiche unter dem Himmel?"[63] Und Patroklos antwortete und sprach: „Ja, denn er selbst ist König im Himmel und auf Erden, Jesus Christus, und er löst nicht nur die König-

---

62 Vgl. 1Tim 1,17 τῷ δὲ βασιλεῖ τῶν αἰώνων, ἀφθάρτῳ, ἀοράτῳ, μόνῳ θεῷ, τιμὴ καὶ δόξα εἰς τοὺς αἰῶνας τῶν αἰώνων· ἀμήν.

63 Diese Reaktion Neros, insbesondere daß er die Aussage des Patroklos weiterspinnt zu der Vorstellung des καταλύειν πάσας τὰς βασιλείας τὰς ὑπὸ τὸν οὐρανόν, die aus Dan 7,27 angeregt sein dürfte (s. u.), scheint nur verständlich, wenn er die Jesus-Prädikation des Patroklos mit einer Prophezeiung in Verbindung bringt, die einen künftigen himmlischen Herrscher alle Weltenreiche vernichten läßt: Es dürfte die Prophezeiung Daniels zugrunde liegen, siehe anschließend.

βασιλεύει ἐν οὐρανῷ καὶ ἐπὶ γῆς, Ἰησοῦς Χριστὸς, καὶ οὐ μόνον τὰς βασιλείας τὰς ὑπὸ τὸν οὐρανὸν καταλύει, ἀλλὰ πᾶσαν ἀρχὴν σκότους καὶ ἐξουσίαν θανάτου καὶ δύναμιν πονηράν. καὶ αὐτός ἐστι μόνος οὗ τῆς βασιλείας οὐκ ἔσται τέλος εἰς τοὺς αἰῶνας, καὶ οὐκ ἔστιν βασιλεία ἥτις διαφεύξεται αὐτόν.' **4** ὁ δὲ ῥαπίσας εἰς τὸ πρόσωπον αὐτοῦ εἶπεν· **5** 'Πάτροκλε, καὶ σὺ στρατεύει τῷ βασιλεῖ τούτῳ;' καὶ εἶπεν· 'ναί, καὶ γὰρ αὐτός με ἤγειρεν τεθνεῶτα'. **5** τότε Ἰοῦστος ὁ πλατύπους καὶ Ὡρίων ὁ Καππάδοξ καὶ Ἥφαιστος ὁ Γαλάτης, οἱ πρῶτοι σωματοφύλακες Νέρωνος, εἶπον· 'καὶ ἡμεῖς ἐκείνῳ στρατευόμεθα τῷ αἰωνίῳ βασιλεῖ.' **6** ὁ δὲ Καῖσαρ συνέκλεισεν αὐτοὺς καὶ ἐβασάνισεν, οὓς ἐφίλει λίαν, καὶ **1‹** ἔπεμψεν ζητεῖσθαι τοὺς τοῦ μεγάλου βασιλέως στρατιώτας καὶ προέθηκεν διάταγμα τοιοῦτον, ὥστε πάντας τοὺς εὑρισκομένους Χριστιανοὺς ἀναιρεῖσθαι.

(...?) ~ οὐ μόνον τὰς βασιλείας ἀλλὰ καὶ δυνάμεις σκοτεινὰς καὶ χάριν θνητὴν καὶ ῥώμην τῆς κακίας S: ναὶ πάσας τὰς βασιλείας καταλύει P (τὰς ὑπ᾽ οὐρανόν *om.* PS): ναὶ καῖσαρ οὗτος μέλλει καταλύειν πάσας τὰς βασιλείας τὰς ὑπ᾽ οὐρανόν AC: etiam, Caesar, destruet omnia regna quae sub caelo sunt L; *ante uel pro* Ἰησοῦς Χριστός *fort.* καί *inserend. suspic. Hutchinson, post* Χριστός *inser. Zw.*   **2** καταλύει] καταλύσει Sier   **3** καὶ αὐτός ἐστι μόνος
* *Hutchinson*: et ipse est solus rex **μ**: καὶ αὐτὸς ἔσται μ. **OPC**: καὶ ἔσται λοιπὸν αὐτὸς μόνος **A**   **3–4** οὗ τῆς βασιλείας οὐκ ἔσται τέλος εἰς τοὺς αἰῶνας **O**: εἰς τοὺς αἰῶνας **P**: in saecula **M**: *om.* **AC**   **4** καὶ οὐκ ἔστιν βασιλεία **O**: κ. οὐκ ἔσται β. **P**: καὶ γὰρ οὐκ ἔστιν βασιλείας τόνος (?) [*sic Lipsius*] ἐν πάσῃ γῇ **A**: et non est aliquid regni alicuius partis sub caelo (*om., ut uid.,* quod effugiet eum) **M**   **5** ῥαπίσας εἰς τὸ πρόσωπον αὐτοῦ **O**: ῥ. εἰς τ. πρ. αὐτόν **P(C)**: ῥ. αὐτὸν ἐν θυμῷ εἰς τ. πρ. αὐτοῦ **A**: iratus percussit eum palma in faciem **M**   **6** καὶ σύ] οὖν *add.* **A**, ergo **μ**   στρατεύει **OA**: στρατεγη **P**: militas **μ**   βασιλεῖ τούτῳ **O**: β. ἐκείνῳ **PAC**: huic regi **M**: illi r. **L**   καὶ εἶπεν **O**: ὁ δὲ εἶ. **P**: ὁ δὲ παῖς εἶ. πρὸς αὐτόν **A**: Et Patroclus dixit **μ**   ναί] si **C**: ναὶ φησιν **O**: ναὶ κύριε καῖσαρ **PAM**   αὐτός με ἤγειρεν τεθνεῶτα **O**: αὐ. ἤ. με τ. **AM**: ἤ. με τεθνηκότα **P**   τότε ἴουστος **O**: καὶ ὁ (ὁ *om.* A) βαρσαβ(β)ᾶς ἰοῦστος (ἴσουστος P) **PA** (βαρσαβᾶς **K**): Barsaba, chiamato Giusto **C**: tunc barnabas iustus **μS** (τότε)   ὁ πλατύπους] *post* ὡρίων καππάδοξ **A**, *post* ὡρίων (*om.* καππάδοξ) **C**   **7–8** ὁ πλατύπους καὶ ὡρίων *om.* **S**   **7–8** ὡρίων (ὁρ- **A**) **OA(C)**: οὐρίων **P**: Arion **μ**   **8** Ἥφαιστος] ἤφεστος **O**: φῆστος **β**   **8–9** οἱ πρῶτοι σωματοφύλακες (θαλαμοφύλακες '*uel simile uerbum*' *interprete Sokoloff* **S**) νέρωνος **OS**: che erano della guardia del corpo di Nerone **C**: οἱ πρῶτοι τοῦ νέρωνος **P**: οἱ ὄντες ἐπίσημοι ἔμπροσθεν τ. ν. **A**: qui erant ministri Caesaris **μ** (et ei iugiter assistebant *add.* **L**)   **9** εἶπον **OPC**: εἶπον πρὸς αὐτόν· γίνωσκε καῖσαρ ὅτι **A**: dixerunt Neroni **μ**   τῷ αἰωνίῳ βασιλεῖ (στρατευόμεθα *om.* **A**) **OA**: τῷ βασιλεῖ τῶν αἰώνων **P(C)**   **10** ὁ δὲ καῖσαρ συνέκλεισεν αὐτοὺς καὶ ἐβασάνισεν οὓς ἐφίλει λίαν **O(C)**: αὐ. δεινῶς βασανίσας οὓς λίαν ἐφίλει **P**: ὁ δὲ νέρων ὀργῆς καὶ θυμοῦ πληρωθεὶς ἐνέκλευσεν αὐτοὺς βασανίσας σφόδρα οὓς ἦν λίαν φιλῶν καὶ ἐντίμους ἔχων ἔμπροσθεν αὐτοῦ **A**   *post* λίαν *add.* καὶ ἐκέλευσεν αὐτοὺς ἀποκεφαλισθῆναι **O**, *sed cf. 6,3*   **11–12** στρατιώτας καὶ προέθηκεν (πρόσθηκεν **O**) διάταγμα τοιοῦτον **OPC**: ὄντας στρατιώτας προσθεὶς διάταγμα ἔχων (*sic*) τὸν τύπον τοῦτον **A**   **12–13** ὥστε πάντας...χριστιανοὺς ἀναιρεῖσθαι (ἀνερ-) **OS**: πάντας...χρ. καὶ στρατιώτας ἰησοῦ ἀ. **P**: π....χρ. κατὰ πᾶσαν τὴν βασιλευομένην πόλιν καὶ τοὺς λεγομένους χριστοῦ στρατιώτας κελεύω ἀναρεῖσθαι (*sic*) **A**: ut omnes...Christi milites interficerentur **μC**

reiche unter dem Himmel auf, sondern jede Herrschaft der Finsternis, Macht des Todes und Kraft des Bösen[64]. Und einzig von ihm gilt, daß seine Königsherrschaft ohne Ende sein wird in Ewigkeit[65], und es gibt keine Herrschaft, die ihm wird entrinnen können[66]." **4** Dieser aber schlug ihn ins Gesicht und sagte: „Patroklos, auch du leistest Kriegsdienst für diesen König?"[67] Der sagte: „Ja, denn er war es, der mich vom Tode auferweckt hat." **5** Darauf sagten Iustos, der Plattfuß, und Orion, der Kappadokier, und Hephaistos, der Galater, die ranghöchsten Leibwächter Neros: „Auch wir leisten Kriegsdienst für jenen ewigen König." **6** Der Kaiser aber ließ sie in Ketten legen und foltern, obgleich er sie sehr liebte; und er schickte Späher aus, die Soldaten des großen Königs zu suchen, und erließ folgendes Edikt: alle, die als Christen ausfindig gemacht würden, sollten hingerichtet werden.

64　Vgl. 1Kor 15,24–26 εἶτα τὸ τέλος, ὅταν παραδιδῷ τ ὴ ν β α σ ι λ ε ί α ν τῷ θεῷ καὶ πατρί, ὅταν κ α τ α ρ γ ή σ ῃ π ᾶ σ α ν ἀ ρ χ ὴ ν κ α ὶ π ᾶ σ α ν ἐ ξ ο υ σ ί α ν κ α ὶ δ ύ ν α μ ι ν. δεῖ γὰρ αὐτὸν βασιλεύειν ἄχρι οὗ θῇ πάντας τοὺς ἐχθροὺς ὑπὸ τοὺς πόδας αὐτοῦ. ἔσχατος ἐχθρὸς καταργεῖται ὁ θ ά ν α τ ο ς.

65　Wie ist der Engel Maria verkündet hat: Lk 1,33 καὶ β α σ ι λ ε ύ σ ε ι ἐπὶ τὸν οἶκον Ἰακὼβ ε ἰ ς τ ο ὺ ς α ἰ ῶ ν α ς, καὶ τ ῆ ς β α σ ι λ ε ί α ς α ὐ τ ο ῦ ο ὐ κ ἔ σ τ α ι τ έ - λ ο ς.

66　Der ganze Dialog scheint inspiriert durch die Prophezeiung des Propheten Daniel, vgl. bes. Dan 7,26f. καὶ ἡ κρίσις καθίσεται καὶ τὴν ἐξουσίαν ἀπολοῦσι καὶ βουλεύσονται μιᾶναι καὶ ἀπολέσαι ἕως τέλους. καὶ τ ὴ ν β α σ ι λ ε ί α ν καὶ τὴν ἐ ξ ο υ σ ί α ν καὶ τὴν μεγαλειότητα αὐτῶν καὶ τ ὴ ν ἀ ρ χ ὴ ν π α σ ῶ ν τ ῶ ν ὑ π ὸ τ ὸ ν ο ὐ ρ α ν ὸ ν β α σ ι λ ε ι ῶ ν ἔδωκε λαῷ ἁγίῳ ὑψίστου β α σ ι λ ε ῦ σ α ι β α σ ι λ ε ί α ν α ἰ - ώ ν ι ο ν, καὶ πᾶσαι <αἱ> ἐ ξ ο υ σ ί α ι αὐτῷ ὑποταγήσονται καὶ πειθαρχήσουσιν αὐτῷ. Vgl. 7,13f. (die Übertragung der Weltherrschaft an den Menschensohn), dort 14 καὶ ἐδόθη αὐτῷ ἐ ξ ο υ σ ί α, καὶ πάντα τὰ ἔθνη τῆς γῆς κατὰ γένη καὶ πᾶσα δόξα αὐτῷ λατρεύουσα· καὶ ἡ ἐ ξ ο υ σ ί α α ὐ τ ο ῦ ἐ ξ ο υ σ ί α α ἰ ώ ν ι ο ς, ἥτις οὐ μὴ ἀρθῇ, καὶ ἡ β α σ ι λ ε ί α α ὐ τ ο ῦ, ἥτις οὐ μὴ φθαρῇ; 18 καὶ παραλήψονται τ ὴ ν β α σ ι - λ ε ί α ν ἅγιοι ὑψίστου καὶ καθέξουσι τ ὴ ν β α σ ι λ ε ί α ν ἕ ω ς τ ο ῦ α ἰ ῶ ν ο ς κ α ὶ ἕ ω ς τ ο ῦ α ἰ ῶ ν ο ς τ ῶ ν α ἰ ώ ν ω ν.

67　Zur Kriegsdienstmetaphorik des ganzen Abschnitts siehe 1Tim. 1,18f. ἵνα σ τ ρ α τ ε ύ - ῃ ἐν αὐταῖς τ ὴ ν κ α λ ὴ ν σ τ ρ α τ ε ί α ν, ἔχων πίστιν καὶ ἀγαθὴν συνείδησιν, ἥν τινες ἀπωσάμενοι περὶ τὴν πίστιν ἐναυάγησαν; 2Tim 2,3f. συγκακοπάθησον ὡς καλὸς σ τ ρ α τ ι ώ τ η ς Χ ρ ι σ τ ο ῦ Ἰ η σ ο ῦ. οὐδεὶς σ τ ρ α τ ε υ ό μ ε ν ο ς ἐμπλέκεται ταῖς τοῦ βίου πραγματείαις, ἵνα τῷ σ τ ρ α τ ο λ ο γ ή σ α ν τ ι ἀρέσῃ (ferner A. V. HARNACK, *Militia Christi*, Tübingen 1905 [Nachdr. Darmstadt 1963]).

3   1 Καὶ δὴ ἐν τοῖς πολλοῖς ἄγεται καὶ ὁ Παῦλος δεδεμένος· ᾧ πάντες οἱ συνδεθέντες προσεῖχον, τί ἄρα ὁ Παῦλος ἀποκρίνεται, ὥστε νοῆσαι τὸν Καίσαρα, ὅτι ἐπὶ τῶν στρατοπέδων ἐστὶν αὐτός. 2 καὶ εἶπεν αὐτῷ ὁ Νέρων· 'ἄνθρωπε τοῦ μεγάλου βασιλέως καὶ στρατοπεδάρχα, τί σοι ἔδοξεν λάθρα εἰσελθεῖν εἰς τὴν Ῥωμαίων ἡγεμονίαν καὶ στρατολογεῖν 5 ἐκ τῆς ἐμῆς βασιλείας;' καὶ εἶπεν ὁ Παῦλος ἔμπροσθεν πάντων· 'Καῖσαρ, οὐ μόνον ἐκ τῆς σῆς ἡγεμονίας στρατολογοῦμεν, ἀλλὰ καὶ ἐκ τῆς οἰκουμένης ὅλης. τοῦτο γὰρ διατέτακται ἡμῖν, μηδένα ἀποκλεισθῆναι θέλοντα στρατεύεσθαι τῷ ἐμῷ βασιλεῖ. ὅθεν καὶ σύ, εἰ φίλον ἐστίν σοι, στράτευσαι αὐτῷ· οὐ γὰρ πλοῦτος καὶ τὰ νῦν ἐν βίῳ λαμπρὰ σώσει σε, 1

---

4 ἄνθρωπε] hic succedit H (ualde lacunosus)   10 αὐτῷ] hic deficit C¹ (cod. Borg. 130)

---

1 καὶ δὴ ἐν τοῖς πολλοῖς O(C): καὶ ἐν τ. π. P: καὶ προτεθέντος τοῦ διατάγματος καὶ πλείστων ἀναιρουμένων ἀκρίτως ἐν τ. π. A   καὶ ὁ παῦλος δεδεμένος Pμ: ὁ π. δ. (καί om.) O(C): δεδεμένος καὶ ὁ π. A   1–2 ᾧ πάντες οἱ συνδεθέντες προσεῖχον O: ᾧ π. πρ. οἱ -δεδεμένοι P: ᾧ π. ἀτενίζοντες πρ. οἱ δεδεμένοι A: quem omnes simul uincti adeo intendebant L   2 τί αρα ὁ παῦλος ἀπὸ κρίνεται ('an -εῖται?' Hutchinson) O: τί ἄρα μέλλει ἀποκρίνεσθαι πρὸς τὸν καίσαρα A: om. PCL   2–3 ὥστε νοῆσαι τὸν καίσαρα OPCL: ὥστε ἤδη ἰδόντα τὸν καίσαρα πάντας εἰς αὐτὸν ἔχοντας τὸ βλέμμα νοῆσαι A   3 ὅτι ἐπὶ τῶν στρατοπέδων (-παί-) ἔστιν αὐτός O: ὅτι ἐκεῖνος (ὅ. ἐ. καὶ S) ἐπὶ τ. σ. ἐστίν PSC (πάντων τοῦ Χριστοῦ add. C): αὐτός ἐστιν ὁ ἐπὶ τ. σ. τοῦ λεγομένου βασιλέως A   3–4 καὶ εἶπεν αὐτῷ ὁ νέρων O: κ. εἶ. ὁ καῖσαρ πρὸς τὸν παῦλον S: κ. εἶ. πρὸς αὐτόν AC: dixit autem illi M: (et) ait ad eum L: om. P   4 ἄνθρωπε τοῦ μεγάλου βασιλέως καὶ στρατοπεδάρχα O: ἄ. τ. μ. β. εμυδοθεις (= ἐμοὶ δο-) PC:]πε τ[ο]ὺ μ[.....] βα[H: ἄ. ὁ ὑπὸ τοῦ μ. β. ἐμοὶ δο- A: ἄ. τ. μ. β. ἐ. δεθεὶς Lipsius (O homo magni regis seruus, mihi autem uinctus μ)   5 ἔδοξεν PA: ἐφάνη O: uisum est μ(C)   λάθρα εἰσελθεῖν OPμ: ἐλθεῖν AC   6 ἐκ τῆς ἐμῆς βασιλείας O: ἐκ τ. ἐ. ἐπαρχίας (...]ἐπαρχεία[ς.] H) PH: ἑαυτῷ ἐκ τ. ἐ. ἐπ. A (cf. al tuo re…dal mio regno C): illi…de meae militiae principatu L: de potestate mea M   καὶ εἶπεν ὁ παῦλος ἔμπροσθεν πάντων OSCM: καὶ εἶπ[εν αὐτῷ ὁ Π. ἐμπρ. πάντων· Καῖσ]αρ H (sic lacunam suppleuerim contra Schmidt–Schub.): ὁ δὲ π. πλησθεὶς πνεύματος ἁγίου εἶπεν P: καὶ ὁ π. πλ. πν. ἁ. ἔμπροσθεν πάντων εἶπεν πρὸς τὸν καίσαρα AL   6–7 καῖσαρ om. A   7 οὐ μόνον ἐκ τῆς σῆς ἡγεμονίας (-νει- A) OAC (dal tuo dominio): οὐ μόνον ἐκ τ. σ. ἐπαρχίας P: οὐ μόν[ον ἐκ] τ. σ. [ἐπ]αρ[χίας H: de tuo angulo μ   στρατολογοῦμεν OP: ἡμεῖς σ. A   ἀλλὰ καὶ ἐκ OP: ἀλλ᾽ ἐκ AC   8 ὅλης O: ἁπάσης A: πάσης P   τοῦτο γάρ β: ταῦτα γ. O   διατέτακται] διάτέτακτε O   μηδένα OP: τὸ μ. A   9 θέλοντα στρατεύεσθαι Riesenweber: θέλο]ντα στρατευ[.....] H in extrema linea: θέλ. προθύμως στρατεύεσθαι A: uolentem militare μ(C): θέλ. στρατευθῆναι OP   τῷ ἐμῷ βασιλεῖ Pμ: τ. ἐ. ἰησοῦ χριστῷ O: τ. β. μου A: τῷ βασιλεῖ ἡμῶ[ν H   ὅθεν καὶ σύ, εἰ φίλον ἐστίν σοι Zw.: ed anche tu, se cosí vuoi C: ὅθεν καὶ σοί (σὺ ex σοί correctum?) εἰ φ. ἐ. σοι O: ὅπερ εἰ καὶ σοὶ φ. ἐ. P: quod si et tibi (utile M) uisum fuerit μ: ὅθεν λέγω σοι παραινῶν, ὅτι εἴθε καὶ σοὶ φίλον ἦν A   10 στ]ράτευσαι α[ὐτῷ] H: sii suo soldato C: στρατευθῆναι (repetitum e linea superiore) αὐτῷ OP: ἵνα στρατεύσω τῷ βασιλεῖ μου A(~S)   post αὐτῷ aliquid excidisse suspicatus erat Lipsius   οὐ γὰρ πλοῦτος (ὁ add. AS) OSA: οὐ γάρ ἐστιν π[H: οὐχ ὁ πλ. P   καὶ τὰ νῦν OA: ἢ τὰ νῦν P   ἐν βίῳ O: ἐν τῷ β. PA   λαμπρὰ σώσει σε O:]ρὰ σῶσι σε [H: λ. σώσει P: λ. δυνήσονται σῶσαι σε A

1 So wird denn unter den vielen auch Paulus in Fesseln vorgeführt. **3**
Auf ihn richteten alle Mitgefangenen ihr Augenmerk und gaben acht,
was denn Paulus antworten würde, so daß der Kaiser erkannte, daß er
der Anführer der Krieger war. **2** Und es sprach zu ihm Nero: „Mann des
großen Königs und Feldherr, was bildest du dir ein[68], heimlich in das
Herrschaftsgebiet der Römer einzudringen und Soldaten aus meinem
Königreich anzuwerben?" Und Paulus antwortete vor den Augen aller:
„Kaiser, nicht nur aus deinem Imperium heuern wir Soldaten an, sondern aus der ganzen Welt. Dies nämlich ist uns aufgetragen, keinen auszuschließen, der gewillt ist, meinem König Kriegsdienst zu leisten. So
werde auch du, wenn es dir genehm ist, Soldat in seinen Diensten.
Denn nicht Reichtum und das, was jetzt im Leben glanzvoll erscheint,
wird dich retten[69], sondern wenn du an meinen König Jesus Christus

---

68 Vgl. Polyaen. strat. 7,12,1 τοῦ χιλιάρχου Ῥανοσβάτου «τί σοι ἔδοξεν» εἰπόντος
«ἐξαπατῆσαι τηλικοῦτον βασιλέα»; Hist. Alex. rec. γ 1,14 οἴμοι τέκνον Ἀλέξανδρε τί
σοι ἔδοξεν τοῦτο ποιῆσαι;
69 Apk 18,14 καὶ πάντα τὰ λιπαρὰ καὶ τὰ λαμπρὰ ἀπώλετο ἀπὸ σοῦ; 18,17 ὅτι μιᾷ
ὥρᾳ ἠρημώθη ὁ τοσοῦτος πλοῦτος; SapSal 5,8f. τί ὠφέλησεν ἡμᾶς ἡ ὑπερηφανία;
καὶ τί πλοῦτος μετὰ ἀλαζονείας συμβέβληται ἡμῖν; παρῆλθεν ἐκεῖνα πάντα ὡς σκιὰ
καὶ ὡς ἀγγελία παρατρέχουσα; Rom 1,16; 1Kor 1,21; Jak 5,1–6.

ἀλλ’ ἐὰν πιστεύσῃς τῷ ἐμῷ βασιλεῖ Ἰησοῦ Χριστῷ, αὐτὸς σώσει σε.
μέλλει γὰρ ἐν μιᾷ ἡμέρᾳ τὸν κόσμον κρίνειν ἐν δικαιοσύνῃ.’ 3 καὶ ταῦτα ἀκούσας ὁ Καῖσαρ ἐκέλευσεν πάντας τοὺς δεθέντας πυρὶ κατακαῆ-
ναι, τὸν δὲ Παῦλον τραχηλοκοπηθῆναι τῷ Ῥωμαίων νόμῳ. 4 ὁ δὲ Παῦλος ἦν μὴ σιωπῶν ἀλλὰ καταγγέλλων πᾶσιν τὸν λόγον τοῦ θεοῦ, ἀνα-   5
κοινούμενος καὶ τῷ πραιφέκτῳ Λογγίνῳ καὶ τῷ ἑκατοντάρχῳ Κέσκῳ. 5
ἦν δὲ ὁ Νέρων ἐν τῇ Ῥώμῃ πολλῇ ἐνεργείᾳ τοῦ πονηροῦ κινούμενος,
ὡς πολλοὺς Χριστιανοὺς ἀνελεῖν καὶ λοιπὸν τοὺς Ῥωμαίους ἐπὶ τοῦ παλατίου σταθέντας βοῆσαι· ‘ἀρκεῖ, Καῖσαρ, οἱ γὰρ ἄνθρωποι ἡμέτεροί
εἰσιν· αἴρεις τὴν Ῥωμαίων δύναμιν.’ 6 καὶ ἐπὶ τούτοις ἐπαύσατο θεὶς δι-   1

---

1 ἀλλ’ ἐάν PA: ἀλλ’ ἐάν ex ἀλλὰ ἐάν O (ut uid.): ἀλλ’ ἢ ἐὰ[ν H   ante ἀλλ’ ἢ ἐάν additamentum quattuor linearum ex act. Paul. pap. H p. 2,24sqq. repetitum intrus. H   ἐὰν...αὐ-
τὸς σώσει σε Zw. (uide infra αὐτός σε σώσει A): ἐὰν πιστεύσῃς τῷ (το) ἐμῷ βασιλεῖ Ἰησοῦ
Χριστῷ σώσει σε O: ἐὰ[ν ὑπο]πέσῃς αὐτῷ καὶ [...(fere id. spat. ac P, ut uid.)] H: ἐὰν ὑποπέσῃς καὶ δεηθῇς αὐτοῦ σωθήσῃ P: ἐὰν ὑ. αὐτῷ κ. δ. αὐτός σε σώσει ἀπὸ τῆς ὀργῆς ἧς ἐπιφέρει τοῖς ἀπειθοῦσιν τοῖς διατάγμασιν αὐτοῦ A: si subiectus fueris illi et deprecatus fueris
eum, saluus eris in aeternum M: si s. illi f., in perpetuum s. e. L   2 μέλλει γὰρ OP: μ. γ.
αὐτός A   τὸν κόσμον OP: πάντως τ. κ. A   τὸ[ν κόσμον (ut uid.) post πολεμεῖν H
κρίνειν (sic S) ἐν δικαιοσύνῃ O(S): πολεμεῖν (-μῖν H) PHM: πολεμεῖν ἐν πυρὶ AL   2–3
καὶ ταῦτα OA: ταῦτα δέ P   3 ὁ Καῖσαρ] ὑπὸ τοῦ παύλου add. A   ἐκέλευσεν OP (id.
spat. H): κελεύει A   πάντας τοὺς δεθέντας O: π. τ. δεδεμένους (πάντας τοὺς δ[... H, id.
spat. ac P) PH: π. τ. δεσμίους A; τοῦ χριστοῦ add. S (cf. milites Christi M)   3–4 πυρὶ κα-
τακαῆναι OPμ: ἐν αὐτῷ πυρὶ ἀναλωθῆναι A   4 τὸν δὲ παῦλον τραχηλοκοπηθῆναι
PSAμH (τὸν δὲ] παῦλον τραχηλο[κοπηθῆναι H), om. O (propter homoiotel.)   τῷ ῥωμαίων νόμῳ Zw.: τῶν ῥωμαίων (-ον) ν. O: τῷ νόμῳ τῶν ῥ. PA; cf. l. 10 τὴν Ῥωμαίων δύναμιν, ubi similiter peccat O   5–6 μὴ σιωπῶν...ἀνακοινούμενος (ἀλλὰ ante καταγγέλλων
transpos.) Zw.: μ. σ. καταγγέλλων πᾶσιν τὸν λόγον τοῦ θεοῦ ἀλλὰ ἀνακοινούμενος O: μ. σ.
τὸν λ. ἀλλὰ κοινούμενος (προθύμως add. A) PA: μὴ σιγῷ[ν... H: non fuit tacens de uerbo
domini quo se communicabat M   6 τῷ πραιφέκτῳ Λογγίνῳ Zw.: τῷ πρεφέκτῳ λογ...
O: τῷ πρ. λ. ( ]προφ. Λογ[H) APH   λογγίνῳ καὶ τῷ ἑκατοντάρχῳ κέσκῳ O: Λογ[spat.
25 fere litt.]σκῳ H: Longino praefecto et Egestio M: Longino et Megisto praefectis atque
Acesto centurioni L: λόγγῳ καὶ κέστῳ τῷ κεντυρίωνι P: λόγγῳ καὶ τῷ κεντ. κέστῳ πολλῷ
πόθῳ καὶ πίστει τῇ εἰς χριστὸν προσκειμένοις αὐτῷ A   7 ἦν δὲ ὁ νέρων ἐν τῇ ῥώμῃ O: ἦν
οὖν ἐν τ. ρ. ὁ νέρων P: ἦν [spat. 9 litt.] ῥώμη H: ἦν οὖν ὁ δεινὸς καὶ ἀπηκίστατος (ἀεικέστατος?) θὴρ νέρων ἐν τ. ρ. A   πολλῇ ἐνεργείᾳ (-ια) τοῦ πονηροῦ κινούμενος O: πολλῇ ἐν
ἐργασίᾳ τοῦ πονηροῦ ἐλαυνόμενος A: (Nero) diaboli exagitatus operatione L: ἐνεργείᾳ τοῦ
πονηροῦ P: ἐνεργ[(id. spat. ac P) H   8 ὡς πολλοὺς χριστιανοὺς ἀνελεῖν OM: ὡς π. χρ.
ἀναιρεῖσθαι διὰ τῶν προσταγμάτων αὐτοῦ A: ὡς πολλ]οὺς χρηστ[ιανοὺς ἀκρίτως] ἀνερεῖ-
σθ[αι H: πολλῶν χριστιανῶν ἀναιρουμένων ἀκρίτως P   8–9 καὶ λοιπὸν τοὺς ῥωμαίους
ἐπὶ τοῦ παλατίου σταθέντας βοῆσαι (add. τῷ καίσαρι λεγόντων) O: ὥστε τοὺς ρ. στ. ἐπὶ τοῦ
π. βοῆσαι (ὥ. τ. ρ. στ]αθέντας ἐπὶ [τοῦ παλα]τίου βοῆ[σαι H) PH: ὥστε λοιπὸν διὰ τὴν πολ-
λὴν αὐτοῦ σπάνιν συναχθῆναι ἅπαν τὸ πλῆθος τῶν ῥωμαίων καὶ συνδραμόντα ἐπὶ τοῦ π. β.
ἀκατασχέτῳ φωνῇ A(L)   9 ἀρκεῖ] λοιπόν add. A   9–10 ἡμέτεροί εἰσιν OPμ: εἰσιν]
ἡμέτεροι H   10 ἔρης τὴν ῥωμαίων δύναμιν Pμ: αἴρεις τῶν ρ. δ. O: αἴρ[εις τὴν] ῥωμα[ί]ων
[δ. H: ἠφάνησας (‘fort. i. q. ἠφάνισας’ Hutchinson) τὸ πλῆθος τῆς πόλεως καὶ ἐπεῖρες (i. e.
ἐπῆρες) πᾶσαν τὴν ρ. δ. A   10–438,1 καὶ ἐπὶ τούτοις ἐπαύσατο θεὶς διάταγμα O: τότε
ἐπαύσατο ἐπὶ τούτοις πεισθείς P: (spat. 18 fere litt.)] τούτοις H: ~ τότε πεισθεὶς ἐπὶ τούτοις
παυσάμενος ἐντολὴν ἐνετείλατο S: καὶ τότε νέρων ἐπαύσατο ἐπὶ τούτοις κελεύσας τεθῆναι

glaubst, wird er dich retten[70]. Er wird nämlich an einem Tage die Welt richten in Gerechtigkeit[71]." **3** Als aber der Kaiser dies gehört hatte, befahl er, alle Gefangenen in Feuer zu verbrennen, den Paulus aber zu enthaupten gemäß dem Gesetz der Römer. **4** Paulus aber verhielt sich nicht schweigsam, sondern verkündete allen das Wort Gottes[72] und teilte es auch dem Präfekten Longinos und dem Centurio Keskos mit. **5** Es wurde aber Nero in Rom durch mannigfache Einwirkung des Bösen dazu veranlaßt, viele Christen umzubringen, so daß am Ende die Römer sich am Palast versammelten und schrien: „Es ist genug, Kaiser! Dies sind ja Menschen von uns! Du vernichtest die Macht der Römer!"

---

70 2Tim 3,15 τὰ δυνάμενά σε σοφίσαι εἰς σωτηρίαν διὰ πίστεως τῆς ἐν Χριστῷ Ἰησοῦ; Mk 16,16.
71 Apg 17,31 καθότι ἔστησεν ἡμέραν ἐν ᾗ μέλλει κρίνειν τὴν οἰκουμένην ἐν δικαιοσύνῃ ἐν ἀνδρὶ ᾧ ὥρισεν; ferner Ps 9,9 καὶ αὐτὸς κρινεῖ τὴν οἰκουμένην ἐν δικαιοσύνῃ; vgl. 95,13; 97,9.
72 Apg 13,5 καὶ γενόμενοι ἐν Σαλαμῖνι κατήγγελλον τὸν λόγον τοῦ θεοῦ ἐν ταῖς συναγωγαῖς τῶν Ἰουδαίων.

άταγμα μηδένα ἅπτεσθαι τῶν Χριστιανῶν, μέχρις ἂν διαγνῷ τὰ περὶ αὐτῶν.

4 1 Καὶ προσαχθέντος αὐτῷ τοῦ Παύλου μετὰ τὸ διάταγμα ἐνέμεινεν λέγων· 'τοῦτον τραχηλοκοπήσατε, ἵνα μὴ τὰ ἀλλότρια ὡς ἴδια λαμβάνη.' καὶ ὁ Παῦλος εἶπεν· 'Καῖσαρ, οὐ πρὸς ὀλίγον καιρὸν ἐγὼ ζῶ τῷ βασιλεῖ μου· τοῦτο δὲ γίνωσκε· κἄν με τραχηλοκοπήσῃς, τοῦτο ποιήσω· αὖθις ἐγερθεὶς ἐμφανισθήσομαί σοι, εἰς τὸ γνῶναί σε ὅτι οὐκ ἀπέθανον, ἀλλὰ ζῶ τῷ ἐμῷ βασιλεῖ Ἰησοῦ Χριστῷ, τῷ κρινοῦντι πᾶσαν τὴν οἰκουμένην.' 2 ὁ δὲ Λογγῖνος καὶ ὁ Κέσκος εἶπαν τῷ Παύλῳ· 'πόθεν ὑμεῖς ἔχετε τὸν βασιλέα τοῦτον, ἵνα αὐτῷ οὕτως πιστεύητε μὴ βουλόμενοι μεταβαλέσθαι ὥστε καὶ θάνατον καταφρονεῖτε;' καὶ εἶπεν αὐ-

5

1̣

δόγματα ὥστε **A**: tunc iussu regis cessauit edictum **M**: tunc Nero…aliud edictum proposuit **L** 1 μηδένα ἅπτεσθαι τῶν χριστιανῶν **O**: ut nemo auderet contingere Christianos **μ**: μ. ἅ. χριστιανοῦ **P**: μηδέ[να αὐ]τῷ[ν ἅπτ. **H**: μ. χριστιανὸν ἀπόλλυσθαι **A** διαγνῷ] γνῷ **O**: διαγνοῖ **APL**: διαγνοῖ **H** 1–2 τὰ περὶ αὐτῶν **OP**: τὰ περ[ὶ αὐτῶν] **H**: τί ἔσται τὰ περὶ αὐτὸν **A** 3 καὶ πρὸσ ἀχθέντος αὐτῷ τοῦ παύλου μετὰ τὸ διάταγμα **O**: τότε παῦλος αὐτῷ προσηνέχθη μετὰ τὸ διάταγμα **P**: τότε οὖν πάλιν παῦλος μετὰ τὸ διάταγμα προσηνέχθη δέσμιος τῷ νέρωνι **A**: τό[τε οὖν πάλιν παῦλος προσηνέχ]θη αὐτῷ μετὰ τ[ὸ διάταγμα **H** 3–5 ἐνέμεινεν λέγων· τοῦτον τραχηλοκοπήσατε, ἵνα μὴ τὰ ἀλλότρια ὡς ἴδια λαμβάνει (-η *Hutchinson*). καὶ ὁ παῦλος εἶπεν **O**(~**S**): καὶ ἐπέμενεν λέγων τοῦτον τραχηλοκοπηθῆναι. ὁ δὲ παῦλος εἶπεν (τοῦτο]ν τραχηλοκοπ[ηθῆναι ὁ δὲ] **H** [*in extrema linea*]) **P**(**H**): αἰτουμένων οὖν αὐτὸν, αὐτῷ ἀκίνδυνον ὑπάρξαι, οὐκ ἀνασχόμενος ὁ νέρων ἐπέμενεν τῇ ἀποφάσει τῇ προτέρᾳ λέγων, τοῦτον τῇ τοῦ ξίφους τιμωρίᾳ παραδιδόσθαι. καὶ εἶπεν ὁ παῦλος πρὸς αὐτόν **A** 5 Καῖσαρ] ἄκουσόν μου add. **A** καιρὸν ἐγὼ ζῶ **OPA**: χρόνον ἐ. ζ. **H** 6 βασιλεῖ μου **O**: ἐμῷ βασιλεῖ **PA** τοῦτο δὲ (γὰρ **A**) γίνωσκε **OA**, *om.* **P** κἄν με τραχηλοκοπήσῃς (*add.* καὶ θανατώσῃς με **S**) **OSP**: ὅτι καὶ ἐάν με τρ. ὡς προσέταξας **A** 6–7 τοῦτο ποιήσω **OP**: καὶ τοῦτο ποιή[σω **H**: καὶ τ. π. τῇ τοῦ θεοῦ δυνάμει **A** 7 αὖθις ἐγερθεὶς **O**: αὖθις *om.* **PA** ἐμφανισθήσομαι **OA**: ἐμφανήσομαι **P**: (uiuus tibi) apparebo **L** εἰς τὸ γνῶναί (-ναί *Hutchinson*) σε ὅτι **O**(**S**): et cognoscere poteris quia **L**: ὅτι **PA** 7–8 οὐκ ἀ]πέθανον, ἀλλὰ ζ[**H** 8–9 τῷ ἐμῷ βασιλεῖ ἰησοῦ χριστῷ τῷ κρίνοντι (κρινοῦντι *Hutchinson*) πᾶσαν τὴν οἰκουμένην **O**: τῷ κυρίῳ μου χριστῷ ἰησοῦ ὃς ἔρχεται τὴν οἰκουμένην κρῖναι (οἰκουμέ]νη[ν] κρῖγ[α]ι **H**) **P**(**H**): (…) ᾧ ἐστιν…κρῖναι **S**: τῷ κ. μου χρ. ἰ. ὃς ἔρχ. κρῖναι τὴν οἰκ. ἐν πάσῃ δικαιοσύνῃ. καὶ ταῦτα εἰπὼν πρὸς νέρωνα ἐξῆλθεν ὁ παῦλος λαβὼν τὴν ἀπόφασιν **A** 9 ὁ δὲ λόγγος καὶ ὁ κέσκος εἶπαν τῷ παύλῳ **O**: (cum autem duceretur) Longinus (et Megistus) atque Acestus dixerunt ad illum **L**: ὁ δὲ λόγγος καὶ ὁ κέστος λέγουσιν τῷ π. **P**: ὁ δὲ λ. καὶ ὁ κέστος βουλόμενοι τελείαν πίστιν ὑποδέξασθαι προσλαβόμενοι καθ᾽ ἑαυτοὺς τὸν παῦλον εἶπον πρὸς αὐτόν· νῦν ἀνάθου ἡμῖν τὰ κατὰ σὲ μακάριε ἄνθρωπε, καὶ πεῖσον ἡμᾶς τίνα ἐστὶν τὰ ὑπὸ σοῦ θεσπιζόμενα περὶ τοῦ κηρυττομένου ὑφ᾽ ὑμῶν βασιλέως καὶ **A** 9–10 πόθεν ὑμεῖς ἔχετε (-ται) **O**: πόθεν ἔχετε **PA**: π]ό̣θε[ν] ἔχαιτε **H** 10 τὸν βασιλέα *om.* **A** ἵνα αὐτῷ οὕτως πιστεύητε (-ειτε) **O**: ὅτι οὕτως αὐτῷ πιστεύετε **A**: ὅτι αὐτῷ πιστεύετε (]ετε **H**) **P**(**H**); *cf. Kühn.–Gerth* II 379 n. 3 10–11 μὴ βουλόμενοι μεταβαλέσθαι ὥστε καὶ θάνατον καταφρονεῖτε **O**: μὴ θέλοντες μ. ἕως θανάτου (μὴ [θέλοντες **H**) **P**: ἕως θανάτου μὴ θέλοντες μ. τὸν τρόπον. πάνυ γὰρ ἡμεῖς θαυμάζομεν ἐπὶ τούτῳ **A** 11–440,1 καὶ εἶπεν αὐτοῖς ὁ παῦλος **OS**: ὁ δὲ παῦλος κοινωσάμενος αὐτοῖς τὸν λόγον εἶπεν (κοινω[σάμενος] **H**) **P**: καὶ ὁ π. κ. αὐ. τ. λ. εἶπεν αὐτοῖς **A**

6 Daraufhin hielt er ein und erließ ein Edikt, es solle niemand die Chri-   *
sten anrühren, bis er ihre Sache untersucht habe[73].

1 Doch als ihm Paulus nach Erlaß des Ediktes vorgeführt wurde,   **4**
blieb er bei seinem Entscheid und sagte: „Diesen enthauptet, damit er
nicht Fremdes als sein Eigentum beanspruche." Und Paulus sagte:
„Kaiser, nicht für kurze Zeit (nur) lebe ich durch meinen König! Das   *
aber wisse: Auch wenn du mich wirst enthaupten lassen, werde ich folgendes tun: wieder auferweckt, werde ich dir erscheinen, damit du er-
kennst, daß ich nicht gestorben bin, sondern lebe meinem König Jesus
Christus[74], der den ganzen Erdkreis richten wird[75]." **2** Longinos und
Keskos aber sagten zu Paulus: „Woher habt ihr diesen König, daß ihr so
sehr an ihn glaubt, nicht bereit euren Sinn zu ändern, daß ihr sogar den
Tod verachtet?" Und es antwortete ihnen Paulus: „Ihr, die ihr in Unwis-

---

73 Flav. Ios. ant. 20,7 περιμεῖναι μέχρις ἂν γνῶσιν; Didach. 1,6 μέχρις ἂν γνῷς; Apg
    24,22.
74 Röm 14,7f. οὐδεὶς γὰρ ἡμῶν ἑαυτῷ ζῇ, καὶ οὐδεὶς ἑαυτῷ ἀποθνῄσκει· ἐάν τε γὰρ
    ζῶμεν, τ ῷ κ υ ρ ί ῳ ζ ῶ μ ε ν, ἐάν τε ἀποθνῄσκωμεν, τῷ κυρίῳ ἀποθνῄσκομεν.
75 Apg 17,31 καθότι ἔστησεν ἡμέραν ἐν ᾗ μέλλει κ ρ ί ν ε ι ν τ ὴ ν ο ἰ κ ο υ μ έ ν η ν ἐν
    δικαιοσύνῃ ἐν ἀνδρὶ ᾧ ὥρισεν, πίστιν παρασχὼν πᾶσιν ἀναστήσας αὐτὸν ἐκ νεκρῶν.

τοῖς ὁ Παῦλος· 'ὑμεῖς οἱ ὄντες ἐν τῇ ἀγνοίᾳ καὶ πλάνῃ, μεταβάλεσθε
καὶ σωθῆτε ἀπὸ τοῦ πυρὸς τοῦ ἐρχομένου ἐφ' ὅλην τὴν οἰκουμένην. οὐ
γὰρ, ὡς ὑμεῖς ὑπονοεῖτε, βασιλεῖ ἐπιγείῳ στρατευόμεθα, ἀλλὰ οὐρανίῳ
* ζῶντι θεῷ καὶ μένοντι εἰς τοὺς αἰῶνας, ὃς διὰ τὰς ἀνομίας τὰς γινομένας ἐν τῷ κόσμῳ ἔρχεται κριτὴς ζώντων καὶ νεκρῶν. μακάριος ἀνὴρ   5
ἐκεῖνος ὁ πρὸ τῆς παρουσίας αὐτοῦ πιστεύσας εἰς αὐτόν· οὗτος ζήσεται
εἰς τὸν αἰῶνα, ὅταν ἐκεῖνος ἔλθῃ καθαίρων καὶ κατακαίων τὴν οἰκουμένην.' 3 ὁ δὲ Λογγῖνος καὶ ὁ Κέσκος ἔλεγον· 'παρακαλοῦμέν σε, βοήθησον ἡμῖν, καὶ ποίησον ἡμᾶς τοιούτους γενέσθαι, καὶ ἀπολύομέν σε.'
καὶ εἶπεν ὁ Παῦλος· 'οὔκ εἰμι δραπέτης, ἵνα μοι τοῦτο χαρίσασθε, ἀλλ'   10
ἔννομος στρατιώτης εἰμὶ τοῦ Χριστοῦ. καὶ γὰρ εἰ ᾔδειν ὅτι ἀποθνήσκω,
Λογγῖνε καὶ Κέσκε, ἔφυγον ἄν, ἀλλ' ἐπειδὴ οἶδα ὅτι ζῶ τῷ ἐμῷ βασιλεῖ

---

1 ὑμεῖς O: ἄνδρες PAL(H)　　　οἱ ὄντες (οἱ ὄν[τες H) OPH: οἱ ἔτι ὄντες A　　　ἐν τῇ ἀγνοίᾳ
καὶ πλάνῃ O: ἐν τῇ ἀγνωσίᾳ καὶ τῇ πλάνῃ ταύτῃ P: ἐν πόλλῃ ἀγνωσίᾳ κ. πλ. A: tenebras ig-
norantiae et erroris L　　　μεταβάλεσθε (Hutchinson: μεταβάλεσθαι O, -ησθε P) καὶ σωθῆτε
OP: μεταβλήθητε ἀπὸ τῆς κατεχούσης ὑμᾶς δεινῆς ἀπιστίας καὶ σωθήσεσθε A　　　3 ὑπονοεῖτε (-ητε O) OP: ὑπολαμβάνετε A　　　βασιλεῖ]-εα P　　　ἐπιγείῳ O: terreno L: ἀπὸ γῆς ἐρ-
χομένῳ P: ἐρχ. ἀπὸ γῆς A　　　ἀλλὰ οὐρανίῳ O: ἀλλ' ἀπ' οὐρανοῦ P: ἀλλὰ ἀπ' -νῶν A: regi
caelorum L　　　4 ζῶντι θεῷ καὶ μένοντι εἰς τοὺς αἰῶνας O: deo uiuo, regi (caelorum et) om-
* nium saeculorum L: ζ. θεῷ PA　　　4–5 διὰ τὰς ἀνομίας τὰς γινομένας ἐν τῷ κόσμῳ OS:
propter iniquitates quae fiunt in hoc mundo LC: δ. τ. πολλὰς ἀν. γεν. ὑπὸ τοῦ συμπάντος
κόσμου A: δηα ταυτα P　　　5 ἔρχεται κριτὴς ζώντων καὶ νεκρῶν O: ἔ. κρ. RC: ἔ. κρ. δίκαιος
καὶ ἰσχυρὸς καὶ μακρόθυμος A: ueniet iudex et iudicabit illum per ignem L　　　5–6 μακάριος ἀνὴρ ἐκεῖνος O: καὶ μ. ἐκ. ὁ ἄνθρωπος PA: felix autem erit homo L(C)　　　6 ὁ πρὸ τῆς
παρουσίας αὐτοῦ πιστεύσας εἰς αὐτόν O~S: ὃς πιστεύσει αὐτῷ RC: ὅς ἂν πιστεύσῃ αὐτῷ ἐν
ἀληθείᾳ ἐν τῷ παρόντι καιρῷ A: qui crediderit in eum L　　　6–7 οὗτος ζήσεται εἰς τὸν αἰῶνα O: καὶ ζ. εἰς τ. αἰ. PCL: ὅτι αὐτὸς ζ. παρ' αὐτῷ εἰς τ. αἰ. A　　　7 ὅταν ἐκεῖνος ἔλθῃ O:
ὅταν ἔλθῃ P: ἥξει γὰρ αὐτὸς AC　　　7–8 καθαίρων καὶ κατακαίων τὴν οἰκουμένην O: κατακαίων εἰς καθαρὸν τὴν οἱ. (κατα]καίων κα[θαρὸν H) KPSC: τῇ ἰδίᾳ δυνάμει εἰς καθαρὸν
καίων πᾶσαν τὴν οἱ. A　　　8 ὁ δὲ Λ΄γγος (sic) καὶ ὁ κέσκος ἔλεγον O: Longinus quoque et
Megistus et Acestus…dixerunt L: οἱ μὲν οὖν δεηθέντες αὐτὸν εἶπον RC: οἱ μὲν οὖν λόγγος
καὶ ὁ κέστος ἀκούσαντες ταῦτα τοῦ παύλου εἰρηκότος προσπεσόντες καὶ δεηθέντες αὐτοῦ
εἶπον πρὸς αὐτόν A　　　παρακαλοῦμέν σε ORC: π. σε μακάριε τοῦ θεοῦ ἄνθρωπε A　　　8–9
βοήθησον ἡμῖν καὶ ποίησον ἡμᾶς OC: β. ἡμῖν P: β. ἡμᾶς AH (ut uid.): fac nos L　　　9 τοιούτους γενέσθαι O: τοιούτους γενέσθαι ὥσπερ καὶ συ εἶ (καί om. C) AC, om. P　　　καὶ ἀπολύομέν σε OP: καὶ ἡμεῖς ἀ. σε A: κ]αὶ ἀπολύσο[μέν] σε (sequitur κα[ι) H (tempus futuri
etiam K): et dimittemus te L　　　10 καὶ εἶπεν ὁ παῦλος OC: ὁ δὲ ἀποκριθεὶς εἶπεν P: ὁ δὲ
παῦλος σμειδιῶν (sic, μειδιῶν Hutchinson) τῷ προσώπῳ εἶπεν πρὸς αὐτούς A: quibus Paulus
dixit L　　　δραπέτης OL (profugus): δρ. χριστοῦ ἀδελφοί A: δρ. τοῦ χριστοῦ P: (δρ. τ.)]
θεοῦ μου H (~ θεοῦ etiam K)　　　ἵνα μοι τοῦτο χαρίσασθε (-ησθε Hutchinson) O: ἵ. μ. τ. πα-
ράσχητε A: om. PCL　　　11 ἔννομος στρατιώτης εἰμὶ τοῦ χριστοῦ O: ἔ. στρ. εἰμί (εἰμὶ om.
P) θεοῦ ζῶντος PAC: miles legitimus regi mei L　　　καὶ γὰρ εἰ ᾔδειν ὅτι ἀποθνήσκω O: si
enim scirem quia morerer L: εἰ ᾔδ. ὅ. ἀ. P(H): εἰ δὲ ᾔδ. ὅ. ἀ. τῷ ἐμῷ βασιλεῖ AC (add. καθὼς ὑμεῖς ὑπονοεῖτε A)　　　12 λογγίνε καὶ κέσκε ἔφυγον ἄν O (~]γίνε (καὶ) κέσκε etiam K):
ἐποίησα ἂν αὐτὸ λόγγε καὶ κέστε (ἐποίησα [H) RC(H): ἐποίησα τοῦτο λ. καὶ κ. ἵνα ἀπολυθῶ παρ' ὑμῶν καὶ φύγω τὸ ἀποθανεῖν A　　　12–442,1 ἀλλ' ἐπειδὴ οἶδα ὅτι ζῶ τῷ ἐμῷ βασιλεῖ χριστῷ O: ἐπεὶ δὲ ζῶ τῷ θεῷ καὶ ἐμαυτὸν (P: αὐτόν C, ut uid.) ἀγαπῶ RC: ἐπε]ὶ δὲ ζῶ τῷ
θεῷ καὶ [ἐμ]αυτὸν [H: ἐπειδὴ δὲ θαρρῶ ὅτι ζῶ τῷ θ. μου κ. ἐμαυτὸν ἀγ. A

senheit und Irrtum befangen seid, ändert euren Sinn und laßt euch retten vor dem Feuer, das über den ganzen Erdkreis kommt. Denn nicht leisten wir, wie ihr vermutet[76], Kriegsdienst für einen irdischen König[77], sondern für den lebendigen und in Ewigkeit bleibenden Gott im Himmel[78], der wegen der Gesetzlosigkeiten[79], die in der Welt geschehen, kommt als Richter der Lebenden und Toten[80]. Selig jener Mann[81], der vor seiner Ankunft an ihn geglaubt hat: dieser wird leben in Ewigkeit[82], wenn jener kommt, zu reinigen und zu verbrennen den Erdkreis." **3** Longinos und Keskos aber sagten: „Wir bitten dich, hilf uns[83] und bewirke, daß wir von solcher Art werden[84] – und wir lassen dich frei." Paulus aber antwortete: „Ich bin kein Fahnenflüchtiger[85], (der davonläuft) damit ihr mir dieses zu Gefallen tut[86], sondern ein dem Fahneneid verpflichteter Soldat Christi[87]. Denn wenn ich wüßte, daß ich (für immer) sterbe, Longinos und Keskos, würde ich fliehen; da ich aber weiß, daß ich durch meinen König Christus lebe[88], gehe ich mit Freuden zu ihm, damit auch ich mit ihm (wieder)kommen werde in der Herrlichkeit

---

76 Apg 13,25 τί ἐμὲ ὑπονοεῖτε εἶναι;
77 Joh 18,36 ἀπεκρίθη Ἰησοῦς, Ἡ βασιλεία ἡ ἐμὴ οὐκ ἔστιν ἐκ τοῦ κόσμου τούτου· εἰ ἐκ τοῦ κόσμου τούτου ἦν ἡ βασιλεία ἡ ἐμή, οἱ ὑπηρέται οἱ ἐμοὶ ἠγωνίζοντο [ἄν], ἵνα μὴ παραδοθῶ τοῖς Ἰουδαίοις· νῦν δὲ ἡ βασιλεία ἡ ἐμὴ οὐκ ἔστιν ἐντεῦθεν; 1Kor 15,40 καὶ σώματα ἐπουράνια, καὶ σώματα ἐπίγεια· ἀλλὰ ἑτέρα μὲν ἡ τῶν ἐπουρανίων δόξα, ἑτέρα δὲ ἡ τῶν ἐπιγείων.
78 1Petr 1,23 διὰ λόγου ζῶντος θεοῦ καὶ μένοντος.
79 Ps 106,17 διὰ γὰρ τὰς ἀνομίας αὐτῶν ἐταπεινώθησαν.
80 Apg 10,42 καὶ παρήγγειλεν ἡμῖν κηρύξαι τῷ λαῷ καὶ διαμαρτύρασθαι ὅτι οὗτός ἐστιν ὁ ὡρισμένος ὑπὸ τοῦ θεοῦ κριτὴς ζώντων καὶ νεκρῶν.
81 Mt 24,46 μακάριος ὁ δοῦλος ἐκεῖνος ὃν ἐλθὼν ὁ κύριος αὐτοῦ εὑρήσει οὕτως ποιοῦντα.
82 Joh 11,25f. εἶπεν αὐτῇ ὁ Ἰησοῦς, Ἐγώ εἰμι ἡ ἀνάστασις καὶ ἡ ζωή· ὁ πιστεύων εἰς ἐμὲ κἂν ἀποθάνῃ ζήσεται, καὶ πᾶς ὁ ζῶν καὶ πιστεύων εἰς ἐμὲ οὐ μὴ ἀποθάνῃ εἰς τὸν αἰῶνα.
83 Ps 43,27 ἀνάστα, κύριε, βοήθησον ἡμῖν καὶ λύτρωσαι ἡμᾶς ἕνεκεν τοῦ ὀνόματός σου; Mk 9,22; Apg 16,9.
84 Apg 26,28f. ὁ δὲ Ἀγρίππας πρὸς τὸν Παῦλον, Ἐν ὀλίγῳ με πείθεις Χριστιανὸν ποιῆσαι. ὁ δὲ Παῦλος, Εὐξαίμην ἂν τῷ θεῷ καὶ ἐν ὀλίγῳ καὶ ἐν μεγάλῳ οὐ μόνον σὲ ἀλλὰ καὶ πάντας τοὺς ἀκούοντάς μου σήμερον γενέσθαι τοιούτους ὁποῖος καὶ ἐγώ εἰμι, παρεκτὸς τῶν δεσμῶν τούτων.
85 Vgl. Mart. Petr. 6,2 δραπετεύωμεν, ἀδελφοί;
86 2Kor 12,13 χαρίσασθέ μοι τὴν ἀδικίαν ταύτην.
87 1Kor 9,21 μὴ ὢν ἄνομος θεοῦ ἀλλ' ἔννομος Χριστοῦ, s. o. S. 433 Anm. 67.
88 Siehe oben 4,1.

442   Μαρτύριον τοῦ ἁγίου Παύλου τοῦ ἀποστόλου ἐν Ῥώμῃ

Χριστῷ, χαιρόμενος ὑπάγω πρὸς αὐτόν, ἵνα κἀγὼ ἔλθω μετ’ αὐτοῦ ἐν
* τῇ δόξῃ τοῦ πατρὸς αὐτοῦ.’ εἰπόντος δὲ αὐτοῦ ταῦτα λέγουσιν αὐτῷ·
* ‘καὶ πῶς τραχηλοκοπηθέντος σοῦ ἡμεῖς ζήσομεν ἐπ’ αὐτῶν;’
5   1 Ἔτι δὲ αὐτῶν ταῦτα λαλούντων πέμπει ὁ Νέρων Παρθένιον καὶ
Φέρητα ἰδεῖν εἰ ἤδη τετραχηλοκόπηται ὁ Παῦλος· καὶ εὗρον αὐτὸν ἔτι   5
ζῶντα. καὶ προσκαλεσάμενος αὐτοὺς ὁ Παῦλος εἶπεν· ‘πιστεύσατε τῷ
ζῶντι θεῷ, τῷ κἀμὲ καὶ τοὺς πιστεύσαντας αὐτῷ ἐκ νεκρῶν ἐγείροντι.’
οἱ δὲ εἶπον αὐτῷ· ‘ὑπάγομεν πρὸς Νέρωνα τέως· καὶ ὅταν ἀποθάνῃς
καὶ ἐγερθῇς, πιστεύομεν τότε τῷ θεῷ σου.’ 2 τοῦ δὲ Λογγίνου καὶ τοῦ
Κέσκου δεομένων περὶ τῆς σωτηρίας αὐτῶν εἶπεν ὁ Παῦλος· ‘ταχέως   10
πορευθέντες ἐπὶ τὸν τάφον μου εὑρήσετε δύο ἄνδρας προσευχομένους,
Τίτον καὶ Λουκᾶν· κἀκεῖνοι ὑμῖν δώσουσιν τὴν ἐν Χριστῷ σφραγῖδα.’

---

1 χαιρόμενος ὑπάγω πρὸς αὐτόν ἵνα κἀγὼ ἔλθω O: ὑπάγω πρὸς τὸν κύριον, ἵνα ἔλθω (πάλιν
add. S) PSAC: ad illum uado et (an ut?) cum ipso ueniam (in claritate sua et patris) L
* 1–2 ἵν]α ἔλθω μετ’ αὐτοῦ ἐν τῇ δόξῃ [H   2 εἰπόντος δὲ αὐτοῦ ταῦτα λέγουσιν (λ. Sier:
εἶπον O) αὐτῷ O: καὶ εἶπαν πρὸς τὸν παῦλον ὁ λόγος καὶ ὁ κέστος A: λέγουσιν αὐτῷ
PC(H): illi uero flentes dixerunt ei L   3 καὶ πῶς τραχηλοκοπηθέντος σοῦ ἡμεῖς ζήσομεν
* (-σω-) ἐπ’ αὐτῶν (scil. ἐφ’ αὐτῶν Sier: ἐπ’ αὐτῷ O) O: πῶς οὖν σοῦ τρ. ἡ. ζ. (π. οὖν σ. τραχηλοκ[οπηθέντος ἡ. ζήσομε]ν H) PHC: πῶς οὖν ἀφαιρεθείσης σου τῆς κεφαλῆς ἡμεῖς δυνησόμεθα ζῆσαι μὴ ἔχοντες τὸν πιστοῦντα ἡμᾶς ἐν τοῖς λόγοις σου A: quomodo te punito uiue-
mus et ad illum in quo nos credere persuades peruenire ultra ualebimus? L   4 ἔτι δὲ αὐτῶν
ταῦτα (τοῦτο P) λαλούντων PHC: ἔ. δὲ αὐ. πρὸς ἀλλήλους λαλ. A(L): ἔτι οὖν λαλ. αὐτῶν
ταῦτα O   πέμπει OP: ἀποστέλλει A: misit L   4–5 παρθένιον καὶ φέρητα ἰδεῖν PC:
παρθένιόν τινα κ. φέρητα ἐπὶ τὸ ἰδ. AL (P. quendam et Feritam...): ἰδεῖν O   5 τετραχηλοκόπηται (-τε OH) OPHC: ἀνηρέθη A   ὁ παῦλος ΑPΗ: π. O   papyrum H nomina παρθένιον καὶ φέρητα post ὁ παῦλος exhibuisse suspicatus est C. Schmidt 66, cum uerba in ea
tali ordine sibi succedere uiderentur τετραχ. ὁ π[αῦλος, παρθένιον καὶ φέρη]τα καὶ εὗρον
αὐτὸν [ἔτι ζῶν]τα π[αῦλος δέ   καὶ εὗρον ΟPHC: οἱ δὲ ἀπελθόντες εὗρον A   6 καὶ
προσκαλεσάμενος αὐτοὺς ὁ παῦλος OL: ὁ δὲ πρ. αὐτούς P: π[αῦλος δὲ πρ. αὐτ. H (ut uid.):
οὓς ἰδὼν ὁ παῦλος A   πιστεύσατε] ἀδελφοί add. A, uiri L   6–7 τῷ ζῶντι θεῷ β: τῷ θ.
O; cf. p. 440,4; pap. H. p. 2,32sq.   7 κἀμὲ... αὐτῷ] κἀμὲ καὶ τοὺς πιστεύσαντας εἰς αὐτὸν
O: πιστε]ύσαντας αὐτ[ῷ H: καὶ ἐμὲ καὶ πάντας τ. πιστεύοντας αὐτῷ ACL: καὶ ἡμᾶς (sic S)
καὶ τ. πιστεύγοντας αὐ. P(S)   8 οἱ δὲ εἶπον αὐτῷ OC: οἱ δὲ εἶπον P: ὁ δὲ παρθένιος καὶ ὁ
φέρητας ἀποκριθέντες εἶπον πρὸς τὸν παῦλον A: at illi respondentes dixerunt L   ὑπάγομεν (-ω-) πρὸς νέρωνα τέως O: ὑπ. ἄρτι πρὸς ν. PC: ὑπάγο]μεν πρὸς νέρωνα[H: τὸ νῦν μὲν
ἀπερχόμεθα πρὸς τὸν ν. A (prius ibimus L)   8–9 καὶ ὅταν ἀποθάνῃς καὶ ἐγερθῇς O: ὅταν
δὲ ἀ. καὶ ἀναστῇς β (καθὼς λέγεις add. A)   9 πιστεύομεν (-ω-) τότε O: τότε πιστεύομεν
P: τότε καὶ ἡμεῖς πιστεύσωμεν A: τότε πιστεύ]σωμεν H: tunc credemus L (tempus futuri
etiam KC)   τῷ θεῷ ΑPH: των θεῷ O   9–10 τοῦ δὲ λογγίνου καὶ τοῦ κέσκου δεομένων
περὶ τῆς σωτηρίας αὐτῶν (λογγίνου etiam KL) O: (spat. 31 fere litt.) δεομέ]νων περὶ τῆς
σωτη[ρίας H: τοῦ δὲ λόγγου κ. τ. κέστου δ. περὶ σ. PSC: τούτων δὲ πορευθέντων ὁ λόγος
καὶ ὁ κέστος ἠξίουν ἐπὶ πλεῖον τοῦ τυχεῖν τελείας τῆς τοῦ χριστοῦ σφραγίδος A   10 εἶπεν
ὁ παῦλος O: εἶ]πεν παῦ[λος H: λέγει αὐτοῖς P: ὁ δὲ παῦλος εἶπεν πρὸς αὐτούς AC   10–11
ταχέως πορευθέντες ἐπὶ τὸν τάφον μου O: τ. ἐλθόντες ὄρθρου ὧδε ἐπὶ τ. τ. μου (ὧ)δε ἐπεὶ
τὸν τάφον [μο]υ H) PH: αὔριον ταχέως ὧδε ἐλθ. ἐπὶ τ. τ. μου A: ~ ταχέως ἐλθ. ἐπ’ ἐκεῖνον
τὸν τόπον, ὅστις ἐστὶ ὁ τάφος μου C: cras ualde diluculo illuc (sc. ad locum sepulchri mei)
uenite L   11–12 εὑρήσετε...Λουκᾶν] εὑρήσεται β (= δύο) [ἄνδρας προσευχομένους] τ[ί-
]τον καὶ λ. H   12 κἀκεῖνοι OLC: ἐκεῖνοι PH: αὐτοί A   χριστῷ O: κυρίῳ β

seines Vaters[89]." Nachdem er dies gesagt hatte, sprachen sie zu ihm: *
„Und wie sollen wir, wenn du enthauptet bist, auf uns selbst gestellt *
weiterleben?"

1 Während sie aber dieses sprachen, schickte Nero den Parthenios 5
und den Pheres, die nachsehen sollten, ob Paulus schon enthauptet sei.
Und sie fanden ihn noch am Leben. Paulus aber sprach sie an und sagte: „Glaubet an den lebendigen Gott, der mich und jene, die an ihn geglaubt haben, von den Toten erweckt[90]." Diese aber antworteten ihm:
„Einstweilen gehen wir zu Nero zurück; wenn du aber stirbst und auferweckt wirst, dann wollen (auch) wir an deinen Gott glauben." 2 Als
aber Longinos und Keskos sich (weiter) wegen ihres Heiles in Bitten
ergingen[91], sagte Paulus: „Wenn ihr alsbald[92] (nach meinem Tod) zu
meinem Grab hinausgeht, werdet ihr zwei Männer im Gebet finden, Titus und Lukas. Diese werden euch das Siegel in Christus geben." 3 Und

---

89 Mk 8,38 καὶ ὁ υἱὸς τοῦ ἀνθρώπου ἐπαισχυνθήσεται αὐτὸν ὅταν ἔλθη ἐν
    τῇ δόξῃ τοῦ πατρὸς αὐτοῦ μετὰ τῶν ἀγγέλων τῶν ἁγίων; Mt 16,27; Lk
    9,26.
90 1Petr 1,20f. φανερωθέντος δὲ (Χριστοῦ) ἐπ' ἐσχάτου τῶν χρόνων δι' ὑμᾶς τοὺς δι'
    αὐτοῦ πιστοὺς εἰς θεὸν τὸν ἐγείραντα αὐτὸν ἐκ νεκρῶν καὶ δό-
    ξαν αὐτῷ δόντα, ὥστε τὴν πίστιν ὑμῶν καὶ ἐλπίδα εἶναι εἰς θεόν; Röm 8,11; Hebr
    11,19.
91 Vgl. 1Petr 1,10 περὶ ἧς σωτηρίας ἐξεζήτησαν ... προφῆται.
92 1Kor 4,19 ἐλεύσομαι δὲ ταχέως πρὸς ὑμᾶς, ἐὰν ὁ κύριος θελήσῃ; Phil. 2,24; 2Tim
    4,9 σπούδασον ἐλθεῖν πρός με ταχέως.

3 καὶ στραφεὶς ὁ Παῦλος πρὸς ἀνατολὰς ἐκτείνας τὰς χεῖρας ηὔχετο ἐπὶ πολὺ τῇ Ἑβραΐδι διαλέκτῳ. καὶ καταπαύσας τὴν προσευχὴν ἐκοινώνησεν αὐτοῖς τὸν λόγον καὶ εἰπὼν τὸ ἀμὴν προέτεινεν τὸν τράχηλον τοῦ ἀποτμηθῆναι. σιγῶντος δὲ αὐτοῦ καὶ μηκέτι λαλοῦντος ἀπετίναξεν αὐτοῦ τὴν κεφαλὴν ὁ στρατιώτης. ὡς δὲ ἀπετμήθη ἡ κεφαλὴ αὐτοῦ γάλα   5
ἐπύτισεν εἰς τοὺς χιτῶνας τοῦ στρατιώτου. **4** καὶ ἰδόντες οἱ παρεστῶτες ὄχλοι ἐθαύμασαν καὶ ἐδόξασαν τὸν θεὸν τὸν δόντα τοιαύτην χάριν τῷ Παύλῳ. ἀπελθόντες δὲ ἀπήγγειλαν τῷ Νέρωνι τὰ γεγονότα.

---

1 καὶ στραφεὶς ὁ παῦλος πρὸς ἀνατολάς **O**: ad orientem uersus **L**: καὶ σταθὶς ὁ παῦλος ἀπέν[αντι πρ. ἀ. **H**: τότε σταθεὶς ὁ π. κατέναντι πρ. ἀ. **PC** (~ τότε σταθεὶς *etiam* **K**): καὶ εἰπὼν ταῦτα πρὸς αὐτοὺς ὁ π. σταθεὶς ἀπέναντι πρ. ἀ. **A**   ἐκτείνας τὰς χεῖρας **O**: καὶ ἐπάρας τὰς χεῖρας εἰς τὸν οὐρανόν **AL**: *om.* **PSC**   1–2 ηὔχετο ἐπὶ πολὺ τῇ ἑβραΐδι διαλέκτῳ **O**: diutissime orauit cum lacrimis hebraice **L**: προσεύξατο ἐπὶ πολύ **PC** (~ κοινολογησάμενος ἑβραϊστὶ τοῖς πατράσιν *add.* **C**, *uide infra* **P**): πρ. ἐπὶ πλεῖστον **A**: προσηύξατο ἐπὶ πολὺ λέγων· πατέρα (*spat. 12 litt.*) [εἰς χεῖρας αὐ]τοῦ παρατίθημι τὸ πνεῦμά [μου (*spat. 15 fere litt.*) δέ]ξαι αὐτό **H** (*additamentum duarum fere linearum e Lk 23,46 et Apg 7,59 confectum*)   2 καὶ καταπαύσας (κατὰπαύσας **O**) τὴν προσευχὴν (πρὸσεύχὴν **O**) **OA(C)**: καὶ καταπαύσα[ς τ. πρ. **H**: καὶ κατὰ προσευχὴν **P**: cumque patrio sermone consummasset orationem **L**   2–3 ἐκοινώνησεν αὐτοῖς τὸν λόγον καὶ εἰπὼν τὸ ἀμήν **O**: κοινολογησάμενος ἑβραϊστὶ τοῖς πατράσιν **P** (*om.* **S**, *item – hoc loco –* **C**, *sed uide supra*): κοινολογησάμεν]ος ἑβραιστεὶ πρὸς τοὺς πα[τέρας **H**: κοιν. ὁμοῦ πᾶσιν τὸν τῆς σωτηρίας λόγον τῇ ἑβραίων φωνῇ πρὸς πάντας τοὺς ἀδελφοὺς καὶ πατέρας **A**   3–4 προέτινεν τὸν τράχηλον τοῦ ἀποτμηθῆναι. σιγῶντος δὲ αὐτοῦ καὶ μηκέτι λαλούντος **O**: πρ. τ. τρ. μηκέτι λαλήσας (λ]αλήσας **H**) **PH**(~**C**): προσετ. λοιπὸν τὸν ἑαυτοῦ τρ. τῷ ἀποτέμνοντι χαίρων **A**   4–6 ἀπετίναξεν...τοῦ στρατιώτου] ἀπετείναξεν αὐτοῦ τὴν κεφαλὴν ὁ στρατιώτης (*sententiam quae sequitur propter homoiotel.* στρατιώτ. *om.* **O**) **OS**: καὶ ἀπετ[ίναξεν αὐτοῦ τὴν κεφαλὴν ὁ στρατ(ιώτ)ης. ὡς δὲ ἀπ]ετίναξεν αὐτοῦ τὴν κ[εφαλὴν γάλα ἐπύτισεν εἰς τοὺς χιτ]ῶνας [τοῦ σ]τρατιώτου **H** (*priorem lacunam coll. 1,6, ubi* σρι*αν *pro* σωτηρίαν *habet* **O**, *supplere temptaui non abnuente Christo Fakas, cui quod pap.* **H**. *in situ inspexerit magnam habeo gratiam*): ὡς δὲ ἀπετ. αὐτοῦ ὁ σπεκουλάτωρ τ. κ. τῇ τοῦ θεοῦ χάριτι εὐθὺς ἀπὸ τῆς τμήσεως ἐπύτισεν (γάλα *om.*) εἰς τὸν χιτῶνα **A**: ὁ (ὡς **C**) δὲ (σπεκουλάτωρ *om.* **P**) ἀπετ. αὐτοῦ τ. κ. (secundo die mensis 'Tybi' *add.* **C**) γάλα ἐπύτ. εἰς τοὺς χιτῶνας τοῦ στρατιώτου (αὐτοῦ *pro* τοῦ στρατ. **S**) **PSC**: spiculator uero...caput eius abscidit. quod postquam a corpore praecisum fuit...statim(que) de corpore eius unda lactis in uestimenta militis exiliuit (et postea sanguis effluxit) **L**, *unde* ὡς δὲ ἀπετμήθη ἡ κεφαλὴ αὐτοῦ *uel* τῆς δὲ κεφαλῆς αὐτοῦ ἀποτμηθείσης *Zw.* (*possis et* τραχηλοκοπηθέντος δὲ αὐτοῦ *uel* ἀποκεφαλισθέντος δὲ αὐτοῦ, *uid. pap.* **H**. *p. 11,1 = cap. 6,1*); *simile miracul. Mart. Polyc. 16,1*   6–7 καὶ ἰδόντες...ἐδόξασαν] καὶ ἰδόντες οἱ παρεστῶτες ὄχλοι ἐδόξασαν **O**: ὁ δὲ στρατιώτης θαυμάσας (θαυ. *om.* **C**) ἐδόξασεν **PSC**: ὁ δὲ στρ. καὶ πάντες οἱ παρεστῶτες ἰδόντες ἐθαύμασαν καὶ ἐδόξαζον **A**: uidentes autem omnes qui aderant...admirati sunt ualde, laudantes et confitentes...(dominum Ies. Chr.) **L**: [ὁ δὲ στρατιώτης καὶ οἱ παρεστῶτες] ἰδόν[τες] ἐθαύμ[α]σαν; *sequitur additamentum trium fere linearum, cuius reliquiae hae sunt:* [...]ἐβόη[σαν (*nihil dispici potest usque ad lineae finem*) / [...]τον θεὸν (...) / [...]τοῦ χριστοῦ ..... [καὶ...Καίσαρι] / **H**   7–8 τὸν δόντα τοιαύτην χάριν τῷ παύλῳ **O**: τ. δ. παύλῳ δὲ ἔδωκε τοιαύτην **P**: τ. δ. δόξαν τ. δὲ μακαρίῳ παύλῳ **A**: (uidentes) gratiam dei in beato apostolo **L**   8 ἀπελθόντες δὲ ἀπήγγειλαν τῷ νέρωνι τὰ γεγονότα **O**: καὶ ἀπε. ἀπ. τ. καίσαρι τ. γ. **P**: καὶ ἐλθόντες μετὰ πολλοῦ θαύματος ἀπ. νέρωνι τ. καίσαρι τ. γενάμενα ἐπὶ τῷ ἁγίῳ παύλῳ **A**   *post* τὰ γεγονότ[α *interpretamentum superfluum* ὅτι τραχηλοκοπη]θίσης τῆς κεφαλῆς αὐτοῦ γάλα ἐξῆλθεν[(...) *intrusit* **H**

indem sich Paulus nach Osten wandte, breitete er seine Hände aus und betete ausführlich in hebräischer Sprache[93]. Als er das Gebet beendet hatte, teilte er ihnen das Wort mit, sprach das Amen und bot seinen Hals dem Todesstreich dar. Als er schwieg und nicht mehr sprach, schlug der Soldat seinen Kopf ab. Sobald aber das Haupt abgetrennt war, spritzte Milch auf das Gewand des Soldaten. **4** Und das umstehende Volk, das Zeuge dieses Schauspiels war, verwunderte sich und pries Gott[94], daß er dem Paulus eine solche Gnade geschenkt habe. Dann gingen sie weg und meldeten dem Nero, was geschehen war[95].

---

93 Apg 21,40 πολλῆς δὲ σιγῆς γενομένης προσεφώνησεν τῇ Ἑβραΐδι διαλέκτῳ
    λέγων; 22,2; 26,14.
94 Mt 9,8 ἰδόντες δὲ οἱ ὄχλοι ἐφοβήθησαν καὶ ἐδόξασαν τὸν θεὸν
    τὸν δόντα ἐξουσίαν τοιαύτην τοῖς ἀνθρώποις; Lk 2,20; Röm 15,6, etc.
95 Mt 28,11 πορευομένων δὲ αὐτῶν ἰδού τινες τῆς κουστωδίας ἐλθόντες εἰς τὴν πόλιν
    ἀπήγγειλαν τοῖς ἀρχιερεῦσιν ἅπαντα τὰ γενόμενα; Mk 16,13 κἀκεῖνοι ἀπ-
    ελθόντες ἀπήγγειλαν τοῖς λοιποῖς.

6   1 Θαυμάζοντος δὲ καὶ διαποροῦντος τοῦ Καίσαρος, ἦλθεν ὁ Παῦλος ὡς περὶ ὥραν ἐνάτην ἑστώτων πολλῶν μετὰ τοῦ Καίσαρος φιλοσόφων τε καὶ ἀρχόντων καὶ πλουσίων καὶ ἐπισήμων, συμπαρόντος καὶ τοῦ ἑκατοντάρχου. 2 καὶ πᾶσιν φανεὶς ὁ Παῦλος εἶπεν· ʽΚαῖσαρ, ἴδε ὅτι ὁ τοῦ θεοῦ στρατιώτης οὐκ ἀπέθανεν, ἀλλὰ ζῇ. σοὶ δὲ ἔσται πολλὰ κα-   5 κά, ἀνθ᾽ ὧν αἷμα πολλῶν δικαίων ἐξέχεας, καὶ οὐ μετὰ πολλὰς ἡμέρας ἔσται σοι ταῦτα.᾽ 3 ὁ δὲ Νέρων ταραχθεὶς ἐκέλευσεν λυθῆναι πάντας τοὺς δεσμίους, τόν τε Πάτροκλον καὶ τοὺς λοιποὺς ἅπαντας.

7   1 Καὶ ὡς ἐτάξατο ὁ Παῦλος, ὄρθρου πορευθεὶς ὁ ἑκατόνταρχος καὶ οἱ σὺν αὐτῷ μετὰ φόβου καὶ δειλίας προσήρχοντο τῷ τάφῳ Παύλου.   1 καὶ ἐγγίσαντες εἶδον ἄνδρας προσευχομένους, Τίτον καὶ Λουκᾶν καὶ

---

1 θαυμάζοντος (-ες) δὲ καὶ διαποροῦντος τοῦ καίσαρος **O(S)**: κἀκείνου θαυμάζοντος καὶ διαποροῦντος **PH(K)**: τοῦ δὲ νέρωνος ἀκούσαντος καὶ ἐπὶ πολὺ θαυμάσαντος καὶ διαποροῦντος τὰς (*sic*) περὶ αὐτοῦ **A(L)**   1–2 ἦλθεν ὁ παῦλος (ἦ[λθεν **H**) **OSAHCL**: *hic om. post* τοῦ κεντυρίωνος *transpos.* **P**, *uid. infra*   2 ὡς περὶ ὥραν ἐνάτην **OC**: ὥραν ἐ. **P**: ὥρας θ̄ **H**: πρὸς αὐτοὺς περὶ ὥραν ἐ. **A**: circa horam nonam **L**   πολλῶν μετὰ **OPH**: μεταξὺ **A**   2–4 φιλοσόφων τε καὶ ἀρχόντων καὶ πλουσίων καὶ ἐπισήμων συμπαρόντος καὶ τοῦ ἑκατοντάρχου **OS**: φιλοσόφω]ν δὲ καὶ φίλων καὶ τοῦ κεντυρίωνος **H**: φιλοσ. καὶ τοῦ κεντυρίωνος **P** (~ φιλοσ. καὶ τοῦ κεν[*etiam* **K**): φιλοσ. τε καὶ φίλων **A**: cum philosophis et amicis atque ministris reipublicae **L** (multi philosophi atque ministri **C**)   4 καὶ πᾶσιν φανεὶς ὁ παῦλος εἶπεν **OS** (~ κ. π. φ. *etiam* **K**): καὶ ὁ [παῦλος φα]νὶς πᾶσει εἶπεν διὰ φωνῆς πνεύματος ἁγίου **H**: ἦλθεν ὁ παῦλος ἔμπροσθεν πάντων καὶ εἶπεν **P**: καὶ εἶπεν πρὸς νέρωνα φωνῇ μεγάλῃ **A**   4–5 καῖσαρ ἴδε ὅτι ὁ τοῦ θεοῦ στρατιώτης οὐκ ἀπέθανεν ἀλλὰ ζῇ **O**: ἰ[δοὺ παῦλο]ς ὁ τοῦ θεοῦ στρ. οὐκ ἀπέθανεν, ἀλλὰ ζ[**H**: καῖσαρ ἰδοὺ παῦλος ὁ τ. θ. στρ. οὐκ -θανον, ἀλλὰ ζῶ **PK**, *sim.* **C**ᴾ (*hic lacunosus*): ὁ παῦλος ὁ τοῦ χριστοῦ στρατιώτης καὶ νῦν πείσθητι ὅτι οὐκ -θανον ἀλλὰ ζῶ ἐν τῷ θεῷ μου **A**: Caesar, ecce ego Paulus, regis aeterni et inuicti miles; uel nunc crede, quia non sum mortuus, sed uiuo deo meo **L**   5–6 ἔ]στε πολλὰ κακά **H**: ἔστω (*immo* -ται) πολλὰ κακά **O**: π. ἔσται κ. **PS(KC)**: ἔσται πλείονα κ. καὶ μεγάλη κόλασις, ἄθλιε **AL**   6 αἷμα πολλῶν δικαίων ἐξέχεας **O**: δ. αἷμα ἐ. **P(KC)**: αἷμα δίκαιον ἐξ[έχεας ἐπὶ] τῆς γῆς **H** (*cf. 1Chr 22,8*): ἐ. αἷμα δίκαιον πολλῶν ἀδίκως **AL**   6–7 καὶ οὐ μετὰ πολλὰς ἡμέρας ἔσται σοι ταῦτα **O**: οὐ μ. π. ἡμ. ταύτας **P(KC)**: οὐ μ. π. ταύτας ἡμ. **H**: καὶ τοῦτο δέ σοι ἔσται οὐ μ. π. ἡμ. καὶ ταῦτα εἰπὼν ὁ παῦλος ἀπῆλθεν ἀπ᾽ αὐτοῦ **AL**   7 ὁ δὲ νέρων **OA**: ὁ δέ **PHK** ταραχθεὶς ἐκέλευσεν λυθῆναι (…)ς ἐκ. λ. **H) OP(HC)**: ἀκούσας τῶν ῥημάτων παύλου καὶ ταραχθεὶς ἐπὶ τούτοις σφόδρα ἐκέλ. ἀχθῆναι **AL** (~ ἀκούσας ταῦτα ἐταράχθη καὶ ἐκέλ. λυθῆναι **K**)   7–8 πάντας τοὺς δεσμίους **OA**: τοὺς δ. πάντας **H**: τοὺς δ. **PC**   8 τόν τε πάτροκλον καὶ τοὺς λοιποὺς ἅπαντας **OS**: τόν τ]ε π. κ. τοὺς περὶ βαρζαβᾶν **HC**: καὶ τὸν π. (τὸν π. **A**) καὶ τοὺς περὶ τὸν βαρσαβ(β)ᾶν **PA**: ~ πάτροκλον καὶ βαρσαβᾶν **K**: P. ac B. et eos qui uincti erant cum illis **L**   9 ἐτάξατο] διετ- **A** ὁ παῦλος **O**: ὁ *om.* **HPA**   9–10 ὄρθρου πορευθεὶς ὁ ἑκατόνταρχος καὶ οἱ σὺν αὐτῷ **O**: ὄρ]θρου πορευθὶς ὁ κεντυρίω[ν καὶ οἱ σὺ]ν αὐτῷ **H**: ὄ. -θέντες ὁ λόγγος καὶ ὁ κεντυρίων κέστος **P**: ὄ. -θέντες ὁ κέστος καὶ ὁ λόγγος ἐπὶ τὸν τόπον **A**: Longinus…et Acestus…primo mane uenientes (ad sepulchrum eius) **L**   10 μετὰ φόβου καὶ δειλίας **H**: μετὰ φόβου καὶ τρόμου καὶ δειλίας **OS**: μετὰ φόβου **PA** τῷ τάφῳ παύλου (τῷ τά]φῳ παύ[λου **H**) **OPH**: τῷ τοῦ π. τάφῳ **A**   11 καὶ ἐγγίσαντες ἴδον ἄνδρας **O**: καὶ ἐγγίζαντες αὐτῷ ἴδ<ον> ἄγ[δρας **H**: ἐπιστάντες δὲ εἶδον δύο ἄνδρας **P**: ἐπ. τε ἐκεῖ εὗρον δ. ἄ. **A** (... εὗρον δ. ἄ. **C**): uiderunt duos uiros **L** προσευχομένους] καθὼς ἦν αὐτοῖς εἰπὼν ὁ παῦλος *add.* **A**   11–448,1 τίτον καὶ λουκᾶν καὶ μέσον τὸν παῦλον ἑστῶτα **O**: καὶ μέσον παῦλον **P**: καὶ] μέσον αὐτῶν τὸ[ν] παῦλον **H**: καὶ μέσων τῶν δύο ἑστῶτα τὸν π. **A**: et in medio eorum stantem Paulum **L**

1 Während der Kaiser noch voller Verwunderung und Ratlosigkeit **6**
war, kam Paulus ungefähr um die neunte Stunde, als viele Philosophen,
Staatsbeamte, Vornehme und Würdenträger beim Kaiser standen und
auch der Centurio mit anwesend war. **2** Und vor aller Augen sichtbar
sprach Paulus: „Kaiser, siehe, daß der Soldat Gottes nicht tot ist, sondern lebt. Dir aber wird viel Übles geschehen als Vergeltung für das
Blut vieler Gerechter, das du vergossen hast, und nach nur wenigen Ta-
gen wird dies eintreten[96]." **3** Nero aber, tief bestürzt, gab den Befehl, alle Gefangenen freizulassen, den Patroklos und die übrigen alle.

1 Und wie Paulus es ihnen aufgetragen hatte, machten sich der Cen- **7**
turio und seine Gefährten am frühen Morgen auf und gingen voll Furcht
und Angst hinaus zum Grab des Paulus[97]. Und als sie sich näherten, sahen sie Männer im Gebet: Titus, Lukas und zwischen beiden stehend

---

96 Apg 1,5 ὑμεῖς δὲ ἐν πνεύματι βαπτισθήσεσθε ἁγίῳ οὐ μετὰ πολλὰς ταύτας
    ἡμέρας.
97 Lk 24,1 καὶ τὸ μὲν σάββατον ἡσύχασαν κατὰ τὴν ἐντολήν, τῇ δὲ μιᾷ τῶν σαββάτων
    ὄρθρου βαθέως ἐπὶ τὸ μνῆμα ἦλθον φέρουσαι ἃ ἡτοίμασαν ἀρώματα.

μέσον τὸν Παῦλον ἑστῶτα, ὥστε ἐκπλαγῆναι αὐτοὺς ἰδόντας. **2** Τίτος δὲ καὶ Λουκᾶς ἄνθρωποι ὄντες καὶ φοβηθέντες ἔφυγον. τῶν δὲ διωκόντων καὶ καταλαβόντων αὐτοὺς εἶπον· 'οὐκ εἰς θάνατον ὑμᾶς διώκομεν, δοῦλοι τοῦ Χριστοῦ, ἀλλ᾽ ἵνα ζωὴν αἰώνιον δῶτε ἡμῖν, καθὼς ἐνετείλατο ἡμῖν Παῦλος ὁ μεθ᾽ ὑμῶν πρὸ μικροῦ μέσος προσευχόμενος.' **3** καὶ   5
ταῦτα ἀκούσαντες ἀπεδέξαντο αὐτοὺς καὶ ἐδόξασαν τὸν θεὸν καὶ ἔδωκαν αὐτοῖς τὴν ἐν Χριστῷ σφραγῖδα χάριτι τοῦ κυρίου ἡμῶν Ἰησοῦ Χριστοῦ, ᾧ ἡ δόξα εἰς τοὺς αἰῶνας. ἀμήν.

---

1 ὥστε ἐκπλαγῆναι αὐτοὺς ἰδόντας **O**: ὥστε αὐ. ἐκπλ. (ὥ[στε...ἐκπλαγῆ]νε **H**) **PSH**: ὥστε αὐ. ἰδόντας τὸ παράδοξον θαῦμα καταπλ- **A**(**L**)   **1–2** τίτος δὲ καὶ λουκᾶς ἄνθρωποι ὄντες καὶ φοβηθέντες ἔφυγον **O**: τὸν δὲ τίτον καὶ λουκᾶν φόβῳ συσσχεθέντα ἀνθρωπίνῳ εἰς φυγὴν τραπῆναι **P**(~**C**): καὶ τὸν τίτον καὶ τὸν [λ. φ. συσχε]θέντας ἀνθρωπίνῳ εἰς [φ. τρ. **H**: καὶ τὸν τίτον τὲ καὶ τὸν λ. φ. -θέντας οὐρανίῳ ἰδόντας τὸν λόγγον καὶ τὸν κέστον πρὸς αὐτοὺς δὲ ἐρχομένους εἰς φ. τρ. **A**(**L**)   **2–3** τῶν δὲ διωκόντων καὶ καταλαβόντων αὐτοὺς εἶπον **O**: τ. δὲ διωκ. λεγόντων **P**: ἐκείνων δὲ διωκ. αὐτοὺς κατελήφθησαν (-λει-) ὑπ᾽ αὐτῶν. εἶπον δὲ πρὸς τίτον καὶ λουκᾶν ὁ κέστος καὶ ὁ λόγγος **A**: καὶ διω]κωμένων κατελήμφ[θησαν ὑπ᾽ αὐτῶν, καὶ εἶπον] οἱ διώκοντες αὐτούς **H**   **3–4** οὐκ εἰς θάνατον ὑμᾶς διώκομεν, δοῦλοι τοῦ χριστοῦ **O**: οὐ δι. ὑμ. εἰς θ. (...) ὑμᾶς εἰς θ. **H**) **PH**(**K**): οὐχὶ δι. ὑμ. πρὸς θάνατον, ὡς ὑπονοεῖτε, μακάριοι θεοῦ ἄνθρωποι **AL**   **4** ἀλλ᾽ ἵνα ζωὴν αἰώνιον δῶτε ἡμῖν **O**: ἀ. ἵ. ἡμ. ζ. αἰ. παρασχῆτε **A**(**K**): ἀλλ᾽ εἰς ζωήν, ἵνα ἡμῖν δῶτε (ἀλ[λὰ...δῶτε] **H**) **PS**(**H**)   καθὼς **O**: ὡς **β**; cf. act. Thecl. 19 καθὼς εἶπεν αὐτοῖς   **4–5** ἐνετείλατο ἡμῖν παῦλος] ἐνετ. ἡ. π. (add. λέγων περὶ ὑμῶν **O**: π. ἐνετ. **PH**(**K**): ἐπηγγείλατο ἡμῖν π. **AL**   **5** ὁ μεθ᾽ ὑμῶν πρὸ μικροῦ μέσος προσευχόμενος (...] προσευχόμενος **H**) **OPH**(**K**): ὃν ἴδομεν μέσον ὑμῶν πρὸ μικροῦ ἑστῶτα καὶ προσευχόμενον **AL**   **5–6** καὶ ταῦτα (καὶ ταῦ[τα **H**) **OAH**: οἱ δὲ τ. **PSK**   **6–7** ἀκούσαντες ἀπεδέξαντο αὐτοὺς καὶ ἐδόξασαν τὸν θεὸν καὶ ἔδωκαν αὐτοῖς **O**: ἀκ. ἐχάρησαν καὶ ἔδωκαν αὐτοῖς (ἐχάρησαν] κ. ἐδ. αὐτοῖς **H**) **PSH**(**K**): ἀκ. παρ᾽ αὐτῶν ὁ τίτος καὶ ὁ λουκᾶς μετὰ πολλῆς εὐφροσύνης ἐδ. αὐτοῖς **AL**   **7** τὴν ἐν χριστῷ σφραγῖδα **O**: τ. ἐν κυρίῳ σφ. (τὴν ἐν [... **H**) **APHKS**; καὶ ἔλαβεν αὐτούς add. **S**   **7–8** χάριτι τοῦ κυρίου ἡμῶν Ἰησοῦ Χριστοῦ **O**: δοξάζοντες τὸν θεὸν καὶ πατέρα τοῦ κυρίου ἡμῶν Ἰησοῦ Χριστοῦ (καὶ πατέρα καὶ τὸν κύριον ἡμ. Ἰ. Χρ. **S**) **AS**: in nomine domini nostri Iesu Christi **L**(~**C**)   **7–8** χάριτι...ἀμήν om. **PH** (ΠΡΑΞΕΙΣ ΠΑ[ΥΛΟΥ] subscript. **HK**)   **8** ᾧ ἡ δόξα εἰς τοὺς αἰῶνας (add. τῶν αἰώνων **AS**). ἀμήν **OAS**: cui cum patre in unitate spiritus sancti est honor et gloria, uirtus et imperium in omnia saecula saeculorum. amen **L**(~**C**); de **K** nihil certi nisi κύριον ἰησοῦν...καὶ πάντας (τοὺς ἁγίους)

Paulus, so daß sie bei ihrem Anblick erschraken. **2** Titus und Lukas aber ergriffen, weil sie nun einmal Menschen waren und in Furcht gerieten, die Flucht. Jene aber verfolgten sie und suchten sie einzuholen und riefen: „Nicht um euch zu töten verfolgen wir euch, Diener Christi, sondern damit ihr uns das ewige Leben schenkt, so wie es uns Paulus aufgetragen hat, als er über euch sprach, er, der vor kurzem noch in eurer Mitte zusammen mit euch in Anbetung versunken war." **3** Als sie dies hörten, ließen sie die Männer herankommen und priesen Gott[98] und gaben ihnen das Siegel in Christus durch die Gnade unseres Herrn Jesus Christus[99], dem die Ehre sei in Ewigkeit[100]. Amen.

---

98 Siehe o. S. 425 Anm. 52.
99 1Kor 1,4 εὐχαριστῶ τῷ θεῷ μου πάντοτε περὶ ὑμῶν ἐπὶ τῇ χάριτι τοῦ θεοῦ τῇ δοθείσῃ ὑμῖν ἐν Χριστῷ Ἰησοῦ.
100 Siehe o. S. 431 Anm. 62.

Literaturverzeichnis

(ausgewählte, mehrfach zitierte Titel)

Ausgaben (z. T. kommentiert)

Septuaginta

(id est Vetus Testamentum Graece iuxta LXX Interpretes) ed. A. Rahlfs, Stuttgart 1943

Acta Apostolorum

W. Schneemelcher, Neutestamentliche Apokryphen, Bd. II: Apostolisches, Apokalypsen und Verwandtes, Tübingen 51989 (dort 193–243: „Paulusakten"; 243–289: „Petrusakten")

Acta Apostolorum apocrypha I, ed. R. A. Lipsius (Leipzig 1891); II 1+2 ed. M. Bonnet (1898/1903)

L. Vouaux, Les Actes de Pierre, Paris 1922

Pseudo-Linus, Martyrium b. Petri Apostoli (a Lino episcopo conscriptum), ed. A. H. Salonius, Helsinki 1926

C. Schmidt – W. Schubart, ΠΡΑΞΕΙΣ ΠΑΥΛΟΥ. Acta Pauli, Glückstadt u. Hamburg 1936

Die Apostolischen Väter

J. B. Lightfoot, The Apostolic Fathers, Part I: S. Clement of Rome, A revised Text, 2 Bde., London 1890 (Nachdr.: 1973)

A. Lindemann – H. Paulsen, Die Apostolischen Väter, Tübingen 1992

Der 1. „Clemensbrief"

G. Schneider, Clemens von Rom. Brief an die Korinther, Freiburg 1994 (Fontes Christiani. 15)

H. E. Lona, Der erste Clemensbrief, Göttingen 1998

Ascensio Jesaiae

C. Detlef G. Müller, Die Himmelfahrt des Jesaja, in: W. Schneemelcher, Neutestamentliche Apokryphen, Bd. II, Tübingen [5]1989, 547–562

Irenäus von Lyon

A. Rousseau – L. Doutreleau, Irénée de Lyon, Contre les Hérésies III 1, Paris 1974 (SC 210)

N. Brox, Irenäus von Lyon, Epideixis. Adversus Haereses, 5 Bde., Freiburg 1993–2001 (Fontes Christiani 8/1–5)

Ambrosius

Hegesippi qui dicitur Historiae libri V, ed. V. Ussani, I (Pars prior: Textum criticum continens) Wien-Leipzig 1932 (CSEL 66.1), II (Pars posterior: Praefationem Caroli Mras et Indices V. Ussani continens) Wien 1960 (CSEL 66.2);

M. Simonetti, Ambrogio. Inni, Firenze 1988

[J. Fontaine,] Ambroise de Milan. Hymnes, Texte établi, traduit et annoté sous la direction de Jacques Fontaine, Paris 1992

Flavius Iosephus

De bello Iudaico libri VII, ed. B. Niese, Berlin 1955

Eusebius von Cäsarea

Chronik (GCS 47 [Eusebius VII], ed R. Helm, Berlin [2]1956 = [3]1984

Historia ecclesiastica, ed. E. Schwartz, 2 Bde., Leipzig 1903. 1908 (GCS 9,1.2)

Sekundärliteratur (und Kommentare)

Aland, K.: Petrus in Rom, Hist. Zeitschr. 183, 1957, 497–516.

Anderson, G.: The Second Sophistic, London – New York 1993

Arweiler, A.: Die Imitation antiker und spätantiker Literatur in der Dichtung 'De spiritalis historiae gestis' des Alcimus Avitus, Berlin 1999 (UaLG 52)

Baldwin, M. C.: Whose *Acts of Peter*?, Tübingen 2005 (WUNT II. 196)

Barnes, T. D.: Tertullian, Oxford 1971

Beare, F. W.: The First Epistle of Peter, [3]Oxford 1970

Benedikt XVI.: Jesus von Nazareth, Freiburg–Basel–Wien 2007

—— ders.: Die Kirchenväter – frühe Lehrer der Christenheit, Regensburg 2008

Bowersock, G. W.: Greek Sophists in the Roman Empire, Oxford 1969
—— ders.: Fiction as History, Berkeley 1994
—— ders.: Martyrdom and Rome, Cambridge 1995

Brox, N.: Der erste Petrusbrief, EKK (Evangelisch-Katholischer Kommentar zum Neuen Testament) 21, 1979

Buchheit, V.: Christliche Romideologie im Laurentiushymnus des Prudentius, Polychronion, Festschr. F. Dölger, Heidelberg 1963, 121ff. (= R. Klein [Hrsg.], Das frühe Christentum im Römischen Staat, Darmstadt 1971, 455ff.)

Caster, M.: Lucien et la Pensée Religieuse de son Temps, Paris 1937

Coleman, K. M.: Fatal Charades: Roman Executions Staged as Mythological Enactments, JRS 80, 1990, 44–73

Cullmann, O.: Petrus. Jünger – Apostel – Märtyrer, Stuttgart [2]1960

Daillé, J.: De Scriptis quae sub Dionysii Areopagitae et Ignatii Antiocheni nominibus circumferunter libri duo, Genf 1666

Dehandschutter, B.: The Martyrium Polycarpi: a Century of Research, in: ANRW II 27.1 (Berlin–New York 1993), 485–522

Dihle, A.: Die griechische und lateinische Literatur der Kaiserzeit, München 1989

Dinkler, E.: Die Petrus-Rom-Frage, Theol. Rundschau N. F. 25, 1959, 189–230; 289–335; 27, 1961, 33–64

Edwards, M.: *Romanitas* and the Church of Rome, in: S. Swain – M. J. Edwards (Hrsgg.), Approaching Late Antiquity: The Transformation from Early to Late Empire, Oxford 2004

Ehrman, B. D.: Peter, Paul, and Mary Magdalene. The Followers of Jesus in History and Legend, Oxford 2006

Elliott, J.-H.: The Rehabilitation of an exegetical Step-child: 1 Peter in recent research, Journ. of Bibl. Lit. 95, 1976, 243–254

Fiedrowicz, M.: Apologie im frühen Christentum, Paderborn [3]2000
—— ders., Theologie der Kirchenväter, Freiburg 2007

Flamion, J.: Les Actes apocryphes de Pierre (III. Histoire littéraire des Actes de Pierre), RHE 11,1910, 5–28

Fux, P.-Y.: Les Sept Passions de Prudence, Fribourg 2003

Gaertner, K. – Mielsch, H. – Hesberg, H. v.: Die heidnische Nekropole unter St. Peter in Rom, Vatikan 1986

Gieseler, J. C. L.: Lehrbuch der Kirchengeschichte, Bd. I.1, Bonn [4]1844

Gnilka, J.: Petrus und Rom. Das Petrusbild in den ersten zwei Jahrhunderten, Freiburg 2002

von Haehling, R.: Zwei Fremde in Rom: Das Wunderduell des Petrus mit Simon Magus in den acta Petri, in: Röm. Quartalschr. [f. christl. Altertumskunde und Kirchengeschichte] 98, 2003, 47–71

Hagner, D. A.: The Use of the Old and New Testaments in Clement of Rome, Leiden 1973

Hall, J. A.: Lucian's Satire, New York 1981

Halkin, F.: Manuscrits Byzantins d'Ochrida en Macédoine Yougoslave, Anal. Boll. 80, 1962, 15

von Harnack, A.: Lehrbuch der Dogmengeschichte, Bd. I, Tübingen [4]1909

Hengel, M.: Entstehungszeit und Situation des Markusevangeliums, in: H. Cancik (Hrsg.), Markus-Philologie. Historische, literargeschichtliche und stilistische Untersuchungen zum zweiten Evangelium, WUNT 33, Tübingen 1984, 1–45
—— ders.: Der unterschätzte Petrus, Tübingen [2]2007

Heussi, K.: Die römische Petrustradition in kritischer Sicht, Tübingen 1955

Holzberg, N. (Hrsg.): Der griechische Briefroman, Tübingen 1994

Hübner, R. M.: Thesen zur Echtheit und Datierung der sieben Briefe des Ignatius von Antiochien, Zeitschr. für ant. Christentum (ZAC) 1, 1997, 44–72
—— ders.: Der Paradox Eine. Antignostischer Monarchianismus im zweiten Jahrhundert, Leiden 1999

Joly, R.: Le Dossier d'Ignace d'Antioche, Brüssel 1979

Kirschbaum, E.: Die Gräber der Apostelfürsten. Mit einem Nachtrag von E. Dassmann, Frankfurt [3]1974.

Klauck, H.-J.: Apokryphe Apostelakten, Stuttgart 2005

Klauser, Th.: Die römische Petrustradition im Lichte der neueren Ausgrabungen unter der Peterskirche, Köln-Opladen 1956 (Arbeitsgemeinschaft für Forschung des Landes Nordrhein/Westfalen, Geisteswissenschaften, Heft 24)

Klein, R.: Symmachus, Darmstadt 1971
—— ders.: Der Streit um den Victoriaaltar, Darmstadt 1972

Knoch, O.: Eigenart und Bedeutung der Eschatologie im theologischen Aufriß des ersten Clemensbriefes, Bonn 1964

Knoch, O. B.: Im Namen des Petrus und Paulus: Der Brief des Clemens Romanus und die Eigenart des römischen Christentums, in: ANRW II 27.1 (1993), 3–54

Lechner, T.: Ignatius adversus Valentinianos?, Leipzig 1999

Levi, D.: AION, Hesperia 13, 1944, 269–314

Lindemann, A.: Antwort auf die „Thesen zur Echtheit und Datierung der sieben Briefe des Ignatius von Antiochien", ZAC 1, 1997, 185–194

Markschies, Chr.: Die Gnosis, München 2001

Menke, K.-H.: Der Leitgedanke Joseph Ratzingers: Die Verschränkung von vertikaler und horizontaler Inkarnation, Paderborn 2008 (NRWAkW G 415)
—— ders.: JESUS IST GOTT DER SOHN. Denkformen und Brennpunkte der Christologie, Regensburg 2008.

Merrill, E. T.: On „Clement of Rome", Amer. Journ. of Theol. 22, 1918, 426–442
—— ders.: The Alleged Persecution by Domitian, in: Essays in Early Christian History, London 1924, 148–173

Mielsch, Harald: Überlegungen zum Beginn der Sarkophagbestattung in Rom, Paderborn 2009 (NRWAkW G)

Mittelstaedt, A.: Lukas als Historiker. Zur Datierung des lukanischen Doppelwerkes, Tübingen 2006 (Texte und Arbeiten zum neutestamentlichen Zeitalter [TANZ]. 43)

Munier, Ch.: Où en est la question d'Ignace d'Antioche? Bilan d'un siècle de recherches 1870–1988, in: ANRW II 27.1 (Berlin–New York 1993), 359–484

Nesselrath, H.-G. – Bäbler, B. – Forschner, M. – de Jong, A.: Dion von Prusa. Menschliche Gemeinschaft und Göttliche Ordnung: Die Borysthenes-Rede, Darmstadt 2003

Pernot, L.: Christianisme et Sophistique, in: L. Calboli Montefusco (Hrsg.), Papers on Rhetoric IV, Rome 2002, 245–262

Popkes, W.: Der Brief des Jakobus, Leipzig 2001

Ratzinger, J: siehe Benedikt XVI.

Rohde, E.: Die griechische Sophistik der Kaiserzeit, in: ders., Der griechische Roman, Leipzig ³1914, 310–387

Schmit-Neuerburg, T.: Vergils Aeneis und die antike Homerexegese. Untersuchungen zum Einfluss ethischer und kritischer Homerrezeption auf *imitatio* und *aemulatio* Vergils, Berlin 1999 (UaLG 56)

Schnelle, U.: Einleitung in das Neue Testament, UTB 1830, ²Göttingen 1996

Schoedel, W. R.: Polycarp of Smyrna and Ignatius, in: ANRW II 27.1 (Berlin–New York 1993), 272–358

Schöllgen, G.: Die Ignatianen als pseudepigraphisches Briefcorpus, ZAC 2, 1998, 16–25

Sherwin-White, A. N.: The Letters of Pliny, Oxford 1966

Söder, R.: Die apokryphen Apostelgeschichten und die romanhafte Literatur der Antike, Stuttgart 1932

Steier, A.: Untersuchungen über die Echtheit der Hymnen des Ambrosius, in: Jahrb. f. Klass. Philol., Suppl. 28, Leipzig 1903, 553–662

Stoneman, R.: The Alexander Romance. From History to Fiction, in: J. R. Morgan – R. Stoneman (Hrsgg.), Greek Fiction. The Greek Novel in Context, London–New York 1994, dort: 117–129

Turner, C. H.: The Latin Acts of Peter, JThS 32 (1931) 119–133

van den Broek, R.: The Myth of the Phoenix according to classical and early christian traditions, Leiden 1972

Volckmar, G.: Über Clemens von Rom und die nächste Folgezeit, mit besonderer Beziehung auf den Philipper- und Barnabas-Brief, so wie auf das Buch Judith, in: Theologische Jahrbücher (ThJbb) 15, 1856, 287–369

Wegner, R. (Hrsg.): Die Datierung der Evangelien. Tonbandnachschrift zum Symposion des Institutes für wissenschaftstheoretische Grundlagenforschung, Paderborn 1982

Welborn, L. L.: On the Date of First Clement, Biblical Research (Chicago) 29, 1984, 35–54

Zechiel-Eckes, K.: Altes Recht und falsche Päpste: Überlegungen zu Rezeption und 'kreativer' Transformation spätantiker Literalität im frühen Mittelalter, in: D. Boschung – S. Wittekind (Hrsgg.), Persistenz und Rezeption, Wiesbaden 2008, 85–104

Zwierlein, O.: Lucubrationes Philologae II (Antike und Mittelalter), Berlin 2004 (UaLG 72)

Register

Die folgenden Indizes erfassen ausführlich das eigentliche Petrusbuch, nur in Auswahl die anschließende Überlieferungsgeschichte. Die kommentierenden Bibelzitate in den Anmerkungen zur Übersetzung der Martyrien sind gemäß dem üblichen Verfahren nicht in das Register aufgenommen.

Stellenregister

Biblische Schriften

Altes Testament (LXX)

Neues Testament

8,18–24   47. 51[47]. 56. 129
9,36   264[55]
10,42   22[64]. 270
12   17
12,2   243[318]
12,7   88[158]
12,11   90f.
12,12. 17   239
12,17   131[12]
13,6–11   71[113]
13,22   246[5]. 255–257
13,45   19
13,50   19f.
14,15   275f. 277[98]
15,23   9[24]. 13[36]
16,11   224[259]
17,5   19
17,24f.   262[47]
17,26   261[46]
17,34   24[70]. 160
18,1–7   135
19,21   41
20,9   379
20,22–24   22
20,35   262
22,25–28   42. 120. 123f. 172
23,11   22. 41. 134f.
23,23ff.   47[39]
25,10f.   41
26,7   258–260
26,17f.   298
27,1–6   47[39]
27,18. 27   47[40]
28,13. 14   47[41]
28,16. 30f.   41.44

Röm
1,9–12   225[265]
1,16   284[108]
2,16   265[58]
4,24   275[89]
5,3   308
6,16–23   289
13,1–7   308
15,24. 28   21. 41. 43. 45
16,11   48[43]

1Kor
1,12f.   136
1,31   281f.
3,3   136
3,4–10   136
3,21–23   137

4,12f.   305[0]
4,17   137
6–8   139[25]
14,34f.   221f.[+255]
16,15   270f.

2Kor
1,1–3   8. 9
1,3   288[124]
4,6   298
6,7   286[114]
9,8   269
10,13–18   138
11,5. 22f.   138[+22]
11,24f.   21[56]
12,11   138
12,20   140[26]. 253[28]
12,20f.   253[28]
13,11   140[26]

Gal
2,6–9   138
2,9   16. 33
2,11–13   137
6,15f.   276[93]

Eph
1,4   274[88]
1,13   286[114]
1,17f.   298
5,1f.   212
5,8   287
5,21   267[64]
5,22/24   264[56]
5,26f.   273. 274[87]

Phil
1,30   276[96]
4,3   158
4,22   114

Kol
1,5   286[114]
3,12   253[28]. 281[103]
3,14   253[28]. 292
3,18   264[56]

1Thess
3,11–13   290[133]
5,5   287

Apokryphe Schriften

Außerkanonische Schriften

1Clem

Altchristliche Literatur

42   387[144]

Mart. Paul.
    1,2 (p. 104,7 Lips.)   116[233]
    2,6 (p. 110,2)   117
    3,1 (p. 110,6/111,8)   122[245]
    3,3–6 (p. 112,1–112,11)   117
    3,3 (p. 112,1)   123
    4,3 (p. 114,13)   82[138]
    5,2 (p. 115,10)   110[+214]
    5,2 (p. 115,13)   106
    7,1 (p. 116,13)   110[+215]

act. Petr.
    25–26 (Oxy–frg.)   38. 55
    'Martyrium' (M.)   78ff.
    31 (M. 2), p. 80,29   44[28]. 76[128]
    31 (M. 2), p. 80,35   56f.
    32 (M. 3), p. 82,4   59[66]
    32 (M. 3), p. 82,5   52
    32 (M. 3), p. 82,16   68
    32 (M. 3), p. 82,23   65f.
    33 (M. 3), p. 84,1   59
    33 (M. 4,1), p. 84,11   78
    34 (M. 5,5), p. 86,17   78
    35 (M. 6,3), p. 88,2   85[150]
    35 (M. 6,4), p. 88,5   37. 83
    35 (M. 6,5), p. 88,9   86[151]
    36 (M. 7,1–3), p. 88,13   93
    36 (M. 7,3), p. 90,1/10   122
    36 (M. 7,6), p. 90,15   94f.
    36 (M. 7,6), p. 90,17   98. 122
    37 (M. 8,4), p. 92,17   95
    38 (M. 9,6), p. 96,8   96[171]
    39 (M. 10,1), p. 96,12   99[178]
    40 (M. 11,3), p. 100,5   111
    40 (M. 11,4), p. 100,10   115
    41 (M. 12)   115
    41 (M. 12,1), p. 100,15   113
    41 (M. 12,2), p. 102,1   114

actus Vercellenses
    1–22   44[+29]
    1, p. 45,10   45[30]
    1, p. 46,1   177[125]
    1, p. 46,8   45[32]. 114
    4, p. 48,29   134[16]
    4, p. 49,3   72[116]
    4, p. 49,7   46[36]
    4, p. 49,17   46
    5, p. 49,21   47
    5, p. 49,24   49
    5, p. 49,28   47

5, p. 50,1   47
5, p. 50,26   47[40]
5, p. 51,11   47[41]
6, p. 52,25   48[42]. 49. 349[49]
7, p. 53,14   49
7, p. 54,24   48
9, p. 56,26   49f.
9, p. 57,5   50
10, p. 57,22   133
17, p. 62,33   50
17, p. 65,18   50
18, p. 65,27   50
23, p. 71,9   50f.
26, p. 73,21   55
28, p. 75,14   55
28, p. 75,19   52[51]
28, p. 75,28   53[52]
28, p. 75,31   53[53]
28, p. 76,18   53[53]
28, p. 76,12–77,3   54[54]
28, p. 77,21–30   55[55]
31, p. 81,26   44[28]. 76[128]
32, p. 83,22   60[69]
33, p. 85,10   390
37, p. 93,12   95
40, p. 99,16   111[217]
41, p. 101,9   45[34]

Ps.Linus Petr.
    2, p. 2,11   45[32]. 79. 81
    2, p. 2,12   116[229]
    2, p. 3,19   80
    3, p. 5,8   80[133]
    4, p. 6,8   106[201]
    6, p. 7,19   87
    6, p. 7,26   84[+145]
    7, p. 8,11   93. 98[176]
    7, p. 8,14   106
    8, p. 9,6   93f.
    8, p. 9,7   122[245]
    9, p. 11,2   122[245]
    10, p. 11,16   122[246]
    10, p. 12,3/9   95
    12, p. 14,5   95f.
    15, p. 19,8   105f.
    16, p. 20,1–21,12   112f.
    17, p. 21,13–22,16   116
    17, p. 21,13   45[34]. 116
    17, p. 22,1   44[27]. 75

Ps.Linus Paul. 15 p. 39,19ff.   82[137]

Polycarp *Phil*
 inscr.   231f.
 1,1   190f. 208[204]
 5,3   232. 267[66]
 8,1–2   208
 9,1   189. 234
 9,1–2   192f.
 13,1–2 189
 13,1   201[189]. 223
 13,2   192. 234
 14,1–2 208

Prudentius

apoth. 475   99[181]

perist.
 2   176–178
 12   176f.

Rufinus *hist.* 4,22,1–3   168

Sulpicius Severus

chron. 2,28,5   69f.

SVF II 613 v. ARNIM   299[151]

Tertullian

apol.
 2,11   119[238]. 317[197]
 5,3   119[238]
 13,9   133

bapt. (um 200)   37. 219
 17, p. 215,10   220f.

scorp. 15, p. 178,11   119–124. 172

praescr.
 21,4–6; 36,1–3   148[45]
 31/32   164–166

Klassische Literatur

Aristot. *hist. an.* 8(9),622[b],24   327

Cassius Dio 59,8,3   213

Gorgias frg. B 5a (II 284,25 D.-K.)   211

Cicero
 nat. deor. 2,124   329[231]
 Tusc. 1,116   25[75]

Cleanthes *hymn.*
 1,1f. 7f.   322[215]

Dio Chrys. *or.*
 1,42   331[235]
 36   323
 36,22   326[227]
 40   323ff. 328[230]
 40,26   324[224]
 40,32   327. 329[231]
 40,35   324
 40,39   325. 326. 327
 40,40   327. 329[231]
 40,41   326
 48,16   329

Hesych A 5517   214

Hyginus *fab.*
 8,5   30
 242,3   25[75]

Lucian.

Peregr.
 11   197
 13   198
 22–27   227[271]
 41   194. 198. 228
 43   199

Lexiph. 10   213

Macrob. *sat.* 6,3   301f.

Max. Tyr. 15,6[f]   322[215]

Ovid

ars
 2,91   72[114]
 2,71f. 74

Textkritisch behandelte Stellen

Wort-, Namen- und Sachregister

Addenda et Corrigenda

1. In der zweiten Auflage wurden folgende Versehen beseitigt:

12, (Z.) 1 des Anmerkungsapparats: lies „als dem (sic) Ort".

38,8 v. u.: Schlußklammer nach „62".

52,1: lies θεασάμενος.

117,16: lies τῷ (Ῥωμ. νόμῳ).

117,8 v. u.: statt „war" lies „wahr".

154,3: statt *Asiae* lies *Asia*.

157,6 v. u.: lies 'Paulus'.

184[139],3 v. u.: statt „Leipzig" lies „Leiden".

214,24/26/27: statt „Ps.Justin" lies „Ps.Ignatius".

215,16/17: statt „Philad 2,3" und „Philad 6,1" lies „Pol 2,3" und „Pol 6,1".

300[153],3: lies αὐτοῦ.

326[227],6: lies „TrGF".

344/345,13/19: lies βασάνων.

345,4: lies Μωϋσέως.

378[127]: lies λήξητε.

381,17: lies καθιστάντες.

381[131]: statt „Petrus" lies „Paulus".

383,6/5 v. u.: die Klammer gehört hinter „untermauert".

408 App. Z. 3 v. u.: lies „aveva", Z. 2 v. u. „doveva".

416 App. Z. 3: lies „aveva".

417,6 v. u.: lies „das Hintere".

418,17 und App. Z. 4 v. u. lies: τινι.

418 App. Z. 16: statt „*om.* **OV**" lies „*om.* **O**, *transpos.* **V** (et omnia in te et quidquid tu)".

419,4: Doppelpunkt statt Semikolon.

422 App. Z. 1: lies *Mt 8,22*.

426 App. Z. 18: lies βασάνων.

428/430: s. u. Addenda zu 342.

430,1 (und App.): lies καθιστάντες.

430,9 (und App.): lies σύμπαντος.

433,6: Fragezeichen nach „König".

439,1f.: zu lesen ist „… erließ ein Edikt, es solle niemand die Christen anrühren …".

439/441,6/15: statt „meinem König" lies „durch meinen König".

446,10: lies σὺν.

2. Änderungen in der Editio critica:

Großen Gewinn bringt K. SIER, Zum Text der Martyrien von Petrus und Paulus, ZPE 2010 – dort auch der erstaunliche Nachweis literarischer Abhängigkeit des 'Petrusmartyriums' (oder seiner überarbeiteten Fassung[en]?) von Platon und dem aufkommenden Neuplatonismus.

Mart. Petr.

6,2 (408,8): ὡς (so **PA**) ἔτι σοῦ δυναμένου.

6,5 (410,1f. Zw.[2]/408,18 Zw.[1]): vielleicht ὅτι <ὁ εἰς> ἑαυτὸν εἶπεν· πάλιν σταυροῦσθαι (oder σταυροῦμαι), [ὁ] εἰς τὸν Πέτρον προέλεγεν γίνεσθαι.

7,4 (412,1f. Zw.[2]/410,15 Zw.[1]): τοῦ δὲ δήμου <θυμῷ> ἐκβοῶντος ἀκατασχέτῳ καὶ μιᾷ φωνῇ (oder genügt die Änderung ἀκατασχέτως statt ἀκατασχέτῳ?).

8,1 (412,17–414,1 Zw.[2]/412,14f. Zw.[1]): βιάζομαι ἐμαυτὸν νῦν πρὸς τῷ τέλει τῆς ἐνθάδε συσχέσεως ὑπάρχων ὅστις εἶ, ἄνθρωπε, δηλῶσαί σε [RIESENWEBER duce SIER]. Der Zusatz σε φανερῶσαι in **O** sollte wohl die Härte beseitigen, daß ὅστις εἶ, ἄνθρωπε dem übergeordneten δηλῶσαί σε vorangeht. Die Worte τῆς ἐνθάδε συσχέσεως ὑπάρχων sind in **O** versprengt worden; daß sie hinter πρὸς τῷ τέλει gehören, zeigt 8,3 (414,5f. Zw.[2]/414,3f. Zw.[1]) ἐν ἐσχάτῃ ὥρᾳ καὶ τελευταίᾳ τοῦ βίου ὑπάρχοντός μου [RIESENWEBER].

8,3 (414,8f. Zw.[2]/414,6f. Zw.[1]): vielleicht τὰς <κατὰ τὰς> ἐν τῷ φανερῷ πράξεις, „dies Gehör, das den sinnfälligen Taten gemäß ist – nicht aber den πάλαι ὑπὸ τοῦ Χριστοῦ γεγονότα".

10,1 (418,9f. Zw.²/418,6f. Zw.¹): vielleicht οὐ χείλεσι τούτοις, οἷς προσηλωμένος λαλῶ, „nicht mit diesen Lippen, an die ich in meinem Sprechen
festgenagelt bin" – aber vgl. 9,1 (414,16f. Zw.²/414,14f. Zw.¹) ἀναγγελῶ
… ἀποκρεμάμενος [RIESENWEBER].

– (418,12 Zw.²/418,9f. Zw.¹): τῇ μὴ ἐν φανερῷ ἀκουομένη (om. OS) ist
eine β-Interpolation.

10,2 (418,18 Zw.²/418,15f. Zw.¹): statt μου (dreimal) ist μοι zu lesen.

– (420,1 Zw.²/418,17 Zw.¹): der Zusatz in O ἕστηκεν ist vermutlich ursprünglich.

10,4 (420,6 Zw.²/420,3f. Zw.¹): erwägenswert ist δεόμεθα σοῦ …· αἰτοῦμέν σε … (vgl. P).

– (420,8f. Zw.²/420,6 Zw.¹): der überschüssige Text von O (καὶ θεὸς καὶ
πατὴρ καὶ δεσπότης μόνος) ist vielleicht doch ursprünglich.

Mart. Paul.

1,5 (428,5): die **P**-Fassung ὁ δὲ Παῦλος συνιδὼν τῷ πνεύματι ἔλεγε dürfte
vorzuziehen sein [SIER]; in der Wortstellung sollte man jedoch **OA** folgen:
συνιδὼν δὲ τῷ πνεύματι ὁ Παῦλος εἶπεν [RIESENWEBER].

2,3 (432,2): ist das Futur καταλύσει einzusetzen?

4,2 (440,4): statt γενομένας ist das Präsens γινομένας (**O**) vorzuziehen.

– (440,5f.): handelt es sich bei dem Pronomen ἐκεῖνος in **α** um das Relikt
einer verworfenen varia lectio, die mit dem in der β-Familie überlieferten
Relativsatz (statt ὁ πιστεύσας) zusammengeht?

4,3 (442,2): vorzuziehen ist die leicht verbesserte **O**-Lesart εἰπόντος δὲ αὐτοῦ ταῦτα λέγουσιν (εἶπον **O**) αὐτῷ.

– (442,3): wahrscheinlich ist zu lesen (καὶ πῶς …) ζήσωμεν (so **O**) ἐπ᾽ αὐτῶν (für αὐτ-) [oder ἐπ(ὶ) αὐτῶν]?, also: „Und wie sollen wir, wenn du
enthauptet bist, auf uns selbst gestellt weiterleben?"

3. Addenda:

6⁹·¹⁰/7: Die in den Zitaten verwendete Bezeichnung „Konstantinische Basilika"
scheint problematisch, siehe G. W. BOWERSOCK, Peter and Constantine,
in: W. TRONZO (Hrsg.), St Peter's in the Vatican (Cambridge 2005), 5–15.

6¹⁰: Am Schluß der Anm. sollte angefügt werden: „Aus einer bloßen Petrus-
M e m o r i a läßt sich natürlich nicht die Anwesenheit des Petrus in Rom
ableiten, vgl. z. B. LACL ³2002, 258 (zu Evodius von Uzala): „Kirchenpo-

litisch wird E. durch die Errichtung einer Memoria zu Ehren des hl. Stephanus in Hippo und durch die Übertragung von dessen Reliquien in eine Memoria in Uzala aktiv" (GEERLINGS).

7–12: Über die Metaphorik der Begriffe Diaspora, Babylon, παρεπίδημοι, πάροικοι (παροικία, παροίκησις [beide Termini schon im AT für das babylonische Exil]) handelt ausführlich K. ALAND, Das Verhältnis von Kirche und Staat in der Frühzeit, ANRW II 23.1 (1979), 60–246, dort bes. 89f. (Eph 2,12. 19), 195f. (Gal 4,26 ἄνω Ἰερουσαλήμ), 199 (2Kor 5,6. 8 ἐκδημῆσαι), 201–210 (das Thema der 'Fremde' in 1Petr und Hebr), 215–226 (Johannesapokalypse), 230–237 („Das Thema der 'Fremde' in der Literatur des 2. Jahrhunderts"). Obwohl dort viel Material zusammengetragen ist, das eine metonymische Deutung des Begriffs Babylon im Schlußgruß 1Petr 5,13 nahelegt, ja, erzwingt (was vor allem HEUSSI 1955, 36–39 mit durchschlagenden Gründen herausgestellt hat), zieht ALAND diese sich aufdrängende Schlußfolgerung nicht, sondern beruft sich auf die communis opinio (203 „Wenn Babylon nämlich, wie allgemein angenommen, als Deckname für Rom gebraucht wird, …"). Dabei zeigt er in dem Kapitel über die Johannesapokalypse die „fanatische Romfeindschaft", die sich Apk 17 in der Identifikation Babylon/Rom kundtut, mit aller Schärfe auf (223): eine ablehnende Sicht des römischen Staates, wie sie „haßvoller nicht gedacht werden kann". So erscheint Babylon/Rom allein in der christlichen und spätjüdischen Apokalyptik des ausgehenden 1. Jh.s n. Chr. und im jüdischen Teil der Oracula Sibyllina, als eine von Feindseligkeit getragene Metonymie, die „unter dem Eindruck der erneuten Zerstörung des Jerusalemer Tempels zustande gekommen ist": s. C.-H. HUNZINGER, Babylon als Deckname für Rom und die Datierung des 1. Petrusbriefes, in: H. GRAF REVENTLOW (Hrsg.), Gottes Wort und Gottes Land, FS H.-W. HERTZBERG, Göttingen 1965, 67–77, dort 76. Auch HUNZINGER, auf den sich nahezu alle späteren Verfechter der These, Babylon in 1Petr 5,13 stehe für Rom, berufen, setzt den behaupteten Sachverhalt als gegeben voraus (67. 76), stellt nicht die Frage, ob die Verhältnisse der Apokalyptik auf den gänzlich verschiedenen literarischen Zusammenhang eines Briefschlusses übertragen werden können. Er fragt auch nicht, ob sie zum Tenor eines Briefs passen, der eine durchaus positive Grundeinstellung zum Kaiser und zu den Obrigkeiten an den Tag legt, geschweige denn, ob in 'Babylon' am Briefschluß eine bewußt gesetzte metonymische Entsprechung zu 'Diaspora' am Briefbeginn vorliege. In diesem Punkt ist ein gewisser Fortschritt zu verzeichnen in R. FELDMEIER, Die Christen als Fremde. Die Metapher der Fremde in der antiken Welt, im Urchristentum und im 1. Petrusbrief, Tübingen 1992 (WUNT 64) [dort S. 197f. eine erneute, überzeugende Widerlegung der „sogenannte(n) Sekretärshypothese"]. Doch bleibt auch hier der Verfasser lieber auf den eingefahrenen Spuren (193 Anm. 3: „Babylon als Deckname für Rom"), konzediert jedoch S. 196 mit Anm. 23, daß man Babylon auch als „ein (zum Thema der Fremde durchaus passendes) Symbol für die Verbannung" verstehen könne. Hierzu abschließend ein Auszug aus einer Zuschrift K. SIERs, der in der Rom-Hypothese ein Musterbeispiel für den hermeneutischen Fehler erkennt, ein Textelement ohne Rücksicht auf seinen engeren und weiteren Kontext auf ein vorgegebenes Verständnis hin auszulegen: „Gerade im Vergleich zur schlichten Konkretheit der Ortsbenennungen am Anfang wäre es erstaunlich, wenn Petrus sich am Ende zu einer sehr gesuchten und zum Ethos der Stelle m. E. keineswegs passenden Verklausulierung seines derzeitigen Aufenthaltsorts versteigen sollte. Hätte er eine Rom-Tradition aufnehmen oder stiften wollen, wäre die gleichzeitige Verwischung dieser Spur m. E. ganz unverständlich. Vielleicht könnte man aber sagen, dass die Metapher 'Babylon' nicht einfach nur die 'Diaspora' des Anfangs aufgreift, sondern zugleich auch auf die Gedankenbewegung des Briefs Rücksicht nimmt (im Sinne dessen, was Sie S. 10f. und 308f. schreiben): es geht in dem Brief ja nicht zuletzt auch um die Frage der Freiheit des Christenmenschen – soweit er sie selbst bestimmen kann (durch Herrschaft über die ἐπιθυμίαι) und soweit er sich der weltlichen Macht unterordnen muss –, und es wäre sogar auch literarisch vorzüglich, wenn Petrus am Ende mit 'Babylon' als dem Symbol zugleich der Gefangenschaft und der inneren Freiheit die Quintessenz dessen formulierte, was er den Brüdern und Schwestern in seinem Brief hat sagen wollen."

12 Zu der rahmenden Aufnahme des einleitenden ἐκλεκτοῖς παρεπιδή-μοις διασπορᾶς (1,1) durch ἡ ἐν Βαβυλῶνι συνεκλεκτή in 1Petr 5,13 siehe FELDMEIER 96: „die eigene Fremdheit kann ... (wie dies ja schon bei Abraham der Fall ist) als Kehrseite der Erwählung (1Petr 1,1f) und somit als 'Sein unter Gottes Verheißung' verstanden werden"; das „Fremdsein der Erzväter war ja verursacht durch Gottes Erwählung, die die Aussonderung aus ihrer bisherigen Lebenswelt bedeutete, und sie hatte ihren Sinn durch die Verheißung einer κληρονομία, wie sie ja auch den Christen gilt." Somit sind neben den Leitbegriff ἐκλεκτός (1Petr 1,1; 2,4. 6. 9; s. FELD-MEIER 175) auch die Kola bzw. Sätze συγκληρονόμοις χάριτος ζω-ῆς (3,7) und εἰς τοῦτο ἐκλήθητε ἵνα εὐλογίαν κληρονομήσητε (3,9) zu stellen. Am Ende grüßt die Gemeinde als „Gemeinschaft der gemeinsam Fremden" (FELDMEIER 187): In 1 Petr ist „das Korrelat zur Fremde nicht das Bild eines Ortes (Stadt, Vaterland), sondern vor allem der Gedanke des in der Zerstreuung (1,1) unter den Völkern (2,12) lebenden Gottesvolkes ... Der 'Ort' der Zugehörigkeit der Fremden ist also die christliche Gemeinde ... die Anrede als 'Fremdlinge' gilt im 1 Petr allen Christen zusammen, und eben diese gemeinsame, in der Erwählung begründete und im Weltbezug erfahrene Fremdlingsschaft verbindet sie untereinander" (FELDMEIER 187f.).
Zur Nennung des (ursprünglich paulinischen Mitarbeiters) Markus im Schlußgruß s. BROX (1979) 247f. (Phlm 24; 2 Tim 4,11; Kol 4,10; Apg 12,[12]. 25; 13,5. 13; 15,37–39); U. H. J. KÖRTNER, Markus der Mitarbeiter des Petrus, ZNW 71, 1980, 160–173; J. GNILKA, Das Evangelium nach Markus, 1. Teilband, Zürich–Düsseldorf ⁵1998 (EKK II/1), 33.

28,19: ἀδελφή(ν) bedeutet hier „Christin", wie z. B. Röm 16,1.

35 Zu den literarischen „Schlüsselstellen" zählen einige Forscher (nicht ALAND, von dem hier ausgegangen wurde) auch das Kapitel 14 der in mehrfacher Hinsicht problematischen Petrusapokalypse (siehe C. DETLEF G. MÜLLER in SCHNEEMELCHER NTAp II ⁶1999, 562–578, dort weitere Literatur). Doch selbst wenn man die verschiedenen Fassungen und Fragmente in äthiopischer, griechischer, arabischer und koptischer Sprache (K. BERGER, Unfehlbare Offenbarung. Petrus in der gnostischen und apokalyptischen Offenbarungsliteratur, in: P.-G. MÜLLER – W. STENGER [Hrsgg.], Kontinuität und Einheit, FS F. MUSSNER, Freiburg 1981, 261–326, dort 263f., Nrr. 42–47) einem einheitlichen Grundtext zuordnen dürfte, erhielte man als *terminus ante quem* die Zeit kurz nach 180 (wenn die isolierte Anspielung in Theophil. ad Autol. 2,19 zuverlässig ist, s. SCHNEEMELCHER S. 577) und als *terminus post quem* den 2. Petrusbrief (F. SPITTA, Die Petrusapokalypse und der zweite Petrusbrief, ZNW 12, 1911, 237–242), den man um 120–140 datiert. Es spricht also nichts gegen eine Entstehungszeit um 170. Doch muß mit späteren Überarbeitungen und Einschüben gerechnet werden. Das hier interessierende Kapitel 14 jedenfalls scheint nicht durch sekundäre Zitatbezeugung als früher Überlieferungsbestand gesichert. Die entscheidenden Sätze in äthiopischer und griechischer Version lauten (SCHNEEMELCHER 575): a) die äthiopische Fassung: *„Ich habe es, Petrus, zu dir geredet und dir kundgetan. Gehe hinaus also und wandere also in die Stadt des Westens in den Weinberg, den ich dir sagen werde … aus den Händen meines Sohnes, der ohne Sünde ist, damit geheiligt werde sein Werk … der Untergang. Und du bist auserwählt in der Hoffnung, auf welche ich dich habe hoffen lassen. Und sende also in alle Welt meine Botschaft in Frieden!"* b) die griechische Fassung nach CH. WESSELY, Patrologia Orientalis 18,3 (1924) Teil II, S. 482f. [= 258f.] 6 b und M. R. JAMES, The Rainer Fragment of the Apocalypse of Petrus, JThSt 32,1931, 270–279, bes. 271: ἰδοὺ ἐδήλωσά σοι, Πέτρε, καὶ ἐξεθέμην πάντα· καὶ πορεύου εἰς πόλιν ἄρχουσαν ὁπύσεως (δύσεως JAMES), καὶ πίε τὸ ποτήριον ὃ ἐπηγγειλάμην σοι ἐν χειροῖν τοῦ υἱοῦ τοῦ ἐν Ἅιδου, (ε)ἵνα ἀρχὴν λάβῃ αὐτοῦ ἡ ἀφάν<ε>ια καὶ σὺ δεκτὸς τῆς ἐπαγγελ(ε)ί[ας] (*„Siehe, ich habe Dir, Petrus, alles geoffenbart und dargelegt. So gehe in die Stadt, welche herrscht über Hurerei (über den Westen JAMES), und trinke den Kelch, den ich Dir verheißen habe* (vgl. Mk 10,39 par.) *aus den Händen des Sohnes dessen, der im Hades (ist), damit seine Vernichtung den Anfang nehme* (vgl. 2Thess 2,3. 8) *und du der Verheißung würdig seiest (?) …"*). Weder aus der äthiopischen noch aus der griechischen Fassung wird man eine sichere oder auch nur wahrscheinliche Anspielung auf ein Martyrium des Petrus in Rom herauslesen können. Sollte die „Stadt des Westens" das Ursprüngliche sein, wäre zu bedenken, daß die Schrift wahrscheinlich in Ägypten entstanden ist (SCHNEEMELCHER 566), wo der Westen seit tiefer Vorzeit als das Land der Toten gilt, „die man drum gern euphemistisch die Westlichen nennt" (H. BONNET, Reallexikon der ägypti-

schen Religionsgeschichte, [2]Berlin 1971, 867). Auch die Nekropolen der wichtigsten Städte seien auf dem Westufer gelegen; doch obwohl die Beziehung auf die Nekropole selbst nie ganz verlorengehe, werde der Begriff „Westen" immer mehr „zu einem allgemeinen Ausdruck für Jenseits". Sollte aber die griechische Überlieferung mit dem hapax legómenon ὀπύσεως den originalen Wortlaut bieten, wäre wohl anzunehmen, daß lediglich Motive der Johannesapokalypse weitergesponnen wurden. Dort wird nicht speziell die Stadt Rom, sondern die gottfeindliche Macht überhaupt als die große Stadt Babylon bezeichnet, die mit dem Wein ihrer hochmütigen Unzucht alle Völker getränkt hat (Apk 14,8; vgl. 17,5f. 15; 18,2–3) und ihrerseits trunken ist vom Blut der Märtyrer (17,6), unter denen sich nach 6,9f. auch die alttestamentlichen Märtyrer befinden (s. ALAND 1979, 217f.); doch kann auch Jerusalem aufgrund der dort geschehenen Frevel „die große Stadt" heißen, „die allegorisch **Sodoma** und **Ägypten** genannt wird, in der auch ihr Herr gekreuzigt wurde" (Apk 11,8 καὶ τὸ πτῶμα αὐτῶν ἐπὶ τῆς πλατείας τῆς πόλεως τῆς μεγάλης, ἥτις καλεῖται πνευματικῶς **Σόδομα** καὶ **Αἴγυπτος,** ὅπου καὶ ὁ κύριος αὐτῶν ἐσταυρώθη).

37[4] am Ende, nach „überzeugend.", ist anzufügen: „Er sieht (mit anderen Forschern jüngerer Zeit) die Petrus- und Paulusakten in Abhängigkeit von den acta Iohannis, deren Entstehung er „um 150 bis 160" ansetzt (32). Im Gegensatz dazu zeigt K. SIER (s. o.) zu Mart. Petr. 10,1 und 10,4, daß eine intertextuelle Beziehung zwischen den Petrus- und den Johannesakten besteht, und daß 'Petrus' dabei eher als der Gebende denn als der Nehmende zu betrachten sei. Verwiesen sei ferner auf eine für die ZPE vorbereitete Studie über das Verhältnis der acta Iohannis zu den Petrus- und Paulusakten und dem Papyrus Kell. Gr. Fragm. A.I, in der ich aufzuweisen versuche, daß die acta Iohannis sowohl aus den Petrus- als auch aus den Paulusakten schöpfen und mit SCHÄFERDIEK in das 3. Jahrhundert zu setzen sind."

125,12 v. u.: „da stürzte er sich <– abscheulicher und schadensstiftender Tyrann, der er war –> in heftige Aktion".

138,17: οἱ δοκοῦντες στῦλοι εἶναι (Gal. 2,9) sind Jakobus, der Herrenbruder (der nicht zu den „Zwölfen" gehörte), Petrus und Johannes (Jakobus, der Bruder des Johannes, war bereits 44 n. Chr. hingerichtet worden, s. Apg 12,1).

159[76]: meine Konjektur (ἀνα)κηρύττουσα bzw. -κηρύσσουσα ist von SCHWARTZ im App. der „Kleinen Ausgabe" zu S. 187,19 vorweggenommen.

183ff. (C II): Zur Datierung des „Ignatius von Antiochien" siehe zuletzt T. D. BARNES, The Date of Ignatius, TET [The Expository Times] 120, 2008, 119–130 und W. SCHMITHALS†, Zu Ignatius von Antiochien, ZAC 13, 2009, 181–203. SCHMITHALS bekräftigt die Spätdatierung von JOLY, HÜBNER und LECHNER. BARNES dagegen setzt (unter Annahme der Echtheit der Briefe) seinen 'Ignatius', der nach Eusebius unter Trajan, anscheinend im Zeitraum 108–112 n. Chr., das Martyrium erlitten haben soll, in die 140er Jahre. HÜBNER hatte die paradoxen Antithesen von Ign. Eph. 7,2 und Polyc. 3,2 zusammengenommen und an den entsprechenden Antithesen der Glaubensregel des Noët von Smyrna gemessen, wie sie bei Hippolyt und Melito von Sardes referiert werden, und war zu dem überzeugenden Schluß gekommen, „daß die ignatianischen Texte ebenso antivalentinianisch sind wie die des Noët" (ZAC 1, 1997, 53). Unmittelbar anschließend hatte HÜBNER das „Referat des Irenaeus über die Lehren der Ptolemäer" herangezogen (Iren. haer. 1,6,1 und 1,7,2), einen Text, „der wörtlich mit der positiven Seite der Antithesen in Polyc. 3,2 übereinstimmt", und nach einem Detailvergleich den Schluß gezogen, „daß der Verfasser von Polyc. 3,2 unmittelbar auf einen ptolemäischen Text Bezug nimmt." Er hatte daran aber die Frage geknüpft: „Hat er das ohne Kenntnis der noëtianischen Glaubensregel getan oder ließ er sich von ihr anregen?" Die durch gewichtige Argumente begründete Antwort lautete, „daß der Verfasser der Ignatianen Noët kennt und Eph. 7,2 und Polyc. 3,2 unter bewußter Verwendung von dessen Glaubensregel komponiert hat" (59). BARNES macht sich die von HÜBNER untersuchten Stellen (Melito, Iren. 1,6,1; Ign. Polyc. 3,2) zunutze (nennt HÜBNER allerdings nur zu einem Nebenproblem in Anm. 37) und kommt vor allem aufgrund einer ausführlichen Wortuntersuchung zu ψηλαφητός/ἀψηλάφητος (zumal in der Kombination mit ὁρατός) zu dem sicheren Ergebnis, „that Ignatius knew the teachings of Ptolemaeus" (125) – mit dem erstaunlichen Zusatz (in Anm. 37): „whom he (sc. HÜBNER) does not mention at all."

Aus all dem folgt: Es muß entweder Eusebs Datierung des (echten) Ignatius fallen oder die Echtheit der diesem Ignatius zugeschriebenen Briefe. Doch selbst wenn man die vorsichtigere Hypothese, die BARNES vertritt, bevorzugen wollte (was nach den Darlegungen HÜBNERs und den in diesem Buch, S. 183ff., und in dem genannten Aufsatz von SCHMITHALS angestellten Erörterungen Probleme bereitet), blieben die hier S. 236/237 gezogenen Schlußfolgerungen gültig: bei „Ignatius" Röm 4,3 handelt es sich um ein aus dem „Clemensbrief" abgeleitetes Zeugnis, aus dem man keine originäre Stütze eines Romaufenthaltes des Apostels Petrus gewinnen kann.

214,9: Am Ende des Aristophanesscholions folgt ein Satz mit Hinweis auf den Tragiker Iophon: δηλοῖ δὲ καὶ ὁ Ἰοφῶν ὁ τραγικός, vgl. TrGF 22 F 3 [siehe dort den Nachtrag S. 348: Iophons „Semele"] (bei Aischylos scheint es – entgegen BÖMER – keinen ἀφανισμός gegeben zu haben).

234[289], letzte Zeile: statt „MENKE" lies „MENKE, Leitgedanke"; statt „Anm. 60)." lies „Anm. 60) und R. M. HÜBNER, Überlegungen zur ursprünglichen Bedeutung des Ausdrucks 'Katholische Kirche' (καθολικὴ ἐκκλησία) bei den frühen Kirchenvätern, in: J. ARNOLD, alii (Hrsgg.), Väter der Kirche. Ekklesiales Denken von den Anfängen bis in die Neuzeit, Paderborn 2004, 31–79."

301 ff.: Zu dem D II 7 behandelten Imitationstypus mit erneutem Rückgriff auf das Original, das SCHMIT-NEUERBURG „kontaminierende Imitation" genannt hatte (302), verweist M. REEVE auf ST. HINDS, The metamorphoses of Persephone, Cambridge 1987, 151[16] („two-tier allusion"), der die Aufdeckung dieses Phänomens auf F. CAIRNS (Tibullus, Cambridge 1979, 63) zurückführt; J. MCKEOWN (Ovid: Amores I, ARCA 1987, 37[9]) nennt es „double allusion", R. THOMAS (HSCP 90, 1986, 188) „window reference".

314 f.: Siehe ANGELIKA REICHERT, Durchdachte Konfusion. Plinius, Trajan und das Christentum, ZNW 93, 2002, 227–250. Dort S. 245ff. eine Kritik am traditionellen Domitian-Bild und an der vermeintlichen „außergewöhnlichen Krisensituation" für die Christen unter Domitian (siehe hier das Register s. v. 'Domitian'); S. 248–250 ein Plädoyer für die Datierung von Apk und 1Petr in die Zeit nach dem Briefwechsel zwischen Plinius und Trajan.

319[206]: Siehe G. ZUNTZ, Aion. Gott des Römerreichs, Abh. Ak. Heid., Phil.-hist. Kl. 1989; ferner AIΩN im Römerreich. Die archäologischen Zeugnisse, Abh. Ak. Heid., Phil.-hist. Kl. 1991; dort wird S. 38 der jugendliche Gott nicht Aion, sondern „Annus" genannt (zu vergleichen sind die Seiten 35–45).

342,11/12: Vor „K Koptische Version" ist einzufügen: „R Papyrus Palau-Ribes 18 (5. Jh.);
enthält Wortreste aus Mart. Paul. 1,6–7 ZW. (p. 106,10–14 LIPS.); s. J. O'CALLAGHAN, Dos nuevos textos anónimos (P.Palau Rib. inv. 25 y 350), Aegyptus 70, 1990, 53–55; ders., Papiros Literarios Griegos del Fondo Palau-Ribes (PLit. Palau Rib.), Barcelona 1993, 122–123 (Lámina XX); identifiziert durch A. LÓPEZ GARCÍA, PLit. Palau Rib. 18: Martyrium Pauli, I 18–22, ZPE 110, 1996, 132 (und 112, 1996, 202); vgl. J. CHAPA zu P.Oxy 4759 (2006, 1–8), 3. R entstammt dem Hyparchetypus β und gehört wahrscheinlich wie H zu der Familie γ. Wenn man die wenigen Worte und Wortreste den Zeilen 428,8/430,1 ZW. zuordnet, ergibt sich folgendes Bild: R bietet in 8–9 εἶπεν (wie OA gegen λέγει P), in 9 φαν]ήτω wie alle Hss., läßt in 10 ἡμῶν fort wie A, gibt aber die abgekürzten Nomina sacra in einer singulär verstellten Reihenfolge (κ̄ν̄ χ̄ν̄ ῑν̄); in 11 erweist sich der Papyrus durch die Aufeinanderfolge von μεί]νωμεν. στε[ναξάντων gegenüber μείνωμεν. καὶ πάντων εὐξαμένων O (die weiteren Unterschiede lasse ich auf sich beruhen) als ein klarer β-Abkömmling; dies gilt auch für die Fortsetzung ἀνέλα]βεν ὁ παῖ[ς] (wie PA, jedoch mit veränderter Wortstellung).

386,18 ff.: Die trinitarische Ausformung der Doxologie hält R. HÜBNER für eine spätere Zutat (er tilgt σὺν αὐτῷ καὶ πνεύματι ἁγίῳ).

Verzeichnis der Abbildungen und Fotonachweise

Abb. 1: Giovanni Battista Piranesi, Le Antichità di Roma IV (1784) Taf. XIV
Oben: Tiberinsel: 12 (Pfeil): Statua di Semone Sango
Unten: 16: Are che si veggono nel cortiletto de PP. di questa chiesa [S. Bartolomeo]; vgl. CIL VI 567

SEMONI | SANCO | DEO ^ FIDIO | SACRVM

Nach: LUIGI FICACCI, Giovanni Battista Piranesi. The Complete Etchings (Köln u. a. 2000) 292 Abb. 340

Abb. 2: Statuenbasis, Rom, Vatikan. H: 1.18 m
1879 am Abhang des Pincio, gegenüber dem Quirinal gefunden

**SEMONI SANCO | SANCTO DEO FIDIO | SACRUM
DECVRIA SACERDOT | BIDENTALIVM**

Nach: G. LIPPOLD, Die Skulpturen des Vaticanischen Museums (Berlin 1956) III 2, 237f. 13a Taf. 111; vgl. Helbig, Führer (^{4}Tübingen 1963) I Nr. 532

Abb. 3 a/b: Aureus des Hadrian, Rom 121/122 n. Chr.
V: Büste des Hadrian
R: Aion im Zodiacus mit Phönix auf Globus in der Linken

Abb. 4 a/b: Aureus des Hadrian, Rom 118 n. Chr.
V: Büste des Divus Traianus
R: Stehender Phönix

Abb. 5 a/b: Tetradrachme des Hadrian, Alexandria 137/138 n. Chr.
V: Büste des Hadrian
R: Pronoia mit Phönix auf der Rechten

Abb. 3 u. 4: Wien, Kunsthistorisches Museum, Münzkabinett.
Foto Günther Dembski.

Abb. 5 nach: Münzen und Medaillen. Auktion 14, 16. 4. 2004, Nr. 812; vgl. A. GEIßEN, Katalog Alexandrinischer Kaisermünzen des Sammlung des Instituts für Altertumskunde II (Opladen 1978, ²1987) Nr. 1243.
Zu Abb. 3–5 vgl.: R. VAN DEN BROEK, The Myth of the Phoenix according to Classical and Early Christian Traditions, Leiden 1972 (EPRO 24), 427f. Taf. VI 1–4.
Alle Münzbilder vergrößert.

Abb. 6: cod. Ochrid. bibl. mun. 44, p. 500 (Ausschnitt)
Titulus mit kalendarischem Datum des Mart. Petr.

Abb. 7: cod. Ochrid. bibl. mun. 44, p. 501 (Ausschnitt)
Beginn des Mart. Petr.

Abb.8: cod. Ochrid. bibl. mun. 44, p. 515 (Ausschnitt)
Ende des Mart. Paul.

Abb. 9: cod. Ochrid. bibl. mun. 44, p. 508
Ende des Mart. Petr. und Beginn des Mart. Paul.

Tafeln

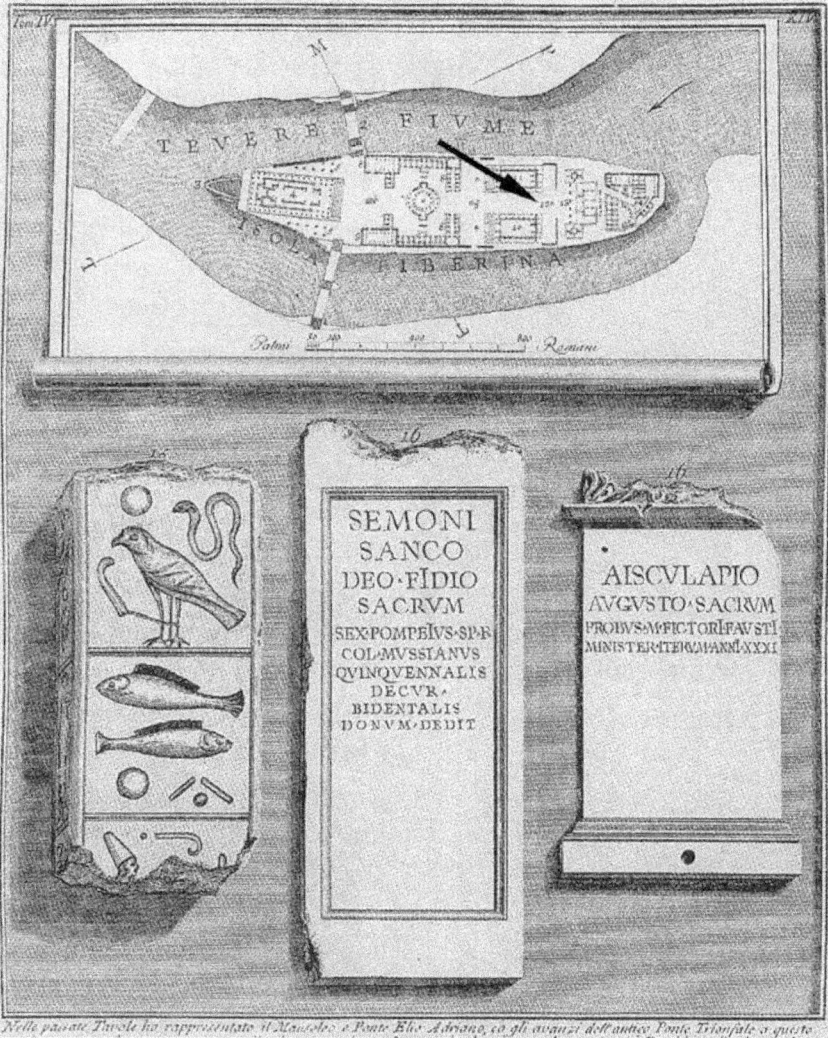

Abb. 1 Giovanni Battista Piranesi, Le Antichità di Roma IV (1784) Taf. XIV

Abb. 2 Statuenbasis, Rom, Vatikan.
H: 1.18 m

Abb. 3 a,b Aureus des Hadrian,
Rom 121/122 n. Chr.

Abb. 4 a,b Aureus des
Hadrian, Rom 118 n. Chr.

Abb. 5 a,b Tetradrachme des
Hadrian, Alexandria 137/138 n. Chr

Abb. 6 cod. Ochrid. bibl. mun. 44, p. 500 (Ausschnitt)

Abb. 7 cod. Ochrid. bibl. mun. 44, p. 501 (Ausschnitt)

Abb. 8 cod. Ochrid. bibl. mun. 44, p. 515 (Ausschnitt)

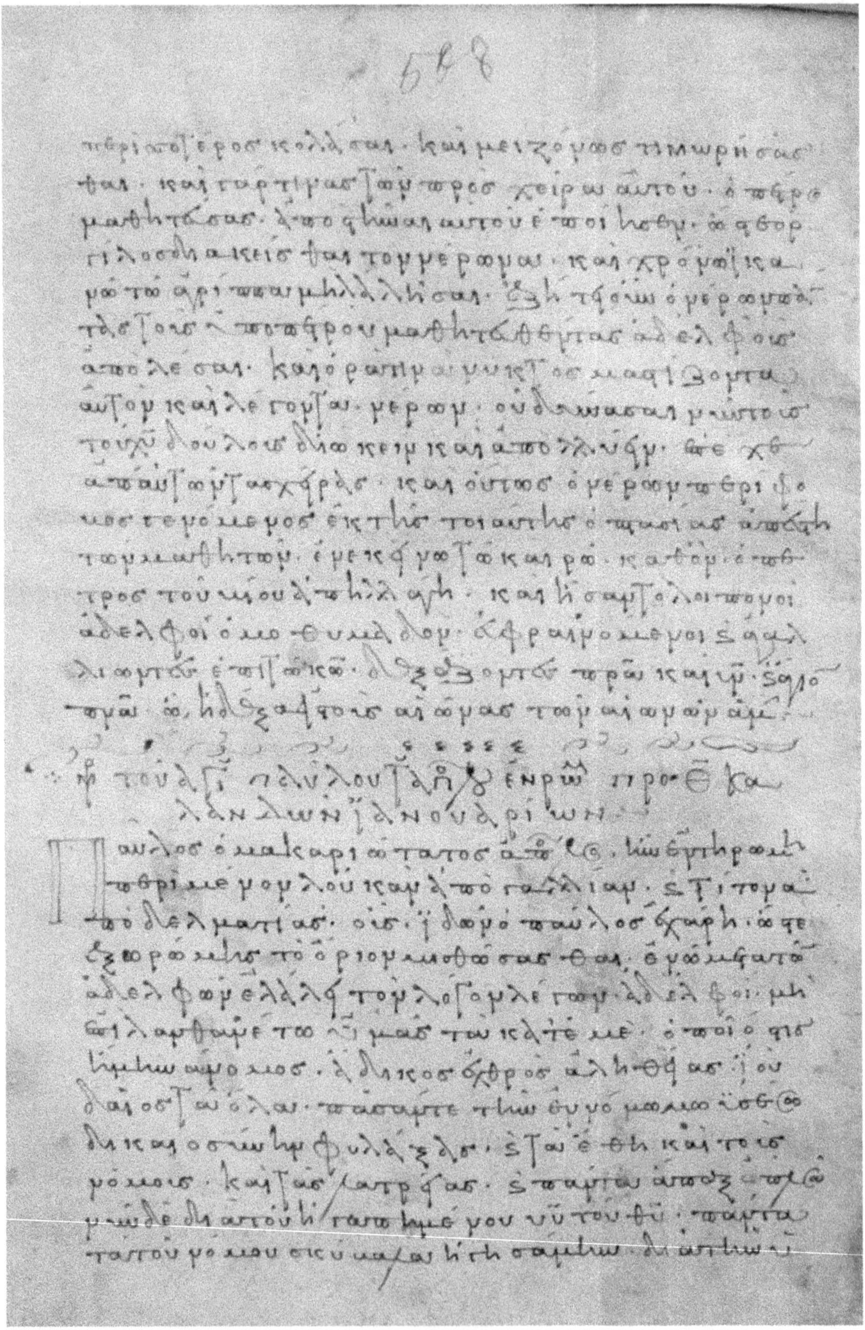

Tafel 4

Abb. 9 cod. Ochrid. bibl. mun. 44, p. 508

www.ingramcontent.com/pod-product-compliance
Lightning Source LLC
Chambersburg PA
CBHW070015100426
42740CB00013B/2500